D1923787

Wie sicher ist unsere Erkenntnis? Sind ihr Schranken gesetzt? Nach welchen Grundsätzen sollen wir als verantwortliche Glieder der Gesellschaft handeln? – Wer über solche Grundfragen nachdenkt, muß sich der Führung der großen Denker anvertrauen. In diesem 100000fach bewährten Buch findet er einen verläßlichen Führer. Er leitet ihn von der Weisheit Altindiens und Chinas über Mittelalter, Renaissance, Aufklärung und 19. Jahrhundert bis in die unmittelbare Gegenwart mit ihren drängenden, durch die Bedrohung der natürlichen Lebensgrundlagen aufgeworfenen Problemen.
Der Verlag legt das Buch, dessen Klarheit und Verständlichkeit die Kritiker loben, hiermit in neuer, aktualisierter Ausgabe vor.

Hans Joachim Störig, Dr. phil., Dr. jur., 1915 geboren, hat neben diesem Buch u. a. einen »Streifzug« durch die Sprachen der Erde (›Abenteuer Sprache‹, 3. Aufl. 1991) sowie ›Knaurs moderne Astronomie‹ (6. Aufl. 1992) verfaßt. Andere Werke wie die ›Kleine Weltgeschichte der Wissenschaft‹ sind z. Zt. vergriffen. Der Autor hat zahlreiche Lexika, Wörterbücher und Atlanten herausgegeben. Er lehrt an der Universität München.

Hans Joachim Störig

Kleine Weltgeschichte der Philosophie

Erweiterte Neuausgabe

Fischer Taschenbuch Verlag

36.–45. Tausend: Januar 1995

Erweiterte Neuausgabe
Veröffentlicht im Fischer Taschenbuch Verlag GmbH,
Frankfurt am Main, Mai 1992

Lizenzausgabe mit freundlicher Genehmigung
des Verlags W. Kohlhammer GmbH, Stuttgart
© 1950, 1961, 1985, 1990 Verlag W. Kohlhammer, Stuttgart
Umschlaggestaltung: Buchholz / Hinsch / Hensinger
Umschlagabbildung: Plato, Kupferstich von Kilian nach Sandrart,
(nach antiker Büste)
© Archiv für Kunst und Geschichte, Berlin
Druck und Bindung: Clausen & Bosse, Leck
Printed in Germany
ISBN 3-596-11142-0

Gedruckt auf chlor- und säurefreiem Papier

Inhaltsübersicht

EINLEITUNG

Der Zweck dieses Buches – Einige selbstkritische Vorbemerkungen – Der Gegenstand der Philosophie – Einige leitende Gesichtspunkte . . . 19

ERSTER TEIL: Die Weisheit des Ostens

Erstes Kapitel: Die Philosophie des alten Indien . . . 33

I. Das vedische Zeitalter . . . 34
1. Kultur und Religion der Hymnenzeit . . . 36
2. Die Zeit der Opfermystik – Die Entstehung des Kastenwesens . . . 38
3. Das Zeitalter der Upanischaden . . . 40
a) Atman und Brahman . . . 42
b) Seelenwanderung und Erlösung . . . 45
c) Die Bedeutung des Upanischad-Gedankens . . . 46

II. Die nicht-orthodoxen Systeme der indischen Philosophie . . . 47
1. Der Materialismus der Charvakas . . . 48
2. Mahavira und der Jainismus . . . 50
3. Der Buddhismus . . . 52
a) Das Leben Buddhas . . . 52
b) Die Lehre Buddhas . . . 54
c) Zur Geschichte und Ausbreitung des Buddhismus . . . 60
d) Systeme buddhistischer Philosophie . . . 62

III. Die orthodoxen Systeme der indischen Philosophie . . . 68
1. Nyaya und Vaischeschika . . . 70
2. Sankhya und Yoga . . . 71
3. Mimansa und Vedanta . . . 77

IV. Ausblick auf die weitere Entwicklung der indischen Philosophie und vorläufige Würdigung . . . 81

Zweites Kapitel: Die altchinesische Philosophie . . . 85

I. Konfuzius . . . 89
1. Das Leben des Konfuzius . . . 89
2. Die neun klassischen Bücher . . . 90
3. Der besondere Charakter der konfuzianischen Philosophie . 92
4. Das sittliche Ideal . . . 93
5. Staat und Gesellschaft . . . 94

II. Lao Tse . . . 96
1. Das Leben des Lao Tse . . . 96
2. Das Tao und die Welt – Tao als Prinzip . . . 98
3. Tao als Weg des Weisen . . . 99
4. Staat und Gesellschaft . . . 101
5. Zur späteren Entwicklung des Taoismus . . . 102

III. Der Mohismus und einige weitere Richtungen . . . 102
1. Mo Tse . . . 102
2. Die Sophisten . . . 104
3. Der Neu-Mohismus . . . 105
4. Die Legalisten . . . 106

IV. Die großen Schüler des Konfuzius . . . 106
1. Mencius . . . 106
2. Hsün Tse . . . 108
3. Das Buch Tschung Yung . . . 109

V. Ausblick auf die weitere Entwicklung und vorläufige Würdigung . . . 109
1. Die Philosophie des chinesischen Mittelalters . . . 110
a) Wan Tschung . . . 110
b) Die Lehre von Yin und Yang . . . 111
2. Der Buddhismus in China . . . 112
3. Das Zeitalter des Neu-Konfuzianismus . . . 113
4. Allgemeiner Charakter und Bedeutung der chinesischen Philosophie . . . 115

ZWEITER TEIL: Die griechische Philosophie

Allgemeines – Hauptperioden . . . 121

Erstes Kapitel: Die vorsokratische Philosophie bis zum Auftreten der Sophisten . . . 126

I. Die milesischen Naturphilosophen . . . 126
1. Thales . . . 127
2. Anaximandros . . . 128
3. Anaximenes . . . 128

II. Pythagoras und die Pythagoreer . . . 129
1. Leben und Lehre des Pythagoras . . . 129
2. Die Pythagoreer . . . 130

III. Die Eleaten . . . 131
1. Xenophanes . . . 131
2. Parmenides . . . 132
3. Zenon von Elea . . . 133

IV. Heraklit und die Naturphilosophen des 5. Jahrhunderts . . . 135
1. Heraklit . . . 135
2. Empedokles . . . 138
3. Die Atomlehre von Leukipp und Demokrit . . . 139
4. Anaxagoras . . . 142

Zweites Kapitel: Die Blütezeit der griechischen Philosophie 144

I. Die Sophisten 144
1. Allgemeines 144
2. Protagoras und Gorgias 146
3. Die Bedeutung der Sophistik 147

II. Sokrates 148
1. Das Leben des Sokrates 148
2. Die Lehre des Sokrates 152

III. Platon 154
1. Platons Leben 154
2. Platons Werke 156
3. Methodische Vorbemerkungen 159
4. Der geschichtliche Ausgangspunkt 160
5. Die Ideenlehre 161
a) Antrieb und Methode des Philosophierens 161
b) Idee und Erscheinung 162
6. Anthropologie und Ethik 164
7. Der Staat 166
a) Die Kritik der bestehenden Verfassungen 166
b) Der ideale Staat 168
8. Kritik und Würdigung 171
a) Zur Kritik der platonischen Staatslehre 171
b) Platons Stellung in der griechischen Geistesgeschichte 172
c) Platon und die Nachwelt 173

IV. Aristoteles 174
1. Das Leben des Aristoteles 174
2. Das Lebenswerk des Aristoteles 175
3. Die Logik 177
4. Die Natur 180
a) Physik 180
b) Das Stufenreich des Lebendigen 181
5. Die Metaphysik 182
a) Das Einzelne und das Allgemeine 182
b) Stoff und Form 183
c) Die vier Gründe des Seienden 183
d) Theologie 184
6. Anthropologie, Ethik und Politik 185
a) Der Mensch 185
b) Die Tugend 185
c) Der Staat 185
7. Kritik und Würdigung 186

V. Sokratische, platonische und aristotelische Schulen 188
1. Sokratiker 188
2. Platoniker 189
3. Peripatetiker 189

Drittes Kapitel: Griechische und römische Philosophie nach Aristoteles . . . 190

Allgemeines – Hellenismus . . . 190

I. Die Stoiker . . . 192
1. Begründer und Hauptvertreter . . . 192
2. Charakter und Teile des stoischen Systems . . . 193
3. Die stoische Ethik . . . 195
4. Die geschichtliche Bedeutung der stoischen Philosophie . . . 197

II. Die Epikureer . . . 198

III. Die Skeptiker . . . 199

IV. Die Eklektiker . . . 200
1. Der römische Eklektizismus . . . 200
2. Der alexandrinische Eklektizismus . . . 201

V. Die Neuplatoniker . . . 202
1. Plotinos . . . 203
2. Der Ausgang des Neuplatonismus und das Ende der antiken Philosophie . . . 206

DRITTER TEIL: Die Philosophie des Mittelalters

Allgemeines – Der Aufstieg des Christentums – Einteilung der Perioden . . . 209

Erstes Kapitel: Das Zeitalter der Patristik . . . 213

I. Der Gegensatz antiker und christlicher Geisteshaltung . . . 213
1. Gott und Mensch . . . 213
2. Mensch und Mensch . . . 215
3. Mensch und Welt . . . 215
4. Der Ausschließlichkeitscharakter des Christentums . . . 216

II. Die ersten Berührungen des Christentums mit der antiken Philosophie bei den älteren Kirchenvätern . . . 217

III. Innere Gefahren für das Christentum . . . 219
1. Die Gnostiker . . . 219
a) Herkunft und Hauptvertreter der Gnosis . . . 219
b) Grundgedanken und Eigenart der Gnosis . . . 220
2. Die Manichäer . . . 221
3. Arius und Athanasius . . . 222

IV. Die Festigung der Kircheneinheit . . . 223

V. Augustinus . . . 224
1. Des Augustinus Leben und Werk . . . 224
2. Die augustinische Philosophie . . . 226
a) Die Tiefen der Seele . . . 227
b) »Cogito, ergo sum« . . . 228
c) Die Dreieinigkeitslehre . . . 228
d) Schöpfung und Zeitlichkeit . . . 229

e) Willensfreiheit und Prädestination 230
f) Geschichte und Gottesstaat 231

VI. Die Lehrer der jüngeren Patristik außer Augustinus 232

Zweites Kapitel: Das Zeitalter der Scholastik 234
Geschichtliches – Die scholastische Methode 234

I. Frühscholastik (Der Universalienstreit) 237
1. Die Streitfrage 237
2. Die Realisten 238
a) Eriugena 238
b) Anselm von Canterbury 239
c) Wilhelm von Champeaux 240
3. Der Nominalismus: Roscellinus 240
4. Die vorläufige Lösung: Abälard 241

II. Arabische und jüdische Philosophie des Mittelalters 243
1. Geschichtliches 243
2. Die arabische Philosophie 244
3. Die jüdische Philosophie 247

III. Hochscholastik 247
Die Weltherrschaft des Aristoteles – Die Berührung christlichen Denkens mit islamischen und jüdischen Ideen – Die Summen – Universitäten und Orden
1. Albertus Magnus 249
2. Thomas von Aquin 251
a) Leben und Werke 251
b) Wissen und Glauben 253
c) Gottes Dasein und Wesen 255
d) Mensch und Seele 257
e) Politik 259
f) Bedeutung des Thomas 261
3. Dante 262

IV. Spätscholastik 264
1. Roger Bacon 264
2. Duns Scotus 266
3. Wilhelm von Occam 268

V. Deutsche Mystik: Meister Eckhart 271

VIERTER TEIL: Das Zeitalter der Renaissance und des Barock

Erstes Kapitel: Philosophie im Zeitalter der Renaissance und der Reformation 279

I. Die geistige Wende vom Mittelalter zur Neuzeit 279
1. Erfindungen und Entdeckungen 280
2. Das neue Naturwissen 281
3. Humanismus und Renaissance 283
4. Die Reformation 287
5. Soziale und politische Umwälzungen an der Schwelle der Neuzeit – Neues Rechts- und Staatsdenken 290

a) Machiavelli 292
b) Grotius 293
c) Hobbes 293
d) Morus 295

II. Die wichtigsten Denker der Übergangszeit 296
1. Nicolaus Cusanus 296
2. Giordano Bruno 299
3. Francis Bacon 302
4. Jakob Böhme 308
5. Schlußbemerkung 311

Zweites Kapitel: Die drei großen Systeme im Zeitalter des Barock 313

I. Descartes 314
1. Leben und Werke 314
2. Grundgedanken 315
3. Einfluß und Fortbildung des Cartesianismus – Einiges zur Kritik 319

II. Spinoza 322
1. Leben 322
2. Werk 324
3. Nachwirkung Spinozas – Zur Kritik 332

III. Leibniz 334
1. Leben und Schriften 334
2. Grundgedanken der Leibnizschen Philosophie 337
a) Die Monadenlehre 337
b) Die prästabilierte Harmonie 339
c) Theodizee 341
3. Einiges zur Kritik – Fortbildung und Fortentwicklung Leibnizscher Gedanken 341

FÜNFTER TEIL: Die Philosophie der Aufklärung und das Werk Immanuel Kants

Erstes Kapitel: Philosophie im Zeitalter der Aufklärung 347

I. Aufklärung in England 347
1. Vorläufer des englischen Empirismus 347
2. Locke 349
3. Berkeley 353
4. Hume 355
5. Englische Religionsphilosophie und Ethik der Aufklärungszeit 360

II. Aufklärung in Frankreich 364
1. Das Hinübergreifen der englischen Aufklärungsideen nach Frankreich 364
2. Montesquieu 365
3. Voltaire 367
4. Enzyklopädisten und Materialisten 373

5. Rousseau . . . 376
a) Leben, Werke, Grundgedanken . . . 376
b) Über die Bedeutung Rousseaus . . . 380

III. Die Aufklärung in Deutschland . . . 383

Zweites Kapitel: Immanuel Kant . . . 387

I. Leben, Persönlichkeit, Werke . . . 387

II. Die vorkritische Periode . . . 390
1. Zu Kants naturwissenschaftlichen Schriften . . . 390
2. Die Herausbildung des kritischen Problems . . . 392

III. Die Kritik der reinen Vernunft . . . 394
1. Eigenart, Aufbau, Grundbegriffe . . . 394
2. Die transzendentale Ästhetik . . . 398
a) Der Raum . . . 399
b) Die Zeit . . . 400
c) Die Möglichkeit der Mathematik . . . 400
3. Die transzendentale Analytik . . . 401
a) Das Problem . . . 401
b) Die Kategorien . . . 402
c) Die Deduktion der reinen Verstandesbegriffe . . . 404
d) Die transzendentale Urteilskraft . . . 404
e) Die Möglichkeit der Naturwissenschaft . . . 405
4. Die transzendentale Dialektik . . . 405
Inventarium der reinen spekulativen Vernunft . . . 408

IV. Sittlichkeit und Religion . . . 409
1. Die Kritik der praktischen Vernunft . . . 409
a) Einige Grundbegriffe . . . 410
b) Grundgedanken . . . 411
2. Die Religion innerhalb der Grenzen der bloßen Vernunft . . . 414

V. Die Kritik der Urteilskraft . . . 417
1. Das Problem . . . 417
2. Schlußwort zu den drei Kritiken . . . 420

VI. Das nachkritische Werk . . . 423
1. Die wichtigsten Schriften . . . 423
2. Die Metaphysik der Sitten . . . 424
a) Die Rechtslehre . . . 424
Zum ewigen Frieden: Die Präliminarartikel . . . 426
Die Definitivartikel . . . 427
b) Die Tugendlehre . . . 428
3. Schlußwort . . . 430

VII. Zur Kritik und Würdigung Kants . . . 430
1. Einige kritische Gesichtspunkte . . . 430
a) Zur inneren Folgerichtigkeit des Systems . . . 430
b) Zu Kants Methode . . . 433
2. Die Bedeutung Kants für die Philosophie . . . 435

Sechster Teil: Die Philosophie im 19. Jahrhundert

Einleitende Übersicht . . . 439

Erstes Kapitel: Romantik und deutscher Idealismus . . . 442

I. Erste Aufnahme und Weiterführung der Philosophie Kants – Die Glaubensphilosophen . . . 442

II. Fichte . . . 446
1. Leben und Werke . . . 446
2. Der Grundgedanke der Fichteschen Philosophie . . . 447
3. Die praktische Anwendung . . . 449
a) Ethik . . . 449
b) Staat . . . 450
c) Religion . . . 451

III. Schelling . . . 452
1. Leben, geistige Entwicklung, Hauptschriften . . . 452
2. Der Grundgedanke der Identitätsphilosophie . . . 454
3. Die Natur . . . 455
4. Die Kunst . . . 457

IV. Hegel . . . 457
1. Leben und Hauptwerke . . . 457
2. Allgemeiner Charakter der Hegelschen Philosophie – Die dialektische Methode . . . 459
3. Der dreistufige Aufbau der Philosophie . . . 461
a) Logik . . . 462
b) Philosophie der Natur . . . 463
c) Philosophie des Geistes . . . 464
4. Die Geschichte . . . 466
5. Zur Würdigung und Kritik . . . 468

Zweites Kapitel: Positivismus, Materialismus, Marxismus . . . 471

I. Der Positivismus in Frankreich: Comte . . . 471
1. Die geistige Lage . . . 471
2. Leben und Werke Comtes . . . 472
3. Das Prinzip des Positivismus . . . 473
4. Das Dreistadiengesetz . . . 474
5. Der Stufenbau der Wissenschaften . . . 475
a) Aufgabe und Nutzen der Philosophie . . . 475
b) Die Einteilung der Wissenschaften . . . 476
6. Gesellschaft, Staat, Ethik . . . 478

II. Der englische Positivismus . . . 480
1. Die geistige Lage . . . 480
2. Bentham und Mill . . . 481
3. Spencer . . . 482
a) Darwin und der Entwicklungsgedanke . . . 482
b) Leben und Werke Spencers . . . 484
c) Das Gesetz der Entwicklung . . . 486
d) Die menschliche Gesellschaft . . . 488
e) Zur Kritik . . . 491

III. Der Zerfall der Hegelschen Schule und das Aufkommen des Materialismus in Deutschland 492
1. Die geistige Lage 492
2. Strauß und Feuerbach 493

IV. Marx 495
1. Leben und Schriften 495
2. Hegel und Marx 497
a) Der dialektische Materialismus 497
b) Selbstentfremdung und Selbstverwirklichung 499
3. Der historische Materialismus 500
4. Das Kapital 502
5. Zur Bedeutung und Nachwirkung 504

Drittes Kapitel: Schopenhauer, Kierkegaard, Nietzsche 506

I. Arthur Schopenhauer 506
1. Leben, Persönlichkeit, Werke 506
2. Die Welt als Wille und Vorstellung 511
a) Die Welt als Vorstellung 512
b) Die Welt als Wille 513
3. Das Leid der Welt und die Erlösung 516
a) Leben als Leiden 516
b) Der ästhetische Weg der Erlösung – Genie und Kunst . . . 518
c) Der ethische Weg zur Erlösung: Verneinung des Willens . 520
4. Schlußwort – Zur Kritik 521

II. Sören Kierkegaard 522
1. Sokrates in Kopenhagen 522
2. Der existierende Denker und der Christ 524
3. Späte Wirkung 527

III. Friedrich Nietzsche 529
1. Leben und Hauptschriften 529
2. Einheit und Eigenart der Philosophie Nietzsches 533
3. Der Philosoph mit dem Hammer 535
4. Die neuen Werte 538
5. Zur Würdigung Nietzsches 540

Viertes Kapitel: Nebenströmungen – Kritische Besinnung auf Kant 544

I. Nebenströmungen 544
1. Fries und Herbart 544
2. Induktive Metaphysik: Fechner und Lotze 545
3. Eduard von Hartmann 546

II. Der Neu-Kantianismus 548
1. Allgemeines – Entstehung 548
2. Die Marburger Schule 550
3. Die südwestdeutsche Schule 553
4. Vaihinger 554
5. Verwandte Strömungen in Deutschland und anderen Ländern 556

SIEBENTER TEIL: Hauptrichtungen philosophischen Denkens im 20. Jahrhundert

Eine neue Epoche 561

Erstes Kapitel: Die erste Jahrhunderthälfte 565

I. Lebensphilosophie und Historismus 565
1. Allgemeines 565
2. Bergson 566
a) Raum und Zeit, Verstand und Intuition 566
b) Elan vital 567
c) Moral und Religion 568
3. Ein Blick auf Guyau 569
4. Vitalismus: Driesch – Gestalttheorie 570
5. Deutsche Lebensphilosophie und Historismus 572

II. Pragmatismus 575
1. William James 576
2. John Dewey 578
3. Pragmatismus in Europa 578

III. Die neue Metaphysik 579
1. Allgemeines 579
2. Samuel Alexander 580
3. Alfred North Whitehead 581
4. Kritischer Realismus: Nicolai Hartmann 585
a) Alte und neue Ontologie 585
b) Der Aufbau der realen Welt 587
c) Der Mensch – Determination und Freiheit 589
d) Zur Würdigung 590
5. Neuscholastik (Neuthomismus) 591

IV. Phänomenologie 594
1. Entstehung und Eigenart 594
2. Edmund Husserl 594
3. Max Scheler 597

Zweites Kapitel: Bis an die Gegenwart 600

I. Existenzphilosophie 600
1. Allgemeines 600
2. Karl Jaspers 602
a) Das Umgreifende 602
b) Existenz 603
c) Transzendenz 605
d) Grenzsituationen und letztes Scheitern 605
3. Der französische Existentialismus 606
4. Andere Vertreter der Existenzphilosophie 608
5. Martin Buber 609

II. Die Entfaltung der Seinsfrage: Martin Heidegger 613
1. Allgemeines 613
2. Sein und Zeit 615
3. Zu Nachwirkung und Nachlaß 619

III. Ein kurzer Blick auf Frankreich ... 622

IV. Philosophische Anthropologie ... 626
1. Begriff und Wesen ... 626
2. Aus der Geschichte der philosophischen Anthropologie ... 628
3. Schelers Anstoß ... 629
4. Gehlens Entwurf ... 632

V. Philosophie des Marxismus – heute ... 637
1. Die Rolle der Philosophie ... 637
2. Materiebegriff und Materialismus ... 638
3. Dialektischer Materialismus ... 640
4. Historischer Materialismus ... 643
5. Перестройка по Философии ... 648
6. Kritische Sozialphilosophie ... 648

VI. Ludwig Wittgenstein – Sprache als Zentralthema heutigen Philosophierens ... 653
1. Wittgenstein: Person und Werk ... 653
2. Der »Tractatus« ... 656
3. Die Revision ... 657
4. Um die Sprache und über sie hinaus ... 658

VII. Neupositivismus ... 664
1. Zur Klärung der Begriffe ... 664
2. Der Neupositivismus – Entstehung und Eigenart ... 666
3. Die neue Logik ... 668
4. Russell und Moore ... 674
5. Der Wiener Kreis – Rudolf Carnap ... 676
a) Die neue Aufgabe der Philosophie ... 678
b) Die Sinnlosigkeit der Metaphysik: Scheinprobleme ... 678
c) Logische Sprachanalyse – Semantik ... 680
6. Ein Ausblick ... 682

VIII. Wissenschaftstheorie – Neues zum Erkenntnisproblem ... 684
1. Analytische Philosophie ... 684
2. Popper und der Kritische Rationalismus ... 689
3. Evolutionäre Erkenntnistheorie ... 695
4. »Konstruktivismus« ... 697
5. Grenzen der Erkenntnis ... 700

IX. Was sollen wir tun? ... 704
1. Lebensfragen, Überlebensfragen ... 705
2. Utilitarismus, Konsequenzialismus ... 708
3. Die Sprache der Ethik ... 708
4. Karl Popper ... 711
5. Diskursethik ... 712
6. »Evolutionäre Ethik« ... 716
7. Mensch und Tier ... 719
8. Verantwortung ... 722

EIN SCHLUSSWORT ... 727

Anmerkungen ... 729
Personenregister ... 743
Sachregister ... 747

Die Wirkung der philosophischen Gedanken in der Welt ist heute nur möglich, wenn sie die Mehrheit der Einzelnen erreicht. Denn gegenwärtig ist der Zustand: Die Massen der Bevölkerung können lesen und schreiben, ohne doch den vollen Umfang abendländischer Bildung zu gewinnen. Aber sie sind die Mitwissenden und Mitdenkenden und Mithandelnden. Sie können dieser neuen Chance um so mehr genügen, je mehr sie in den vollen Umfang der hohen Anschauungen und der kritischen Unterscheidungen gelangen. Es ist für die Stunden der Besinnlichkeit aller Menschen daher notwendig, das Wesentliche so einfach, so klar wie möglich, ohne Einbuße an Tiefe, mitteilbar zu machen.

KARL JASPERS
Die Aufgabe der Philosophie
in der Gegenwart (1953)

Einleitung

DER ZWECK DIESES BUCHES

Dieses Buch wendet sich nicht an Fachphilosophen. Ihnen vermag es nichts Neues zu sagen. Es wendet sich an die vielen, die – ob akademisch gebildet oder nicht – inmitten der Arbeit und Sorge des Alltags und im Anblick der großen geschichtlichen Umwälzungen und Katastrophen unserer Zeit den Versuch nicht aufgeben, sich im Wege selbständigen Nachdenkens mit den Rätseln der Welt und den ewigen Fragen des Menschseins auseinanderzusetzen, und die die Annahme nicht von vornherein zurückweisen, daß die Gedanken und Werke der großen Denker aller Zeiten dabei Rat und Hilfe geben können.

Die Frage ist, ob sie das können und in welchem Sinne. Sicher ist es nicht so, daß aus ihnen im Sinne eines einfachen lehr- und lernbaren Wissens Rezepte und Patentlösungen zu entnehmen wären für die Fragen und Aufgaben, vor denen unsere Zeit im ganzen und vor denen jeder einzelne in seinem persönlichen Leben steht. Wohl aber ist es so, daß wir nur im Blick auf die großen Aufschwünge des Menschengeistes die notwendigen Richtpunkte, die Weiten des Blicks und die erforderliche Freiheit für die eigene Entscheidung gewinnen können. Es ist richtig, daß jeder einzelne für sich von vorne anfangen muß und daß Erfahrungen und ihr Niederschlag – leider! – nur in sehr begrenztem Maße lehr- und übertragbar sind. Aber es ist ebenso richtig, daß unsere Zeit und daß jeder einzelne zugleich im großen Strom der geistigen Überlieferung unseres Volkes und der Menschheit steht, die zu bewahren – wenn wir nicht in Barbarei versinken wollen – und immer von neuem zu verlebendigen ebensosehr unumgängliche Notwendigkeit wie innere Pflicht ist. Denjenigen, die diese Notwendigkeit verspüren, aber weder die Zeit noch die sonstigen Mittel zu einem mühevollen Studium der Philosophie haben, will dieses Buch eine Einführung und erste Bekanntschaft mit der Geschichte und den Werken der Philosophie vermitteln.

EINIGE SELBSTKRITISCHE VORBEMERKUNGEN

Es ist angebracht, gleich zu Beginn über die Grenzen, die einem solchen Vorhaben gesetzt sind, Rechenschaft abzulegen. Wir wollen dabei unterscheiden zwischen den Einschränkungen, denen jeglicher Versuch einer Darstellung der Geschichte der Philosophie in höherem oder geringerem Maße ausgesetzt ist, und denen, die außerdem für den hier vorliegenden Versuch zu beachten sind. Philosophie als der Versuch des Menschen, die Rätsel seines Daseins – der ihn umgebenden äußeren Welt wie seines eigenen Innern – mit dem Mittel des Denkens zu lösen, ist älter als alle geschriebenen Zeugnisse, die wir darüber besitzen. Unsere Kenntnis reicht rund 3000 Jahre zurück. Weit jenseits dieses Zeitraums und der uns bekannten Geschichte liegt die Zeit, da der Mensch mit der Annahme des aufrechten Ganges und dem Freiwerden der Hand, mit der Gewinnung und Beherrschung des Feuers, mit der Verwendung und planmäßigen Anfertigung einfachster Werkzeuge sich vom Tierreich abzuheben begann. So wenig wir über diese Dinge im einzelnen wissen, so wenig wissen wir im Grunde auch über den Vorgang, der den Menschen erst eigentlich zum Menschen machte, den Beginn von Sprache und Denken. Beides ist nicht zu trennen. Denken ist an die Sprache gebunden. An der Entwicklung jedes Kindes läßt sich das von neuem beobachten. Begriffe als Werkzeuge des Denkens gewinnen wir in der Sprache. Für das Kind, das sprechen lernt, hebt sich jedes neue Ding, welches es benennen und ansprechen lernt, wie mit einem Zauberstab berührt aus der bis dahin unverstandenen und ungeschiedenen Vielfalt der umgebenden Welt. So bedeutsam diese beiden Fragenkreise – die Entstehung der Sprache und das Verhältnis von Denken und Sprechen – auch sind (für den Sprachforscher bilden sie eines der interessantesten Themen und zugleich meistens eines der dunkelsten Gebiete), so können wir ihnen an dieser Stelle doch nicht weiter nachgehen. Festhalten wollen wir aber zwei Gedanken: Die Sprache als das unentrinnbare Medium unseres Denkens, und vielleicht als seine Grenze, ist eines der wichtigsten Themen der Philosophie und wird uns immer wieder begegnen. Und das zweite: Mit dem Beginn der uns bekannten geschichtlichen Entwicklung finden wir die Sprache und die Sprachen bereits als im wesentlichen fertige vor. Was sich an Verwandlungen, Verschiebungen, Umformungen seitdem vollzogen hat, ist gegenüber dem Vorausgegangenen von untergeordneter Bedeutung.

Vor dem für uns überblickbaren Bereich liegt also ein schwer zu ermessender, mindestens Jahrzehntausende umfassender Entwicklungsprozeß des menschlichen Denkens, von dem wir fast nichts wissen. Mit dieser Feststellung müssen wir jeden Versuch, die Geschichte des Denkens darzustellen, beginnen, und vielleicht sollte überhaupt zu Beginn jeder Art von historischer Darstellung der Leser, um den richtigen Abstand zum Thema und die nötige Weite der Perspektive zu gewinnen, daran erinnert werden, ein wie winziger Ausschnitt aus der Entwicklung des Menschengeschlechts die uns bekannte Geschichte ist – und ein wie kleiner Ausschnitt diese wiederum aus der Geschichte des Lebens auf der Erde und diese in der Gesamtentwicklung unseres Planeten, und diese im gesamten Universum.

Man kann über diese Feststellung nicht einfach mit der Begründung hinweggehen, daß der uns bekannten Geschichte zwar lange Zeiträume der Entwicklung vorausgingen, die sogenannte Vorgeschichte für uns aber deshalb von nur untergeordnetem Interesse sei, weil der Mensch erst in den letzten vier oder sechs Jahrtausenden gewissermaßen mündig und damit fähig geworden sei, für uns bedeutsame Versuche der Welterklärung zu unternehmen. Jede neue Ausgrabung, jede versunkene Kultur, die der Spaten des Altertumsforschers im Wüstensand Ägyptens und in den Urwäldern Indiens zutage fördert, führt uns vielmehr vor Augen, daß die Anfänge des Menschen als gesitteten, denkenden und schaffenden Kulturwesens weiter zurückreichen, als man noch vor kurzem glaubte.

Es sei daran erinnert, wie sehr es der Lehre vieler Religionen entspricht, daß die Menschheit nicht etwa in fortschreitendem Aufstieg, sondern in ständigem Abstieg und Abfall begriffen sei von Gott und von einem fernen, paradiesischen oder goldenen Zeitalter. Der Glaube an einen Fortschritt, der im Europa des 18. und 19. Jahrhunderts lebte, ist stark erschüttert und im Grunde auch nicht beweisbarer als das Gegenteil – wenn man Fortschritt und Entwicklung nicht im äußerlichen Sinne als Fortschreiten der Technik und zunehmende Beherrschung der Außenwelt versteht, sondern unter Entwicklung etwas Inneres, nämlich die zunehmende Ausprägung lebendiger Form und wachsenden Reichtum an Schöpferkraft und inneren Möglichkeiten, versteht. Nach den Erfahrungen der letzten Jahrzehnte wird auch die breite Öffentlichkeit eher geneigt sein, in der Annahme eines Abstiegs der Menschheit etwas Richtiges zu sehen, als noch die Generation vor dem Ersten Weltkrieg.

Sind uns sonach die Versuche des Denkens nur aus einem gewissen Zeitraum bekannt, so sind uns innerhalb dieses wiederum nur die philosophischen Gedanken zugänglich, die ausgesprochen und aufgezeichnet wurden, sei es vom Denker selbst, sei es von seinen Schülern, sei es, wie leider nicht selten, nur von seinen Gegnern. Es ist nicht gesagt, daß uns damit immer das Beste, Wertvollste und Tiefste überliefert ist. Viele andere Menschen neben den bekannten Philosophen mögen Tiefes und Bedeutendes gedacht haben, ohne es dem Papier oder der Öffentlichkeit anzuvertrauen. Vielleicht haben auch manche der bekannten Denker einiges für sich behalten. Vielleicht sogar kann man die tiefste Erkenntnis überhaupt nicht in Worte fassen? Ein indischer Weiser, von seinen Schülern befragt, welches die höchste Weisheit sei, antwortete nicht. Als sie immer wieder in ihn drangen, sprach er schließlich: Warum erneuert ihr eure Fragen, da ich euch die Antwort schon gegeben habe? Wisset, die höchste Weisheit ist Schweigen!

Jeder Darstellung der Geschichte der Philosophie stehen weiterhin die Hindernisse im Wege, die für jede geschichtliche Forschung und für alles richtige Verstehen des Vergangenen bestehen. Vergegenwärtigen wir uns nur einen im täglichen Leben am häufigsten vorkommenden Fall einer Rekonstruktion vergangener Ereignisse, etwa eine Gerichtsverhandlung. Obwohl die Ereignisse, die zu einem Prozeß geführt haben, in der Regel ganz kurze Zeit zurückliegen und obwohl gewöhnlich lebende Zeugen der Ereignisse zur Verfügung stehen, die der Richter unter Eid vernehmen kann, gelingt es oftmals nicht, ein klares Bild der Vorgänge herzustellen. Um wieviel mehr bestehen diese Schwierigkeiten, wenn es sich nicht um gestern und vorgestern geschehene, sondern Jahrhunderte und Jahrtausende zurückliegende Vorgänge handelt, und nicht um einfache Tagesereignisse, sondern um geistige Schöpfungen, verwickelte politische und diplomatische Zusammenhänge usw. Allerdings stehen dem Historiker und gerade dem Historiker der Philosophie die sozusagen authentischen Beweisstücke in Gestalt der überkommenen Urkunden und Bücher zu Gebote. Aber wieviel neue Schwierigkeiten des richtigen Verständnisses eröffnen sich hier! Sie entstehen einmal daraus, daß wir in der Regel nur die fertigen Denkergebnisse zur Verfügung haben, oft aber wenig oder gar nicht und niemals vollständig wissen, auf welchem Wege der betreffende Denker zu ihnen gekommen ist, insbesondere welche, gewissermaßen außerhalb der Philosophie liegenden, persönlichen Eigenarten, Neigungen, Schicksale dabei mit eingewirkt haben. Sicher ist ein philosophisches System ebenso wie jede wissenschaftliche oder künstlerische Leistung ein objektives, das heißt in gewissem Umfang von seinem Urheber losgelöst zu betrachtendes Gebilde, und man nähert sich ihm nicht einfach dadurch, daß man persönliche Vorliebe und Schwächen, Kindheitserlebnisse oder etwa krankhafte und abnorme Züge in der Persönlichkeit seines Schöpfers aufsucht und zur Erklärung verwendet; aber oft ist doch ein vollkommenes Verständnis nur möglich, indem man derartige Dinge mit heranzieht.

Die Schwierigkeiten des Verständnisses erwachsen ferner daraus, daß das Denken jedes Philosophen notwendig an die Sprache gebunden ist, in der er denkt und schreibt, und sie werden deshalb besonders groß, wenn es sich – wie beim Chinesischen – um eine Sprache handelt, die in ihrer ganzen Struktur, in ihrer Art, die Dinge zu sehen und zu verbinden, von der unsrigen denkbar verschieden ist. Bedenken wir, daß gerade große Werke niemals ohne Verlust von einer Sprache in die andere übersetzbar sind und daß es fast unmöglich ist, eine fremde Sprache so restlos zu beherrschen wie die Muttersprache. Bedenken wir ferner die vielfältige und kaum erschöpfend zu erfassende Gebundenheit jedes einzelnen an seine Zeit, an seine ganze geschichtliche, örtliche, gesellschaftliche Umwelt, und berücksichtigen wir, daß, auch innerhalb der gleichen Zeitepoche und der gleichen Sprache, tiefreichende Meinungsverschiedenheiten bestehen über die genaue Bedeutung und Tragweite vieler, ja praktisch aller philosophischen Begriffe und Ausdrücke. Dies gilt sowohl für die lebenden wie für die sogenannten toten Sprachen, in unserem Bereich also das altindische Sanskrit, Griechisch und Latein. Ein amerikanischer Professor der Philosophie, Paul Schilpp, hat, in Erkenntnis dieser manchmal fast unüberwindlich erscheinenden Schwierigkeiten und Mißverständnisse, wenigstens für die Philosophie der Gegenwart mit ihrer Bereinigung begonnen, indem er in einem Buche, das jeweils einem bestimmten lebenden Philosophen gewidmet ist, zuerst diesen kurz seine geistige Entwicklung schildern, dann zahlreiche andere Gelehrte in kritischen Beiträgen ihre Zweifel, Bedenken und Fragen aussprechen läßt, die der Philosoph selbst am Schluß zu beantworten und zu klären versucht.[1]

Zu diesen kritischen Vorbehalten, die der Leser im weiteren als solche ständig im Gedächtnis behalten sollte, kommen diejenigen, die im besonderen dem hier gemachten Versuch entgegenzuhalten sind.

Die Werke der Philosophen, nicht gerechnet die Kommentare und Darstellungen oder Widerlegungsversuche der Philosophieprofessoren, füllen riesige Säle der großen Bibliotheken. Eine wissenschaftliche Darstellung der Geschichte der Philosophie, die sich bescheiden als Grundriß bezeichnet, umfaßt fünf umfangreiche Bände. Dabei ist sie aber in höchst konzentrierter, nur dem Gelehrten verständlicher Sprache abgefaßt.

Im allgemeinen ist es leichter und schneller möglich, einem vorgebildeten Fachmann einen beliebigen Vorgang zu verdeutlichen als einem Laien. Ein Ingenieur etwa, der einem anderen Ingenieur die Konstruktion einer geplanten Brücke erläutern will, wird diesem stichwortartig Ausmaße, Untergrundverhältnisse, Zweck, Baumaterial und das System nennen, nach dem die Brücke gebaut werden soll, dazu vielleicht einige Formeln aus den erforderlichen Berechnungen, und der andere wird alsbald im Bilde sein. Soll er die Brücke einem Laien erklären, so muß er viel weiter ausholen, er muß zunächst die verschiedenen Systeme, nach denen überhaupt Brücken gebaut werden können, beschreiben, muß die Grundgesetze der Statik erläutern, alle Formeln und Fachausdrücke und so weiter.

Die Geschichte der Philosophie ist ein Gegenstand, der an Umfang und Schwierigkeit wahrscheinlich nicht geringer ist als ein Brückenbau, und dieses Buch ist für Leser ohne Vorkenntnisse gedacht. Es wird also darauf ankommen, aus der kaum übersehbaren Fülle des philosophischen Schrifttums eine Auswahl zu treffen, bestimmt einerseits durch die Geeignetheit des Ausgewählten für ein solches einführendes Werk, andererseits aber durch das Bestreben, dem Leser wenigstens von dem nichts vorzuenthalten, was nach dem übereinstimmenden Urteil der Gelehrten von grundlegender Bedeutung ist, unter Zurückstellung etwa vorhandener besonderer Vorlieben des Verfassers. Es ist also auch auf annähernde Vollständigkeit ebensowenig Anspruch zu erheben wie auf die Vermittlung neuer wissenschaftlicher Erkenntnisse.

Die Auswahl war zu treffen in räumlicher und in zeitlicher Hinsicht. In der räumlichen Auswahl war maßgebend der Wunsch, das Buch freizuhalten von der europäischen Beschränktheit, die die Geschichte der Philosophie erst bei den Griechen beginnen läßt, und den Leser wenigstens einen Blick tun zu lassen auf die großen, der unsrigen nicht nachstehenden geistigen Welten des alten Indien und China, unter Verzicht aber auf die altjüdische Weisheitslehre sowie auf Ägypten und einige andere Kulturen, die, auf diesem Gebiet wenigstens und soweit unsere Kenntnis reicht, weniger bedeutend sind. In zeitlicher Hinsicht war bestimmend das Bestreben, aus den Hauptepochen der Philosophie jeweils einen oder wenige Denker herauszuheben, unter Beiseitelassung anderer, von seinem Leben und Werk ein soweit möglich abgerundetes Bild zu geben, und dabei die durchlaufenden Entwicklungslinien und die Gegensätze, den geistigen Zusammenhang also, trotzdem sichtbar werden zu lassen.

Soviel mußte gesagt werden, um dem Leser und Kritiker vorzustellen, was er billigerweise erwarten kann und was nicht.

DER GEGENSTAND DER PHILOSOPHIE

Wir wenden uns unserem Thema näher zu und beginnen mit der Frage, die jeder stellen muß, der sich diesem Gegenstand erstmals nähert: Was ist es, dessen Geschichte hier erzählt werden soll, was ist also Philosophie, was sind ihre Merkmale, insbesondere, was ist eigentlich ihr Gegenstand?

Sofern wir diese Frage der Reihe nach an die großen Philosophen richten, werden wir enttäuscht werden, denn wir werden von jedem eine etwas andere Antwort erhalten. Es ist natürlich, daß jeder das, was er als Philosophie betreibt und lehrt, als *die* Philosophie erklärt.

Wir wollen uns aber zunächst von der Beschränkung durch ein bestimmtes philosophisches System freihalten und versuchen daher die

Frage so zu stellen: Welche Gegenstände sind es denn, mit denen sich die verschiedenen Philosophen in den verschiedenen Zeitaltern beschäftigt haben? Darauf gibt es nur eine Antwort: mit allem. Es gibt eigentlich nichts, was nicht Gegenstand der Philosophie sein könnte und es auch tatsächlich gewesen ist. Vom Größten bis zum Kleinsten und Unbedeutendsten (freilich: was ist bei tieferem Nachdenken unbedeutend?), von Entstehung und Aufbau der Welt bis zum richtigen Verhalten im täglichen Leben, von den höchsten Fragen nach Freiheit, Tod und Unsterblichkeit bis zum Essen und Trinken – alles kann Gegenstand philosophischer Reflexion sein. Wir können aber die Aufzählung etwas methodischer vornehmen und zu einem kurzen Überblick über wichtige Teilgebiete der Philosophie in der herkömmlichen Einteilung benutzen: Mit dem Weltganzen (oder auch dem sinnlich nicht Erfahrbaren) befaßt sich die Metaphysik, mit dem Sein in seiner Gesamtheit die Ontologie (diese beiden Gebiete überschneiden sich wie auch andere); die Logik ist die Lehre vom richtigen Denken und von der Wahrheit, die Ethik vom richtigen Handeln, die Erkenntnistheorie vom Erkennen und seinen Grenzen, die Ästhetik vom Schönen. Von der Natur handelt die Naturphilosophie, von der Kultur die Kulturphilosophie, von der Gesellschaft die Gesellschaftsphilosophie, von der Geschichte die Geschichtsphilosophie, von der Religion die Religionsphilosophie, vom Staat die Staatsphilosophie, vom Recht die Rechtsphilosophie, von der Sprache die Sprachphilosophie. Es gibt eine Philosophie der Wirtschaft, der Technik, des Geldes usw.

Bei der Betrachtung dieser Zusammenstellung fällt ins Auge, daß die Philosophie diese genannten Gegenstände offenbar nicht für sich allein hat. Für jeden dieser Gegenstände gibt es zugleich eine besondere Wissenschaft, die ihn zu erforschen und zu beschreiben zur Aufgabe hat. Mit der Wirtschaft befaßt sich die Nationalökonomie, mit der Sprache die Sprachwissenschaft, mit dem Recht die Jurisprudenz, mit dem Staat die Staatslehre. Die Geschichtswissenschaft erforscht die Geschichte, die Soziologie die Gesellschaft; Theologie, Religionswissenschaft, Religionsgeschichte die Religion. Das Ganze der Natur ist das Feld zahlreicher Einzelwissenschaften, wie Physik, Chemie, Biologie, Astronomie und so weiter. Die Philosophie als Gebiet menschlichen Forschens und Wissens ist durch Bestimmung ihres Gegenstandes von den Einzelwissenschaften nicht abzugrenzen.

Befaßt sich die Philosophie mit denselben Gegenständen wie die Einzelwissenschaften, ist aber trotzdem von ihnen unterschieden, so tut sie es offenbar auf eine besondere, nur ihr zukommende Weise. Damit erhebt sich die Frage nach einer besonderen philosophischen Methode. Auch hier können wir uns leicht in Einzelheiten verlieren. Viele einzelne Denker bezeichnen ihre eigene Methode als die der Philosophie schlechthin. Es werden auch in den einzelnen Forschungszweigen viele Methoden verwendet, die ursprünglich aus der Philosophie hervorgegangen sind, und umgekehrt verwendet die Philosophie Methoden zahlreicher Einzelwissenschaften.

Eine Abgrenzung ist aber gleichwohl möglich. Verfolgen wir nämlich noch einmal die oben vorgeführte Aufzählung der Gebiete der Philosophie und ihrer Gegenstände und halten daneben die Reihe der einzelnen Wissenschaften, die die gleichen Gegenstände behandeln, so stoßen wir zuoberst auf das Ganze des Seins als umfassendsten Gegenstand. Hier gibt es offenbar keine Entsprechung unter den Einzelzweigen der Wissenschaft. Den Gesamtzusammenhang alles Seins hat allein die Philosophie zum Thema (obgleich manche Einzelwissenschaften einen solchen Anspruch erheben mögen).

In der Tat ist es dieser Zug aufs Ganze und Umfassende, der die Philosophie von den Einzelwissenschaften unterscheidet: Während diese sich in der Regel die Erforschung und Darstellung eines bestimmten und begrenzten Erscheinungsgebietes, wie eben Staat, Sprache, Geschichte, das organische Leben usw., zur Aufgabe setzen, ist der Philosophie das Bestreben eigen – auch dort, wo sich das philosophische Denken zunächst auf einen bestimmten und begrenzten Gegenstand richtet –, die einzelnen Erscheinungen in einen großen, umfassenden Zusammenhang einzuordnen, einen gemeinsamen Sinn in ihnen aufzufinden und unter anderem auch die Ergebnisse der Einzelwissenschaften in einer Zusammenschau zu einem einheitlichen Weltbild, einer Weltanschauung, zu verbinden.

Sobald wir die damit gewonnene Erkenntnis von mehreren Seiten zu beleuchten versuchen, müssen wir allerdings erkennen, daß damit eine gewisse Grenzziehung gegenüber den Wissenschaften gewonnen ist, nicht aber eine Abgrenzung nach allen Seiten. Denn auch den Zug zur Ganzheit hat die Philosophie nicht für sich allein. Sie teilt ihn mit der Religion und mit der Kunst. Beide richten sich, jede auf ihre Weise, ebenfalls auf das Ganze des Seins. Auch hier sind die Grenzen mindestens fließend. Philosophie, sobald sie das Ganze des Lebens und seinen Sinn zu fassen sucht, kann übergehen in religiöse Schau. Tatsächlich sind Religion und Philosophie in langen Zeiträumen der Geschichte untrennbar ineinander verwoben. Ein philosophisches Gedankengebäude kann andererseits durch vollendete Form sich dem Kunstwerk, etwa einer Dichtung oder auch einem kunstvollen Bauwerk, annähern. Endlich ragen die Werke der Kunst, mindestens die Gipfel, unzweifelhaft in den Bereich des Religiösen hinein.

Aber eine befriedigende und für unsere Zwecke genügende Scheidung ist auch hier durchzuführen. Was die Philosophie in diesem Zusammenhang auszeichnet, ist das Denken als ihr eigentliches Mittel. Die Religion appelliert ihrem Wesen nach in erster Linie an den Glauben und an das Gefühl, nicht an den Verstand. Kunst wiederum ist auch nicht Denken, sondern Gestaltung eines Inneren in eine äußere Form, die freilich, wenn sie vollendet ist, das Ganze des Seins zum Ausdruck bringen kann, aber in gleichnishafter, symbolischer Weise, durch ein Einzelnes hindurch gesehen und immer vorwiegend nicht an den Verstand appellierend, sondern an unser Gefühl für das Schöne und Erhabene.

Die geschichtliche Betrachtung der erörterten Lebensgebiete in ihrem Zusammenhang und ihrer gegenseitigen Wirkung aufeinander zeigt, daß Religion, Kunst, Philosophie und Einzelwissenschaften zu manchen Zeiten vermischt und verbunden, zu anderen getrennt und auch im Gegensatz zueinander aufgetreten sind.

In ganz großen Zügen gesehen läßt sich sagen, daß in manchen Kulturen, besonders in geschichtlich früher Zeit, alle ungeschieden vereinigt sind. Von den alten Indern zum Beispiel sind uns große religiös- philosophische, durch Jahrhunderte von unzähligen Urhebern verfaßte und zusammengetragene Werke überliefert, die ebensosehr religiöse wie philosophische Welterklärung enthalten und die als Dichtungen zugleich Kunstwerke sind; neben denen es wahrscheinlich auch keine Einzelwissenschaften in unserem Sinne gegeben hat. Auch im ganzen europäischen Mittelalter sind Religion und Philosophie in engster Verschwisterung. Bei den Griechen dagegen trat Philosophie auf mit dem Anspruch, nur durch Denken, ohne Appell an den Glauben, das Sein und seinen Sinn (oder Nicht-Sinn) zu fassen. Und in der abendländischen Entwicklung der letzten Jahrhunderte haben sich die Einzelwissenschaften, die bei den Griechen noch in der Philosophie mit enthalten waren, in wachsendem Maße von dieser gelöst und verselbständigt und haben am Ende sogar der Philosophie ihr Daseinsrecht neben den Einzelwissenschaften zu bestreiten gesucht – wie sich früher schon die Philosophie gegen die Religion gewandt hatte, mit der sie lange Zeit verbunden gewesen war.

Dies möge als Absteckung des Bereichs, in dem wir uns zu bewegen haben werden, genügen. Die Darstellung wird wegen des engen historischen Zusammenhangs der Philosophie mit Religion einerseits, mit den Wissenschaften andererseits nicht ohne ständige Ausblicke auf diese Gebiete möglich sein.

Auf eine rein theoretische, begriffliche Weise, durch Definition also, läßt sich Philosophie und ihr Gegenstand nicht genau abgrenzen und festlegen, einfach deswegen, weil Philosophie nicht ein abstrakter, ein für allemal festzulegender, sondern ein geschichtlich gewordener und ständig sich weiterentwickelnder Begriff ist. Letztlich bezeichnen wir eben bestimmte, in der Entwicklung des menschlichen Geistes aufgetauchte Probleme und die Versuche zu ihrer Lösung zusammenfassend als Philosophie. In sie alle einzudringen und sich von ihnen eine Vorstellung zu machen ist nur möglich, indem man sie sich in ihrem geschichtlichen Werden vergegenwärtigt. Das heißt, Philosophie zu treiben ist nicht möglich, ohne Geschichte der Philosophie zu treiben.

EINIGE LEITENDE GESICHTSPUNKTE

Wir wollen das weite Gebiet, dessen Grenzen wir soeben abgeschritten haben, nicht betreten, ohne vorher einige Grundfragen aufzuzeichnen, als Richtschnur, als Orientierungspunkte gewissermaßen, die den Weg markieren und ohne die wir uns leicht im uferlosen Strom der Gedanken verlieren könnten. Wir brauchen nach der äußeren Abgrenzung des Bereichs ein Maß, ein inhaltliches Kriterium, an Hand dessen wir entscheiden, welche Wege wir einschlagen und welche wir unbetreten liegenlassen.

Der große Immanuel Kant hat im hohen Alter, rückschauend auf sein Lebenswerk, in einem Briefe gesagt, daß seine Arbeit auf die Beantwortung von drei Fragen ausgegangen sei:

Was können wir wissen?
Was sollen wir tun?
Was dürfen wir glauben?

In diesen Fragen sind die Dinge angerührt, die jeden denkenden Menschen zu jeder Zeit bewegt haben und bewegen:

Die erste Frage betrifft das menschliche *Erkennen.* Wie ist die Welt beschaffen, wie habe ich mir sie vorzustellen? Was kann ich von ihr wissen? Und (worauf gerade bei Kant der Nachdruck liegt) kann ich überhaupt etwas Sicheres über sie wissen?

Die zweite geht auf das menschliche *Handeln.* Wie soll ich mein Leben gestalten? Was kann ich vernünftigerweise und was soll ich erstreben? Wie verhalte ich mich zu meinen Mitmenschen? Wie gegenüber der menschlichen Gesellschaft?

Die dritte Frage betrifft das menschliche *Glauben.* Sie zielt auf die Dinge, von denen zwar nicht sicher ist, ob wir etwas Genaues über sie ausmachen können, die uns aber trotzdem unabweislich bedrängen, wenn wir unserem Leben einen Sinn geben wollen. Gibt es eine höhere Macht? Ist der Mensch frei oder unfrei in seinem Willen? Gibt es eine Unsterblichkeit? Wir sehen, daß die dritte Frage, übrigens auch schon die zweite, in das Gebiet der Religion hinüberreicht. Abgesehen davon, daß viele Philosophen den Versuch gemacht haben, diese Frage mit philosophischen Mitteln zu bearbeiten und zu beantworten, gehört sie mindestens insofern in den Bereich der Philosophie mit hinein, als wir von dieser eine Antwort auf die Frage verlangen können: Lassen sich diese Fragen überhaupt beantworten, auf Grund welcher Gewißheiten und Beweise, und wo liegt die Grenze zwischen den Bereichen des Wissens und des Glaubens, sofern ein solcher neben dem Reich des Denkens besteht?

Fassen wir die geschichtliche Entfaltung der Philosophie unter dem Gesichtspunkt dieser drei Fragen ins Auge, so ist – so viel sei der Darstellung im einzelnen vorausgeschickt – in ganz großen Zügen zu erkennen, daß die Fragen in ihr in umgekehrter Reihenfolge als der von Kant gewählten auftauchen. Es ist wahrscheinlich, daß Geburt und Tod als die Grundtatsachen allen Lebens und damit die Frage nach einem Fortleben nach dem Tode, daß das Walten übermenschlicher, geheimnisvoller Mächte und die Frage nach einem Gott, Göttern und Dämonen die ersten und elementarsten Rätsel waren, die der erwachende Menschengeist vorfand und denen er sich zuerst zuwandte. Und es ist gewiß, daß das Suchen nach den richtigen Grundsätzen des menschlichen Handelns, nach der Erkenntnis des Nützlichen und des moralisch Gebotenen, die Philosophie früher beschäftigt hat als die in aller Schärfe gestellte Frage nach den Möglichkeiten, Mitteln und Grenzen des menschlichen Erkennens.

Bei allen Vorbehalten und Abweichungen im einzelnen kann man sagen, daß in der altindischen Philosophie die Fragen nach Gott, Freiheit und Unsterblichkeit und nach dem Sinn des Lebens im ganzen beherrschend sind. Das altchinesische Denken ist von vornherein stärker dem Gebiet des praktischen Handelns und des menschlichen Gemeinschaftslebens, der Ethik also, zugewandt. In der sehr vielgestaltigen griechischen Philosophie kommen alle drei Fragen zur Geltung, mit einer gewissen Bevorzugung des Erkennens und des Handelns. Die abendländische Philosophie des Mittelalters legt das Schwergewicht wiederum auf die ewigen Fragen Gott, Freiheit, Unsterblichkeit, daneben auf Gut und Böse im menschlichen Handeln. Erst im europäischen Denken der Neuzeit entfaltet sich das Erkenntnisproblem in seinem ganzen Umfang und herrscht in stets zunehmendem Maße, bis in der Gegenwart sich vielleicht eine erneute Verschiebung abzeichnet.

Die Ausrichtung unserer Untersuchung auf die drei Fragen bedeutet negativ gesehen, daß wir davon absehen, alle früher zusammengestellten Teilgebiete der Philosophie in die Betrachtung einzubeziehen. Eine Geschichte der Ästhetik, der Staatsphilosophie, der Rechtsphilosophie usw. würde jeweils ein besonderes Buch erfordern. Positiv gesehen bedeutet es vor allem, daß wir den Leser bitten, das Dargestellte ständig auf diese Fragen hin zu betrachten und zu bedenken. Er wird dann am Schlusse erkennen, daß zwar jedes Zeitalter und jeder Denker seine eigenen Antworten auf sie bereithält, daß aber im Grunde die Anzahl der überhaupt möglichen Antworten nicht unbegrenzt ist.

Erster Teil

Die Weisheit des Ostens

Erstes Kapitel

Die Philosophie des alten Indien

Indien ist, geographisch betrachtet und ebenso in geistiger Beziehung, eine ganze Welt für sich. Dieses riesige Land, vom ewigen Schnee des Himalaja im Norden bis zur tropischen Hitze der großen Stromebenen und des Südteils alle Klimazonen umfassend, mit einer Bevölkerung von über 650 Millionen Menschen, Heimat vieler Sprachen, Kulturen und Religionen, mit einer Geschichte von mindestens drei bis vier Jahrtausenden, ist nicht nur das Ursprungsland der ältesten uns bekannten Zeugnisse des philosophierenden Menschengeistes, sondern auch eine der ältesten Wiegen menschlicher Kultur – soweit die Altertumswissenschaft urteilen kann, deren Ausgrabungsergebnisse teilweise stets vom Zufall abhängen. Jedenfalls wird die sogenannte Kultur von Mohenjo-Daro, deren Überreste in Gestalt mehrerer übereinandergelagerter Schichten von Städten mit festen, mehrstöckigen Häusern, Geschäften und breiten Straßen der Spaten im Jahre 1924 erstmalig ans Licht brachte, von Fachleuten auf das dritte oder vierte Jahrtausend vor unserer Zeitrechnung angesetzt. Die gefundenen Haushaltungsgegenstände, geschmückten Gefäße, Waffen und Schmuckstücke sollen an Kunstfertigkeit nicht nur denen des alten Ägypten und Babylon, sondern auch europäischen an die Seite zu stellen sein.[1]

Um die Mitte des zweiten vorchristlichen Jahrtausends, etwa um das Jahr 1600 v. Chr. – alle Festlegungen von Daten in der frühen Geschichte Indiens sind nur Schätzungen – begann von Norden her die allmähliche Eroberung Indiens durch das Volk, das sich selbst *aryas*, die Arier, nannte. Das Wort bedeutet nach manchen Erklärungen ursprünglich »edel«, so daß Arier »Edelleute« bedeuten würde.[2] Nach anderen meint es »die zu den Treuen Gehörigen«, das heißt die sich zur Religion der Arier Bekennenden; wieder andere leiten es ab von einem Wort für »pflügen«, so daß Arier soviel wie Bauern hieße.[3] Als die Sprachwissenschaft – um 1800 – die Verwandtschaft der ursprünglichen Sprache dieser Arier mit den europäischen Sprachen bemerkt hatte, erhielt die Sprachfamilie, welche das Indische, Persische, Griechische, Lateinische, Slawische, Germanische, Keltische und Armenische umfaßt, den Namen arische oder indogermanische Sprachen, und man leitete aus der sprachlichen Verwandtschaft die Annahme ab, daß die

Indo-Arier mit den eben genannten Völkergruppen von einem indogermanischen Urvolk abstammten, über dessen ursprüngliche Heimat sich ein langer wissenschaftlicher Streit entspann. In jüngster Zeit ist diese ganze Annahme bezweifelt worden; doch daß die genannten Sprachen auf eine – freilich nicht durch schriftliche Zeugnisse belegte – gemeinsame Muttersprache zurückgehen, gilt als sicher.[4]

Die Eroberung Indiens durch die Arier vollzog sich in drei Etappen, von denen jede Jahrhunderte dauerte und die in einer gewissen Beziehung zu den drei Gebieten stehen, in welche Indien gemeinhin von der Geographie eingeteilt wird: In der ersten, etwa bis zum Jahre 1000 v. Chr. reichenden Periode erstreckte sich ihr Siedlungsgebiet nur auf das sogenannte Pandschab (Fünfstromland) um den Indus im Nordwesten Indiens; in der zweiten, wiederum rund 500 Jahre währenden Periode wurde es, unter fortwährenden Kämpfen gegen die Ureinwohner und auch unter Kämpfen der arischen Stämme untereinander, nach Osten ausgedehnt auf das Gebiet um den Ganges, wohin sich nunmehr der Schwerpunkt verlagerte; in der dritten Periode, ungefähr von 500 v. Chr. ab, wurde der Südteil Indiens, das Hochland von Dekhan, allmählich von den Ariern und ihrer Kultur durchdrungen, wenngleich sich hier bis heute vieles von der Kultur der Ureinwohner, der sogenannten Draviden, erhalten hat, insbesondere auch eine Gruppe dravidischer Sprachen.

Das Denken der Indo-Arier allein bildet den Inhalt der altindischen Philosophie. Von der Geisteswelt der vor-arischen Völker ist kaum etwas bekannt.

I. Das vedische Zeitalter

Die Geschichte der indischen Philosophie in klar abgegrenzte Perioden einzuteilen, ist schwer. Das gilt auch für die sonstige Geschichte Indiens und hängt zusammen mit einer Eigenart des indischen Geistes, der von jeher mehr auf das Ewige als auf das Zeitliche und seine Ordnung gerichtet war und es verschmähte, den zeitlichen Ablauf im einzelnen sehr ernst zu nehmen und genau festzuhalten. Es gab darum in Indien keine eigentliche Geschichtsschreibung in unserem Sinne, das heißt keine Aufzeichnung exakter Daten, wie sie zum Beispiel die alten Ägypter vorgenommen haben. So gleicht auch das philosophische Denken der Inder einem Meer, man findet, sobald man darin eintaucht, nur schwer Orientierungspunkte. Für die meisten Werke der indischen Philosophie ist kaum mit Sicherheit das Jahrhundert anzugeben, in dem sie entstanden sind. Und im Gegensatz zum Abendland, wo alle Abschnitte und Wendepunkte in der Entwicklung der Philosophie bestimmt sind durch klar umrissene, historische Denkerpersönlichkeiten, treten in Indien die einzelnen Denker ganz hinter ihren Werken und Gedanken zurück und sind meist zwar dem Namen nach, nicht aber nach ihren Lebensumständen und genauen Lebensdaten bekannt.

Immerhin ist es möglich, nach dem heutigen Stande unserer Erkenntnis – die Durchforschung der indischen Geistesgeschichte ist noch nicht vollendet, noch nicht einmal sind alle diesbezüglichen indischen Werke in europäische Sprachen übersetzt – eine Einteilung in mehrere Hauptperioden vorzunehmen, die stichhaltig und für die Zwecke unserer Einführung ausreichend ist.

Die erste Hauptperiode ist von etwa 1500–500 v. Chr. anzusetzen und wird als vedisches Zeitalter bezeichnet nach dem Gesamtkomplex von Schriften, denen wir die Kenntnis dieser Zeit verdanken und die mit dem Sammelnamen der *Veda*, oder in der Mehrzahl die Veden, genannt werden.

Es handelt sich dabei nicht um ein Buch, sondern um eine ganze Literatur, aufgezeichnet zu sehr verschiedenen Zeiten und von vielen unbekannten einzelnen, deren Niederschrift in der Hauptsache jedoch in die genannte Zeit fällt; sie enthalten aber mythisches und religiöses Gedankengut, das noch weit älter ist. »Veda« bedeutet religiöses, theologisches Wissen, was in der ältesten Zeit mit der Gesamtheit des der Aufzeichnung wert befundenen Wissens gleichzusetzen ist. Der Umfang des Veda übertrifft den der Bibel um das Sechsfache.[5]

Vier verschiedene Abteilungen des Veda, auch einzeln Veden genannt, sind zu unterscheiden:

Rigveda – der Veda der Verse, das Wissen von den Lobeshymnen[6],
Samaveda – der Veda der Lieder, das Wissen von den Gesängen,
Yayurveda – der Veda der Opferformeln.
Atharvaveda – der Veda des Atharvan, das Wissen von den magischen Formeln.

Diese Veden sind die Handbücher der alten indischen Priester, in denen diese das für die religiösen Opferhandlungen erforderliche Material an Hymnen, Sprüchen, Formeln usw. aufbewahrten. Da bei jeder Opferhandlung vier Priester mitwirken mußten, der sogenannte Rufer, der Sänger, der ausübende Priester und der Oberpriester, gibt es vier Veden, einen für jede dieser priesterlichen Funktionen.

Innerhalb jedes Veda werden vier Abteilungen unterschieden:

Mantras – Hymnen, Gebetsformeln,
Brahmanas – Anweisungen zur richtigen Verwendung dieser Formeln bei Gebet, Beschwörung und Opfer,
Aranyakas – »Waldtexte«, Texte für im Walde lebende Einsiedler,
Upanischads – »Geheimlehren«, diese sind in philosophischer Hinsicht am bedeutsamsten.

Andere Einteilungen sind möglich.
Diesen Schriften schreibt der gläubige Hindu kanonische Geltung zu, das heißt sie gelten als auf göttlicher Offenbarung beruhend und als unantastbare Wahrheiten.
Die nach dem Veda benannte erste Hauptperiode der indischen Philosophie wird nach der verschiedenen Entstehungszeit der einzelnen Teile desselben in drei Abschnitte unterteilt:

1. Die altvedische oder Hymnenzeit, etwa 1500–1000 v. Chr.
2. Die Zeit der Opfermystik, etwa 1000–750 v. Chr.
3. Die Zeit der Upanischaden, etwa 750–500 v. Chr.

1. KULTUR UND RELIGION DER HYMNENZEIT

Für das Verständnis der späteren Entwicklungen ist eine gewisse Vorstellung von dem geschichtlichen Hintergrund dieser ältesten bekannten Periode des arischen Lebens unerläßlich. Die Hymnen des *Rigveda,* der den ältesten Teil der Veden und eines der ältesten literarischen Denkmale der Menschheit überhaupt bildet, vermitteln ein anschauliches Bild vom Leben und den religiösen Vorstellungen der Indoarier in dieser Zeit, da ihre Ausbreitung erst den nordwestlichen Teil Indiens erfaßt hatte.[7] Sie waren damals ein kriegerisches Volk von Bauern und vor allem Viehzüchtern, noch ohne Städte und ohne Kenntnis der Seeschiffahrt. Einfache Gewerbe, wie das des Schmiedes, Töpfers, Zimmermanns, des Webers, waren bereits vorhanden. Ihre religiösen Vorstellungen sind dadurch gekennzeichnet, daß die unserem Denken heute selbstverständliche Unterscheidung von Belebtem und Unbelebtem, von Personen und Sachen, von Geistigem und Stofflichem noch nicht vorgenommen wurde.[8] Die frühesten Götter waren Kräfte und Elemente der Natur. Himmel, Erde, Feuer, Licht, Wind, Wasser werden, ganz ähnlich wie bei anderen Völkern, als Personen gedacht, die nach Art der Menschen leben, sprechen, handeln und Schicksale erleiden. Der Rigveda enthält Hymnen, Lobpreisungen dieser Götter, etwa über Agni, den Feuergott, Indra, den Machthaber über Donner und Blitz, Wischnu, den Sonnengott, und Gebete an diese Götter um Mehrung der Herden, gute Ernten und ein langes Leben.
Die ersten Keime philosophischen Denkens treten darin zutage, daß die Frage aufgeworfen wird: Liegt in der *Vielzahl* der Götter *ein* letzter Weltgrund verborgen? Ist die ganze Welt vielleicht aus einem solchen Urgrund entstanden? Das erste Aufdämmern des Gedankens der Einheit, der später das große und beherrschende Thema der indischen Philosophie wurde, liegt also bereits in dieser frühesten Zeit.
Dieses Suchen nach dem einen Urgrund, der die Welt trägt und aus dem sie entstanden ist, kommt in herrlicher Weise zum Ausdruck in

einem Schöpfungshymnus des Rigveda, der in der freien Übertragung durch Paul Deussen lautet:

»Damals war nicht das Nicht-Sein, noch das Sein,
Kein Luftraum war, kein Himmel drüber her. –
Wer hielt in Hut die Welt, wer schloß sie ein?
Wo war der tiefe Abgrund, wo das Meer?

Nicht Tod war damals noch Unsterblichkeit,
Nicht war die Nacht, der Tag nicht offenbar. –
Es hauchte windlos in Ursprünglichkeit
Das Eine, außer dem kein andres war.

Von Dunkel war die ganze Welt bedeckt,
Ein Ozean ohne Licht, in Nacht verloren; –
Da ward, was in der Schale war versteckt,
Das *Eine* durch der Glutpein Kraft geboren.

Aus diesem ging hervor, zuerst entstanden
Als der Erkenntnis Samenkorn, die Liebe; –
Des Daseins Wurzelung im Nichtsein fanden
Die Weisen, forschend, in des Herzens Triebe.

Als quer hindurch sie ihre Meßschnur legten,
Was war da unterhalb, und was war oben? –
Keimträger waren, Kräfte, die sich regten,
Selbstsetzung unten, Angespanntheit droben.

Doch, wem ist auszuforschen es gelungen,
Wer hat, woher die Schöpfung stammt, vernommen?
Die Götter sind diesseits von ihr entsprungen!
Wer sagt es also, wo sie hergekommen? –

Er, der die Schöpfung hat hervorgebracht,
Der auf sie schaut im höchsten Himmelslicht,
Der sie gemacht hat oder nicht gemacht,
Der weiß es – oder weiß auch er es nicht?«[9]

Gepaart mit einem tiefen Suchen nach dem Urgrund der Welt, sehen wir in diesem Gedicht am Schluß auch einen radikalen Zweifel am Werke, der für den Ausgang der Hymnenzeit bezeichnend ist, den Zweifel an den Göttern. Die Götter sind »diesseits der Schöpfung«, ruft der Dichter aus, das heißt, auch sie sind geschaffen. Wir haben hier bereits den Beginn des Verfalls der altvedischen Religion vor uns oder, besser, einer entscheidenden Wandlung.
Zweifel und Unbefriedigtsein gegenüber den Göttern verdichten sich zum offenen Spott. So heißt es:

»Bringt schönes Lob dem Indra um die Wette,
Wahrhaftiges, *wenn er wahrhaftig ist!*
Zwar sagt wohl der und jener: ›Indra ist nicht!‹
Wer sah ihn je? Wer ist's, daß man ihn priese?«[10]

Mit dem in diesem Beispiel und in vielen, noch schrofferen Stellen zu erkennenden Verfall des altvedischen Götterglaubens und mit dem Auftauchen des Gedankens der All-Einheit war die Zeit reif für die nächsten Schritte des indischen Geistes, mit denen er bereits einen einzigartigen Höhepunkt erreicht.

2. DIE ZEIT DER OPFERMYSTIK – DIE ENTSTEHUNG DES KASTENWESENS

Die Zeit, in der die Indoarier ihr Herrschaftsgebiet nach Osten bis zum Ganges-Delta ausdehnten und dort eine Herrenschicht über einer andersrassigen Bevölkerung bildeten, ist dadurch bedeutsam, daß sich in ihr diejenigen sozialen Einrichtungen herausbildeten, die von da ab für das gesamte indische Leben am charakteristischsten sind und die dem hinduistischen Indien (im Unterschied zu dem später mohammedanischen Teil, der jetzt mit Pakistan und Bangla Desch eigene Staaten bildet) bis ins 20. Jahrhundert das Gepräge geben: das *Kastensystem* und die bevorzugte Stellung des Priesterstandes, der *Brahmanen.*
Den Anlaß zur Ausbildung der Kasten gab die Notwendigkeit, die gegen die Urbevölkerung zahlenmäßig unterlegene arische Herren- und Erobererschicht scharf abzusondern, wenn sie sich rein erhalten und nicht alsbald durch Vermischung in jener untergehen sollte. So entstand zunächst die Trennung in Aryas und Tschudras, wie die unterworfenen Völker, wahrscheinlich nach dem Namen eines ihrer Stämme, genannt wurden, oder richtiger, sie entstand nicht, sondern die gegebene Trennung wurde durch die Ausbildung der Kasten zur dauernden und unübersteigbaren Scheidung.
Dieser Einteilung nach der Rasse – das alte indische Wort für Kaste, varna, bedeutet Farbe, das Wort Kaste ist portugiesischer Herkunft – folgte innerhalb der Arier alsbald eine weitere Sonderung in die drei Hauptkasten.

Brahmanen = Priester,

Kschatriyas = Fürsten, Könige und Krieger (in etwa mit unserem mittelalterlichen Adel zu vergleichen),

Vaischyas = Freie (Kaufleute usw.).

Unter diesen standen die Tschudras, noch unter diesen die Parias oder Verstoßenen, unbekehrte Eingeborenenstämme, Kriegsgefangene und Sklaven, aus denen die sogenannten Unberührbaren hervorgegangen sind[11], die noch immer eines der schwierigsten sozialen Probleme darstellen und für die Mahatma Gandhi in seinem Kampf besonders eingetreten ist.

Aus der anfänglichen Kastenscheidung wurde im Laufe der Zeit eine immer weiter gehende Unterteilung in zahlreiche erbliche Unterkasten, die jede streng für sich abgeschlossen lebten.

Erst die europäische Technik hat mit Eisenbahn und Fabrikarbeit dieses System erschüttert.

Für die Entwicklung des geistigen Lebens, die uns hier interessiert, wurde besonders wichtig die sich nun herausbildende und festigende Vorrangstellung der brahmanischen Priesterkaste. In der altvedischen Zeit hatte noch die Kriegerkaste der Kschatriyas die führende Stellung in der Gesellschaft inne. Mit dem allmählichen Übergang vom kriegerischen Erobern zu einer friedlichen, festgeordneten, auf Ackerbau und Gewerbe ruhenden Gesellschaftsordnung erhielt in den Augen des Volkes die im Gebet und Opfer liegende Möglichkeit der Einwirkung auf die übernatürlichen Mächte eine immer wachsende Bedeutung. Vom Willen der Götter hing ja, so glaubte man, das Gedeihen der Ernten und damit das Wohl und Wehe der Bevölkerung ab. Nur die Brahmanen besaßen aber das Wissen über die richtige Handhabung des Verkehrs mit den göttlichen Mächten, und sie hüteten es sorgsam und umgaben es mit Geheimnis, auch verbreiteten und unterstützten sie geschickt die Ansicht, daß schon die kleinste Abweichung vom richtigen Ritual den Erfolg vereitelte und statt Segen schweren Schaden bringen könnte. Hinzu kam, daß dieses priesterliche Wissen um die alten Formen und Formeln des Gottesdienstes mit der zunehmenden zeitlichen und räumlichen Entfernung von deren Entstehung eine gewisse dunkle Unverständlichkeit und geheimnisvolle Weihe erhalten hatte. Die Brahmanen, außer denen es keine geistige Macht gab, wurden so zu unentbehrlichen Mittlern bei allen wichtigeren Handlungen des privaten und öffentlichen Lebens. Bei Krieg und Friedensschluß, Königsweihe, bei Geburt, Heirat und Tod hing Segen oder Unsegen ab von der richtigen Darbringung des Opfers, die sie beherrschten. Zugleich besaßen sie das Monopol aller höheren Erziehung, die nur in ihren Händen lag.

Völlig verschieden von vergleichbaren europäischen Verhältnissen, beispielsweise der Herrschaft der katholischen Kirche in unserem Mittelalter, ist die Stellung der Brahmanen darin, daß sie niemals eine weltliche Herrschaft erstrebt oder besessen haben und daß sie niemals nach Art einer Kirche eine geschlossene Organisation mit einem geistlichen Oberhaupt bildeten. Sie waren und blieben ein Stand von freien, gleichberechtigten Einzelnen.

Da der Brahmane durch unmerkliche, nur dem Eingeweihten erkennbare Abänderungen des Rituals den Erfolg des Opfers nach seinem Willen fördern oder vereiteln konnte, versteht es sich, daß alle, die den

Priester zu irgendwelchen Verrichtungen heranzogen, sich seine Gewogenheit durch Ehrerbietung, reiche Bewirtung und Geschenke zu sichern suchten, was wiederum die Macht der Brahmanen stärkte. – Die aus dieser Zeit stammenden Aufzeichnungen, die sogenannten Brahmana-Texte, beziehen sich demgemäß hauptsächlich und fast ausschließlich auf dieses gehütete Priesterwissen um Opferwesen und Zeremoniell. Sie sind deshalb als philosophische Quellen nur mittelbar zu verwenden. Immerhin lassen sie gewisse Rückschlüsse darauf zu, wie sich die religiösen und philosophischen Vorstellungen – welche beide in Indien stets eine Einheit bilden – inzwischen gewandelt hatten. Wir beschränken uns hier auf die Feststellung, daß die beiden Begriffe, die den Angelpunkt alles weiteren hinduistischen Denkens bilden, sich in dieser Zeit allmählich herausgebildet und in den Vordergrund des philosophischen Interesses geschoben haben: Brahman und Atman. Sie sollen im folgenden Abschnitt näher behandelt werden.

3. DAS ZEITALTER DER UPANISCHADEN

Auf die Dauer konnten die priesterlichen Formelsammlungen und Kommentare der Brahmanas, die eine gewisse Erstarrung und Veräußerlichung erkennen lassen, den suchenden indischen Geist nicht befriedigen. Seher und Asketen in den nördlichen Wäldern forschten und suchten weiter und schufen die unvergleichlichen Upanischaden, von denen Schopenhauer gesagt hat: »Es ist die belohnendste und erhebendste Lektüre, die in der Welt möglich ist. Sie ist der Trost meines Lebens gewesen und wird der meines Sterbens sein.«[12]

Auch die Upanischaden sind kein geschlossenes System, sondern Gedanken und Lehren vieler Männer. Es gibt insgesamt über 100 Upanischaden, die von unterschiedlicher Bedeutung sind.

Das Wort Upanischad wird abgeleitet von upa = nahe und sad = sitzen, bedeutet demnach die Lehre für diejenigen, die »in der Nähe (des Meisters) sitzen«, also geheime, nur für Eingeweihte bestimmte Lehre.[13]

Es sei hier bemerkt, daß eigentlich das ganze indische philosophische Denken einen solchen esoterischen, das heißt nur für einen kleinen Kreis Eingeweihter bestimmten Charakter besitzt. Zahllos sind die Stellen, in denen die Anweisung gegeben wird, den betreffenden Gedanken nur dem nächsten und geliebten Schüler weiterzugeben.

Auch die Verfasser der Upanischaden sind im allgemeinen unbekannt. Hervor ragen unter ihnen eine Frau namens Gargi und der große Yagnavalkya, eine mythische Gestalt, von dem anzunehmen ist, daß er wirklich gelebt hat, wenn auch nicht alle Lehren, die ihm in den Upanischaden zugeschrieben werden, von ihm stammen dürften.

Yagnavalkya führte nach der Sage das Leben eines begüterten brahmanischen Hausvaters und hatte zwei Frauen, Maitreyi und Katyayana. Als er beide verlassen wollte, um in der Einsamkeit nachzudenken und die Wahrheit zu suchen, bat ihn Maitreyi, sie mitzunehmen.

»Maitreyi«, sagte Yagnavalkya, »siehe, ich bin im Begriffe, von diesem Staate fortzuwandern. Ich will nun für dich und für Katyayana eine endgültige Regelung treffen.«

Da sprach Maitreyi: »Wenn nun, mein Herr, diese ganze Erde mit allen ihren Reichtümern mein wäre, würde ich dadurch unsterblich sein?«

»Nein, nein«, sagte Yagnavalkya, »es gibt keine Hoffnung auf Unsterblichkeit durch Reichtum.«

Da sprach Maitreyi: »Was soll ich tun mit dem, was mich nicht unsterblich machen kann? Was du weißt, Herr – das erkläre mir.«[14]

Die Frau nahm in jener Zeit Indiens an der Wahrheitssuche und am philosophischen Leben teil.

Die Grundstimmung der Upanischaden ist durchaus pessimistisch und steht damit in grellem Kontrast zu der ganz dem Diesseits zugewandten Stimmung in den Hymnen der altvedischen Zeit. Von einem König wird berichtet, der sein Reich verließ und in die Wälder zog, um das Rätsel des Daseins zu ergründen. Nach langer Zeit nahte sich ihm ein Weiser, den der König bat, ihm von seinem Wissen mitzuteilen. Nach längerem Sträuben sprach der Wissende:

»O Ehrwürdiger! In diesem aus Knochen, Haut, Sehnen, Mark, Fleisch, Samen, Blut, Schleim, Tränen, Augenbutter, Kot, Harn, Galle und Phlegma zusammengesetzten, übelriechenden kernlosen Leibe – wie mag man nur Freude genießen!

In diesem mit Leidenschaft, Zorn, Begierde, Wahn, Furcht, Verzagtheit, Neid, Trennung von Liebenden, Bindungen an Unliebes, Hunger, Durst, Alter, Tod, Krankheit und dergleichen behafteten Leibe – wie mag man nur Freude genießen! Auch sehen wir, daß diese ganze Welt vergänglich ist und so wie diese Bremsen, Stechfliegen und dergleichen, diese Kräuter und Bäume, welche entstehen und wieder verfallen . . .

Gibt es doch noch andere Dinge – Vertrocknung großer Meere, Einstürzen der Berge, Wanken des Polarsterns, Reißen der Windseile, Versinken der Erde . . . In einem Weltlauf, wo derartiges vorkommt, wie mag man da nur Freude genießen! Zumal auch, wer ihrer satt ist, doch immer wieder und wieder zurückkehren muß!«[15]

Die hier zutage tretende Bewertung alles Daseins als Leiden ist das Grundmotiv des indischen Denkens, das von nun an nicht wieder verschwindet. Wie es zu dieser grundstürzenden Wandlung in der Haltung des Indoariers zum Dasein gegenüber der lebensfrohen und bejahenden Stimmung der Anfangszeit gekommen ist, kann man nur vermuten. Der Einfluß des erschlaffenden tropischen Klimas mag dabei eine

große Rolle spielen. Auch ist sowohl im Leben des einzelnen Menschen wie der Entwicklung ganzer Völker und Kulturen der Vorgang immer wieder zu beobachten, daß nach jugendlich-anfänglicher Hingabe an das Dasein und seine Freuden der reif gewordene Mensch die Vergänglichkeit und den zweifelhaften Wert alles Irdischen immer stärker durchschaut. Und schließlich beginnt ja jedes höhere und insbesondere das philosophische Denken eigentlich erst in dem Augenblick, wo Zweifel und Unbefriedigtsein den Denkenden erfassen und ihn veranlassen, die Gesamtheit der unmittelbar gegebenen Erfahrungswelt nicht einfach naiv als etwas Gegebenes hinzunehmen, sondern hinter und jenseits ihrer noch eine andere Welt und die eigentliche Wahrheit zu suchen. Schließlich muß die »mystische« Richtung, die der indische Geist jetzt einschlägt, mit ihrer Konzentration der Denk- und Seelenkräfte nach innen zwangsläufig zu einer gewissen Abwertung alles Sinnlich-Äußeren führen.
Zwei philosophische Hauptgedanken ziehen sich durch die bedeutenderen unter den Upanischaden: die Lehre von Atman und Brahman und der Gedanke von Seelenwanderung und Erlösung.

a) Atman und Brahman
Diese beiden Begriffe, in der älteren Zeit vorgebildet, erlangen in den Upanischaden eine alles beherrschende Bedeutung. Möglicherweise sind die an sie geknüpften Gedanken anfänglich unter den Kschatriya-Kriegern, nicht bei den Brahmanenpriestern, ausgebildet und überliefert und erst später von letzteren übernommen worden.
Brahman, ursprünglich »Gebet«, »Zauberrede«, dann »heiliges Wissen«[16] bedeutend, wurde im Lauf einer langen Entwicklungszeit über mannigfache Zwischenstufen schließlich zu einem umfassenden Begriff, zu einem allgemeinen schöpferischen Weltprinzip, der großen Weltseele, welche in sich selber ruht, aus welcher alles hervorgegangen ist und in welcher alles ruht. So heißt es in einem älteren Text:
»Brahman fürwahr war diese Welt zu Anfang. Dasselbe schuf die Götter. Nachdem es die Götter geschaffen, setzte es sie über diese Welten . . .«[17]
Oder:

»Der Brahman ist das Holz, der Baum gewesen,
Aus dem sie Erd' und Himmel ausgehauen!
Ihr Weise, euch, im Geiste forschend, meld' ich:
Auf Brahman stützt er sich und trägt das Weltenall!«[18]

Wie konnte ein Wort, das ursprünglich Gebet bedeutet, zu einem solchen umfassenden Prinzip werden? (Wer die Sprachgeschichte studiert, wird freilich unzählige und noch verblüffendere Beispiele für den Bedeutungswandel der Wörter finden.) Sieht man das Wesen des Gebetes darin, daß der individuelle Wille des Betenden dabei eingeht in ein überindividuelles, allumfassendes Göttliches, so hat man bereits die Brücke vor sich, über die durch bloße Verschiebung des Akzents die indischen Denker zu ihrer Lehre »Das Brahman ist der Urgrund aller Dinge« kommen konnten.

Auch der Begriff Atman machte eine lange Entwicklung und Umformung durch. Ursprünglich wahrscheinlich »Hauch«, »Atem« bedeutend, erlangte er schließlich den Inhalt: »Wesen«, »das eigene Ich«, »dieses Selbst« im Sinne von »das Selbst im Gegensatz zu dem, was nicht das Selbst ist«[19]. Atman ist also der innerste Kern unseres Selbst, auf den wir stoßen, wenn wir vom Menschen als Erscheinung zunächst die körperliche Hülle wegdenken, von dem verbleibenden lebenshauchartigen Selbst (das wir etwa »Psyche« nennen würden) aber wiederum alles abrechnen, was Wollen, Denken, Fühlen, Begehren ist. Wir kommen dann zu jenem unfaßbaren Innersten unseres Wesens, für das wir kein anderes Wort haben als »Ich«, »Selbst« oder »Seele«, welche aber alle den Inhalt von Atman nur annäherungsweise wiedergeben.

Der entscheidende Schritt, der in den Upanischaden über diese zum Teil schon früher erfolgten Begriffsentwicklungen hinaus getan wurde, bestand nun in der Erkenntnis, daß Brahman und Atman *eines* sind, in der Gleichsetzung Brahman = Atman.

Damit gibt es überhaupt nur eine wahre Wesenheit in der Welt, die, im Weltganzen betrachtet, Brahman, im Einzelwesen erkannt, Atman heißt. Das Weltall ist Brahman, Brahman aber ist der Atman in uns.[20]

Wir haben hier die Grundlage der indoarischen Religionsanschauung vor uns, die in ausgesprochenem Gegensatz zu den Religionen semitischen Ursprungs, wie dem Islam und dem alten Judentum, steht: Während in diesen Gott als der Herr und der Mensch als sein Diener und Knecht erscheint, betont der Inder die Wesensidentität beider.[21]

Wenn der Zugang zum Wesen der Welt tief in unserem eigenen Innern liegt und nur durch Versenkung in dieses zu erschließen ist, so kann die Erkenntnis der äußeren Wirklichkeit für den Weisen keinen Wert besitzen. Die Welt der Dinge in Raum und Zeit ist nicht das eigentliche Wesen, ist nicht Atman, sondern nur Trugbild, Schleier, Illusion, ist Maya, wie der indische Ausdruck lautet. Ihre Kenntnis ist kein wahres Wissen, sondern nur ein Scheinwissen. Insbesondere ist die Vielheit der Erscheinungen nur Maya. In Wahrheit ist nur eines.

»Im Geiste sollen merken sie:
Nicht ist hier Vielheit irgendwie!«[22]

Ein Motiv zur Ausbildung empirischer Wissenschaft im europäischen Sinne gab es damit nicht.

Den Atman muß man kennen, in ihm erkennt man das ganze Weltall.
So sagte Yagnavalkya im Gespräch mit seiner schon erwähnten Frau Maitreyi, die seine Belehrung erbeten hatte:
»Das Selbst, fürwahr, soll man verstehen, soll man überdenken, o Maitreyi; wer das Selbst gesehen, gehört, verstanden und erkannt hat, von dem wird diese ganze Welt gewußt!«[23]
Dieser tiefe Gedanke bedarf noch einiger Erläuterungen. Es wird angenommen, daß er durch Lernen im Sinne verstandesmäßigen Begreifens nicht zu erfassen ist – wir bedenken, daß die Upanischaden ja als Geheimlehren auftraten. »Nicht durch Studium kommt man zum Atman, auch nicht durch Genie und viel Bücherwissen . . . Der Brahman soll auf das Lernen verzichten und wie ein Kind werden . . . er soll nicht nach vielen Worten suchen, denn das ermüdet nur die Zunge.«[24]
Die Wahrheit ist nicht dem Verstand zugänglich, sie ist nicht in Worte zu fassen, sie ist auch nicht für alle zugänglich. Und auch der Auserwählte kann nur auf einem langen Wege zu ihr vordringen. Fasten, Ruhe, Schweigen, strengste Sammlung und Selbstdisziplin, unter völliger Abziehung der Aufmerksamkeit und des Wollens von der Außenwelt – das sind die Vorbedingungen, die den Geist befähigen, durch alle täuschenden Hüllen der Maya zum Kern des Selbst, zum Atman, zu kommen. Selbstentäußerung und Verzicht auf äußeren Erfolg und Sinnenlust, bewußte Auferlegung von Anstrengungen und Qualen, kurz Askese spielte in Indien eine Rolle wie kaum bei einem anderen Volke.
Schließlich konnte die Einsicht auch erst im Verlaufe des ganzen menschlichen Lebens erreicht werden. Vier Stufen, jede etwa 20 Jahre umfassend, sollte der Strebende durchlaufen, um endlich zu ihr zu gelangen.
Er begann als lernender Brahmacarin mit dem Vedastudium unter der Anleitung eines von ihm selbst gewählten Lehrers, in dessen Haus er lebte. Ehrfurcht, Fleiß und Wahrhaftigkeit waren hier seine Pflichten. Da die Unterweisung mündlich erfolgte und der Schüler die heiligen Texte wortgetreu auswendig kennen mußte – sie wurden ja durch Jahrhunderte ausschließlich auf diese Weise überliefert –, dürfte der Fleiß dabei keine geringe Rolle gespielt haben.
Als Grihastha – Hausvater – lebte er das Leben des ausgereiften Mannes, gründete eine Familie, zeugte und erzog Söhne und Töchter und erfüllte seine Pflichten als Glied der Gesellschaft. Im dritten Stadium, nachdem seine Söhne erwachsen waren, zog er sich, meist mit seiner Ehefrau, in die Waldeinsamkeit zurück und begann, sich als Vanaprastha von der Welt ab- und dem Ewigen zuzuwenden.
Endlich konnte er im hohen Alter alles Eigentum aufgeben, seine Frau verlassen und nun in vollkommener Entsagung als wandernder from-

mer Bettler, als Sannyasi (wörtlich »Preisgeber« der Welt) versuchen, jenes Maß an Vergeistigung und Weisheit zu erreichen, das ihn am Ende zum Eingehen in den göttlichen Brahman befähigte.
Diese oberste Stufe war allein der Brahmanenkaste vorbehalten. Die unteren Kasten blieben in der Regel auf der Stufe des Hausvaters stehen.
Wir müssen diese brahmanische Lebensordnung der vier Stufen als einen großartigen Versuch betrachten, die Erfordernisse des praktischen und gesellschaftlichen Lebens in Einklang zu bringen mit den in Indien sehr starken Tendenzen zur Weltabwendung, Weltverneinung und Askese, welche bei ihrem Überhandnehmen den Bestand der Gesellschaft gefährden konnten. Zweifellos liegt eine tiefe Weisheit darin, die gänzliche Hinwendung zum Jenseitigen dem einzelnen erst in höherem Alter, nach Erfüllung seiner Obliegenheiten als Bürger und Familienvater, freizustellen. Umgekehrt wurde durch die im höheren Alter einsetzende Abwendung vom Weltlichen erreicht, daß die Angelegenheiten des praktischen und öffentlichen Lebens in der Hand der Männer auf dem Höhepunkt ihrer biologischen Reife lagen. Es ist einem Volke nicht gut, von lauter Greisen regiert zu werden!

b) Seelenwanderung und Erlösung

Wir gehen über zu dem zweiten, mit dem Gesagten in engem Zusammenhang stehenden Grundgedanken der Upanischaden, der Lehre von der Seelenwanderung und Erlösung, die die religiösen und philosophischen Vorstellungen des indischen Volkes von jener Zeit bis heute in kaum zu überschätzendem Maße bestimmt und geformt hat.
Was wird aus dem Menschen nach seinem Tode?
»Dann nehmen ihn das Wissen und die Werke bei der Hand und seine vormalige Erfahrung. – Wie eine Raupe, nachdem sie zur Spitze des Blattes gelangt ist, einen anderen Anfang ergreift und sich selbst dazu hinüberzieht, so auch die Seele, nachdem sie den Leib abgeschüttelt und das Nichtwissen losgelassen hat, ergreift sie einen anderen Anfang und zieht sich selbst dazu hinüber. – Wie ein Goldschmied von einem Bildwerke den Stoff nimmt und daraus eine neue, andere, schönere Gestalt hämmert, so auch diese Seele, nachdem sie den Leib abgeschüttelt und das Nichtwissen losgelassen hat, so schafft sie sich eine andere, neue, schönere Gestalt, sei es der Väter . . . oder der Götter . . . oder anderer Wesen . . . Je nachdem einer nun besteht aus diesem oder jenem, je nachdem er handelt, je nachdem er wandelt, danach wird er geboren: Wer Gutes tat, wird als Guter geboren, wer Böses tat, wird als Böser geboren, heilig wird er durch heiliges Werk, böse durch böses.«
Dies ist der Gedanke der Seelenwanderung, wie ihn der berühmte Yagnavalkya formuliert hat.[25]

Die Aussicht, je nach Bewährung im jetzigen Leben auf höherer oder niederer Stufe immer von neuem wiedergeboren zu werden, konnte aber für den, der den Leidenscharakter allen Daseins durchschaut hatte, nicht sehr verlockend sein. Infolgedessen richtete sich das Bestreben nicht sowohl darauf, durch eine gute Lebensführung eine Wiedergeburt auf höherer Stufe zu erlangen, als vielmehr dahin, dem ständigen Kreislauf und Wechselspiel von Sterben und Wiedergeborenwerden überhaupt zu entrinnen. Dies ist der Sinn des indischen Begriffs der Erlösung (Mokscha).

Da es die Werke sind (Karma), die das Band zur neuen Existenz bilden und diese bestimmen, so ist Abstehen vom Handeln, Selbstentäußerung, Überwindung des Lebenswillens – Askese – eine Vorbedingung der Erlösung. Dies allein genügt freilich nicht. Hinzutreten muß Wissen, Einsicht: Nur wer das Unvergängliche kennt, wird der Erlösung teilhaft.[26] Und Wissen ist nichts anderes als Einssein mit Atman. Von ihm heißt es: »Er ist meine Seele, zu ihm, von hier, zu dieser Seele werde ich hinscheidend eingehen.«[27]

Ist aber der Atman in uns selbst, so bedarf es eigentlich keines Hingehens, sondern nur dieser Erkenntnis. »Wer erkannt hat: aham brahma asmi – ich bin Brahman – der *wird* nicht erlöst, sondern der *ist schon* erlöst; er durchschaut die Illusion der Vielheit.«[28] So sagt Yagnavalkya: »Wer ohne Verlangen, frei von Verlangen, gestillten Verlangens, selbst sein Verlangen ist, dessen Lebensgeister ziehen nicht aus; sondern Brahman ist er, und in Brahman geht er auf.«[29] Wissen ist die erlösende Macht. Die individuelle Existenz, uns Europäern so teuer, daß wir sie für unsterblich halten, wird freilich bei dieser Form der Erlösung nicht bewahrt, sondern geht in der großen Weltseele unter. »Wie fließende Ströme im Meer verschwinden, ihren Namen und ihre Form verlieren, so schreitet ein weiser Mensch, von Namen und Gestalt befreit, in die göttliche Weisheit ein, die über allem steht.«[30]

c) Die Bedeutung des Upanischad-Gedankens

Blicken wir am Schluß dieses Abschnitts zurück auf das notgedrungen nur in großen Umrissen gehaltene Bild, das wir von der Philosophie der Upanischaden entworfen haben, so sehen wir einen Gedanken sich leuchtend über alles Beiwerk erheben: die Identität Gottes und der Seele. Von ihm sagt Paul *Deussen*: »Eines können wir mit Sicherheit voraussagen, welche neuen und ungeahnten Wege auch immer die Philosophie kommender Zeiten einschlagen mag, dieses steht für alle Zukunft fest, und niemals wird man davon abgehen können: Soll die Lösung des großen Rätsels, als welches die Natur der Dinge, je mehr wir davon erkennen, nur um so deutlicher sich dem Philosophen darstellt, überhaupt möglich sein, so kann der Schlüssel zur Lösung dieses Rät-

sels nur da liegen, wo allein das Naturgeheimnis sich uns von innen öffnet, das heißt, in unserem eigenen Innern.«[31]
Daß solche Einsicht dem abendländischen Denken nicht so fern liegt, wie es auf den ersten Blick erscheinen mag, zeigt ein Vers *Goethes*:

»Ihr folget falscher Spur,
Denkt nicht, wir scherzen!
Ist nicht der Kern der Natur
Menschen im Herzen?«

II. Die nicht-orthodoxen Systeme der indischen Philosophie

Die zweite Hauptperiode der indischen Philosophie, in die wir nun eintreten, erfährt in den Werken der Fachgelehrten eine unterschiedliche Abgrenzung. Während darüber Einhelligkeit besteht, daß ab 500 v. Chr. – übrigens keineswegs nur in Indien – eine Periode von grundsätzlich andersartigem Charakter beginnt, wird deren Ende verschieden angenommen. Während im 19. Jahrhundert noch die gesamte Zeitspanne von 500 v. Chr. bis zur Gegenwart zusammenfassend als »nachvedische Periode« behandelt wurde[32], ist die heutige Forschung in der Erkenntnis, welche bedeutsamen Weiterentwicklungen und auch Umwälzungen sich in dieser langen Zeit noch vollzogen haben, zu einer weiteren Unterteilung geschritten. Man bezeichnet jetzt die Zeit von 500 v. Chr. bis 1000 n. Chr. als »klassische« und die folgende Zeit bis zur Gegenwart als »nachklassische« Periode.[33]
Das gänzlich andersartige Bild, das die um 500 v. Chr. beginnende Epoche, gemessen an der vorangegangenen, bietet, ist durch folgende Züge gekennzeichnet.
1. Das vedische Zeitalter bis zu den Upanischaden hat einen verhältnismäßig einheitlichen Grundton. Jedenfalls bildet die brahmanische Religion den Hintergrund allen philosophischen Denkens. Kritische Äußerungen über diese sind zwar in nicht geringer Zahl auch in der vedischen Literatur zu finden. Im großen und ganzen hatten es aber die Priester verstanden, Zweifel und Kritik entweder zu unterdrücken oder abweichende Anschauungen mit mehr oder weniger Erfolg in den weiten Rahmen ihres Systems einzugliedern. Nunmehr wurden die kritischen und zweifelnden Stimmen so zahlreich und so schwerwiegend, und sie fanden einen derartigen Widerhall, daß sie nicht mehr unterdrückt werden konnten. Solche Stimmen äußerten sich entweder rein negativ als Ablehnung, Zweifel und Spott, oder sie führten zu eigenen Denksystemen, die einen skeptischen oder vor allem einen materialistischen Grundzug haben. Andererseits und darüber hinaus traten aber

mit *Mahavira* und *Buddha* Stifter neuer Religionen auf, die von nun an ein selbständiges Leben neben der brahmanischen Religion führten und eigene philosophische Systeme hervorbrachten – so daß alle weitere Geistesgeschichte Indiens nicht mehr im Zeichen einer Religion, sondern einer Mehrheit von Religionen steht.
2. Im Unterschied zu den teils ganz anonymen, teils in sagenhaftes Dunkel gehüllten Verfassern der vedischen Hymnen und Upanischaden treten uns nunmehr historisch greifbare, scharf umrissene Denkerpersönlichkeiten entgegen.
3. Die Philosophie verliert ihren Charakter als Geheimlehre. Die neuen Lehren wenden sich an breiteste Schichten, insbesondere auch an die bisher vom höheren Wissen ausgeschlossenen unteren Kasten.
4. Im Zusammenhang mit dieser Wendung bedienen sie sich nicht mehr einer toten Gelehrtensprache, sondern der gesprochenen Sprache bzw. Sprachen des Volkes.
Alle Denksysteme, die die Autorität der Veden leugnen und diese nicht als alleinige und göttliche Offenbarung anerkennen, werden zusammenfassend als *nicht-orthodoxe* (nicht rechtgläubige) Systeme bezeichnet. Ihnen stehen gegenüber die orthodoxen Systeme, die als mit den Lehren des Veda vereinbar angesehen werden. Sie sollen im III. Abschnitt dieses Kapitels behandelt werden. Es gibt eine große Zahl von nichtorthodoxen Systemen. Unter ihnen haben drei eine die anderen überragende Bedeutung. Diese drei allein sind im folgenden berücksichtigt: die materialistische Philosophie der Charvakas und die beiden neuen Religionen des Jainismus und Buddhismus. Da von diesen der Buddhismus die anderen beiden nach Bedeutung und Verbreitung weit übertrifft, soll er am ausführlichsten dargestellt werden.

1. DER MATERIALISMUS DER CHARVAKAS

Ob der Name Charvaka von einem gleichnamigen Begründer dieser Richtung herrührt oder eine andere Wurzel hat, ist ungewiß.[34] Unter ihm wird eine Schule von Denkern zusammengefaßt, die nicht nur die brahmanische Religion, sondern die Religion schlechthin angreifen und einem krassen Materialismus huldigen, das heißt von der Auffassung ausgehen, daß die Materie das allein Existierende ist und daß alle geistigen Vorgänge auf materielle zurückgeführt werden können.
Sie spotten über Religion und Priester und lehnen jede über das materiell Gegebene hinauszielende philosophische oder religiöse Spekulation als metaphysischen Unsinn ab.
Eigene Gesamtdarstellungen der Charvaka-Lehren von ihren Verfechtern sind nicht erhalten. Ihre Ansichten sind aber aus zahlreichen Stellen in anderen Werken deutlich zu erkennen.

So wird von *Brihaspati*, dem bekanntesten Vertreter dieser Richtung, folgende Äußerung überliefert:

»Nichts andres sind die Spenden an die Ahnen,
Als ein Erwerbsquell unserer Brahmanen.
Die die drei Vedas ausgesonnen haben,
Nachtschleicher sind es, Schurken, Possenreißer . . .«[35]

Die Lehre vom Atman gilt als bloße Täuschung. Es gibt keine Seele, nur die Materie in Gestalt der vier Elemente. So schroff der Widerspruch in der Ablehnung der Metaphysik zu allem vorangegangenen indischen Denken ist, so scharf weicht auch die Ethik dieser Neinsager von allem Bisherigen ab; besser gesagt, sie haben gar keine Ethik, sie leugnen eine sittliche Weltordnung und sehen als einziges und höchstes Ziel des Menschen die Sinnenlust an. In einem anderen berühmten Text wendet sich ein solcher Skeptiker und Materialist mit folgenden Worten an einen Fürsten:
»Warum lässest, o Rama, du müß'ge Gebote dein Herz so bedrängen?
Sind's doch Gebote, die Dummen und Blöden zu täuschen!
Mich jammern die irrenden Menschen, die vermeintliche Pflichten befolgen:
Sie opfern den süßen Genuß, bis ihr unfruchtbar Leben versickert.
Vergeblich bringen sie noch den Göttern und Vätern ihr Opfer. Vergeudetes Mahl! Kein Gott und kein Vater nimmt jemals geopferte Speise.
Wenn einer sich mästet, was frommt es den andern?
Dem Brahmanen gespendete Speise, was hilft sie den Vätern? Listige Priester erfanden Gebote und sagen mit eigensüchtigen Sinnen: ›Gib deine Habe, tu Buße und bete, laß fahren die irdische Habe!‹
Nicht gibt es ein Jenseits, o Rama, vergeblich ist Hoffen und Glauben; genieße dein Leben allhier, verachte das ärmliche Blendwerk!«[36]
Und noch etwas direkter sagt der genannte Brihaspati:

»Schlürfe Fett und mache Schulden,
Lebe froh die kurze Frist,
Wo das Leben
Dir gegeben,
Mußt du erst den Tod erdulden,
Wiederkommen nimmer ist . . .«[37]

Auch in der Bewertung des Leidens weichen die Charvakas von allen vorausgegangenen – wie übrigens von allen folgenden – indischen Systemen entschieden ab. Der wird als dumm angesehen, der etwa auf die Lust verzichten wollte, weil sie mit Schmerz gepaart und durchflochten ist:

»Daß man die Lust, die aus der Sinnendinge
Berührung für den Sterblichen entspringt,
Aufgeben muß, weil sie mit Schmerz gemischt ist,
Ein solch' Bedenken kann ein Narr nur haben.
Wer, der auf seinen Vorteil sich versteht,
Verschmäht den Reis, so weißer Körner voll,
Weil mit ein wenig Hülse er behaftet?«[38]

Die Lehre der Charvakas fand viele Anhänger, was wohl nicht verwunderlich ist. Viele Zuhörer folgten ihren Vorlesungen und Debatten, man baute große Hallen, um sie alle unterzubringen.[39]
Gleichwohl konnten sich diese Lehren in Anbetracht des ganz und gar anders gerichteten indischen Volksgeistes nicht auf die Dauer halten. Mit ihrer vernichtenden Kritik der brahmanischen Religion schufen sie schließlich nur den freien Raum, auf dem alsbald neue Religionen erwuchsen und sich ausbreiteten. Diese neuen Religionen wurden aber nicht mehr von den Brahmanen getragen, sondern von Angehörigen der Kriegerkaste begründet. Sie wandten sich an alle Kasten und Schichten und tragen in ihren Grundgedanken manches dem Skeptizismus der Neinsager Verwandte an sich.

2. MAHAVIRA UND DER JAINISMUS

Der Begründer des Jainismus, unter seinem Beinamen Mahavira, »großer Held«, bekannt, wurde nach der Überlieferung 599 v. Chr., nach anderer Meinung 549 v. Chr. als Sohn einer reichen und vornehmen Familie geboren. Seine Eltern gehörten einer Sekte an, die die Wiedergeburt für einen Fluch und den Selbstmord nicht nur für erlaubt, sondern für verdienstvoll hielt. Folgerichtig machten sie ihrem Leben durch freiwilliges Verhungern ein Ende. Mahavira verzichtete unter dem Eindruck dieses Ereignisses auf alle weltlichen Freuden, wurde wandernder Asket und im Verlaufe seines zweiundsiebzigjährigen Lebens der Stifter einer religiösen Bewegung, die bei seinem Tode 14 000 Anhänger zählte.[40]
Nach dem Glauben seiner Anhänger war Mahavira einer der zahlreichen Jinas (= Erlöser), die in periodischer Wiederkehr auf Erden erscheinen. Der letzte Jina vor ihm, der ungefähr 250 Jahre vor Mahaviras Wirken gestorben sein soll, ist möglicherweise eine historische Persönlichkeit und vielleicht der eigentliche Begründer der Jaina-Lehre.[41]
Schriftliche Aufzeichnungen der Lehre Mahaviras besitzen wir erst aus einer Zeit, die fast 1000 Jahre nach seinem Erdenwandel liegt. Zu dieser Zeit hatten sich die Jainas schon in mehrere Sekten gespalten, von denen die größten, die sogenannten »Weißgekleideten«, weiße Gewän-

der tragen, wogegen die »Luftgekleideten« ursprünglich nackt gingen. Diese Sekten haben sich weiterhin in zahlreiche Untersekten aufgeteilt. In den Grundzügen ihrer Lehre, die vermutlich auf Mahavira selbst zurückgehen, stimmen sie aber alle überein. Die Heilslehre der Jainas besagt: Die Welt besteht von Ewigkeit her aus belebten Einzelseelen (jivas) und unbelebter Materie (ajiva). Die jivas besitzen die Anlage zu Allwissenheit, moralischer Vollkommenheit und ewiger Seligkeit. Sie können diese Anlage jedoch nicht verwirklichen, weil sie von Anbeginn an mit materiellen Stoffen durchsetzt, gewissermaßen infiziert sind. Durch jede Betätigung der Seele wird ein Stoff in sie hineingezogen. Dadurch werden die an sich vollkommenen und unsterblichen Seelen zu sterblichen, mit materiellen Leibern behafteten Lebewesen. Erlösung der Seele aus diesem Zustand der Bindung an Stoffliches ist möglich, wenn die eingedrungenen Stoffe aus ihr entfernt werden und das Eindringen neuer verhindert werden kann. Der Weg dahin führt über strenge asketische Bußübungen, durch welche diese Stoffe getilgt werden, und einen streng tugendhaften Lebenswandel, durch den das Eindringen neuer stofflicher Verunreinigung verhindert wird.

Entsprechende Gelübde fordern vom Jaina: nicht zu lügen; nichts zu nehmen, was nicht gegeben, auf Lust an weltlichen Dingen zu verzichten und vor allem, nichts Lebendes zu töten. Er darf kein Tier schlachten oder opfern; er filtriert sein Trinkwasser, um etwa darin befindliche Kleinlebewesen zu entfernen; er trägt einen Schleier, um nicht Insekten einzuatmen; er kehrt den Boden vor seinen Füßen, damit sein Fuß nicht Leben zertrete.[42] Selbstverständlich werden diese idealen Forderungen nicht immer und überall eingehalten, wie überhaupt die strenge Lehre Mahaviras im Lauf der Jahrhunderte mannigfachen Veränderungen, Abschwächungen oder Verfälschungen unterworfen wurde.

Die Notwendigkeit, ihr streng geschlossenes dogmatisches System gegen Angriffe zu verteidigen, führte die Jainas zur Schaffung einer ausgefeilten Kunst des Beweisens und Widerlegens, die ihren Gipfel im Syadvada, einer Art Relativitätstheorie der Logik[43], erreichte. Einzelheiten dieser interessanten Theorie sollen hier übergangen werden, da sie in ähnlicher Form in der später zu behandelnden buddhistischen Logik der mehrfachen Negation wiederkehrt.

Die Strenge ihrer moralischen Forderungen hatte zur Folge, daß die Jainas in den breiten Massen nicht Fuß faßten. Sie blieben eine auserwählte Minderheit, die sich aber bis heute im indischen Leben behauptet hat und gegenwärtig knapp 2 Millionen Anhänger zählt, die sich großenteils in einflußreichen Stellungen befinden.[44]

Daß die geistige Nebenströmung, zu der der Jainismus im Leben Indiens wurde, nicht ohne weittragenden Einfluß geblieben ist, zeigt das

Bild des großen Gandhi, der die Lehre von der ahimsa, der Gewaltlosigkeit gegenüber allem Lebendigen, zu einer Grundlage seines Lebens und seiner politischen Wirksamkeit gemacht hat.

3. DER BUDDHISMUS

a) Das Leben Buddhas

Über den Lebenslauf des Stifters des Buddhismus – heute eine der verbreitetsten Religionen der Erde – besitzen wir, ebenso wie über das Leben Jesu, keine Berichte, die unmittelbar von Zeitgenossen und Augenzeugen stammen. Wohl aber gibt es, so wie für das Christentum in den Evangelien, Berichte, die in ihrem Kern unzweifelhaft auf solche zurückgehen. Diesen Kern herauszuschälen aus der Umhüllung von Legenden und Wundergeschichten, mit denen die Nachwelt und die Bewunderung seiner Gläubigen das Leben Buddhas umwoben haben, ist schwierig und wird wahrscheinlich niemals vollständig möglich sein.
Fest steht, daß Buddha um das Jahr 560 v. Chr. geboren wurde als Sohn des Fürsten (oder Königs) von Kapilavastu, eines kleinen Landes unmittelbar südlich des Himalaja-Gebirges. Der Name des Königs war Schuddhodhana, der des Geschlechts Schakya, der Beiname Gautama. Der Sohn erhielt den Namen Siddharta, das heißt »Der sein Ziel erreicht hat«. Viele ehrende Namen wurden ihm später beigelegt. Den Namen Buddha, das heißt »Der Erleuchtete«, hat er selbst verwendet, allerdings erst nachdem ihm die Erleuchtung zuteil geworden war.[45]
Aus den reich ausgeschmückten Legenden, mit denen Empfängnis und Geburt des Buddha in der buddhistischen Überlieferung umrankt sind, sei hier nur die Geschichte erwähnt, die von einem wundersamen und prophetischen Traum seiner königlichen Mutter berichtet. Dieser träumte nämlich, daß sie, von vier Königen entführt, in einen goldenen Palast auf silbernem Berge gebracht wurde, wo ein weißer Elefant, der in seinem Silberrüssel eine Lotosblume trug, sie dreimal umkreiste und durch ihre rechte Seite in ihren Schoß eintrat. Der König berief vierundsechzig weise Brahmanen, ihnen diesen Traum vorzulegen. Sie deuteten ihn so, daß die Königin einen Knaben gebären würde, der, wenn er im Hause verbliebe, ein König und Weltbeherrscher werden sollte; wenn er aber das Haus seines Vaters verließe, so würde er ein Erleuchteter werden, der den Schleier der Unwissenheit von der Welt fortzieht. Der königliche Vater wollte den Sohn lieber als seinen Nachfolger im Herrscheramt denn als weltabgewandten Weisen sehen. Er ließ ihn deshalb in Pracht und Reichtum erziehen und versuchte alles von ihm fernzuhalten, was den Heranwachsenden auf das Elend der Welt aufmerksam machen konnte.
Doch auf einer Wagenfahrt zum Park sah Buddha einen hinfälligen,

zitternden Greis; bei einer zweiten Fahrt einen fiebergeschüttelten Kranken; ein drittes Mal einen verwesenden Leichnam; endlich aber einen Mönch, der eine verklärte Ruhe, über alles Elend der Welt erhaben, in seinen Zügen trug. Die Bilder von Alter, Krankheit, Leid und Tod brannten sich unauslöschlich in die Seele des Jünglings ein. Ein tiefes Ungenügen, Ekel an seiner luxuriösen Umgebung erfaßte ihn. Er beschloß, jeden Besitz und das Anrecht auf den Fürstenthron aufzugeben, verließ in der Nacht seine schlafende Gattin und seinen eben geborenen Sohn und zog davon in die Einsamkeit, ein Asket und Sucher nach einer Erlösung vom Leid der Welt. Er verließ in der gleichen Nacht das väterliche Reich, wanderte weiter und ließ sich im fremden Land an einem Ort namens Uruvela nieder, um sich der strengsten Askese und Versenkung zu ergeben. Mit so übermäßigem Eifer gab er sich den Bußübungen hin, daß er zum Skelett abmagerte und die brüchigen Haare in Büscheln von seinem Haupt und Körper fielen. Aber als er so bis an die mögliche Grenze der Kasteiung gegangen war, kam ihm die Erkenntnis, daß er auf diesem Wege nicht zur wahren Einsicht gelangt war. Er gab die Askese auf. Unter einem schattigen Baume ließ er sich erneut nieder, ohne Askese, jedoch unbeirrbar entschlossen, diesen Sitz nicht eher zu verlassen, bis ihm die wahre Erkenntnis aufdämmerte. Und hier geschah es, daß er in einer übermenschlichen Vision den ewigen Kreislauf erschaute, in dem alle Wesen geboren werden, sterben und von neuem geboren werden.

Warum, so fragte er sich, wird der Strom des Leidens in der unablässigen Kette neuer Geburten immer wieder erneuert? Kann ihm nicht Einhalt geboten werden? Und es erschließt sich ihm nach wochenlangem, Tage und Nächte währendem Ringen um Klarheit die einfache Formel, die dann das Fundament seiner Lehre wurde, von den »Vier heiligen Wahrheiten«:

Alles Leben ist Leiden;

alles Leiden hat seine Ursache in der Begierde, im »Durst«;

die Aufhebung dieser Begierde führt zur Aufhebung des Leidens, zur Unterbrechung der Kette der Wiedergeburten;

der Weg zu dieser Befreiung ist der heilige achtteilige Pfad, der da heißt rechtes Glauben, rechtes Denken, rechtes Reden, rechtes Handeln, rechtes Leben, rechtes Streben, rechtes Gedenken, rechtes Sich-Versenken.

So war Siddharta nach siebenjährigem Suchen und Nachsinnen zum Erleuchteten, zum Buddha, geworden, der auszog, seine Botschaft den Menschen zu bringen.

Bis zu seinem im achtzigsten Lebensjahr erfolgten Tode führte er nun das Leben eines wandernden Predigers, Lehrers und Helfers der Menschen. Den ganzen nordöstlichen Teil Indiens durchzog er, ein Gebiet

von der Größe des Deutschen Reiches, Schüler und Anhänger schlossen sich ihm an, und weit verbreitete sich der Ruhm seiner Weisheit. Unzählige wunderbare Bekehrungen werden überliefert.
Später besuchte er auch Land und Palast seines Vaters wieder, segnete seine Frau, die ihm die ganze Zeit in Treue ergeben geblieben war, nahm seinen Sohn in seinen Orden auf und zog wieder von dannen.
Er verschied in den Armen seines Lieblingsjüngers Ananda, während nach der Legende Blüten vom Himmel regneten und himmlische Musik ertönte. »Alles ist vergänglich, was da geworden ist; ringet ohne Unterlaß!« waren seine letzten Worte.

b) Die Lehre Buddhas

Quellen. – Unsere Kenntnis von Buddhas eigener Lehre beruht auf den sogenannten drei Pitakas (das heißt wörtlich Körben), Sammlungen heiliger Schriften, im Umfang die Bibel übertreffend[46], die allerdings erst in den auf das Auftreten Buddhas folgenden Jahrhunderten zusammengetragen und noch wesentlich später niedergeschrieben wurden. Es ist der Forschung möglich gewesen, in diesen Sammlungen das Kernstück zu erkennen, das mit großer Wahrscheinlichkeit auf Buddha selbst zurückgeht, und es von späteren Zutaten und Weiterentwicklungen zu trennen. Die Pitakas sind am vollständigsten in der Pali-Sprache, einem indischen Dialekt, dem Sanskrit verwandt, erhalten. In unserer vereinfachenden Darstellung soll zuerst in diesem Abschnitt die eigentliche Lehre Buddhas behandelt werden, anschließend, nach einem Blick auf Geschichte und Ausbreitung des Buddhismus, die späteren Systeme.
Eine Religion ohne Gott. – Das Glaubensbekenntnis des Buddhismus bilden die oben genannten vier heiligen Wahrheiten. Dem Europäer, der sich diese kurze Formel als Glaubensbekenntnis einer Religion vergegenwärtigt, muß auffallen, daß in ihr von Gott nicht die Rede ist, sondern nur vom Leiden als der Grundtatsache *menschlichen* Lebens (bzw. geschöpflichen Lebens). In der Tat ist der Buddhismus eine atheistische Religion – jedenfalls in seiner ursprünglichen Gestalt. In Europa ist unter der Herrschaft des Christentums der sogenannte Theismus, der Glaube an einen persönlichen Gott, weitgehend gleichgesetzt worden mit Religion überhaupt. Für den in dieser Anschauung Befangenen muß eine »atheistische Religion« ein Widerspruch in sich selbst sein. Der Buddhismus und andere Religionen (die Jainas zum Beispiel kennen auch keinen persönlichen Gott) belehren uns, daß diese Fassung des Religionsbegriffes zu eng ist. Sie zeigen, daß es Religionen geben kann und in weiten Gebieten der Erde gibt, die an eine sittliche Weltordnung, an das Ideal sittlicher Vollkommenheit, an Wiedergeburt und Erlösung glauben und deshalb echte Religionen sind, die aber die Got-

tesvorstellung ablehnen und insofern mit Recht atheistisch genannt werden.[47] Dabei spielt sich das Leben dieser Religionsgemeinschaften mit heiligen Schriften, Mönchs- und Nonnenklöstern, Priestertum, Tempeln usw. weitgehend in ähnlichen, zum großen Teil sogar verblüffend genau entsprechenden Formen ab wie in den christlichen und anderen theistischen Kirchen.

In der späteren Entwicklung der buddhistischen Religion wurde allerdings dem Buddha selbst göttliche Verehrung zuteil. Buddha selbst hat nach den vorliegenden Zeugnissen derartiges entschieden von sich gewiesen. Als ein ehrwürdiger Gläubiger ihn in überschwenglichen Worten pries und den Weisesten der Weisen nannte, fragte Buddha ihn:

»Groß und kühn sind die Worte deines Mundes . . . Hast du denn alle Erhabenen der Vergangenheit gekannt? . . . Hast du ihren Geist in deinem aufgehen lassen? . . . Hast du denn alle Erhabenen der Zukunft wahrgenommen?«

Und als der Gläubige verneinte:

»Aber zumindest dann – kennst du mich – und hast meinen Geist durchdrungen?«

Und auf abermalige Verneinung:

»Warum sind dann deine Worte so groß und so kühn? Warum brichst du aus in solch ein Lied der Verzückung?«[48]

Buddha verwarf und belächelte auch jeden äußerlichen Kultus. Sein Blick ging allein auf das Innere des Menschen und sein Verhalten. Ein Brahmane machte ihm einmal den Vorschlag, sich durch ein Bad im heiligen Wasser von Gaya zu reinigen. Buddha antwortete: »Bade hier, gerade hier, o Brahmane. Sei freundlich zu allen Wesen. Wenn du nicht die Unwahrheit sprichst, kein Leben tötest, nicht nimmst, was dir nicht gegeben, sicher bist in der Selbstentsagung – was würdest du gewinnen, wenn du nach Gaya gingest? Jedes Wasser ist dir Gaya.«[49]

Dharma. – An sich hat Buddha die Spekulation über solche metaphysischen Fragen wie: ist die Welt endlich oder unendlich? Hatte sie einen Anfang in der Zeit? abgelehnt. Er belächelte und verspottete die stolzen Brahmanenpriester, die behaupteten, aus dem göttlich inspirierten Veda die Lösung solcher Fragen zu besitzen. Nichtsdestoweniger bietet schon der anfängliche Buddhismus eine ausgebildete Metaphysik im Sinne klarer Vorstellungen von Wesen und Zusammenhang des Weltganzen.

Die letzten Bestandteile, aus denen alles Seiende zusammengesetzt ist, werden »Dharma« genannt. Es gibt unendlich viele Dharmas. Wie man sich ein solches Dharma vorzustellen habe, darüber gehen die Meinungen der Schulen auseinander. Sicher erscheint folgendes: Die Dharmas sind nicht Seelen oder sonst etwas Lebendiges, sondern unbelebt. Alle Lebewesen bis zu den Göttern – und ebenso alle zusammengesetzten

Dinge, wie Steine, Berge usw. – sind aber aus solchen unbelebten Dharmas zusammengesetzt zu denken. Leben ist also eine zusammengesetzte Erscheinung.[50] Ein Dharma ist ferner nichts dauerhaft Bestehendes, sondern eine kurzfristige Erscheinung, ein Etwas, das entsteht und alsbald wieder vergeht. Dauerhaftes, beharrendes Sein gibt es überhaupt nicht. Es gibt nur ständigen Wandel, ewiges Fließen im ununterbrochenen Entstehen und Vergehen der Dharmas. Alles Sein ist nur ein momentanes, das aufblitzt und in dem Augenblick, wo wir es wahrnehmen können, schon wieder vergangen ist. Nur der Augenblick ist wirklich, das Universum aber nichts als ein unablässiger Strom von einzelnen Seinsmomenten, ein »Kontinuum der Vergänglichkeit«[51].
So kann es auch kein beharrendes Ich in uns geben. Auch Seele, Bewußtsein vergehen und entstehen in jedem Augenblick neu. Nur die Schnelligkeit, mit der sich die geistigen Prozesse vollziehen, und ihre Verwobenheit ineinander lassen den täuschenden Eindruck entstehen, als gäbe es hinter ihnen ein dauerhaftes, sich selbst gleichbleibendes Ich.[52] Eine solche Anschauungsweise bedingt ein ganz andersartiges Verhältnis zur Zeit als das unsrige. Während wir in der Zeit etwas Kontinuierliches sehen, das sich aus der Vergangenheit durch den Punkt, den wir Gegenwart nennen, in die Zukunft erstreckt, ist für den Buddhisten der Zeitablauf kein zusammenhängendes Fließen, sondern die Aufeinanderfolge von lauter Einzelmomenten. Es gibt keine Dauer, und es gibt auch keine Geschichte in unserem europäischen Sinne. Damit hängt es zusammen, daß Buddha – im Gegensatz zu fast allen übrigen indischen Denkern, welche größten Wert auf den Zusammenhang mit und die Rechtfertigung ihrer Lehre aus der althergebrachten Tradition legen – eine gewisse Geringschätzung der Überlieferung an den Tag legt und sich so gut wie niemals auf geschichtliche Überlieferung stützt.
So ist das buddhistische Denken eine einzige große Verneinung: Es gibt keinen Gott, keinen Schöpfer, keine Schöpfung, kein Ich, kein beharrendes Sein, keine unsterbliche Seele. Ein hervorragender russischer Forscher hat die buddhistische Grundlehre auf die kurze Formel gebracht: »Keine Substanz, keine Dauer, keine Seligkeit.«[53] Dabei ist unter Seligkeit eine positive Glückseligkeit zu verstehen; denn eine dauernde *Erlösung* gibt es, wie wir sehen werden, für den Buddhisten sehr wohl – nur trägt auch sie einen gleichsam negativen Charakter.
Das sittliche Weltgesetz. – Wiedergeburt, Erlösung, Nirwana. – Das Entstehen und Vergehen der Dharmas vollzieht sich nicht gesetzlos und ist nicht dem bloßen Zufall anheimgegeben (wie in mancher Hinsicht vergleichbare griechische Theorien mit Bezug auf die Atome gelehrt haben), sondern unterliegt einem strengen Gesetz von Ursache und Wirkung. Jedes Dharma entsteht in gesetzmäßiger Folge aus den

Bedingungen, die mit dem vorausgehenden Vorhandensein anderer Dharmas gesetzt sind. In das Kausalgesetz ist alles Geschehen unentrinnbar eingespannt. Insofern gibt es auch im Buddhismus etwas Dauerhaftes: das Weltgesetz. Zur Vermeidung möglichen Mißverständnisses sei bemerkt, daß in den buddhistischen Schriften auch das Weltgesetz »Dharma« genannt wird. Das Gesetz von Ursache und Wirkung gilt für die moralischen Vorgänge in nicht geringerer Strenge als für das äußere Geschehen. Es ist ein sittliches Gesetz, eine sittliche Weltordnung.

In dem berühmten »Rad des Lebens«, das mindestens in seinen Grundbestandteilen auch auf Buddha selbst zurückgehen dürfte[54], stellen die Buddhisten das Kausalgesetz als zwölffache Formel des abhängigen Entstehens dar.[55] Auf den ersten Blick mögen das Bild und die darin zum Ausdruck kommende Betrachtungsweise fremdartig anmuten. Das liegt zum Teil daran, daß in dem äußeren Kreis Dinge wie Individualität, Geburt, Nicht-Wissen – Begriffe also, die für uns ganz verschiedenen Klassen angehören – ohne Unterschied hintereinander gestellt sind als Faktoren, die auseinander hervorgehen.[56]

Gleichwohl läßt sich der wesentliche Gedankengang, der sich wiederholende Kreislauf des Lebens, ohne Schwierigkeit daraus ablesen:

In der *Vergangenheit* (1. und 2.) hat Nichtwissen = Nichterlöstheit den Willen zum Leben, Trieb und »Durst« – die nach den vier heiligen Wahrheiten die alleinige Ursache allen Lebens und Leidens sind – sich auswirken lassen und so den Grundstein zu neuem Leben und Leiden, zu einer neuen Existenz gelegt.

In der *Gegenwart* (3. bis 9.) läuft so der Lebenszyklus von neuem ab. Ein neues Wesen entsteht mit der Empfängnis, dessen Seele ihrer selbst noch unbewußt ist (3.). Im Mutterleib entfaltet sich der Keim und wird durch Gestalt und Namen zur Individualität (4.). Sinnesorgane bilden sich (5.). (Der Inder zählt sechs Sinne, zu unseren fünf Sinnen rechnet er das Denken hinzu.) Nach der Geburt nimmt das neue Wesen den Kontakt mit der Außenwelt auf, zuerst vornehmlich durch Berührung mittels des Tastsinnes (6.), dann durch Wahrnehmung und Empfindung (7.). Aus der Berührung mit der Welt erwacht neuer Trieb, die Dinge werden zu Objekten der Begierde (8.). Aus der Betätigung dieser Begierde erwächst beim Erwachsenen ein Kleben, ein Verhaftetsein mit der Welt (9.).

Damit ist schon die Vorbedingung einer neuen Existenz gegeben, die Taten (Karma) müssen nach dem Gesetz von Ursache und Wirkung in einer neuen Existenz fortwirken (10.). Und nun schließt sich der Kreis, indem in der *Zukunft* (11. und 12.) das neue Wesen abermals den ganzen Weg von der Geburt (11.) bis zu Alter und Tod (12.) durchlaufen muß.

Wir entnehmen daraus, daß auch für den Buddhismus, wie in den anderen indischen philosophischen und religiösen Lehren, die Wiedergeburt ein Grunddogma bildet, das Buddha niemals angezweifelt hat. Sie ist für ihn ein einfacher Ausfluß der uneingeschränkten Geltung des Kausalgesetzes. Wie ist dies aber mit der Behauptung zu vereinbaren, daß es kein dauerhaftes Ich, keine den Tod überdauernde Seele im Menschen gibt? Kann man nicht von Wiedergeburt mit Fug nur dann sprechen, wenn es eine und dieselbe Seele ist, die in einem künftigen Leben die Auswirkungen ihrer jetzigen Taten zu erleiden hat?

Lange Zeit haben abendländische Beobachter in diesem Punkt eine Schwäche des buddhistischen Denkens und einen Widerspruch erblickt. Für den Buddhisten liegt aber ein solcher nicht vor. Er spricht von Wiedergeburt nicht in dem Sinne, daß das neu entstehende Wesen mit demjenigen, durch dessen »Schuld« es ins Dasein tritt, identisch ist – das wäre ja die Annahme eines kontinuierlichen Selbst im Menschen; es ist aber von ihm auch nicht verschieden, da es ja nach dem notwendigen Zusammenhang alles Geschehens gesetzmäßig aus dem alten hervorgegangen ist.[57] Die ganze Frage besteht für den Buddhisten in dieser Form überhaupt nicht, da für ihn sowohl die alte wie die neue »Seele« ja ohnehin in jedem Augenblick vergehen und neu entstehen kann. Der zur Wiedergeburt führende Kausalzusammenhang besteht für ihn ja nicht zwischen diesem »Leben«, dieser »Person« und jener im ganzen – denn in Wahrheit gibt es keine derartigen zeitlich-räumlichen Einheiten –, sondern in bezug auf die einzelnen Dharmas.

Da alles Leben Leiden ist, lautet nun die Frage aller Fragen: Wie kann der ewige Kreislauf von Leiden zu neuem Leiden unterbrochen werden? Er hat nach dem obigen Bilde seine Ursache im »Willen«, dieser aber im »Nicht-Wissen«. Wenn wir Menschen alle Gier, allen Haß, alle Wünsche abstreifen könnten, wenn wir unser Herz nicht immer wieder an die vergänglichen Objekte der Sinnenwelt hängen würden, wenn wir so Einsichtige, Wissende, Erleuchtete würden, die diesen Kreislauf in seiner Bedingtheit durchschauen – dann müßte es möglich sein, ihn zu durchbrechen und von ihm erlöst zu werden.

Was hätte aber ein solcher Mensch gewonnen? Es kann offenbar keine »ewige Seligkeit« oder sonst ein positiver Glückszustand sein, da es weder ewige Seelen noch Himmel und Hölle gibt. Was wäre also zu gewinnen? Das *Nirwana.* Wörtlich übersetzt bedeutet das etwa: den Zustand der Flamme, wenn sie erloschen ist. Was bleibt von der Flamme, wenn sie erloschen ist? Nichts! Und mit »Das Nichts« wird der Begriff des Nirwana auch oft umschrieben. Für Buddha selbst bezeichnete er jedenfalls den Zustand, in dem alles selbstische Begehren erloschen ist und der Mensch von der Kette der Wiedergeburten erlöst wird. Also: den *Frieden.* Das ist vielleicht nicht viel, aber nach Buddha

ist es das einzige, was der Mensch erreichen kann. Im buddhistischen Schrifttum der späteren Zeit hat das Nirwana eine mannigfaltige Erklärung und Auslegung erfahren. Man verstand darunter in der späteren buddhistischen Kirche auch einen – teilweise schon im Diesseits erreichbaren, teilweise in das Jenseits verlegten – Zustand positiver Glückseligkeit. Im ursprünglichen Buddhismus ist es ein rein *negativer* Begriff. Nirwana ist etwas, über das schlechthin nichts ausgesagt werden kann, das sich allen Worten und Begriffen entzieht. Deshalb dürfte das, was für den Buddhisten Nirwana bedeutet, auch mit noch so vielen Worten nicht restlos klarzumachen, sondern – wie im Grunde alle indische Lebensweisheit – nur im Wege der Einfühlung und Versenkung zu erfahren sein.

Die praktische Ethik. – Als Buddha gebeten wurde, seine Auffassung vom gerechten Lebenswandel, der zum Heil führt, auf eine kurze Formel zu bringen, stellte er folgende fünf Gebote auf:

1. Töte kein Lebewesen.
2. Nimm nicht, was dir nicht gegeben.

3. Sprich nicht die Unwahrheit.
4. Trinke keine berauschende Getränke.
5. Sei nicht unkeusch.[58]

Es sind der Zahl nach weniger als die zehn Gebote des mosaischen Gesetzes, aber sie sind so umfassend, daß gesagt werden konnte, sie seien »vielleicht schwieriger zu halten als die zehn Gebote«[59].

Wir bemerken, daß sich der Buddhismus mit dem Jainismus in der praktischen Ethik, bei aller Verschiedenheit im theoretischen Unterbau derselben, aufs engste berührt. Ferner ist unschwer zu sehen, daß die Grundtendenz der fünf Gebote dem Christentum nicht fernsteht. Sagte doch auch Buddha geradezu: »Überwinde den Zorn durch Herzlichkeit, Böses durch Gutes ... Niemals in der Welt hört Haß durch Haß auf; Haß hört durch Liebe auf ... !«[60]

Eine Verwandtschaft zur Lehre Christi besteht auch darin, daß Buddha sich wie Jesus grundsätzlich an alle Menschen, alle Stände, alle Völker wendet. Beide Religionen sind international. Es ist bei ihm nicht die Rede davon, daß etwa die unteren Kasten des Heils nicht teilhaftig werden können. Das Kastenwesen hat er nicht angegriffen und keinen Versuch gemacht, es abzuschaffen. Aber er sagte: »Wie, ihr Jünger, die großen Ströme, so viele ihrer sind ..., wenn sie den großen Ozean erreichen, ihren alten Namen und ihr altes Geschlecht verlieren, so auch diese vier Kasten ..., wenn sie nach der Lehre und dem Gesetz ihrer Heimat entsagen, verlieren sie den alten Namen und das alte Geschlecht ...«[61] Kasten waren ihm unwesentlich, und es lag ihm fern zu behaupten, daß die Zugehörigkeit zu einer Kaste in bezug auf die Religion schon eine Bevorzugung in sich schließen könnte.

Liegt hierin ein demokratisches Element – und dieses macht sogar weitgehend das Revolutionäre des Buddhismus gegenüber den vorhergehenden brahmanischen Religionslehren aus –, so ist doch auch auf der anderen Seite ein aristokratischer Zug nicht zu verkennen. Er äußert sich einmal darin, daß Buddha sich mit seinen Worten doch immer vorwiegend an die oberen Schichten gewandt zu haben scheint und aus ihnen auch seine ersten Anhänger gewann[62]; schließlich aber auch in der Unbedingtheit seiner sittlichen Forderungen, denen in vollkommener Form nur von wenigen Auserwählten entsprochen werden konnte.

c) Zur Geschichte und Ausbreitung des Buddhismus

Aus der Geschichte des Buddhismus heben wir nun die wichtigsten Tatsachen hervor.

In den ersten Jahrhunderten nach Buddhas Tode wurden die mündlichen Überlieferungen gesammelt und allmählich auf mehreren Konzilen zu einem Kanon heiliger Schriften zusammengefaßt und niedergelegt.

Dabei kam es über die Frage, welche von den vielen Sammlungen als authentisch anzusehen war, bereits zu tiefreichenden Meinungsverschiedenheiten und in deren Folge zur Aufspaltung in zahlreiche Richtungen und Sekten.

Eine entscheidende Wandlung vollzog sich in den Jahrhunderten um die Zeitwende. Buddha selbst hatte eine Lehre verkündet, die den einzelnen ganz auf sich selbst stellte und ihn den Weg zum Heil in sich selbst finden hieß. Insbesondere hatte er die Vorstellung von einem Gott zurückgewiesen, zu dem man beten und von dem man Hilfe erwarten könnte; er hatte vielmehr gesagt: »Es ist töricht, anzunehmen, daß ein anderer uns Glückseligkeit oder Elend verschaffen könne.«[63] Und seinen Lieblingsjünger Ananda hatte er gelehrt: »Und wer auch immer, Ananda, jetzt oder nach seinem Tode sich selbst Richtschnur sein wird, sich selbst Zuflucht sein wird, keine äußere Zuflucht suchen wird, sondern zur Wahrheit stehen wird als zu seiner Richtschnur . . . und zu niemandem Zuflucht suchen wird außer zu sich selbst – er ist es, der die allerhöchste Höhe erreichen wird!«[64]

Jetzt aber beginnt der Buddhismus zu einer *Kirche* zu werden. Buddha wird als Gott verehrt. Der Himmel wird mit zahlreichen anderen Buddhas außer ihm bevölkert, welche, nach Art der Heiligen der katholischen Kirche, den Menschen behilflich sein sollen. Dazu entwickelt sich ein kirchlicher Betrieb mit Gottesdiensten, Gebeten, Weihwasser und Weihrauch, einer Liturgie, Meßgewändern, Beichten, Totenmessen usw. wie im mittelalterlichen Christentum.[65] Wer diese Dinge näher studiert – in den Rahmen unseres Themas gehören sie nicht –, wird in überraschend vielen Zügen bis in Einzelheiten hinein Parallelen auffinden; die Frage wird nahegelegt, die viele große europäische Denker bewegt hat: Ob sich nicht die christlichen Kirchen mit der Ausbildung einer starren Dogmatik, einer priesterlichen Hierarchie und anderen Dingen vielleicht von der reinen Lehre Christi ähnlich weit entfernt haben könnten wie die buddhistischen Kirchen von der reinen Lehre Buddhas. – Die angedeutete Richtung des Buddhismus nannte sich *Mahayana*, das heißt »Großes Fahrzeug« (zum Heil); im Gegensatz zu ihr wurde die Richtung, die stärker an der einfachen Lehre Buddhas festhielt und diesen zwar als großen Stifter und Lehrer, aber doch als Menschen und nicht als Gott verehrte, mit abfälligem Unterton *Hinayana*, »Kleines Fahrzeug«, genannt. Beide Richtungen bestehen bis heute.

Von Indien breitete sich der Buddhismus über nahezu die gesamte übrige asiatische Welt aus. Er gelangte nach Ceylon, Burma und Siam; im Norden fand er, etwa um die Zeitwende, Eingang nach China; 500 Jahre später von dort nach Japan, und noch ein Jahrhundert später nach Tibet. In allen diesen Ländern ist er zu einem wesentlichen Kulturbestandteil geworden, teilweise überhaupt zur Grundlage des geistigen

Lebens. Selbstverständlich hat er überall in Anpassung an den jeweiligen Volkscharakter und an die dort herrschenden andersartigen Strömungen weitere Abwandlungen erfahren. In verhältnismäßig reiner Form besteht er heute in Burma und, insbesondere in der Form des sogenannten *Zen*-Buddhismus, in Japan. Der Buddhismus zählt heute zwischen 200 und 500 Millionen Anhänger; eine genauere Angabe ist nicht möglich, denn der Buddhismus ist keine Exklusiv-Religion; er erlaubt seinen Anhängern, sich daneben zu einer weiteren Religion zu bekennen. Eine Schilderung aller Formen und Abarten des Buddhismus geht über den Rahmen dieses Buches hinaus.

Übrigens erfolgte die Ausbreitung des Buddhismus, in schroffem Gegensatz etwa zur Christianisierung Mittelamerikas, ohne jedes Blutvergießen. Der Buddhismus hat sich so in zweieinhalb Jahrtausenden als eine wahre Lehre des Friedens erwiesen. In seinem Mutterlande Indien dagegen spielt der Buddhismus heute nur noch eine sehr untergeordnete Rolle. Nach einer mehrere Jahrhunderte andauernden Blütezeit, unter berühmten buddhistischen Herrschern, begann er in der zweiten Hälfte des ersten nachchristlichen Jahrtausends zu verfallen, nachdem er immer mehr zu einem äußerlichen Kultus entartet war, während der ältere Brahmanismus seine geistige Kraft immer wieder erneuerte.

Diese ganzen Entwicklungen vollzogen sich im wesentlichen, ohne daß Europa von ihnen Kenntnis hatte. Man kann sagen, daß wir erst seit dem 18. Jahrhundert eine Kenntnis des Buddhismus und seiner Entwicklung in Umrissen besitzen und daß ein tiefdringendes Studium und Verständnis der buddhistischen Philosophie durch Europa sogar erst in den letzten Jahrzehnten möglich geworden ist.

d) Systeme buddhistischer Philosophie

Der erste Eindruck, der sich bei eingehendem Studium der späteren buddhistischen Philosophie aufdrängt, ist die große Zahl und Mannigfaltigkeit der Systeme, die sich in Indien – und später in China – auf der religiösen Grundlage des alten Buddhismus entwickelt haben. Die Gedankenarbeit vieler Generationen und einer Reihe hervorragender Denkerpersönlichkeiten hat einen Reichtum an durchgebildeten, mit feinsten Unterscheidungen arbeitenden Theorien hervorgebracht.

Die buddhistische Lehre kennt zwei Wege zur vollkommenen Befreiung (Nirwana). Der eine führt über eine Stufenfolge von logischen Operationen *(Dialektik)* zur richtigen Einsicht, der andere durch eine lang dauernde, einem genauen Plan unterworfene Versenkung *(Meditation)*. Die im folgenden getroffene Auswahl ist durch den Gesichtspunkt bestimmt, für jeden der zwei Wege ein kennzeichnendes Beispiel zu geben. Für den ersten führen wir vier buddhistische Systeme an, von denen zahlreiche andere abgeleitet sind und die von maßgebenden

Kennern als die wichtigsten angesehen werden.[66] Sie lassen zugleich die von den buddhistischen Denkern herausgebildete eigentümliche Denkmethode erkennen. Als Beispiel für den zweiten Weg führen wir den Zen-Buddhismus an.

Die Logik der Verneinung. – Blindheit, Unwissenheit ist nach Buddha die Ursache praktisch aller Lebensprozesse. Unwissenheit als Nichterkenntnis, daß das Leben gleich Leiden ist, die den blinden Lebenstrieb sich immer erneut auswirken läßt; die Unwissenheit der Kindheit, die vielfachen Illusionen und irdischen Begierden des Mannesalters, Aberglaube, falsche Ideen, Unfähigkeit, den Verstrickungen des Lebens zu entrinnen – das alles sind nur Erscheinungsformen desselben Tatbestandes. Durchbrechung dieser Unwissenheit ist Erleuchtung.

Das Dunkel der Unwissenheit schrittweise zu durchdringen und zu überwinden, haben die buddhistischen Philosophen eine eigentümliche Methode, eine Logik der Verneinung, entwickelt. Es war vor allem der aus Südindien stammende und um das Jahr 125 n. Chr. wirkende *Nagarjuna* – von vielen als der größte Denker der buddhistischen Philosophie angesehen –, der diese Methode zur Vollkommenheit gebracht hat. Seine logischen Erörterungen sind in vier Theorien niedergelegt, in denen allen die Verneinung (Negation) die zentrale Stelle einnimmt.[67]

1. Von Nagarjuna stammt die im ganzen späteren Buddhismus hochbedeutsame *Lehre von den zwei Wahrheiten.* Es wird eine niedere und eine höhere Wahrheit unterschieden. Eine Behauptung kann im Sinne des gemeinen Verstandes zunächst wahr erscheinen, von einem höheren Standpunkt aber als unwahr:

A = gemeine Wahrheit
B = höhere Wahrheit

Das ganze Gegensatzpaar AB, nun zusammengenommen, kann nach Gewinnung eines noch höheren Blickpunktes wiederum als falsch, als »niedere« Wahrheit, erscheinen (als falsche Alternative, würden wir sagen):

AB = niedere Wahrheit
C = höhere Wahrheit

In dieser Weise kann man noch weiter fortschreiten:

ABC = niedere Wahrheit
D = höhere Wahrheit

Es ergibt sich so ein stufenweises Aufsteigen zu immer höherer, umfassenderer Wahrheit.

2. Eine zweite Theorie des Nagarjuna ist die sogenannte *Vierfache Weise der Beweisführung.* Jedes beliebige Problem, das eine Antwort in der Form von »Ja« oder »Nein« erfordert, kann auf vielerlei Art beantwortet werden: entweder mit glattem »Ja«; oder mit glattem »Nein«;

oder mit »Ja und Nein«, unter Anführung der näheren Bedingungen, unter denen das eine oder das andere gelten soll – also etwa mit »Je nachdem«; endlich aber auch mit »Weder ja noch nein«. Und dies kann entweder heißen: »Die Frage geht mich nichts an« oder aber: »Ich stehe oberhalb, jenseits von Ja und Nein«. Die höchste Wahrheit hat für Nagarjuna stets den Charakter dieses »Weder ja noch nein«, das heißt, sie steht über und jenseits jeder Besonderung und jeder faßbaren Aussage.

3. In der sogenannten *Achtfachen Verneinung des Werdens* wendet Nagarjuna diese Art der »Weder-Noch«-Verneinung auf die Erscheinungen des Lebens an. Er lehrt: Es gibt weder Geburt noch Tod, es gibt weder Fortdauer noch Verlöschen, es gibt weder Einheit noch Vielheit, es gibt weder Kommen noch Gehen. Das heißt wiederum, daß die höchste Wahrheit jenseits aller dieser Unterscheidungen zu finden ist.

4. Die auf den eben angedeuteten Wegen zu erlangende höchste Einsicht ist das »wahre Wirkliche« oder der *»Mittlere Pfad«* – so genannt, weil der auf ihm Wandelnde sich von jeder einseitigen Abweichung nach rechts oder links, von den scheinbar unausweichlichen und sich ausschließenden Gegensatzpaaren des Denkens fernhalten muß.

Vier buddhistische Hauptsysteme. – Unter den Aussprüchen Buddhas findet sich sowohl der Satz »Alles ist« (alles existiert) wie auch die wiederholte Aussage »Nichts existiert« oder »Alles ist nichtig«[68]. Der Widerspruch, der darin zu liegen scheint, führte nach Buddhas Tode bis in die ersten Jahrhunderte nach der Zeitwende zu zahlreichen einander widerstreitenden Auslegungen. Manche Schulen knüpften an die erste Alternative an und kamen damit zu einer »realistischen« Metaphysik; andere an die zweite, wodurch »nihilistische« – das Sein verneinende – Systeme zustande kamen. Die folgende Nebeneinanderstellung der vier Hauptsysteme, die in dieser Zeit entstanden, zeigt deutlich, wie die buddhistische Logik der mehrfachen Verneinung auf das metaphysische Problem »Sein oder Nichtsein« angewandt wurde.

Um das klarzumachen, muß man ausgehen von der Vorstellung des gemeinen, unkritischen Denkens, nach der die Welt auf der einen Seite aus einer Vielheit körperlicher (physikalischer) *Objekte* besteht, denen auf der anderen Seite *»Personen«*, das heißt mit einer gewissen Dauer (Kontinuität) ausgestattete »Ichs« oder »Selbste«, gegenüberstehen, die wiederum über die körperliche Welt bestimmte Vorstellungen oder *Ideen* besitzen.

1. Das *realistische* System des *Vasubandhu* – der etwa 420 bis 500 n. Chr. lebte – richtet die Negation nur gegen den Faktor »Personen«. Es wird geleugnet, daß es beständige, durch die Zeit hindurch andauernde »Selbste« gibt – welchem Gedanken wir schon im ältesten Buddhismus

begegnet sind. Die Realität der körperlichen Welt wird dagegen nicht angezweifelt – daher der Name »realistisch«.

2. Das *nihilistische* System des *Harivarman* (zwischen 250 und 350 n. Chr.) treibt die Negation einen Schritt weiter. Es gibt nach ihm weder existierende Personen, Ichs – noch wahrhaft existierende äußere Objekte – noch eine Wirklichkeit der Ideen. Es heißt darum nihilistisch. System 1 und 2 gehören zu den Schulen des »Kleinen Fahrzeugs« (Hinayana). –

3. Das dritte System, die *idealistische* oder *Nur-Bewußtseins-Lehre*, geht ebenfalls zurück auf den unter 1. schon genannten Vasubandhu. Dieser wurde nämlich in späteren Lebensjahren durch seinen Bruder *Asanga* – der diese Richtung schon vor ihm begründet hatte – zur Nur-Bewußtseins-Lehre bekehrt. Er verfaßte daraufhin eine Reihe von Werken, die zu den maßgebenden dieser Schule wurden. Nach dieser Lehre liegt die Wahrheit nicht in der Anerkennung der Realität der Außenwelt (wie bei System 1), aber auch nicht in der Verleugnung jeder Realität überhaupt (wie bei System 2). Vielmehr entsteht bei ihr aus der doppelten Negation sowohl der Individualität wie der Materie der positive Satz, daß allein den Ideen wahres Sein zukommt. Diese Lehre heißt darum idealistisch.

4. Die Logik der Verneinung erreicht ihren Höhepunkt im wiederum *nihilistischen* System des schon anfangs genannten Nagarjuna. Er zeigt, daß die drei obengenannten Schulen, in der Sprache seiner »Vierfachen Weise der Beweisführung« ausgedrückt, die Frage »Sein oder Nichtsein« (ens oder nonens) entweder mit »Ja« oder mit »Nein« oder mit einem »Ja und Nein«, also einem »Teils – Teils« beantworten wollen. Für ihn liegt aber die richtige Lösung im »Weder – Noch«. Der »Mittlere Pfad« des Nagarjuna (auch die anderen Schulen verwenden diese Bezeichnung für die von ihnen vertretene Antwort) liegt in der durch fortgesetzte Negation gewonnenen Erkenntnis, daß es im unaufhörlichen Fluß der Erscheinungen überhaupt keine beharrenden Substanzen (weder Dinge noch Personen, noch Ideen) geben kann, sondern nur Erscheinungen, denen ein Eigensinn abgeht. Das darf aber nicht mit der ebenfalls nihilistischen Stellung von System 2 verwechselt werden. Nagarjunas »Weder Sein noch Nichtsein« meint vielmehr, daß sämtliche Versuche, die Welt zu deuten und das Rätsel des Seins zu ergründen, notwendig in willkürliche Abgrenzungen verfallen und daß der Weise, der sich weder auf Sein noch auf Nichtsein stützt, die ganze Frage als irreführend abtut und streitlos in Schweigen verharrt.[69]

System 3 und 4 gehören zu den Schulen des »Großen Fahrzeugs« (Mahayana-Buddhismus).

Vergleicht man die zeitliche Folge der vier Systeme, so ergibt sich die überraschende Tatsache, daß sie umgekehrt verläuft wie die hier versuchte systematische Ableitung! Nagarjuna, dessen Lehre als das folgerichtige Ergebnis aus der Anwendung der fortschreitenden Negation auf die anderen Schulen erschien, steht zeitlich vor der Begründung der anderen drei. Das kann man nur so erklären, daß der mit überragendem Scharfsinn begabte Nagarjuna – der ja auch die Logik der Negation begründete – in genialer Zusammenschau bereits all das vorweggenommen hat, was Schritt für Schritt spätere Jahrhunderte erst auseinanderlegen mußten.[70]

Wir schalten an dieser Stelle die auf Späteres vorgreifende Bemerkung ein, daß die buddhistische Dialektik des Nagarjuna sich von der ebenfalls den Namen Dialektik führenden Denkmethode Hegels grundsätzlich unterscheidet – und auch von der der Hegelschen Methode in manchem verwandten Neigung der Chinesen, durch schrittweises Zusammenfassen von Gegensätzen zur höheren Wahrheit aufzusteigen. Bei Hegel folgt auf einen bestimmten Satz (die »These«) der diesen verneinende Gegensatz (die »Antithese«); worauf aber beide in einer auf höherer Ebene vollzogenen »Synthese« (in die beide eingehen, in der sie aber ihren gegensätzlichen Charakter verlieren) zusammengenommen werden. Bei Nagarjuna bewirkt die erste Anwendung der Negation, daß die am Anfang stehende »These« verworfen wird; die zweite Anwendung der Negation führt nicht etwa zu einer Vereinigung von These und Antithese in einer höheren Einheit – sie bewirkt vielmehr, daß nun auch die Antithese verworfen wird. Übrig bleibt die jeder näheren Bestimmung entkleidete »Leere« der höchsten Einsicht, die das Nirwana bedeutet.[71]

Einiges über den Zen-Buddhismus. – Insofern der Zen-Buddhismus seine Wurzeln zwar in indischem Boden hat, seine eigentliche Ausprägung aber in China erfuhr – dort und vor allem in Japan hielt er sich bis zur Gegenwart –, gehört er eigentlich nicht in den Rahmen dieses dem indischen Denken gewidmeten Kapitels. Wir fügen aber hier einige Bemerkungen über ihn an, einmal, weil er in der Gesamtgeschichte des Buddhismus eine der wichtigsten und verbreitetsten Richtungen ist, zum anderen, weil er ein gutes Beispiel bildet für eine Ausprägung buddhistischen Geistes, die in ihrer Hinneigung zur Meditation einerseits, zum Praktischen andererseits von der logisch-dialektischen Methode der oben behandelten vier Systeme denkbar verschieden ist.

Der Zen-Buddhismus ist keine Philosophie im gängigen Sinne dieses Wortes. Er hat kein durchgebildetes gedankliches System. Er ist aber auch keine Religion im geläufigen Sinne. Zwar hat er Tempel und Klöster, aber keine ausgebildete Dogmatik, einen Glauben an klar formulierte Glaubenssätze schreibt er nicht vor. Er nimmt insofern unter den weltanschaulichen Systemen aller Völker – nicht nur des Buddhismus – eine kaum vergleichbare Stellung ein. Was Zen-Buddhismus ist, kann nach Ansicht seiner Anhänger nur durch Vertiefung in die *Zen-Erfahrung* begriffen werden.[72] Für den Außenstehenden bietet er Schwierigkeiten des Verständnisses, die erheblicher sind als bei den rein philosophischen buddhistischen Schulen. Wir versuchen, einige Einzelheiten anzuführen, die einen ungefähren Begriff von seiner Eigenart vermitteln sollen. Die Ablehnung philosophischer Lehrsätze wie religiöser Dogmen beruht auf einem gemeinsamen Grunde: Die Zen-Anhänger glauben, daß Haften an Worten, Begriffen, festen Lehrsätzen oder festgelegten Regeln des Verhaltens uns hindert, in den eigentlichen Sinn des jeweils Gemeinten einzudringen. Das gilt selbst für die Lehren Buddhas. Seine Predigten und überlieferten Aussprüche sind nach ihrer Meinung notwendig den besonderen Bedingungen der Sprache unterworfen, deren sich Buddha bedienen mußte, sie sind weiter dem Fassungsvermögen seiner jeweiligen Zuhörer angepaßt und außerdem mitbestimmt durch die äußere Umgebung, in welcher der Lehrende und seine Hörer sich befanden. Die reine, unbedingte Wahrheit liegt aber jenseits dessen, was mit Worten gesagt werden kann. Dieser Auffassung entspricht es, daß nach der Zen-Überlieferung, die sich selbst bis auf Buddha zurückführt, Buddhas reine Wahrheit von ihm in *schweigendem* Verstehen an einen Schüler und von diesem weiter durch eine ununterbrochene Kette von Patriarchen weitergereicht sein soll. Das besagen Kernsätze des Zen-Buddhismus wie: »Von Geist zu Geist wurde es überliefert«; »Nicht ausgedrückt in Worten oder geschrieben in Buchstaben«; »Es war eine gesonderte Übertragung abseits der heiligen Lehrtätigkeit«; »Sieh direkt in des Menschen Seele, begreife ihre Natur und werde zum erleuchteten Buddha«; »Das heilige Wissen ist kein Wissen«[73].

Die Zen-Buddhisten haben eine eigene Weise der Meditation. Der nach Erleuchtung Suchende erhält ein Thema gestellt. In einer Halle sitzen die Prüflinge unter strenger Aufsicht eines überwachenden Priesters Tage und Nächte in genau vorgeschriebener Haltung und meditieren. Dreifache Stille ist zu bewahren: Während des Nachdenkens und ebenso während der Nahrungsaufnahme und des Badens, die in geregelter Folge jenes unterbrechen, darf kein Wort gesprochen oder Geräusch verursacht werden. Wer – in der Regel nach mehreren Tagen – die Lösung gefunden zu haben glaubt, wendet sich an den Priester, der danach über den Erfolg der Prüfung entscheidet. Bei aller Pflege der Meditation sind die Zen-Buddhisten weltzugewandte, im Praktischen aufgehende Menschen, denn ihre Lehre verlangt, daß sie jede gewonnene Einsicht unmittelbar ins tägliche Leben übertragen. »Keine Arbeit, kein Essen«; »Das Leben ist die Lehre«; »Gehen, Stehen, Sitzen, Liegen sind die heilige Lehre« – das sind Aussprüche von Zen-Patriarchen, die diesen praktischen Geist widerspiegeln.[74]

Die Ablehnung jeder in feste Form gegossenen Lehre und das tätige Verhalten der Zen-Buddhisten haben eines gemeinsam: Wortlosigkeit. In den Geschichten, die von den alten Zen-Meistern überliefert sind, kommt diese Eigenart zu oft witzigem, stets paradoxem und für uns durchweg schwer verständlichem Ausdruck. Kennzeichnend ist die Erzählung von Daian, einem Zen-Meister des 9. Jahrhunderts, und Sozan.[75] Daian hatte den Ausspruch getan: »Sein und Nichtsein gleichen der Schlingpflanze, die den Baum umrankt.« Sozan unternahm eine weite Reise zu Daian, um an den Meister die Frage zu richten: »Was geschieht, wenn der Baum gefällt wird und die Schlingpflanze dahinwelkt?« Sozan bewegte die Frage: Wie, wenn wir die Begriffe Sein und Nichtsein aus unserem Denken auslöschen? Ist es unentrinnbar an diesen Gegensatz gefesselt, oder wie können wir je über diesen hinauskommen? – Der Meister war gerade beschäftigt, eine Mauer aus Lehm zu errichten. Was antwortete er? Er warf den Schubkarren um, den er führte, lachte laut und ging davon. Der enttäuschte Sozan zog zu einem anderen Meister. Als dieser sich aber auf Sozans Frage ähnlich verhielt wie vorher Daian, da lächelte Sozan auf einmal verstehend, verbeugte sich ehrerbietig und ging hinweg. Schlagartig war ihm aufgegangen, was der Meister ihm wortlos geantwortet hatte: Solange dein Geist angefüllt ist mit Ideen von Sein und Nichtsein, Geburt und Tod, Bedingtem und Unbedingtem, Ursache und Wirkung, so lange bist du befangen in Worten und Begriffen und noch fern der Wahrheit. Erst wenn du nicht mehr zu den Zuschauern, Kritikern, Ideenschwärmern, Wortemachern, Logikern gehörst, sondern dich in den Umgang mit der unmittelbaren Wirklichkeit des Leben hineinbegibst, wirst du die Wahrheit erahnen, die jenseits aller Worte liegt!

III. Die orthodoxen Systeme der indischen Philosophie

Den bisher besprochenen, nicht-orthodoxen Systemen, die von den Indern Nastikas, das heißt Neinsager, genannt werden, weil sie die Autorität der vedischen Überlieferung nicht anerkennen, stehen diejenigen Systeme gegenüber, die von der Grundlage des alten Brahmanismus ausgehen und die in den Veden niedergelegten Gedanken fortentwickeln. Sie werden Astikas, Jasager, genannt.

Wie immer, wenn eine starke, anerkannte Tradition die Grundlage des Philosophierens bildet, entfaltet sich in diesen das philosophische Denken weitgehend in der äußeren Form von Kommentaren zu den älteren Texten, wobei in Wahrheit nicht nur deren Gedankeninhalt erläutert oder weitergebildet, sondern unter dieser Verkleidung auch Neues gesagt wird.

Der Eintritt der Nastikas in das indische Geistesleben forderte den Brahmanismus zu einem gewaltigen Gegenschlag heraus. Der Zwang, den eigenen Standpunkt zu verteidigen und gegen konkurrierende Systeme zu behaupten, führte zu einer immer weiter gehenden Herausbildung der Upanischad-Gedanken und darüber hinaus zu einer neuen glanzvollen Blüte der brahmanischen Philosophie. Ganz besonders der Buddhismus hat dabei anregend und befruchtend gewirkt. Vielleicht zu keiner anderen Zeit und in keinem anderen Volke war das Interesse an philosophischen Problemen so allgemein verbreitet wie in dieser Epoche der großen rivalisierenden Geistesrichtungen in Indien. Überall gab es Schulen der Philosophie, in denen die Schüler zu Füßen berühmter Lehrer saßen. Philosophische Streitgespräche fanden vor breitestem Publikum statt; Fürsten und Könige beteiligten sich an ihnen oder stifteten für die Sieger solcher Wettbewerbe kostbare Preise.[76]
Die Notwendigkeit ständiger Selbstbehauptung ließ insbesondere auch die Logik und die Dialektik, die Kunst der Beweisführung und Disputation, in unerhörtem Maße aufblühen. Im Zusammenhang damit mag es stehen, daß sich das indische Denken nun in stärkerem Ausmaß als früher auch dem Gegenstand der Sprache zuwandte. Grundlegend in dieser Beziehung ist das berühmte Werk des *Pannini* (5. Jh. v. Chr.) über die Sanskrit-Grammatik. Die *Quellen*, aus denen die Kenntnis der Fortbildung der indischen Philosophie in diesem Zeitabschnitt zu schöpfen ist, sind hauptsächlich folgende:

1. *Upanischaden*, soweit sie, im Unterschied zu den im I. Abschnitt dieses Kapitels behandelten, erst in dieser späteren Zeit verfaßt worden sind.
2. Die sogenannten *Sutras*, das sind ganz kurze Merksprüche, die als Gedächtnisregeln für die Grundgedanken der einzelnen Systeme gedacht waren und als solche dem Schüler eingeprägt wurden. Für jedes der im folgenden behandelten Systeme gibt es einige hundert Sutras. Da sie nicht zur Erklärung für Außenstehende, sondern nur als Gedächtnisstützen für den Eingeweihten dienen sollten, sind die Sutras für sich betrachtet fast unverständliche Aphorismen, die langer Kommentare bedürfen.

Solcher Kommentare gibt es viele; Kommentare zu den Sutras waren eine bevorzugte Form, auch neue Gedanken auszusprechen. Die Kommentare wurden dann wiederum durch neue Kommentare erläutert, wodurch ein schwer durchsichtiges Gewirr von Schriften entstanden ist. Ein indischer Text sagt über diese Kommentare:

»Ist die Sache schwer verständlich,
Sagen sie: Der Sinn ist klar.

Wenn der Sinn vollkommen klar ist,
Machen sie ein breit Geschwätz.«[77]

Natürlich gilt das nicht für alle indischen, dafür auch für manche modernen Kommentare auf mancherlei Gebieten.

3. Das indische Nationalepos *Mahabharata*, eine Dichtung, die in über hunderttausend Doppelversen den heldenhaften Kampf zweier arischer Stämme bei der Invasion Indiens schildert und die in einzelnen Partien, besonders der berühmten *Bhagavad-Gita*, der »vom Erhabenen verkündeten Geheimlehre«, philosophische Lehren enthält.

4. Das *Gesetzbuch des Manu*, das die Gedanken der Bhagavad-Gita in mancher Beziehung ergänzt.

Unter den orthodoxen Systemen haben sich sechs zu besonderer Bedeutung erhoben. Anders als in der europäischen Geistesgeschichte haben die Systeme sich nicht in historischer Aufeinanderfolge entwikkelt, sondern jahrhundertelang nebeneinander unter ständiger wechselseitiger Beeinflussung bestanden. Unter Verzicht auf die – annähernd festzustellende – Reihenfolge ihrer Entstehung stellen wir sie in systematischer Form nebeneinander und versuchen, die wichtigeren unter ihnen kurz zu umreißen.

Je zwei von den sechs Systemen gehören paarweise zusammen, so daß sich folgende Übersicht ergibt:

1. Nyaya-System	2. Vaischeschika-System
3. Sankhya-System	4. Yoga-System
5. Purva-Mimansa-System	6. Vedanta-System

Sankhya, Yoga und Vedanta haben im indischen Denken die größte Rolle gespielt.

Alle sechs Systeme haben in sich Entwicklungen und Wandlungen vieler Jahrhunderte durchgemacht. Sie werden in der folgenden Darstellung nur in ihrer jeweiligen Hauptform beschrieben.

1. NYAYA UND VAISCHESCHIKA

Schon der Name *Nyaya*, was etwa »Beweis« oder »Regel« heißt, zeigt den Schwerpunkt des Systems an, der auf dem Gebiete der Logik und Dialektik liegt. Der maßgebende Text stammt von einem gewissen *Gautama*, der darin den ersten großen klassischen Versuch unternimmt, die Kunst des richtigen logischen Schließens darzulegen. Dieser Versuch hat den Ausgangspunkt für alle weiteren logischen Erörterungen in Indien gebildet.[78] Auch wurde mit ihm ein reicher Wortschatz philosophischer Fachausdrücke geschaffen[79], an denen übrigens das Sanskrit mehr besitzt als irgendeine europäische Kultursprache.[80] Dagegen liegt

im *Vaischeschika*-System, welches von dem sagenhaften *Kanada*, einem der größten Denker Indiens, hergeleitet wird, der Schwerpunkt auf dem Gebiet der Welterklärung: der Metaphysik und Naturphilosophie. Vaischeschika bedeutet etwa »Unterschied«[81]. Der Name besagt, daß das Kennzeichen dieses Systems das Bestreben ist, durch Herausfinden und Herausarbeiten der Unterschiede in der Welt der Objekte und im menschlichen Innern zu klarer Erkenntnis zu kommen. Schließlich beginnt ja alle Erkenntnis mit dem Feststellen von Unterschieden.
Der Kern dieser Naturphilosophie ist eine Art Atomlehre. Es werden kleinste, nicht weiter zerlegbare und unzerstörbare stoffliche Bausteine des Seienden angenommen, die sich im Laufe des Weltprozesses vereinigen und wieder trennen.[82]
Beide Systeme ergänzen einander insofern, als der Nyaya im wesentlichen die Metaphysik des Vaischeschika, dieses System aber die Logik des Nyaya übernommen hat. In späterer Zeit sind beide zu einem einzigen System verschmolzen worden.
Die eben vorgenommene Bezeichnung eines Schwerpunktes darf nicht so verstanden werden, daß das eine System sich auf Logik, das andere auf Naturphilosophie beschränkt. Beide sind abgerundete philosophische Systeme, und beide sehen in der Erkenntnis, von der sie im einzelnen handeln, nur ein Mittel, nur einen Durchgang auf dem Wege zur Erlösung von Leid und Wiedergeburt, zur Erlösung, auf welche alle indischen Systeme hinauslaufen.

2. SANKHYA UND YOGA

Das *Sankhya*-System ist neben dem Vedanta das hervorragendste unter den sechs orthodoxen Systemen. Als sein Begründer gilt *Kapila*. Das Wort Sankhya wird hergeleitet von dem Wort für »Zahl« oder »Aufzählung«[83] und bedeutet in dieser Verwendung etwa: Das System, welches das Seiende und die Begriffe durch Aufzählung des darin Enthaltenen bestimmt.
Von der Philosophie der Upanischaden – und, wie wir gleich hinzufügen dürfen, auch von der später zu behandelnden Vedanta-Philosophie, welche die geradlinigste Fortsetzung der Upanischad-Gedanken darstellt – unterscheidet sich das Sankhya-System von vornherein dadurch, daß es nicht wie diese monistisch, sondern dualistisch ist, das heißt nicht alles Bestehende auf *ein* Weltprinzip zurückführt, sondern deren *zwei* annimmt, die in Ewigkeit getrennt sind und einander gegenüberstehen.
Die zwei Prinzipien sind auf der einen Seite die *Prakriti*, die Urnatur, ein *materielles* Prinzip, aktiv, in ständiger Bewegung, aber nicht geistig, ohne Bewußtsein ihrer selbst; auf der anderen Seite der *Puruscha*, ein

rein geistiges Prinzip, nicht aktiv, aber beseelt und mit Bewußtsein ausgestattet.

Die beiden Prinzipien wurden der ursprünglichen Upanischad-Lehre, nach welcher nur der Brahman wirklich und die äußere Welt nur Schein ist, nicht einfach entgegengestellt, sondern sind in stufenweisem Fortschreiten aus dieser heraus gebildet worden, indem allmählich die dem menschlichen Verstand eigene Neigung sich durchsetzte, der stofflichen Welt eine vom Bewußtsein unabhängige Realität zuzuschreiben und so aus der bloßen Maya die Prakriti, die aus sich selbst bestehende Natur, wurde.[84] Der dieser Natur nunmehr isoliert gegenüberstehende Geist (Atman) wurde zum Puruscha, wobei man folgerichtig zuerst einen großen umfassenden Puruscha, ein göttliches Geistwesen, annahm, und neben diesem unzählige einzelne Puruschas, »Personen«, individuelle Seelen (die nun nicht mehr mit der Weltseele identisch gedacht werden). Dann wurde der allgemeine Puruscha-Begriff fallengelassen, es blieben nur die einzelnen und vielen Puruschas übrig, und das klassische Sankhya-System wurde *atheistisch.* In diesem letzteren Punkt berührt es sich mit dem Buddhismus, wobei die – als sicher anzunehmenden – gegenseitigen Einflüsse im einzelnen und insbesondere die zeitliche Priorität aber umstritten sind.

Betrachten wir zuerst die Prakriti. In ihr sind drei Entwicklungskräfte (Gunas) wirksam: ein lichtes, allem Klaren und Guten zugeordnetes Element, ein dunkles, träges, hemmendes und ein zwischen beiden stehendes Element der Beweglichkeit. Aus dem Schoße der Prakriti wird alles Seiende geboren, und zwar nicht nur die stofflichen Elemente, sondern auch die Fähigkeiten zu denken, zu fühlen, zu handeln. Dies alles gehört zur Welt der Prakriti – während wir eher geneigt wären, es der Welt des Geistes zuzurechnen. Insgesamt sind es 24 Wesenheiten, welche die natürliche Welt bilden und alle aus der Prakriti hervorgehen. In der Reihenfolge, in der sie im System aufgezählt werden, sind es:

1. die Prakriti selbst. Diese schafft
2. die Vernunft, das Organ der Unterscheidung. Diese schafft
3. den »Ich-Macher« (Ahakara), das Selbstgefühl, das die Scheidung zwischen Ich und Außenwelt vornimmt. Aus diesem gehen einerseits die Sinneskräfte und -organe, andererseits die Elemente der äußeren Welt hervor.

Die Sinneskräfte und -organe werden wie folgt aufgezählt:

4. das Sehen,
5. das Hören,
6. das Riechen,
7. das Schmecken,
8. das Fühlen.

Zu diesen Sinneskräften der inneren Welt wird, wie in Indien üblich, noch gezählt:

9. der Geist (Verstand, Begriffsvermögen, Denken).

Es folgen die fünf Sinnesorgane:

10. das Auge,
11. das Ohr,
12. die Nase,
13. die Zunge,
14. die Haut.

Nun folgen die fünf »Organe des Handelns«:

15. der Kehlkopf,
16. die Hände,
17. die Füße,
18. die Ausscheidungsorgane,
19. die Zeugungsorgane.

Die fünf Elemente der äußeren Welt sind:

20. der Äther,
21. die Luft,
22. Feuer und Licht,
23. das Wasser,
24. die Erde.

Diesen 24 Elementen stehen als

25. die Puruschas gegenüber, so daß das Sankhya-System insgesamt 25 Prinzipien »aufzählt«.

Der Weltvorgang wird so gedacht, daß die Prakriti im fortwährenden Widerspiel der drei Gunas in unermeßlichem Zyklus die ganze Welt der Materie (2 bis 24) immer von neuem hervorbringt – Weltentstehung – und wieder in sich zurücksaugt – Weltuntergang.

Welche Rolle spielen aber nun dabei die Puruschas? In welchem Verhältnis stehen sie zur Materie? Wirken sie auf diese ein und werden sie von ihr beeinflußt?

Der Geist ist vom stofflichen Geschehen durch eine tiefe und unüberschreitbare Kluft geschieden. Grundsätzlich steht er dieser in ewiger Reinheit und unbeteiligter Fremdheit gegenüber. Wie ist es aber beim lebenden Wesen, in dem doch, wie es scheinen muß, Stoffliches mit Geistigem eine unzertrennliche Einheit eingegangen ist? Der Sankhya-Philosoph sagt: Diese Einheit ist nur *scheinbar.* Wie der farblose klare Kristall rot erscheint, sobald eine rote Blüte hinter ihn gehalten wird, so erscheint der ewige Puruscha, indem sich an dem scheinbar mit ihm vereinigten Körper Veränderungen vollziehen, als handelnd, leidend usw.[85] An dem, was wir Seele im Gegensatz zum Leib nennen, sind nach der Sankhya-Lehre zwei grundverschiedene Bestandteile zu unterscheiden: der ewige unveränderliche Puruscha und auf der anderen Seite die mannigfachen psychischen Vorgänge, Bilder, Gedanken, Gefühle, die nicht der Puruscha sind, sondern der Prakriti, der materiellen Welt, zugehören.

Warum aber, so müssen wir doch noch weiter fragen, gehen denn die an sich ewigen und rein geistigen Puruschas überhaupt eine, wenn auch scheinbare und trügerische, Beziehung zur Welt der Prakriti ein? Hier stoßen wir auf den innersten Kern der Lehre, der hier wie bei praktisch allen anderen indischen Systemen sich um die Begriffe Leiden, Seelenwanderung und Erlösung (Mokscha) bewegt.

Auch die Sankhya-Denker gehen aus von der Grundtatsache des Leidens und dem Verlangen (nicht nach positiver Lust, sondern) nach Befreiung von diesem, nach absoluter Schmerzlosigkeit. Warum leiden wir? Wir leiden nur insoweit, als gewisse Verhältnisse und Vorgänge der Außenwelt auf uns einwirken. Sie können aber nur insoweit auf uns einwirken, als wir sie als eigene, als uns betreffend und zugehörig, empfinden. Darin liegt jedoch eine Täuschung: denn der Kern unseres Wesens, der Puruscha, steht ja in Wirklichkeit dem objektiven Geschehen fremd und unbeteiligt gegenüber. Er muß nur zur Erkenntnis dessen gebracht werden! Mit dieser Erkenntnis nämlich, daß die ganze Welt, die ihm gegenübersteht, ihn gewissermaßen im Innersten nichts angeht, würde jeder Schmerz aufhören. Der Puruscha wäre erlöst.

Aber auch die Prakriti, die Materie, wäre erlöst! Denn sie kann selbst als nicht-geistig, nicht-bewußt, ja gar keinen Schmerz empfinden; sie vermag dieses nur durch die Verbindung mit dem Puruscha, einem empfindenden Subjekt.

So hängt alles, im einzelnen Leben wie im großen Weltprozeß, davon ab, daß der Puruscha zur *Einsicht* kommt. Die Prakriti – ein weibliches Prinzip, und das nicht ohne tiefen Grund, indem sie zu ihrer Erlösung eines anderen, außerhalb ihrer selbst Liegenden bedarf – muß sich so lange immer von neuem vor dem Auge des Puruscha entfalten – wie eine Tänzerin sich vor dem Zuschauer produziert –, bis dieser im Gewahrwerden seiner Andersartigkeit und Unbeteiligtheit sich von ihr abwendet und damit sie und zugleich sich selbst erlöst.

So läuft auch in der Sankhya-Lehre alles darauf hinaus, durch Tugend und Entsagung zur Erkenntnis und mit dieser zur Erlösung zu gelangen. Wie der erlöste Puruscha, nunmehr wieder zum reinen, untätigen Geist geworden, weiterexistiert, das wird einem Spiegel verglichen, »in den kein Reflex mehr fällt«[86]. Im Grunde bleibt darüber ein Schleier des Geheimnisses gebreitet.

Es ist für das brahmanische Denken bezeichnend, daß diese atheistische Philosophie gleichwohl als orthodox, als mit dem Veda vereinbar angesehen wird. Das ist – abgesehen von dem mehr äußerlichen Umstand, daß Kapila die Autorität der Veden ausdrücklich anerkennt (ohne sich im einzelnen beim Aufbau seiner Gedanken weiter um sie zu kümmern) – vornehmlich aus zwei Gründen zu verstehen: einmal daraus, daß nach indischer Auffassung die Ablehnung des Glaubens an einen göttlichen Schöpfer und Herrn der Welt sehr wohl vereinbar ist mit der Anerkennung der zahlreichen Gottheiten, die in der alten vedischen Überlieferung eine Rolle spielen; zum andern daraus, daß die Sankhya-Lehre das Kastensystem als Grundlage der Gesellschaft nicht antastet. Sobald nämlich diese Bedingung erfüllt war, genoß im brahmanischen Indien der einzelne Denker eine so gut wie unbeschränkte Gedankenfreiheit.

Der Name *Yoga* ist im europäischen Sprachgebrauch belastet mit allerlei Vorstellungen von obskuren Zauberkünsten, die zum Broterwerb, zur Befriedigung der Schaulust der Menge und ähnlichen Zwecken vollführt werden und mit ernsthaftem Wahrheitsstreben nichts gemein haben. Man darf darüber nicht verkennen, daß Yoga seinem Ursprung nach ein Lehrsystem ist, welches, ganz ähnlich wie die übrigen hier behandelten, den Weg zu Weisheit und Erlösung aufzeigen will, nur daß bei ihm das Schwergewicht auf die praktische Seite gelegt wird, auf die Angabe der Mittel und Wege, durch die man zu jenen gelangt. Mit dem Sankhya-System ist der Yoga insofern eng verbunden, als die Sankhya-Philosophie weitgehend die theoretische Grundlage auch des Yoga-Systems bildet, während umgekehrt die Sankhya-Philosophen die Yoga-Lehre als die praktische Ergänzung des von ihnen Gelehrten anerkennen.

Allerdings unterscheidet sich die Yoga-Metaphysik doch in einem grundsätzlichen Punkte von der des Sankhya: Sie kennt einen persönlichen Gott. Da jedoch der tatsächliche Weltablauf wie im Sankhya durch das polare Gegenspiel von Puruscha und Prakriti erklärt wird, kann dieser Gott kein Schöpfer und Weltregierer sein, sondern ist nur gleichsam der oberste, zugleich der einzige reine Puruscha, der von Ewigkeit an von allen Verstrickungen in die Prakriti frei und allwissend ist. In der praktischen Yoga-Lehre nimmt er deswegen auch keineswegs eine zentrale Stellung ein. Die Haupttexte des Yoga bilden die 194 Yoga-Sutras, in vier Büchern geordnet, die einem gewissen Patanjali zugeschrieben werden.

Yoga bedeutet wörtlich »Joch« (ist auch sprachlich mit diesem deutschen Worte verwandt), das heißt Selbstzucht, Disziplin.

Die dieser Lehre zugrunde liegende Vorstellung, daß der Mensch durch ein bestimmtes System asketischer Übungen, durch Meditation und Konzentration tiefste Einsicht, Entrückung und Erlösung erlangen könne, findet sich auch bei anderen Völkern; sie spielt auch schon in der vedischen Literatur, einschließlich der Upanischaden, eine Rolle.

Es ist ein langer und mühevoller Weg, der dem Yogin gewiesen wird, an dessen Ende er Erlösung von Leid und Wiedergeburt erreichen kann.
In jahrelanger geduldiger Selbstüberwindung muß er die folgenden acht Stufen durchlaufen[87]:

1. Zucht: Sie umfaßt Nicht-Schädigung (ahimsa, Gewaltlosigkeit, die gleiche Forderung wie im Jainismus und Buddhismus), Wahrhaftigkeit, Keuschheit, Aufgeben jeder Selbstsucht und aller materiellen Interessen.
2. Selbstzucht: Sie besteht in der Beachtung der fünf Gebote Reinheit (körperlich und geistig), Genügsamkeit, Askese, Studium und Gottergebenheit.
3. Das richtige Sitzen: Hier werden bestimmte, sehr ins einzelne gehende Vorschriften gegeben für die Arten des Sitzens, die die beste Vorbedingung für die Versenkung abgeben. So heißt es zum Beispiel in einem Text der Bhagavad-Gita:

   »An einem reinen Orte bereite er sich seinen bleibenden Sitz, der nicht zu hoch und nicht zu niedrig, mit einem Tuch, einem Fell oder Kuscha-Gras bedeckt sei.

   Auf einem solchen Sitze sich niederlassend, richte er seinen inneren Sinn auf *einen* Punkt; die Tätigkeit der Sinne und des Denkorgans im Zaume haltend übe er Versenkung zur Läuterung des Selbstes.

   Rumpf, Haupt und Hals gerade und unbeweglich haltend, blicke er, ohne sich zu rühren, auf seine Nasenspitze und schaue nach keiner Richtung hin.«[88]
4. Atemregulierung: Bestimmte Regeln für das Ein- und Ausatmen und für das Anhalten des Atems.
5. Abziehen der Sinnesorgane von allen äußeren Objekten.
6. Konzentrierung der Gedanken auf einen einzigen Gegenstand unter Ausschluß aller anderen.
7. Meditation, Nachsinnen: Eine noch intensivere Konzentration, bei der das Denken vom gewählten Objekt vollständig ausgefüllt wird. Als Hilfsmittel hierzu wird das dauernde Wiederholen der heiligen Silbe »Om« empfohlen.
8. Versenkung und Verzückung, die höchste Stufe: Der Geist verliert das Bewußtsein seiner selbst als eines gesonderten Wesens. Der Yogin erlangt eine selige und gottähnliche Einsicht in den Urgrund der Welt. Keine Worte können diesen Zustand (wie schließlich die ganze Yoga-Erfahrung) dem beschreiben, der ihn nicht erlebt hat.

Als Nebenprodukte gewissermaßen fallen dem Yogin auf diesem Wege die vielfachen Zauberkräfte und übernatürlichen Fähigkeiten zu, deren Schilderung in vielen Berichten über das indische Leben einen breiten Raum einnimmt. Als solche sind in den alten Yoga-Sutras zum Beispiel aufgezählt:

Wissen des Vergangenen und des Zukünftigen;
Verstehen der Stimmen aller Tiere;
Kenntnis der früheren Geburt;
Unsichtbarmachen des eigenen Körpers;
Kräfte eines Elefanten;
Kenntnis des Subtilen, Verborgenen und Entfernten;
Kenntnis des Weltalls;
Kenntnis der Anordnung des Leibes;
Stillung von Hunger und Durst;
Nichthaften an Wasser, Schlamm, Dornen und Herauskommen aus ihnen;
Gehen im Luftraum;
Beherrschung der Elemente;
Trefflichkeit des Leibes und Unverletzlichkeit seiner Eigenschaften;
Beherrschung der Sinnesorgane;
Oberherrschaft über alles Sein und Allwissenheit.

Daß solches alles möglich sei, wird nicht einfach behauptet, sondern aus den Begriffen der Yoga-Philosophie und dem gedachten Aufbau des Weltganzen im einzelnen erläutert.

Weder ein weiteres Eingehen auf diese Dinge noch ein abschließendes Urteil über sie ist hier möglich. Jedenfalls aber sollte ein Urteil über dieses dem Yogin Verheißene mit einiger Vorsicht gefällt werden. Wer es vorschnell abtun will, dem sei zu bedenken gegeben, wie die Erfahrung bis in die jüngste Gegenwart hinein lehrt, daß auf dem Grunde der menschlichen Seele Fähigkeiten und Kräfte schlummern, vielleicht aus unvordenklichen Zeiten ererbt, von denen sich unsere Schulweisheit nichts träumen läßt, und daß äußerste Konzentration und Sammlung aller Kräfte auf ein Ziel den Menschen zu kaum faßbaren Leistungen befähigen können.

Die Entartungen des Yoga beschäftigen uns hier nicht. Nach der reinen Yoga-Lehre sind alle Zauberkräfte bestenfalls Nebenerscheinungen und Mittel zum Zweck, für den Yogin Stufen auf dem Wege zum Ziel der Erlösung. Bleibt er an ihnen haften und erhebt sie zum Selbstzweck, so erlangt er das Heil nicht.

3. MIMANSA UND VEDANTA

Das *Mimansa*-System ist unter den sechs orthodoxen das allgemein und auch für unsere Darstellung am wenigsten bedeutsame. Wir beschränken uns deshalb auf die Feststellung, daß es sich im wesentlichen um eine Schule handelt, welche die vielen seit dem Ende der vedischen Zeit aufgetretenen Systeme, insbesondere die Sankhya-Philosophie, bekämpft und statt ihrer demütige Rückkehr zur geheiligten Überlieferung und den von dieser vorgeschriebenen Formen der Religionsübung fordert – und wenden uns dem Vedanta-System zu.

Das Wort *Vedanta* bedeutet wörtlich »Ende der Veden« und bezeichnete ursprünglich auch nichts weiter als dieses, das heißt die Upanischaden bzw. den Inbegriff der darin enthaltenen philosophisch-religiösen Lehren. Mit der Zeit ging der Name über auf diejenige philosophische Richtung, die den Kerngedanken der Upanischaden, die All-Einheit in Brahman und Atman, am folgerichtigsten fortführte; insofern hat die Übernahme des Namens ihren Sinn.

Es gibt zahlreiche Vedanta-Schulen. Als Begründer der einflußreichsten, die auch als klassischer Vedanta bezeichnet wird, gilt *Schankara,* der um 800 n. Chr., zur Zeit Karls des Großen also, lebte. Zwischen ihm und der Abfassung der Upanischaden liegt somit die Gedankenentwicklung eines guten Jahrtausends. Schankara, der als größter Philosoph Indiens gilt, brachte in der Arbeit seines nur 32jährigen Lebens den Upanischad-Gedanken zu neuer Macht und Blüte, nachdem 1200 Jahre lang die vedische Überlieferung überschattet gewesen war von der des Buddhismus, welcher die Autorität der Veden überhaupt leugnet, und der Sankhya-Philosophie, die ihr mehr dem Namen als dem tieferen Sinne nach verbunden war. Schankara hat seine Lehre dargestellt in der Form eines Kommentars zu den 555 Sutras, in denen die ältere Vedanta-Lehre überkommen war. Auf die Lehre Schankaras allein bezieht sich das Folgende.

Den Ausgangspunkt bilden die alten Sätze:

tat twam asi »das bist du«
aham brahma asmi »ich bin Brahman«[89].

Damit war gesagt: Der Brahman – das ewige Prinzip der Welt, aus dem alles hervorgeht und in dem alles ruht – ist identisch mit unserem innersten Selbst. Dieses Selbst, der Atman, ist seinem Wesen nach unerkennbar, nicht in Worte zu fassen. (»Der Atman ist unerkennbar« hatte schon Yagnavalkya gelehrt.) Es gibt nur eine einzige Wirklichkeit, den Atman, welcher Brahman ist.

Diesem Satze widerspricht allerdings der äußere Anschein. Die tägliche Erfahrung nämlich lehrt uns, daß es nicht eine Wirklichkeit, sondern eine Vielheit von Arten und Gestalten des Wirklichen gibt, und unser Selbst erscheint uns in seiner Bindung an den vergänglichen Leib als eine derselben.

Damit ergibt sich die Notwendigkeit, die Mittel unserer Erkenntnis, welche uns diese Vielheit aufzeigen, einer *Kritik* zu unterziehen. Wie ist Wissen überhaupt möglich, wie kommt es zustande, und wieso ist es gültig und unzweifelhaft? Schankara stellt damit die Frage, die im Europa des achtzehnten Jahrhunderts von Kant gestellt wurde, und man kann sagen, er kommt zu Ergebnissen, die denen Kants durchaus vergleichbar sind. Alle unsere Erfahrungen erhalten wir durch Vermittlung der Sinne. Was wir Wissen nennen, ist nichts anderes als die Verarbeitung der von den Sinnen gebotenen Materialien. Haben wir damit aber die Wirklichkeit selbst in Händen? Schankara sagt: Nein. Wie später Kant, weist er darauf hin, daß alle Erfahrung uns die Dinge nicht in ihrem wahren Wesen zeigt, sondern nur so, wie sie sich unseren Sinnen darbieten, als *Erscheinung* also. Zu glauben, daß sich auf diesem Wege das Wesen der Welt erschließen kann, ist Täuschung, Maya.

Vidya, wahres Wissen, universelle Erkenntnis gewinnt erst, wer den Schleier der Maya, die Bedingtheit unserer Erfahrung durch die Sinne, durchschaut. Er erkennt dann deutlich, daß unser Selbst von allen äußeren Erscheinungen unterschieden und unabhängig, daß es – und hier trennt sich der Weg Schankaras von dem Kants – Brahman ist. Nicht vermittels äußerer Erfahrung, aber auch nicht durch Nachdenken, Reflexion, ist solche Erkenntnis zu gewinnen, sie geht allein aus der ewigen göttlichen Offenbarung des Veda, insbesondere seiner Schlußteile, der Upanischaden, hervor.

Mit der Berufung auf den Veda gerät Schankara aber in eine gewisse Schwierigkeit. Der Versuch, zu beweisen, daß der Veda die Einheit des Atman mit Brahman und die alleinige Wirklichkeit desselben lehrt, stößt auf Hindernisse, indem sich in den Upanischaden zwar (und vorwiegend) Stellen finden, die diese monistische (das heißt Einheits-) Lehre verkünden, daneben aber andere, die eine pluralistische Auffassung erkennen lassen, das heißt lehren, es gebe eine Vielheit von Brahman verschiedener individueller Wesen. Das gilt namentlich für ältere Teile des Veda. Für Schankara ist aber der ganze Veda göttlichen Ursprungs.

Diese Schwierigkeit dürfte, neben anderen Gründen, für Schankara der Anlaß gewesen sein, die für ihn charakteristische Lehre von den zwei Stufen der Erkenntnis auszubilden, einer niederen und einer höheren Stufe (welche Lehre wiederum in den Upanischaden vorgebildet war).

Auf der unteren Stufe, in der exoterischen Erkenntnis, erscheinen Welt und Gott – die für Schankara praktisch identisch sind, da er Gott als Existenz definiert[90] – in der Form der Vielheit; Gott erscheint als Ischwara oder Weltenschöpfer, allerlei Attribute werden ihm beigelegt, und das Volk verehrt ihn in vielerlei Formen. Diese Stufe ist zwar nicht die höchste Erkenntnis; sie ist gleichwohl nicht zu verwerfen, denn solche Vorstellungen sind der Fassungskraft der Menge angepaßt und bilden zumindest eine Vorhalle der wahren Erkenntnis.

Auf der höheren Stufe der esoterischen Erkenntnis steht der Philosoph. Er sieht, daß hinter dem Maya-Charakter der Erscheinungen der eine

Brahman ruht, dem in Wahrheit keine Attribute beigelegt werden können, weil er ganz unerkennbar ist. Die niedere Form der Erkenntnis tadelt der Wissende nicht; er darf in jedem Tempel beten und sich vor jedem Gott neigen, da solche Formen der Verehrung des Unerkennbaren den menschlichen Denk- und Wahrnehmungsformen angepaßt sind, er aber in seinem Herzen hinter diesem allem die ewige Einheit weiß und verehrt.[91] So gibt es für Schankara zwei Formen, in denen Brahman erscheint und verehrt wird; man kann sie fast als zwei verschiedene Götter bezeichnen.

Wie für die anderen Systeme ist für den Vedanta die Frage aller Fragen, wie der Mensch von dem individuellen Dasein, welches Leiden ist, erlöst werden könne. Die Antwort ist klar: Die Erlösung besteht im Innewerden des Atman in uns. Dies führt uns zu dem Zustand, in dem wir uns über die Kürze und Gebundenheit unseres Daseins hinausheben und in jenem großen Ozean des Seins aufgehen, in dem keine Sonderung, keine Veränderung, keine Zeit, nur *Frieden* ist. Der alte Vergleich kehrt hier wieder von den Strömen, die sich, Namen und Gestalt verlierend, in den Ozean ergießen.

Die praktische Ethik des Vedanta enthält folgende Hauptforderungen:

Unterscheidung zwischen Ewigem und Nicht-Ewigem;
Verzicht auf Lohn im Diesseits wie im Jenseits;
Die sechs Mittel: Gemütsruhe, Selbstbeherrschung, Entsagung von Sinnengenuß, Ertragen aller Mühsale, innere Sammlung, Glaube;
Verlangen nach Erlösung vom individuellen irdischen Dasein.

Gute Werke sind nicht das geeignete Mittel zur Erfüllung dieser Forderungen. Sie sind zwar nicht ganz ohne Wert, haben aber eine mehr negative Funktion, indem sie, wie auch die Askese, die dem wahren Wissen entgegenstehenden Hemmnisse, Anfechtungen und Gemütsregungen beseitigen helfen. Das Mittel zum Heil ist nicht Tun, sondern richtige Erkenntnis, die durch fromme Meditation und Vedastudium erlangt wird. Für den Wissenden werden die Werke gleichgültig, denn er hat erkannt, daß Werke, da sie der Welt der Erscheinungen angehören, in Wahrheit nicht seine Werke sind.[92]

»Wer jenes Höchst-und-Tiefste schaut,
Dem spaltet sich des Herzens Knoten,
Dem lösen alle Zweifel sich,
Und seine Werke werden nichts«[93].

In einer volkstümlichen indischen Darstellung der Vedanta-Lehre heißt es: »Tor! Gib auf deinen Durst nach Reichtum, verbanne alles Begehren aus deinem Herzen! . . . Sei nicht auf deinen Reichtum, deine Freunde, deine Jugend stolz, die Zeit nimmt alles fort in einem Augenblick.

Verlasse all das, es ist voller Täuschung, und gehe ein in Brahman ... Das Leben zittert wie ein Wassertropfen auf einem Lotosblatt ... Die Zeit spielt, das Leben verwelkt – doch der Atem der Hoffnung hört nie auf ... Bewahre immer deinen Gleichmut ...«[94].

Die überragende Bedeutung des Vedanta-Systems reicht bis in die Gegenwart. In den indischen Zusammenstellungen der verschiedenen brahmanischen Systeme nimmt es den obersten Platz ein. Ein zur Zeit des europäischen Mittelalters lebender indischer Schriftsteller sagt über die Vedanta-Sutras:

»Dieses Lehrbuch ist unter allen das hauptsächlichste; alle anderen Lehrbücher dienen nur seiner Ergänzung. Darum sollen es hochhalten, die nach Erlösung verlangen; und zwar in der Auffassung, wie sie von dem erlauchten Schankara ... dargelegt worden ist.«[95]

IV. Ausblick auf die weitere Entwicklung der indischen Philosophie und vorläufige Würdigung

Wir haben die Darstellung auf die altindische Philosophie beschränkt, weil das indische Denken in jener Zeit seine höchste Blüte erlebte und die Grundsteine zu allen späteren Entwicklungen in ihr gelegt wurden. Selbstverständlich ist die Entwicklung in dem bis zu unserer Gegenwart verflossenen weiteren Jahrtausend nicht stehengeblieben. Wir können sie hier nur streifen.

Mit dem Verschwinden des Buddhismus aus Indien fehlte der brahmanischen Philosophie der Widerpart, an dem sich der Funke des philosophischen Denkens immer von neuem entzündet hatte. Mit dem Aufhören des Kampfs der Meinungen und Standpunkte trat in dieser nachklassischen Periode eine Erstarrung ein, die sich auf gesellschaftlichem Gebiet in einer Verschärfung der Kastenscheidung, im philosophischen Denken in dogmatischer Starre und im Überhandnehmen von Sekten äußert.

Zu diesen inneren Gründen der Unfruchtbarkeit kam die äußere Überfremdung. Indien verlor seine Freiheit und fiel zuerst für einige Jahrhunderte der mohammedanischen Eroberung, dann bis in die Gegenwart der britischen Herrschaft anheim. Mit der 1947 vollzogenen politischen Befreiung Indiens, bei der sich bekanntlich die Aufspaltung in das vorwiegend hinduistische Hindostan und das vorwiegend islamische (später in zwei Teile zerfallene) Pakistan vollzog, mag man die Hoffnung auf einen neuen Aufschwung des indischen Geistes verbinden. Der unschätzbare Wert der altindischen Philosophie bleibt von der späteren Entwicklung unberührt.

Die Entdeckung der indischen Philosophie durch Europa setzte erst spät ein und vollzog und vollzieht sich im wesentlichen erst seit dem Beginn des vorigen Jahrhunderts. Sie wurde eingeleitet durch den Franzosen *Anquetil Duperron*, der die Upanischaden aus einer persischen Ausgabe – er konnte kein Sanskrit – ins Lateinische übertrug und 1801/02 veröffentlichte.[96] Die Übersetzung war unvollkommen; einzelne Hellblikkende erkannten jedoch alsbald die Bedeutung der hier ruhenden Schätze. Vorher war schon eine englische Übersetzung der Bhagavad-Gita erschienen, in deren Vorwort Warren *Hastings*, der Begründer der britischen Herrschaft in Indien, geschrieben hatte: Dieses Werk werde noch leben, wenn die englische Herrschaft über Indien längst aufgehört haben werde. Er hat recht behalten.

Das ganze 19. Jahrhundert hindurch entfaltete sich in raschem Aufschwung die Wissenschaft der Indologie. Unter ihren großen Gelehrten seien Friedrich *Schlegel*, Max *Müller* und Paul *Deussen* genannt.

Deussen hat die Entdeckung der geistigen Welt Indiens verglichen mit der erdachten Möglichkeit, daß uns plötzlich das Denken und die Vorstellungswelt der Bewohner eines andren Sterns offenbar würden.[97] In der Tat eröffnete sich hier der Einblick in eine Gedankenwelt, die sich, von gewissen Berührungen der indischen Philosophie mit der Griechenlands abgesehen, unabhängig und unberührt von der geschlossenen Tradition des Vorderen Orients und Europas entwickelt hatte. Und dabei war es das Denken eines Volkes, das in seiner Sprache und vielleicht auch in seiner Abstammung dem unsrigen nahe verwandt ist!

Mit der wachsenden Kenntnis des indischen Geisteslebens begann sein Einfluß auf das europäische Denken und Schaffen. *Goethe* und *Herder*, beide noch am Beginn dieser Kenntnis stehend, haben mit prophetischem Blick den Reichtum und die Tiefe dieser neuen Welt erkannt. Unter den großen Philosophen, die den Geist der indischen Philosophie studiert und sich weitgehend zu eigen gemacht haben, steht an erster Stelle *Schopenhauer*, dessen begeistertes Urteil über die Upanischaden oben angeführt worden ist. Ähnlich hat sich *Schelling* geäußert.

Einige Wesenszüge der indischen Philosophie, die sie von der neueren abendländischen unterscheiden, sind:

1. Das indische Denken ist in hohem Maße *traditionsgebunden*. Die überwiegende Mehrzahl der Systeme gründet sich, zum Teil in der Gedankenführung, zum Teil mehr in äußerlicher Anknüpfung, auf die Autorität des alten vedischen Schrifttums. An sich betrachtet und für den Inder selbst ist das kein Nachteil. Die Zugänglichkeit für den Außenstehenden und die Möglichkeit der Einflußnahme auf andere Völker werden freilich dadurch erschwert.
2. Die indischen Systeme begnügen sich nicht mit bloßer Welterklärung, mit Erkenntnis um der Erkenntnis willen, sondern haben alle eine

ausgesprochene Richtung auf das *Praktische*: Sie wollen eine Anleitung zum richtigen Leben und zur Erlösung sein. Damit mag es, neben anderen, in der besonderen Veranlagung des indischen Volkes liegenden Gründen, zusammenhängen, daß die Philosophie im altindischen Leben eine so hervorragende Rolle gespielt hat wie kaum bei einem anderen Volke.

3. Ein tiefgehender Unterschied zu den meisten europäischen Anschauungen liegt darin, daß alle indischen Denker der rein verstandesmäßigen Erkenntnis nur eine untergeordnete Bedeutung zuerkennen. Sie werden nicht müde zu betonen, daß die Wahrheit »außerhalb des Verstandes liegt« und nicht mit Worten, sondern nur im Wege direkter Einfühlung, *Intuition*, zu erfassen ist. Ein westlicher Gelehrter hat in einem Upanischad-Kommentar die diesbezügliche Ansicht der indischen Philosophen wie folgt dargestellt: »Alle rationalistischen Philosophien« (das heißt alle mit dem Verstande arbeitenden) »enden, und zwar unvermeidlich, im Agnostizismus« (das heißt in der Erkenntnis, daß wir nichts erkennen können). »Dies ist das einzige logische Ergebnis des Suchens nach Wissen auf jenem Wege mittels jenes Instruments . . . Inspiriert und in Bewegung gesetzt durch Intuition, wendet der rationalistische Philosoph dieser augenblicklich den Rücken zu und überantwortet die Aufgabe dem niederen Geiste, welcher unfähig ist, die Antwort zu finden. Nachdem er mit Intuition begonnen hat, sollte er auch mit dieser fortfahren.«[98]

4. Vielleicht am fremdartigsten mutet den Nicht-Inder der überall wiederkehrende Gedanke der *Seelenwanderung* an, der in Europa in der Philosophie, vielleicht abgesehen von Nietzsches »ewiger Wiederkunft«, die aber auch nur eine entfernte Ähnlichkeit mit ihm besitzt, kaum Parallelen findet, höchstens in gewissen schwer zu fassenden Unterströmungen des abendländischen Geistes lebt. Dazu sei bemerkt, daß es – wenn man überhaupt irgendeine Art von Fortleben und Vergeltung nach dem Tode annehmen will – nur zwei mögliche Antworten auf die Frage gibt, was mit uns nach dem Tode geschieht. Die eine Antwort ist ewige Vergeltung, je nachdem ewige Seligkeit oder ewige Verdammnis, die andere ist der Gedanke der Wiedergeburt. Versuchen wir uns einmal von unserer Gewöhnung an christlich-abendländische Vorstellungen frei zu machen, so werden wir erkennen, daß bei unvoreingenommener Betrachtung der Gedanke der Seelenwanderung zwei Vorzüge hat: Er vermag erstens die unleugbare, von Geburt an vorhandene Verschiedenheit in der moralischen Veranlagung der Menschen auf eine einfache, ungezwungene Weise so zu erklären, daß diese eben auf den Taten des einzelnen in einem vergangenen Leben beruht. Zweitens weist er nicht das quantitative Mißverständnis zwischen Ursache und Wirkung auf, das man zwischen der kurzen irdischen Bewäh-

rungszeit und der in Ewigkeit andauernden Vergeltung finden könnte.

5. Eine bemerkenswerte Eigenschaft der indischen Denker ist ihre großzügige *Toleranz*. In einer von Priestern beherrschten Gesellschaft konnten sich materialistische, skeptizistische, atheistische Lehren entfalten; die uns überkommenen Berichte sprechen zwar von Streitigkeiten, Debatten und Geisteskämpfen, so gut wie niemals jedoch von Lästerung, Unterdrückung oder physischer Verfolgung. Den Indern, die ja auch niemals eine mit höchster geistlicher Autorität ausgestattete Stelle wie das Papsttum besessen haben, ist der Gedanke fremd, daß die Wahrheit nur in einer Form zu finden sei. Bezeichnend ist in diesem Zusammenhang, daß ein einziger brahmanischer Gelehrter im neunten Jahrhundert die Hauptwerke aller bekannten orthodoxen Systeme kommentiert und jedes System in seiner jeweiligen Richtung und Eigenart weitergebildet hat – ein Vorgang, der in Europa kaum vorzustellen wäre und nur so zu erklären ist, daß der Inder alle Denksysteme nur als unvollkommene Hilfsmittel und Annäherungsweisen an die Wahrheit ansieht.

6. Eine letzte Eigentümlichkeit, die noch hervorgehoben zu werden verdient, ist – für den europäischen Betrachter jedenfalls – eine unverkennbare Hinneigung zur *Geringschätzung des Irdischen* und zur Abwendung vom tätigen Leben; daß die Inder ihre Freiheit verloren, mag wohl mit daran gelegen haben, daß sie sie nicht in genügendem Maße der Verteidigung für wert hielten. In der Praxis werden die strengen Forderungen der Philosophen natürlich immer nur kompromiß- und annäherungsweise verwirklicht worden sein, und die Masse des Volkes wird, wie überall, im Jetzt und Hier ihr Genügen gefunden haben.

Zweites Kapitel

Die altchinesische Philosophie

China ist der zweite Kulturkreis neben dem indischen, aus dem wir Dokumente philosophischen Denkens von ungefähr dem gleichen Alter besitzen.

Auch China bildet nach Ausdehnung, Bevölkerungszahl und Eigenart eine Welt für sich, die besser mit Europa als Ganzem als mit einem einzelnen europäischen Lande verglichen werden kann, und ist in sich nach Unterschieden des Klimas, der Landschaft und auch der gesprochenen Sprache ähnlich reichhaltig gegliedert wie dieses; infolge der weitgehenden geographischen Isolierung – durch Ozeane, Gebirge und Wüste – und der durch diese bewirkten kulturellen Abgeschlossenheit, die erst vor geschichtlich kurzer Zeit durchbrochen wurde, hat es aber eine jahrtausendelange Stetigkeit der geistigen und religiösen Überlieferung und der sozialen Verhältnisse erreicht und bietet das Bild einer einheitlichen Kultur.

An die großartigen Kulturleistungen der Chinesen auf fast allen Gebieten soll hier nur erinnert werden. Sie reichen von Bodennutzung, Flußregulierung, Erfindungen, wie Porzellan, Schießpulver, Kompaß, Papiergeld, bis zum Staatswesen und der gesellschaftlichen Organisation und bis zur bildenden Kunst (besonders Malerei und Keramik) und Literatur, innerhalb deren die unvergleichliche lyrische Dichtung hervorragt.

Vorgeschichtliche Funde legen die Annahme nahe, daß die menschliche Gesittung in China auf eine ununterbrochene Entwicklung von vielen Jahrtausenden zurückblickt. Die aufgezeichnete Geschichte der Chinesen reicht zurück bis zu den Kaisern des dritten vorchristlichen Jahrtausends. Die Überlieferung schreibt diesen mythischen Herrschern die Erfindung der Schrift, die Einführung der Ehe, die Ausbildung der Musik, die Erfindung der Eßstäbchen und viele andere grundlegende Kulturleistungen zu und verdichtet so in ihnen kulturelle Errungenschaften, die wahrscheinlich in Wirklichkeit Jahrtausende oder mehr zu ihrer allmählichen Durchsetzung gebraucht haben.

Einiger besonderer Bemerkungen bedarf die chinesische Sprache und Schrift. Das Chinesische steht seiner Struktur nach dem Deutschen und den anderen europäischen Sprachen denkbar fern. Es gehört zur Klasse der sogenannten isolierenden oder einsilbigen Sprachen, das heißt es

besteht großenteils aus einsilbigen Wörtern, die ganz unveränderlich sind, also nicht der Beugung (Konjugation und Deklination) unterliegen, keine Vorsilben oder Endungen annehmen usw. Die naturgemäß beschränkte – und durch andere Eigenheiten noch weiter begrenzte – Zahl solcher Silben wird dadurch vervielfacht, daß jede Silbe in verschiedener Weise betont werden kann (zum Beispiel hoch gleichbleibend, tief gleichbleibend, mit ansteigendem, mit fallendem Ton) und damit jedesmal eine andere Bedeutung hat. Der »singende« Charakter, den das Chinesische für das europäische Ohr hat, hängt mit diesen Eigenarten der Betonung zusammen. Manche Silben können bis zu 50 oder 60 verschiedene Bedeutungen haben. (Der Leser, der das gar zu merkwürdig findet, sei darauf hingewiesen, daß auch in den europäischen Sprachen sehr viele Wörter zwei – nämlich eine unmittelbare und eine übertragene – und manche Wörter eine Vielzahl voneinander abweichender Bedeutungen haben.) Was jeweils gemeint ist, ergibt sich hauptsächlich aus der Stellung des Wortes im Satzzusammenhang – für die demgemäß strengere Regeln als in anders gebauten Sprachen gelten – oder durch Hinzufügung näher bestimmender Hilfswörter. (Auch dies gibt es in gewissem Umfang in indo-europäischen Sprachen.) Ebenfalls nur aus dem Kontext ist zu ersehen, ob ein bestimmtes Wort als Hauptwort, Eigenschaftswort, Tätigkeitswort oder Umstandswort aufzufassen ist, zum Beispiel ob die Silbe »ta« »Größe« oder »groß« oder »vergrößern« oder »sehr« bedeutet. Ebenso stark wie die gesprochene Sprache unterscheidet sich die chinesische Schrift von der unseren. Sie ist aus einer Bilderschrift hervorgegangen, hat diesen Charakter noch teilweise bewahrt und zeichnet sich vor allem dadurch aus, daß nicht nur die Laute der gesprochenen Sprache wie bei uns, sondern vor allem die in den Wörtern ausgedrückten Begriffe zu Papier gebracht werden. Für Gegenstände wird also ein (stilisiertes, vereinfachtes) Abbild gezeichnet; die Zeichen für Berg, Haus, Baum, Sonne, Mond usw. sind so gebildet. Abstrakte Begriffe, die nicht anschaulich abzubilden sind, werden durch ein Zeichen versinnbildlicht, das damit gewissermaßen eine übertragene Bedeutung erhält, etwa der Begriff »Geist« durch das Zeichen für »Herz«; oder durch die Verbindung mehrerer Zeichen.
Eine solche Schrift bietet den Vorteil, daß jeder, der nur die Bedeutung der einzelnen Bilder kennt, sie sozusagen in seiner eigenen Sprache lesen und verstehen kann, ohne die gesprochene chinesische Sprache zu kennen (man kann dies mit den über die ganze Welt verbreiteten »arabischen« Ziffern vergleichen). Aus diesem Grunde bildet die Schrift das einigende sprachliche Band zwischen den verschiedenen chinesischen Dialekten; ferner ermöglicht sie, da die gesprochene Sprache sich gewandelt hat, die Schrift aber im wesentlichen unverändert geblieben ist, alte Texte ohne große Schwierigkeiten zu lesen.

Freilich ist sie, verglichen mit unserem aus 25 Buchstaben bestehenden Abc, schwer zu erlernen. Es dauert Jahrzehnte, bis man die Tausende zum Teil sehr komplizierten Zeichen alle beherrscht. Allerdings genügen 2000 bis 4000 Zeichen für den praktischen Gebrauch, und diese sind in einigen Jahren zu erlernen. Man vergegenwärtige sich – und deswegen wurde hier darauf eingegangen –, daß das Denken eines Volkes mit einer solchen Sprache in anderen Bahnen gehen muß als unseres – von den übrigen tiefliegenden kulturellen Unterschieden abgesehen, mit denen die Sprache selbstverständlich wiederum in engstem Zusammenhang steht. Eine wissenschaftliche Logik wie die in Griechenland und im Abendland entwickelte, die ja in unmittelbarer Verbindung mit der Grammatik der indo-germanischen Sprachen mit ihren strengen Unterscheidungen von Substantiv, Adjektiv, Verbum usw. und von Subjekt, Prädikat und Objekt entstand, konnte sich in China nicht entwickeln und hat sich auch nicht entwickelt. Wegen des unterschiedlichen Sprachaufbaus begegnet ferner die Übersetzung von Texten aus dem Chinesischen, gerade wenn diese philosophischen Inhalts sind und somit die in chinesischer Schrift sinnbildlich dargestellten abstrakten Begriffe in großer Zahl enthalten, mannigfachen Schwierigkeiten. Die vorliegenden Übersetzungen, auch wenn sie von hervorragenden Sprach- und Landeskennern stammen, weichen daher voneinander ab. Dies gilt im allgemeinen freilich mehr für Nuancen und feine Schattierungen der Begriffe als für den wesentlichen Inhalt; aber es ist klar, daß alles das, was in einem Wort, Satz oder ganzen Text an unausgesprochenem Stimmungshintergrund, an halbbewußten Gedankenverbindungen, an Atmosphäre gleichsam, mitschwingt, um so unvollkommener wiedergegeben werden kann, je weiter die betreffenden Sprachen in Aufbau und Eigenart voneinander entfernt stehen.

Sollte China irgendwann zu lateinischen Schriftzeichen übergehen, so wird das langfristig nicht ohne Einfluß auf die chinesische Denkweise bleiben.

Eine Bemerkung zur Schreibweise der chinesischen Namen in diesem Buch: Bei der Wiedergabe chinesischer Wörter und Namen für europäische Leser und damit in lateinischen Buchstaben sind die europäischen Völker verschiedene Wege gegangen; es gab z. B. ein Transkriptions- (d. h. Übertragungs- oder Umschrift-) System für die englische, ein anderes für die französische, wieder ein anderes für die deutsche Sprache. Die Regierung der Volksrepublik China hat für die Wiedergabe der chinesischen Sprache in lateinischer Schrift ein neues System vorgeschlagen, das sich international durchsetzt. Es heißt Pinyin. Die vier verschiedenen ›Töne‹, in denen ein chinesisches Wort ausgesprochen werden kann – und die dem sonst in seiner Lautgestalt gleichbleibenden Wort eine jeweils ganz verschiedene Bedeutung verleihen – werden bei dieser Transkription durch diakritische Zeichen über dem Vokal jeder Silbe bezeichnet: ā gleichmäßig hoher Ton; á steigender Ton; a˙˙ erst leicht abfallender, dann steigender Ton [auch ă]; à abfallender Ton. Da Namen wie I King (Buch der Wandlungen) in allen älteren deutschen Büchern in dieser alten Form stehen, wurde sie beibehalten, jedoch die neue Form (der die Zukunft gehört) jeweils in Klammern hinzugefügt: I King (yì jīng).

Einer der bedeutendsten chinesischen Gelehrten unserer Tage[1] hat die Entfaltung der chinesischen Philosophie verglichen mit einer in drei Sätzen ablaufenden geistigen Sinfonie.

Im ersten Satz erklingen die drei Hauptthemen des Konfuzianismus, Taoismus und Mohismus, dazu die vier Nebenthemen des Sophismus, Legalismus, Neo-Mohismus und der Yin-Yang-Lehre (yīn yáng). Zu diesen Themen ertönen als Begleitung zahlreiche andere, die jedoch nach einmaligem Aufklingen nicht weiter fortgeführt werden; es sind die sogenannten »Hundert Schulen«, deren Lehren nur bruchstückhaft überliefert sind. Dieser erste Abschnitt umfaßt die Zeit vom 6. bis zum 2. Jahrhundert v. Chr.

Im zweiten Satz untermischen sich die verschiedenen Motive zum Dominantakkord der mittelalterlichen chinesischen Philosophie, während der aus Indien hinzugekommene Buddhismus den Kontrapunkt dazu bildet. Diese Periode reicht vom 2. Jahrhundert v. Chr. bis etwa zum Jahre 1000 n. Chr.

Der dritte Abschnitt erstreckt sich von da an bis in die Gegenwart. Er bietet eine Synthese der verschiedenen Elemente, in der die beständige und einzigartige Melodie des Neu-Konfuzianismus den Ton angibt.

Mit den an Tragweite noch nicht zu übersehenden grundstürzenden Umwälzungen der jüngsten Gegenwart dürfte ein gänzlich neuer Abschnitt seinen Anfang genommen haben.

Der musikalische Vergleich paßt schließlich insofern, als neben Konsonanzen auch Dissonanzen auftreten.

Wir fügen hinzu, daß der erste Satz mit seinen Hauptmotiven nicht unvermittelt aufklingt, sondern daß ihm ein Vorspiel in Gestalt einer noch früher liegenden langen Entwicklung des philosophischen Denkens in China vorausgegangen ist. Da alles, was aus dieser Frühzeit überliefert ist, nur in den von Konfuzius bearbeiteten klassischen Schriften auf uns gekommen ist, widmen wir ihr keinen gesonderten Abschnitt, sondern werden auf sie bei der Behandlung der konfuzianischen Philosophie kurz eingehen.

Im übrigen beschränken wir uns aus Raumgründen – ähnlich wie im ersten Kapitel – im wesentlichen auf die erste Hauptperiode, weil in ihr die größten Denker aufgetreten und die für alles Folgende grundlegenden Gedanken ausgesprochen worden sind.

I. Konfuzius

1. DAS LEBEN DES KONFUZIUS

Konfuzius, der einflußreichste chinesische Denker und wahrscheinlich der einflußreichste aller Philosophen, die je gelebt haben, wurde 551 v. Chr. im Fürstentum Lu (Lu˙˙), in der heutigen Provinz Schantung (Shān dōng), geboren. Er entstammte dem damals schon alten adligen Geschlecht der Kung (Ko˙˙ng), das sich durch zweieinhalb Jahrtausende bis heute fortgepflanzt hat; die Zahl der Nachkommen des Konfuzius geht inzwischen in die Zehntausend. Sein chinesischer Name lautet Kung-fu-tse (Ko˙˙ng zi˙˙ oder Ko˙˙ng fū zi˙˙), das heißt »Meister aus dem Geschlechte Kung«. Konfuzius ist eine von Europäern eingeführte latinisierte Form dieses Namens.

In jungen Jahren schon richtete Konfuzius sein Haus als Schule ein und lehrte die Schüler, die sich alsbald um ihn sammelten, Geschichte, Dichtkunst und die Formen des Anstands. Im Lauf der Jahrzehnte gingen über 3000 junge Männer durch seine Schule, und sein Ruhm verbreitete sich. Obwohl er von Ehrgeiz erfüllt war und gern eine führende Stellung im Staat eingenommen hätte, lehnte er doch alle diesbezüglichen Angebote ab, solange er die Bedingungen nicht mit seinen moralischen Grundsätzen vereinbaren konnte. Er sagte: »Nicht das soll einen bekümmern, daß man kein Amt hat, sondern das muß einen bekümmern, daß man dafür tauglich werde. Nicht das soll einen bekümmern, daß man nicht bekannt ist, sondern danach muß man trachten, daß man würdig werde, bekannt zu werden.«[2] So dauerte es bis zu seinem fünfzigsten Lebensjahr, ehe er Gelegenheit erhielt, die von ihm inzwischen gefundenen und gelehrten Grundsätze einer gerechten Regierung als Beamter seines Heimatstaates in die Praxis umzusetzen. Nach der Überlieferung erzielte er dabei außerordentliche Erfolge. Sein bloßer Amtsantritt als Justizminister allein soll zum Beispiel schon die Verbrecher in ihre Schlupfwinkel vertrieben und das Volk zur Rechtschaffenheit veranlaßt haben. Der Fürst eines Nachbarstaates, von Neid erfüllt auf das Aufblühen des Staates Lu, sandte dessen Fürsten als Geschenk eine Schar sanges- und tanzkundiger Mädchen und schöne Pferde und erreichte damit, daß der Fürst sich dem Wohlleben ergab und von den Regierungsgrundsätzen des Konfuzius abwandte, worauf dieser enttäuscht zurücktrat und sein Heimatland verließ.

Nach einem dreizehnjährigen Wanderleben ehrenvoll in die Heimat zurückberufen, widmete sich Konfuzius dort in seinen letzten Lebensjahren der Sammlung und Herausgabe der überlieferten Schriftdenkmäler und verfaßte eine Chronik seines Heimatstaates. Ein öffentliches

Amt nahm er nicht wieder an. Nach seinem von ihm selbst vorausgesagten Tode wurde er von seinen Schülern mit großem Prunk begraben. Er selbst schied jedoch aus dem Leben voller Enttäuschung darüber, daß keiner der Regierenden hatte auf seine Lehre hören und seine Grundsätze verwirklichen wollen; er ahnte nicht, welch überwältigender und lang dauernder Erfolg seinen Gedanken beschieden sein sollte.

2. DIE NEUN KLASSISCHEN BÜCHER

Außer der Ausbildung seiner eigenen Philosophie, welche er selbst niemals als originelle Schöpfung ausgab, sondern stets nur als Weitergabe dessen bezeichnete, was er von den sagenhaften Kaisern der Frühzeit gelernt hatte, hat Konfuzius das große Verdienst, die ältesten Überlieferungen des chinesischen Kulturkreises gesammelt und für die Nachwelt bewahrt zu haben.

Von den fünf so entstandenen King oder kanonischen Büchern stammen die ersten vier mit ziemlicher Sicherheit von Konfuzius selbst, das fünfte wahrscheinlich wenigstens mit einzelnen Partien.

1. Für die Philosophie am bedeutsamsten ist das I King (yì jīng) oder »Buch der Wandlungen«, möglicherweise das älteste erhaltene Dokument philosophischen Denkens überhaupt. Nach der Überlieferung stammt es von einem Kaiser, der fast 3000 Jahre vor der Zeitwende lebte und regierte. Konfuzius hat es neu herausgegeben und einen Kommentar dazu verfaßt. Er schätzte es so hoch, daß er wünschte, er möge fünfzig Jahre Zeit haben, darin zu studieren[3].

Den Kern des Buches bilden acht sogenannte Trigramme, das heißt aus drei teils ganzen, teils gebrochenen Strichen bestehende Zeichnungen. Jedes Trigramm versinnbildlicht eine Naturkraft und zugleich in symbolischer Übertragung ein bestimmtes Element des menschlichen Lebens. Diese acht ursprünglichen Trigramme sehen folgendermaßen aus[4]:

Zeichen:	Chines. Bezeichnung:	Naturkraft:	Bedeutung im menschlichen Leben:
☰	tian (qián)	Himmel	Stärke
☱	tui (dùi)	See	Lust
☲	lî (lí)	Feuer	Glanz
☳	tschan (zhèn)	Donner	Energie
☴	siuen (sùn)	Wind	Durchdringung
☵	kan (kǎn)	Regen	Gefahr
☶	kân (gěn)	Berg	Stillstand
☷	kwun (kūn)	Erde	Willfähigkeit

Durch Kombination untereinander wurde die Zahl der Zeichen vermehrt. In den durchlaufenden Linien wird ein Element des Hellen – Licht, Bewegung, Leben – dargestellt gedacht (Yang, yáng), in den durchbrochenen ein Element des Dunklen – Ruhe, Materie (Yin, yīn).

Der Auslegung läßt dieses seltsame und weltberühmte Buch der Zeichen einen weiten Spielraum. Die Chinesen sehen in ihm ein namentlich auch zu Zwecken der Wahrsagung benutztes Kompendium der tiefsten Weisheit, die sich freilich nur dem erschließt, der sich in diese Welt der Symbole einlebt und ihren geheimen Sinn erfassen lernt. Europäische Chinakenner haben es in Tönen höchster Bewunderung gepriesen als ein Orakelbuch, das den, der darin zu lesen versteht, in keiner Lage des Lebens im Stiche lasse.

2. Das zweite der von Konfuzius herausgegebenen Bücher, das Schi King (shī jīng) oder »Buch der Lieder«, enthält hundert Gesänge, die lange vor Konfuzius' Lebenszeiten entstanden waren und die er aus einer weit größeren Anzahl ausgewählt hat. Neben volkstümlichen Natur- und Liebesliedern finden sich Opfergesänge und politische Tendenzlieder.

3. Das Schu King (shū jīng, auch shàng shū) oder »Buch der Urkunden« ist eine umfangreiche Sammlung von Urkunden verschiedener Art aus zweitausend Jahren chinesischer Geschichte bis an die Zeit des Konfuzius heran, meist Gesetze, Erlasse usw. von Fürsten, mit beigefügten Erläuterungen und Zwischentexten.

4. Von Konfuzius selbst verfaßt sind die »Frühlings- und Herbstannalen«, eine Chronik seines Heimatstaates Lu für den Zeitraum von 722 bis 480 v. Chr.

5. Das letzte der kanonischen Bücher, das Li Ji (lǐ jī) oder »Buch der Riten«, ist das umfangreichste. Es ist erst nach Konfuzius entstanden, Teile werden aber auf ihn selbst zurückgeführt. Es behandelt die – in China besonders gepflegten – Vorschriften der Etikette, Sitten und Bräuche, zum Beispiel für den Ahnenkult und für das Benehmen bei Hofe.

Den fünf kanonischen Büchern an Ansehen gleichgestellt sind vier weitere, die sogenannten »klassischen Bücher«. Diese sind nicht von Konfuzius selbst verfaßt oder herausgegeben, enthalten aber seine Lehren oder die Lehren der hervorragendsten unter seinen Schülern.

1. Das Buch Lun Yü (lùn yǔ) enthält die »Unterredungen« des Konfuzius. Wie viele andere große Lehrer der Menschheit lehrte Konfuzius selbst nur mündlich. Wir kennen seine Gedanken nur aus diesen von seinen Schülern aufgezeichneten Äußerungen. Allerdings scheint die mündliche Überlieferung von literarischen Erzeugnissen und Reden großer Männer in früheren Zeiten viel zuverlässiger und exakter gewe-

sen zu sein, als das in unserer Zeit denkbar wäre, da die Köpfe der Menschen unter der Überfülle der täglich durch Zeitungen, Rundfunk, Film und die Schnelligkeit der Ortsveränderungen auf uns einstürmenden Eindrücke schwirren und vom Wesentlichen abgelenkt werden.
Neben diesen Unterredungen bildet die zweite Hauptquelle für unsere Kenntnis der konfuzianischen Philosophie

2. die »Große Wissenschaft« – Ta Hsüeh (dà xúe) –, deren erster Teil möglicherweise authentische Aussprüche des Konfuzius enthält.
3. Das dritte der klassischen Bücher, Tschung Yung (zhōng yōng), die »Lehre von Maß und Mitte«, stammt von einem Enkel des Konfuzius, der für seine Ausführungen ebenfalls laufend Aussprüche des Meisters anführt. Aus diesem Grunde, daneben aber auch wegen seines eigenen Inhalts, nimmt das Tschung Yung in der konfuzianischen Literatur eine beherrschende Stellung ein.
4. Das letzte dieser Bücher stammt von Mencius, dem größten Schüler des Konfuzius, und wird bei der Darstellung von dessen Lehre nochmals erwähnt werden.

Die vorstehend aufgeführten Werke werden auch zusammenfassend als die »Neun klassischen Bücher« bezeichnet. Sie ragen wegen ihres ehrwürdigen Alters und der Bedeutsamkeit ihres Inhalts über die gesamte übrige philosophische Literatur der Chinesen – mit Ausnahme des Taote King (daò dí jīng) – hinaus und bilden bis heute die Grundlage der konfuzianischen Überlieferung.

3. DER BESONDERE CHARAKTER DER KONFUZIANISCHEN PHILOSOPHIE

Der hervortretende Zug in der Philosophie des Konfuzius – und zugleich der Grundzug eigentlich allen chinesischen Philosophierens – ist das Hingewandtsein auf den Menschen und auf das praktische Leben. Sie stellt deshalb auch kein ausgearbeitetes und abgeschlossenes System von Logik, Ethik und Metaphysik dar.
Eine Logik als besondere philosophische Disziplin kennt Konfuzius nicht. Er lehrte seine Schüler nicht allgemeine Regeln des Denkens, sondern suchte sie in unablässiger Einwirkung zum selbständigen und richtigen Denken zu bringen. (Überhaupt ist derjenige, der die abstrakten Regeln der Logik am besten beherrscht, keineswegs damit der beste Denker – wie auch Mephisto im »Faust« bemerkt.)
Auch eine ausgebildete Metaphysik hat Konfuzius nicht hinterlassen. Er liebte es nicht, sich über allgemeine metaphysische Probleme zu äußern. Als ein Schüler ihn über den Dienst an den Geistern und über den Tod befragte, sprach er: »Wenn wir noch nicht einmal wissen, wie wir den Menschen dienen sollen, wie können wir wissen, wie wir den Geistern dienen? Wenn wir nichts über das Leben wissen, wie können

wir etwas über den Tod wissen?«[5] So gilt er allgemein als Agnostiker, als ein Mensch, der überzeugt ist, daß wir über metaphysische Fragen und über das Jenseits nichts wissen können.

Der überlieferten chinesischen Reichsreligion mit ihrer Verehrung des Himmels (als einer unpersönlich gedachten Macht, sie kennt keinen persönlichen Gott), der Geister und der Manen der Verstorbenen stand er allerdings positiv gegenüber; jedenfalls wies er seine Schüler an, deren rituelle Vorschriften zu befolgen – es bleibt unentschieden, ob aus religiöser Überzeugung oder aber aus seiner allgemein konservativen, stets auf die Wahrung des Althergebrachten bedachten Grundhaltung heraus.

An unbedingt erster Stelle steht jedenfalls für ihn die Wohlfahrt des Menschen. So ist seine ganze Lehre im wesentlichen eine Sammlung von Verhaltensgrundsätzen und moralischen Vorschriften, die diesem Ziel dienen; das heißt, sie ist hauptsächlich Ethik und – da Konfuzius den Menschen nie als isolierten Einzelnen, sondern immer im natürlichen Zusammenhang von Familie, Gesellschaft und Staat sieht – zugleich Gesellschaftslehre oder Politik.

4. DAS SITTLICHE IDEAL

Entsprechend dem im wörtlichen Sinne »humanistischen« – auf den Menschen bezogenen – Charakter des konfuzianischen Denkens ist das Ideal nicht der weltabgewandte, asketische Heilige, sondern der abgeklärte, Welt und Menschen kennende und in allem das richtige Maß haltende *Weise*. Unablässige Selbsterziehung, sittlicher Ernst in allen Angelegenheiten und Aufrichtigkeit im Umgang mit den Mitmenschen zeichnen den Edlen aus. Stellung und materielle Güter verschmäht er nicht, aber er ist zu jeder Zeit bereit, sie aufzugeben um seiner moralischen Grundsätze willen.

Güte vergilt er mit Güte, der Schlechtigkeit begegnet er mit Gerechtigkeit. Indem er seinen eigenen Charakter formt, hilft er zugleich anderen, den ihren zu bilden. Äußeres und Inneres stehen bei ihm im rechten Gleichgewicht, denn: »Bei wem der Gehalt die Form überwiegt, der ist ungeschlacht; bei wem die Form den Gehalt überwiegt, der ist ein Schreiber. Bei wem Form und Gehalt Gleichgewicht sind, der ist ein Edler.«[6]

Befragt über die vollkommene Tugend, antwortete Konfuzius mit dem Satz, der unmittelbar neben die christliche Idee der Nächstenliebe zu stellen ist und der als »Goldene Regel« des menschlichen Verhaltens bei vielen Völkern wiederkehrt: »Was du selbst nicht wünschst, tu nicht den andern!«

Seine Forderungen nach Strenge, Ernst, Respekt gegenüber sich selbst und andern, vorbildlichem Verhalten in jeder Lebenslage soll Konfuzius an sich selbst in so hohem Maße verwirklicht haben, daß von ihm der Eindruck einer geradezu bedrückenden Vollkommenheit ausging.

5. STAAT UND GESELLSCHAFT

Wie für das Leben des einzelnen, erhebt Konfuzius auch für das Leben der Gesamtheit die Forderung nach Rechtschaffenheit, Ernst, vorbildlichem Verhalten der Regierenden, Erhaltung der traditionellen Bindungen.

Diese ständige Betonung moralischer Forderungen ist nur richtig zu verstehen, wenn man sich vergegenwärtigt, daß dem Wirken des Konfuzius allem Anschein nach eine Zeit der Auflösung moralischer Bindungen, Lockerung der Sitten und Freigeisterei unmittelbar vorausgegangen war. Lehrer waren aufgetreten, spitzfindige Sophisten, die Kritik übten sowohl an der hergebrachten Religion wie an den Regierungen, die die Relativität von Gut und Böse behaupteten; Menschen, die an allem zweifelten und jedes Ding und sein Gegenteil gleichgut beweisen zu können glaubten. Die Herrschenden führten einen erbitterten Kampf gegen diese Sophisten. Konfuzius selbst soll während seiner Amtstätigkeit einen von ihnen wegen der Gefährlichkeit seines demagogischen Auftretens zum Tode verurteilt haben. Ohne moralische Bindung, setzten diese Sophisten ihre dialektische Kunst für jeden Zweck und für jeden ein. Von einem von ihnen, einem gewissen Teng Schi (Dēng shì), wird folgende kennzeichnende und ergötzliche Geschichte erzählt: »Ein Fluß war angeschwollen und ein reicher Mann ertrunken. Ein Fischer fand den Leichnam. Die Familie wollte ihn loskaufen, aber der Fischer verlangte zuviel Geld. Da sagten sie es Teng Schi. Der sprach: ›Ihr könnt ruhig sein, es kauft ihm sonst niemand seinen Fund ab.‹ Der Fischer ward besorgt und wandte sich ebenfalls an Teng Schi. Der sprach abermals: ›Du kannst ruhig sein, sie können ihn sonst nirgends kaufen.‹«[7] Auch dieser Teng Schi soll auf dem Schafott geendet haben.

In dieser Zeit des drohenden oder bereits eingerissenen moralischen Verfalls erhebt Konfuzius seine Stimme und ruft sein Volk und seine Herrscher in erhabenem Ernst zur Rückkehr zu den bewährten und uralten Grundsätzen seiner gesellschaftlichen Ordnung. Der Kern seiner Lehre ist in der folgenden berühmten Stelle aus der »Großen Wissenschaft« ausgesprochen: »Wenn die Alten die lichte Tugend offenbar machen wollten im Reiche, ordneten sie zuvor ihren Staat; wenn sie den Staat ordnen wollten, regelten sie zuvor ihr Hauswesen; wenn sie ihr Hauswesen regeln wollten, vervollkommneten sie zuvor ihre eigene Person; wenn sie ihre eigene Person vervollkommnen wollten, machten sie zuvor ihr Herz rechtschaffen; wenn sie ihr Herz rechtschaffen machen wollten, machten sie zuvor ihre Gedanken wahrhaftig; wenn sie ihre Gedanken wahrhaftig machen wollten, vervollständigten sie zuvor ihr Wissen.«[8]

Hier ist die Erkenntnis ausgesprochen, daß, um Ordnung im Staate und Wohlfahrt der Gesamtheit herzustellen, jeder zunächst bei sich selbst, in seinem eigenen Innern, anfangen müsse – eine Erkenntnis, die nach 1945 wieder zum Beispiel von der sogenannten Moralischen Aufrüstung (Caux) verfochten wurde. Dies gilt nach Konfuzius nicht nur für jeden einzelnen, sondern in ganz besonderem Maße für die Regierenden, die nicht durch Gewalt, auch nicht durch viele Gesetze, sondern durch die ausstrahlende Kraft ihres Beispiels das Volk führen und sein Vertrauen, die wichtigste Grundlage des Staates, erhalten sollen:

Einem Fürsten, der ihn fragte, ob derjenige, der die Gesetze übertritt, getötet werden solle, antwortete Konfuzius: »Wenn Eure Hoheit die Regierung ausübt, was bedarf es dazu des Tötens? Wenn Eure Hoheit das Gute wünscht, so wird das Volk gut. Das Wesen des Herrschers ist wie der Wind. Das Wesen des Geringen ist wie das Gras. Das Gras muß sich beugen, wenn der Wind darüber hinfährt.« Und: »Wer kraft seines Wesens herrscht, gleicht dem Nordstern, der an seinem Orte verweilt, und alle Sterne umkreisen ihn.«[9]

Daß in den Köpfen und Herzen der Menschen zunächst Ordnung werde, erfordert vor allem, daß die Dinge bei ihren einfachen und richtigen Namen genannt werden. Weniges ist nach Konfuzius für Frieden, Rechtschaffenheit und Wohlfahrt so verderblich wie Verwirrung der Namen und Begriffe. Der Vater sei Vater, der Sohn Sohn, der Fürst Fürst, der Diener Diener! Das ist das ganze Geheimnis der guten Regierung. Als Konfuzius einmal gefragt wurde, welche Maßnahmen im Staate er zuerst ergreifen würde, wenn er Macht hätte zu bestimmen, antwortete er: Sicherlich die Richtigstellung der Begriffe! Uns Heutigen, die wir uns einer erdrückenden Flut dringendster praktischer Aufgaben im öffentlichen Leben gegenübersehen, mag es auf den ersten Blick vielleicht etwas abwegig erscheinen, als erste und wichtigste Aufgabe ausgerechnet die Richtigstellung der Begriffe anzusehen. Man überlege aber immerhin einmal, um wieviel die heutige verworrene Weltlage einfacher und durchsichtiger erscheinen und um wieviel es Millionen Menschen ihre Entscheidungen erleichtern würde, wenn der mit Propaganda und Schlagworten auf allen Gebieten getriebene Mißbrauch eingedämmt würde und Begriffe wie »Freiheit«, »Demokratie«, »Sozialismus«, »Aggression«, »Sklaverei« nur in ihrer klaren ursprünglichen Bedeutung gebraucht würden.

Von entscheidendem Wert für die Erhaltung und Stärkung von Staat und Gesellschaft ist die Erziehung. Konfuzius verlangt eine Vermeh-

rung und Verbesserung des allen in gleicher Weise zugänglichen öffentlichen Unterrichts. Tatsächlich wurden seine diesbezüglichen Gedanken nach seinem Tode für Jahrhunderte zur Grundlage des chinesischen Erziehungssystems gemacht. Mehr noch als bloßes Wissen betont er die Wichtigkeit der Ausbildung des künstlerischen Empfindens und der Erziehung zu Anstand und Sitte. Er hebt den Nutzen der Literatur hervor, die die Gefühle anregt, zur Pflichterfüllung hilft, den Gesichtskreis und die Kenntnis von Welt und Menschen, von Tieren und Pflanzen erweitert. Von mindestens gleicher Bedeutung ist ihm die Musik, die er zu einem Grundpfeiler der allgemeinen Bildung erklärt. Musik ist der Güte verwandt, und durch die Beschäftigung mit ihr gewinnt man ein gutes, aufrichtiges und natürliches Herz.
Von den Regeln des Anstands und der Sitte, auf die er größtes Gewicht legt, meint er, daß sie zumindest den äußeren Charakter formen und dem Volk als ein Schutzwall gegen gefährliche Ausschreitungen dienen. Er ruft aus: »Derjenige, der glaubt, daß dieser Schutzwall nutzlos sei, und ihn daher zerstört, kann sicher sein, daß er unter den Verwüstungen der dann hereinbrechenden Fluten zu leiden hat«[10] – eine prophetische Warnung, die für unser Volk und unsere Zeit nicht weniger gültig ist als für das versunkene China des Kung-fu-tse!

II. Lao Tse (La˙˙o zi˙˙ oder Lǎo zǐ)

1. DAS LEBEN DES LAO TSE

Wie Platon und Aristoteles in Griechenland, so lebten in China die beiden Denker, die dem chinesischen Geist für seine ganze weitere Entwicklung die Richtung gegeben haben, fast gleichzeitig, nur durch den Abstand einer Generation getrennt, nebeneinander. Man kann hier allerdings nicht den einen den Schüler des andern nennen. Wohl aber sind beide, wenn wir der chinesischen Überlieferung glauben dürfen (Lao Tse ist überhaupt als geschichtliche Persönlichkeit umstritten), einmal in persönliche Berührung gekommen. Lao Tse war der ältere von beiden; seine Geburt wird um das Jahr 600 v. Chr. angenommen. In unserer Darstellung wurde Konfuzius deshalb vor ihm behandelt, weil er auf älteste Überlieferung zurückgreift, die wir nur durch seine Vermittlung kennen. Auch Lao Tse hat jedoch wahrscheinlich aus älterem Gedankengut geschöpft, über welches aber so gut wie nichts mehr bekannt ist. Über sein Leben wissen wir kaum mehr als das, was ein chinesischer Historiker wie folgt berichtet:
»Lao Tse war ein Mann aus dem Dorfe Kü-dschen (chū rén), Bezirk Li (lì), Kreis Ku (kŭ), im Lehenstaate Tschou (chū). Sein Familienname

war Li (jetzt Lǐ) (Lao Tse ist ein später aufgekommener Beiname, er bedeutet ›der alte Meister‹), sein Rufname Ri (Er), sein Mannesname Pohyang (Bó yáng), sein posthumer Ehrentitel Tan (dān). Er war Geschichtsschreiber des Staatsarchivs im Staat Tschou (zhōu). Alle biographischen Angaben sind legendär und damit unsicher. Der spätere, zur Religion gewordene Taoismus hat vielerlei Legenden um dieses Leben gewoben.

›Kong Tse‹ (das ist Konfuzius) begab sich nach Tschou, um Lao Tse über das Zeremoniell zu befragen. Lao Tse sprach: ›Die Menschen, von denen du sprichst, sind samt ihren Gebeinen bereits vermodert, und nur ihre Worte sind noch vorhanden.‹ Und weiter sprach er: ›Wenn ein Edler seine Zeit findet, so steigt er empor; findet er seine Zeit nicht, so geht er hin und läßt das Unkraut wachsen. Ich habe gehört, ein guter Kaufmann verberge tief seine Schätze, als wäre es bei ihm leer; und ein Edler von vollendeter Tugend erscheine in seinem äußeren Wesen als einfältig. Stehe ab, Freund, von deinem hoffärtigen Wesen und von deinen vielerlei Wünschen, von deinem äußeren Gebaren und deinen hochfliegenden Plänen. Das alles ist ohne Wert für dein eigenes Selbst. Weiter habe ich dir nichts zu sagen!‹

Kong Tse ging von dannen und sprach zu seinen Jüngern: ›Die Vögel – ich weiß, daß sie fliegen können; die Fische – ich weiß, daß sie schwimmen können; das Wild – ich weiß, daß es laufen kann. Die Laufenden fängt man mit Schlingen, die Schwimmenden fängt man mit Netzen, die Fliegenden trifft man mit Pfeilen. Aber vom Drachen begreife ich nicht, wie er auf Wind und Wolken dahinfährt und zum Himmel aufsteigt. Heute habe ich den Lao Tse gesehen; ich glaube, er ist dem Drachen gleich.‹

Lao Tse befliß sich des Tao und der Tugend. Seine Lehre setzt als Ziel, verborgen zu bleiben und namenlos zu sein. Lange lebte er in Tschou. Er sah den Verfall von Tschou und zog davon. Er kam an den Grenzpaß. Der Paßaufseher Yin Hin sprach: ›Ich sehe, Herr, daß du in die Einsamkeit gehen willst; ich bitte dich um meinetwillen, schreibe deine Gedanken in einem Buche nieder.‹ Und Lao Tse schrieb ein Buch, bestehend aus zwei Abschnitten in fünftausend und einigen Wörtern, welches vom Tao und der Tugend handelt. Dann zog er von dannen. Niemand weiß, wo er geendet hat.«[11]

Dieser Grenzwächter hat um die Geschichte der Philosophie ungefähr das gleiche Verdienst wie Lao Tse selbst. Hätte nicht er den Meister zur Niederschrift seiner Gedanken genötigt, so wäre die Literatur der Welt um eines ihrer erhabensten Bücher ärmer, und die Gedanken eines der größten Weisen aller Zeiten und Völker wären in ihm verschlossen geblieben, ohne der Nachwelt eine Spur zu hinterlassen. Bei wieviel anderen Weisen mag das schon der Fall gewesen sein? Wenn man einmal den utopischen Gedanken erwägt, daß alle je gedruckten Bücher der Vernichtung anheimgegeben würden bis auf drei, und man selbst die Wahl hätte, die drei zu bewahrenden zu bestimmen, so sollte das Tao-te King, das Buch des Alten Meisters vom Weg und der Tugend, zu ihnen gehören. Es enthält in zwei Büchern und 81 Kapiteln, ohne strenge Ordnung, die metaphysischen, ethischen und politischen Anschauungen des Lao Tse.

2. DAS TAO UND DIE WELT – TAO ALS PRINZIP

Tao (dào), der Grundbegriff der Philosophie des Lao Tse, bedeutet erstens »Weg« und zweitens »Vernunft«[12]. Der Begriff Tao als Weg oder Gesetz des Himmels kommt schon in der älteren chinesischen Reichsreligion vor; er wird ferner auch von Konfuzius und seiner Schule verwendet, freilich in anderem Sinne; vor allem nimmt er dort nicht die zentrale Stelle ein wie bei Lao Tse. Die Lehre des Lao Tse und die sich an ihn anschließende philosophische (und religiöse) Richtung in China wird nach dem Tao Taoismus genannt.

Tao ist der im Grunde unfaßliche Urgrund der Welt. Es ist das Gesetz aller Gesetze, das Maß aller Maße. Wir sehen schon hier am Anfang, wie das Denken des Lao Tse eine gegenüber Konfuzius ganz andere, nämlich metaphysische Richtung einschlägt. (Der Mensch richtet sich nach dem Maße der Erde, die Erde nach dem Maße des Himmels, der Himmel nach dem Maße des Tao, das Tao nach dem Maße seiner selbst.«[13]) Insofern das Tao als Un-Bedingtes in sich selber ruht, kann es in der Sprache der europäischen Philosophie als das »Absolute« bezeichnet werden. Dazu stimmt es, daß das Tao unbegreiflich und nicht nennbar ist. Lao Tse wird nicht müde zu betonen: »Das ewige Tao hat keinen Namen«; »Tao ist verborgen, namenlos«; »Ich weiß seinen Namen nicht, nenne es aber Tao.«[14]

Da das Tao unfaßbar ist, so ist das Höchste, was wir an Erkenntnis erlangen können, die Gewißheit unseres Nichtwissens. »Erkennen des Nichterkennens ist das Höchste.«[15]

Können wir auch das Tao nicht eigentlich greifen und erkennen, so können wir seiner doch innewerden, indem wir demütig und hingegeben sein Walten in den Gesetzen der Natur und des Weltablaufs erfühlen und zum Richtmaß auch unseres menschlichen Lebens machen. Das setzt allerdings voraus, daß wir uns innerlich von allem radikal befreien, was uns vom Wege des Tao ablenkt und den Blick auf dieses hindert, daß wir, wenn auch äußerlich vielleicht im Getriebe der Welt stehend, uns innerlich gelöst dem einen öffnen, das Erde und Himmel durchwaltet. Damit haben wir uns bereits der Ethik des Tao-te King zugewandt.

3. TAO ALS WEG DES WEISEN

Wer die Wertlosigkeit aller Dinge außer dem Tao erkannt hat, der kann nicht eine Ethik des Handelns um des Handelns oder des Erfolges willen lehren. Aber Lao Tse lehrt auch nicht Weltflucht und Askese. Er strebt, und das ist ein Grundzug allen chinesischen Denkens, nach der rechten Mitte. Der Mensch soll in der Welt stehen und wirken, aber so, daß er zugleich innerlich gleichsam »nicht von dieser Welt« ist. Er sieht und liebt Menschen und Dinge, aber er soll ihnen nicht verfallen, sondern eingedenk sein: »Des Heiligen Reich ist seine Brust, nicht Augenlust.«

Im vorstehenden wie im folgenden wird die innere Verwandtschaft des (ursprünglichen) Taoismus mit Gedanken der indischen Religion und Philosophie besonders deutlich. Manche Forscher haben aus dieser Ähnlichkeit sogar auf eine tatsächliche Beeinflussung geschlossen. Der indische Begriff »karmayoga« – Handeln und seine Pflicht erfüllen, indem man doch innerlich frei und unabhängig bleibt und gerade dadurch sich selbst und die Dinge meistert – besagt dasselbe wie die Forderung des Lao Tse: Handeln durch Nicht-Tun, die Dinge handhaben, ohne Besitz von ihnen zu ergreifen, Arbeit vollenden, ohne stolz darauf zu sein. Aber auch das Paulus-Wort vom »Haben, als hätte man nicht« ist aus der gleichen Haltung gegenüber der Welt geboren. – Die indische Lehre vom Brahman, das in allen und auch in uns selbst ist und in dem wir aufgehen müssen, um Frieden und Erlösung zu finden, ist gleichermaßen mit der Lehre vom Tao zu vergleichen.

In der praktischen Ethik, in der Auffassung des Verhältnisses zum Mitmenschen, drängt sich wiederum die Parallele zum Christentum auf. »Wer nicht streitet, mit dem kann niemand auf der Welt streiten . . . Vergilt Freundschaft durch Tugend! . . . Den Guten behandle ich gut, und den Nicht-Guten behandle ich auch gut, und so erlangt er Güte. Den Wahrhaftigen behandle ich wahrhaftig, und den Nicht-Wahrhaftigen behandle ich auch wahrhaftig, und so erlangt er Wahrhaftigkeit . . .«[16]

Lao Tse geht hier noch einen Schritt weiter als Konfuzius, der Güte zwar ebenfalls mit Güte, Schlechtigkeit aber nicht auch mit Güte, sondern mit »Gerechtigkeit« vergelten wollte.

Das Schlüsselwort zur Ethik des Tao-te King ist *Einfachheit.* Das einfache Leben verschmäht Gewinn, Klugheit, Künstelei, Selbstsucht und hochfliegende Wünsche. »Der vollkommene Mensch wünscht, nicht zu wünschen, und schätzt nicht schwer zu erlangende Güter . . . Schaffen wir höchste Leere, wahren wir feste Stille.«[17]

In der Stille und in der hingegebenen Beobachtung des Naturablaufes, in welchem das Tao seine Außenseite hat, können wir durch Innewerden des Tao zur Ruhe und zur Erleuchtung kommen. »Wenn alle Wesen und Dinge sich regen, schaue ich, wie sie sich wenden. Ja, die Dinge blühen und blühen, und jedes kehrt zurück zu seiner Wurzel. Rückkehr zur Wurzel ist Stille, und das heißt: sich zur Bestimmung wenden. Wendung zur Bestimmung ist Ständigkeit. Erkenntnis der Ständigkeit ist Erleuchtung.«[18]

Der Erleuchtete ist unbefangen und kehrt ein zur Einfalt des Kindes. Er ist gelöst, ja weich, und vermag gerade dadurch alles zu überwinden. Denn das Weiche überwindet das Harte. »Nichts in der Welt ist weicher und schwächer denn das Wasser, und nichts, was Hartes und Starkes angreift, vermag es zu übertreffen. Es hat nichts, wodurch es zu ersetzen wäre. Schwaches überwindet das Starke.«[19] Indem der Weise genügsam und bescheiden wie das Wasser lebt, verbreitet er Wohltaten um sich her. »Der höchst Gute ist wie Wasser; Wasser ist gut, allen Wesen zu nützen, und streitet nicht; er bewohnt, was die Menschen verschmähen; darum ist er nahe am Tao.«[20]

Wes Tun mit dem Tao übereinstimmt, der wird eins mit Tao. Wer das höchste Ziel erreicht und unter völliger Selbstentäußerung im Tao aufgeht, der erlangt auch – in diesem Sinne – Unsterblichkeit. »Wer das Ewige kennt, ist umfassend; umfassend, daher gerecht; gerecht, daher König; König, daher des Himmels; des Himmels, daher Taos; Taos, daher fortdauernd; er büßt den Körper ein ohne Gefährde.«[21]

Entäußerung seiner selbst, Selbstlosigkeit, ist das eigentliche Kennzeichen des Edlen. »Sich selbst zurückziehen, ist des Himmels Weg.«[22] – »Daher der heilige Mensch umfaßt das Eine und wird der Welt Vorbild. Nicht sich siehet er an, drum leuchtet er; nicht sich ist er recht, drum zeichnet er sich aus; nicht sich rühmt er, drum hat er Verdienst; nicht sich erhebt er, drum ragt er hervor.«[23] – »Wer andere überwindet, hat Stärke; wer sich selbst überwindet, ist tapfer.«[24] – »Daher der heilige Mensch hintansetzt sein Selbst und selbst vorankommt; sich entäußert seines Selbst und selbst bewahrt wird.«[25] Glauben wir dabei nicht eine andere Stimme zu hören: »Wer sich selbst erhöht, der wird erniedrigt werden?« Dem Vollkommenen, der sich von allem löst und der niemand und nichts nachläuft, dem fallen gerade dadurch alle Dinge zu. »Nicht ausgehend zur Tür, kennt man die Welt; nicht ausblickend durchs Fenster, kennt man des Himmels Weg. Je weiter man ausgeht, desto weniger kennt man . . .«[26] – »Wer verzichtet, gewinnt.«[27]

Wandelnd im Tao, ist der Vollkommene in seinem Gleichmut durch keinerlei äußere Gefahren oder Verlockungen mehr zu erschüttern. »Er kann weder vertraut gemacht noch ferngehalten werden, ihm kann weder Gewinn gebracht noch geschadet werden, er kann weder zum Edlen noch zum Gemeinen gemacht werden, darum ist er der Edelste in der Welt.«[28] – »Das Ruhige ist des Unruhigen Herr; daher der Weise den ganzen Tag wandelt, ohne zu weichen von ruhigem Ernst. Hat er gleich Prachtpaläste, gelassen bewohnt er sie und verläßt sie ebenso . . .«[29]

4. STAAT UND GESELLSCHAFT

Wirken durch Nicht-Tun, durch anstrengungsloses, gelöstes Ruhen im Tao, ist das Gebot nicht nur für den Weisen, sondern auch für den Regierenden. Ohne viel Worte, ohne viel Gesetze, Ge- und Verbote, nur durch die Ausstrahlung seines eigenen ruhevollen und tugendhaften Seins soll der Herrscher regieren. »Je mehr Verbote es gibt im Reiche, desto ärmer wird das Volk. Je mehr Mittel zum Gewinn das Volk hat, desto mehr geraten Staaten und Familien in Verwirrung. Je erfindungsreicher und schlauer die Menschen sind, desto mehr listige Dinge kommen auf. Je mehr Gesetze und Erlasse verkündet werden, um so mehr Räuber und Diebe gibt es. Darum sagt der vollkommene Mensch: Ich wirke nicht, und das Volk wandelt sich von selbst; ich liebe die Stille, und das Volk wird von selber recht; ich habe keine Geschäfte, und das Volk wird von selber reich; ich habe keine Wünsche, und das Volk wird von selber ursprünglich einfach . . .«[30]
Hier ist noch eine gewisse Verwandtschaft zur Lehre des Konfuzius zu erkennen, der auch vom Herrschenden verlangt, daß er durch sein Vorbild vor allem wirke. Der Unterschied zwischen beiden tritt aber alsbald wieder hervor in der Einschätzung von Wissen und Bildung. Nicht Vielwissen, sondern Einfachheit und Einfalt machen die Menschen glücklich. Die von Kung Tse so hoch geschätzte Musik wird abgelehnt, ebenso die von diesem in den Vordergrund gestellten Vorschriften der äußeren Sitte und Konvention. »Die Herrscher der alten Zeit, die nach dem Tao zu wirken verstanden, machten damit nicht das Volk klug, sondern suchten es damit zur Einfalt zu bringen. Ist das Volk schwer zu lenken, so kommt es daher, daß es zuviel Wissen hat. Darum ist der, der das Land durch Wissen lenkt, des Landes Räuber, und der es nicht durch Wissen lenkt, des Landes Glück.«[31]
So wie der Weise in seiner Person, soll der Fürst das Tao im ganzen Reiche zur Herrschaft bringen. »Wenn Fürsten und Könige die Schlichtheit des Tao zu bewahren wüßten, alle Wesen würden von selbst huldigen; Himmel und Erde würden sich vereinigen, erquickenden Tau herabzusenken; niemand würde dem Volke gebieten, und es würde von selbst das Rechte tun.«[32]
Friede würde herrschen, wo das Tao herrscht. Denn der Weise verabscheut Waffen und Krieg. Ist er gezwungen, zur Waffe zu greifen, so tut er es nur notgedrungen und mit Widerwillen. Es mit Freude zu tun, hieße Freude daran haben, Menschen zu morden. »Der Gute siegt, und damit genug, er siegt und ist nicht stolz; siegt, und triumphiert nicht;

siegt, und überhebt sich nicht; er siegt und kann's nicht vermeiden; siegt, und vergewaltigt nicht.«[33]

Der Idealzustand der Gesellschaft, der sich unter der Herrschaft des Tao ergeben würde, in dem das Volk in Einfachheit, Einfalt, Frieden und Wohlfahrt leben könnte, wird vom Philosophen mit folgenden Worten beschworen: »Machet, daß das Volk ungern sterbe! daß es nicht in die Ferne auswandere! daß es Schiffe und Kriegswagen habe, und sie nicht besteige, daß es Panzer und Waffen habe und sie nicht anlege, daß ihm süß seine Speise, schön seine Kleidung, behaglich seine Wohnung, lieb seine Sitte. Das Nachbarland ist gegenüber zu hören, und das Volk erreicht Alter und Tod, ohne hinübergekommen zu sein.«[34]

5. ZUR SPÄTEREN ENTWICKLUNG DES TAOISMUS

Es will uns scheinen, als ob die gegenüber dem hohen Gedankenflug des Lao Tse etwas nüchterne, fast altväterlich-hausbackene und auf die menschliche Natur zugeschnittene Lehre des Konfuzius eher als jene geeignet sei, das Leben der Gesellschaft in der Praxis auf sie zu gründen. Die Lehren des Lao Tse haben etwas Aristokratisches – sagt er doch, daß nur wenige berufen sind, den Weg der Tugend zu beschreiten, denn wenn ein Hochgebildeter vom Tao hört, so wird er eifrig und wandelt in ihm; die Niedriggebildeten aber verlachen es. »Lachten sie nicht, so würde es eben nicht das Tao sein.«[35] Tatsächlich ist der Konfuzianismus, worauf am Schluß dieses Kapitels zurückzukommen ist, auf lange Zeit zur bestimmenden Geistesrichtung im chinesischen Leben geworden, während die reine Lehre des Tao-te King kaum Nachfolge gefunden hat. Bei ihrer Wiederaufnahme und Fortbildung durch spätere Denker und bei ihrer Popularisierung ist sie in stets zunehmendem Maße verwässert und verfälscht worden. Zwar drang sie in breite Kreise des Volkes, aber sie wurde dabei so sehr mit Aberglauben durchsetzt, mit Praktiken der Geisterbeschwörung und Magie, mit Versuchen der Goldmacherei und Lebensverlängerung, daß sie mit der ursprünglich reinen Lehre des alten Meisters nur noch den Namen Taoismus gemeinsam hat – weshalb sie in unserer Darstellung übergangen werden kann.

III. Der Mohismus und einige weitere Richtungen

1. MO TSE (Mò zǐ)

Die dritte tonangebende Geistesströmung im altchinesischen Denken, der Mohismus, hat seinen Ausgang genommen von dem zwischen 500 und 396 v. Chr. lebenden Philosophen Mo Tse, von dem er auch den Namen hat.

»Die allgemeine Wohlfahrt fördern und das Übel bekämpfen« – das ist das Motto dieser ganzen Bewegung. Es ist rein praktische Nützlichkeitsphilosophie. Denn was zur allgemeinen Wohlfahrt gehört, erklärt Mo Tse ganz genau: Die alten Herrscher, sagt er, zielten bei der Verwaltung des Reiches auf zwei Dinge – Reichtum für das Land und Vermehrung der Bevölkerung. Jede Theorie und jede praktische Maßnahme sind an dem Maßstab zu messen, ob sie Wohlstand und Wachstum der Bevölkerung hemmt oder fördert.[36] Hemmend wirkt vor allem der Krieg, der den Reichtum zerstört, die Familien auseinanderreißt und die Bevölkerung vermindert. Kriege werden daher von Mo Tse und allen seinen Anhängern schärfstens verurteilt; sie führten regelrechte Abrüstungsfeldzüge durch.[37] Die konfuzianische Hochschätzung der Musik und der Künste findet aus den gleichen Gründen bei Mo Tse keinen Beifall. Musik, sagt er, führt zu erhöhten Steuern und Belastungen für das Volk, wenn sich die Regierenden ihr hingeben; und wenn sich die Bauern, Kaufleute oder Beamten an ihr erfreuen, werden sie dadurch von produktiver Beschäftigung ferngehalten.[38]

Entsprechend dem durch und durch praktischen Charakter seiner Philosophie ist Mo Tse undogmatisch. Alles ist auf die tatsächliche Lebenserfahrung abgestellt. Jede philosophische Theorie muß nach ihm drei Erfordernissen genügen: Sie muß eine tragfähige Grundlage haben, sie muß einer kritischen Prüfung standhalten, und sie muß praktisch angewendet werden können. Als Basis jeder Lehre kommen auch für Mo Tse nur »die Taten der alten weisen Herrscher« in Betracht. Als Prüfstein einer kritischen Untersuchung soll die tatsächliche Erfahrung der Menschen dienen; das, was die Menschen sehen und hören. Ob es zum Beispiel so etwas wie »Schicksal« gibt, diese Frage muß entschieden werden danach, ob dieses Schicksal in der tatsächlichen Erfahrung der Menschen vorkommt. »Wenn die Leute es gesehen oder gehört haben, so werde ich sagen, es gibt ein Schicksal. Wenn keiner es gesehen oder gehört hat, so werde ich sagen, es gibt kein Schicksal.«[39] Die praktische Erprobung einer Lehre endlich soll so vor sich gehen, daß man sie in Gesetzgebung und Verwaltung einführt und dann prüft, ob ihre Auswirkungen der allgemeinen Wohlfahrt günstig sind, das heißt also Vermehrung des Reichtums und der Volkszahl im Gefolge haben. Mag uns der »erkenntnistheoretische« Teil von Mo Tses Philosophie, wie das oftmals bei ganz dem Praktischen zugewandten Denkern der Fall ist, etwas primitiv anmuten – in seinen ethischen Forderungen erhebt er sich zu beachtlicher Höhe. Vierhundert Jahre vor Christus stellt er sein berühmtes Prinzip der allgemeinen Menschenliebe auf. Jedermann, verlangt er, »behandle andere Länder wie sein eigenes, behandle andere Familien wie seine eigene, behandle andere Menschen wie sich selbst!«[40] Würde dieses Gebot allgemein befolgt, so wäre – darin kann

man Mo Tse sicher beistimmen – Frieden und allgemeine Wohlfahrt die Folge; seine Nichtbeachtung ist die Ursache aller gesellschaftlichen Unordnung. Aber auch dieser ideale Grundsatz der allgemeinen Liebe ist bei Mo Tse von Nützlichkeitserwägungen nicht frei: »Diejenigen, die andere lieben, werden wieder geliebt werden.«[41]
Der hergebrachten chinesischen Religion steht Mo Tse positiv gegenüber. Er verteidigt sie mit größerem Nachdruck als Konfuzius, wiederum freilich aus praktischen Gründen: »Wenn jedermann an die Macht der Geister glaubt, das Gute zu belohnen und das Schlechte zu verdammen, so wird es keine Unordnung geben.«[42] Man kann sagen, daß in der Stellungnahme zur überlieferten Religion und zum Glauben an übernatürliche Mächte überhaupt Lao Tse unter den großen chinesischen Denkern am weitesten »links« steht, das heißt sich kritisch bis ablehnend verhält; Mo Tse am weitesten »rechts«, indem er im alten China zum Hauptverteidiger der Religion wurde, während Konfuzius hier wie in allem einen goldenen Mittelweg sucht.[43]

2. DIE SOPHISTEN

Wie zu erwarten war, hatte die mit gewaltsamen Mitteln durchgeführte Bekämpfung der Sophisten zur Zeit des Konfuzius deren Geistesrichtung keineswegs auf die Dauer unterdrücken können. Vielmehr traten besonders in dem Jahrhundert, das auf den Tod des Meisters Mo folgte, wiederum Sophisten auf, unter denen Hui Schih (Hùi shī) und Kung sun Lung (Gōng sūn lóng) die berühmtesten sind. Ihre logischen Haarspaltereien führten sie zu solchen Sätzen wie: »Ein braunes Pferd und ein dunkler Ochse sind zusammen drei«; »Ein weißes Pferd ist kein Pferd«; »Der Schatten eines fliegenden Vogels bewegt sich nicht.«[44]
Aber abgesehen von ihren begrifflichen Spielereien und deren paradoxen Ergebnissen, die selbstverständlich zum großen Teil bewußte Überspitzungen sind – denn der Sophist muß, um sich entfalten zu können, mit seinem Partner zunächst ins Gespräch kommen, und dazu fordert er ihn durch zum Widerspruch aufreizende Behauptungen heraus –, finden wir in den Lehren jener alten Sophisten Gedankengänge, die uns fast modern und europäisch anmuten. Sie beschäftigen sich mit Begriffen wie Raum und Zeit, Bewegung und Ruhe, Substanz und Qualität und stellen die höchst moderne Theorie auf, daß die »Festigkeit« und die »Weißheit« eines weißen Steines von der »Substanz« des Steines unabhängig seien!

3. DER NEU-MOHISMUS

Es versteht sich, daß die drei beherrschenden Richtungen der alten chinesischen Philosophie, nämlich Konfuzianismus, Taoismus und Mohismus, welche alle, wenn auch in verschiedener Weise, ihr Hauptaugenmerk nicht auf logische Erörterungen, sondern auf die richtige Lebensführung richten, den Sophisten schärfsten Kampf ansagten. Besonders die weitere Entwicklung der mohistischen Philosophie nach dem Tode ihres Begründers erfolgte in Auseinandersetzung und enger Wechselwirkung mit den wiederauflebenden sophistischen Lehren. Diese Neu-Mohisten empfanden aber nun dabei die Notwendigkeit, ihre eigene Lehre gegen die kritischen Einwände der Sophisten zu sichern, indem sie ihr selbst eine tragfähige logische Grundlage gaben. Es zeigt sich hier wie später bei anderen Völkern, daß die Sophisten zwar einerseits zersetzend, auf der anderen Seite aber anregend und befruchtend wirken, indem sie ihre Gegner zum schärferen Durchdenken ihrer eigenen Grundbegriffe zwingen und damit dem Denken neue Wege öffnen.

Dementsprechend begaben sich die Neu-Mohisten, der sophistischen Herausforderung folgend, ihrerseits auf das Gebiet der Logik und Erkenntnistheorie, aber nicht, um wie diese darin steckenzubleiben, sondern um am Ende beweisen zu können, daß Logik und Erkennen den Zwecken des praktischen Handelns untergeordnet und unterzuordnen sind. Sie bestehen darauf, daß der Mensch in allem »Erkennen«, sei es Forschen, Experimentieren, Lernen oder bloßes Verstehen, in der Auseinandersetzung mit seiner leibhaftigen Umwelt steht und daß die einzige Funktion des Wissens die ist, ihm die richtigen Entscheidungen zu ermöglichen. Die richtige Möglichkeit, die es zu erkennen und zu begreifen gilt, ist aber diejenige, die der »allgemeinen Wohlfahrt und Bekämpfung des Übels« am besten dient – womit der Anschluß an die Lehre des Meisters Mo wiederhergestellt ist.

Es ist nicht zu verwundern, daß die Gedanken der Sophisten und ihrer neomohistischen Gegenspieler in neuerer Zeit, als der chinesische Geist sich der Berührung mit der abendländischen Wissenschaft und Technik öffnete, in China selbst ein verstärktes Interesse gefunden haben; denn die analytische, auf Erkennen um des Erkennens willen ausgehende, an der *unmittelbaren* praktischen Auswirkung desinteressierte Denkweise der Sophisten ist jener entschieden verwandt.[45] Im alten China jedoch starb diese Bewegung einen frühen Tod.

4. DIE LEGALISTEN

Mit diesem Namen wird eine Gruppe von Denkern benannt, die auch noch in die älteste Periode der chinesischen Philosophie gehören. Den von Konfuzius und anderen gelehrten Regierungsgrundsatz, daß das Volk am besten durch gutes Beispiel von oben gelenkt und im übrigen der Richtschnur der überlieferten Sitte und Gewohnheit überlassen werde, sehen sie als ungenügend an. Sie betonen an Stelle dessen die Notwendigkeit, durch ausgearbeitete, ins einzelne gehende Gesetzgebung die Befolgung der richtigen Grundsätze sicherzustellen. Ihre Grundsätze entsprechen weitgehend denen des Konfuzianismus.
Die Übereinstimmung im Grundsätzlichen hinderte nicht, daß sich in der Praxis schwere Kämpfe zwischen beiden Richtungen entspannen. So waren die Legalisten, die sich zeitweilig eines beachtlichen Einflusses vor allem bei den Regierenden erfreuten, unter den maßgebenden Befürwortern der großen Bücherverbrennung des Jahres 213 v. Chr. Damals wurden auf Anordnung eines Herrschers alle konfuzianischen Schriften aus den öffentlichen Bibliotheken entfernt und verbrannt, ihr Besitz durch Privatpersonen wurde unter schwere Strafen gestellt. Viele tapfere Gelehrte und Studenten verwahrten sie jedoch unter Einsatz ihres Lebens, und nach der glänzenden Wiederherstellung des Konfuzianismus unter der folgenden Dynastie stieg dessen Einfluß weiter von Jahrhundert zu Jahrhundert.

IV. Die großen Schüler des Konfuzius

1. MENCIUS

Unter allen Schülern des Konfuzius hat Mencius (Mèng zi¨ oder zǐ) in China das größte Ansehen erlangt. Meng Tṣe, wie sein chinesischer Name lautet – Mencius ist die latinisierte Form –, lebte von 371 bis 289 v. Chr. In zweierlei Hinsicht hat er die Lehren seines Meisters ergänzt und weitergebildet. Er hat einerseits dem Konfuzianismus eine psychologische Grundlage zu geben versucht, indem er ganz bestimmte Ansichten über den menschlichen Charakter entwickelte; zum andern ist er bedeutend als politischer Denker, als »Berater der Fürsten«.
Meng Tses Ansicht über den Menschen lautet kurz und bündig: »*Der Mensch ist gut.*« – »Die menschliche Natur folgt dem Guten geradeso, wie das Wasser stets abwärts fließt.«[46] Wir tragen in uns ein angeborenes Wissen, dessen Schätze wir nur zu heben brauchen, um den rechten Weg zu finden. Um das Wesentliche zu erkennen, brauchen wir nicht die Natur zu beobachten (wie Lao Tse gefordert hatte), wir brauchen

noch nicht einmal auf das Vorbild des Weisen zu sehen, denn »er ist von derselben Art wie wir«; wir alle tragen in uns den Schlüssel zum harmonischen Leben, welches bei seiner Verwirklichung von selber die richtige soziale Ordnung herbeiführt.

Wenn nun die Menschen – was natürlich auch Mencius sieht – sich in der Wirklichkeit des Lebens keineswegs immer diesem inneren Gesetz gemäß verhalten, so kann die Ursache dafür nicht in ihrer eigenen Natur liegen – diese ist im Grunde gut, und die Stimme des Gewissens spricht in jedem von uns –; der Fehler muß in den äußeren Einrichtungen liegen, in den Unvollkommenheiten der Gesellschaftsordnung und den Fehlern der Regierenden.

Damit wendet sich das Interesse des Mencius dem politischen Denken zu, der gläubige Bejaher des Guten im Menschen wird zum Gesellschaftskritiker und fast zum Revolutionär (soweit das im Rahmen des konservativen Konfuzianismus überhaupt denkbar ist) – ein Vorgang, der in der späteren Geschichte der europäischen Philosophie (vor allem bei Rousseau) seine Parallelen hat. Was Mencius auf politischem Gebiet vorträgt, bewegt sich naturgemäß zum größten Teil in den Bahnen seines Meisters, so eine Verwerfung des Krieges – »Es hat nie einen gerechten Krieg gegeben« – und sein Kampf gegen Prunksucht und Verschwendung öffentlicher Mittel. Was ihn von Konfuzius unterscheidet, ist eben seine andersgeartete Ansicht über das Verhältnis von Volk und Herrscher. Zwar zieht auch er die Monarchie einer demokratischen Staatsform vor, denn, so sagt er, in einer Demokratie müßte man jeden einzelnen erziehen, in der Monarchie braucht man nur den Fürsten selbst in die richtige Bahn zu lenken, um einen befriedigenden Zustand des Gemeinwesens herzustellen. Und doch liegt für seine Betrachtung der Schwerpunkt nicht beim Herrscher, sondern beim Volk. Auf das Wohlergehen des Volkes kommt es an, der Herrscher ist nicht wichtig. Daraus zieht er die radikale Folgerung, daß das Volk jederzeit berechtigt und verpflichtet sei, einen Herrscher, der seine Pflichten nicht zum Wohle der Allgemeinheit erfüllt, abzusetzen und sogar zu töten.

»Mencius sprach: ›Wenn der Herrscher schwere Fehler hat, so machen sie ihm Vorstellungen. Wenn er auf wiederholte Vorstellungen nicht hört, so setzen sie einen anderen Herrscher ein.‹ Mencius fuhr fort: ›Wenn der Kerkermeister nicht imstande ist, seinen Kerker in Ordnung zu halten, was soll mit ihm geschehen?‹ Der König sprach: ›Er soll verworfen werden.‹ Mencius fuhr fort: ›Wenn Unordnung im ganzen Lande herrscht, was soll da geschehen?‹ Der König wandte sich zu seinem Gefolge und redete von anderen Dingen . . .«[47]

Seine Lehre vom *»Recht zur Revolution«* hat dem Mencius verständlicherweise nicht immer die Gunst der Herrschenden eingetragen – sein Bild und seine Schriften wurden zeitweilig aus den konfuzianischen

Tempeln verbannt. In der chinesischen Geschichte ist von ihr des öfteren Gebrauch gemacht worden.

2. HSÜN TSE

Hsün Tse (Xün zǐ), ein Zeitgenosse des Mencius – er lebte von 355 bis 288 v. Chr. –, nimmt in der Einschätzung des menschlichen Charakters genau den entgegengesetzten Standpunkt ein. »*Die Natur des Menschen ist böse,* sein Gutes ist künstlich. Denn der Mensch hat von Natur schon bei seiner Geburt das Begehren nach Nutzen. Folgt man dem, so entstehen Zank und Streit, und Nachgiebigkeit und Freundlichkeit gehen zugrunde. Von Geburt an hat er die Begierden von Auge und Ohr, die Lust an Tönen und Farben; folgt man diesen, so entstehen Unzucht und Unordnung, und die Linien von Sitte und Recht gehen zugrunde. So hat also das Nachgeben gegen die Natur des Menschen und das Ausleben der Leidenschaften des Menschen zur Folge, daß es Zank und Streit gibt, daß man seine Stellung übertritt, die Ordnung sich verwirrt und in Wildheit verfällt. Darum bedarf es notwendig des Einflusses der Erziehung, des Weges von Sitte und Recht, damit Nachgiebigkeit und Freundlichkeit entstehen, daß die Ordnung befolgt wird und alles der Regel entspricht. Von hier aus gesehen, ist es ohne weiteres klar, daß die Natur des Menschen böse und sein Gutes künstlich ist.«[48] Der gleiche Gegensatz zu Mencius wie in der Einschätzung des Menschen und damit der Bewertung von Erziehung und Recht zeigt sich in der Stellung des Hsün Tse zur uns umgebenden Natur. Während wir nach Mencius die äußere Natur kaum zu beachten brauchen, sondern in uns selbst hineinhorchen sollen, fordert Hsün Tse die tätige Beherrschung der Natur durch den Menschen:

»Du rühmst die Natur und grübelst über sie:
Warum nicht sie zähmen und regulieren?
Du gehorchst der Natur und singst ihr Lob:
Warum nicht ihren Lauf beherrschen und nützen?
Du schaust die Jahreszeiten mit Verehrung und erwartest sie:
Warum nicht ihnen mit jahreszeitlichen Tätigkeiten entsprechen?
Du hängst von den Dingen ab und bestaunst sie:
Warum nicht deine eigene Tätigkeit entfalten und sie umformen?
Du sinnst, was ein Ding zum Ding mache:
Warum nicht die Dinge so ordnen, daß du sie nicht verschwendest?
Du suchst vergebens die Ursache der Dinge:
Warum nicht sie aneignen und genießen, was sie hervorbringen? . . .«[49]

3. DAS BUCH TSCHUNG YUNG

Der Lehre von »Maß und Mitte« oder von der »Goldenen Mitte« sind wir schon in der Ethik des Konfuzius begegnet. In dem von einem Enkel des Meisters verfaßten Buch Tschung Yung (Zhōng yōng) erfährt dieser Gedanke eine metaphysische Wendung. Die goldene Mitte erscheint hier nicht nur als Richtschnur für das Handeln des Edlen und Weisen, sondern zugleich als umfassendes Prinzip allen Seins – wobei unentschieden ist, wieviel von diesem Gedanken von Konfuzius selbst stammt und wieviel von seinem Enkel. *Harmonie* erscheint hier als das universale Gesetz. »Wenn unser innerstes Selbst und die Harmonie verwirklicht werden, dann wird das All zum (geordneten) Kosmos, und alle Dinge erlangen volles Wachstum und Entfaltung.«

Die allumfassende Harmonie, die als Gesetz der Welt zugrunde liegt, sollen wir Menschen in uns selbst verwirklichen. Sich selbst treu sein, das ist das Gesetz des Himmels; zu versuchen, sich selbst treu zu sein, das ist das Gesetz des Menschen.[50]

In der Ethik des Tschung Yung finden sich Stellen von erhebender Größe. »Der Edle stellt Anforderungen an sich selbst, der Gemeine stellt Anforderungen an die anderen Menschen.«[51] »Der Edle bewegt sich stets so, daß sein Auftreten zu jeder Zeit als allgemeines Beispiel dienen kann; er benimmt sich so, daß sein Verhalten zu jeder Zeit als allgemeines Gesetz dienen kann; und er spricht so, daß sein Wort zu jeder Zeit als allgemeine Norm gelten kann.«[52] Das stimmt fast bis in den Wortlaut überein mit dem kategorischen Imperativ Immanuel Kants!

V. Ausblick auf die weitere Entwicklung und vorläufige Würdigung

Die großen Schüler des Konfuzius haben wir an den Schluß unserer Übersicht über die altchinesische Philosophie gestellt, weil der von ihnen fortgeführte Konfuzianismus diejenige philosophische Richtung ist, die die ganze weitere Entfaltung des chinesischen Denkens bis an die Gegenwart heran überschattet und beherrscht hat. Versuchen wir nun, über den rund zweitausend Jahre umfassenden Zeitabschnitt vom Ausgang der ältesten Periode bis zum 20. Jahrhundert einen summarischen Überblick zu geben, indem wir wenigstens einige Hauptentwicklungslinien skizzieren.

1. DIE PHILOSOPHIE DES CHINESISCHEN MITTELALTERS

Das chinesische Mittelalter, etwa die Zeit von 200 v. Chr. bis 1000 n. Chr. ausfüllend, ist als ein dunkles Zeitalter der chinesischen Philosophie bezeichnet worden.[53] Der Konfuzianismus erstarrte zu einem staatlichen Kultus. Der Taoismus erlebte den schon erwähnten Niedergang in Alchimie und Aberglauben. Das alte »Buch der Wandlungen« wurde zum Ausgangspunkt einer Flut von erläuternden und ergänzenden Schriften, es entstand über die Zukunftsdeutung aus den geheimnisvollen Trigrammen des sagenhaften Kaisers eine ganze Pseudowissenschaft, der oftmals sogar Einfluß auf wichtige Staatsentscheidungen eingeräumt wurde.
Natürlich kann man eine allgemeine Charakterisierung eines so riesigen Zeitabschnittes nur mit äußerstem Vorbehalt vornehmen. Zwar suchen wir im Mittelalter vergeblich nach so überragenden Denkerpersönlichkeiten wie Konfuzius und Lao Tse oder nach einer solchen Fülle verschiedenster Geistesströmungen wie im chinesischen Altertum; doch kam das philosophische Denken nicht zum Stillstand. Im Konfuzianismus, in geringerem Maße im Taoismus, traten Denker auf, die an die Tradition der klassischen chinesischen Philosophie anzuknüpfen und sie in mancher Richtung auch weiterzuführen suchten.
Die Werke des Mo Tse und seiner Schule waren bei der großen Verbrennung der konfuzianischen Literatur gleichfalls verfemt und vernichtet worden. Im Gegensatz zum Konfuzianismus, der eine glänzende Auferstehung erlebte, erholte sich der Mohismus von diesem Schlag niemals wieder. So bilden Konfuzianismus und Taoismus die beherrschenden Strömungen des Mittelalters, zu denen als dritte der aus Indien gekommene und nun sich auf chinesischem Boden verbreitende Buddhismus tritt. Wir wollen die Veränderungen im Gedankengut der Schulen nicht im einzelnen verfolgen, dagegen drei wesentliche Momente aus der Gesamtentwicklung hervorheben: die in scharfer Opposition zu dem mittelalterlichen Aberglauben stehende kritische Strömung, die in Wan Tschung (Wăn zhōng) ihren Gipfel erreicht; die wachsende Bedeutung der Yin-Yang-Lehre und im Zusammenhang damit die gegenseitige Durchdringung und Vermischung der Schulen; endlich die Umgestaltung des Buddhismus im chinesischen Bereich.

a) Wan Tschung

Wan Tschung lebte im ersten Jahrhundert nach der Zeitenwende. Er ist der führende Kopf einer Bewegung, die sich durch mehrere Jahrhunderte erstreckt. Er unterzieht die mittelalterliche Erstarrung des Konfuzianismus einer leidenschaftlichen Kritik vom Boden einer kühlen, kritischen Vernunft aus. Unter Berufung auf Erfahrung und Vernunft greift er alle Arten von Irrglauben an. Er spottet über die abergläubische Vorstellung, die im Donner eine Zornesäußerung des Himmels und in jedem Mißgeschick eine vom Himmel gesandte Strafe sieht, über jede Art von Geisterglauben, über die vom Konfuzianismus geförderte Ansicht, daß die ferne, sagenhafte Vergangenheit Chinas seiner Gegenwart in jeder Weise überlegen sei. Zu denken – so ruft er aus –, daß der Himmel das Korn wachsen lasse mit dem ausdrücklichen Zweck, den Menschen Nahrung zu geben, bedeute nichts anderes, als den Himmel zum Ackerbauer der Menschheit zu erniedrigen. Er bekämpft den Glauben an Unsterblichkeit und an eine göttliche Vorsehung; denn wenn der Himmel seine Geschöpfe planmäßig geschaffen hätte – meint er –, würde er sie gelehrt haben, einander zu lieben, anstatt sich gegenseitig zu berauben und umzubringen.[54]

Der in Wan Tschung verkörperte Geist nüchterner verstandesmäßiger Kritik brachte in der Folge eine eingehende Textkritik der überlieferten Schriften und auch eine Bewegung freieren politischen Denkens hervor. Die dogmatische Erstarrung des Konfuzianismus und den Niedergang des Taoismus hat er nicht zu durchbrechen vermocht.

b) Die Lehre von Yin und Yang

Dem alten Buch der Wandlungen lag schon der Gedanke zugrunde, daß in allem Bestehenden zwei entgegengesetzte Prinzipien wirksam seien, ein männliches, aktives (Yang), und ein weibliches, passives (Yin). Dieser Gedanke wurde im chinesischen Mittelalter, teils wegen der damals allgemein hohen Bewertung dieses Buches, vor allem aber auch, weil er dem chinesischen Empfinden in besonderem Maße zu entsprechen scheint, geradezu zur zentralen Idee der Philosophie; und zwar nicht sowohl in Gestalt einer besonderen Schule (die auch zeitweilig bestand), sondern hauptsächlich dadurch, daß konfuzianische und taoistische Denker ihn aufnahmen und in den Mittelpunkt ihrer Welterklärung stellten.

So lehrt der frühmittelalterliche konfuzianische Philosoph Tung Tschung-schu (Dǒng zhòng shū): »Alle Dinge haben ihre Ergänzungen von Yin und Yang . . . Die zugrunde liegenden Prinzipien von Fürst und Diener, Vater und Sohn, Mann und Weib sind alle von Yang und Yin abgeleitet. Der Fürst ist Yang, und der Diener ist Yin. Der Vater ist Yang, und der Sohn ist Yin. Der Gatte ist Yang, und das Weib ist Yin . . .«[55]

Ähnliche Gedanken finden sich bei dem Taoisten Huainan Tse, und auch der Kritiker Wan Tschung lehrt, daß alle Dinge durch die Durchdringung von Yin und Yang entstehen.[56]

Die Yin-Yang-Lehre wurde so zu dem gemeinsamen Boden, auf dem eine weitgehende Durchdringung und Annäherung der bis dahin auseinanderstrebenden Schulen stattfand.

2. DER BUDDHISMUS IN CHINA

Einige Jahrzehnte nach der Zeitwende – gleichzeitig mit der beginnenden Ausbreitung des Christentums im Mittelmeerraum – fand der Buddhismus unter dem Kaiser Ming-ti Eingang in China. Der Kaiser, nach der Überlieferung unter dem Eindruck eines Traumes, in dem er eine (als Buddha gedeutete) goldene Götterstatue über seinem Palast schweben sah, holte buddhistische Mönche aus Indien in sein Land, deren Zahl sich, trotz zeitweiliger Verfolgung, beständig vermehrte. Gleichzeitig begannen buddhistische Pilger aus China nach Indien zu reisen. Es entspann sich ein reger Austausch. Die klassische Literatur des indischen Buddhismus wurde ins Chinesische übersetzt – womit manches Werk bewahrt wurde, das in Indien selbst verlorenging. Buddhistische Tempelbauten begannen die chinesische Baukunst, Buddha-Statuen und -bilder die chinesische Plastik und Malerei zu bereichern.[57]
Ursprünglich wurden alle Schulen des indischen Buddhismus nach China eingeführt. Aber nur die, die dem chinesischen Volkscharakter entsprachen oder sich ihm anzugleichen verstanden, behaupteten sich auf die Dauer. Die Auswahl, die so getroffen wurde – und nur dieser allgemeine Gesichtspunkt soll hier hervorgehoben werden –, wirft ein bezeichnendes Licht auf die Eigenart des chinesischen Geistes. Es konnten sich nämlich diejenigen Richtungen nicht halten, die in irgendeiner Weise zum Radikalen und Extremen neigten. Die Hinneigung des Chinesen zur goldenen Mitte, das Bestreben, das Gegensätzliche und Auseinanderstrebende in einer höheren Einheit auszugleichen, sind uns aus der Geschichte der altchinesischen Philosophie bekannt. Sie ist das Leitmotiv des Konfuzianismus; wir begegnen ihr bei Lao Tse (für den »Tao« »das Seiende und zugleich Nicht-Seiende« ist); die Yin-Yang-Schule lehrt die Vereinigung und das Zusammenwirken von Gegensätzen; und die mittelalterliche Philosophie als Ganzes ist nichts anderes als der Versuch einer Synthese der widerstrebenden Richtungen.
So tragen auch die fünf hauptsächlichsten buddhistischen Schulen, die sich in China bis heute erhalten haben, einen allem Extremen abgeneigten Charakter. Die charakteristischste unter diesen ist der Zen-Buddhismus – eine wesentlich chinesische Schöpfung –, den wir bereits bei der Behandlung des indischen Buddhismus erwähnt haben.

3. DAS ZEITALTER DES NEU-KONFUZIANISMUS

Der Eintritt eines neuen Faktors in einen abgeschlossenen geistigen Bereich kann dazu führen, daß die alten Überlieferungen unter dem Ansturm neuer Ideen zusammenbrechen. Er kann aber auch, wenn das Alte nur lebenskräftig genug ist, befruchtend wirken und zu einer tiefgehenden Besinnung und Wiedererstarkung auf der Seite der althergebrachten Kulturbestandteile führen. Wir haben gesehen, wie in Indien das Erscheinen des Buddhismus und der anderen nicht-orthodoxen Systeme zu einer neuen Blüte der auf der alten vedischen Tradition fußenden brahmanistischen Religion und Philosophie führte. Wir wissen, daß in Europa die religiöse Umwälzung der Reformation eine Selbstbesinnung und ein glänzendes Wiedererstarken des Katholizismus im Gefolge hatte. In ähnlicher Weise hat das Eindringen des Buddhismus in China gewirkt. Nicht nur, daß der chinesische Volkscharakter stabil genug war, diese – an sich in ihrem innersten Gehalt fremde – Religion sich anzugleichen und dem Gesamtzusammenhang seiner Kultur einzufügen; der Konfuzianismus holte nun zu einem Gegenschlag aus, der mit scharfer Kritik am Buddhismus beginnt und eine stetige, bis ins 20. Jahrhundert anhaltende lebendige Weiterentwicklung seines Grundgehaltes einleitet. Die Geschichte dieses Neu-Konfuzianismus ist praktisch identisch mit der Geschichte der neueren chinesischen Philosophie vom Ausgang des chinesischen Mittelalters bis zur chinesischen Revolution von 1911; sie bildet den dritten Satz der geistigen Sinfonie.

Die Argumente, die gegen den Buddhismus ins Feld geführt werden, zeugen vom besten konfuzianischen Geist: Die buddhistische Lehre der Entsagung sei unhaltbar; denn selbst wenn ein Mensch die Familienbande abbreche, so könne er doch, solange er seinen Fuß auf die Erde setzt, niemals der menschlichen Gesellschaft entfliehen. Es sei offensichtlich, daß auch der Buddhist den zwischenmenschlichen Beziehungen nicht entkommen könne, denn indem die Buddhisten ihre Heimat und Verwandtschaft im Stich ließen, begründeten sie doch zugleich wieder eine neue Gesellschaftsordnung in ihren Klöstern, Orden und dem Verhältnis von Schüler und Meister. Die Furcht der Buddhisten vor Geburt und Tod zeuge von Selbstsucht; es sei feige und unwürdig, sich der sozialen Verantwortung zu entziehen. – Es sei unsinnig, die handgreifliche Realität zu leugnen; die Buddhisten erklärten Nahrung, Kleidung und alle äußeren Lebensnotwendigkeiten als nichtig und seien doch jeden Tag auf diese angewiesen. – Überhaupt zeuge die buddhistische Theorie von der Nichtigkeit alles Bestehenden von mangelndem Verständnis des wahren Wesens der Welt.[58]

Wir sehen, wie in diesen Beweisgründen die eingewurzelte chinesische

Ansicht vom Menschen, die diesen in seiner unlösbaren Einordnung in seine natürliche und gesellschaftliche Umwelt und seine wesentlichen Aufgaben im Diesseits sah, zum Durchbruch kommt.

Die lange Geschichte des Neu-Konfuzianismus vollzog sich in drei Hauptabschnitten, deren jeder mit der Regierungszeit einer chinesischen Dynastie zusammenfällt und deshalb nach dieser benannt wird. Der hervorragendste Denker der ersten Periode, der *Sung-Zeit* – nach der Dynastie Sung (Sòng), 960–1279 –, und zugleich der bedeutendste Philosoph des Neu-Konfuzianismus ist *Tschu Hsi* (Zhú xǐ), der von 1130 bis 1200 lebte. Tschu Hsi vereinigte die älteste Überlieferung des Konfuzianismus, dessen klassische Schriften er überarbeitete und neu herausgab, und die seither vorgenommenen Fortbildungen derselben in einem umfassenden Gedankengebäude, das seitdem die Grundlage der neu-konfuzianischen Philosophie bildet. Er ist darum seiner Stellung in der Geschichte der chinesischen Philosophie nach mit Schankara in Indien und mit Thomas von Aquin im Abendland verglichen worden.

Die beiden Grundbegriffe seiner Philosophie sind Li (lǐ), eine umfassende Weltvernunft, und die Materie Ki (jī), die jener gegenübergestellt wird. Dieser Gegensatz fällt für ihn mit dem von Yin und Yang zusammen. Beide werden in untrennbarer Bezogenheit aufeinander gedacht. »Inmitten des Himmels und der Erde gibt es Vernunft, gibt es Materie. Was die Vernunft anlangt, so ist sie hinsichtlich der Erscheinungen oberste Norm, die Wurzel, aus welcher die Dinge hervorgehen. Was die Materie anlangt, so ist sie hinsichtlich der Erscheinungen unterste Anlage, der Stoff, aus dem die Dinge hervorgehen. – Die Vernunft ist nie von der Materie getrennt gewesen. Immerhin ist die Vernunft hinsichtlich der Erscheinungen das Obere, die Materie hinsichtlich der Erscheinungen das Untere. Es ist zulässig zu sagen, Vernunft und Materie hätten ursprünglich kein Früher und Später; will man jedoch durchaus ihrem Ursprung auf den Grund gehen, so wird man sagen müssen, daß die Vernunft das Frühere sei. Doch bildet sie auch wiederum nicht ein gesondert für sich bestehendes Wesen, vielmehr ist sie in der Materie enthalten. Gäbe es keine Materie, so fände auch die Vernunft keinen Anhaltspunkt. – Existiert diese Vernunft, so existieren auch Himmel und Erde, gleichwie ohne die Vernunft weder Himmel noch Erde, noch Menschen, noch Dinge existieren. – Gibt es Vernunft, so gibt es auch Materie, welche alle Dinge zur Erscheinung bringt und erhält. – Spricht man von Himmel und Erde, so ist in Himmel und Erde das Urprinzip enthalten; spricht man von allen Dingen, so ist in allen Dingen, und zwar in jedem einzelnen, das Urprinzip enthalten.«[59]

Die Philosophie der Sung-Zeit, in der neben Tschu Hsi noch andere bedeutende Denker auftraten, wird auch als rationalistische oder *Vernunft-Schule* bezeichnet.

Die zweite neu-konfuzianische Epoche fällt zusammen mit der Regierungszeit der Dynastie Ming (Míng), 1368–1644. In ihr ragt als führender Denker und größter Widersacher des Tschu Hsi der von 1473 bis 1529 lebende *Wang-Yang-ming* (Wáng yáng míng, auch Wáng shǒu rén) hervor. Der Neu-Konfuzianismus erfährt bei ihm eine *idealistische* Wendung. Die beherrschende Strömung der dritten und letzten Periode, der von 1644 bis 1911 reichenden *Tsching-Zeit* (qīng) ist mit dem Namen des *Tai Tung-yüan* (Dài dōng yúan, 1723–1777) verknüpft. Sie stellt einen Versuch dar, den gesamten Gehalt des alten klassischen, des mittelalterlichen und des bis dahin entwickelten Neu-Konfuzianismus in einer *Synthese* zu vereinigen. Sie wird, da der Erfahrung darin besonderer Wert beigemessen wird, auch *empiristische* Schule genannt.
Am Schluß dieser gedrängten Übersicht über die Fortwirkung der konfuzianischen Philosophie mag die Lobrede nicht mehr allzu vermessen klingen, die der Enkel des Konfuzius und Verfasser des Tschung Yung seinem Meister gewidmet hat:
»Er kann Himmel und Erde verglichen werden in ihrer Fähigkeit, alle Dinge zu stützen und zu erfassen, zu beschatten und zu verhüllen. Er gleicht den vier Jahreszeiten in ihrem Wechsel und Wandel und Sonne und Mond in ihrem ständig aufeinanderfolgenden Glanz.
Wie der Himmel ist er allumfassend und weit. Unergründlich und tätig wie eine Quelle, gleicht er dem Abgrund. Wird er gesehen, so verharrt das Volk in Ehrfurcht vor ihm; spricht er, so glauben ihm alle; handelt er, so ist das ganze Volk mit ihm zufrieden.
Daher erfüllt sein Ruhm das Reich der Mitte und reicht bis zu den barbarischen Stämmen . . . Daher heißt es: ›Er gleicht dem Himmel‹[60].«

4. ALLGEMEINER CHARAKTER UND BEDEUTUNG DER CHINESISCHEN PHILOSOPHIE

Vergegenwärtigen wir uns eine Reihe von Charakterzügen der chinesischen Philosophie, wie sie uns im Laufe unserer Betrachtung aufgefallen sind:
1. Als Grundmotiv des philosophischen Denkens der Chinesen können wir das Streben nach *Harmonie* ansehen. Vorwiegend im Konfuzianismus, aber keineswegs nur in diesem, sehen wir ständig »Maß und Mitte«, die »Goldene Mitte«, ein harmonisches Gleichgewicht als Ziel aufgerichtet.
2. Dieses Bestreben führt in allen philosophischen Schulen zur Idee des *Einklangs von Mensch und All.*
3. Es führt ferner, besonders deutlich sichtbar bei Lao Tse, zur Idee des *Einklangs von Mensch und Natur.*

4. Mit dem Harmoniestreben hängt eng zusammen die *Abneigung* des Chinesen *gegen* jede Art von *Einseitigkeit und Extrem.* Dem »Entweder-oder« wird überall das »Sowohl-als-auch« vorgezogen. Man bleibt nicht beim Gegensatz stehen, sondern sucht Entgegengesetztes in seiner gegenseitigen Bedingtheit zu sehen und so von einem höheren Blickpunkt aus zu vereinigen.
5. Hiermit ist der Gedanke der *Wechselwirkung zweier Prinzipien* eng verschwistert. Wir begegnen dem aktiven und passiven Prinzip als Yang und Yin, als Li und Ki, als Vernunft und Materie fast in allen Schulen.
6. Mit der Neigung, Gegensätze sich nicht ausschließen zu lassen, sondern die Synthese zu suchen, muß man auch die bemerkenswerte *Toleranz* des Chinesen in weltanschaulicher Hinsicht in Verbindung bringen, die so weit geht, daß sie dem Abendländer kaum begreiflich erscheint. Ein chinesisches Sprichwort sagt: »Drei Lehren, eine Familie.« Gemeint sind Konfuzianismus, Taoismus und Buddhismus, und das Sprichwort besagt, daß die drei Religionen (bzw. Philosophien, was hier so wenig zu trennen ist wie in Indien) verhältnismäßig einträchtig nebeneinander lebten und leben. Einträchtig insofern, als es zwar Auseinandersetzungen mit geistigen Waffen zwischen ihnen genug gegeben hat, Bekehrungs- oder Unterdrückungsversuche mit gewaltsamen Mitteln jedoch bis auf wenige Ausnahmen nicht vorgekommen sind. Das war in China schon deshalb ganz undenkbar, weil die Masse der Bevölkerung dort nicht wie die europäische einer bestimmten Religion anhing. Vielmehr waren nur die jeweiligen Priester des Taoismus, Konfuzianismus oder Buddhismus auf ihre Religion eingeschworen, während das Volk je nach Bedarf und Geschmack bei verschiedenen Anlässen einmal bei den Priestern der einen, dann bei denen der andern Religion seine Zuflucht suchte, und zwar bei traurigen Anlässen, dem Charakter dieser Lehre entsprechend, meistens bei den buddhistischen.[61]
7. Eine so weitreichende Toleranz ist natürlich von Gleichgültigkeit nur noch schwer abzugrenzen. Sie ist von ganz anderer Art als die indische. Die indische Auffassung läßt zwar im allgemeinen auch jeden »nach seiner Fasson« selig werden – aus der Erkenntnis, daß jede Lehre vielleicht nur einen Zipfel der göttlichen Wahrheit erfaßt –, aber der Inder bekennt sich doch zu einer bestimmten Religion unter Ausschluß der andern. Die chinesische Art von Duldsamkeit ist offenbar nur denkbar in einem Volke, das – in ausgesprochenem Gegensatz zum indischen – das Schwergewicht seines Lebens im Diesseits sieht. Das chinesische Denken hat den Charakter der *Weltlichkeit.*
8. Mit dieser Eigenart hängt der *Humanismus* der chinesischen Philosophie zusammen. Es gibt kein chinesisches System, in dem nicht der Mensch im Mittelpunkt steht. Das gilt in ungefähr gleichem Maße,

wenn auch in verschiedener Weise, für die beiden Hauptrichtungen der altchinesischen Philosophie, Konfuzianismus und Taoismus. Das Hauptinteresse bei beiden ist das menschliche Leben und seine richtige Gestaltung; der Unterschied liegt nur darin, daß nach Lao Tse das vollkommene Leben durch Einfügung in die Natur und Achtung ihrer Gesetze, nach Konfuzius durch die volle Entfaltung des Menschen selbst zu erreichen ist. Jedenfalls ist dies die einhellige Meinung der chinesischen Gelehrten, die gegenüber dem Gegensatz, den europäische Forscher zwischen beiden Richtungen zu sehen glauben, stets das Gemeinsame in diesem Punkte betonen.[62]

9. Wir bemerken, daß Genügsamkeit, Maßhalten, innere Ausgeglichenheit und *Seelenfrieden* nach chinesischer Auffassung zum menschlichen Glück unerläßlich sind.

10. In bezug auf die Einschätzung der menschlichen Natur sind diejenigen Denker weit in der Überzahl, die den Satz des Meng Tse: *Der Mensch ist gut,* anerkennen.

11. Reines Erkennen als Ideal begegnet uns fast nirgends. Alle chinesische Philosophie sieht ihren Endzweck in der Anleitung zum richtigen Verhalten und Handeln, ist daher wesentlich *Ethik.*

12. Da die chinesischen Philosophen den Menschen nicht nur in den Naturzusammenhang, sondern immer auch in den von Familie, Gesellschaft und Staat eingefügt sehen, ist alle chinesische Philosophie Politik und *Sozialphilosophie.*

13. Endlich ist dem chinesischen Denken, wie der chinesischen Kultur überhaupt, eine gewisse Isolierung und *Selbstgenügsamkeit* eigen. Der Buddhismus ist bis an den Beginn der Neuzeit die einzige geistige Bewegung geblieben, die, aus fremdem Boden kommend, in China dauernd Fuß fassen konnte. Wieweit diese Eigenschaft in einem unveränderlichen Charakterzug des Chinesen begründet liegt und nicht vielmehr in der langen geographischen Isolierung und im geschichtlichen Schicksal, ist schwer zu sagen. Jedenfalls haben zumindest manche Schichten des chinesischen Volkes nach dem Einbruch westlicher Ideen diese geradezu mit Heftigkeit aufgenommen, und in westlichen Ländern lebende Chinesen haben eine bemerkenswerte Anpassungsfähigkeit gezeigt.

Wohin die gegenwärtige revolutionäre Umwälzung in China auf religiösem und philosophischem Gebiet führen kann, vermögen selbst hervorragende westliche Kenner des Landes und wahrscheinlich auch die Chinesen selbst nicht zu sagen. Man wird aber sagen dürfen, daß keine wie immer sonst geartete Ideologie sich in China auf lange Sicht wird behaupten können, die sich nicht den tiefeingewurzelten, in den oben aufgezählten Eigentümlichkeiten chinesischen Denkens zutage tretenden Besonderheiten des chinesischen Geistes anzupassen versteht.

Die Kenntnis der chinesischen Philosophie wie des ganzen chinesischen Kulturkreises erschloß sich erst spät den europäischen Völkern. Ende des 13. Jahrhunderts gelangten venezianische Kaufleute, unter ihnen der berühmte Marco Polo, auf einer Handelsreise über den Vorderen Orient bis an den Hof des chinesischen Kaisers. Sie blieben einige Jahrzehnte im Lande. Nach ihrer Rückkehr wurden die Berichte des Marco Polo von diesem fernen Reiche mit seinen zahllosen volkreichen Städten und seiner blühenden Kultur als die phantastischen Aufschneidereien eines Narren verlacht. So blieb dieses reizvolle Kapitel der Kulturgeschichte eine Episode.

Leibniz war der erste bedeutende europäische Denker, der die Größe und den kulturellen Hochstand dieser fernen Welt erkannte. Er versuchte einen kulturellen Austausch zwischen China und Europa in Gang zu setzen und schlug unter anderem dem russischen Zaren vor, zur Förderung dieses Austausches einen Landweg durch sein Reich nach China zu bauen. Er verglich die geistige und moralische Verfassung Chinas mit der Europas und kam zu folgendem Ergebnis: »Derart scheint mir die Lage unserer Verhältnisse zu sein, daß ich, da Sittenverderbnis ins Unermeßliche anschwillt, es fast für notwendig halte, daß chinesische Missionare zu uns geschickt werden . . . Daher glaube ich, wenn ein weiser Mann zum Richter bestellt würde . . . über die Vorzüglichkeit der Völker, daß er den goldenen Apfel den Chinesen reichen würde.«[63]

Im 18. Jahrhundert gelangte mit dem anhebenden Interesse für chinesische Gartenkunst, Porzellan und ähnliches – »Chinoiserie« – auch genauere Kunde von den Leistungen der Chinesen in der Philosophie nach Europa. Der Hallenser Philosoph Christian *Wolff, Diderot, Voltaire* und *Goethe* waren unter denen, die chinesische Philosophie studierten und sie hochschätzten. Diderot schrieb: »Diese Völker sind allen anderen Völkern überlegen an Alter, Geist, Kunst, Weisheit, Politik . . .« Voltaire urteilte: »Man muß nicht auf das Verdienst der Chinesen versessen sein, um doch anzuerkennen, daß die Einrichtung ihres Reiches in Wahrheit die vorzüglichste ist, welche die Welt je gesehen hat . . .«[64] Ein vielseitiger und weltaufgeschlossener Philosoph unserer Zeit, Graf Hermann Keyserling, schrieb: »Das bisher vollkommenste Menschentum als Normalerscheinung überhaupt hat China herausgearbeitet . . . Wie der moderne Westen die bisher höchste Könnenskultur erschaffen hat, so Alt-China die bisher höchste allgemeine Seinskultur . . .«[65] An dieser Kulturleistung haben die großen Denker, deren Werk aus jener Zeit bis an die Schwelle der Gegenwart fortwirkt, einen entscheidenden Anteil.

Zweiter Teil

Die griechische Philosophie

ALLGEMEINES – HAUPTPERIODEN

Indem wir im Geiste den Boden Griechenlands betreten und uns anschicken, die dort entstandene Philosophie zu studieren, befinden wir uns zeitlich nur um ein geringes, räumlich dagegen um vieles unserer Gegenwart und unserem heimatlichen Kulturkreis näher gerückt. Aber was bedeutsamer ist: Das Denken der alten Inder und Chinesen, das wir im ersten Teil betrachteten, ist in Kulturen erwachsen, die der unseren nicht nur räumlich und zeitlich fern stehen; es hat sich auch völlig abgeschlossen von dem unseren entfaltet, oder richtiger das unsere von jenem, und gegenseitige Berührungen sind erst in geschichtlich später Zeit erfolgt. Von den Griechen aber und ihrem Denken zieht sich ein manchmal mächtig fließender, zuzeiten abschwellender und fast versiegender, niemals aber ganz unterbrochener Strom geistiger Überlieferung bis auf uns herab. Die Begründer der griechischen Philosophie sind zugleich die Stammväter unserer eigenen.

Um die Zeit, da unsere Betrachtung einsetzt, waren die großartigen alten Kulturen des östlichen Mittelmeergebietes – die der Ägypter, der Assyrer und Babylonier, die kretische –, von deren »Philosophie«, sofern man von solcher sprechen kann, wir kaum etwas wissen, schon den langsamen Tod der Erstarrung oder den schnellen der katastrophenartigen Vernichtung gestorben. Das Volk der Griechen, nunmehr Träger der weltgeschichtlichen Entwicklung, näherte sich bereits dem Höhepunkt seiner Geschichte, dem »Goldenen Zeitalter« des Perikles. Handel und Schiffahrt der Griechen erstreckten sich über die ganze mittelmeerische Welt. Rund um dieses Meer, bis zur Straße von Gibraltar im Westen – der dunklen Pforte, die antike Schiffer selten zu durchschreiten wagten – bis zum Schwarzen Meer im Osten, hatten griechische Kolonisten sich niedergelassen. An den Küsten von Spanien, Südfrankreich, Nordafrika, vornehmlich aber in Unteritalien und Sizilien sowie an der dem griechischen Mutterland gegenüberliegenden und mit ihm durch die Kette der Ägäischen Inseln verbundenen Westküste Kleinasiens, bestanden griechische Städte.

Im Verein mit dem Wohlstand, den Seefahrt und Handel in diese Küstenstädte brachten, erwuchsen die Grundlagen einer allgemeinen Bildung. Immer und überall in der Geschichte hat das Meer und die durch es vermittelte Berührung mit fremden Völkern und deren Denkweise auf das geistige Leben einen befördernden und befreienden Einfluß gehabt. (Man muß sich vor Augen halten, daß bis zur Ausbildung der modernen Technik der Verkehr über Wasser leichter war als der Landverkehr über große Strecken. Zumal Griechenland mit seiner zerklüfteten Bodengestalt im Innern, der Fülle seiner nach außen, zum Meer sich öffnenden Tallandschaften, verwies seine Bewohner mit natürlicher Notwendigkeit auf das Meer.) Die alten Kaufleute und Seefahrer sind sicher die ersten Zweifler an den überlieferten Lebensformen, Denkweisen und religiösen Vorstellungen ihrer jeweiligen Heimat gewesen. Wo viele Glaubensbekenntnisse aufeinander trafen, die alle die Wahrheit zu vertreten vorgaben, konnte leicht der Zweifel an allen sich breitmachen. Die Küstenstädte und Handelsplätze, zuerst an der griechisch besiedelten kleinasiatischen Küste, dann in Italien, später erst an der Küste des Mutterlandes – allen voran Athen – waren es daher, in denen sich philosophisches und wissenschaftliches Denken zuerst regte, gefördert auch durch freiheitliche und demokratische Verfassungen und die durch diese bedingte Entwicklung der freien öffentlichen Rede. Zu den günstigen geographischen und gesellschaftlichen Vorbedingungen trat der glückliche geschichtliche Umstand, daß die Griechen zwar in regen kulturellen Austausch mit den älteren Kulturen des Ostens traten, ja viele Grundlagen ihrer Zivilisation von dort entlehnten, in der entscheidenden Zeit aber von keinem der älteren Reiche des Ostens unterjocht wurden – so daß der griechische Geist die fremden Anregungen ohne Überfremdung nach seiner Eigenart verarbeiten konnte. Und hierzu trat die glückliche natürliche Veranlagung des griechischen Volkes, in der reiche geistige und künstlerische Begabung mit gesundem Wirklichkeitssinn, Aufgeschlossenheit für das Individuelle und Besondere mit einem Sinn für Ordnung und Maß im ganzen glücklich gepaart waren[1], um die Vorbedingungen zu schaffen für die staunenswerte Blüte des philosophischen Denkens und Forschens im alten Griechenland.

Vornehmlich aus den unsterblichen Dichtungen *Homers* kennen wir das damals bereits versunkene heroische Zeitalter der Griechen; aus ihnen, aus dem Werke des *Hesiod* – hauptsächlich der »Theogonie« = »Entstehung der Götter« – und aus anderen Quellen vermögen wir uns ein Bild von der griechischen *Religion* zu machen. Für das Verständnis der griechischen Philosophie ist die Kenntnis der altgriechischen Religion nicht in gleichem Maße unerläßlich, wie das etwa in Indien der Fall ist. Wir heben deshalb hier nur eines hervor. Der europäische Gebildete denkt beim Thema: Religion der Griechen sogleich an die strahlende Götterwelt der sogenannten homerischen Religion – die natürlich nur nachträglich so benannt wurde, weil eben aus dem Homer unsere Kenntnis derselben hauptsächlich stammt; freilich mag der nach der Sage blinde Seher auch an der Schaffung dieser Göttergestalten und ihrer Einführung als beherrschende Figuren des griechischen Götterhimmels einen schwer abzugrenzenden, aber möglicherweise sehr maßgeblichen Anteil gehabt haben. Dieser Welt von schönen, gütigen, sehr menschliche Züge tragenden Göttern, denen der Grieche sehr frei gegenübertrat, steht aber im griechischen Leben, vielleicht von Anbeginn an, jedenfalls aber schon zu der Zeit, mit der wir uns beschäftigen, eine andersartige religiöse Strömung von ungefähr gleicher Mächtigkeit gegenüber. Diese »Unterströmung« ist sicherlich in großen Teilen nicht griechischen Ursprungs, sondern hat aus dem Orient nach Griechenland hinübergegriffen. Sie ist im Unterschied zu der ganzen Diesseitigkeit und Helle atmenden homerischen Religion dem Dunkeln und dem Jenseits zugewandt, kennt Begriffe wie Sünde, Buße und Reinigung. Die in diese Richtung gehörenden Mysterienkulte (Eleusinische Mysterien, Dionysoskult, Orphik) trugen durchweg den Charakter von Geheimlehren – woraus die spärlichen Kenntnisse der Nachwelt über sie zu erklären sind. Große Teile der griechischen – später auch der römischen – Bevölkerung hingen ihnen an. In der Philosophie erlangten aus dieser Strömung stammende Elemente mehrfach eine hervorragende Bedeutung, so bei den Pythagoreern, bei Platon und im späteren Neuplatonismus.

Vermerken wir noch zu den äußeren Formen des religiösen Lebens, daß die Griechen zu keiner Zeit, weder später noch in der Frühzeit, einen Priesterstand besessen haben, der an gesellschaftlicher Macht oder geistigem Einfluß mit dem indischen oder ägyptischen zu vergleichen wäre. Die griechischen Priester haben daher im ganzen betrachtet weder die Entfaltung freien Denkens entscheidend gehemmt wie in Ägypten, noch an der Weiterbildung religiöser Ideen zu religiös-philosophischen Systemen maßgebend mitgewirkt wie in Indien.

Die Zeit, in der der griechische Geist unter allmählicher Loslösung von der überlieferten Religion und teilweise unter lebhafter Kritik an deren Vorstellungswelt mit dem Versuch beginnt, mit dem Mittel selbständigen, vernunftmäßigen *Denkens* die Welt aus *natürlichen* Ursachen zu erklären – was wir am Anfang dieses Buches als ein maßgebendes Kennzeichen angesehen haben, um von Philosophie im eigentlichen Sinne sprechen zu können –, liegt um das Jahr 550 v. Chr. Blicken wir zurück auf die in den beiden vorangegangenen Kapiteln gemachten Zeitangaben, so ergibt sich die höchst merkwürdige Tatsache, daß dieser weltgeschichtlich entscheidenden Wendung in Griechenland geistige Umwälzungen von ähnlicher Tragweite in Indien und China zeitlich entsprechen. In China muß das Wirken des Lao Tse (etwa 609–517 v. Chr.) um die Mitte des 6. Jahrhunderts gelegen haben. Das des

Konfuzius folgte unmittelbar darauf. In Indien traten zur gleichen Zeit Mahavira, der Stifter des Jainismus (etwa 599–527), Buddha (etwa 563–483) und andere bedeutende Persönlichkeiten auf. In Griechenland erstand, fast möchte man sagen schlagartig, zu dieser Zeit eine Reihe von Denkern, die die Begründer der griechischen Philosophie (und Wissenschaft überhaupt) wurden. Das Bild vervollständigt sich, wenn man in Betracht zieht, daß um dieselbe Zeit im alten Judentum die Prophetengestalten eines Jeremia (um 600 in Jerusalem) und Hesekiel (um 580 in Babylon) erschienen und daß möglicherweise auch Zarathustra, der Stifter der alten persischen Religion, in die gleiche Zeit gehört (dies letztere ist sehr umstritten).

Die Tatsache, daß an verschiedenen Stellen des Erdballs, in zahlreichen gegeneinander so gut wie abgeschlossenen Kulturkreisen, zur gleichen Zeit der Menschengeist einen gewaltigen Schritt vorwärts tat und in den genannten Persönlichkeiten gleichsam zu sich selbst kam, ist für uns ebenso erstaunlich wie unerklärlich. Es sträubt sich etwas in uns dagegen, angesichts dieser einzigartigen Häufung von bloßem »Zufall« zu sprechen. Eine überzeugende »Erklärung« dieses Zusammentreffens ist jedoch bisher ebensowenig gelungen. Möglicherweise wird es auf immer ein Geheimnis bleiben. Ein zeitgenössischer deutscher Philosoph hat diese Zeit die »Achsenzeit der Weltgeschichte« genannt.[2]

Die Geschichte der griechischen Philosophie – und der römischen, die man im wesentlichen als einen Abkömmling der griechischen behandeln kann – füllt den Zeitraum eines runden Jahrtausends aus. Sie beginnt mit dem 6. Jahrhundert v. Chr. und endet mit dem 6. Jahrhundert n. Chr. Für die überschauende Betrachtung teilt sie sich gleichsam von selbst in drei deutlich abgrenzende Hauptperioden.

Die *älteste Periode* setzt ein mit dem nahezu gleichzeitigen Auftreten einer Reihe von Denkern, die alle das eine gemeinsam haben, daß sie – unter Befreiung von theologischen Vorstellungen – nach einem *Urstoff* auf die Suche gehen. Man bezeichnet diese Richtung als die ältere Naturphilosophie. Auf sie folgen einerseits Pythagoras, dessen Denken eine mystische, am Begriff der Zahl orientierte Richtung einschlägt, andererseits die jüngeren Schulen der Naturphilosophie. Allen ist als Ziel gemeinsam, daß sie auf Erklärung der natürlichen Welt ausgehen und insofern *Naturphilosophie* sind; als Methode, daß sie mit »naiver«, das heißt noch nicht durch kritische Besinnung hindurchgegangener Spekulation arbeiten und insofern *dogmatisch* sind.[3] Zusammenfassend bezeichnet man die Philosophie dieser Epoche als die der »*Vorsokratiker*«, da sie vor dem Auftreten des Sokrates wirkten. Diese ältere Periode reicht etwa von 600 v. Chr. bis an den Beginn des 4. Jahrhunderts.

An der Schwelle von der ersten zur *zweiten Hauptperiode* stehen die griechischen Sophisten, die die Widersprüche im bisherigen philosophischen Denken aufdecken und, indem sie dieses als ungenügend erweisen, zugleich den Weg bereiten für die drei größten Denker, die das Griechentum hervorgebracht hat: *Sokrates, Platon, Aristoteles,* von denen der Jüngere jeweils der Schüler des Älteren war. In diesen erreicht das griechische Denken seine einzigartige Höhe. Alle auch uns bekannten Zweige philosophischer Arbeit werden ausgebildet: Logik, Metaphysik, Ethik, Natur- und Gesellschaftsphilosophie, Ästhetik, Pädagogik. Diese eigentliche Blütezeit der griechischen Philosophie, in der Athen ihr Mittelpunkt ist und die darum auch attische genannt wird, beginnt mit dem Auftreten der Sophisten um die Mitte des 5. Jahrhunderts und reicht bis zum Tode des Aristoteles im Jahre 322 v. Chr. Gemessen an der politischen Geschichte der Griechen, liegt der Schwerpunkt dieser Periode bereits jenseits des Goldenen Zeitalters, in der Zeit des beginnenden politischen Niedergangs. Wie andere Völker haben die Griechen ihre höchste geistige Reife erst erreicht, als ihre Freiheit verloren war und die Schatten des Untergangs sich über ihr Reich herabsenkten – erst in der Dämmerung entfalten die Eulen der Minerva ihren Flug, wie Hegel gesagt hat. Dieser Hauptperiode widmen wir in unserer Darstellung den breitesten Raum.

Die *dritte* und längste *Periode* umgreift die Zeit vom Tode des Aristoteles bis zur allmählichen und endlichen Auflösung in den nachchristlichen Jahrhunderten. Sie ist dadurch gekennzeichnet, daß der Sinn für Naturforschung zurückgeht. Die diesen Abschnitt zunächst beherrschenden Schulen der *Stoiker und Epikureer* richten ihr Hauptinteresse auf den Menschen und auf die Ethik. Ähnliches gilt für die gleichzeitig in Erscheinung tretenden *Skeptiker.* Aus der Vermischung dieser und der vorangegangenen Systeme entstand der sogenannte *Eklektizismus.* In nachchristlicher Zeit wurden platonische Gedanken mit Elementen orientalischer Religiosität vermischt im *Neu-Platonismus.* Die Philosophie dieser dritten Periode wird auch als nach-aristotelische bezeichnet. Mit dem 6. Jahrhundert n. Chr. verschwand die griechische Philosophie als selbständige Erscheinung vom Schauplatz der Geschichte.

Ihre weltgeschichtliche Rolle war damit nicht ausgespielt. Gemeinsam mit den anderen Elementen griechischer Bildung wurde sie neben dem Christentum zum zweiten Grundpfeiler der abendländischen Kultur.

Erstes Kapitel

Die vorsokratische Philosophie bis zum Auftreten der Sophisten

Von keinem einzigen Philosophen der vorsokratischen Zeit ist das Werk oder auch nur eine einzelne Schrift vollständig erhalten. Manche dieser Denker haben überhaupt nichts Schriftliches hinterlassen, von anderen sind die Werke verlorengegangen.

Angesichts dieses Umstandes muß die bis heute anhaltende, ja heute verstärkt auflebende Nachwirkung dieser Männer, die die Früh- und Urgedanken des Abendlandes gedacht haben, um so erstaunlicher erscheinen. An *unmittelbaren Quellen*, das heißt von den Denkern selbst stammenden Zeugnissen, besitzen wir für diese ganze Zeitspanne nur Bruchstücke, die sogenannten *Fragmente der Vorsokratiker*.

Wären wir auf diese allein angewiesen, würden wir beinahe ganz im dunkeln tappen, wenn uns nicht mannigfache *mittelbare* Quellen zu Gebote stünden. Diese bestehen zum einen Teil in Werken späterer Philosophen, die der Darlegung ihrer eigenen Ansicht eine Auseinandersetzung mit den einschlägigen Meinungen ihrer Vorgänger vorangehen ließen – eine Übung, die namentlich durch das Vorbild des Aristoteles allgemein wurde.

Zum anderen Teil bestehen die mittelbaren Quellen in den vollständiger erhaltenen Werken solcher Gelehrten, die sich die Darstellung der Geschichte der Philosophie zur ausdrücklichen Aufgabe setzten – wozu die Anregungen ebenfalls von Aristoteles ausgegangen sind. Als Beispiel für diese letzteren nennen wir die zehn Bücher des *Diogenes Laertios* (um 220 n. Chr.) über Leben und Lehre der namhaften Philosophen.

Antike Werke, in denen die Lehren (griechisch doxai) verschiedener Philosophen zu bestimmten Fragen in Form einer Übersicht nebeneinandergestellt wurden, werden Doxographien genannt.

I. Die milesischen Naturphilosophen

Auf schmalem Küstensaum am Westrande Kleinasiens entlang der Ägäis hatten die Ionier, der genialste griechische Stamm, zwölf blühende Städte gegründet. Hier endeten die großen Karawanenstraßen, die aus dem Innern des asiatischen Kontinents kamen, hier wurden die von dort ankommenden Waren auf Schiffe verladen und nach Griechenland verfrachtet. Mit dem Warenstrom aus dem Osten kam die Kenntnis vieler kultureller Errungenschaften der asiatischen Völker auf diesem Wege zu den Griechen. Astronomie und Kalender, Münzen und Gewichte, vielleicht auch die Schrift, kamen aus dem Osten zunächst zu den kleinasiatischen Ioniern und wurden von ihnen den übrigen Griechen vermittelt. Die südlichste der zwölf ionischen Städte war Milet, im 6. Jahrhundert ein bedeutender Handelshafen und vielleicht die reichste Stadt der damaligen griechischen Welt. Diese Stadt, in der sich Rassen, Sprachen und Religionen kreuzten, ist die Geburtsstätte der griechischen und damit auch der abendländischen Wissenschaft und Philosophie.

1. THALES

Der erste der milesischen Naturphilosophen, Thales, wirkte in der ersten Hälfte des 6. Jahrhunderts. Thales war erstens ein weitgereister und weltgewandter Kaufmann, der unter anderem Ägypten bereist haben soll. Zweitens war er Staatsmann, drittens ein vielseitiger Naturforscher; er hatte wahrscheinlich aus dem Osten bezogene astronomische Kenntnisse und sagte zum Erstaunen seiner Zeitgenossen eine Sonnenfinsternis richtig voraus; er beschäftigte sich mit Magnetismus; er ermittelte die Höhe der ägyptischen Pyramiden durch Messung ihres Schattens zu bestimmter Tageszeit; er fand eine Anzahl grundlegender Lehrsätze der Mathematik, deren einer noch seinen Namen trägt. Endlich war er Philosoph und galt bis vor kurzem als Ahnherr der antiken und modernen Philosophie.

Unbestritten ist der Ruhm des Thales als des ersten Griechen, der das orientalische Wissen auf den Gebieten der Mathematik und Astronomie aufnahm und selbständig weiterverarbeitete. Den Griechen galt er als der erste der »Sieben Weisen« der alten Welt. Wahrscheinlich ist, daß ein so überragender Kopf mit so ausgedehntem Wissen sich auch seine eigenen Gedanken über das tiefere Wesen der Dinge gemacht hat. Nach antiker Überlieferung antwortete er auf die Frage, was am schwersten von allen Dingen sei: »Sich selbst kennen«, was am leichtesten sei: »Anderen Rat geben«; was Gott sei: »Das, welches weder Anfang noch Ende hat«; und wie man vollkommen tugendhaft leben könne: »Indem wir niemals das tun, was wir an anderen verurteilen.«[4]
Unsicher ist, inwieweit Thales zu allgemeinen philosophischen Schlußfolgerungen gekommen ist. Eine philosophische Schrift von ihm ist nicht bekannt.[5] Und was bis vor kurzem als Grundgedanke seiner Naturphilosophie galt: daß das Wasser der Urstoff sei, aus dem alles her-

vorgegangen ist – das wird neuerdings manchmal gar seinem Nachfolger zugeschrieben.[6]

2. ANAXIMANDROS

Anaximandros war milesischer Mitbürger und ungefährer Zeitgenosse des Thales. Seine Lebenszeit wird etwa von 611 bis 549 v. Chr. angesetzt.[7] In ihm müssen wir, da der Ruhm des Thales schwankt, den eigentlichen Begründer der Philosophie als selbständiger Disziplin sehen. Seine Ansichten legte er in einer – nicht erhaltenen – Schrift nieder, die wahrscheinlich den später vielfach verwendeten Titel »Über die Natur« führte.[8] Urprinzip der Welt und Ursache allen Seins ist ihm ein Unbestimmtes und Grenzenloses (griech. apeiron), aus dem sich Kaltes und Warmes, Trockenes und Feuchtes sonderten. Mit dem Gedanken, daß die Erde – die er frei im Raum schwebend denkt – zuerst in flüssigem Zustand gewesen sei und bei ihrer allmählichen Austrocknung die Lebewesen hervorgebracht habe, wobei diese zunächst im Wasser lebten und später auf das Land überwechselten[9], hat er ein Stück moderner Entwicklungslehre vorweggenommen. Mit seiner Lehre, daß ein ursprünglich die Erde umgebender Feuerkreis nach seinem Zerspringen, Feuer ausströmend, um die Erde rotiere[10], macht er den ersten Versuch, die Bewegung der Gestirne auf physikalische Weise zu deuten. Nach ewigem Gesetz gehen aus dem Unbestimmt-Grenzenlosen immer neue Welten hervor und kehren wieder in dasselbe zurück, »einander Strafe und Buße gebend für die Ungerechtigkeit nach der Ordnung der Zeit«, wie die Schlußworte des einzigen wörtlich erhaltenen Fragments lauten[11], die die dunkle Tiefe seiner Lehre wenigstens erahnen lassen. Martin Heidegger hat diesem Satz einen bedeutenden Aufsatz gewidmet.[12]

3. ANAXIMENES

Der dritte der milesischen Naturphilosophen, Zeitgenosse des Anaximandros (sein Tod wird um 527 v. Chr. angesetzt), hat die Luft als den Urstoff angesehen, freilich wohl nicht im wörtlichen Sinne, denn er begreift darunter (als belebenden Atem) auch die Seele. Auch er lehrte einen periodischen Wechsel von Weltentstehung und Weltzerstörung. Das Gemeinsame in den Lehren der drei Milesier liegt in dem Bestreben, die Entstehung alles Seienden aus einem letzten Urstoff oder stofflich aufgefaßten Urprinzip zu erklären. Ihre Bedeutsamkeit für die weitere griechische Philosophie und für uns liegt weniger in der Art und Weise, wie sie dies im einzelnen versuchen – so interessant manche Einzelheit im Lichte neuerer wissenschaftlicher Erkenntnis sein mag –, sondern in der Tatsache, daß sie erstmalig den Versuch machen, an diese Frage unvoreingenommen mit naturwissenschaftlichem Denken heranzugehen, und in der Kühnheit, mit der sie die Vielfalt der Erscheinungen auf *ein* Urprinzip zurückzuführen suchen.

II. Pythagoras und die Pythagoreer

1. LEBEN UND LEHRE DES PYTHAGORAS

Der Ruhm, die griechische Wissenschaft, insonderheit die Mathematik, begründet zu haben, kann mit gleichem Recht wie den Milesiern auch dem Pythagoras zugebilligt werden. Dieser aus Samos gebürtige Mathematiker, Astronom und Philosoph lebte zwischen 580 und 500. Nach langen Wanderjahren, die ihn nach antiken Quellen auch nach Ägypten und in den Orient geführt haben sollen – vieles in seiner Lehre spricht auch dafür –, entfaltete er seine Wirksamkeit als Lehrer und Begründer eines religiösen Ordens in Kroton, dem heutigen Cotrone, in Unteritalien. Seine Heimat verließ er (der Überlieferung zufolge), weil er die Tyrannei des Polykrates mißbilligte, der durch Schillers Ballade »Der Ring des Polykrates« (Stoff nach Herodot) bekannt ist.
In der Mathematik ist der Name des Pythagoras vor allem mit dem Lehrsatz verknüpft, daß das Quadrat über der längsten Seite eines rechtwinkligen Dreiecks gleich groß ist wie die Summe der Quadrate über den beiden anderen Dreieckseiten (Lehrsatz des Pythagoras). Auch die Erkenntnis, daß die Summe der Winkel eines Dreiecks gleich zwei rechten ist, wird auf ihn zurückgeführt. Aber Pythagoras betrieb die Mathematik nicht als Selbstzweck oder begrenzte Fachwissenschaft. Er stellte sie, vor allem die Lehre von den *Zahlen*, in den Mittelpunkt seiner Philosophie. Übrigens war Pythagoras nach alter Überlieferung der erste, der das Wort »Philosophie« in dem uns geläufigen Sinne verwandte. Es erschien ihm nämlich anmaßend, sich nach der bis dahin üblichen Manier einen »sophos«, das heißt einen Weisen, zu nennen, und so nannte er sich bescheidener einen »philosophos«, einen Freund oder Liebenden der Weisheit.
In den Zahlen sieht die pythagoreische Lehre das eigentliche Geheimnis und die Bausteine der Welt. Jede der Grundzahlen von 1 bis 10 hat ihre besondere Kraft und Bedeutung, allen voran die vollkommene und umfassende Zehn. Die Harmonie der Welt – Pythagoras war der erste, der die Welt einen »Kosmos« nannte – beruht darauf, daß alles in ihr nach Zahlenverhältnissen geordnet ist. Das erweist sich für Pythagoras vor allem an der *Musik*. Er scheint der erste gewesen zu sein, der den harmonischen Zusammenklang der Töne und die Stufen der Tonleiter

auf zahlenmäßige Verhältnisse zurückgeführt hat, nicht zwar Verhältnisse der Schwingungszahl, aber der Länge der klingenden Saiten.
Die musikalische Harmonie findet Pythagoras im Aufbau des Weltalls wieder. Wie jeder bewegte Körper ein Geräusch verursacht, das von dessen Größe und der Schnelligkeit der Bewegung abhängt, so rufen die Himmelskörper beim Durchlaufen ihrer Bahn eine ununterbrochen erklingende, nur von uns nicht wahrgenommene »Sphärenmusik« hervor. Dieser schöne Gedanke einer (musikalisch verstandenen) Harmonie des Weltalls ist seit Pythagoras nicht nur als dichterisches Bild, sondern auch in der physikalischen und astronomischen Wissenschaft immer wieder aufgetaucht. Der große Astronom Kepler hat im ein Buch gewidmet.
Wir sehen, daß Pythagoras das Geheimnis der Welt nicht wie die Milesier in einem *Urstoff* sucht, sondern in einem *Urgesetz,* nämlich der unveränderlichen zahlenmäßigen Beziehungen unter den Bestandteilen unserer Welt. Wer das periodische System der Elemente und seine Ausdeutung durch die moderne Naturwissenschaft kennt, dem muß dieser Gedanke als geniale Vorahnung unserer Erkenntnisse erscheinen.
Mit der Zahlenlehre sind bei Pythagoras tiefreligiöse und mystische Ideen von wahrscheinlich orientalischem Ursprung verbunden, insbesondere ein dem indischen eng verwandter Seelenwanderungsglaube. Danach durchläuft die unsterbliche Menschenseele einen langen Läuterungsprozeß durch immer erneute Wiederverkörperungen, die auch in Tiergestalt erfolgen können. Dementsprechend findet sich wie in Indien das Gebot, kein Tier zu töten oder zu opfern und kein Fleisch zu sich zu nehmen. Da es als Ziel des Lebens angesehen wird, die Seele durch Reinheit und Frömmigkeit vom Kreislauf der Wiedergeburten zu erlösen, zeigt auch die pythagoreische Ethik der indischen verwandte Züge: Selbstdisziplin, Genügsamkeit, Enthaltsamkeit werden gefordert.

2. DIE PYTHAGOREER

Eine Reihe strenger Regeln machte den von Pythagoras begründeten religiösen Bund zu einer nach außen abgeschlossenen und ihre Geheimnisse wahrenden Gemeinschaft, zu einem Staat im Staate. Die Mitglieder mußten bei der Aufnahme geloben, enthaltsam und bescheiden zu leben, kein Tier zu töten, das nicht den Menschen angreift, und jeden Abend ihr Gewissen zu prüfen, welche Fehler sie begangen, welche Gebote sie vernachlässigt hätten.[13] Auch waren sie zu unbedingtem Gehorsam und zur Verschwiegenheit verpflichtet. Der Bund nahm auch Frauen auf, und die in Philosophie und Literatur, aber auch in fraulichen und häuslichen Fertigkeiten gebildeten »pythagoreischen

Frauen« sollen im Altertum als der höchste Frauentypus, den Griechenland je hervorbrachte, verehrt worden sein.[14] Vorgeschrieben war ferner ein fünfjähriges, unter Bewahrung strikten Schweigens zu absolvierendes Studium. Die wissenschaftliche Bildung wurde neben Musik, Gymnastik, Heilkunde von den Pythagoreern besonders hochgehalten und gefördert. Die Autorität des Meisters stand dabei stets über allem; die im Orden gemachten wissenschaftlichen Entdeckungen wurden ihm zugeschrieben, und »autos epha« – »er selbst hat es gesagt« – wurde zur stärksten denkbaren Bekräftigung irgendeines Satzes.

Der Versuch, das Gewicht des pythagoreischen Bundes auf dem Felde der Politik einzusetzen, und zwar – nach Pythagoras' eigener Einstellung – mit ausgesprochen aristokratischer Tendenz, führte bald zu Angriffen gegen ihn und schließlich zu seiner gewaltsamen Zersprengung durch Niederbrennung des pythagoreischen Versammlungshauses in Kroton. Nach manchen Berichten soll Pythagoras selbst dabei mit vielen seiner Anhänger ums Leben gekommen sein, nach anderen verließ er den Ort und starb im hohen Alter in Metapont. Geschichtlich bleibt der Bund der Pythagoreer bedeutsam als ein bemerkenswerter Versuch, religiöse und philosophische Gedanken in einer abgeschlossenen und disziplinierten Gemeinschaft in die Praxis umzusetzen.

Die Lehren des Pythagoras sind uns hauptsächlich aus den später abgefaßten Schriften des Philolaos bekannt; vom Meister selbst ist keine Zeile erhalten. Ihr Einfluß war nicht mit dem Untergang des Ordens zu Ende. Er erstreckt sich vielmehr, weit über den Kreis ihrer unmittelbaren Anhänger hinaus, durch das ganze Altertum. In den nach-christlichen Jahrhunderten kam die an Pythagoras anknüpfende Schule des Neu-Pythagoreismus eine Zeitlang zu Blüte und Ansehen.

III. Die Eleaten

An der italienischen Westküste südlich des heutigen Salerno lag Elea. Hier, also wiederum im italienischen Kolonisationsraum der Griechen, erstand gleichzeitig mit Pythagoras eine Schule von Philosophen, die nach ihrem Heimatort die Eleaten genannt werden. Ihre bedeutendsten Vertreter sind die folgenden drei, von denen der spätere jeweils auf den Gedanken des Vorangegangenen aufgebaut hat.

1. XENOPHANES

Wahrscheinlich um 570 v. Chr. geboren und von der griechisch besiedelten Westküste Kleinasiens stammend, durchwanderte Xenophanes jahrzehntelang als fahrender Dichter und Sänger die Städte der Griechen, bis er in Elea eine bleibende Stätte fand und zum Begründer der dortigen Philosophenschule wurde. Die erhaltenen Fragmente stellen Teilstücke von Gedichten dar, möglicherweise philosophischen Lehrgedichten.

Xenophanes ist es, der den Sturmangriff der Philosophie gegen die alte griechische Religion mit einer kühnen Attacke eröffnet. Unwürdig des göttlichen Namens erscheinen ihm die viele menschliche – und allzu menschliche – Züge tragenden Götter seiner Zeit. Homer und Hesiod wirft er vor, Taten, die unter den Menschen als schändlich gelten, wie Diebstahl, Betrug und Ehebruch, den Göttern angedichtet zu haben. In dem von ihm stammenden Lehrgedicht, von dem Teile erhalten sind, macht er die vermenschlichte (anthropomorphe) Vorstellung von den Göttern lächerlich: Die Menschen bilden sich ein, daß die Götter wie sie geboren werden, menschliche Gestalt haben, sich von Ort zu Ort bewegen, Kleidung tragen usw. Besäßen aber Ochsen, Pferde und Löwen Hände und könnten damit Bilder oder Statuen ihrer Götter anfertigen, so würden sie ohne Zweifel ihren Göttern die Gestalt von Ochsen, Pferden, Löwen verleihen, so wie die Menschen den ihren die menschliche Gestalt. Die Neger bilden ihre Götter schwarz und stumpfnasig, die Thraker die ihren blauäugig und rothaarig. In Wahrheit haben die Menschen niemals Gewisses über die Götter gewußt und werden es auch niemals wissen. Eines nur ist für Xenophanes gewiß: Es kann nicht eine Vielfalt von Göttern geben, es kann nicht ein Gott über den anderen herrschen. Das Höchste und Beste kann nur eines sein. Dieser eine Gott ist allgegenwärtig und den Sterblichen weder an Gestalt noch an Gedanken vergleichbar. Der höchste Gott ist aber für Xenophanes zugleich identisch mit der Einheit des Weltganzen, so daß man seine Lehre eine pantheistische nennen kann. Die erhaltenen Textfragmente lassen jedoch auch andere Interpretationen zu.

Xenophanes ist so wahrscheinlich der erste unter den griechischen Philosophen, der als nüchterner Logiker gegen die hergebrachte Religion, zugleich gegen jede Art von Aber- und Wunderglauben, auch gegen die Seelenwanderungslehre, zu Felde zieht. Mit seiner Gleichsetzung des höchsten Wesens mit der Einheit des Weltganzen ist er zugleich Begründer der Lehre von einem ewigen, unveränderlichen Sein hinter der Mannigfaltigkeit der Erscheinungen – welche Lehre von seinen Nachfolgern folgerichtig durchgebildet wurde.

2. PARMENIDES

Geboren um 525 v. Chr. in Elea und später angesehener Bürger daselbst, wurde Parmenides, vielleicht Schüler des Xenophanes, zum be-

deutendsten Denker der eleatischen Schule. Im Altertum war er einer der angesehensten Philosophen. Er hat den Gedanken des Xenophanes vom einen unveränderlich Seienden aufgegriffen und ihm eine systematische Form gegeben. Es ist nicht feststellbar, welche Gedanken Parmenides von Xenophanes übernommen hat und welche diesem vielleicht irrtümlich zugeschrieben werden. Plato hat einem seiner Dialoge den Titel »Parmenides« gegeben. Er läßt dort den schon gealterten Parmenides, dessen Schüler Zenon (etwa 40jährig) und Sokrates (als Jüngling) miteinander diskutieren.
Ein in Bruchstücken erhalten gebliebenes Lehrgedicht (etwa 150 Zeilen in Hexametern) schildert eine Reise des Parmenides aus dem Reich der Nacht zu einer Göttin im Land des Lichts (der Wahrheit). Wahrheit und Wissen einerseits, Schein und bloße Meinung andererseits werden gegenübergestellt. Wahres Wissen wird erlangt durch reine Vernunfterkenntnis. Diese aber lehrt, daß es nur ein Sein, nicht jedoch Nichtseiendes geben kann. Nur das Seiende ist, das Nichtseiende ist nicht und kann nicht gedacht werden.[15] Unter Seiendem ist dabei Raumerfüllendes verstanden, geleugnet wird also die Möglichkeit eines leeren Raumes. Die Annahme einer Bewegung setzt immer Nichtseiendes voraus – denn damit sich ein Körper an einen bestimmten Ort bewegen kann, muß vorher dort leerer Raum, also nichts gewesen sein. Ebenso verhält es sich mit der Annahme einer Entwicklung, eines Werdens – denn was erst »werden« soll, »ist« zuvor noch nicht. Hieraus folgt für Parmenides der kühne Schluß, daß es in Wahrheit weder Werden noch Bewegung geben kann, sondern nur unveränderlich beharrendes Sein. Da das Seiende alles erfüllt, gibt es auch kein dem Sein gegenüberstehendes Denken. Vielmehr ist Denken und Seiendes eins. Die Sinne, die uns eine Welt ständigen Werdens und Vergehens und steter Bewegung vorführen, täuschen; sie sind die Quelle allen Irrtums.[16] – Hier wie bei praktisch allen Vorsokratikern ist jede Deutung aus den Textfragmenten unsicher und umstritten.

3. ZENON VON ELEA

Die Lehre des Parmenides mit ihrer Leugnung der Veränderung klingt sehr angreifbar, und an Angriffen gegen sie scheint es auch von Anfang an nicht gemangelt zu haben. Jedenfalls betrachtete es sein Schüler Zenon (geb. um 490 v. Chr.), den von Parmenides der gleiche Altersabstand einer Generation trennt wie diesen von Xenophanes, als seine Hauptaufgabe, die Lehre des Parmenides gegen kritische Einwände zu verteidigen. Dabei entwickelte er eine so scharfsinnige und überspitzte Kunst der Beweisführung, daß er als Begründer der in Griechenland später zur hohen Blüte gelangten Dialektik angesehen worden ist.[17] – Wiederum sind im ursprünglichen Wortlaut nur wenige Fragmente erhalten; alles übrige, was man über Zenon weiß (oder zu wissen glaubt), beruht auf Schriften Platons, des Aristoteles oder späteren Quellen; dies gilt auch für die unter 1. und 2. erwähnten Paradoxe. Zenon geht aus von dem Vorwurf der Widersprüchlichkeit, der gegen die von Parmenides gelehrte Leugnung der Vielheit und der Veränderung erhoben worden war, und macht sich daran, zu beweisen, daß vielmehr gerade die Annahme einer Vielheit des Seienden und die Annahme der Realität der Bewegung zu unauflöslichen Widersprüchen führen. Als Beispiel seiner Argumentation führen wir zwei seiner Beweisgründe gegen die Bewegung an:

1. Bei einem Wettlauf zwischen Achilles und einer Schildkröte, bei dem diese auch nur einen geringen Vorsprung (Vorgabe) hätte, könnte Achill sie niemals einholen. Denn in dem Augenblick, in dem Achilles einen bestimmten Punkt A erreicht, an dem sich die Schildkröte unmittelbar vorher befand, ist diese gerade bereits nach Punkt B weitergerückt. Erreicht er den Punkt, hat die Schildkröte diesen gerade wieder verlassen und rückt nach C weiter, und so fort. Der Vorsprung kann also zwar geringer, aber niemals eingeholt werden!

2. Ein fliegender Pfeil, in jedem beliebigen Einzelmoment seines Fluges betrachtet, befindet sich an einer bestimmten Stelle des Raumes, an der er in diesem Moment ruht. Wenn er aber in jedem einzelnen Zeitpunkt seines Fluges ruht, so ruht er auch im ganzen; das heißt, der fliegende Pfeil bewegt sich nicht: es gibt keine Bewegung.

Es ist natürlich nicht anzunehmen, daß Zenon im Ernst überzeugt war, die Schildkröte sei nicht einzuholen. Der Zweck seiner Argumente – die im Altertum Berühmtheit erlangten – war ein negativer. Er wollte den Gegnern des Parmenides zeigen, daß es leicht sei, auch in ihren eigenen Ansichten Widersprüche nachzuweisen. Doch darf uns der von Zenon aufgewendete Scharfsinn nicht über die Schwäche seiner Beweisführung hinwegtäuschen. *Wenn* ich die Zeit, in der der Pfeil fliegt, in eine Reihe von Einzelmomenten zerlege, so muß freilich, wenn ich die Einzelmomente unendlich kurz wähle, der Pfeil in jedem von ihnen als ruhend erscheinen. Die Zeit besteht aber in Wirklichkeit nicht aus einer Reihe von Zeitpunkten; ihr Wesen ist gerade ein stetiges, durch jeden Punkt hindurchlaufendes Fließen. Die Zerhackung in Einzelmomente ist nicht der Zeit eigen, sondern stammt aus unserem Denken! Doch sei der verehrte Leser gewarnt: Sobald man glaubt, Zenon mit Argumenten des »gesunden Menschenverstandes« widerlegt zu haben, meldet sich ein Gegenargument – ein wahrhaft dialektischer Prozeß setzt ein.

Ohne Übertreibung kann man feststellen, daß Zenons Beweisführungen (mit denen sich Generationen von Logikern und Mathematikern auseinandergesetzt haben) zumindest in einem bahnbrechend geblieben sind für alle nachfolgenden Philosophien: Sie haben den Blick dafür geschärft, daß die einleuchtendsten, selbstverständlich scheinenden Annahmen und Aussagen, wenn man ihnen kritisch auf den Grund geht, sich als zweifelhaft, brüchig, widersprüchlich herausstellen können, z. B., wenn man einen Begriff wie »unendlich« einführt.

IV. Heraklit und die Naturphilosophen des 5. Jahrhunderts

1. HERAKLIT

Möglicherweise noch in dem staunenswerten 6. Jahrhundert (die Datierungen sind unsicher), und immer noch auf griechischem Kolonialboden außerhalb des Mutterlandes, diesmal wieder im kleinasischen Ionien, begegnen wir dem Denker in der Reihe der Begründer griechischer Philosophie, den viele als den tiefsten (oder rätselhaftesten) ansehen. In Ephesos, einer damals blühenden Stadt – sie barg in ihren Mauern den größten, unter die sieben Wunder der Alten Welt gerechneten ionischen Tempel –, wurde aus vornehmer Familie um das Jahr 540 v. Chr. Heraklit geboren, dem die Nachwelt den Beinamen des Dunklen verliehen hat.

Einzelgänger, Verächter der Masse und Feind der Demokratie, suchte Heraklit im Leben wie im Denken eigene, bis dahin unbetretene Wege. Seine Gedanken legte er in einer Schrift über die Natur nieder. Sie ist in einem höchst zugespitzten und eigenwilligen, an Bildern und Vergleichen reichen Stil gehalten, auf knappsten Ausdruck bedacht und wegen ihrer aphoristischen Kürze – wahrscheinlich auch absichtlich – dunkel. Jedenfalls vermitteln die mehr denn hundert einzelnen Bruchstücke, die von ihr erhalten sind, diesen Eindruck. Im hohen Alter soll sich Heraklit gänzlich abgesondert und in den Bergen, von Pflanzen sich nährend, das Leben eines Einsiedlers geführt haben – wahrscheinlich der erste Einsiedler des Abendlandes.

Gelehrtheit im Sinne bloßer Vielwisserei schätzt Heraklit gering. Sie formt nicht den Geist; könnte sie das – so sagt er mit einem Seitenhieb auf einige vor ihm lebende Denker –, so würde sie sicher Hesiod, Pythagoras und Xenophanes erleuchtet haben. Es kommt darauf an, den einen Gedanken zu finden, der das Geheimnis der Welt aufschließt.

Auch Heraklit sieht ein Einheitliches jenseits der Vielheit. Aber er sieht es nicht, wie etwa Parmenides, einfach in einem unabänderlich beharrenden Sein, und in Werden und Vielheit bloße Täuschungen. Er sieht es aber auch nicht im Gegenteil, also in einem endlosen Fließen aller Dinge. Hierin ist er oft mißverstanden worden, sowohl von späteren Beurteilern wie schon von Zeitgenossen, zum Beispiel dem Parmenides, dessen Lehre vom Sein geradezu in Opposition zu Heraklit formuliert sein könnte. Heraklit hat allerdings den Ausspruch getan: »Wir können nicht zweimal in denselben Fluß steigen« (denn neue Wasser sind inzwischen herangeströmt, und auch wir selber sind beim zweitenmal schon andere geworden); und das berühmte Wort »Alles fließt, nichts besteht« findet sich zwar nicht unter den erhaltenen Fragmenten, wird ihm aber von den antiken und den neuen Gelehrten einhellig zugeschrieben.[18] Wohl also hat er das Geheimnis der Zeit und des ewigen Wandels tief empfunden.[19] Aber nicht darin liegt die Größe seiner Erkenntnis, sondern erst darin, daß er hinter und in dem unaufhörlichen Fluß doch eine Einheit, nämlich ein einheitliches *Gesetz*, erblickt. Einheit *in* der Vielheit und Vielheit *in* der Einheit![20] Freilich: der »Logos«, der nach Heraklit das Geschehen in der Welt (die er für ungeschaffen hält, also von Ewigkeit her bestehend) leitet und auf den die Menschen hören sollen – kann man ein solches Wort überhaupt übersetzen? Es kann »Aussage«, »vernünftige Rede«, »Prinzip«, »Formel« bedeuten, auch von uns Späteren als – mehr oder weniger abstraktes – »Weltgesetz« gedeutet werden; die Deutung bleibt unsicher, zumal sich Heraklit gewiß keine Gedanken über eine saubere Definition oder gar sprachkritische Durchleuchtung seiner Begriffe gemacht hat; eher ist er darin wohl ein »naiver« Denker, daß er das Wort mit der benannten Sache gleichsetzt.

Auch Heraklit scheint eine Ursubstanz angenommen zu haben, aber nicht wie die Milesier das Wasser oder die Luft. Er spricht von einem Urfeuer, aus dem nach ewigem Gesetz – »nach Maßen« –, indem es aufbrennt und wieder verlöscht, die Welt mit ihren Gegensätzen hervortritt und in das sie wieder zurückfällt. Wahrscheinlich denkt er dabei nicht so sehr an Feuer im wörtlichen Sinne als vielmehr in einer allgemeineren und übertragenen Bedeutung, wir würden etwa sagen im Sinne von Ur-Energie. Dafür spricht, daß das Urfeuer ihm anscheinend zugleich das Göttliche ist und er in der menschlichen Seele einen Teil desselben sieht.

Das große Gesetz, nach dem sich aus der einen Ur-Energie unablässig die Vielheit entfaltet, ist die *Einheit der Gegensätze*. Alle Entwicklung geschieht im polaren Zusammenspiel gegensätzlicher Kräfte. »Gott ist Tag und Nacht, Winter und Sommer, Krieg und Frieden, Überfluß und Hunger.« Im Kampf zwischen Idee und Idee, Mensch und Mensch, Mann und Weib, Klasse und Klasse, Volk und Volk gestaltet sich die harmonische Ganzheit der Welt. In diesem Sinne ist Kampf, ist Krieg »aller Dinge Vater, aller Dinge König«. Jedes Ding bedarf zu seinem

Sein seines Gegenteils. »Sie verstehen nicht, wie es auseinandergetragen mit sich selbst im Sinn zusammengeht: gegenstrebige Vereinigung wie die des Bogens und der Leier.«[21] Darum haben diejenigen unrecht, die ein Ende allen Kampfes in einem ewigen Frieden herbeisehnen. Denn mit dem Aufhören der schöpferischen Spannungen würde totaler Stillstand und Tod eintreten. Darum auch wäre es dem Menschen nicht gut, wenn er ans Ziel aller seiner Wünsche käme. Denn es ist die Krankheit, die die Gesundheit angenehm macht, nur am Übel gemessen tritt das Gute in Erscheinung, am Hunger die Sättigung, an der Mühsal die Ruhe.

Mit dieser Lehre vom Zusammengehören und Zusammenwirken des Gegensätzlichen schuf Heraklit ein erstes Modell der dialektischen Entwicklungslehre, die mehr als zwei Jahrtausende nach seinem Tode bei Hegel und im dialektischen Materialismus der Marxisten wieder auferstand und die vielleicht den bisher gelungensten Versuch des Menschengeistes darstellt, dem Geheimnis des Werdens mit dem Denken beizukommen. (Es ist zu beachten, daß »Dialektik« in einem doppelten Sinne verwendet werden kann: im ursprünglichen, bei den Griechen aufgekommenen Sinn als Kunst der Beweisführung in Rede und Gegenrede – das Wort leitet sich ja von dem griechischen Wort für »sich unterreden« her; und im moderneren Sinne für eine Entwicklungslehre, die das Gesetz des Fortschreitens im Fluß des Werdens in dem ständig auf anderer Ebene erneuerten Widerspiel gegensätzlicher Kräfte erblickt – wobei also die »Zwiesprache« nicht zwischen den streitenden Philosophen, sondern zwischen den widerstreitenden Kräften der Wirklichkeit selbst vonstatten geht.)

Wenn es erlaubt ist, »Logos« frei mit »alles durchwaltende Weltvernunft« wiederzugeben, an der der Mensch teilhat, in die unsere Seele nach dem Tode zurückfällt »wie ein Licht, das in der Nacht verlischt« – dann befindet sich Heraklit damit wohl auf dem Wege, der von der griechischen Göttervielfalt wegführt, hin zum Gedanken von dem *einen* Gott, in dem alles ruht, in dem alle Gegensätze aufgehoben sind. Wenn Heraklit diesen Schritt auch gewiß nicht bewußt vollzogen hat – sein Satz »Für (den) Gott sind alle Dinge schön und gut und gerecht; die Menschen halten das eine für gerecht, das andere für schlecht« weist wohl in diese Richtung.

Heraklit blickt nicht nur wie seine Vorgänger und Zeitgenossen auf die stoffliche Welt und ihre vermeintlichen Ursachen. Er blickt zugleich in die Tiefen der menschlichen Seele – »Mich selbst habe ich erforscht«, lautet ein stolzes Wort von ihm – und ordnet den Menschen und sein Verhalten in einen metaphysischen Sinnzusammenhang ein.[22] Nur in Platon und Aristoteles erreicht das griechische philosophische Denken eine ihm vergleichbare Tiefe und alles umgreifende Weite.

Die Nachwirkung der Heraklitschen Gedanken liegt weniger in einer besonderen Schule – eine solche hat es auch gegeben –, sie reicht bis in unsere Zeit. Der von ihm eingeführte Begriff des Logos wurde zum göttlichen Wort der christlichen Theologie. Wir sagten bereits, daß seine Lehre von der Einheit der Gegensätze bei Hegel wiederkehrt. Auch die Entwicklungslehre Herbert Spencers ist ihr verwandt. Heraklits Gedanke vom Kampf als Vater aller Dinge klingt wieder auf bei Nietzsche und Darwin. Die Fragmente, die diese dunkle und von Geheimnis umwitterte Gestalt in der Geschichte der Philosophie hinterlassen hat, bestehen weiter wie niemals ausgeschöpfte tiefe Brunnen eines halbverschütteten, urtümlichen Wissens.

2. EMPEDOKLES

Empedokles, etwa 490 v. Chr. in Akragas (Agrigent) auf Sizilien geboren, Staatsmann, Dichter, Religionslehrer, Prophet, Arzt, Wundertäter und Philosoph, ist für die Geschichte der Philosophie weniger als origineller Denker bedeutsam denn als ein Mann, der aus vorausgegangenen Systemen Gedanken auswählte und sie zu einem neuen Ganzen zusammenzufügen suchte. Man hat ihn deshalb einen Eklektizisten (»Auswähler«) genannt. Wir begegnen in den Bruchstücken der von ihm verfaßten Lehrgedichte zum Beispiel in dichterisch schöner Form dem auch von Pythagoras vertretenen und uns aus Indien bekannten Gedanken der Seelenwanderung. Wir begegnen dem von Heraklit und anderen entwickelten Gedanken eines periodischen Wechsels von Weltentstehung und Weltvernichtung. Manche Gedanken aber wurden von Empedokles zuerst, jedenfalls in der bei ihm geprägten Form, ausgesprochen, und auf diesen beruht hauptsächlich seine bleibende Bedeutung. Wir heben die wichtigsten hier kurz hervor.

1. In der milesischen Naturphilosophie war zuerst das Wasser, später die Luft, von Heraklit war das Feuer zum Urstoff erklärt worden. Bei den Eleaten war die Erde als Urstoff stärker in Betracht gezogen worden. Empedokles stellt nun erstmalig diese vier Grundstoffe gleichberechtigt nebeneinander und begründet damit die im Volksbewußtsein, auch bei uns, bis heute erhaltene Vorstellung von den *»vier Elementen«* Feuer, Wasser, Luft und Erde. Er bringt damit die auf einen Urstoff ausgehende alte Naturphilosophie zu einem gewissen Abschluß.[23]
2. Als treibende und formende Kräfte allen Geschehens erscheinen bei Empedokles eine vereinigende und eine trennende, die er *Liebe* und *Haß* (Anziehung und Abstoßung) nennt. In dem Entwicklungsgang der Welt herrscht abwechselnd die eine und die andere Kraft vor. Bald sind alle Elemente durch die »Liebe« zu vollkommener, seliger Einheit zusammengeführt, bald sind sie durch den »Haß« auseinandergerissen.

Dazwischen liegen die Übergangszustände, in denen die Einzelwesen entstehen und vergehen.[24]

3. Die Entstehung der Lebewesen ist nach Empedokles so vor sich gegangen, daß erst niedere, dann die höheren Organismen entstanden, erst Pflanzen und Tiere, dann die Menschen; daß erst Wesen vorhanden waren, die beide Geschlechter in sich vereinigten, später die Geschlechter in zwei selbständige Individuen auseinandertraten. Das sind Vorstellungen, die Anklänge an die spätere und moderne Entwicklungslehre aufweisen.

4. Für die Erkenntnis stellt Empedokles den Grundsatz auf, daß jedes Element der Außenwelt durch ein gleichartiges Element in uns erkannt wird – ein Gedanke, der in dem Wort Goethes aufklingt:

»Wär' nicht das Auge sonnenhaft,
die Sonne könnt' es nie erblicken . . .«[25]

Um die zu seinen Lebzeiten verbreitete Ansicht von seiner Göttlichkeit – er selbst war von dieser überzeugt – zu stützen, soll sich Empedokles nach antiker Überlieferung in den Krater des Ätna gestürzt haben, auf daß jede Spur von seinem Tode getilgt werde und eine Legende von einem übernatürlichen Ende sich bilde. Jedoch soll der Vulkan diese seine Absicht vereitelt haben, indem er einen Schuh des Empedokles wieder ausspie.

3. DIE ATOMLEHRE VON LEUKIPP UND DEMOKRIT

Wenig ist über Leukippos, den Begründer des bedeutendsten naturphilosophischen Systems der alten griechischen Philosophie, bekannt. Er stammte aus Milet oder aus Abdera, in Thrakien an der Nordküste der Ägäis gelegen, wo er um die Mitte des 5. Jahrhunderts gewirkt hat. Ein einziges Fragment seiner Lehre ist im Wortlaut erhalten: »Kein Ding entsteht planlos, sondern alles aus Sinn und unter Notwendigkeit.«[26] Dies ist wahrscheinlich die erste klare Formulierung des Kausalgesetzes. Seine Atomlehre kennen wir nur durch seinen großen Schüler Demokritos, der vermutlich alles von Leukipp Gelehrte in sein System aufgenommen hat.

Demokritos stammte aus Abdera, der Wirkungsstätte seines Lehrers, und lebte etwa von 470 bis 360 v. Chr. – er soll nämlich ein Alter von 109 Jahren erreicht haben.

Zu der verschiedenen Schreibung seines Namens – Demokrit und Demokritos – sei folgendes bemerkt: Die griechische Form des Namens ist Demokritos, die lateinische Democritus. In beiden wird die zweite Silbe – also das »o« – betont. Die Übung, die Endung wegzulassen und die dritte Silbe zu betonen, ist französischen Ursprungs. Aus Gründen sprachlicher Reinheit wäre an sich vorzuziehen, die griechischen Namen auch in der griechischen Form zu verwenden. Entsprechendes gilt für viele andere griechische Namen, zum Beispiel griechisch Hesiodos, französisch Hésiode, daraus die deutsche Schreibung Hesiod. Wir bleiben in diesem Fall bei Demokrit, weil diese Form die allgemein eingebürgerte ist. Die richtige Grenze wird hier wie anderswo durch den Sprachgebrauch bestimmt, und ob der Grundsatz »Graeca graece«, das heißt »Griechisches griechisch«, allgemein durchzusetzen ist, ist angesichts des Rückgangs der humanistischen Bildung zweifelhaft.

Sein beträchtliches ererbtes Vermögen gab Demokrit für Studienreisen aus, die ihn bis nach Ägypten, Persien und Indien geführt haben sollen. Jedenfalls hat er von sich gesagt: »Ich aber bin von meinen Zeitgenossen am weitesten auf der Erde herumgekommen, wobei ich am weitgehendsten forschte, und habe die meisten Himmelsstriche und Länder gesehen und die meisten gelehrten Männer gehört . . .«[27]

Nach seiner Heimkehr führte er bis an sein Lebensende in seiner Vaterstadt in bescheidener Zurückhaltung ein ganz dem Studium und dem Nachdenken gewidmetes Leben. Von öffentlichen Debatten hielt er sich fern, begründete auch keine Schule. Von seiner Vielseitigkeit gewinnen wir einen Begriff, wenn wir hören, daß seine Veröffentlichungen sich nach antiker Quelle auf Mathematik, Physik, Astronomie, Navigation, Geographie, Anatomie, Physiologie, Psychologie, Medizin, Musik und Philosophie erstreckten.[28] Demokrit hat das von Leukipp Gelehrte zu einem geschlossenen System ausgebaut.

Volles und Leeres. – Die eleatischen Philosophen, insbesondere Parmenides, hatten gezeigt, daß Vielheit, Bewegung, Veränderung, Entstehung und Vergehen nicht denkbar sei, wenn man nicht ein Nicht-Seiendes, den völlig leeren Raum, als existierend annehme; und da ihnen diese Annahme unmöglich schien, waren sie dazu gekommen, Bewegung, Vielheit usw. zu leugnen und die alleinige Wirklichkeit eines unveränderlichen Seienden zu behaupten. Demokrit nun war einerseits überzeugt, daß ein absolutes Entstehen aus dem Nichts undenkbar sei – dies hätte auch dem Satz des Leukipp von der Notwendigkeit allen Geschehens widersprochen. Andererseits erschien es ihm aber auch nicht haltbar, wie die Eleaten Bewegung und Vielheit überhaupt zu leugnen. So entschloß er sich, im Gegensatz zu Parmenides doch ein Nichtseiendes, eben leeren Raum, als bestehend anzunehmen. Demnach besteht die Welt nach Leukipp und Demokrit aus einem raumerfüllenden Vollen, dem Seienden, und einem nichtseienden Leeren, dem Raum.[29]

Die Atome. – Das den Raum füllende Volle ist nun aber nicht Eines. Es besteht aus zahllosen winzigen, wegen ihrer Kleinheit nicht wahrnehmbaren Körperchen. Diese selbst haben kein Leeres in sich, sondern füllen ihren Raum vollständig aus. Sie sind auch nicht teilbar, weshalb sie »Atome«, das heißt Unteilbare, genannt werden. Damit werfen Leukipp und Demokrit diesen Begriff zum erstenmal in die wissenschaftliche Debatte. Sie konnten nicht ahnen, welche theoretische und praktische Bedeutung er dereinst haben sollte. Die Atome sind unvergänglich und unveränderlich, bestehen alle aus dem gleichen Stoff, sind dabei aber von verschiedener Größe und einem dieser entsprechenden Gewicht. Alles Zusammengesetzte entsteht durch Zusammentreten getrennter Atome. Alles Vergehen besteht im Auseinandertreten bis dahin verbundener Atome.[30] Die Atome selbst sind ungeschaffen und unzerstörbar. Ihre Anzahl ist unbegrenzt.

Primäre und sekundäre Eigenschaften. – Alle Eigenschaften der Dinge beruhen auf den Unterschieden in der Gestalt, Lage, Größe und Anordnung der Atome, aus denen sie zusammengesetzt sind. Jedoch kommen nur die Eigenschaften der Schwere, Dichtigkeit (Undurchdringlichkeit) und Härte den Dingen an sich zu, das heißt sie sind, wie man später sagte, »primäre« Eigenschaften. Alles andere, was uns als Eigenschaft eines Dinges erscheint, wie Farbe, Wärme, Geruch, Geschmack, Töne, die es hervorbringt – all das liegt nicht in den Dingen selbst, sondern hat seine Ursache nur in der Eigenart unserer Sinne und unseres Wahrnehmungsvermögens, ist Zutat, die wir zu den Dingen hinzutun, hat nicht objektive, sondern nur subjektive Realität, ist »sekundäre« Eigenschaft. »Der gebräuchlichen Redeweise nach gibt es Farbe, Süßes, Bitteres, in Wahrheit aber nur Atome und Leeres.«[31]

Die Bewegung der Atome. – Von Ewigkeit her bewegen sich die unzähligen Atome nach dem Gesetz der Schwere im unendlichen Raum. Aus ihrem Zusammenstoß und Abprallen entstehen Wirbelbewegungen, in denen die Atome zu Zusammenballungen, Atomkomplexen, zusammengeführt werden. So wird Gleiches zu Gleichem gefügt, und es entstehen die sichtbaren Dinge, so entstehen und vergehen von Ewigkeit her zahllose Welten, deren einer wir angehören. Solche Weltentstehung erfordert keinen planenden und lenkenden Geist, auch keine bewegenden Kräfte wie Liebe und Haß des Empedokles, aber ebensowenig ist sie dem Zufall unterworfen – den Demokrit ausdrücklich verwirft als eine Erfindung, die nur unsere Unkenntnis verhüllen soll. Sondern alles geschieht mit eherner, dem Seienden innewohnender (immanenter) Gesetzmäßigkeit.

Des Menschen Seele. – Auch der Mensch, Leib und Seele, besteht aus Atomen. Die Seele ist insofern etwas, wenn auch sehr feines, Körperliches. Nach dem Tode zerstreuen sich die Seelenatome.

Ethik. – Die für Menschen erreichbare Glückseligkeit besteht in heiterer Zufriedenheit des Gemüts (griechisch ataraxia). Der Weg zu dieser ist Mäßigung, Geringschätzung des Sinnengenusses, vor allem aber Hochschätzung der geistigen Güter. Körperkraft ist bei Lasttieren gut, des

Menschen Adel aber ist Seelenstärke. Und: »Ich entdeckte lieber einen einzigen Beweis (in der Geometrie), als daß ich den Thron Persiens gewönne.«[32] Wie man sieht, erhebt sich die Ethik des Demokrit etwas unvermittelt neben seinem naturphilosophischen System. Dieses ist mit einzigartiger Folgerichtigkeit durchgeführt. Es heißt materialistisch, weil in seiner Welt nur die stofflichen Atome vorkommen, und ist das klassische materialistische System des Altertums, ohne das alle späteren gleichgerichteten Systeme nicht denkbar sind. Sein Einfluß reicht in ununterbrochener Linie bis in das wissenschaftliche Weltbild der Gegenwart, ja hat in diesem vielleicht erst seinen Höhepunkt erreicht. Allerdings ist das, was bislang Atom hieß, nun als ein weiter Teilbares erkannt, und man sollte bei den Atomen des Demokrit vielleicht besser an die nunmehr als kleinste Bestandteile des Seienden angesehenen Elementarteilchen denken.

Anscheinend hat Demokrit keinen Versuch gemacht, seine Ethik mit seiner Atomtheorie wissenschaftlich zu verknüpfen und so in ein beide umfassendes philosophisches System einzufügen. Deshalb wird er noch unter die *Natur*philosophen gerechnet.

4. ANAXAGORAS

Auch Anaxagoras entstammte, wie alle bisher behandelten Denker, dem griechischen Kolonialreich. Er wurde um 500 in Klazomenai in Kleinasien geboren. Er ist aber der erste gewesen, der die Philosophie nach Athen gebracht hat, der Stadt, in der sie nach ihm ihre höchste Blüte entfalten sollte. Zur Zeit des Anaxagoras fand sie allerdings noch keinen günstigen Boden. Die Aufnahme, die ihm in Athen zuteil wurde, das Schicksal, das ihm dort, wie nach ihm dem Sokrates, bereitet wurde, beweisen es.

Wie sich jetzt zeigte, war es kein Zufall gewesen, daß das freie philosophische Denken sich bis dahin nur in den kleinasischen, unteritalienischen und thrakischen Kolonien der Griechen hatte entfalten können. Offenbar war die dem Mutterland und seinen festgewurzelten Traditionen ferngerückte Atmosphäre des kolonialen Neulandes dem Aufkommen freier Geistesrichtungen viel günstiger als Athen und das Mutterland, wo diese Traditionen, insbesondere die religiösen, in kaum verminderter Stärke fortwirkten – ein Vorgang, der sich in ähnlicher Form später im Verhältnis Nordamerikas zu Europa wiederholt hat. Anaxagoras, der sein Interesse vor allem den Himmelserscheinungen zuwandte und diese auf natürlichem Wege zu erklären unternahm, geriet in Athen in solchen Widerstreit zu den konservativen Anschauungen der Eingesessenen, daß ihm der Prozeß wegen Gottlosigkeit gemacht wurde. Auch der Einfluß des ihm befreundeten Staatsmannes Perikles

konnte ihn davor nicht bewahren. Der Vollstreckung des Todesurteils konnte er sich nur durch die Flucht entziehen. Er starb im Exil.
Die philosophischen Ansichten des Anaxagoras sind denen der anderen Naturphilosophen verwandt. Während aber die alten Milesier nur einen Urstoff annahmen, Empedokles deren vier, und die atomistische Schule gegenüber diesen eine quantitative Vielheit der Weltbausteine lehrt, nimmt Anaxagoras eine unbegrenzte Vielheit voneinander qualitativ verschiedener Urstoffe an, die er »Samen« oder »Keime« der Dinge nennt.
Was Anaxagoras jedoch von jenen weit stärker unterscheidet, und worauf zugleich seine eigentliche Bedeutung beruht, ist die von ihm erstmalig vorgenommene Einführung eines abstrakten philosophischen Prinzips, des Nous, eines denkenden, vernünftigen und allmächtigen, dabei unpersönlich gedachten Geistes. Dieser besteht durchaus für sich, ist »mit nichts vermischt«, »das reinste und feinste von allen Dingen«. Dieser Geist hat den Anstoß dazu gegeben, daß sich aus dem ursprünglichen Chaos das schöne und zweckvoll geordnete Ganze der Welt bildete. Hierin allerdings erschöpft sich auch bei Anaxagoras die Wirksamkeit des Nous. Überall, wo Anaxagoras im einzelnen die Erscheinungen und ihre Ursachen erforscht, sucht er rein natürliche, mechanische Ursachen auf. (Seine Beschreibung der – im Volksglauben noch als Gott geltenden – Sonne als einer »glühenden Steinmasse« war es auch, die ihm im Prozeß als Gottlosigkeit vorgeworfen wurde.) Es scheint also, daß Anaxagoras den göttlichen Geist nur als den »ersten Beweger« angesehen hat, der der Schöpfung zwar den ersten bewegenden Anstoß gegeben, sie dann aber ihrer eigengesetzlichen Entwicklung überlassen hat. Aristoteles, dem freilich, wie wir sehen werden, der Gedanke eines die Materie formenden und beherrschenden Geistes sehr nahe lag, hat später von Anaxagoras gesagt, dieser sei mit seinem Begriff eines weltordnenden Geistes unter die vorsokratischen Philosophen wie ein Nüchterner unter Trunkene getreten.[33]

Zweites Kapitel

Die Blütezeit der griechischen Philosophie

I. Die Sophisten

1. ALLGEMEINES

Das 6. und 5. Jahrhundert v. Chr., in denen an den verschiedensten Stellen des griechischen Lebensraumes nahezu gleichzeitig das philosophische Denken erwacht und sich in zahlreichen höchst originellen Köpfen zu philosophischer Weltansicht verdichtet, bietet ein Schauspiel, das in der Geistesgeschichte kaum seinesgleichen hat. Gleichsam in voller Jugendfrische treten uns die mannigfachsten Möglichkeiten einer natürlichen Welterklärung entgegen. Alle Richtungen der griechischen und abendländischen Philosophie haben hier ihre Wurzeln und ihre Vorgänger. Es ist nicht zuviel gesagt, daß es kaum ein Problem gibt, das in der späteren Philosophie eine Rolle gespielt hat und das nicht schon in jener Zeit vorgedacht und wenn nicht gelöst, doch wenigstens gestellt und diskutiert worden wäre – mit Ausnahme allerdings der aus dem abendländischen Industriezeitalter erwachsenen und uns jetzt bewegenden Existenzfragen der ganzen Menschheit. Die Fragmente der Vorsokratiker stehen vor uns wie ungeheure Blöcke, für die Nachwelt vieldeutiger Auslegung fähig und in ihrer ursprünglichen Ganzheit nur noch zu erahnen.

Gerade die Vielzahl der Lehren und die zwischen ihnen bestehenden Widersprüche waren es nun aber, die den nächsten Schritt in der philosophischen Entwicklung fast zwangsläufig herbeiführten. Je mehr Systeme es gab, um so näher lag die Möglichkeit, und um so mehr drängte sich die Notwendigkeit auf, zu prüfen und zu vergleichen und den Widersprüchen nachzugehen. Und aus dem Mißtrauen, das manche Philosophen gegen die Zuverlässigkeit der sinnlichen Wahrnehmung als Erkenntnismittel verbreitet hatten, konnte leicht ein allgemeiner Zweifel an der Erkenntnisfähigkeit des Menschen überhaupt werden.[1] Eben damit begann die Tätigkeit der *Sophisten.*

Man kann aber diesen Männern und ihren besonderen Leistungen nur gerecht werden, wenn man außer der damaligen Lage der Philosophie die großen Umwälzungen berücksichtigt, die inzwischen im politischen und gesellschaftlichen Leben Griechenlands vor sich gegangen waren. Seit der siegreichen Verteidigung der griechischen Freiheit in den Kriegen gegen die Perser (500–449 v. Chr.) entstand in Griechenland und vor allem in Athen, das nun zum geistigen und politischen Mittelpunkt wurde, Wohlstand, ja in der Oberschicht Reichtum und Luxus, und damit auch das Bedürfnis nach höherer Bildung. Die demokratische Verfassung erhob die Kunst der öffentlichen Rede zu wachsender Bedeutung. In den Volksversammlungen und vor den Volksgerichtshöfen hatte derjenige den Vorteil, der seine Sache mit den besten Argumenten und in der geschicktesten Form zu vertreten wußte. Wer Karriere machen wollte – wozu grundsätzlich jedem Bürger der Weg offen stand –, bedurfte einer gründlichen Ausbildung als Staatsmann und Redner.

Diesem Bedürfnis kamen die Sophisten entgegen. Das griechische Wort »Sophistai« heißt »Lehrer der Weisheit«. Zunächst hatte es auch nur diese Bedeutung, ohne jeden Beigeschmack. Die Sophisten zogen als Wanderlehrer von Stadt zu Stadt und erteilten gegen Bezahlung Unterricht in den verschiedensten Künsten und Fertigkeiten, vornehmlich aber in der Beredsamkeit. Sie waren also keine Philosophen im eigentlichen Sinne, sondern Praktiker, und wie alle Praktiker maßen sie theoretischen Erkenntnissen nur geringen Wert bei. Dieser Umstand wirkte zusammen mit der geschilderten Situation der Philosophie dahin, daß die meisten Sophisten sich alsbald die Auffassung zu eigen machten, eine objektive Erkenntnis sei überhaupt unmöglich. Dabei wirkte auch mit, daß die steigende Bildung weiteren Kreisen die Möglichkeit eröffnet hatte, fremde Völker, Sitten und Religionen kennenzulernen, wodurch natürlich bis dahin nicht erschütterte Vorurteile ins Wanken geraten waren. Gibt es aber keinen objektiven Maßstab, um zu entscheiden, wer in einer bestimmten Frage recht *hat*, so wird es eben darauf ankommen, wer recht *behält*, das heißt wer seinen Standpunkt am geschicktesten durchzusetzen versteht.

Diese zunächst theoretische Skepsis dehnte sich alsbald auf das moralische Gebiet aus. Auch hier wurde nun gelehrt, daß letzten Endes beim menschlichen Handeln, wie bei theoretischen Auseinandersetzungen, der Erfolg allein entscheidet. So wurde die Redekunst in den Händen der Sophisten zu einem Mittel der Überredung mehr als der Überzeugung, und in ethischer Hinsicht gab es für sie kein objektives, alle bindendes Recht, sondern nur ein Recht des Stärkeren. Platon, auf dessen Schriften wir hier vorgreifen, weil von den Sophisten selbst zu wenig unmittelbare Zeugnisse überliefert sind, läßt einen Sophisten die Rhetorik mit folgenden Worten kennzeichnen: »Wenn man durch Worte zu überzeugen imstande ist, sowohl vor Gericht die Richter als in der Ratsversammlung die Ratsherren und in der Volksversammlung das Volk . . . Denn hast du dies in deiner Gewalt, so wird der Arzt dein Knecht sein, der Turnmeister dein Knecht sein, und auch bei dem Bankier wird sich zeigen, daß er für andere erwirbt und nicht für sich, sondern für dich, der du verstehst zu sprechen und die Menge zu überzeugen.«[2] Über Gesetz und Recht spricht sich derselbe Sophist folgendermaßen aus: »Gesetz und Brauch stellen immer die Schwachen und die Menge auf . . . Dadurch wollen sie die stärkeren Menschen, die die Kraft besäßen, sich mehr Vorteile zu verschaffen als sie, einschüchtern und, damit sie dies nicht tun, sagen sie, es sei häßlich und ungerecht, auf mehr Vorteile auszugehen . . . Denn sie, meine ich, sind ganz zufrieden, wenn Gleichheit herrscht, weil sie die Minderwertigen sind . . . Meines Erachtens aber beweist die Natur selbst, die Gerechtigkeit bestehe darin, daß der Edlere mehr Vorteile hat als der Geringere, und der Leistungsfähigere mehr als der minder Leistungsfähige. An vielen Fällen, sowohl bei den übrigen Lebewesen als auch bei den Menschen, an ganzen Staaten und Geschlechtern sieht man, daß es sich so verhält: daß nämlich das als gerecht anerkannt wird, daß der Stärkere über den Schwächeren herrscht . . . Oder welches Recht konnte Xerxes für sich in Anspruch nehmen, als er gegen Griechenland zu Felde zog . . .? – man könnte ja tausend solcher Beispiele anführen! Wahrhaftig, ich meine, diese Männer handeln so nach der Natur der Gerechtigkeit und – beim Zeus! – nach dem Gesetz der Natur, freilich nicht nach dem Gesetz, das wir fingieren, die wir die tüchtigsten und stärksten Persönlichkeiten unter uns schon in der Jugend vornehmen und wie Löwen bändigen, indem wir sie hypnotisieren und ihnen suggerieren, es müsse Gleichheit bestehen, und das sei gut und recht. Wenn aber, mein' ich, ein Mann ersteht, der die genügende Kraft dazu hat, dann schüttelt er das alles ab, zerreißt seine Bande . . ., tritt unser Buchstabenwerk, unsere Hypnose, Suggestion und die sämtlichen naturwidrigen Gesetze und Bräuche mit Füßen, unser bisheriger Sklave tritt auf einmal vor uns hin und erweist sich als unser Herr, und da leuchtet in seinem Glanz das Recht der Natur!«[3]

Die Leugnung objektiver Maßstäbe für Wahrheit und Gerechtigkeit, in Verbindung mit der Tatsache, daß die Sophisten für ihren Unterricht eine nicht zu geringe Bezahlung zu nehmen pflegten (während den Griechen die dem Erwerb dienende Arbeit an sich als verächtlich galt), führte zu dem etwas zweifelhaften Beigeschmack, den der Name Sophisten bald erhielt und, besonders infolge des Kampfes, den Platon gegen sie führte, auch bis heute behalten hat.

2. PROTAGORAS UND GORGIAS

Die Sophisten bildeten niemals eine zusammenhängende Schule, sondern lebten und lehrten als einzelne. Sie weichen daher in mannigfacher Hinsicht voneinander ab. Das oben zur allgemeinen Kennzeichnung Gesagte ist nur im großen und ganzen richtig.

Der bedeutendste der Sophisten war *Protagoras* aus Abdera, der etwa von 480 bis 410 v. Chr. gelebt hat. Ganz Griechenland durchwandernd lehrte er als einer der ersten die Kunst, in Rechtshandel und Politik die eigene Sache überzeugend zu vertreten, und erwarb dabei, namentlich in Athen, Ruhm und Reichtum. Der berühmteste und bis heute sprichwörtliche Ausdruck des Protagoras lautet: »Der Mensch ist das Maß aller Dinge, des Seienden für sein Sein, des Nichtseienden für sein Nichtsein.« Damit ist gesagt: Es gibt keine absolute Wahrheit, sondern nur eine relative, keine objektive, sondern nur eine subjektive, eben für den Menschen. Und zwar scheint Protagoras seinen Satz so gemeint zu haben, daß nicht »der Mensch« das Maß sei – das wäre ja immer noch eine Art allgemeiner Maßstab –, sondern der jeweilige, einzelne Mensch, der einen Satz ausspricht. Ein und derselbe Satz kann einmal wahr und das andere Mal falsch sein, je nachdem, von wem und unter welchen Umständen er ausgesprochen wird. Für diese Lehre hat sich Protagoras sowohl auf das »ewige Fließen« des Heraklit wie dessen Gesetz von der Einheit der Gegensätze berufen. Die Skepsis des Protagoras schloß auch die Religion nicht aus. Eine Schrift von ihm soll nach antiker Quelle mit dem Satz begonnen haben, daß man von den Göttern weder wissen könne, ob sie sind noch ob sie nicht sind; dies zu ermitteln sei die Sache als solche viel zu dunkel und unser Leben auch zu kurz. Protagoras wurde der Gottlosigkeit angeklagt und aus Athen verbannt.

Nächst Protagoras ist *Gorgias* von Leontinoi der bekannteste Sophist. Er lebte etwa gleichzeitig mit jenem. In einer Schrift »Über das Nichtseiende oder die Natur« bewies er mit einem an Zenons Dialektik geschulten Scharfsinn, daß erstens überhaupt nichts existiere, zweitens, wenn doch etwas existieren würde, es jedenfalls unerkennbar wäre, und drittens, selbst wenn etwas erkannt werden könnte, solche Erkenntnis nicht mitteilbar wäre. Weiter kann die Skepsis kaum getrieben werden. – Anscheinend waren das bewegte Leben und die skeptischen Ansichten eines Sophisten der Gesundheit zuträglich, denn Gorgias soll in voller Frische ein Alter von 109 Jahren erreicht haben.[4]

3. DIE BEDEUTUNG DER SOPHISTIK

Für die Geschichte der Philosophie liegt der Wert der Sophistik nicht so sehr in den einzelnen von ihr hinterlassenen Lehrsätzen, sondern in den folgenden drei Leistungen. Die Sophisten haben zum erstenmal in der griechischen Philosophie den Blick von der Natur weg und in vollem Umfang auf den *Menschen* gelenkt. Sie haben zweitens das *Denken* selbst zum erstenmal zum Gegenstand des Denkens gemacht und mit einer Kritik seiner Bedingungen, Möglichkeiten und Grenzen begonnen. Sie haben endlich auch die *ethischen* Wertmaßstäbe einer ganz vernunftgemäßen Betrachtung unterzogen und damit die Möglichkeit eröffnet, die Ethik wissenschaftlich zu behandeln und in ein philosophisches System folgerichtig mit einzubauen. Daneben haben die Sophisten auf Grund ihrer eingehenden Beschäftigung mit Stilkunde und Beredsamkeit auch Sprachwissenschaft und Grammatik beträchtlich vorangebracht. Die Sophistik ist eine Übergangserscheinung, aber eine so bedeutsame, daß ohne sie die folgende Blütezeit der attischen Philosophie nicht denkbar wäre.

II. Sokrates

1. DAS LEBEN DES SOKRATES

Sokrates wurde um 470 als Sohn eines Steinmetzen und einer Hebamme in Athen geboren. Er hat seine Vaterstadt nur zur Teilnahme an Feldzügen verlassen, bei denen er sich durch Tapferkeit und Fähigkeit, Strapazen zu ertragen, vor allen auszeichnete. Seine äußere Erscheinung, nach einer erhaltenen Porträtbüste zu urteilen, entspricht weder dem herkömmlichen Bild eines Griechen noch dem eines Philosophen. Die kräftige gedrungene Gestalt, der breite Kopf, das runde Gesicht mit platter Nase, seine ganze Haltung deuten eher auf einen Handwerker hin, der er ja seiner Herkunft nach auch war. Den erlernten Beruf seines Vaters vernachlässigte er aber frühzeitig und ebenso seine Familie – sprichwörtlich sind die Vorwürfe seiner Frau Xanthippe geworden –, um sich ganz der Lehrtätigkeit zu widmen, zu der er die Berufung fühlte und die in dieser Art vor ihm noch niemand ausgeübt hatte.

Tag für Tag bewegte er sich, einfach, fast ärmlich gekleidet, auf den Straßen und Plätzen Athens. Eine bunte Schar von Schülern umgab ihn, unter ihnen viele Jünglinge aus den führenden Familien der Stadt. Er lehrte unentgeltlich und ernährte sich durch die Gastfreundschaft seiner Schüler und Freunde. Die Lehrtätigkeit bestand ganz im Gespräch, in einem Frage-und-Antwort-Spiel. Sokrates wandte sich nicht nur an seine Schüler, sondern redete mit Vorliebe beliebige Vorübergehende, Angehörige aller Volksschichten an. Regelmäßig mit harmlosen Fragen beginnend, dann immer weiter fragend und nicht lockerlassend, führte er das Gespräch allmählich auf allgemeine philosophische Fragen wie: Was ist Tugend? Wie gewinnen wir Wahrheit? Welches ist die beste Staatsverfassung? Dabei trieb er seinen Gesprächspartner immer weiter in die Enge, bis dieser erschöpft sein Nichtwissen eingestand – das war aber das Ergebnis, das Sokrates erzielen wollte.

Für das Verständnis seines weiteren Lebensschicksals ist die Kenntnis der politischen Lage im damaligen Athen unerläßlich. Die Verfassung der Stadt war demokratisch. Allerdings darf man, wenn man von griechischer Demokratie spricht, niemals aus dem Auge verlieren, daß die Masse der Bevölkerung, zum Beispiel in Athen mehr als die Hälfte der Kopfzahl, aus rechtlosen Sklaven bestand. Aus deren Arbeitsertrag floß der Wohlstand der übrigen Bevölkerung. Alles, was man über die verschiedenen Verfassungsformen bei griechischen Schriftstellern liest, bezieht sich immer nur auf diese Minderzahl der freien Bürger. Niemand kam auf den Gedanken, die Berechtigung der Sklaverei anzuzweifeln. Wenn man diese Einschränkung vorausschickt, kann man sagen: Die Demokratie war in Athen mit so radikaler Folgerichtigkeit durchgeführt, daß ihre Grundsätze schon überspannt waren. Und als überspannt, ja als grundsätzlich verfehlt, erschien diese Staatsform ihren Gegnern, der aristokratischen Partei. Besonders während des fast dreißig Jahre währenden Peloponnesischen Krieges (431–404 v. Chr.), als es darauf ankam, die Kräfte Athens gegen den spartanischen Feind zu vereinigen, tobte in Athen ein erbitterter Parteienkampf zwischen den herrschenden Demokraten und denjenigen, die insgeheim die aristokratische Verfassung Spartas für die bessere hielten. Sokrates aber, obwohl er sich nicht an der aktiven Politik beteiligte, galt als einer der Wortführer der aristokratischen Partei, genauer als derjenige, der dieser Partei das geistige Rüstzeug geliefert hatte.

Als Athen schließlich unterlegen war, kam es zum vorübergehenden Sturz der demokratischen Regierung. Als aber die Demokratie nach erneutem Umsturz doch die Oberhand behielt, war das Schicksal des Sokrates besiegelt. Er wurde wegen Gottlosigkeit vor Gericht gezogen – eine Anklage, die keineswegs berechtigt war. Seine mutige Verteidigungsrede ist uns in der Wiedergabe Platons erhalten. Sokrates wurde zum Tode verurteilt und mußte den Giftbecher trinken, eine damals übliche Hinrichtungsart. Er lehnte es ab, um Gnade zu bitten. Er lehnte auch die Flucht ab, zu der ihm die Möglichkeit geboten war. Er war 70 Jahre alt. Es schien ihm wohl sinnlos, Athen zu verlassen und ins Exil zu gehen. Auch wollte er seinem Schicksal nicht entfliehen. Über seinen Tod besitzen wir die ergreifende Darstellung Platons im »Phaidon«[5]:

»Wir blieben also und redeten untereinander über das Gesagte und überdachten es noch einmal; dann aber auch klagten wir wieder über das Unglück, welches uns getroffen hätte, ganz darüber einig, daß wir nun gleichsam des Vaters beraubt als Waisen unser ferneres Leben hinbringen würden. Nachdem er nun gebadet und man seine Kinder zu ihm gebracht hatte – er hatte nämlich zwei kleine Söhne und einen größeren – und die mit ihm verwandten Frauen gekommen waren, sprach er mit ihnen in Kritons Beisein, und nachdem er ihnen aufgetragen, was er wollte, hieß er die Weiber und Kinder wieder gehen, er aber kam zu uns. Und es war schon nahe am Untergang der Sonne, denn er war lange drinnen geblieben.

Als er nun gekommen war, setzte er sich nieder nach dem Bade und hatte noch nicht viel seitdem gesprochen, da kam der Diener der Elfmänner, trat zu ihm und sagte: Sokrates, über dich werde ich mich nicht zu beklagen haben wie über andere, daß sie mir böse werden und mir fluchen, wenn ich ihnen ansage, sie müßten das Gift trinken auf Befehl der Behörde. Dich aber habe ich auch sonst in dieser Zeit erkannt als den Edelsten, Sanftmütigsten und Trefflichsten von allen, die sich jemals hier befunden haben, und auch jetzt weiß ich sicher, daß du nicht mir böse sein wirst – denn du weißt wohl, wer schuld daran ist –, sondern jenen. Nun also, denn du weißt wohl, was ich dir zu sagen gekommen bin, lebe wohl und suche so leicht als möglich zu tragen, was nicht zu ändern ist. – Da weinte er, wendete sich um und ging.

Sokrates aber sah ihm nach und sprach: Auch du lebe wohl, und wir wollen so tun. Und zu uns sagte er: Wie fein der Mann ist. So ist er die ganze Zeit mit mir umgegangen, hat sich bisweilen mit mir unterhalten und war der beste Mensch; und nun wie aufrichtig beweint er mich! Aber wohlan denn, Kriton, laßt uns ihm gehorchen, und bringe einer den Trank, wenn er schon ausgepreßt ist, wo nicht, so soll ihn der Mann bereiten. – Da sagte Kriton: Aber mich dünkt, Sokrates, die Sonne scheint noch an die Berge und ist noch nicht untergegangen. Und ich weiß, daß auch andere erst ganz spät getrunken haben, nachdem es ihnen angesagt worden ist, und haben noch gut gegessen und getrunken, ja einige haben gar noch Schöne zu sich kommen lassen, nach denen sie Verlangen hatten. Also übereile dich nicht; denn es hat noch Zeit. – Da sagte Sokrates: Natürlich machen es jene so, Kriton, von denen du sprichst, denn sie meinen damit etwas zu gewinnen, und ich werde es natürlich nicht so machen. Denn ich meine nichts zu gewinnen, wenn ich um ein wenig später trinke, als nur, daß ich mir selbst lächerlich vorkommen würde, wenn ich am Leben klebte und sparen wollte, wo nichts mehr ist. Also geh, sprach er, folge mir und tue nicht anders. –

Darauf winkte denn Kriton dem Knaben, der ihm zunächst stand, und der Knabe ging hinaus, und nachdem er eine Weile weggeblieben, kam er und führte den Mann herein, der ihm den Trunk reichen sollte, welchen er schon zubereitet im Becher brachte. Als nun Sokrates den Mann sah, sprach er: Wohl, Bester, denn du verstehst es ja, wie muß man es machen? – Nichts weiter, sagte er, als wenn du getrunken hast, herumgehen, bis dir die Schenkel schwer werden, und dann dich niederlegen, so wird es schon wirken. Damit reichte er dem Sokrates den Becher, und dieser nahm ihn, und ganz getrost, ohne im mindesten zu zittern oder Farbe oder Gesichtszüge zu verändern, sondern, wie er pflegte, ganz gerade den Mann ansehend, fragte er ihn: Was meinst du von dem Trank wegen einer Spende? darf man eine darbringen oder nicht? – Wir bereiten nur so viel zu, Sokrates, antwortete er, als wir glauben, daß hinreichend sein wird. Ich verstehe, sagte Sokrates. Beten aber darf man doch zu den Göttern, und muß es, daß die Wanderung von hier dorthin glücklich sein möge, worum denn auch ich hiermit bete, und so möge es geschehen.

Und wie er dies gesagt, setzte er an, und ganz frisch und unverdrossen trank er aus. Und von uns waren die meisten bis dahin ziemlich imstande gewesen sich zu halten, daß sie nicht weinten; als wir aber sahen, daß er trank und getrunken hatte, nicht mehr. Sondern auch mir flossen Tränen mit Gewalt, und nicht tropfenweise, so daß ich mich verhüllen mußte und mich ausweinen, nicht über ihn jedoch, sondern über mein eigenes Schicksal, welch edlen Freund ich nun verlieren sollte. Kriton war noch eher als ich beiseite getreten, weil er nicht vermochte die Tränen zurückzuhalten. Apollodoros aber, der schon vorher nicht aufgehört hatte zu weinen, schluchzte jetzt laut auf unter seinen Tränen und brach mit seinem Gram uns Anwesenden allen das Herz außer Sokrates selbst. Der aber sagte: Was macht ihr doch, ihr wunderlichen Leute! Ich habe besonders deswegen die Weiber weggeschickt, daß sie nicht in diesen Fehler verfallen möchten; denn ich habe immer gehört, man müsse stille sein, wenn jemand stirbt. Also haltet euch ruhig und standhaft.

Als wir das hörten, schämten wir uns und hielten inne mit Weinen. Er aber ging umher, und als er merkte, daß ihm die Schenkel schwer wurden, legte er sich gerade auf den Rücken, denn so hatte es ihn der Mann geheißen. Darauf berührte ihn eben dieser, der ihm das Gift gegeben hatte, von Zeit zu Zeit und untersuchte seine Füße und Schenkel. Dann drückte er ihm den Fuß stark und fragte, ob er es fühle; er sagte nein. Und darauf die Knie, und so ging er immer höher hinauf und zeigte uns, wie er erkaltete und erstarrte. Drauf berührte er ihn noch einmal und sagte, wenn ihm das bis ans Herz käme, dann werde es ausgehen. Als ihm nun schon der Unterleib fast ganz kalt war, da enthüllte er sich, denn er lag verhüllt, und sagte, und das waren seine letzten Worte: O Kriton, wir sind dem Asklepios einen Hahn schuldig, entrichtet ihm den und versäumt es ja nicht. – Das soll geschehen, sagte Kriton, sieh aber zu, ob du noch sonst etwas zu sagen hast. – Als Kriton dies fragte, antwortete er aber nichts mehr, sondern bald darauf zuckte er, und der Mann deckte ihn auf; da waren seine Augen gebrochen. Als Kriton das sah, schloß er ihm Mund und Augen. Dies war das Ende unseres Freundes, des Mannes, der nach unserem Urteil von allen seinen Zeitgenossen, die wir erprobt haben, der edelste, verständigste und gerechteste war.«

2. DIE LEHRE DES SOKRATES

Aus überkommenen Berichten, hauptsächlich des Platon, Xenophon und Aristoteles – denn Sokrates hinterließ nichts Schriftliches – ein richtiges Bild von der Philosophie des Sokrates zu gewinnen, hat sich als eine der schwierigsten Aufgaben der philosophiegeschichtlichen Forschung erwiesen. Was als gesichert erkannt ist, wurde mit indirekter Methode, durch Rückschluß, gewonnen.[6] Zum mindesten hat sich dabei ein anschauliches Bild von der sogenannten sokratischen *Methode* ergeben, auf die wir unsere Darlegung im wesentlichen beschränken.

»Er selbst aber hätte sich gerne immerfort über die menschlichen Dinge unterhalten, indem er untersuchte, was fromm, was gottlos, was schön, was schimpflich, was gerecht, was ungerecht sei, worin die Besonnenheit und Tollheit, die Tapferkeit und die Feigheit bestehe, wie ein Staat und Staatsmann, eine Regierung und ein Regent sein müsse, und anderes derart, was nach seiner Überzeugung jeden, der es weiß, zu einem guten und edlen Menschen macht.«[7] Es war aber eine besondere Art des Gesprächs und der Belehrung, die Sokrates anwandte. Das gewöhnliche Verhältnis, in dem der Schüler fragt und der Lehrer antwortet, ist bei ihm umgekehrt. Er ist der Fragende. Er hat seine Aufgabe oft mit der Hebammenkunst, dem Beruf seiner Mutter, verglichen und gesagt, er habe nicht selbst Weisheit zu gebären, sondern nur andern zur Geburt ihrer Ideen zu verhelfen. In seiner Methode hat er dabei viel von der Dialektik der Sophisten, deren logische Kunststücke und Kniffe er nicht verschmäht. Den Sophisten gleicht er auch darin, daß sein Interesse, unter Außerachtlassung der Spekulation über die Natur, nur auf den Menschen geht. Und auch das Ergebnis, zu dem er regelmäßig kommt, und das in seinem berühmten Satz »Ich weiß, daß ich nichts weiß« ausgesprochen ist, scheint sich nicht von der von jenen gelehrten Skepsis zu unterscheiden.

Und doch soll das Delphische Orakel diesen Mann, der ständig von sich sagte, daß er nichts wisse, als den Weisesten der Griechen bezeichnet haben, und sein Auftreten bedeutet eine der folgenreichsten Revolutionen in der Geschichte der Philosophie. Der gesunde Instinkt des Mannes aus dem Volke ließ ihn an dem bloßen dialektischen Spiel, das alles und nichts beweist und am Ende eine Zerstörung jeden Maßstabs zutage fördert, kein Genügen finden. Er fühlte, daß eine innere Stimme in ihm war, die ihn leitete und von ungerechten Handlungen abhielt. Er nannte sie »daimonion«, das Gewissen (wörtlich »Das Göttliche«).

Durch seine Lehre zieht sich ein Zwiespalt. Auf der einen Seite war er ein tiefreligiöser Mensch, der die Pflichten gegen die Götter zu den wichtigsten Pflichten des Menschen zählte, und wußte die leise, aber nie verstummende Stimme des Gewissens nicht weiter zu begründen. Auf der anderen Seite ist ihm aber Tugend gleich Einsicht. Wie es unmöglich ist, das Rechte zu tun, wenn man es nicht kennt, so ist es nach Sokrates auch unmöglich, das Rechte nicht zu tun, sofern man es nur kennt. Denn da niemand etwas anderes tut, als was seinem eigenen Besten dient, das sittlich Gute aber nichts anderes ist als dieses, so braucht man die Menschen nur über die wahre Tugend zu *belehren*, um sie tugendhaft zu machen. Diese Verknüpfung der Tugend mit dem Wissen ist das eigentlich Neue an der Lehre des Sokrates. Mit der Aufdeckung ihres Nichtwissens will er die Menschen zur Selbstprüfung und Selbsteinkehr aufrufen. Erkenne dich selbst! – das alte griechische Wort (gnothi seauton, wörtlich »Erkenne dich«, eine Tempelaufschrift) ruft er ihnen zu. Wenn die Menschen durch Selbstbesinnung und Selbsteinkehr zur Einsicht in die sittliche Armut und Blindheit gebracht sind, in der sie dahinleben, werden sie zum Suchen und Sehnen nach dem sittlichen Ideal kommen. [8]

Sokrates wendet sich niemals an eine allgemeine, nicht faßbare Menschenmenge, sondern immer nur an den leibhaftigen, vor ihm stehenden Einzelmenschen. Als Menschenbildner, vom Glauben an den Menschen und Liebe zu ihm getrieben, muß man ihn verstehen, nicht als Lehrer allgemeiner Sätze. Eine unerhörte, aufrüttelnde Gewalt muß von ihm ausgegangen sein, eine Unruhe, die nicht wieder zur Ruhe kam. Wie erschütternd seine Persönlichkeit auf seine Umgebung gewirkt haben muß, lassen die Worte erkennen, die Platon dem Alkibiades, Schüler des Sokrates, im »Gastmahl« in den Mund legt[9]: »Von uns wenigstens, wenn wir von einem anderen auch noch so trefflichen Redner andere Reden hören, macht sich keiner . . . sonderlich etwas daraus. Hört aber einer dich selbst oder einen andern deine Reden vortragen . . . wer sie hört, alle sind wir wie außer uns und ganz davon hingerissen. Ich wenigstens, ihr Männer, wollte . . . es euch sogar mit Schwüren bekräftigen, was mir selbst dieses Mannes Reden angetan haben und noch jetzt antun. Denn weit heftiger als den vom Korybantentanz Ergriffenen pocht mir, wenn ich ihn höre, das Herz, und Tränen werden mir ausgepreßt von seinen Reden; auch sehe ich, daß es vielen andern ebenso ergeht . . . Mit diesem allein unter allen Menschen ist mir begegnet, was man nicht in mir suchen sollte, daß ich mich vor irgend jemand schämen könnte; aber vor ihm allein muß ich mich schämen . . .«

Wenn wir hier wiederum Sokrates mit Worten kennzeichnen, die von seinem Schüler Platon stammen, so muß dazu angemerkt werden: Die Meinung, aus Platons Dialogen spreche der wahre (historische) Sokrates, ist in der Forschung nicht unbestritten; nach manchen Forschern[10] sind Sokrates als Person und sein Wirken kaum zu fassen, und es sind Platons eigene Gedanken, die er ihn aussprechen läßt.

Betrachtet man das wenige, was wir von Sokrates wirklich sicher wissen, so möchte man fast fragen: Wie konnte ein solcher Mann, der zwar eine Persönlichkeit von sittlicher Größe war und für seine Überzeugung starb, dessen eigentliche Philosophie aber kaum greifbar ist, eine unermeßliche geschichtliche Wirkung haben?[11] Man könnte dazu darauf hinweisen, daß die Ähnlichkeit, die der Märtyrertod des Sokrates mit dem Christi und der frühchristlichen Märtyrer hat, und auf die auch in den Schriften des frühen Christentums immer wieder hingewiesen wird, das Gedächtnis an Sokrates besonders lebendig erhalten habe. Aber die eigentliche Antwort muß doch lauten, daß die Nachwirkung des Sokrates tatsächlich mehr auf seiner einzigartigen Persönlichkeit beruht, die uns noch über die Jahrtausende hinweg menschlich nahe sein kann, als auf dem, was er lehrte, indem nämlich mit ihm etwas in die Geschichte der Menschheit eintrat, was von da an zu einer immer weiter wirkenden Kulturkraft wurde: die in sich selbst unerschütterlich gegründete, autonome sittliche Persönlichkeit. Dies ist das »sokratische Evangelium« vom innerlich freien Menschen, der das Gute um seiner selbst willen tut.

III. Platon

1. PLATONS LEBEN

»Als ich einst jung war, ging es mir wie vielen andern: Ich hatte im Sinn, sobald ich mein eigener Herr wäre, mich sofort der Politik zu widmen. Diesem Entschluß stellten sich aber folgende Erfahrungen im öffentlichen Leben in den Weg. Unsere damalige Verfassung galt in weiten Kreisen als minderwertig, und so kam es zu einem Umsturz. An der Spitze der neuen Verfassung standen 51 Männer . . . 30 aber übernahmen die gesamte Regierung mit unumschränkter Gewalt. Unter ihnen hatte ich einige Verwandte und Bekannte, und diese versuchten nun sogleich mich heranzuziehen . . . Die Erfahrungen, die ich hierbei infolge meiner Jugend machte, sind weiter nicht verwunderlich. Ich hatte geglaubt, sie würden die Staatsverwaltung aus einem ungerechten Leben in die Bahn der Gerechtigkeit lenken, und so achtete ich gespannt darauf, was sie tun würden. Und da sah ich denn, daß diese Männer in kurzer Zeit die frühere Verfassung als das reine Gold erscheinen ließen. Abgesehen von anderem beauftragten sie einen mir befreundeten älteren Mann, Sokrates, den ich nicht anstehe, den rechtschaffensten Mann jener Zeit zu nennen, mit anderen, einen Bürger mit Gewalt zur Hinrichtung herbeizuführen, um ihn so . . . an ihrer Politik mitschuldig zu machen. Dieser aber gehorchte ihnen nicht, sondern riskierte lieber alles, als sich an ihren frevelhaften Handlungen zu beteiligen. Als ich das alles sah und noch manches andere derart und nicht eben Kleinigkeiten, da erfaßte mich ein Widerwille, und ich zog mich von diesem verbrecherischen Regiment zurück. Bald darauf wurden die dreißig und mit ihnen die ganze Verfassung gestürzt. Da begann mich wieder, zwar viel langsamer, aber eben dennoch die Lust zu politischer Tätigkeit zu erfassen . . . Nun geschah es aber, daß einige der Machthaber jenen unseren Freund Sokrates vor Gericht zogen, indem sie die frevelhafteste Beschuldigung gegen ihn erhoben, die am allerwenigsten auf Sokrates paßte: sie zogen ihn nämlich wegen Gottlosigkeit vor Gericht, verurteilten ihn und ließen ihn hinrichten, ihn, der damals an dem ruchlosen Vorgehen gegen einen Gesinnungsgenossen ihrer damals verbannten Freunde nicht hatte teilnehmen wollen . . . Als ich dies sah und die Leute, die die Regierung führten, die Gesetze und die Sitten, und je mehr ich bei fortschreitendem Alter dies ganze Getriebe durchschaute, desto mehr kam ich zu der richtigen Einsicht, wie schwer es sei, Politik zu treiben. Denn ohne Freunde und zuverlässige Parteigenossen war überhaupt nichts auszurichten . . . Auch nahmen die Verderbnis in der Gesetzgebung und der Sittenverfall in erstaunlicher Weise zu. Und so ergriff mich, der ich anfangs voll Eifer für politische Tätigkeit gewesen war, beim Blick auf diese Vorgänge und bei der Betrachtung dieses ganzen plan- und ziellosen Treibens schließlich ein Schwindel. Zwar ließ ich nicht ab, mir Gedanken darüber zu machen, wie es denn mit diesen Dingen und mit dem ganzen Staatswesen besser werden könnte, und wartete immer wieder auf eine Gelegenheit zum Handeln, schließlich aber kam ich zu der Erkenntnis, daß die bestehenden Staaten insgesamt in einer üblen Verfassung seien. Denn ihr gesetzlicher Zustand ist nahezu unheilbar, wenn nicht eine wunderbare Neuorganisation unter günstigen Umständen ihnen zu Hilfe kommt. Und so sah ich mich denn genötigt, in Anerkennung der wahren Philosophie es auszusprechen, daß nur sie den Blick für die Gerechtigkeit im gesamten öffentlichen und privaten Leben verleiht und daß das Unglück des Menschengeschlechts nicht aufhören wird, bis entweder das Geschlecht der rechten und wahren Philosophie in den Staaten zur Regierung gelangt oder die Machthaber in den Staaten infolge einer göttlichen Fügung wirkliche Philosophen werden.«

Hier haben wir, von Platon selbst in einem Briefe[12] (den die Forschung als authentisch anerkennt) geschildert, die bestimmenden Eindrücke seines Lebens und manchen Hinweis für die Beweggründe seines philosophischen und politischen Denkens. Platon wurde 427 v. Chr. geboren als Abkömmling einer der führenden Familien Athens. Er war 20 Jahre alt, als Sokrates seinen Weg kreuzte und ihn auf immer bestimmte, die bis dahin betriebenen literarischen Versuche aufzugeben und sich der

Philosophie zuzuwenden. Acht Jahre lang blieb er dessen Schüler. Unter dem erschütternden Eindruck der Verurteilung und Hinrichtung des Sokrates – wir haben seine eigene Schilderung der Szene im vorhergehenden Abschnitt zitiert – kehrte er zunächst seiner Vaterstadt den Rücken, ging vorübergehend nach Megara, unternahm später ausgedehnte Reisen, die ihn vermutlich auch nach Ägypten führten und ihn mit der dortigen Religion und Gelehrsamkeit und auch dem ägyptischen Priesterstand bekannt machten. Vielleicht drang er auch weiter in den Orient vor und lernte die Weisheit der Inder kennen – manches in seinem Werk spricht dafür. Auf jeden Fall aber verweilte er längere Zeit im griechisch kolonialisierten Unteritalien und Sizilien, wo er mit der pythagoreischen Schule in enge Berührung trat und bestimmende Eindrücke für sein späteres Denken empfing. Einige Zeit hielt er sich dabei am Hofe des Tyrannen Dionys von Syrakus auf, den er, im Endeffekt vergeblich, für seine Ideen zu gewinnen suchte. Im Jahre 387 v. Chr. eröffnete er in einem Garten seiner Heimatstadt eine Schule, die nach seinem Tode als »Platonische Akademie« noch jahrhundertelang bestehen sollte. Hier unterrichtete er unentgeltlich einen sich alsbald sammelnden Kreis von Schülern. Ganz dieser Tätigkeit lebend, die nur durch gelegentliche erneute, aber wiederum vergebliche Reisen nach Syrakus unterbrochen wurde, erreichte er ein Alter von 80 Jahren und starb mitten in voller Arbeit.

2. PLATONS WERKE

Platons Lehrer Sokrates hatte seine Lehrtätigkeit so ausschließlich als unmittelbare Einwirkung auf seine Mitmenschen in Gespräch und Rede betrieben, daß keine Zeile von ihm selbst überliefert ist. Von Platon ist eine Reihe von Schriften erhalten. Es ist sicher, daß der größte Teil von diesen – inzwischen durch die Forschung von späteren Zutaten und Unterschiebungen gesondert – auch von ihm stammt, ebenso einige Briefe. Ebenso sicher ist aber, daß auch für Platon der Schwerpunkt seines Wirkens in seiner mündlichen Lehrtätigkeit lag. Über die Schriftstellerei hat er sich nicht gerade mit Hochachtung ausgesprochen – was bei glänzenden Schriftstellern, wie Platon einer war, des öfteren vorkommt. Doch er sagt geradezu, daß er den innersten Kern seiner Lehre niemals einer Schrift anvertrauen und so der Mißgunst und dem Unverständnis preisgeben würde.[13] Darüber, sagt er, »gibt es keine Schrift von mir, und es wird nie eine geben; denn es läßt sich nicht wie anderes, das man erlernen kann, aussprechen, sondern es . . . entsteht plötzlich, wie von einem springenden Funken entzündet, ein Licht in der Seele, das von nun an sich selbst erhält.«[14]

Immerhin sind für uns Nachfahren seine Schriften die einzige Quelle für die Kenntnis seiner Philosophie, und sie tritt uns aus diesen von ihm fast verleugneten Erzeugnissen noch großartig genug entgegen. Ihre Abfassung erstreckte sich über fünf Jahrzehnte. Die einzelnen Probleme werden darin so behandelt, wie sie sich Platon zu der betreffenden Zeit jeweils darstellten. Zu den meisten Fragen sind deshalb Wandlungen in seiner Auffassung ersichtlich.

Platons Werke haben fast alle die Form von Dialogen (Gesprächen). In den ersten, bald nach Sokrates' Tod niedergeschriebenen Dialogen ist dieser die beherrschende Gestalt. Auch in fast allen späteren Schriften spielt er eine Rolle; dabei ist schwer auseinanderzuhalten, wieviel von dem, was Sokrates sagt, auf seine eigenen Äußerungen zurückgeht und wieweit Platon die Figur benutzt, um Eigenes auszusprechen.

Überliefert unter Platons Namen sind 34 Dialoge. Ein Teil davon gilt als nicht authentisch. Die wichtigsten Dialoge sind:

1. Die *Apologie* – eine Nachdichtung der Verteidigungsrede des Sokrates in dem gegen ihn geführten Gerichtsverfahren.
2. *Kriton.* – Über die Hochachtung der Gesetze.
3. *Protagoras.* – Eine Auseinandersetzung mit der Sophistik über die Tugend, insbesondere ihre Einheit und die Frage ihrer Lehrbarkeit.

Diese drei werden zu den frühesten Schriften gerechnet.[15]

4. *Gorgias.* – Auch hier steht im Mittelpunkt die Tugend und die Frage, ob sie lehrbar ist. Die egoistische Moral der Sophisten wird als ungenügend erwiesen. Die Rhetorik genügt nicht als Bildungsmittel. Das sittlich Gute ist ein Unbedingtes und wird metaphysisch begründet. Politik, Musik und Dichtkunst werden ihm untergeordnet. Am Schluß wird ein Ausblick auf das Schicksal der Seele im Jenseits gegeben.
5. *Menon.* – Über das Wesen der Erkenntnis als »Wiedererinnerung«. Die Bedeutung der Mathematik.
6. *Kratylos.* – Über die Sprache.

Diese drei Dialoge werden einer Übergangsperiode zugerechnet. Sie sind offenbar nach dem Italienaufenthalt Platons verfaßt, da der Einfluß der pythagoreischen Lehre in ihnen erkennbar ist. Platon hat aber noch nicht die volle Höhe seines eigenen Standpunktes erreicht.

7. *Symposion.* – Das »Gastmahl«. Der Eros als treibende Kraft des philosophischen Strebens nach dem Schönen und Guten. Hier findet sich auch die Lobrede des Alkibiades auf Sokrates, der den Eros in Vollkommenheit verkörpert.
8. *Phaidon.* – Über die Unsterblichkeit. Die Übersinnlichkeit und Ewigkeit der Seele. Ausgestaltung der platonischen Ideenlehre.
9. *Politeia.* – Der Staat. Das umfang- und inhaltsreichste Werk Platons. Viele Jahre seines Mannesalters hat er ihm gewidmet. Vom Einzelmenschen zur Gesellschaftslehre fortschreitend, umschließt das Werk alle Gebiete der platonischen Philosophie.

10. *Phaidros.* – Dieser Dialog ist besonders wichtig für die Ideenlehre und für Platons Gedanken von der »Dreiteilung der Seele«.
11. *Theaitetos.* – Eine erkenntnistheoretische Erörterung über das Wesen des Wissens.
Die Abfassung der unter 7. bis 11. genannten Schriften fällt in Platons reifes Mannesalter.
12. *Timaios.* – Platons Naturphilosophie. Die Entstehung aller Naturwesen von den Weltkörpern bis zu den irdischen Lebewesen.
13. *Kritias.* – Diese Schrift ist unvollendet. Sie enthält die berühmte Schilderung vom Untergang des sagenhaften Inselreiches Atlantis etwa 10 000 Jahre vor Platons Zeit, das bis heute Gegenstand immer neuer Vermutungen ist.
14. *Politikos.* – Der Staatsmann. Enthält die politischen Ansichten des gealterten Platon und leitet über zu
15. den *Gesetzen.* – Sie sind das letzte große Alterswerk Platons, von ihm selbst nicht vollendet und von einem Schüler nach seinem Tode herausgegeben. Dieser wiederum der Politik gewidmete Dialog zeigt, daß vom Anfang bis zum Ende die sittliche Grundlegung des Staates und die entsprechende Erziehung seiner Bürger das eigentliche Ziel blieb, auf das Platons Denken hinsteuerte. Die »Gesetze« sind die Hauptquelle für Platons Altersphilosophie.

Der Dialog als Darstellungsform für philosophische Gedanken wurde nach Platons Vorgang von den Griechen, Römern und späteren Europäern immer wieder verwendet. Der platonische Dialog ist natürlich nicht zu denken ohne die von den Sophisten ausgebildete, von Sokrates zur Vollendung geführte Kunst des dialektischen Gesprächs. Die Dialogform bietet gegenüber systematischer Gedankenentwicklung den Vorteil größerer Anschaulichkeit und Lebendigkeit. Das Für und Wider und die verschiedenen Seiten eines Problems können durch verschiedene Personen vertreten werden. Sie bietet ferner den Vorteil, daß der Autor am Schluß nicht immer den entfachten Streit zu schlichten und selbst endgültig Stellung zu beziehen braucht. Das kann auf Unentschiedenheit oder Unsicherheit des Verfassers deuten, kann aber auch, und das ist bei Platon der Fall, von einer tiefen Einsicht zeugen, die weiß, daß unser menschliches Denken immer zerspalten und in Gegensätzlichkeiten befangen bleiben muß. Die Dialoge Platons sind durch glänzende Sprache und durch meisterhafte, oft dramatische Gegenüberstellung der streitenden Personen und Ideen ausgezeichnet. Sie gehören zu den unvergänglichen Werken der Weltliteratur.

3. METHODISCHE VORBEMERKUNGEN

Die Darstellung der platonischen Philosophie kann man in systematischer Form versuchen. Man nimmt ein Teilgebiet der Philosophie nach dem andern vor und zeigt die einschlägigen Gedanken Platons auf. Diese Methode begegnet dem Einwand, daß Platon nirgends ein »System« selbst im Zusammenhang gegeben hat, und daß auch den vorliegenden Schriften ein solches nicht ohne weiteres zu entnehmen ist; Platon arbeitet zwar im Gegensatz zum vorwiegend bildhaften frühgriechischen Denken als erster mit einer eigenen philosophischen Begriffssprache, besser: er prägte sie. – Aber: Die Terminologie in seinen Schriften ist nicht einheitlich, und gedanklich setzt er fast mit jeder Schrift neu an.[16] Eine »systematische« Darstellung müßte zur Konstruktion greifen und liefe Gefahr, die Gedankenwelt Platons in ein nicht von ihm stammendes und deshalb nicht passendes Schema zu zwängen. Das Schema wird der Vortragende seinem eigenen Standpunkt gemäß wählen. So haben viele Philosophen versucht, alles Vorangegangene in ihrem Sinne auszulegen und als Vorstufe des eigenen Systems zu erweisen, wobei in extremen Fällen schließlich die frühere philosophische Literatur sozusagen wie eine Fußnote zu den eigenen Werken erscheint. Die Wissenschaft ist aus solchen Gründen immer mehr zu einer genetischen, das heißt dem Entwicklungsgang Platons folgenden Darstellungsweise übergegangen. Diese erfordert eine beträchtliche Ausführlichkeit. Man muß den manchmal verschlungenen und oft nur zu erratenden inneren Entwicklungen Platons folgen und darf keine Stufe und keine seiner Schriften überspringen.

Solchen Schwierigkeiten der Methode sieht sich im Grunde jede geschichtliche Darstellung der Philosophie gegenüber. Wir weisen hier auf sie hin, weil wir im Begriff sind, im Werk Platons das erste ganz umfassende und weit verzweigte philosophische Lebenswerk zu würdigen. Jeder Denker ist »ein Mensch mit seinem Widerspruch«, fast keines Denkers Werk ist von ausnahmsloser Folgerichtigkeit. Für unsere Einführung können wir keine der beiden Methoden konsequent verfolgen. Wir halten uns an die Fragen, die in der Einleitung als diejenigen hingestellt wurden, mit denen der Nichtphilosoph an ein solches Werk herantritt, und gehen deshalb nach Bezeichnung des geschichtlichen Ausgangspunktes (vieles aus den Frühdialogen überspringend) von der Metaphysik (Ideenlehre) zur Ethik und dann zur Politik über.

Übrigens wird der aufmerksame Leser in den Gesprächen – in denen häufig Verwandte Platons mit auftreten – nicht selten anfechtbare Schlüsse und Beweisführungen entdecken. Es gibt zahlreiche Abhandlungen über die Frage, ob Platon in solchen Fällen (ähnlich wie Sokrates) dem Gegner im Streitgespräch (und damit dem Leser) eine Falle

stellen will – oder ob ihm die Anfechtbarkeit seiner Argumentation nicht bewußt geworden ist.
Erwähnt sei noch, daß manche Historiker der Philosophie[17] in den Dialogen nur ein »Spiel« sehen: einführende Schriften, die zum Studium der Philosophie hinführen sollen – während Platon seine eigentliche Lehre nur mündlich vorgetragen habe. Diese muß dann freilich aus verstreuten Notizen sowie Nachrichten des Aristoteles rekonstruiert werden.

4. DER GESCHICHTLICHE AUSGANGSPUNKT

Das Denken Platons entzündet sich wie das jedes anderen Denkers zunächst am Denken seiner Zeit. Wie jeder andere nimmt er diesem gegenüber eine zwiespältige Haltung ein. Einiges nimmt er auf und bildet es weiter, anderes bekämpft und überwindet er. Insofern kann man von einem Ausgangspunkt im positiven und im negativen Sinne sprechen.
Was Platon bekämpft und zu überwinden trachtet, ist die *Sophistik.* In seinen Dialogen läßt er immer wieder Sophisten auftreten, die erst ihre Ansichten freimütig darlegen dürfen, um dann freilich überwunden zu werden. Als Grundirrtum erscheint ihm der Satz des Protagoras, daß der Mensch das Maß aller Dinge sei und daß es keinen allgemeinen Maßstab geben könne. Eine solche Lehre, sagt er, müßte die Grundlagen des Wissens wie der Sittlichkeit zerstören. Die Rhetorik der Sophisten als Kunst der Überredung ist als Methode der Philosophie durchaus untauglich.
Wie nun nach Heraklit ein jedes Ding seines Gegensatzes bedarf, so auch der Philosoph seines Gegners. Platon, in seinem Bestreben, sich von den Sophisten abzusetzen, verkennt, wie sehr er doch auch auf ihren Schultern steht. Völlige Gerechtigkeit gegen den Gegner ist auch beim größten Philosophen nicht zu erwarten. Gemeinsam hat Platon mit den Sophisten – außer der dialektischen Methode, die er aufnimmt, um sie freilich weiterzuführen – vor allem zweierlei. Erstens mißtraut auch er dem landläufigen Wissen. Er zeigt, daß die sinnliche Wahrnehmung uns die Dinge nicht so vorführt, wie sie sind, sondern nur in ihrer stets wechselnden Erscheinung. Und wenn wir uns durch Zusammennehmen einer größeren Anzahl von Sinneswahrnehmungen eine allgemeinere Vorstellung bilden, so hat diese zwar einen etwas höheren Grad von Wahrscheinlichkeit; sie beruht aber doch auch mehr auf einer Art Überredung (durch die Sinne) als auf einem klaren Bewußtsein ihrer Gründe. Zweitens mißtraut er wie die Sophisten der landläufigen Vorstellung von der Tugend, und zwar dem unbewußten Festhalten an der Väter Sitte ebenso wie der als Größe gepriesenen Leistung des

Staatsmanns. Denn beiden fehlt, wie dem landläufigen Wissen, das, was einer Handlung erst Wert verleiht: das klare Bewußtsein der Gründe, warum sie gut und richtig ist.

Bis hierhin geht er also mit den Sophisten zusammen. Um so schärfer scheidet er sich von ihnen in bezug auf die Folgerung, die aus der Erkenntnis von der Mangelhaftigkeit der bisherigen Einsicht und der bisherigen Tugendlehre zu ziehen ist. Die Sophisten hatten gesagt: Also gibt es keine allgemein verbindlichen Maßstäbe für Denken und Handeln. Für Platon beginnt hier erst die eigentliche Aufgabe der Philosophie, nämlich zu zeigen, daß es doch ein solches Richtmaß gibt, und wie man zu ihm gelangt. Alles andere ist nur Vorbereitung (Propädeutik). Hierin setzt Platon das Werk des Sokrates fort, und dieses ist der positive Ausgangspunkt seiner Philosophie. Aber Platon geht weit über seinen Lehrer hinaus. An die Stelle des sokratischen »Ich weiß, daß ich nichts weiß« setzt er die Lehre, daß in den ewigen *Ideen* uns ein Maß des Denkens und Handelns gesetzt ist, daß wir denkend und ahnend erfassen können.

Platons Denken hebt sich nicht allein von der Sophistik ab. Es setzt sich auch auseinander mit älteren Denkern wie Demokrit und sieht im Gegensatz zu ihm die Welt als Zeugnis und Erzeugnis einer Welt-Vernunft; sodann mit der tragischen Weltschau der früheren Dichter und Philosophen. Bei Platon wird der dunkle Weltgrund zurückgedrängt; seine Philosophie ist »Licht-Metaphysik«.

5. DIE IDEENLEHRE

a) Antrieb und Methode des Philosophierens

Nur der kann sich zur Erkenntnis der Ideen erheben, der einen philosophischen Trieb besitzt. Diesen nennt Platon »*Eros*«. Er gibt damit diesem Wort, das ursprünglich im Griechischen die Liebe (den Zeugungstrieb) bezeichnete – auch der Liebesgott hieß Eros –, eine vergeistigte und höhere Bedeutung. Eros ist das Streben, vom Sinnlichen zum Geistigen fortzuschreiten; der Drang des Sterblichen, sich zur Unsterblichkeit zu erheben, und zugleich das Verlangen, diesen Trieb auch in anderen wachzurufen. Die Lust an einer schönen Körpergestalt ist die unterste Stufe des Eros. Alle Beschäftigung mit dem Schönen nährt diesen Trieb, vor allem die Musik, die als Vorbereitung für die Philosophie angesehen wird, und die Mathematik, indem sie vom Sinnlichen abzusehen und die reinen Formen anzuschauen lehrt.[18]

Erwähnt sei hier, daß der vielverwendete Begriff »platonische Liebe« im Sinne einer rein geistigen oder »freundschaftlichen«, das Sinnliche ausschaltenden Liebe zwischen Mann und Frau auf einem Mißverständnis beruht. An der betreffenden Stelle bei Platon wird nur gesagt:

»Schlecht ist jener gemeine Liebhaber, der *mehr* den Leib als die Seele liebt.« Von Ausschaltung des Körperlichen ist also nicht die Rede. Überdies bezieht sich diese Stelle überhaupt nicht auf die Liebe zwischen Mann und Frau[19], sondern auf gleichgeschlechtliche Zuneigung, welche damals weit verbreitet war und bei Platon ohne Scheu erörtert wird.

Die Anschauung des Schönen ist die Vorbereitung, aber das eigentliche Mittel zur Erkenntnis der Ideen ist das begriffliche oder von Platon selbst so genannte *dialektische* Denken. Zum Eros als Antrieb muß die richtige Methode treten, um das Ziel zu erreichen. Rhetorik überredet. Dialektik ist die Kunst, im gemeinsamen Suchen, im Gespräch, zum allgemein Gültigen vorzudringen. Dialektisches Denken steigt einerseits vom Einzelnen zum Allgemeinen, vom Bedingten zum Unbedingten auf, andererseits steigt es durch alle Zwischenglieder vom Allgemeinen zum Besonderen und Einzelnen herab.

b) Idee und Erscheinung

»Stelle dir Menschen in einer unterirdischen höhlenartigen Behausung vor, die einen aufwärts gegen das Licht geöffneten Zugang hat. In dieser sind sie von Kindheit an gefesselt, so daß sie auf demselben Fleck bleiben und den Kopf herumzudrehen wegen der Fessel nicht imstande sind. Licht aber haben sie von einem Feuer, welches von oben und von ferne her hinter ihnen brennt. Zwischen dem Feuer und den Gefangenen geht obenher ein Weg, längs diesem stelle dir eine Mauer aufgeführt vor. Längs dieser Mauer tragen Menschen allerlei Gefäße, die über die Mauer emporragen. Einige, wie natürlich, reden dabei, andere schweigen.

Ein gar wunderliches Bild, sprach er, stellst du dar und wunderliche Gefangene.

Die aber uns gleichen, entgegnete ich. Denn fürs erste, meinst du wohl, daß dergleichen Menschen von sich selbst und voneinander etwas anderes zu sehen bekommen als die Schatten, welche das Feuer auf die ihnen gegenüberliegende Wand der Höhle wirft? Und wie steht es mit den vorbeigetragenen Gegenständen? Nicht ebenso? Wenn sie nun miteinander reden könnten, meinst du nicht, sie würden glauben, das, was sie sehen und mit Worten bezeichnen, sei dasselbe wie das, was vorübergetragen wird? Und wie, wenn ihr Kerker auch einen Widerhall hätte von drüben her, meinst du, wenn einer von den Vorübergehenden spräche, sie würden denken, etwas anderes rede als der eben vorübergehende Schatten? – Nun stelle dir vor, es werde einer befreit und genötigt, plötzlich aufzustehen, den Hals umzuwenden, zu gehen und nach dem Licht hinzublicken, und dies alles täte ihm weh, und er wäre wegen des Flimmerns nicht imstande, die Gegenstände zu sehen, deren Schatten er vorher gesehen hatte. Was glaubst du, daß er sagen würde, wenn man ihm versicherte, damals habe er lauter Nichtigkeiten gesehen, jetzt aber sei er dem Seienden näher, stehe vor Dingen, denen ein Sein in höherem Grade zukomme, und sehe daher richtiger? Und wenn man ihn gar in das Licht selbst zu sehen nötigte, würden ihm dann nicht die Augen schmerzen, und er würde fliehen und zu jenen Dingen zurückkehren, die er anzusehen imstande ist, fest überzeugt, diese seien in der Tat viel wirklicher als das, was man ihm zuletzt gezeigt hatte?«

Dies ist, in abgekürzter Fassung, das Bild, welches Platon in dem berühmten »Höhlengleichnis« aus dem »Staat« von menschlichem Leben und menschlicher Erkenntnis entwirft.[20] Dem Gefängnis gleicht unser gewöhnliches Dasein. Bloßem Schatten gleicht unsere Umgebung, so wie sie uns die Sinne zeigen. Dem Hinaufsteigen und dem Anblick der Dinge oben aber gleicht der Aufschwung der Seele in die Welt der Ideen. Was sind nun diese Ideen? »Wir nehmen eine Idee an, wo wir eine Reihe von Einzeldingen mit demselben Namen bezeichnen.«[21] Ideen – griechisch eidos oder idea, ursprünglich »Bild« – sind also Formen, Gattungen, Allgemeinheiten des Seins. Es sind aber nicht etwa bloße allgemeine Begriffe, die unser Denken durch Absehen vom Besonderen und Zusammennehmen gemeinsamer Merkmale der Dinge sich bildet. Sie haben durchaus Realität, ja, sie haben sogar, wie auch das Gleichnis zeigt, die einzig wahre (metaphysische) Realität. Die einzelnen Dinge vergehen, aber die Ideen bestehen als deren unvergängliche Urbilder weiter.

Es ist eine philosophische Grundfrage, ob es zulässig ist, dem Allgemeinen eine höhere Realität als dem Einzelnen zuzusprechen, oder ob umgekehrt nur die Einzeldinge wirklich sind und die allgemeinen Ideen nur in unserem Kopfe bestehen. In der mittelalterlichen Philosophie wird uns diese Frage wieder beschäftigen. Für Platon jedenfalls sind die Ideen die eigentliche Wirklichkeit. In späteren Jahren liebte es Platon, die Ideen unter Verwendung pythagoreischer Gedankengänge mit Zahlen in Verbindung zu bringen.

Die sichtbare Natur hat Platon im Unterschied zu seinem Lehrer Sokrates mit in sein System einbezogen. Da jedoch die einzig wirklichen Ideen nur dem reinen Denken zugänglich sind, kann die Erforschung des körperlichen Seins für Platon nur eine zweitrangige Bedeutung haben. Die Naturwissenschaft, die diese zum Ziele hat, kann niemals Gewißheit, sondern nur Wahrscheinlichkeit geben. Unter diesem Vorbehalt hat Platon im »Timaios« auch eine naturwissenschaftliche Abhandlung verfaßt.

Die Hauptfrage, die sich im Anschluß an die Ideenlehre für uns sofort ergibt, ist diese: Wie kommt überhaupt die Welt der Schatten, die die sichtbare Natur ist, zustande? Offenbar, da ja auch die Anschauung des

Schönen zu den Ideen hinführen kann, sind doch die Naturdinge Abbilder oder Erscheinungen der Ideen. Wie geschieht es aber, daß die in einer höheren, »jenseitigen« geistigen Sphäre existierenden Ideen in den Gegenständen der Sinneswelt, wenn auch unvollkommen und abgeschwächt, in Erscheinung treten? Es muß doch neben den Ideen noch ein Zweites geben, ein Material sozusagen, in dem sie sich abbilden! Platon beschreibt dies Zweite im Timaios, sicherlich in Anlehnung an Demokrit, als (leeren) *Raum* – wofür vielleicht zutreffender zu sagen ist: Form der Äußerlichkeit, so daß nicht nur das Neben-, sondern auch das Nacheinander einbegriffen wäre.[22] Es ist auch denkbar, daß Platon schon dieses zweite Prinzip in einem ganz allgemeinen Sinne als »Materie« bezeichnet hat, wie nach ihm Aristoteles.[23]

Auf die Einzelheiten der platonischen Naturlehre gehen wir nicht ein. Es ist aber klar, daß hier eine gewisse Kluft bestehen bleibt: denn selbst wenn es diese *zwei* Prinzipien gibt, ist nicht recht einzusehen, welche Kraft es bewirkt, daß die Ideen als bloße in sich ruhende Urbilder überhaupt sich in der Materie abbilden. Die platonische Philosophie kann *dualistisch* genannt werden, weil sie diese Kluft zwischen zwei letzten Prinzipien nicht schließt.

Es bedürfte, um sie zu schließen, eigentlich noch eines dritten, das zwischen beiden vermittelt oder über beiden steht. In seinen Alterswerken hat sich Platon mehr und mehr der Annahme einer Gottheit oder Weltseele zugeneigt, die dies bewirkt. Er gibt diesen Gedanken aber nicht in Form sachlicher Erörterung, sondern eines *Mythos* – wie überhaupt bei Platon Stellen, die sich einer strengen gedanklichen Erfassung entziehen, durch Mythen ausgefüllt sind.

6. ANTHROPOLOGIE UND ETHIK

Die menschliche Seele ist nach Platon dreigeteilt in Denken, Wille und Begierde. Das Denken hat seinen Sitz im Kopf, das Gefühl in der Brust, die Begierde im Unterleib. Das Denken, die Vernunft, ist aber allein der unsterbliche Bestandteil, der sich beim Eintritt in den Leib mit den übrigen verbindet.[24]

Die unsterbliche Seele hat weder Anfang noch Ende und ist in ihrem Wesen der Weltseele gleichartig. Alle unsere Erkenntnis ist ein Wiedererinnern aus früheren Zuständen und *Verkörperungen* der Seele. »Weil nun die Seele unsterblich ist und oftmals geboren und alle Dinge, die hier und in der Unterwelt sind, geschaut hat, so gibt es nichts, was sie nicht in Erfahrung gebracht hätte, und so ist es nicht zu verwundern, daß sie imstande ist, sich der Tugend und alles anderen zu erinnern, was sie ja auch früher schon gewußt hat. Denn da die ganze Natur unter sich verwandt ist und die Seele alles innegehabt hat, so hindert nichts, daß wer nur an ein einziges erinnert wird, was bei den Menschen lernen heißt, alles übrige selbst auffinde, wenn er nur tapfer ist und nicht ermüdet im Suchen. Denn das Suchen und Lernen ist demnach ganz und gar Erinnerung.«[25]

Solche Sätze haben die Vermutung entstehen lassen, Platon habe Gedanken der altindischen Philosophie gekannt.

Im Reich der Ideen nimmt die Idee des höchsten Guten die oberste Stelle ein. Sie ist gewissermaßen die Idee der Ideen. Das höchste Gut ist allem übergeordnet als sein oberster Zweck. Es ist der Endzweck der Welt. »Die Sonne, denke ich, wirst du sagen, verleihe dem Sichtbaren nicht nur das Vermögen, gesehen zu werden, sondern auch das Werden und Wachstum und Nahrung, obgleich sie selbst nicht das Werden ist . . . Ebenso nun sage auch, daß dem Erkennbaren nicht nur das Erkanntwerden von dem Guten komme, sondern auch das Sein und Wesen habe es von ihm, da doch das Gute selbst nicht das Sein ist, sondern noch über das Sein an Würde und Kraft hinausragt.«[26]

Die Ethik Platons ergibt sich aus der Verbindung dieser Idee des höchsten Guten mit seiner Auffassung, daß die unsterbliche Seele dasjenige am Menschen ist, mit dem er an der Welt der Ideen Anteil hat. Das Ziel des Menschen ist es, sich durch Erhebung in die übersinnliche Welt in den Besitz jenes höchsten Guten zu setzen. Leib und Sinnlichkeit sind die Fesseln, die ihn daran hindern: »soma, sema« – der Leib (ist) das Grab (der Seele), wie Platons kürzeste Formel dafür lautet.

Tugend ist der Zustand der Seele, in dem sie diesem Ziel nahekommt. Da die sichtbaren Dinge Abbilder der unsichtbaren sind, können sie, insonderheit in der Kunst, als Hilfsmittel zur Erfassung der Ideen dienen.

Tugend ist – wie bei Sokrates – nur dann wirklich Tugend, wenn sie auf Einsicht gegründet ist. Sie ist daher auch lehrbar. Platon geht in der Tugendlehre über Sokrates damit hinaus, daß er den allgemeinen Tugendbegriff in vier Kardinaltugenden zerlegt. Es sind Weisheit, Tapferkeit, Besonnenheit, Gerechtigkeit. Die ersten drei entsprechen den Bestandteilen der Seele: Weisheit ist die Tugend des Verstandes. Tapferkeit ist die Tugend des Willens. Das dritte, das eben Besonnenheit genannt wurde, ist mit diesem Wort nur unvollkommen wiedergegeben. Das griechische Wort Sophrosyne meint das Gleichgewicht, die Fähigkeit, zwischen Genuß und Askese, zwischen Strenge und Nachgiebigkeit die rechte Mitte zu halten, ebenso im äußern Auftreten den edlen Anstand, der von plumper Vertraulichkeit und abweisender Kälte gleich weit entfernt ist.[27] Die Gerechtigkeit endlich umfaßt alle andern Tugenden, sie besteht in dem ausgewogenen Verhältnis der drei Seelenteile und ihrer Tugenden.

7. DER STAAT

Die zu Beginn zitierte Briefstelle hat uns Platon gewissermaßen als verhinderten Politiker gezeigt, und das politische Problem, die richtige Einrichtung des Staates ist es, mit dem er durch sein ganzes Leben in immer erneuten Anläufen gerungen hat. »Polis«, der Zentralbegriff in Platons Staatsdenken, ist die Wurzel unseres Wortes »Politik«. Rechtes Handeln, Tugend, Sittlichkeit, Gerechtigkeit und alles, was Platon zunächst am Einzelmenschen darlegt, kehrt im Staat in vergrößertem Maßstab wieder, kann in ihm erst richtig verstanden werden und auch nur in ihm zur vollen Erfüllung kommen. Die denkbar höchste Form des sittlichen Lebens ist das sittliche Leben der Gemeinschaft in einem guten Stat.

Man kann auch in der Staatslehre Platons einen negativ-kritischen und einen positiv-aufbauenden Teil unterscheiden. Im ersteren setzt er sich auf Grund des reichen Anschauungsunterrichts, den ihm sein Leben geboten hatte, mit dem Bestehenden auseinander. Im letzteren zeichnet er das Bild eines idealen Staates. Aus jedem geben wir einen kennzeichnenden Ausschnitt.

a) Die Kritik der bestehenden Verfassungen

Es gibt ebenso viele Arten von Verfassungen, wie es Arten von Menschen gibt, denn die Verfassung entsteht aus dem Charakter der Menschen, die einen Staat bilden, und formt diesen wiederum. Platon untersucht die verschiedenen Staatsformen und den ihnen zugeordneten Menschentypus.

Die *Oligarchie* ist diejenige Verfassung, »die sich auf die Schätzung des Vermögens gründet, in der die Reichen herrschen, die Armen aber von der Regierung ausgeschlossen sind . . .«[28] Die Oligarchie hat drei große Fehler. Der erste: »Wenn jemand auf diese Weise für die Schiffe Steuermänner ernennen wollte nach der Vermögensschätzung; Armen aber, wenn sie auch die Steuermannskunst viel besser verständen, wäre sie nicht verstattet! Die würden . . . eine böse Fahrt haben . . . Ist es nun nicht ebenso mit jeder Leitung irgendeiner andern Sache? . . . Auch beim Staat? . . . Wohl um so viel mehr, als dessen Regierung die schwierigste und wichtigste Aufgabe ist.« Der zweite Fehler ist, »daß ein solcher Staat notwendig nicht einer ist, sondern zwei; den einen bilden die Armen, den andern die Reichen, und diese beiden Parteien werden, obwohl sie im gleichen Gemeinwesen zusammenwohnen, einander fortgesetzt bedrohen«. Der dritte Fehler ist »die für jedermann bestehende Möglichkeit, seinen ganzen Besitz zu verschwenden . . . und dann nichtsdestoweniger in dem Staat wohnen zu bleiben . . . als ein mittelloser Armer . . .« Immer aber »gibt es in einem Staat, wo man

Bettler antrifft, im geheimen auch Diebe, Beutelschneider, Tempelräuber und sonstige gewerbsmäßige Verbrecher«.
Der dieser Verfassung entsprechende Menschentyp ergibt sich notwendig. Denn: »Was aber jedesmal in Achtung steht, das wird auch geübt, und das nicht Geachtete bleibt liegen.« Anstatt nach Weisheit und Gerechtigkeit werden die Menschen danach streben, Profit zu machen und Schätze zu sammeln. Drohnenhafte Begierden auf der einen, bettlerhafte auf der andern Seite werden einen Menschen entstehen lassen, der von dem Ideal der ausgeglichenen sittlichen Persönlichkeit denkbar weit entfernt ist. –
Aus dem in der Oligarchie herrschenden Klassenkampf kann eine *Demokratie* entstehen. »Eine Demokratie also entsteht, denke ich, wenn die Armen den Sieg davontragen und von der Gegenpartei die einen hinrichten lassen, die andern verbannen und den übrigen Bürgern gleichen Anteil an der Staatsverwaltung und an den Ämtern geben . . .« Das Schlagwort der Demokratie ist *Freiheit*. »Vor allem sind die Leute frei, und die ganze Stadt hallt wider von Freiheit und unbeschränkter Meinungsäußerung, und jedermann darf hier tun, was er will . . .« »Und . . . daß man sogar nicht gezwungen ist, am Regiment teilzunehmen in einem solchen Staat, und wenn du auch noch so geschickt dazu bist, noch auch zu gehorchen, wenn du nicht Lust hast, und ebensowenig, wenn die anderen Krieg führen, auch mitzutun, oder Frieden zu halten, wenn die andern ihn halten, du aber keine Lust dazu hast, . . . ist das für den Augenblick nicht eine göttliche und höchst vergnügliche Daseinsweise? . . . Diese und ähnliche . . . wären also die Eigenschaften der Demokratie, und sie ist demnach eine vergnügliche Verfassung, ohne Regierung, buntscheckig, und verteilt eine angebliche Gleichheit gleichermaßen an Gleiche und Ungleiche . . .«
Wie sieht der Mensch aus, der dieser Verfassung entspricht? Müssen nicht Zügellosigkeit und allgemeine Auflösung um sich greifen? Wie soll man die Jugend erziehen, wenn alle gleich und alle gleich frei sind? »Der Lehrer zittert unter solchen Verhältnissen vor seinen Schülern und schmeichelt ihnen; die Schüler aber machen sich nichts aus den Lehrern . . . Und überhaupt stellen sich die Jüngeren den Älteren gleich und treten mit ihnen in die Schranken in Worten und Taten; die Alten aber setzen sich unter die Jugend und suchen es ihr gleichzutun an Fülle des Witzes und lustigen Einfällen, damit es nämlich nicht das Ansehen gewinne, als seien sie mißvergnügt oder herrisch.« »Schamhaftigkeit nennen sie Dummheit und verstoßen sie in ehrlose Verbannung, Besonnenheit heißen sie Unmännlichkeit, beschimpfen sie und jagen sie hinaus; Mäßigkeit aber und häusliche Ordnung stellen sie als bäurisches und armseliges Wesen dar und bringen sie über die Grenze . . .«

Der Demokratie folgt *Tyrannis* (Gewaltherrschaft). »Denn daß sie eine Reaktion gegen die Demokratie ist, das ist wohl klar!« Wie vollzieht sich dieser Übergang? »Was die Oligarchie sich als das größte Gut vorsteckte und wodurch sie auch zustande gekommen war, das war doch der große Reichtum. Die Unersättlichkeit im Reichtum aber und die Vernachlässigung alles übrigen um des Geldmachens willen führte zu ihrem Untergang ... Und die Demokratie, löst nicht auch diese sich auf durch die Unersättlichkeit in dem, was sie als ihr Gut bestimmt? ... Die Freiheit.« – »Und in der Tat, wo etwas auf die Spitze getrieben wird, da pflegt als Folge ein Umschlag ins Gegenteil einzutreten: so ist es bei den Jahreszeiten, bei den Pflanzen, bei der Ernährung des Körpers und nicht am wenigsten bei den Staaten ... Und so wird denn auch, wie es scheint, die auf die Spitze getriebene Freiheit für den einzelnen Bürger wie für den Staat in nichts anderes umschlagen als in die entsprechende Knechtschaft.« Der Weg führt über die Stellung des Volksführers. »Stellt das Volk nicht gewöhnlich *einen* Mann als seinen besonderen Führer an die Spitze, den es dann hegt und pflegt und großmächtig macht?« Dieser aber kostet von der Macht, und sie berauscht ihn, wie das Tier, das in den Blutrausch gerät. »Ist es nun nicht ebenso, wenn ein Volksführer, gestützt auf die ihm völlig ergebene Menge, vor Blutvergießen unter seinen Mitbürgern nicht zurückschreckt, sondern – wie sie es gern machen – auf ungerechte Beschuldigungen hin sie vor Gericht führt und Blutschuld auf sich lädt, indem er Menschenleben vernichtet und ... Verbannungs- und Todesurteile ausspricht, wobei er auf Niederschlagung der Schulden und Verteilung der Grundstücke von ferne hindeutet, daß dann für einen solchen die unausweichliche Notwendigkeit besteht, entweder durch seine Feinde unterzugehen oder ein Tyrann und also aus einem Menschen ein Wolf zu werden?« –
Die Geschichte der Hitlerherrschaft wurde schon vor zweitausend Jahren geschrieben!

b) Der ideale Staat

Wie im Einzelmenschen Begierde, Wille, Vernunft bestehen und die Gerechtigkeit darin liegt, daß diese drei in das richtige Verhältnis kommen, so bestehen im staatlichen Leben von Natur aus drei verschiedene Aufgaben: Ernährung und Erwerb als Grundlage, Verteidigung nach außen, Leitung durch Vernunft. Dem entsprechen die drei natürlichen Stände: die Gewerbetreibenden, die (wie Platon sie nennt) »Wächter« oder Krieger, und die Herrschenden; und die Gerechtigkeit besteht auch hier im großen darin, daß die drei, unter der Vernunft, in den rechten Einklang gebracht werden. Wie im Einzelmenschen muß Vernunft, verkörpert in den Herrschenden, im Staat regieren. Wie aber diese Berufenen herausfinden? Platon antwortet: durch Auslese.

Den Anfang muß man damit machen, daß der Staat jedem Kind, gleich welcher Herkunft, die gleichen Bildungsmöglichkeiten bietet. Gymnastik und Musik sind die Grundelemente der Erziehung in der Kindheit. Gymnastik bildet den Körper, verleiht Mut und Härte. Musik bildet die Seele, verleiht Milde und Weichheit. Ihre Vereinigung führt zu harmonischem Ebenmaß des Charakters. Zu diesen treten alsdann Rechnen, Mathematik und Vorübungen in der Dialektik, also im richtigen Denken, ferner Auferlegung von Schmerzen, Anstrengungen und Entbehrungen, abwechselnd mit Versuchungen, um die Standhaftigkeit zu erproben und zu festigen. Mit dem zwanzigsten Lebensjahr werden die, die diesen Anforderungen nicht genügen, in einer strengen und unparteiischen Prüfung aus den Anwärtern für das höchste Amt ausgeschieden. Die Verbleibenden werden weitere zehn Jahre erzogen. Dann erfolgt eine erneute Aussiebung. Dann folgt für die Verbliebenen eine fünfjährige intellektuelle Schulung in der Philosophie. Den nun Fünfunddreißigjährigen, die dies alles hinter sich gebracht haben, würde aber zur Führung doch noch ein Wesentliches fehlen: Erfahrung und Gewandtheit im praktischen Leben, im Kampf ums Dasein. Fünfzehn Jahre lang müssen sie nun sich erst noch hierin erproben und sich anstatt im Reiche der Gedanken an den hart im Raume stoßenden Sachen bewähren. Danach, als Fünfzigjährige, ernüchterte und gefestigte, im Lebenskampf erprobte, in Theorie und Praxis gleichermaßen durchgebildete Männer, rücken sie in die führenden Stellungen ein. Und zwar automatisch, ohne daß es noch einer Wahl bedürfte – denn die Besten sind schon ermittelt. Sie werden die Philosophenkönige oder königlichen Philosophen, von denen Platon träumt, die Macht und Weisheit – welch ein Ideal! – in sich vereinen.

Es liegt nahe, daß Platon, schon aus seiner Herkunft und seiner engen Beziehung zu Sokrates heraus, einem aristokratischen Staatsideal zuneigt. Seine Verfassung ist eine Aristokratie im wörtlichen Sinne: eine Herrschaft der Besten. Sie ist aber zugleich eine vollkommene Demokratie. Es gibt kein ererbtes Vorrecht, jeder hat die gleiche Möglichkeit, zu den höchsten Stellen aufzusteigen. Wenn Gleichheit der Chancen, Gleichheit des Starts für alle das Kennzeichen der Demokratie ist, so kann sie nicht folgerichtiger verwirklicht werden.

Gesetzt, es gelänge, einen solchen Staat gegen alle Widerstände einzurichten, so würden ihm von innen heraus doch beträchtliche Gefahren drohen. Die so ausgewählten Herrschenden wären sicherlich ganze Männer und keine Schwächlinge. Die allgemein menschlichen Triebe und Begierden würden sie in mindestens dem gleichen Maße aufweisen wie der Durchschnitt der übrigen Bevölkerung. Im Besitz der unbeschränkten Macht im Staate werden sie, trotz aller Erprobung und Erziehung, in Versuchung geraten, auf ihren eigenen Vorteil mehr zu sehen als auf das allgemeine Beste. Die Verlockung geht – entsprechend den menschlichen Grundtrieben »Hunger und Liebe« – von zwei Seiten aus: von Geld und Besitz, von Frau und Familie.

In beiden Richtungen muß diesen Versuchungen ein Riegel vorgeschoben werden. Für die Krieger wie für die (künftigen) Herrschenden, die sich aus den Kriegern rekrutieren – beide Gruppen faßt Platon hier unter »Wächter« zusammen –, gilt seine Vorschrift: »Vor allen Dingen soll keiner von ihnen Eigentum besitzen, soweit es irgend zu vermeiden ist; sie dürfen auch kein eigenes Haus haben mit Schloß und Riegel, das jemandem, der die Absicht hätte einzutreten, den Eintritt verwehren würde. Sie sollen nur so viel empfangen, wie von abgehärteten Kriegern benötigt wird, die gemäßigte und tapfere Männer sind. Sie werden von den Bürgern eine bestimmte Summe erhalten, so viel, wie zur Deckung der Jahresausgaben genügt, damit nicht etwas für das nächste Jahr übrigbleibe, und sie werden gemeinsame Mahlzeiten einnehmen und beisammen wohnen wie Soldaten im Lager. Wir werden ihnen sagen, sie hätten genug Silber und Gold von Gott erhalten, das göttlichere Metall läge in ihnen, sie benötigten daher nicht auch noch irdisches Gold. Es soll ihnen nicht erlaubt sein, jenen Besitz durch Beimischung von irdischem Gold zu entweihen ... Sie allein dürfen unter allen Brüdern kein Gold und Silber berühren oder mit diesen Erzen etwas zu schaffen haben, noch auch unter demselben Dache mit ihnen wohnen oder sie an ihren Kleidern tragen oder aus ihnen trinken. Und das wird ihr Heil sein und das des Staates ... Würden sie aber jemals ein eigenes Heim oder Land oder Gold erwerben, so würden sie zu Hausherren und Gutsbesitzern statt Wächtern werden, rauhe Gebieter statt Verbündete der andern Bürger sein; sie würden die anderen hassen und sie belauern und wären selber Gegenstände des Hasses und der Belauerung und würden ihr Leben in größerer Angst vor in- als vor ausländischen Feinden verbringen; und die Stunde des Zusammenbruchs für sie selbst und auch für den Staat wird nahe sein.«[29]

Die Gemeinsamkeit in allem wird sich bei den Wächtern auch auf die Frauen erstrecken. Die Wächter werden keine Ehefrauen haben. Es wird vielmehr die Einrichtung getroffen, »daß diese Frauen alle allen diesen Männern gemeinsam seien, keine aber irgendeinem besonders beiwohne, und so auch die Kinder gemeinsam, so daß weder ein Vater sein Kind kenne noch auch ein Kind seinen Vater«[30]. Allgemein wird die Auswahl der Frauen unter dem Gesichtspunkt getroffen werden, daß »die trefflichsten Männer den trefflichsten Frauen so oft als möglich, die minderwertigsten Männer den minderwertigsten Frauen so selten als möglich beiwohnen; und die Kinder jener sollten aufgezogen werden, die dieser nicht, wenn die Herde auf der Höhe bleiben soll«. »Die Menge aber der Hochzeiten wollen wir den Regenten freistellen, damit diese, indem sie Kriege und Krankheiten und alles dergleichen mit in Anschlag bringen, uns möglichst dieselbe Anzahl von Männern erhalten . . .«[31]

Die breite Masse der Erwerbstätigen wird Privateigentum und private Familie beibehalten, dafür aber von jedem politischen Einfluß ausgeschlossen sein.

Vermerken wir am Schluß, daß in den »Gesetzen«, dem Alterswerk des greisen Platon, manche Einseitigkeiten seiner früheren Staatslehre gemildert erscheinen und seine ganze Auffassung eine größere Lebensnähe erreicht. Er empfiehlt hier zum Beispiel eine Verfassung, die aus den verschiedenen Systemen gemischt ist.

8. KRITIK UND WÜRDIGUNG

a) Zur Kritik der platonischen Staatslehre

Ein Argument wird der Staatslehre Platons entgegengeschleudert: Utopie. Man sagt, sie möge manches Richtige enthalten, sei aber schlechthin undurchführbar. Schon Platons Schüler Aristoteles sagte über sie mit merklichem Spott: »Diese und viele andere Dinge wurden im Laufe der Jahre wiederholt neu ersonnen.«[32]

Vor allem wird folgendes geltend gemacht: Platon unterschätze den Besitztrieb des Mannes sowohl im Hinblick auf materiellen Besitz wie auf die Frau, wenn er glaube, daß ein Stand sich mit konsequentem Kommunismus sowohl auf geschlechtlichem wie auf dem Gebiete des Eigentums abfinden werde. Ferner würde, wenn man den Müttern ihre Kinder nehme, der mütterliche Instinkt und damit vieles von natürlicher Eigenart und Würde der Frau verkümmern. Die Zerstörung der Familie als geschichtlicher Wurzel und steter Grundlage des Staates und der Gesittung müßte gesellschaftlichen Zerfall notwendig nach sich ziehen.[33]

Solchen – sicher nicht leicht zu nehmenden – Einwänden wird von Verteidigern Platons entgegengehalten, daß er diese Forderungen nur für eine auserlesene Minderheit stellt und sehr wohl weiß, daß die Mehrzahl der Menschen auf Eigentum, Geld, Luxus, privates Familienleben nie verzichten wird; ferner, daß Platon selbst in der Abgeklärtheit des Alters die meisten seiner etwas überspannten Forderungen selbst wieder fallengelassen hat; weiter, daß in der Geschichte Teile der platonischen Lehren wiederholt in die Wirklichkeit umgesetzt worden sind. Man braucht nur darauf hinzuweisen, daß vieles bei Platon an die modernen totalitären Staaten erinnert, zum Beispiel die eugenischen (auf Reinhaltung und Verbesserung der Rasse gerichteten) Maßnahmen an den Nationalsozialismus, der wirtschaftliche Kommunismus an die Sowjetunion; anderes, wie die Herrschaft einer durch Auslese aus allen Schichten gewonnenen geistigen Führungsschicht, an die katholische Kirche und an den Jesuitenstaat in Paraguay. Endlich war sich wohl auch Platon darüber klar, ein schwer erreichbares Ideal entworfen zu haben, das ihm aber als solches notwendig und wertvoll schien: »So steht im Himmel das Muster einer solchen Stadt, und wer will, kann es sehen und sich sehend nach ihm richten, und gleichgültig, ob es in Wirklichkeit eine solche Stadt gibt oder jemals geben wird, . . . wird er die Sache dieser und keiner anderen Stadt vertreten wollen.«[34]

Ein zweiter schwerwiegender Einwand besagt, daß Platon den untrennbaren Zusammenhang der politischen und der wirtschaftlichen Macht nicht berücksichtigt habe. Die Regierenden würden in Platons Staat eine politische Machtstellung ohne wirtschaftliches Fundament in Händen haben, wirtschaftlich aber vielmehr von den anderen Ständen abhängig sein. Die Geschichte beweise jedoch, daß die gesellschaftliche Macht auf die Dauer immer den Verschiebungen in den ökonomischen Verhältnissen folgt.

Der dritte Einwand ist der, daß Platon aus der in seinen Lebenserfahrungen begründeten Angst vor Mißbrauch demokratischer Rechte und geistiger Freiheiten wohl nach der anderen Seite zu weit gegangen sei; verlangt er doch (meist mit dem Vorbild der spartanischen Verfassung vor Augen) zum Beispiel die rücksichtslose Verfolgung religiöser »Ketzerei«, will Dichtung, Musik und bildende Kunst einer strengen Zensur unterwerfen und nur so weit gelten und bestehen lassen, als sie als Bildungsmittel den Wert der Tugend und die Verwerflichkeit des Lasters einschärfen. Das führt bei ihm dazu, daß er die schönsten Schöpfungen aus der Vergangenheit seines eigenen Volkes, zum Beispiel die Dichtungen Homers, als diesen Anforderungen nicht genügend ausscheiden will. – Nach den Erfahrungen der Gegenwart wird man auch die außerordentliche, ja unerträgliche Gefahr wohl bedenken müssen, die darin liegt, dem Staat uneingeschränkte Machtvollkommenheit zu eugenischen Maßnahmen – Vernichtung des Erbkranken und Lebensuntüchtigen usw. – einzuräumen.

b) Platons Stellung in der griechischen Geistesgeschichte

Platons Werk in seinem – hier nicht annähernd erschöpften – ganzen Umfang ist der Gipfel der griechischen Philosophie. Alles Vorangegangene fließt in ihm wie in einem Brennpunkt zusammen. Außer auf sokratische und gewisse Elemente der sophistischen hat Platon auch auf die ältere Naturphilosophie zurückgegriffen. Dabei hat er nach anfänglicher Hinneigung zum starren Sein der eleatischen Schule später die Berechtigung des Werdens und der Vielheit mit aufgenommen, womit er in der Stellung zur Frage »Sein und Werden« Heraklit nahegerückt ist.[35]

Vor allem aber vereinigt sich in Platon erstmalig die Tradition der bisherigen griechischen Vernunftphilosophie mit dem in Orphik und Pythagoreismus schon zutage getretenen Glauben an Seelenwanderung, Läuterung und Erlösung. Platon gehört zu den seltenen Menschen, die mit dem Ewigkeitsgedanken vollen Ernst machen. Es zieht sich durch seine ethischen Betrachtungen die Grundanschauung »Was hülfe es dem Menschen, wenn er die ganze Welt gewönne und nähme doch Schaden an seiner Seele«[36]. Damit muß aber, wie wir schon bei den indischen Upanischaden gesehen haben, eine Abwertung des Sinnlichen notwendig Hand in Hand gehen. Diese aus dem Orient kommende Auffassung vom Menschen ist als ein »fremder Tropfen im griechischen Blut« bezeichnet worden. In diesem Zusammenhang hat Friedrich Nietzsche die Lehre Platons »vermoralisiert«, »präexistent-christlich«, als »höheren Schwindel« angegriffen: »Man hat teuer dafür bezahlt, daß dieser Athener bei den Ägyptern in die Schule ging . . .«[37]

In der Tat bedeutet das Werk Platons, das einerseits die bisherige griechische Philosophie zusammenfaßt, zugleich einen Schritt über diese hinaus, ja einen Bruch mit der bisherigen Überlieferung des griechischen Volkes. Dem entspricht es, daß Platon mit einigen Grundelementen der hellenischen Kultur in Konflikt geraten mußte: Wie er die großen athenischen Staatsmänner nicht als wahre Erzieher des Volkes zur Sittlichkeit anerkennt, so verwirft er auch die große künstlerische und literarische Vergangenheit der Griechen und ihre Erzeugnisse, und dies, obwohl es ihn als feinempfindenden Künstler und Liebhaber alles Schönen viel Selbstüberwindung gekostet haben muß, diese Werte eines unbedingten sittlichen Entweder-Oder fallenzulassen.[38]

c) Platon und die Nachwelt

Die Nachwirkung der Platonischen Philosophie ist unabsehbar. Sie erlebte eine erste Auferstehung im Neuplatonismus, der mehrere Jahrhunderte lang das herrschende System der Spätantike war. Sie wurde der stärkste Bundesgenosse der aufsteigenden christlichen Theologie und Philosophie im Mittelalter. Sie erlebte eine regelrechte »Renaissance« zu Beginn der Neuzeit. In der Gegenwart hat sich das philosophische Interesse erneut ihr zugewandt. Die Größe Platons liegt ebensosehr in seinem psychologischen Tiefblick – er hat manche Erkenntnisse der modernen Tiefenpsychologie vorweggenommen – und der alles umgreifenden Universalität seines Geistes, wie in seinem festgegründeten, von tiefem Ernst durchdrungenen menschlichen Charakter. »Platon ist und bleibt für alle Zeiten der Begründer der idealistischen Philosophie, der Vorkämpfer der Herrschaft des Geistigen im Leben, der Verkünder unbedingter sittlicher Normen für das menschliche

Handeln und durch das alles einer der größten Erzieher der Menschheit.«[39]

Der Nachwelt erschien Platon schon bald nach seinem Hinscheiden als die verklärte Gestalt eines Weisen, der in harmonischem Gleichgewicht der Kräfte nach sittlicher Schönheit strebt. So preist ihn Aristoteles als denjenigen, der

»Wo nicht allein, so zuerst von den Sterblichen deutlich gezeigt hat,
Durch sein Leben sowohl als durch sein lehrendes Wort,
Daß rechtschaffen und glücklich *zugleich* der Mensch nur kann werden.
Nun, da im Tod er verstummt, kündet es keiner uns mehr.«[40]

Goethe schrieb über Platon: »Plato verhält sich zur Welt wie ein seliger Geist, dem es beliebt, einige Zeit auf ihr zu herbergen ... Er dringt in die Tiefen, mehr, um sie mit seinem Wesen auszufüllen, als um sie zu erforschen. Er bewegt sich nach der Höhe, mit Sehnsucht, seines Ursprunges wieder teilhaftig zu werden. Alles, was er äußert, bezieht sich auf ein ewig Ganzes, Gutes, Wahres, Schönes, dessen Förderung er in jedem Busen aufzuregen strebt.«[41]

Freilich ist das etwas idealisiert und Platon allzusehr als ein über den Dingen schwebender »Olympier« gesehen. Sein Bild zeigt uns doch eher »ein tiefernstes Antlitz, in dem ein kämpferisches Leben seine Spuren hinterlassen hat«[42].

In unserem Jahrhundert hat Karl Popper (auf den ich im Schlußteil dieses Buches eingehe) im ersten Band seines Werkes »Die offene Gesellschaft und ihre Feinde« (Untertitel: Der Zauber Platons) diesen als Urheber vieler Fehlentwicklungen des europäischen Staatsdenkens – und damit unserer Geschichte – sowie als Ahnherrn des totalitären Staates angegriffen.

IV. Aristoteles

1. DAS LEBEN DES ARISTOTELES

Platons größter Schüler und Gegenspieler entstammte einer Familie von Ärzten. Er wurde 384 v. Chr. in Stageira in Thrakien, im Norden des heutigen Griechenland, geboren. In jungen Jahren kam er nach Athen und war 20 Jahre lang Schüler der Platonischen Akademie. Zwischen dem damals schon in den Sechzigern stehenden Platon und seinem mehr als 40 Jahre jüngeren genialen Schüler scheinen sich, wie beim Aufeinanderprallen zweier Genies zu erwarten, gewisse Gegensätze schon damals gezeigt zu haben.[43]

Nach Platons Tode lebte Aristoteles eine Zeitlang in Kleinasien am Hofe eines früheren Mitschülers, der es dort inzwischen zum Diktator gebracht hatte, und heiratete dessen Adoptivtochter. Philipp, König von Makedonien, der Griechenland mit Gewalt einigte, berief ihn dann an seinen Hof, um die Erziehung seines Sohnes Alexander zu übernehmen, der nachmals der Große genannt wurde.

Nach dem Regierungsantritt Alexanders kehrte Aristoteles nach Athen zurück und eröffnete hier eine eigene Schule, Lykeion (Lyzeum) genannt. In Athen entfaltete er eine ausgedehnte Forschungs- und Lehrtätigkeit. Wahrscheinlich standen ihm dafür außer seinem eigenen Vermögen reiche Mittel zu Gebote, die er von Alexander erhielt. Aristoteles legte sich eine große Privatbibliothek an, dazu eine naturwissenschaftliche Sammlung mit Pflanzen und Tieren aus der ganzen damals bekannten Welt. Alexander soll seine Gärtner, Jäger und Fischer angewiesen haben, Exemplare aller vorkommenden Pflanzen- und Tierarten an Aristoteles zu senden. Zu Vergleichszwecken ließ Aristoteles auch alle bekannten Staatsverfassungen sammeln, insgesamt 158.

Gegen Ende der zwölf Jahre, die Aristoteles seiner Schule vorstand, geriet er in politische Bedrängnis dadurch, daß auf der einen Seite sich sein Verhältnis zu Alexander trübte, er aber andererseits in Athen als Freund Alexanders und der mazedonischen Politik, die Athen seiner Freiheit beraubt hatte, heftig angefeindet wurde. Nach dem frühen Tode Alexanders entlud sich in plötzlichem Ausbruch der Haß gegen die »mazedonische Partei« in Athen. Aristoteles wurde, wie Sokrates, der Gottlosigkeit angeklagt, entzog sich aber dem drohenden Todesurteil durch die Flucht, um, wie er sagte, den Athenern nicht zum zweiten Male Gelegenheit zu geben, sich gegen die Philosophie zu versündigen. Im darauffolgenden Jahre, 322 v. Chr., starb er vereinsamt im Exil. Es ist nichts Neues, daß ein Staat seine besten Köpfe in die Verbannung treibt.

2. DAS LEBENSWERK DES ARISTOTELES

Den Gelehrten des Altertums waren mehrere hundert Schriften des Aristoteles bekannt. Während seiner Lehrtätigkeit hielt Aristoteles Vorlesungen vor einem kleineren Kreis Fortgeschrittener, daneben volkstümlichere Vorträge vor einem größeren Kreis. Auch seine Schriften waren zum einen Teil solche, die nach der Art der Darstellung für weitere Kreise bestimmt waren, zum anderen rein fachwissenschaftliche, für den Gebrauch in der Schule berechnete. Die ersteren, die im Altertum den platonischen Dialogen an die Seite gestellt wurden, sind ganz verloren. Von den Fachschriften ist ein Teil erhalten, der aber immer noch so umfangreich und vielseitig ist, daß er eine Vorstellung von der Weite und Größe des ganzen Werkes vermittelt. Diese Schriften sind großenteils nur notdürftig geordnet, schwierig zu lesen und daher auch für längere wörtliche Anführungen nicht so geeignet wie die Platons.

Eine Ordnung des Erhaltenen nach der Entstehungszeit ist nicht möglich. Die Werke können, nachdem durch eine schwierige Forschungsarbeit das Echte vom Unechten gesondert ist, nach ihrem Inhalt etwa in folgende Gruppen gegliedert werden[44]:

I. Schriften zur *Logik*: Kategorienlehre, die beiden Analytiken (Lehre von den Schlüssen und von der Beweisführung), Topik (enthält die »Dialektik« des Aristoteles). – Diese logischen Schriften wurden schon im Altertum unter dem Namen »Organon«, das heißt »Werkzeug« (zum richtigen philosophischen Denken nämlich) zusammengefaßt.

II. Schriften zur *Naturwissenschaft*: Physik (8 Bücher), Vom Himmel, Vom Entstehen und Vergehen, Wetterkunde (Meteorologie). Über die Lebewesen handeln: mehrere Schriften über die Seele (auch über das Gedächtnis und über Träume), Tierbeschreibung, Von den Teilen der Tiere, Vom Gang der Tiere, Von der Entstehung der Tiere.

III. Schriften zur *Metaphysik*. Unter diesem Namen ordnete ein antiker Herausgeber der Werke des Aristoteles die Schriften ein, in denen von den allgemeinen Ursachen der Dinge gehandelt wird. Sie standen in seiner Sammlung hinter den Naturwissenschaften, hinter der Physik, griechisch: meta ta physika. Diese rein äußerliche Kennzeichnung wurde im Laufe der philosophischen Entwicklung der Spätantike umgedeutet in »das über die Natur (Physik) Hinausgehende«, »das jenseits der Natur Liegende«. Seither versteht man unter Metaphysik die philosophische Disziplin, die nicht die einzelnen Dinge, sondern die Dinge in Hinsicht auf ihr Dingsein, »das Seiende als Seiendes« zu erkennen sucht.

IV. Schriften zur *Ethik*, die 10 Bücher der sogenannten Nikomachischen Ethik, benannt nach Aristoteles' Sohn Nikomachos.

V. Schriften zur *Politik*, 8 Bücher.

VI. Schriften zur *Literatur und Rhetorik*, 3 Bücher über die Redekunst, eines über die Dichtkunst. –

Zwischen dem nüchternen, auf Sammlung und Katalogisierung alles Bestehenden und auf streng logische Beweisführung ausgehenden Geiste des Aristoteles und der dichterisch beflügelten, auf das Schöne und Ideale gerichteten Phantasie Platons besteht ein tiefgreifender Unterschied. Der gleiche Unterschied tritt beim Vergleich der Lebenswerke beider in Erscheinung. Aristoteles ist in erster Linie Wissenschaftler. Er ist es freilich in einem umfassenden Sinne: sein Forscherdrang erstreckt sich auf alle Gebiete wissenschaftlichen Erkennens, und über der Sammlung und Beschreibung von Tatsachen erblickt auch er in der

philosophischen Erkenntnis, die alles Bestehende unter einheitliche Prinzipien ordnet, die Krone des Wissens. Sein Werk ist eine geistige Welteroberung, in ihrer Art nicht weniger großartig und für die Geschichte der Menschheit ebenso folgenreich wie die Siege seines welterobernden Schülers Alexander. Mit Aristoteles beginnt die heute ins Bedrohliche gewachsene »Verwissenschaftlichung« der Welt.
Die Probleme der richtigen Zuordnung und Interpretation der Werke sind zahllos und bestehen zum Teil auch heute.

3. DIE LOGIK

Aristoteles hat die Logik als eigene Wissenschaft geschaffen. Logik ist abgeleitet von Logos. Aristoteles selbst verwendet diese Bezeichnung aber noch nicht, er sagt »Analytik« und anders. Logik ist die Lehre vom richtigen Denken, genauer von den Formen und Methoden (also nicht dem Inhalt) des richtigen Denkens. Sie kann nicht zeigen, *was* man denken muß, sondern nur, *wie* man, von irgendeinem Gegebenen ausgehend, denkend fortschreiten muß, um zu richtigen Ergebnissen zu gelangen. Das unterscheidet die Logik als *formale* von den *Real*wissenschaften. Von der Psychologie, die sich ja auch mit dem menschlichen Denken befaßt, unterscheidet sie sich dadurch, daß sie nicht wie diese lehrt, wie sich der Verlauf unserer Gedanken wirklich abspielt, sondern wie er sich vollziehen *soll*, damit er zu wissenschaftlicher Erkenntnis führe.[45] Ihre wichtigsten Elemente sind (in Abwandlung der Reihenfolge, in der Aristoteles sie bringt):
Begriff. Unser verstandesmäßiges Denken vollzieht sich in Begriffen. Richtig kann das Denken nur sein, wenn es mit richtigen Begriffen arbeitet. Wie gewinnen wir klare, für das wissenschaftliche Denken brauchbare Begriffe? Durch Definition.
Zu jeder Definition gehören zwei Teile. Sie muß einerseits den zu definierenden Gegenstand in eine Klasse einordnen, deren allgemeine Kennzeichen mit den Kennzeichen des zu definierenden Gegenstandes *übereinstimmen*: Was ist der Mensch? Der Mensch ist ein *Lebewesen.* Sie muß andererseits angeben, worin sich der Gegenstand von den anderen Gegenständen der gleichen Klasse *unterscheidet*: Der Mensch ist ein *vernunftbegabtes* Lebewesen (oder sprechendes, oder Werkzeuge brauchendes, oder worin immer man den kennzeichnenden Unterschied sehen will). Die Definition enthält also ein trennendes, unterscheidendes und ein verbindendes, gemeinsames Merkmal (bzw. mehrere).
Es gibt Begriffe von höherer und geringerer Allgemeinheit. Lebewesen zum Beispiel ist ein allgemeinerer Begriff als Mensch oder Hund, da es neben diesen noch andere Lebewesen gibt. Man kann, indem man von einem Begriff höherer Allgemeinheit (Gattungsbegriff) ausgeht, durch

Hinzunahme immer weiterer »spezifischer Unterschiede« zu engeren Begriffen (Artbegriffen) herabsteigen und von diesen weiter zu Begriffen, die so eng sind, daß sie sich nicht mehr in weitere Unterarten aufspalten lassen, sondern nur noch Einzelwesen unter sich begreifen: Lebewesen – Säugetier – Hund – Dackel – Langhaardackel – brauner Langhaardackel – »dieser« braune Langhaardackel. Die Begriffslehre des Aristoteles legt größten Wert darauf, daß das Absteigen vom Allgemeinen zum Besonderen und das umgekehrte Aufsteigen sich in der richtigen, stufenweisen, kein Zwischenglied auslassenden Reihenfolge vollziehe.

Kategorie. Dieser Ausdruck ist von Aristoteles eingeführt. Aristoteles greift zunächst wahllos Begriffe heraus und prüft, ob diese sich noch von übergeordneten Gattungsbegriffen ableiten lassen oder nicht. Auf diese Weise kommt er zu zehn Kategorien, von denen er annimmt, daß sie keinen gemeinsamen Oberbegriff mehr haben, also ursprüngliche oder Grundbegriffe aller anderen sind. Diese Kategorien bezeichnen gleichsam die verschiedenen möglichen Gesichtspunkte, unter denen sich ein Ding überhaupt betrachten läßt.

Die zehn Kategorien des Aristoteles sind: Substanz, Quantität (Menge), Qualität (Beschaffenheit), Relation (Beziehung), Ort, Zeitpunkt, Lage, Haben, Wirken, Leiden.

In späteren Aufzählungen hat Aristoteles noch einige Kategorien weggelassen. Auch sind ihm nicht alle gleichwertig. Die ersten vier sind die wichtigsten, unter diesen aber die Substanz. Es ist klar, daß sich hierüber streiten läßt. Das ist auch genugsam geschehen und wird uns noch beschäftigen. In der Neuzeit hat Immanuel Kant einen bedeutenden Versuch unternommen, eine »Tafel« der Kategorien zu schaffen.

Urteil. Begriffe verknüpfen wir zu Sätzen oder Urteilen (im logischen, nicht etwa im juristischen Sinne). In jedem Urteil werden (mindestens) zwei Begriffe miteinander verbunden. Subjekt heißt der Begriff, über den etwas ausgesagt wird. Prädikat heißt die Aussage, die über das Subjekt gemacht wird. (Wir bemerken, wie sehr dies alles an den Aufbau der – griechischen! – Sprache angelehnt ist.)

Aristoteles versucht die Urteile in verschiedene Klassen einzuteilen. Er unterscheidet das bejahende Urteil: Diese Nelke ist rot, vom verneinenden: Diese Nelke ist nicht rot. Er unterscheidet das allgemeine Urteil: Alle Nelken welken – vom besonderen: Einige Nelken duften nicht – und vom Einzelurteil: Diese Nelke ist gelb. Er unterscheidet schließlich Urteile, die ein Sein aussagen: Diese Nelke blüht – von solchen, die ein Notwendigsein aussagen: Diese Nelke muß heute aufblühen – und solchen, die ein bloßes Möglichsein aussagen: Diese Nelke kann heute noch aufblühen.

Schluß. Urteile verbinden wir zu Schlüssen. Die Lehre vom Schluß ist das Kernstück der aristotelischen Logik. Das Fortschreiten des Denkens geht nach Aristoteles immer in Schlüssen vor sich. Ein Schluß ist »eine Rede, in der aus gewissen Voraussetzungen etwas Neues hervorgeht«[46]. Er ist die Ableitung eines (neuen) Urteils aus anderen Urteilen. Er besteht also immer aus den Voraussetzungen (Prämissen) und der aus diesen gezogenen Schlußfolgerung (Konklusion).

Im Mittelpunkt der Schlußlehre steht der sogenannte Syllogismus. Er besteht aus drei Teilen: einem (allgemeinen) Obersatz: Alle Menschen sind sterblich; einem (speziellen) Untersatz: Sokrates ist ein Mensch. Dies sind die Prämissen. Folgerung: *Also* ist (auch) Sokrates sterblich. Aristoteles hat mehrere Grundfiguren solcher Schlüsse zusammengestellt. Einer kritischen Regung, die sich hier vielleicht beim aufmerksamen Leser bemerkbar machen mag, wollen wir insoweit nachgeben, als wir auf folgendes hinweisen. Eine Schwäche dieser syllogistischen Figur liegt darin, daß dasjenige, was in der Schlußfolgerung erst herauskommen soll (Sokrates ist sterblich), eigentlich schon in dem Obersatz der Prämisse vorausgesetzt ist. Denn wäre Sokrates nicht sterblich, so würde eben der Obersatz: Alle Menschen sind sterblich – in der behaupteten Allgemeinheit nicht richtig sein.

Beweis. Schlüsse endlich verknüpfen wir zu Beweisen. Beweis ist die (logisch) zwingende Herleitung eines Satzes aus anderen Sätzen vermittels fortlaufender Schlüsse. Dasjenige, aus dem eine Behauptung bewiesen werden soll, muß natürlich seinerseits gesichert sein. Man muß es also wiederum aus übergeordneten Sätzen beweisen können. Setzt man das fort, so wird man zwangsläufig auf eine Grenze stoßen, auf Sätze allgemeinsten Charakters, die ihrerseits nicht mehr weiter bewiesen werden können. In unserer Vernunft haben wir nun nach Aristoteles ein Vermögen zur unmittelbaren und irrtumsfreien Erfassung solcher allgemeiner Sätze. Deren oberster ist der *Satz vom Widerspruch*: »Etwas, das ist, kann nicht gleichzeitig und in derselben Hinsicht nicht sein.« Von den vier Grundsätzen des Denkens ist damit bei Aristoteles der erste formuliert (seine Fassung lautet: »Dasselbe kann demselben in derselben Hinsicht nicht zugleich zukommen und nicht zukommen«). Die übrigen drei Prinzipien, die in der Entwicklung der Philosophie erst später formuliert wurden, sind der Satz der Identität (a = a), der Satz vom ausgeschlossenen Dritten (»Zwischen Sein und Nichtsein desselben Sachverhalts gibt es kein Drittes«) und der Satz vom zureichenden Grunde.

Induktion. Aristoteles war sich als Naturforscher darüber klar, daß die Ableitung des Besonderen aus dem Allgemeinen mittels solcher Beweise *allein* uns niemals zureichende Erkenntnis verschaffen kann. In der Praxis müssen wir in der Regel gerade den umgekehrten Weg gehen, nämlich von den Einzelbeobachtungen ausgehen und, indem wir diese vergleichen und zusammennehmen, allmählich zu allgemei-

nen Schlußfolgerungen kommen. Dieser Weg, die Induktion, wird deshalb von Aristoteles ebenfalls erörtert.
Induktion ist das Verfahren, einen Satz, anstatt ihn aus einem allgemeineren theoretisch herzuleiten (sog. Deduktion), dadurch zu erhärten, daß man seine tatsächliche Geltung an möglichst vielen unter ihn gehörenden Einzelfällen aufzeigt. Zum Beispiel kann der Satz »Metalle sind schwerer als Wasser« dadurch erhärtet werden, daß man nacheinander aufzeigt: Gold ist schwerer als Wasser, Silber ist schwerer als Wasser, Eisen ist schwerer als Wasser, und so fort. Eine unbedingte Gewißheit wird er freilich auf diese Weise niemals erlangen. Denn selbst wenn man alle bekannten Metalle durchprobiert, so könnte doch immer noch ein Metall entdeckt werden, das sich anders verhält. Und tatsächlich konnte unser Beispielsatz nur so lange als richtig anerkannt werden, bis man im Kalium ein Metall entdeckt hatte, das leichter als Wasser ist.[47]
Kann man mit der Induktion auch über eine größere oder mindere Wahrscheinlichkeit nicht hinauskommen, so bleibt sie doch eine unentbehrliche Methode der Wissenschaft.
Auch Aristoteles war es klar, daß es unmöglich ist, alle denkbaren Einzelfälle je durch Beobachtung zu erfassen und damit einen Satz auf induktivem Wege schlüssig zu beweisen. Er sucht deshalb nach einem Wege, der Induktion einen höheren Grad von Gewißheit zu geben, und findet ihn darin, daß er bei einem bestimmten Satz jeweils untersucht, wieviel Gelehrte vor ihm diesen schon für richtig gehalten haben und welche Autorität ihnen zukommt. Dieses Verfahren hat freilich enge Grenzen; denn alle Gelehrten können übereinstimmen und doch irren.
Es versteht sich, daß die Induktion als Methode der Naturforschung nur für denjenigen Wert besitzt, der der Erfahrung, also der tatsächlichen Wahrnehmung durch die Sinne, vertraut. Aristoteles, wie es von einem derart auf liebevolle Vertiefung in die Einzelheiten des Bestehenden ausgehenden Forscher zu erwarten ist, nimmt denn auch – im Gegensatz zu Platon – die Fähigkeit der Sinne, richtige Erkenntnis zu vermitteln, ausdrücklich in Schutz.[48] Er sagt sogar, daß die Sinne als solche uns niemals täuschen, daß aller Irrtum nur aus der falschen Unterordnung und Verknüpfung der durch die Sinne gelieferten Daten im Denken entspringe; woraus sich auch das Gewicht erklärt, das er auf richtige Denkschulung, eben die Logik, legen muß.

4. DIE NATUR

a) Physik

Was Aristoteles unter diesem Titel vorträgt, ist teils mehr Metaphysik als Physik, teils jedenfalls *theoretische* Physik. Er setzt sich mit den allgemeinsten Grundbegriffen der Physik auseinander: Raum, Zeit,

Materie, Ursache, Bewegung. Er entwirft ein Bild des Weltgebäudes und seiner Teile. Einen großen Raum in den naturwissenschaftlichen Schriften nimmt die Aufzählung der Ansichten seiner Vorgänger und deren Kritik ein. Darin verfährt Aristoteles des öfteren höchst ungerecht. Immerhin verdanken wir diesen Partien zum wesentlichen Teil unsere Kenntnis davon, was jene Männer überhaupt gelehrt haben.
Wir heben aus der Physik nur einen Grundgedanken hervor, der für die spätere Naturerklärung am folgenreichsten ist: Die Beobachtung der Natur läßt uns überall eine wunderbare *Zweckmäßigkeit* erkennen. Vom Größten bis zum Kleinsten ist alles zweckmäßig geordnet. Da das, was regelmäßig auftritt, nicht vom Zufall hergeleitet werden kann, ist die durchgängige Zweckmäßigkeit der Natur so zu erklären, daß der eigentliche Grund der Dinge in ihren Endursachen, in ihrer Zweckbestimmung liegt. Man nennt diese Art der Naturerklärung *teleologisch.*

b) Das Stufenreich des Lebendigen

Ob Aristoteles ein wissenschaftliches Werk über die Pflanzen geschrieben hat, ist nicht sicher. Sicher ist, daß er sich mit Botanik befaßt hat. Auf jeden Fall aber ist er der Haupturheber der (systematischen und vergleichenden) Zoologie (Tierkunde). Das Lebende ist ausgezeichnet durch die Fähigkeit, sich selbst zu bewegen. Da Bewegung, wie in der Metaphysik dargelegt, nur geschehen kann, wo neben einem Bewegten auch ein Bewegendes ist, so muß, was sich selbst bewegt, sowohl ein Bewegtes wie ein Bewegendes in sich enthalten. Das Bewegte ist der Leib, das Bewegende die Seele. Das Verhältnis von Leib und Seele ist dasselbe wie zwischen Stoff und Form, denn der Leib ist Stoff, und die Seele ist Form. Die den Leib bewegende und formende Seele nennt Aristoteles mit einem bis heute vielgebrauchten Wort *Entelechie.*
Wie die Form Zweck des Stoffes, ist die Seele der Zweck des Leibes, und der Leib Werkzeug (griechisch Organon) der Seele. Von hier stammen die Begriffe Organ, Organismus, organisch.[49]
Die unterste Stufe des Organischen bilden die Pflanzen. Ihre Lebensfunktionen sind Ernährung und Fortpflanzung. Bei den Tieren tritt die Fähigkeit zur Sinneswahrnehmung und Ortsveränderung hinzu, beim Menschen darüber hinaus die Fähigkeit zu denken. Es gibt also drei Arten von Seelen, die ernährende oder Pflanzenseele, die empfindende oder Tierseele, die denkende oder Menschenseele. Die jeweils höhere kann nicht ohne die niedrigere bestehen. So alt ist die Lehre von der »Schichtung« der Persönlichkeit, die in der neuesten Psychologie wiederkehrt.
Wir übergehen die Einzelergebnisse der zoologischen Forschung des Aristoteles. Es sind zum Teil natürlich falsche und ungenaue, was

aus den unentwickelten Beobachtungsmethoden und dem gänzlichen Mangel an Instrumenten in der damaligen Zeit zu begreifen ist. Es sind zum anderen Teil grundlegend neue und richtige Einsichten, zum Beispiel in der Embryologie. Zusammengenommen bilden sie das Fundament aller späteren Arbeiten in dieser Wissenschaft – eine Leistung, die allein ausgereicht hätte, um einem Forscher dauernden Nachruhm zu sichern. Im Werk des Aristoteles bilden sie nur einen kleinen Ausschnitt.

5. DIE METAPHYSIK

a) Das Einzelne und das Allgemeine

Was ist eigentlich wirklich: das Einzelne oder das Allgemeine? Platon hatte gesagt: Wirklichkeit kommt nur den allgemeinen Ideen zu, die Einzeldinge sind nur von diesen abgeleitete und unvollkommene Nachbildungen. Aristoteles folgt ihm darin nicht. Das Allgemeine ist ihm nicht ein ideelles, gleichsam jenseitiges Urbild. Wenn wir Allgemeines aussagen, so können wir das im Grunde immer nur von den in Zeit und Raum existierenden Einzeldingen: auf sie beziehen sich alle unsere Urteile. Allerdings – Aristoteles geht nicht so weit wie die Denker, die wir später im Mittelalter als »Nominalisten« die Position des Platon bekämpfen sehen. Sie sehen im allgemeinen Begriff etwas, das ausschließlich in unseren Köpfen existiert, das von einer Anzahl von Einzeldingen auf Grund bestimmter Ähnlichkeiten abgezogen, abstrahiert ist. Demgegenüber bleibt Aristoteles mit seinem Meister darin einig, daß wir im Allgemeinen etwas vom *Wesen* des Seienden erfassen: Wenn wir aus der Wahrnehmung vieler ähnlicher und niemals gleicher Einzelwesen den Begriff Mensch bilden, so haben wir damit nicht bloß ein Hilfsmittel, das uns in den Stand setzt, uns in der verwirrenden Vielfalt der Einzeldinge zurechtzufinden – wir erfassen vielmehr das Gemeinsame, das Wesen, das in den Einzelwesen und -dingen verkörpert ist. Platon und Aristoteles gemeinsam ist die Überzeugung, daß eine Kongruenz zwischen dem Seienden und unserer Erkenntnis gegeben ist, daß wir in unserem Erkennen und Sprechen die Struktur des Seienden erfassen, abbilden können: daß gleichsam Ontologie und Logik (oder Sein und Erkennen) sich decken oder jedenfalls einander zugeordnet sind.

Bei der Betrachtung der Philosophie im christlichen Mittelalter werden wir sehen, wie das hier liegende Problem wieder aufbricht und viel radikaler ausgetragen wird.

b) Stoff und Form

Nun sieht aber Aristoteles, genau wie Platon es sah, daß die zahllosen »Bäume« vergehen, während »Baum« als Allgemeines vom Wechsel der Einzelerscheinungen unberührt fortbesteht. Wollen wir sicheres Wissen haben, so kann sich dieses nicht auf die – zufälligen und veränderlichen – Einzelerscheinungen beziehen, sondern nur auf das Notwendige und Unveränderliche. Dieses Unveränderliche findet Aristoteles in den *Formen* (wofür er aber auch zum Teil wieder den von Platon verwendeten Begriff »eidos« = Idee gebraucht).

Um aber von Form sprechen zu können, muß man etwas voraussetzen, das geformt wird, dem die Form aufgeprägt wird. Das gänzlich Ungeformte und Unbestimmte, an dem die Formen in Erscheinung treten, nennt Aristoteles »Stoff« oder »Materie«. Die Materie für sich genommen, unter Absehung von allen Formen, hat nicht Wirklichkeit. Da sie aber die Fähigkeit hat, unter den gestaltenden Kräften der Formen wirklich zu werden, hat sie *Möglichkeit.* Die Formen ihrerseits, indem sie der Materie zur Wirklichkeit verhelfen, sind nicht nur (wie die Ideen Platons) die ewigen Urbilder der Dinge, sondern zugleich auch ihr Zweck und die *Kraft,* die die ungestaltete Materie zur Wirklichkeit bringt.

Doch ist Materie für Aristoteles wiederum auch nichts rein Passives, das erst unter der Wirkung der Formen Wirklichkeit erhält. Denn Aristoteles lehrt, daß die Materie den formenden Kräften *Widerstand* leistet. Daraus erklärt es sich, daß alles Entstehende unvollkommen ist und daß die Entwicklung der Natur nur allmählich von niederen zu höheren Formen fortschreitet. Damit wird die Materie mehr oder weniger zu einem zweiten wirkenden Prinzip der aristotelischen Metaphysik.

Die widerspruchsvolle Behandlung der Materie birgt eine der Unklarheiten des ganzen Systems. Wir können uns aber einen schwerer wiegenden Einwand nicht verhehlen, nämlich den, daß Aristoteles, nachdem er zunächst mit Heftigkeit die für sich seienden allgemeinen Ideen Platons aus seinem System verbannt hat, diese nun durch eine Hintertür wieder eintreten läßt, denn seine Formen sehen den Platonischen Ideen zum Verwechseln ähnlich.

c) Die vier Gründe des Seienden

Stoff (griechisch hyle) und Form (griechisch morphe) behandelt Aristoteles im Zuge eines Gedankenganges, der für die gesamte abendländische Philosophie grundlegend geblieben ist: der Lehre von den vier Gründen des Seienden. Es sind – mit den seit der scholastischen Philosophie des Mittelalters eingebürgerten lateinischen Bezeichnungen genannt –: 1. die *causa materialis,* der Stoff (etwa das Silber, aus dem eine Opferschale gefertigt ist); 2. die *causa formalis,* die Form, in unserem

Beispiel die eigentliche Form der Schale; 3. die *causa efficiens*, die Wirkursache (der Silberschmied, der die Schale geschaffen hat); 4. die *causa finalis*, das Worumwillen oder die Zweckursache (die Bestimmung der Schale für die Opferhandlung). An diese Einteilung knüpft u. a. Schopenhauer in seiner Abhandlung »Über die vierfache Wurzel des Satzes vom zureichenden Grunde« an.

d) Theologie

Wo Form und Stoff sich berühren, entsteht Bewegung. Denn nicht nur wirken die formenden Kräfte auf den Stoff ein, dieser hat sogar seiner Natur nach ein Verlangen nach den Formen als dem Guten und Göttlichen. Da Form und Stoff von Ewigkeit her aufeinander wirken, ist auch die Bewegung ohne Ende. Da aber Bewegung immer ein Bewegendes und ein Bewegtes erfordert, so muß der Anstoß einmal von einem Bewegenden ausgegangen sein, das selbst nicht bewegt ist. Das kann nur die reine Form ohne Stoff sein. Reine Form aber ist das schlechthin Vollkommene. Schlechthin Vollkommenes kann es nur eines geben. So lehrt Aristoteles eine Gottheit, die reines Denken, reiner Geist ist. Gott denkt nur das Höchste und Vollkommenste, und da er das Vollkommene selbst ist, denkt er sich selbst. Ein Kritiker sagt über diesen Gott des Aristoteles: »Er ist unverbesserbar vollkommen, kann deshalb nichts begehren, weshalb er auch nichts tut . . . Seine einzige Beschäftigung ist, sich selbst zu betrachten. Der arme aristotelische Gott! Er ist ein roi fainéant, ein nichtstuerischer König – ›Der König herrscht, aber er regiert nicht‹ –. Kein Wunder, daß die Briten Aristoteles so lieben, sein Gott ist offenkundig ihrem König nachgebildet.«[50]
Dieser Abriß zum Thema Metaphysik vereinfacht bis hart an die Grenze des Zulässigen. Das ist kaum zu vermeiden, weil das Denken des Aristoteles sich im Laufe der Jahrzehnte entwickelt und damit wandelt – worauf besonders Werner Jaeger[51] hingewiesen hat. Eine zweite Schwierigkeit liegt darin, die von Aristoteles gebrauchten griechischen Begriffe richtig zu übersetzen bzw. zu interpretieren. So wird etwa »ousia« meist mit lat. »Substanz« wiedergegeben, obwohl im griechischen Wort auch lat. »essentia« (Wesen) mit enthalten ist. Ähnliche Deutungsschwierigkeiten bietet das Wort Metaphysik. Abgesehen davon, ob »meta« hier »*nach* (dem Bereich der Natur, des Physischen) abgehandelt« oder »*jenseits* dieses Bereichs liegend« bedeutet – Aristoteles meint offenbar manchmal das Studium des Seienden als solchen (unterschieden vom Studium einzelner Seinsbereiche), ein andermal aber das Wissen vom unveränderlich Seienden – und damit Theologie –, eine Doppelbedeutung, die dieser Begriff bis heute nicht ganz verloren hat.

6. ANTHROPOLOGIE, ETHIK UND POLITIK

a) Der Mensch

Mit den Funktionen des Leibes und seinen niederen Seelentätigkeiten steht der Mensch in der Reihe der anderen Lebewesen. Aber sie sind seiner höheren Bestimmung angepaßt. Hände, Sprechwerkzeuge, der aufrechte Gang, die Größe des Gehirns deuten darauf hin. Zu den niederen Seelentätigkeiten aber tritt nun der Geist (Nous).

Es wurde schon gesagt, daß Aristoteles der sinnlichen Wahrnehmung vertraut. Aber die Einzelsinne unterrichten uns jeweils nur über die Eigenschaften der Dinge, auf die sie sich speziell beziehen: das Auge über Farben, das Ohr über Töne usw. Das Zusammenfügen der Daten, die die Einzelsinne liefern, zu einem einheitlichen Bild der Wirklichkeit ist das Werk eines besonderen, den Einzelsinnen übergeordneten »Allgemeinsinns« – wir würden wohl von »Vernunft« sprechen. Dessen Sitz verlegt Aristoteles in das Herz.

Der Geist ist unsterblich und vergeht nicht mit dem Leibe. Wie aber der reine Geist vor der Geburt und nach dem Tode existiert und in welcher Weise sich im lebenden Menschen der Geist mit den unteren Funktionen zur einheitlichen Persönlichkeit verbindet, darüber hat sich Aristoteles nicht eindeutig ausgesprochen.[52]

b) Die Tugend

Aristoteles bezweifelt sowenig wie irgendein anderer Hellene, daß das höchste Gut des Menschen die Glückseligkeit sei. Für jedes Lebewesen besteht die Vollkommenheit in der vollkommenen Ausbildung der ihm eigentümlichen Tätigkeit. Da der Mensch in erster Linie Vernunftwesen ist, ist Vollkommenheit für ihn die höchste Ausbildung dieses seines Wesens. Darin besteht die Tugend. Der doppelten Natur des Menschen entsprechend scheidet Aristoteles zwei Arten von Tugend. Die *ethischen* Tugenden bestehen in der Herrschaft der Vernunft über die sinnlichen Triebe. Die *dianoetischen* Tugenden bestehen in der Steigerung und Vervollkommnung der Vernunft selbst. Die letzteren sind die höheren.

c) Der Staat

Der Mensch ist ein *zoon politikon,* ein geselliges (politisches) Lebewesen. Er bedarf zur Erhaltung und Vervollkommnung des Lebens der Gemeinschaft mit anderen. Wie für Platon ist die sittliche Gemeinschaft der Bürger in einem auf Gesetz und Tugend gegründeten guten Staat auch für Aristoteles die höchste und eigentliche Form der Sittlichkeit. Politik ist nichts anderes als angewandte Ethik. Die Betrachtung der Tugend ist nur die Vorstufe und der theoretische Teil der Ethik, die Staatslehre aber ist ihr angewandter und praktischer Teil.

Auch Aristoteles gibt sowohl eine Kritik der bestehenden und möglichen Staatsverfassungen wie eine Darstellung des idealen Staatswesens. Unter den Verfassungen unterscheidet er in hergebrachter Weise nach der Zahl der Herrschenden die Monarchie als Herrschaft eines einzelnen, die Aristokratie als Herrschaft weniger, die »Politie« als Herrschaft vieler. Diesen stehen als Entartungen dieser Formen gegenüber Tyrannis, Oligarchie, Demokratie. Unter den drei Formen gibt er nicht einer einzigen den unbedingten Vorzug, sondern stellt fest, daß die Verfassung sich nach den konkreten Bedürfnissen des betreffenden Volkes und der betreffenden Zeit richten müsse. Das wird meistens auf eine gesunde Mischung der Formen hinauslaufen, wobei am günstigsten aristokratische und demokratische Elemente so zu mischen sind, daß der *Mittelstand* den Schwerpunkt des Staatswesens bildet. Damit werden Stetigkeit und Vermeidung von Extremen am besten gesichert.
Seine Lehre vom idealen Staat hat Aristoteles nicht vollendet. Mit Platon stimmt er darin überein, daß er sich den Idealstaat nur in den räumlich begrenzten Verhältnissen eines griechischen Stadtstaates vorstellen kann. Etwas anderes zieht er gar nicht in Betracht. Offenbar hatte er in diesem Punkte die Zeichen der Zeit, die auf große Reichsbildungen deuteten, nicht verstanden und hing im Grunde seines Herzens, trotz seines Eintretens für die makedonischen Könige, an den staatlichen Formen der griechischen Vergangenheit. Die Sklaverei erscheint ihm übrigens so naturgegeben wie allen seinen Landsleuten. Ehe, Familie und Gemeinde bewertet er sehr hoch. Er zeigt, daß Platons Forderung, Ehe und Privateigentum dem Staat zum Opfer zu bringen, nicht nur unausführbar sei, sondern auch fälschlicherweise den Staat als ein einheitliches Wesen, aus Einzelmenschen gebildet, ansehe, während in Wahrheit die staatliche Gemeinschaft ein in Untergemeinschaften *gegliedertes* Ganzes sein müsse.

7. KRITIK UND WÜRDIGUNG

Einiges Kritische wurde schon bei der Darstellung angemerkt. Aristoteles fehlen die hinreißende Beredsamkeit und der kühne Gedankenflug Platons. Aber mit seiner gelassenen Nüchternheit, seiner etwas trockenen Art, alles Bestehende zu registrieren, bildet seine Lehre ein notwendiges und heilsames Gegengewicht gegen die Platons.
Den Wert der Logik hat Aristoteles vielleicht überschätzt. Es kann bezweifelt werden, ob mit den von ihm aufgestellten Denkfiguren viel anzufangen ist. Vielleicht urteilen wir aber auch nur so, weil uns die Grundbegriffe, die er erstmalig schuf, im Laufe einer langen Gewöhnung selbstverständlich geworden sind. Es bleibt bestehen, daß er das Fundament dieser Wissenschaft gelegt hat.

Die naturwissenschaftlichen Schriften enthalten viele Irrtümer, zum Beispiel in der Astronomie. Man muß aber bedenken, daß Aristoteles sich auf den meisten Gebieten in völligem Neuland bewegte und daß die Hilfsmittel der Beobachtung, die ihm zur Verfügung standen, von heute aus gesehen kümmerlich waren. Er mußte »Zeitbeobachtungen ohne Uhr, Temperaturvergleichungen ohne Thermometer, astronomische Beobachtungen ohne Fernrohr, meteorologische ohne Barometer« vornehmen.[53] Daß die experimentelle Naturforschung der Griechen sich verglichen mit der Höhe der spekulativen Philosophie in einem unverkennbaren Rückstand befand, hängt zusammen mit der Eigenart der antiken Gesellschaftsordnung, in der die verachtete körperliche Arbeit ganz den Sklaven überlassen blieb und Gebildete kaum in unmittelbare Berührung mit den technischen Herstellungsprozessen kamen. Die ungünstigen gesellschaftlichen Vorbedingungen lassen die Leistung des Aristoteles schließlich nur in um so hellerem Lichte erstrahlen. Er hat eine kaum übersehbare Fülle von Tatsachen erstmalig gesammelt und in eine vorläufige Ordnung gebracht. Jahrhunderte haben von ihm ihr Wissen bezogen, so sehr, daß sie darüber fast die unmittelbare Beobachtung der Natur vergaßen. Die ganze mittelalterliche Philosophie zehrt von ihm. Seine in nachchristlicher Zeit ins Syrische, Arabische, Hebräische und schließlich Lateinische übersetzten Schriften wurden als unfehlbar angesehen. Kritische Einwände können die Größe seines Werkes nicht beeinträchtigen.

In der deutschen Philosophie ist eine Neigung erkennbar, Platon gegenüber Aristoteles den Vorzug zu geben. In der angelsächsischen Welt ist die Vorliebe für Aristoteles größer. Jahrhundertelang wurden an den führenden englischen Universitäten des Aristoteles Ethik und Politik über alles gestellt. Es ist schwer zu sagen, wieweit die nüchterne, skeptische, realistische Art des Aristoteles dem englischen Charakter besonders entgegenkam, und wieweit umgekehrt die Eigenart des englischen Geistes auch durch Aristoteles mit geformt sein mag. Wir ermessen die Hochschätzung, die Aristoteles im Mittelalter entgegengebracht wurde, an der Stelle in Dantes Göttlicher Komödie.[54]

»Dann, höher blickend, sah im hellen Schein
Ich auch den *Meister* derer, welche wissen,
Der von den Seinen schien umringt zu sein,
Sie all ihn hochzuehren sehr beflissen,
Den Platon ihm zunächst, den Sokrates . . .«

V. Sokratische, platonische und aristotelische Schulen

Wenn die Könige bauen, haben die Kärrner zu tun. An jeden der drei großen Griechen haben sich mannigfache Schulbildungen angeschlossen. Für eine genauere Erforschung der antiken Geistesgeschichte ist ihre Kenntnis notwendig. Für uns genügt es, sie der Vollständigkeit halberufzuzählen.

1. SOKRATIKER

Neben der Platons, der alle Schüler des Sokrates überragt, werden drei Schulen unterschieden:

a) die *megarische* Schule, begründet von Eukleides (ca. 430 bis 360 v. Chr., nicht zu verwechseln mit dem gleichnamigen Mathematiker) von Megara, einer Stadt, die etwa eine Tagereise von Athen entfernt lag. Eukleides war mit Sokrates befreundet; nach dessen Tod nahm er Platon bei sich auf. Die Schule vereinigt eleatische Gedanken (Parmenides) mit sokratischen. In Platons »Theaitetos« tritt Eukleides als Gesprächsteilnehmer auf. Die Schule hat eine Reihe spitzfindiger Logiker hervorgebracht. Einer richtet an Zenon den Stoiker die Frage: Ob er aufgehört habe, seinen Vater zu prügeln?, die zu bejahen oder zu verneinen gleichermaßen peinlich ist. Ein anderer erfand das Paradoxon vom Lügner: Wenn ich sage, daß ich lüge, spreche ich dann die Wahrheit? – heute noch geläufig in der Form: »Alle Kreter lügen, sagte der Kreter.«

b) die *kyrenaische* Schule, begründet von Aristippos aus Kyrena in Nordafrika. Bei ihm tritt an Stelle von Tugend und Vollkommenheit als Lebensziel die Lust, und zwar der Genuß des Augenblicks, und die Einsicht wird zum Mittel der Lebenskunst, dem Leben soviel Genuß als möglich abzugewinnen.

c) die *kynische* Schule, begründet von Antisthenes; eigentlich weniger eine Schule als eine Reihe von eigenwilligen Persönlichkeiten von der Zeit Platons bis weit in die Römerzeit. Ihr Schlüsselwort ist *Bedürfnislosigkeit.* Die Kyniker übten keinen Beruf aus, waren daher arm, wogegen sie aber ebenso gleichgültig waren wie gegen alle übrigen landläufigen Werte, zum Beispiel auch gegen die Vaterlandsliebe. Sie waren daher Weltbürger, Kosmopoliten. Sie verschmähten Kunst, Wissenschaft und begriffliche Spekulation. Alles an der kynischen Lehre ist einfach. Wie später Schopenhauer sagten sie, daß es beim Menschen nicht darauf ankomme, was er *hat* – daher achteten sie Reichtum, Freiheit, Amt und Würden, den Staat und alle anderen äußeren Güter für gering – sondern darauf, was er *ist,* was ihm geistig zu eigen ist.

Der berühmteste Kyniker war *Diogenes* von Sinope, Zeitgenosse Alexanders des Großen. Von ihm berichtet die Anekdote, daß er, als ihm der Weltbeherrscher Alexander die Erfüllung eines beliebigen Wunsches in Aussicht gestellt hatte, antwortete: »So geh mir ein wenig aus der Sonne!« Worauf Alexander gesagt haben soll: »Wenn ich nicht Alexander wäre, so möchte ich Diogenes sein.« Diogenes lebte in einer Tonne oder Hundehütte und besaß als einziges Eigentum eine Kürbisschale, um Wasser zu schöpfen. Als er aber sah, daß ein Hund auch ohne Gefäß Wasser zu sich nehmen kann, warf er auch diese weg. Er erhielt den Spottnamen »Hund«, griechisch kyon, davon stammt wahrscheinlich der Name der ganzen Schule. Auch unser Wort »zynisch« stammt daher. Es erinnert an die Derbheit und Schamlosigkeit, mit der die Kyniker in ihren Reden an die Mitbürger, welche für sie in die zwei Klassen der Weisen und der Toren zerfielen, diesen ins Gewissen redeten.[55]

2. PLATONIKER

Platons Schule wurde nach seinem Tode von seinen Schülern fortgeführt. Platons Nachfolger in der Leitung war zunächst sein Neffe Speusippos, diesem folgte Xenokrates. Die alte Akademie hat hauptsächlich an Platons Altersphilosophie angeknüpft und diese noch stärker als er selbst mit pythagoreischen Gedanken verbunden.

Gegen 300 v. Chr. wurde die Akademie zu einem Hauptsitz der damals sich ausbreitenden skeptischen Philosophie, in den letzten vorchristlichen Jahrhunderten des Eklektizismus, in nachchristlicher Zeit des Neuplatonismus. Im Jahre 529 n. Chr. wurde sie durch Kaiser Justinian geschlossen – ein Ereignis, das für manche Historiker das endgültige Ende jener Epoche bezeichnet, die wir etwa willkürlich »Altertum« nennen.

3. PERIPATETIKER

Nach einem überdachten Wandelgang (griechisch peripatos) wird die Schule des Aristoteles die peripatetische genannt.[56] Die Nachfolger des Aristoteles in der Leitung der Schule, unter ihnen Theophrastos, Eudemos und Aristoxenos, haben sich mehr mit einzelwissenschaftlicher Forschung, namentlich in Physik, Mathematik und Musik, als mit eigentlicher Philosophie befaßt. Mit der Begründung einer eigenen Schule durch Aristoteles um das Jahr 335 v. Chr. beginnen sich die platonische und aristotelische Tradition voneinander zu lösen. Die Schule hat unter mannigfachen Wandlungen bis zum Jahr 200 n. Chr. bestanden.

Drittes Kapitel

Griechische und römische Philosophie nach Aristoteles

ALLGEMEINES – HELLENISMUS

Der geschichtliche Hintergrund im dritten Akt unseres Dramas ist ein gänzlich veränderter. Das von Alexander dem Großen begründete Reich fiel alsbald nach seinem Tode auseinander. Aber die von ihm eingeleitete Ausbreitung der griechischen Kultur auf die Länder des Vorderen Orients ging weiter. In den drei Großstaaten Makedonien, Syrien und Ägypten, in die Alexanders Reich zerfiel, und den zahlreichen kleineren Stadtstaaten, die daneben bestehenblieben, wurden das Griechische die Sprache des Hofes und der geistigen Führungsschicht, die griechische Kultur die Grundlage der allgemeinen Bildung. In eben dem Maße, in dem griechisches Wesen dabei auf die Lebensbedingungen und -anschauungen der nicht-griechischen Völker des Orients einwirkte, wurde es selbst im Verlauf dieses Prozesses von orientalischen Elementen durchdrungen und umgeformt. Die griechische Kultur streifte damit ihren nationalgriechischen Charakter weitgehend ab und wurde zu einer kosmopolitischen Menschheitskultur – Menschheit dabei natürlich verstanden im Sinne der damals bekannten und erfaßten Welt. Diese Kultur wird, mit einem allerdings erst im 19. Jahrhundert von dem deutschen Historiker Droysen geprägten Ausdruck, *Hellenismus* genannt.
Athen, seiner politischen Selbständigkeit beraubt, blieb noch lange ein geistiger Mittelpunkt, insonderheit für die Philosophie. Aus allen Ländern der hellenistischen Welt kamen Männer, um an den Stätten, wo Sokrates, Platon und Aristoteles gelehrt hatten, Philosophie zu studieren. Neben Athen blühten neue Zentren des geistigen Lebens auf, namentlich Alexandria. Das Zeitalter des Hellenismus rechnet man vom Tode Alexanders (der mit Aristoteles' Tod fast zusammenfällt) bis etwa zur Zeitwende.
Inzwischen hatte die aufsteigende Macht *Roms* zuerst ganz Italien in langen Kriegen geeinigt, dann den karthagischen Nebenbuhler beseitigt und begann, durch Eroberung der griechischen und hellenistischen Staaten um das Ostbecken des Mittelmeeres das gewaltige Reich zusammenzufügen, das später von den britischen Inseln bis tief nach Afrika und Asien hinein reichen sollte. In politischer Hinsicht trat Griechenland nur von einer Fremdherrschaft unter die andere, von der

makedonischen unter die der Römer. In kultureller Hinsicht, so könnte man mit nur geringfügiger Übertreibung sagen, war es umgekehrt, das heißt, das politisch unterworfene Griechenland, das bisher kulturell den Osten beherrscht hatte, begann nun mit der kulturellen Eroberung Roms. Ein Römer, der Dichter Horaz, hat diesen Sachverhalt selbst in klassischer Kürze ausgesprochen: »*Graecia victa Romanum victorem vicit*«. Griechische Künstler und Baumeister wurden nach Rom gerufen, Tempel und Säulenhallen im griechischen Stil begannen das reich werdende Rom zu schmücken, griechische Tragödien und Komödien wurden ins Lateinische übersetzt und befruchteten die nun aufblühende großartige Literatur der Römer – kurz, die griechische Bildung erlangte in Rom eine ähnlich beherrschende Stellung wie im hellenisierten Osten. Und dies gilt ganz besonders für die griechische Philosophie.

Naturgemäß ist es, gemessen am klassischen Zeitalter, eine sehr veränderte Philosophie, die wir in dieser Zeit größter weltgeschichtlicher Umwälzungen vorfinden. Sie ist nicht mehr national griechisch. Der römische Geist, der sich in ihr mit dem griechischen vereint, hat ihr seine Züge eingeprägt. Denn obwohl die beherrschenden Systeme dieses Zeitalters von Griechen zuerst aufgestellt wurden, fanden sie doch ihre größte Verbreitung in Rom und ihre bedeutendsten Vertreter unter den Römern. Damit verschieben sich die Akzente. Die Besonderheit der altgriechischen Philosophie und Kultur wird man, falls ein so allgemeines Urteil über einen derart ausgedehnten und vielgestaltigen Bereich überhaupt für zulässig gehalten wird, etwa umschreiben mit Begriffen wie:

Kosmos als Inbegriff des geordneten Weltganzen;
Logos, alldurchwaltende Vernunft, als Urphänomen der Welt;
Eros, Hingegebenheit an das Schöne, das mit dem sittlich Guten in nahe Verbindung gebracht wird.

Die Römer waren ein durch und durch praktisches Volk. Das Größte, was sie neben ihrer Sprache und Literatur hinterlassen haben, ist das römische *Recht* und das Vorbild eines mit bis dahin nicht gekannter Vollkommenheit durchgebildeten *Staatswesens*. In beiden, durchaus nicht voneinander zu trennenden Bereichen liegt das Schwergewicht auf zwei Momenten; der *sittlichen Einzelperson* und deren Einordnung in *Staat* und Gesellschaft.

In der Philosophie mußte sich damit, in noch stärkerem Maße, als es schon in der mittleren Periode der griechischen Philosophie vorgebildet war, der Nachdruck von der Spekulation über die Natur hinweg in die *Ethik* verlagern. Dementsprechend waren es – während die hellenistische *Wissenschaft* sich stark an Aristoteles anlehnte – in der eigentlichen Philosophie der hellenistisch-römischen Zeit Sokrates und Platon, an die man vor allem anknüpfte; denn in ihren Lehren war die »ungriechische« Hinwendung zum Menschen und zur Ethik bis dahin am stärksten in Erscheinung getreten.

Wir begegnen in dieser Spätzeit der antiken Kultur keinem Denker, der an ursprünglicher Schöpferkraft und weltumspannender Genialität den großen Philosophen der Blütezeit an die Seite zu stellen wäre. Was die Philosophie aber an Originalität und Tiefe – nicht an Mannigfaltigkeit übrigens, denn die Zahl der wetteifernden Systeme war nicht gering – möglicherweise einbüßte, gewann sie an Macht und Einfluß. Mehr als Kunst und Religion wurde die Philosophie zur *beherrschenden Geistesmacht* des Zeitalters, ja zum geistigen Rückgrat des Römischen Weltreiches.[1] Sie blieb es, bis sie endlich durch das aufsteigende Christentum abgelöst wurde – das aber wiederum in seiner geschichtlich gewordenen Gestalt von ihr in kaum zu überschätzendem Maße durchdrungen und mitgeformt wurde.

Wir widmen dem bezeichnendsten und einflußreichsten System dieser Zeit, der stoischen Philosophie, den größten Raum. Die übrigen Schulen können wir nur verhältnismäßig kurz streifen, wollen aber keine ganz übergehen.

I. Die Stoiker

1. BEGRÜNDER UND HAUPTVERTRETER

Wenn wir heute die »stoische« Ruhe und Gelassenheit eines Politikers oder Sportsmanns preisen, so sind wir uns kaum dessen bewußt, daß dieser Ausdruck auf ein öffentliches Gebäude Athens, die Stoa poikile, zurückgeht. In dieser »Bunten Säulenhalle« nämlich begründete *Zenon* aus Kition auf Cypern, zum Unterschied von seinem scharfsinnigen Namensvetter aus Elea Zenon der Stoiker genannt, nach einem bewegten Leben seine eigene Philosophenschule. Zenon lebte zwischen 340 und 260 v. Chr. Er war wahrscheinlich gemischter griechisch-orientalischer Abstammung. *Kleanthes* und *Chrysippos* sind zwei andere namhafte Vertreter des Stoizismus in der Anfangszeit. Welche Teile des Gedankengutes auf jeden dieser drei zurückgehen, ist schwer zu entscheiden, weil nur noch Bruchstücke der ältesten stoischen Literatur erhalten sind.[2]

Neben dieser sogenannten älteren Stoa unterscheidet man eine mittlere Schule (Hauptvertreter *Poseidonios*) und eine jüngere. Deren Vertreter sind viel bekannter geworden als die älteren Stoiker. Es sind namentlich: der Römer Lucius Annaeus *Seneca,* einer der fruchtbarsten und geistreichsten Schriftsteller Roms; er endete im Jahre 65 n. Chr.

durch Selbstmord auf Befehl des Kaisers Nero; der Kaiser *Marcus Aurelius* (121–180) und der als Sklave geborene *Epiktet* (etwa 50–130 n. Chr.). Die »Selbstbetrachtungen« des Kaisers, in griechischer Sprache während langer Nachtwachen im Felde niedergeschrieben, und das »Handbüchlein der Moral« des Sklaven legen die stoischen Grundlehren in einprägsamer und leicht faßlicher Form dar. Beide Schriften bieten einen guten und leichten Zugang zum Verständnis des Stoizismus.

Der Kaiser Mark Aurel, der als Zwölfjähriger die Lehren der stoischen Philosophie in sich aufgenommen hatte, hielt sie durch sein ganzes Leben fest und verwirklichte sie nicht nur in seiner persönlichen Lebensführung, sondern auch in seinem staatsmännischen Handeln. Die stoischen Tugenden des Mutes, der Unerschütterlichkeit und der Pflichttreue vereinigen sich bei ihm zu wahrer Herrschergröße. Kaum ein zweites Mal bietet die Geschichte das Schauspiel, daß ein solches Maß von Macht mit einem solchen Maß von Selbstbeherrschung und Selbstverleugnung ausgeübt wurde. »Asien, Europa – Winkel der Welt; der ganze Ozean – ein Tropfen des Alls! Der Athos – eine winzige Scholle des Weltganzen; die ganze Gegenwart – ein Augenblick der Ewigkeit!« Ein Herrscher, der dies ausrufen konnte, hatte eine Höhe des Standpunktes und Weite des Gesichtskreises, die ihn vor Enge und Einseitigkeit jeder Art bewahrten, die ihn befähigten, den Verlockungen der Herrschsucht und des Cäsarenwahns, der Willkür, Verschwendung und Verweichlichung zu widerstehen und eine Verantwortung zu tragen, der nur wenige seiner Vorgänger und Nachfolger im Amt gewachsen gewesen sind. Prunk und Bequemlichkeit verachtend, in einen einfachen Soldatenmantel gehüllt, hat er sein Leben, großenteils in den Heerlagern seiner Legionen, in Pflichterfüllung und Sorge um das Reich verbracht.

2. CHARAKTER UND TEILE DES STOISCHEN SYSTEMS

Die stoische Philosophie, jedenfalls in ihrem wichtigsten Teil, der Ethik, schließt sich eng an die sokratische Schule der Kyniker an. Sie mildert allerdings die zahlreichen Überspanntheiten des alten Kynismus, was die Voraussetzung für eine weiterreichende Aufnahme ihrer Lehren war, und räumt ferner dem Wissen einen viel wichtigeren Platz ein. Beides, die Anknüpfung an die Kyniker wie das Hinausgehen über sie, kommt schon im Leben des Zenon selbst zum Ausdruck, der sich zunächst in Athen eng an den Kyniker Krates anschloß (über den es ähnliche Anekdoten gibt wie über Diogenes in der Tonne), nach einiger Zeit aber erkannte, daß diese Lehre allein kein für die Allgemeinheit gültiges Lebensprogramm abgeben konnte; worauf er andere Philosophen zu studieren begann und schließlich seine eigene Schule begründete, in der sich kynische Lehren mit solchen anderer Philosophen, zum Beispiel Heraklits, verbinden. Zenon schied übrigens, was auch von anderen Stoikern berichtet wird, freiwillig aus dem Leben.

Die Stoiker teilen ihr System mit einer für lange Zeit bestimmend gewordenen Einteilung in Logik, Physik und Ethik. Dabei hat die Ethik die oberste Stelle; Logik und Physik bilden Vorstufen zu ihr.

In der *Logik* haben die Stoiker auf der von Aristoteles geschaffenen Grundlage weitergebaut. Sie unterscheiden als ihre beiden Teile die Rhetorik, als die Kunst, allein (monologisch) zu sprechen, und die Dialektik, als die Kunst, mit anderen, gemeinschaftlich (dialogisch) zu sprechen und zu denken. In bezug auf die Frage, ob dem Einzelnen oder dem Allgemeinen Wirklichkeit zukomme, stehen sie ganz auf der Seite des Aristoteles. Folgerichtiger als dieser schließen sie aus der alleinigen Wirklichkeit der Einzelobjekte, daß die Erkenntnis von der Wahrnehmung des Einzelnen, der Erfahrung, ausgehen müsse. Sie sind damit *Empiriker.* Der Geist ist bei der Geburt eine unbeschriebene Tafel (»tabula rasa«), in die erst die Erfahrung Vorstellungsinhalte hineinbringt. Die zehn Kategorien des Aristoteles reduzieren sie auf vier.

Die stoische *Physik* soll ebenfalls nur mit Stichworten gekennzeichnet werden. Sie ist erstens *materialistisch.* Es gibt nur Körperliches, teils von grober, teils von feinerer Beschaffenheit. Sie ist zweitens *monistisch.* Sie kennt nicht zwei oder mehr letzte Prinzipien, sondern nur eines. Sie lehrt drittens, unter Heranziehung der Heraklitischen Lehre vom Urfeuer, eine strenge, dem Weltganzen innewohnende (immanente) *Gesetzlichkeit.* Die von innen wirkende (also nicht der Materie gegenüberstehende) bestimmende Kraft nennen sie Logos, Nous, Seele, Notwendigkeit, Vorsehung oder auch *Gott* (Zeus). Insofern das Göttliche für sie also mit dem lebendigen Weltganzen zusammenfällt, kann ihre Lehre viertens und letztens *pantheistisch* genannt werden.

Welch große Rolle bei den Stoikern diese Vorstellung von der alles regierenden göttlichen Vernunft spielte, ist aus der berühmten Hymne des Stoikers Kleanthes an Zeus zu ersehen, die folgendermaßen beginnt[3]:

»Du, der Unsterblichen Höchster, du Vielbenannter, der ewig
Nach Gesetzen beherrscht die Natur, ihr mächtiger Führer,
Sei mir gegrüßt, o Zeus: denn alle Sterblichen dürfen
Dich anreden, o Vater, da wir ja deines Geschlechts sind,
Nachhall deiner Stimme, was irgend auf Erden nur lebet.
Also will ich dich preisen und ewig rühmen die Herrschaft
Deiner Macht, der, rings um die Erde, die Kreise der Welten
Willig folgen, wohin du sie lenkst, und dienen dir willig.

Denn du fassest in deine nie zu bezwingende Rechte
Deinen Boten, den flammenden, zweigezackten, den ewig
Lebenden Blitz: es erbebet die Welt dem schmetternden Schlage.
Also lenkst du den Geist der Natur, der dem Großen und Kleinen
Eingepflanzet, sich mischt in alle Wesen und Körper.
Höchster König des Alls, ohn' den auf Erden, im Meere,
Nichts geschiehet, noch am ätherischen, himmlischen Pole;
Außer was Sinnen-beraubt der Frevler Böses beginnet.
Aber du weißt auch da das Wilde zu fügen in Ordnung,
Machst aus der Unform Form und gesellst Unfreundliches freundlich.
Also stimmest du Alles zu Einem, das Böse zum Guten,
Daß in der weiten Natur *ein* ewig herrschend Gesetz sei,
Eins, dem unter den Sterblichen nur der Frevler entfliehen will ...«

3. DIE STOISCHE ETHIK

Einzig dem Menschen als Vernunftwesen ist es gegeben, die göttliche Gesetzmäßigkeit zu erkennen und sich in bewußtem Handeln nach ihr zu richten. *Naturgemäßes Leben* ist daher das Schlüsselwort der stoischen Ethik. Da der Mensch seiner Natur nach Vernunftwesen ist, ist naturgemäßes Leben für den Menschen *vernunftgemäßes Leben.* Darin besteht die einzige Tugend, darin besteht die einzige Glückseligkeit. Das ist alles gleichbedeutend.

Solche Tugend ist das *einzige* Gut. Ihr gegenüber steht ein einziges Übel: die Schlechtigkeit, die im nicht-vernunft- und damit nicht-tugend-mäßigen Leben besteht. Alles andere: Leben, Gesundheit, Besitz, Ehre, die von anderen hochgeschätzt werden, ebenso wie Alter, Krankheit, Tod, Armut, Knechtschaft, Unehre, die von anderen verabscheut werden, sind für den Stoiker weder gut noch schlecht, sondern *gleichgültig.*

Alles kommt demnach darauf an, zu erkennen, was gut, was schlecht, was gleichgültig ist. Sowohl in der Erkenntnis der richtigen Werte wie in unserem Bestreben, uns handelnd nach den erkannten Werten zu richten, werden wir durch die *Affekte* (Triebe, Leidenschaften) behindert. Sie beirren die Vernunft, sie gaukeln uns Gleichgültiges oder Schlechtes als wertvoll vor und treiben uns, ihm nachzustreben. Aufgabe des Menschen ist daher ein fortwährender Kampf gegen die Affekte. Das Ziel der Tugend ist erst erreicht, wenn diese ganz überwunden sind, die Seele von Leidenschaften frei ist. Diesen Zustand nennen die Stoiker Leidenschaftslosigkeit (griechisch *apatheia* – daher unsere Wörter Apathie, apathisch).

Wer diesen Zustand erreicht hat, ist *weise*. Er allein ist frei, denn er sieht das Notwendige ein und tut es, er allein kann reich, gerecht, tugendhaft, glücklich genannt werden, er ist von allem Äußeren unabhängig und souverän wie ein König. Alle anderen Menschen, und das ist die große Mehrzahl, sind *Toren*.

Soweit entspricht alles noch der kynischen Ethik. Aber die Stoiker – und hier tritt der römische Einfluß hervor – bemühen sich nun doch, ihr Ideal des Weisen in Übereinstimmung zu bringen mit dem größeren Ganzen, in das der Mensch eingeordnet ist und gegen das er Pflichten hat.

Dieses Bestreben wirkt sich vornehmlich in zwei Richtungen aus: einmal darin, daß die ursprüngliche Lehre, nach der schlechthin alles Äußere zu den Gleichgültigkeiten (*Adiaphora*) gerechnet wurde, dahin ausgebaut wird, daß man nun doch manchen Dingen einen gewissen Wert, anderen Unwert, und nur den verbleibenden gänzliche Belanglosigkeit zuschreibt. Auf diese Weise erhalten Ehe, Familie, Staat eine wenn auch beschränkte Rechtfertigung.

Das zweite aber ist wichtiger: Die kynische Lehre war im Grunde *egoistisch*. Der kynische Weise lebt nur der Unabhängigkeit und inneren Freiheit seiner eigenen Person und kümmert sich den Teufel um alles übrige. Die Stoiker hingegen kennen und preisen nicht nur die Freundschaft unter den Weisen, sie erheben zwei grundlegende soziale Forderungen: *Gerechtigkeit* und *Menschenliebe* – und zwar beides in einem Ausmaß, wie es bis dahin die Antike nicht gekannt hatte. Sie erstrecken sie nämlich auf alle Menschen, das heißt, sie schließen auch die *Sklaven* und die *Barbaren* ein. Das waren wahrhaft revolutionäre Forderungen. Denn bis dahin hatte man unter »Mensch« mit fragloser Selbstverständlichkeit immer nur den freien griechischen und römischen Bürger verstanden. Diese Forderungen sind natürlich ein Ausfluß der politischen und gesellschaftlichen Umschichtung in einer Zeit, da das Römerreich zahllose ehemals als Barbaren angesehene Völker umfaßte und diese nach dem Bürgerrecht strebten. Wiederum haben sie umgekehrt die in diese Richtung zielende Entwicklung, z. B. des römischen Völkerrechts, entscheidend mitbestimmt. So sind die Stoiker die ersten, die im Altertum einen umfassenden *Humanitätsgedanken* und einen ebenso umfassenden *Kosmopolitismus* vertreten haben.

Die sittliche Höhe, zu der sich der Stoizismus erhebt, klingt ebenfalls an in dem vorhin zitierten Hymnus des Kleanthes, in dem es weiter heißt:

»Ach des Toren! der immer Besitz des Guten begehret
Und verkennet des Herrn der Natur allwaltende Richtschnur,
Will nicht hören, was, wenn er gehorcht', ihm glückliches Leben,

Und Verstand gewährte. Nun stürmen sie alle dem Guten
Grade vorbei, hieher, dorthin. Der kämpft um Ehre
Fährlichen Kampf: der läuft nach Gewinn mit niedriger Habsucht:
Jener buhlet um Ruh' und um süße Werke der Wollust,
Alle mit Eifer bemüht, dem nichtigen Wunsch zu begegnen.
Aber o Zeus, du Wolkenumhüller, der Blitze Gebieter,
Du, der du alles gibst, befreie die Menschen vom schweren
Unsinn, nimm die Wolken von ihren Seelen, o Vater,
Daß sie die Regel ergreifen, nach der du billig und sicher
Alles regierst; damit wir, denen du Ehre gegönnt hast,
Wieder dich ehren und dich mit deinen Taten besingen,
Wie's dem Sterblichen ziemt: denn weder Menschen noch Göttern
Bleibt ein höheres Lob, als ewig und ewig des Weltalls
Herrschende Regel gerecht in Worten und Werken zu preisen.«

4. DIE GESCHICHTLICHE BEDEUTUNG DER STOISCHEN PHILOSOPHIE

Die stoische Lehre von der stolzen und unzerbrechlichen Würde der Persönlichkeit und der unbedingten sittlichen Pflichterfüllung ist mit der Geisteshaltung der führenden Schicht des Römertums so sehr zusammengeflossen, daß man kaum sagen kann, wo hier das Bedingende und wo das Bedingte liegt. Durch das Römerreich und über dieses hinaus haben stoische Gedankengänge in der europäischen Philosophie weitergewirkt. Anzeichen ihres Einflusses finden sich bei Giordano Bruno, Descartes, Spinoza, Locke, Kant, Schiller, Goethe und anderen.[4] Die weltgeschichtliche Bedeutung des Stoizismus liegt aber noch mehr als in dieser Nachwirkung in seiner Beziehung zum *Christentum*. Er predigte eine strenge und asketische Moral; Geringschätzung äußerer Güter; er sah das Weltgeschehen in einem höchsten – mit »Vater« angeredeten! – Wesen verkörpert; er forderte eine alle Völker- und Standesgrenzen überschreitende allgemeine Liebe unter den Menschen. Mit dem allem hat er dem Christentum den Boden vorbereitet. Das besagt allerdings nicht, daß die Stoiker sich bei der beginnenden Eroberung der römischen Welt durch das Christentum sofort auf die Seite des letzteren gestellt hätten. Das Gegenteil ist der Fall. Der Stoiker Mark Aurel zum Beispiel ist besonders streng gegen die Christen vorgegangen. Die Stoiker standen in diesem Kampf durchaus auf der Seite der hergebrachten Volksreligion. Diese wollten sie, trotz mancher Kritik, nicht zerstört sehen. Der geistesgeschichtliche Zusammenhang mit dem Christentum bleibt davon unberührt.

II. Die Epikureer

Im Altertum wie heute pflegte man unter einem »Epikureer« einen Menschen zu verstehen, der nach einem bequemen und genußreichen Leben strebt. Die Philosophie des *Epikuros* ist in der Tat einer solchen Ausdeutung und Ausbeutung – also als Rechtfertigung für eine ganz dem sorglosen Sinnengenuß gewidmete Lebensführung – fähig. Hatte doch zum Beispiel Epikur mit seinem berühmten Wahlspruch »Lebe verborgen!« deutlich zum Ausdruck gebracht, daß er Staat und Politik geringschätzte und das Leben im privaten Kreis vorzog. Auch das heitere gesellige Leben, das sich im »Garten des Epikuros« zu Athen abspielte, wo er lebte und lehrte, hat schon zu seiner Zeit (er lebte von 341 bis 270 und stammte von Samos) besonders bei den mißgünstigen Mitbürgern die Ansicht bekräftigt, daß Epikur ein schrankenloses Jagen nach Sinnenlust lehrte.

Wir werden sehen, daß diese Auffassung der epikureischen Ethik nicht ganz gerecht wird. Zuvor werfen wir noch einen Blick auf Logik und Physik, welche Epikur, wie die Stoiker, der Ethik als Vorstufe vorangehen läßt. Die Logik ist Vorstufe, insofern sie lehrt, Irrtümer zu vermeiden. Die Physik ist auch nur Vorstufe zum richtigen Handeln. Sie hat die Aufgabe, zu zeigen, daß die Welt ganz aus dem natürlichen Zusammenhang der Dinge zu erklären ist, daß Götter sie weder geschaffen haben noch in ihren Lauf eingreifen, und so die Menschen von Furcht zu befreien. Epikur leugnet die Götter nicht geradezu, aber sie leben nach ihm »zwischen den Welten«, sie kümmern sich nicht um das menschliche Treiben. Und genausowenig soll der Mensch sich um Götter und Dämonen kümmern. Es ist Aufgabe der physikalischen Welterkenntnis – in der Epikur sich eng an die Atomlehre des Demokrit anschließt –, dem Menschen die Furcht vor überirdischen Mächten, die sonst seine Seele verdüstert, zu nehmen und ihn dadurch fähig und frei zu machen zum vollen Genuß des irdischen Lebens, den Epikur in der Tat empfiehlt.

Aber Epikur lehrt keineswegs zügelloses Jagen nach Sinnenlust. Allerdings bezeichnet er als alleiniges Ziel des Menschen die Glückseligkeit und definiert diese sehr einfach als Gewinnung von Lust und Vermeidung von Unlust. Aber er weiß, daß auf Ausschweifungen jeder Art nur um so schmerzhaftere Rückschläge zu folgen pflegen. *Vernunft* muß deshalb das Streben nach Glück leiten und zügeln. Die Vernunft aber lehrt, daß das eigentliche Glück viel eher in heiterer Beschaulichkeit, in ausgeglichener Ruhe des Geistes (*Ataraxie*) zu finden ist. Damit steht Epikur der Lebensanschauung der Stoiker, die der seinen oft entgegengestellt wird, durchaus nicht so fern. In der Tat war seine eigene Lebensführung von vorbildlicher Mäßigkeit. Die lange Krankheit seiner letz-

ten Jahre hat er mit wahrhaft »stoischer« Gelassenheit und Selbstbeherrschung ertragen.
Praktische Lebensklugheit stellt Epikur höher als Wissen. Er unterscheidet zwischen den Freuden – und ebenso Leiden – des Körpers und der Seele. Die des Leibes sind an den Augenblick gebunden. Die Seele kann ins Vergangene zurück- und ins Zukünftige vorausblicken; so kann sie gegen momentane Schmerzen vergangene Freuden erinnern und zukünftige herbeisehnen. Seinen Frieden findet, wer die Furcht vor Göttern ebenso abgestreift hat wie die Angst vor dem Tode, welcher, da er jenseits des Erfahrbaren liegt, für das Leben irrelevant ist.
Epikurs zahlreiche Schriften sind fast ganz verloren. Einige Fragmente seiner großen Schrift über die Natur wurden nach dem Vesuvausbruch von 79 n. Chr. aus der Asche von Herculaneum geborgen. Unsere Kenntnis des Epikureismus entstammt vor allem dem Lehrgedicht des römischen Dichters Titus Lucretius Carus (etwa 98–55 v. Chr.). Das Werk des *Lucrez* bietet ein Gemälde des Weltganzen und seines Zusammenhangs ganz im Geiste der epikureischen Philosophie.
Auch ein zweiter bedeutender Dichter Roms, Quintus Horatius Flaccus (*Horaz* – 65–8 v. Chr.), neigt zur epikureischen Lebensanschauung in seinen Liedern, die Liebe und Wein, Freundschaft, Geselligkeit und eine abgeklärte Lebensweisheit preisen.

III. Die Skeptiker

Skeptiker, das heißt Zweifler, die wahre Erkenntnis für grundsätzlich unmöglich halten, hat es zu allen Zeiten gegeben – von den Sophisten über Montaigne und David Hume bis zu Albert Camus und den Konstruktivisten in unserem Jahrhundert – und wird es immer geben. Wenn der Skeptizismus sich in den letzten vorchristlichen Jahrhunderten besonders ausbreitete und sogar zu einer selbständigen philosophischen Schule wurde, so ist das aus der Zeitlage heraus zu verstehen. Abgesehen von einer nur gefühlsmäßig abzuschätzenden allgemeinen »Kulturmüdigkeit« in dieser Spätzeit der antiken Welt, bestand in der Philosophie selbst eine ähnliche Situation wie die, aus der früher die Sophistik entstanden war. Die Vielzahl der in die verschiedensten Richtungen auseinanderstrebenden philosophischen Lehrsysteme und die oft unkritische Art ihrer Begründung forderten den Zweifel an allen heraus.
Man unterscheidet drei Perioden der skeptischen Philosophie. Begründer der älteren Richtung war *Pyrrhon* von Elis (etwa 360 bis 270 v. Chr.). In der mittleren Periode, auch akademische Skepsis genannt, weil die platonische Akademie zu dieser Zeit ihr Hauptsitz war, ragen

Arkesilaos (3. Jh. v. Chr.) und *Karneades* (2. Jh. v. Chr.) hervor. Begründer der jüngeren Skepsis war *Ainesidemos,* der um Christi Geburt lebte. Am vollständigsten erhalten sind die Werke des *Sextus Empiricus,* der erheblich später, etwa 200 n. Chr., gelebt hat.

Charakteristisch für die antike Skepsis ist die Lehre von den *Tropen.* Mit dem Namen Tropus bezeichnete man die Gesichtspunkte, die alle die Unerkennbarkeit der Wahrheit beweisen. Ainesidemos stellt zum Beispiel deren zehn auf[5]:

1. die Verschiedenheit der Lebewesen im allgemeinen;
2. die Verschiedenheit der Menschen;
3. die verschiedenen Einrichtungen der Sinnesorgane;
4. die Verschiedenheit der subjektiven Zustände (Stimmungen usw.);
5. die Verschiedenheit der Stellung, Entfernung und örtlichen Umgebung eines Objekts;
6. die Vermischung mit Andersartigem;
7. die verschiedenartige Wirkung der Objekte je nach Quantum (Menge) und Komposition (Zusammensetzung) derselben;
8. die Relativität aller Erscheinungen und Wahrnehmungen;
9. die Häufigkeit oder Seltenheit der Eindrücke;
10. die Verschiedenheiten der Erziehung, Gewohnheit, Sitte, der religiösen und philosophischen Anschauungen.

Charakteristisch ist ferner, daß die meisten antiken Skeptiker ihre – als solche durchaus wertvollen – logischen und erkenntnistheoretischen Untersuchungen nicht als Selbstzweck betreiben, sondern ihre Erkenntnis der Unerkennbarkeit alles Bestehenden und die daraus hervorgehende »Enthaltung vom Urteil« als Voraussetzung ansehen, um das *praktische* Ideal einer heiteren und unerschütterlichen Seelenruhe zu erreichen – womit sie in ethischer Hinsicht durchaus den Stoikern und Epikureern an die Seite gestellt werden können.

IV. Die Eklektiker

1. DER RÖMISCHE EKLEKTIZISMUS

In einer Zeit, da sich römische, griechische und orientalische Kulturbestandteile in bis dahin nicht dagewesener Weise durchdrangen und miteinander verschmolzen, da das Römische Reich neben den genannten noch zahlreiche andere Völker einschloß, lag es nahe, daß auch auf philosophischem Gebiet eine Annäherung und Vermischung der Schulen stattfand. Neben dieser allgemeinen Lage förderten zwei Umstände die auf einen Eklektizismus, eine Verschmelzung der Systeme, hintreibende Entwicklung der Philosophie. Das war einmal die Tatsache, daß alle Systeme – Stoizismus und Epikureertum, daneben die älteren, aber fortbestehenden des Platon und Aristoteles, endlich der Skeptizismus, der diese alle gleichermaßen bekämpfte – ja nicht von den Römern selbst geschaffen waren, sondern von Griechenland, also von außen an sie herangetragen wurden. Der gebildete Römer trat ihnen deshalb von vornherein mit der Neigung entgegen, alle unvoreingenommen zu prüfen und das ihm richtig Erscheinende auszuwählen (daher der Name Eklektiker, wörtlich »Auswähler«). Der zweite Umstand war die schon erwähnte praktische Veranlagung der Römer, die philosophische Gedankenarbeit niemals als Selbstzweck auffaßten, sondern als Mittel zu praktischer Weltorientierung und zum richtigen Handeln, und so auch auf diesem Weg dazu kamen, das dafür Passende auszuwählen und zu einer neuen Einheit zu verbinden.[6]

Der hervorragende Vertreter dieses römischen Eklektizismus ist Marcus Tullius *Cicero*, 106–43 v. Chr., in Griechenland gebildet, ein bedeutender Redner, Staatsmann und Schriftsteller. Von seinen Schriften nennen wir die »Akademischen Untersuchungen«, »Über das höchste Gut und Übel«, »Von der Pflicht«, »Von der Natur der Götter«. In ihnen legt Cicero in einer blendenden, die lateinische Stilkunst zu höchstem Glanz führenden Sprache einem breiteren, gebildeten Publikum seine philosophischen Ansichten dar, in denen, auf der Grundlage eines gewissen weltmännischen Skeptizismus, Gedanken der verschiedensten Schulen zusammenfließen. Man darf, da die Aufgabe der Philosophie nicht nur im Aufstellen von originellen Systemen besteht, sondern ebensosehr in deren Vermittlung an das allgemeine Bewußtsein und ihrer praktischen Verwirklichung, die Arbeit eines solchen Mannes nicht geringachten.

2. DER ALEXANDRINISCHE EKLEKTIZISMUS

Ähnliche Vorbedingungen für eine Annäherung und Verschmelzung verschiedener Geistesrichtungen bestanden in Alexandria, dem damaligen geistigen Zentrum des östlichen Mittelmeerraumes. Alexandria verfügte über die besten Bibliotheken des Altertums und war die Pflegestätte der Naturwissenschaften, zum Beispiel der Medizin. Während sich in Rom Griechisches und Römisches mischten, traten hier zu den griechischen die orientalischen, namentlich aber die jüdischen, religiösen Überlieferungen in enge Beziehung. Das Alte Testament war ins Griechische übersetzt worden (sogenannte Septuaginta). Die gebildeten Angehörigen der starken jüdischen Gemeinde von Alexandria verbanden Treue zur angestammten Religion mit Aufgeschlossenheit für griechische Bildung.

Der Hauptvertreter dieses östlichen Eklektizismus ist der alexandrinische Jude *Philon* (etwa 25 v. Chr.–50 n. Chr.). An Eleganz der Darstellung sind die Werke Philons und anderer Vertreter der hellenistisch-jüdischen Philosophie nicht mit denen der Römer zu vergleichen. Inhaltlich aber haben sie dank der Hereinnahme religiöser Vorstellungen eine größere Tiefe.

Für Philon wie für die anderen hellenisierten Juden ergibt sich die innere Schwierigkeit, daß sie einerseits an der Überzeugung festhalten wollen, in ihren heiligen Schriften sei die Wahrheit ausschließlich geoffenbart, sich aber andererseits der Erkenntnis nicht verschließen können, daß die griechischen Philosophen, namentlich Platon, Aristoteles und die Stoiker, philosophische Wahrheit gefunden hätten. Sie helfen sich in bezug auf die Griechen durch die Annahme, daß die Bücher Mosis schon in alter Zeit den Griechen bekannt geworden seien und deren Denker ihre Weisheit daraus geschöpft hätten! In bezug auf ihre eigenen geheiligten Schriften gehen sie, um ihren Inhalt mit der griechischen Philosophie in Einklang bringen zu können, mehr und mehr von einer buchstäblichen zur sinnbildlichen, übertragenen (allegorischen) Auslegung über. Neben der griechischen Philosophie und dem allegorisch ausgedeuteten Wort der Schrift erblickt Philon jedoch eine dritte Quelle der Erkenntnis, und zwar die wichtigste, in der unmittelbar von Gott kommenden inneren *Erleuchtung*.

Die Gottesvorstellung Philons ist von der des Alten Testaments weit entfernt. Gott ist bei Philon aller menschlichen Bestimmungen entkleidet, er ist der schlechthin Unbestimmbare und Unerkennbare, der in unerreichbarer Ferne über allem thront.[7] Der Würde dieses Gottes würde es widersprechen, wenn er bei der Erschaffung der Welt die Materie unmittelbar berührt hätte. Gott bedient sich zur Ausführung seines Willens gegenüber der Materie körperlicher Kräfte, »die mit ihrem wahren Namen die *Ideen* heißen«[8]. Hier sehen wir den Anschluß an Platon. Der Inbegriff der Ideen aber – und hier sehen wir möglicherweise den Anschluß an die Stoiker, wenn der Begriff auch anders gefaßt wird – ist der *Logos*, die weltdurchwaltende Vernunft. Der Logos ist nicht mit Gott identisch, sondern nimmt die zweite Stelle nach Gott ein. Er wird von Philon »Gottes Sohn« genannt.[9] Er ist der Vermittler Gottes zu den Menschen und der Fürsprecher der Menschen vor Gott. Es ist klar zu sehen, wie hier christliche Gedanken vorgebildet sind.

V. Die Neuplatoniker

Am Ausgang der Antike, schon gleichzeitig mit dem beginnenden Aufstieg des Christentums und im Kampf gegen dieses, erhebt sich das philosophische Denken noch ein letztes Mal zu einem umfassenden

System, in welchem das Vorangegangene nicht nur in eklektischer Weise mehr oder weniger lose verbunden, sondern systematisch nach einheitlichen Grundprinzipien zusammengefaßt wird. Die Wirksamkeit dieses Systems, des Neuplatonismus, erstreckt sich vom 2. bis 6. Jahrhundert n. Chr. Als sein Begründer gilt Ammonius *Sakkas* aus Alexandria (175–242), über dessen Lehre aber so gut wie nichts Sicheres bekannt ist. Dessen größter Schüler, Plotinos, hat das eigentliche System geschaffen.

1. PLOTINOS

In Ägypten im Jahre 205 geboren, kam Plotinos nach mannigfachen Studien und Wanderfahrten nach Rom, wo er eine Schule gründete und bis zu seinem Tode, im Jahre 270, leitete. Der Kaiser Gallienus und dessen Gemahlin wandten ihm ihre Gunst zu. Bei der Bevölkerung genoß er eine fast abergläubische Verehrung. Über seinen Charakter berichten alle Zeugen übereinstimmend, daß er ein demütiger, sanfter, reiner und ganz der Suche nach dem Göttlichen hingegebener Mensch gewesen sei. Plotinos' Plan, in Italien eine Philosophenstadt zu gründen, die Platonopolis heißen und den platonischen Idealstaat in die Wirklichkeit umsetzen sollte, kam nicht zur Ausführung. [10]

Die insgesamt 54 Schriften des Plotinos wurden von seinem bedeutenden Schüler *Porphyrios* gesammelt und in sechs Gruppen zu je neun, Enneaden genannt, herausgegeben. Die erste Enneade enthält ethische Abhandlungen, die zweite und dritte handeln von der Welt, die vierte von der Seele, die fünfte vom Geist und den Ideen, die sechste vom obersten Prinzip und dem Guten. Diese Einteilung ist nur eine ungefähre.

Plotinos und die anderen Neuplatoniker betrachten sich, worauf schon der Name des Systems hindeutet, nicht als Schöpfer eines neuen Systems, sondern nur als treue Schüler und Ausleger Platons, dessen unverfälschtes Werk sie an die ihm nach ihrer Meinung zukommende Stelle rücken wollen. Tatsächlich aber schaffen sie ein eigenes System, das sich zwar eng an Platon anschließt, sich aber von ihm doch dadurch grundsätzlich unterscheidet, daß alles einzelne in stufenweiser Abfolge aus einem einzigen letzten Urgrund hergeleitet wird, in den es auch zurückkehrt.

Obwohl die Historiker drei Perioden in Plotinos' Entwicklung unterscheiden, kann man das Kernstück seiner Lehre wie folgt beschreiben:

»Was war es doch, was die Seelen veranlaßte, Gottes, ihres Vaters, zu vergessen und ihn, an dem sie Anteil haben und dem sie ganz angehören, und mit ihm sich selbst nicht mehr zu kennen? – Der Anfang des

Unheils für sie war die Überhebung und der Werdedrang und der erste Zwiespalt und der Wille, sich selber anzugehören. Und indem sie ihre Lust hatten an dieser Eigenmächtigkeit und sich immer mehr dem selbstischen Triebe hingaben, liefen sie den entgegengesetzten Weg, machten den Abfall immer größer und vergaßen, daß sie selbst von dorther stammen, Kindern vergleichbar, welche, früh ihrer Väter beraubt und lange entfernt von ihnen auferzogen, sich selbst und ihre Väter nicht mehr kennen. Indem sie aber weder Ihn noch sich selbst erkannten, aus Verkennung ihres Ursprungs sich selbst erniedrigten, ein Fremdes verehrten, alles andere mehr als sich selbst hochhielten und dem Fremden mit staunender Bewunderung anhingen, brachen sie sich so arg wie möglich los und verachteten das, wovon sie sich abgewandt hatten. – Darum muß eine zweifache Rede ergehen an die, welche in dieser Lage sich befinden, ob es wohl gelingen möchte, sie zu bekehren zu dem Entgegengesetzten und Ursprünglichen und sie emporzuführen zu dem Höchsten und Einen und Ersten . . .«[11]

Diese Einleitungssätze aus der fünften Enneade lassen deutlich den oben schon angedeuteten Grundgedanken erkennen, der übrigens der Lehre des Philon von Alexandria verwandt und auch von diesem beeinflußt ist. Das Eine, das Erste, das Ewige, das Höchste, das Gute, das Übergute, oder wie immer Plotinos das göttliche Wesen benennt, steht ihm, noch schroffer als bei Philon, jenseits aller Gegensätze und aller Faßlichkeit. Nicht nur – wie bei jenem – würde es seiner Würde widersprechen, wenn es mit der Materie in unmittelbare Berührung träte – es ist überhaupt unvorstellbar, daß es jeweils etwas begehren oder tun könnte, denn es ist in sich vollendet und ruhend. Das heißt, die Welt kann nicht durch einen Willensakt Gottes geschaffen sein. Wie aber dann? Das höchste Wesen »*strömt gleichsam über* und seine Überfülle schafft das andere«[12]. Wie die Sonne Wärme ausstrahlt, ohne dadurch von ihrer Substanz etwas zu verlieren, so strahlt das höchste Wesen, als einen Abglanz oder Schatten seiner selbst gleichsam, alles Bestehende aus.

Diese Ausstrahlung (*Emanation*) geschieht stufenweise. Es gibt eine Rangordnung der verschiedenen Seinssphären je nach ihrer Nähe zu Gott. Die erste Ausstrahlung – aber nicht in zeitlicher Folge, sondern nur dem Range nach, alles ist ein zeitloser Prozeß – ist der *Geist*. Der göttliche Geist ist also – wie bei Philon – nicht Gott selbst. Dieser steht noch jenseits von ihm. Der Geist ist der Inbegriff aller im Sinne Platons verstandenen Ideen. Die nächste Ausstrahlung ist die *Weltseele*, die Welt des Psychischen. Zwischen dieser und der Welt der *Materie*, die als die unvollkommenste, von Gott am weitesten entfernte Erscheinungsform des Göttlichen, ja als das schlechthin Finstere und Böse hingestellt wird, stehen als weitere Zwischenglieder die Einzelseelen.

Das Verhältnis der individuellen Seelen zur Weltseele beschreibt Plotinos in einer Weise, die sehr an die indische Brahman-Atman-Lehre erinnert. Er sagt nämlich, daß die *ganze* Weltseele in jeder Einzelseele gegenwärtig sei. Jede trägt gleichsam das ganze All in sich. »Darum möge vor allem eine jede Seele bedenken, daß sie es war, welche alle lebenden Wesen erschaffen und ihnen das Leben eingehaucht hat, allem, was die Erde ernährt und das Meer und die Luft, dazu auch den göttlichen Gestirnen am Himmel, daß sie es war, welche die Sonne und diesen großen Himmel erschaffen hat, sie, welche ihn ordnete und in seiner Kreisbewegung herumführt, sie, welche eine noch höhere Natur ist als alles, was sie ordnet und bewegt und beseelt.«[13]

Des Plotinos Lehren vom Menschen und seine *Ethik* ergeben sich folgerichtig aus der Auffassung alles Bestehenden als stufenweiser Ausstrahlung des göttlichen Wesens und dem göttlichen Ursprung der Menschenseele. Das höchste Ziel des Menschen und seine Glückseligkeit besteht darin, daß seine Seele sich mit dem Göttlichen, aus dem sie hervorgegangen ist, wieder vereine. Die vier platonischen Tugenden erkennt Plotinos an, doch nur als unterste Stufe auf dem Wege zu diesem Ziel. Der eigentliche Weg dahin ist ein geistiger, er führt nicht nach außen, sondern ins Innere des Menschen. Das philosophische Denken in seiner kunstgemäßen Form, der Dialektik, ist eine höhere Stufe, aber nicht die höchste. Diese besteht in einer vollkommenen Versenkung in uns selbst, das heißt in das Göttliche, das in uns ist. Sie führt über alles Denken und Bewußtsein hinaus zu einem Zustand des bewußtlosen, ekstatischen Eins-Seins mit Gott.

Wir finden hier bei Plotinos die *mystische* Lehre von der selbstvergessenen Hingabe, die unmittelbare Vereinigung mit dem Göttlichen ermöglicht. Solche Mystik war aller vorangegangenen griechischen Philosophie fremd. Sie ist dagegen der Grundstimmung der indischen Philosophie zutiefst wesensverwandt. Diese kann Plotinos nicht näher gekannt haben. Er hat sich, nach dem Bericht seines Schülers, einem Feldzug gegen die Perser angeschlossen, mit dem ausdrücklichen Ziel, die persische und indische Philosophie kennenzulernen. Der Feldzug scheiterte, und Plotinos mußte umkehren. Seine Absicht zeigt aber, daß er jedenfalls von jener geistigen Welt gehört haben und ihr so viel Wert beigemessen haben muß, daß er die gefahrvolle Reise auf sich nehmen wollte, um sie kennenzulernen.

Wir begegnen solcher Mystik überall da, wo mit dem Gedanken von der Wesenseinheit der Menschenseele mit dem Göttlichen Ernst gemacht wird: vor Plotinos bei den Indern, nach ihm bei den großen Mystikern des christlichen Mittelalters.

2. DER AUSGANG DES NEUPLATONISMUS UND DAS ENDE DER ANTIKEN PHILOSOPHIE

Der Neuplatonismus lebte außer in Rom bei den unmittelbaren Schülern Plotinos' fort in einer syrischen Schule, deren Haupt *Jamblichos* (gestorben 330 n. Chr.) war, und einer athenischen, unter deren Vertretern *Proklos* (410–485) hervorragt.

Die athenische Schule des Neuplatonismus, von dem allmählich zur Herrschaft kommenden Christentum bei aller inneren Verwandtschaft und gerade wegen dieser – beide suchten in verschiedener Weise dem tiefen religiösen Bedürfnis der Zeit zu entsprechen – aufs heftigste bekämpft, bildet zugleich den Schlußstein der alten heidnischen Philosophie in der nunmehr verselbständigten östlichen Hälfte des Römerreiches. Kaiser Justinianus schloß im Jahre 529 die in Athen seit Platon bestehende Akademie, zog ihr Vermögen ein und verbot jeden weiteren Unterricht in griechischer Philosophie. Die sieben letzten ihrer Lehrer gingen ins Exil.

Im Weströmischen Reich war *Boethius*, geboren 480, hingerichtet aus politischen Gründen im Jahr 525 auf Befehl des christlichen Gotenkönigs Theoderich, ihr letzter großer Verkünder. Äußerlich Christ, im Innern der alten heidnischen Philosophie – Stoizismus und Neuplatonismus – zugetan, ließ er diese in seiner im Kerker verfaßten Schrift »Vom Trost der Philosophie« ein letztes Mal in ihrem alten Glanz aufleuchten. Man hat ihn »den letzten Römer und ersten Scholastiker« genannt.

Dritter Teil

Die Philosophie des Mittelalters

ALLGEMEINES – DER AUFSTIEG DES CHRISTENTUMS – EINTEILUNG DER PERIODEN

Wenn wir von der Philosophie der griechischen und römischen Antike zur christlichen Philosophie des europäischen Mittelalters übergehen, so ist dabei, rein zeitlich betrachtet, die geschichtliche Stetigkeit gewahrt; denn die Ausbreitung des Christentums und die Anfänge einer christlichen Philosophie bei den Kirchenvätern fallen zeitlich mit dem Ausgang der Antike zusammen, beziehungsweise schließen sich unmittelbar an diesen an. Geistesgeschichtlich betrachtet, bedeutet dieser Übergang gleichwohl einen Sprung. Denn das Christentum, bei aller Würdigung der Einmaligkeit und Einzigartigkeit der Persönlichkeit seines Stifters, ist erwachsen und geschichtlich zu verstehen auf dem Grunde der weit in die Vergangenheit zurückreichenden, vielgestaltigen religiösen Traditionen des Ostens, und zwar nicht des alten Judentums allein; im Alten Testament finden sich auch Gedanken, welche die Forschung der letzten Jahrhunderte als solche assyrischen, babylonischen, vor allem persischen Ursprungs, möglicherweise auch ägyptischen, erkannt hat.

Ein tiefergehendes geschichtliches Verständnis der christlichen Religion erfordert deshalb die Erforschung und Darlegung dieser Zusammenhänge. Sie ist aber im wesentlichen Aufgabe einer Religionsgeschichte und nicht einer Geschichte der Philosophie. Diese kann und muß sich damit begnügen, die Darstellung mit der Zeit zu beginnen, da das Christentum in der Gestalt, die ihm nächst Jesus selbst vor allem der Apostel Paulus gegeben hatte, sich über die Mittelmeerwelt ausbreitete und dabei notwendig in die Auseinandersetzung mit der antiken Philosophie geriet.

Diese Ausbreitung setzte ein mit der Missionstätigkeit der Apostel im ersten nachchristlichen Jahrhundert, namentlich den drei Missionsreisen des Paulus und seinem schließlichen Aufenthalt und Märtyrertod in Rom. Schon um die Mitte des zweiten Jahrhunderts gab es in allen Teilen des Römischen Reiches christliche Gemeinden. Das Volk von Rom und seine Herrscher sahen in den Christen lange Zeit nur Verächter der römischen Staatsreligion und Feinde der öffentlichen Ordnung. Da das Christentum zu den Religionen gehörte, deren Übung offiziell verboten war, sahen sich seine Bekenner gezwungen, ihre Zusammenkünfte und Gottesdienste im geheimen abzuhalten. Die Geheimhaltung gab in unheilvoller Wechselwirkung Anlaß zu mancherlei Verleumdungen der Christen und zu neuem Haß gegen sie. An die Stelle vereinzelter Ausbrüche der Volkswut gegen die Christen traten bald organisierte staatliche Verfolgungen, die oft Jahre hindurch erbarmungslos fortgesetzt wurden. Unter römischen Kaisern waren es vielfach gerade die Gebildeteren und sittlich Höherstehenden, die, weil sie ihre Aufgabe als Wahrer der alten Reichs- und Gesellschaftsordnung gegen die diese bedrohenden Christen ernst nahmen, besonders hart gegen die Christen einschritten. Die schwersten Verfolgungen fanden statt unter den Kaisern Nero, Domitian, Trajan, Hadrian, Antoninus Pius, Marcus Aurelius, Septimius Severus, Decius, Valerian und Diocletian, das heißt vom ersten bis ins vierte Jahrhundert. Unzählige mußten ihrem Glauben abschwören oder erlitten die grausamsten Marterungen. Es ist bekannt, daß die Verfolgungen das Christentum nicht ausrotteten, sondern im Endergebnis nur stärker machten. Denn viel zahlreicher als jene, die getötet oder durch die grausamen Strafen abgeschreckt wurden, waren diejenigen, die durch die sittliche Größe und Standhaftigkeit der Märtyrer für den neuen Glauben gewonnen wurden. Seine Gewalt zog gerade die tiefsten Geister und die tapfersten Charaktere an. Der Märtyrer, der Soldat Christi, der für seine Überzeugung den Tod erlitt, war das Vorbild und der vollkommene Christ.

Unter Kaiser Constantin dem Großen (323–337) wurde das Christentum vom Staate anerkannt und von da an, unterbrochen durch Rückfälle wie den unter Julian Apostata (dem »Abtrünnigen«), gegenüber dem Heidentum begünstigt. Den endgültigen äußeren Sieg des Christentums bezeichnet das im Jahre 392 erlassene allgemeine Verbot der heidnischen Opfer. Zu dieser Zeit hatte sich das Christentum in den Städten überall im Römischen Reich durchgesetzt. Auf dem Lande hielt sich das Heidentum noch länger. Daher stammt die Bezeichnung der Nichtchristen als »Heiden«, das heißt Heidebewohner (ebenso lateinisch paganus = Landbewohner).

Die geschichtliche *Grundlage,* auf der die Kultur und Geisteswelt des christlichen Mittelalters erwuchs, wäre unvollständig gezeichnet, wenn man nur die drei Elemente: Römisches Reich und Recht, griechische Bildung und das aufsteigende Christentum, in Betracht zöge. Als viertes trat hinzu die ungebrochene Kraft der nun in die eigentliche Geschichte eintretenden keltischen, germanischen und slawischen Stämme. Lange Zeit schon hatte das brodelnde Meer der barbarischen Völkerschaften an den Außenbezirken des Römerreiches einen ständig zunehmenden Druck auf dessen Grenzen ausgeübt, bevor, durch verschiedene Anlässe in Bewegung gesetzt, seine Wogen im Sturm der Völkerwanderung die Alte Welt überfluteten, die alsbald unter ihrem

Ansturm zusammenbrach. Wenn diese Stämme als »Barbaren« bezeichnet wurden, so geschah das von der höheren Kultur der Griechen und Römer aus gesehen zu Recht; man darf aber darüber nicht verkennen, daß es keinesfalls unzivilisierte Wilde waren, sondern daß diese Völker ihre eigene, großenteils hochstehende Gesittung und Religion mitbrachten. Aber wie so oft in der Geschichte wurden die politischen und militärischen Sieger zu den kulturell Besiegten. Kelten, Germanen und Slawen legten ihre angestammten Lebensformen ab – viel zu weitgehend sogar nach dem Urteil späterer Geschichtsschreiber, denn vieles Wertvolle und Eigentümliche ging dabei unwiederbringlich verloren. Sie nahmen die christliche Religion und das antike Geisteserbe an und wurden aus »Barbaren« zu ihren Fortsetzern und den Hauptträgern der weltgeschichtlichen Entwicklung. Unermeßliche Kulturwerte gingen im Verlauf dieser stürmischen Umwälzung unter. Daß vieles andere bewahrt blieb und fortwirkte, war hauptsächlich das Verdienst der christlichen Kirche.

Die abendländische Kultur, die im westlichen Europa aus der fortschreitenden Verschmelzung der vier genannten Elemente im Lauf der Jahrhunderte erwuchs, war nicht die einzige Fortwirkung der Antike. Parallel zur Zivilisierung Westeuropas durch römisches Recht, griechische Bildung und christliche Gesittung ging die Erschließung des slawischen Ostens von der antik-christlichen Kultur des Oströmischen Reiches aus. Hinzu traten der Siegeszug des Islam bis nach Spanien hinein und die Aufnahme und Weiterbildung antiken Geistesgutes durch islamische Gelehrte. Für den uns fortan interessierenden Bereich der mittelalterlichen und neueren europäischen Philosophie brauchen beide indes nur insoweit berücksichtigt zu werden, als sie auf diese eingewirkt haben. Das war namentlich der Fall bei der im späteren Mittelalter vollzogenen Berührung der christlichen mit der arabischen und jüdischen Philosophie. Im wesentlichen aber bildet die Verschmelzung der christlichen Glaubenslehren mit dem Gedankengut der antiken Philosophie das eigentliche Thema der nun zu behandelnden Geschichte der Philosophie im Mittelalter.

Diese Verschmelzung vollzog sich in zwei deutlich abzugrenzenden *Hauptperioden.* Deren erste, *Patristik* genannt (vom lateinischen pater = Vater, gemeint sind die Kirchenväter), reicht von der apostolischen Zeit bis etwa zum Jahre 800. Die zweite wird *Scholastik* genannt (nach dem zuerst für Schullehrer, dann für Missionare, endlich für Kirchenlehrer gebräuchlichen lateinischen Namen scholastici). Sie umfaßt die Zeit von 800 bis zum Ende der mittelalterlichen Philosophie um 1500.

Innerhalb der Patristik sind wiederum zwei Perioden zu unterscheiden. In der ersten erfolgte, nach der erstmaligen Berührung und Auseinandersetzung des Christentums mit der griechischen Philosophie und mannigfachen inneren Auseinandersetzungen im Christentum selbst, äußerlich die Grundlegung zu einer einheitlichen mächtigen Kirche, innerlich die Festlegung der christlichen *Grunddogmen* (Lehrsätze des Glaubens). Diese Periode findet einen gewissen Abschluß mit dem Jahre 325, in dem das Konzil von Nicäa stattfand. Der zweite Abschnitt der Patristik brachte, namentlich im Werk des Augustinus, die Verarbeitung der nun festliegenden Grunddogmen zu einem einheitlichen System der christlichen Dogmatik und Philosophie.

Innerhalb der Scholastik unterscheidet man drei Abschnitte: die Frühscholastik vom 9. bis 12. Jahrhundert, die Hochscholastik im 13. Jahrhundert, die Spätscholastik im 14. und 15. Jahrhundert. Die Frühscholastik ist gekennzeichnet durch die Ausbildung der eigentümlichen scholastischen Methode, durch engste Verbindung von Theologie und Philosophie und durch den grundlegenden, an Platon und Aristoteles anschließenden Geisteskampf um die Geltung der Allgemeinbegriffe, den sogenannten Universalienstreit. Die Hochscholastik wurde eingeleitet durch die zunehmende Aufnahme aristotelischen Gedankenguts. Diese wurde vermittelt durch die arabische und jüdische Philosophie des Mittelalters, über die wir deshalb an dieser Stelle einen Abschnitt einschalten.

Die Hochscholastik brachte die vollkommenste Ausgestaltung der mittelalterlich-christlichen Philosophie in den Werken namentlich des Albertus Magnus und des Thomas von Aquin. In der Spätscholastik vollzog sich die allmähliche Auflösung der mittelalterlichen Philosophie durch den Nominalismus. Im engen Zusammenhang mit der scholastischen Philosophie, aber von ihr wesensverschieden, erblühte im späteren Mittelalter die christliche Mystik, namentlich im Werk des Meisters Eckhart, die wir im Schlußabschnitt dieses Teils behandeln.

Erstes Kapitel

Das Zeitalter der Patristik

I. Der Gegensatz antiker und christlicher Geisteshaltung

Bei der Darstellung der griechischen Philosophie haben wir an verschiedenen Stellen, besonders bei Sokrates, den Stoikern und in der hellenistischen Philosophie eines Philon und Plotinos, Geistesrichtungen angetroffen, die der des Christentums in mancher Hinsicht verwandt waren und diesem den Boden vorbereiteten. Um aber den durch das ganze Mittelalter sich hinziehenden Durchdringungsprozeß zwischen Christentum und antiker Philosophie in seiner Bedeutsamkeit und seinen Schwierigkeiten recht würdigen zu können, müssen wir uns zuvor den bis an die Wurzel reichenden Wesensunterschied beider Geistesrichtungen in Kürze vergegenwärtigen. Dieser besteht namentlich in bezug auf die Gottesvorstellung, das Verhältnis von Gott und Mensch, Mensch und Mitmensch, Mensch und Welt, endlich in dem von Anbeginn an erhobenen Ausschließlichkeitsanspruch des Christentums.

1. GOTT UND MENSCH

In der griechischen Philosophie sind wir den verschiedenartigsten Vorstellungen von einem göttlichen Wesen begegnet: dem göttlichen Urfeuer des Heraklit; dem »ersten Beweger«, dem in sich selbst ruhenden, sich selbst betrachtenden Geist des Aristoteles; einem Pantheismus, für den Gott mit dem Inbegriff allen Seins zusammenfiel, bei den Stoikern und anderen; zuletzt bei Plotinos einer Auffassung, der Gott allein wirklich und alles andere nur ein Abglanz, eine Emanation des göttlichen Seins war.

Im Unterschied zu allen diesen lehrt das Christentum Gott zunächst als den allmächtigen *Schöpfer*, der durch seinen Willen die Welt aus dem Nichts geschaffen hat. Alles außer Gott ist demnach ein Geschaffenes, auch der Mensch ist Geschöpf (Kreatur). Zwischen Schöpfer und Kreatur ist damit eine unüberbrückbar scheinende Kluft aufgetan. Wie wir schon bei der Betrachtung der indischen Philosophie angemerkt haben, ist die Vorstellung einer weiten Kluft zwischen Gott und Mensch besonders den Religionen der semitischen Völker eigen; sie stammt aus dem alten Judentum. Der Mensch und alles Geschaffene ist nur durch Gott

und um Gottes willen da. Als Geschöpf des göttlichen Willens hat der Mensch die Aufgabe, den Willen des Schöpfers zu tun, den er in seinem göttlichen Wort *offenbart* hat. Oberste Tugend und eigentlicher Kern der christlichen Frömmigkeit ist daher *Demut* im Verhältnis zum göttlichen Schöpfer und Herrn. Das verwerflichste Laster und der Inbegriff aller anderen ist Hochmut (Hybris): Vermessenheit, in der der Mensch Gott gleich sein und sich an die Stelle Gottes setzen will. Das bedingt eine gänzlich andere Wertskala der menschlichen Tugenden. Die von den Griechen gepriesenen Tugenden werden nicht nur entwertet, sondern erscheinen teilweise geradezu als Hoffart und »glänzende Laster«[1].
Der Gott des Christentums ist zweitens nicht ein unpersönliches göttliches Es, sondern ein ganz und gar *persönlicher Gott.* Dem persönlichen Gott steht der Mensch als einzelner, als Person gegenüber. Er spricht zu ihm im Gebet als Persönlichkeit zur anderen, wenn auch unermeßlich erhabeneren. Das Christentum verleiht damit der individuellen Seele eine einzigartige Würde. Auch dieser Gedanke war der Antike fremd. »Für die antike Philosophie ist die Seele im Grunde ein Es, ein Unpersönliches, ein Naturfaktor, weshalb es ihr selbstverständlich ist, die Begriffe Seele und organisches Leben in engste Verbindung zu bringen, und der Gedanke der Weltseele, von der die einzelne Seele ein Ableger ist, stets naheliegt, wo von Seele die Rede ist. Der Gedanke, daß die Seele gerade als einsame Seele vor Gott steht und seinen Blick auf sich ruhen fühlt, ist im Grunde nicht antik.«[2]
Der Gott des Christentums ist aber drittens – und das ist etwas grundsätzlich Neues – der gnädige und *erlösende Gott.* Der Mensch ist seiner Natur nach der Sünde und dem Tode überantwortet. Aus eigener Kraft kann er zwar gegen das Böse ankämpfen, aber nicht von ihm erlöst werden. Verderblicher Hochmut ist der Versuch antiker Philosophie wie der Stoiker und Epikurs, auch des Sokrates, die Menschen zu lehren, wie sie aus eigener Kraft »Glückseligkeit« finden könnten. Erlösung ist nur zu erlangen durch die göttliche Gnade in der Vereinigung mit dem menschgewordenen Gottessohn. Damit dies möglich werde, muß der Mensch aber seine ganze sündige Natur abstreifen und überwinden. Es ist nicht so wie etwa Platon gelehrt hatte, daß der niedere Seelenteil des Menschen sterblich, der höhere aber unsterblich und ein Teil des Göttlichen sei; sondern der ganze natürliche Mensch ist sterblich und verderbt, solange er nicht durch die *Wiedergeburt in Christo* erneuert ist. Ist diese aber geschehen, so ist es auch der ganze Mensch, der verwandelt aufersteht. »Darum, ist jemand in Christo, so ist er eine neue Kreatur«, sagt Paulus.[3] Diese Idee der Wiedergeburt des Menschen durch die göttliche Gnade in Christus, die vor allem Paulus klar herausgebildet hat, ist geradezu als Zentraldogma des ganzen Christentums bezeichnet worden.[4]

2. MENSCH UND MENSCH

Die sittliche Grundforderung des Christentums für das Verhältnis des Menschen zum Menschen, in der es über alle anderen Religionen hinausgeht, ist in den Worten Christi beschlossen: »Du sollst deinen Nächsten lieben als dich selbst.«[5] Die Worte finden sich schon im dritten Buch Mosis. Im Christentum werden sie auf *alle* Menschen angewandt. Alle Menschen sind Kinder Gottes und Brüder und Schwestern in Christo. Diesem hohen Ideal kommt aus der Antike höchstens die stoische Forderung der allgemeinen Menschenliebe nahe.

Dem Christentum war von vornherein ein übernationaler Zug eigen. Hatte doch Christus seine Jünger ausgesandt, alle Völker zu lehren. Es kannte auch von vornherein keine Standesschranken. Christus hatte sich gerade an die »Mühseligen und Beladenen« gewandt. Die ersten Bekenner des Christentums entstammten in der Masse den unteren Bevölkerungsschichten. Das Christentum war eine geistige Revolution »von unten«, die aber alsbald die Spitzen des gesellschaftlichen Aufbaus mit ergriff.

3. MENSCH UND WELT

Die Philosophen der Stoa oder Epikur waren nicht auf den Gedanken gekommen, das Ziel und den Sinn des menschlichen Lebens anderswo zu suchen als hier im Diesseits; das Ziel ihres Nachdenkens war, sich in diesem so gut als möglich einzurichten. Anders war es bei Platon und im Neuplatonismus. Das Christentum geht aber fast noch weiter als diese. Die Beziehung des Lebens auf den jenseitigen – transzendenten – Gott und auf das Ziel der Erlösung führt zu einer Entwertung des Weltlichen oder *Entweltlichung*, wie sie in ähnlicher Konsequenz nur die Inder kennen. Christus selbst hatte das Wort gesprochen: »Ich habe die Welt überwunden.«[6]

Auch das Verhältnis zur irdischen Obrigkeit wird ganz im Lichte Gottes gesehen. Man soll ihr gehorchen, weil sie von Gott gesetzt ist. Das Ziel des Menschen liegt aber in einem Reich, das nicht von dieser Welt ist.

Nun ist aber die Menschwerdung Gottes in Christus als freier Akt der göttlichen Gnade ein *einmaliger geschichtlicher Vorgang*, und nicht, wie bei anderen Religionen, die auch eine Erlösung kennen, ein zeitloser, symbolisch auszudeutender Mythos, der sich in jedem einzelnen zu beliebiger Zeit wiederholen könnte. Damit erhält die irdische Welt für den Christen, so gleichgültig er im übrigen ihren Freuden und Verlokkungen gegenüberstehen mag, doch den Charakter einer unwiderruflichen Einmaligkeit im göttlichen Heilsplan. Es gibt nicht, wie für viele antike Philosophen, zahllose Welten im Wechsel von Entstehung und

Vernichtung, es gibt auch nicht, wie für den Inder, immer neue irdische Verkörperungen der Einzelseele; sondern diese Welt und dieses Leben sind es, in denen sich einmalig und unwiderruflich nach dem göttlichen Heilsplan die Entscheidung vollzieht. So »hat der christliche Gedanke durch seine absolute Universalität, durch den Sinn der Einmaligkeit und Unwiderruflichkeit der in ihm konzipierten Geschichte und durch die Beziehung auf den Heiland für den Menschen als einzelnen eine unvergleichliche Eindringlichkeit. Das Bewußtsein der Zeitepoche als Entscheidung wurde . . . aufs höchste gesteigert«[7].

4. DER AUSSCHLIESSLICHKEITSCHARAKTER DES CHRISTENTUMS

In den antiken Stadtstaaten hatte der einzelne eine fraglose und fast naiv anmutende Geborgenheit gefunden, wie wir sie noch bei Sokrates sehen. Der Zerfall der Polis und die Ausweitung zu einem weltumspannenden Imperium, das von einem absolut regierenden fernen Herrscher gelenkt wurde und in dem die öffentlichen Angelegenheiten dem Lebenskreis des Einzelmenschen immer ferner gerückt waren, zusammen mit dem Ungenügen an der hergebrachten Religion, die immer mehr zu einem äußerlichen Staatskultus mit Vergötterung des Kaisers geworden war, hatten ein tiefes Bedürfnis nach persönlicher Religiosität entstehen lassen. Diesem Bedürfnis entsprachen neben dem Christentum zahlreiche andere Kulte, die in spätrömischer Zeit die ganze hellenistische Welt durchdrangen. Die Religion des altpersischen Mithra, die Verehrung der ägyptischen Isis, der Adoniskult und viele andere blühten in Rom und breiteten sich mit den römischen Eroberern bis an den Rhein und die britischen Grenzen aus. Manche wiesen starke Ähnlichkeit mit dem Christentum auf. Der Mithraskult zum Beispiel kannte Taufe, Konfirmation, Abendmahl, Dreieinigkeitslehre und den 25. Dezember als Geburtstag des Lichtgottes.

Daß das Christentum gegenüber allen diesen obsiegte, hat seinen Grund nicht zuletzt in seiner vom Judentum übernommenen Ausschließlichkeit. Die Gemeinschaft der Christen fühlte sich als ein neues auserwähltes Volk, ein neues Israel – »ein auserwähltes Geschlecht, ein königliches Priestertum, ein heiliges und geweihtes Volk«, wie die Schrift sagt.[8]

Das Bewußtsein der Ausschließlichkeit seiner Mission verhinderte, trotz mancher noch zu behandelnder Ansätze in dieser Richtung, die Vermischung des Christentums mit anderen Kulten und sein Aufgehen in dem allgemeinen Religionsgemisch der Zeit. Es bildete die Grundlage für die Entwicklung einer unantastbaren, kanonische Form annehmenden Tradition und die Entstehung einer fest organisierten kirchlichen Gemeinschaft.

II. Die ersten Berührungen des Christentums mit der antiken Philosophie bei den älteren Kirchenvätern

»Was hat Athen mit Jerusalem zu tun, welche Übereinstimmung gibt es zwischen der Akademie und der Kirche?« schreibt der Kirchenvater *Tertullian*[9]. »Bleibe stehn, o Seele, und gib dein Zeugnis. Aber ich rufe dich nicht auf als einer, der in Schulen erzogen ist, in Bücherhallen gebildet und aufgefüttert in attischen Akademien und Säulenhallen – ein solcher würde nur seine eigene Weisheit ausspeien. Ich wende mich an dich, den Einfachen, Rauhen, den Ungebildeten und Ungelehrten. So wie du bist, wenn du nur du bist, unversehrt und rein, du von Straßen und Wegen und Werkstätten.« Und Paulus hatte geschrieben: »Wo bleibt der Weise, wo der Schriftgelehrte, wo der Redekünstler dieser Welt? Hat Gott nicht die Weisheit der Welt für Torheit erklärt? Die Juden fordern Wunderzeichen, die Griechen suchen Weisheit; wir aber predigen Christus, den Gekreuzigten, den Juden ein Ärgernis, den Heiden eine Torheit. Denen aber, die berufen sind, ob Juden oder Heiden, verkünden wir Christus als Gottes Kraft und Gottes Weisheit.«[10]

Hier sehen wir Christentum und Philosophie in schroffer Entgegensetzung, und in der Tat: Ist ein größerer Gegensatz denkbar als der zwischen dem schöngeistig und theoretisch gebildeten, auf harmonisches Ebenmaß und heiteren Sinnengenuß ausgehenden Geist eines Griechen oder Römers der Spätantike und dem der ersten Christen, die als Blutzeugen eines neuen Glaubens mit sittlicher Unbedingtheit alles Weltliche verwerfen, den nahenden Untergang der Welt und die bevorstehende Herabkunft des Gottesreiches verkündigen? Der geistige Gegensatz war, wie schon angedeutet, zunächst auch ein sozialer. Die unteren Schichten der städtischen und die ländliche Bevölkerung, denen die ersten Christen entstammten, waren von der klassischen Bildung nur oberflächlich berührt. Sie sprachen nicht griechisch, außerhalb Italiens auch nicht lateinisch. Die Gebildeten, wie Tacitus oder der stoische Kaiser Mark Aurel, hegten eine tiefe Verachtung gegen die Christenlehre, in der sie nur einen Rückfall in barbarischen Aberglauben sahen.

Und doch mußten die Gebildeten, sollte das Christentum sich durchsetzen, auch gewonnen werden. Das schien möglich, wenn man sie in *ihrer eigenen Sprache anredete*, die eben die Sprache der klassischen Bildung war. Die Männer, die das zuerst unternahmen, werden *Apologeten* genannt, das heißt wörtlich »Verteidiger«, eben des Christentums gegen die heidnischen Vorurteile der Gebildeten. Selbst philosophisch gebildet, wandten sie sich mit ihren Denkschriften an die Kaiser und Machthaber, um die sittliche Überlegenheit des Christentums oder wenigstens seine Ungefährlichkeit für die staatliche Ordnung darzutun, und an die gebildete Schicht, um die christliche Offenbarung als die allen anderen überlegene Philosophie zu erweisen.

Der erste bedeutende Apologet war *Justinus der Märtyrer*, »der Christ im Philosophenmantel«, geboren um 100, gestorben um 165 als Blutzeuge seines Glaubens in Rom. Auch der vorhin zitierte *Tertullian* (160–220), so schroff er christliche Heilslehre und griechische Weltweisheit entgegenstellt, war nicht nur selbst philosophisch hochgebildet, sondern auch ein hervorragender Rhetor. In seinen Schriften, mit denen die lateinische Literatur des Christentums eigentlich anhebt, bediente er sich eines glänzenden, mit Witz und Ironie gewürzten lateinischen Stils. Tertullian wird der berühmte Ausspruch »credo quia absurdum est« – ich glaube, (gerade) weil es widersinnig ist – zugeschrieben. Er findet sich in dieser Form zwar nicht in seinen erhaltenen Schriften, gibt aber den Grundgedanken des Tertullian richtig wieder, daß die Wahrheit des Glaubens in einer ganz anderen Sphäre als der dem Denken zugänglichen liegt. Indem Tertullian die Glaubenswahrheit als die höhere feststellt und verlangt, bei möglichem Widerspruch zwischen ihr und den Ergebnissen des Denkens nichts für wahr zu halten, was der Glaubenswahrheit widerspricht, bereitet er schon die Unterordnung der Philosophie unter die Theologie, des Wissens unter den Glauben, vor, die für alle folgende christliche Philosophie kennzeichnend ist.

Einen entscheidenden Schritt weiter in dieser Richtung taten die großen Lehrer der im 2. und 3. Jahrhundert in Alexandria blühenden Katechetenschule, *Clemens* (gest. 217) und *Origenes* (184–254). Sie schufen nicht nur die christliche Theologie als Wissenschaft, sie dachten auch eine Rangordnung der Wissenschaften aus, in der diese an der Spitze steht. Origenes sagte: »Wenn die Söhne der Weltweisen von Geometrie, Musik, Grammatik, Rhetorik und Astronomie sagen, sie seien die Mägde der Philosophie, so können wir von der Philosophie in ihrem Verhältnis zur Theologie dasselbe sagen.«[11] Folgerichtig verlangte er vom Theologen, die Schriften der alten Philosophen durchzuarbeiten und allem ein gerechtes Ohr zu leihen. In seiner eigenen Lehre nahm Origenes auch tatsächlich eine weitgehende, ja für die Kirche zu weit gehende Verschmelzung christlicher mit neuplatonischen Gedanken vor. In seinem Hauptwerk »Von den Grundlehren« faßte er das Verhältnis zwischen Gott und Gottessohn wie das des Lichtes zum Glanz, der von diesem ausstrahlt. Gottes Sohn steht dabei in gleichem Abstand von beiden zwischen Gott und den Menschen als Vermittler.[12]

Klassische und biblische Überlieferung vereinigen sich auch in einem der größten Geisteswerke des frühen Mittelalters, der lateinischen Bibelübersetzung (Vulgata) des *Hieronymos*, sowie in der erwachenden christlichen Dichtung.

Stärker als der Inhalt der antiken Bildung wirkte dabei meistens ihre *Form* auf die christlichen Schriftsteller ein. Hieronymos pries Cicero als den König der Rhetoren und Erleuchter der lateinischen Sprache. Daß aus der antiken Bildung gerade die mehr auf die Form als auf den Inhalt schauende Rhetorik fortwirkte, hatte für die weitere Kulturentwicklung bedeutsame positive und negative Folgen. Es führte einerseits dazu, daß neben dem geistlichen Schrifttum ein weltliches, schöngeistiges, nach dem Vorbild eines Vergil, Horaz, Cicero und anderer, daß überhaupt neben der geistlichen Kultur eine weltliche entstand, wodurch das Geistesleben des Abendlandes eine unermeßliche Bereicherung erfuhr. Es trug andererseits dazu bei, daß das Vermächtnis der griechischen *Wissenschaft* im Mittelalter vernachlässigt wurde.

III. Innere Gefahren für das Christentum

1. DIE GNOSTIKER

Sah sich das Christentum in einer ihm zunächst feindlichen Umwelt zu ständig erneuter Selbstbehauptung gezwungen, so wurde es in den ersten Jahrhunderten gleichzeitig von innen heraus in seiner Einheit und seinem Fortbestand bedroht durch mehrere geistige Bewegungen, die ihren Ausgang teils von im Christentum selbst liegenden Gedanken und Voraussetzungen nahmen, teils christliche und nichtchristliche Elemente zu vereinigen suchten. Die verbreitetste und für das Christentum gefährlichste dieser Bewegungen war die *Gnosis* (griechisch »Erkenntnis«), eine der vielgestaltigsten und am schwersten zu fassenden Erscheinungen der Geistesgeschichte.

a) Herkunft und Hauptvertreter der Gnosis

In der Gnosis vermischen sich christliche Glaubenssätze – die in dieser Zeit vor der Festlegung eines ausgebildeten Lehrgebäudes noch vieldeutiger Auslegung offenstehen – mit Elementen sehr verschiedenen Ursprungs. Es sind religiöse Vorstellungen altorientalischer Herkunft, vor allem persische, syrische, jüdische; dazu treten philosophische Gedanken aus den Lehren des *Poseidonios* (etwa 135–51 v. Chr.), eines universalen Denkers und Geschichtsschreibers, ferner aus Platon und dem Neuplatonismus, Pythagoras und der an diesen anknüpfenden neupythagoreischen Richtung sowie aus dem Stoizismus.

Je nach dem Gewicht, das dem einen oder anderen Element zuerkannt wird, werden verschiedene gnostische Richtungen unterschieden. Diejenige, die dem Judentum eine besondere Stellung einräumt, wird als *judaisierende* Gnosis bezeichnet. Ihre Hauptvertreter sind *Basilides* (um

125 n. Chr.) und *Valentinus* (um 150 n. Chr.). Ihr wird eine *paganisierende*, d. h. heidnische Gedanken bevorzugende, und eine *christianisierende* Gnosis an die Seite gestellt. Hauptvertreter der christianisierenden Richtung ist *Marcion* aus Sinope. Er begründete eine eigene Kirche, die sich lange neben der Hauptkirche hielt. Bemerken wir bei dieser Gelegenheit, daß der Gegensatz zwischen den sogenannten Judenchristen, die die Beibehaltung der jüdischen Beschneidung und des mosaischen Gesetzes forderten, und den Heidenchristen, die dies verwarfen, in den Anfangszeiten des Christentums eine erhebliche Rolle spielte.
Neben diesen gnostischen Schulen, die als Häresien (Irrlehren) von der Kirche aufs schärfste bekämpft wurden, gehören in einem weiteren Sinne auch die im vorigen Abschnitt genannten Kirchenväter Clemens und Origenes in die gnostische Geistesrichtung.

b) Grundgedanken und Eigenart der Gnosis

Wir verzichten darauf, die verschiedenen gnostischen Richtungen einzeln zu behandeln, und führen statt dessen drei Gesichtspunkte an, die für alle zutreffen und einen Eindruck von der Eigenart dieser Bewegung vermitteln können.
Theodizee. – Eine zentrale Stellung im Denken der Gnostiker nimmt das Problem der sogenannten Theodizee ein, die Frage nach der Rechtfertigung Gottes und der Herkunft und Bedeutung des Bösen in der Welt. Es ist dies eine Grundfrage jeder Religion; im Christentum erhält sie ein besonderes Gewicht dadurch, daß hier einerseits die Vorstellung des Weltschöpfers aus dem Judentum übernommen ist, andererseits aber die Welt als Stätte des Unheils und der Sünde angesehen wird, aus der wir erst durch Christus erlöst werden. Warum, so fragte man, schuf Gott der Vollkommene eine Welt des Bösen, aus der wir erst der Erlösung bedürfen?
Die Frage hatte schon Epikur in ähnlicher Form gestellt. Später sollte sie namentlich Leibniz bewegen. Auch der sechsjährige Goethe stellte sich, unter dem Eindruck des Erdbebens von Lissabon, die Frage, wie Gott solches zulassen könne – wie er zu Beginn von »Dichtung und Wahrheit« beschreibt.
Die Gnostiker lösen das Problem in der Weise, daß sie Gott den Schöpfer von Gott dem Erlöser unterscheiden. Damit gibt es aber zwei Götter: den allgütigen Erlöser und den diesem untergeordneten, ja bisweilen feindlichen Schöpfer (Demiurgen) der Welt. Zum Beispiel scheidet Marcion den Gott des Alten Testaments als Schöpfer und Gott der Gerechtigkeit von dem Gott des Neuen Bundes als Gott der Liebe.
Gnosis als Erkenntnis. – Die gnostische Auffassung des Göttlichen bedingt auch eine besondere Vorstellung von der Stellung des Menschen in der Welt und seiner Erlösung. Daß der Mensch der Sünde anheim-

fällt, erscheint nicht mehr als seine besondere menschliche Schuld; sondern die Seele des Einzelmenschen ist nur der Kampfplatz, auf dem sich der ewige Widerstreit des guten und des bösen Prinzips abspielt. Die Einzelseele, um die es dem Christentum geht, verliert damit einiges von ihrer besonderen Würde. Nicht darauf kommt es an, daß der Mensch in einem Akt der inneren Wiedergeburt den »alten Adam« abstreift und ein neuer, geläuterter Mensch wird, sondern darauf, daß er den weltumspannenden Kampf des Guten und Bösen in sich *schaue und erkenne*[13]. Die Erkenntnis tritt so bei den Gnostikern immer mehr an die Stelle des Glaubens, worauf auch der Name zurückzuführen ist, den die ganze Bewegung erhalten hat. Die Gnostiker konnten sich dabei berufen auf solche Worte wie das des Paulus: »Der Geist erforschet alle Dinge, auch die Tiefen der Gottheit.«[14]

Gnosis als Mystik. – Die Menschwerdung Gottes und die Vereinigung mit ihm im Sakrament ist das große Geheimnis der christlichen Lehre und damit die Stelle, an der im Verlauf ihrer Geschichte immer wieder mystische Gedanken hereinflossen.[15] Mystik, wie schon der Name (vom griechischen myein = die Augen schließen) anzeigt, beruht auf der Verneinung sowohl der Sinneswelt wie der Logik des Verstandes und besteht in einer mit Worten immer nur unvollkommen beschreibbaren, unbewußten, rauschhaften oder ekstatischen Vereinigung mit dem Göttlichen. Auch die Gotterkenntnis der Gnostiker ist nicht als Vernunfterkenntnis, sondern als mystische zu verstehen.

Die gnostischen Gedanken treten, wie andere Formen der Mystik, in einer phantastischen Einkleidung in mythologischen Bildern und Gestalten auf. Gemeinsam ist fast allen Richtungen, neben dem Angeführten, die von Plotinos ausgebildete Vorstellung einer stufenweisen Emanation des Göttlichen, von Mittelwesen, die zwischen Gott und den Menschen stehen, und von der endlichen Rückkehr alles Seienden in den göttlichen Urgrund.

2. DIE MANICHÄER

Der Gnosis eng verwandt ist der Manichäismus, der sogar, weil er das Judentum schroff ablehnt und heidnische, nämlich persische und indische Ideen mit christlichen verbindet, zur paganisierenden Richtung der Gnosis gerechnet wird.[16] Er wurde begründet von dem Perser *Mani* (lat. Manichaeus). Mani wurde 215 in Persien aus königlichem Geschlecht geboren, brachte längere Zeit in Indien zu und trat vorher und nachher in seinem Heimatlande als Stifter einer neuen Religion auf. Im Jahre 273 wurde er gekreuzigt.

Seine Lehre, soweit sie aus geringfügigen Bruchstücken seiner Schriften und aus späteren Berichten zu erkennen ist, geht aus von der der

persischen Religion entnommenen Vorstellung zweier von Ewigkeit her nebeneinander bestehender Reiche, eines Reichs des Lichts, beherrscht vom göttlichen Vater des Lichts, und eines Reichs der Finsternis, beherrscht vom Vater der Finsternis – von Mani mit dem jüdischen Jahwe identifiziert – und seinen Dämonen. Jesus erscheint bei ihm als der aus dem Reiche des Lichts herabsteigende Erlöser der Menschen.
Die Ethik des Manichäismus fordert strengste Askese und ähnelt der buddhistischen. Sie scheidet die auserwählten »Wissenden«, denen die volle Strenge der Gebote auferlegt ist (kein Fleischgenuß, kein Geschlechtsgenuß, keine gemeine Handarbeit), von den bloßen »Hörern« oder Verehrern, für die die Gebote gemildert sind.
Von der Lehre der christlichen Kirche unterscheidet sich der Manichäismus grundsätzlich durch die Verwerfung des Alten Testaments, durch die dualistische Lehre von den beiden Reichen und durch seine andersartige Erlösungsidee, die dem Menschen vorschreibt, nach der von Jesus gegebenen Anleitung seine Erlösung *selbst* zu vollbringen.[17] Er verbreitete sich besonders im Orient und in Nordafrika, bildete eine selbständige Religionsgemeinschaft und wurde zeitweise dem Christentum, das ihn aufs heftigste bekämpfte, gefährlich. Manichäische Gemeinden hielten sich bis ins Mittelalter.

3. ARIUS UND ATHANASIUS

Unter den zahlreichen Glaubensstreitigkeiten, die die christliche Welt der ersten Jahrhunderte in Bewegung hielten, war eine der wichtigsten der Kampf um die Frage nach dem Wesen Christi und seinem Verhältnis zu Gott dem Vater. *Arius,* ein gelehrter Presbyter von Alexandrien (gestorben 336), lehrte im Anschluß an Origenes und unter Zuspitzung von dessen These, daß der Gottessohn nicht wesenseins mit Gottvater, sondern diesem untergeordnet sei und als Mittler zwischen Gott und den Menschen stehe. *Athanasius,* anfänglich bischöflicher Geheimschreiber, dann als Nachfolger des abgesetzten Arius selbst Bischof von Alexandria (gestorben 373), vertrat dagegen die Auffassung, daß der Gottessohn von Ewigkeit an wesenseins mit dem Vater sei. Auf dem von Kaiser Constantin im Jahre 325 einberufenen Konzil von Nicäa prallten beide Ansichten aufeinander. Athanasius siegte. Es wurde eine Formel angenommen, die die Wesenseinheit von Gottvater und Gottessohn als verbindliche Kirchenlehre festlegte. Der Sieg des Athanasius war zunächst nur ein vorläufiger. In der östlichen Kirche neigten nach wie vor viele dem Arianismus zu. Die germanischen Stämme, zuerst die Goten, dann nach ihrem Vorbild alle anderen, mit Ausnahme der Franken, waren Arianer. Athanasius führte weiter einen wechselvollen Kampf, wurde selbst mehrere Male verbannt und wieder zurückgerufen. Erst nach seinem Tode wurde 381 durch die Synode von Konstantinopel die Formel von der Wesensgleichheit von Gottvater, Gottessohn und Heiligem Geist als festes Kirchengesetz bestätigt und damit das Dogma von der Dreieinigkeit (Trinität) Gottes endgültig festgelegt. Die germanischen Völker wurden erst im 6. Jahrhundert vom Arianismus zum Katholizismus bekehrt.

IV. Die Festigung der Kircheneinheit

Gegen alle äußeren Widerstände und inneren Gefährdungen erhob sich in den ersten Jahrhunderten die römische Kirche zu ständig wachsender äußerer Macht und innerer Einheit. Daß sie dies vermochte, verdankte sie in erster Linie den beiden Grundpfeilern, auf denen sie ruhte: der strengen äußeren Ordnung in der sich festigenden Hierarchie (priesterlichen Rang- und Herrschaftsordnung) und der grandiosen Folgerichtigkeit und Härte, mit der sie ihre unantastbare christliche Wahrheit gegen alle häretischen Abirrungen bewahrte.
Die Kirche bildete ein eigenständiges Gemeinwesen; in der Zeit des Niedergangs der römischen Macht und des Barbarenansturms fast ein Staat im Staate. Sie hatte ihre eigene innere Ordnung, ihre eigene Leitung, ihr eigenes Recht, ihre eigenen Gesetze. Vor allem hatte sie in den Gemeindeältesten und Bischöfen, die als Nachfolger der von Christus selbst eingesetzten Apostel betrachtet wurden, leitende Persönlichkeiten, welche umgeben vom Glanz eines übernatürlichen Ansehens eine äußerst weitgehende Entscheidungsmacht hatten. Die durchgebildete kirchliche Ordnung unterschied die christliche Gemeinschaft von allen anderen religiösen Körperschaften der Zeit und befähigte sie, alle zu überdauern.[18]
Unter den Kirchenvätern, welche die der Kircheneinheit drohenden Gefahren am erfolgreichsten bekämpften, ist an erster Stelle *Irenäus* (gestorben etwa 202) zu nennen. Er stammte aus Kleinasien und war später Bischof in Gallien. Sein Hauptbestreben ging auf die Bekämpfung der Gnosis, der sein Werk »*Wider die fälschlich so genannte Gnosis*« gewidmet ist. Den Gnostikern, die in ihrem Hochmut glaubten, Gott durch »Schau« erkennen zu können, wird vorgehalten, daß Gott ganz unbegreiflich ist, daß wir das wenige, was wir überhaupt von ihm wissen können, nur durch Offenbarung wissen. Gott offenbart sich den Heiden durch die Stimme des Gewissens, den Juden durch Gesetz und Propheten, den Christen durch Christus, dessen Lehre die reine apostolische Überlieferung bewahrt. Die gnostische Scheidung des Schöpfergottes vom Erlöser wird als Blasphemie zurückgewiesen. – Ebenso wie

für die Reinheit der Lehre trat Irenäus leidenschaftlich für die äußere Einheit der Kirche und Führung Roms ein, »denn zu dieser Kirche muß sich wegen ihrer Ursprünglichkeit die gesamte Kirche, das heißt die Gesamtheit der Gläubigen von überall her, zusammenscharen, weil in ihr immer von den überall verbreiteten Gemeinden die von den Aposteln herrührende Tradition bewahrt worden ist«[19].

Auch der schon in anderem Zusammenhang genannte *Tertullian* gehört zu den überzeugten Vorkämpfern der Kircheneinheit. Seine scharfe Ablehnung der heidnischen Philosophie ist gerade dadurch bedingt, daß er in ihr den Mutterboden der gnostischen Irrlehren erkannte.

An dritter Stelle ist *Cyprian* (Bischof von Karthago, geboren um 200, gestorben als Märtyrer 258) zu nennen. In seiner Schrift »Über die Einheit der katholischen Kirche« und in zahlreichen Briefen verfocht er den Gedanken der Einheit der Christenheit. Die katholische Kirche, in der er diese verkörpert sieht, ist für ihn die von Christus gestiftete Gemeinschaft der Gläubigen, außerhalb deren keine Erlösung möglich ist.[20]

V. Augustinus

1. DES AUGUSTINUS LEBEN UND WERK

»Fecisti nos ad Te et inquietum est cor nostrum, donec requiescat in Te« – »Du hast uns zu Dir hin geschaffen, und unruhig ist unser Herz, bis es ruht in Dir.« Dieser unvergleichliche Satz steht am Anfang der »Bekenntnisse« (Confessiones) des Aurelius Augustinus, des tiefsten Denkers und der machtvollsten Persönlichkeit der ganzen Patristik, in denen er, in Form eines einzigen Gebets, in dreizehn Büchern sein Leben bis zum Zeitpunkt seiner Bekehrung schildert. Und unruhig, in unablässigem Suchen und mancherlei Verirrungen, war in der Tat sein Leben, bis er im Christentum die innere Ruhe fand.

Im Jahre 354 in Thagaste in Numidien (Nordafrika) als Sohn eines heidnischen Vaters und einer christlichen Mutter geboren, wurde Augustinus, nach jugendlichen Ausschweifungen in Karthago, zuerst durch die Bekanntschaft mit einer Schrift Ciceros zum Studium der Philosophie und zur Suche nach der Wahrheit geführt. Er glaubte sie zunächst in der Lehre der Manichäer zu finden, deren Religionsgemeinschaft er zehn Jahre angehörte. An dieser irre geworden, wandte er sich zuerst nach Rom und darauf nach Mailand, wo er, wie vorher in Karthago, als Lehrer der Rhetorik wirkte. Hier verfiel er zunächst dem philosophischen Skeptizismus, aus dem er sich durch das Studium neuplatonischer Schriften, insbesondere des Plotinos, befreite, dessen Einfluß auch

noch in seinen späteren christlichen Gedanken erkennbar ist. Aber auch das befriedigte ihn nicht. Er sagte später darüber: »Die Platoniker sahen zwar die Wahrheit – fest, unbeweglich und unveränderlich, die Urformen aller geschaffenen Dinge enthaltend –, aber sie sahen sie nur von ferne, und deshalb konnten sie nicht den Weg finden, auf dem sie einen so großen, unsagbar beseligenden Besitz erlangen konnten.«[21]
Den Besitz der Wahrheit selbst fand Augustinus erst im Christentum, zu dem er 387, vornehmlich unter dem Eindruck der Predigten des großen Bischofs Ambrosius von Mailand, übertrat. Von da an führte er, zunächst in Italien, dann wieder in seiner nordafrikanischen Heimat, ein zurückgezogenes, dem Studium und der Betrachtung hingegebenes Leben, das er im wesentlichen auch fortsetzte, nachdem er, eigentlich gegen seinen Willen, zum Presbyter geweiht und schließlich zum Bischof von Hippo Regius in Nordafrika ernannt worden war. Er starb 430 während der Belagerung dieser Stadt durch die Vandalen.
Seine schriftstellerische Tätigkeit begann er mit der leidenschaftlichen Bekämpfung der Irrlehren, denen er selbst lange Zeit angehangen hatte und die er daher aus eigener Erfahrung kannte. So bekämpfte er die Skeptiker (in seiner Schrift »Wider die Akademiker«), die Manichäer und andere. Seine Hauptwerke sind, außer den schon genannten Bekenntnissen, »Über die Freiheit des Willens«, »Über die Dreieinigkeit« und »Über den Gottesstaat«. Die letztere Schrift kann als das eigentliche Hauptwerk angesehen werden. Sie ist geschrieben in den Jahren 413 bis 426, angeregt durch die Plünderung Roms durch das Gotenheer des Königs Alarich (410) und die dabei aufgetauchte Frage, ob nicht dieser Fall Roms durch die Aufgabe seiner alten Götter, das hieße aber durch die Annahme des Christentums, verschuldet sei. Dieser Auffassung tritt daher Augustinus zunächst in den ersten fünf der insgesamt 22 Bücher entgegen und zeigt, daß Rom durch Selbstsucht und Sittenlosigkeit gefallen sei. In den folgenden fünf Büchern werden allgemein die Verwerflichkeit des Heidentums und die Unzulänglichkeit der alten Philosophie behandelt. Die restlichen zwölf Bücher stellen dem weltlichen Staat den Staat Gottes, verkörpert in der Kirche Christi, gegenüber.
Augustinus ist die erste ganz große philosophische Begabung seit dem klassischen Zeitalter der griechischen Philosophie. In seinem Gedankenwerk findet die neu aufsteigende christliche Kultur zum erstenmal ihren höchsten philosophischen Ausdruck. Sein Einfluß setzte sich im 5. und 6. Jahrhundert im ganzen christlichen Westen durch und wurde zum bestimmenden geistigen Erbgut des ganzen Mittelalters.[22] »Der Siegeszug der Civitas Dei (des Gottesstaats) durch die abendländische Christenheit ist fast beispiellos gewesen; man wird wohl sagen dürfen, daß außer Platon kein Schriftsteller auf die Gedanken der Kultur-

menschheit so bestimmend eingewirkt hat wie Augustinus durch dieses Werk.«[23]

Die überragende Stellung des Augustinus in der Patristik ist auch daran zu ermessen, daß mit seinem Werk die dogmenbildende Tätigkeit für Jahrhunderte im wesentlichen abgeschlossen war. Was folgte, war nicht so sehr originelle Neuschöpfung, sondern, bis zum Einsetzen der Scholastik jedenfalls, theologische und philosophische Arbeit, die auf die Eingewöhnung, Kommentierung und Bewahrung des Geschaffenen gerichtet war – weshalb wir auch in unserer auf das Wesentlichste beschränkten Einführung den übrigen Philosophen der jüngeren Patristik neben Augustinus nur einen bescheidenen Raum widmen.

So übermächtig war der Einfluß der augustinischen Gedanken, daß für die ganze nachfolgende Zeit des frühen Mittelalters nahezu alle Aufmerksamkeit durch den religiösen Bereich und seine beiden Pole: Gott und die Seele, aufgesogen wurde, und neben ihm für schöngeistige Kultur und Naturwissenschaft wenig Raum blieb. Denn Gotteserkenntnis und Gottesliebe sind für Augustinus das einzige Ziel, das der Anstrengung des Geistes wert ist. Totes Wissen und unnütze Neugierde sind dagegen alle Bestrebungen, die nur auf Wissen um des Wissens oder um äußerer Ziele willen ausgehen. »Wer alles dies weiß und nicht Dich kennt, ist sicher unglücklich, aber glücklich ist, wer Dich kennt, wenn er auch von nichts anderem weiß. Und wer beides kennt, Dich und das andere, wird von diesem nicht glücklicher als von Dir allein.«[24]

2. DIE AUGUSTINISCHE PHILOSOPHIE

Die Philosophie des Augustinus ist, nach dem Urteil eines ihrer besten Kenner, nicht systematisch. Was das Ganze zusammenhält, ist die christliche Grundstimmung und im übrigen die Macht und Einheit der Persönlichkeit ihres Schöpfers. Diese ist freilich vielschichtig, weitgespannt und nicht ohne innere Spannungen. Doch in allem, was er schreibt, »in der vibrierenden Selbstbegegnung der Konfessionen, im geduldigen stillen Leuchten des Buches von der Dreifaltigkeit, im schlichten Schürfen der Dialoge, im brokatenen Aufwand des Psalmenwerkes, in der feierlichen Sachlichkeit des Gottesstaatsanwalts«, ist jeder Satz unverkennbar augustinisch.[25] Die Auswahl der nachfolgenden Gedanken und Gesichtspunkte ist deshalb nicht systematisch, sondern nur von dem Bestreben geleitet, die in der Persönlichkeit ihres Schöpfers begründete Eigenart dieser geistigen Welt hervortreten zu lassen.

a) Die Tiefen der Seele

»Welch schauerlich Geheimnis, mein Gott, welch tiefe, uferlose Fülle! Und das ist die Seele, und das bin ich selbst! Was bin ich also, mein Gott? Was bin ich für ein Wesen? Ein Leben, so mannigfach und vielgestalt und völlig unermeßlich! Mein Gedächtnis, siehe, das sind Felder, Höhlen, Buchten ohne Zahl, unzählig angefüllt von unzählbaren Dingen jeder Art, seien es Bilder, wie insgesamt von den Körpern, seien es die Sachen selbst, wie bei den Wissenschaften, seien es irgendwelche Begriffe oder Zeichen, wie bei den Bewegungen des Gemüts, die sich, wenn die Seele auch schon nicht mehr leidet, im Gedächtnis erhalten und also mit diesem in der Seele sind: durch alles dieses laufe ich hin und her, fliege hierhin, dorthin, dringe vor, soweit ich kann, und nirgends ist Ende: von solcher Gewaltigkeit ist das Gedächtnis, von solcher Gewaltigkeit ist das Leben im Menschen, der da sterblich lebt!«[26]

Auch große griechische Denker, namentlich Heraklit und Platon, waren in die Tiefen der Menschenseele hinabgestiegen. Augustinus unterscheidet sich von diesen, mehr noch als durch die größere Schärfe des psychologischen Blicks, durch die Leidenschaftlichkeit der Selbstschau und Selbstkritik, mit der er Innerstes und Persönliches nach außen kehrt, und durch die Schonungs- und Hemmungslosigkeit, mit der er es in der Generalbeichte seiner »Bekenntnisse« vor den Augen der Welt ausbreitet. Eine solche Offenheit war den Griechen fremd, die derartiges, wenn überhaupt, in mythologischer Verhüllung oder unter einer Maske auszusprechen pflegten.[27]

Das unablässige Bohren und Suchen in inneren Abgründen führt Augustinus zu der ersten Entdeckung jenes dunklen Bereiches in uns, den die spätere Seelenkunde das *Unbewußte* genannt hat. Wie ist es, so fragt er zum Beispiel in seinen Untersuchungen über das Gedächtnis, wenn wir etwas vergessen haben und suchen es wieder: Wo suchen wir es? Doch in dem Gedächtnis, dem es gerade entfallen ist! Finden wir es dann wieder, sei es, daß ein anderer uns darauf bringt oder daß es von selbst sich wieder einstellt, so sagen wir: Das ist es! Wie vermögen wir es dann untrüglich als das Gesuchte zu erkennen? »Was wir ganz vergessen hätten, könnten wir auch nicht als Verlorenes suchen.« Es ist also so, daß unser Geist mehr umfaßt, als er jeweils von sich weiß. »So ist der Geist zu eng, sich selbst zu fassen. Wo aber ist es, was er an Eigenem nicht fassen kann? Ist es etwa außer ihm, nicht in ihm selbst? Wie also faßt er's nicht? – Ein groß' Verwundern überkommt mich da, Staunen ergreift mich über diese Dinge. Und da gehen die Menschen hin und bewundern die Höhen der Berge, das mächtige Wogen des Meeres, die breiten Gefälle der Ströme, die Weiten des Ozeans und den Umschwung der Gestirne – und verlassen dabei sich selbst . . .«[28]

b) »Cogito, ergo sum«

Je mehr wir die abgründigen Tiefen unseres Innern auszuloten suchen und je mehr wir dabei seine Grundlosigkeit erfahren, desto dringender bedürfen wir eines festen Richtpunktes. Wo ihn finden? Augustinus findet ihn, wie vor ihm die Inder, wie 1200 Jahre nach ihm wieder Descartes, gerade im eigenen Innern, nämlich im Unfesten, in der Ungewißheit, im Zweifel. Wenn ich an allem zweifeln kann, so doch nicht daran, *daß ich zweifle,* das heißt, daß ich denke, daß ich ein denkendes Wesen bin. So wird für Augustinus, wie für Descartes, die Selbstgewißheit des Denkens zum unerschütterlichen Ausgangspunkt.

c) Die Dreieinigkeitslehre

Von dem eben genannten Satz ist nur ein Schritt zu dem *mystischen* Gedanken, den auch Augustinus ausspricht: »Warum willst du draußen schweifen? Kehre in dich selbst ein, denn im Innern wohnt die Wahrheit!« So konnten sich in späterer Zeit mystische Denker auf ihn berufen. Jener Satz hätte ferner den Augustinus, wenn er bei ihm stehengeblieben wäre, leicht zu einer Auffassung führen können, die den Indern nahestände und die in allem Äußeren nur ein *Erzeugnis* des denkenden Geistes sähe. Auch so ist er von manchen verstanden worden. Im Grunde geht aber sein Denken doch einen anderen Weg. Er sucht »eine Bewegursache, die sich nicht als identisch mit den innermenschlichen Kräften deuten läßt, eine überlegene, verpflichtende Instanz von eigener Hoheit, eine Stimme, die nicht das Rückgeworfene der unsrigen ist: die Wahrheit...«[29] Er selbst sagt: »Hinaus will ich selbst über meine Kraft, die Gedächtnis heißt, hinaus will ich über sie, um an dich zu reichen, süßes Licht!«[30] Er findet die Wahrheit und das Licht in Gott – Gott, der von uns zwar nicht gekannt und erfaßt werden kann, vor dem unser Denken und alle seine Kategorien versagen, denn er ist groß ohne Quantität, gut ohne Qualität, gegenwärtig ohne Raum, ewig ohne Zeit – der sich aber in seinem göttlichen Wort uns *offenbart* hat.

Das führt Augustinus zur Absage an jede Philosophie, die die Welt als ein Erzeugnis des Menschengeistes hinstellen möchte, an jeden Versuch, die Wahrheit nur durch Versenkung in das menschliche Innere aufzufinden: Nicht die Erkenntnis zeugt das Erkennbare, sondern es gibt eine Wirklichkeit, die unabhängig von unserem Denken aus sich besteht, die Ordnung und Wirklichkeit Gottes. Das führt ihn weiter zu einer ganz ausdrücklichen Lehre vom Wesen Gottes als Dreieinigkeit. Er beseitigt aus der Trinitätslehre den letzten Rest der von Origenes und den Arianern stammenden Unterordnung des Sohnes unter den Vater. Die »göttliche Substanz« existiert in drei Personen: im Vater, im Sohn, im Heiligen Geist; und in jeder existiert sie ganz. Zur Verständlichmachung dieses dem Verstande freilich schwer faßlichen Dogmas bedient sich Augustinus der Analogie mit der Menschenseele: So wie diese aus Sein, Leben und Erkennen (oder wie er an anderer Stelle sagt, aus Sein, Wissen und Leben) ein einheitliches Wesen bildet, ist sie ein Symbol der geheimnisvollen göttlichen Dreifaltigkeit; und dies ist mehr als ein bloßer Vergleich, denn der Mensch ist nach dem Bilde Gottes erschaffen.

d) Schöpfung und Zeitlichkeit

Einige der genialsten Gedanken des Augustinus bewegen sich um das Problem der *Zeit.* Augustinus hält die christliche Auffassung fest, nach der Gott die Welt aus dem Nichts nach seinem Willen erschaffen hat. Die damit sich ergebende Kluft zwischen der Nichtigkeit der Kreatur und dem göttlichen Sein kommt ihm am schärfsten zum Ausdruck im Verhältnis der Ewigkeit Gottes zur bloßen Zeitlichkeit alles Geschaffenen.

»Du, Herr, bist ewig, aber ich – ich springe in Zeiten auseinander, von denen ich nicht weiß, warum sie eben so sich folgen. Im Strudel eines Vielerlei zerstückt sich mein Denken, mein innerstes Leben, bis ich mit allem münde in Dir.«[31] Augustinus unterwirft die Zeit einer psychologischen Analyse. Ohne Vorgang in der Geschichte der Philosophie – von Indien abgesehen – ist seine Untersuchung über Zeitbewußtsein und Zeiterlebnis. Er findet, daß Zeit von unserem Bewußtsein nicht zu trennen ist. Was ist eigentlich an der Zeit wirklich? Bei genauem Zusehen nur die Gegenwart, das unmittelbare Jetzt. Vergangenheit besteht nur in unserer Erinnerung. Zukunft ist nur in unserer Erwartung. Beide sind nicht eigentlich wirklich. Es ist die Beschränktheit unseres menschlichen Bewußtseins, welche das immer Seiende nur in der Erscheinungsform des Nacheinander fassen kann. Was aber aus dem Verborgenen in unablässiger Folge uns auftaucht und vorüberzieht, das ist vor Gottes Auge alles gleich gegenwärtig. »Wir, unsere Tage und Zeiten, gehen durch Gottes Hand hindurch.« – Nur mit einem Wort sei darauf hingewiesen, wie eng sich diese Gedanken mit modernsten physikalischen Anschauungen berühren, die im Gefolge der Relativitätstheorie aufgetreten sind.

Noch einen zweiten Gedanken des Augustinus über die Zeit wollen wir hervorheben, nämlich den, daß es Zeit nur geben könne, wo Welt und damit Veränderung vorhanden ist; daß also Gott nicht etwa nach Ablauf einer bestimmten Zeit die Welt geschaffen haben könne, daß vielmehr beide, Zeit und Welt, notwendig nur zusammen entstanden sein können. »Mit gutem Recht unterscheidet man Zeit und Ewigkeit; denn Zeit besteht nicht ohne Wechsel und Wandel, in der Ewigkeit aber gibt es keine Veränderung. Also ist es klar, daß es Zeiten überhaupt nicht gegeben hätte ohne das Werden der Kreatur, die als Bewegungsvorgang irgend-

welcher Art auch Zustandsänderung in sich begreift. Erst aus diesem bewegten Gestaltenwandel, aus dem Nacheinander von dem und jenem, was nicht zugleich bestehen kann, erst aus den kürzeren oder längeren Zwischenstrecken, die durch das Weichen des einen und das Nachrükken des andern sich ergeben, kommt die Zeit zustande. Weil nun Gott, dessen Ewigkeit allen Wandel und Wechsel ausschließt, auch der Zeiten Schöpfer ist und Ordner, so läßt sich, wie mich dünkt, nicht sagen, er habe nach gewissen Zeiträumen erst die Welt erschaffen; sonst bliebe nur die Rückfolgerung, es habe vor der Welt schon Kreatur gegeben, mit deren Bewegtheit zugleich auch die Zeit in Fluß gekommen . . . Ohne Zweifel also ist die Welt nicht *in* der Zeit, sondern *mit* der Zeit erschaffen. Denn was in der Zeit geschieht, das geschieht vor und nach einer Zeit – nach einer, die vergangen ist, vor einer, die erst kommen wird. Vor der Welt aber konnte Zeit nicht sein, weil ja keine Kreatur war, mit deren bewegtem Zustandwandel sie hätte werden können. Vielmehr ist in einem mit der Zeit auch die Welt erschaffen, wofern mit ihr zugleich die Bewegung, nämlich Zustandwandel, begann.«[32]
Man sieht, wie Augustinus mit der Sprache ringt, um in theologischer Form etwas auszudrücken, was die heutige Naturwissenschaft in mathematischer Einkleidung sagt. Sieht man aber von dem Unterschied der Ausdrucksweise ab, so stimmt der Gedanke des Augustinus mit den modernsten kosmogonischen (Weltentstehungs-)Theorien überein.

e) Willensfreiheit und Prädestination

Um die Freiheit des menschlichen Willens – eines der schwierigsten Probleme der Philosophie und auch jeder Religion – war zur Zeit des Augustinus ein Streit entbrannt. Ein britischer Mönch, *Pelagius,* vertrat die Auffassung, der Mensch werde frei und ohne Sünde geboren; er könne, sich an das Vorbild und die Lehre Christi haltend, seine Seligkeit selbst erwirken. Pelagius fand besonders in der östlichen Kirche zahlreiche Anhänger. In die Front seiner Widersacher aber reihte sich Augustinus ein, der alsbald in den Streit eingriff mit seiner folgenreichen Lehre von der *Prädestination* (göttlichen Vorherbestimmung).
Danach war nur Adam als erster Mensch frei und ohne Sünde geboren. Er hätte die Möglichkeit gehabt, dem göttlichen Willen zu folgen und Unsterblichkeit zu erlangen. Da Adam, vom Satan verführt, der Sünde verfiel, sind alle Menschen mit dieser seiner Sünde als Erbsünde belastet. Sie sind damit *nicht mehr frei,* sie müssen ihrer Natur nach sündigen und dem Tode – der nach Paulus der Sünde Sold ist – verfallen. Gott aber in seiner Barmherzigkeit erlöst sie durch seine Gnade. Aber nicht alle Menschen! Einige erwählt er, andere verwirft er, und zwar allein »nach dem weisen und geheimen Wohlgefallen seines Willens«, das heißt, vom Menschen her gesehen, willkürlich. Es ist also von

vornherein nach dem ewigen Ratschluß Gottes ein Teil der Menschheit zur Seligkeit berufen, der andere zu ewiger Verdammnis bestimmt.[33] Diese Lehre ist zwar folgerichtig. Sie ist sicher nicht zu verstehen, ohne daß man den Blick einmal auf die tiefe, von Geburt an vorhandene Verschiedenheit der Menschen untereinander richtet – welche die Inder, und auch Platon, so zu erklären suchen, daß die Seele in einer früheren Verkörperung ihr Schicksal selbst gewählt habe. Sie widerspricht aber jenem dunklen im Menschen vorhandenen Gefühl, daß wir, wider alles Zeugnis der Erfahrung, doch Herren unseres eigenen Geschicks seien. Sie widersprach in ihrer Schroffheit, da sie den einen Teil der Menschheit auswegloser Ohnmacht und Angst überantwortete, auch dem Willen und dem Interesse der Kirche – die denn auch des Augustinus Lehre alsbald abmilderte und eine mittlere Stellung zwischen reinem Pelagianismus und strenger Prädestination bezog, nach der Gott nicht von vornherein die Menschen berufen oder verdammt hat, sondern nur, vermöge seiner Allwissenheit, ihre endliche Entscheidung voraus *weiß*. Indem Augustinus in seiner Prädestinationslehre allein den Willen Gottes gelten ließ, mußte es für ihn sehr schwer werden, die Entstehung des *Bösen* in der Welt zu erklären. Folgerichtig wäre es gewesen, das Böse überhaupt zu leugnen. So stellt er auch an manchen Stellen seiner Schriften das Böse als die bloße Abwesenheit des Guten dar, so wie Finsternis nur die Abwesenheit von Licht ist. Andererseits war jedoch einem Menschen wie Augustinus, der sich erst nach schwersten inneren Kämpfen zur christlichen Religion durchgerungen hatte und bis dahin ein verwirrtes, von Leidenschaften und sinnlichen Versuchungen hin und her gerissenes Leben geführt hatte und der dazu noch lange Zeit dem Manichäertum mit seiner Gegenüberstellung zweier uranfänglicher Reiche des Guten und Bösen angehangen hatte, die ungeheure Gewalt des Bösen viel zu gegenwärtig, als daß er sie hätte ganz leugnen oder bloß negativ als Abwesenheit des Guten erfassen können. Seine Stellungnahme zu dieser Frage (der Theodizee) ist daher schwankend geblieben.

f) Geschichte und Gottesstaat

Die ganze Geschichte der Menschheit von der Schöpfung bis zu seiner Zeit und darüber hinaus bis zum Ende aller Geschichte stellt Augustinus in seinem Werk über den Gottesstaat als einen einmaligen, nach Gottes Willen und Heilsplan ablaufenden geschichtlichen Prozeß dar. Daß, nach Goethes Wort, der Kampf zwischen Glauben und Unglauben das eigentliche Thema der Weltgeschichte sei, ist auch Augustinus' Grundansicht. Ihre einschneidenden Ereignisse sind die Menschwerdung Gottes in der Gestalt des Sohnes, welche den Prozeß der Scheidung der Erlösten von den Verdammten einleitet, und das Jüngste Gericht, durch das dieser seinen Abschluß finden wird. Die Begnadigten werden den »Staat Gottes« bilden, dem der weltliche Staat gegenübergestellt wird als nur für die Gefallenen notwendige Ordnung, die zum Untergang bestimmt ist. Die »Mutter Kirche« *ist* nicht schon der Gottesstaat. Auch sie umfaßt noch Gerechte und Ungerechte. Doch sie ist immerhin sein noch unvollkommenes Abbild und bereitet ihn vor. Sie ist der Boden, auf dem das Gottesreich dereinst erwachsen wird. Die Kirche erhält in diesem Geschichtsbild jene einzigartige Stellung, die sie seither für sich in Anspruch genommen hat: Sie ist die Gemeinschaft Christi, die nach Gottes Willen die zum Heil Berufenen sammelt und außerhalb deren es kein Heil gibt. So kann Augustinus mit Recht als ein wahrer Vater der Kirche, ja als der größte von allen, bezeichnet werden.

VI. Die Lehrer der jüngeren Patristik außer Augustinus

Die politische Geschichte während der ganzen Epoche von der Zeit des Augustinus bis zum Ende der Patristik ist angefüllt mit den Kämpfen der Barbaren, gegen Rom und untereinander. Westrom erlag dem Ansturm der Germanen, deren Stämme Italien, Gallien, Spanien und Nordafrika eroberten, so daß um das Jahr 500 alle Hauptländer dieses Reiches in germanischer Hand waren. Ostrom, in dieser Zeit im allgemeinen bereits von der westlichen Reichshälfte getrennt, litt außer unter germanischem Druck unter den Angriffen und Einfällen der Perser, Bulgaren, Serben und vor allem der nun islamitischen Araber.

Die Kirche erstarkte in dieser Zeit der Wirren immer weiter, äußerlich gefestigt durch die Politik energischer Päpste, wie Leo I. (440–461) und Gregor I. (590–604), innerlich bereichert namentlich durch das Mönchtum, welches, von Osten seinen Ausgang nehmend, seit der Gründung des Klosters auf dem Monte Cassino durch Benedikt von Nursia im Jahre 529 sich rasch über die ganze christliche Welt, besonders auch in England und Irland, verbreitete. Den mönchischen Büchereien und Schreibstuben ist die Bewahrung fast des gesamten klassisch-lateinischen Schrifttums, das wir heute besitzen, durch diese Jahrhunderte zu danken.[34]

Neben und teilweise schon vor dem Prädestinationsstreit, in den Augustinus eingriff, wurde die Kirche erschüttert von Kämpfen um die sogenannte Zweinaturenlehre, die sich um die Frage drehten, wie die Vereinigung der göttlichen Natur in Christus mit der menschlichen, die er doch angenommen haben mußte, zu denken sei. Von größerem philosophischem Interesse als dieser theologische Streit sind die Schriften, die ein unbekannter Verfasser unter dem angenommenen Namen *Dionysius Areopagita* um das Jahr 500 veröffentlichte. Der namenlose

Schreiber wählte diesen Namen eines zur Zeit Christi lebenden, zum Christentum bekehrten Dionysos, Mitglied des Areopag von Athen (des Ältestenrats, benannt nach einem Hügel nahe der Stadt), um seinen Schriften das Ansehen ehrwürdiger Zeugnisse aus der Zeit des Urchristentums zu verleihen – eine Täuschung, die höchst erfolgreich war, denn sie wurde erst nach Jahrhunderten erkannt. Die wichtigsten dieser Schriften sind »Über die göttlichen Namen«, »Über die himmlische Hierarchie«, »Über die kirchliche Hierarchie«. Philosophisch interessant sind sie deshalb, weil an ihnen zu erkennen ist, wie sehr jetzt – nachdem die äußere Stellung der Kirche und ihre innere Einheit durch das Wirken der Kirchenväter bis zu Augustinus befestigt war – erneut *neuplatonische* Gedanken in das Christentum eindrangen. Der Verfasser unterscheidet nämlich eine positive, bejahende und eine negative, verneinende Theologie. Die eine erkennt Gott auf Grund der Heiligen Schrift als den Vielnamigen, die andere gelangt auf mystischem Wege zu Gott als dem Namenlosen. Dieser negativen, stark neuplatonisch gefärbten Theologie wird der Vorzug gegeben.

An philosophischen Denkern der jüngeren Patristik seien genannt *Gregor von Nyssa* (gest. 394) und der berühmte *Ambrosius* von Mailand (gest. 397), dessen Predigten Augustin hörte; ferner von den Männern, die weniger als originelle Köpfe denn als Bewahrer und Verbreiter des Überkommenen im 5. und 6. Jahrhundert bedeutsam sind, *Marcianus Capella, Cassiodorus* und der am Schluß des zweiten Teils schon genannte *Boethius.* Die auf den Schriften dieser drei aufbauenden Arbeiten des *Isidor von Sevilla* (um 600), *Beda* (um 700) und *Alcuin* (um 800, der Lehrer Karls des Großen) bildeten eine der wichtigsten Grundlagen der späteren mittelalterlichen Gelehrsamkeit. Im Osten nimmt der Mönch *Johannes von Damaskus* (im 8. Jahrhundert) eine ähnliche Stellung ein.

Die ganze Philosophie der Patristik trägt, soweit griechische Einflüsse in ihr wirksam sind, ein platonisches, genauer neuplatonisches Gepräge. Das Zeitalter des Aristoteles sollte erst noch kommen.

Mit dem Ausgang der Patristik waren die begrifflichen Mittel für die Ausbildung der nachfolgenden Scholastik geschaffen und die dogmatische Stellung der Kirche, vor allem durch Augustinus, im wesentlichen festgelegt: Die Dreieinigkeit Gottes im Sinne der geheimnisvollen Einheit dreier gleichgeordneter göttlicher Personen; die Einheit von Schöpfergott und Erlösergott (gegen die Gnosis); die Kluft zwischen Schöpfer und Geschöpf (im Gegensatz zum Neuplatonismus); die Lehre von der Erbsünde; die Auffassung des Erlösungsvorgangs als eines einmaligen und realen geschichtlichen Prozesses (im Gegensatz zu allen Spielarten der Mystik); endlich der Anspruch der Kirche als berufener und alleiniger Hüterin der göttlichen Wahrheit auf Erden.

Zweites Kapitel

Das Zeitalter der Scholastik

GESCHICHTLICHES – DIE SCHOLASTISCHE METHODE

Mit dem Beginn der Scholastik verschiebt sich der Schauplatz unseres Dramas wiederum nach Westen und Norden. Von dem Augenblick an, da im Frankenreich Karls des Großen, das von Spanien bis zur Donau, von Dänemark bis Italien reichte, das eigentliche Abendland aus der Dämmerung der »dunklen« Zeit von 400 bis 800 in das helle Licht und in den Mittelpunkt der eigentlichen Geschichte trat, verlagerte sich der Lebensnerv der mittelalterlichen Kultur von den Küsten des Mittelmeeres in den Kernraum des Frankenreichs nördlich der Alpen, das Gebiet zwischen Loire und Weser. Die einstmaligen Barbaren wurden nun zu den Trägern der Kultur. Wenn auch politisch dieses Reich nur kurzen Bestand hatte, so blieb doch die hier erstmalig verwirklichte Einheit Europas, im Geistigen jedenfalls, fortan erhalten. Alles was folgte: die Ausbreitung des deutschen Elements weit in den slawischen Osten, die beherrschende Stellung des Kaisertums einerseits, des Papsttums andererseits mit ihrer das Mittelalter erfüllenden Rivalität, der vorwiegend religiöse und geistliche Charakter der mittelalterlichen Kultur – ist nur von dieser Zeit aus zu verstehen, da in der »karolingischen Renaissance« die verstreuten Elemente der klassischen und patristischen Überlieferung gesammelt und als Grundlage der neuen Kultur wiederbelebt wurden.[1]

Der politischen und gesellschaftlichen Einheit des Abendlandes entsprach seine Einheit im Geiste und in der Philosophie, die in dieser Zeit eine übernationale Erscheinung war. Die vier Kernländer des westlichen Europa, Deutschland, Frankreich, Italien und Großbritannien mit Irland, trugen alle – ohne daß sie schon als Nation ihrer selbst in vollem Umfang bewußt geworden waren – zu dem einheitlichen Bau bei. Die Einheit der Wissenschaft und Philosophie kam zum Ausdruck in der Einheit der Sprache, deren sie sich bediente, des Lateinischen. Alle bedeutenden Werke wurden lateinisch abgefaßt und sofort überall verstanden – ein Vorzug, dessen die neuere Philosophie entbehrt, in der ein Volk oft spät und unvollkommen von der in einem anderen vollbrachten Geistestat Kenntnis nimmt. An den führenden Hochschulen in Paris, Köln und Oberitalien wurde lateinisch gelehrt. Der einzelne Gelehrte war keineswegs an sein engeres Vaterland gebunden – ein Zustand, an den man angesichts der gegenwärtigen kaum gelockerten nationalen Abschnürung innerhalb Europas mit Wehmut zurückdenken kann; der Freizügigkeit dieser Schicht stand freilich damals auch eine weitgehende Gebundenheit breitester Bevölkerungsteile gegenüber. Aber die Wissenschaft war international: Der aus Italien gebürtige Anselmus lebte in der Normandie und starb als Erzbischof von Canterbury in England; der Deutsche Albertus lehrte in Paris; sein Schüler Thomas stammte aus Süditalien und wirkte in Paris, Köln, Bologna und anderswo – das sind nur wenige Beispiele.

Die Philosophie dieser Zeit ist erwachsen aus der Unterweisung und Erziehung der Geistlichkeit in den Klosterschulen. Sie diente auch anfänglich nur diesem Zweck. Das besagt schon ihr Name: Scholastik, Schullehre. Wie die Patristik ist sie alles andere als »voraussetzungslose« Forschung. Ihre Aufgabe war von vornherein festgelegt: Sie hatte das, was der Glaube schon als unumstößliche Wahrheit besaß, vernunftmäßig zu begründen und verstehbar zu machen. Sie war in dieser ganzen Zeit »ancilla theologiae«, die Magd der Theologie.

Hat sie dies mit der Patristik gemeinsam – so daß man in einem weiteren Sinne die gesamte christliche Philosophie des Mittelalters einschließlich der Patristik als Scholastik bezeichnet hat[2] –, so scheidet sie sich von dieser auf Grund der veränderten Lage, in der sich die Kirche mittlerweile befand, und der daraus sich ergebenden veränderten Aufgabe. Die Lehrer der Patristik fanden als »Glauben« das vor, was als Botschaft Jesu und seiner Apostel in der Heiligen Schrift steht; sie standen vor der Aufgabe, aus diesem ein System von Dogmen zu gewinnen. Die Philosophen der Scholastik fanden dieses Dogmengebäude schon im wesentlichen fertig vor; ihre Aufgabe war, es verständlich zu ordnen und verständlich zu machen, und zwar – das ist wichtig im Zeitalter der Christianisierung Mitteleuropas und später des Nordens – den unverbildeten natürlich denkenden Menschen dieser Völker verständlich zu machen.

Die Aufgabe der Scholastiker war ferner, verglichen mit der der Kirchenväter, insofern eine andere, und zwar eine immer schwieriger werdende, als im Laufe des Mittelalters die Kenntnis der antiken Philosophie ständig zunahm. Beim Einsetzen der Scholastik war diese noch sehr beschränkt. Sie beruhte im wesentlichen auf den am Schluß des vorigen Kapitels erwähnten gelehrten Sammelwerken eines Boethius, Capella, Cassiodor; dazu kannte man einen Teil der platonischen Dialoge und neuplatonische Schriften (diese verhältnismäßig gut); von Aristoteles jedoch nur wenige kleinere logische Abhandlungen. Die Kenntnis und damit auch der Einfluß der aristotelischen Philosophie nahm bereits während der Frühscholastik langsam zu, erreichte den Höhepunkt aber erst in der Hochscholastik, nachdem auf dem Umweg über die arabische und jüdische Wissenschaft das Gesamtwerk des Aristoteles übersetzt und zugänglich geworden war.

Ihre *Methode* ist der scholastischen Philosophie durch ihren Ausgangspunkt vorgezeichnet. Es handelt sich für sie ja nicht darum, die Wahrheit erst zu *finden*. Diese ist mit der geoffenbarten Heilswahrheit schon gegeben. Es handelt sich nur darum, sie mittels des vernunftmäßigen Denkens, also der Philosophie, zu *begründen* und auszulegen – wobei natürlich die Ansichten darüber auseinandergehen, wieweit das möglich ist. Im einzelnen ergeben sich daraus drei Ziele: erstens mittels der Vernunft eine erhöhte Einsicht in die Glaubenswahrheiten zu gewinnen und diese damit dem denkenden Menschengeist inhaltlich näherzubringen; zweitens die Heilswahrheit mit philosophischen Methoden in eine geordnete, systematische Form zu bringen; drittens Einwände gegen sie, die sich aus der Vernunft ergeben können, mit philosophischen Argumenten zu widerlegen. Das Ganze kann man als die scholastische Methode im weiteren Sinne bezeichnen.

Im engeren Sinne nennt man scholastische Methoden ein besonderes methodisches Vorgehen, das namentlich von dem im nächsten Abschnitt näher zu behandelnden Abälard ausgebildet ist und nach seinem Vorbild von den meisten Scholastikern angewendet wird. Es besteht in der dialektischen Gegenüberstellung der Argumente für und gegen eine bestimmte Auffassung. Die Methode wird daher mit dem Schlagwort »pro et contra« (Für und Wider) oder auch »sic et non« (Ja und Nein, so der Titel der betreffenden Schrift des Abälard) benannt. Der Eigenart der Scholastik entspricht es, daß die Argumente dabei in erster Linie nicht aus der unmittelbaren Beobachtung der Wirklichkeit und auch nicht aus vorurteilsloser vernunftgemäßer Erörterung entnommen werden, sondern aus den Aussprüchen der vorangegangenen Denker und Kirchenväter, beziehungsweise natürlich der Schrift selbst. Bevor der Scholastiker an die Entscheidung einer Frage herangeht, registriert er sorgfältig die einschlägigen Ansichten aller Vorgänger, stellt sie einander gegenüber und kommt nach Abwägung und kritischer Prüfung ihrer Stichhaltigkeit (und Autorität) schließlich zu einem oftmals vermittelnden oder synthetischen Ergebnis. Dieses Verfahren wurde zum Beispiel von Abälard selbst mit gewaltigem Fleiß für 150 verschiedene Punkte der christlichen Dogmatik durchgeführt. Ein wenig von dieser Sorgfalt möchte man manchmal auch dem Schrifttum der Neuzeit wünschen.

Auch unser Streifzug durch die Scholastik wird gleichsam eine Gipfelwanderung sein. Wir suchen nur die markantesten Erhebungen auf und beeilen uns im Anfang, um beim Hauptmassiv – der Hochscholastik – etwas ausführlicher verweilen zu können.

I. Frühscholastik (Der Universalienstreit)

1. DIE STREITFRAGE

In der Einleitung zu der im frühen Mittelalter allgemein gebräuchlichen Ausgabe der Kategorienlehre des Aristoteles – von dem Schüler des Plotin Porphyrios, in der lateinischen Übersetzung durch Boethius – heißt es: »Was nun die genera und species (Gattungen und Arten) betrifft, so werde ich über die Frage, ob sie subsistieren (existieren) oder ob sie bloß und allein im Intellekt existieren, ferner, falls sie subsistieren, ob sie körperlich oder unkörperlich sind und ob sie getrennt von den Sinnendingen oder nur in den Sinnendingen und an diesen bestehend sind, es vermeiden, mich zu äußern; denn eine Aufgabe wie diese ist sehr hoch und bedarf einer eingehenden Untersuchung.«[3]

Wir sehen, es handelt sich um die alte Streitfrage, der wir im Verhältnis des Aristoteles zu Platon begegnet sind, die Frage nach der dem Allgemeinen oder den »Universalien« – daher der Name Universalienstreit – zukommenden Wirklichkeit. Die Auseinandersetzung über diese Frage war, wie schon das Zitat des Porphyrios zeigt, durch die Jahrhunderte nicht zur Ruhe gekommen. In der Frühscholastik erhebt sie sich erneut und wird zum beherrschenden Thema der Philosophie, um später, nach einer vorläufigen vermittelnden Lösung, in der Spätscholastik und darüber hinaus bis in die neuere Philosophie wiederum die Philosophen zu beschäftigen.

Zwei Ansichten stehen sich (zunächst) schroff gegenüber. Die eine Richtung, die dem Allgemeinen die höhere Wirklichkeit gegenüber dem Einzelnen zuerkennt, wird *Realismus* genannt. Der anderen sind nur die Einzeldinge wirklich; die allgemeinen Begriffe sind ihr nicht in der Wirklichkeit, sondern nur in unserem Intellekt vorhanden, sie sind bloße *Namen* – weshalb diese Richtung *Nominalismus* (vom lateinischen Wort nomen) heißt. Es ist zu bemerken, daß »Realismus« hier eine andere, ja entgegengesetzte Bedeutung hat als im neueren Sprachgebrauch. In diesem verstehen wir unter einem »Realisten« einen Mann, der sich an die uns in Raum und Zeit umgebende Wirklichkeit hält, während der ihm gegenüberzustellende »Idealist« in dieser Welt eine bloße »Erscheinung« sieht und die eigentliche Wirklichkeit hinter den Dingen, in den Ideen, sucht.

Realismus im Sinne der Scholastik ist aber ziemlich genau das, was wir heute als Idealismus bezeichnen würden, nämlich die Lehre und Überzeugung vom Vorrang der allgemeinen Ideen und ihrer höheren Wirklichkeit im Vergleich zu den Einzeldingen.

Wir haben bei der Behandlung des Aristoteles bereits erkannt, daß dessen eigene Stellung zu dieser Frage keineswegs eindeutig war. Es

nimmt deshalb nicht wunder, daß alle Richtungen, die sich in dem Universalienstreit herausbilden, eine Möglichkeit finden, sich auf ihn zu berufen. Im ganzen läßt sich aber sagen, daß die Realisten mehr dem Platon und dem Neuplatonismus zuneigen, während der Nominalismus an Kraft gewinnt, je mehr, besonders in der späteren Scholastik, Aristoteles bekannter und höher geschätzt wird.
Wir führen zuerst einige Denker an, die Realisten sind – ohne daß natürlich die Gesamtbedeutung ihres Werkes mit der Einordnung in die Front des Realismus erschöpft wäre –, dann den Hauptvertreter des Nominalismus in der Frühscholastik, endlich die vermittelnde Richtung, durch die das Problem zu einer Lösung gebracht wurde, bei der man sich vorläufig beruhigte.

2. DIE REALISTEN

a) Eriugena

Johannes Scotus mit dem Beinamen Eriugena (nach eriu, der keltischen Bezeichnung für sein Heimatland Irland) lebte 810 bis 877 und lehrte in Paris. Er ist der erste Vater der Scholastik genannt worden, auch der »Karl der Große der scholastischen Philosophie«[4]. Der Vergleich soll besagen: Wie Karl der Große die mittelalterliche Vereinigung von Weltmonarchie und Welthierarchie durch die Kraft seines Genies gleich zu Beginn des Mittelalters in einer für spätere Jahrhunderte vorbildlichen Weise verwirklichte, so hat Eriugena gleich zu Beginn der Scholastik in einer umfassenden Gesamtschau vieles erfaßt, was spätere Geschlechter erst in langsamem Fortschreiten wieder erarbeiteten.
Bei ihm als erstem findet sich der für die ganze Scholastik grundlegende Satz, daß die wahre Religion auch die wahre Philosophie sei, und umgekehrt, und die daraus sich ergebende Forderung, daß jeder Zweifel gegen die Religion zugleich auch durch die Philosophie widerlegt werden könne und solle.[5]
In bezug auf die Universalien ist Eriugena eindeutiger Realist und damit Anhänger der Auffassung, die während der frühmittelalterlichen Vorherrschaft des Platonismus als Prüfstein der wahren scholastischen Gesinnung gilt. Wenn er gleichwohl von der Kirche später verworfen wurde, so liegt der Grund nicht hierin, sondern in zwei anderen Eigenheiten seiner Lehre. Das eine ist die hohe Stellung, die er allgemein der Vernunft zuweist, was damals noch von seinen Zeitgenossen als Ketzerei und Gotteslästerung verschrien wurde. Der zweite Grund ist seine enge Anlehnung an neuplatonische Gedankengänge, wie sie in seinem gebannten fünfbändigen Werk »Über die Einteilung der Natur« zu erkennen ist. Eriugena hat auch den Neuplatoniker Dionysius Areopagita – ohne päpstliche Erlaubnis – übersetzt. Die Anlehnung an den

Neuplatonismus zeigt sich unter anderem darin, daß das Weltgeschehen für Eriugena ein Kreislauf ist, der in Gott beginnt und in Gott zurückkehrt. Gott nennt er die »schaffende und nicht geschaffene Natur«. Aus Gott gehen die »geschaffene und schaffende Natur« hervor, die göttlichen Gedanken, die Urbilder und Allgemeinbegriffe (das heißt die platonischen Ideen); daraus die »geschaffene und nicht schaffende Natur«, die Einzeldinge, die aus den Ideen hervorgehenden Einzelwesen (hier sehen wir den Realismus des Eriugena, der die Einzeldinge aus den ihnen vorgehenden allgemeinen Ideen entstehen läßt). Endlich kehrt alles in Gott als »nicht geschaffene und nicht schaffende Natur« zurück. – Neuplatonisch ist auch die Gottesvorstellung des Eriugena. Er unterscheidet wie der geheimnisvolle Dionysos Areopagita eine bejahende und eine verneinende (negative) Theologie, welch letztere Gott als schlechthin unerkennbaren, über allen Kategorien und Gegensätzen stehenden, erfaßt.[6]

b) Anselm von Canterbury

Erst zwei Jahrhunderte später, nach Überwindung des im 10. Jahrhundert eingetretenen Kulturverfalls, begegnen wir dem zweiten Vater der Scholastik, Anselm. 1033 aus vornehmem Geschlecht zu Aosta in Piemont geboren, verbrachte er die Mitte seines Lebens in französischen Klöstern, die beiden letzten Jahrzehnte in England als Bischof von Canterbury, wo er 1109 verstarb.

Die von Eriugena vorgenommene enge Verschwisterung von philosophischer Vernunftwahrheit und geoffenbarter Glaubenswahrheit findet sich auch bei ihm. Sie wird aber nunmehr von der Kirche nicht mehr verworfen. Allerdings wandelt Anselmus auch mehr als sein großer Vorgänger in den Bahnen der Orthodoxie (Rechtgläubigkeit). Insbesondere faßt er das Verhältnis von Glauben und Denken im Sinne einer unbedingten Unterordnung des letzteren. Der Glaube muß vorausgehen. Ohne Glauben keine richtige Erkenntnis: *credo ut intelligam* – ich glaube, damit ich verstehe, erkenne: dieses von Anselm geprägte Wort bezeichnet in aller Schärfe den Standpunkt des Scholastikers.

Ist aber der Glaube gegeben, so wäre es sträfliche Nachlässigkeit, wollte man nicht auch die Vernunft einsetzen, um erkennend seine Wahrheiten zu verstehen. Deshalb verschmäht es Anselm nicht, die Vernunft sogar zu einem nach seiner Meinung unumstößlichen Beweis für das Dasein Gottes heranzuziehen. Die berühmt gewordene Beweisführung des Anselmus läßt sich zusammenfassen in die Worte: »Gott ist dasjenige, größer als welches nichts gedacht werden kann; wäre nun Gott allein im Intellekt vorhanden, so ließe sich noch etwas Größeres denken als das, größer als welches nichts gedacht werden kann« – nämlich derselbe Gott als nicht nur im Intellekt, sondern auch in Wirklichkeit bestehend, welche Annahme einen Widerspruch enthalten, somit falsch sein würde.[7] Anselm verwendet hier die sogenannte ontologische Methode, deren Wesen darin besteht, daß aus dem Begriff einer Sache – in diesem Falle dem Begriff Gottes als des Größten, was gedacht werden kann – ein Beweis für ihre reale Existenz hergeleitet wird. Der Gottesbeweis des Anselmus wird deshalb auch ontologischer Beweis genannt. Er ist schon zu dessen Lebzeiten von einem Mönch Gaunilo heftig bekämpft worden unter Hinweis darauf, daß man damit ziemlich alles, auch die Existenz von Fabelwesen oder der sagenhaften Insel Atlantis, beweisen könne.

Der Gedankengang des Anselmus zeigt, wie sehr er Realist ist, welch überragende Bedeutung er den Begriffen zuerkennt. Seinen Zeitgenossen Roscellinus, den Hauptvertreter des Nominalismus in dieser Epoche, hat Anselm heftig befehdet und seine Verdammung gefordert.

c) *Wilhelm von Champeaux*

Eine extreme Ausprägung hat der Realismus durch Wilhelm von Champeaux erfahren, der 1070 bis 1121, also bald nach Anselmus, lebte. Er geht so weit, zu behaupten, daß den allgemeinen Gattungsbegriffen, und zwar nur diesen, eine reale Substanz entspricht. Das heißt, wenn wir sagen »Sokrates ist ein Mensch«, so ist in dem vor uns stehenden Sokrates nur die »Mensch-heit« das Wirkliche. Die »Sokratität«, das heißt das Sokrates-Sein, die besondere, individuelle Ausprägung der allgemeinen Substanz »Mensch« in dieser Person, ist nur etwas Zusätzliches, Unerhebliches, Akzidentielles. Nach ihm würde »Mensch-heit« als allgemeine Substanz sogar dann bestehen, wenn es überhaupt keinen einzigen einzelnen Menschen gäbe. »Weiße« als Substanz würde auch bestehen, wenn es nicht ein einziges weißes Einzelding gäbe, usw. – Einen ähnlich weitgehenden Realismus vertritt der Zeitgenosse Wilhelms, *Bernhard von Chartres*.

3. DER NOMINALISMUS: ROSCELLINUS

Den der Mehrzahl der heutigen Menschen auf den ersten Blick wahrscheinlich einleuchtenderen Nominalismus vertritt in der Frühscholastik hauptsächlich Johannes Roscellinus von Compiègne (etwa 1050 bis 1120). Er sagt, daß die Wirklichkeit (nur) aus lauter Einzeldingen bestehe. Die Allgemeinbegriffe sind von Menschen erdachte Namen, Bezeichnungen, in denen wir einander ähnliche Einzeldinge nach ihren gemeinsamen Merkmalen zusammenfassen. Es gibt nicht »Weiße« als Allgemeines, das ist ganz sinnlos, es gibt nur konkrete weiße Gegenstände. Es gibt nicht »Mensch-heit«, sondern nur Menschen usw.

An sich hätte diese Lehre nicht sogleich in einen unversöhnlichen

Widerspruch zur Kirche geraten müssen. Es gibt sicher viele, die »Nominalisten« und doch gläubige Christen sind. Damals schien das unmöglich, und daß der Widerspruch sogleich zum Austrag kam, lag hauptsächlich daran, daß Roscellinus, bei der damaligen engsten Verbindung der Philosophie mit der Theologie, seine nominalistischen Grundsätze auch auf die göttliche Dreieinigkeit anwandte. Er erklärte nämlich, in der seit dem 4. Jahrhundert feststehenden Formel: Eine göttliche Substanz in drei Personen – sei die eine Substanz nur die im Menschengeiste (wie bei anderen Allgemeinbegriffen) vorgenommene und in der Redeweise der Kirche üblich gewordene Zusammenfassung dreier einzeln bestehender göttlicher Personen. Damit gäbe es aber nicht mehr einen – dreieinigen – Gott, sondern drei Personen, drei Götter. Diese Konsequenz war für die Kirche unerträglich. Roscellinus wurde der Ketzerei bezichtigt und zu Widerruf gezwungen.
Diese Niederlage des Roscellinus machte es für lange Zeit unmöglich, einen konsequenten Nominalismus öffentlich zu vertreten.

4. DIE VORLÄUFIGE LÖSUNG: ABÄLARD

Petrus Abälardus (französisch Abélard oder Abeillard), geboren 1079 unweit Nantes, ist fast noch mehr denn als Kirchenlehrer und Philosoph in die Geschichte eingegangen durch seine Liebe zu Héloise, der schönen Nichte eines Pariser Kanonikus, die er aus dessen Haus nach der Bretagne entführte. Nach der furchtbaren Rache des Onkels, der Abälard bei Nacht entmannen ließ, verbrachte er sein ferneres Leben in Klöstern und Einsiedeleien. Der spätere Briefwechsel der beiden Liebenden (Héloise war ebenfalls in ein Kloster eingetreten) ist eines der großen Werke der Weltliteratur. Verschiedene seiner Schriften wurden durch die Kirche als Irrlehren verdammt, hauptsächlich auf Betreiben seines unerbittlichsten Feindes, des großen französischen Mystikers *Bernhard von Clairvaux.* Er starb 1142 auf der Reise nach Rom, wo er an den Papst appellieren wollte, in einem Kloster bei Châlons. Seine Gebeine wurden sieben Jahrhunderte später mit denen Héloises vereint auf dem Pariser Friedhof Père Lachaise beigesetzt.
Die Vernunft im Verhältnis zum Glauben hat auch bei Abälard eine sehr maßgebliche Stelle. Er sagt in seiner Selbstbiographie: »Ich befaßte mich nun zuerst damit, das Fundament unseres Glaubens selbst durch menschliche Vernunftgründe faßlich zu machen. Zu diesem Zwecke schrieb ich eine Abhandlung ›Über die göttliche Einheit und Dreiheit‹ für den Gebrauch meiner Schüler, die nach vernünftigen Gründen verlangten und nicht bloß Worte hören, sondern sich auch etwas dabei denken wollten. Sie meinten, es sei vergeblich, viele Worte zu machen, bei denen sich nichts denken lasse; man könne doch nichts

glauben, was man nicht vorher begriffen habe, es sei lächerlich, wenn einer etwas predigen wolle, was weder er selbst noch seine Zuhörer mit dem Verstand fassen könnten; das seien die ›blinden Blindenleiter‹, von denen der Herr spreche.« Im Gegensatz zu dem »credo ut intelligam« des Anselmus hat man deshalb als Prinzip des Abälard den Satz formuliert: Intelligo ut credam – ich erkenne, auf daß ich glaube. In seiner Ethik, deren Hauptschrift den alten griechischen Titel »Erkenne dich selbst« führt, legt Abälardus das Gewicht nicht auf äußere Werke, sondern auf die innere Gesinnung, aus der sie entspringen.

Die Bedeutung dieses größten französischen Scholastikers beruht aber in erster Linie auf seiner Behandlung des Universalienproblems. Abälard hatte als Student sowohl beim Nominalisten Roscellin wie beim Realisten Wilhelm von Champeaux gehört. Auf diese Weise hatte er die beiden widerstreitenden Ansichten an der Quelle kennengelernt. In seiner eigenen Stellungnahme strebt er, sich von den Einseitigkeiten beider freizuhalten.

Die Formel der Realisten war »universalia ante res« – die Universalien sind *vor* den (Einzel-)Dingen. Die Formel der Nominalisten war »universalia post res« – die Universalien sind *nach* den Einzeldingen, gehen ihnen nach. Die Formel des Abälard ist »universalia in rebus« – die Universalien sind *in* den Dingen. Das heißt: Es ist absurd zu behaupten (wie Wilhelm tat), das Wirkliche sei die »Menschheit« und nicht die Menschen, die »Pferdheit« und nicht die Pferde. Man kann nicht die Verkörperung des Allgemeinen in den Einzeldingen und die individuellen Unterschiede als unwesentlich vernachlässigen. Es ist aber auch ebenso falsch zu sagen (wie Roscellinus tat), nur das Einzelne sei wirklich und wesentlich und die allgemeinen Begriffe seien bloße Namen. Denn dem allgemeinen Begriff entspricht in den unter ihm begriffenen Einzeldingen auch eine reale Gleichheit des Wesens; die Menschen *heißen* nicht nur Menschen vermöge gewisser gemeinsamer Merkmale, sondern dem Begriff Mensch entspricht eine in allen Menschen vorhandene gleichartige Wirklichkeit des Allgemein-Menschlichen. Freilich nur *in* den einzelnen Menschen gibt es dieses Allgemeine, nicht außerhalb ihrer. Daher: universalia in rebus.

Daß diese Auffassung des Abälard mehr ist als ein bloßer Kompromiß zwischen zwei unvereinbaren Meinungen, nämlich eine Synthese, in der die Gegensätze auf höherer Ebene zusammengeschaut werden, zeigt die Art, wie er auch die beiden anderen Formeln mit in seine Lehre einbezieht: In der uns umgebenden Wirklichkeit sind die Universalien nur *in* den Dingen. Für Gott sind sie *vor* den Dingen, nämlich als Urbilder des Geschaffenen in seinem göttlichen Geist. Und für die Menschen sind sie in der Tat *nach* den Dingen, nämlich als Begriffe, die wir erst aus der Übereinstimmung der Dinge abziehen müssen.

II. Arabische und jüdische Philosophie des Mittelalters

1. GESCHICHTLICHES

Seit Mohammed der Prophet (571–632 christlicher Zeitrechnung) als religiöser Prophet und nationaler Erneuerer die arabischen Wüstenstämme, welche als letzter Zweig der semitischen Rasse noch in einem urtümlichen Zustand verharrten, national und religiös geeint hatte, ergoß sich ihre unverbrauchte Stoßkraft, die sich bis dahin in inneren Kämpfen zerrieben hatte, in unaufhaltsamer Flut nach außen. Die Streiter des Propheten eroberten Land um Land und gewannen ein Reich, das schließlich von Turkestan bis Spanien reichte. Alle diese Länder wurden in die glanzvolle islamische Kultur einbezogen, der die europäische in ihrem damaligen Zustand kaum an die Seite zu stellen ist.

Während der religiöse Mittelpunkt dieser Welt in Mekka, der Heimatstadt Mohammeds mit ihrem uralten Heiligtum, der Kaaba, verblieb, bildeten sich in den Außenländern der islamischen Welt, weit voneinander entfernt, zwei glänzende Zentren geistiger Kultur; ein östliches um den Hof der Kunst und Wissenschaft fördernden Kalifen von Bagdad (unter ihnen Harun al Raschid, 786–809), ein westliches in Spanien, das im 8. Jahrhundert erobert wurde. Dem weiteren arabischen Vordringen nach Norden setzte der Sieg des Karl Martell im Jahre 732 eine Schranke. In Spanien bestand ein arabisches Reich, zuletzt auf den Süden beschränkt, bis 1492.

Im 10. Jahrhundert war das mohammedanische Spanien das wohlhabendste und volkreichste Land Westeuropas. Blühende Städte, an der Spitze Córdova, damals nächst Konstantinopel die größte Stadt Europas, prunkvolle Bauten, bis heute die Zierde spanischer Städte, ein hochentwickeltes Kunsthandwerk und nicht zuletzt eine hochstehende Geisteskultur machen diese Zeit zu einer der reichsten der europäischen Kulturgeschichte.[8] Nach der endgültigen Vertreibung der Mauren erlitt Spanien einen kulturellen Rückschlag, von dem es sich kaum jemals erholt hat.

Selbstverständlich war diese ganze islamische Kultur keineswegs rein arabisch. Es war unvermeidlich, daß die arabische Erobererschicht mit der Kultur der unterworfenen Völker in engste Berührung geriet, und wenn sie auch vermöge ihrer religiösen Geschlossenheit nicht von der zum Teil überlegenen Kultur der Unterworfenen aufgesogen wurde, so haben doch Besieger und Besiegte gleichermaßen zu dieser Mischkultur beigesteuert.

Für das Geistesleben war eines der wichtigsten Elemente, ja das wichtigste nächst der mohammedanischen Religion, die alte griechische

Wissenschaft und Philosophie. Die Kenntnis dieser verbreitete sich vom 8. Jahrhundert an durch Übersetzungen und Kommentare von islamischen Gelehrten und auch von Christen des Orients, die im arabischen Bereich lebten, rasch in der ganzen arabischen Welt, daneben übrigens in ähnlicher Weise auch die der indischen Geisteswelt. An sich war der Gegensatz griechischer Denkweise zur düsteren Einfachheit der Religion des Korans nicht weniger schroff als der zum ursprünglichen Christentum. Wie bei diesem führte aber die Wertschätzung griechischer Bildung sowie das Bedürfnis, die islamische Theologie wissenschaftlich zu begründen und auszubauen, doch verhältnismäßig schnell zu einer engen Durchdringung beider. Die sich so herausbildende arabisch-griechische Philosophie war aber nun der Weg, auf dem der christlichen Philosophie des europäischen Mittelalters ein großer Teil ihres Erbes an griechischer Wissenschaft und Philosophie, und namentlich die genaue Kenntnis des Aristoteles, erst vermittelt wurde. Schon deshalb kann sie auch in einer Geschichte der westlichen Philosophie nicht übergangen werden.

Im mohammedanischen Kulturbereich, vor allem im maurischen Spanien, fanden viele *Juden*, seit der Vernichtung ihres letzten palästinensischen Staatswesens im Jahre 135 n. Chr. durch die Römer aus ihrer Heimat vertrieben, aber in der fremden Umwelt ihre religiöse und nationale Eigenart unerschütterlich wahrend, eine Stätte verhältnismäßig freier Entfaltung. An den Hochschulen des maurischen Spanien lehrten in bemerkenswerter Toleranz Mohammedaner, Juden und Christen nebeneinander. Die riesenhaften Bibliotheken verwahrten Schriften aller drei Bekenntnisse und dazu Übersetzungen und Kommentare zur heidnischen Philosophie. In engem Zusammenhang mit der islamischen Geistesentwicklung brachte auch das Judentum in dieser Zeit eine Philosophie hervor, die mehr ist als bloßes Anhängsel der altjüdischen Theologie; denn sie ist wie jene gekennzeichnet durch das Bestreben, die Dogmen der eigenen Religion mit Gedanken der griechischen Philosophie zu verschmelzen. Auch sie hat auf die gleichzeitige christliche Philosophie eingewirkt.

2. DIE ARABISCHE PHILOSOPHIE

In bemerkenswerter Parallele zur Entfaltung der Scholastik folgt in der arabischen Philosophie auf eine Anfangsperiode, in der von den Griechen vorwiegend platonische und neuplatonische Gedanken übernommen werden, eine zweite, während der die aristotelische Philosophie immer bekannter und immer maßgebender wird.

Am Anfang der islamischen Philosophie stehen gleich zwei ihrer größten Denker: *Alkindi*, der im 9. Jahrhundert in Bagdad lehrte, und *Alfa-*

rabi, zwischen 900 und 950 in Bagdad, Aleppo und Damaskus. Vom ersteren ist wenig überliefert, das aber seine neuplatonische Grundeinstellung klar erkennen läßt. Auch Alfarabi hat eine mystische, dem Neuplatonismus verwandte Grundhaltung. Er verbindet mit ihr jedoch schon eine an Aristoteles anknüpfende sachlich-logische Einteilung der Wirklichkeit und der diese erforschenden Wissenschaften.[9] Einen reizvollen Einblick in die Gedankenwelt dieser Zeit vermitteln auch die sogenannten »Traktate der Lauteren Brüder«, etwa 50 Abhandlungen über Religion, Philosophie und Naturwissenschaft von den Angehörigen des Geheimbundes der Lauteren Brüder, im 10. Jahrhundert im arabischen Osten entstanden. Auch sie zeigen die Vereinigung von mohammedanischer Religion und hellenischer Philosophie, die das ausdrückliche Ziel dieser von der islamischen Geistlichkeit heftig angefeindeten, aber äußerst einflußreichen Sekte war.

Wichtiger als diese arabischen Platoniker sind im Hinblick auf die Berührung mit der christlichen Scholastik die beiden großen Aristoteliker der islamischen Philosophie. Der eine ist *Avicenna* (arabisch Ibn Sina), geboren 980 bei Buchara in Turkestan, gestorben 1037. Er gilt als der größte Philosoph des arabischen Ostens. Anlehnung an Aristoteles lag dem Avicenna schon dadurch nahe, daß er selbst Arzt und Naturforscher war. Sie tritt hervor namentlich in seiner Fassung des Verhältnisses von Gott und Natur (Materie). Avicenna läßt nicht wie die Neuplatoniker alles einschließlich der Materie durch Emanation aus Gott hervorgehen, sondern stellt die Materie als ewig bestehend diesem gegenüber. Gott ist ihm wie dem Aristoteles der selbst unbewegte Beweger; die aus ihm strömenden Formen verwirklichen sich in der Materie.

Ein bezeichnendes Licht auf die parallele Entwicklung der arabischen Scholastik mit der christlichen, welche auf einer inneren Gesetzmäßigkeit beruht, wirft die Tatsache, daß das im Abendland umstrittene Universalienproblem nicht nur in ähnlicher Form auch hier besteht, sondern auch in ganz gleicher Weise wie dort durch Abälardus, aber zeitlich früher, durch Avicenna einer Lösung zugeführt wird. Auch dieser lehrt nämlich, daß von den Universalien ein Dreifaches ausgesagt werden könne: Sie seien, im göttlichen Verstande, vor den Einzeldingen; in bezug auf die Verkörperung in der Wirklichkeit in den Dingen; in den Köpfen der Menschen als von ihnen gebildete Begriffe nach den Dingen.

Gilt Avicenna als König der arabischen Philosophie im Morgenland, so ist im arabischen Westen *Averroes* (arabisch Ibn Roschd) die beherrschende und auch für die Einwirkung auf die europäische Philosophie wichtigste Figur. Averroes ist 1126 in Córdova in Spanien geboren und 1198 in der Verbannung gestorben. Für ihn ist Aristoteles »der Philo-

soph«. Die Werke des Averroes sind zum großen Teil ausführliche Erläuterungen zu den Schriften seines über alles geliebten Meisters.
Die Entstehung der Natur hatte Aristoteles so dargestellt, daß an die Materie, welche als solche nicht Wirklichkeit, sondern nur Möglichkeit hat, die Formen herangebracht werden, damit Wirklichkeit entstehe. Dies legt Averroes nun so aus, daß die Formen nicht von außen an die Materie herantreten, sondern daß in der ewigen Materie dem Vermögen nach (potentiell) schon alle Formen enthalten sind und sich im Verlauf des Entwicklungsprozesses aus ihr herauskristallisieren. Ein solcher Standpunkt ist natürlich weit entfernt von dem Glauben an die göttliche Schöpfung aus dem Nichts, wie ihn die mohammedanische Religion in Übereinstimmung mit der christlichen und jüdischen fordert.
Dies ist nicht der einzige Punkt, in dem Averroes mit der islamischen Dogmatik in Widerspruch gerät; denn er leugnet auch die Unsterblichkeit der Einzelseele und kennt nur einen überpersönlichen unsterblichen Geist, so daß er sagen kann, nicht Sokrates und Platon seien unsterblich, wohl aber die Philosophie.[10] In einer solchen Auffassung, die den Menschen lehrt, das Gute um seiner selbst willen zu tun, sieht Averroes eine höhere Sittlichkeit als in der, die das Handeln des Menschen durch die Erwartung von Lohn und Strafe im Jenseits bestimmen läßt. Gerade die Lehre Mohammeds aber wird nicht müde, mit reicher Phantasie und in höchst lebhafter Form die den Menschen im Jenseits erwartenden Höllenstrafen auszumalen und ebenso die Freuden des Paradieses, in dem weiche Lager, Wein und großäugige, schwarzhaarige Mädchen den gläubigen Streiter Allahs erwarten.
Das Verhältnis von Religion und Philosophie versteht Averroes so, daß die höhere und reine Wahrheit, die der Philosoph in seiner Philosophie erkennt, in der Religion in einer bildhaften Einkleidung erscheint, die dem schwachen Verständnis der Menge angepaßt ist. Hiernach kann es nicht wundernehmen, daß die Philosophie des Averroes, ebenso übrigens die seines großen Vorgängers Avicenna, von der mohammedanischen Orthodoxie aufs schärfste verdammt und seine Schriften dem Feuer überantwortet wurden, was ihre weitere Wirksamkeit so wenig hinderte wie in anderen ähnlichen Fällen.
Der der christlichen Scholastik vergleichbar ist die Entwicklung der arabischen Philosophie endlich auch darin, daß sich, nach der Durchsetzung des Aristotelismus mit seiner weitgehenden Intellektualisierung der Religion, als Gegenwirkung eine mystische Richtung erhob. Sie ist verkörpert vor allem in *Al Gazali* (1059–1111), der sich ganz auf den Glauben im Gegensatz zum Wissen zurückzieht und gegen alle Wissenschaft und Philosophie eine skeptische Haltung einnimmt, wie sie namentlich in seinem berühmten, von Averroes mit Leidenschaft be-

kämpften Werk »Die Vernichtung der Philosophen« (Destructio philosophorum) in Erscheinung tritt.

3. DIE JÜDISCHE PHILOSOPHIE

Die Entwicklung der jüdischen Philosophie des Mittelalters geht der christlichen und islamischen parallel, indem auch hier eine vom Neuplatonismus gefärbte Epoche der Vorherrschaft des Aristoteles vorausgeht.

Der ersten Periode gehören unter anderem die teilweise rätselvollen Schriften der sogenannten *Kabbala* an, einer mystischen jüdischen Geheimlehre aus der Zeit vom 9. bis 12. Jahrhundert. Von den jüdischen Aristotelikern nennen wir nur den bedeutendsten: *Maimonides* (hebräisch Mosche ben Maimun), geboren 1135 zu Córdova in Spanien, gestorben 1204 in Kairo. Sein Hauptwerk ist »Führer der Verirrten«, ursprünglich in arabischer Sprache (aber in hebräischen Schriftzeichen) geschrieben, dann ins Hebräische und Lateinische übersetzt. Als »Verirrte« bezeichnet Maimon diejenigen, die mit den (vermeintlichen) Widersprüchen zwischen philosophischer Wahrheit und geoffenbarter (jüdischer) Religion nicht fertig werden.

Maimon ist wie sein islamischer Zeitgenosse Averroes ein glühender Verehrer des Aristoteles. Er sagt, außer den Propheten sei niemand der Wahrheit so nahe gekommen wie dieser. Er geht in der konsequenten Durchführung aristotelischer Gedanken nicht ganz so weit wie jener, läßt zum Beispiel das Schöpfungsdogma – »mangels hinreichender Beweise dagegen« – bestehen; aber immer noch weit genug, um mit den enggläubigen Schriftgelehrten in Konflikte zu geraten.

Im Verhältnis von Glauben und Vernunfterkenntnis ist er grundsätzlich überzeugt, daß die Ergebnisse beider übereinstimmen. Wo aber ein Widerstreit der Vernunft mit den Worten der Schrift auftritt, da gibt er der Vernunft den Vorrang und versucht, die Schrift durch allegorische Auslegung mit ihr in Einklang zu bringen.[11]

Spinoza hat sich im »Tractatus Theologico-politicus« mit Gedanken des Maimonides eingehend auseinandergesetzt.

III. Hochscholastik

Vor der Behandlung der beiden Hauptvertreter der Hochscholastik vergegenwärtigen wir uns einige allgemeine Charakterzüge, die dieser Eopche eigen sind.

Die Weltherrschaft des Aristoteles. Vom 12. Jahrhundert an wurde nach und nach, im wesentlichen durch arabische und jüdische Vermittlung, das gesamte Werk des Aristoteles in Europa bekannt, besonders auch die bis dahin gar nicht gekannten metaphysischen und physikalischen Schriften. Man übersetzte arabische Ausgaben ins Lateinische; seit dem 13. Jahrhundert auch direkt aus dem Griechischen. Anfängliche kirchliche Bedenken gegen Aristoteles beruhten hauptsächlich darauf, daß unter seinem Namen auch neuplatonische Schriften mit umliefen. Die Bedenken wurden zerstreut, als im 13. Jahrhundert die Unechtheit dieser Schriften erkannt wurde. So kam es, daß die Kirche, die noch 1210 bis 1215 das Studium der aristotelischen Naturlehre rundweg verboten hatte, sie schon 20 Jahre später bedingt und kurze Zeit darauf offiziell wieder zuließ, ja im folgenden Jahrhundert bestimmte, niemand solle Magister werden, der nicht über Aristoteles gelesen habe.[12] Das Ansehen des Aristoteles stieg so hoch, daß man ihn, als Vorgänger Christi in weltlichen Dingen, Johannes dem Täufer als dem Vorgänger Christi in geistlichen Dingen an die Seite stellte. Sein Werk galt als nicht mehr überbietbare Summe aller weltlichen Weisheit, als Regel der Wahrheit schlechthin. Eine Weltherrschaft der aristotelischen Philosophie entstand, die bis ins 16. Jahrhundert andauerte. Niemals sonst hat ein einzelner das Denken des Abendlandes so vollständig beherrscht.

Die Berührung christlichen Denkens mit islamischen und jüdischen Ideen. Das Zeitalter der Kreuzzüge (1096–1270) sah eine folgenreiche und fruchtbare Berührung der abendländischen Kultur mit der des Morgenlandes. In Seefahrt, Entwicklung der Städte und des Handels, Baukunst, Dichtkunst, Geographie und anderen Wissenschaften verdankt Europa dieser Berührung vielfältige Anregungen und Bereicherungen. In der Philosophie entspricht dem eine enge Berührung christlicher Gedanken mit nichtchristlichen, ja antichristlichen Denkern und Denksystemen. »Dabei fehlt nicht etwa . . . die Einsicht, daß es sich um eine Weisheit handelt, die einer ganz anderen Quelle entspringt als die Kirchenlehre. Vielmehr wird dies besonders hervorgehoben, denn, als wäre Aristoteles noch nicht unchristlich genug, müssen muselmanische und jüdische Kommentatoren den eigentlichen Sinn seiner Lehren aufschließen. Wie der Erzheide der ›philosophus‹ heißt, so heißt der unchristlichste unter den Muselmanen, Averroes, der ›commentator‹ par excellence.«[13]

Die Summen. Die Erweiterung des gesellschaftlichen, geographischen und geistigen Horizonts durch die Kreuzzüge, die außerordentliche Vermehrung des gelehrten Stoffwissens durch die Kenntnis des Aristoteles und der arabischen Naturwissenschaft, die immer weitergehende Vertiefung und begriffliche Verfeinerung des scholastischen Denkens selbst – dies alles zusammen ließ in der Philosophie ein Bestreben entstehen, alles Bekannte in einem zusammenfassenden und abschließenden System der Welterkenntnis zu umfassen, einem »enzyklopädischen System aller Wissenschaften, das in der Theologie seine Krönung erhält – vergleichbar den großen gotischen Domen derselben Zeit, die von der Erde emporsteigend in den Himmel zu ragen scheinen«[14]. Dieses Streben erreichte seinen Gipfel in den großen »Summen« der Hochscholastik, Werken, die unter Verarbeitung eines immensen Wissensstoffes ein christliches Weltbild entwerfen, das Natur, Menschheit, Seele und überirdische Welt in einem umfaßt. Auf theologischem Gebiet bilden eine Vorstufe der Summen die sogenannten Sentenzenbücher, vor allem die des *Petrus Lombardus* (gest. 1164). Die Hauptlehren des Christentums, nach Problemkreisen geordnet, werden darin in Aussprüchen der Kirchenväter und -lehrer in übersichtlicher Form zusammengestellt.

Universitäten und Orden. Ihre eigentliche Pflegestätte fand die Philosophie im hohen Mittelalter an den nun entstehenden Universitäten. Paris, Köln, Oxford, Bologna und Padua waren die führenden. Die mittelalterliche Universität war ein übernationaler geistiger Organismus. Wie der Name (universitas literarum = Gesamtheit der Wissenschaften) anzeigt, umschloß sie alle Wissensgebiete, um sie in der alles krönenden christlichen Theologie zusammenzuführen. Die Universität trat an die Stelle der bis dahin allein vorhandenen Kloster- und theologischen Hochschulen. Die Pflege der Philosophie gehörte zu den Aufgaben der – neben der theologischen bestehenden – Artistenfakultät.

Zu einem zweiten nicht minder wichtigen Mittelpunkt des philosophischen und theologischen Denkens wurden die beiden Bettelorden der Dominikaner (gegründet 1216) und Franziskaner (Franz von Assisi, 1182–1226). Von den vier Hauptvertretern der Hochscholastik waren zwei Franziskaner: *Alexander von Hales* (gest. 1245) und *Bonaventura* (1224–1274). Die beiden anderen, Albertus und Thomas, auf die als die bedeutenderen sich die folgende Darstellung beschränkt, waren Dominikaner.

1. ALBERTUS MAGNUS

Albert von Bollstädt, aus adligem Geschlecht, wurde geboren 1193 oder 1207 in Lauingen an der Donau und im elterlichen Schlosse erzogen. An der Universität Padua studierte er die »freien Künste«, Naturwissenschaft, Medizin und die Philosophie des Aristoteles (der damals von der Kirche noch nicht anerkannt war). Dem folgte ein ausgiebiges Studium der Theologie an der Universität Bologna. Inzwischen war Albert unter dem Einfluß des Ordensgenerals der Dominikaner, des deutschen Grafen Jordanus, in diesen Orden eingetreten. Der Orden schickte ihn nach Köln, um an der dortigen Ordensschule Philosophie und Theologie zu lehren. Er zeichnete sich dabei so aus, daß er weiter nach Paris, der alles überstrahlenden Sonne der mittelalterlichen christlichen Gelehrsamkeit, geschickt wurde. Als Lehrer hatte Albertus einen derartigen Zulauf, daß er oft im Freien lesen mußte, weil kein Gebäude die Zahl der Hörer zu fassen vermochte. Auch in Regensburg, Freiburg, Straßburg, Hildesheim wirkte er vorübergehend, überall hatte er an den Ordensschulen den wissenschaftlichen Unterricht zu organisieren. Er wurde Ordensprovinzial und verteidigte den Bettelorden vor dem Papste in Italien. 1260 wurde er zum Bischof von Regensburg ernannt. Nach der von ihm gewünschten Entbindung von diesem Amt verbrachte er die beiden letzten Jahrzehnte seines Lebens wieder in Köln. In klösterlicher Abgeschiedenheit lebte er nun ganz seiner wissenschaftlichen und schriftstellerischen Arbeit. Dort verstarb er im Jahre 1280.

Die Schriften Alberts wurden 1651 in Lyon in einer Gesamtausgabe herausgegeben. Sie füllen 21 große Bände. Einen großen Teil davon machen die Kommentare zu den Werken des Aristoteles aus. Albert ist der erste, der die aristotelische Philosophie in allen ihren Teilen, und dazu ihre jüdischen und arabischen Kommentatoren, seinen Zeitgenossen erschlossen hat. Seine Kommentare sind nicht bloße Erläuterungen des aristotelischen Wortlauts. Albert versuchte, wo er Lücken zu sehen glaubte, diese selbständig auszufüllen. Er verwertete dabei nicht nur die Gedanken anderer Philosophen und Forscher, sondern auch eigene, und, was bedeutsam ist, auf naturwissenschaftlichem Gebiet auch eigene Beobachtungen. Namentlich in der Pflanzen- und Tierkunde und in der Chemie war er nämlich auch selbständiger Naturforscher. Ohne Gewaltsamkeit kann man ihn auf diesem Gebiet als ebenso bedeutend wie als Theologen und Philosophen ansehen. In einer ungeheuren Arbeitsleistung hat er ein riesenhaftes Material gesammelt und geordnet.

Die Mitwelt hat ihm die Ehrennamen des Großen (Albertus Magnus) und des »doctor universalis«, des universalen Gelehrten, verliehen. Der Volksglaube hat ihm wegen seiner naturwissenschaftlichen Kenntnisse sogar übernatürliches Wissen zugeschrieben.

Das Werk, dieses für andere kaum übersehbare Material kritisch zu verwerten und zu einem einheitlichen System zu gestalten, wie es Albert in seiner »Summe der Theologie« unternahm, hat dieser größte deutsche Scholastiker nicht selbst vollendet. Das vollbrachte erst sein großer Schüler Thomas. Dieser vollendete, was Albert als bahnbrechender Begründer begann. Ohne Albert wäre das Werk des Thomas nicht denkbar gewesen.

Da die Lehrmeinungen und der Aufbau des Gesamtsystems bei beiden im großen und ganzen übereinstimmen, da aber Albert sein Wissen nicht in systematischer Zusammenfassung dargestellt hat, beschränken wir uns bei der Darstellung in inhaltlicher Hinsicht auf das Werk des

Thomas, welcher, geistig auf den Schultern des Albertus stehend, das größte Lehrsystem des Mittelalters geschaffen hat.

2. THOMAS VON AQUIN

a) Leben und Werke[15]

Zwischen Rom und Neapel, bei Aquino, liegt das Schloß Roccasecca, auf dem Thomas um die Jahreswende 1224/25 als Sohn des Grafen Landulf von Aquino, eines Verwandten der hohenstaufischen Kaiserfamilie, geboren wurde. Als Fünfjähriger wurde er den Benediktinern der nahe gelegenen Abtei auf dem Monte Cassino zur Erziehung übergeben. Als Knabe noch bezog er die Universität Neapel, um die freien Künste zu studieren. Mit 17 Jahren trat er in den Dominikanerorden ein. Dieser schickte ihn im darauffolgenden Jahre zur Vervollkommnung seiner Studien nach Paris. Auf der Reise dorthin wurde Thomas von seinen Brüdern, die seinen Entschluß mißbilligten, gefangengenommen und auf die väterliche Burg zurückgeführt. Doch Thomas' Entschluß zum geistlichen Beruf war unbeugsam. Es gelang ihm zu fliehen. In Paris traf er Albert den Großen. Albert wurde sein Lehrer. An ihm hat Thomas sein ganzes Leben lang in Liebe und Verehrung gehangen. Albert nahm ihn nach dreijährigem Studium dortselbst mit nach Köln, wo Thomas unter seiner Anleitung weitere vier Jahre studierte. 1252 ging er erneut nach Paris und begann dort seine akademische Lehrtätigkeit. Er widmete sich dem Lehramt mit voller Hingabe. Das Amt eines Lehrers der Theologie hat Thomas sehr hoch geschätzt. Er verglich es im Verhältnis zur praktischen Seelsorge mit dem Amt des Architekten gegenüber denen, die einen Bau ausführen: Wie der Architekt den Plan ausdenkt und den Bau nach seinem Plan leitet, so denkt der Lehrer der Theologie den Plan aus, nach dem die Seelsorge betrieben werden soll. – Während eines längeren Aufenthaltes im heimatlichen Italien, u. a. als Theologe des päpstlichen Hofes in Orvieto, wurde Thomas mit seinem Ordensbruder, dem sprachkundigen *Wilhelm von Moerbecke,* bekannt. Wilhelm hatte zahlreiche griechische Werke, und vor allem die des Aristoteles, ins Lateinische übersetzt. Hier erwarb Thomas eine gründliche Kenntnis des Aristoteles. Sie war der seines Meisters Albertus, der sich im wesentlichen noch auf Übersetzungen aus dem Arabischen gestützt hatte, überlegen.

Den Höhepunkt in der wissenschaftlichen Laufbahn des Thomas bildete sein zweiter Aufenthalt in Paris in den Jahren 1269 bis 1272. Hier war Thomas der gefeiertste von allen Lehrern der Theologie. Zu allen Streitfragen wurde seine Meinung erbeten, in viele Auseinandersetzungen hat er entscheidend eingegriffen. Dann folgte er dem Ruf seines Ordens zur Errichtung eines Generalstudiums der Theologie

(Ordensuniversität) in Neapel. Hier erreichte ihn der Ruf des Papstes zur Teilnahme am Konzil von Lyon (1274). Auf der Reise ereilte ihn im Kloster Fossanova, halbwegs zwischen Neapel und Rom, unweit Priverno gelegen, der Tod. Die Milde und die Lauterkeit seines Charakters hatten ihm den Beinamen »doctor angelicus«, der engelgleiche Gelehrte, eingetragen.

Das schriftstellerische Lebenswerk des Thomas ist vom gleichen staunenerregenden Umfang wie das seines Meisters Albertus. Die erste Gesamtausgabe, die Ende des 16. Jahrhunderts in Rom und Venedig erschien, umfaßte schon 17 Foliobände. Eine italienische Ausgabe aus der Mitte des 19. Jahrhunderts hat 25, eine französische vom Ende des 19. Jahrhunderts hat 34 Bände.

Die von einer eindringenden Textkritik und Handschriftenforschung als echt ermittelten Werke des Thomas lassen sich in folgende Gruppen einteilen:

I. Aristoteles-Kommentare. Insgesamt 12 Erläuterungswerke zu Schriften des Aristoteles: zu den Analytiken, zur Ethik, zur Metaphysik, zur Physik, zu den Büchern über die Seele, über Himmel und Erde, über Entstehen und Vergehen der Naturdinge, über Politik u. a.

Die Kommentare des Thomas hatten zwar nicht die gleiche epochemachende Bedeutung wie die Alberts, welche den Aristoteles überhaupt erst in vollem Umfang erschlossen. Sie stellen aber jenen gegenüber einen wissenschaftlichen Fortschritt dar, da sich Thomas genauerer Unterlagen bedienen konnte und weil er, im Gegensatz zu Albert, immer deutlich den aristotelischen Text von seinen eigenen Erläuterungen und Zusätzen scheidet. Auch bedient er sich eines vollendeteren Lateins als Albert. Thomas als Italiener lag diese Sprache näher.

II. Kleinere philosophische Schriften. Aus diesen heben wir hervor die Schrift »Über die Einheit des Intellekts gegen die Averroisten«. Es ist eine Streitfrage des Thomas gegen eine geistige Bewegung, die im 13. Jahrhundert an der Pariser Universität einen beträchtlichen Einfluß hatte. Ihr Hauptvertreter war *Siger von Brabant.* Für diese philosophische Richtung war die Auslegung, die der Araber Averroes dem Aristoteles gegeben hatte, in solchem Grade maßgebend, daß sie dessen Sätze auch dann guthieß, wenn sie gegen das christliche Dogma verstießen. Averroes hatte bekanntlich die Ewigkeit der Welt (anstatt ihrer Schöpfung) gelehrt, ferner eine Materie, in der alle Formen potentiell schon enthalten sind; er hatte die Unsterblichkeit der Einzelseele geleugnet; er hatte die höhere und reinere Wahrheit in der Philosophie gefunden. Diese Schule wurde lateinischer Averroismus oder averroistischer Peripatismus genannt. Ihr stellte sich Thomas entgegen. Sie wurde, wie zu erwarten war, von der Kirche verworfen.

III. Theologische Gesamtdarstellungen. Hierunter gehören zwei der wichtigsten Werke des Thomas: der Kommentar zu den Sentenzenbüchern des Petrus Lombardus und die »*Summe der Theologie*«, die von Thomas selbst nicht ganz zu Ende geführt werden konnte.

IV. Die sogenannten Quaestionen. Sie sind der literarische Niederschlag von theologischen Disputationen (Streitgesprächen), wie sie in regelmäßigen Abständen an den Universitäten gehalten wurden.

V. Kleinere Schriften zur christlichen Dogmatik. Insgesamt 12 Titel.

VI. Apologetische Werke, das heißt solche, die der Verteidigung des christlichen Glaubens dienen: die »Summe wider die Heiden« – hauptsächlich gegen die Araber gerichtet; »Von der Begründung des Glaubens gegen Sarazenen, Griechen und Armenier«; »Gegen die Irrtümer der Griechen«.

VII. Schriften zur Rechts-, Staats- und Gesellschaftsphilosophie. Insgesamt 6 Titel, darunter »Vom Fürstenregiment« und eine Schrift über die Behandlung der Juden.

VIII. Schriften zum Ordenswesen und zur Ordensregel.

IX. Exegetische Schriften zur Auslegung der Heiligen Schrift.

Als die beiden Hauptwerke sind anzusprechen: die »Summe der Theologie«, geschrieben 1266 bis 1273, von Thomas nicht vollendet, von einem Nachfolger ergänzt, und die »Summe wider die Heiden«, auch Philosophische Summe genannt, verfaßt 1259–1264.

Die Werke des Thomas zeichnen sich durch übersichtliche Gliederung und durchsichtigen Stil aus. Thomas legt Wert darauf, daß »der Lehrer der katholischen Wahrheit nicht bloß die Fortgeschrittenen, sondern auch die Anfänger zu unterrichten hat« und befleißigt sich deshalb einer Einfachheit, Klarheit und durchgearbeiteten Gliederung, wie sie den oft kaum geordneten Sentenzenkommentaren und aus bestimmtem Anlaß verfaßten theologischen Streitschriften seiner Zeit fehlten. Das Streben nach präzisem Ausdruck und Unmißverständlichkeit steht ihm dabei höher als rhetorischer Schwung und Glanz der Darstellung.

b) Wissen und Glauben

Die Bereiche des Wissens und des Glaubens erfahren durch Thomas eine ganz bestimmte Abgrenzung. Was zunächst das Wissen anlangt, so ist es seine unerschütterliche Überzeugung, daß es ein gesetzmäßig geordnetes Reich der Wirklichkeit gibt und daß wir dieses erkennen können. Das bedeutet ein entschiedenes Festhalten an der Möglichkeit wahrer, objektiver Erkenntnis und eine Absage (ähnlich wie bei Augustinus) an jede Philosophie, die in der Wirklichkeit nur ein Erzeugnis des denkenden Menschengeistes sieht und den Geist auf die Erkenntnis seiner eigenen Formen beschränken will. »Es haben manche die Ansicht vertreten, daß unsere Erkenntniskräfte nur ihre eigenen Modifikationen erkennen ... Darnach erkennt auch der Intellekt nur seine eigene subjektive Modifikation (Veränderung), nämlich ... das von ihm aufgenommene Denkbild ... Doch diese Anschauung ist aus zwei Gründen abzulehnen. Einmal würde hierdurch den Wissenschaften der reale Boden entzogen. Wenn unsere Denkkraft ausschließlich subjektive, in der Seele befindliche species erkennen würde, dann könnten die Wissenschaften sich auf keine außerhalb des Denkens stehenden Objekte beziehen. Ihr einziger Bereich wären alsdann diese subjektiven geistigen Erkenntnisformen. Fürs zweite würde aus einer subjektivistischen Deutung des menschlichen geistigen Erkennens sich die Folgerung ergeben, daß alles, was erkannt wird, wahr ist und daß auch zwei einander widersprechende Behauptungen zugleich wahr sind ... Wenn zum Beispiel der Geschmackssinn nur die eigene Affektion (Reizung) wahrnimmt, dann wird derjenige, der einen gesunden normalen Geschmack hat, urteilen: der Honig ist süß, und sein Urteil ist richtig. Wer einen schon affizierten Geschmack hat, dessen Urteil wird sein, daß der Honig sauer ist, und sein Urteil ist unter obiger Voraussetzung auch richtig. Als Konsequenz dieser einseitig subjektivistischen Betrachtung des menschlichen Erkennens ... zeigt sich sonach die Aufhebung jeden Unterschiedes zwischen Wahr und Falsch. – Diese beiden Konsequenzen, die Verflüchtigung des objektiven, realen Charakters und Wertes der Wissenschaften und die Verwischung des Unterschiedes von Wahr und Falsch, von Ja und Nein berechtigen und zwingen uns dazu, an der Objektivität unseres Erkennens und Denkens festzuhalten ...«[16]

Ist unser Erkennen auch objektiv und wahr, so reicht es doch nicht aus. Über dem Reich der – philosophischen, metaphysischen – Erkenntnis wölbt sich das andere Reich der übernatürlichen Wahrheit. Es ist nicht möglich, auch dieses durch bloße Anspannung der natürlichen Denkkraft zu durchdringen. Hier scheidet sich Thomas von den Lehrern der Frühscholastik wie Eriugena und Anselm, welche sich bemüht hatten, den ganzen Bereich der christlichen Dogmatik vernunftmäßig zu durchleuchten und einsichtig zu machen. In den Bereich, der der philosophischen Forschung entzogen ist, gehören gerade die eigentlichen Geheimnisse des christlichen Glaubens: die Dreieinigkeit Gottes, seine Menschwerdung und die Auferstehung des Fleisches. Hier handelt es sich nach Thomas um übernatürliche Wahrheiten, die wir nur als Inhalt der göttlichen Offenbarung gläubig hinnehmen können.

Zwischen den beiden Bereichen des Wissens und des Glaubens kann nie und nimmer ein Widerspruch bestehen. Die christliche Wahrheit ist zwar übervernünftig, aber doch nicht widervernünftig. Die Wahrheit kann nur eine sein, denn sie geht auf Gott zurück. Argumente, die vom Vernunftstandpunkt gegen den christlichen Glauben erhoben werden, müssen den obersten Denkprinzipien der Vernunft selbst widersprechen und deshalb mit vernünftigen Mitteln entwertet werden können. Dies ist es ja auch, was Thomas in seinen Streitschriften sowohl gegen die Heiden wie gegen die christlichen Häretiker dauernd unternimmt.

Übrigens gibt es Wahrheiten über Gott, die auch die Vernunft von sich aus erkennen kann, so das Dasein Gottes und daß nur ein Gott sein kann. Die Mehrzahl der Menschen ist freilich durch schwache Begabung, Trägheit und dadurch, daß sie ihre Kraft für die mannigfachen Aufgaben der Selbsterhaltung und der Sorge für die Familie verbrauchen muß, außerstande, mit Energie nachzudenken und zu diesen Wahrheiten vorzudringen. Deshalb hat die göttliche Weisheit auch diejenigen Glaubenswahrheiten, die an sich von der Vernunft erkannt werden können, zusammen mit den übernatürlichen zum Inhalt der Offenbarung gemacht.

Insofern und insoweit gewisse religiöse Wahrheiten durch die Vernunft erkannt werden, kann die Philosophie, indem sie diese entwickelt, in den Dienst des Glaubens, in den Dienst der Theologie treten. Die Philosophie kann weiter auch dazu dienen, gegen den Glauben vorgebrachte Beweisgründe als falsch oder nicht zwingend zu erweisen. Darauf muß sich allerdings auch ihre Aufgabe beschränken. Sie kann nicht die übernatürliche Wahrheit selbst erweisen, sondern nur entgegenstehende Argumente entkräften. »Ich mache dich vor allem darauf aufmerksam, daß du bei Disputationen mit Ungläubigen nicht versuchest, die Glaubenswahrheit mit zwingenden Vernunftgründen zu erweisen. Das würde der Erhabenheit des Glaubens Eintrag tun ... Unser Glaube kann, weil übervernünftig, nicht mit zwingenden Vernunftgründen bewiesen werden, er kann aber auch, weil wahr und deshalb nicht widervernünftig, in keiner Weise durch zwingende Vernunftgründe umgestoßen werden. Das Mühen des christlichen Apologeten kann nicht dahin gehen, die Glaubenswahrheit philosophisch zu erweisen, es muß vielmehr dahin zielen, durch Entkräftung der gegnerischen Einwände darzutun, daß der katholische Glauben nicht falsch ist.«[17]

Die »scholastische« Funktion der Philosophie, ausschließlich als Werkzeug für theologische Zwecke zu dienen, ist hier auf dem Höhepunkt ihrer Ausbildung angelangt.[18]

c) Gottes Dasein und Wesen

Das *Dasein* Gottes kann nach Thomas durch die Vernunft erwiesen werden. Allerdings lehnt er den ontologischen Gottesbeweis des Anselm von Canterbury ab, der die Existenz Gottes allein schon aus seinem Begriff beweisen wollte. Der Satz »Gott existiert« ist nach ihm keine unmittelbar der Vernunft einleuchtende (selbstevidente) – und

auch keine dem Menschen angeborene – Wahrheit. Er muß erst bewiesen werden. Die Summe der Theologie enthält fünf Gottesbeweise in unmittelbarem Zusammenhang miteinander. Der erste und der zweite Beweis lauten in abgekürzter Fassung wie folgt:
»Die Existenz Gottes kann auf fünf Beweiswegen dargetan werden. – Der erste und klarere Weg ist derjenige, welcher aus der Bewegung hergenommen ist. Es ist sicher und durch die Sinneserfahrung verbürgt, daß etwas in dieser Welt bewegt wird... Unmöglich ist es ..., daß etwas nach derselben Beziehung und auf dieselbe Weise bewegend und bewegt sei oder sich selbst bewege. Es muß also alles, was bewegt wird, von einem anderen bewegt werden. Wenn also dasjenige, von welchem es bewegt wird, gleichfalls bewegt wird, dann muß dieses von einem anderen bewegt werden und dieses wieder durch ein anderes. Man kann aber hier nicht ins Unendliche fortschreiten. Denn dann gäbe es kein erstes Bewegendes und infolgedessen auch kein anderes Bewegendes, weil die zweiten Bewegenden nur dadurch bewegen, daß sie von dem ersten Bewegenden bewegt sind, wie der Stock nur dadurch bewegt, daß er von der Hand bewegt ist. Folglich ist es notwendig, daß man an ein erstes Bewegendes kommt, das von keinem bewegt wird, und darunter verstehen alle Gott.
Der zweite Weg geht vom Wesen der wirkenden Ursache aus. Wir finden in dieser sinnenfälligen Welt eine Ordnung der wirkenden Ursachen vor. Aber es findet sich nicht und ist auch nicht möglich, daß etwas die wirkende Ursache seiner selbst sei, weil es dann früher als es selbst wäre, was unmöglich ist. Es ist aber nicht möglich, daß man in der Reihe der wirkenden Ursachen ins Unendliche fortschreite... Mithin ist es notwendig, eine erste wirkende Ursache anzunehmen, die alle Gott nennen.«
Der dritte Beweis geht in ähnlicher Weise vom Zufälligen und Notwendigen aus. Auch hier kann man nicht ins Unendliche gehen bei der Zurückverfolgung der Kette, welche aufweist, woher das Notwendige jeweils seine Notwendigkeit hat. Man muß etwas setzen, das seine Notwendigkeit aus sich selbst hat, und das ist Gott. Der vierte Beweis geht aus von der Stufenfolge, die wir in allem Sein vorfinden.
Der fünfte Beweis ist teleologisch, er geht aus von der zweckvollen Einrichtung der ganzen Natur. »Wir sehen nämlich, daß manches, was keine Erkenntnis besitzt, nämlich die Naturkörper, wegen eines Zwekkes tätig ist, was daraus hervorgeht, daß sie immer oder meistens auf dieselbe Weise tätig sind, um das zu erreichen, was das Beste ist. Hieraus ist offenbar, daß sie nicht durch Zufall, sondern aus einer Absicht zum Ziele gelangen. Dasjenige aber, was keine Erkenntnis hat, strebt nur in der Weise zum Ziele hin, daß es von etwas, was Erkenntnis und Verstand besitzt, dahin gelenkt wird wie der Pfeil vom Schützen. Also

gibt es ein intelligentes Wesen, durch welches alle Naturdinge zum Ziel hingeordnet werden, und dieses nennen wir Gott.«[19]

Es bedarf keiner besonderen Erläuterung, wie sehr diese Beweise an Aristoteles, aber auch an Augustinus angelehnt sind. In seinen Erörterungen über das *Wesen* Gottes sucht Thomas einen Mittelweg zwischen einer vermenschlichten Gottesvorstellung einerseits und der (neuplatonischen) Auffassung, daß Gott völlig jenseitig, transzendent und unerkennbar sei.[20] Unsere Erkenntnis von Gott ist durch dreierlei charakterisiert: Sie ist erstens eine mittelbare, indem sie durch Gottes Wirkungen in der Natur vermittelt wird. Sie ist zweitens eine analoge, indem wir Begriffe, die auf Gottes Geschöpfe zutreffen, auf Grund des Ähnlichkeitsverhältnisses von Schöpfer und Geschöpf auf Gott beziehen. Sie ist drittens eine zusammengesetzte, indem wir das unendlich vollkommene Wesen Gottes nur immer stückweise von verschiedenen Seiten aus erfassen können. Sie ist alles in allem unvollkommen, aber sie ist doch Erkenntnis, und sie lehrt uns, Gott zu sehen als den Inbegriff des in sich selbst ruhenden vollkommenen Seins.

Die Offenbarung lehrt uns Gott sehen als den *Schöpfer* des Universums (die Schöpfung gehört nach Thomas zu den Dingen, die nur aus der Offenbarung zu erkennen sind). In der Schöpfung realisiert Gott seine göttlichen *Ideen* – womit wir den Gedanken Platons, freilich in veränderter Form, erneut wiederfinden.

d) Mensch und Seele

Wir übergehen die thomistische Kosmologie (Thomas hält am geozentrischen, die Erde in den Mittelpunkt des Weltalls stellenden, Weltbild fest), um uns sogleich seiner Psychologie zuzuwenden, die ein Kernstück des Systems bildet. Die menschliche Seele bildet für Thomas einen Gegenstand liebevollen und intensiven Forschens und Nachdenkens. In mehreren seiner Schriften spricht er über die Gefühle, über das Gedächtnis, über die einzelnen Seelenvermögen und ihr Verhältnis zueinander sowie über die Erkenntnis.

Die Grundlage bildet auch hier Aristoteles, die aristotelische Lehre von der passiven Materie und der Form als dem aktiven, wirkenden Prinzip. Seele ist das allen Lebenserscheinungen zugrunde liegende formende Prinzip. Auf den Menschen angewandt, heißt das: »Das Prinzip der Denktätigkeit, die vernünftige Seele, ist die Wesensform des menschlichen Leibes.« Thomas legt im einzelnen dar, daß die menschliche Seele unkörperlich, das heißt reine Form ohne Materie, und daß sie eine rein geistige, von der Materie unabhängige Substanz ist. Daraus folgert er ihre Unzerstörbarkeit und Unsterblichkeit. Denn da die Seele eine vom Körper unabhängige Substanz ist, kann sie nicht mit diesem zerstört werden, und als reine Form kann sie auch nicht in sich selbst zerstört werden. Auch das im Menschen liegende Sehnen nach Unsterblichkeit, das nicht eitler Trug sein kann, wertet er als Beweis für die Unsterblichkeit der Seelensubstanz, welche er besonders auch im Gegensatz zu den Averroisten betont, die ja nur eine überindividuelle Unsterblichkeit des Geistes anerkannt hatten.

In der Theorie der einzelnen Seelenkräfte oder Vermögen schließt sich Thomas ebenfalls an Aristoteles an. Mit diesem unterscheidet er das vegetative Vermögen (Stoffwechsel und Fortpflanzung) von den bei den Tieren hinzutretenden Vermögen der Sinneswahrnehmung, der Begehrung und der freien, willkürlichen Bewegung. Dazu kommt beim Menschen das intellektuelle Vermögen, der Verstand. Diesem gibt Thomas gegenüber dem Willen den eindeutigen Vorrang. Der Intellekt ist vornehmer als der Wille. Die thomistische Seelen- und Erkenntnislehre ist intellektualistisch. In der Psychologie – daneben auch auf anderen Gebieten – ist der Dominikaner Thomas in scharfen Gegensatz geraten zu den gleichzeitig im Franziskanerorden entwickelten Anschauungen. Die franziskanische Theologie betont in enger Anlehnung an Augustinus, und weiter zurück an Platon, den aktiven Charakter des menschlichen Erkennens. Thomas dagegen, unter Berufung auf Aristoteles, hebt den passiven, rezeptiven (aufnehmenden) Charakter des Erkennens hervor. Er sieht im Erkennen eine Verähnlichung des erkennenden Subjekts mit dem erkannten Objekt, ein bildhaftes Ergreifen der Wirklichkeit.[21] Die richtige Erkenntnis ist erreicht, wenn das im Geiste vorhandene Bild mit der Wirklichkeit übereinstimmt (adaequatio rei et intellectus – Angleichung von Verstand und Sache).

Wie gewinnen wir überhaupt Erkenntnis? Auch auf diese Frage gibt Thomas die Antwort, die Aristoteles gegeben hatte: nicht durch Teilhabe an göttlichen Ideen (oder Erinnerung an diese), sondern allein durch *Erfahrung* auf Grund der Sinneswahrnehmungen. Thomas ist *Empiriker.* Alles Material unserer Erkenntnis stammt aus den Sinnen. Freilich nur das Material. Der tätige Intellekt bildet dieses Material weiter. Die sinnliche Erfahrung zeigt uns nur das individuelle Einzelding. Das eigentümliche Objekt des Verstandes ist aber die in den Einzeldingen vorhandene Wesenheit, »Washeit« (quiditas). Damit er diese erkenne, muß der Geist die »Phantasie« zu Hilfe nehmen. In eigentümlicher Weise ist hier die grundlegende Erkenntnislehre Kants vorgebildet, nach welcher Erkenntnis entsteht im bildenden Gestalten der durch die Sinneswahrnehmung gegebenen Erscheinungen mittels der im Menschengeist liegenden Denk- und Anschauungsformen. Es bedurfte nur noch der Frage, wie die »Phantasie« beim Weiterbilden der sinnlichen Anschauung verfährt und welche Teile unserer Erkenntnis aus der Sinnlichkeit, welche aus den allgemeinen Formen und Eigenheiten unseres eigenen Geistes stammen.

An die Seelen- und Erkenntnislehre schließt sich die *Ethik.* Thomas sagt: »Ein Dreifaches ist dem Menschen notwendig zum Heile: zu wissen, was er glauben, zu wissen, wonach er verlangen, und zu wissen, was er tun soll.«[22]

Als Voraussetzung des sittlichen Handelns betont Thomas die *Willensfreiheit.* Auch hier liegt ein Gegensatz zu Augustinus und der sich an diesen anschließenden franziskanischen Theologie. In der Tiefe freilich steht Thomas dem Determinismus nicht so fern. – In bezug auf die einzelnen Tugenden übernimmt Thomas die überlieferten vier griechischen Kardinaltugenden Weisheit, Tapferkeit, Mäßigkeit und Gerechtigkeit und fügt ihnen die drei christlichen Glaube, Liebe und Hoffnung an. Der Aufbau der thomistischen Tugendlehre ist höchst kompliziert. Aber ihre Grundgedanken sind einfach: »Die Vernunft ist dem Menschen Natur. Was immer also wider die Vernunft ist, das ist wider des Menschen Natur«[23]. »Das Gute des Menschen, sofern er Mensch ist, liegt darin: daß die Vernunft vollendet sei in der Erkenntnis der Wahrheit und die untergeordneten Begehrungskräfte geleitet werden gemäß der Richtschnur der Vernunft. Denn des Menschen Menschsein kommt ihm daher, daß er der Vernunft mächtig ist.«[24]

»Nicht der heißt ein guter Mensch, der eine gute Erkenntniskraft, sondern der einen guten Willen hat.«[25]

»So sehr die Beschauung höheren Ranges ist als das tätige Leben, so sehr scheint der mehr für Gott zu wirken, der eine Einbuße seiner geliebten Beschauung in Kauf nimmt, auf daß er dem Heil der Nächsten diene um Gottes willen.«[26]

»Wie es gut ist, den Freund zu lieben, weil er Freund ist, so ist es vom Übel, den Feind zu lieben, sofern er Feind ist. Gut aber ist es, den Feind zu lieben, sofern er Gottes ist . . . Den Freund als Freund zu lieben und den Feind als Feind: das wäre etwas Widersprüchliches. Aber den Freund und den Feind zu lieben, sofern beide Gottes sind: das ist kein Widerspruch.«[27]

»Und darum ist im Hinblick auf das, was unter uns steht, die Erkenntnis vornehmer als die Liebe; weswegen der Philosoph die Erkenntnistugenden höher stellt als die sittlichen. Im Hinblick aber auf das, was über uns ist, vor allem im Hinblick auf Gott, steht die Liebe höher als die Erkenntnis. Und darum überragt die Liebe den Glauben.«[28]

e) Politik

Als überzeugte Aristoteliker wenden sowohl Albertus wie Thomas ihr Interesse der Welt der Erscheinungen zu. Dieses geht aber bei beiden in verschiedene Richtungen: bei Albert mehr auf die sinnliche, bei Thomas mehr auf die sittliche Welt: den Staat[29]. Wir würden heute sagen, Albert sei mehr naturwissenschaftlich, Thomas mehr geistes- oder sozialwissenschaftlich orientiert gewesen. Während Albert von den Schriften des Aristoteles die Politik ohne Kommentar gelassen hatte, hat Thomas sich wiederholt ausgiebig über dieses Gebiet geäußert. Wie die Griechen sieht Thomas den Menschen durchaus in der Einordnung in Gesellschaft und Staat. Das zeigen Aussprüche wie diese: »Es ist unmöglich, daß ein Mensch gut sei, außer er stehe im rechten Bezug zum gemeinen Wohl.«[30] – »Je mehr eine Tugend auf das gemeine Wohl bezogen ist, um so höheren Ranges ist sie.«[31]

Die thomistische Staatslehre schließt sich eng an die des Aristoteles an, welche Thomas zum erstenmal in ihrem vollen Gewicht im Abendland zur Geltung bringt. Mit ihr verbindet er augustinische Gedanken. Der Mensch ist für Thomas wie für Aristoteles ein zoon politikon, ein soziales Lebewesen. Das allein macht schon staatliche Ordnung notwendig. »Wenn es nun auf diese Weise dem Menschen natürlich ist, in Gemeinschaft mit vielen zu leben, dann muß es auch unter den Menschen etwas geben, wodurch die Vielheit regiert wird. Bei der so großen Zahl von Menschen und bei dem Bestreben des einzelnen, egoistisch für sein Privatinteresse tätig zu sein, würde die menschliche Gesellschaft nach den entgegengesetzten Richtungen aus den Fugen gehen, wenn niemand da wäre, dem die Sorge für das Gemeinwohl der Gesellschaft obliegt, geradeso wie der Leib des Menschen und überhaupt jedes lebendige Wesen sich auflösen müßte, wenn nicht eine gemeinsame leitende Kraft im Körper vorhanden wäre, welche auf das gemeinsame Wohl aller Glieder sich richtet.«[32] So wird die Notwendigkeit einer sozialen Autorität von Thomas begründet. Da die menschliche Natur, die den Staat notwendig macht, von Gott so geschaffen ist, so ist Gott, wie die Schrift lehrt, der Urheber der Obrigkeit.

Auch hinsichtlich der *Staatsformen* hält sich Thomas an die von Aristoteles eingeführten Unterscheidungen zwischen Monarchie, Aristokratie und Politie und den entsprechenden Entartungsformen Tyrannis, Oligarchie und Demokratie. Unter den guten Staatsformen gehört seine Liebe der Monarchie. Von ihr hat er eine ideale Vorstellung. Der König muß in seinem Reiche das sein, was die Seele im Körper und Gott in der Welt ist. Die Regierung des guten und gerechten Königs muß der göttlichen Weltregierung nachgebildet sein. Doch »wie es etwas im höchsten Grade Gutes ist, wenn einer die Macht in der Herrschaft über viele gut gebraucht, so ist es im höchsten Grade ein Übel, wenn er sie mißbraucht.«[33] Die schlimmste aller Regierungsformen ist die Tyrannis. Ist sie eingetreten, so ist dem Volk zu empfehlen, Geduld zu haben, da eine gewaltsame Veränderung meist noch größeres Übel bringt.

Da Thomas den Staat als eine sittliche Größe betrachtet, bezeichnet er es als Aufgabe des Staates, die Bürger zu einem gerechten und tugendhaften Leben zu führen. Die wichtigste Voraussetzung dafür ist die

Wahrung des *Friedens*. Die nächste Bedingung ist die Schaffung äußeren Wohlstandes. Ein tugendhaftes Leben in Frieden und Wohlstand ist aber doch nicht der letzte Zweck des menschlichen Lebens. Dieser ist die Erlangung der himmlischen Seligkeit. Die Menschen zu ihr hinzuführen, ist nicht Aufgabe der irdischen Obrigkeit, sondern der *Kirche*, unter Leitung der Priester und vor allem des von Christus selbst eingesetzten Stellvertreters Gottes, des römischen Papstes. Da die Aufgabe der Kirche eine höhere ist als die des Staates, müssen die Könige dieser Welt dem Herrn der Kirche untertan sein. Thomas lehrt also eine eindeutige Unterordnung der weltlichen Gewalt unter die geistliche, jedenfalls insoweit, als die zeitlichen Dinge für das überzeitliche Ziel des Menschen eine Rolle spielen.

f) Bedeutung des Thomas

»Des Weisen Amt ist: ordnen.«[34] Das ganze Werk des Thomas von Aquino steht unter diesem Leitwort. Ordnen, unterscheiden, einteilen – Ordnen des Unterschiedenen nach dem ihm zukommenden oder innewohnenden Wert: darin liegen Größe und Bedeutung seines Werkes.
Unmittelbar nach seinem frühen Tode setzte ein erbittertes Ringen um die führende Stellung des Thomismus im Orden und in der ganzen katholischen Welt ein. Der Widerstand kam vor allem von der an Augustinus orientierten franziskanischen Theologie, mit der Thomas schon während seines Lebens heftige Kämpfe ausgefochten hatte. Drei Jahre nach Thomas' Tode wurden einige seiner Lehrsätze durch den Bischof von Paris offiziell verurteilt. Aber die Schüler des Thomas, deren der hervorragende und beliebte Lehrer viele besaß, verstanden seine Lehre durchzusetzen. Sein alter Lehrer Albertus, der ihn überlebte, erklärte ihn für ein »Licht der Kirche«.
Der Thomismus wurde zur offiziellen Philosophie des Dominikanerordens. 1322 wurde Thomas heiliggesprochen. Bedeutende Päpste schätzten seine Lehre und setzten sich für sie ein. Endlich wurde im Jahre 1879 der Thomismus zur offiziellen Philosophie der katholischen Kirche erhoben. Bei der 1931 durch päpstliche Anordnung vorgenommenen Neuordnung des kirchlichen Hochschulunterrichts wurde erneut vorgeschrieben, daß Philosophie und spekulative Theologie nach den Lehren und Prinzipien des Thomas von Aquino vorzutragen sind.
Im Zusammenhang damit hat der Thomismus im 19. und 20. Jahrhundert eine bedeutsame Renaissance erlebt. Im Rahmen der sogenannten Neuscholastik – einer Geistesbewegung, die sich über die ganze katholische Welt erstreckt und ihre bedeutendsten Lehrer in Italien, Frankreich, Belgien und Deutschland hat – entstand eine neu-thomistische Philosophie, die die Ergebnisse der modernen Wissenschaft und Philo-

sophie mit den von Thomas geschaffenen Grundlagen des katholischen Weltbildes zu vereinigen sucht. Auf diese moderne Entwicklung werden wir im letzten Teil zurückkommen.

3. DANTE

Das von der Scholastik, vor allem durch Albert und Thomas, entwikkelte Weltbild des christlichen Mittelalters hat im Werk Dantes seinen schönsten dichterischen Ausdruck gefunden. Dante Alighieri wurde 1265 in Florenz geboren. Eine ideale Jugendliebe zu Beatrice und ihr unglücklicher Ausgang durch den frühen Tod der Geliebten gaben ihm den künstlerischen Ansporn, die Kenntnis der alten römischen Dichter und der provenzalischen Poesie das dichterische Vorbild, das Studium der scholastischen Philosophie zu Bologna und Paris die philosophische und theologische Wissensgrundlage. Aus seiner Vaterstadt aus politischen Gründen verbannt, führte Dante ein unstetes und unglückliches Wanderleben, bis er in den letzten Jahren seines Lebens eine Zuflucht in Ravenna fand, wo er 1321 verstorben ist.

Dantes Hauptwerk, die »Göttliche Komödie« (ursprünglicher Titel nur »La comedia«), ist ein Gang durch Hölle, Fegefeuer und Paradies. Durch die beiden ersten Reiche wird Dante vom Schatten des Dichters Vergil geleitet. Die Reise beginnt mit dem Abstieg in die Treppen und Schluchten des Inferno, des unterirdischen Reiches, welches sich trichterförmig bis zum Mittelpunkt der Erde, dem Sitz des Höllenfürsten, hinabzieht. In neun Stockwerken begegnet er von oben nach unten immer ärgeren Sündern, Wollüstigen, Geizigen, Gewalttätigen, Lügnern; im finstersten Abgrund aber den beiden Erzverrätern der Menschheit: Judas und Brutus – die Christus, den Gründer der Kirche, und Cäsar, den Gründer des Kaiserreiches, auf dem Gewissen haben.

Zur anderen Seite der Erde emporsteigend, gelangen Vergil und Dante zum Purgatorium (Fegefeuer). Es hat die Gestalt eines steilen Bergkegels, aufgetürmt aus sieben Terrassen, die den sieben Todsünden entsprechen. Auf der Spitze befindet sich das irdische Paradies.

In das dritte Reich, das himmlische Paradies, darf Vergil, der ungetaufte Heide, nicht eintreten. Hier wird der Dichter von der geliebten und verklärt erscheinenden Beatrice, als Symbol der geoffenbarten Gnade, weitergeleitet. An ihrer Hand erhebt er sich über die Erde und durchwandert die neun von übermenschlichen Wesen bevölkerten himmlischen Sphären. Am Schluß des Weges wird ihm die Anschauung der dreieinigen Herrlichkeit Gottes zuteil.

Auf dem ganzen Wege durch Hölle, Fegefeuer und Paradies begegnet der Dichter bekannten, manchmal erst kurz vorher verstorbenen Persönlichkeiten. Er spricht mit Dichtern, Fürsten, Päpsten, mit Odysseus und Kaiser Barbarossa. Im Gespräch mit ihnen und mit seinen Führern hat er Gelegenheit, alle ihn bewegenden Fragen auf theologischem, philosophischem und politischem Gebiet zu erörtern. So gründlich ist Dante in die Lehren der Scholastik eingedrungen und so vollkommen beherrscht er seinen Stoff, daß er »die eigensten, bei jedem anderen trockenen Geheimnisse der scholastischen Philosophie bis in ihre syllogistischen Argumentationen hinein in die bald erschütternde, bald anmutige Beschreibung einer Weltreise verwandelt«[35]. Dante ist mit seinem Wissen in allen Gebieten bis zur Astronomie auf der Höhe seiner Zeit. Natürlich sind es im wesentlichen nicht von ihm selbst geschaffene Gedanken, die dabei ausgesprochen werden, sondern auf naturwissenschaftlichem Gebiet hauptsächlich die des Albert, in der Theologie und Politik die des Thomas. Welch überragende Stellung Dante dem Meister beider, dem Aristoteles einräumt, zeigt das über letzteren von uns angeführte Zitat aus seinem Werk.

Interessant ist die Richtung, in der Dante die politischen Anschauungen des Thomas weiterbildet. Thomas hatte in der Erhaltung des Friedens die wichtigste Aufgabe des Herrschers gesehen. Dante erkennt, daß nicht innerer Friede in den Staaten selbst genügt. Er will auch dauernden Frieden der Staaten untereinander und fordert eine den Fürsten der Einzelstaaten übergeordnete oberste Gewalt, ein universales Kaisertum, das nicht vom Papst, sondern von Gott unmittelbar eingesetzt ist. Kirche und Papsttum will er auf ihre geistlichen Aufgaben beschränkt sehen. Die Verweltlichung der Kirche bekämpft er als die Wurzel allen Übels. Die politischen Ansichten Dantes sind in ihrer geschichtlichen Bedingtheit nur voll zu verstehen auf dem Grunde der das Mittelalter und gerade Dantes Zeit erfüllenden Rivalität zwischen geistlicher und weltlicher Gewalt und der sich daran anschließenden Parteikämpfe zwischen Guelfen und Ghibellinen innerhalb Italiens. Aber Dante erhebt sich doch über diese zeitbedingten Kämpfe, indem er nicht einfach sich auf die Seite einer der streitenden Parteien stellt, sondern ein Ideal entwirft, in welchem geistliche und weltliche Macht jede auf den ihr zukommenden Bereich beschränkt sind. – Die »Göttliche Komödie« gehört zu den ganz großen Werken der Weltliteratur. Wie das vergangene Griechenland in Homer, die dem Mittelalter nachfolgende Renaissance in Shakespeare, so hat das christliche Mittelalter in Dante seinen dichterischen Genius gefunden, in dessen Werk das Denken und Fühlen dieser Jahrhunderte, unmittelbar vor seiner beginnenden Auflösung, in einem großartigen Weltgemälde zusammengefaßt wird.

IV. Spätscholastik

1. ROGER BACON

Eine zeitliche Trennungslinie zwischen Hochscholastik und Spätscholastik ist nicht präzise zu bestimmen. Noch zu Lebzeiten der großen Meister der Hochscholastik begegnen wir in Roger Bacon einem Mann, welcher, in vielem seiner Zeit weit vorauseilend, nicht nur den Thomismus angreift, sondern die Prinzipien der Scholastik überhaupt erschüttert und damit die am Ausgang des Mittelalters eintretende Wende des europäischen Geistes vorbereitet.

Bacon ist wie die nach ihm zu behandelnden anderen führenden Köpfe der Spätscholastik Engländer, und wie sie gehört er dem Franziskanerorden an, in welchem, wie wir gesehen haben, die thomistische Philosophie von Anfang an auf Widerstand gestoßen war. Etwa 1214 in Ilchester geboren, hat er zuerst in Oxford, dann in Paris sich eine gründliche Kenntnis aller Fächer der damaligen Wissenschaft angeeignet: Mathematik, Medizin, Jurisprudenz, Theologie, Philosophie.

Nach Oxford um 1247 zurückgekehrt, lernte Bacon das Werk des Robert *Grosseteste* (etwa 1168–1253) kennen, eines der frühen Seher und Bahnbrecher auf dem Weg zur modernen Naturwissenschaft, der vorher in Oxford gewirkt und seine Bibliothek dem Franziskanerorden vermacht hatte. Wahrscheinlich unter diesem Einfluß begann Bacon, intensiv Sprachen zu studieren und Naturwissenschaft zu treiben, auch in Form praktischer Experimente, z. B. in der Optik – behindert durch fehlende Geldmittel und das mangelnde Verständnis seiner Oberen und Ordensbrüder. Diese Bestrebungen, vermischt mit magischen, astrologischen, alchimistischen Ideen, haben Bacon wiederholt in Gegensatz zur kirchlichen Obrigkeit gebracht; nach manchen Berichten soll er den letzten Teil seines Lebens im Kerker zugebracht haben.

Bacon plante eine umfassende Enzyklopädie des Wissens – selbstverständlich im Dienste der Religion und der Kirche. Papst Clemens VI., der Bacon wohlgesonnen war, bat ihn 1266 um eine Kopie. Da das Werk im wesentlichen erst in Bacons Kopf bestand, schrieb dieser einen Entwurf, »Opus maius« (Größeres Werk) genannt, dem er ein »Opus minus« und ein »Opus tertium« folgen ließ, und sandte alles, dazu eine Vergrößerungslinse und eine Weltkarte, beides selbstgefertigt, an den Papst. Papst Clemens starb jedoch, bevor er alles erhalten hatte.

In Bacons Schriften – darunter auch eine Grammatik des Griechischen sowie des Hebräischen und ein Kompendium für das Studium der Philosophie – finden sich schwerwiegende Vorwürfe gegen die Meister der Hochscholastik und ihre Philosophie: Die größten Philosophen der Vergangenheit sind für Bacon Aristoteles, Avicenna und Averroes (also drei Heiden). Den Scholastikern fehlt nun fürs erste die Kenntnis der Sprache, in der jene geschrieben haben, also des Griechischen und Arabischen. Mit unverhohlenem Spott spricht Bacon über Thomas als den Philosophen, der dicke Bücher über Aristoteles geschrieben habe, ohne überhaupt seine Sprache zu verstehen. Für Bacon steht es fest, daß alle vorliegenden Übersetzungen, auch die der Heiligen Schrift, ganz unzulänglich sind und zahlreiche Mißverständnisse enthalten. Was not tut, ist daher weniger die bisher betriebene Grammatik und Logik, deren Grundsätze ohnehin jedem vernünftigen Menschen angeboren sind, sondern ein eindringendes Studium der fremden Sprachen, insbesondere des Hebräischen, Griechischen und Arabischen. Die bisherigen Übersetzungen, die soviel Schaden gestiftet haben, sollten am besten verbrannt werden.

Der zweite Vorwurf geht darauf, daß jene Scholastiker von der Mathematik, die für Bacon die Grundlage aller Wissenschaften ist, eine ungenügende Kenntnis gehabt haben.

Der dritte Einwand bezieht sich auf die in der Wissenschaft zu verwendende Methode. Die scholastische Methode bestand darin, daß man alle Fragen durch Berufung auf Autorität (die Bibel, Aristoteles, die Kirchenväter) und durch logische Deduktion aus diesen zu lösen suchte. Demgegenüber erhebt Bacon die Forderung nach dem Zurückgehen auf die unmittelbare Erfahrung, das heißt die Beobachtung und Befragung der Natur mittels des Experiments, in welcher er die Quelle allen wahren Weltwissens erblickt. »Ohne Erfahrung kann nichts ausreichend gewußt werden.«

Hierzu ist zu beachten, daß Bacon unter Erfahrung sowohl empirisches Erkennen wie auch göttliche Eingebung versteht.

Bacon drängte auf eine Kalenderreform, wie sie erst Jahrhunderte später verwirklicht wurde. Er verlangte eine wissenschaftliche Grundlage für die Landwirtschaft. In seiner »Epistola de Secretis Operibus« sagt er u. a. voraus: »Maschinen für die Schiffahrt ohne Ruderer können so gebaut werden, daß die größten Schiffe auf Flüssen und Meeren von einem einzigen Mann mit größerer Geschwindigkeit fortbewegt werden können, als wenn sie vollbemannt wären. Auch Wagen können so gebaut werden, daß sie sich ohne Zugtiere mit unglaublicher Schnelligkeit bewegen . . . Auch können Maschinen gebaut werden, um ohne Gefahr im Meer und in Flüssen zu gehen, sogar bis auf den Grund . . .«[36] In der Optik sind Bacon einige bahnbrechende, seiner Zeit weit vorauseilende Entdeckungen gelungen.

Was hat das alles mit Philosophie zu tun? Hier kündigt sich die Wende des abendländischen Denkens an, die das Mittelalter beendet und das Zeitalter der modernen Naturwissenschaft einläutet. Männer wie Bacon haben die Axt an die Wurzel der Scholastik gelegt.

2. DUNS SCOTUS

Von einer anderen Seite her hat der englische Franziskaner Duns Scotus einen entscheidenden Anstoß dazu gegeben, daß die im Thomismus anscheinend erreichte Versöhnung von Theologie und Philosophie einer um so tieferen Entzweiung beider Platz machen mußte. Er wurde nicht lange vor 1270 geboren und ist bereits 1308, im Alter von etwa 40 Jahren, gestorben. Er lehrte Theologie in Oxford, später in Paris und zuletzt in Köln, wo ihm nur noch eine ganz kurze Wirksamkeit beschieden war. Da er ein gefeierter Lehrer war und eine äußerst fruchtbare schriftstellerische Tätigkeit entfaltete, hat die kurze Lebensspanne genügt, ihm bleibenden Nachruhm als einer der Größten der mittelalterlichen Philosophie zu sichern. Die Mitwelt ehrte ihn mit dem Beinamen des Scharfsinnigen – »doctor subtilis«.

Wer sich der – allerdings beträchtlichen – Mühe unterzieht, Schriften dieses »Johannes Duns aus Schottland« zu lesen, wird das bestätigt finden und vielleicht einem Denker des 20. Jahrhunderts (C. S. Peirce) zustimmen, der ihn »den bedeutendsten spekulativen Kopf des Mittelalters« und einen der tiefsten metaphysischen Denker aller Zeiten genannt hat.

Auch Duns nimmt gegenüber Albert und Thomas eine kritische, ja oft polemische Haltung ein, unbeschadet dessen, daß er ihnen auch vieles zu danken hat. Vor allem seine besonders gute Kenntnis des Aristoteles, in welcher er die Meister der Hochscholastik übertrifft, wäre nicht denkbar ohne die von diesen geleistete entscheidende Vorarbeit. Je mehr man aber sich in die Gedankenwelt des Aristoteles hineinlebte, je genauer man ihn kannte, um so eher mußte einmal der klaffende Gegensatz zwischen dem Welt und Natur zugewandten heidnischen Philosophen und der Grundhaltung des christlichen Glaubens wieder ins Bewußtsein treten. Das führt Duns zu der Erkenntnis, eine so vollkommene Übereinstimmung zwischen Theologie und (aristotelischer) Philosophie, wie sie Thomas erstrebt hatte und erreicht zu haben glaubte, sei nicht möglich. Duns spricht tadelnd von denen, die Theologie und Philosophie zu eng miteinander vermengen. Es findet sich bei ihm auch schon der Ausspruch, daß ein Satz in philosophischer Hinsicht wahr und in theologischer Hinsicht falsch sein könne und umgekehrt. Gleichwohl findet Duns im ganzen keinen Gegensatz zwischen beiden Bereichen, und zwar hauptsächlich deswegen, weil er der Theologie einen vorwiegend praktischen Charakter beilegt. Er bezweifelte sogar, ob sie im strengen Sinne eine Wissenschaft heißen könne. So ist Duns zwar weit davon entfernt, an die Stelle des christlichen Glaubens eine nichtchristliche Philosophie setzen zu wollen. Er ist ein treuer Sohn der Kirche. Aber er hat doch der bald nach ihm vorgenommenen Scheidung beider Bereiche vorgearbeitet.

Seinem Ordensgenossen Wilhelm von Occam, der diese durchführte, steht Duns auch noch in einer anderen Hinsicht nahe: in der Auffassung des Verhältnisses vom Allgemeinen zum Besonderen, Individuellen. Freilich ist Duns in bezug auf die Universalienfrage Realist wie Thomas. Aber er lehrt, daß in jedem Ding neben seinem allgemeinen »Was« (quiditas, »Washeit«) ein einmaliges und besonderes »Dies«, ein »Hier und Jetzt« (haecceitas, »Diesheit«), sei und beweist damit gegenüber Thomas eine höhere Bewertung des Individuellen. Er sagt ausdrücklich, daß das Individuelle das Vollkommenere und das wahre Ziel der Natur sei. Hiermit ist nicht nur ein Schritt in Richtung zum Nominalismus getan. Wir haben in diesem Gedanken des Duns Scotus auch schon eine Vorstufe zu jener überragenden Wertschätzung, die die Renaissance dem Individuellen und dem menschlichen Individuum verschaffte.

Einem weiteren Gedanken, der die franziskanische Opposition gegen Thomas schon früher beschäftigt hatte, hat Duns Scotus zum Durchbruch verholfen. Das Verhältnis von Denken und Wollen hatte Thomas so gefaßt, daß der Intellekt dem Willen übergeordnet ist. Bei ihm folgt der Wille der Vernunft, indem er mit Notwendigkeit das ergreift, was ihm die Vernunft als Bestes darstellt. Dieses Verhältnis kehrt Duns Scotus um. Der *Wille* ist dem Denken übergeordnet. Der Wille ist frei und steht dem durch die Vernunft zur Verfügung gestellten Material frei gegenüber. Das ist bedeutsam für die Erkenntnistheorie, in der Duns folgerichtig die Aktivität, die Selbsttätigkeit des Denkens gegenüber dem passiven, aufnehmenden Intellekt des Thomas betont. Es wirkt sich weiter aus auf die Vorstellung von Gott. In Analogie zu dem, was wir am Menschen, dem Ebenbild Gottes, erkennen, dürfen wir schließen, daß auch in Gott der göttliche Wille das Primäre und Beherrschende ist. Die Welt ist so, wie sie ist, geschaffen, allein weil es dem göttlichen Willen wohlgefallen hat, sie so zu bilden. Es gibt nichts, was an sich gut oder notwendig wäre (dies hatte Thomas angenommen). Gut ist etwas nur darum, weil Gott es so gewollt hat. Hätte er anders gewollt, oder würde er anders wollen, so wäre etwas anderes »gut«. Das gilt auch für den ethischen Wert der menschlichen Handlungen. Gut ist eine Handlung, weil Gott sie will und vorschreibt. Gut ist also der menschliche Wille, wenn er sich ganz dem göttlichen unterwirft. Der göttliche Wille aber fällt für Duns durchaus mit dem Gebot der Kirche zusammen.

Das sind einige Unterschiede zwischen Duns und den Thomisten in inhaltlicher Hinsicht. Fast wichtiger aber für die Gesamtentwicklung als alle inhaltlichen Differenzen ist eine Verlagerung des Interesses, die man bei Duns, gemessen am Denken des Thomas, beobachten kann. Thomas hatte die christlichen Grundlehren über Gott, Welt und

Mensch zum Ausgangspunkt genommen. In der Philosophie sah er ein Mittel, diese zu stützen und zu beweisen. Worauf es ihm selbstverständlich ankam, war die zu beweisende Lehre und nicht der Beweis als solcher. Die Kritik des Duns Scotus – die sich nicht etwa nur gegen Thomas wendet, sondern auch gegen seine eigenen Ordensgenossen, die Gegner des Thomas – richtet sich nun in vielen Fällen nicht so sehr gegen das, was die anderen beweisen wollten – denn selbstverständlich stimmt er in den wesentlichen Glaubenssätzen mit ihnen überein –, sondern gegen die Art und *Methode* ihrer Beweisführung. Man kann sagen, Duns fängt an, nicht wie die anderen über die Welt nachzudenken, sondern über das Denken der anderen über die Welt. In der Geschichte der Philosophie haben Denker, die ihre Aufmerksamkeit von den Objekten des Denkens weg zunächst auf die Formen, Methoden und Möglichkeiten des Denkens selbst richteten, oft einen entscheidenden Fortschritt zuwege gebracht. Das gilt vor allem natürlich für Kant. Auch Duns Scotus, indem er seine Kritik und damit sein Augenmerk nicht auf den Inhalt der scholastischen Lehrsätze, sondern auf die philosophische Methode, sie zu beweisen, richtet, bereitet eine entscheidende Wendung in der Philosophie vor. »Werden nun die wissenschaftlichen Beweisführungen an sich selbst wichtig, ja sogar zur Hauptsache gemacht, so werden sie aus jedem, also auch aus dem ›scholastischen‹, Dienstverhältnis gelöst. Trotzdem also, daß Duns der treueste Sohn der römischen Kirche ist, hat er die Philosophie auf einen Punkt gebracht, wo sie Rom den Dienst aufkündigen muß.«[37]

3. WILHELM VON OCCAM

Mehr noch als das Auftreten der eben behandelten beiden Denker bedeutet die von Wilhelm von Occam vorgenommene Erneuerung des Nominalismus einen Angriff gegen die Grundlagen der Scholastik und das Signal für den Anbruch einer neuen Zeit. Wilhelm wurde in Ockham (lat. Occam) um 1290 geboren. Er studierte und lehrte wie seine Vorgänger in Oxford und Paris, wo ihm sein Scharfsinn und seine Gewandtheit im Disputieren den Ehrennamen des Unbesieglichen (doctor invincibilis) eingetragen haben.

Daß der frühere Nominalismus von der Kirche verworfen worden war, hatte seinen unmittelbaren Anlaß in dem Einfall des Roscellinus, seine nominalistischen Argumente auf das Dogma der Trinität zu richten. Daß die Kirche ihn so radikal unterdrückte, geschah aber aus der bewußten oder unbewußten Erkenntnis, daß ein konsequenter Nominalismus zwar nicht den christlichen Glauben, aber jedenfalls seine eigenartige Vermählung mit der antiken Philosophie, die Scholastik, in den Grundfesten erschüttern mußte. Denn die scholastische Methode, unter Verzicht auf unmittelbare Naturbeobachtung alles Wissenswerte aus anerkannten Autoritäten herzuleiten, hatte im Grunde die Überzeugung zur Voraussetzung, daß in den allgemeinen Glaubens- und Lehrsätzen schon alles einzelne enthalten und gesagt sei und nur herausgezogen werden müsse. Nur wenn das Allgemeine, wie es der scholastische Realismus annahm, ursprünglicher und »realer« ist und alles einzelne schon in vollem Umfang in sich begreift, ist jene Methode sinnvoll.

Für Wilhelm nun ist das Verhältnis genau umgekehrt. Indem – so sagt er – die »realistischen« Scholastiker mit dem Allgemeinen anfingen und daraus die Individualität herzuleiten suchten, haben sie das Pferd vom Schwanz aufzuzäumen versucht und alles verkehrt angefangen. Denn das Einzelne ist als solches wirklich, es allein ist wirklich; das Allgemeine ist es, was erklärt werden muß. Das letztere versucht Wilhelm in seinen umfangreichen und nicht leicht zu lesenden Untersuchungen. Wir heben nur den Grundgedanken heraus. Die Logik definiert er als Wissenschaft von den Zeichen. Bloße Zeichen (signa, termini) sind insbesondere auch die von jenen Realisten so hoch bewerteten Allgemeinbegriffe oder Universalien. Nichts Wirkliches entspricht ihnen. Selbst im Geiste Gottes sind nicht die »universalia ante res«. Das stützt Wilhelm mit dem theologischen Argument, daß dann das Dogma von der göttlichen Schöpfung aus dem Nichts nicht aufrechterhalten werden könne, weil ja in diesem Fall die Universalien schon vor den Dingen dagewesen seien. – Es gibt nirgends eine »Woheit« oder »Wannheit«, sondern nur ein Wo und Wann; es gibt jeweils nur ein Wie und ein Wieviel, keine Qualität und Quantität als selbständig Seiendes. Es gibt in der Wirklichkeit keine »Relation« (Beziehung) als Selbständiges, sondern nur die bezogenen Dinge. Die Beziehung besteht nur in unserem Kopfe. Es gibt keine »Vielheit«, sondern nur viele Dinge. Eine Beziehung noch neben den bezogenen Dingen, eine Vielheit neben den vielen Dingen anzunehmen, ist eine unnütze Verdoppelung oder Vervielfältigung, widerspricht dem Grundsatz aller Logik und Wissenschaft, nämlich nicht mehreres anzunehmen, wo eines zur Erklärung genügt. Dieses Prinzip »Ziehe niemals mehr [Annahmen, Argumente, Wesenheiten] heran, als [zur Erklärung] notwendig sind«, ist als »Ockham's razor« (Ockhams Rasiermesser) in die Methodenlehre der Wissenschaft und der Philosophie eingegangen.

Mit der Kategorienlehre des Aristoteles werden nicht die Sachen eingeteilt und erfaßt (was zum Beispiel Albert angenommen hatte), sondern nur unsere Zeichen für sie, die Worte oder Namen, die wir ihnen beilegen. Wilhelm legt also den Aristoteles ganz im Sinne seines Nominalismus aus, was auf Grund der von Aristoteles an Platon geübten Kritik, wie wir gesehen haben, auch durchaus möglich ist.

Der Gefahr, daß sein Nominalismus, auf christliche Dogmen angewandt, diese erschüttern könnte, entgeht Wilhelm von vornherein dadurch, daß er nicht nur einzelne Mysterien des Glaubens (wie Thomas) aus dem Bereich der vernunftgemäßen Erfaßbarkeit herausnimmt, sondern (wie Duns Scotus, aber radikaler als dieser) die ganze Theologie. Die Dogmen der Dreieinigkeit, der Menschwerdung Gottes und anderes sind für Wilhelm nicht nur übervernünftig, sondern widervernünftig und müssen als solche hingenommen werden. Es gibt auch keine vernunftmäßigen Beweise für die Existenz oder bestimmte Eigenschaften Gottes. Da die Grundlage allen Wissens die vom einzelnen ausgehende Erfahrung ist, wir aber von Gott in diesem Sinne keine Erfahrung haben können, ist ein eigentliches, natürliches Wissen von Gott für den Menschen unmöglich. Das bedeutet unter anderem, daß eine Theologie als Wissenschaft, mit exakten Beweisen und so weiter, nicht möglich ist. Was schon Duns Scotus ausgesprochen hatte: daß ein Satz für den Theologen wahr, für den Philosophen aber falsch sein könne, das ist bei Wilhelm durchgehende Überzeugung.[38] Das alte »credo quia absurdum« tritt wieder in Kraft.

Es ist nur folgerichtig, daß Wilhelm die Trennungslinie, die er zwischen Theologie einerseits, weltlicher Wissenschaft und Weltlichkeit andererseits zieht, auch in der Praxis, das heißt in der Kirchenpolitik, im Verhältnis der Kirche zur Welt, beachtet sehen will. Die Verweltlichung der Kirche, die weltliche Machtpolitik des Papstes Bonifaz VIII., greift er rücksichtslos an. Unter Berufung auf das Beispiel Jesu und der Apostel verlangt er – wie es auch den strengen Grundsätzen des Franziskanerordens entspricht – in seiner »Disputation zwischen dem Geistlichen und dem Soldaten« Absage an das Weltliche und Beschränkung der Kirche auf ihre geistlichen Aufgaben. Gegen Ausübung weltlicher Macht durch die Kirche wendet sich Occam in seiner Schrift »Über die Macht von Kaisern und Päpsten« mit Argumenten, die teilweise an die in der Aufklärung bestimmend und revolutionierend gewordene Lehre von den Grundrechten des Menschen erinnern. »Der Papst ist nicht befugt, irgendein menschliches Wesen seiner natürlichen Rechte zu berauben ...« Zu den unantastbaren Rechten gehören vor allem jene, »welcher sich die Menschen vor dem Auftreten Christi erfreuten – denn solche Rechte durch päpstliche Order Christen wegzunehmen oder vorzuenthalten, hieße, die Freiheit der Christen geringer zu machen als die von Heiden und Ungläubigen ...«

Occams Einkerkerung durch den damals in Avignon residierenden Papst war die Folge solcher Worte. Er entzog sich der Haft durch die Flucht nach München. Bei dem mit der päpstlichen Herrschaft in Fehde liegenden Kaiser Ludwig dem Bayern fand er Zuflucht. Zu ihm soll er die berühmten Worte gesprochen haben: »Verteidige du mich mit dem

Schwerte, ich will dich mit der Feder verteidigen.« In München ist er 1349 gestorben. – 1339 wurde das Lehren nach Wilhelm von Occam an der Pariser Universität verboten. Gleichwohl wurde der Nominalismus zur beherrschenden Geistesrichtung. Das zeigte sich, als ein Edikt, durch welches im Jahre 1473 alle Lehrer der Pariser Universität auf den Realismus, also gegen Wilhelm, verpflichtet wurden, bereits wenige Jahre später wieder aufgehoben werden mußte.
Mit Wilhelms Nominalismus und seinen Folgerungen ist das von der Scholastik in Jahrhunderten geknüpfte Band zwischen Theologie und Philosophie, zwischen Glauben und Wissen praktisch zerschnitten. Beide Bereiche stehen nun für sich. Es gibt eine *»doppelte Wahrheit«* (ähnlich wie es Averroes schon viel früher behauptet hatte). Tatsächlich ist dies, von seiner Zeit bis zur Gegenwart, die schwerwiegende Folge und Folgerung von Wilhelms Tat gewesen: Wissen und Glaube, Philosophie und Wissenschaft auf der einen, Religion und Theologie auf der anderen Seite wandeln von nun an in getrennten Bahnen. Jede entwikkelt sich ihrer Eigengesetzlichkeit gemäß und ohne Rücksicht auf die andere. Das Gespräch zwischen Glauben und Wissen kommt für lange Zeit fast zum Verstummen. Dieser Zwiespalt durchzieht unsere ganze moderne Kultur.
Das bedeutet für die Philosophie und die sich ihr gegenüber allmählich verselbständigende Wissenschaft, daß sie, aus dem scholastischen Dienst an der Theologie entlassen und immer stärker nach dem wegweisenden Beispiel Roger Bacons auf die unmittelbare äußere Erfahrung als ihre Quelle zurückgehend, jenen unerhörten Aufschwung hat nehmen können, der die Geistesgeschichte der letzten Jahrhunderte erfüllt. Für den religiösen Bereich bedeutet es, daß der übervernünftige Inhalt des Glaubens ohne Rücksicht auf Philosophie und rationale Theologie unmittelbar ausgesprochen werden kann – wie es zunächst und vor allem in der großen deutschen Mystik geschieht.

V. Deutsche Mystik: Meister Eckhart

Mystik als Geisteshaltung ist nicht zeitgebunden. In jeder Epoche und in jedem Augenblick seines Lebens hat der Mensch die Möglichkeit, »die Augen zu schließen«, von der Welt abzusehen, in sein eigenes Inneres zu blicken und den dort glimmenden göttlichen Funken zu heller Flamme zu entfachen. Tatsächlich hat es Mystik fast zu allen Zeiten gegeben: bei den Indern, deren ganze Philosophie in diesem Sinne mystisch heißen kann; bei den Griechen in der Frühzeit und am Ausgang der Antike im Neuplatonismus; zu verschiedenen Zeiten des Mittelalters; zu Beginn der Neuzeit und später. Trotzdem ist es geistesgeschichtlich mehr als ein Zufall, daß sich eine der bedeutendsten Strömungen der Mystik in unmittelbarem Anschluß an die Hochscholastik erhoben hat. Die enge Verklammerung, in die religöser Glaube und Weltweisheit durch Albert, Thomas und andere gebracht worden waren, hatte nicht nur der Philosophie durch die scholastische Unterordnung unter theologische Zwecke eine Fessel angelegt, sondern auch dem Glauben durch seine Bindung an die im Grunde ganz weltliche Weisheit des Aristoteles und seiner arabischen Erläuterer. Wir haben gesehen, wie sich die Philosophie in Bacon, Duns und Wilhelm schrittweise aus diesem Verhältnis zu lösen begann. Das Gegenstück zu dieser Entwicklung, also die Lösung der Glaubenskräfte aus der weitgehend rationalisierten Theologie und Philosophie der Hochscholastik, vollbrachte vor allem der Deutsche Meister Eckhart, die stärkste Persönlichkeit unter den Mystikern des Mittelalters, fast noch ein Zeitgenosse der Hochscholastik – Eckhart ist um 1260 geboren und war möglicherweise noch unmittelbarer Schüler des Albertus Magnus zu Köln – und ebenfalls dem Dominikanerorden zugehörend.

Johannes Eckhart stammte aus ritterlicher Familie in Hochheim bei Gotha in Thüringen. Sein Studium in Köln und Paris verschaffte ihm eine ausgezeichnete theologische und philosophische Bildung. Insbesondere kannte er auch die Scholastik und Aristoteles recht genau. Es ist also nicht etwa so, daß Eckhart der Geistesentwicklung seiner Zeit fremd gegenüberstände. Er ist vielmehr wissenschaftlich durchaus auf der Höhe seiner Zeit. Er verwendet in erheblichem Maße die Denkformen und Ausdrucksweisen der Scholastik. Was er aber in diesen ausspricht, ist etwas ganz anderes als scholastische Schulweisheit. Es ist echte und ursprüngliche, schöpferische Erkenntnis – ursprünglich dabei nicht verstanden als aus unmittelbarer Beobachtung der Natur, sondern, wie beim Mystiker zu erwarten, aus inneren Quellen, aus Intuition gespeist. Übrigens zeigen die deutschen Schriften Eckharts – seine Werke, soweit sie erhalten beziehungsweise wieder aufgefunden sind, sind teils deutsch wie die Predigten, teils lateinisch – ihn auch als sprachgewaltigen und sprachschöpferischen Meister der mittelhochdeutschen Volkssprache.

Eckhart kam im Dominikanerorden zu den höchsten Stellungen. Er war nacheinander Prior in Erfurt, Ordensprovinzial für Sachsen, Generalvikar für die böhmischen Klöster, Lehrer in Paris, Prediger in Straßburg, Prior in Frankfurt am Main, im letzten Teil seines Lebens in Köln. Hier war es, wo der latente Gegensatz zwischen der Kirche und der höchst eigenwilligen Denkerpersönlichkeit Eckharts zum offenen Ausbruch kam. Durch den Erzbischof von Köln vor ein geistliches Gericht gestellt, mußte der Meister 1327, kurz vor seinem im gleichen Jahr erfolgten Tode, in der Kölner Dominikanerkirche eine Widerrufserklärung abgeben. Sie war allerdings allgemein gehalten und besagte nur: Falls irgend etwas, was er geschrieben, gesagt oder gepredigt hatte, einen Irrtum im Glauben enthalten sollte, so widerrufe er es und wolle es als nicht gesprochen angesehen wissen. Die Entscheidung des Papstes, an den Eckhart appelliert hatte, erging nicht mehr zu seinen Lebzeiten. Nach seinem Tode wurde eine Anzahl von Sätzen Eckharts durch päpstliche Bulle als ketzerisch verurteilt.

Die Philosophie Eckharts ist in formaler Hinsicht nicht mit den großen Systemen der Scholastik zu vergleichen. Sie bietet kein durchgearbeitetes System, in dem jedes seinen Platz findet. Sie ist Ausdruck eines intensiven religiösen Erlebens, verwendet kaum einen Blick auf die Einzelheiten von Welt und Natur, sondern kreist ganz um die ewigen Pole der Mystik: Gott und die Seele.

In der Gottesvorstellung Meister Eckharts finden wir Gedanken wieder, die im Neuplatonismus des Plotinos und in den an diesen anknüpfenden Schriften des angeblichen Dionysos Areopagita schon in Erscheinung getreten waren (wie überhaupt überall da, wo im christlichen Denken eine mystische Richtung hervortritt, auf Platon, den Neuplatonismus und daneben auf Augustinus zurückgegangen wird). Gott ist so sehr der schlechthin Gute, der Eine, der Absolute, der ganz Jenseitige, daß wir über ihn gar nichts ausmachen können. Alles, was wir ihm an Attributen zuschreiben möchten, kommt ihm eher nicht zu als zu. Die Theologie besteht daher vornehmlich aus negativen Aussagen. Diesen ganz jenseitigen Gott nennt Eckhart »Gottheit« oder »ungenaturte Natur«. Die Gottheit ist zu unterscheiden von »Gott« oder der »genaturten Natur«. Die ursprüngliche Gottheit ist, da ihr auch das Prädikat des »Seins« eigentlich nicht beigelegt werden kann, wie der Abgrund des Nichts. »Die Gottheit wirket nicht, in ihr ist kein Werk.« Um sich zu offenbaren, muß die Gottheit erst »sich bekennen«, »das Wort sprechen«. Damit erst wird aus der einen Gottheit der dreieinige Gott des Christentums. Die Gottheit tritt in Subjekt und Objekt auseinander. Gottvater ist das Subjekt. Das Objekt, das »Wort«, in dem er sich ausspricht, ist der Gottessohn. »Das ewige Wort ist das Wort des Vaters und ist sein eingeborener Sohn, unser Herr Jesus Christus. In dem hat er gesprochen alle Kreaturen ohne Anfang und ohne Ende.« Das Band der Liebe, das Vater und Sohn verbindet, ist der Heilige Geist. Der dreieinige Gott des Christentums erscheint also bei Eckhart als die erste »Emanation«, als Ausstrahlung der über ihm stehenden ursprünglichen »Gottheit«.

Der zweite große Grundgedanke ist die alte mystische Lehre von der Einheit Gottes und der Menschenseele. Die Seele ist nach dem Ebenbild Gottes geschaffen. Das heißt bei der eben berührten Gottesvorstellung Eckharts: Wie Gott ist auch die Seele dreieinig. Sie besteht aus den drei Seelenkräften des Erkennens, des »Zürnens« und des Wollens, denen die drei christlichen Haupttugenden Glaube, Liebe, Hoffnung zugeordnet sind. Wie aber über dem dreieinigen Gott die ursprüngliche eine Gottheit steht, so ist in der Seele über jenen drei Seelenkräften das göttliche »Fünklein« – »so lauter und so hoch und so edel in sich selber, daß darin keine Kreatur sein mag, sondern nur Gott allein wohnt darin mit seiner bloßen göttlichen Natur«. »Der Funke der Seele ist ein Licht göttlicher Gleichheit, das sich alle Zeit auf Gott neiget.«

Die notwendige Folgerung, und der dritte Grundgedanke der Eckhartschen Mystik, ist Selbstentäußerung und Aufgehen in Gott. »Du sollst allzumal entsinken deiner Deinesheit und sollst zerfließen in seine Seinesheit und soll dein Dein in seinem Mein ein Mein werden also gänzlich, daß du mit ihm verstehest ewiglich seine ungewordene Istigkeit und seine ungenannte Nichtheit.« Die Bedingungen, daß auf diese Weise die Seele mit Gott eins werde, »Gott in uns geboren werde«, sind die Lossage von der Sünde, die uns von Gott trennt; Gelassenheit, innere Gelöstheit; und drittens »Abgeschiedenheit«, Abscheidung von allen irdischen Dingen und zuletzt auch vom eigenen Selbst, damit Aufgeben des eigenen Willens und Aufgehen in Gottes Willen.

Erreicht die Seele diesen Zustand, indem sie alles ausscheidet, was sie von Gott abtrennt, so wird sie Gott gleich. »Danach folgt, daß sein Wesen und seine Substanz und seine Natur mein ist. Und wenn denn seine Substanz, sein Wesen und seine Natur mein ist, so bin ich der Sohn Gottes.« Die Seele erkennt, daß alles außer Gott nicht etwa nur wertlos, sondern schlechthin nichts ist, daß alles überhaupt nur existiert, sofern es in Gott ist. »Der Gott siehet, der erkennet, daß alle Kreaturen nicht sind.« – »Wer all die Welt nähme mit Gott, der hätte nicht mehr denn ob er Gott alleine hätte.« – Die Seele erhebt sich in diesem Zustand über Raum und Zeit. Sie erkennt, daß das allem zugrunde liegende Wesen nicht zeitliche Vergänglichkeit ist, sondern ewige, zeitlose Gegenwart. Sie erkennt auch die allem zugrunde liegende ewige Notwendigkeit, denn »Von Not muß Gott wirken alle seine Werke«.

Ewige Notwendigkeit liegt auch dem Erlösungsprozeß zugrunde, durch welchen die Seele in Gott eingeht – Notwendigkeit wiederum nicht nur für den Menschen, sondern auch für Gott, denn »Gott mag unser also wenig entbehren wie wir seiner«.

Wie das ganze Mittelalter, so sieht auch Eckhart das Heil für den Menschen wesentlich in der Erkenntnis. Darin gleicht er den Scholastikern, daß auch für ihn die Seligkeit in der Erkenntnis, im Schauen Gottes besteht. Nur ist es eine mystische Erkenntnis, und sie ist für Eckhart schon in diesem Leben erreichbar. –

Unter den Schülern Eckharts ragen Heinrich *Seuse* (lat. Suso) (1300–1365) und Johann *Tauler* (1300–1361) hervor. Ebenfalls im 14.

Jahrhundert entstanden und dem Eckhartschen Kreis zugehörig ist die *»Deutsche Theologie«*, ein Buch unbekannten Verfassers, das später von Luther herausgegeben wurde. In den Niederlanden ist Johannes *Ruysbroek* (1293–1381) der Hauptvertreter der Mystik. Eine weite Verbreitung fanden die Gedanken der Mystik durch Thomas Hamerken aus Kempen bei Köln, daher *Thomas von Kempen* oder lateinisch Thomas a Kempis genannt. Sein Buch »Von der Nachfolge Christi« – kein wissenschaftliches oder philosophisches Werk, sondern ein Erbauungsbuch – wurde eines der meistgedruckten Bücher der Erde.

Das Werk Eckharts selbst, voll Sprachgewalt und geistiger und religiöser Tiefe, eines der großartigsten in der Geschichte christlichen und deutschen Geistes, hat gleichwohl in der Theologie beider Konfessionen eine nur mäßige Beachtung gefunden. So kommt es, daß das Werk dieses Mannes bis heute einem unausgeschöpften Born gleicht und daß es erst der Gegenwart vorbehalten blieb, das nach dem Verlust vieler Handschriften äußerst schwierig gewordene Werk einer kritischen Gesamtausgabe seiner Schriften zu unternehmen.[39]

Am Schluß dieser knappen – für den Kenner höchst unvollständigen – Übersicht über den Gang des philosophischen Denkens im Mittelalter noch eine allgemeinere Bemerkung: Die Philosophie jener Epoche war nicht nur mit der christlichen Theologie verschwistert, ja verschmolzen. Ihre Denker waren auch allesamt Geistliche, Kleriker, meist Ordensangehörige, und sie bedienten sich fast ohne Ausnahme in ihren Werken der lateinischen Sprache, die sie – und nur sie – beherrschten und die allein Zugang zu den Quellen des Wissens und der Tradition ermöglichte. Wer nicht zum Klerus gehörte, war »Laie« – das Ausgeschlossensein des Laien vom »höheren« Wissen klingt bis heute in der Doppelbedeutung des Wortes Laie als Nichtkleriker wie als Nichtfachmann nach.

Eckart ist eine Ausnahme. Er schrieb und predigte nicht nur lateinisch, sondern auch in (meisterhaftem) Deutsch. Er bildet aber nicht die einzige Ausnahme. Erst allmählich tritt ins Licht, daß auch andere wesentliche Denker – und auch Dichter, wie Dante – versucht haben, zum »Laien« zu sprechen, ja daß es außerhalb des kirchlichen und universitären Lehrbetriebs Denker und Denkrichtungen gegeben hat, deren Kenntnis das überkommene Bild des Mittelalters erweitern kann.[40]

Vierter Teil

Das Zeitalter der Renaissance und des Barock

Erstes Kapitel

Philosophie im Zeitalter der Renaissance und der Reformation

I. Die geistige Wende vom Mittelalter zur Neuzeit

Schon in der Spätzeit der Scholastik selbst waren Gedanken und Forderungen aufgeklungen, die als Keime und Anzeichen ihrer Auflösung und als Vorboten einer großen Geisteswende zu deuten sind:

In der durch die Spätscholastik angebahnten höheren Bewertung des Individuellen kündigt sich jene »Befreiung des Individuums« aus hergebrachten Bindungen an, die ein Grundelement aller folgenden europäischen Kulturentwicklung ist, freilich auch seither immer wieder in soziale und geistige Anarchie auszuarten droht. In der Forderung der späteren Scholastiker nach genauem Studium der alten Sprachen kündigt sich die humanistische Bewegung an, die auf vielen Gebieten eine neue und vertiefte Berührung des europäischen Geistes mit seinen antiken Quellen hervorbrachte. Die Forderung Roger Bacons nach einer Wissenschaft und Philosophie, die sich unter Zurückweisung jeder anderen Autorität allein auf unmittelbare Erfahrung und Beobachtung der Natur gründet, ist der Fanfarenstoß, der das gewaltige Drama der Entfaltung moderner abendländischer Naturwissenschaft einleitet. Endlich hatte die Philosophie des Nominalismus, indem sie das mittelalterliche Band zwischen Glauben und Wissen zerschnitt, zwar die scholastische Einheit beider Bereiche gesprengt, gleichzeitig aber die Voraussetzung geschaffen für das Freiwerden und Wirken unerhörter neuer Kräfte sowohl im Glauben wie in Wissenschaft und Philosophie.

So haben wir hier keimartig schon die meisten der Charakterzüge vor uns, deren Hervortreten das Wesen dieser Übergangszeit ausmacht und die alles folgende europäische Denken kennzeichnen: *Individualismus,* hohe Wertschätzung der freien Einzelpersönlichkeit; *freie* Auseinandersetzung mit der *Antike* ohne Rücksicht auf theologische Bindungen und Zwecke; eine Wissenschaft, die sich allein auf Vernunft und Erfahrung aufbaut (*Ratio* und *Empirie*); *Weltlichkeit,* nichtgeistlicher Charakter des Denkens.

Die betrachteten Anzeichen liegen innerhalb der Philosophie selbst oder jedenfalls innerhalb des geistigen Bereichs. Die ganze Größe und Tragweite des Umschwungs, welcher die mittelalterliche Seinsordnung und die Philosophie, die Ausdruck und Teil dieser Ordnung war, zum Zerfall brachte und etwas Neues an ihre Stelle setzte, kann man jedoch nur ermessen, wenn man den Blick über den Bereich der Philosophie erhebt und auf die kulturgeschichtliche Gesamtentwicklung in diesem Zeitabschnitt richtet. Es ist klar, daß man die Philosophie einer bestimmten Epoche und auch eines einzelnen Denkers nur richtig verstehen kann, wenn man ihren Zusammenhang mit den Grundkräften der gesellschaftlichen und allgemeingeistigen Entwicklung im Auge behält, denn das philosophische Denken vollzieht sich nicht isoliert im luftleeren Raum, sondern in der jeweiligen gesellschaftlichen Umgebung und geschichtlichen Atmosphäre; und wenn wir aus Raumgründen eine solche Einordnung nicht überall im einzelnen durchführen können, so soll doch versucht werden, wenigstens an den großen Wendepunkten der Entwicklung der Philosophie jeweils den Blick auf den geschichtlichen Gesamtzusammenhang zu lenken.

Die Wende vom Mittelalter zur sogenannten Neuzeit (dieser Begriff hat seinen Sinn nur im Rahmen der hier betrachteten europäischen Geistesgeschichte) kann unter ganz verschiedenen Gesichtspunkten betrachtet werden. Jeder von ihnen erhellt einen bestimmten Teilaspekt des ganzen Prozesses und ist aus ihm nicht wegzudenken; kein einzelnes Ereignis aber genügt allein zur »Erklärung«, das heißt zur Verständlichmachung des Gesamtvorgangs. Wir versuchen, durch Anführung der fünf wesentlichsten Gesichtspunkte einen Überblick über die mannigfachen Seiten dieses Wandlungsprozesses zu geben.

1. ERFINDUNGEN UND ENTDECKUNGEN

Zu den folgenreichsten Ereignissen der Übergangszeit – als welche man das 15. und 16. Jahrhundert bezeichnen kann – gehören die drei großen Erfindungen, die in diesen beiden Jahrhunderten gemacht wurden und sich auszuwirken begannen und die das Antlitz Europas radikal verändert haben. Es war zunächst die Erfindung des *Kompasses,* die das Befahren der Weltmeere ermöglichte und damit das Zeitalter der Entdeckungen einleitete. Es war weiter die Einführung des *Schießpulvers,* welche die beherrschende Stellung des Rittertums in der mittelalterlichen Gesellschaftsordnung erschütterte und eine durchgreifende soziale Umgestaltung einleitete. Es war endlich die Erfindung des *Buchdrucks,* welche – zusammen mit der Verbreitung des billigeren Papiers an Stelle des kostbaren Pergaments, die mit den Kreuzzügen zusammenhängt – die Voraussetzung schuf für die unerhörte Breitenwirkung der nun einsetzenden neuen Geistesbewegungen.

Ebenso folgenreich waren die nun schlagartig einsetzenden Entdeckungen auf geographischem Gebiet. Kolumbus fand die Neue Welt jenseits des Atlantik. Vasco da Gama fand den Seeweg nach Indien, den Kolumbus eigentlich gesucht hatte. Magalhães vollbrachte die erste Umsegelung der Erde. Die Entdeckungen leiteten die europäische Expansion über den größten Teil der Erdoberfläche ein. Sie führten ferner dazu, daß sich das Zentrum des wirtschaftlichen Reichtums, der politischen Macht und auch der geistigen Kultur immer mehr in die westeuropäischen Anliegerstaaten des Atlantischen Ozeans, und in neuester Zeit über diesen hinweg, verlagerte.

2. DAS NEUE NATURWISSEN

Während ruheloser Forscherdrang und christlicher Missionseifer, aber ebensosehr auch Eroberungssucht und Habgier den europäischen Menschen zur Ausbreitung über die ganze Erdoberfläche trieben, drang sein Denken zugleich in die Tiefe des Weltraums vor. Das astronomische Weltbild des Mittelalters ruhte auf der Annahme, daß die Erde der unbewegliche Mittelpunkt des Universums sei, um den sich der ganze Himmel im Kreise bewege. Der geniale Gedanke des alten griechischen Astronomen Aristarchos, der die Sonne zum Mittelpunkt erklärte, war völlig in Vergessenheit geraten. Ein höchst künstliches und spitzfindiges astronomisches Denksystem war entwickelt worden, um die tatsächlichen Beobachtungen mit jener Annahme in Übereinstimmung zu bringen. Es war die Großtat des Deutschen Nicolaus *Copernicus* (geboren 1473 in Thorn), dieses künstliche System zu zertrümmern und an seine Stelle ein klar und folgerichtig durchdachtes Denkgebäude zu setzen, ausgehend von der Annahme, daß die Erde ein Körper ist, der um die Sonne kreist und sich außerdem um seine eigene Achse dreht. Das Werk des Kopernikus »Über die Umdrehungen der Himmelskörper« erschien erst in seinem Todesjahr 1543.

Während die christlichen Kirchen dem kopernikanischen Gedanken zunächst nicht ablehnend gegenüberstanden, fällt das Leben und Wirken seiner beiden großen Nachfahren und Vollender in die Zeit, da die Kirchen beider Konfessionen die Gefährlichkeit der neuen Lehre für ihre überlieferten Anschauungen erkannt hatten; das Leben beider ist daher von tragischen Kämpfen erfüllt.

Der Name des ersten, Johannes *Kepler* (1571–1630), ist vor allem verknüpft mit den von ihm gefundenen und mathematisch formulierten Gesetzen der Planetenbewegung. Daneben hat Kepler auf fast allen Gebieten der damaligen Naturwissenschaft Bahnbrechendes geleistet. Kepler war aber nicht nur ein erfolgreicher Forscher, sondern ein umfassender Denker und philosophischer Kopf. Wir heben aus seinem Gesamtwerk nur zwei Grundgedanken hervor, die sich in der Folgezeit als besonders fruchtbar erwiesen haben. Der eine ist Keplers tiefe Überzeugung, daß das ganze All einer einheitlichen Gesetzmäßigkeit gehorcht. Diesen Gedanken hat er besonders in seiner »Weltharmonik«

ausgesprochen. Diese Überzeugung leitete ihn bei allen seinen Entdeckungen, man kann geradezu sagen, daß diese geboren sind aus dem Bestreben, seine metaphysische Überzeugung von der harmonischen Regelmäßigkeit und Gesetzmäßigkeit alles Geschaffenen exakt zu begründen. – Der zweite Gedanke steht damit im Zusammenhang und ist ausgesprochen in dem Satz Keplers: »Der menschliche Geist durchschaut quantitative Verhältnisse am klarsten; er ist recht eigentlich geschaffen, diese aufzufassen.« Damit ist zum erstenmal das ausgesprochen, was die moderne abendländische Naturwissenschaft und ihre Methode von der der Griechen unterscheidet. Den Fehler der Griechen sieht Kepler in ihrem Versuch, die Natur aus qualitativ verschiedenen Kräften zu erklären. Demgegenüber sieht er die Natur als durch und durch einheitlich und die Unterschiede in ihr nur als quantitative. Die Rückführung qualitativer Unterschiede auf quantitative Verhältnisse aber ist das Geheimnis der staunenswerten Erfolge moderner Naturwissenschaft. »Ubi materia, ibi geometria« – wo Materie ist, da ist Mathematik –, so ruft Kepler aus und formuliert damit zum erstenmal das für alle folgende Naturwissenschaft bestimmende mathematische Erkenntnisideal.

Konsequenter noch als Kepler hat Galileo *Galilei* die Prinzipien einer rein quantitativen, mathematischen und mechanischen Naturwissenschaft formuliert und angewendet. Galilei wurde 1564 in Pisa geboren. Sein Eintreten für die Lehre des Kopernikus brachte ihn bekanntlich in Konflikt mit der Inquisition, die den greisen Gelehrten unter Androhung der Folter zum Widerruf zwang; erst im 20. Jahrhundert will die Katholische Kirche ihm Gerechtigkeit widerfahren lassen. Die Fortwirkung seines Lebenswerkes hat das nicht beeinträchtigt. Dieser große Italiener ist der eigentliche Ahnherr der heutigen Naturwissenschaft. Neben zahlreichen anderen Entdeckungen und Erfindungen hat er vor allem die Grundlagen der Mechanik geschaffen.

Grundlegend hierfür sind seine Fallexperimente und die daraus abgeleiteten allgemeinen Gesetze der Bewegung. Der eigentümliche Unterschied zwischen der alten, qualitativen, aus »Formen« und »Wesen« der Dinge ausgehenden Naturbetrachtung und der neuen, quantitativ orientierten des Galilei tritt bei diesem Beispiel in besonders kennzeichnender Weise schon in der ganz anderen Fragestellung hervor, mit der Galilei an die Untersuchung der Fallbewegung herangeht. Aristoteles hatte gefragt: *warum* fallen die Körper? und etwa geantwortet: weil die Körper ihrem »Wesen« nach »schwer« sind und ihren »natürlichen Ort« (im Mittelpunkt des Weltalls) suchen. Galilei fragt: *Wie* fallen die Körper? Um das festzustellen, zerlegt er (in Gedanken) den einheitlichen Fallvorgang in meßbare Faktoren: Fallstrecke, Fallzeit, etwa die Bewegung hindernde Widerstände und so weiter, und untersucht durch Ex-

periment und Messung das quantitative Verhältnis dieser Faktoren. Das so gefundene Ergebnis – daß ein Körper bei Abwesenheit jeglichen Hemmnisses die und die Strecke in der und der Zeit zurücklegt – ist das »*Naturgesetz*«, eine mathematische Formel, die den Vorgang nicht in seinem »Wesen« »erklärt«, sondern seinen Verlauf exakt beschreibt.
In dieser Beschränkung auf das Wie des Naturvorgangs unter Absehen von seinem Wesen und Warum liegt unzweifelhaft ein Verzicht, freilich ein Verzicht, der, wie die folgende Entwicklung gezeigt hat, auf der anderen Seite eine ganze Lawine neuer exakter Naturerkenntnisse und auch -beherrschung in Bewegung gesetzt hat.
Dieses Prinzip der Naturerkenntnis hat Galilei nicht nur erfolgreich angewendet, sondern auch theoretisch klar durchdacht und in seinen Schriften niedergelegt. Er spricht klar aus, was schon in der angeführten Keplerschen Formel gesagt war: Das große Buch der Natur liegt aufgeschlagen vor uns. Um es lesen zu können, bedürfen wir der Mathematik, denn es ist in mathematischer Sprache geschrieben. Die Naturvorgänge sind quantitativ und damit meßbar, wo das nicht ohne weiteres der Fall ist, muß die Wissenschaft die Anordnung des Experiments so treffen, daß sie meßbar gemacht werden.
Mit Galilei beginnt der unvergleichliche Siegeszug der europäischen Naturwissenschaft. Sie übernimmt nun die Führung im Reiche der Wissenschaften und gibt sie nicht wieder ab. Kein Philosoph kann fortan an ihren Methoden und Ergebnissen vorübergehen, ja, es ist gesagt worden, daß die großen Naturforscher die eigentlichen Philosophen der Neuzeit seien. Übrigens sind mindestens bis ins 18. Jahrhundert alle führenden Philosophen gleichzeitig Mathematiker gewesen.

3. HUMANISMUS UND RENAISSANCE

Die Beschäftigung mit der Antike – in der Philosophie schon immer geübt – wurde vom 14. Jahrhundert an in ganz neuer Weise belebt und vertieft. Die neue Bewegung – Humanismus genannt, weil sie das Ideal einer an der Antike orientierten rein »menschlichen« (humanen), also nicht theologischen Bildung aufstellte – ging aus von Männern wie *Petrarca* (1304–1374), dem »Vater des Humanismus«, und seinem Zeitgenossen *Boccaccio.* Dieser ist allerdings heute weniger durch seine gelehrten Arbeiten bekannt als vielmehr durch das »Decamerone«, eine Novellensammlung, die aber im übrigen den Geist der Zeit in höchst fesselnder Weise widerspiegelt. Diese Männer begannen die im Mittelalter fast verschollene klassische Literatur wieder zu sammeln und zu erschließen. Der Humanismus beschränkte sich aber nicht auf die Literatur, sondern griff auf alle Gebiete des geistigen Lebens und von

Italien aus auf alle Länder Westeuropas über. Unter den führenden Humanisten seien *Erasmus, Reuchlin* und Ulrich von *Hutten* als die bekanntesten genannt. Für die Philosophie brachte der Humanismus eine Reihe von Versuchen, die antiken Systeme in ihrer wahren, das heißt von der scholastischen Auslegung nicht beeinflußten, Gestalt zu neuem Leben zu erwecken. Der bedeutendste dieser Versuche knüpfte an das Werk *Platons* an. Griechische Theologen aus dem Osten, wo die Kenntnis Platons lebendiger geblieben war als im Westen, kamen zu der 1438 einberufenen Kirchenversammlung nach Ferrara. Nach der Eroberung Konstantinopels durch die Türken (1453) ergoß sich ein neuer Zustrom emigrierter griechischer Gelehrter nach Italien. Unter den ersteren war Georgios Gemistos *Plethon* (geboren um 1360 in Konstantinopel), ein begeisterter Verehrer Platons, nach dessen Namen er seinen Beinamen Plethon gebildet hatte. Durch seine Vorträge gewann er den Florenz beherrschenden Cosimo di Medici für den Plan, in Florenz eine platonische Akademie zu begründen, die die Fortsetzung der alten Akademie von Athen sein sollte. Aus dieser Akademie ist Marsilio *Ficino* (1433 bis 1499) hervorgegangen, der die Werke Platons und des Neuplatonikers Plotinos in glänzender Manier ins Lateinische übersetzt hat.

Schon vorher hatten Laurentius *Valla* (1406–1457) und andere sich für die Wiederbelebung der klassischen römischen Geistesbildung eingesetzt, die sie in *Cicero* verkörpert sahen.

Für *Aristoteles* bedurfte es einer Wiedererweckung nicht, da sein Werk ja in der Scholastik besonders lebendig erhalten geblieben war. Wohl aber machte die durch italienische, deutsche und französische Humanisten geförderte philologisch exakte Kenntnis seiner Werke es den Aristotelikern immer schwerer, an der Vereinbarkeit der aristotelischen Philosophie mit dem Christentum festzuhalten. Der zwischen beiden bestehende Widerspruch trat namentlich an der Frage der persönlichen Unsterblichkeit hervor. Es gab damals zwei aristotelische Schulen, die Alexandristen, mit Pietro *Pomponazzi* (1462–1525) an der Spitze, und die Averroisten. Beide bekämpften sich gerade über das Unsterblichkeitsproblem mit äußerster Erbitterung, doch ließ ihr Streit den in diesem Punkt tatsächlich keineswegs christlichen Charakter der Philosophie ihres Meisters nur um so deutlicher hervortreten. Mit dem 15. Jahrhundert ist daher die Rolle des Aristoteles als Stütze des christlichen Glaubens, die er Jahrhunderte hindurch innegehabt hatte, im wesentlichen ausgespielt, und der Sturz des Aristoteles von seiner beherrschenden Höhe bezeichnet zugleich den Verfall der Scholastik.

Schöpferische, in die Zukunft weisende philosophische Gedanken haben die verschiedenen Erneuerungen antiker Systeme kaum hervorgebracht. Ihr Verdienst ist im wesentlichen, die griechische und römische Philosophie erstmals unbefangen, ohne die Brille der Scholastik betrachtet, in weltlicher Gestalt gesehen und sie so ihrer Zeit und den nachfolgenden Generationen vor Augen gestellt zu haben, so daß die Folgezeit aus ihr Anregungen zu neuen Schöpfungen gewinnen konnte. Während der Humanismus im wesentlichen eine Sache der Gelehrten blieb, ergriff die aus ihm erwachsene *Renaissance* (italienisch rinascimento, »Wiedergeburt«, das heißt Wiedergeburt der Menschheit durch Wiedergeburt des Menschen der Antike) alle Lebensgebiete: Wissenschaft, Medizin und Technik, Rechts- und Kaufmannswesen, vor allem aber die bildende Kunst, und mindestens in Italien ergriff sie alle Schichten des Volkes. Ein einzigartiger Reigen schöpferischer Genies wurde im 15. und 16. Jahrhundert der Menschheit geschenkt. Nennen wir nur, außer den schon angeführten Naturforschern und Entdeckern, in Italien die Maler Botticelli, Correggio, Raffael, Tizian, den Maler, Bildhauer und Baumeister Michelangelo, das Universalgenie Leonardo da Vinci, die Dichter Tasso und Ariost, den Musiker Palestrina, den Architekten Bramante; in Frankreich Ronsard und Rabelais; in Spanien Cervantes; in Deutschland Dürer, Holbein, Cranach, Grünewald, Riemenschneider, Burgkmair, Veit Stoß; in England Marlowe und Shakespeare; die religiösen Erneuerer Luther, Calvin und Zwingli; dazu auf anderen Gebieten die großen Kaufmannsgeschlechter der Medici, Fugger, Welser; die großen Herrscher Franz I., Elisabeth I., Philipp II., Maximilian I., Karl V.; endlich die – freilich nicht in diesem Sinne schöpferischen – Kriegshelden, die spanischen Conquistadoren und italienischen Condottieri.

In diesem Jahrhundert strahlender Kulturblüte und größter religiöser, politischer und gesellschaftlicher Umwälzungen muß man sich das Leben und Denken der weiter unten zu behandelnden großen philosophischen Denker der Epoche vorstellen. Francis Bacon wirkte an dem gleichen englischen Königshof, an dem Shakespeares Dramen aufgeführt wurden. Giordano Brunos erschütterndes Lebensschicksal, das ihn ruhelos durch ganz Europa trieb, vollzog sich im Wirbel der religiösen und politischen Revolutionen der Zeit.

Der Geist dieser Zeit ist wie in einem Brennspiegel eingefangen im Werk eines Mannes, der gemeinhin nicht unter die Philosophen gerechnet wird, seine Gedanken auch nicht systematisch dargelegt hat, der aber in seinen Essays, welche Literaturform auf ihn zurückgeht, sich als ein unabhängiger Denker von hohem Rang erweist: Michel de *Montaigne.* Geboren 1533 auf seinem väterlichen Erbgut Montaigne, erwarb er durch Studium, weite Reisen und öffentliche Wirksamkeit eine tiefe Welt- und Menschenkenntnis, kehrte aber am liebsten in seine im Turm des Schlosses gelegene berühmte Studierstube zu seinen Büchern zurück, wo er seine Gedanken in den »Essays« und im »Reisetagebuch« niederschrieb. Sie zeigen ihn als typischen Sohn seiner Zeit:

ein durch und durch weltlicher Geist, kritisch, skeptisch, von Vorurteilen frei – so steht er dem Hexenglauben mit souveräner Verachtung gegenüber. Im Mittelpunkt seines Denkens steht der *Mensch.* Der Mensch der Renaissance, befreit von vielerlei Bindungen und im Bewußtsein ungeahnter neuer Räume und Möglichkeiten, hält inne, reibt sich die Augen und schaut in den Spiegel, um das Rätsel seiner selbst zu ergründen. Was ist der Mensch? Was ist unser Leben? Es ist im Denkerischen der gleiche Vorgang, wie wir ihn in den in dieser Zeit erstmals auftretenden Selbstbildnissen der großen Maler wiederkehren sehen. Vieles mutet den heutigen Leser geradezu bestürzend modern an und könnte heute gesagt sein. »Diejenigen, welche einen Staat aus den Fugen heben, sind gewöhnlich die ersten, denen er auf den Kopf stürzt«, sagt Montaigne. Seine Reflexionen gehen auf Staat und Politik, auf Geist und Wissen, Erziehung, Tugend und Tapferkeit, aber sie kehren doch immer zu einem zurück: Leben und Tod. Denn der Tod erscheint ihm als Bedingung und Teil unseres Wesens, unser Dasein als gemeinschaftliches Eigentum des Todes und des Lebens, das Werk unseres Lebens ist, unsern Tod zu bauen – Gedanken, die ebenfalls an gegenwärtige Philosophie erinnern, welcher das Dasein als »Sein zum Tode« erscheint.

Bei Montaigne begegnen wir jenem seltenen und beglückenden Einklang von Tiefe des Gedankens, Schärfe der Beobachtung und Eleganz des Ausdrucks, welcher den genialen Schriftsteller ausmacht. Sein Werk bildet für den Suchenden noch heute einen leichten und fesselnden Zugang zu philosophischem Denken über Welt und Mensch, zugleich zum Geist der Renaissancezeit.

Aus den Essays, die Montaigne im Lauf der Jahre immer wieder überarbeitete und vermehrte, bis sie in der vollständigen Ausgabe von 1588 drei Bände füllten, ist für die Entwicklung der Philosophie vermutlich am wichtigsten der Aufsatz über den Spanier Raimund Sebond, dessen Werk »Theologia Naturalis sive Liber Creaturarum« Montaigne früher ins Französische übersetzt hatte. Montaigne vertritt eine durch und durch skeptische Grundhaltung: Waren nicht die skeptischen Denker mit Pyrrhon an der Spitze klüger als alle nachfolgenden? Sie wußten wenigstens, daß wir so gut wie nichts sicher wissen können! Zum Beispiel: Da die neuen Lehren eines Copernicus und anderer die Lehre eines Aristoteles und Ptolemaios als falsch erwiesen haben – wer garantiert, daß die neuen Lehren nicht später wiederum widerlegt und überholt werden? Selbst wenn wir uns strikt auf Erfahrungswissen beschränken – wer weiß, ob wir uns überhaupt auf unsere Sinne verlassen können, ob sie uns z. B. über die wahre Natur des Phänomens »Wärme« richtig belehren? Welche Instanz soll entscheiden, ob unsere »Erfahrung« verläßlich ist? Die Vernunft? Und wer entscheidet, ob die Vernunft uns zuverlässig leitet? Montaigne hat damit wesentliche Anstöße zu der kritischen Besinnung und Überprüfung alles Bestehenden gegeben, die man später »Aufklärung« nannte.

4. DIE REFORMATION

Die Reformbedürftigkeit der Kirche hatten auch die Humanisten erkannt. In ihren Schriften, besonders denen der deutschen, die fast durchweg nicht weltlich gesinnt, sondern Theologen waren, findet sich neben der Kritik kirchlicher Einrichtungen, die oft die Form der Satire annimmt, immer wieder die Hoffnung ausgesprochen, daß es gelingen werde, die Kirche ohne Bruch mit der Tradition von innen heraus zu reformieren. Aber der Humanismus konnte als gelehrte Bewegung, die nur eine kleine Minderheit erfaßte, das gewaltige religiöse Bedürfnis der Massen, welches in der veräußerlichten kirchlichen Praxis ebensowenig Genügen fand wie in der gelehrten Theologie, keineswegs befriedigen. Dieses Bedürfnis brach mit ungeheurer Gewalt hervor, als der Mann auftrat, der es in sich verkörperte und ihm mit seiner Tat den weithin sichtbaren Ausdruck verlieh.
Martin *Luther* (1483–1546) war kein Philosoph, überhaupt kein Wissenschaftler und systematischer Kopf, sondern ein von inbrünstiger Religiosität erfüllter und nach den Impulsen dieses Gefühls handelnder Mensch. Was er bekämpft und verwirft, ist zunächst der Anspruch der Kirche auf die alleinige Mittlerstellung zwischen Gott und Mensch, wie er im Ablaßwesen, dem unmittelbaren Anlaß zu Luthers Vorgehen, einen besonders krassen Ausdruck fand. An die Stelle der sichtbaren Kirche setzt Luther die unsichtbare Kirche als die Gemeinschaft derer, die in der göttlichen Gnade sind; an die Stelle der kirchlichen Mittlerschaft die Idee des allgemeinen Priestertums, das heißt, er stellt den einzelnen auf sich selbst – eine Befreiungstat, die der durch die Renaissance vollbrachten Befreiung des Individuums parallel geht, nur daß Luther als tiefreligiöse Natur in dieser neuen Situation keineswegs wie der Renaissancemensch frohlockt und den religiösen Boden verläßt, sondern, wie Augustinus, von einem drückenden Schuld- und Sündengefühl beladen, die ganze Ohnmacht des nun als einzelner vor Gott stehenden Menschen und seine Erlösungsbedürftigkeit um so stärker empfindet. Aber Luther verwirft nicht nur die mittelalterliche Tradition der Kirche, er geht auch noch hinter Augustinus zurück und findet die Möglichkeit der Erlösung allein im Glauben, im Glauben an die »Schrift«, an das geoffenbarte Wort Gottes, wie es in den Evangelien steht. Insofern heißt seine Lehre die evangelische.
»Das Wort sie sollen lassen stahn.« Danach bedarf es nichts weiter, ja das Wort, die geoffenbarte Wahrheit, steht für Luther im schärfsten Gegensatz zur Vernunft, die er als »Teufelshure« brandmarkt. »Wenn

ich weiß, daß es Gottes Wort ist und Gott also geredet hat, so frage ich danach nicht weiter, wie es könne wahr sein, und lasse mir allein an dem Worte Gottes genügen, es reime sich mit der Vernunft, wie es wolle. Denn die Vernunft ist in göttlichen Dingen stock- und starblind; vermessen ist sie genug, daß sie auch darauf fällt und plumpt hinein wie ein blind Pferd; aber alles, was sie örtert und schleußt, das ist so gewißlich falsch und irrig, als Gott lebet.« Daraus ergibt sich von selbst Luthers Stellung zur Philosophie: Man soll das Wort und die Vernunft, die Theologie und die Philosophie nicht vermengen, sondern auf das allerweislichste scheiden. Daraus folgt im besonderen seine Stellung zur aristotelischen Philosophie, die das spätere Mittelalter beherrscht hatte. In Luthers Schrift »An den christlichen Adel deutscher Nation« heißt es: »Was sind die Universitäten . . . darin ein frei Leben geführt wenig der hl. Schrift und christlicher Glaube gelehrt wird und allein der blinde heidnische Meister Aristoteles regiert, auch weiter denn Christus? Hier wäre nu mein Rath, daß die Bücher Aristoteles . . . ganz würden abgetan; dazu seine Meinung niemand bisher verstanden, und mit unnützer Arbeit, Studiren und Kost, so viel edler Zeit und Seelen umsonst beladen gewesen sind . . . Es thut mir weh in meinem Herzen, daß der verdamte, hochmüthige, schalkhaftige Heide mit seinen falschen Worten so viel der besten Christen verführt und genart hat. Lehrt doch der elende Mensch in seinem besten Buche de anima, daß die Seele sterblich sei mit dem Körper; wiewol viel mit vergebenen Worten ihn haben wollen erretten, als hätten wir nicht die hl. Schrift, darin wir überreichlich von allen Dingen gelehrt werden, deren Aristoteles nicht einen kleinsten Geruch je empfunden hat; dennoch hat der todte Heide überwunden, und des lebendigen Gottes Bücher verhindert und fast unterdruckt; daß, wenn ich solchen Jammer bedenke, nicht anders achten mag, der böse Geist habe das Studiren herein gebracht.«

Wir haben hier bei Luther dieselbe schroffe Entgegensetzung von Vernunft und Glauben, wie wir sie im ursprünglichen Christentum, bei Tertullian etwa, beobachtet haben. Aber es wiederholt sich nun in der Geschichte der Reformation der gleiche Vorgang wie im Urchristentum: Man konnte nicht bei der anfänglichen Ablehnung der Philosphie stehenbleiben. Die Notwendigkeit, die Gebildeten anzusprechen und zu gewinnen, und das auch in der jungen protestantischen Kirche alsbald fühlbar werdende Bedürfnis nach einer festen Organisation und einem verbindlichen Lehrgebäude, namentlich auch für die Zwecke des Unterrichts an Schulen und Hochschulen, wirkten hier zusammen. Es war Luthers Mitarbeiter *Melanchthon* (1497–1560), der humanistisch gebildete, Erasmus verehrende Gelehrte, der Luther in dieser Richtung beeinflußte und der den Bund der neuen Kirche mit der alten Gelehrsamkeit schloß. Melanchthon, trotz hervorragender Begabung beileibe kein Feuergeist wie Luther, eher ein etwas hausbackener und trockener Schulmann, wußte vor der Aufgabe, daß man »irgendeinen Philosophen auswählen müsse«, keine bessere Antwort als: Aristoteles, den von Luther geschmähten Beherrscher der katholischen Scholastik. Es war freilich ein durch die humanistische Kritik gereinigter und verbesserter Aristoteles, aber es war doch eine widernatürliche Ehe, in der vieles von der ursprünglichen Gewalt und mystischen Tiefe des lutherischen Glaubens aufgegeben werden mußte oder allmählich erstarrte. Von neuem wurde nun im Protestantismus die Philosophie zur Magd der Theologie, es entstand eine in der Folge alsbald erstarrende Dogmatik, man kann sagen eine protestantische Scholastik, von ähnlicher Unduldsamkeit wie das mittelalterliche Vorbild.

Was von der ursprünglichen lebendigen Glaubensgewalt Luthers weiterwirkte und in der protestantischen Mystik eines Jakob *Böhme* und später in der pietistischen Bewegung in zum Teil großartiger Form wiedererstand, erwuchs im Kampfe *gegen* die protestantische Orthodoxie.

Man kann also nicht sagen, daß es die Reformation Luthers gewesen sei, welche der freien Forschung und einer aus allen theologischen Bindungen gelösten Philosophie in Europa den Weg gebahnt hätte. Luther forderte nur die Freiheit der Forschung *in der Schrift*, auf andere legte er keinen Wert. Die ihm bekannt gewordene Theorie des Copernicus bezeichnete er als den »superklugen Einfall eines Narren, der die ganze Kunst astronomiae umbkehren wolle«. Die Befreiung des Geistes war vielmehr wesentlich die Wirkung des Humanismus und der Renaissance, besonders in den romanischen Ländern und in England. Die lutherische Reformation ist sogar von manchen Beurteilern (Nietzsche) als Rückfall und Unterbrechung in der auf allmähliche Befreiung zielenden Entwicklung des europäischen Geistes angesehen worden.

Trotzdem hat der Protestantismus entscheidend dazu beigetragen, daß die mittelalterliche Alleinherrschaft der Kirche auf allen Gebieten des Geisteslebens gebrochen wurde, äußerlich, indem die Bildungsanstalten der Botmäßigkeit der Kirche entzogen und säkularisiert (verweltlicht) wurden – um allerdings alsbald unter die Vorherrschaft des Staates zu geraten –, geistig, indem er die Freiheit des Gewissens begründete – ein Zuwachs an Freiheit, dem wie oft in der Geistesgeschichte ein Verlust an Form und Tradition gegenübersteht. Doch sind ohne Luthers Befreiungstat weder die Philosophie Immanuel Kants mit ihrer Lehre von der autonomen sittlichen Persönlichkeit noch die des deutschen Idealismus und zahlreiche andere entscheidende Ereignisse der folgenden deutschen Geistesgeschichte denkbar, und Luther, der erklärte Feind der Philosophie, bedeutet für ihre Geschichte in weit höherem Maße einen Markstein und Knotenpunkt als die gleichzeitig auftretenden Reformatoren Ulrich *Zwingli* (1484–1531) und Johannes *Calvin* (1509–1564). Auch kommt Luther als dem größten sprachschöpferischen Genie, welches das deutsche Volk hervorgebracht hat, wegen der Größe und urtümlichen Gewalt seines Charakters (den Goethe als »das einzige Interessante an der ganzen Sache« ansehen wollte) und wegen der unabsehbaren Folgewirkung seiner Tat auf politischem Gebiet eine einzigartige Stellung in der deutschen Geschichte zu.

Es ist bekannt, daß der Katholizismus unter der Einwirkung der äußeren Bedrohung, die die reformatorische Bewegung für ihn darstellte, zu einer tiefgreifenden Selbstbesinnung, inneren Reinigung und Sammlung seiner Kräfte veranlaßt wurde und mit der Gegenreformation zu einem gewaltigen und teilweise sehr erfolgreichen Gegenschlag ausholte, in dessen Zuge auch die scholastische Philosophie, zum Beispiel im Werke des spanischen Jesuiten Francisco *Suárez* (1548–1617), eine Nachblüte erlebte.

5. SOZIALE UND POLITISCHE UMWÄLZUNGEN AN DER SCHWELLE DER NEUZEIT – NEUES RECHTS- UND STAATSDENKEN

Alle diese geistigen Umwälzungen vollzogen sich auf dem Grunde tiefgreifender Wandlungen im gesellschaftlichen Gefüge der europäischen Völker.

Die Macht des Rittertums wurde nicht nur durch das Aufkommen der Feuerwaffen gebrochen, welche seine militärische Überlegenheit beseitigten, sondern vor allem auch durch die wirtschaftliche Entwicklung, das Aufstreben der Städte und des sie bewohnenden Bürgertums. Schon das Zeitalter der Kreuzzüge hatte enge Handelsbeziehungen zum Orient geknüpft, die namentlich den italienischen Hafen- und Handelsstädten steigenden Wohlstand gebracht hatten. Das Zeitalter der Entdeckungen brachte einen Zustrom großer Edelmetallmengen aus den neuen amerikanischen Kolonien und einen weiteren Aufschwung des Handels. Frühkapitalistische Produktionsweise und Verkehrswirtschaft begann die vorwiegend land- und natural-wirtschaftliche Ordnung des Mittelalters abzulösen. Träger der neuen Wirtschaft war das Bürgertum, das sich als freier und selbstbewußter Stand erhob, abgegrenzt nach oben gegen Adel und Geistlichkeit, nach unten gegen das großenteils unfreie Bauerntum. Seine Städte wurden, besonders in Italien und Westeuropa, auch im südlichen und westlichen Deutschland, zu Zentren der neuen weltlichen Kultur. Zum erstenmal geschah es hier, daß der bestimmende Einfluß auf das Geistesleben aus den Händen der Geistlichkeit in die von Laien überging.

Das verhältnismäßig stabile gesellschaftliche Gefüge des Mittelalters war überhaupt ins Wanken geraten. Galt bis dahin die Zugehörigkeit zu einem bestimmten Stande als gottgewolltes und unabänderliches Schicksal, so traten jetzt, wiederum zuerst im Italien der Renaissancezeit, in wachsender Anzahl bedeutende einzelne hervor, die ohne Rücksicht auf Geburt und Herkunft nur durch eigene Kraft und Geschicklichkeit sich über den eigenen Stand emporhoben.

Eine der stärksten Erschütterungen ging jedoch von dem damals untersten Stand, den *Bauern* (denn es gab noch kein nennenswertes städtisches Proletariat), aus. Die Unfreiheit der Bauern, ihre Ausbeutung durch die adligen und geistlichen Grundherren hatten schon in der zweiten Hälfte des 15. Jahrhunderts in Süddeutschland zu Bauernaufständen geführt. Der eigentliche Sturm brach im Jahre 1525 los, also mitten in dem entscheidenden Abschnitt der deutschen Reformation. Luther, der zunächst die in zwölf Artikeln niedergelegten Forderungen der aufständischen Bauern als im wesentlichen berechtigt anerkannte und sich für eine gütliche Einigung auf dieser Grundlage eingesetzt hatte, schwenkte im weiteren Verlauf der mörderischen Kämpfe völlig um und forderte schließlich die blutige Ausrottung der »ketzerischen und räuberischen Horden«. Zu dieser kam es auch; die in sich uneinigen, naiv auf Versprechungen vertrauenden und politisch unreifen Bauern wurden überall vernichtend geschlagen, ihr genialer Führer Thomas Münzer und viele andere hingerichtet. Die Lage der Bauern blieb für lange Zeit noch unverändert schlecht, freilich mit großen landschaftlichen Unterschieden im einzelnen. Die hier sich andeutende Möglichkeit, die religiöse Reformation zu einer großen sozialen und nationalen Revolution zu erweitern, wurde nicht Wirklichkeit.

Die eigentlichen Gewinner der Bauernkriege waren die Fürsten, die sich überhaupt in dieser Zeit mit den Notwendigkeiten und Tendenzen der gesellschaftlichen Entwicklung im Bunde befanden; denn die Herausbildung großer einheitlicher Handels- und Wirtschaftsbereiche forderte und begünstigte die staatliche Zentralgewalt. Der fürstliche Absolutismus wurde die bestimmende Staatsform der auf Reformation und Renaissance folgenden Epoche.

Zu den zentrifugalen Kräften, welche die mittelalterliche Ordnung sprengten, gehörte endlich auch das erwachende *Nationalbewußtsein* der europäischen Völker. In England und Frankreich zuerst bildeten sich reine Nationalstaaten, die die volle Souveränität für sich in Anspruch nahmen, ohne sich noch einer übergeordneten europäischen Reichsidee verpflichtet zu fühlen. Nationale Kulturen und Literaturen entstanden. Mit der mittelalterlichen Idee der einen universalen Kirche fiel auch die Idee des einen universalen Reiches der Christenheit. Geistliche und weltliche Macht gingen immer weiter auseinander – die gesellschaftliche Entsprechung und Vorbedingung für die Trennung des Religiösen und des Weltlichen im geistigen Bereich.

Der veränderte Zustand Europas erforderte ein ganz neues Rechts- und Staatsdenken. In einer ganzen Reihe hervorragender Staatsphilosophen und politischer Denker fand es Ausdruck und Gestaltung, am frühesten wiederum in Italien:

a) Machiavelli

Der Florentiner Niccolo *Machiavelli* (1469–1527), beseelt vom glühenden Wunsche nach nationaler Einheit und Größe seines zerrissenen Vaterlandes, möglichst unter Führung seiner Vaterstadt, erfüllt von ebenso glühendem Haß gegen das Papsttum, das er dieser Entwicklung im Wege stehen sah, entwirft in seinen Schriften, besonders im Buch *»Vom Fürsten«* eine politische Theorie, die in der Selbsterhaltung und Machtsteigerung des Staates das ausschließliche Prinzip des politischen Handelns sieht. Diesem Zweck zu dienen, sind alle Mittel recht, moralische und unmoralische, und die Erfahrung aller Zeiten und Völker – wie sie dem bedeutenden Historiker Machiavelli zu Gebote steht – lehrt ihn, daß es oft die letzteren Mittel sind: Täuschung, List, Verrat, Meineid, Bestechung, Vertragsbruch und Gewalttat, die den Erfolg verbürgen. »Menschen müssen entweder geschmeichelt oder zerschlagen werden. Denn für ein kleines Unrecht werden sie sich rächen können. Aus dem Grabe heraus rächt sich niemand. Wenn man also schon jemand unrecht tut, so muß es derart sein, daß er sich wenigstens nicht mehr rächen kann.«

Machiavelli ist ein tiefgründiger Kenner des Menschen und seiner Schwächen, die der Politiker ausnützen muß; der Staatsmann muß dessen eingedenk sein, daß alle Menschen schlecht und die allermeisten auch noch dumm sind. Stets preist er das rasche und rücksichtslose Handeln: »Im ganzen glaube ich, daß Rücksichtslosigkeit besser ist als Vorsicht, daß stürmisches Draufgehen besser ist als vorsichtiges Abwägen. Das Glück ist eine Frau. Will man sie beherrschen, so muß man hauen und prügeln. Es wird sich immer wieder zeigen, daß das Glück sich dem hingibt, der rasch und energisch zufaßt . . .« Zum Recht hat er nur ein sehr bedingtes Zutrauen: »Man muß sich darüber klar sein, daß es nur zwei Wege gibt, einen Streit zum Austrag zu bringen: entweder den Weg über ein rechtlich geregeltes Verfahren oder den Weg der Gewalt. Das erste Verfahren benützen die Menschen, das zweite die Tiere. Da das erste nicht immer die Lösung bringt, muß man zuweilen zum zweiten greifen.« Vor allem hat das Recht seine Grenze an der Grenze des Staates. Von Staat zu Staat gilt nicht Moral und Recht, sondern nur der nackte Machtkampf, mit militärischen Mitteln oder mit politischen.

Ein Kritiker bemerkt über Machiavelli, »daß der zum Diplomaten geborene und erzogene Mann den Mut hatte, sich selbst und aller Welt zu gestehen, was bis jetzt die Diplomaten aller Zeiten nur in ihrem Handeln verraten haben«[1].

b) Grotius

Der nächste in der Reihe der Staatsdenker, in seiner Lehre der Gegenpol Machiavellis, ist der holländische Jurist und Theologe Hugo *Grotius* (holl. de Groot, 1583–1645). Seine Hauptwerke heißen *»Das freie Meer«* und *»Vom Recht des Krieges und des Friedens«*. Es ist bedeutsam, daß Grotius zugleich Theologe ist, denn er ist weit entfernt von der weltlich nüchternen, zynischen und kaltschnäuzigen Betrachtungsweise Machiavellis; das Recht leitet sich für ihn aus dem göttlichen Willen her. Es ist noch bedeutsamer, daß Grotius Holländer ist, denn als solcher gehört er einem geeinten und unabhängigen Nationalstaat an, einem Gemeinwesen, dessen Handel blüht, dessen Schiffe die Weltmeere befahren, dessen größtes Interesse es ist, die Sicherheit seines Handels gegen kriegerische und räuberische Übergriffe, die »Freiheit der Meere« zu wahren.

Für Grotius steht daher das Recht über dem Staat. Es gibt – neben dem geoffenbarten göttlichen Willen – ein *natürliches* Recht, ein Recht, das aus der von Gott gewollten Natur des Menschen notwendig folgt, nämlich des Menschen als eines vernunftbegabten und gesellschaftsbildenden Lebewesens. Das natürliche Recht bindet nicht nur jeden Menschen, sondern auch die Staaten in Krieg und Frieden. Und gerade das letztere, das Völkerrecht (jus gentium), ist der edelste Teil des Rechts. Ihm ist das Werk des Grotius vor allem gewidmet. Er gilt als der eigentliche Begründer des modernen Völkerrechts.

c) Hobbes

Gekrönt wird die Reihe der Staatsphilosophen von dem Engländer Thomas *Hobbes* (1588–1679). Seine Hauptwerke sind *»Grundzüge des natürlichen und politischen Rechts«*, wovon den ersten Teil die berühmte Abhandlung *»Über die menschliche Natur«* bildet; *»Elemente der Philosophie«*, bestehend aus den Teilen über den Bürger, über den Körper, über den Menschen; *»Über Freiheit und Notwendigkeit«*; *»Leviathan«*, das Hauptwerk über den Staat.

Die Titel zeigen schon, daß Hobbes nicht nur Staatsphilosoph ist, daß sich seine Staatslehre vielmehr in ein großes philosophisches Gesamtbild der Welt einfügt – weshalb wir in anderem Zusammenhang noch einmal kurz auf ihn zurückkommen müssen. Die Staatslehre ist aber das Kernstück und der Teil seiner Philosophie, der den nachhaltigsten Einfluß gehabt hat, und nur als Staatsdenker betrachten wir ihn hier. Als solcher ist er nur zu verstehen, wenn man die revolutionären Umwälzungen berücksichtigt, die Hobbes teils in England selbst, teils vom

Pariser Exil aus miterlebte und an deren Ende eine gewisse Revolutionsmüdigkeit und das Verlangen nach einer unerschütterlichen Staatsautorität standen, wie sie Hobbes in seinem Werk verficht.

Hobbes tut über Grotius hinaus den Schritt, daß er die letzten theologischen Gesichtspunkte und Rücksichten aus der ethischen und politischen Theorie entfernt. Er stützt sich allein auf die Erfahrung, kennt die mechanistische und mathematische Naturerklärung Galileis genau und versucht deren Methode als erster auf Geschichts- und Gesellschaftslehre anzuwenden. Er ist Materialist und lehnt die Willensfreiheit schroff ab.

Den Menschen sieht Hobbes als Egoisten, der nach dem eigenen Vorteil, das heißt nach Erhaltung seiner Existenz und dem Besitz möglichst vieler Güter, strebt. Im Naturzustand, in dem alle allein aus diesem Bestreben handeln, herrscht daher der *»Krieg aller gegen alle«*. Dieser Zustand läßt für den Menschen den naturgegebenen Wunsch nach Sicherheit unbefriedigt. Rechtsschutz, Sicherheit und die Möglichkeit praktischer Tugendübung finden die Menschen erst, wenn sie sich durch Übereinkunft im *Staat* eine übergeordnete Gewalt schaffen, deren Willen sie sich fortan unterwerfen. So konstruiert Hobbes den Ursprung des Staates, in dem allein Friede, rechtlich geschütztes Eigentum und höhere Sittlichkeit möglich sind. Zwischen den Staaten besteht als Rest des Urzustandes der Krieg weiter.

Der staatliche Wille, verkörpert je nach Staatsform im Herrscher oder Parlament, muß allmächtig sein und über dem Gesetz stehen. In der Ausstattung der Staatsgewalt mit absoluter Machtvollkommenheit geht Hobbes sehr weit. Er gibt ja auch im Titel seines Werkes dem Staat den Namen des biblischen Ungeheuers Leviathan. Der Staat wird zum »sterblichen Gott«. Der Staat bestimmt, was Recht ist: Was er erlaubt, ist Recht; was er verbietet, Unrecht. Der Staat bestimmt, was gut und schlecht im sittlichen Sinne ist; er bestimmt auch, was Religion ist: Jedenfalls unterscheiden sich für Hobbes Religion und Aberglaube nur dadurch, daß die erstere vom Staat anerkannter, der letztere vom Staat nicht anerkannter Glaube ist. – Hobbes betont, daß der Mensch nur die Wahl zwischen zwei Übeln hat: dem Urzustand, das heißt völliger Anarchie, oder der restlosen Unterwerfung unter eine staatliche Ordnung. –

Es liegt auf der Hand, daß Hobbes' Ansicht, nach der Sittlichkeit nichts dem Menschen ursprünglich Angeborenes, sondern etwas mit dem gesellschaftlichen Zusammenschluß Erworbenes ist, der biblischen Vorstellung vom ursprünglichen paradiesisch-vollkommenen Zustand des Menschen und seinem späteren Abfall geradezu ins Gesicht schlägt. Ebenso weit entfernt ist Hobbes von dem mittelalterlichen christlichen Staatsbegriff, indem er den Staat als eine nur auf Zweckmäßigkeit gegründete, rein menschliche Erfindung darstellt und jede religiöse oder metaphysische Begründung der Staatsgewalt zurückweist und verspottet. Es nimmt nicht wunder, daß Hobbes die scholastische Philosophie nicht genug schmähen kann und daß er bei den Zeitgenossen als Atheist verschrien war.

Es zeigt sich bei Hobbes, wie aus der Zerstörung der mittelalterlichen Anschauung, in welcher sowohl der einzelne wie der Staat in eine göttliche Heilsordnung eingefügt war, nun beide, der Einzelmensch wie der weltliche Staat, als »befreit« hervorgehen. Die Ansprüche beider in Einklang zu bringen, wird nun die Aufgabe, die die seitherige politische Geschichte und das gesamte neuzeitliche Denken zu bewältigen hat. Hobbes stellt sich dabei ganz auf die Seite des Staates. Er kann oder will nicht sehen, daß Sittlichkeit und vom Staate gesetztes Recht keineswegs identisch sind, sondern weit auseinanderfallen können.

Hobbes steht damit schon jenseits der Renaissance als Theoretiker des Staatsabsolutismus, der bis ins 18. Jahrhundert das politische Gesicht Europas bestimmt hat.

d) Morus

Es ist leicht zu erkennen, daß die meisten Richtungen des heutigen politischen Denkens schon in jener Zeit ihre Vertreter oder wenigstens Vorläufer gehabt haben: rücksichtsloses Machtdenken bei den national zerrissenen und in der Machtverteilung benachteiligten Völkern (Machiavelli); die Berufung auf ein alle verbindendes Recht, bezeichnenderweise bei den saturierten, handeltreibenden Nationen (Grotius); die Idee des modernen, über Recht, Sittlichkeit, Religion und die private Sphäre selbstherrlich bestimmenden »totalen« Staates (Hobbes). Auch der *Sozialismus* fehlt dabei nicht. Der Engländer More (lat. Morus, 1478 bis 1535) schuf in seinem Werk *»Vom besten Zustand des Staates und der neuen Insel Utopia«* (daher unser Wort Utopie) in der äußeren Form einer dichterisch-unverbindlichen Erzählung, aber in der Sache zweifellos von tiefem Ernst und revolutionärer Haltung, das Bild eines idealen sozialistischen Gemeinwesens, welches er in allem dem Staats- und Gesellschaftszustand seiner Zeit schroff entgegenstellte. Er forderte das Aufhören der Ausbeutung der unteren Klassen, gemeinschaftliche Produktion durch Teilnahme aller an der Arbeit, gemeinschaftliches Eigentum, Altersversorgung, freien Zugang aller zu Bildung und geistigen Gütern. Vieles von der schneidenden Gesellschaftskritik dieses frühesten Kritikers des Kapitalismus könnte von einem kämpferischen Sozialisten des 19. Jahrhunderts gesagt sein: »Bei Gott, wenn ich das alles überdenke, dann erscheint mir jeder der heutigen Staaten nur als eine Verschwörung der Reichen, die unter dem Vorwand des Gemeinwohls ihren eigenen Vorteil verfolgen und mit allen Kniffen und Schlichen danach trachten, sich den Besitz dessen zu sichern, was sie unrecht erworben haben, und die Arbeit der Armen für so geringes Entgelt als möglich für sich zu erlangen und auszubeuten. Diese sauberen Bestimmungen erlassen die Reichen im Namen der Gesamtheit, also auch der Armen, und nennen sie Gesetze[2].«

Ein den Ideen Mores in manchen Zügen verwandtes Idealbild eines kommunistischen Gemeinwesens, das sich zugleich an Platons Staatsideal orientiert, entwarf der Italiener Tommaso *Campanella* (1598 bis 1639) in seinem »Sonnenstaat«.

II. Die wichtigsten Denker der Übergangszeit

1. NICOLAUS CUSANUS

Mitten im Strom dieser mannigfachen Entwicklungen stehen die großen philosophischen Denker der Epoche, von denen nachfolgend vier der bedeutendsten etwas näher betrachtet werden sollen. Ihr Werk ist teils das geistige Ferment, teils der Spiegel dieser Entwicklungen; nur im Zusammenhang mit ihnen ist es zu verstehen.

Ganz am Anfang des Zeitalters steht der bedeutendste Philosoph der Frührenaissance, der in genialer Vorahnung in seinem Werk bereits vieles von dem vorweggenommen hat, was erst nach ihm durch die großen Naturforscher auf Grund neuer Beobachtungen als exakte Theorie formuliert worden ist. In seinen Gedanken sind so viele Keime der modernen Geistesentwicklung enthalten, daß er von manchen als der eigentliche Begründer der neueren Philosophie angesehen wird. Es ist der Deutsche Nikolaus Chrypffs (das heißt Krebs) aus Kues an der Mosel, daher Nikolaus von Kues oder lateinisch Nicolaus Cusanus genannt (1401–1464). Nach durch adlige Gönner ermöglichtem Studium in Italien wurde er zuerst Rechtsanwalt, dann Geistlicher – damals der gegebene Beruf für den geistigen Menschen und auch der einzige, der den Aufstieg zu höchsten Stellungen eröffnete. Der Kusaner stieg zu den höchsten geistlichen Ämtern und Würden auf; der Papst sandte ihn als Legaten u. a. nach Konstantinopel, um für die Wiedervereinigung der griechischen mit der römischen Kirche zu wirken; er ernannte ihn zum Kardinal, eine für einen Deutschen aus dem Bürgerstand damals höchst seltene Auszeichnung; er machte ihn zum Bischof von Brixen. Auf der Überfahrt von Konstantinopel faßte Cusanus den Plan zu seinem bekanntesten Werk *»De docta ignorantia«* – von der bewußten, gelehrten Unwissenheit, vom Wissen des Nichtwissens. Es enthält wesentliche Grundgedanken seiner späteren Werke bereits im Keime.

Viele Wesenszüge des Cusanus weisen ihn als einen Menschen der anbrechenden neuen Zeit, eben der Renaissance, aus: so seine Neigung zu alten Manuskripten; sie hat ihn dazu gebracht, die sogenannte Konstantinische Schenkung, ein angebliches Schreiben Kaiser Konstantins des Großen an Papst Silvester I., auf das die Kirche jahrhundertelang ihre weltlichen Machtansprüche stützte, als Fälschung zu erkennen. Seine alles umfassende Wißbegierde, sein kultivierter Stil, seine Vorliebe für Mathematik und Naturwissenschaft, seine Hochschätzung des Individuellen: alles Charakterzüge der Renaissance.

In der Astronomie spricht er zukunftweisende Gedanken aus: Das Weltall hat keinen Mittelpunkt, insbesondere ist die Erde nicht sein Zentrum, und die Erde steht auch nicht stille. Er bestreitet, daß die Himmelskörper von grundsätzlich anderer Beschaffenheit sind als Erde und Mond. Er erklärt, das Universum habe keine Grenzen . . .

Zukunftweisend ist weiter die Lehre des Cusanus über Wesen und Wert der *Individualität.* Es gibt nach ihm keine zwei gleichen Individuen, insbesondere Menschen. Das Denken der einzelnen Menschen spiegelt das Universum, gleich lauter Hohlspiegeln mit jeweils verschiedener Krümmung, in besonderer, nicht wiederkehrender Weise.

Über die im All waltende Ordnung und Harmonie sagt Cusanus, sie sei darauf zurückzuführen, daß Gott die Welt nicht planlos, sondern unter Zugrundelegung *mathematischer* Prinzipien geschaffen habe! Um das All zu erkennen, müssen wir deshalb die gleichen Prinzipien anwenden. Cusanus selbst bedient sich häufig mathematischer Begriffe und Vergleiche. Es ist aber eine ganz besondere Art und Weise der mathematischen Betrachtung, die er anwendet, es sind meist sogenannte Grenzbetrachtungen – so, wenn er etwa zeigt, wie der Umfang eines Kreises, wenn man den Radius als unendlich annimmt, mit der Geraden zusammenfällt. Was die auch erst lange nach Cusanus durch Leibniz, Newton und ihre Nachfahren geschaffene abendländische Mathematik auszeichnet, kündigt sich hier deutlich an: der »faustische« Drang zum Unendlichen, zu einer fließenden, dynamischen Betrachtungsweise – im Unterschied zur antiken Geometrie, die es mit statischen, klar abgegrenzten Figuren und Körpern zu tun hatte. Der griechische Geist strebte überall nach Maß, Klarheit, Begrenzung; das Grenzenlose stand ihm dem Werte nach unter diesem; im Denken des Kusaners, in der bei ihm vorausgeahnten abendländischen Entwicklung der Mathematik, und auf allen anderen Gebieten unserer Kultur lebt dagegen der wohl nur dem europäischen Menschen eigene Drang über jede Grenze hinaus in die Unendlichkeit – ein Unterschied der Kulturen, wie er zum Beispiel in dem Gegensatz antiker Plastik und abendländischer Ölmalerei mit ihrer Tiefenperspektive deutlich wird und auf den namentlich Oswald *Spengler* aufmerksam gemacht hat.

Derartige mathematische Beispiele dienen dem Cusanus vor allem dazu, das Wesen Gottes zu umschreiben als des absolut Unendlichen, in dem alle Gegensätze zusammenfallen. Er unterscheidet in bezug auf die menschliche Erkenntnisfähigkeit verschiedene Stufen: die sinnliche, die zunächst einzelne, unzusammenhängende Eindrücke vermittelt; die verstandesmäßige, welche die Sinneseindrücke ordnet und verbindet – ihre Haupttätigkeit ist deshalb das Unterscheiden, das Auseinanderhalten der Gegensätze, ihr oberstes Prinzip der Satz vom ausgeschlossenen Dritten; endlich die Vernunft, die das, was der Verstand trennt, zur höheren Einheit, zur Synthese, verbindet. Auf der Ebene der Vernunft gibt es also ein Zusammenfallen der Gegensätze (coincidentia oppositorum) – womit der Kusaner die tiefe Wahrheit ausspricht, die vor ihm u. a. Heraklit und nach ihm viele andere Denker erfaßt haben.

Gott, das höchste Objekt unseres Denkens, ist das Absolute, in dem schlechthin alle Gegensätze aufgehoben sind, er ist das Größte und das Kleinste, er steht als Verborgener (Deus absconditus) jenseits der Gegensätze und jenseits unserer Fassungskraft – ein Gedanke, den wir von den neuplatonischen Mystikern mit ihrer »negativen Theologie« und von Meister Eckhart her kennen, welche beide auch auf Cusanus eingewirkt haben. Bezogen auf das Absolute ist daher das Ergebnis all unseres Denkens ein Nichtwissen (ignorantia). Das ist keine gewöhnliche Unwissenheit, sondern ein »gelehrtes«, ein bewußtes Nichtwissen, eben eine *docta* ignorantia; ein Wissen um unser Nichtwissen, wie es Sokrates hatte und wie es am Anfang – und vielleicht am Ende – aller wahren Philosophie steht.

Die Weite und Unabhängigkeit dieses weltumspannenden Geistes, in dem staatsmännischer Weltsinn, wissenschaftliche Bildung, kühne Spekulation und tiefe Religiosität vereint erscheinen, sein Bestreben, Gegensätze auf höherer Ebene zu verbinden, treten auch hervor in seinem Wirken für eine Verständigung der Konfessionen und religiösen Frieden. In der Praxis versuchte er, die beiden Hauptzweige der damaligen Christenheit, den östlichen und den westlichen, einander näherzubringen und auch mit den Hussiten einen Ausgleich zu finden. In seinen Gedanken ging er noch weit darüber hinaus bis zur Idee einer weltweiten Toleranz, die auch die nichtchristlichen Religionen nicht ausschließt. So hat er zum Beispiel die Lehren des Koran untersucht; in einer anderen Schrift läßt er auf Gottes Geheiß die weisen Männer aller Bekenntnisse: einen Griechen, einen Juden, einen Araber usw. zu einer Versammlung zusammentreten, in der sie gemeinsam darüber belehrt werden, daß sie alle in verschiedener Weise den gleichen Gott suchen und verehren, daß es jenseits der Verschiedenheiten des Kultus eine einzige höchste göttliche Wahrheit gibt.

Die Nachwirkung der Gedanken dieses bedeutendsten auf der Schwelle vom Mittelalter zur Neuzeit stehenden Mannes zeigt sich u. a. bei dem unten zu behandelnden Bruno, bei Leibniz in seiner der des Kusaners sehr verwandten Lehre von den Monaden, bei Kant und vielen anderen.

2. GIORDANO BRUNO

Am 17. Februar 1600 errichtete man auf einem Platz Roms einen Scheiterhaufen. Ein Mensch wurde daraufgebunden und das Feuer entzündet. Von dem Sterbenden war kein einziger Schrei zu vernehmen. Als man ihm das Kruzifix vorhielt, wandte er sich mit finsterer Miene verächtlich ab. Der so starb, war der ehemalige Dominikanermönch Giordano Bruno.

Bruno, geboren 1548 zu Nola in der Nähe von Neapel, mit Vornamen Filippo – Giordano war sein Ordensname –, war schon mit 15 Jahren in den Dominikanerorden eingetreten. Seine glühende Naturliebe, seine leidenschaftlich der Welt zugewandte Natur, das Kennenlernen der wissenschaftlichen Entdeckungen seiner Zeit und überhaupt die Beschäftigung mit weltlichen Studien veranlaßten ihn jedoch, den Orden zu verlassen – ein damals unerhörter Schritt. Von da an führte er ein unstetes gehetztes Wanderleben, kam zuerst nach Genf, dann nach Frankreich, wo er in Paris auch Vorlesungen hielt, nach England, wo er in Oxford lehrte und längere Zeit in London in einem Kreise adeliger Freunde und Gönner lebte, wieder nach Paris, von dort in die deutschen Universitätsstädte Marburg, Wittenberg, Prag, Helmstedt, endlich nach Frankfurt. Nirgends fand er Ruhe, nirgends auf die Dauer eine genügende Anzahl von Hörern, die seinen in Vorträgen und Vorlesungen geäußerten neuen Ideen aufgeschlossen waren, kaum einen Verleger, der seine ketzerischen Schriften zu drucken wagte. Von einem Venezianer nach Venedig eingeladen, kehrte er nach mehr als fünfzehnjähriger Abwesenheit zum erstenmal in sein Vaterland zurück. Dort verriet ihn sein Gastgeber an die Inquisition, die Venezianer lieferten ihn schließlich auf deren Verlangen nach Rom aus. Nach siebenjähriger Kerkerhaft wurde er schließlich zum Feuertode verurteilt, möglicherweise mehr wegen Magie als wegen philosophischer Thesen.

Die Männer, die ihn den Flammen überlieferten, glaubten Religion und Moral vor einem ihrer gefährlichsten Feinde schützen zu müssen; in bezug auf die Gefährlichkeit Brunos und seiner Ideen, nicht für die Religion überhaupt, aber für viele Grundlehren der damaligen Theologie, hatten sie recht. Die Fortwirkung der Ideen Brunos und des durch ihn gegebenen Beispiels höchster Standhaftigkeit und Überzeugungstreue haben sie nicht verhindern können, wie meistens in der Geschichte – jedenfalls in der vergangenen, denn unsere Gegenwart kennt sehr vervollkommnete Methoden der geistigen Unterdrückung. Bruno schrieb in seiner italienischen Muttersprache. Einige seiner Werke heißen: *»Von der Ursache, dem Prinzip und dem Einen«*; *»Vom Unendlichen, dem All und den Welten«*; *»Das Aschermittwochsmahl«*; *»Die Austreibung der triumphierenden Bestie«*; *»Von den heroischen Leidenschaften«*.

Wenn Cusanus die von Kopernikus bewirkte Revolution der Vorstellungen vom Sonnensystem in Gedanken vorweggenommen hatte, so hat Bruno den Gedanken des Kopernikus gekannt und bewußt in sich aufgenommen; er tut aber wiederum einen spekulativen Schritt über diesen hinaus und spricht etwas aus, was erst die spätere Forschung bestätigt hat: Kopernikus hatte unsere nächste himmlische Umgebung als ein um die Sonne laufendes System beweglicher Sterne erkannt, jenseits dessen aber den Fixsternhimmel als festes Gewölbe bestehen lassen. Bruno treibt den Gedanken weiter. In dichterischer Schau sieht er das Universum als eine unermeßliche Unendlichkeit, erfüllt von zahllosen Sonnen, Sternen, Weltsystemen, ohne Grenzen und ohne Mittelpunkt, in beständiger Bewegung. Den Gedanken des unendlichen Universums entlehnt er dem Werk des Cusanus, von dem er mit größter Verehrung spricht. Doch ist es keine bloße Übernahme; der Gedanke wird von Bruno mit letzter Folgerichtigkeit durchgeführt und erhält in seinem Munde eine ganz neue Tiefe und Bedeutsamkeit.

Das gleiche gilt auch für die Gedanken, die Bruno außer von seinem nächsten Geistesahnen, dem Kusaner, in großer Zahl von anderen Philosophen übernommen hat; von antiken – darunter vornehmlich dem Lehrgedicht des Lucretius[3], das seiner eigenen dichterischen Natur besonders zusagte, während er Aristoteles als den Meister der Scholastik bekämpft – und ebenso aus der Naturphilosophie der Renaissance, aus der bei dieser Gelegenheit die wichtigsten Namen genannt seien. In Deutschland ist da vor allem der Arzt und Naturphilosoph Theophrastus Bombastus von Hohenheim, genannt *Paracelsus* (1493–1541), anzuführen, der ein ähnlich bewegtes Leben wie Bruno, aber ein weniger tragisches Ende hatte. Paracelsus hat die Heilkunde im Gesamtrahmen eines naturphilosophischen Weltbildes gesehen und der Medizin und Chemie eine Fülle fruchtbarer Gedanken und Anregungen zugeführt. Paracelsus hat u. a. auf Francis Bacon und Jakob Böhme eingewirkt. Seine geistesgeschichtliche Bedeutung ist erst in neuerer Zeit voll erkannt worden. Ihm zur Seite steht Hieronymus *Cardanus* (1500–1576), den man den italienischen Paracelsus nennen kann. Auch er war Arzt und Naturphilosoph und hat vielfach dieselben, gleichsam in der Luft liegenden Gedanken ausgesprochen wie Paracelsus. Paracelsus war in erster Linie praktisch, Cardanus mehr theoretisch und wissenschaftlich interessiert, und während Paracelsus ein Volksmann war, eine urwüchsige und kämpferische Natur, auch nur in deutscher Sprache schrieb, war Cardanus ein Aristokrat der Bildung, der die Behandlung wissenschaftlicher Fragen in der Volkssprache sogar verbieten und das Volk von allem Wissen fernhalten wollte. Zwei weitere Italiener folgten diesen beiden: Bernardo *Telesio* (1508–1588) und Francesco *Patrizzi* (1529–1591). Das Werk dieser Männer soll im einzelnen nicht dargestellt werden. Gemeinsam ist ihnen, daß sie – Paracelsus, der Zeitgenosse der Lutherschen Reformation in Deutschland, ganz offen mit derber Polemik, die Italiener etwas verhüllter – mit ihren Lehren in Gegensatz zur kirchlichen Dogmatik gerieten.

Mit den Gedanken der Unendlichkeit des Universums vereint Bruno den der *dynamischen Einheit* und *Ewigkeit der Welt*. Ewig ist die Welt, weil in ihr nur die Einzeldinge dem Wandel und der Vergänglichkeit unterworfen sind, das Universum als Ganzes aber das einzig Seiende und darum unzerstörbar ist. Eine dynamische Einheit ist die Welt, weil der ganze Kosmos einen großen lebenden Organismus bildet und von einem einzigen Prinzip beherrscht und bewegt wird. »So ist denn also das Universum ein Einziges, Unendliches, Unbewegliches . . . Es wird nicht erzeugt, denn es ist (das heißt es gibt) kein anderes Sein, wonach es sich sehnen oder es erwarten könnte; hat es doch selber alles Sein. Es vergeht nicht; denn es gibt nichts anderes, in das es sich verwandeln könnte – ist es doch selber alles. Es kann nicht ab- noch zunehmen – ist es doch ein Unendliches, und wie nichts zu ihm hinzukommen kann, so kann auch nichts von ihm weggenommen werden.«[4]

Das alles beherrschende und beseelende Prinzip nennt Bruno *Gott*. Gott ist der Inbegriff aller Gegensätze, er ist das Größte und das Kleinste, unendlich und unteilbar. Möglichkeit und Wirklichkeit in einem. Eine solche Gottesvorstellung entstammt und entspricht zunächst noch der des Cusanus – von welchem Bruno auch die Formel der coincidentia oppositorum entlehnt. Sie ist, wie eben das Werk des Cusanus und das Denken der meisten Mystiker zeigt, mit den christlichen Grundlehren noch durchaus vereinbar.

Unvereinbar mit dem Christentum ist jedoch – vom Gedanken der Ewigkeit der Schöpfung abgesehen – die Art, wie Bruno das *Verhältnis Gottes zur Welt* beschreibt. Er weist die Ansicht zurück, daß Gott die Welt von außen – wie ein Roßlenker das Gespann – regiere. Gott steht nicht über und außer der Welt, er ist *in* der Welt, er wirkt als beseelendes Prinzip in ihrem Ganzen wie in jedem ihrer Teile. »Wir suchen Gott in dem unveränderlichen, unbeugsamen Naturgesetze, in der ehrfurchtsvollen Stimmung eines nach diesem Gesetze sich richtenden Gemütes« – wie nahe liegt hier Kants Satz vom bestirnten Himmel und moralischen Gesetz! –, »wir suchen ihn im Glanz der Sonne, in der Schönheit der Dinge, die aus dem Schoße dieser unserer Mutter Erde hervorgehen, in dem wahren Abglanz seines Wesens, dem Anblick unzähliger

Gestirne, die am unermeßlichen Saume des einen Himmels leuchten, leben, fühlen, denken und dem Allgütigen, All-Einen und Höchsten lobsingen.« Der ganze Kosmos ist beseelt, beseelt von Gott, und Gott ist nur im Kosmos und nirgends sonst. Das ist jene Gleichsetzung von Gott und Natur, die man *Pantheismus* nennt.

Wie sehr sich Bruno hiermit und mit anderem gegen die Kirche, ja gegen das Christentum überhaupt stellte, das war ihm selber wohl klar bewußt. Er bezeichnet seine Anschauung wiederholt als die uralte, das heißt heidnische. Es macht gerade seine besondere geschichtliche Stellung aus, daß er aus den Gedanken, die unklar in vielen Köpfen seiner Zeit gärten, die Konsequenzen gezogen, ihnen Ausdruck verliehen und sich zu ihnen bekannt hat – Ausdruck verliehen freilich nicht in einem abgewogenen System, sondern in dichterischem Überschwang, in einer von der Übermacht des innerlich Geschauten hingerissenen, ja trunkenen Dichtung. Man versteht, daß Bruno auch in wenig kirchlich gesinnten Kreisen und auch im Protestantismus keine bleibende Stätte fand.

Zu den Denkern, bei denen der Einfluß der Gedanken Brunos spürbar ist, gehört Leibniz mit seiner auf den Kusaner zurückgehenden, von Bruno aufgenommenen Monadenlehre, gehört vor allem Spinoza, ferner Goethe und Schelling.

3. FRANCIS BACON

Es ist in der Geistesgeschichte nicht selten, daß Gedanken, wenn ihre Zeit gekommen ist, an verschiedenen Orten von verschiedenen, voneinander unabhängigen Männern ausgesprochen werden. Während in Italien, Frankreich und Deutschland die großen Denker und Naturforscher der Renaissancezeit den Grundstein der neuzeitlichen Wissenschaft und Philosophie legten, machte in England Francis Bacon – Namensvetter des Scholastikers – im wesentlichen unabhängig von jenen, ja ohne Kenntnis und Würdigung der entscheidenden Entdeckungen, einen nicht weniger bedeutsamen Versuch, das gesamte menschliche Wissen auf verbesserter Grundlage neu zu begründen.

Der Lebensgang Bacons fällt in die Zeit, da Englands Amerikahandel, besonders nach Vernichtung der spanischen Armada (1588), einen großen Aufschwung nahm, da die britische See- und Kolonialherrschaft sich zu entwickeln begann und das Land, unter der Regierung der Königin Elisabeth I. und ihres Nachfolgers, eine längere Periode verhältnismäßiger politischer Stabilität und kultureller Blüte erlebte. Bacons Leben ist besonders interessant als das eines Mannes, der sich von Anfang an mit gleicher Macht zur Philosophie wie zu politischer Wirksamkeit berufen fühlte. Er sagt darüber: »Da ich mich zum Dienst an

der Menschheit geboren glaubte und die Sorge um das Gemeinwohl als eine der Aufgaben ansah . . ., fragte ich mich, was der Menschheit am dienlichsten wäre und für welche Aufgaben mich die Natur geschaffen habe. Als ich aber nachforschte, fand ich kein verdienstlicheres Werk als die Entdeckung und Entfaltung der Künste und Erfindungen, die zur Zivilisierung des menschlichen Lebens führen . . . Sollte es vor allem jemand gelingen, nicht bloß eine besondere Erfindung zu machen . . ., sondern in der Natur eine Leuchte zu entfachen, die am Anfang ihres Aufstiegs etwas Licht auf die gegenwärtigen Grenzen und Schranken der menschlichen Entdeckungen werfen und später . . . jeden Winkel und jedes Versteck der Finsternis deutlich aufzeigen würde, so würde dieser Entdecker verdienen, ein wahrer Erweiterer der menschlichen Herrschaft über die Welt genannt zu werden . . . Aber meine Geburt, Erziehung und Bildung deuteten nicht auf Philosophie, sondern auf Politik hin; ich war von Kindheit an mit Politik sozusagen getränkt . . . Ich glaubte auch, daß meine Pflicht gegen das Vaterland besondere Ansprüche an mich stelle . . . Schließlich erwachte . . . die Hoffnung, daß ich für meine Arbeiten sichere Hilfe und Unterstützung erhalten könnte, wenn ich ein ehrenwertes Amt im Staate bekleidete. Auf Grund dieser Motive wandte ich mich der Politik zu.«[5]
Betrachten wir zuerst die politische Karriere. Sie führte – nach einer schwierigen Anfangsperiode gänzlicher Mittel- und Einflußlosigkeit – den unersättlich Ehrgeizigen und Verschwenderischen bis zu den höchsten staatlichen Ämtern empor. Der 1561 als Sohn des Großsiegelbewahrers Geborene gelangte, nach Studium in Cambridge, das er schon mit 14 Jahren abschloß, und nach vorübergehendem Aufenthalt in Paris ins Parlament. Es gelang ihm, die Intrigen und Rivalitätskämpfe am Hofe siegreich zu bestehen. Er wurde Oberster Ankläger, Kronanwalt, schließlich Lordkanzler. Der König erhob ihn zum Baron von Verulam. Seine Neigung wurde dabei ständig zwischen politischen Interessen und seiner wissenschaftlichen und schriftstellerischen Tätigkeit hin- und hergerissen. Der letzteren konnte er sich nur in den vorübergehenden Ruhepausen des öffentlichen Wirkens widmen.
Auf die größte Erhöhung folgte ein schmählicher Sturz. 1621 wurde Bacon beschuldigt und überführt, in zahlreichen Fällen Geschenke und Bestechungsgelder angenommen zu haben. Das war zwar damals üblich, der Vorfall setzte aber seiner politischen Laufbahn ein jähes Ende. Die Geld- und Freiheitsstrafe wurde ihm allerdings bald im Gnadenwege erlassen; aber Bacon blieb nun in ländlicher Zurückgezogenheit und befaßte sich während der restlichen fünf Jahre seines Lebens nur mit wissenschaftlicher Forschung und dem Ausarbeiten seiner Schriften, inmitten welcher Arbeit er 1626 verstarb. Resigniert bekennt er im Rückblick auf seine gescheiterte politische Laufbahn: »Männer in

hohen Stellungen sind dreifach Diener; sie dienen dem Oberhaupt des Staates, dem Ruhme und den Geschäften, so daß sie weder über ihre eigene Person noch über ihre Handlungen, noch auch über ihre Zeit frei verfügen... Der Aufstieg zu Stellungen ist mühsam, und durch Anstrengungen gelangt man zu noch größeren Anstrengungen; manchmal ist der Aufstieg anrüchig, und viele gelangen durch unwürdiges Tun zu Würden. Der Boden ist schlüpfrig, und das Zurück bedeutet entweder Sturz oder mindestens ein Verlöschen.«[6]

Die wissenschaftliche Tätigkeit brachte Bacon schöneren und länger dauernden Nachruhm als die politische. Seinen Ruf als Schriftsteller begründete er durch seine »*Essays*«, die sich in der Form an die Montaignes anlehnen und eine nicht geringere stilistische Meisterschaft als diese zeigen. Sie gehören zum bleibenden Bestand der Weltliteratur. Sie enthalten, in einer an lateinischen Autoren geschulten unübertrefflichen Kürze und Prägnanz, Reflexionen über so ziemlich alle denkbaren Gegenstände: Menschenkenntnis und Menschenbehandlung – hierin nicht ganz so zynisch wie Machiavelli, aber von einer ähnlich skeptischen Einschätzung des Menschen und der Menge zeugend: »Phokion, der beim Händeklatschen der Menge fragte, was er falsch gemacht habe, hatte recht«; Jugend und Alter; Ehe, Liebe und Freundschaft; Moral und Politik.

Das wissenschaftliche Hauptwerk Bacons ist ein Torso geblieben. Der ihm zugrunde liegende Plan war so gigantisch, daß die Ausführung auch dann die Kräfte eines einzelnen bei weitem überstiegen haben würde, wenn dieser nicht wie Bacon nur seine kärglichen Mußestunden darauf hätte verwenden können. Bacon wollte nichts Geringeres als eine umfassende Erneuerung der Wissenschaft, das heißt »der« Wissenschaft im ganzen und jedes ihrer Teilgebiete, eine »*Instauratio magna*«, einen großen Wiederaufbau.

Er wollte dabei nach seinem Arbeitsplan so vorgehen, daß er zunächst die Ursachen für den Stillstand der Wissenschaften seit den Griechen aufzeigte; dann eine neue Einteilung der Wissenschaften und ihrer Aufgabengebiete vornahm; drittens eine neue Methode der Naturerklärung einführte; darauf sich der eigentlichen Naturwissenschaft im einzelnen zuwandte; schließlich eine Reihe von Erfindungen und Entdeckungen der zukünftigen Forschung beschrieb; endlich wollte er als »angewandte Philosophie« das Bild einer zukünftigen Gesellschaft entwerfen, die aus dem von ihm eingeleiteten Fortschritt der Wissenschaft erwachsen sollte.

Vollendet hat Bacon nur drei Teilstücke des Gesamtwerkes: in der Schrift »*Über den Wert und die Bereicherung der Wissenschaften*« die Kritik des damaligen Wissensstandes, die neue Aufgabenstellung und Ausblicke auf zukünftige Ergebnisse; im »*Novum Organon*«, dem »Neuen

Werkzeug« – in bewußter Gegenüberstellung zum Organon des Aristoteles so genannt –, eine Erörterung der wissenschaftlichen Methode; in der Schrift *»Das neue Atlantis«* den Entwurf einer idealen Zukunftsgesellschaft.

1. »Es ist meine Absicht, eine Rundreise um das Wissen anzutreten und aufzuzeichnen, welche Stellen brach- und unbebaut liegen und vom menschlichen Fleiß im Stich gelassen sind, um durch genaue Aufzeichnung der verlassenen Gegenden die Energien öffentlicher und privater Personen zu ihrer Verbesserung einzuladen.«[7] Diese Rundreise ist Bacons erstgenannte Schrift. Er berührt Medizin, Psychologie – vor allem in praktischer Hinsicht –, Politik und vieles andere, teilt die Wissenschaften ein, grenzt sie gegen die Theologie ab, gibt überall fruchtbare Anregungen, kritisiert den Stillstand. Aber die Wissenschaften als einzelne genügen überhaupt nicht. Es fehlt noch zweierlei. Es fehlt erstens die geeignete *Organisation* der Wissenschaft auf internationaler Basis, durch welche die Arbeiten und Erfahrungen der Gelehrten vieler Länder und Generationen gesammelt und verarbeitet werden. Das zweite ist noch wichtiger. »Es ist nicht möglich, ein Rennen fehlerfrei zu vollenden, wenn das Ziel selbst nicht richtig aufgestellt ist.«[8] Das Ziel aber kann man nicht erkennen, wenn man im Bereich der einzelnen Wissenschaft steckenbleibt, sowenig wie man eine Ebene übersehen kann, ohne sich über sie zu erheben. Die höhere Ebene, auf der das Ziel des wissenschaftlichen Erkennens festgelegt und seine allgemein gültige Methode gefunden wird, ist die *Philosophie.*

2. Das Ziel der Methode zu zeigen, ist die Aufgabe des zweiten Werkes. Das *Ziel* – und hier schlägt Bacon den Ton an, der die neuere Naturwissenschaft zwar nicht ausschließlich, aber doch weitgehend bestimmt hat – ist Fortschritt, praktische Nutzanwendung, *Naturbeherrschung* durch den Menschen. Der Mensch vermag aber die Natur genauso weit zu beherrschen, wie er sie kennt. Denn man kann die Natur nur beherrschen, indem man ihr, das heißt ihren durch die Wissenschaft ermittelten Gesetzen, gehorcht.

Das Ziel zu erreichen, bedarf es der richtigen *Methode,* und diese zu erlangen, sind zwei Schritte notwendig: die Reinigung des Denkens von allen Vorurteilen und überlieferten Irrtümern, zweitens die Kenntnis und Anwendung der rechten Methode des Denkens und Forschens.

Zum ersteren gibt Bacon mit seiner Lehre von den *»Idolen«* (Trugschlüssen) eine Analyse der menschlichen Irrtümer und ihrer Quellen, die so berühmt ist, daß wir sie etwas ausführlicher wiedergeben wollen. Vier Arten von Idolen werden unterschieden.

Die erste Gruppe nennt Bacon »Trugbilder des (menschlichen) Stammes« (idola tribus). Sie enthält alle Irrtümer, zu denen die menschliche

Natur als solche uns verführt. Zum Beispiel neigt der menschliche Geist dazu, in den Dingen einen größeren Grad von Ordnung und Regelmäßigkeit anzunehmen, als wirklich darin ist. Haben wir einen Satz ferner erst einmal, sei es auch aus ganz unsachlichen, gefühls- oder interessebedingten Gründen, angenommen, so blicken wir gern auf alle Tatsachen, die ihn bestätigen, und übersehen ebenso gern, was dagegen spricht. Unser Denken wird durch den Willen und die Affekte getrübt. Deshalb sollte der Forscher gegen alle Argumente, die ihm leicht eingehen, mißtrauisch sein; alles, was gegen seine Annahme sprechen könnte, aber mit vermehrter Sorgfalt prüfen.

Die zweite Klasse von Irrtümern sind die »Trugbilder der Höhle« (idola specus). Bacon bezeichnet mit diesem dem platonischen Höhlengleichnis entnommenen Ausdruck die Irrtümer, die aus der besonderen Veranlagung, Erziehung, Einstellung und jeweiligen Lage des einzelnen Menschen entspringen. Es sind ihrer mindestens so viele, wie es Individuen gibt.

Zum dritten gibt es die »Trugbilder des Marktes« (idola fori). Sie entspringen aus Berührung und geselligem Verkehr der Menschen untereinander. Eine besondere Rolle spielt dabei die Sprache als das wichtigste Instrument des zwischenmenschlichen Verkehrs. Zu leicht wird das bloße Wort für den Begriff oder die Sache genommen – wie auch Mephisto in Goethes Faust bemerkt.

Endlich haben wir uns zu hüten vor den »Trugbildern des Theaters« (idola theatri, Bacon liebt solche bildhaften Ausdrücke). Sie stammen aus den überkommenen und eingewurzelten Lehrsätzen der Philosophen, besonders der alten, in denen man oft die Wirklichkeit zu erfassen glaubte, während sie doch eher bloßen erfundenen Theaterstücken gleichen. Von der uneingeschränkten Verehrung, die das Mittelalter dem Altertum und besonders dem Aristoteles entgegengebracht hatte, ist Bacon überhaupt weit entfernt. In Übereinstimmung mit Giordano Bruno betont er vielmehr, daß die Gegenwart eigentlich die »ältere«, weil durch weitere jahrhundertelange Erfahrung gereifte, Zeit sei.

Das Reinigen des Verstandes von Idolen ist der negative Teil der Aufgabe. Den positiven bildet die Ermittlung der richtigen wissenschaftlichen *Methode.* Sie kann nicht im Berufen auf Traditionen oder logischer Ableitung bestehen. Das führt in der Wissenschaft, wie Bacon sagt, zu »einer bloßen Abfolge von Lehrern und Schülern, nicht von Entdeckern«, zum Sich-im-Kreis-Drehen. Erfolg verbürgt allein das Zurückgehen auf die Erfahrung, das Befragen der Natur selbst, die *Induktion.* Man darf aber nicht einfach planlos Tatsachen und Beobachtungen sammeln. Man muß systematisch vorgehen. »Die wahre Methode der Erfahrung zündet zunächst das Licht an und zeigt dann mit Hilfe des Lichtes den Weg; sie geht von wohlgeordneter und verdauter, nicht von stümperhafter und verworrener Erfahrung aus, leitet aus ihr Axiome ab und geht von den anerkannten Axiomen zu neuen Experimenten weiter.«[9] Hier haben wir, im Umriß jedenfalls, die Methode, die die neuere Naturwissenschaft zum Erfolg geführt hat: Arbeitshypothese als Ausgangspunkt; Sammeln einschlägiger Erfahrung mittels des zweckmäßig angeordneten Experiments; Ziehen der Folgerungen und Formulierung allgemeiner Sätze, Nachprüfung dieser durch erneute Experimente usw.

3. In der unvollendeten, nur wenige Seiten zählenden Schrift »Das neue Atlantis« gibt Bacon, anknüpfend an die bei Platon erwähnte sagenhafte Insel, das Bild einer zukünftigen Gesellschaft, in der die Wissenschaften den ihnen nach Bacons Meinung zukommenden Platz einnehmen. Der Staat wird nicht regiert von Politikern, sondern durch die auserlesenen besten Köpfe der Wissenschaft. Wirtschaftlich ist die Insel selbstgenügsam; die Objekte ihres Außenhandels sind nicht Gold und Waren, sondern »das Licht des Fortschritts«. Alle zwölf Jahre entsendet der Inselstaat eine Schar von Wissenschaftlern in alle Länder der Welt, die die fremden Sprachen erlernen, die Errungenschaften der Wissenschaften und Industrie aller Völker studieren und dann in die Heimat zurückkehren, wo dadurch der wissenschaftliche Fortschritt der ganzen Welt gesammelt und nutzbar gemacht wird. Es ist im Grunde nichts anderes als der platonische Gedanke des Idealstaates, der anstatt von Demagogen und eigennützigen Politikern durch die Gelehrten regiert wird.

In neuerer Zeit ist der Gedanke aufgetaucht, daß Bacon auch der Verfasser der Shakespeare zugeschriebenen Dramen sein soll. Der Streit darüber ist noch nicht beendet. Doch überwiegen für den Kenner Bacons die Argumente, die gegen diese Annahme sprechen.

Eine kritische Würdigung des Baconschen Werkes hat folgende Gesichtspunkte zu berücksichtigen:

Bacon hat ein Tor zu einer neuen geistigen Welt aufgestoßen. Er hat mit Vorurteilen gebrochen und auf die Erfahrung als Quelle aller Naturkenntnis – wie sein großer Namensvetter – verwiesen. Ihn als eigentlichen Begründer oder Bahnbrecher der modernen Naturwissenschaft zu bezeichnen, ist gleichwohl nicht ganz zutreffend. Das hat seinen Grund nicht nur darin, daß Bacon umstürzende naturwissenschaftliche Entdeckungen seiner Zeit übersehen hat; auch nicht darin, daß er die von ihm verfochtene experimentelle Methode selbst nur in höchst unvollkommener, ja kümmerlicher Weise anzuwenden verstanden hat. Im besonderen die von Bacon propagierte Methode der Induktion ist auch nicht genau die der heutigen Naturwissenschaft. Bacon legt zuviel Gewicht auf das Sammeln und Vergleichen der Tatsachen – wofür er Mustertafeln aufgestellt hat –, verkennt aber doch etwas die bei alledem weiter bestehende Bedeutung der Theorie, der Deduktion, vor allem aber der Mathematik, zu der er kein Verhältnis hatte. Er schilt sogar die Mathematiker wegen ihrer immer auf das Quantitative ausgehenden Betrachtungsweise. Bacon selbst hat wohl gewußt, daß seine Methode nicht vollkommen war, er urteilte selbst, daß die von ihm aufgeführten Fragen noch einige Menschenalter zu ihrem Reifwerden benötigen würden. Als ein großer Befreier und Anreger gehört er – abgesehen vom unvergänglichen literarischen Glanz seines Werkes – auf jeden Fall zu den geistigen Vätern der neuen Zeit.

4. JAKOB BÖHME

Einer ganz anderen Strömung des deutschen und europäischen Geistes als die drei bisher Genannten gehört der vierte und letzte Denker an, der aus dem uns hier beschäftigenden Zeitabschnitt zu nennen ist. Cusanus, Bruno und Bacon kann man, ungeachtet der im einzelnen bestehenden großen Unterschiede, einordnen in die Geistesbewegung, die mit dem Stichwort: Wende vom Mittelalter zur Neuzeit zu umschreiben ist. Jakob Böhme, an Originalität und Tiefsinn jenen mindestens gleich, ist einzuordnen in die Reihe, welche mit den Namen Meister Eckhart, Tauler, Luther bezeichnet ist.
Die Persönlichkeit Martin Luthers, sosehr sie menschlich aus einem Guß erscheint, und ihre Wirkung weisen bei genauer Betrachtung doch zwei deutlich verschiedene Seiten auf: Luther war der religiöse Revolutionär, der alles auf den Glauben stellte und kirchliche Tradition verachtete; er war aber zugleich, und je älter er wurde, desto mehr, der Mann des Schriftglaubens, der Kirchenmann, von dem eine neue kirchliche Tradition und eine feste, ja starre Dogmatik ihren Ausgang nahmen. Dieses letztere Element fand seine Fortsetzung in der offiziellen protestantischen Kirchenlehre; das erstere wurde schon zu Luthers Lebzeiten von Männern aufgegriffen und weitergetragen, die als *protestantische Mystiker* abseits der Kirche und im Widersteit zu ihr standen. Zu diesen gehört Kaspar *Schwenckfeld* (1490–1561), der den Lutherschen Schriftglauben verwarf und nur die ganz persönliche, innere Offenbarung Gottes gelten lassen wollte; weiter Sebastian *Franck* (1499–1543), welcher neben seiner Bedeutung als Mystiker zu den Begründern der deutschen Geschichtsschreibung gehört; und Valentin *Weigel* (1533–1588), der protestantischer Pfarrer war und seine geheimen mystischen Lehren zu seinen Lebzeiten nur im engsten Freundeskreise bekanntmachte. Im Denken dieser Männer lebt die große Tradition der mittelalterlichen Mystik und der Glaube Luthers, soweit dieser ein Mystiker war.
An Bedeutung werden sie weit überragt durch Jakob Böhme, geboren

1575 bei Görlitz, gestorben 1624 in dieser Stadt. Böhme war ein Mann des Volkes, von Beruf Schuster wie Hans Sachs. Die philosophischen Anregungen erhielt er hauptsächlich während seiner mehrjährigen Wanderschaft als Geselle. Als selbständiger Handwerksmeister und Familienvater lebte er danach in Görlitz.
Als er nach über zehn Jahren, erfüllt vom Drang innerer Gesichte und das einstmals Gehörte bei sich ständig weiter verarbeitend, auf Drängen seiner Freunde seine Gedanken erstmals unter dem Titel »*Morgenröte im Aufgang*« niederschrieb und Abschriften davon unter die Leute kamen, zog er sich alsbald den Haß der orthodoxen Geistlichkeit, insonderheit des städtischen Oberpfarrers, zu, welcher von der Kanzel herab den Ketzer verfluchte und seine Verweisung aus der Stadt forderte. »Des Arii Gift[10], der die Ewigkeit des Sohnes geleugnet, ist nicht so arg gewesen als dieses Schustergift . . . Gehe nur geschwind und zeuch weit weg, du leichtfertiges, gotteslästerliches Maul . . .« Böhme wurde ein Schreibverbot auferlegt. Er hielt es mehrere Jahre ein, freilich ohne damit Frieden für sich und seine Familie zu gewinnen. Dann griff er, dem inneren Zwang folgend, erneut zur Feder und verfaßte nun in schneller Folge eine Reihe größerer Schriften, darunter »*Von den drei Prinzipien des göttlichen Wesens*« und das »*Mysterium magnum*«, das Große Geheimnis. Neue Anfeindungen waren die Folge, besonders als einige Schriften auch gedruckt wurden. Böhme suchte und fand Unterstützung beim kurfürstlichen Hof in Dresden. Bald nach der Rückkehr nach Görlitz ist er gestorben.
Als Mann des Volkes schreibt Böhme in deutscher Sprache. Sein Schreiben ist ständiges, manchmal rührend anzusehendes Ringen, der Sprache den treffenden Ausdruck und die richtige Färbung für das innerlich Geschaute abzuzwingen. Er erweist sich dabei als bedeutender Sprachschöpfer, der die deutsche Sprache durch seine oft an Meister Eckhart erinnernden eigenwilligen Wortbildungen bleibend bereichert hat, wenn er auch in dieser Hinsicht an Luther nicht heranreicht. Daß Böhme sich nicht der philosophischen Fachsprache bedient, erschwert natürlich das Verständnis seiner Schriften.
Am Anfang des Böhmeschen Denkens steht der auch bei anderen Mystikern zu findende Gedanke, daß alles Gott, daß alles in Gott ist. »Wenn du die Tiefe und die Sterne und die Erde ansiehest, so siehst du deinen Gott, und in demselben lebest und bist du auch, und derselbe Gott regiert dich auch, und aus demselben Gott hast du auch deine Sinne und bist eine Kreatur aus ihm und in ihm, sonst wärest du nichts.« – »Also können wir mitnichten sagen, daß Gottes Wesen etwas Fernes sei, das eine sonderliche Stelle oder Ort besitze oder habe; denn der Abgrund der Natur und Kreatur ist Gott selber[11].«
Aber darauf erhebt sich für Böhme sogleich die Frage, die man viel-

leicht als das Zentralproblem seines Denkens ansehen kann: das Problem der Theodizee. Wenn alles in Gott und aus Gott ist, woher dann die Realität und Macht des Bösen, die Böhme mit größter Eindringlichkeit empfindet? Hören wir seine Antwort: »Der Lehrer soll wissen, daß im Ja und Nein alle Dinge bestehen, es sei göttlich, teuflisch, irdisch, oder was genannt werden mag. Das Eine, als das Ja, ist eitel Kraft und Leben und ist die Wahrheit Gottes oder Gott selber. Dieser wäre in sich selber unerkenntlich und wäre darinnen keine Freude oder Erheblichkeit noch Empfindlichkeit ohne das Nein. Das Nein ist ein Gegenwurf des Ja oder der Wahrheit, auf daß die Wahrheit offenbar und etwas sei, darinnen ein Contrarium sei.«[12] Hier verkündet Böhme die große Wahrheit, daß der unaufhebbar sich durch alles Sein (und Denken, was bei ihm nicht klar geschieden ist) hindurchziehende Widerspruch die innerste Triebkraft der Welt ist. »Es feindet je eine Gestalt die andere an, und nicht allein im Menschen, sondern in allen Kreaturen.« – »In allem ist Gift und Bosheit. Befindet sich auch, daß es also sein muß; sonst wäre kein Leben, noch Beweglichkeit; auch wäre weder Farbe, Tugend, Dickes, Dünnes oder sonst Empfindung; sondern es wäre alles ein Nichts.« Böhme tut dabei, wie das vorhergehende Zitat zeigt, den kühnen aber folgerichtigen Schritt, das Böse schon im göttlichen Grunde der Welt selbst angelegt sein zu lassen. Himmel und Hölle sind beide in Gott, jedenfalls der Möglichkeit nach.

Wirklichkeit, Aktualität, gewinnt das Böse jedoch erst in der Menschenseele, welche sich zwischen den Reichen des Guten und Bösen oder, wie Böhme auch sagt, des Zornes und der Liebe, mit absoluter Freiheit entscheidet. »Denn ein jeder Mensch ist frei und ist wie ein eigener Gott, er mag sich in diesem Leben in Zorn oder in Licht verwandeln.« – »So der Mensch freien Willen hat, so ist Gott über ihn nicht allmächtig, daß er mit ihm thue, was er wolle. Der freie Wille ist aus keinem Anfange, auch aus keinem Grunde, in nichts gefaßt oder durch etwas geformt. Er ist sein selbereigener Urstand aus dem Worte göttlicher Kraft, aus Gottes Liebe und Zorn.«[13]

Man sieht in diesen Worten schon den eigentlichen und tiefsten Gedanken aller Mystik aufleuchten; wie er von den Indern bis zu Meister Eckhart immer wieder gefaßt worden ist: die Göttlichkeit der Menschenseele, das Einssein der Seele mit Gott. »Der innere Grund der Seele ist die göttliche Natur.« – »Sie ist das Zentrum Gottes.« – »Darum ist die Seele Gottes eigen Wesen.«[14]

Folgerichtig erscheint bei Böhme das gänzliche Eingehen der Seele in ihren göttlichen Urgrund als das höchste Ziel, als die Erlösung. Begierde und »Schiedlichkeit« fesseln im Stande der Unerlöstheit des Menschen Gemüt, »und davon mag es nicht entledigt werden, es verlasse denn dich selber in der Begierde der Eigenschaften und schwinge sich wieder in die allerlauterste Stille, und begehre seines Wollens zu schweigen, also daß der Wille sich über alle Sinnlichkeit und Bildlichkeit in den ewigen Willen des Urgrundes vertiefe, aus dem er ist anfänglich entstanden, daß er in sich nichts mehr wolle, ohne was Gott durch ihn will –, so ist er in dem tiefsten Grunde der Einheit.«[15]

Wir haben hiermit aus der reichen und manchmal verworrenen Fülle der Böhmeschen Gedanken nur das herausgehoben, was ihn als echten Mystiker ausweist. Übergangen haben wir die ganz in der christlichen Tradition wurzelnde Einkleidung, in der diese Gedanken bei ihm auftreten – wobei die Frage bis heute umstritten ist, ob seine Gedanken in dieser Tradition aufgehen oder ob diese letztere eben wirklich nur eine »Einkleidung« ist für eine im Grunde nicht christliche, pantheistische Philosophie.

Man könnte meinen, daß die Wirkung dieses stillen und lauteren Mannes, dem man den Ehrennamen eines Philosophus teutonicus beigelegt hat, und seiner Schriften mit ihrer typisch deutschen Tiefsinnigkeit und höchst eigenwilligen Sprache sich auf Deutschland beschränkt hätte. Das ist nicht der Fall. Ein Franzose, *St. Martin,* nahm im 18. Jahrhundert seine Gedanken auf. Was noch erstaunlicher ist: Böhme wurde schon bald nach seinem Tode ins Russische übersetzt. Seine Gedanken hatten eine tiefgreifende Wirkung auf das russische Denken, welche bis in die Gegenwart – seit der Revolution im Denken der Emigration – bemerkbar ist. In England gehörte der große Naturforscher Newton zu Böhmes eifrigen Lesern. Es ist sogar vermutet worden, daß er Anregungen zu seinen naturwissenschaftlichen Grundgedanken aus Böhme geschöpft habe. In Deutschland wurde Böhme von Leibniz hochgeschätzt. Die Romantik wandte sich seinem Werk besonders zu. Hegel, Schelling und vor allem Franz von *Baader* haben das Geisteserbe Böhmes hochgehalten.

5. SCHLUSSBEMERKUNG

Umfassende philosophische »Systeme« hat erst die folgende Epoche – von der Barockzeit bis zum 19. Jahrhundert – hervorgebracht. Es sind aber die Denker der Renaissancezeit, die – neben Reformatoren, Naturforschern und Entdeckungsreisenden – das Tor zur Neuzeit aufgestoßen haben. In Deutschland haben viele Historiker, besonders solche der Kunst, der Wissenschaft, der Wirtschaft, die Renaissance als Aufbruch in die Neuzeit, auch als »erste Revolution« (vor der französischen von 1789) gepriesen, doch haben die Philosophen sich (so scheint mir) mit den Denkern dieses Zeitalters viel weniger auseinandergesetzt als mit der Scholastik einerseits, mit der Aufklärung und dem auf diese folgenden deutschen Idealismus andererseits. Man darf vermuten, daß eine eingehende Beschäftigung mit der Renaissance, die man vielleicht mit einer großen (alchemistischen?) Werkstatt vergleichen darf, in der vieles probiert und vieles wieder fallen gelassen wird – daß solche Beschäftigung auch Gedanken zutage fördert, die in der Gegenwart, einem Zeitalter ähnlich radikalen Umbruchs, als Anregung und zur Besinnung helfen könnten.

Zweites Kapitel

Die drei großen Systeme im Zeitalter des Barock

Die Philosophie des 17. Jahrhunderts weist, auf dem europäischen Festlande jedenfalls, eine verhältnismäßige Geschlossenheit und Stetigkeit der Entwicklung auf. Es sind die gleichen Grundprobleme, mit denen in allen Köpfen gerungen wird, die einzelnen Lösungsversuche knüpfen aneinander an und werden diskutiert, wozu ein Zeitalter besonders günstige Voraussetzungen bot, in dem die *Vernunft,* welche sich in der Renaissance mündig erklärt hatte, ihren Siegeszug antrat und in dem die *Mathematik* als eine jenseits nationaler und individueller Besonderheiten stehende, prinzipiell jedem zugängliche und einsichtige Wissenschaft von höchster Allgemeingültigkeit das Ideal aller Erkenntnis bildete. Wenn wir in der Mathematik eine Methode unantastbarer Beweisführung besitzen – so fragte man –, warum soll es dann nicht möglich sein, die menschliche Gesamterkenntis, also alle anderen Wissenschaften und vor allem auch die Philosophie, auf eine ähnliche Grundlage zu stellen? Die Philosophie dieser Epoche ist von der Mathematik nicht zu trennen. Das zeigt sich schon darin, daß ihre größten Vertreter entweder wie Descartes, Leibniz oder Pascal selbst geniale Mathematiker waren oder doch, wie Spinoza, ihr Denkgebäude »more geometrico«, nach Art der Geometrie, errichteten. Hiermit hängt eine weitere Eigentümlichkeit aufs engste zusammen. Es ist das Streben nach klarer, übersichtlicher Gestaltung, nach harmonischem Aufbau, nach Abgewogenheit aller Teile eines Ganzen – ein Streben, das an der Mathematik geschult war und in ihr auch einen besonders deutlichen Ausdruck fand, sicher aber nicht auf der Mathematik allein beruht; wir finden es nicht nur in der Philosophie, sondern auf allen Gebieten des kulturellen Lebens ausgeprägt, in Staats- und Kriegskunst, in Architektur, Dichtkunst und Musik.

Diese gemeinsamen Grundzüge: das mathematische Erkenntnisideal; der Versuch, für die Philosophie eine diesem entsprechende allgemeingültige und sichere Methode der Erkenntnis zu finden; Vorherrschaft der Vernunft; endlich das Bestreben, ein universales, auf ganz wenigen sicheren Grundbegriffen ruhendes, ausgewogenes philosophisches Gesamtsystem zu schaffen – finden wir insbesondere wieder in den drei größten philosophischen Systemen dieses Zeitalters. Sie sind zwar keineswegs die einzigen, stellen vielmehr nur die Gipfel über einem höchst intensiven philosophischen Leben in allen Kulturländern des Westens dar. Aber alle wesentlichen Probleme der Philosophie jener Zeit und die zahlreichen Lösungsversuche sind in ihnen so vollständig enthalten, daß die Betrachtung der Systeme eines Descartes, Spinoza und Leibniz einen richtigen Gesamteindruck von der europäischen Philosophie des 17. Jahrhunderts vermitteln kann.

I. Descartes

1. LEBEN UND WERKE

René Descartes (lateinisch Renatus Cartesius) wurde 1596 aus adliger altfranzösischer Familie in der Touraine geboren. Seine wissenschaftliche Bildung erhielt er im Jesuitenkollegium von La Flèche. Aus ihm brachte er eine Vorliebe für die Mathematik, verbunden mit Skepsis gegen alle anderen Wissenschaften, mit. In seinem Lebensgang wechseln Zeiten äußerster Zurückgezogenheit und Konzentration mit solchen eines unsteten, abenteuernden Lebens. Nach kurzer Beteiligung an dem in seiner sozialen Schicht üblichen gesellschaftlichen Leben von Paris zog er sich für zwei Jahre in eine selbst den nächsten Freunden verborgene Wohnung in Paris zurück, ganz dem Studium der Mathematik hingegeben. Darauf nahm er als Soldat am Dreißigjährigen Kriege teil, mit der Absicht, Welt und Menschen gründlich kennenzulernen, nicht etwa, weil er sich einer der streitenden Parteien besonders verpflichtet fühlte, wie schon daraus hervorgeht, daß der Katholik und Franzose nicht nur im katholischen bayrischen, sondern auch im holländischen Heer diente. Auf die Militärzeit folgten jahrelange Reisen durch den größten Teil Europas, hierauf wieder eine Periode der Zurückgezogenheit und wissenschaftlichen Arbeit, die längste und fruchtbarste, fast 20 Jahre, und zwar in den Niederlanden, welche Descartes dem heimatlichen Frankreich als Aufenthalt vorzog, vor allem wegen der ihm im Exil möglichen größeren äußeren und inneren Unabhängigkeit. Descartes lebte hier an verschiedenen Orten, mit der Welt nur durch einen Pariser Freund, den Pater Mersenne, verkehrend, der seinen ausgedehnten wissenschaftlichen Briefwechsel besorgte. Königin Christine von Schweden, die Descartes' Werke studiert hatte und einige Fragen von ihm persönlich geklärt zu haben wünschte, berief ihn 1649 unter höchst ehrenvollen Bedingungen nach Schweden, wo Descartes jedoch nach kurzem Aufenthalt im folgenden Jahre dem ungewohnten Klima erlag.

Die ersten Keime der Descartesschen Gedanken reichen weit zurück, teilweise bis in seine Schulzeit. Geschrieben sind alle Werke während des langen Aufenthaltes in Holland. Das erste sollte den Titel »Die Welt« tragen und war fast vollendet, als Descartes von der 1633 erfolgten Verurteilung des Galilei erfuhr. Unter dem Eindruck dieser Nachricht und um einem ähnlichen Konflikt zu entgehen, vernichtete er die Schrift, aus der Teile natürlich in seinen späteren Werken wiederkehren. Aus der gleichen Vorsicht heraus wurde sein nächstes Werk »*Abhandlung über die Methode*, die Vernunft richtig zu führen und die Wahrheit in den Wissenschaften zu suchen« (1637) zunächst anonym veröffentlicht. Vier Jahre später erschien sein Hauptwerk »*Meditationen über die Erste Philosophie* (das heißt Metaphysik), worin über die Existenz Gottes und die Unsterblichkeit der Seele gehandelt wird«. Descartes widmete das Buch der theologischen Fakultät der Pariser Universität, nicht um sich vor Anfeindungen von kirchlicher Seite zu schützen, sondern weil er überzeugt war, der Sache der Religion mit seinen Gedanken einen Dienst zu erweisen. Gleichwohl wurden seine Bücher später auf den Index der verbotenen Bücher gesetzt und von protestantischer, auch von staatlicher Seite in ähnlicher Weise verdammt. 1644 veröffentlichte Descartes eine systematische Ausarbeitung seiner Gedanken unter dem Titel »*Principia philosophiae*«. Unter seinen weiteren Schriften sind zu nennen die »*Briefe über das menschliche Glück*« und »*Die Leidenschaften der Seele*«, beide geschrieben für die Pfalzgräfin Elisabeth, die Descartes im holländischen Exil kennengelernt hatte.

Descartes' mathematische Leistung, die ihm einen Platz unter den größten Mathematikern aller Zeiten sichert, ist vornehmlich die Erfindung der analytischen und Koordinatengeometrie, welche, ohne daß dies hier ausgeführt werden kann, in engem Zusammenhang mit seinen philosophischen Anschauungen vom Ideal der Erkenntnis und mit seinen Vorstellungen vom Raume stehen.

2. GRUNDGEDANKEN

Wie der Titel der Meditationen zeigt, sind die beiden Grundthemen des cartesianischen Denkens die gleichen wie bei Augustinus und in der mittelalterlichen Philosophie: *Gott und die Seele.* Um so verschiedener von jenem früheren Denken ist aber die Behandlung, die diese Themen bei Descartes erfahren: Er unterwirft sie einer streng *logischen* Zergliederung. Denn sein Ziel ist es, die Philosophie zu einer Art Universalmathematik zu machen, zu einer Wissenschaft, in der alles im Wege strenger Deduktion aus einfachsten Grundbegriffen gewonnen wird.

Warum treibt der Mensch Philosophie und Wissenschaft? Warum soll er sie treiben? Descartes selbst glaubte sich durch eine Reihe visionärer Träume, die er im Alter von 23 Jahren hatte, zu seinem Lebenswerk berufen. Für die Menschheit im ganzen gilt (und hier hören wir Francis Bacon durchklingen): Die Wissenschaft nützt allen und dient dem Fortschritt, von der Arbeitserleichterung durch technische Mittel bis zur Selbstverwirklichung – und auch im sozialen Bereich. Die Philosophie aber soll ihr ein verläßliches Fundament liefern. Das kann – für Descartes – nur auf streng rationale Weise geschehen, also ohne Bezugnahme auf einen Glauben. Und es sollte eine unbedingt sichere, Irrtum absolut ausschließende, gewissermaßen mathematische Methode gefunden werden. Wie lassen sich »erste Prinzipien« finden, deren Gewißheit über jeden Zweifel erhaben ist? Hier stellt Descartes die Frage: »Wie gelangen wir zur sicheren Erkenntnis? Welche Aussagen oder Urteile haben Anspruch auf unverbrüchliche Gültigkeit?« – die Frage, die später Kant mit seiner Transzendentalphilosophie erneut aufnahm. Das führt uns zunächst zu der von Descartes entwickelten eigentümlichen *Methode.* »Wenn alles Erkannte aus einfachsten Prinzipien abgeleitet werden soll, muß ich mich«, so sagte Descartes, »zunächst und vor allem der Sicherheit meines Ausgangspunktes vergewissern. Was aber ist sicher? Um sicherzugehen, werde ich zu Anfang gar nichts als sicher annehmen. Ich werde alles anzweifeln, um zu sehen, was einem solchen radikalen Zweifel standhält. Nicht nur an allem, was ich durch Unterricht, aus Büchern und im Umgang mit den Menschen gelernt habe, muß ich zweifeln; auch daran, ob die mich umgebende Welt überhaupt in Wirklichkeit vorhanden ist, oder ob sie etwa bloße Einbildung ist, beziehungsweise ob sie so vorhanden ist, wie ich sie wahrnehme – denn es ist bekannt, daß es vielerlei Sinnestäuschungen gibt; ja auch an dem, was als das Sicherste von allem erscheint, an den Grundsätzen der Mathematik, muß ich zweifeln, denn es könnte ja sein, daß unser menschlicher Verstand zur Erkenntnis der Wahrheit ungeeignet ist und dauernd in die Irre führt.

Beginne ich nun also das Philosophieren damit, daß ich schlechthin alles in Frage stelle, so gibt es doch etwas, das ich nicht nur nicht bezweifeln, das mir vielmehr, gerade indem und je mehr ich zweifle, immer gewisser werden muß: nämlich die einfache Tatsache, daß ich jetzt, in diesem Moment, zweifle, das heißt denke. Alles, was ich von außen wahrnehme, könnte Täuschung sein, alles, was ich denken mag, könnte falsch sein – aber im Zweifel werde ich jedenfalls meiner selbst als eines denkenden Wesens gewiß.« So gewinnt Descartes mit seinem berühmten Satz »cogito ergo sum« – ich denke, also bin ich – aus dem radikalen Zweifel heraus einen ersten unerschütterlichen Ausgangspunkt.

»Mit dieser Gewißheit«, so schließt Descartes weiter, »habe ich zugleich das Kriterium und Musterbeispiel der Wahrheit in der Hand. Alles, was ich ebenso unmittelbar, ebenso klar und deutlich (clare et distincte) erkenne wie diesen Satz, muß auch ebenso gewiß sein. Wenn es gelänge, noch etwas aufzufinden, was ebenso gewiß ist wie dieses, dann wäre der nächste Schritt zum Aufbau der richtigen Philosophie getan.« Gibt es etwas, was dieser Forderung entspricht? »Ja«, antwortet Descartes, »und zwar *Gott*. Ich habe in mir die Idee Gottes als eines unendlichen, allmächtigen und allwissenden Wesens. Diese Idee kann nicht aus der äußeren Wahrnehmung stammen, denn diese zeigt mir immer nur die endlichen Naturdinge. Ich kann sie mir auch nicht selbst gebildet haben, denn wie sollte es möglich sein, daß ich als endliches und unvollkommenes Wesen mir die Idee eines unendlichen und vollkommenen Wesens aus mir selbst bilden könnte?« So kommt Descartes, unter Heranziehung eines weiteren Gottesbeweises aus der Theologie, zur absoluten Gewißheit Gottes als nächstem Schritt.

Können wir schon an dieser Stelle, bei der etwas unvermittelt anmutenden Einführung des Gottesbegriffes, das Gefühl nicht unterdrücken, daß sie eigentlich nicht ganz zu der Radikalität des Zweifels passe, mit der Descartes doch vorgehen wollte, so haben wir ein ähnliches Gefühl bei dem nun folgenden Schritt: Nachdem Gott in den Gedankengang eingeführt ist, erledigt Descartes auf etwas verblüffende Weise den vorhin geäußerten Zweifel an der Realität der sinnlich gegebenen Außenwelt. Zu den Eigenschaften des vollkommenen Wesens muß notwendig auch die Wahrhaftigkeit gehören. Wäre Gott nicht wahrhaftig, so wäre er nicht vollkommen. Es ist demnach undenkbar, daß Gott der Wahrhaftige mich betrügen sollte, indem er mir etwa die mich umgebende Welt als trügerisches Gaukelspiel vorzauberte!

Nun erhebt sich aber sogleich eine neue Frage: Wenn Gott in seiner Wahrhaftigkeit gleichsam der Garant dafür ist, daß die Menschen Wahrheit erkennen können, wie kommt es dann, daß wir trotzdem erwiesenermaßen irren und uns täuschen?

Damit stellt sich das Problem der Theodizee, welches frühere Denker auf ethischem Gebiet – als Rechtfertigung des allgütigen Gottes wegen des in der Welt vorhandenen Bösen – beschäftigt hatte, für Descartes von neuem auf dem Gebiet der Erkenntnislehre. In ethischer Hinsicht hatte man auf jene Frage die Antwort zu geben versucht, daß Gott, um eine vollkommene Welt zu schaffen, dem Menschen habe *Freiheit* geben müssen, und diese Freiheit sei, indem der Mensch von ihr notwendigerweise auch einen falschen Gebrauch machen kann, eben die Quelle des Bösen. Ähnlich antwortet jetzt Descartes auf seine Frage durch den Hinweis auf die Freiheit des Willens. »Der freie Wille ermöglicht es dem Menschen, diese Vorstellung zu bejahen, jene zu verwerfen. Nur in dieser Tätigkeit des Willens, nicht in den Vorstellungen selbst, liegt die Quelle allen Irrtums. Wir haben es selbst in der Hand, richtig oder falsch zu denken und zu erkennen. Wenn wir uns nur an den Maßstab halten, der uns mit der unvergleichlichen Gewißheit und Deutlichkeit jener ersten Grunderkenntnisse an die Hand gegeben ist, wenn wir nur das als wahr annehmen, was mit gleicher Gewißheit erkannt ist, allem anderen gegenüber uns skeptisch verhalten, so können wir nicht irren, sondern gewinnen denkend ein richtiges Bild der Welt.«

Dieses Bild zu entwerfen, ist die nächste Aufgabe, die sich Descartes stellt. Bei der Durchmusterung des menschlichen Geistes und seines Bestandes an Ideen hatte er zunächst die Idee Gottes als der unendlichen und unerschaffenen Substanz gefunden. Er findet weiter die Ideen zweier geschaffener Substanzen, die als solche keines Beweises und keiner Rückführung auf andere Ideen fähig sind und dessen auch nicht bedürfen: erstens den Geist, das Denken, welches Descartes ganz unräumlich und unkörperlich faßt – denn, so sagt er, »ich kann mir mein Denken vorstellen, ohne daß ich dazu notwendig das Ausgedehntsein im Raume hinzudenken müßte«; und zweitens die Welt der Körper. Die Körperwelt existiert allerdings nicht so, wie sie uns durch die Sinne erscheint. Was uns die Sinne an Qualitäten der Dinge, wie Farbe, Geschmack, Wärme, Weichheit, zeigen, das genügt dem Descartesschen Anspruch auf »Klarheit und Deutlichkeit« nicht. Er schätzt, wie andere Denker dieses rationalistischen Zeitalters, die sinnliche Erfahrung als zu unklar, gering; es zählt als vollgültige Erkenntnis nur das, was der denkende Verstand in völlig durchsichtigen, rationalen, »mathematischen« Begriffen ausdrücken kann. Für die Körperwelt ist das die Eigenschaft des Ausgedehntseins, der Raumerfüllung. Die Ausgedehntheit im Raume ist daher das Wesen der Körperwelt. Die Körper sind Raum, und der Raum besteht aus Körpern, leeren Raum gibt es nicht.

Im Begriff der Ausdehnung liegt schon die Möglichkeit des Bewegtwerdens – sofern nur der erste bewegende Anstoß, welcher nicht aus den Körpern selbst, sondern nur von Gott gekommen sein kann, gegeben ist. Die Gesamtmenge der von Gott der Körperwelt mitgeteilten Bewegung wird dann immer gleich bleiben – eine erste Vorahnung des Gesetzes von der Erhaltung der Energie! Die ganze Physik kann daher auf streng mathematische Weise aus den drei Begriffen der Ausdehnung, der Bewegung und der Ruhe konstruiert werden. Alles, auch die Vorgänge im lebenden Körper, ist mit diesen Grundbegriffen mathematisch und mechanisch zu erklären.

Descartes versucht nun, eine solche Physik zu entwickeln. Ihre Einzelheiten können wir übergehen. Eine Konsequenz sei hervorgehoben, die sich in bezug auf die Tiere ergibt. Da Descartes den Begriff des Geistes auf das Denken einengt, die Tiere aber in diesem Sinne nicht denken, haben sie an der geistigen Welt keinen Teil. Sie sind reine Mechanismen, nicht anders als Maschinen. Wenn ein Tier schreit, das man schlägt, so bedeutet das nicht mehr, als wenn die Orgel ertönt, deren Taste man niederdrückt. Von dieser im Sinne des Descartesschen Denkens zwar konsequent, aber unannehmbaren Ansicht war nur noch ein Schritt zu der von späteren Materialisten gezogenen Folgerung, daß auch der Mensch nichts als eine besonders komplizierte Maschine sei.

Hiervon ist Descartes selbst freilich weit entfernt. Für ihn sind im Menschen Ausdehnung und Denken, Körper und Geist verbunden. Wie das allerdings zu denken ist, wenn die beiden Substanzen nichts miteinander gemein haben, wie beide in einem Wesen eng verbunden auftreten und sogar in gewisser Wirkung aufeinander stehen können, das ist eine Frage, die Descartes nicht beantwortet – es sei denn mit dem kaum akzeptablen Hinweis, wir hätten ein Organ (die Zirbeldrüse), das eine Mittler-Rolle zwischen beiden Bereichen spielt. Man sollte doch eher erwarten, daß beide Substanzen sich gar nicht berühren können, so wie der Sonnenstrahl im Sturmwind unerschüttert steht, weil er eben von anderer Natur ist! Hier setzt die Arbeit von Descartes' Nachfolgern ein.

3. EINFLUSS UND FORTBILDUNG DES CARTESIANISMUS – EINIGES ZUR KRITIK

Das Werk des Descartes war von außerordentlich weitreichender geschichtlicher Wirksamkeit. Descartes gilt als der Vater der modernen Philosophie. Wie die nachfolgenden großen Systeme des Spinoza und Leibniz auf seinen Schultern stehen, wird die spätere Darstellung zeigen. Hier soll zunächst auf zweierlei hingewiesen werden: die Weiterführung Descartesscher Gedanken durch die sogenannten Occasionalisten und die eigentümliche Verbindung, die Descartessche Gedanken mit den religiösen Ideen der Jansenisten in Frankreich eingegangen sind.

1. Es wurde schon auf die Schwierigkeit hingewiesen, die für Descartes durchaus erwächst, daß er – außer Gott – zwei ganz voneinander geschiedene Substanzen annimmt, reines Denken ohne jede Räumlichkeit und Körperlichkeit, reine Ausdehnung ohne jedes Denken, welche beide aber im Menschen in irgendeiner Verbindung stehen müssen. Wenn ich den Entschluß fasse, meine Hand zu bewegen, und diese bewegt sich dann – wie kann ein in meinem Geiste sich abspielender Vorgang Ursache einer Bewegung in der Körperwelt sein (zumal die in dieser vorhandene Gesamtsumme der Bewegung nach Descartes konstant sein soll)? Wenn ein vorüberfliegender Vogel in meinem Denken, indem ich ihn wahrnehme, die Vorstellung von dem vorbeifliegenden Vogel hervorruft – wie kann der körperliche Vorgang zur Ursache eines

Denkvorgangs werden? Es ist, wie wir sehen, nichts anderes als das sogenannte psychophysische Problem, das hier auftritt, die Fragen nach dem Verhältnis von Körperlichem und Psychischem im Menschen. Und wenn eine ursächliche Verbindung nicht bestehen kann – was nach den Voraussetzungen Descartes' ja tatsächlich ausgeschlossen ist –, wie kommt es dann, daß jedenfalls die beiden Akte – Denkakt und körperlicher Vorgang – zusammentreffen, zusammen auftreten, wie alle Erfahrung lehrt? Hier ist der Punkt, wo die Occasionalisten einsetzen und erklären: Es sieht nicht nur aus wie ein Wunder, daß beide zusammentreffen, obwohl sie ursächlich nicht zusammenhängen können, sondern es *ist* ein *Wunder*, ein göttliches Wunder, das nämlich darin besteht, daß Gott bei *Gelegenheit* (lat. occasio, daher der Name Occasionalismus) meines diesbezüglichen Willens meine Hand bewegt, daß Gott bei Gelegenheit des vorüberfliegenden Vogels in mir die entsprechende Vorstellung erzeugt und so weiter. Das ist eine Annahme, die reichlich gekünstelt und auch von einer gewissen Blasphemie nicht frei erscheinen mag (indem Gott nun pausenlos an allen Enden seiner Welt sich beeilen muß, den der jeweiligen Gelegenheit entsprechenden Eingriff zu tun); sie liegt aber durchaus in der Konsequenz der Descartesschen Grundansicht.

Die hervorragendsten Vertreter des Occasionalismus sind Arnold *Geulincx* (1625–1669) und Nicole *Malebranche* (1638–1715). Ihre Standpunkte sind im einzelnen durchaus verschieden, auch fügen sich die occasionalistischen Thesen bei ihnen natürlich in umfassendere Systeme ein. Aber den eben angedeuteten Grundgedanken haben sie gemeinsam. Malebranche tut den Schritt, das Prinzip des Occasionalismus auch auf die Vorgänge *innerhalb* der Körperwelt anzuwenden. Auch hier, lehrt er, ist der uns als Ursache erscheinende Umstand, zum Beispiel der Körper, der einen anderen anstößt und dadurch in Bewegung setzt, nur die Gelegenheit zum Eingreifen des göttlichen Willens. Dieser Gedanke findet sich, wie abschließend bemerkt sei, schon in der früheren arabischen Philosophie. Algazel erklärt im Zusammenhang mit einigen Gleichnissen, die von Bäumen und ihrem erquickenden Schatten handeln: »Freilich sind diese Gleichnisse nur richtig im Hinblick auf die Meinung der Menge, die sich vorstellt, daß das Licht eine Wirkung der Sonne sei und von ihr ausströme und durch sie vorhanden sei; aber das ist ein Irrtum, denn einsichtigen Leuten ist es klarer als der Augenschein, daß der Schatten durch die Allmacht Gottes aus Nichts entsteht, wenn die Sonne dichten Körpern gegenübersteht . . .«

Dies ist die Antwort des Occasionalisten auf das psychophysische Problem (beziehungsweise auf das Kausalproblem überhaupt). Eine andere Antwort hat Spinoza gegeben, wieder eine andere Leibniz.

2. Cornelius *Jansen* (1585–1638), Professor in Löwen, später Bischof von

Ypern, war der Urheber der geistig-religiösen Bewegung in Frankreich, die nach ihm Jansenismus benannt wird. Die Jansenisten machten den Versuch, auf katholischem Boden das Werk des Augustinus – aus dem auch die Reformatoren geschöpft hatten – zu erneuern. Sie forderten eine Vertiefung und Reinigung des religiösen Lebens und standen in schärfstem Kampf gegen die damals einflußreichen Jesuiten. Der jansenistische Kreis hatte seinen Mittelpunkt in dem Kloster Port Royal. Die gewaltigste Persönlichkeit, die aus dem Kreis hervorgegangen ist, ist der religiöse Denker Blaise *Pascal* (1623–1662).

Pascal war wie Descartes ein genialer Mathematiker – er ist der Begründer der Wahrscheinlichkeitsrechnung – und ein überzeugter Verfechter des cartesianischen mathematischen Erkenntnisideals der »Klarheit und Deutlichkeit«. Als kühler und scharfsinniger, durch die Schule des französischen Skeptizismus und Descartes' gegangener Denker sah er die vom Standpunkt der Vernunft vorhandenen Widersprüche und Paradoxa in den christlichen Dogmen und formulierte sie in höchst zugespitzter Form. Auf der anderen Seite war Pascal eine tiefreligiöse, von einem übermächtigen Gefühl der Sündhaftigkeit und Nichtigkeit des Menschen durchdrungene Natur. Diese Seite seines Wesens und Denkens führte ihn zu der Erkenntnis, daß das rationale und mathematische Denken gerade die tiefsten Bedürfnisse unserer Menschennatur unbefriedigt läßt und die wesentlichsten Fragen nicht beantworten kann. So glänzend und in sich geschlossen das Gebäude der Mathematik ist – was dem Menschen allein not tut, darüber kann sie nichts ermitteln. So wirft sich Pascal, der eben noch die Widersprüche in den Dogmen kritisierte, gleichsam mit einem entschlossenen Sprung doch ganz in eine Haltung frommer Askese und demütiger Ergebung in den göttlichen Willen und verficht gegen die Logik, von der er doch nicht lassen kann, die Sache des menschlichen Herzens, das seine eigene Logik hat.

Wie Pascal von Descartesschen Gedanken beeinflußt ist der berühmte Skeptiker und Kritiker Pierre *Bayle* (1647–1705), wie jener ein kritischer und scharfsinniger Denker, aber ohne das Gegengewicht des Pascalschen Glaubens.

Als Fingerzeig für eine kritische Auseinandersetzung mit Descartes mag der Hinweis auf einige innere Widersprüche dienen, welche trotz der Genialität des Ausgangspunktes und ungeachtet der geschichtlichen Wirksamkeit des Systems von vornherein in diesem vorhanden waren. Man könnte zweifeln an der vollen Ernsthaftigkeit von Descartes' Zweifel. Ist es dem Menschen möglich, mittels des radikalen Zweifels jede Kontinuität seines früheren Denkens abzubrechen und gewissermaßen aus dem Nichts heraus neu zu beginnen? Tatsächlich gewinnt man den Eindruck, daß Descartes, wie ein moderner Kritiker sagt, »vor sich selbst und seinen Lesern ein Theater des Zweifels mit Ich und Gott als Hauptpersonen vollführt«[1], daß er im Grunde an der Realität und Erkennbarkeit der Außenwelt nicht ernsthaft zweifelt – wie er sich ja denn auch beeilt, auf dem etwas gewundenen Wege über das Argument der göttlichen Wahrhaftigkeit alsbald die äußere Realität wiederherzustellen. In der ganzen Beweisführung ist noch ein Stück Scholastik enthalten. Es hat sich ferner erwiesen, daß der von Descartes eingeschlagene Weg, die wirkliche Welt aus wenigen Grundbegriffen zu deduzieren, ein Irrweg ist. Es ist zwar ein großartiger Gedanke, der philosophischen Erkenntnis die Unangreifbarkeit des mathematischen Beweises zu verleihen. Descartes verkennt aber, daß für jeden Versuch, die uns umgebende wirkliche Welt zu erklären, die uns gegebene Erfahrung nicht übergangen werden kann, und ferner, daß der Mensch als bedürftiges und handelndes Wesen sich seiner selbst immer nur in der Auseinandersetzung mit einer höchst leibhaftigen Umwelt bewußt wird. Der überwältigende Erfolg der mechanischen und mathematischen Naturerklärung, unter dessen Eindruck er steht, verleitet ihn dazu, die Gültigkeit ihrer Prinzipien über den ihnen zukommenden Bereich hinaus auszudehnen. Die Erfahrung als nicht zu umgehenden Ausgangspunkt hat der im folgenden Kapitel zu besprechende Empirismus in ihre Rechte eingesetzt, während es Kant vorbehalten blieb, die beiden Ausgangspunkte – hie Erfahrung, hie rein begriffliches Denken – in ein ausgewogenes Verhältnis zu bringen.

II. Spinoza

1. LEBEN

»Nachdem mich die Erfahrung belehrt hat, daß alles, was das gewöhnliche Leben häufig bietet, eitel und nichtig ist, und ich gesehen habe, daß alles, was ich fürchtete und was Angst vor mir hatte, Gutes und Böses nur soweit enthält, als es das Gemüt bewegt, so beschloß ich endlich zu erforschen, ob es ein wahres Gut gibt, das seine Güte für sich allein, ohne Beimischung anderer Dinge, dem Geiste mitteilen kann: ja, ob es etwas gibt, durch dessen Auffindung und Erlangung stete und höchste Freude für immer gewonnen werden kann ...«[2]

Der Mann, der diese Sätze im Alter von noch nicht dreißig Jahren niederschrieb, hatte an bitterem Schicksal bereits so viel hinter sich, daß ihr entsagungsvoller Unterton verständlich erscheint; aber ebenso verständlich ist die Unabhängigkeit und souveräne Ruhe, die aus ihnen spricht, denn er hatte – für sich selbst zumindest – jenes höchste Gut gefunden!

Baruch Despinoza oder, wie er sich später auch nannte, Benedictus de

Spinoza wurde 1632 in Amsterdam geboren als Sohn einer jüdischen Familie, die aus Spanien eingewandert war. Die wirtschaftliche und kulturelle Blüte des Judentums im mittelalterlichen, von den Arabern beherrschten Spanien, der wir großenteils auch die mittelalterliche jüdische Philosophie verdanken, war gegen Ende des 15. Jahrhunderts mit der Besiegung, Zurückdrängung und schließlich Vertreibung der Mauren durch die Spanier zu Ende gegangen. Die Juden, des Schutzes arabischer Toleranz beraubt, wurden verfolgt, durch die katholische Kirche ebenso wie durch den spanischen Staat. Man stellte sie vor die Wahl, sich ihrer christlichen Umwelt zu unterwerfen und die Taufe anzunehmen oder auszuwandern. Zu der großen Mehrheit, die das letztere vorzog, gehörten Spinozas Vorfahren. Zu der Zeit, als Spinoza geboren wurde, bestand in Amsterdam eine blühende jüdische Gemeinde. Spinoza zeigte als Kind hervorragende Begabung und wurde von seinem Vater für die Laufbahn des Rabbiners bestimmt. Er studierte als Jüngling die Bibel, den Talmud, die mittelalterlichen jüdischen Philosophen, bald aber auch, nachdem er Latein gelernt hatte, die mittelalterliche Scholastik und durch ihre Vermittlung die Griechen, schließlich die neuere Philosophie, besonders auch Bruno und Descartes.
Es ist nicht zu verwundern, daß diese weitausgreifenden Studien und die Ansichten, die sich der junge Spinoza auf ihrer Grundlage bildete, ihn alsbald in Gegensatz zu seinen Glaubensgenossen brachten. Er war noch nicht vierundzwanzig Jahre alt und hatte noch keine seiner Schriften veröffentlicht, als er bereits, auf Grund mündlicher Äußerungen, des Vergehens der Ketzerei angeklagt und aus der Gemeinde ausgestoßen wurde, verbannt, verflucht und verdammt mit allen Flüchen, die im Buche des Gesetzes niedergeschrieben sind – wie es in der uns erhaltenen Urkunde heißt. Für den unter einem fremden Volke lebenden Juden, dem die Gemeinde nicht nur den religiösen Halt, sondern in der Regel auch die einzige wirkliche Heimat bedeutete, war die Exkommunikation ein besonders schmerzlicher Schlag. Spinoza war zwar weit davon entfernt zu verzweifeln, aber die Folgen dieses Ereignisses sind doch aus seinem Leben nicht wegzudenken, sie bestehen einerseits in einer grenzenlosen, erst später durch Briefwechsel mit führenden Geistern gemilderten Vereinsamung, auf der anderen Seite aber in einer inneren Unabhängigkeit und Freiheit von Vorurteilen, wie sie nur wenige Menschen jemals erreicht haben.
Über den ganzen weiteren Lebenslauf Spinozas ist nur wenig zu sagen. Er lebte in größter Bescheidenheit und Zurückgezogenheit an verschiedenen Orten Hollands, in Rijnsburg, Voorburg, zuletzt in Den Haag. Obwohl von seinen wesentlichen Schriften, die Aufschluß über sein eigenes Denken geben, zu seinen Lebzeiten nur eine veröffentlicht

wurde, verbreitete sich sein Ruhm, teils durch den Umgang mit Freunden, teils durch brieflichen Kontakt mit Männern wie Huyghens und Leibniz, über ganz Europa. Im Jahre 1673 erhielt Spinoza sogar ein Angebot, an der Universität Heidelberg Philosophie zu lehren. Er lehnte es ab. Spinoza hatte in seiner Jugend neben seinem Studium das Schleifen optischer Gläser erlernt. Es entsprach der jüdischen Tradition, daß der Gelehrte ein Handwerk beherrschen sollte. Mit dieser Tätigkeit verdiente er im wesentlichen seinen Lebensunterhalt. Durch sie wurde auch sein früher Tod mindestens beschleunigt. Er litt an Lungentuberkulose, deren Fortschreiten durch das Einatmen der staubigen Luft, in der er arbeitete, gewiß gefördert wurde. Bereits mit 44 Jahren, am 21. Februar 1677, ereilte ihn der Tod. In diesen 44 Jahren hat er sicher ebensoviel Zeit zum Linsenschleifen verbraucht wie die meisten von uns Heutigen für ihre tägliche Berufsarbeit, daneben aber hat er ein Werk geschaffen, das an Tiefe und großartiger Geschlossenheit in der Geschichte der Philosophie nur wenige seinesgleichen hat.

2. WERK

Die obengenannte, von Spinoza selbst veröffentlichte Schrift ist der »*Theologisch-Politische Traktat*«. Was darin über die Religion gesagt ist, mag uns nicht allzu ketzerisch und revolutionär erscheinen; im Zeitalter der Glaubenskriege aber, als jede Konfession ihre eigenen Lehren und Dogmen mit größter Erbitterung verfocht, genügte es, um einen Sturm zu entfesseln, der Spinoza endgültig die Lust, und vielleicht auch die praktische Möglichkeit, zu weiteren Veröffentlichungen genommen hat.

Spinoza geht davon aus, daß die Bibel nicht für einige wenige Auserwählte, sondern für ein ganzes Volk beziehungsweise die ganze Menschheit offenbart wurde. Das bedeutet aber, daß die Sprache der Bibel der Fassungskraft des niederen Volkes angepaßt sein mußte, welches die Mehrheit der Menschheit ausmacht. Die breite Masse spricht man nicht an durch einen Appell an die Vernunft, sondern durch Anregung der Einbildungskraft. Deshalb verwendeten die Propheten und Apostel, abgesehen von ihrer ohnehin vorhandenen orientalischen Vorliebe für eine bilderreiche Ausdrucksweise, auch ganz bewußt eine sich in Sinnbildern, Gleichnissen, Parabeln usw. bewegende Darstellungsweise. Deswegen berichten sie auch vor allem von Wundern. Denn während, nach Spinoza, der Einsichtige die Macht und Größe Gottes überall dort am eindringlichsten erkennt, wo er das Walten der großen, unabänderlichen Gesetze des Weltlaufs verfolgen kann, glaubt die Menge, daß sich Gott gerade dort offenbart, wo der gewöhnliche Naturablauf durch »Wunder« durchbrochen wird.

Die Heilige Schrift muß also in zweierlei Sinne verstanden und ausgelegt werden. Sie hat gewissermaßen eine für das Volk bestimmte Oberfläche, die dessen Verlangen nach einer mit Bildern und Wundern geschmückten Religion entgegenkommt; hinter dieser erblickt der Philosoph – für den diese Oberfläche Widersprüche und Irrtümer enthalten mag – die tiefen und ewigen Gedanken großer geistiger Führer ihrer Völker und Bahnbrecher der Menschheit. Beide Arten der Deutung haben ihre Berechtigung.

Spinoza spricht dann über die Gestalt Jesu und das Verhältnis von Christentum und Judentum. Er fordert, die Gestalt Jesu müsse von den sie umgebenden Dogmen, die nur zu Zwiespalt und Unduldsamkeit geführt haben, befreit werden. Spinoza hält Christus nicht für Gottes Sohn, aber für den Größten und Edelsten aller Menschen. In der Nachfolge eines so verstandenen Heilands und seiner Lehre, glaubt Spinoza, würden sich nicht nur Juden und Christen zusammenfinden können, sondern alle Völker könnten in seinem Namen vielleicht geeinigt werden. –

Sein Hauptwerk, die *»Ethik, nach geometrischer Methode dargestellt«* (Ethica more geometrico demonstrata) hielt Spinoza bis zu seinem Tode in seinem Schreibpult verschlossen, wobei er in seinen letzten Lebensjahren in steter Angst lebte, das Buch könne nach seinem Tode verlorengehen. Tatsächlich wurde es von Freunden noch in seinem Todesjahr herausgegeben, und hat eine kaum abzuschätzende Wirkung ausgeübt.

Die »Ethik« gehört nicht zu den Büchern, die man dem in der Philosophie nicht Vorgebildeten zum ersten Studium empfehlen kann. Wie schon der Titel sagt, ist es »in geometrischer Ordnung« abgefaßt, nach Art eines mathematischen Werkes, mit vorangestellten Axiomen, Behauptungen, Lehrsätzen, Beweisen, Folgerungen usw. Diese Vorliebe für die Mathematik, die Überzeugung, daß die Philosophie die Exaktheit und unbedingte Gültigkeit mathematischer Gedankengänge haben müsse, haben wir schon bei Spinozas Vorgänger Descartes angetroffen. Die Schwierigkeiten beim Lesen des Buches erwachsen einerseits aus dieser Methode, andererseits aus seiner Kürze. Die »Länge« eines Buches, das heißt die Länge des Weges, den der Leser zu seinem Verständnis zurückzulegen hat, ist bekanntlich nicht mit seiner Seitenzahl identisch. Spinoza hat nun den Extrakt einer lebenslangen Gedankenarbeit, unter rigoroser Ausmerzung jedes entbehrlichen Wortes, auf etwa 200 Seiten Latein zusammengedrängt. Aus diesem Grunde ist es auch besonders schwierig, auf knappem Raum wenigstens eine annähernde Vorstellung von seinem Inhalt zu vermitteln. –

Ausgangspunkt ist der Begriff der *Substanz.* Darunter ist nicht, wie man nach heutigem Sprachgebrauch annehmen könnte, die Materie zu verstehen. Man kommt der Sache näher, wenn man sich vergegenwärtigt, daß das lateinische Wort Substanz wörtlich das »Darunterstehende« bedeutet. Spinoza meint mit diesem Begriff das Eine oder Unendliche, das unter oder hinter allen Dingen steht, das alles Sein in sich vereinigt und begreift. Die Substanz ist ewig, unendlich, aus sich selbst existierend. Es gibt nichts außerhalb ihrer. So verstanden ist aber der Substanzbegriff gleichbedeutend mit dem Begriff Gott und als Inbegriff alles Seienden zugleich auch gleichbedeutend mit dem Begriff der Natur. So steht am Anfang der Gedanken Spinozas die Gleichung

Substanz = Gott = Natur.

Der Substanz steht der Begriff *»Modus«* gegenüber. Modus ist alles, was nicht wie die Substanz aus sich selbst heraus zugleich frei und notwendig besteht (denn Notwendigkeit und Freiheit fallen hier zusammen) – also alles, was durch anderes bedingt ist; wir können sagen, die Welt der Dinge im weitesten Sinne, die Welt der (endlichen) Erscheinungen. Im normalen Sprachgebrauch bezeichnen wir diese Welt eigentlich als Natur. Auch Spinoza ist das bekannt. Um hier ein Mißverständnis auszuschließen, verwendet er zwei Begriffe der Natur: Natur im oben zuerst genannten allumfassenden Sinne bezeichnet er als »schaffende Natur« (natura naturans), Natur als Inbegriff der endlichen Dinge als »geschaffene Natur« (natura naturata).

Da die menschliche Sprache keine der Welt der mathematischen Symbole vergleichbare Zeichensprache ist, sondern ein aus unbekannter Vorzeit übernommenes Erbe organisch gewachsener Formen, so schwingt in jedem Wort, wie sehr man es auch begrifflich definieren und festnageln mag, immer vieles Ungesagte, aus der Vergangenheit des Wortes und des menschlichen Denkens überhaupt Überkommene mit. Daher geschieht es bei Spinoza – was wir auch zum Beispiel bei Kant beobachten können –, daß er sich an die von ihm festgelegten Definitionen selbst oft nicht genau hält, zum Beispiel für »schaffende Natur« lieber Gott, für geschaffene Natur aber Natur schlechthin gebraucht.

Jedes endliche Ding ist also durch ein anderes bedingt. Wodurch? Spinoza selbst gebraucht zur Veranschaulichung seiner Grundbegriffe folgendes Beispiel: Denkt man sich die unendliche Substanz dargestellt durch eine unermeßlich große Fläche, etwa ein Blatt Papier, so entsprechen die Modi, die Einzeldinge, den Figuren, die in die Fläche hineingezeichnet werden können. Teilen wir die Fläche beispielsweise in lauter kleine Quadrate ein, fassen ein bestimmtes ins Auge und fragen, wodurch dieses Quadrat bedingt sei, so ist die Antwort: durch die es umgebenden Nachbarquadrate, nicht dagegen, mindestens nicht unmittelbar, durch die ganze Fläche. Natürlich würde es nicht sein, wenn nicht zuvor diese Fläche wäre. Entsprechend lehrt Spinoza, daß jedes endliche Ding immer nur durch andere endliche Dinge bestimmt ist, daß aber kein endliches Ding Gott unmittelbar zu seiner (nächsten) Ursache hat.

Wenn kein endliches Wesen unmittelbar aus Gott folgt, mittelbar aber alles, so muß zwischen Gott als der unendlichen Substanz und den einzelnen Modi noch ein Zwischenglied sein. Welches ist dieses Glied? Kehren wir zu unserem Beispiel zurück. Ein bestimmtes Quadrat in der Fläche ist bestimmt durch die es umgebenden Nachbarquadrate. Diese sind wiederum durch die umgebenden Quadrate bestimmt. Gehen wir immer weiter hinauf, so stoßen wir schließlich auf die unendlich große Gesamtheit aller möglichen Quadrate, ein Umfassendes, das gleich bleibt, wie sich auch die Aufteilung der Fläche im einzelnen ändern mag. Diese absolute Summe aller Modi nennt Spinoza »unendliche Modifikation«, die unmittelbar aus Gott folgt. Wir haben also eine dreifache Stufenfolge: die unendliche Substanz (= Gott); die absolute Summe aller Modi (= alles); die einzelnen Modi.

Die unendliche Substanz – oder Gott – hat zwei Eigenschaften (jedenfalls können wir nur zwei wahrnehmen): *Denken und Ausdehnung.* Gott ist einerseits unendliche Ausdehnung (also nicht Körper, denn jeder Körper ist begrenzt), andererseits unendliches Denken (also nicht bestimmtes oder beschränktes Denken). Da alles in Gott ist, kann jedes Einzelwesen ebenfalls unter diesen zwei Gesichtspunkten betrachtet werden: Unter dem Gesichtspunkt des Denkens erscheint es als Idee, unter dem Gesichtspunkt der Ausdehnung erscheint es als Körper. Sowenig wie es zwei verschiedene Substanzen gibt (wie Descartes gelehrt hatte), sondern nur eine, die unter diesen zwei Aspekten zu betrachten ist, sowenig besteht auch ein Einzelwesen, insbesondere der Mensch, aus zwei getrennten Substanzen Körper und Seele, sondern beides sind die zwei Seiten ein und desselben Wesens – eine Ansicht, die sich in der modernen Anthropologie (Wissenschaft vom Menschen) in weitem Umfang wiederfindet.

Jedes Einzelwesen strebt, sein Dasein zu behaupten – nach Spinoza fällt das mit seiner Natur zusammen. Der Mensch, wie jedes Wesen, stößt in diesem Bestreben notwendig mit anderen Wesen zusammen und verhält sich damit einerseits tätig (aktiv), indem er auf diese einwirkt, andererseits leidend (passiv), indem diese auf ihn einwirken. Wird der Trieb zur Selbstbehauptung befriedigt, so entsteht Freude; wird er gehemmt, Trauer. All dies, menschliches Handeln und menschliches Leiden, Liebe und Haß, alle Leidenschaften, die den Menschen mit den ihn umgebenden Körpern verketten, vollzieht sich mit Naturnotwendigkeit und unbeirrbarer Folgerichtigkeit. Es ist daher möglich und auch notwendig, die menschlichen Triebe und Leidenschaften mit kühler, mathematischer Sachlichkeit zu betrachten und zu analysieren, »über menschliche Wesen zu schreiben, als würde ich mich mit Linien, Flächen und festen Körpern befassen«, wie Spinoza selbst sagt. Die Untersuchung, die Spinoza von diesem Standpunkt aus im dritten Teil der »Ethik« durchführt, zeigt ihn als überaus nüchternen, scharfsinnigen Kenner der Menschenseele und stellt eines der großartigsten Gemälde menschlicher Triebe, Leidenschaften und Irrungen dar. Ihre Erkenntnisse sind von der späteren wissenschaftlichen und medizinischen Seelenkunde immer aufs neue bestätigt worden.

Für das, was man gemeinhin unter Willensfreiheit, Freiheit der Entscheidung, versteht, ist darin kein Raum. Spinoza vergleicht den Menschen, der sich einbildet, frei zu wählen und entscheiden zu können, mit einem Stein, welcher, in die Luft geschleudert, seine Bahn zurücklegt und dabei glaubt, er selbst bestimme den Weg, den er nimmt, und den Platz, an dem er niederfällt. Unsere Handlungen folgen den gleichen ehernen Gesetzen wie alles Naturgeschehen.

Es gibt auch keine allgemeingültigen Begriffe des Guten und des Bösen. Was die Selbstbehauptung des Einzelwesens fördert, das nennt es »Gut«, was sie hindert, das nennt es »Übel«.

Wo ist, so müssen wir nun freilich fragen, in dieser Welt eigentlich Platz für eine »Ethik«, die doch ein allgemeingültiges Prinzip des menschlichen Verhaltens lehren will? Hat der Versuch einer Ethik überhaupt Sinn in einer solchen Welt, in der jedes Einzelwesen mit Notwendigkeit dem »Gesetz, nach dem es angetreten«, das heißt für Spinoza, dem Gesetz seiner Selbstbehauptung, folgt, und in der »Freiheit« nur dem höchsten, allumfassenden Wesen zukommt?

Zunächst, so antwortet Spinoza, bedeutet die Lehre, daß es keinen freien Willen gibt, keineswegs, daß man nun nicht mehr für sein Verhalten verantwortlich sei. »Das Böse, das aus bösen Taten folgt, ist deshalb nicht weniger zu befürchten, weil es notwendig folgt; gleichgültig, ob unser Handeln frei ist oder nicht, bestehen unsere Beweggründe in Hoffnung und Furcht. Daher ist die Behauptung falsch, daß ich keinen Platz für Gebote und Befehle mehr übrig lasse.«

Nun bietet in der Tat die Geschichte genug Beispiele von Männern, die, ungeachtet ihrer Überzeugung von der menschlichen Unfreiheit, ein vorbildliches Leben geführt haben. Aber dieses Argument befriedigt uns doch noch nicht.

Das Wesen jedes Gegenstandes ist das Streben, sich selbst zu erhalten. Das gilt auch für den Menschen. »Daß jeder sich liebe, seinen Nutzen, soweit er wahrhafter Natur ist, suche und alles, was ihn zu einer größeren Vollkommenheit führt, erstrebt; überhaupt jeder sein Sein, soviel er vermag, zu erhalten sucht: dies ist sicherlich so wahr wie der Satz, daß das Ganze größer ist als der Teil.«[3] Tugend ist nichts anderes als die

Fähigkeit des Menschen, dieses sein Streben durchzusetzen. Also ist Tugend dasselbe wie Macht. Und genauso weit wie diese seine Macht reicht das natürliche Recht des Menschen, denn unter natürlichem Recht, sagt Spinoza, ist nichts anderes zu verstehen als die Naturgesetze oder die Macht der Natur. »Unbedingt aus Tugend handeln ist dasselbe wie nach den Gesetzen der eigenen Natur handeln.«[4]

Welches ist nun aber die eigentliche Natur des Menschen, nach deren Gesetzen er sein Sein zu erhalten und zu vervollkommnen trachtet? Hier folgt der Schritt, der der weiteren Gedankenentwicklung entscheidend die Richtung gibt: Der Mensch ist seiner Natur nach *Vernunftwesen.* Der Mensch handelt also dann seiner Natur gemäß, wenn er auf der Grundlage des Strebens nach dem eigenen Nutzen unter der Leitung der Vernunft handelt, und da die Vernunft nach Erkenntnis strebt, so ist »Einsicht . . . die erste und einzige Grundlage der Tugend«[5]. Wir erinnern uns hier der sokratischen Verknüpfung der Tugend mit dem richtigen Erkennen.

Freilich ist der Mensch nicht nur Vernunftwesen. Er wird weitgehend beherrscht und hin und her geworfen von Instinkten, Trieben, Leidenschaften. In welchem Verhältnis steht die Vernunft zu den Leidenschaften? Spinoza ist natürlich ein viel zu gründlicher Kenner der menschlichen Natur, als daß er einfach die Forderung aufstellen könnte, es müsse eben die Vernunft die Leidenschaften zügeln oder unterdrücken. Er weiß vielmehr, daß »ein Affekt nur gehemmt oder aufgehoben werden kann durch einen anderen Affekt, der entgegengesetzt und stärker ist als der zu hemmende«[6].

Was vermag also hier die Vernunft? Sie vermag doch einiges. Die einzelnen Leidenschaften haben die Eigenart, daß jede für sich nach vollkommener Befriedigung strebt, ohne Rücksicht auf die anderen und auf das Wohl der ganzen Person. In der Leidenschaft ist der Mensch ganz dem Augenblick hingegeben, ohne Rücksicht auf das Kommende. Gibt man sich ihr hin, so dient man nicht dem eigenen, richtig verstandenen Nutzen. Die Vernunft erst, indem sie über den flüchtigen Augenblick hinaus die fernen zukünftigen Folgen gegenwärtiger Handlungen zeigt, verhilft uns zu einem Gesamtüberblick und zum richtigen Handeln. Als treibender Kraft, als Motor des Lebens, bedürfen wir des Triebs. Die Vernunft aber lehrt uns, die widerstrebenden Triebe miteinander zu koordinieren, ins Gleichgewicht zu bringen und sie damit zum wahren Nutzen der ganzen harmonischen Persönlichkeit einzusetzen. Ohne Leidenschaft können die Menschen nicht sein. Aber die Leidenschaften sollen durch das Licht der Vernunft geordnet und geführt werden.

Die Vernunft vermag jedoch noch mehr als dies. Sie kann nämlich selbst zur Leidenschaft, zum Affekt werden und als solcher wirken!

Eben darauf, daß die Erkenntnis des Guten und Schlechten selbst als Affekt wirkt, beruht die Möglichkeit, daß der Mensch Erkenntnis zur Richtschnur seines Handelns machen kann. In diesem Sinne sagt Spinoza: »Zu allen Handlungen, zu welchen wir von einem ein Leiden enthaltenden Affekt bestimmt werden, können wir auch ohne einen solchen durch die Vernunft bestimmt werden.«[7] So kann Vernunft die Leidenschaft überwinden, indem sie selbst zur Leidenschaft wird.

Endlich führt uns die Vernunft noch einen Schritt weiter und höher hinauf. Kehren wir noch einmal für einen Augenblick zu unserem Bilde von der unendlichen Fläche mit den eingezeichneten Figuren zurück. Es gibt einfachste Wesen, »Individuen erster Ordnung«, die wir uns durch ein einziges Quadrat dargestellt denken. Es gibt zusammengesetzte Wesen höherer Ordnung. Das komplizierteste Wesen, das wir kennen, ist der Mensch. Denken wir uns eine sehr komplizierte Figur in die Fläche hineingezeichnet, so ist klar, daß sie zahlreiche Quadrate ganz in sich enthalten wird. Eine große Anzahl anderer Einzelquadrate aber wird sie schneiden und nur zum Teil in sich enthalten. Unter dem Gesichtspunkt der Ausdehnung, also als Körper betrachtet, wird ein solches Wesen deshalb die Bewegungen seiner Bestandteile nicht vollständig beherrschen, andere Körper wirken mit darauf ein und stören sie. Auch unter dem Gesichtspunkt des Denkens, als Geist, betrachtet, wird ein solches Individuum manche Quadrate ganz in sich begreifen, andere nur teilweise. Die Ideen, die der Geist ganz besitzt, nennt Spinoza »adäquate«, das heißt angemessene Ideen, die übrigen inadäquate.

In seinen Trieben und Leidenschaften ist der Mensch auf andere Körper als deren Gegenstand gerichtet und gewinnt deshalb, da diese immer zugleich auf ihn einwirken, nur inadäquate Ideen, nur ein zerstückeltes und verworrenes Wissen von ihnen. Das gleiche gilt für die sinnliche Wahrnehmung anderer Körper.

Ganz anders – insbesondere in ihrer höchsten Form, die Spinoza »unmittelbare Anschauung« nennt – die Vernunft! Sie vermittelt nur adäquate Ideen, sie liefert nicht verworrene Erkenntnis der Dinge in ihrer Vereinzelung, sondern betrachtet alles in seinem ewigen, notwendigen Zusammenhang. (Wir können hier die Bemerkung nicht unterdrücken, daß Spinoza sich an dieser Stelle als echter Sohn seines rationalistischen Zeitalters zu erkennen gibt. Immer ist der einzelne Denker und der Mensch überhaupt in demjenigen am interessantesten und aufschlußreichsten, was er fraglos als selbstverständlich voraussetzt. Spinoza mißtraut den Sinnen, er mißtraut den Instinkten. An der Vernunft und ihrer Fähigkeit, ungetrübte Erkenntnis und unbedingte Gewißheit zu vermitteln, zweifelt er nicht.) Indem die Vernunft die Dinge rein, adäquat erfaßt, begreift sie sie zugleich in ihrer gesetzmäßigen Notwendigkeit. Da man das, was man als notwendig begreift, von dem man also eingesehen hat, daß es so sein muß und nicht anders sein kann, auch bejahen muß, ist Einsehen gleich Bejahen, Bejahen ist aber nichts anderes als Wollen (dies lehrte schon Descartes). Was wir zweifelsfrei erkannt haben, dem stehen wir sonach nicht mehr als einem von außen an uns Herantretenden, nicht Gewünschten gegenüber, vielmehr steht es vor uns als ein von uns selbst Gebilligtes, Bejahtes, Gewolltes. Wir sind ihm gegenüber nicht unfrei, leidend, sondern selbstbestimmend und frei! Der Mensch gelangt daher nur dadurch zu immer höherer Freiheit – und dies ist zugleich die einzige Art von Freiheit, die er erlangen kann –, und er vermag sich damit in immer zunehmendem Maße vom Leiden zu befreien, indem er *erkennt.* Alles was er in seiner Notwendigkeit begriffen hat, wird er einsehen und damit bejahen. Alles, was er bejaht, ist nicht mehr ein auf ihn als einen Leidenden Einwirkendes, sondern er steht ihm selbstbestimmend, das heißt frei, gegenüber.

Da alles, was notwendig ist, Gottes Wille ist (denn Gottes Wille und das Notwendige sind ja eins), so ist fortschreitendes Erkennen und Bejahen des Notwendigen zugleich wachsende Liebe zu Gott und Fügung in seinen Willen. Diesen höchsten dem Menschen erreichbaren Zustand nennt Spinoza »amor Dei intellectualis«, geistige Liebe zu Gott. Sie ist zugleich auch »amor fati«, eine Liebe zum unabänderlichen Schicksal, wie sie zwei Jahrhunderte später Friedrich Nietzsche, freilich zerquält und nicht in so reiner und gelöster Form wie Spinoza, zu lehren versuchte. Auch Religion und Seligkeit bestehen nur in der selbstverständlichen Hingabe des Menschen an das Notwendige, das heißt an den Willen Gottes. In diesem Sinne ist, wie der Schlußsatz der Ethik sagt, die Seligkeit nicht der Lohn der Tugend, sondern die Tugend selbst ist die Seligkeit. Das ist der Weg, den uns Spinoza führen will. Hören wir zum Schluß, was er selbst im Rückblick auf sein Werk sagt:

»Hiermit habe ich alles, was ich von der Macht der Seele über die Affekte und von der Freiheit der Seele zeigen wollte, vollständig dargelegt. Es erhellt daraus, wieviel der Weise vermag und wie sehr er dem Toren überlegen ist, der allein vom Gelüst getrieben wird. Denn abgesehen davon, daß der Tor von äußeren Ursachen auf vielerlei Art hin und her bewegt wird und sich niemals im Besitz der wahren Zufriedenheit des Gemüts befindet, lebt er überdies wie unbewußt seiner selbst und Gottes und der Dinge, und sobald er zu leiden aufhört, hört er zugleich auf zu sein; der Weise dagegen, sofern er als solcher betrachtet wird, wird kaum in seinem Gemüt bewegt, sondern seiner selbst und Gottes und der Dinge nach einer gewissen ewigen Notwendigkeit bewußt, hört niemals auf zu sein, sondern ist immer im Besitz der wahren Zufriedenheit des Gemüts. Wenn nun der Weg, von dem ich gezeigt habe, daß er hierhin führt, äußerst schwierig zu sein scheint, so läßt er sich doch finden. Und freilich schwierig muß sein, was so selten gefunden wird. Denn wie wäre es möglich, wenn das Heil leicht zugänglich wäre und ohne große Mühe gefunden werden könnte, daß fast alle es unbeachtet lassen? Aber alles Erhabene ist ebenso schwer wie selten.«[8]

Wir haben uns auf die Erörterung weniger Grundgedanken der Ethik beschränkt. Die politischen Anschauungen Spinozas wurden dabei beiseite gelassen. Hervorheben wollen wir aber aus ihnen wenigstens seine Forderung nach Geistes-, das heißt Rede- und Gedankenfreiheit, im Staate. Er begründet sie durchaus mit Erwägungen der Vernunft: Nachdem die Menschen sich zur staatlichen Gemeinschaft zusammengeschlossen und dieser Macht übertragen haben, reicht für sie als Staatsbürger nicht mehr ihr Recht einfach so weit wie ihre Macht – wie es der Fall ist, solange der einzelne dem einzelnen gegenübersteht. Sie haben sich zugunsten des Staates eines Teils ihrer Macht und damit ihres Rechts entäußert, dafür aber Sicherheit gewonnen. Der Staat selbst befindet sich aber weiterhin sozusagen im Naturzustand, in welchem alles, was möglich, auch erlaubt ist. Dies gilt für das Verhältnis des Staates zu anderen Staaten. Verträge binden ihn stets nur so lange, wie ihre Einhaltung ihm vorteilhaft erscheint. Es gilt aber auch für die Macht des Staates nach innen, gegenüber seinen Bürgern. Sein Recht reicht so weit wie seine Macht. In seiner Macht liegt alles, was er erzwingen kann. Da religiöse und wissenschaftliche Überzeugungen zum Beispiel nicht erzwungen werden können, würde der Staat die Grenze seiner Macht und damit seines Rechts überschreiten und sich nur lächerlich machen, wenn er es versuchen würde. Jede mögliche Freiheit zu gewähren, ist für den Staat auch insofern ein Gebot der Klugheit, als »die Menschen ihrer Natur nach nichts weniger vertragen können, als daß Meinungen, die sie für wahr halten, als Verbrechen gelten sollen . . .«[9] An Aktualität haben diese Sätze Spinozas seit ihrer Niederschrift nichts eingebüßt. Wir dürfen annehmen, daß diese Forderung Spinozas außer auf derartige Vernunftgründe auch auf seine eigenen bitteren Erfahrungen zurückgeht. Mit ihr geht er der großen europäischen Bewegung der Aufklärung voran, die im nächsten Kapitel betrachtet werden soll.

3. NACHWIRKUNG SPINOZAS – ZUR KRITIK

Die Wirkung Spinozas auf die Nachwelt setzte nach seinem Tode nicht sogleich in voller Stärke ein. Wie zu Lebzeiten wurde er auch nach seinem Tode gehaßt, verspottet und verboten. Das Judentum hatte ihn ausgestoßen, die katholische Kirche setzte seine Werke auf den Index der verbotenen Bücher. In Deutschland wurde sein Einfluß zunächst auch durch die fast gleichzeitig entstandene Philosophie Leibniz' hintangehalten. Wie weit sein Einfluß unter der Oberfläche trotzdem reichte, läßt sich ermessen an der Zahl der Streit- und Widerlegungsschriften, die immer wieder gegen ihn erschienen. In Deutschland waren es der große Dichter und Kritiker Lessing sowie Johann Heinrich Jacobi (1743–1819) die ersten, die Spinoza öffentlich Achtung zollten. Ihnen folgten Herder und Goethe, der sich ausdrücklich zu ihm und seiner Lehre bekannt hat. Zu den Philosophen, auf die Spinozas Gedanken eingewirkt haben, gehören unter anderen Schopenhauer, Nietzsche und Bergson.

Schließen wir noch einige kritische Gesichtspunkte an. Das Werk Spinozas ist, wie es nicht anders sein kann, Ausdruck seiner Persönlichkeit und seines Schicksals. Niemand kann dem entgehen, auch nicht ein Mann wie Spinoza, der die Welt und sogar sein eigenes Dasein gleichsam aus großer Entfernung zu betrachten vermochte. Die Herkunft Spinozas prägt sich aus in einem Wesenszug seiner Philosophie, den man orientalisch nennen kann. Ein Zug fatalistischer Ergebenheit, der zu lässiger Tatenlosigkeit freilich nicht führen muß, aber doch leicht führen kann, ist in ihr enthalten. Man hat Spinozas Lehre daher auch mit der Buddhas verglichen.[10] Seiner Herkunft und seinem Schicksal gleicherweise ist es wohl zuzuschreiben, daß in seinem System Wert und Bedeutung der natürlichen menschlichen Lebensgemeinschaften Ehe, Familie und Volk keine rechte Stätte haben. Spinoza war ferner eine so theoretisch gerichtete Natur, daß für ihn das Verstehen mit dem Bejahen zusammenfiel. Er konnte sich kaum vorstellen, daß ein Mensch das, was ihm die Erkenntnis als zwingende Einsicht liefert, trotzdem nicht anerkennen und bejahen sollte. Für ihn wurde tatsächlich »die Erkenntnis selbst zum Affekt«. Endlich ist es aus seinem Charakter wie aus seinem Schicksal der Ausgestoßenheit und Vereinsamung zu begreifen, daß er es niemals für möglich und daher auch nicht für erstrebenswert hielt, den natürlichen Egoismus des Menschen zu überwinden, und daß ihm der Gedanke, ein Mensch könne sich für einen anderen aufopfern, absurd erschien. Dies unterscheidet seine Lehre auch, trotz Gleichklang in mancher anderen Hinsicht, vom Kern des Christentums.

III. Leibniz

1. LEBEN UND SCHRIFTEN

Die äußeren Verwüstungen, die der Dreißigjährige Krieg (1618–1648) in Deutschland anrichtete, warfen das Land so weit zurück, daß es nach dem Urteil berufener Historiker Jahrhunderte gedauert hat, bis sie ganz überwunden waren. Auch auf geistigem Gebiet zeigen die Jahrzehnte des Krieges in Deutschland eine allgemeine Verödung, aus der nur vereinzelte selbständige Geister herausragen. Allerdings erfolgte hier – abgesehen von dem bleibenden Schaden, den die Verewigung des konfessionellen Gegensatzes für das deutsche Volk bedeutete – die Erholung wesentlich rascher. Das ist vor allem das Verdienst eines einzigen Mannes, Gottfried Wilhelm Leibniz. Wie ein strahlender Komet erhebt sich aus der geistigen Dürftigkeit der Kriegsjahrzehnte seine Erscheinung. Er ist der eigentliche Begründer der neueren deutschen Philosophie, die einen so gewaltigen Höhenflug nehmen sollte. Seine Vielseitigkeit und seine hervorragenden Leistungen auf fast allen Wissensgebieten sind in der deutschen Geistesgeschichte ohne Beispiel.
Geboren 1646, also kurz vor dem Abschluß des Westfälischen Friedens, in Leipzig, erwarb der früh Verwaiste schon in seiner Kindheit eine umfassende Bildung, die es ihm ermöglichte, mit 15 Jahren die Universität zu beziehen, mit 17 Jahren das Baccalaureat und mit zwanzig den Doktorgrad zu erlangen, letzteres an der Universität Altdorf, nachdem er in Leipzig wegen seiner Jugend zur Promotion nicht zugelassen worden war. Die ihm sogleich gebotene Hochschullaufbahn schlug er aus; er hat auch später niemals ein wissenschaftliches Lehramt bekleidet. Er wandte sich vielmehr der politischen Wirksamkeit zu, wofür seine Bekanntschaft mit dem kurfürstlich-mainzischen Rat von Boineburg den entscheidenden Anstoß gab. Im Auftrag des Kurfürsten ging Leibniz nach Paris mit dem von ihm selbst entwickelten Plan, die Angriffslust des französischen Königs Ludwig XIV., welche die Niederlande und Deutschland bedrohte, von diesem Ziel auf ein anderes zu lenken. Leibniz schlug vor, die Staaten des christlichen Europa sollten nicht länger ihre Kräfte in Kämpfen untereinander verbrauchen, sondern sich vereint gegen die nichtchristliche Welt wenden. Er empfahl, daß Frankreich zunächst Ägypten besetzen solle, wie es später Napoleon I. tat. Leibniz hatte keinen Erfolg. Man bedeutete ihm schließlich, daß »Kreuzzüge aus der Mode gekommen« seien.
Um so fruchtbarer war der vierjährige Aufenthalt in Paris für Leibniz in wissenschaftlicher Hinsicht. Er studierte Descartes, las Spinozas Ethik im Manuskript, knüpfte Bekanntschaften mit führenden Geistern der Zeit, wie *Huyghens,* von dem er nach seinem eigenen Zeugnis erst in die

wahren Tiefen der mathematischen Wissenschaft eingeführt wurde, *Arnauld*, dem damaligen Haupt der Jansenisten, und anderen. Auf der Rückreise besuchte er auch Spinoza. Sein ganzes Leben hindurch stand Leibniz in angeregtestem Briefwechsel mit zahlreichen bedeutenden Männern; seine Briefe bilden eine der wichtigsten Quellen für die Kenntnis seines Denkens. In Paris erfand er auch die Differentialrechnung, die rechnerische Bewältigung des unendlich Kleinen in der Mathematik, die kurz zuvor in etwas anderer und unvollkommenerer Form schon Newton entwickelt hatte, ohne daß Leibniz wohl davon Kenntnis gehabt hat.

1676 ging Leibniz als herzoglicher Bibliothekar und Berater des Hofes nach Hannover. Diese Stadt wurde ihm zur zweiten Heimat. Er hat sie während der nun folgenden Jahrzehnte nur zu Reisen verlassen, allerdings ausgedehnten, die ihn unter anderem nach Berlin, Wien und Rom führten. Die im Jahre 1700 erfolgte Gründung der Berliner Akademie der Wissenschaften geht auf seine Anregung zurück. Er trat auch in Beziehungen zum russischen Zaren Peter dem Großen, dem er weitreichende Pläne zur Förderung der Wissenschaften und des kulturellen Austausches unter den Nationen vortrug. Auf seine Kenntnis und Hochschätzung der chinesischen Geisteswelt wurde schon am Ende des Ersten Teils hingewiesen. Leibniz' großartige Pläne scheiterten zum größten Teil. Insbesondere wurde der ihn ständig bewegende Gedanke, die christlichen Bekenntnisse, zuerst Katholizismus und Protestantismus, später wenigstens Lutheraner und Reformierte, wieder zu vereinigen, niemals Wirklichkeit. Leibniz verfaßte zur Förderung dieses Planes theologische Schriften, in denen er das die Konfessionen Verbindende besonders betont.

Im Dienste der hannoverschen Kurfürsten arbeitete Leibniz vor allem als Staatsrechtler und Historiker. So verfaßte er nach langjährigem Quellenstudium ein umfangreiches Geschichtswerk, das zu den besten seiner Zeit gehörte. Seine mathematischen und philosophischen Arbeiten gingen daneben weiter. Die Vielfalt seiner Interessen hinderte ihn oft, Begonnenes zu vollenden. Er selbst schreibt darüber in einem Briefe: »Ich stelle Untersuchungen in den Archiven an, hole alte Papiere hervor und sammle ungedruckte Urkunden. Ich erhalte und beantworte Briefe in großer Zahl. So viel Neues habe ich aber in der Mathematik, so viele Gedanken in der Philosophie, so viele andere literarische Beobachtungen, die ich nicht gerne möchte abhanden kommen lassen, daß ich oft nicht weiß, was zuerst zu tun ist.«

Gegen Ende seines Lebens erlitt Leibniz das Schicksal, das vielen großen Männern im Dienst der Fürsten widerfahren ist. Er fiel in Ungnade und starb 1716 vereinsamt und verbittert, doch bis zum letzten Tage an seinem Schreibpult tätig. Der Mann, der vielleicht zum letzten

Male in der europäischen Geistesgeschichte alle Wissensgebiete beherrscht und auf fast allen Hervorragendes geleistet hatte, wurde nach Berichten von Zeitgenossen sang- und klanglos begraben. Nur die französische Akademie der Wissenschaften widmete ihm einen ehrenden Nachruf.

Daß Leibnizens Gedanken, vor allem auf philosophischem Gebiet, zunächst nicht die ihrer Bedeutung entsprechende Würdigung fanden, hatte seinen Grund zum großen Teil darin, daß er selbst sein philosophisches System niemals vollständig im Zusammenhang dargestellt hat. An zahllosen verstreuten Stellen in Briefen und kleineren Abhandlungen, die teilweise erst Jahrzehnte später gedruckt und damit der Öffentlichkeit zugänglich wurden, hat er seine philosophischen Gedanken niedergelegt. Das gilt namentlich für die erste, vorbereitende Periode in der Entwicklung seiner philosophischen Anschauungen, die bis zum Jahre 1695 reicht. In der zweiten Periode der vollen Ausbildung und Ausreifung hat er einige Schriften verfaßt, in denen wenigstens wesentliche Teile des Systems zusammenfassend behandelt sind. Zu nennen ist zuerst der 1695 veröffentlichte Aufsatz »*Neues System der Natur*«. Die hier niedergelegten Gedanken sind fortgeführt in der »*Monadologie*« und den »*Prinzipien der Natur und der Gnade*«, verfaßt in den Jahren 1712 bis 1714 in Wien für den Prinzen Eugen. Dazwischen liegt die Abfassung zweier weiterer bedeutsamer Schriften philosophischen Charakters, die beide einen polemischen Zweck verfolgen. Die »*Neuen Versuche über den menschlichen Verstand*«, erst nach Leibniz' Tode veröffentlicht, sind gegen den Engländer Locke[11] gerichtet. Leibnizens bekannteste Schrift, die Theodizee (über die Güte Gottes, die Freiheit des Menschen und den Ursprung des Bösen), richtet sich gegen den französischen Skeptiker Bayle. Sie ist entstanden aus Unterhaltungen mit der Königin von Preußen. Die spätere Forschung hat versucht, die von Leibniz hinterlassenen Bruchstücke zu einem Ganzen zusammenzufügen – eine schwierige Aufgabe nicht nur wegen der Verstreutheit der Quellen, sondern auch wegen der Widersprüche, welche von Leibniz, der niemals Zeit fand, das Ganze seines Systems in Ruhe zu überdenken, nicht bemerkt oder jedenfalls nicht ausgeräumt worden sind. Eine kritische Gesamtausgabe seiner Schriften, auf 80 Bände angelegt und zu Anfang unseres Jahrhunderts begonnen, wird bis zu dessen Ende kaum fertig sein. Wir beschränken unsere Darstellung auf die drei Kernstücke des Leibnizschen Systems.

2. GRUNDGEDANKEN DER LEIBNIZSCHEN PHILOSOPHIE

a) Die Monadenlehre

Das erste Hauptstück der Leibnizschen Metaphysik, die Lehre von den Monaden, läßt sich am besten verdeutlichen, wenn man zunächst anknüpft an den Substanzbegriff des Descartes, und zwar den der körperlichen, ausgedehnten Substanz. In zweierlei Richtung wird dieser von Leibniz kritisiert.

Descartes hatte gemeint, daß alle Naturerscheinungen sich mit den Begriffen Ausdehnung und Bewegung erklären lassen, und ein Gesetz von der »Erhaltung der Bewegung« formuliert. Leibniz macht dagegen geltend: Betrachtet man die Körperwelt nur unter dem Gesichtspunkt der Ausdehnung, so ist »Bewegung« nichts weiter als Veränderung in den Nachbarschaftsverhältnissen der Körper, Verschiebung von Teilen des Raumes untereinander. Wie kann ich dann überhaupt Bewegungen objektiv feststellen? Offenbar gar nicht. Bewegung ist etwas rein Relatives; welcher Körper bewegt erscheint und welcher nicht, hängt allein vom Standpunkt des Betrachters ab. Der physikalisch gebildete Leser bemerkt schon hier, wie nahe Leibniz mit seinen Überlegungen gewissen Ansätzen der Relativitätstheorie kommt; das gilt erst recht für das Folgende. Leibniz fährt fort: Man könne die Bewegung nicht trennen vom Begriff der *Kraft.* Ohne die hinter der Bewegung stehende und sie verursachende Kraft verflüchtigt sich die Bewegung zu einem reinen Schattenspiel. Die Kraft (wir würden sagen Energie) ist das eigentlich Reale. Leibniz macht das noch deutlicher mit folgendem Argument: Auch die Cartesianer sehen den steten Wechsel von Bewegung und Ruhe. Wo bleibt da die Bewegung, deren Summe doch nach Descartes immer gleich bleiben soll? Gleich bleibt offenbar nicht die Bewegung, wohl aber die Kraft. Geht ein bewegter Körper in Ruhe über, so hört wohl die Bewegung auf, aber der Körper hört deshalb nicht auf, Kraft zu sein oder Kraft darzustellen. Nur ist die in ihm wirkende Kraft jetzt in eine andere Form (wir würden sagen in potentielle Energie) übergegangen. Es gibt deshalb kein Gesetz von der Erhaltung der Bewegung, sondern von der Erhaltung der Kraft.

Leibniz kritisiert die Descartessche Auffassung der ausgedehnten Substanz noch unter einem zweiten Gesichtspunkt, dem der Kontinuität und Teilbarkeit. Der mathematische Raum ist ein Kontinuum und unendlich teilbar. Fasse ich mit Descartes die Körperwelt rein geometrisch als Ausdehnung auf, so muß die Materie auch ein Kontinuum und ins Unendliche teilbar sein. Leibniz erkennt, daß die Materie im Sinne der Physik doch etwas anderes ist als der Raum im Sinne der Geometrie. Das Kontinuum im Sinne der Mathematik ist eine ideelle Vorstellung. Es hat keine wirklichen Teile. Es kann beliebig geteilt werden, aber eben, weil es eine Vorstellung ist, *in Gedanken.* Die wirkliche Materie ist nicht mit bloßer Ausdehnung gleichzusetzen. Das beweist schon, worauf Leibniz ausdrücklich verweist, die den Körpern innewohnende Trägheit, die mit dem bloßen Begriff der Ausdehnung nicht erfaßt wird. Die Wirklichkeit kann nur aus echten Teilen bestehen, und diese können keineswegs beliebig teilbar sein. Das scheint nun auf die alte Atomtheorie hinzuführen, wie sie die Griechen ausgebildet hatten und wie sie gerade kurz vor Leibnizens Zeit von dem französischen Physiker und Naturphilosophen Pierre *Gassendi* (1592–1655), dem Gegner Descartes, erneuert worden war.

Aber der alte Atombegriff genügt Leibniz nicht. Wie Leibniz allgemein die Berechtigung der mechanischen Naturerklärung, zum Beispiel eines Galilei, zwar nachdrücklich verficht, dann aber doch über diese hinausstrebt in der Überzeugung, daß ihre Prinzipien nicht auf sich selbst, sondern auf letzten metaphysischen Begriffen ruhen, so auch hier. Leibniz verbindet den mechanistischen Atombegriff mit dem aristotelischen Begriff der Entelechie, der beseelenden und formenden Kraft, und kommt so zu seinem Begriff der Monade, wobei er den Ausdruck, der sprachlich weiter nichts bedeutet als »Einheit«, wahrscheinlich von Giordano Bruno entlehnt. Was sind die Monaden? Man kommt der Sache am nächsten, wenn man sich die eine unendliche Substanz des Spinoza in unzählig viele punktuelle, individuelle Substanzen zerlegt denkt. In der Tat sagt Leibniz: »Spinoza hätte recht, wenn es nicht die Monaden gäbe.« – Die Monade läßt sich unter vier Gesichtspunkten betrachten:

1. Die Monaden sind *Punkte.* Das heißt, der eigentliche Urgrund des Seienden sind punktförmige Substanzen. Er besteht also nicht in einem Kontinuum. Das scheint der sinnlichen Anschauung zu widersprechen, in der uns die Materie als ein ausgedehntes, den Raum erfüllendes Kontinuum erscheint. Leibniz behauptet, daß dieser sinnliche Eindruck täuscht. Darin hat ihm die neuere Naturforschung unbedingt recht gegeben. Es muß bemerkt werden, daß die gerade erfolgte Erfindung des Mikroskops auf Leibniz großen Eindruck gemacht hatte. Der tiefere Blick in die Struktur der Materie, den es ermöglichte, bestätigte ihm seine Auffassung.

2. Die Monaden sind *Kräfte,* Kraftzentren. Ein Körper ist nach Leibniz nichts anderes als ein Komplex von punktuellen Kraftzentren. Wiederum hat ihm nicht nur die weitere Entwicklung der kritischen Philosophie durch Kant und Schopenhauer, sondern vor allem die spätere Naturforschung selbst recht gegeben.

3. Die Monaden sind *Seelen.* Die punktuellen Ursubstanzen sind durchgängig beseelt zu denken, allerdings in verschiedenem Grade. Die niedersten Monaden sind gleichsam in einem träumenden oder

betäubten Zustand. Sie haben nur dunkle, unbewußte Vorstellungen. Die höheren Monaden, wie die Menschenseele, haben Bewußtsein. Die höchste Monade, Gott, hat ein unendliches Bewußtsein, Allwissenheit.

4. Die Monaden sind *Individuen.* Es gibt nicht zwei gleiche Monaden. Die Monaden bilden eine lückenlose, kontinuierliche Reihe von der höchsten göttlichen Monade bis zur einfachsten. Jede hat darin ihren unverwechselbaren Platz, jede spiegelt das Universum auf ihre eigene, einmalige Weise, und jede ist potentiell, der Möglichkeit nach, ein Spiegel des ganzen Universums. Die Monaden sind Individuen auch insofern, als sie nach außen abgeschlossen sind. Sie haben »keine Fenster«. Alles, was mit und in der Monade geschieht, folgt aus ihr selbst und ihrem Wesen, ist durch den göttlichen Schöpfungsakt, durch welchen die Monaden aus der einen göttlichen Urmonade hervorgingen, in ihr angelegt.

b) Die prästabilierte Harmonie

Bei dieser Anschauung kehrt nun für Leibniz in veränderter Form ein Problem wieder, das schon seine Vorgänger beschäftigt hatte. Für Descartes gab es zwei Substanzen, Denken und Ausdehnung. Ihr Verhältnis zueinander, vor allem im Menschen, war für ihn schwierig zu erklären gewesen. Für Leibniz gibt es unendlich viele Substanzen, eben die Monaden. Jede Monade hat ihre eigene Vorstellungswelt. Die ganze Welt besteht aus nichts als den Monaden und ihren Vorstellungen. Nun bilden aber alle Monaden zusammen das *harmonische Ganze* der Welt. Wie ist es zu erklären, daß die Vorstellungen, welche jede Monade für sich und rein aus sich selbst entwickelt, doch insoweit übereinstimmen, daß zum Beispiel wir Menschen uns in einer gemeinsamen Welt finden und in ihr uns denkend und handelnd orientieren? Das kann nicht aus den Monaden selbst erklärt werden. Es wäre ja auch denkbar, daß die Monaden so beschaffen wären, daß keinerlei Übereinstimmung zwischen ihren verschiedenen »Welten« stattfände! Es kann nur erklärt werden aus dem Urgrund, dem alle Monaden entstammen, aus der *Gottheit.*

Leibniz hat seine Ansicht durch das berühmte *Uhrengleichnis* verdeutlicht, das allerdings nicht von ihm erfunden ist, sondern von dem schon genannten Geulincx. Man denke sich zwei Uhren, die fortlaufend ohne die geringste Abweichung übereinstimmen. Die Übereinstimmung kann auf dreierlei Art herbeigeführt sein: Entweder die beiden Werke sind durch eine technische Vorrichtung so miteinander verbunden, daß das eine vom andern mechanisch abhängig ist und daher nicht von ihm abweichen kann. Oder es ist ein beaufsichtigender Mechaniker vorhanden, der beide fortlaufend reguliert. Oder, drittens, die beiden Uhren

sind mit solcher Kunstfertigkeit und Präzision gemacht, daß eine Abweichung ausgeschlossen ist.
Auf das Verhältnis verschiedener »Substanzen« angewandt, bedeutet das: Entweder es muß eine gegenseitige Einwirkung zwischen ihnen stattfinden. Descartes stand vor dem Dilemma, daß er die augenfällige Tatsache des Zusammenklangs seiner beiden Substanzen, vor allem von Psychischem und Physischem im Menschen, nicht leugnen, eine Einwirkung der einen auf die andere aber auch nicht gutheißen konnte, denn er war von zwei Substanzen ausgegangen, die ihrem Begriffe nach nichts miteinander gemein haben. Hier halfen sich die Occasionalisten mit der zweiten Annahme. Sie setzten Gott in die Rolle des beaufsichtigenden Mechanikers, der durch immer neue Eingriffe die Übereinstimmung herstellt. Beide Wege waren für Leibniz nicht gangbar, denn seine Monaden sind fensterlos und unabhängig voneinander, und die occasionalistische Theorie scheint ihm einen Deus ex machina einzuführen, in einer Frage, die auf natürlichere Weise zu erklären sein muß. So greift er zu der dritten Möglichkeit, »daß nämlich Gott von Anbeginn an jede der beiden Substanzen so geschaffen hat, daß eine jede, indem sie nur ihre eigenen Gesetze befolgt, die sie zugleich mit ihrem Dasein empfangen hat, mit der anderen genau ebenso in Übereinstimmung bleibt, als wenn ein gegenseitiger Einfluß stattfände oder als wenn Gott immer mit seiner Hand eingriffe . . .« Das ist seine Lehre von der prästabilierten (das heißt von Gott im voraus angelegten) Harmonie.
Wir bemerken, daß es natürlich noch eine ganz andere (einfachere) Möglichkeit gibt. Diese hatte Spinoza gewählt. Für diesen gibt es keine zwei Uhren, nämlich keine zwei getrennten Substanzen. Es gibt nur die eine göttliche Substanz, und wenn wir die »Harmonie« zwischen den Vorgängen des Denkens und der Körperwelt feststellen, so ist diese nicht verwunderlich und bedarf keiner weiteren Erklärung, da ja beide nur »Attribute« der einen Substanz sind, da der eine Gott sich einmal unter dem Attribut des Denkens, das andere Mal unter dem der Ausdehnung offenbart. Für Spinoza gibt es nicht zwei Uhren, sondern gewissermaßen nur eine Uhr mit zwei vom gleichen Werk abhängigen Zifferblättern (oder mit mehreren, aber wir sehen nur diese zwei).
Den Weg Spinozas konnte Leibniz nicht betreten. Er hätte ihn folgerichtig in den spinozistischen Pantheismus geführt, für den die Welt in Gott wie Gott in der Welt ist, für den Gott und Welt zusammenfallen. Leibniz hält an der christlichen »theistischen« Überzeugung von einem außerhalb und über der Welt stehenden Gott fest. Er bedarf daher der zwar großartigen, gegenüber Spinoza aber doch etwas künstlich anmutenden Lehre von der prästabilierten Harmonie, die nach seinen Worten »darauf hinausläuft, daß die Körper wirken, als wenn es gar keine

Seelen gäbe, und daß die Seelen wirken, als wenn es gar keine Körper gäbe, und daß alle beide wirken, als wenn sie sich gegenseitig beeinflußten«[12].

c) Theodizee

Der Grundzug des Optimismus, der in der Lehre von der prästabilierten Harmonie ohne weiteres zu erkennen ist, mußte zwangsläufig in Konflikt geraten mit der auch für Leibniz, und gerade für ihn als religiösen Denker und überzeugten Christen, nicht zu übersehenden Tatsache des Übels, des Bösen in der Welt. Leibniz ist überzeugt, daß Gott bei seiner Schöpfung unter allen möglichen Welten die beste erschaffen habe. Das folgt ohne weiteres aus dem Wesen Gottes. Wäre die geschaffene Welt nicht die beste, gäbe es also noch eine bessere, so müßte Gott diese bessere entweder nicht gekannt haben – das widerspräche seiner Allwissenheit – oder nicht zu schaffen vermocht haben – das widerspräche seiner Allmacht – oder nicht gewollt haben – das widerspräche seiner Allgüte. Wie kommt es aber dann, daß in dieser vollkommensten aller Welten übergenug an Leiden, Unvollkommenheiten und Sünde vorhanden ist? Das ist die Frage der Leibnizschen Theodizee.

Leibniz unterscheidet, um dem Problem näher auf den Leib rücken zu können, drei Arten des Übels, das metaphysische, das physische und das moralische Übel. Das metaphysische Übel besteht letztlich in der Endlichkeit unserer Welt. Diese war nicht zu vermeiden, wenn Gott eine »Welt« schaffen sollte. Das physische Übel, also Leiden und Schmerz jeder Art, geht mit Notwendigkeit aus dem metaphysischen hervor. Da geschaffene Wesen nur unvollkommen sein können (wären sie vollkommen, so wären sie nicht geschaffene Wesen, sondern Gott gleich), so können auch die ihnen eigenen Empfindungen nicht vollkommen sein; es müssen auch solche der Unvollkommenheit, eben der Unlust und des Leidens, unter ihnen sein. Ähnliches gilt im Grunde für das moralische Übel. Ein geschaffenes Wesen muß in seiner Unvollkommenheit notwendig fehlen und sündigen, vor allem wenn ihm Gott die Gabe der Freiheit verliehen hat.

3. EINIGES ZUR KRITIK – FORTBILDUNG UND FORTENTWICKLUNG LEIBNIZSCHER GEDANKEN

Es wurde schon gesagt, daß Leibniz' System eine Reihe innerer Widersprüche aufweist. Sie bestehen aus solchen, die stehenbleiben, weil Leibniz mit seinem Denken nie zu Ende kam, die er aber möglicherweise bei konsequenter Durchführung hätte beseitigen können, und solchen, die bei seiner eigentümlichen Zwischenstellung zwischen dem Festhalten an eingewurzelter religiöser Überzeugung und Anerkennung der neuen Naturerkenntnis von seinem Standpunkt aus sich notwendig ergeben mußten. Wir weisen nur auf einige solcher Widersprüche hin.

In bezug auf den *Raum* lehrt Leibniz auf der einen Seite, daß die Welt nur aus den (ausdehnungslosen) Monaden und ihren Vorstellungen und sonst nichts besteht. Wenn uns die Sinnesanschauung die Welt als ein im Raum ausgedehntes Kontinuum zeigt, so ist das eine Täuschung, denn in Wahrheit ist das scheinbare Kontinuum ein Komplex von punktuellen Monaden. Das ist reiner Idealismus und entspricht einer Leugnung der Realität des Raumes. Auf der anderen Seite lehrt Leibniz aber eine Vielheit nebeneinander bestehender Monaden, und wo sollen diese sich anders nebeneinander befinden als im Raum? Ein Widerspruch besteht auch zwischen dem Gedanken der prästabilierten Harmonie, welcher nämlich einen Determinismus einschließt, da Gott ja den gesamten Ablauf im vorhinein festgelegt hat, und der Anerkennung der menschlichen Willensfreiheit, wie sie die Theodizee enthält.

Widersprüche ergeben sich auch zwischen Ausführungen, die Leibniz in philosophischen Auseinandersetzungen macht, und christlichen Grundanschauungen, die er nicht nur festhalten, sondern mit seiner Lehre gerade gegen Skeptiker wie Bayle schützen will. In der Theodizee hält Leibniz zum Beispiel jenen, die auf das Leiden des Menschen in der Schöpfung verweisen, folgende Frage entgegen: Woher wissen wir denn, daß die Glückseligkeit des Menschen der alleinige oder Hauptzweck der Welt ist? Der göttliche Weltzweck geht nicht auf einen Teil, sondern auf das Ganze der Schöpfung, und dieser Weltzweck darf nicht den Ansprüchen eines Teiles der Geschöpfe, seien es auch die höchststehenden, geopfert werden! Das stimmt nicht ganz zusammen mit dem christlichen Gedanken, nach dem der göttliche Heilsplan der Erlösung gerade des Menschen dient. Überhaupt findet die Idee der Erlösung in Leibniz' System eigentlich keinen rechten Platz. Denn wenn die Monaden von Gott von Anfang an so vollkommen geschaffen sind, daß es eines göttlichen Eingreifens weiter nicht bedarf, so ist eine Erlösung durch übernatürliche Gnadenwirkung ebenso unmöglich und überflüssig wie jede andere Art von »Wunder«, obwohl deren Möglichkeit von Leibniz behauptet wird.

Eine Versöhnung dieser Widersprüche auf einer höheren Ebene ist allerdings nicht ausgeschlossen. Es war das Werk Kants, den scheinbaren Gegensatz von Determinismus und Freiheit, von Idealität und Realität des Raumes usw. aufzuklären. Von Leibniz' Standpunkt aus war das nicht möglich.

Solche Kritik darf nicht dazu verleiten, die Größe und den gewaltigen Einfluß der Leibnizschen Grundgedanken zu verkennen. Leibniz war ein universaler Geist, der nach seinem eigenen Zeugnis fast in jeder früheren Philosophie einen richtigen Kern entdeckte. Seine Größe besteht darin, daß er, wenn auch nicht mit vollkommenem Erfolg, sich scheinbar Ausschließendes zu vereinen und zusammenzufügen unternahm. Die Hauptgedanken, auf denen das System ruht und die auch in der auf Leibniz folgenden Entwicklung der Philosophie eine zentrale Stelle einnehmen, sind wie folgt zusammengefaßt worden[13]: 1. der Gedanke der vollkommenen Vernunftmäßigkeit des Universums, das heißt seiner logischen Gesetzlichkeit; 2. der Gedanke der selbständigen Bedeutung des Individuellen im Universum; 3. der Gedanke der vollkommenen Harmonie aller Dinge; 4. der Gedanke der quantitativen und qualitativen Unendlichkeit des Universums; 5. der Gedanke der mechanistischen Naturerklärung. –

Da Leibniz nicht öffentlich lehrte und auch sein System nicht systematisch dargelegt hat, hat er keine philosophische »Schule« im eigentlichen Sinne hinterlassen. Seine Gedanken hätten die weitreichende Wirkung, die sie tatsächlich bald nach seinem Tode erlangten, wahrscheinlich niemals gehabt, wenn nicht einer seiner Nachfolger den Versuch unternommen hätte, das nachzuholen, was Leibniz selbst versäumt hatte, nämlich seine Gedanken in ein durchgebildetes System zu bringen und weitesten Kreisen bekanntzumachen. Es war Christian *Wolff* (1679–1745), Professor in Halle und Marburg. Das von ihm ausgebildete sogenannte »Leibniz-Wolffsche System« beherrschte die deutsche Philosophie des 18. Jahrhunderts bis an die Zeit Kants. Wir werden im folgenden Kapitel kurz darauf zurückkommen.

Fünfter Teil

Die Philosophie der Aufklärung und das Werk Immanuel Kants

Erstes Kapitel

Philosophie im Zeitalter der Aufklärung

I. Aufklärung in England

1. VORLÄUFER DES ENGLISCHEN EMPIRISMUS

Von den drei Zweigen, in denen sich die europäische Philosophie in den ersten Jahrhunderten der Neuzeit entfaltete, haben wir im letzten Kapitel nur zwei ins Auge gefaßt: den französisch-niederländischen, der von Descartes bis zu Spinoza führte, und den deutschen bis zu seinem vorläufigen Endpunkt in Leibniz. Von gleicher, wenn nicht größerer Bedeutung für die weitere europäische Geistesentwicklung wurde der dritte, der *englische.* Er ist von ganz anderer Art als die ersten beiden. In der langen Zeit vom 13. bis zum 17. Jahrhundert, in der die Engländer als erstes unter den Völkern Europas eine gewisse politische Freiheit im Innern erkämpft und – nicht zuletzt infolge dieser – ihre Macht nach außen und ihren Wohlstand ständig vermehrt hatten, hatte sich der englische Volkscharakter immer mehr zu dem Ideal des nüchternen und praktischen Tatsachenmenschen hin entwickelt. Der *Puritanismus* – die in England seit dem 16. Jahrhundert aufgekommene religiöse Bewegung, welche die Kirche aus der Reinheit (puritas) von Gottes Wort begründen wollte – hat mit seiner nüchternen Strenge und seinem Ethos der praktischen Arbeit bei der Formung des englischen Volkscharakters eine entscheidende Rolle gespielt.

Dem entspricht es, daß die Engländer von damals bis an die Gegenwart in dem verschlungenen »europäischen Konzert« der Philosophie einen Ton unentwegt festgehalten haben: Ablehnung der Spekulation und unerschütterliches Beharren auf der *Erfahrung* als der Grundlage allen Wissens und aller Philosophie. Eine solche philosophische Richtung, die alle Erkenntnis aus der Erfahrung herleitet und daher alle Wissenschaft auf diese allein begründen will, bezeichnet man als *Empirismus.*

Es ist daher kein Zufall, daß der früheste Vorstoß gegen die mittelalterliche Scholastik, welche an der Vernachlässigung der Erfahrung krankte, von dem Engländer *Roger Bacon* ausgegangen war, der als einer der ersten den Ruf nach der Erfahrung als Quelle allen wahren Wissens ertönen ließ. Es war der Engländer *Duns Scotus,* der den Primat des Willens gegenüber der Erkenntnis vertrat. Es war der Engländer *William von Occam,* dessen Nominalismus dem spekulativen Begriffsgebäude der Scholastik den entscheidenden Stoß versetzte. Es war wiederum der Engländer *Francis Bacon,* der den Gedanken seines großen

Namensvetters zu einem umfassenden Programm der Erneuerung des menschlichen Wissens ausweitete, dessen Grundlage allein Experiment und Erfahrung, dessen Zweck die praktische Naturbeherrschung durch den Menschen sein sollte.

In diese Reihe gehört auch *Thomas Hobbes*. Er wurde früher schon als politischer Denker gewürdigt. Auch Hobbes lehnte die Spekulation ab. Er definierte die Philosophie nüchtern als Erkenntnis der Wirkungen aus den Ursachen und der Ursachen aus den beobachteten Wirkungen; der Zweck der Philosophie war für ihn, die Wirkungen vorherzusehen und für das menschliche Leben nutzbar zu machen. Hobbes stand, im Sinne Galileis, den er als sein Vorbild ansah, ganz auf dem Boden des modernen physikalischen Denkens. Er kann als der erste Philosoph bezeichnet werden, der die neue mechanistische Erklärungsweise auf alle Gebiete der Philosophie angewandt hat. Hobbes kam damit zu recht radikalen materialistischen Konsequenzen, welche, da sie der Zeit weit vorauseilten, die Anerkennung und Ausbreitung seiner philosophischen Gedanken in England beträchtlich behinderten.

Unter den Wegbereitern der nachfolgenden englischen Philosophie, die ihrerseits die große europäische Bewegung der Aufklärung einleitete, muß schließlich der Physiker Isaac *Newton* (1643–1727) genannt werden. Er hat das von Copernicus, Kepler, Galilei, Huyghens und anderen Geleistete nicht nur weitergeführt, sondern zu einer gewaltigen Einheit zusammengefaßt. Neben zahlreichen anderen Entdeckungen war es seine Tat, die physikalischen Gesetze des Falls und der Bewegung auf die neuen astronomischen Tatsachen anzuwenden, und den Nachweis zu führen, daß es die gleiche Kraft ist, die den fallenden Apfel zur Erde zieht und die die Himmelskörper in ihrer Bahn hält. In der wissenschaftlichen Arbeitsmethode bedeutet das Werk Newtons eine höchst erfolgreiche Vereinigung der induktiv-empirischen mit der deduktiv-mathematischen Richtung. – Newton war im damaligen England keine Einzelerscheinung, sondern nur der größte aus einer ganzen Reihe glanzvoller Naturforscher, die in der 1662 gegründeten Königlichen Sozietät (*Royal Society*, gegr. 1660) verbunden waren. Unter ihnen ist hauptsächlich noch Robert *Boyle* (1627–1692), der Bahnbrecher der neuzeitlichen Chemie, zu nennen.

Der Satz, daß der Mensch, je tiefer er in die Geheimnisse der Natur blickt, nur um so demütiger und bescheidener wird, bewährt sich an Newton. Er gleicht darin dem großen Deutschen Kepler. Während manche der gefeierten Naturphilosophen der Renaissancezeit, wie Giordano Bruno oder Paracelsus und seine italienischen Gegenspieler, gleichsam im ersten Überschwang der neuen Zeit einen gewissen prahlerischen und überheblichen Zug an sich tragen, der Einbildung entspringend, daß nun die tiefsten Geheimnisse entschleiert seien, blieb

Newton bis an sein Lebensende dessen eingedenk, daß der menschliche Geist immer nur einen Zipfel der Wahrheit fassen kann. Er beschloß sein wissenschaftliches Lebenswerk mit den Worten: »Sein und Wissen ist ein uferloses Meer: Je weiter wir vordringen, um so unermeßlicher dehnt sich aus, was noch vor uns liegt; jeder Triumph des Wissens schließt hundert Bekenntnisse des Nichtwissens in sich.«

2. LOCKE

Die englische Philosophie hatte im 18. Jahrhundert ihre große Zeit. Die Meilensteine ihres Weges sind durch die Namen dreier Männer bezeichnet, von denen der erste die Grundlage des Ganzen gelegt hat, während die beiden anderen das von ihm Begonnene, und zwar in ganz verschiedenen Richtungen, fortführten: Locke, Berkeley, Hume.

John Locke wurde 1632 in Wrington, Somersetshire geboren. Nach gründlichem Studium, vor allem der Naturwissenschaft, Medizin und Staatslehre, machte er die Bekanntschaft eines Lord Ashley (später Lord Shaftesbury). Dessen Familie blieb er durch mehrere Generationen als Hauslehrer, Berater und Arzt verbunden. An der wechselvollen, staatsmännischen Laufbahn seines Gönners nahm Locke insofern teil, als er während dessen Amtstätigkeit als Lordkanzler ein Staatsamt erhielt, das er nach dem alsbald folgenden Sturz seines Beschützers wieder verlor. Nach einem vierjährigen Aufenthalt in Südfrankreich, von 1675–1679, wurde Locke von dem inzwischen wieder an die Spitze des Kabinetts berufenen Shaftesbury in die Heimat zurückgeholt. Wiederum war der Aufenthalt von kurzer Dauer. Locke ging nach dem erneuten Sturz des Ministeriums nach Holland, wo er von 1683 bis 1688, von politischer Verfolgung bedroht, in der Verborgenheit blieb. Als Wilhelm von Oranien 1689 den englischen Thron bestieg, folgte ihm Locke nach England. Elf Jahre lang bekleidete er nun das Amt eines leitenden Beamten für Handel und Landwirtschaft. Nach seinem 1700 vollzogenen Rücktritt lebte er noch vier Jahre auf dem Landgut einer befreundeten Adligen, nunmehr in ganz Europa angesehen und mit vielen bedeutenden Geistern im Gedankenaustausch.

Das Hauptwerk Lockes, im Entwurf bereits um 1670 entstanden, jedoch erst zwanzig Jahre später veröffentlicht, trägt den Titel *»Ein Versuch über den menschlichen Verstand«*. In seiner äußeren Form zeichnet es sich dadurch aus, daß es in einfacher, ansprechender und jedem Gebildeten verständlicher Sprache geschrieben ist. Wie vor ihm Descartes in Frankreich verzichtet Locke auf die nur dem Eingeweihten verständliche Schulsprache. Er präsentiert sein Werk mit folgenden bescheidenen Worten: »Ich veröffentliche diesen Versuch nicht zur Belehrung von Männern von schneller Fassungskraft und weitem Blick; solchen Meistern gegenüber bin ich selbst nur ein Schüler; und ich warne sie deshalb im voraus, daß sie hier nicht mehr erwarten, als was ich aus meinen eigenen groben Gedanken gesponnen habe und was für Leute meiner Art paßt.«

Den Ausgangspunkt von Lockes Überlegungen bildet seine Erkenntnis, daß jeder philosophischen Betrachtung zunächst eine Untersuchung über das Vermögen des Verstandes und über die Objekte, welche in seiner Sphäre liegen bzw. nicht liegen, vorausgehen muß. Man darf nicht einfach seine Gedanken auf dem weiten Meer der Dinge schweifen lassen, als wäre alles ihr natürlicher und unzweifelhafter Raum. Der Ausgangspunkt ist also wie bei Descartes ein radikaler Zweifel, aber von ganz anderer Art als der Zweifel des Descartes. Denn dieser ist beherrscht von der Überzeugung, daß die Welt mit mathematischer Präzision auf deduktivem Wege zu entwickeln sei. Locke stellt die Frage voran, *ob das überhaupt* mit unserem Verstand *möglich* ist. Vor dem eigentlichen Philosophieren zunächst die Mittel und Möglichkeiten des Denkens selbst zu prüfen, hatten sich schon viele Philosophen vorgesetzt. Locke ist der erste, der vollen Ernst damit macht, und damit der erste *kritische* Philosoph, der eigentliche Vater der modernen Erkenntniskritik.

Lockes Methode ist daher eine ganz andere als die des Franzosen. Descartes' Zweifel hatte ihn nicht gehindert, einen Begriff Gottes mit ganz bestimmten Eigenschaften von vornherein anzunehmen. Demgegenüber weist Locke sogleich darauf hin, daß dieser Gottesbegriff in der Geschichte der Menschheit und bei den verschiedenen Völkern keineswegs überall vorhanden ist. Es muß also zunächst das ganze menschliche Bewußtsein mit seinem mannigfaltigen Inhalt an Eindrücken, Willensregungen, Ideen usw. einer kritischen Inventur unterzogen werden mit dem Ziel, festzustellen: Wie gelangen überhaupt Vorstellungen und Begriffe ins Bewußtsein? Welchen Grad von Gewißheit haben die verschiedenen Vorstellungen gemäß diesem ihrem Ursprung?

Auf die erste Frage gibt es drei mögliche Antworten (wie auch Descartes festgestellt hatte): Ideen, die wir in unserem Bewußtsein vorfinden, sind entweder von außen hineingekommen, oder sie sind aus dem Material der von außen kommenden Vorstellungen durch das Denken selbst gebildet, oder sie sind von allem Anfang an darin vorhanden, das heißt angeboren. Der ganze erste Teil des Lockeschen Werkes ist dem Nachweis gewidmet, daß es *keine angeborenen Ideen* gibt. No innate ideas! Der geistige Zustand des Kindes, ebenso derjenige wilder Völkerschaften, zeigt, daß es irgendwelche Ideen, Begriffe, Grundsätze theoretischer oder praktischer Natur, die »immer, überall und bei allen« vorhanden sind, nicht gibt. Gerade theoretische Denkgesetze, von denen man solches behauptet hatte, wie der Satz der Identität und des Widerspruchs, weisen sich schon durch ihren abstrakten Charakter als späte Produkte einer langen Menschheitsentwicklung aus. Das gilt auch für die sittlichen Gebote. Der gesamte Inhalt des Bewußtseins kann also nur aus den beiden erstgenannten Quellen, der äußeren oder inneren Erfahrung, stammen, wobei die innere, wie noch zu zeigen, von der äußeren abgeleitet ist. Vor der Erfahrung ist überhaupt nichts im Bewußtsein, es ist ein white paper, ein weißes unbeschriebenes Stück Papier. Damit befindet sich Locke auch im Gegensatz zu Leibniz, der, wegen der Abgeschlossenheit der Monaden, angeborene Ideen hatte annehmen müssen.

Im zweiten Buch führt Locke den eingehenden Nachweis, daß tatsächlich alle Ideen (immer im weitesten Sinne als Bewußtseinsinhalte) aus der Erfahrung stammen. Er kommt dabei zu folgender Einteilung:

A. *Einfache Ideen* nennt er (im Gegensatz zu komplexen) die einfachsten Bausteine unseres Denkens, einfache Abbilder von Eindrücken.

a) *Äußere Erfahrung* (sensation) ist die eine Quelle, aus der einfache Ideen ins Bewußtsein gelangen. Die äußere Erfahrung ist das Primäre; das erste Geschäft des Menschen ist es, sich mit der ihn umgebenden Welt bekannt zu machen.

Locke erkennt, daß das, was durch solche Wahrnehmung ins Bewußtsein gelangt, niemals die Dinge (Substanzen) selbst, sondern immer nur *Qualitäten* sind. Er unterscheidet wie andere Philosophen vor ihm primäre und sekundäre Qualitäten.

Zu den *primären* Qualitäten zählt er Ausdehnung und Gestalt der Körper, ihre Festigkeit (Undurchdringlichkeit), ihre Anzahl sowie Bewegung und Ruhe. Die Eigenschaften haften den Körpern konstant an. Es besteht kein Grund anzunehmen, daß die Dinge in dieser Beziehung nicht so sein sollten, wie wir sie wahrnehmen. Zwischen Wirklichkeit und Wahrnehmung besteht hier ein direkter und begreiflicher Zusammenhang.

Die *sekundären* Eigenschaften: Farbe, Geschmack, Geruch, Temperatur, Schall, kommen den Körpern nicht konstant, sondern nur gelegentlich und in bestimmten Beziehungen zu. Ein Körper ist warm, dann kalt, die Farbe kann wechseln usw. Offenbar gibt es in den Körpern nichts, was diesen Qualitäten in so einfachem und begreiflichem Zusammenhang entspricht wie bei den primären. Freilich müssen in den Körpern Kräfte sein, die den Eindruck dieser sekundären Qualitäten in uns hervorrufen, und Locke nimmt an (was die spätere Physik und Sinnesphysiologie voll bestätigt hat), daß Zahl, Gestalt und Bewegung der nicht direkt wahrnehmbaren kleinsten Teilchen der Materie dies bewirken. Er weist aber darauf hin, daß es unbegreiflich bleibt, wieso eine bestimmt geartete Bewegung kleinster Teilchen nun in uns den Eindruck »Wärme« oder »grün« zustande bringt.

b) *Innere Erfahrung* (reflexion) nennt Locke die Eindrücke, welche entstehen, wenn das Bewußtsein nicht Eindrücke von außen empfängt, sondern sich gleichsam auf sich selbst zurückwendet (reflektiert) und seine eigene Tätigkeit beobachtet. Er unterscheidet das Erkennen (Wahrnehmen, Erinnern, Unterscheiden, Vergleichen) und das Wollen.
c) Äußere und innere Erfahrung können *zusammenwirken.* Das ist insbesondere der Fall bei den Empfindungen der Lust und des Schmerzes.
B. *Komplexe Ideen* bildet der Verstand durch Kombination aus den einfachen, so wie aus den Buchstaben des Alphabets durch Kombination die Wörter gebildet werden. Hier wie dort sind die Kombinationsmöglichkeiten fast unbegrenzt, aber sowenig durch Bildung noch so vieler Wörter ein einziger neuer Buchstabe entsteht, sowenig kann das Denken dem durch die Erfahrung gegebenen Bestande an einfachen Ideen eine einzige hinzufügen. Locke unterscheidet drei Arten zusammengesetzter Ideen:
a) *Modi*: Unter diesen zählt er Anzahl, Raum, Dauer u. a. auf,
b) *Substanzen*: Gott, Geister, Körper,
c) *Relationen*: Zu ihnen gehören die Begriffspaare Identität und Verschiedenheit, Ursache und Wirkung, Zeit und Raum.
Den komplexen Ideen entspricht, da sie ja nur durch Kombination im Verstande entstehen, grundsätzlich nichts Wirkliches. Das gilt insbesondere für alle Arten von allgemeinen Begriffen. Hier knüpft Locke an den Nominalismus an. Das dritte Buch seines Werkes, welches die Sprache behandelt, ist dem ausführlichen Nachweis gewidmet, daß den Wörtern, die ein Allgemeines bezeichnen, keine Entsprechung in der Wirklichkeit gegenübersteht. Die Verkennung dieser Tatsache ist die Quelle der meisten Irrtümer.
Von dem Satz, daß die komplexen Ideen ihre Stätte nur innerhalb des Verstandes haben, besteht eine Ausnahme: der Begriff der *Substanz.* Der innere Zwang, welcher uns veranlaßt, an sich nur einzelne Qualitäten liefernden Eindrücken eine Substanz als gemeinsamen Träger unterzuschieben, veranlaßt Locke anzunehmen, daß es eine reale Substanz geben muß. Über ihr Wesen vermögen wir freilich nichts auszusagen, höchstens zu erkennen, daß es denkfähige und nicht denkfähige Substanzen geben muß. Im Grunde erklärt Locke beide, die körperliche und die geistige Substanz, für gleich unbegreiflich. Wenn wir sagen, daß die Substanz denkt, bzw. ausgedehnt ist, so ist damit nichts erklärt, es bedürfte gerade erst der Erklärung, wie es die Substanz macht, zu denken bzw. ausgedehnt zu sein. Das ist aber nicht möglich.
Der Leser erkennt bereits an dem hier in den meisten Punkten nur angedeuteten Schema der Lockeschen Beweisführung, daß vieles an ihr noch nicht vollkommen durchdacht ist; zum Beispiel daran, daß Locke

die Zeit und den Raum an drei verschiedenen Stellen: unter den primären Qualitäten, unter den Modi und unter den Relationen, behandelt. Über die Rolle dieser beiden »Ideen« ist er offenbar nicht zur letzten Klarheit gelangt. Sein Werk ist aber der erste großangelegte Versuch (auch äußerlich: der Essay hat 1000 Seiten), den Inhalt des menschlichen Bewußtseins auf streng analytischem, nur das Tatsächliche in Betracht ziehendem Wege zu erklären.
Lockes Erkenntnislehre ist nur der eine Teil seines Gesamtwerks. Nicht minder bedeutsam sind seine Gedanken über die Erziehung, seine politischen, religionsphilosophischen und ethischen Ansichten. Wir kommen auf diese im Zusammenhang des nächsten Abschnitts zurück, wenden uns aber zunächst der Fortbildung zu, die Lockes oben skizzierte Gedanken bei seinen Nachfolgern erfahren haben.

3. BERKELEY

Das Leben Berkeleys, der 1684 oder 1685 in Südirland geboren wurde, ist äußerlich weniger bewegt als das eines Hobbes oder Locke verlaufen. Doch hat auch Berkeley, nach Studium und akademischer Lehrtätigkeit in Dublin, auf Reisen ganz Europa bis ins Innere Siziliens kennengelernt; ja er verbrachte sogar einige Jahre in der Neuen Welt, auf den Bermuda-Inseln, mit dem Plan, dort eine Kolonie zu gründen, die nicht nur den Eingeborenen Zivilisation und Christentum bringen, sondern durch das Beispiel eines einfachen und natürlichen Lebens auch auf Europa zurückwirken sollte. Nach seiner Rückkehr war Berkeley achtzehn Jahre lang Bischof von Cloyne. George Berkeley starb 1753 in Oxford.
Bereits mit 24 Jahren veröffentlichte Berkeley seine »Neue Theorie des Sehens«, eine glänzende psychologische Untersuchung; mit 25 Jahren sein Hauptwerk *»Abhandlungen über die Prinzipien der menschlichen Erkenntnis«*. Später hat er eine volkstümliche Darstellung seiner Philosophie in Dialogform gegeben.
Berkeley knüpft an Locke an, sieht aber in dessen Gedanken zwei Inkonsequenzen, die beide auf dasselbe zurückgehen: Locke hatte die sinnlich wahrnehmbaren Qualitäten des Gesichts, Gehörs, Geruchs, Geschmacks als subjektiv erkannt und daher als sekundär bezeichnet. Dagegen hatte er Ausdehnung, Festigkeit, Bewegung, die wir doch auch sinnlich – nämlich durch den Tastsinn – wahrnehmen, als primäre jenen vorangestellt und angenommen, daß sie durch eine unserem Eindruck genau entsprechende Beschaffenheit der Wirklichkeit erzeugt werden. Die zweite mangelnde Folgerichtigkeit: Locke hatte behauptet, daß den im Verstande gebildeten komplexen Ideen nichts Wirkliches entspricht, hatte aber die Substanz hiervon ausgenommen.

Berkeley beseitigt diese Inkonsequenzen, indem er ausnahmslos den Grundsatz durchführt, daß *alles*, was wir wahrnehmen und erkennen, ob durch äußere oder innere Wahrnehmung, ob als primäre oder sekundäre Eigenschaft, ob als einfache oder zusammengesetzte Idee, uns stets nur als *Phänomen unseres Bewußtseins*, als Zustand unseres Geistes gegeben ist – eine Erkenntnis, die Schopenhauer später in dem Satz »Die Welt ist meine Vorstellung« ausgesprochen hat.

Es besteht deshalb kein Grund, zwischen primären und sekundären Eigenschaften einen Unterschied zu machen. Was für Farbe und Geschmack gilt, gilt auch von Ausdehnung und Festigkeit, und es gilt auch von der Substanz: Sie existieren nur im wahrnehmenden Geiste, außer uns sind sie nichts. Ein Ding ist weiter gar nichts als eine konstante Summe von Empfindungen im Bewußtsein. Das Sein der Dinge besteht nur in ihrem Wahrgenommenwerden (esse est percipi); besser wäre: Sein ist Wahrgenommenwerden oder »Wahrgenommenwerdenkönnen«[1] – denn Berkeley behauptet nicht, der Stuhl im leeren Nebenzimmer werde erst (wieder) existent, wenn jemand eintritt und ihn erblickt. In dem, was wir Welt nennen, gibt es nichts als den denkenden Geist und die in ihm vorhandenen Ideen. Eine solche Anschauung, die als wirklich nur den Geist und seine Ideen bestehen läßt und die bestreitet, daß wir das Recht haben, eine noch außerhalb dessen bestehende Wirklichkeit anzunehmen, kann als konsequenter *Idealismus* bezeichnet werden.

Wenn nun alles nur im denkenden Geiste existiert: welcher Unterschied ist dann noch zwischen der Sonne, die ich am Himmel sehe, der Sonne, die ich des Nachts träume, und der Sonne, die ich mir nach Belieben in diesem Augenblick, ohne sie zu sehen, vorstellen kann? Berkeley hat zuviel gesunden Menschenverstand, als daß er diese Unterschiede leugnen könnte. Sie bestehen nach ihm darin, daß bei der wirklich gesehenen Sonne die Vorstellung sich *allen* Geistern gleichermaßen aufdrängt, während die geträumte Sonne nur in *einem*, meinem eigenen, Geiste vorhanden ist und die nach Belieben vorgestellte Sonne auch nur in diesem, aber nur dann, wenn ich sie mir vorstellen *will*.

Worauf beruht es, daß die Vorstellung der Sonne im ersten Fall des wirklichen Sehens gleichmäßig und dauernd in allen Geistern vorhanden ist? Eine »wirkliche«, außerhalb des Geistes bestehende Sonne – abgesehen davon, daß es sie gar nicht gibt – könnte schon deshalb nicht die Ursache sein, weil man immer nur das geben kann, was man selber hat; daß die Sonne aber Vorstellungen oder Ideen habe und sie so den Geistern eingeben könne, behaupten selbst diejenigen nicht, die an eine wirkliche Sonne glauben. Ideen können den Geistern nur von dorther gegeben sein, wo selbst Ideen vorhanden sind, das heißt von einem denkenden Geiste, von *Gott*.

Da Gott unparteiisch ist, ohne Willkür, gibt er *allen* Geistern die gleiche Idee, und da Gott unveränderlich ist, gibt er sie allen *immer* wieder in gleicher Weise. Die Sonne, deren Vorstellung mir Gott eingibt, kann man insofern tatsächlich als ein Ding »außer uns«, als ein Ding »an sich« bezeichnen, als sie auch, wenn ich die Augen schließe, ihre Existenz behält, nämlich in den anderen Geistern, denen Gott sie in gleicher Weise wie mir gibt. Mit der Konstanz und Gesetzmäßigkeit in unseren Vorstellungen, die ihren Ursprung eben in Gottes Ordnung und Unveränderlichkeit hat, gibt es auch das, was man mißverständlich »Naturgesetz« nennt. Diese sind nichts anderes als die Gesetze, nach denen Gott die Ideen in allen Geistern verbindet. Unsere den Naturgesetzen zugrunde liegende Erwartung, daß die gleichen Vorstellungen auch in Zukunft in der gleichen gesetzmäßigen Folge und Verknüpfung auftreten werden – daß zum Beispiel auf die Vorstellung »Blitz« die Vorstellung »Donner« notwendig folgen wird –, gründet sich auf unsere Überzeugung von der Unveränderlichkeit des göttlichen Willens.
Da Gott hoch über uns steht, da sein Denken für uns Menschen nicht einsichtig ist, können wir diese Gesetze nicht im voraus wissen oder durch logische Ableitung finden. Wir müssen sie durch Beobachtung, durch *Erfahrung* kennenlernen. Insofern verbindet sich bei Berkeley der Idealismus mit dem englischen *Empirismus.*

4. HUME

Von dem großen Dreigestirn der englischen Aufklärungsphilosophie stammte Locke aus England, Berkeley aus Irland. Der dritte, David Hume, stammt aus Schottland. Er wurde 1711 in Edinburgh geboren. Bereits mit 26 Jahren schrieb er während eines mehrjährigen Aufenthalts in Frankreich sein bedeutendstes Werk *»Eine Abhandlung über die menschliche Natur«*. Es erschien 1740 in London. Aber Hume mußte erst durch eine ganze Reihe kleinerer Essays die Aufmerksamkeit der Öffentlichkeit auf sich lenken, ehe es Beachtung fand. Inzwischen hatte er im Privatdienst mehrerer britischer Staatsmänner Europa bereist. In umgearbeiteter Form erschien sein Hauptwerk, nunmehr in zwei Teilen, acht Jahre später zum zweitenmal. Der erste Teil, die »Untersuchung über den menschlichen Verstand«, ist für unseren Zusammenhang am bedeutendsten. Zwei Bewerbungen Humes um ein akademisches Lehramt waren vergeblich. Statt dessen nahm er eine Stellung als Bibliothekar in Edinburgh an. Diese Tätigkeit regte ihn an, seine berühmte »Geschichte Englands« zu schreiben, ein Werk, das ihn berühmt und wohlhabend machte. Sein weiteres Leben brachte ihm genug Erfolg und äußere Ehren. Er weilte als Gesandtschaftssekretär in Paris, wo er mit führenden Geistern, besonders mit Rousseau, in Beziehung trat, war dann ein Jahr lang Unterstaatssekretär für Außenpolitik in der englischen Regierung. Die letzten Lebensjahre bis zu seinem 1776 erfolgten Tode verbrachte Hume zurückgezogen als reicher und unabhängiger Mann im Kreise seiner Freunde. Dem Tode sah er, als ihn eine unheilbare Krankheit befallen hatte, gelassen und ohne den Gedanken an ein Jenseits entgegen.

Auch Hume geht es, wie fast allen seinen Zeitgenossen, die die Glaubenskriege im Gedächtnis und den Aufstieg der Naturwissenschaften vor Augen hatten, um eine sichere Grundlage für das menschliche Wissen. Er ist der erste, der zu diesem Zweck eine ausgearbeitete *empirische Theorie des Menschen* liefert.

Auch Hume knüpft an Locke an. Was er diesem gegenüber Neues bringt, ist zunächst eine neue, scharfe Unterscheidung, die er bei den einfachen Vorstellungen vornimmt. Das durch äußere oder innere Wahrnehmung gegenwärtig und tatsächlich Gegebene nennt er »impression« (Eindruck). Die durch Erinnerung und Phantasie hervorgebrachten Nachbilder der Eindrücke nennt er »ideas«, Ideen, welcher Ausdruck also bei ihm einen engeren Sinn hat als bei seinen Vorgängern, die darunter alle Vorstellungen begriffen hatten. Die impressions, die also das Primäre sind, können sowohl auf äußerer wie auf innerer Wahrnehmung im Sinne Lockes beruhen. Die Humesche Unterscheidung entspricht also nicht etwa der Lockeschen, sondern geht quer durch diese hindurch.

Die komplexen Ideen sind nach Hume wie nach Locke durch Kombination der einfachen Elemente (Impressionen und Ideen) im Verstande gebildet. Hume unterzieht diese nun aber einer viel gründlicheren Analyse als Locke. Er untersucht die Verhältnisse und Gesetze, nach denen solche Verbindungen zustande kommen (Gesetze der Ideenassoziationen):

(1) Das Gesetz der Ähnlichkeit und Verschiedenheit. Nach diesem Gesetz entsteht die Wissenschaft der Mathematik. Sie hat es also nur mit der Verknüpfung von Vorstellungen zu tun. Alle ihre Gesetze entstammen dieser Verbindungstätigkeit des Verstandes; sie sind daher aus dem Verstande allgemeingültig abzuleiten und zu beweisen.

(2) Das Gesetz der räumlichen und zeitlichen Nachbarschaft.

(3) Das Gesetz der kausalen Verbindung nach Ursache und Wirkung.

In allen Wissenschaften, die sich nicht mit der Verknüpfung von Vorstellungen, sondern von Tatsachen befassen, und das sind alle Wissenschaften außer der Mathematik, können nur solche Erkenntnisse Wahrheitswert beanspruchen, die sich unmittelbar auf Impressionen zurückführen lassen.

Mit diesem Maßstab ausgerüstet, tritt Hume an eine Reihe von Grundbegriffen der Wissenschaften, insbesondere der Philosophie, heran und prüft, ob sie dieser Forderung entsprechen. Leider nämlich sind Gedächtnis und Einbildungskraft, auf denen alles höhere geistige Leben beruht, so beschaffen, daß sie bei der Verknüpfung von Vorstellungen in die Irre gehen können. Es kommt vor, daß wir bestimmten Ideen falsche Impressionen unterschieben und umgekehrt. Auf diesem Vorgang beruhen alle Arten von Irrtum. Die sogenannte Gedächtnistäuschung zum Beispiel kommt dadurch zustande, daß ich eine mir jetzt vorhandene Idee (also definitionsgemäß den durch Erinnerung hervorgerufenen Nachklang einer Impression) auf eine falsche Impression zurückführe, weil die Impression, die eigentlich der Anlaß war, meinem Gedächtnis entschwunden ist. Entsprechendes gilt für die Sinnestäuschung. Doch sind solche Irrtümer individuell, sie berichtigen sich durch die Erfahrung und haben für die Wissenschaft keine große Bedeutung. Es gibt aber Täuschungen, denen wir alle zusammen unterliegen, gewissermaßen »Trugbilder des menschlichen Stammes« im Sinne Francis Bacons. Auf ihnen beruhen, wie Hume aufdeckt, gerade die allgemeinsten Begriffe der bisherigen Wissenschaft und Philosophie.

Da ist zunächst der Substanzbegriff. Wenn ich von einem Körper alle Qualitäten abziehe, die mir durch Impression vermittelt werden, was bleibt dann übrig? Locke hat geantwortet: Hinter den Qualitäten ist ein Wirkliches, Wirkendes, die Substanz. Diese bringt die Impressionen in uns hervor, allerdings nur die primären auf direkte und begreifliche Weise. Berkeley hatte dagegen gesagt: Es bleibt *nichts* übrig (außer Gott). Es existiert nichts als der Geist mit seinen Impressionen. Hume steht ganz auf dem Boden Berkeleys in dieser Frage. Es gibt keine Impression, sagt er, die uns außer der Qualität noch eine hinter dieser stehende Substanz vermittelt. Hume muß aber weiter fragen: Woher kommt dann die Vorstellung einer Substanz überhaupt in unser Denken? Auch die Einbildungskraft vermag ja (nach Hume) nicht mehr, als Impressionen und die aus diesen abgeleiteten Ideen in mannigfacher Weise zu verknüpfen. Aus irgendeiner Impression muß also die Vorstellung einer Substanz doch stammen! Das ist auch der Fall, sagt Hume, nur stammt sie gar nicht aus der *äußeren* Wahrnehmung (sensation im Sinne Lockes) – diese gibt nur Qualitäten und deren Verbindungen und nichts weiter –, sondern aus der *inneren*, der selbstbeobachtenden Tätigkeit des Verstandes. Sie stammt aus der inneren Nötigung, die wir fühlen, die Eindrücke von Qualitäten auf einen Träger derselben (Substrat) zu beziehen. Die Wahrnehmung dieser (psychischen) Nötigung in uns ist die Impression, der der Substanzbegriff entstammt, indem wir sie fälschlich auf äußere Wahrnehmungen beziehen. Sie hat ihren sprachlichen Ausdruck in der Bildung des Substantivs (Hauptworts) gefunden.

Das bezieht sich zunächst auf die *körperliche* Substanz. Das gleiche gilt aber nach Hume für die denkende Substanz, den *Geist*. Mit dieser – allerdings nur in der ersten Fassung seines Werkes enthaltenen, später weggelassenen – Weiterführung der Kritik geht Hume auch über Berkeley hinaus. Sowenig wir das Recht haben, aus gewissen konstanten Verknüpfungen äußerer Impressionen auf eine diesen zugrunde liegende körperliche Substanz zu schließen, sowenig sind wir befugt, aus der konstanten Verknüpfung der inneren Impressionen des Erkennens, Fühlens und Wollens auf eine geistige Substanz, eine Seele, ein unveränderliches Ich in uns, als Träger dieser zu schließen.
Was bleibt nun eigentlich, so müssen wir fragen, für eine solche Anschauung von der »Welt« übrig? Sehr wenig. Für Berkeley waren, nach der Zerstörung der Vorstellung von einer außerhalb des Bewußtseins bestehenden Wirklichkeit, wenigstens die denkenden Geister mitsamt ihren Vorstellungen übriggeblieben. Für Hume, nachdem er auch den Begriff der geistigen Substanz mit dem Scheidewasser der Kritik zersetzt hat, bleibt nur noch eines übrig: die Vorstellungen. Es besteht nur ein Ablauf von Phänomenen im Bewußtsein, welch letzteres aber keine von diesen gesonderte selbständige Wirklichkeit besitzt; ein Ablauf von Vorstellungen, die zwar in mancher Hinsicht eine gewisse Häufigkeit und Konstanz zeigen, aber – soviel wir erkennen können – nicht notwendig so sind, wie sie sind, die ebensogut auch anders sein könnten, die zufällig auftreten und verschwinden. (Wir erinnern uns an dieser Stelle der buddhistischen Lehre, die auch konstantes Ich leugnet und nur das unablässige Fluktuieren der Vorstellungen kennt.)
Daß in der Verknüpfung unserer Vorstellungen keine Notwendigkeit, jedenfalls keine absolute, herrscht, zeigt nun auch die Humesche Kritik des zweiten Grundbegriffs aller bisherigen Metaphysik und Erkenntnislehre, der *Kausalität* – eine Leistung, die insofern größer und origineller als die Kritik des Substanzbegriffs ist, weil Hume hier nicht an seine Vorgänger anknüpfen konnte. Was bedeutet Kausalität für das gewöhnliche Denken? Eine in der Natur beobachtete Veränderung (Bewegung, Handlung) wird mit einer zweiten, die mit ihr in zeitlichem und räumlichem Zusammenhang steht, so verknüpft gedacht, daß die zweite als von der ersten *bewirkt*, als ihre notwendige Folge erscheint. Wie kommen wir dazu, eine solche notwendige Verknüpfung anzunehmen? Wahrheitswert kann die Kausalvorstellung nur besitzen, wenn sich eine Impression aufzeigen läßt, die uns die Verknüpfung als ursächliche und notwendige zeigt. Gibt es eine solche Impression? Nein, antwortete Hume, in der äußeren Wahrnehmung nicht, so wenig wie beim Substanzbegriff. Alles, was ich wahrnehmen kann, ist – außer den Qualitäten – das Gleichzeitigsein und das Nacheinander (Koexistenz und Sukzession) bestimmter Empfindungen. Ich kann einen Vorgang,

zum Beispiel das Anstoßen einer ruhenden Billardkugel durch eine in Bewegung befindliche, so oft ich will, betrachten: Wenn ich mich streng auf das beschränke, was ich wahrnehme, so sehe ich nicht mehr, als daß auf den Vorgang A der Vorgang B folgt. Die Wahrnehmung zeigt mir stets nur ein *Nacheinander* (post hoc), niemals ein *Wegeneinander* (propter hoc). Es findet sich keine (äußere) Wahrnehmung, die den Begriff der notwendigen Kausalverknüpfung rechtfertigt. Wenn ich einen Vorgang *zum erstenmal* beobachte, so weiß ich auch gar nicht, ob eine kausale Verbindung vorliegt oder ein »zufälliges« Zusammentreffen zweier Veränderungen. Beobachte ich allerdings das gleiche Verhältnis zweier Veränderungen immer wieder in zeitlichem und räumlichem Zusammenhang, so drängt sich mir die Vorstellung auf, daß beide in einem inneren, notwendigen Wirkungszusammenhang stehen. Diese innere Nötigung, eine psychologische Notwendigkeit also, keine objektive, eine bloße *Gewöhnung*, ist es allein – ähnlich wie beim Substanzbegriff –, welche in mir die Vorstellung des Kausalzusammenhanges entstehen läßt – indem ich sie als solche in mir wahrnehme, also als (innere) Impression habe.

Unser Wissen über Naturvorgänge, über den Zusammenhang zwischen wahrgenommenen Tatsachen – das den Inhalt der Wissenschaften ausmacht –, ist demnach im strengen Sinne kein Wissen. Unsere Erwartung, daß auf den Vorgang A der Vorgang B folgen werde, beruht auf der Erfahrung, daß bisher immer B auf A gefolgt ist. Wir wissen nicht, aber wir glauben, daß es in Zukunft so sein werde. Dieses »Glauben« ist freilich durch Vielzahl der bisher beobachteten Fälle durchaus gerechtfertigt. Für den *praktischen Gebrauch* behalten überhaupt – auch nach Hume – die kritisierten Begriffe ihre Gültigkeit und Berechtigung. Hume ist weit entfernt von der Einbildung, daß es seiner kritischen Philosophie gelingen könne oder auch solle, jene tief eingewurzelten und – wie Hume ja selbst zeigt – im Mechanismus unseres Denkens begründeten Vorstellungen umzustoßen. Auch der Philosoph selbst unterliegt ihnen, sobald er aufhört nachzudenken und sich ins alltägliche Leben begibt – gerade so wie der Astronom, mag er noch so gut wissen, daß die Erde um die Sonne umläuft und nicht umgekehrt, doch im täglichen Leben nach wie vor vom »Aufgang«, »Untergang« und jeweiligen »Stand« der Sonne spricht.

Humes ganze Beweisführung soll sich nicht gegen den gesunden Menschenverstand richten – überdies zeigt sein Leben, daß er alles andere als ein verstiegener Theoretiker war –, sondern gegen die *dogmatischen Philosophen*, die Metaphysiker, die ständig die Grenzen überschreiten und da etwas zu wissen vorgeben, wo wir gar nichts wissen können. Und diesen hat der Humesche Skeptizismus allerdings einen vernichtenden Schlag versetzt. Auch der große Kant wurde, wie er selbst be-

kennt, erst durch Humes Gedanken aus dem »dogmatischen Schlummer« erweckt.
Den *Wissenschaften* läßt Hume durchaus ihr Recht, der Mathematik als analytischer Lehre von den Quantitätsverhältnissen unserer Vorstellungen sogar absolute Gewißheit, den Tatsachenwissenschaften – soweit sie sich auf Tatsachen, das heißt Impressionen und das von diesen Abzuleitende beschränken – zwar nicht die Gewißheit der Mathematik, aber einen hohen Grad von *Wahrscheinlichkeit* ihrer Aussagen. Er hat dazu eine eigene ausführliche Theorie der Wahrscheinlichkeit entwickelt. Der Gedanke, in den Naturwissenschaften die strenge Kausalität durch Wahrscheinlichkeit zu ersetzen, hat in der Naturwissenschaft der Gegenwart eine von Hume nicht vorauszusehende Auferstehung erlebt.

5. ENGLISCHE RELIGIONSPHILOSOPHIE UND ETHIK DER AUFKLÄRUNGSZEIT

Von der englischen Aufklärung und ihren geistigen Führern würde man ein sehr unvollständiges Bild gewinnen, wollte man nur die bisher behandelten erkenntnistheoretischen und metaphysischen Untersuchungen ins Auge fassen. Um das Bild abzurunden, müssen wir einen kurzen Blick werfen auf das Verhältnis zur *Religion* und auf die praktische Seite der Aufklärungsphilosophie, also *Ethik* und Gesellschaftslehre. Die stolze Mündigerklärung der menschlichen Vernunft, der »Ausgang des Menschen aus seiner selbstverschuldeten Unmündigkeit« – wie Kant die Aufklärung definiert hat –, wirkte sich auf das Verhältnis des denkenden Menschen zur Religion in mehrfacher Hinsicht aus. Wir wollen drei Gesichtspunkte hervorheben.
(1) Es wird der Versuch gemacht, nicht nur die Religion in Übereinstimmung mit der menschlichen Vernunft zu bringen (das hatte schließlich auch die Scholastik erstrebt), sondern die Religion selbst aus der Vernunft zu begründen, eine *Vernunftreligion* zu schaffen, welche die natürliche Krönung des ganzen Gebäudes menschlicher Erkenntnis bilden soll. Diese Strömung steht in England in engstem Zusammenhang mit der religiösen Bewegung des sogenannten *Deismus*. Mit diesem Wort wird die Auffassung bezeichnet, die zwar einen Gott als letzten Urgrund der Welt anerkennt, aber die Möglichkeit eines göttlichen Eingreifens in den Lauf der einmal bestehenden Welt verwirft. Es gibt daher für den Deisten keine Wunder und ebensowenig eine Offenbarung. Die Vernunft, nicht die Offenbarung, ist die eigentliche Quelle religiöser Wahrheit. Diese Auffassung, die im England der Aufklärungszeit eine weite Verbreitung fand, geht schon zurück auf den Zeitgenossen Hobbes', Herbert von *Cherbury* (1582–1642).
Die Stellungnahme zur überkommenen christlichen Religion ist damit nicht ohne weiteres festgelegt. Viele Denker, unter ihnen auch John

Locke in seiner diesen Fragen gewidmeten Schrift »Die Vernunftgemäßheit des Christentums«, fordern zwar die Begründung der Religion aus der Vernunft und unterwerfen auch die Offenbarung deren Urteil, sind aber der Meinung, daß das (richtig verstandene) Christentum unter allen Religionen am besten mit der Vernunft übereinstimme. Ihnen gegenüber stehen die *»Freidenker«* (der Ausdruck stammt aus dieser Zeit). Sie sehen das Christentum als nicht vernunftgemäß an und bekämpfen es. Zwischen beiden Extremen stehen Denker, die eine vermittelnde Haltung einnehmen. Wir werden dem ganzen Fragenkomplex in der französischen Aufklärung wieder begegnen.

(2) Die hergebrachte Religion wird als Ganzes oder in Teilen – je nachdem, wie weit man sie als mit den Forderungen der Vernunft in Widerspruch stehend ansieht – vom Vernunftstandpunkt aus *kritisiert.* Im Zusammenhang damit geht man daran, die überlieferte Religion, ihre Entstehung und allmähliche Entwicklung, einer möglichst unvoreingenommenen *historischen* Betrachtung zu unterziehen. Der Mann, der in beiden Richtungen einen kühnen Vorstoß unternahm, war David *Hume* mit seiner »Naturgeschichte der Religion« und den »Gesprächen über die natürliche Religion«. Die letzteren wurden erst nach seinem Tode veröffentlicht. Hume hat von den hergebrachten Volksreligionen, nicht nur der christlichen, eine geringe Meinung. Sein wesentlicher Gedankengang ist etwa folgender: Der selbständig denkende Mensch bedarf, um sittlich richtig zu handeln, keiner besonderen religiösen Motive. Der Antrieb dazu ergibt sich für ihn aus der Vernunft. Die Menge der nicht selbständig Denkenden bedürfte allerdings wohl einer Verstärkung der Antriebe zum sittlichen Handeln durch die Religion. Leider aber sind diese Menschen nun wiederum für die reinen religiösen Gedanken ebenso unempfindlich wie für Vernunftgründe. Also: Entweder es herrscht reine Vernunftreligion. Dann bedarf es keines weiteren, da die praktisch-ethische Seite der Religion (die nämlich für Hume allein ins Gewicht fällt) mit der vernunftbegründeten Sittlichkeit zusammenfällt. Oder die Religion vermischt sich, was bei der Menge unausbleiblich ist, mit Fanatismus und Aberglauben. Dann sind die ethischen Wirkungen fraglich genug. Das Streben nach kleinlichen Verdiensten, scheinheilige Frömmigkeit und äußere Werkheiligkeit, Verfolgung Andersgläubiger im Namen der Religion und allerlei andere Verkehrtheiten treten in den Vordergrund und führen zu Ergebnissen, die schlimmer sind, als wenn es überhaupt keine Religion gäbe. Die furchtbaren Zerrüttungen der Religionskriege, die England hinter sich hatte, spiegeln sich in diesen Gedanken Humes.

Einen großen Teil seiner religionsphilosophischen Arbeit hat Hume der Auseinandersetzung mit dem Wunderglauben und mit den hergebrachten Gottesbeweisen gewidmet.[2]

»Wunder« ist – in religiösem Kontext – »die Überschreitung eines Naturgesetzes infolge eines besonderen Willensaktes der Gottheit«. Unter welchen Voraussetzungen können wir, dürfen wir an Wunder glauben? Zugespitzt: Wann dürfen wir jemand glauben, der – meist aus der Vergangenheit – von Wundern berichtet? Das hängt von der Glaubwürdigkeit des Zeugen ab! Je unwahrscheinlicher das behauptete Ereignis – und eine momentane Außerkraftsetzung eines Naturgesetzes ist per se extrem unwahrscheinlich –, um so höher muß unser Anspruch an die Glaubwürdigkeit des Zeugen sein. Daß der Zeuge lügt (oder sich täuscht), müßte noch unwahrscheinlicher sein als die Verletzung eines Naturgesetzes.

Für Hume genügen die überlieferten Wunder diesem Kriterium nicht. Mißtrauisch macht, daß Menschen allzuleicht durch Erwartungen, Heilserwartung vor allem, getäuscht werden. Und sollte Gott, wenn er denn ein Wunder bewirkt, um z. B. die Authentizität des christlichen Glaubens zu unterstreichen, dabei übersehen haben, daß solche Stützen für *eine* Religion zugleich andere Religionen, die auch ihre Wunder aufzuweisen haben, diskreditieren müssen?

Die traditionellen Gottesbeweise überzeugen Hume nicht. Der ontologische Beweis (daß die Existenz Gottes sich aus dem Begriff eines vollkommenen Wesens notwendig ergebe) ist für ihn nicht diskutabel. Den theologischen Beweis (aus dem Umstand, daß die Natur Zweckmäßigkeit, Zielgerichtetheit und Ordnung aufweist) hält er für diskutabel, aber nicht für zwingend. Ist nicht der Vergleich vom Menschen, der Maschinen baut, zum Schöpfergott weit hergeholt? Warum sollte gerade ein einziger Gott Urheber der Welt sein? Hat nicht die Welt deutlich Mängel, Leiden, Unglück aufzuweisen? Wie verträgt sich das mit Gottes Güte und Allmacht?

(3) Aus der veränderten Einschätzung der Religion ergibt sich die Forderung nach religiöser *Toleranz*. Sie erklingt zum erstenmal in John Lockes berühmten »Briefen über die Toleranz« aus dem Jahre 1689. Man hat diese als den eigentlichen Auftakt der aufklärerischen Bewegung angesehen.

Entsprechend dem durchaus praktischen Charakter des englischen Denkens spielen *ethische und moralphilosophische* Erörterungen im Denken der englischen Aufklärung eine außerordentliche Rolle. Es entstand auf diesem Gebiet eine reichhaltige Literatur. Wir wollen aus ihr nur wenige Namen und Gedanken herausheben, welche die allgemeine oder vorherrschende Entwicklungsrichtung anzeigen.

Antony Ashley Cooper, Graf von *Shaftesbury* (1671–1713, aus der Familie von Lockes Gönner) ist an erster Stelle zu nennen. Er hat vor allem folgerichtig einen Gedanken durchgeführt, der schon aus Humes oben angedeuteten Erörterungen über den sittlichen Wert der Religion zu erkennen ist, und zwar zeitlich vor Hume. Es ist der Gedanke, die ethischen Prinzipien ohne Berufung auf die Religion aus sich selbst heraus zu begründen. Ebenso entschieden wie die Herleitung der Ethik aus der Religion lehnt Shaftesbury aber den – von anderen englischen Moralphilosophen gemachten – Versuch ab, das Sittliche von außerhalb des Einzelmenschen her, aus äußerem Gesetz, gesellschaftlichem Zusammenleben, Mode oder öffentlicher Meinung oder auch aus der bloßen Vernunft abzuleiten. Shaftesbury findet die Wurzel des Sittlichen in der unzerstörbaren Menschennatur, zu der er ein tiefes und unerschütterliches, an antike Denker gemahnendes Vertrauen hat. Das Sittliche ist nichts anderes als die harmonische Ausgestaltung dessen, was als natürliche Anlage in jedem Menschen liegt. Daraus hat es seine Sicherheit und Selbstgewißheit, die größer ist als jede Gewißheit, welche die Religion ihm verleihen könnte. Was sittlich gut ist, das fühlen wir unmittelbar; was Gott ist und wie seine Gebote sind, das ist durchaus nicht so gewiß. Ja das angeborene sittliche Empfinden muß den Maßstab abgeben, über Wert und Unwert religiöser Vorstellungen zu entscheiden – je nachdem, ob diese das sittliche Gefühl stärken oder schwächen! Das ist eine völlige Umkehrung der kirchlichen Anschauung, welche das, was gut ist, aus dem geoffenbarten Gebot Gottes ableitet.

Auch David *Hume* hat auf den praktischen, ethischen Teil seiner Philosophie ein viel größeres Gewicht gelegt als auf seine Erkenntnislehre. In bezug auf das Verhältnis von Sittlichkeit und Religion schließt er sich im wesentlichen Shaftesbury an. Auch die Begründung der Sittlichkeit aus der theoretischen Vernunft lehnt er wie Shaftesbury ab. Er muß es schon deshalb, weil nach seiner Ansicht die Leidenschaften die alleinigen Springfedern unseres Handels sind und es ein Wahn wäre, anzunehmen, daß die (theoretische) Vernunft unser Wollen und Handeln bestimmen könne (welch ein Widerspruch zu Descartes und Spinoza!). Hume sieht die Quelle des Sittlichen wie Shaftesbury in einem besonderen moralischen Sinn des Menschen. Er weicht aber darin von seinem Vorgänger ab, daß er den Sitz des moralischen Urteils aus dem handelnden Menschen in den Mitmenschen, den *Zuschauer*, verlegt. Wie man, wäre man allein, nicht wissen könnte, ob man schön ist, so auch nicht, ob man gut handelt. Alles sittliche Handeln ist auf den Mitmenschen bezogen, und jedes moralische Urteil geht daraus hervor, daß wir, vermöge der dem Menschen eigentümlichen Fähigkeit, mit anderen mitzufühlen, der *Sympathie*, uns in den urteilenden Nebenmenschen versetzen.

Dieser Gedanke Humes ist weitergeführt worden durch Adam *Smith* (1723–1790). Dessen »Theorie der moralischen Gefühle« macht die Sympathie, das Gemeinschaftsgefühl, zur Grundlage der ganzen Ethik.

Smith spricht entschieden aus, daß die Stimme des Gewissens nur der Nachhall dessen ist, wie andere über uns urteilen. – Bekannter als durch seine moralphilosophischen Untersuchungen ist Smith als Verfasser der berühmten »Untersuchung über die Natur und die Ursachen des Reichtums der Völker« (1766). Sie ist das Hauptwerk der sogenannten klassischen Nationalökonomie.

II. Aufklärung in Frankreich

1. DAS HINÜBERGREIFEN DER ENGLISCHEN AUFKLÄRUNGSIDEEN NACH FRANKREICH

Die ganze zweite Hälfte des 17. Jahrhunderts ist in Frankreich durch die Regierung Ludwigs XIV. ausgefüllt. Es ist bekannt, daß die äußere Macht- und Prachtentfaltung dieser Zeit auf Kosten einer Überspannung und inneren Aushöhlung der französischen Volkskräfte ging, deren Auswirkungen auf sozialem Gebiet zu den wichtigsten Ursachen der späteren Französischen Revolution gehören. Der erstaunlichen Blüte der klassischen französischen Literatur in dieser Epoche (Corneille, Racine, Molière, La Fontaine) steht auf wissenschaftlichem und philosophischem Gebiet nichts Gleichwertiges gegenüber (Descartes war 1650 gestorben). Wohl bedeutete die vollendete Ausbildung der französischen Sprache, die im 17. und 18. Jahrhundert die Sprache der Höfe und der gebildeten Schichten in ganz Europa wurde, eine Vorbereitung auf die führende Rolle, die Frankreich in der gesellschaftlichen und geistigen Entwicklung Europas im 18. Jahrhundert spielen sollte. Die eigentlichen inhaltlichen Impulse aber kamen aus England. An die Stelle der kulturellen Selbstgenügsamkeit, die das französische Geistesleben zur Zeit Ludwigs XIV. auszeichnete, trat nach dessen Tode (1715) ein lebhaftes Interesse an allem, was England hervorgebracht hatte. Man begann die englische Staats- und Gesellschaftsverfassung, englische Naturwissenschaft und Philosophie zu studieren. Man fing an zu begreifen, daß England in seiner gesellschaftlichen und geistigen Entwicklung bereits vieles verwirklicht hatte, was Frankreich erst noch bevorstand. Nun ergossen sich die in England gewachsenen Ideen in breitem Strom nach Frankreich und von da über das ganze westliche Europa. Die Aufklärung wurde zu einer europäischen Bewegung. Die *Entdeckung Englands* durch die Franzosen kann man geradezu als das entscheidende Ereignis in der europäischen Geistesgeschichte des beginnenden 18. Jahrhunderts ansehen.

Natürlich gaben Volkscharakter und geschichtliche Bedingungen der Aufklärung in jeder der großen Nationen ihr eigenes Gesicht. Die

Aufklärung in Frankreich, die uns zunächst beschäftigen soll, unterscheidet sich von der englischen vor allem in einem Punkt: durch ihre größere *Radikalität.* Das englische Denken, auch der Aufklärungszeit, blieb immer in gewissem Umfang traditionsgebunden. Trotz aller an der historischen Religion geübten Kritik hatte die Mehrzahl der Denker ein positives, sei es gefühlsmäßig oder aus der Vernunft begründet, Verhältnis zur Religion als solcher behalten. In Frankreich, wo die Kirche als der sichtbare Repräsentant der Religion mit den alten gesellschaftlichen Mächten eng verbunden war, wurde der Bruch mit der Tradition in viel schrofferer Form und bis zur letzten Konsequenz vollzogen. Freilich traten die radikalen Konsequenzen auch in Frankreich erst allmählich in Erscheinung.

Selbstverständlich hatte die Aufklärung auch in Frankreich selbst ihre Vorläufer und Wegbereiter. Zu ihnen gehört der schon als Anhänger Descartes' genannte Skeptiker und Kritiker Pierre *Bayle.* Unabhängig von den Engländern hatte er eine kritische und historische Behandlung der Religion vorgenommen und auch schon den Gedanken nachdrücklich vertreten, daß die sittlichen Ideen unabhängig von der Religion seien. Die Vermittlung der englischen Ideen an den französischen Geist war vor allem das Werk zweier Männer: Montesquieu und Voltaire.

2. MONTESQUIEU

Im Jahre 1721 erschienen in Paris die »Persischen Briefe«. In ihnen wird geschildert, wie zwei junge Perser durch Frankreich reisen. Sie studieren und kritisieren in ihren Briefen nach Hause die dortigen gesellschaftlichen, staatlichen und kirchlichen Zustände. Das Ganze war eine glänzende und vernichtende Satire auf den staatlichen Absolutismus, die kirchliche Intoleranz und die allgemeine Lockerung der Sitten, wie sie damals in Frankreich herrschten. Hinter Scherz und Spott verbarg sich ein ernster und radikaler Angriff auf die Grundlagen der französischen Gesellschaftsordnung. Dieses Volk der Franzosen – so las man da – habe einen »Zauberer« an seiner Spitze (Ludwig XIV.), »der machen kann, daß Leute einander töten, die gar keinen Streit miteinander haben«; es gebe einen zweiten Zauberkünstler (den Papst), »der die Leute glauben macht, drei sei gleich eins, und das Brot, das man ißt, sei kein Brot ...« Hinter der glänzenden Oberfläche – das Buch ist geistreich geschrieben, bis an die (damalige) Grenze der Frivolität, und wurde begeistert aufgenommen – treten die positiven Grundgedanken hervor: Eine freie und stabile Gesellschaft setzt Bürgertugenden voraus, wie sie die Antike entwickelt hatte. Der Verfasser, Charles-Louis de Sécondat, Baron de la Brède et de *Montesquieu* (1689–1755), ein Adliger also, durch eine Erbschaft wohlhabend, auch durch Heirat mit der Tochter einer begüterten protestantischen Familie: alles andere als ein Revolutionär, obwohl er zu den Wegbereitern der Französischen Revolution gehört.

Hatte Montesquieu sich schon mit seinem Erstlingswerk als ein höchst gefährlicher Gesellschaftskritiker erwiesen, so erhielten seine Anschauungen doch erst ihren vollen positiven Gehalt und ihre Reife durch einen Aufenthalt in England. Von nun an war es sein ausgesprochenes Ziel, das englische Vorbild für sein Heimatland und für Europa fruchtbar zu machen. Nach jahrelangen geschichtlichen Vorstudien schrieb er seine beiden Hauptwerke, die »Betrachtungen über die Ursachen der Größe und des Niedergangs der Römer« und »Der Geist der Gesetze«, letzteres 31 Bücher umfassend.

Beide Werke führen an Hand eines reichhaltigen historischen Materials im wesentlichen die gleichen Grundgedanken durch: Das entscheidende Moment in der Geschichte, von dem Wohl und Wehe der Völker abhängt, ist nicht etwa Wille und Willkür einzelner herrschender Persönlichkeiten, sondern das Wesen der gesellschaftlichen und staatlichen Zustände im ganzen. Staat und Gesetze sind nichts willkürlich Gemachtes und nichts willkürlich Veränderliches; sie erwachsen vielmehr aus den natürlichen und geschichtlichen Bedingungen wie Boden, Klima, Sitte, Bildung, Religion. Das richtige Gesetz ist dasjenige, welches dem Charakter und dem geschichtlichen Entwicklungszustand des betreffenden Volkes am besten angepaßt ist. Es gibt daher kein abstraktes und überall passendes Ideal oder Schema des besten Staates.

Diese allgemeine Überzeugung hindert Montesquieu jedoch nicht, sobald er auf die politische *Freiheit* in ihrer Beziehung zur Verfassung zu sprechen kommt, seine Vorliebe für bestimmte Staatseinrichtungen deutlich auszusprechen, und zwar unter den alten Völkern für die *römische,* unter den neueren für Staatstheorie und Verfassungspraxis der *Engländer.* Und hier ist es vor allem die der politischen Freiheit günstige, in England mehr als anderswo verwirklichte *Teilung der Gewalten,* die Montesquieu in den Mittelpunkt stellt. Die theoretische Konzeption der Gewaltenteilung hat Montesquieu nicht geschaffen, sondern im wesentlichen aus John *Lockes* Staatstheorie entnommen, sie allerdings modifiziert. Locke hat die strikte Trennung der exekutiven (ausführenden) und der legislativen (gesetzgebenden) Gewalt im Staate gefordert. Der Fürst als Inhaber der Exekutive sollte nicht über dem Gesetz stehen, sondern an die vom Parlament beschlossenen Gesetze gebunden sein, damit Freiheit und Eigentum des einzelnen vor willkürlichen Eingriffen der Staatsgewalt geschützt seien. Montesquieu stellt als dritte Gewalt neben diese beiden die *richterliche.* Das Hauptgewicht legt er nicht sowohl darauf, daß Exekutive und Legislative nicht in einer Hand vereint sein dürfen, sondern daß die richterliche Unabhängigkeit gegenüber jenen beiden Gewalten gewahrt werde. Geschieht das nicht, so ist Despotie und Vernichtung der Freiheit die unausbleibliche Folge.

3. VOLTAIRE

Die Werke des François Marie Arouet mit dem angenommenen Schriftstellernamen Voltaire füllen 99 Bände. Tritt man an sie mit der Frage heran, um welche neuen und originellen Gedanken Voltaire die Philosophie bereichert habe, so wird man kaum etwas finden, was nicht vor ihm schon von anderen gesagt wäre. Aber – man wird keinen anderen Denker finden, der es annähernd so gut gesagt hätte wie Voltaire, und vor allem keinen, der es so leidenschaftlich, so beharrlich und mit so überwältigendem Erfolg ausgesprochen hat. Darum gebührt ihm ein Ehrenplatz in der Geschichte der Philosophie.

Der 1694 als Sohn eines wohlhabenden Notars Geborene kam einundzwanzigjährig nach Paris, wo er sich bald den Ruf eines ebenso geistreichen wie leichtsinnigen Spötters zuzog. Als der nach dem Tode Ludwigs XIV. in Frankreich herrschende Regent aus Sparsamkeitsgründen die Hälfte der Pferde aus den königlichen Stallungen verkaufte, ging das Voltaire zugeschriebene Wort um, es wäre besser gewesen, statt dessen die Hälfte der Esel wegzuschicken, die den königlichen Hof bevölkerten. Dies und mancherlei Spottverse, die teils zu Recht, teils zu Unrecht Voltaire zugeschrieben wurden, führten seinen ersten Zusammenstoß mit den herrschenden Mächten herbei. Der Regent ließ ihn in die Bastille sperren, setzte ihn allerdings bald wieder frei.

Mit seinem kurz darauf aufgeführten ersten Trauerspiel »Ödipus« legte Voltaire den Grundstein zu einem Vermögen, das er durch sein ganzes Leben mit bemerkenswertem Geschick zu erhalten und zu mehren verstanden hat. Allerdings wurde auch seine Freigebigkeit um so größer, je reicher er wurde.

Erst nach acht Jahren, die Voltaire als junger, in den vornehmen Salons gefeierter Schöngeist und Schriftsteller in Paris zubrachte, kam ein zweiter Zusammenstoß, der diesmal folgenreicher wurde. Bei einer Gesellschaft hatte Voltaire einem Adligen eine nicht gerade beleidigende, für damalige Begriffe aber sehr kühne Antwort gegeben. Der Chevalier ließ Voltaire durch einige gedungene Schurken bei Nacht überfallen und verprügeln. Voltaire forderte ihn zum Duell. Statt dessen wurde er auf Veranlassung des mit seinem Gegner verwandten Polizeimeisters wiederum in die Bastille geworfen und nur unter der Bedingung freigelassen, daß er außer Landes, nach England, ginge. Voltaire ging, kehrte zuerst noch einmal maskiert zurück, um Rache zu nehmen, ließ sich aber endlich von Freunden bewegen, in England zu bleiben.

Binnen eines Jahres beherrschte er nicht nur die englische Sprache, sondern kannte auch schon die führende englische Literatur der Zeit. Die geistige Freiheit, die Selbstverständlichkeit, mit der englische Schriftsteller und Philosophen das schrieben und öffentlich vertraten, was sie für richtig hielten, imponierte ihm ebenso wie die politische. Hier gab es keine Bastille, in die ein rechtschaffener Bürger nur nach Wunsch und Laune eines Adligen eingesperrt werden konnte. In seinen *»Briefen über die Engländer«*, die zunächst nur ungedruckt kursierten, stellte Voltaire diese Freiheit in aller Schärfe der korrupten Herrschaft des Adels und der mit diesem verbundenen Geistlichkeit in seinem Heimatlande gegenüber. Es ist zu bedenken, daß England zu dieser Zeit seine »bürgerliche Revolution« schon hinter sich hatte. Der dritte Stand, das Bürgertum, hatte sich dort bereits die Stellung im Staate erkämpft, die ihm nach seiner tatsächlichen gesellschaftlichen Bedeutung zukam. Frankreich war von seiner Revolution noch mehr als ein halbes Jahrhundert entfernt. Die Gegenüberstellung mußte daher in Frankreich wie ein revolutionärer Sprengstoff wirken – selbst wenn das Voltaire selber nicht ganz bewußt war. – Auch das Werk Newtons hat erst Voltaire mit seinen 1738 erschienenen *»Elementen der Philosophie Newtons«* den Franzosen bekanntgemacht. Die Bekanntschaft mit Newtons Gravitationsgesetzen erweckte oder verstärkte in Voltaire Ehrfurcht und Erschauern angesichts der Größe und Majestät des Universums – ein Gefühl, das ihn für immer zu einem gottgläubigen Menschen (»Theist« nannte er sich gern), wenn auch nicht zu einem Christen gemacht hat.

Die Briefe über die Engländer wurden der Anlaß, daß Voltaire, nachdem er wieder einige Jahre in Paris verbracht hatte, erneut die Flucht ergreifen mußte. Jemand hatte sie ohne sein Wissen drucken und verbreiten lassen. Die Bastille drohte von neuem. Voltaire begab sich auf das Schloß Cirey. Es gehörte einer von ihm geliebten Marquise, einer überaus gelehrten Dame. Voltaires Anwesenheit machte das Schloß zu einem geistigen und gesellschaftlichen Mittelpunkt. Hier begann er, neben der Reihe seiner Dramen, die er mit »Zaïre«, »Mahomet«, »Semiramis« und anderen fortführte, seine erfolgreichen *Romane* zu schreiben. Es sind keine gewöhnlichen Romane. Sie dienen, in höchst unterhaltsamer Form allerdings, dem Kampf, den Voltaire mit seinen Dramen begonnen hatte, den er aber erst viel später mit seinem ganzen leidenschaftlichen Ernst aufnehmen sollte: dem Kampf gegen religiösen Fanatismus und Aberglauben – wobei Voltaire allerdings unter »Aberglauben« einen großen Teil dessen mitversteht, was seinen Zeitgenossen Religion bedeutete. In einem dieser Romane wird geschildert, wie ein Indianer nach Frankreich kommt, zum Christentum bekehrt werden soll, das Neue Testament liest und nun sich dauernd an kirchlichen Lehren und Forderungen stößt, von denen er in den Evangelien nichts gelesen hat. In einem anderen, »Micromégas«, nach Art von »Gullivers Reisen« geschrieben, kommt ein viel tausend Fuß großer Bewohner des Sirius auf die Erde und unterhält sich mit einem irdischen Philosophen. Als er hört, daß seit Urzeiten unter den Menschen Mord und Krieg herrschen, daß eben in diesem Augenblick »hunderttausend Narren unseres Geschlechts mit Hüten auf den Köpfen hunderttausend andere, die Turbane tragen, ums Leben bringen oder von ihnen gemordet werden«, ruft der Sirier verächtlich aus: »Ihr Unglücklichen! . . . Fast hätte ich Lust, drei Schritte zu tun und so mit drei Fußtritten den ganzen Ameisenhaufen dieser lächerlichen Mörder zu vertilgen.« – »Diese Mühen können Sie sich sparen«, antwortete der Philosoph. »Sie arbeiten schon selbst genug an ihrer Vernichtung. Sollten Sie wohl glauben, daß nach Ablauf von zehn Jahren kaum der zehnte dieser Elenden mehr vorhanden ist?« Und nun hören wir deutlich Voltaire sprechen, wenn der Philosoph fortfährt: »Übrigens verdienen nicht diese die Strafe, sondern jene faulen Barbaren, die, während sie in ihren Palästen verdauen, das Blutvergießen von Millionen Menschen gebieten und dann Gott feierlich für diesen Erfolg danken lassen.« –

Der Briefwechsel, den Voltaire schon mehr als ein Jahrzehnt lang mit dem preußischen König Friedrich II. unterhielt, hatte zu wiederholten Einladungen Friedrichs an Voltaire geführt. Als die Marquise gestorben war und Friedrich die Einladung wiederholte, nahm Voltaire endlich an. Zwei Jahre lang (1750–1752) war er ständiger und geehrter Gast an Friedrichs Tafelrunde, welche außer Voltaire noch andere führende französische Geister zierten; Friedrich und Voltaire bewunderten einander. Begeistert schrieb Voltaire über seine ersten Eindrücke in Potsdam: »150 000 Soldaten . . ., Oper, Schauspiel, Philosophie, Dichtung, Hoheit und Huld, Grenadiere und Musen, Trompeten und Geigen, die Gastmahle Platons, Geselligkeit und Freiheit . . .«[3] Trotzdem kam es zum Zerwürfnis. Nicht ganz einwandfreie Geldgeschäfte, in die Voltaire sich eingelassen hatte, und Zwischenträgereien zwischen ihm und dem König bildeten den Anlaß.

Von Berlin überstürzt abgereist, in Frankfurt zunächst wochenlang von Beauftragten Friedrichs festgehalten, mußte Voltaire an der französischen Grenze feststellen, daß ihm der Weg zurück durch erneute Verbannung versperrt war. Er wandte sich in die Schweiz, wo er in Ferney schließlich eine bleibende Stätte fand. Der Grund der neuerlichen Verbannung aus Frankreich war das von Voltaire in Berlin veröffentlichte Werk *»Versuch über die Sitten und den Geist der Nationen«*. Begonnen hatte er es bereits in Cirey für die Marquise, welche mit ihm der Meinung war, daß die Geschichte, wie sie bis dahin betrieben wurde, kaum etwas anderes bot »als Verwirrung, einen Schwall winziger Begebenheiten ohne Zusammenhang oder Folgerichtigkeit, tausend Schlachten, die nichts geklärt haben«. Voltaire wollte nicht eine Anhäufung von Einzeltatsachen geben, die als solche mehr oder weniger belanglos sind. Er wollte die Dinge im großen betrachten; er suchte nach einem vereinheitlichenden Prinzip, das dem Ganzen erst Sinn verleihen konnte. Er fand es darin, daß er an Stelle von Königen, Kriegen und Schlachten die gesellschaftlichen Bewegungen und Kräfte, die Kultur und den Fortschritt des Geistes in den Mittelpunkt stellte. »Ich will eine Geschichte ... schreiben, die darüber Gewißheit schaffen soll, wie die Menschen im Kreis ihrer Familie lebten und welche Künste sie gemeinsam pflegten ... Mein Gegenstand ist die Geschichte des menschlichen Geistes und nicht die ausführliche Aufzählung unbedeutender Tatsachen; auch mit der Geschichte großer Herren will ich nichts zu tun haben ...; aber ich will wissen, über welche Stufen die Menschen vom Zustand der Barbarei zur Zivilisation übergingen.«[4] Das Werk Voltaires zeichnet sich aus durch eine bis dahin nicht gekannte Weite des Gesichtskreises, durch Großzügigkeit in der Behandlung fremder Kulturen und Religionen. Voltaire war einer der ersten, die Größe und Reichtum der fernen Welten Persiens, Indiens und Chinas erfaßten. Europa erscheint nicht mehr als die Welt, sondern als eine geistige Welt neben ebenbürtigen anderen, Judentum und Christentum als Religionen unter anderen – womit sie natürlich ihre absolute Geltung verlieren. Gerade damit erregte das Werk Anstoß. Voltaire hat mit ihm – ähnlich wie Montesquieu – den Blick von äußeren Daten auf die eigentlichen inneren Triebkräfte der Geschichte gelenkt und eine erste, im Geiste moderner Wissenschaft geschriebene *Philosophie der Geschichte* gegeben.

Voltaires Exil in Ferney wurde zu einer Art geistiger Hauptstadt Europas. Fürsten und Gelehrte aus allen Ländern machten persönlich oder brieflich ihre Aufwartung. Die Könige von Dänemark und Schweden, die russische Zarin Katharina II. huldigten ihm. Auch Friedrich der Große nahm durch einen versöhnlichen Brief die Verbindung wieder auf. Aber auch zahllose Menschen aller Stände wandten sich an Voltaire. Kaum einen ließ er ohne Rat und Hilfe.

Inmitten von Erfolg und Bewunderung jedoch wurde Voltaire unter dem Gewicht der erlebten Enttäuschungen und Verfolgungen, vor allem aber unter dem Eindruck der vernichtenden Erdbebenkatastrophe von Lissabon, die im Jahre 1755 30000 Todesopfer forderte, wie auch des kurz darauf ausbrechenden Siebenjährigen Krieges von einem tiefen Pessimismus erfaßt. Er verfaßte aus Anlaß des Erdbebens ein Gedicht, in dem es heißt:

»Wie aber urteilt denn ein Geist, der viel begreift?
Er schweigt: Verschlossen ist des Schicksals Buch für uns.
Was auch der Mensch erforscht, sich selbst erforscht er nicht;
Nie kennt er sein Woher und nimmer sein Wohin.
Atome wir voll Qual, gebettet in den Schlamm,
Verschlungen von dem Tod und des Geschickes Spott . . .
. . . In diesem Schauspiel Welt, das eitel ist und bös,
Schwärmt kranker Narren Schar und faselt noch vom Glück . . .«[5]

Der Pessimismus kommt ebenso zum Ausdruck in der Novelle *»Candide«*. Sie ist auch heute, da Voltaire im allgemeinen nicht mehr im Original gelesen wird, noch sehr lesenswert. Sie ist, in äußerlich höchst amüsanter Form, ein einziger grimmiger Spott auf die Leibnizsche Idee von der »besten aller Welten«.
Eine wesentliche Stelle in Voltaires Lebenswerk nehmen seine Beiträge für die *»Encyclopédie«* ein, die wir hier nur kurz erwähnen, weil wir im folgenden Abschnitt auf dieses Werk näher eingehen müssen. Voltaire gehörte eine Zeitlang zu den Hauptmitarbeitern. Im Anschluß daran machte er sich an die Schaffung eines eigenen »Philosophischen Wörterbuchs«. Es behandelt alle erdenklichen Gegenstände mit der Voltaire eigenen Eleganz und Treffsicherheit der Formulierung.
Voltaire war nun 65 Jahre alt. Aber sein größter Kampf stand ihm noch bevor. Gegen einen protestantischen Bürger der streng katholischen Stadt Toulouse wurde die ungerechtfertigte Beschuldigung erhoben, er habe seinen Sohn getötet, um dessen bevorstehenden Übertritt zum Katholizismus zu verhindern. Der Vater wurde verhaftet, gefoltert und starb bald darauf. Die verfolgte Familie wandte sich an Voltaire. Mehrere ähnlich gelagerte Fälle, alle in den Jahren zwischen 1761 und 1765 spielend, wurden Voltaire bekannt. Die Ungerechtigkeiten erschütterten Voltaire so tief, daß er fortan von dem weltmännischen Skeptizismus und gemäßigten Spott, wie sie aus seinen Artikeln in der Enzyklopädie und im Wörterbuch sprechen, zu einem jahrelang mit größter Erbitterung und allen propagandistischen Mitteln geführten Krieg gegen die christliche Religion und die Kirche überging. *»Ecrasez l'Infâme!«* – *»Zerschlagt die Infame!«* (die Kirche aller Konfessionen ist gemeint) – wurde sein ständig wiederholter Wahlspruch. In der *Abhandlung über die Toleranz,* die in dieser Zeit verfaßt ist, heißt es: »Subtilitäten, von denen in den Evangelien keine Spur zu finden ist, sind die Quellen blutiger Streitigkeiten in der Geschichte des Christentums geworden.« – »Durch welches Recht könnte ein zur Selbstbestimmung geschaffenes Geschöpf ein anderes Wesen zwingen, so zu denken wie es selbst?«[6]
Auf diese Abhandlung folgte eine wahre Flut von Flug- und Kampf-

schriften aller Art, alle mit der gleichen propagandistischen Meisterschaft geschrieben und zu Zehntausenden verbreitet. Alle zeugen von »jener fürchterlichsten aller geistigen Waffen, die jemals von einem Menschen geführt wurde: dem Spott Voltaires«[7].

Aus alledem darf man nicht schließen, daß Voltaire Atheist gewesen sei. So sehr er die positive, geschichtliche Religion angreift, so sehr bekämpft er den Atheismus und ist von der Notwendigkeit einer Vernunftreligion unbedingt überzeugt. »Wenn Gott nicht existierte, müßte man ihn erfinden; aber die ganze Natur ruft uns zu, daß er existiert.«

Voltaire scheidet scharf zwischen Aberglauben und Religion. Er preist Jesus und die Lehren der Bergpredigt in Worten höchster Begeisterung. Darauf schildert er Jesus, weinend über die Verbrechen, die in seinem Namen begangen worden sind. Voltaire errichtete eine Kirche mit der Aufschrift »Deo erexit Voltaire« – Gott errichtet von Voltaire. Sein Glaubensbekenntnis hat er im Artikel »Théiste« des Philosophischen Wörterbuchs mit folgenden Worten festgelegt: »Der Theist (der Ausdruck entspricht unserem heutigen ›Deist‹) ist ein Mensch, der fest von der Existenz eines ebenso guten wie mächtigen höheren Wesens, das alle Dinge gestaltet hat, überzeugt ist . . . Durch diese Überzeugung von neuem mit der Welt vereint, schließt er sich keiner der Sekten an, die alle einander widersprechen. Seine Religion ist die älteste und verbreitetste, denn die schlichte Verehrung Gottes ist allen Lehrgebäuden der Welt vorangegangen. Er redet die Sprache, die alle Menschen verstehen können, während sie sich gegenseitig nicht verstehen . . . Er glaubt, daß Religion weder in den Anschauungen einer unverständlichen Metaphysik noch in eitlen Schaustellungen besteht, sondern in Gottesverehrung und in Gerechtigkeit. Tue das Gute, das ist seine Religionsübung; sich Gott ergeben, seine Lehre . . .«[8]

Auf *politischem* Gebiet hat sich Voltaire in seinen letzten Jahren, aufgezehrt durch den Kirchenkampf und skeptisch geworden gegen theoretische Weltverbesserungsrezepte, zurückgehalten. Wohl erhoffte er eine allmähliche Besserung der Menschen durch die Vernunft und für Frankreich die Gewinnung der Freiheit, wie sie die Engländer bereits besaßen. Einen so radikalen Umsturz, wie er tatsächlich in Frankreich, und nicht zuletzt dank Voltaires Kampf, seinem Wirken folgte, hat er kaum gewünscht. Dazu war er zu konservativ und zu skeptisch gegen die Fähigkeit der Menge, sich selbst zu regieren. Eine friedliche allmähliche Reformation scheint er eher im Auge gehabt zu haben, als er schrieb: »Alles, was ich sehe, scheint den Samen der Revolution, die eines Tages unausweichlich kommen muß, auszustreuen, ich werde aber nicht mehr das Vergnügen haben, ihr Zeuge zu sein.«[9]

Dieses Vergnügen ist ihm in der Tat entgangen. Der Einzug des 83jährigen Voltaire im Paris des Jahres 1778 glich einem Triumphzug, wie er kaum einem König zuteil geworden war. Inmitten des Triumphes ereilte ihn der Tod am Vorabend der Revolution. Kurz vor seinem Tode übergab er seinem Sekretär die schriftliche Erklärung: »Ich sterbe in der Anbetung Gottes, meine Freunde liebend, ohne Haß gegen meine Feinde und in Verachtung des Aberglaubens. Voltaire.«

4. ENZYKLOPÄDISTEN UND MATERIALISTEN

Das Zeitalter der Religion und der Philosophie ist dem Jahrhundert der Wissenschaft gewichen! Dieser stolze Satz steht in der Einleitung zu der 1751 bis 1780 in 28 Bänden erschienenen »Enzyklopädie der Wissenschaften, Künste und Gewerbe«. Er zeichnet den Geist der Männer, die mit den Waffen der Wissenschaft und Vernunft die Welt von den Mächten der Vergangenheit befreien und ein neues, freieres und glücklicheres Zeitalter heraufführen wollten. Die Enzyklopädie (griech. enkyklios = im Kreise; paideia = Bildung) sollte das gesamte Wissen der Zeit zusammenfassen und ordnen. Sie sollte jedoch nicht ein bloßer Spiegel des Wissens und ein Nachschlagwerk sein wie etwa ein modernes Konversationslexikon. Sie sollte zugleich, indem sie die innere Einheit dieses Wissens aufzeigte und die letzten Konsequenzen zog, ein gewaltiger Sturmbock sein gegen alles das, was diesen Männern unter dem Inbegriff des Alten und Überholten erschien. Das Ganze war, unbeschadet der Verdienste anderer Mitarbeiter, vor allem das Werk zweier Männer: Diderot und d'Alembert.

Denis *Diderot* (1713–1784) ist unter den Zeitgenossen Voltaires der einzige, der an Vielseitigkeit und unerschöpflicher literarischer Schaffenskraft mit diesem verglichen werden kann. Wie bei Voltaire gibt es kaum einen Gegenstand, über den er nicht nachgedacht und geschrieben, kaum eine literarische Form, die er nicht beherrscht hat. Die innere Entwicklung Diderots ging in ziemlich rascher Folge vom offenbarungsgläubigen Theismus über den Zweifel (»Promenade eines Skeptikers«) und einen etwa der Voltaireschen Vernunftreligion entsprechenden Theismus (»Philosophische Gedanken«) zum entschiedenen Materialismus (»Die Interpretation der Natur« u. a.).

Jean *d'Alembert* (1717–1783), ein berühmter Mathematiker, philosophisch und literarisch vielseitig gebildet, war der zweite Herausgeber. D'Alembert schrieb auch die Einleitung zum Gesamtwerk, in der Standpunkt und Ziel des Ganzen dargelegt sind.

Als sich d'Alembert unter dem Druck des staatlichen und kirchlichen Widerstandes gegen das Werk zurückzog, führte Diderot es allein weiter. Er allein hat über tausend Artikel verfaßt. Trotz wiederholten Verbots wurde die Enzyklopädie in Zehntausenden von Exemplaren verbreitet und alsbald in mehrere andere Sprachen übersetzt. Sie wurde zum gebräuchlichsten Lexikon der europäischen Bildungsschicht und hatte einen beträchtlichen Einfluß auf die allgemeine Denkart. Sie war auf geistigem Gebiet, neben den Werken Voltaires und Rousseaus, das wichtigste Werkzeug zur Vorbereitung der Französischen Revolution von 1789.

In der religiösen Auseinandersetzung hatte Voltaire, bei aller Schärfe seines Angriffs gegen Christentum und Kirche, doch auf der anderen Seite Religionslosigkeit und Atheismus mit gleicher Entschiedenheit verdammt, ja seinen Kampf gerade im Namen der wahren, der Vernunftreligion, geführt. Auch der Standpunkt der Enzyklopädie ist nicht Feindschaft schlechthin gegen jede Art von Religion und Gottesglauben, sondern eher ein gewisser Skeptizismus. Allerdings hatte der Verleger des Werkes aus Furcht vor der Zensur – zur größten Empörung Diderots – willkürliche Änderungen vorgenommen und die schärfsten polemischen Spitzen abgestumpft. Auch hatte Diderot selbst, aus ähnlichen Rücksichten heraus, in Artikeln wie »Seele« oder »Freiheit«, welche der Zensur zuerst verdächtig sein mußten, eine gewisse Zurückhaltung walten lassen, dafür an anderen, weniger auffälligen Stellen seine eigene Meinung offener ausgesprochen. Doch war Diderot selbst tatsächlich in der eigentlichen religiösen Frage skeptisch und zurückhaltend, wie es zum Ausdruck kommt im Schlußabschnitt seiner »Interpretation der Natur«: »Ich habe mit der Natur angefangen, und ich werde mit Dir endigen, dessen Name auf Erden Gott ist. Ich weiß nicht, ob Du bist; aber ich werde denken, als ob Du in meine Seele blicktest; ich werde handeln, als ob ich vor Dir wandelte. Ich verlange von Dir nichts in dieser Welt; denn der Lauf der Dinge ist, wenn Du nicht bist, durch sich selbst oder, wenn Du bist, durch Dein Gebot notwendig . . . Siehe, so bin ich, ein notwendig organisierter Teil der ewigen und notwendigen Materie, vielleicht Dein Geschöpf . . .« Dies erinnert ein wenig an das Gebet, das Voltaire (im ›Micromégas‹) eine seiner Gestalten sprechen läßt: »Möge Gott (falls es einen gibt) meiner Seele gnädig sein (falls ich eine habe).«

Mit schonungslosem Radikalismus dagegen, ja teilweise mit einem Fanatismus, der dem bekämpften religiösen Fanatismus der Kirchen um nichts nachsteht, werden Religion und Glaube von den gleichzeitig auftretenden französischen *Materialisten* angegriffen, von denen wir nun die bedeutendsten nennen wollen. Julien Offray de *Lamettrie* (1709–1751), Arzt und Naturphilosoph, wurde wegen seiner radikalen Schriften zuerst aus Frankreich, dann auch aus seinem holländischen Exil vertrieben. Darauf wurde er durch Friedrich den Großen, der ja alle freien Geister um sich zu sammeln suchte, an dessen Hof gezogen, als »Hof-Atheist«, wie Voltaire gespottet hat. Lamettries Grundgedanke, ausgeführt vor allem in seinem Werk, *»Der Mensch als Maschine«*, ist folgender: Es ist falsch, das Seiende in zwei Substanzen, eine ausgedehnte Materie und einen denkenden Geist, zu zerlegen (wie es Descartes getan hatte). Es gibt keine tote Materie, wie sie die Mechanisten lehren. Wir kennen die Materie nur in Bewegung und in bestimmten Formen. Die Materie trägt das Prinzip ihrer Bewegung *in sich selbst.* Das hat zwei Konsequenzen: Es bedarf nicht der Annahme eines Gottes als eines die Welt bewegenden Prinzips. Die Welt bewegt sich von selber, aus sich selbst. Die Annahme eines Gottes würde nur die wissenschaftliche Erkenntnis der Natur stören. Es bedarf zweitens auch nicht der Annahme einer besonderen denkenden Substanz, eines Geistes oder einer Seele, im Menschen. Das Denken ist nur eine natürliche Funktion des Körpers wie andere Funktionen.

In praktischer Hinsicht führt Lamettrie auf dieser Grundlage mit allen Mitteln boshafter Satire den heftigsten Kampf gegen jede Art von religiösem Glauben. Die Religion ist ihm der eigentliche Störenfried im Leben des einzelnen wie der Völker, schlimmer als alle Laster. Die Welt wird nicht glücklich werden, bevor nicht der Atheistenstaat Wirklichkeit geworden ist. In der Ethik tut Lamettrie religiöse Grundtatsachen wie Schuldgefühl und Reue als nutzlose Selbstquälereien ab. Er empfiehlt ungehemmtes Streben nach diesseitigem »Glück«, das heißt nach Sinnenlust. Ohne die Frivolität und den Zynismus Lamettries, dafür mit größtem Ernst und unbedingter Folgerichtigkeit ist diese materialistische Lehre durchgebildet in dem 1770 erschienenen *»System der Natur«*. Als Verfasser des Werkes wurde erst einige Zeit später der aus der Pfalz stammende, in Paris von seinen Reichtümern lebende deutsche Baron Dietrich von *Holbach* (1723–1789) bekannt. Sein Werk wurde zur »Bibel des französischen Materialismus«.

Lamettrie, Holbach und der gleichzeitig schreibende, weniger originelle Adrien *Helvétius* (1715–1771) stimmen darin überein, daß sie an die Stelle des Descartesschen Dualismus zweier Substanzen den *Monismus* setzen, und zwar einen *materialistischen* Monismus. Es existiert nur die Materie. Ihre Kenntnis reicht aus, alles zu erklären. Jede Metaphysik, die neben oder hinter der Materie noch ein selbständiges geistiges Prinzip sucht, ist Täuschung, Irrtum, Hirngespinst. Ebenso ist jede Art von Religion Täuschung, und zwar bewußte, absichtliche Täuschung: Priestererfindung, Priesterbetrug. »Der erste Schurke, der dem ersten Narren begegnete, war der erste Priester.« Aufgabe der Wissenschaft ist es, alle diese Täuschungen, in denen die Menschen verstrickt sind und sich quälen, zu zerstören. Es ist die – recht optimistische – Überzeugung dieser Männer, daß es nur der richtigen *»Aufklärung«* bedürfe, um die Menschheit von der drückenden Last aller Vorurteile zu befreien und ein besseres, von der Vernunft regiertes Zeitalter allgemeiner Glückseligkeit heraufzuführen.

5. ROUSSEAU

a) Leben, Werke, Grundgedanken

Alles, was wir uns bisher von der französischen Aufklärung vor Augen geführt haben, stellt erst ihre eine Seite dar. Die andere ist Jean Jacques Rousseau. Wenn man den oben behandelten Aufklärern vorhalten kann, daß sie die Vernunft überschätzen und das, was am Menschen nicht Vernunft ist – seine Triebe und Leidenschaften auf der einen und das Bedürfnis nach etwas, was höher als Vernunft ist, auf der anderen Seite –, unterschätzen, so gilt das gewiß nicht für Rousseau.

Sein Leben hat Rousseau in seinen *»Bekenntnissen«* (»Confessions«, postum 1781) mit unerhörter, an Exhibitionismus grenzender Offenheit selbst geschildert. Es ist das Leben eines von Widersprüchen, inneren Kämpfen, leidenschaftlichen Gefühlen hin und her gerissenen, ewig unsteten, tief unglücklichen und starke psychopathische Züge tragenden Menschen. 1712 in Genf geboren, entlief er mit 16 Jahren der Lehre und kam zunächst unter den bestimmenden Einfluß einer weit älteren Frau, die ihm Mutter und Geliebte in einem wurde. Auf ihrem Gut verbrachte er mehrere Jahre. Sie gewann den im Calvinismus Aufgewachsenen für die katholische Kirche. Nach seinem ersten, gleich zu besprechenden literarischen Erfolg lebte Rousseau teils in Paris, teils an anderen Orten Frankreichs, dabei immer von wohlhabenden adligen Freunden und Gönnern unterstützt; in Genf, wo er das Bürgerrecht erwarb, zum Calvinismus zurücktrat und später ein Mädchen einfacher Herkunft heiratete; in England, wohin David Hume ihn mitgenommen hatte; wieder in Frankreich, immer bedroht von Verfolgern, welche Gefahren sich allerdings bei ihm zu einem Verfolgungswahn übersteigerten. In Frankreich ist er 1778 gestorben.

Im Jahre 1749 stellte die Akademie von Dijon die Preisfrage zur Bearbeitung, »ob die Wiederherstellung der Künste und Wissenschaften (seit der Renaissance) zur Verbesserung und Hebung der Sittlichkeit beigetragen habe«. Diese Frage war der Funke, der in Rousseau mit einem Schlag all das entzündete, was sich in den Grübeleien seiner ländlichen Einsamkeit angesammelt hatte. Rousseau antwortete – nach Rücksprache mit Diderot übrigens – mit seiner 1750 veröffentlichten *»Abhandlung über die Wissenschaften und Künste«*. Die Schrift wurde preisgekrönt und machte ihn mit einem Schlage zum gefeierten Schriftsteller. Rousseau gab der Preisfrage die allgemeine Wendung: ob Künste und Wissenschaft überhaupt für Sittlichkeit und menschliches Glück förderlich gewesen seien. Er beantwortet sie mit einem entschiedenen *Nein.* Rousseau rollt, in einer logisch und wissenschaftlich durchaus noch ungeschulten Art, aber in einer von leidenschaftlichem Gefühl durchglühten, daher unmittelbar packenden Sprache das grundsätzliche Problem vom *Wert der Kultur* auf. Wo sind ihre Segnungen (die gerade in Rousseaus Zeit genug gepriesen wurden)? Schmachtet nicht die Masse der Menschen in Elend und sklavischer Abhängigkeit, schlimmer als die Tiere – weil den Menschen deren Unbefangenheit fehlt? Künste und Wissenschaften sind nicht Denkmale des Fortschritts, sondern des Verfalls. Wozu zum Beispiel würden wir Rechtsgelehrsamkeit brauchen ohne die durch kulturelle Verfeinerung großgezogene Ungerechtigkeit im gesellschaftlichen Leben? Wozu Philosophie, wenn jeder sich an die einfachen, natürlichen Tugenden hielte? Überall in der Geschichte erscheint das Auftauchen der Geistesbildung im Verein mit dem Sinken der Sittlichkeit. Die wenigen Völker aber, die frei bleiben von der Ansteckung eitler Kenntnisse, haben ihr Glück durch ihre Tugenden begründet und sich zum Vorbild anderer Völker erhoben. So ruft Rousseau aus: »Allmächtiger Gott, befreie uns von der Erleuchtung unserer Väter: führe uns zurück zur Einfalt, Unschuld und Armut, den einzigen Gütern, welche unser Glück befördern . . .«

Rousseaus Schrift und die darüber sich entspinnende Diskussion regten die Akademie zu einer zweiten Preisfrage an: Wie entstand die Ungleichheit unter den Menschen, und ist sie durch das natürliche Recht begründet? Rousseau antwortete mit seiner *»Abhandlung über Ursprung und Grundlagen der Ungleichheit unter den Menschen«* (1753). Er unterscheidet natürliche oder physische Ungleichheit – die in der Natur begründeten Verschiedenheiten des Alters, der Gesundheit, der Körperkräfte und der seelischen Anlagen – von der moralischen oder politischen Ungleichheit, die auf Übereinkunft oder jedenfalls auf Duldung durch die Menschen beruht. Was ist der Ursprung dieser letzteren Ungleichheit?

Rousseau zeichnet zunächst ein (gewiß idealisiertes) Bild des »Naturzustandes«. Dies ist nach ihm – im Gegensatz zu Hobbes' Kampf aller gegen alle – ein wahrhaft paradiesischer Zustand. Es herrscht allgemeine Gesundheit – denn die Natur tilgt das Schwache von selber aus; es herrschen die einfachen Tugenden; die Geschlechtsbeziehungen sind rein animalisch und unkompliziert; die Menschen sind isoliert, unabhängig, niemanden untertan; ohne Industrie, ohne Sprache, ohne Nachdenken. Denn »wenn die Natur uns dazu bestimmt hat, gesund zu sein, so wage ich fast zu behaupten, daß der Stand (Zustand) der Reflexion ein Stand gegen die Natur, daß ein Mensch, welcher denkt, ein entartetes Wesen ist«.

Wie kam es zur Beendigung dieses idealen Zustandes? Da genaue geschichtliche Quellen darüber fehlen, muß die Philosophie die Lücke ausfüllen. »Der erste, dem es in den Sinn kam, ein Grundstück einzuhegen und zu behaupten: das gehört mir, und der Menschen fand, einfältig genug, ihm zu glauben, war der eigentliche Gründer der bürgerlichen Gesellschaft. Wieviel Verbrechen, Kriege, Mordtaten, Elend und Scheußlichkeiten hätte *der* Mann dem Menschengeschlecht erspart, der die Pfähle herausgerissen, den Graben eingeebnet und seinen Mitmenschen zugerufen hätte: ›Hütet euch, diesem Betrüger zu glauben! Ihr seid verloren, wenn ihr vergeßt, daß die Früchte allen gehören und die Erde niemandem[10]!‹« (Von hier war nur noch ein Schritt zu dem im folgenden Jahrhundert gesprochenen folgenschweren Worte Proudhons »Eigentum ist Diebstahl«!) Sobald der verfügbare Boden einmal aufgeteilt war, konnte der eine sich nur noch auf Kosten des anderen vergrößern. Herrschaft und Knechtschaft, Gewalttätigkeit und Räubereien kamen auf. Die Menschen wurden habgierig, ehrgeizig und boshaft.

Ein Zustand, der auf Krieg und Mord hinausläuft, konnte nicht von Dauer sein. Da kam »der Reiche« auf folgenden Gedanken: »›Vereinigen wir uns‹, sagte er zu seinem Nachbarn, ›um die Schwachen vor der Unterdrückung zu behüten, die Ehrgeizigen im Zaume zu halten und jedem den Besitz dessen zu gewährleisten, was ihm gehört. Statt unsere Kräfte gegen uns selbst zu wenden, wollen wir sie in einer obersten Gewalt vereinigen, die nach weisen Gesetzen alle Mitglieder der Vereinigung schütze, die gemeinsamen Feinde fernhalte, und uns in ewiger Eintracht erhalte[11].‹« So entstanden, da die Arglosen auf diesen Vorschlag eingingen, Staat und Gesetze, die dem Schwachen neue Fesseln anlegten und dem Reichen die Möglichkeit gaben, die Ungleichheit zu verewigen, indem die zunächst als gesetzlich begründete Herrschaft alsbald in eine willkürliche ausartete.

Die Entstehung des Eigentums war also das erste Unheil: sie schuf Reiche und Arme. Die Einsetzung einer Obrigkeit war das zweite Unheil: sie schuf Herrschende und Beherrschte. Die Ausartung der Macht in Willkür war das dritte Unheil: sie schuf Herren und Sklaven, denen als einzige Pflicht der Gehorsam bleibt. Das ist der Gipfel aller Ungleichheit, die äußerste Entartung. Nun kommt es dazu, daß – in schreiendem Widerspruch zum Recht der Natur – ein Kind über erwachsene Männer gebietet, ein Dummkopf über Weise; daß eine Handvoll Reicher im Überfluß schwelgt, während die Masse der Hungernden das Notwendigste entbehrt.

So hat sich die Menschheit vom natürlichen Zustand weg zu einem Zustand entwickelt, der allem Recht der Natur ins Gesicht schlägt. Was tun? Gibt es keinen Ausweg, keine Möglichkeit der Umkehr? Die Antwort versucht Rousseau zu geben mit dem *»Gesellschaftsvertrag«* (»Contrat social«), der bekanntesten (nicht der einzigen) politischen Schrift von ihm. »Der Mensch ist frei geboren, und überall liegt er in Ketten.« Es muß aber möglich sein, eine Verfassung herzustellen, in der die natürliche und unveräußerliche Freiheit in Einklang gebracht ist mit dem Maß an Gewalt, das vom Wesen staatlicher Ordnung nun einmal nicht wegzudenken ist. – Macht allein kann nie Recht bilden. Die Grundlage einer rechtmäßigen Herrschaft kann – gleichgültig ob es in der Geschichte so etwas wie einen Gesellschaftsvertrag wirklich gegeben hat – nur auf *Übereinkunft*, auf freie Zustimmung also, gegründet werden. Diese Übereinkunft ist der Gesellschaftsvertrag. Jeder einzelne Genosse gibt sich selbst und alles, was er vermag, als Gemeingut unter die oberste Leitung eines gemeinsamen Willens. Dadurch entsteht als öffentliche Person eine seelische Gesamtkörperschaft, das *Volk*. Das Volk ist der einzige Träger der Souveränität.

Wie aber den Willen dieses Souveräns, den Gemeinwillen, ermitteln? Durch Abstimmung. »Aber, wird man fragen, wie kann ein Mensch frei sein und doch gezwungen, sich dem ihm fremden Willen anderer zu bequemen? Wie können die Widersprechenden frei sein und doch den Gesetzen unterworfen, in welche sie nicht eingewilligt haben? Ich antworte: Diese Frage ist schlecht gestellt. Der Bürger willigt in alle Gesetze, selbst in die, die gegen seinen Willen durchgegangen sind, selbst in die, die ihn bestrafen, wenn er eins davon verletzt. Der beständige Wille aller Staatsglieder ist der Gemeinwille; durch ihn sind sie Bürger und sind frei. Wenn man in der Volksversammlung ein Gesetz vorschlägt, so fragt man nicht eigentlich, ob sie den Vorschlag annehmen oder verwerfen, sondern ob er dem Gemeinwillen, der auch der ihrige ist, gemäß ist oder nicht. Indem jeder seine Stimme darüber abgibt, sagt er seine Ansicht darüber. Aus der Berechnung der Stimmen ergibt sich die Feststellung des Gemeinwillens. Überwiegt also die entgegengesetzte Meinung die meinige, so beweist das nur, daß ich mich geirrt und daß das, was ich für den Gemeinwillen gehalten habe, der Gemeinwille nicht war.«[12]

Der Grundgedanke, der durch alle Werke Rousseaus hindurchgeht: daß der Mensch gut aus den Händen der Natur kommt und erst durch die Gesellschaft verdorben wird, legt nahe, welch außerordentliches Gewicht Rousseau auf die richtige *Erziehung* legen muß, und weist auch schon die Richtung, in die seine Forderungen gehen. Er hat sie in dem Erziehungsroman »Emile« dargelegt. Im einzelnen knüpft er vielfach an Forderungen John Lockes an. Der Kerngedanke aber ist ganz von Rousseaus Geist und hat durch ihn einen nachhaltigen, bis heute andauernden Einfluß auf die Pädagogik erlangt: Der heranwachsende Mensch muß ferngehalten werden von verbildenden Einflüssen. Alles kommt darauf an, die grundsätzlich in jedem Menschen liegende gute Naturanlage auf natürliche Weise reifen zu lassen. Die Aufgabe der Erziehung ist daher eine *negative*, sie besteht im Fernhalten aller Einflüsse des Gesellschaftslebens, die diesen Prozeß stören können.

Im »Glaubensbekenntnis eines savoyardischen Vikars«, das im »Emile« enthalten ist, hat Rousseau seine Stellung zur *Religion* festgelegt. Sie ist gleich weit entfernt vom kirchlichen Offenbarungsglauben wie von dem aggressiven Atheismus der im vorigen Abschnitt behandelten Materialisten. Aber auch von der Vernunftreligion eines Voltaire ist Rousseau weit entfernt. Seine Religion ruht ganz auf dem *Gefühl.* Das Gefühl sagt mir, daß ein Gott ist. Mehr ist nicht notwendig, und mehr zu erkennen ist auch nicht möglich. »Auf diese Weise betrachte ich Gott in seinen Werken. Je mehr ich mich anstrenge, sein unendliches Wesen zu durchschauen, desto weniger begreife ich es. Er ist, aber das ist mir genug. Je weniger ich ihn begreife, um so mehr bete ich ihn an. Ich demütige mich vor ihm und sage: ›Du Wesen der Wesen! Ich bin, weil du bist. Ich hebe mich empor zu deinem Urquell, wenn ich ohne Unterlaß dein gedenke. Der würdigste Gebrauch meiner Vernunft ist, sie vor dir zu vernichten.‹«[13]

b) Über die Bedeutung Rousseaus

Rousseau und die Aufklärung. Als Voltaire die »Abhandlung über die Ungleichheit« gelesen hatte, schrieb er an Rousseau: »Ich habe, mein Herr, Ihr neues Buch gegen die menschliche Gattung erhalten ... Niemand hat es mit mehr Geist unternommen, uns zu Tieren zu machen, als Sie; das Lesen Ihres Buches erweckt in einem das Bedürfnis, auf allen vieren herumzulaufen. Da ich jedoch diese Beschäftigung vor einigen sechzig Jahren aufgegeben habe, fühle ich mich unglücklicherweise nicht in der Lage, sie wieder aufzunehmen.«[14]

In der Tat: kein größerer Gegensatz als zwischen diesen beiden Denkern! Schon im Äußerlichen: hier der glatte, gewandte, geistreiche Voltaire, der kulturstolze Intellektuelle, der, obzwar bürgerlicher Herkunft, in der adligen Gesellschaft sich wie ein Fisch in seinem Element bewegt – dort der unstete, im Äußeren linkische, von Gefühl und Leidenschaft getriebene Rousseau, ein im bürgerlichen Leben unmöglicher Mensch, der alle seine Kinder kurz nach der Geburt in ein Findelhaus steckte, der sich aus der Zivilisation hinaus in eine erträumte »natürliche« Welt sehnt – und der doch durch die unmittelbare Sprache des Gefühls seine Zeit und den damaligen Zustand Frankreichs ins Herz traf.

Noch einmal kam der Gegensatz beider zu bezeichnendem Ausdruck. Als Voltaire unter dem Eindruck der Katastrophe von Lissabon sein Gedicht veröffentlicht hatte, antwortete Rousseau: Die Menschen selbst sind schuld! Würden wir auf den Feldern anstatt in Städten wohnen, so könnten wir nicht in Massen getötet werden; würden wir nicht in Häusern wohnen, sondern unter freiem Himmel, so könnten die Häuser nicht über uns einstürzen!

Der gleiche Gegensatz wie zu Voltaire besteht zwischen Rousseau und den anderen vernunft- und fortschrittsgläubigen Denkern seiner Zeit – zeitlich fällt Rousseaus Wirken ja mit dem ihren ganz zusammen, sie alle schrieben in den letzten 50 Jahren vor dem Ausbruch der großen Revolution. Doch gibt es auch Gemeinsames. Die Rousseausche Gleichsetzung von »Vernunft« und »Natur« ist dem ganzen Denken der Aufklärungszeit eigentümlich. Es ist zu erkennen, daß Rousseaus »Natur« etwas recht Künstliches ist, nicht weniger künstlich als die in kunstvolle Figuren geschnittenen Hecken in den Gärten oder die überfeinerte höfische Etikette seiner Zeit. Rousseaus paradiesischer Naturzustand ist von dem Zustand primitiver Völker, soweit wir ihn kennen, sehr weit entfernt. Seine »natürliche« Erziehung verlangt eine reichlich künstliche Isolierung des heranwachsenden Menschen von der gesellschaftlichen Umwelt, in der er später sein Leben zuzubringen hat. Es ist in alledem etwas von der Art der Schäfer- und Hirtenidyllen, die man damals in den gepflegten Parks der Adelssitze schuf. Und doch kann niemand den echten Unterton überhören, der aus Rousseaus leidenschaftlicher Sehnsucht nach Verbundenheit mit der echten, unverbildeten Natur herausklingt. Die abendländische Kultur war auf dem Punkt angelangt, da zum erstenmal das Gefühl einen leidenschaftlichen Ausdruck fand, das Sigmund Freud später das »Unbehagen in der Kultur« genannt hat.

Rousseau ist eben, ähnlich wie Hume in England und später Kant in Deutschland, der letzte Genius der Aufklärung und gleichzeitig ihr schärfster Kritiker, der die Bewegung über sich selbst hinaus führt.

Rousseau und die Revolution. Ein Jahrzehnt vor dem Ausbruch der Revolution hatte Rousseau in seinem letzten französischen Zufluchtsort Ermenonville den Besuch eines schüchternen, jungen, ihn verehrenden Studenten empfangen, der sich als Maximilian Robespierre aus Arras vorstellte. – Als Ludwig XVI. im Gefängnis die Werke Voltaires und Rousseaus erblickte, sagte er: »Diese beiden Männer haben Frankreich zerstört.« Da der König von seinem Standpunkt aus unter »Frankreich« das alte, monarchische Frankreich verstand, hatte er recht. – »Die Bourbonen hätten sich halten können«, sagte später Napoleon, »wenn sie Tinte und Papier überwacht hätten.« Die republikanische Verfassung Frankreichs war nach dem Vorbild des »Contrat social« entworfen. Der Schlachtruf »Freiheit, Gleichheit, Brüderlichkeit« bezog sein Pathos aus dem revolutionären Schwung Rousseaus. Natürlich kann man fragen, ob Rousseau die Revolution, so wie sie sich tatsächlich abspielte, gebilligt hätte. Das ändert nichts daran, daß es sein Geist war, der sie mit beschworen hat. Auch der tragische innere Widerspruch, welcher sich in der Revolution entfaltete – die wie manche andere mit der Parole der Freiheit begann und in Intoleranz und Despotie endete –, ist schon vorgebildet im Denken Rousseaus. Der entschiedene Individualismus, den er vertritt, bleibt doch in einem trotz Rousseaus Beteuerung unaufgelösten Widerspruch mit den schroffen Forderungen nach unbedingter Unterordnung des Individuums unter den Gemeinwillen, die er im zweiten Teil des »Contrat social« erhebt. Sie gehen so weit, daß in Rousseaus Staat Widerspenstigkeit gegen die Staatsreligion, die er aufstellt, mit Tod oder Verbannung bestraft werden soll.

Rousseau und die Nachwelt. Die Französische Revolution und ihre geistigen Folgen im weitesten Sinne sind, entsprechend dem Doppelgesicht Rousseaus, nur die eine Hälfte seiner Wirkung auf die Nachwelt. Der gefühlvolle Rousseau ist auf der anderen Seite der Vorbote all dessen, was sich im 19. Jahrhundert an Gegenbewegungen gegen den Geist des 18. Jahrhunderts erhoben hat. *Sturm und Drang, Romantik,* auch die mannigfachen religiösen Erneuerungsbewegungen haben ihn zum Ahnherrn. *Goethe* und noch mehr *Schiller,* beide von Sturm und Drang ausgegangen, verehrten Rousseau.

Aber auch *Kant* hat bezeugt: »Ich bin aus Neigung Forscher und fühle den ganzen Durst nach Erkenntnis. Es war eine Zeit, da ich glaubte, dieses allein könnte die Ehre der Menschheit machen. Rousseau hat mich zurechtgebracht. Dieser eingebildete Vorzug verschwindet. Ich lerne den Menschen ehren.«[15] Im späteren 19. Jahrhundert wurde Rousseaus Geisteserbe erneut lebendig, wiederum in zwei ganz verschiedenen Richtungen: auf der einen Seite im Werk Friedrich *Nietzsches,* in dem vieles von der Skepsis und der Kritik gegen den Wert der »Kultur«, von Rousseaus Sehnsucht nach den »einfachen Tugenden«, von seiner Ablehnung intellektueller Überfeinerung weiterlebt – wobei die sehr sensible und komplizierte Denkernatur Nietzsches doch genauso unverkennbar ein Produkt eben dieser überfeinerten Kultur ist wie Rousseau. Auf der anderen Seite wirkt die Rousseausche Gesellschaftskritik weiter im sogenannten utopischen Sozialismus der Frühzeit und im revolutionären Sozialismus Karl *Marx'.* Es ist ohne weiteres zu erkennen, daß Marxens Kritik der auf Privateigentum aufgebauten bürgerlichen Gesellschaft von ähnlichen Erwägungen – und Gefühlen – ausgeht wie die Rousseaus. Überdies kann sich der marxistische Sozialismus sehr gut auf Sätze Rousseaus wie den folgenden berufen: »Der Staat ist in Hinsicht seiner Glieder Herr über ihre Güter durch den Gesellschaftsvertrag. Die Besitzer sind nur Verwahrer des öffentlichen Guts. Der Souverän kann sich rechtsmäßigerweise der Güter aller bemächtigen, wie das zu Sparta geschah.«[16]

III. Die Aufklärung in Deutschland

Außer in England und Frankreich erfuhr die Aufklärung auch in Deutschland ihre besondere, der deutschen Eigenart und der geschichtlichen Lage entsprechende Ausprägung. Sie ist im ganzen, vor allem auch in ihrem Verhältnis zur Religion, viel weniger radikal als die französische. Das hängt natürlich zusammen mit der damaligen gesellschaftlichen Lage in Deutschland, wo bekanntlich die Aufklärung des 18. Jahrhunderts nicht zu einer der Französischen Revolution vergleichbaren allgemeinen Umwälzung führte.

Wenn wir die deutsche Aufklärung, verglichen mit der westeuropäischen, hier nur kurz behandeln, so geschieht es nicht wegen geringerer Bedeutung – obwohl allerdings der französischen, jedenfalls der des 18. Jahrhunderts, für Europa im ganzen gesehen ein größeres geschichtliches Gewicht zukommt und diese auch den französischen Geist und Charakter in weit höherem Grade dauernd bestimmt hat als die deutsche Aufklärung den deutschen. Es geschieht deshalb, weil wir den ersten großen Vertreter, *Leibniz* nämlich, schon kennengelernt haben, und weil *Kant,* in dem sie ihren Gipfel und auch ihr Ende erreicht, im folgenden Kapitel gesondert behandelt wird. Was zwischen Leibniz und Kant an deutschen Denkern der Aufklärungsepoche steht, gehört allerdings nicht zur ersten Reihe der Philosophen von europäischem Rang.

Verglichen mit der eleganten geistigen Florettfechterei eines Voltaire, mit der umwälzenden Leidenschaft Rousseaus, zeigt die philosophische Literatur der deutschen Aufklärung eine gewisse trockene Nüchternheit, einen schulmeisterlichen, manchmal fast langweiligen und hausbackenen Zug. Das hängt, außer mit der schon erwähnten geschichtlichen Situation, auch damit zusammen, daß die deutsche Sprache als Ausdrucksmittel für philosophische Gedanken damals noch nicht die gleiche Durchbildung und Verfeinerung erfahren hatte wie die französische in der dortigen Literatur des 18. Jahrhunderts. Das Deutsche erreichte dieses Stadium erst mit dem Zeitalter Goethes. Bis dahin zeigen die deutsch geschriebenen Werke der Philosophen meist die Verwendung zahlloser Fremdwörter und ein schwerfälliges Ringen um den passenden Ausdruck. Dies gilt in gewissem Ausmaß auch noch für Kant.

Diese Eigenart der deutschen Aufklärungsphilosophie war allerdings nicht nur eine Schwäche. Gerade ein Denker wie der schon im vorigen Kapitel genannte Christian *Wolff* ist wegen seiner schulmeisterlichen Art, welche die Leser und Hörer an sauberes Durchdenken ihrer Voraussetzungen, an logisches und methodisches Vorgehen gewöhnte, von Kant der »Urheber des Geistes der Gründlichkeit« in Deutschland genannt worden. Wolff lehrte zuerst in Halle, dann, nachdem er auf

Betreiben kirchlicher Kreise von dort vertrieben war, mit großem Erfolg in Marburg. Friedrich der Große holte ihn nach seinem Regierungsantritt unverzüglich unter sehr ehrenvollen Bedingungen nach Halle zurück. Die Philosophie Wolffs beherrschte während seiner Wirksamkeit und nach seinem Tode (er starb 1754) bis zum Erscheinen der Hauptwerke Kants die deutschen Universitäten. Da sie, ungeachtet der Abweichungen im einzelnen, in inhaltlicher Hinsicht im wesentlichen eine Systematisierung der (damals bekannten) Leibnizschen Grundgedanken sowie deren Entfaltung und Anwendung auf alle Gebiete des Wissens darstellt, gehen wir auf sie im einzelnen nicht ein. Erwänt werden muß aber Wolffs Leistung für die deutsche Sprache. Wolff lehrte und schrieb deutsch – jedenfalls im ersten Teil seiner Tätigkeit. Durch ihn begann die deutsche Wissenschaft und Philosophie zu lernen, sich ihrer Muttersprache allmählich mit Freiheit zu bedienen. Er hat auch einen großen Teil des seither allgemein gebräuchlichen philosophischen Vokabulars geschaffen.

Friedrich der Große von Preußen (1712–1786) hat nicht nur mittelbar auf die deutsche Aufklärungsbewegung eingewirkt, indem er deutsche und ausländische Gelehrte an seinen Hof zog – womit englische und französiche Ideen in das deutsche Denken stärker Eingang fanden, als es wohl ohne ihn der Fall gewesen wäre. Der »Philosoph von Sanssouci« gehört auch selbst zu ihren führenden Geistern. Seine im 19. Jahrhundert gesammelt herausgegebenen Werke, die 30 Bände füllen, enthalten eine Reihe philosophischer Abhandlungen. Sein Interesse geht dabei stets weniger auf die theoretische Seite der Philosophie – Metaphysik und Erkenntnistheorie – als auf die praktische. Seine Grundsätze, insbesondere sein Ethos unbedingter Pflichterfüllung und weitherziger Toleranz auf religiösem und kulturpolitischem Gebiet, hat er in seiner langen Regierungspraxis des »aufgeklärten Absolutismus« zu verwirklichen versucht. Weltberühmt wurde sein Reskript von 1740: »Die Religionen müssen alle toleriert werden, und muß der Fiscal (Staat) nur das Auge darauf heben, daß keine der anderen Abbruch tue; denn hier muß ein jeder nach seiner Façon selig werden.« Friedrichs Eintreten für Wolff, für Voltaire, Lamettrie und andere Franzosen wurde schon erwähnt. Auch Kant erfreute sich, solange Friedrich regierte, aller Lehrfreiheit. Friedrichs Auffassung vom Staat und seiner eigenen Stellung in ihm ist ausgesprochen in seinem berühmten Wort, daß der Fürst der erste Diener seines Staates sei – welches oft dem »L'Etat c'est moi« (»Der Staat bin ich«) Ludwigs XIV. gegenübergestellt worden ist. Freilich wollte Friedrich in seinem Satze das »erste« ebenso betont wissen wie das Wort »Diener«. Es war ein aufgeklärter, aber eben doch ein Absolutismus.

Was für Friedrich gilt, ist im weiteren ein Wesenszug der ganzen deutschen Aufklärung bis auf Kant: Ihre Stärke liegt nicht so sehr im Aufstellen neuer, origineller philosophischer Systeme; ihr geschichtliches Verdienst liegt in der Betonung des Vorrangs der praktischen, sittlichen Vernunft und in ihrem tiefreichenden Einfluß – auch wenn sie nicht zu revolutionärer Neugestaltung führte – auf das allgemeine Denken und das praktische Leben. Das gilt auch für den vielleicht bedeutendsten unter allen ihren Vertretern. Gotthold Ephraim *Lessing* (1729–1781) war ein Dichter, aber fast ebensosehr Denker und Philosoph. Obwohl den Gedanken Friedrichs II. so nahestehend wie kaum ein anderer deutscher Schriftsteller der Zeit, kam Lessing nie in nähere Berührung mit dem König, weil dieser – unter dem Einfluß Voltaires, der einen Streit mit dem jungen Lessing gehabt hatte – sein Leben lang gegen Lessing voreingenommen blieb; übrigens einer der Gründe, daß Friedrich, so aufgeschlossen er den geistigen Strömungen der Zeit gegenüberstand, doch das wahrhaft Bedeutende im eigenen Lande nicht selten verkannt hat.

Zu Lessings Freundeskreis in Berlin gehörten zwei weitere führende Geister der deutschen Aufklärung: Moses *Mendelssohn* (1729–1786) und Friedrich *Nicolai* (1733–1811). Schließlich ist im Zusammenhang mit Lessing Hermann Samuel *Reimarus* (1694–1768) zu nennen, scharfer Kritiker der biblischen Offenbarungsreligion und Verfechter einer deistischen Vernunftreligion. Lessing hat des Reimarus »Schutzschrift für die vernünftigen Verehrer Gottes« nach dessen Tode herausgegeben.

Auch Lessing selbst ist ein Kämpfer gegen Unfreiheit und Unduldsamkeit, für Menschlichkeit und religiöse Toleranz, wie er sie in der idealen Gestalt Nathans des Weisen verkörpert hat. Lessing sieht die Verwüstungen, die Haß und Fanatismus im Namen der Religion in der Geschichte der Völker angerichtet haben. Er ist aber – ungleich den radikalen französischen Aufklärern – nicht bereit, das Kind mit dem Bade auszuschütten. Er sucht trotz jener entmutigenden Erkenntnis einen Sinn in der Menschheitsgeschichte. Er findet ihn in dem Gedanken einer allmählich fortschreitenden *»Erziehung des Menschengeschlechts«*, wie auch sein 1780 erschienenes philosophisches Hauptwerk betitelt ist. Die geschichtlichen Religionen sind Stufen auf diesem Wege. Was die großen Religionsstifter die Menschheit gelehrt haben, muß schrittweise als *symbolische* Wahrheit der neuen Erkenntnis eingegliedert werden. Religion und Politik, als die beiden wichtigsten Erziehungsmittel, haben die Menschen schrittweise zu läutern, sie zur Herrschaft der Vernunft und der Liebe zu erziehen. Freilich ist das ein ins Unendliche fortschreitender Prozeß (Lessing neigt im Zusammenhang mit dieser Idee der organischen Fortentwicklung der ganzen Menschheit dem Gedanken der Seelenwanderung zu). Das Ideal, das als Ziel an seinem

Endpunkt steht, kann nie ganz erreicht werden. So ist es auch mit dem menschlichen Streben nach Wahrheit. »Wenn Gott in seiner Rechten alle Wahrheit und in seiner Linken den einzigen immer regen Trieb nach Wahrheit, obschon mit dem Zusatze, nicht immer und ewig zu irren, verschlossen hielte und spräche zu mir: wähle! ich fiele ihm in Demut in seine Linke und sagte: Vater vergib! Die reine Wahrheit ist ja doch nur für dich allein!«

Den Streifzug durch die deutsche Aufklärung möchte ich nicht abschließen, ohne Christian *Thomasius* (1655–1728) zu nennen, Philosoph, Jurist, verdient um die Einführung der deutschen Sprache in den Universitätsunterricht, die Gründung der Universität Halle und nicht zuletzt um das Ende der Hexenprozesse, das großenteils seinem mutigen Auftreten gegen diesen Aberwitz zu danken ist: ein wahrer »Aufklärer«. Thomasius' Wirken beginnt schon vor 1690: 1687 kündigte er die erste Vorlesung in deutscher Sprache an. 1691 erschien seine »Vernunfft-Lehre«, ebenfalls deutsch. Die neueste Forschung sieht in ihm einen der frühesten Repräsentanten der deutschen Aufklärung, die damit nicht mehr als bloßer Reflex der englischen und französischen erscheint, sondern auch Wurzeln im einheimischen Geistesleben hat.[17]

Zweites Kapitel

Immanuel Kant

I. Leben, Persönlichkeit, Werke

Wir haben die Darstellung nunmehr bis an die Schwelle des Zeitalters herangeführt, in dem die Entfaltung der abendländischen Philosophie im Werke Immanuel Kants einen Höhe- und Wendepunkt erreicht, der von vielen, auch von Gegnern der Kantschen Auffassungen, als *der* Höhepunkt angesehen wird und jedenfalls darin einmalig ist, daß er ausschließlich von der Gedankenarbeit eines einzigen Mannes bewirkt wurde. Im gleichen Jahre 1781, in dem Lessing, der große Dichter der deutschen Aufklärung und zugleich ihr bedeutendster Kritiker, die Augen schloß, erschien Kants erstes Hauptwerk, die »Kritik der reinen Vernunft«, mit welchem die europäische Bewegung der Aufklärung zur Vollendung geführt und zugleich auf einer höheren Stufe überwunden wurde.

Kant wurde geboren am 22. April 1724 in Königsberg (Preußen) als Sohn eines Sattlermeisters. Seinem Elternhause, insbesondere seiner Mutter, verdankte er die Berührung mit dem Pietismus, einer religiösen Bewegung, die gegenüber bloßem Buchstabenglauben eine echte gefühlsbetonte Frömmigkeit forderte. Nach siebenjährigem Besuch des Fridericianums in Königsberg, dem er nach seiner eigenen späteren Erklärung für sein eigentliches Arbeits- und Interessengebiet, Naturwissenschaften und Philosophie, kaum etwas verdankt, begann er 1740 an der Universität seiner Vaterstadt zu studieren, zuerst Theologie, die er jedoch bald zugunsten der Philosophie und der Naturwissenschaften aufgab. Neun Jahre lang verdiente er dann seinen Lebensunterhalt als Hauslehrer auf Adelsgütern in der Umgebung von Königsberg und eignete sich in dieser Zeit, außer weltmännischer Gewandtheit, eine gründliche philosophische Bildung an. 1755 promovierte er und ließ sich als Privatdozent an der Universität nieder. Erst fünfzehn Jahre später erhielt er die Professur für Logik und Metaphysik, die er bis an sein Lebensende innehatte.

Über vierzig Jahre lang hat er Vorlesungen gehalten, nicht nur über diese beiden Fächer, sondern auch über mathematische Physik, Geographie und Anthropologie sowie natürliche Theologie, Moral und Naturrecht. Er war ein beliebter und anregender Lehrer. Herder, der in Kants ersten Dozentenjahren in Königsberg studierte, preist Kants Vorzüge als Vortragender in einem Briefe, in dem es heißt: »Er in seinen blühenden Jahren hatte die fröhliche Munterkeit eines Jünglings, seine offene, zum Denken gebaute Stirn war ein Sitz unzerstörbarer Heiterkeit und Freude, die gedankenreichste Rede floß von seinen Lippen, Scherz und Witz und Laune standen ihm zu Gebote, und sein lehrender Vortrag war der unterhaltendste Umgang. Er munterte auf und zwang angenehm zum Selbstdenken ...« Ebenso anregend wie über philosophische Probleme wußte Kant in seinen geographischen Vorträgen über fremde Länder und Völker zu sprechen, obwohl er nie aus Königsberg und seiner Umgebung herausgekommen ist.

Überhaupt ist Kants Leben äußerlich an Ereignissen arm und von großer Stetigkeit. Das hängt auch damit zusammen, daß Kant von Geburt an von schwacher Gesundheit war – er war klein von Gestalt, schwächlich und etwas verwachsen, indem eine Schulter etwas höher als die andere war – und daß er in Erkenntnis dessen sich die genaue Einhaltung selbstgewählter Regeln zur Erhaltung seiner Gesundheit und eiserne Konzentration auf seine Lebensaufgabe vorgeschrieben hatte. Es gelang ihm dadurch, bei voller Gesundheit ein hohes Alter zu erreichen und seine Lebensarbeit im wesentlichen zu vollenden. Kants Lebensführung und seine Tageseinteilung entsprachen peinlich diesen Grundsätzen. Briefe und Berichte von Zeitgenossen geben ein anschauliches Bild davon. Stets stand er um 5 Uhr auf und begann alsbald zu arbeiten. Von 7 bis 9 Uhr hielt er seine Vorlesungen. Die Hauptarbeitszeit für das eigene Studium, in der auch seine wissenschaftlichen Schriften entstanden, lag von 9 bis 1 Uhr. Zum anschließenden Mittagessen hatte Kant fast immer Gäste, wobei er Männer aus dem praktischen Leben gegenüber Gelehrten bevorzugte. Diese Mahlzeiten dienten völliger Entspannung und dauerten meist mehrere Stunden, die mit Gesprächen über die verschiedensten Themen ausgefüllt waren. Nach einem Spaziergang, der ebenfalls genauester Einteilung und Regelmäßigkeit unterlag, nahm er seine Arbeit wieder auf und ging Punkt 10 Uhr zu Bett.

Kant hielt das selbstgesetzte Tagesprogramm so genau ein, daß die Königsberger danach hätten ihre Uhr stellen können. Ein Biograph sagt: »Aufstehen, Kaffeetrinken, Schreiben, Kollegienlesen, Essen, Spazierengehen, alles hatte seine bestimmte Zeit, und die Nachbarn wußten ganz genau, daß die Glocke halb vier sei, wenn Immanuel Kant in seinem grauen Leibrock, das spanische Röhrchen in der Hand, aus seiner Haustür trat und nach der kleinen Lindenallee wanderte, die man seinetwegen noch jetzt den Philosophengang nennt. Achtmal spazierte er dort auf und ab, in jeder Jahreszeit, und wenn das Wetter trübe war oder die grauen Wolken einen Regen verkündigten, sah man seinen Diener, den alten Lampe, ängstlich besorgt hinter ihm drein wandeln mit einem großen Regenschirm unter dem Arm, wie ein Bild der Vorsehung.«[1]

Nach dem Erscheinen seiner Hauptwerke erlangte Kant bald und noch zu seinen Lebzeiten Berühmtheit über Deutschlands Grenzen hinaus. Zahlreiche Ehrungen wurden ihm zuteil. Berufungen nach außerhalb lehnte er stets ab. Als er am 12. Februar 1804, nachdem seine geistigen Kräfte in den letzten Lebensjahren nachgelassen hatten, die Augen schloß, eilten Menschen aller Stände in seine Wohnung, um den großen Mann noch einmal zu sehen. Stadt, Universität und Bevölkerung bereiteten ihm ein fürstliches Leichenbegängnis, wie es das stille Königsberg noch nicht gesehen hatte.

Zur leichteren Orientierung für den Leser geben wir zunächst eine einfache Aufzählung der wichtigsten Schriften Kants. Die Liste enthält nur diejenigen, auf die in der folgenden Darstellung Bezug genommen wird.

1755 Allgemeine Naturgeschichte und Theorie des Himmels oder Versuch von der Verfassung und dem mechanischen Ursprung des ganzen Weltgebäudes, nach Newtonischen Grundsätzen abgehandelt.

1756 Physische Monadologie.

1766 Träume eines Geistersehers, erläutert durch Träume der Metaphysik.

1770 Dissertation über die Form und die Prinzipien der sinnlichen und der intelligiblen Welt.

1775 Von den verschiedenen Rassen der Menschen.

1781 Kritik der reinen Vernunft.

1783 Prolegomena zu einer jeden künftigen Metaphysik, die als Wissenschaft wird auftreten können.

1784 Idee zu einer allgemeinen Geschichte in weltbürgerlicher Absicht.

1785 Grundlegung zur Metaphysik der Sitten.

1788 Kritik der praktischen Vernunft.

1790 Kritik der Urteilskraft.

1793 Die Religion innerhalb der Grenzen der bloßen Vernunft.

1795 Zum ewigen Frieden. Ein philosophischer Entwurf.

1797 Die Metaphysik der Sitten in zwei Teilen.

1798 Der Streit der Fakultäten.

Kant hat seinen 1793 bekanntgemachten Entschluß, eine Gesamtausgabe seiner Schriften selbst herzustellen, nicht mehr ausgeführt. Erst im 20. Jahrhundert gab die Preußische Akademie der Wissenschaften eine Gesamtausgabe in 18 Bänden heraus.

II. Die vorkritische Periode

1. ZU KANTS NATURWISSENSCHAFTLICHEN SCHRIFTEN

Den Zeitabschnitt bis zum Erscheinen der »Kritik der reinen Vernunft« – oder besser bis zu der Zeit, da ihre Gedanken sich in Kant zu formen begannen – bezeichnet man als die »vorkritische« Periode in Kants Entwicklung. Während der Jahrzehnte vom Erscheinen seiner ersten Schrift (1747) bis zur Dissertation von 1770 war Kant ein fruchtbarer Schriftsteller. Von den Schriften aus dieser Zeit – die Mehrzahl ist in unserer Aufzählung nicht genannt – befassen sich die meisten mit naturwissenschaftlichen Fragen. Kant schrieb über das Feuer, über Vulkane, über physische Geographie, über die Theorie der Winde, über das Erdbeben von Lissabon. Die Grundlage seiner Anschauungen bildet die Physik Newtons, die für ihn immer ein Muster exakter wissenschaftlicher Naturerkenntnis geblieben ist.

Hervorzuheben ist zunächst die *»Allgemeine Naturgeschichte und Theorie des Himmels«*. Kant gibt hier eine Theorie von der Entstehung des Weltgebäudes und der Planetenbewegung. Newton hatte den Einfluß der Gravitation auf die Bewegungen der Himmelskörper erkannt und berechnet. Die Frage der Entstehung des Sonnensystems hatte er offengelassen. Ausdrücklich hatte er erklärt, daß sie einer natürlichen Erklärung nicht zugänglich sei. Die Umlaufbewegung der Himmelskörper ist nach ihm das Resultat zweier Kräfte, der Anziehungskraft, welche auf mechanische Weise zu erklären ist, und einer zweiten, tangential wirkenden Kraft, die verhindert, daß die Planeten, einfach der Schwerkraft folgend, in die Sonne stürzen. Diese letztere Kraft war nach Newton nur so zu erklären, daß der Schöpfer selbst den Körpern diese Bewegung verliehen, sie gewissermaßen in den Raum hinausgeschleudert hatte, bis sie von der Sonne eingefangen wurden.

Kant stellt die These auf, daß *beide* Kräfte mechanisch zu erklären seien. Er nimmt einen Anfangszustand an, in dem die Materie in kleinsten Teilchen überall im Raume gleichmäßig verteilt war. Da die kleinsten Teilchen nach ihrer Dichtigkeit und Anziehungskraft verschieden sind, beginnen alsbald die Teilchen von größerer spezifischer Dichte und damit Anziehungskraft, die kleineren an sich heranzuziehen. Diese Anziehung allein würde bewirken, daß die leichteren Teilchen sich gradlinig auf die schwereren zu bewegen und sich dort zu Klumpen zusammenballen würden. Sie stoßen aber auf ihrem Wege dorthin auf andere Teilchen. Sie werden abgestoßen und von ihrer Richtung abgelenkt. Es entstehen Seitenbewegungen in andere Richtungen als der der ursprünglichen Anziehung. Aus den zuerst chaotisch durcheinandergehenden Bewegungen stellt sich allmählich ein Gleichgewicht der

Bewegung her, bei dem das geringste Maß gegenseitiger Hemmung erreicht wird. Das ist die Kreisbewegung. Ein Teil der kreisförmig umlaufenden Teilchen wird in die Sonne hineingezogen und setzt diese selbst in Umdrehung. Die übrigen Teilchen bilden die Planeten. Diese sind, je näher der Sonne, um so dichter und um so kleiner.

Kant versuchte mit dieser Hypothese zu zeigen, daß es nicht der Annahme übernatürlicher Kräfte bedarf, um die Entstehung eines harmonischen Weltganzen aus dem anfänglichen Chaos zu erklären, daß diese vielmehr allein aus den Gesetzen der Anziehung und Abstoßung erklärt werden kann. Vor der Frage allerdings, wie die ursprüngliche und Raum füllende Materie entstanden ist, versagt auch nach Kant die natürliche Erklärung. Wir müssen einen Schöpfer annehmen, der die Materie geschaffen und sie mit den Kräften begabt hat, die sie befähigen, aus dem Anfangszustand einen geordneten Kosmos zu bilden.[2]

Einige Jahrzehnte später kam der französische Mathematiker und Astronom Pierre *Laplace* (1749–1827) unabhängig von Kant zu ganz ähnlichen Vorstellungen. Seither ist diese – hier natürlich vereinfachte – Auffassung von der Weltentstehung als *Kant-Laplacesche Theorie* bekannt.

Eine zweite Schrift, in der Kant zukunftweisende naturwissenschaftliche Gedanken entwickelt, ist die *»Physische Monadologie«*[3]. Kant knüpft darin, wie schon der Titel anzeigt, an den Leibnizschen Begriff der Monade an. Er versucht, die kleinsten Teilchen, durch deren Bewegung das Weltgebäude entsteht, ihrem Wesen nach näher zu bestimmen. Er definiert ihr Wesen als »raumerfüllende Kraft«. Das also, was das Wesen der Materie ausmacht, ihre Körperlichkeit oder Undurchdringlichkeit, ist eine *Kraft*. Es gibt keinen »Stoff«, nur Kraft (Energie)! Dieser Gedanke Kants hat eine geradezu sensationelle Wiederauferstehung erlebt in der Physik der Gegenwart, welche nicht nur in der Theorie annimmt, daß »Materie« nur eine besondere Erscheinungsform der Energie ist, sondern die Ineinanderüberführbarkeit beider schon mehr als handgreiflich in der praktischen Anwendung bewiesen hat.

Als drittes der naturwissenschaftlichen Werke wollen wir noch die Schrift über die *Rassen* nennen. Kant stellt der bloßen klassifizierenden Natur*beschreibung* die Idee einer Natur*geschichte* entgegen. Er spricht dabei Gedanken aus, die ihn als einen der Wegbereiter der im 19. Jahrhundert zu allgemeiner Anerkennung gelangten Idee der Entwicklung erweisen. »Die Naturgeschichte . . . würde die Veränderung der Erdgestalt, ingleichen die der Erdgeschöpfe (Pflanzen und Tiere), die sie durch natürliche Wanderungen erlitten haben, und ihre daraus entsprungenen Abartungen von dem Urbilde der Stammgattung lehren. Sie würde vermutlich eine große Menge scheinbar verschiedener Arten zu Rassen eben derselben Gattung machen und das jetzt so weitläufige

Schulsystem der Naturbeschreibung in ein physisches System für den Verstand verwandeln.«[4]

2. DIE HERAUSBILDUNG DES KRITISCHEN PROBLEMS

Wenden wir uns nun der eigentlichen Philosophie zu. Das philosophische System, das Kant während seines Studiums und des ersten Abschnitts seiner Tätigkeit als das herrschende in Deutschland vorfand, war das Leibniz-Wolffsche. Es war, wenn man es mit kurzen Schlagworten kennzeichnen will, *Rationalismus,* in der Methode *dogmatisch.* Es ist Rationalismus, das heißt: es ist Vernunftphilosophie, die auf dem Standpunkt steht: Was meine Vernunft über die Welt aussagt, das ist wahr. Es ist möglich, aus den (angeborenen) Grundsätzen der Vernunft heraus ein richtiges Bild der Welt zu entwickeln, und zwar – das ist wichtig – ohne Zuhilfenahme der Erfahrung. Da für den Rationalismus die Erfahrung nicht die Grundlage und auch nicht die Grenze unseres Erkennens ist, besteht für seine Anhänger kein Grund, an der Möglichkeit einer Metaphysik, als einer über jegliche Erfahrung hinausgehenden Wissenschaft vom Übersinnlichen, zu zweifeln. Die Rationalisten haben denn auch solche metaphysischen Systeme aufgestellt. Sie verfuhren dabei *dogmatisch,* das heißt, ohne vorherige kritische Prüfung, ob denn die Vernunft tatsächlich imstande sei, von der Erfahrung unabhängige und über diese hinausgehende Erkenntnis von der behaupteten unbedingten Gewißheit zu liefern. Der Leibniz-Wolffschen Philosophie, in die er schon durch seinen Lehrer, den Wolffianer Knutzen, eingeführt war, hat Kant zunächst bis etwa zum Jahre 1760 angehangen.

Dann beginnt sich ein Umschwung in seinem Denken abzuzeichnen. Kant wurde aus dem »dogmatischen Schlummer« geweckt, und zwar durch den englischen Philosophen des *Empirismus,* John *Locke,* sowie durch die skeptischen Konsequenzen, die David *Hume* in bezug auf die Möglichkeit sicheren Wissens aus den Lehren Lockes gezogen hatte. Locke hatte gesagt: Es ist nichts im Verstande, was nicht zuvor in den Sinnen gewesen wäre. Das ist konsequenter Empirismus. Allein die Erfahrung (die äußere durch die Sinne, die innere durch die selbstbeobachtende Tätigkeit des Bewußtseins) ist Quelle unserer Erkenntnis und auch Grenze. Für einen solchen Empirismus ist Metaphysik, im Sinne einer Wissenschaft vom Übersinnlichen, unmöglich, da eben für das Übersinnliche die Erfahrung keine Grundlage bietet.

Daß Kant an der Berechtigung des Rationalismus und damit an der Möglichkeit einer Metaphysik im alten Sinne zu zweifeln begonnen hatte, zeigen deutlich (unter anderem) die *»Träume eines Geistersehers«.* Kant benutzte die Auseinandersetzung mit dem schwedischen Theosophen und Geisterseher Emanuel *Swedenborg* (1688–1772), zu der ihn Freunde aufgefordert hatten, zu einer Abrechnung mit den »Träumereien« der dogmatischen Metaphysik. Von beiden sagt er, daß ihre Annahmen zwar denkmöglich sind, daß sie diese Eigenschaft aber mit manchen Wahngebilden der Verrückten teilen. Er zeigt, wie man – sobald man den sicheren Boden der Erfahrung verläßt – auf streng logische Weise zu den seltsamsten und ausgefallensten Sätzen und Systemen gelangen kann. Wie weit Kant von der dogmatischen Metaphysik abgerückt ist, wird deutlich, wenn er zum Beispiel über die Wolffsche Philosophie sagt: »Wenn wir die Luftbaumeister der mancherlei Gedankenwelten betrachten . . ., denjenigen etwa, welcher die Ordnung der Dinge, so wie sie von Wolffen aus wenig Bauzeug der Erfahrung, aber mehr erschlichenen Begriffen gezimmert . . . bewohnet, so werden wir uns bei dem Widerspruche ihrer Versionen gedulden, bis diese Herren ausgeträumt haben.«[5] Die ganze Schrift ist in ähnlichem satirischem Ton gehalten: »Der scharfsinnige Hudibras hätte uns allein das Rätsel auflösen können; denn nach seiner Meinung: wenn ein hypochondrischer Wind in den Eingeweiden tobet, so kommt es darauf an, welche Richtung er nimmt, geht er abwärts, so wird daraus ein F-, steigt er aber aufwärts, so ist es eine Erscheinung oder eine heilige Eingebung.«[6] Aber die Schlüsse, die Kant aus seinen Erörterungen zieht, sind höchst ernsthaft. »Die Metaphysik, in welche ich das Schicksal habe verliebt zu sein, ob ich mich gleich von ihr nur selten einiger Gunstbezeugungen rühmen kann, leistet zweierlei Vorteile. Der erste ist, denen Aufgaben ein Genüge zu tun, die das forschende Gemüt aufwirft, wenn es verborgnern Eigenschaften der Dinge nachspähet. Aber hier täuscht der Ausgang nur gar zu oft die Hoffnung.«[7] (So auch hier im Falle Swedenborg, den Kant als »Kandidaten des Hospitals« bezeichnet.) »Der andre Vorteil ist der Natur des menschlichen Verstandes mehr angemessen und besteht darin einzusehen, ob die Aufgabe aus demjenigen, was man wissen kann, auch bestimmt sei und welches Verhältnis die Frage zu den Erfahrungsbegriffen habe, darauf sich unsre Urteile allezeit stützen müssen. Insoferne ist die Metaphysik eine *Wissenschaft von den Grenzen der menschlichen Vernunft* . . .« Hier sehen wir, wie Kant von der Metaphysik im alten Sinn endgültig Abschied nimmt – sicher nicht ohne Überwindung, da er gesteht, in sie verliebt zu sein – und wie zum ersten Male die neue, die Kantische Bestimmung der Metaphysik ausgesprochen wird: Wissenschaft von den Grenzen der menschlichen Vernunft. Kant fährt fort: »Ich habe diese Grenze hier zwar nicht genau bestimmt . . .«

Die Grenze zu bestimmen, wird fortan Kants Aufgabe. Hie Rationalismus – hie Empirismus! Wer hat recht? Um das zu entscheiden – sagt Kant –, muß ich zuvor etwas tun, was auf wahrhaft kritische Weise noch niemand vor mir unternommen hat: Ich muß die Struktur des ganzen menschlichen Denkapparates untersuchen. Erst wenn ich Klarheit habe, welches die Arbeitsweise dieses Apparates, die Quellen unserer Erkenntnis, ihr Geltungsgebiet und ihre Grenzen sind, werde ich mit Fug beurteilen können, ob Metaphysik möglich ist und wie sie gegebenenfalls aussehen kann. Vielleicht wird sich dann ergeben, daß von beiden – Rationalismus und Empirismus – keiner recht hat? Oder beide, aber jeder nur in begrenztem Sinne? »Meine Absicht ist, alle diejenigen, so es wert finden, sich mit Metaphysik zu beschäftigen, zu überzeugen: daß es unumgänglich notwendig sei, ihre Arbeit vorderhand auszusetzen, alles bisher Geschehene als ungeschehen zu betrachten, und vor allen Dingen zuerst die Frage aufzuwerfen: ›Ob auch so etwas, als Metaphysik, überall nur möglich sei?‹ Ist sie Wissenschaft, wie kommt es, daß sie sich nicht, wie andere Wissenschaften, in allgemeinen und dauernden Beifall setzen kann? Ist sie keine, wie geht es zu, daß sie doch . . . den menschlichen Verstand mit niemals erlöschenden, aber nie erfüllten Hoffnungen hinhält? Man mag also entweder sein Wissen oder Nichtwissen demonstrieren, so muß doch einmal über die Natur dieser angemaßten Wissenschaft etwas Sicheres ausgemacht werden; denn auf demselben Fuße kann es mit ihr unmöglich länger bleiben.«[8]

Daß Kant dieser Aufgabe die nächsten fünfzehn Jahre intensivsten Nachdenkens widmete, zeigt erstens die Schwierigkeit der Aufgabe, zweitens die Gründlichkeit und Geduld, mit der Kant sie bearbeitete, und deutet drittens wiederum schon darauf hin, daß Kant sich offenbar mit keiner der beiden widerstreitenden Richtungen zufriedengeben wollte und konnte. Einen ersten Blick auf die Kantische Lösung der Aufgabe gab die 1770 erschienene Schrift »Über die Formen und Prinzipien der sinnlichen und intelligiblen Welt«. Aber es dauerte noch weitere elf Jahre, bis Kant in seinem 57. Lebensjahr die Welt mit der »Kritik der reinen Vernunft« überraschte.

III. Die Kritik der reinen Vernunft

1. EIGENART, AUFBAU, GRUNDBEGRIFFE

»Ich erkühne mich zu sagen, daß nicht eine einzige metaphysische Aufgabe sein müsse, die hier nicht aufgelöst oder zu deren Auflösung nicht wenigstens der Schlüssel dargereicht worden.«[9]

Von einem Werk, das mit solchem Anspruch auftritt, werden wir – nach Kant selbst – die Erfüllung zweier Forderungen verlangen können: unbedingte Gewißheit der Ergebnisse und Deutlichkeit ihrer Darstellung. Das Urteil über das erstere überläßt Kant der Entscheidung des Lesers und der Nachwelt. Was die Deutlichkeit anbelangt, so sagt Kant, daß er für die Deutlichkeit durch *Begriffe* hinreichend gesorgt habe. Daneben auch Deutlichkeit durch *Anschauungen*, also durch praktische Beispiele und konkrete Erläuterungen, zu geben, war Kant zuerst ebenfalls notwendig erschienen. »Ich sah aber die Größe meiner Aufgabe und die Menge der Gegenstände, womit ich es zu tun haben würde, gar bald ein; und da ich gewahr ward, daß diese ganz allein im trockenen, bloß scholastischen Vortrage das Werk schon genug ausdehnen würden, so fand ich es unratsam, es durch Beispiele und Erläuterungen, die nur in populärer Absicht notwendig sind, noch mehr anzuschwellen . . .«[10]

Kant hat also nur das Gerüst gegeben. Es darzustellen, hat er immerhin ein recht umfängliches Buch – in der Erstausgabe der 2. Auflage 884 Seiten – benötigt. Können wir hoffen, den Inhalt auf wenigen Seiten vorzustellen? Das ist völlig unmöglich. Wir können aber versuchen, von folgendem einen ersten Eindruck zu vermitteln: von Eigenart und Aufbau des Werks, von den drei grundlegenden Fragestellungen, von Kants besonderer Arbeitsmethode, von der Richtung, in die seine Antworten gehen.

Die Hauptwerke Kants gehören nun einmal nicht nur zu den inhaltsreichsten, sondern auch den schwierigsten der Weltliteratur. Kant war sich der Schwierigkeiten wohl bewußt. Er selbst bezeichnet seine »Deduktion der reinen Verstandesbegriffe«, das Kernstück der ersten Kritik, als »das schwerste, das jemals zum Behuf der Metaphysik unternommen werden konnte.«[11] Sich gegenüber den Schwierigkeiten eindringender Vernunftkritik einfach auf den sogenannten gemeinen Menschenverstand zu berufen – wie es nämlich eine schottische Philosophenschule, begründet von Thomas *Reid* (1710–1796), gegen Hume getan hatte –, ist »beim Lichte besehen . . . nichts anderes, als eine Berufung auf das Urteil der Menge; ein Zuklatschen, über das der Philosoph errötet.«[12] Dem gemeinen Menschenverstand läßt Kant durchaus sein Recht; aber »Meißel und Schlägel können ganz wohl dazu dienen, ein Stück Zimmerholz zu bearbeiten, aber zum Kupferstechen muß man die Radiernadel brauchen.«[13]

Dem Leser, der Kant studieren will, darf geraten werden, zur Vorbereitung zunächst noch eine ausführlichere Einführung zu lesen, als sie hier gegeben werden kann[14], und auch dann noch nicht mit der Lektüre der Kritiken zu beginnen, sondern zum Einlesen in die Sprache Kants eine der leichteren vorkritischen Schriften zu lesen, zur Einführung in die Gedankenwelt der »Kritik« die »*Prolegomena*«, die von Kant selbst als eine vereinfachte und verkürzte Darstellung der Hauptgedanken der »Kritik der reinen Vernunft« alsbald nach dieser herausgegeben wurde.

Die »Kritik der reinen Vernunft« besteht außer Vorrede und Einleitung aus zwei Hauptteilen: der transzendentalen Elementarlehre, die den überwiegenden Teil des Buches ausmacht, und der transzendentalen Methodenlehre. Die Elementarlehre hat wiederum zwei Teile: die transzendentale Ästhetik behandelt das Vermögen der Sinnlichkeit; die transzendentale Logik das Vermögen des Denkens. Die Logik hat auch wieder zwei Teile: die transzendentale Analytik behandelt den Verstand, die transzendentale Dialektik die Vernunft.

Wir wollen gleich an dieser Stelle versuchen, die hier gebrauchten Begriffe und einige weitere zu erläutern. Wir können dabei dem Gedankengang von Kants eigener Einleitung folgen.

»Kritik« bedeutet hier nicht wie heute »kritisieren« im Sinne von Beurteilen, sondern Durchleuchtung, Überprüfung, Grenzbestimmung.

Alle Erkenntnis fängt mit der Erfahrung an. Diesen Satz der Empiristen stellt Kant an den Anfang. Wie sollten wir etwas erkennen, wenn nicht Gegenstände an unsere Sinne rühren und unsere Verstandestätigkeit in Bewegung bringen? *Zeitlich* geht Erfahrung jeder Erkenntnis voraus. Aber damit ist nicht gesagt, daß alle Erkenntnis *aus* der Erfahrung entspringt. Es könnte ja sein, daß das, was wir Erfahrung nennen, selbst schon ein Zusammengesetztes wäre, zusammengesetzt aus den von außen kommenden Eindrücken und etwas, was wir selbst hinzufügen. Eine kritische Analyse muß beide Faktoren isolieren. Es muß untersucht werden, ob es etwas gibt, das wir vor aller Erfahrung, das heißt *a priori* (von vornherein) besitzen. Empirische Erkenntnis ist immer a posteriori (im nachhinein, hinterher – eben aus der Erfahrung) gewonnen. *Rein* heißt eine Erkenntnis a priori, wenn ihr gar nichts Empirisches beigemischt ist.

Woran können wir eine solche reine Erkenntnis von einer empirischen unterscheiden? Es gibt zwei untrügliche Kennzeichen: *Notwendigkeit* und strenge *Allgemeinheit*. Erfahrung allein kann nie strenge Notwendigkeit geben. Erfahrung lehrt stets nur (wie nämlich Hume gezeigt hat), daß etwas so oder so beschaffen ist, nicht, daß es notwendig so beschaffen sein müsse. Erfahrung kann ihren Sätzen auch keine strenge Allgemeinheit verleihen. Wir können mit ihr nie über eine relative, vergleichsweise Allgemeinheit hinauskommen; wir können jeweils nur sagen: Soweit wir bisher beobachten konnten, gibt es von dem und dem Satz keine Ausnahme. Tritt also ein Satz mit unbedingter Notwendigkeit und strengster Allgemeinheit auf, so muß er apriorischen Ursprungs sein. Das gilt zum Beispiel für den Satz: Jede Veränderung muß eine Ursache haben. Hume hatte gezeigt, daß der Satz als notwendiger und allgemeiner nicht aus der Wahrnehmung stammen kann. Er hatte gefolgert: Also ist der Satz nicht notwendig und allgemein, sondern nur ein Produkt der Gewöhnung. Kant schließt: der Satz *ist* notwendig und allgemein; aber er kann dann eben nicht aus der Erfahrung stammen!

Grundlegend für alles Weitere ist nun die Unterscheidung zwischen *analytischen* und *synthetischen Urteilen.* Urteil ist die logische Verbindung eines Subjekts mit einem Prädikat. Analytisch heißt »auflösend«, »zergliedernd«. Wenn ich sage: Alle Körper sind ausgedehnt, oder: Die Kugel ist rund, so spreche ich im Prädikat nur etwas aus, was schon im Begriff des Subjekts enthalten ist, denn der Begriff »Körper« enthält das Merkmal »ausgedehnt«, der Begriff »Kugel« das Merkmal »rund«. Das sind analytische Urteile. – Synthetisch heißt »verbindend«, »zusammensetzend«. Wenn ich sage: Die(se) Kugel ist golden, so füge ich damit dem Begriff »Kugel« etwas hinzu, was in ihm keineswegs schon enthalten ist – denn eine Kugel braucht durchaus nicht golden zu sein. Was ich hier hinzufüge – das Merkmal der goldenen Farbe –, stammt aus der Erfahrung. Wenn ich mich nicht durch Wahrnehmung überzeugt habe, daß die Kugel golden ist, kann ich das Urteil nicht abgeben.

Das würde bedeuten, daß ich synthetische Urteile nur a posteriori, aus der Erfahrung, bilden könnte. Ein so gebildetes Urteil ist natürlich dann keineswegs allgemein und notwendig. Wie ist es nun aber mit einem allgemeinen Satz wie etwa: Jede Veränderung hat ihre Ursache? Die Erfahrung würde, wie schon gezeigt, mich niemals berechtigen, ihn als allgemein und notwendig aufzustellen. Der Satz ist synthetisch – denn ich kann den Begriff der Veränderung zergliedern so weit ich will, ich finde nur ein Anderswerden in der Zeit, aber kein Moment der notwendigen Verknüpfung mit einer Ursache. Und der Satz ist allgemein und notwendig. Also gibt es doch synthetische Urteile a priori? Ja! antwortet Kant.

Näheres Zusehen zeigt, daß sowohl der gemeine Verstand wie die Wissenschaften solche synthetischen Urteile a priori in Fülle enthalten. Zunächst sind (erstens) die *mathematischen* Urteile synthetisch. Kant wählt dafür ein ganz einfaches Beispiel: Der Satz $7 + 5 = 12$ ist ein apriorischer, denn er gilt notwendig und ohne Ausnahme. Ist er analytisch? Das heißt: liegt der Begriff »12« schon im Begriff der Summe von 7 und 5? Kant sagt: Nein. Das wird klarer, wenn ich an die Summe größerer Zahlen denke. Ich kann aus der bloßen Vorstellung der Summe von 7654 und 3647 niemals das richtige Ergebnis gewinnen, solange ich nicht die Anschauung zu Hilfe nehme, also rechne, und das heißt zähle. Sehr merkwürdig ist dabei, daß der Satz nicht ohne Hilfe der Anschauung zustande kommt, trotzdem aber a priori, das heißt unabhängig von aller Erfahrung, sein soll. Möglich wäre das nur, wenn es so etwas wie eine *reine*, erfahrungsfreie Anschauung geben würde. – Ähnliches gilt für andere Sätze der reinen Mathematik. Auch (zwei-

tens) die *Naturwissenschaften* enthalten synthetische Sätze a priori. Auch (drittens) die *Metaphysik* sollte zum mindesten, da sie ja Erkenntnis über die Erfahrung hinaus geben will, aus solchen Sätzen bestehen. Damit stehen wir vor der Hauptfrage der Kritik der reinen Vernunft: *Wie sind synthetische Urteile a priori möglich?*
Sie schließt, da Mathematik, Naturwissenschaft und Metaphysik solche Sätze enthalten, die Unterfragen ein:
Wie ist reine Mathematik möglich?
Wie ist reine Naturwissenschaft möglich?
Wie ist Metaphysik – jedenfalls wenn sie Wissenschaft heißen will – möglich? Diese Fragen zu bearbeiten ist Aufgabe der besonderen Wissenschaft, die Kant nun »Kritik der reinen Vernunft« nennt. *Reine Vernunft* ist eben diejenige, welche die Prinzipien, etwas a priori zu erkennen, in sich enthält. *Kritik* nennt Kant sein Buch, weil es nicht ein vollständiges System der reinen Vernunft bieten soll, sondern bloß eine kritische Beurteilung der reinen Vernunft, ihrer Quellen und Grenzen.
Soviel zur Problemstellung und zum Titel des Werkes. Um die oben angeführte Gliederung zu verstehen, müssen wir uns noch den Sinn der dort verwendeten Begriffe vergegenwärtigen. *Transzendental* nennt Kant »alle Erkenntnis, die sich nicht sowohl mit Gegenständen, sondern mit unserer Erkenntnisart von Gegenständen, sofern diese a priori möglich sein soll, überhaupt beschäftigt«[15]. Transzendental-Philosophie ist also ein System aller Prinzipien der reinen Vernunft. Transzendental (nicht zu verwechseln mit dem schillernden Begriff »transzendent«) bedeutet also nicht etwa »jenseits der Erfahrung«, »über alles Erfahrbare hinausreichend«, sondern »jeglicher Erfahrung vorausliegend, sie erst ermöglichend«.
Die Einteilung in Ästhetik und Logik beruht einfach darauf, daß es zwei Quellen der menschlichen Erkenntnis gibt: die sinnliche Wahrnehmung und den Verstand. Beide sind daraufhin zu untersuchen, inwieweit sie Elemente a priori in sich enthalten, und zwar die Sinnlichkeit, durch die uns die Gegenstände gegeben werden, vor dem Verstand, durch den sie gedacht werden. Ästhetik nennt Kant den Teil, der die Sinnlichkeit betrifft, nach dem ursprünglichen Sinn dieses Wortes, welcher nicht wie heute gebräuchlich »Lehre vom Schönen« ist, sondern »Lehre von den sinnlichen Empfindungen«.

2. DIE TRANSZENDENTALE ÄSTHETIK

Dieser Titel bedeutet also: Transzendentale Untersuchung des Vermögens der Sinneserkenntnis. Sinnlichkeit ist das in uns liegende Vermögen, von etwas, das von außen auf uns einwirkt, beeindruckt (affiziert) zu werden. Die Sinne, und nur sie allein, liefern uns *Anschauungen*, das heißt unmittelbare Vorstellungen einzelner Gegenstände. Auf den ersten Blick scheint eine solche Einzelvorstellung, sagen wir einer Rose, das nicht weiter analysierbare Letzte zu sein, auf das wir bei der Zergliederung unseres Erkenntnisprozesses stoßen können. Kritische Untersuchung zeigt, daß das keinesfalls so ist, daß vielmehr an ihrem Zustandekommen schon zweierlei beteiligt ist: Wir haben verschiedene Sinne. Der Geruchssinn vermittelt in unserem Beispiel einen bestimmten Duft, Gesicht und Tastsinn eine bestimmte Form und Farbe des Gegenstandes. Die Sinne liefern uns nur *Empfindungen,* die als solche gewissermaßen nur den Rohstoff, die Materie, abgeben zur Vorstellung »Rose«. Es ist noch etwas in uns, das die Empfindungen erst *ordnet,* und zwar in ganz bestimmter Weise ordnet: in eine räumliche und zeitliche Einheit. Die Einzelvorstellung ist also nicht bloßer Stoff, sondern bereits geformter Stoff. Dasjenige in uns, was diese Ordnung bewirkt, kann nicht selbst wieder aus der Empfindung stammen.

a) Der Raum

Von allem Empirischen kann ich, wenn ich will, absehen (abstrahieren). Ich kann von der Rose je nachdem ihren Geruch, ihre Farbe oder anderes wegdenken. Von einem aber kann ich nicht absehen, ohne die Vorstellung selbst zunichte zu machen: von der Ausgedehntheit im Raum. Die Raumvorstellung ist a priori. Raum ist demnach nichts anderes als die Form, in der uns alle Erscheinungen der äußeren Sinne gegeben werden. Er haftet nicht an den Gegenständen selbst. Wir sind es, die die Raumvorstellung an die »Dinge« heranbringen. Der Sinnesapparat des Menschen ist so organisiert, daß alles, was wir überhaupt wahrnehmen, uns in der Form des Nebeneinander im Raume erscheinen muß. Erscheinen! Wenn die Sinne Empfindungen liefern, so muß allerdings wohl etwas vorhanden sein, das von außen auf sie einwirkt. Mehr läßt sich aber über dieses äußere Etwas gar nicht sagen. Die Schranke, die mir dadurch gezogen ist, daß dieses Äußere mir immer nur in der Form »erscheint«, wie sie mir meine Sinne zuleiten, kann ich niemals überspringen. Von dem, was hinter der Erscheinung steht, vom *Ding an sich* (Noumenon nennt es Kant auch) kann ich nichts wissen.

Mit dieser Einschränkung jedoch – das heißt die Dinge als Erscheinung für uns genommen, und anders sind sie uns nie zugänglich – ist die Raumvorstellung im strengsten Sinne allgemein und notwendig. Alle Menschen haben die gleiche Struktur der Sinnlichkeit; allen Menschen (wie es bei anderen Lebewesen ist, wissen wir nicht) kann, was immer ihnen erscheint, nur in der Form des Raumes erscheinen. In diesem Sinne kann Kant sagen »Der Raum hat empirische Realität«, das heißt, er hat objektive Gültigkeit für alles, was uns jemals als äußerer Gegenstand erscheinen kann. Ob die Dinge an sich im Raume sind – wir können es nicht wissen. Deshalb kann Kant fortfahren – ohne daß es einen Widerspruch zum Vorherigen bedeutet – »Der Raum hat transzendentale Idealität«, das heißt, der Raum ist ein Nichts, sobald wir die Bedingung der Möglichkeit aller Erfahrungen weglassen. Der Raum ist mithin die reine apriorische Anschauungsform unseres äußeren Sinnes.

b) Die Zeit

Wie der Raum ist uns auch die Zeit a priori gegeben. Die Zeit ist die reine Form unseres inneren Sinnes, des Anschauens unserer selbst und unserer inneren Zustände. Wir beobachten in uns die verschiedenartigen Gemütszustände – Gefühle, Willensregungen, Vorstellungen. So verschieden sie aber untereinander sind, eines haben sie alle gemeinsam: Sie verlaufen *in der Zeit.* Die Zeit stammt nicht aus einem von ihnen, sondern sie ist die Bedingung, ohne die wir überhaupt keine Erfahrung von ihnen haben könnten. Die Zeit ist allgemein und notwendig, sie ist die a priori gegebene Form unserer inneren Anschauung.

Nun ist aber auch alles Äußere uns nur in der Form von Vorstellungen in uns gegeben. Und da die Zeit die notwendige Form unseres Vorstellens ist, ist sie damit nicht nur Form unserer *inneren* Anschauung (so wie der Raum die Form der äußeren), sondern unserer Anschauung schlechthin. »Alle Erscheinungen überhaupt . . . sind in der Zeit und stehen notwendigerweise in Verhältnissen der Zeit.«

Auch die Zeit hat empirische Realität, das heißt absolute Gültigkeit für alle Dinge als Erscheinungen (äußere und innere), und sie hat transzendentale Idealität, das heißt, den Dingen an sich kommt sie nicht zu.

c) Die Möglichkeit der Mathematik

Darauf, daß Raum und Zeit als apriorische Formen in uns selbst liegen, beruht die Möglichkeit der Mathematik. Denn die Mathematik hat es nur mit Raum- und Zeitbestimmungen zu tun.

Die *Geometrie* behandelt räumliche Verhältnisse. Sie lehrt zum Beispiel, daß die gerade Linie die kürzeste Verbindung zwischen zwei Punkten sei. Das ist ein synthetischer Satz, denn die Zergliederung des Begriffs der Geraden ergibt nur eben diese Qualität und nichts von Größe. Ich muß die Anschauung zu Hilfe nehmen. Aber ich brauche nicht auf die Erfahrung zu warten! Denn ich habe ja von vornherein – a priori – die Raumvorstellung in mir. Sie ermöglicht mir, dieses synthetische Urteil a priori zu bilden. Und wie ich hat jeder andere Mensch die gleiche Form räumlicher Anschauung in sich. Darauf beruht die Allgemeinheit und Notwendigkeit, die die Sätze der Geometrie auszeichnet.

Die *Arithmetik* rechnet. Alles Rechnen ist aber im Grunde Zählen, das heißt, es beruht auf Aufeinanderfolge in der Zeit. Da ich die Zeit als reine Form der Sinnlichkeit in mir selbst habe, und ebenso alle Menschen, kann auch die Arithmetik ohne Zuhilfenahme der Erfahrung rein auf Grund der inneren Zeitanschauung Sätze von allgemeiner und notwendiger Geltung aufstellen.

Die erste Frage der Kritik: Wie ist reine Mathematik möglich? ist damit beantwortet.

3. DIE TRANSZENDENTALE ANALYTIK

a) Das Problem

Wie kommt Erkenntnis zustande? Es ist nichts im Verstande – hatte Locke gesagt –, was nicht vorher in den Sinnen war. Richtig – hatte Leibniz hinzugefügt –, ausgenommen den Verstand selbst! Das bezeichnet mit einem kurzen Schlagwort auch die Antwort Kants auf diese Frage, deren Darlegung im einzelnen nun das längste und schwierigste Stück der Kritik der reinen Vernunft bildet.

Es wurde schon zu Anfang gesagt, daß alles Denken, alle Begriffe sich nur auf die Gegenstände beziehen können, die uns durch die Anschauung gegeben werden. Begriffe ohne Anschauungen sind leer. Von den beiden »Stämmen« unseres Erkenntnisvermögens ist also der Verstand, wenn er nicht im luftleeren Raum umhertappen soll, immer auf die Sinnlichkeit angewiesen, die ihm das anschauliche Material liefert. Aber die Sinnlichkeit ist genauso sehr auf den Verstand angewiesen. Die Sinnlichkeit liefert uns Anschauungen, das heißt Empfindungen, die nach den apriorischen Formen der Sinnlichkeit, Raum und Zeit, gleichsam vorgeordnet sind. Bloße Anschauung wäre uns ohne den Verstand »unverständlich«. Anschauungen ohne Begriffe sind blind.

Sinnlichkeit und Verstand wirken also bei der Erkenntnis zusammen. Wie schon innerhalb der Sinnlichkeit deren apriorische Formen die Empfindungen ordnen, so formt jetzt der Verstand den Rohstoff, den die Sinnlichkeit – als Ganzes genommen – liefert, weiter; er erhebt ihn zu Begriffen und verbindet die Begriffe zu Urteilen.

Diese letztere – die verknüpfende – Tätigkeit des Verstandes ist bekanntlich der Gegenstand der *Logik*, deren wir bei ihrem Begründer Aristoteles ausführlicher gedacht haben. Diese allgemeine Logik war seit Aristoteles' Zeiten nicht wesentlich verändert worden. Auch Kant läßt sie im wesentlichen bestehen. Aber was Kant am Herzen liegt, ist zunächst gar nicht die Frage der allgemeinen Logik: Wie muß ich Begriffe verbinden, damit ich zu richtigen Urteilen, Schlüssen und so weiter gelange? – sondern Kants Frage ist: Wie kommt unser Verstand überhaupt zu Begriffen? Wie geht es zu, daß unser Verstand Begriffe bilden kann, die sich auf einen bestimmten Gegenstand beziehen und mit ihm übereinstimmen (denn das ist der Sinn von »Erkennen«)?

Das ist das Thema der von Kant begründeten *transzendentalen* Logik.

b) Die Kategorien

Die Frage zu untersuchen, bietet sich zunächst folgendes, gewissermaßen experimentelles Verfahren an. Von der Annahme ausgehend, daß am Zustandekommen jedes Begriffes außer dem durch Anschauung gelieferten empirischen Element noch die formende Tätigkeit des Verstandes beteiligt ist, könnte man beliebige Begriffe vornehmen und in ihnen jeweils die beiden Elemente zu isolieren versuchen. Dieses Verfahren hätte einen großen Nachteil. Wir würden nicht zu einer *vollständigen* und *systematischen* Übersicht über die ursprünglichen verknüpfenden Verstandeshandlungen, die »*reinen Verstandesbegriffe*«, kommen. Wir würden weder wissen, ob die gefundenen Begriffe wirklich ursprüngliche, nicht weiter zurückführbare sind, noch sicher sein, ob wir vielleicht, dank unglücklicher Auswahl der Untersuchungsobjekte, wesentliche unter ihnen übersehen haben.

Ein anderer Weg ist besser. Für die Begriffe *verknüpfende* Tätigkeit des Verstandes hat bereits die Logik seit Aristoteles die Grundformen aufgefunden. Jede *Begriffsbildung* ist aber ein *Urteilen.* Denn Urteilen heißt schließlich, Inhalte oder Merkmale verknüpfen, und das tun wir auch, wenn wir Begriffe bilden. Es müßten also, wenn Einheit in unserem Denken waltet, die Formen der Begriffsbildung denen der Urteilsbildung entsprechen.

Die *Tafel der Urteilsformen* umfaßt vier mögliche Gesichtspunkte, nach denen Begriffe in Beziehung gesetzt werden können, und jeder Gesichtspunkt umfaßt drei Urteilsformen[16]:

1. *Quantität der Urteile:*
(Umfang der Gültigkeit des Urteils)
Allgemeine
Besondere
Einzelne

2. *Qualität:*
(Gültigkeit oder Ungültigkeit der Beziehung)
Bejahende
Verneinende
Unendliche

3. *Relation:*
(Art der Beziehung)
Kategorische (unbedingte)
Hypothetische (bedingte)
Disjunktive (ausschließende)

4. *Modalität:*
(Art der Gültigkeit der Beziehung)
Problematische (vermutende)
Assertorische (behauptende)
Apodiktische (notwendige)

Für jede der zwölf Formen ein Beispiel[17]:
Allgemeines Urteil: Alle Menschen sind sterblich.

Besonderes Urteil: Einige Sterne sind Planeten.
Einzelurteil: Kant ist ein Philosoph.
Bejahendes Urteil: Diese Rose ist rot.
Verneinendes Urteil: Jene Rose ist nicht rot.
Unendliches Urteil: Diese Rose ist nicht-duftend (was immer sie sonst sei, dafür bleiben unendlich viele Möglichkeiten offen, daher unendliches Urteil).
Unbedingtes Urteil: Dies Dreieck hat einen rechten Winkel.
Bedingtes Urteil: Wenn ein Dreieck einen rechten Winkel hat, sind die beiden anderen Winkel spitz.
Ausschließendes Urteil: Ein Dreieck ist entweder rechtwinklig oder spitzwinklig oder stumpfwinklig.
Vermutendes Urteil: Diese Rose kann heute aufblühen.
Behauptendes Urteil: Die Rose wird heute aufblühen.
Notwendiges Urteil: Die Rose muß heute aufblühen.

In diesen Urteilsformen offenbaren sich die Grundformen unseres Denkens. Sie müssen auch der Begriffsbildung zugrunde liegen. Wir brauchen nur hinter jeder der zwölf Urteilsformen den ihr entsprechenden Begriff zu suchen, so haben wir die Grundformen aller Begriffsbildung vor uns. Diese nennt Kant *Kategorien.* Zum Beispiel können wir ein allgemeines Urteil offenbar nur bilden, weil wir in unserem Verstande einen Grundbegriff »Wirklichkeit« haben; ein verneinendes auf Grund eines Begriffs »Nichtwirklichkeit« usw. Dies auf alle zwölf Urteilsformen angewandt, ergibt folgende *Tafel der Kategorien (reinen Verstandesbegriffe)*[18].

1. *Quantität:*
Einheit
Vielheit
Allheit

2. *Qualität:*
Realität (Wirklichkeit)
Negation (Nichtwirklichkeit)
Limitation (Begrenzung)

3. *Relation:*
Substanz und Akzidens
Ursache und Wirkung
Gemeinschaft (Wechselwirkung)

4. *Modalität:*
Möglichkeit – Unmöglichkeit
Dasein – Nichtsein
Notwendigkeit – Zufälligkeit

Wie entsteht also der Begriff eines Gegenstandes? Aus den Empfindungen entsteht zunächst durch die apriorischen Formen der Sinnlichkeit die Anschauung in Raum und Zeit. Der Verstand verknüpft die Anschauungen nach den Gesichtspunkten der zwölf Kategorien. Das gibt *empirische* Begriffe (mit anschaulichem Material gebildete). *Reine* Begriffe erhalten wir, wenn wir bloße Formen der Sinnlichkeit und des Verstandes, also Raum, Zeit und Kategorien, miteinander verknüpfen. Auf die systematische Aufsuchung und Zusammenstellung dieser Begriffe läßt sich Kant nicht weiter ein; ebensowenig auf eine Definition der Kategorie, »ob ich gleich im Besitz derselben sein möchte«[19].

c) Die Deduktion der reinen Verstandesbegriffe

Die Hauptfrage steht uns noch bevor: Wie ist es möglich, daß die Kategorien, die ja a priori sind, also vor aller Erfahrung im Verstande liegen, sich auf Gegenstände der Erfahrung beziehen können – so daß ich, eben mit Hilfe dieser apriorischen Formen, *Gegenstände erkennen* kann? Die Antwort gibt Kant in der *transzendentalen Deduktion* (Ableitung) *der reinen Verstandesbegriffe.*

Nehmen wir als Beispiel die Kausalität. Der Empirist Locke sagt: Wenn wir die ursächliche Verknüpfung zweier Vorgänge wahrnehmen, so erkennen wir hier eine Kraft, die zwischen den »wirklichen« Dingen (den Substanzen) wirksam ist. Der Skeptiker Hume sagt: Wir können gar keine kausale Verknüpfung wahrnehmen. Wir nehmen immer nur ein Aufeinanderfolgen wahr. Das Kausalitätsprinzip hat daher auch gar keine objektive Gültigkeit. Es ist nur eine Art (praktisch gerechtfertigtes) Gewohnheitsrecht. Kant sagt: Darin hat Hume ganz recht, daß das Kausalitätsprinzip nicht aus der Wahrnehmung abzuleiten ist. Es stammt nämlich aus dem Verstande. Und doch gilt es allgemein und notwendig für alle Erfahrung! Wie ist das möglich? Es kann gar nicht anders sein: Da alle Erfahrung so zustande kommt, daß der Verstand in den von der Sinnlichkeit gelieferten Rohstoff seine Denkformen (unter ihnen als eine der »Relationen« die Kausalität) einprägt, so ist klar, daß wir in aller Erfahrung diese Formen auch wieder antreffen müssen!

Für die Dinge *an sich* gelten die Kategorien freilich genausowenig wie die apriorischen Formen der Sinnlichkeit, Raum und Zeit. Für die Dinge, wie sie uns *erscheinen,* gelten die Kategorien jedoch allgemein und notwendig. Es kann uns niemals eine Erfahrung vorkommen, die mit dem Kausalgesetz nicht übereinstimmt – weil ja alle Erfahrung erst durch die formende Tätigkeit des Verstandes mittels der Kategorien zustande kommt.

d) Die transzendentale Urteilskraft

Wir haben in den Kategorien die apriorischen Formen kennengelernt, deren sich der Verstand bei der Ordnung des Anschauungsmaterials bedient. Woher weiß aber der Verstand, welche der zwölf Kategorien er jeweils auf den ungeordneten Haufen dieses Materials anzuwenden hat? Er hat ein Vermögen, das ihn befähigt, die richtigen zu treffen. Dieses Vermögen nennt Kant *Urteilskraft.*

Das Verbindungsglied zwischen den Kategorien und dem Stoff, den sie formen sollen, besteht darin, daß alles Mannigfaltige der Anschauung einer allgemeinen Form, der *Zeit*, unterliegt. Jeder Kategorie entspricht daher ein zeitliches Schema. Damit ist freilich nur die Funktion der Urteilskraft angedeutet; die einzelnen Erörterungen Kants über diesen »Schematismus der reinen Verstandesbegriffe« wollen wir übergehen.

e) Die Möglichkeit der Naturwissenschaft

Die zweite Grundfrage der Kritik: Wie ist reine Naturwissenschaft möglich? ist durch die transzendentale Analytik nun auch beantwortet. Sie ist möglich – aus ganz parallelen Gründen, wie Mathematik möglich ist. Die gesetzmäßige Ordnung der Erscheinungen nennen wir Natur, ihre Gesetze Naturgesetze. Die gesetzmäßige Ordnung der Natur rührt aber daher, daß unser Verstand die Erscheinungen nach den in ihm liegenden Normen verknüpft. Der Mensch ist der Gesetzgeber der Natur! Da es unser eigenes Denken ist, welches die Natur (zwar nicht »schafft«, aber) »macht«, kann man sagen, nicht unsere Erkenntnis richtet sich nach den Gegenständen, sondern die Gegenstände richten sich nach unserer Erkenntnis!

Dieses Ergebnis der Untersuchung Kants bedeutet eine Revolution, nicht geringer als die, die die Ergebnisse des Kopernikus in der Astronomie hervorbrachten. Kant selbst gebraucht diesen Vergleich: »Bisher nahm man an, alle unsere Erkenntnis müsse sich nach den Gegenständen richten; aber alle Versuche, über sie a priori etwas durch Begriffe auszumachen, gingen unter dieser Voraussetzung zunichte. Man versuche es daher einmal, ob wir nicht in den Aufgaben der Metaphysik damit besser fortkommen, daß wir annehmen, die Gegenstände müssen sich nach unserer Erkenntnis richten, welches so schon besser mit der verlangten Möglichkeit einer Erkenntnis derselben a priori zusammenstimmt . . . Es ist hiermit ebenso wie mit dem ersten Gedanken des Kopernikus bewandt, der, nachdem es mit der Erklärung der Himmelsbewegungen nicht gut fortwollte, wenn er annahm, das ganze Sternheer drehe sich um den Zuschauer, versuchte, ob es nicht besser gelingen möchte, wenn er den Zuschauer sich drehen und dagegen die Sterne in Ruhe ließ.«[20]

4. DIE TRANSZENDENTALE DIALEKTIK

Versuchen wir, indem wir das bisher Gesagte überschauen, eine Antwort auf die dritte der Grundfragen zu gewinnen: Wie ist Metaphysik (als Wissenschaft vom Übersinnlichen) möglich? – so wird die Antwort negativ, ja vernichtend ausfallen. Der Bereich der Wissenschaft, als geordneter Erkenntnis von Notwendigkeit und Allgemeinheit, reicht genauso weit wie der Bereich möglicher Erfahrung. Wir sind auf die Welt der Erscheinungen beschränkt.

Aber: »Die menschliche Vernunft hat das besondere Schicksal . . ., daß sie durch Fragen belästigt wird, die sie nicht abweisen kann; denn sie sind ihr durch die Natur der Vernunft selbst aufgegeben, die sie aber auch nicht beantworten kann; denn sie übersteigen alles Vermögen der menschlichen Vernunft.«[21] Im Menschen liegt nun einmal ein unwiderstehlicher Drang, über die Welt der Erscheinungen in Raum und Zeit hinauszugelangen. Was ist Seele? Was ist die Welt? Was ist Gott? Das sind Fragen, die wir nicht einfach beiseite schieben können, wenn wir zu einer vollbefriedigenden Lebensanschauung gelangen wollen. Wie verhält sich dazu unsere Vernunft? Hat die Natur hier einen Trieb in uns hineingelegt, der auf ewig Unerfüllbares hinausstrebt?

Dieser Frage tritt Kant in der transzendentalen Dialektik näher. (Er tritt ihr wirklich nur näher, er beantwortet sie nicht erschöpfend – das ginge über den Bereich der theoretischen Vernunft hinaus.) Wenn wir in den einleitenden Bemerkungen gesagt haben, daß dieser Teil die »Vernunft« im Unterschied vom Verstande behandle, so müssen wir hier anfügen, daß »Vernunft« dabei selbstverständlich in einem anderen – engeren – Sinne als im Titel des Werkes gebraucht ist. Dort bedeutet Vernut den Inbegriff aller unserer Geistes- oder Gemütskräfte. Hier ist Vernunft *»das Vermögen der Ideen«* – abgegrenzt gegen Sinnlichkeit als Vermögen der Anschauung und Verstand als Vermögen der Begriffe.

Nach dem früher Gesagten werden wir nicht fehlgehen in der Erwartung, daß »Idee« für Kant etwas anderes bedeuten muß als zum Beispiel für Platon. Hat doch Kant schon in der Einleitung zur Kritik festgestellt, daß Platon sich auf den Flügeln der Ideen in einen leeren Raum gewagt habe, wo er keine Stütze mehr finden konnte.

Die Vernunft bildet über Sinnlichkeit und Verstand gewissermaßen ein weiteres, noch höheres Stockwerk. Die Vernunft ist ihrem logischen Gebrauch nach – von den Ideen zunächst noch abgesehen – das *»Vermögen zu schließen«*. Der Verstand bildet Begriffe und verknüpft sie zu Urteilen. Die Vernunft verbindet die Urteile zu Schlüssen. Sie ist in der Lage, aus einem oder mehreren Sätzen einen neuen abzuleiten.[22] Was ist das Ergebnis dieser verbindenden Tätigkeit der Vernunft? So wie der Verstand das Mannigfaltige der Anschauung in Begriffe ordnet, so verbindet die Vernunft das Mannigfaltige der Begriffe und Urteile wiederum zu einem höheren Zusammenhang. Die Vernunft stellt also eine noch weitergehende Einheit in unseren Erkenntnissen her.

Aus dieser vereinheitlichenden Tätigkeit der Vernunft erwächst ganz natürlich das Bestreben, die Mannigfaltigkeit nicht nur relativ – in höheren Teileinheiten – zu vereinheitlichen, sondern eine *vollkommene Einheit* herzustellen. Die Vernunft wird nach einem *Unbedingten* hinstreben. Dieses Streben der Vernunft wird geleitet von gewissen »leitenden Vernunftbegriffen«: den *Ideen.*

Kant nennt die Ideen auch »regulative Prinzipien«. Das heißt: Die Vernunft leitet den Verstand auf eine ähnliche Weise, wie dieser die Sinnlichkeit erleuchtet (ihre Anschauungen in Begriffen verständlich macht). Aber ein entscheidender Unterschied besteht: Die Vernunft gibt dem Verstand nur Regeln, wie er verfahren *soll.* Daher »regulative Prinzipien«.

Was für Ideen gibt es nun, wie kommen sie im einzelnen zustande, und wie wirken sie? Wie die Tafel der Urteilsformen zeigt, gibt es drei mögliche Arten der Beziehung, in denen Sätze verknüpft werden können. Diesen entsprechend entwickelt die Vernunft drei Ideen. Der kategorischen, unbedingten Art der Verknüpfung entspringt die Idee einer unbedingten, allen unseren Vorstellungen zugrunde liegenden Einheit des denkenden Subjektes, die *psychologische* Idee oder Idee der *Seele.*

Der hypothetischen, bedingten Art der Verknüpfung entspringt das Bestreben, aus der endlosen Reihe von bedingten Erscheinungen zu einer unbedingten Einheit aller dieser Erscheinungen zu kommen, zur *kosmologischen* Idee, zur Idee der *Welt.* Der disjunktiven, ausschließenden Art der Verknüpfung entspringt die Idee einer unbedingten Einheit aller Gegenstände des Denkens überhaupt, die Idee eines höchsten Wesens, die *theologische* Idee, die Idee *Gottes.*

Entscheidend ist, daß die Ideen nur *Soll*vorschriften sind. Sie sind gleichsam auf ein im Unendlichen liegendes Ziel hinzeigende Richtweiser in unserem Innern. Die Idee der Seele sagt mir: Du *sollst* alle psychischen Erscheinungen so verknüpfen, *als ob* ihnen eine Einheit, die Seele, zugrunde läge. Die Idee der Welt: Du sollst die Reihe der bedingten Erscheinungen so verbinden, als ob ihnen eine unbedingte Einheit, die Welt, zugrunde läge. Die Idee Gottes: Du sollst so denken, als ob es zu allem, was existiert, eine erste notwendige Ursache, den göttlichen Schöpfer, gäbe. Auf diesen drei Wegen sollst du suchen, eine systematische Einheit in das Ganze deiner Erkenntnis zu bringen.[23]

Mehr kann die Kritik der reinen Vernunft auf diesem Gebiet nicht tun. Sie zeigt, daß die genannten Ideen *denkmöglich* sind, also keinen inneren Widerspruch in sich enthalten, ja sich beim Gebrauch der Vernunft sozusagen zwangsläufig ergeben. Aber wir dürfen auf keinen Fall hier Denken und Erkennen verwechseln und annehmen, daß ihnen eine mögliche Erfahrung entsprechen könne.

Die Versuchung dazu liegt nahe. Erliegt man ihr, so gerät die Vernunft auf unauflösliche Widersprüche (Antinomien). Die Vernunft wird »sophistisch«, »dialektisch«. Kant wendet große Mühe daran, im einzelnen zu zeigen, daß die sich so ergebenden Widersprüche unauflöslich sind,

insbesondere auch im Hinblick auf die theologische Idee und die von der Theologie stets von neuem versuchten vernünftigen Gottesbeweise. Gott kann aber mit der Vernunft weder bewiesen noch widerlegt werden. Und so für die anderen Ideen.
Eine schematische Darstellung vom architektonischen Aufbau der reinen Vernunft nach Kant wird vielleicht geeignet sein, das Gesagte noch einmal zusammenzufassen.[24]

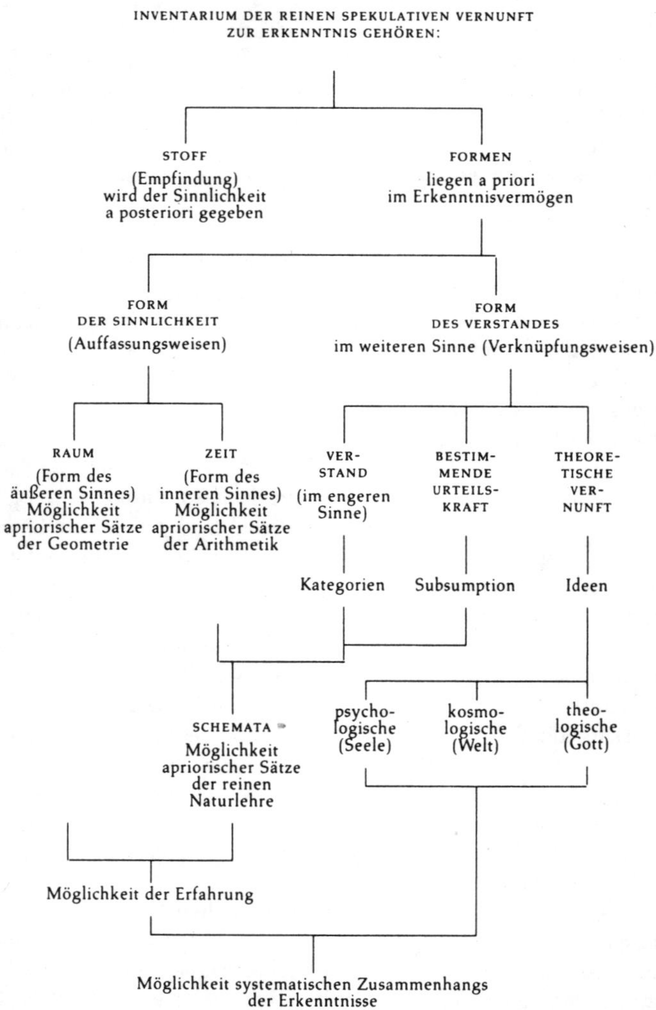

Was ist nun mit alledem für die Metaphysik gewonnen? Kant selbst sagt: »Ich mußte das Wissen aufheben, um zum Glauben Platz zu bekommen!«[25] Das heißt: Kant hat gezeigt, wo die Grenzen unserer (theoretischen) Vernunft liegen. Sie liegen genau da, wo der Bereich möglichen Erfahrungswissens aufhört. Was darüber hinaus liegt, darüber kann die Vernunft nichts ausmachen. Das bedeutet aber zweierlei. Die Vernunft kann allgemein metaphysische Ideen wie Gott, Freiheit und Unsterblichkeit – und das sind für Kant die alleinigen Zwecke ihrer Nachforschung, alles andere ist bloßes Mittel dazu[26] – *nicht beweisen.* Sie kann sie aber auch *nicht widerlegen.* Insofern ist Platz geschaffen, sie zu glauben.

»Ist das aber alles, wird man sagen, was reine Vernunft ausrichtet . . .? So viel hätte auch wohl der gemeine Verstand, ohne darüber die Philosophie zu Rate zu ziehen, ausrichten können! . . . Aber verlangt ihr denn, daß ein Erkenntnis, welches alle Menschen angeht, den gemeinen Verstand übersteigen und euch nur von Philosophen entdeckt werden solle? Eben das, was ihr tadelt, ist die beste Bestätigung von der Richtigkeit der bisherigen Behauptungen, da es das, was man anfangs nicht vorhersagen konnte, entdeckt, nämlich, daß . . . die höchste Philosophie in Ansehung der wesentlichen Zwecke der menschlichen Natur es nicht weiterbringen könne als die Leistung, welche sie (die Natur) auch dem gemeinsten Verstande hat angedeihen lassen.«[27]

IV. Sittlichkeit und Religion

Die »Kritik der reinen Vernunft« hat Kant berühmt gemacht. Vielen – insbesondere auch Gegnern Kants – gilt sie als die einzige wichtige aus seinem Werk. Zu Unrecht! Kant war kein bloßer Erkenntnistheoretiker, sondern ein wahrer Philosoph, ein »Weltweiser«, der das Ganze der Welt denkend zu erfassen und zu gestalten bemüht war. Zum ganzen Kant kann man nur vordringen, wenn man seinen übrigen größeren Werken eine nicht geringere Würdigung widerfahren läßt als der ersten Kritik. Wir können das hier freilich nicht ausführen, wollen es aber wenigstens aussprechen.

1. DIE KRITIK DER PRAKTISCHEN VERNUNFT

Der Mensch ist erkennendes Wesen. Als solches macht er von seiner Vernunft einen theoretischen Gebrauch. Der Mensch ist aber mindestens ebensosehr *handelndes* Wesen. Als solches macht er von seiner Vernunft einen *praktischen* Gebrauch. Diese praktische Seite der Vernunft hat Kant hauptsächlich in zwei Werken behandelt, der »*Grund-*

legung zur Metaphysik der Sitten« und der *»Kritik der praktischen Vernunft«*. Die erste Schrift ist eine vorbereitende Darlegung dessen, was in der zweiten systematisch und im einzelnen ausgeführt ist.

a) Einige Grundbegriffe

Autonomie und Heteronomie. Wie sollen wir handeln? Wodurch soll unser Wille bestimmt werden? Es gibt zwei Möglichkeiten. Entweder wird unser Wille bestimmt durch Gesetze, die *in uns selbst,* die in unserer Vernunft liegen. In diesem Fall wäre die Vernunft *autonom* (selbstgesetzgebend). Oder unser Wille wird bestimmt durch etwas, das *außer uns,* außerhalb unserer Vernunft liegt. Dann wäre unser Wille durch ein fremdes Gesetz bestimmt (*Heteronomie*).

Alle bisherigen Versuche der Philosophie, eine Ethik als Lehre vom richtigen Handeln zu entwickeln, haben nach Kant den Fehler, daß sie den Bestimmungsgrad für unseren Willen außerhalb unser selbst legen. Sie stellen alle ein »höchstes Gut« auf; sei es nun »Glückseligkeit« oder »Vollkommenheit«. Sie suchen dann den Weg zu weisen, wie man zu diesem Gut gelangen könnte. Das ist Heteronomie. Auf diese Weise ist kein notwendig und allgemein geltendes Prinzip des Handelns zu gewinnen. Wie man am besten zu einem erstrebten Gut gelangt, das ist schließlich eine Sache der *Erfahrung.* Ein wirklich allgemein geltendes Prinzip könnte nur der *Vernunft* entnommen werden.

Maxime und Gesetz. Die Frage, ob die Vernunft sich allein den Willen bestimmen kann, muß auf genau die gleiche Weise gelöst werden wie die Frage der Kritik der reinen Vernunft: »Wie sind synthetische Urteile a priori möglich?« – nämlich durch eine *kritische Untersuchung* dieses Vernunftvermögens, durch eine Kritik der praktischen Vernunft. Die Untersuchung zeigt als erstes, daß in unserer Vernunft eine ganze Anzahl verschiedener Grundsätze vorhanden ist, die auf die Bestimmung des Willens zielen.

Maxime nennt Kant einen Grundsatz, der nur für das Handeln eines *einzelnen* Menschen gelten soll. Wenn ich mir vornehme, nicht mehr zu rauchen, so betrifft das nur mich; ob andere rauchen, spielt dabei keine Rolle. Im Gegensatz zur Maxime nennt Kant *praktisches Gesetz* einen Grundsatz, der den Willen *jedes Menschen* bestimmen soll.

Hypothetischer und kategorischer Imperativ. Die Gesetze der theoretischen Vernunft haben einen *zwingenden Charakter.* Sie sagen: So *ist* es. Die Gesetze der praktischen Vernunft haben einen *fordernden* Charakter: Sie sagen: So *sollst du handeln.* Sie fordern, aber sie zwingen uns nicht, so zu handeln. Sie gleichen einem Befehl. Auch einen Befehl kann man ausführen oder mißachten (dann muß man freilich die Konsequenzen auf sich nehmen). Deshalb nennt Kant die praktischen Gesetze *Imperative.*

Ein solcher Imperativ kann bedingt oder unbedingt sein. Der Satz »Willst du ein hohes Alter erreichen, so mußt du deine Gesundheit erhalten« ist ein derartiger Befehl. Er gilt für jeden Menschen. Zerstört er seine Gesundheit, so wird er erkranken und sterben. Er gilt aber für mich nur unter der Bedingung, daß ich überhaupt Wert darauf lege, ein hohes Alter zu erreichen. Solche Sätze heißen *hypothetische* Imperative. Sie gelten allgemein, aber nur bedingt. Dagegen heißen Sätze, die ebenfalls allgemein, aber unbedingt gelten sollen, unbedingte oder *kategorische* Imperative. Es ist klar, daß eine Ethik, die allgemein und unbedingt gelten soll, nur aus einem kategorischen Imperativ begründet werden kann.

Das bisher Gesagte veranschaulicht folgende Übersicht[28]:

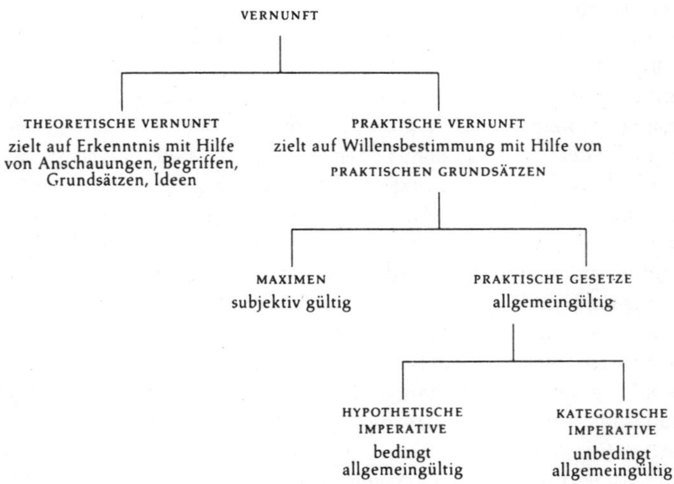

b) Grundgedanken

Der kategorische Imperativ. Läßt sich ein kategorischer Imperativ auffinden? Alle Grundsätze, die ein *Objekt* zum Bestimmungsgrund des Willens machen, können kein allgemeingültiges praktisches Gesetz abgeben. Wenn es für ein vernünftiges Wesen allgemeine praktische Gesetze geben soll, so können das demnach nur solche Prinzipien sein, die den Bestimmungsgrund des Willens nicht dem Objekt, der *Materie* nach, sondern bloß der *Form* nach enthalten. Wenn ich aber von einem Gesetz, welches lautet: Du sollst das und das tun, du sollst das und das erstreben, das Objekt, den Gegenstand, wegnehme – bleibt dann überhaupt noch etwas davon übrig? Es bleibt etwas übrig: die *bloße Form eines allgemeinen Gesetzes!*

Damit haben wir den Grundsatz gefunden, der allein – weil rein formal und von allem Empirischen frei – das Prinzip einer allgemeingültigen Ethik sein kann: Gib deinem Willen die Form der allgemeinen Gesetzgebung! So kommt Kant zum Grundgesetz der praktischen Vernunft, welches lautet: »Handle so, daß die Maxime deines Willens jederzeit zugleich als Prinzip einer allgemeinen Gesetzgebung gelten könne.«[29]

Dieses Gesetz paßt, eben wegen seines bloß formalen Charakters, auf jeden beliebigen Inhalt. Wenn ich schwanke, ob ich einen begehrten Gegenstand einem anderen wegnehmen soll, so brauche ich mich nur zu fragen: Kann ich wollen, daß alle Menschen stehlen? Das würde jeden Besitz, den ich auch erstrebe, unmöglich machen. Wenn es mir in einer bestimmten Lage schwerfällt, die Wahrheit zu sagen, so brauche ich mich nur zu fragen: Kann ich wollen, daß alle Menschen das Lügen zu ihrem Prinzip machen?

Vor einem Mißverständnis muß man sich hierbei hüten. Kant will nicht ein Moralprinzip »erfinden« oder »aufstellen«. Nicht Kant ist derjenige, der die Forderung des kategorischen Imperativs an die Menschen richtet. Sondern Kant *untersucht* die Arbeitsweise unserer praktischen Vernunft und findet dabei, daß ihr allgemeines Prinzip dieser kategorische Imperativ ist. Und so wie Kant können alle Menschen zu jeder Zeit dasselbe finden, wenn sie auf die Stimme des Gewissens achten, die in ihnen spricht, und wenn sie deren reines Prinzip zu ermitteln suchen.

Freiheit. Das allgemeine Sittengesetz (der kategorische Imperativ) ist etwas, dem wir zwar nicht folgen *müssen,* aber folgen *sollen.* Aber *können* wir das denn überhaupt? Das Vorhandensein eines solchen Imperativs in uns hat nur Sinn, wenn wir auch die Möglichkeit haben, ihm Genüge zu tun, daß heißt, wenn wir *frei* sind, ihm zu folgen. Das ist der Sinn des Satzes: Du kannst, *denn* du sollst! Insofern zwingt uns die praktische Vernunft, die Freiheit des Willens (welche die theoretische Vernunft niemals beweisen kann) als bestehend anzunehmen.

Die bloße Form eines Gesetzes ist nicht Gegenstand der Sinne. Sie gehört folglich nicht unter die Erscheinungen (welche untereinander kausal zusammenhängen). *Wenn* ein Wille von dieser bloßen Form bestimmt werden kann, so muß ein solcher Wille unabhängig von den Gesetzen der Erscheinung, unabhängig von der Kausalität, sein. Ein Wille, der durch solches Gesetz bestimmbar ist, *muß* frei sein.

Das alles mag als Ableitung der Willensfreiheit ganz folgerichtig klingen; es führt aber doch zu einem Ergebnis, das auf den ersten Blick paradox erscheinen muß. Nehmen wir einen praktischen Fall. Ein Mensch hat einen Diebstahl begangen. Die äußere Handlung des Diebstahls gehört dem Reich der Erscheinungen an. Aber auch die Motive, Gefühle, Willensregungen, die den Dieb bewegen, gehören demselben Bereich an. Sie erscheinen uns unter der Form der Zeit. Im Bereich der Erscheinungen steht alles unter dem Kausalgesetz, es ist die notwendige Folge von etwas anderem, das ihm zeitlich vorausgegangen ist. Da wir über die bereits vergangene Zeit keine Gewalt haben, haben wir auch keine Gewalt über die Ursachen, die zu der bestimmten Handlung geführt haben. Tatsächlich läßt sich auch die Handlung aus den vorausgehenden äußeren und inneren – psychologischen – Bedingungen (kausal) »erklären«. Sie *mußte* geschehen.

Das Sittengesetz sagt jedoch, daß sie hätte unterlassen werden sollen. Das ist nur sinnvoll, wenn sie hätte unterlassen werden *können*, wenn der Handelnde frei gewesen wäre, zu stehlen oder nicht zu stehlen. Wie kann dieser scheinbare Widerspruch zwischen Naturmechanismus und Freiheit in der gleichen Handlung aufgelöst werden? Man muß sich erinnern, daß nach der Kritik der reinen Vernunft die Kausalität nur für das gilt, was unter Zeitbestimmungen steht, eben die Dinge als Erscheinung. Das gilt auch für das handelnde Subjekt. Für die Dinge an sich gilt das Kausalgesetz nicht. Auch das gilt für das handelnde Subjekt. Insofern der Mensch seiner selbst auch als eines Dinges an sich bewußt ist, betrachtet er auch sein Dasein als *nicht* unter Zeitbestimmungen stehend, nicht dem Kausalgesetz unterworfen. Das heißt, daß wir in unserem sittlichen Handeln über die Sphäre der Dinge als Erscheinungen hinausgehoben sind in eine übersinnliche Welt. In dieser sind wir frei, und die Forderung des Sittengesetzes besteht zu Recht.

Daß das so ist, bestätigt auf schlagende Art die Arbeitsweise des wundervollen Vermögens in uns, das wir Gewissen nennen. Mag der Täter zehnmal sich seine Tat aus bestimmten Ursachen als notwendig erklären, der Ankläger in ihm wird dadurch nicht zum Verstummen gebracht. Er sagt dem Handelnden, daß er doch anders hätte handeln sollen und können. Reue über eine längst vergangene Tat fragt denn auch nicht nach der Zeit, die inzwischen vergangen ist, sondern nur, ob die Begebenheit mir als Tat angehöre – eben wegen des überzeitlichen Charakters der sittlichen Persönlichkeit.

Gut und böse. Wie man handeln solle, folgt nicht aus dem, was »gut« ist. Sondern aus dem Sittengesetz, das sagt, wie man handeln solle, folgt erst, was gut ist. Gut ist der sittliche Wille. »Es ist überall nichts in der Welt, ja überhaupt auch außerhalb derselben zu denken möglich, was ohne Einschränkung für gut könnte gehalten werden, als allein ein *guter Wille*[30].« Auf die innere Einstellung kommt es an! Wer einem andern hilft, weil er ihn gern mag oder weil er glaubt, daß die Gesellschaft das von ihm erwarte, der tut zwar (äußerlich) das, was auch das Sittengesetz verlangt. Seine Handlung hat *Legalität.* Er tut es aber nicht *aus Pflicht*, sondern aus anderen Motiven. Der Handlung fehlt die *Moralität.*

Pflicht und Neigung. »Pflicht, du erhabener, großer Name . . .« – in dieser berühmten Stelle[31], einer der wenigen, wo Kant sich zu feierlichem Pathos erhebt, singt Kant das Hohelied der Pflicht. Die Erhabenheit des Sittengesetzes kommt darin zum Ausdruck, daß es uns nötigt, ohne oder gar gegen unsere Neigung zu handeln, rein um der moralischen Nötigung willen.

Beschluß. Nachdem wir, wenn auch nur im Fluge, die Bereiche der reinen und der praktischen Vernunft durchmessen haben, verstehen wir erst recht die volle Bedeutung der Worte, die Kant selbst an den Schluß der zweiten Kritik gesetzt hat. Der Mensch ist ein Bürger zweier Welten! Im Bereich der Erscheinungen ist alles, was er ist und tut, ein winziges Glied im notwendigen Zusammenhang; aber er gehört zugleich einem übersinnlichen, über Raum und Zeit erhabenen Reich der Freiheit an. »Zwei Dinge erfüllen das Gemüt mit immer neuer und zunehmender Bewunderung und Ehrfurcht, je öfter und anhaltender sich das Nachdenken damit beschäftigt: der bestirnte Himmel über mir und das moralische Gesetz in mir . . . Der erstere Anblick einer zahllosen Weltenmenge vernichtet gleichsam meine Wichtigkeit, als eines tierischen Geschöpfs, das die Materie, daraus es ward, dem Planeten (einem bloßen Punkt im Weltall) wieder zurückgeben muß, nachdem es eine kurze Zeit (man weiß nicht wie) mit Lebenskraft versehen gewesen. Der zweite erhebt dagegen meinen Wert, als einer Intelligenz, unendlich durch meine Persönlichkeit, in welcher das moralische Gesetz mir ein von der Tierheit und selbst von der ganzen Sinnenwelt unabhängiges Leben offenbart . . .«[32]

2. DIE RELIGION INNERHALB DER GRENZEN DER BLOSSEN VERNUNFT

Haben die Ergebnisse der beiden Kritiken die Religion »erledigt«? Ein Dogmatismus, der seinen Glauben an Gott durch Wissen bewiesen sehen möchte, ist nach ihnen allerdings unmöglich geworden. Wissen ist auf ewig beschränkt auf die Dinge in Raum und Zeit.

Aber so sehr Kant eine Religion vom Wissen her als unmöglich erweist, so sehr begründet er sie zugleich neu vom *Handeln* her. Freiheit, Unsterblichkeit, Gott – die theoretische Vernunft kann über sie nichts ausmachen, sie läßt sie höchstens als regulative Ideen zu und läßt im übrigen Platz, sie zu glauben. Die praktische Vernunft führt viel weiter: Sie veranlaßt uns, sie zu glauben. Wie sich aus der Tatsache des kategorischen Imperativs in uns die Gewißheit der *Freiheit* ergibt, wurde schon gezeigt.

Ebenso gewiß aber fühlen wir, obwohl wir es nicht beweisen können, daß es eine *Unsterblichkeit* gibt. Das Sittengesetz fordert von uns, durch höchste Tugend der höchsten Glückseligkeit würdig zu werden. Wer den Lauf der Welt unvoreingenommen betrachtet, sieht deutlich genug, daß der Zustand der höchsten Tugend, in dem wir des vollkommenen Glückes würdig wären, von Menschen auf Erden kaum je erreicht wird. Dazu müßten wir reine Vernunftwesen und nicht an die Sinnlichkeit gekettet sein. Er sieht weiter, daß das Maß an Glückseligkeit, das dem einzelnen zuteil wird, kaum jemals seinem Maß an Glückwürdigkeit, also seiner Tugend, entspricht. Wenn die Stimme des Sittengesetzes in uns gleichwohl spricht und verlangt, nicht einfach nach irdischem Glück zu streben – das wäre eher eine Sache der Geschicklichkeit als der Tugend –, sondern das Gute mit sittlicher Unbedingtheit zu tun – also nach Glück*würdigkeit* zu streben –, so muß es einen gerechten Ausgleich in einem jenseitigen Leben für die sittliche Persönlichkeit geben.

Ebenso gibt uns die praktische Vernunft die Gewißheit vom Dasein *Gottes*, die die theoretische nicht geben konnte. Konsequentes moralisches Handeln ist nicht möglich ohne den Glauben an Freiheit, Unsterblichkeit und an Gott. Wer moralisch handelt, gibt durch sein Handeln zu erkennen, daß er an sie glaubt – auch wenn er sie theoretisch vielleicht verleugnet. Sittliches Handeln ist praktische Gottesbejahung.[33]

Für das Verhältnis von Moral und Religion sehen wir nun ganz klar, daß bei Kant die Moral das Ursprüngliche, die Religion das Hinzukommende ist. Was bringt die Religion eigentlich noch zur Moral hinzu? Religion ist die Erkenntnis unserer Pflichten als göttlicher Gebote. Die Pflichten stehen bereits durch das Sittengesetz fest. Die Religion erklärt diese Pflichten als von Gott in unsere Vernunft gelegt. Sie umkleidet sie mit der Majestät des göttlichen Willens.

Die Religion deckt sich also inhaltlich mit der Moral. Da es nun nur eine einzige Moral gibt – wie ist es möglich, daß es verschiedene Religionen gibt? Die verschiedenen geschichtlichen Religionen sind entstanden, indem die Menschen das Reich der (einzigen) Religion mit einer Anzahl von Glaubenssätzen erfüllten, die sie alle (zu Unrecht) als göttliche Gebote ausgaben. Wenn aus den geschichtlichen Religionen der reine – moralische! – Kern herausgeschält werden soll, so müssen sie am Prüfstein der sittlichen Vernunft gemessen und so Echtes von Unechtem geschieden werden.

Die Schrift, in der Kant eine solche Untersuchung durchführt, heißt treffend *»Die Religion innerhalb der Grenzen der bloßen Vernunft«*. Innerhalb der Grenzen: Vor allem darf die in der Kritik der reinen Vernunft gezogene Grenze nicht überschritten und das, was nur Gegenstand des Glaubens sein kann, als beweisbares Wissen hingestellt werden. Kant kommt übrigens zu dem Ergebnis, daß das Christentum die einzige moralisch vollkommene Religion ist. Das Werk handelt in vier Stükken:

I. von der Einwohnung des bösen Prinzips neben dem Guten; oder über das radikale Böse in der menschlichen Natur;

II. von dem Kampf des guten Prinzips mit dem bösen um die Herrschaft über den Menschen;

III. vom Sieg des guten Prinzips über das böse und die Gründung eines Reichs Gottes auf Erden;

IV. vom Dienst und Afterdienst unter der Herrschaft des guten Prinzips oder von Religion und Pfaffentum.

Solche Untersuchungen vorzunehmen, hielt Kant nicht nur für erlaubt; es war für ihn geradezu eine Pflicht, »in der Schrift denjenigen Sinn zu suchen, der mit dem Heiligsten, was die Vernunft lehrt, in Harmonie steht«. Kant war also (wie andere Philosophen vor ihm) überzeugt, mit seinen religionsphilosophischen Untersuchungen der Religion einen Dienst zu erweisen. Anderer Meinung waren diejenigen (auch wie bei andern Philosophen), die sich als die bestallten Vertreter der Religion fühlten.

Als Kants Buch erschien, regierte in Preußen nicht mehr Friedrich der Große – unter dem Kant sich uneingeschränkter Lehrfreiheit erfreut hatte –, sondern Friedrich Wilhelm II., ein unbedeutender Herrscher, der ganz unter dem Einfluß aufklärungsfeindlicher Geistlicher stand. Es war eine besondere Zensurbehörde eingerichtet, die Geistlichen und Lehrer zu überwachen und jede Abweichung von der offiziellen Kirchenlehre zu rügen und zu unterbinden. Von ihr erhielt Kant folgende Kabinettsorder:

»Von Gottes Gnaden Friedrich Wilhelm, König von Preußen usw. Unsern Gnädigen Gruß zuvor.

Würdiger und Hochgelahrter, lieber Getreuer! Unsere höchste Person hat schon seit geraumer Zeit mit großem Mißfallen erfahren, wie Ihr Eure Philosophie zu Entstellung und Herabwürdigung mancher Grundlehren der Heiligen Schrift und des Christentums mißbraucht, wie Ihr dieses namentlich in Eurem Buch ›Religion innerhalb der Grenzen der bloßen Vernunft‹ . . . getan habt . . . Wir verlangen des ehesten Eure gewissenhafte Verantwortung und gewärtigen uns von Euch, bei Vermeidung unserer höchsten Ungnade, daß Ihr Euch künftighin nicht dergleichen werdet zuschulden kommen lassen, sondern vielmehr, Eurer Pflicht gemäß, Euer Ansehen und Eure Talente dazu verwenden, daß unsere landesväterliche Intention je mehr und mehr erreicht werde; widrigenfalls Ihr Euch bei fortgesetzter Renitenz unfehlbar unangenehmer Verfügungen zu gewärtigen habt. Sind Euch mit Gnade gewogen.

Auf Seiner Königlichen Majestät allergnädigsten Spezialbefehl Wöllner.«

In seiner Antwort an die Regierung versprach Kant, sich künftig – »als Eurer Kgl. Majestät getreuster Untertan«, damit meinte er: nur zu Lebzeiten des jetzigen Königs – aller Äußerungen über die Religion in Vorträgen und Schriften gänzlich zu enthalten. Kant war siebzig Jahre alt; und er hatte sein Wort bereits gesprochen. Nach dem Tode des Königs gab Kant im »Streit der Fakultäten« eine freimütige Darstellung der Vorgänge und sprach seine Überzeugung erneut sehr offen aus.

V. Die Kritik der Urteilskraft

1. DAS PROBLEM

Wir haben Kants Betrachtung der Religion gleich an die Kritik der praktischen Vernunft angeschlossen, weil für Kant die Religion unmittelbar aus der Sittlichkeit erwächst. Aber damit haben wir eigentlich vorgegriffen. Kants »kritisches Geschäft« war mit der zweiten Kritik noch nicht beendet. Bevor er sich dem »doktrinalen«[34] zuwendete, wollte er durch eine umfassende Kritik aller Vermögen des menschlichen Gemüts den Grund, der das systematische Gebäude tragen sollte, so sichern, daß er an keiner Stelle nachgeben konnte. Der »Kritik der praktischen Vernunft« folgte – noch vor der Schrift über die Religion – die *»Kritik der Urteilskraft«*.
Sie bildet also den Schlußstein in Kants kritischen Untersuchungen. Welches die Stelle ist, die im Gesamtsystem der Kritiken noch auszufüllen war, das können wir selbst vermuten, wenn wir uns bemühen, das von den beiden ersten Kritiken errichtete Gebäude aus einigem Abstand zu betrachten. Wir werden dann das Gefühl haben, daß die beiden Welten, deren Bürger der Mensch ist, die Welt als Natur – Erscheinung – einerseits, die Welt als Freiheit – Dinge an sich – andererseits, bisher noch etwas unvermittelt nebeneinanderstehen. Und wir vermuten weiter, dies könnte damit zusammenhängen, daß von den drei »Vermögen«, die die Menschen von alters her in sich angetroffen und unterschieden haben, bisher nur zwei von Kant kritisch beleuchtet wurden: Denken und Erkennen in der Kritik der reinen Vernunft, Wollen und Handeln in der Kritik der praktischen Vernunft. Dasjenige in uns, was wir *Gefühl und Phantasie* nennen können, hat im System der Kritiken bisher noch keine rechte Stätte.
Die Lücke zu schließen, unternimmt die Kritik der Urteilskraft. Das Werk ist ein genauso unentbehrliches Glied im systematischen Zusammenhang von Kants Gedanken wie die beiden anderen Kritiken. Läßt man sie außer acht, so ergibt sich ein unvollständiges, ja durchaus falsches Bild. Bezieht man sie in die Betrachtung ein, so fallen viele der

Vorwürfe, die sonst gegen Kant erhoben werden können und auch erhoben worden sind, in sich zusammen. Das Ziel der folgenden Bemerkungen ist nur dies, unter Verzicht auf alle Einzelheiten zu zeigen, in welchem Sinne Kant die genannte Lücke schließt und wie er dabei konsequent in der in den beiden ersten Kritiken eingeschlagenen Richtung weiterschreitet.

Daß das dritte Werk, welches sich also der Welt des Gefühls zuwendet, den Namen einer Kritik der »Urteilskraft« führte, muß auf den ersten Blick befremden. Dies müssen wir zunächst zu verstehen suchen. Was tut ein Richter, der zu einem (juristischen) »Urteil« kommen will? Er wendet Rechtssätze auf vorliegende Tatbestände an. Er wendet allgemeine Sätze auf den besonderen Fall an. Oder aber, umgekehrt ausgedrückt: er sucht den gegebenen Tatbestand dem richtigen Rechtssatz unterzuordnen (zu »subsumieren«). Er sucht zum besonderen Fall das allgemeine Gesetz. Daraus können wir folgende Definition von »Urteilskraft« gewinnen: Urteilskraft ist das Vermögen, das Besondere als enthalten unter dem Allgemeinen zu denken.

Das ist auch Kants Definition. Das Vermögen nun, zu einem gegebenen Allgemeinen (Regel, Prinzip, Gesetz) das darunterzuordnende Besondere zu finden, nennt Kant *bestimmende* Urteilskraft. Die bestimmende Urteilskraft ist das Vermögen des Verstandes, welches uns befähigt, die (a priori vorhandenen, allgemeinen) Kategorien auf die besonderen Anschauungsinhalte richtig anzuwenden. In diesem Sinne haben wir ihr auch in unserem Schema der reinen theoretischen Vernunft die entsprechende Stelle angewiesen. – Ist aber ein Besonderes gegeben, zu dem erst das Allgemeine aufgefunden werden soll, so ist die Urteilskraft *reflektierend* (überlegend). Unsere reflektierende Urteilskraft unterwirft also einen gegebenen (einzelnen) Gegenstand einer Betrachtung unter einem allgemeinen Prinzip, das wir nicht dem Gegenstand, sondern uns selbst entnehmen.

Was hat das alles aber mit unseren Gefühlen zu tun? Eben in unseren Gefühlen tun wir dies: Wir beziehen einen Gegenstand – genauer: die Vorstellung eines Gegenstandes – auf einen Maßstab, der in uns selbst liegt. Das kritische Problem lautet nun ganz ähnlich wie in den beiden ersten Kritiken: Gibt es für unsere Gefühle einen allgemeinen und notwendigen – a priori gegebenen – Maßstab?

Alle unsere Gefühle sind Lust- oder Unlustgefühle. Lust empfinden wir, wenn etwas einem Bedürfnis in uns entspricht; Unlust, wenn das Bedürfnis nicht befriedigt wird. Bedürfnisse können wir im allgemeinsten Sinne auch als Zwecke bezeichnen. Damit kommen wir von selbst auf den Begriff der *Zweckmäßigkeit.* Eine Aussage über eine Gefühlserfahrung hat immer die Form der Unterordnung eines vorgestellten Gegenstandes unter einen Zweck.

Wenn ich etwas esse, worauf ich Appetit habe, so habe ich ein Lustgefühl, weil eben dieses Essen für die Befriedigung dieses Bedürfnisses »zweckmäßig« ist. Ein andermal, wenn ich keinen so gerichteten oder überhaupt keinen Appetit habe, wird mir das gleiche Essen vielleicht zuwider sein. Ein solches Lustgefühl bleibt rein subjektiv, durch meine jeweiligen Stimmungen und Bedürfnisse bedingt. Einen allgemeinen Maßstab für Gefühlsurteile gibt es dabei nicht.

Aber gibt es vielleicht andere Gebiete, auf denen sich doch allgemeine Grundsätze für unsere Gefühlsurteile auffinden lassen? Als solches Gebiet bietet sich die *Lehre vom Schönen* (Ästhetik) an. Während ich von niemand verlange, daß das, was mir schmeckt, auch ihm schmecken müsse (de gustibus non est disputandum), erhebe ich, wenn ich etwas als (ästhetisch) »schön« bezeichne, schon eher – wenn auch wohl nicht mit gleicher Entschiedenheit wie bei theoretischen Erkenntnisurteilen oder moralischen Urteilen – den Anspruch, daß der gleiche Gegenstand auch anderen in gleicher Weise gefallen müsse. Ich bin geneigt, dem, der das nicht zugibt, den »Geschmack« abzusprechen. So ergibt sich die Aufgabe, die Kant im ersten Teil der Kritik der Urteilskraft durchführt: eine Kritik der *ästhetischen* Urteilskraft (wobei »Ästhetik« also einen anderen – nämlich den heute gebräuchlichen – Sinn hat als in der »transzendentalen Ästhetik« der ersten Kritik).

Es gibt jedoch noch ein zweites, weites Gebiet, in dem wir ständig Aussagen über »Zweckmäßigkeit« machen: das Reich *organischen Lebens.* Das Prinzip der Zweckmäßigkeit, dem wir in unseren Urteilen über die lebende Natur überall begegnen, ist jedoch von anderer Art als die Zweckmäßigkeit der Ästhetik. Das Schöne ruft in mir ein Gefühl der Lust hervor, weil es mit etwas in mir, mit *meinem* ästhetischen *Gefühl,* in Harmonie steht. Die Befriedigung, die ich empfinde, wenn ich den zweckmäßigen Bau eines lebenden Organismus betrachte, ist nicht eine solche des Gefühls, sondern des *Verstandes;* und zweckmäßig heißt hier, daß die Form des Gegenstandes nicht mit etwas in mir, sondern mit etwas in ihm selbst, mit seinem Wesen, mit *seiner* Bestimmung, in Harmonie steht. Das ist *objektive* Zweckmäßigkeit.

Wir kommen bei der Betrachtung der lebenden Natur ohne das Prinzip der Zweckmäßigkeit nicht aus. Beim unorganischen Gebilde, zum Beispiel einem Stein, kann ich die Teile ohne das Ganze und vor dem Ganzen denken. Der Stein entsteht durch Zusammenfügung seiner einzelnen Teile. Beim lebenden Wesen kann ich den Teil nicht ohne das Ganze denken. Der Organismus entsteht niemals durch Zusammenfügen seiner Teile, sondern dieser Teil, dieses Organ, gehört in seiner ganz bestimmten Gestalt und Funktion zu diesem Organismus, er ist nur in ihm möglich und verständlich. Weiter komme ich, wenn ich zum Vergleich an einen von Menschen absichtlich hervorgebrachten Gegen-

stand, zum Beispiel ein Kleidungsstück, denke. Hier sind die einzelnen Teile gemäß einem vorgefaßten *Plan* für das Ganze zweckmäßig. Und wenn ich dem Verständnis des lebenden Organismus näherkommen will, so kann ich nicht anders, als auch ihn, in *Analogie* zu den von menschlicher Intelligenz planmäßig hervorgebrachten Gebilden, als nach einem Plan eingerichtete zweckmäßige Ganzheit vorzustellen. Von der Intelligenz, auf die nach der Analogie auch diese zweckvolle Einrichtung zurückgehen müßte, kann ich freilich nichts durch Erfahrung wissen. Gleichwohl muß ich sie nach dem Gesichtspunkt der Zweckmäßigkeit, dem Prinzip unserer reflektierenden Urteilskraft, beurteilen, weil ich hier auf eine Grenze stoße, wo die rein mechanische, kausale Erklärung (die die theoretische Vernunft leistet) versagt.
Natürlich versuchen wir, und das sollen wir auch nach Kant, die kausale Erklärung möglichst weit zu treiben. Die biologische Wissenschaft hat das teils schon vor Kant, vor allem aber bald nach Kant und seither weiter mit wachsendem Erfolg getan. Trotzdem ist die von Kant bezeichnete Grenze, ist ein unaufgelöster Rest bisher bestehengeblieben.
Eine auf die objektive Zweckmäßigkeit der Dinge gerichtete Betrachtungsweise heißt eine *teleologische*. Den zweiten Teil der Kritik der Urteilskraft bildet deshalb die Kritik der *teleologischen Urteilskraft*.

2. SCHLUSSWORT ZU DEN DREI KRITIKEN

Es ist verlockend, nun den tiefen Gedanken Kants in der Kritik der ästhetischen Urteilskraft, seinen Betrachtungen über die Begriffe des Schönen und des Erhabenen, über das Spiel, über das Genie oder über die Eigenart der verschiedenen Künste – welche ein Grundpfeiler aller seitherigen philosophischen Ästhetik geworden sind – im einzelnen zu folgen, ebenso seinen Gedanken über die lebende Natur. Wir versagen uns das – eingedenk auch der in unserer Einleitung angegebenen Grundfragen –, um nur das Grundsätzliche hervortreten zu lassen und um Platz zu gewinnen für eine kurze zusammenfassende Rückschau auf das Werk der drei Kritiken.
Erkennen, Wollen (Handeln) und Beurteilen (gefühlsmäßig und verstandesmäßig) sind die drei Wege, in denen unsere menschliche Vernunft zu dem ihr Gegebenen Stellung nehmen kann.[35]
(1) *Die Kritik der reinen Vernunft* untersucht die Möglichkeit reiner systematischer Erkenntnis und will den Anteil der Vernunft (das Apriorische) an der Erkenntnis ermitteln. Sie findet, daß unser Erkenntnisvermögen zweigeteilt ist in die Sinnlichkeit (die Fähigkeit sinnlicher Wahrnehmung) als unteres, den Verstand (die Fähigkeit zu denken) als oberes Vermögen. Als den apriorischen Anteil an der Erkenntnis stellt sie fest:

1. Die apriorischen Formen der Anschauung, Raum und Zeit. Sie fassen die Empfindungen zur raum-zeitlichen Einheit zusammen.
2. Die Formen des Verstandes: die Kategorien und die ihnen entsprechenden Urteilsformen. Sie bringen die Anschauung unter Begriffe und verbinden die Begriffe zu Urteilen.
3. Die regulativen Prinzipien der Vernunft (Ideen). Sie haben keine erkenntnismäßige (konstitutive) Funktion, leiten aber den Verstand zur höheren Zusammenfassung und Vereinheitlichung der Erkenntnis.

(2) *Die Kritik der praktischen Vernunft* untersucht die Möglichkeit konsequenten sittlichen Handelns und will den Anteil der Vernunft (das Apriorische) an dessen Prinzipien ermitteln. Sie findet, daß uns wiederum zwei Stufen des Willens (Begehrungsvermögen) gegeben sind: das bloße sinnliche Begehren als unteres Vermögen, die praktische Vernunft als oberes. Als den apriorischen Anteil an den Bestimmungsgründen des Willens stellt sie fest:

1. Den kategorischen Imperativ, die reine Form eines allgemeinen Gesetzes, als allgemeines und notwendiges Prinzip sittlichen Handelns.
2. Die praktische Gewißheit, daß es Freiheit des Willens, Unsterblichkeit und eine göttliche, sittliche Weltordnung gibt, an deren Verwirklichung mitzuwirken die unendliche Aufgabe der sittlichen Vernunft ist.

(3) *Die Kritik der Urteilskraft* untersucht die Möglichkeit einer (gefühlsmäßigen und verstandesmäßigen) Beurteilung des Naturgeschehens unter dem Gesichtspunkt von Zwecken und will den Anteil der Vernunft (das Apriorische) an solcher Beurteilung ermitteln.

Sie findet, daß uns auch hier zwei Formen des Vermögens gegeben sind: das sinnliche Gefühl der Lust und Unlust als unteres und die reflektierende Urteilskraft als oberes Vermögen.

Als den Anteil der Vernunft an solcher Beurteilung stellt sie das apriorische Prinzip der Zweckmäßigkeit fest.

Wir haben diese schematische Form der Übersicht gewählt, um den strengen Parallelismus in Aufbau und Gedankenwelt der drei Kritiken hervortreten zu lassen.[36] In allen dreien sucht Kant nach Allgemeinheit und Notwendigkeit, mit anderen Worten, nach *Gesetzmäßigkeit* in unserem gesamten geistigen Besitz – welche durch den Empirismus und den ihm folgenden Skeptizismus bedroht war. In allen dreien findet er: Die Welt *ist* gesetzmäßig – *aber*: Ihre Gesetze stammen *aus uns selbst,* wir tragen sie in sie hinein. Will man die Gesetze auffinden, so darf man nicht in der Welt, im menschlichen Geiste muß man suchen! Die Gesetze der Natur stammen aus den apriorischen Formen unseres Erkenntnisvermögens. Die (Möglichkeit der) Gesetzmäßigkeit im Handeln stammt aus dem apriorischen Prinzip unseres Begehrungsvermögens. Die Möglichkeit, alles nach Zwecken zu beurteilen, stammt aus dem apriorischen Prinzip unserer reflektierenden Urteilskraft.

Einige abschließende Bemerkungen sollen die besondere Bedeutung und Stellung der Urteilskraft beleuchten.

(1) Nur die Urteilskraft befähigt uns, uns in der Welt als einer einheitlichen zu orientieren. Der richtige Gebrauch der Urteilskraft ist so notwendig und allgemein erforderlich, »daß daher unter dem Namen des gesunden Verstandes kein anderes als eben dieses Vermögen gemeint wird.«[37]

(2) Die Urteilskraft ist das einigende Bindeglied zwischen der theoretischen und der praktischen Vernunft, zwischen den Reichen der Natur und der Freiheit. Sie hilft auf der einen Seite dem Verstand, indem sie ihm zur Möglichkeit systematischer, auf einen Endzweck gerichteter Naturbetrachtung verhilft; sie leistet auch der praktischen Vernunft ihren Dienst, indem sie durch Unterwerfung des Geschehens unter den Gesichtspunkt der Zwecke dem sittlichen und religiösen Glauben an einen sittlichen und vernünftigen Endzweck der Welt zu Hilfe kommt.

(3) Das Ergebnis der Tätigkeit der Urteilskraft ist eine weitere Ausdehnung des Vorrangs des Praktischen über das Theoretische im Menschen. Die theoretische Vernunft lehrt uns nur strenge, man könnte sagen blinde Gesetzmäßigkeit des Geschehens. Die praktische Vernunft befähigt und zwingt uns, trotzdem uns in unserem Handeln so zu verhalten, als ob alles Geschehen auf einen höheren (theoretisch nicht erkennbaren) sittlichen Endzweck eingerichtet sei. Die Urteilskraft ermöglicht uns, *auch im Bereich des Erkennens* das Naturgeschehen so zu beurteilen, wie wir es in unserem praktischen Handeln ohnedies voraussetzen müssen.

(4) In der Urteilskraft wurzeln Intuition und Genialität. Kant scheidet scharf zwischen bloßem Talent und »großem Kopf« und dem Genie, jener freien und seltenen Gabe der Natur, welche in der glücklichen und unnachahmlichen Vereinigung von Einbildungskraft (Phantasie) und Verstand besteht und durch welche »die Natur der Kunst die Regel gibt«.

(5) Die Urteilskraft schließt damit die Kluft zwischen den zwei Welten der Natur und der Freiheit und gibt uns einen Begriff von der Einheitlichkeit des Menschen als eines vernünftigen Wesens (welche anzunehmen auch ein unaustilgbares Bedürfnis unserer Natur ist).

(6) Eine Grenze bleibt bestehen. Es muß eingeschärft werden, daß das Prinzip der Urteilskraft auch aus uns selbst stammt. Wir können nicht die Dinge als zweckmäßig *erkennen*, sondern nur sie einer entsprechenden *Beurteilung* unterwerfen.

Fragen können wir allerdings noch weiter! Fragen können wir insbesondere, ob nicht in dem uns bekannten Grunde der Natur das Prinzip des mechanischen Kausalzusammenhangs und das der Einrichtung nach Zwecken an einem und demselben Naturprodukt in einem einzigen oberen Prinzip zusammenhängen und daraus gemeinschaftlich herstammen? So großartig der Gedanke ist – ein solches Prinzip könnte nur in jener Welt des Übersinnlichen liegen, die uns erkenntnismäßig nicht zugänglich ist. Nach der naturgegebenen Beschaffenheit unserer Gemütsvermögen müssen beide, kausale und teleologische Betrachtungsweise, bestehenbleiben, ohne daß je auf eines von beiden verzichtet werden kann und ohne daß sie je vereinigt werden können. Wir können solche Fragen stellen. Aber wir können sie – nach Kant – nicht beantworten.

VI. Das nachkritische Werk

1. DIE WICHTIGSTEN SCHRIFTEN

»Hiermit (mit der Kritik der Urteilskraft) endige ich also mein ganzes kritisches Geschäft. Ich werde ungesäumt zum Doktrinalen schreiten, um, wo möglich, meinem zunehmenden Alter die dazu noch einigermaßen günstige Zeit noch abzugewinnen.«[38] Kant betrachtete das »kritische Geschäft« also keineswegs schon als seine ganze Philosophie, sondern als eine notwendige Vorarbeit – ein Bereinigen des Arbeitsfeldes und Legen eines sicheren Fundamentes –, welcher er freilich, mangels geeigneter Vorarbeiten durch andere, die Hauptkraft seines Lebens zu opfern gezwungen war. Die zweite, nicht minder wichtige Aufgabe war nun, auf dem durch die Kritiken gereinigten und gefestigten Grunde das eigentliche Bauwerk aufzuführen, also eine systematische Darstellung alles dessen zu geben, was innerhalb der dort gezogenen Grenzen mit Sicherheit über Welt, Mensch, Gott ausgesagt werden kann. Das ist Kants Ziel in den »nachkritischen« Schriften. Wir wollen die wichtigsten aufzählen, aber nur mit zweien uns noch näher befassen.

Kants erste Bemühung galt sofort wieder der *Religion.* Wie kann eine positive Religion aussehen, die sich innerhalb der vorher kritisch bestimmten Grenzen hält? Wir haben die diesbezügliche Schrift schon gewürdigt. Aber auch für das Gebiet des sittlichen Handelns hatten die »Grundlegung« und die zweite Kritik gewissermaßen erst den Rahmen hergestellt, innerhalb dessen nun eine positive *Sittenlehre* ausgeführt werden konnte. Dieses unternimmt die *»Metaphysik der Sitten in zwei Teilen«.* Die Grundlinien seiner *Geschichtsphilosophie* hatte Kant schon während seiner kritischen Arbeiten in der *»Idee zu einer allgemeinen*

Geschichte in weltbürgerlicher Absicht« aufgezeichnet. Ein Teilproblem aus dem Gesamtbereich der beiden letztgenannten Schriften behandelt Kants philosophischer Entwurf *»Zum ewigen Frieden«*.
Die *Erziehungslehre* schließlich hat Kant nur in Vorlesungen behandelt. Sie wurden später gesammelt herausgegeben.

2. DIE METAPHYSIK DER SITTEN

Denken wir an die in unserer Einleitung genannten drei Fragen Kants, so werden wir durch das bisher Gesagte in bezug auf die zweite Frage noch unbefriedigt sein. Kant hat zwar in der zweiten Kritik die Möglichkeit sittlichen Handelns und dessen allgemeines Gesetz gezeigt. Wir möchten aber doch wissen, welche Folgerungen sich für das Handeln im einzelnen daraus ergeben.
Alles menschliche Handeln hat zwei Seiten, eine äußerliche, juristische, indem es an bestimmte äußerlich formulierte Gesetze gebunden sein soll, und eine innere, moralische, indem es der selbständigen Willensbildung des Handelnden entspringt. Entsprechend hat die »Metaphysik der Sitten« zwei Teile: »Metaphysische Anfangsgründe der Rechtslehre« und »Metaphysische Anfangsgründe der Tugendlehre«.

a) Die Rechtslehre

Was ist Recht? »Diese Frage möchte wohl den Rechtsgelehrten . . . ebenso in Verlegenheit setzen als die berufene Aufforderung: Was ist Wahrheit? den Logiker.«[39] Die Frage zu beantworten, darf man nicht auf das sehen, was hier oder dort zu dieser Zeit oder jener Zeit als Gesetz gegolten hat. Man muß das allgemeine Kriterium suchen, an dem zu messen ist, ob das, was den Menschen als »Recht« gilt, auch recht sei! »Das Recht ist der Inbegriff der Bedingungen, unter denen die Willkür des einen mit der Willkür des anderen nach einem allgemeinen Gesetze der Freiheit vereinigt werden kann.«[40]
Das ist die allgemeine Definition. Wir überschlagen nun gleich die ganze erste Hälfte der Rechtslehre, in welcher das Privatrecht abgehandelt ist, und wenden uns dem *öffentlichen Recht* zu.
Den ersten Teil hiervon bildet das *Staatsrecht*. »Ein Staat ist die Vereinigung einer Menge von Menschen unter Rechtsgesetzen.«[41] Kant unterscheidet wie Montesquieu die drei Gewalten im Staate. »Die gesetzgebende Gewalt kann nur dem vereinigten Willen des Volkes zukommen.«[42] »Die zur Gesetzgebung vereinigten Glieder . . . eines Staates heißen Staatsbürger, und die rechtlichen, von ihrem Wesen unabtrennbaren Attribute derselben sind gesetzliche *Freiheit*, keinem anderen Gesetz zu gehorchen, als zu welchem er seine Beistimmung gegeben hat; – bürgerliche *Gleichheit*, keinen Oberen im Volke in Ansehung seiner zu

erkennen, als nur einen solchen, den er eben so rechtlich zu verbinden das moralische Vermögen hat, als dieser ihn verbinden kann . . .«[43]
Wie ist es, wenn die Verfassung eines Staates den von Kant festgelegten allgemeinen Rechtsgrundsätzen nicht entspricht? Gibt es dann ein Recht zum Widerstand, ein Recht zur *Revolution*? Nein! »Eine Veränderung der (fehlerhaften) Staatsverfassung, die wohl bisweilen nötig sein mag – kann also nur vom Souverän selbst durch *Reform*, aber nicht vom Volk, mithin durch Revolution verrichtet werden . . .«[44]
Doch stand Kant der Französischen Revolution, deren Zeitgenosse er war, mit größter Anteilnahme und Sympathie gegenüber! Ja, seine Stellungnahme zu diesem Ereignis hat ihn dem reaktionären Regiment Friedrich Wilhelms II. in nicht geringerem Maße verdächtig gemacht als seine vernunftgemäße Behandlung der Religion. Als Kant durch die Zeitungen den Ausbruch der Revolution und die Ausrufung der Republik erfuhr, sprach er mit Tränen in den Augen zu seinen Freunden: »Jetzt kann ich sagen wie Simon: Herr, nun lässest du deinen Diener in Frieden fahren, nachdem ich diesen Tag des Heils gesehen.«[45] Noch zehn Jahre später, im »Streit der Fakultäten«, behandelt Kant unter der Frage »Ob das menschliche Geschlecht im beständigen Fortschreiten zum Besseren sei« die Revolution als »eine Begebenheit unserer Zeit, welche diese moralische Tendenz des Menschengeschlechtes beweiset«[46]. Die Schrecken und Greuel im Gefolge der Revolution haben seine positive Bewertung nicht umgestoßen: »Die Revolution eines geistreichen Volks, die wir in unseren Tagen haben vor sich gehen sehen, mag gelingen oder scheitern; sie mag mit Elend und Greueltaten dermaßen angefüllt sein, daß ein wohldenkender Mensch sie, wenn er sie, zum zweiten Male unternehmend glücklich auszuführen hoffen könnte, doch das Experiment auf solche Kosten zu machen nie beschließen würde –, die Revolution, sage ich, findet doch in den Gemütern aller Zuschauer (die nicht selbst in diesem Spiele mit verwickelt sind) eine *Teilnehmung* dem Wunsche nach, die nahe an Enthusiasmus grenzt und deren Äußerung selbst mit Gefahr verbunden war, die also keine andere als eine moralische Anlage im Menschengeschlecht zur Ursache haben kann.«[47]
Vom Staatsrecht geht Kant zum *Völkerrecht* über. Die Elemente des Völkerrechts sind »1. daß Staaten, im äußeren Verhältnis gegeneinander betrachtet (wie gesetzlose Wilde), von Natur in einem *nicht-rechtlichen* Zustande sind; 2. daß dieser Zustand ein Zustand des *Krieges* (des Rechts des Stärkeren), wenngleich nicht wirklicher Krieg und immerwährende wirkliche Befehdung (Hostilität) ist, welche (indem sie es beide nicht besser haben wollen), obzwar dadurch keinem von dem anderen Unrecht geschieht, doch an sich selbst im höchsten Grade *unrecht* ist . . .; 3. daß ein *Völkerbund* nach der Idee eines ursprüng-

lichen gesellschaftlichen Vertrages notwendig ist, sich zwar einander nicht in die einheimischen Mißhelligkeiten derselben zu mischen, aber doch gegen Angriffe der äußern zu schützen; 4. daß die Verbindung doch keine souveräne Gewalt..., sondern nur eine *Genossenschaft* (Föderation) enthalten müsse...«[48]

Kants besonderes Interesse richtet sich auf das Recht des *Krieges*. Es ist der schwierigste Teil des Völkerrechts, gewissermaßen ein Gesetz in einem an sich gesetzlosen Zustande, und ohne Widerspruch nur in dem Sinne möglich, »den Krieg nach solchen Grundsätzen zu führen, nach welchen es immer noch möglich bleibt, aus jenem Naturzustande der Staaten... herauszugehen und in einen rechtlichen zu treten«[49]. Kein Krieg unabhängiger Staaten kann daher ein Strafkrieg sein, noch weniger ein Ausrottungs- oder Unterjochungskrieg.

Die Vernunft gebietet, über jenen Zustand des Krieges hinauszugehen. Die Vernunftidee einer friedlichen Gemeinschaft aller Völker ist nicht eine menschenfreundliche Idee, sondern ein *rechtliches* Prinzip. Denn es »spricht die moralisch-praktische Vernunft in uns ihr unwiderstehliches Veto aus: *Es soll kein Krieg sein*; weder der, welcher zwischen Mir und Dir im Naturzustande, noch zwischen uns als Staaten, die, obzwar innerlich im gesetzlichen, doch äußerlich (im Verhältnis gegeneinander) im gesetzlosen Zustande sind –; denn das ist nicht die Art, wie jedermann sein Recht suchen soll.«[50] Es kommt nicht darauf an, ob der ewige Friede ein Ding oder Unding sei, sondern wir müssen so *handeln*, daß wir unablässig in diese Richtung wirken; schließlich ist die fortdauernde und allgemeine Friedensstiftung der eigentliche Endzweck der Rechtslehre. So erhebt sich über dem Bereich des Völkerrechts als dritter Teil des öffentlichen Rechts das *»Weltbürgerrecht«*.

Der Gedanke eines Völkerbundes und ewigen Friedens lag Kant so sehr am Herzen, daß er ihn in dem philosophischen Entwurf »Zum ewigen Frieden« näher ausgeführt hat. Der Entwurf enthält sechs Präliminar- (vorbereitende) und drei Definitiv- (endgültige) Artikel, Rechtsgrundsätze für die Begründung eines dauernden Friedenszustandes, mit Erläuterungen Kants. Sie sind so formuliert, daß wir sie fast ohne Kommentar wiedergeben können:

ZUM EWIGEN FRIEDEN: DIE PRÄLIMINARARTIKEL

1. Es soll kein Friedensschluß für einen solchen gelten, der mit dem geheimen Vorbehalt des Stoffes zu einem künftigen Kriege gemacht worden.
2. Es soll kein für sich bestehender Staat (klein oder groß, das gilt hier gleichviel) von einem anderen Staate durch Erbung, Tausch, Kauf oder Schenkung erworben werden können.

3. Stehende Heere sollen mit der Zeit ganz aufhören.
Aus der Begründung: »Denn sie bedrohen andere Staaten unaufhörlich mit Krieg durch die Bereitschaft, immer dazu gerüstet zu erscheinen; reizen diese an, sich einander in Menge der Gerüsteten, die keine Grenzen kennt, zu übertreffen, und indem durch die darauf verwandten Kosten der Friede endlich noch drückender wird als ein kurzer Krieg, so sind sie selbst Ursache von Angriffskriegen ...«
4. Es sollen keine Staatsschulden in Beziehung auf äußere Staatshändel gemacht werden.
5. Kein Staat soll sich in die Verfassung und Regierung eines andern Staats gewalttätig einmischen.
6. Es soll sich kein Staat im Kriege mit einem andern solche Mittel erlauben, welche das wechselseitige Zutrauen im künftigen Frieden unmöglich machen müssen: als da sind Anstellung der Meuchelmörder, Giftmischer, Brechung der Kapitulation, Anstiftung des Verrats an dem bekriegten Staat usw.

DIE DEFINITIVARTIKEL

1. Die bürgerliche Verfassung in jedem Staate soll republikanisch sein.
Aus der Begründung: »Wenn (wie es in dieser Verfassung nicht anders sein kann) die Beistimmung der Staatsbürger dazu erfordert wird, um zu beschließen, ob Krieg sein solle oder nicht, so ist nichts natürlicher, als daß, da sie alle Drangsale des Krieges über sich selbst beschließen müßten (als da sind: selbst zu fechten; die Kosten des Krieges aus ihrer eigenen Habe herzugeben; die Verwüstung, die er hinter sich läßt, kümmerlich zu verbessern; zum Übermaße des Übels endlich noch eine den Frieden selbst verbitternde, nie [wegen naher, immer neuer Kriege] zu tilgende Schuldenlast zu übernehmen), sie sich sehr bedenken werden, ein so schlimmes Spiel anzufangen: da hingegen in einer Verfassung, wo der Untertan nicht Staatsbürger, die also nicht republikanisch ist, es die unbedenklichste Sache von der Welt ist, weil das Oberhaupt nicht Staatsgenosse, sondern Staatseigentümer ist, an seinen Tafeln, Jagden, Lustschlössern, Hoffesten u. dgl. durch den Krieg nicht das mindeste einbüßt, diesen also wie eine Art von Lustpartie aus unbedeutenden Ursachen beschließen und der Anständigkeit wegen dem dazu allezeit fertigen diplomatischen Korps die Rechtfertigung desselben gleichgültig überlassen kann.«
2. Das Völkerrecht soll auf einem Föderalismus freier Staaten gegründet sein.
3. Das Weltbürgerrecht soll auf Bedingungen der allgemeinen Hospitalität eingeschränkt sein.

Das heißt, es soll ein allgemeines *Besuchsrecht* geben, jeder soll das Recht haben, auf friedliche Weise andere zu besuchen und sich ihnen zu Gesellschaft, Handel anzubieten – mehr aber nicht! »Vergleicht man hiermit das inhospitale Betragen der gesitteten, vornehmlich handeltreibenden Staaten unseres Weltteils, so geht die Ungerechtigkeit, die sie in dem Besuche fremder Länder und Völker (welches ihnen mit dem Erobern derselben für einerlei gilt) beweisen, bis zum Erschrecken weit. Amerika, die Negerländer, die Gewürzinseln, das Kap usw. waren bei ihrer Entdeckung für sie Länder, die keinem angehörten; denn die Einwohner rechneten sie für nichts.« Diese eindeutigen Worte gegen jeden *Imperialismus* gehen besonders jene Mächte an, »die von der Frömmigkeit viel Werks machen, und, indem sie Unrecht wie Wasser trinken, sich in der Rechtgläubigkeit für Auserwählte gehalten wissen wollen«.
Dies sind Kants Artikel. Wir können es dem Leser überlassen, zu entscheiden, ob sie im Zeitalter der Vereinten Nationen aktuell sind.

b) Die Tugendlehre

Der erste Teil der Tugendlehre handelt von den Pflichten des Menschen *gegen sich selbst.* Ist eine »Pflicht gegen sich selbst« nicht ein Widerspruch in sich selbst? Scheinbar ja. Der Begriff der Pflicht enthält ein Element der Nötigung. Es gehören dazu notwendig ein Subjekt, welches verpflichtet, und ein zweites, welches verpflichtet *wird.* Da aber der Mensch einerseits Sinnenwesen (reines Naturwesen, Mensch als Erscheinung), andererseits mit sittlicher Freiheit begabtes Vernunftwesen (Mensch an sich) ist, so bedeutet Pflicht gegen sich selbst, daß der Mensch als sittlich freier sich selbst als Sinneswesen das Gesetz gibt.
Der Mensch hat zunächst solche Pflichten gegen sich als ein rein animalisches (tierisches) Wesen. Diese Pflicht heißt *Selbsterhaltung.* Selbstmord ist ein Verbrechen, ebenso Selbstverstümmelung (freiwilliges Sich-selbst-Berauben an den eigenen physischen und moralischen Kräften). Dazu gehört auch die Selbstbetäubung durch Unmäßigkeit im Gebrauch der Genuß- und Nahrungsmittel.
Der Mensch hat weiter Pflichten gegen sich selbst als moralisches Wesen. Sie heißen Wahrhaftigkeit und Selbstachtung. Ihnen entgegengesetzt sind die Laster der Lüge, des Geizes (nicht im Sinne von Habsucht oder Knauserigkeit, sondern als Vernachlässigung seiner selbst unter das Maß des eigenen natürlichen Bedürfnisses) und falsche Demut (Kriecherei).
Der Mensch hat drittens Pflichten gegen sich als den angeborenen Richter über sich selbst, gegen sein Gewissen.
Das erste Gebot aber aller Pflichten gegen sich selbst ist: *Erkenne dich selbst!* »Nicht nach deiner physischen Vollkommenheit . . ., sondern

nach der moralischen in Beziehung auf deine Pflicht – dein Herz –, ob es gut oder böse sei . . .« – »Das moralische Selbsterkenntnis, das in die schwerer zu ergründenden Tiefen (Abgrund) des Herzens zu dringen verlangt, ist aller menschlichen Weisheit Anfang.«[51]

Übrigens ist auch die »Religionspflicht«, die Pflicht zur Erkenntnis unserer Pflichten als göttlicher Gebote – da ja die Idee Gottes aus unserer eigenen Vernunft hervorgeht –, eine Pflicht gegen sich selbst.

Der zweite Teil der Tugendlehre handelt von den Pflichten *gegen andere Menschen.*

Diese sind erstens Pflichten der *Liebe.* Dazu gehören Wohltätigkeit, Dankbarkeit, Teilnehmung. Ihnen entgegengesetzt sind die Laster des Menschenhasses, die abscheuliche Familie des Neides, der Undankbarkeit und der Schadenfreude.

Die Pflichten gegen andere sind zweitens Pflichten der *Achtung.* Mensch sein ist an sich eine *Würde.* Denn der Mensch kann von keinem anderen als ein bloßes Mittel, sondern muß jederzeit zugleich als Zweck gebraucht werden. Darin besteht die Würde der Persönlichkeit, die ihn über alle andern Wesen erhebt. Die Laster, welche die Pflicht der Achtung verletzen, heißen Hochmut, Afterreden (üble Nachrede) und Verhöhnung. Liebe und Achtung sind innigst vereint in der *Freundschaft,* denn diese ist, in ihrer Vollkommenheit betrachtet, die Vereinigung zweier Menschen in Liebe und Achtung.

Bloße Beiwerke der Tugend – die an sich bloß einen schönen, tugendähnlichen Schein geben, aber doch nützlich sind, weil sie in uns das Bestreben erwecken, die Wirklichkeit dem schönen Schein möglichst anzunähern – sind die Umgangstugenden der Zugänglichkeit, Gesprächigkeit, Höflichkeit, Gastfreiheit.

Man sieht, daß die zunächst etwas formal und inhaltsleer erscheinenden Prinzipien der praktischen Vernunft durchaus einer Anwendung auf das Ganze des tätigen Lebens fähig sind. In der Kantschen Darstellung tritt das durch die stets gegebenen praktischen Beispiele und die oft höchst verfänglichen »kasuistischen Fragen« deutlich hervor.

Man sieht allerdings auch, daß hier stets nur von Pflichten die Rede ist. Das könnte so verstanden werden, als ob Kant einer finsteren Sittenstrenge das Wort reden wolle, die jeder natürlichen und unbefangenen Fröhlichkeit abhold wäre. Daß das nicht ganz so ist, zeigen Kants Schlußbemerkungen über die »ethische Asketik« (Kultur der Tugend). Die Tugendregeln laufen für Kant darauf hinaus, wackeren und *fröhlichen* Gemüts in Befolgung der Pflichten zu sein. Was man nicht mit Lust, sondern bloß als Frondienst tut, das hat keinen inneren Wert und wird nicht geliebt, sondern soweit wie möglich geflohen. Deshalb stellt Kant neben den Wahlspruch der *Stoiker*: Gewöhne dich, die zufälligen Übel zu ertragen und die ebenso zufälligen Ergötzlichkeiten des Lebens zu entbehren, ausdrücklich das fröhliche Herz des *Epikur.* Denn wer sollte mehr Ursache haben, frohen Muts zu sein, als der, der seine Pflicht tut? Deshalb wendet sich Kant auch gegen die Mönchsasketik. Selbstkreuzigung und Fleischespeinigung zwecken darauf ab, die Schuld, anstatt sie moralisch zu bereuen, büßen zu wollen, auch können sie »den Frohsinn, der die Tugend begleitet, nicht bewirken, vielmehr nicht ohne geheimen Haß gegen das Tugendgebot stattfinden«[52].

3. SCHLUSSWORT

Im Jahre 1798 schrieb Kant in einem Briefe: »Das Los . . . für Geistesarbeiten, bei sonst ziemlichem körperlichem Wohlsein, wie gelähmt zu sein: den völligen Abschluß meiner Rechnung, in Sachen, welche das Ganze der Philosophie (sowohl Zweck als Mittel anlangend) betreffen, vor sich liegen und es noch immer nicht vollendet zu sehen . . . : ein tantalischer Schmerz, der indessen doch nicht hoffnungslos ist . . .«[53]
Kants Hoffnung, sein systematisches Werk zur gleichen Vollendung zu bringen wie das kritische, erfüllte sich nicht. Sein Plan, wie aus dem Nachlaß zu ersehen ist, ging auf ein *System der Transzendentalphilosophie,* also ein System, welches alles umfassen sollte, was über Gott, die Welt und den Menschen (die unvermeidlichen Aufgaben der Metaphysik), von der Vernunftanlage des Menschen aus gesehen (die im wesentlichen eine praktische ist), ausgesagt werden kann.[54]
Das Werk, welches das Gebäude krönen sollte, hätte vielleicht den Titel getragen[55]:

»Der höchste Standpunkt der Transzendentalphilosophie
im System der Ideen.
Gott
die Welt
und der seiner Pflicht angemessene
Mensch
in der Welt.«

VII. Zur Kritik und Würdigung Kants

1. EINIGE KRITISCHE GESICHTSPUNKTE

a) Zur inneren Folgerichtigkeit des Systems
Die eine Art von Einwänden, die man gegen ein philosophisches System erheben kann, geht auf mangelnde Folgerichtigkeit.
Ein solcher Vorwurf ist gegen Kant zunächst erhoben worden in *religiö-*

ser Hinsicht. Wir geben einige charakteristische Stimmen wieder: »Wie ein Gaukler aus einem leeren Hut, zieht Kant, zur großen Überraschung seiner Leser, aus dem Begriff der Pflicht einen Gott, Unsterblichkeit und Freiheit heraus.«[56] – »Man ist bei Kant wie auf dem Jahrmarkt. Da ist alles zu haben: Willensunfreiheit und Willensfreiheit . . ., Atheismus und der liebe Gott.«[57] – »Kant deckt das Grundlose (der spekulativen Theologie) auf, läßt hingegen die populäre unangetastet und stellt sie sogar in veredelter Gestalt auf, als einen auf moralisches Gefühl gestützten Glauben. Diesen verdrehten später die Philosophaster zu Gottesbewußtsein . . ., der Gottheit und dgl. mehr; während vielmehr Kant, als er alte ehrwürdige Irrtümer einriß und die Gefährlichkeit der Sache kannte, nur hatte, durch die Moraltheologie, einstweilen ein paar schwache Stützen unterschieben wollen, damit der Einsturz nicht ihn träfe, sondern er Zeit gewönne, sich wegzubegeben.«[58]
Ein Biograph schildert, wie Kant, nachdem er durch die Kritik der reinen Vernunft der Religion den Todesstoß versetzt hat, mit seinem Diener Lampe spazierengeht und bemerkt, daß die Augen des alten Mannes mit Tränen gefüllt sind. »Da erbarmt sich Immanuel Kant und zeigt, daß er nicht bloß ein großer Philosoph, sondern auch ein guter Mensch ist; und halb gutmütig, halb ironisch spricht er: der alte Lampe muß einen Gott haben, sonst kann der arme Mensch nicht glücklich sein, sagt die praktische Vernunft – meinetwegen, so mag die praktische Vernunft die Existenz Gottes verbürgen.«[59]

Diese Einwände bewegen sich alle in gleicher Richtung. Sie finden eine gewisse Stütze zum Beispiel in einer brieflichen Äußerung Kants gegenüber Moses Mendelssohn: »Zwar denke ich vieles mit der allerkläresten Überzeugung und zu meiner großen Zufriedenheit, was ich niemals den Mut haben werde zu sagen; niemals aber werde ich etwas sagen, was ich nicht denke.«[60]

Gleichwohl tut man Kant unrecht, wenn man ihn als einen verkappten Atheisten hinstellt, der nur davor zurückscheut, die letzten Konsequenzen auszusprechen. Alle Äußerungen Kants von seiner Jugendzeit bis ins höchste Alter zeugen davon, daß er ein echtes religiöses Bedürfnis hatte. Das ganze Unternehmen der Kritiken muß man so verstehen, wie Kant selbst gesagt hat: durch Aufheben des Wissens Platz zum Glauben zu schaffen.

Ein zweiter Vorwurf geht auf Kants Folgerichtigkeit in *politischer* Hinsicht, insbesondere darauf, daß Kant zwar die Französische Revolution lebhaft begrüßte, im Doktrinären aber die Revolution verwarf. Wir haben das im vorigen Abschnitt gegenübergestellt. Der berühmte Jurist Feuerbach (Vater des Philosophen Ludwig F. und Großvater des Malers Anselm F.) erhob diesen Einwand nachdrücklich schon in seinem 1798 erschienenen »Antihobbes«.

Ein dritter Einwand betrifft das Kantische *Ding an sich.* Kant wird nicht müde einzuschärfen, erstens, daß das alleinige Ausgangsmaterial aller Erfahrung die sinnlich gegebene Anschauung ist, daß wir alle Dinge nur als Erscheinungen erkennen; zweitens, daß die apriorischen Formen, in denen unsere Sinnlichkeit und unser Verstand dieses Material bearbeiten – Raum, Zeit und Kategorien also –, nur im Bereich der Erscheinungen Gültigkeit haben und außerhalb davon sinnlos sind. Wie kommt Kant denn aber auf das Ding an sich? Durch die Überlegung: Wenn die Sinne uns Empfindungen vermitteln, so muß offenbar außerhalb unserer selbst etwas vorhanden sein, was auf sie einwirkt, was sie affiziert. Mehr können wir allerdings über dieses Etwas nicht ausmachen. Aber »es muß etwas vorhanden sein« – das ist ein Schluß von einer Wirkung (der Empfindung) auf eine Ursache (das Ding an sich), das ist ein Kausalschluß, die Anwendung einer Kategorie (der Kausalität) also, die nach Kants eigener Lehre nur für Erscheinungen gilt, über den Bereich der Erscheinungen hinaus!

Das ist ein Einwurf, der schon zu Kants Lebzeiten (von *Jacobi* und von G. E. *Schulze* in seinem Buch »*Aenesidemus*«) geltend gemacht wurde. Die (mögliche) Konsequenz, zu sagen: Mit den Empfindungen fängt es an, sie sind das erste, was uns gegeben ist; ob noch etwas vorhanden ist, was sie hervorruft, darüber weiß ich nichts, und das beeinträchtigt auch nicht meine Fragestellung (so ähnlich übrigens Hume) – hat Kant nicht gezogen. Damit wäre das Bewußtsein ganz in seinen eigenen Kreis eingeschlossen. Das hätte es ihm aber unmöglich gemacht, seine moralischen und religiösen Überzeugungen, insbesondere auch die Freiheit, unter Berufung auf den »Menschen an sich« (homo noumenon) zu begründen.[61]

In ganz ähnlicher Art ist ein Einwand gegen Kants Begriff der *Freiheit* begründet worden. Kant selbst hat den (nach ihm »scheinbaren«) Widerspruch mit einer Deutlichkeit herausgearbeitet, wie es auch sein schärfster Kritiker nicht besser könnte. Auf der einen Seite der menschliche Wille im lückenlosen Kausalzusammenhang alles Naturgeschehens! Es wäre möglich, wenn wir nur die (nie erreichbare) genaueste Kenntnis von allen äußeren Einwirkungen und inneren Regungen des Handelnden in seinem ganzen Leben vor der Tat hätten, die Tat selbst so vollkommen kausal zu begründen, ja sie vorherzusagen wie ein Naturereignis. Auf der anderen Seite die Forderung des Sittengesetzes »Du sollst!« – woraus sich für Kant ein »Du kannst«, das heißt Freiheit, ergibt. Für Kant löst sich der Widerspruch so, daß in der zweiten Hinsicht eben der Mensch als »Mensch an sich« in Aktion tritt. *Wie* soll es aber möglich sein, daß aus der übersinnlichen sittlichen Freiheit heraus der Mensch nun fähig sein soll, »eine neue Reihe von Veränderungen (im Naturgeschehen!) von sich aus zu beginnen«? Wie stellt es die

Vernunft an, praktisch zu werden? Das ist nach Kant selber ein Rätsel, das man sowenig weiter erklären kann wie die Existenz des Sittengesetzes selbst. Es gibt ja nach Kant auch keine Möglichkeit, die Freiheit empirisch zu beweisen. Sie ist nur ein aus unserem praktischen Handeln resultierendes Ideal, ein Glaube. Nun gut – hätte man sagen können – die Freiheit ist nicht zu beweisen, aber handle trotzdem auf jeden Fall so, als ob es sie gäbe! Dann wäre es freilich schwierig, aus dieser Art Freiheit, sagen wir im Strafrecht, praktische Konsequenzen zu ziehen. Wohl aus solchen Motiven heraus versucht Kant, die Freiheit doch noch etwas mehr sein zu lassen als ein reines Ideal; er sucht sie in einer überempirischen Wirklichkeit, dem Reich der Freiheit, zu verankern.

Es ist hiermit – und ähnliches gilt für Kants Argumente für Unsterblichkeit und Gott – ähnlich bestellt wie beim Ding an sich; die tiefsten Motive für Kants Haltung liegen in seiner unbedingten *Moralität.*

Gewichtig ist das gegen Kant gerichtete Argument: Er habe, indem er die Vernunft als Werkzeug des Erkennens faßt, über das Wesen der Vernunft eine (nicht kritisch überprüfte) Vorentscheidung getroffen; und weiter: Kant untersuche dieses Werkzeug des Erkennens im Hinblick auf seine Funktion und Leistung – womit aber? Mit eben dieser Vernunft, die damit die einzige Instanz für die Beurteilung ihrer selbst darstellt! Eine Paradoxie, aus der anscheinend kein Weg herausführt.

b) Zu Kants Methode

Auch hier wollen wir eine Reihe möglicher Einwände betrachten.

Man hat gesagt, Kant verfahre *zu rationalistisch.* Das soll hier nicht heißen, daß er zuwenig empirisch verführe – der Erfahrung gibt er durchaus ihr Recht. Es soll heißen, daß Kant überhaupt alles rational (verstandesmäßig) anlegt und aufbaut und die irrationalen (im weitesten Sinne, daher mit »gefühlsmäßig« nur sehr unvollkommen wiederzugeben) Kräfte im Menschen unterschätzt. Gemessen an anderen europäischen Philosophen scheint es freilich, daß Kant auch nicht »rationaler« verfährt als sie. Im Gegenteil, Kant hat den Bereich des Verstandes außerordentlich eingeschränkt.

In der gleichen Richtung liegen nun speziellere Einwände, die sich auf Kants *Ethik* beziehen. Tatsächlich ist Kants Ethik eine reine Vernunftethik und keine Gefühlsethik. Unsere Gefühle sind nach Kant so verschieden, daß sie keinen allgemeinen und notwendigen Maßstab (den er ja sucht) des Guten und Bösen abgeben können.

Diese Verbannung aller Gefühlsmomente aus der Ethik, die Überspannung des Pflichtbegriffs, Kants schroffe Entgegensetzung von Pflicht und Neigung (nach der eine Handlung fast nur dann als moralisch erscheint, wenn sie *aus* Pflicht *gegen* die Neigung geschieht) meint Kants großer Schüler Friedrich *Schiller* in seinen Versen:

»Gewissensskrupel:
Gerne dient' ich den Freunden, doch tu' ich's leider mit Neigung,
Und so wurmt es mich oft, daß ich nicht tugendhaft bin.

Entscheidung:
Da ist kein anderer Rat. Du mußt suchen, sie zu verachten,
Und mit Abscheu alsdann tun, was die Pflicht dir gebeut.«

Ein Fragment im »Athenäum«, der berühmten, von den Brüdern Schlegel herausgegebenen Zeitschrift der deutschen Romantik, lautet: »Die Pflicht ist Kants ein und alles. Aus Pflicht der Dankbarkeit, behauptet er, müsse man die Alten verteidigen und schützen; und nur aus Pflicht ist er selbst ein großer Mann geworden.«

Wir wissen aus der Schlußstelle der Metaphysik der Sitten, daß Kant keine finstere Asketik predigen wollte. Wir dürfen auch nicht meinen, daß er die Rolle, die Gefühle als Motive menschlichen Handelns spielen, ganz verkannt habe. Er wußte wohl, daß die Menschen von Gefühlen sich leiten lassen. Aber er rechnete das alles zur »unteren« Sphäre der bloß sinnlichen Lust- und Unlustgefühle beziehungsweise des »unteren« Begehrungsvermögens; für das konsequente *sittliche* Handeln wollte er sich auf eine Gefühlsbasis nicht verlassen.

Ein anderer methodischer Einwand ist, daß Kant an die Stelle einer *psychologischen* Methode, welche also Grundelemente, Aufbau und Arbeitsweise unseres Bewußtseins auf empirischem Wege zu bestimmen sucht, seine *»transzendentale«* Methode gesetzt habe. Es ist richtig, daß Kant das getan hat. Doch hier müssen wir sagen: Das andere war nicht Kants Frage! Es ist zweierlei, ob ich Bewußtseinsabläufe im Menschen psychologisch erforsche oder ob ich ihre *formalen* Gesetze mit transzendentaler Methode ergründe. Erkenntnistheorie und Psychologie sind nicht dasselbe.

Verwandt mit diesem letztgenannten ist der methodische Einwand, daß Kant *nicht genetisch* verfahre. Kant untersucht kritisch, welche Formen in unserem Verstande, welche Prinzipien in unserer Vernunft sind. Er untersucht nicht, wie sie hineingekommen sind. Die *Existenz* der Vernunft ist ihm ein nicht weiter erklärbares Rätsel. – Ist der Mensch ein Wesen, das mit den fertigen Kategorien im Kopfe aus der Hand des Schöpfers kam? Oder ist nicht vielmehr alles, was wir in uns tragen, wie zum Beispiel gerade das in der Stimme des Gewissens verkörperte Sittengesetz, Produkt einer gewaltige Zeiträume umfassenden Entwicklung des Menschen als Lebewesen? Ist nicht vielleicht das, was wir Gewissen nennen, als eine Art sozialer Ablagerung aus dem Umgang des Menschen mit Gesellschaft (und Familie!) allmählich erstanden? Auch hierauf läßt sich sagen: Das war nicht Kants Frage! Tatsächlich ist hierin die spätere Wissenschaft und Philosophie über Kant hinausge-

gangen. Es läßt sich aber weiter sagen, daß die Ergebnisse Kants als solche einer genetischen, entwicklungsmäßigen Betrachtungsweise nicht nur keine unüberwindbaren Hindernisse in den Weg stellen – man kann die Ergebnisse von Kants Kritiken annehmen und nun weiter fragen –, sondern daß Kant eher selbst mit seiner Idee einer allgemeinen Naturgeschichte solchen Untersuchungen den Weg gebahnt hat.
Es sei betont, daß die vorstehenden kritischen Gesichtspunkte nicht angeführt wurden, um Kant zu »widerlegen«. Ebensowenig wollen wir ihnen eine Replik im Sinne Kants anfügen und etwa darzutun versuchen, daß auf manche Kritiken Kants dessen eigener stolzer Satz zutrifft: »Widerlegt zu werden ist keine Gefahr, wohl aber, nicht verstanden zu werden.« Sie sollen lediglich dem Leser, der tiefer in Kants Werk einzudringen und sich mit ihm auseinanderzusetzen wünscht, eine wenn auch fragmentarische Übersicht bieten über einige Punkte, an denen die Kritiker Kants angesetzt haben.

2. DIE BEDEUTUNG KANTS FÜR DIE PHILOSOPHIE

Das Urteil darüber, ob es richtig war, in diesem kurzen einführenden Buche einem einzigen Philosophen ein langes Kapitel zu widmen, müssen wir dem Leser überlassen. Er darf dabei jedoch nicht nur die Stellung Kants zu der zeitlich vor ihm liegenden Entwicklung der europäischen Philosophie ins Auge fassen – obwohl es kaum eine Strömung in ihr gibt, die nicht in irgendeiner Weise in Kant als einem Brennpunkt mit anderen zusammenläuft. Er muß auch beachten, daß »die Geschichte der Philosophie im 19. Jahrhundert zu einem großen Teile die Geschichte der Aufnahme, Verbreitung, Bekämpfung, Umbildung und Wiederaufnahme Kantischer Ideen« ist.[62]
Das gilt nicht nur mit Bezug auf alle jene Epigonen, über die schon *Schiller* – mit Bezug auf Kant! – sagte:
»Wie doch ein einziger Reicher so viele Bettler in Nahrung
setzt! Wenn die Könige bau'n, haben die Kärrner zu tun.«
Es gilt auch für die großen Philosophen des 19. Jahrhunderts. Sie alle stehen gewissermaßen mindestens mit einem Bein in Kants Gedankenwelt – weshalb wir uns auch eine Vorschau auf die Nachwirkung der Kantischen Philosophie an dieser Stelle ersparen können. Eines gilt für sie alle und gilt auch heute: Niemand, der mit dem Anspruch auftritt, in der Philosophie etwas Neues und Selbständiges zu lehren, kann mit reinem intellektuellem Gewissen der Auseinandersetzung mit Kants kritischem Werk ausweichen. »Die Philosophie wird niemals wieder so naiv sein wie zu früheren, schlichteren Zeiten; sie mußte anders und tiefer werden, weil Kant gelebt hat.«[63]

Sechster Teil

Die Philosophie im 19. Jahrhundert

Einleitende Übersicht

Je mehr wir uns der Gegenwart nähern, um so schwieriger wird es, bei der uns obliegenden Auswahl die Gewichte richtig zu verteilen. Wird nicht derjenige unter uns, der seine geistige Heimat im wissenschaftlichen Sozialismus hat, in Karl Marx die zentrale Figur im philosophischen Drama des 19. Jahrhunderts sehen? Ein anderer aber die Gestalten Schopenhauers und Nietzsches? Wird nicht hingegen der Kantianer alles, was auf Kant zunächst folgte, als Abirrung vom richtigen Wege betrachten und den konsequenten Fortgang der philosophischen Entwicklung erst an der Stelle suchen, da in der zweiten Hälfte des Jahrhunderts eine kritische Rückbesinnung auf Kant begann?

Dies gilt erst recht für die Philosophie der Gegenwart. Denken wir an andere Lebensgebiete als die Philosophie. Kein Musikverständiger zweifelt, daß die Namen Händel, Bach, Haydn, Mozart die Höhepunkte der Entwicklung bis zum Auftreten Beethovens und Wagners bezeichnen. Wer aber vermag zu entscheiden, welche Musikernamen unserer Gegenwart ein zukünftiger Beurteiler an diese Reihe anschließen wird?

Unsere Aufgabe kann daher nur sein, eine Auswahl aus der Philosophie des 19. und 20. Jahrhunderts zu treffen nicht nach der Eigenart der vertretenen Standpunkte, sondern jede Richtung zu Worte kommen zu lassen, innerhalb ihrer aber auszuwählen nach dem geistigen Rang, soweit dieser für uns schon erkennbar ist. Das wird für das 19. Jahrhundert noch eher möglich sein als für das zwanzigste.

Die Philosophie Kants ist dualistisch. Der Mensch ist ein Bürger zweier Welten. Es gibt die Welt der Erscheinung, und es gibt das Ding an sich. Auch Kants Erkenntnislehre kann man dualistisch nennen. Auf der einen Seite steht als Rohmaterial das Gegebene, die Empfindungen; auf der anderen Seite steht das Ich mit seinen apriorischen Anschauungsformen und kategorialen Funktionen, deren Anwendung auf das Rohmaterial erst die Erkenntnis ergibt.

Je nachdem auf welcher Seite des Kantschen Systems man anknüpft, müssen sich für die weitere Entwicklung zwei ganz verschiedene Gedankenreihen ergeben. Wird das Augenmerk auf die aktive, schöpferische Tätigkeit des Ich gelegt, mittels deren ja erst »Welt«, »Natur« und deren Gesetze erwachsen, so entsteht eine Gedankenreihe, in deren Mittelpunkt das Bewußtsein, das schöpferische Ich steht. Dieses Ich ragt nach Kant in das Reich der Freiheit hinein, das sich in Sittlichkeit und Religion verwirklicht. Die Freiheit verwirklicht sich in der Geschichte, welche schon Kant als einen großen Entwicklungsprozeß sieht, der sich einem unendlichen Ziel, der Verwirklichung der Freiheit, nähert. Diese Gedankenreihe: schöpferisches Ich – Freiheit – Geschichte – ist die des deutschen *Idealismus*.

Auf der anderen Seite hatte Kant nachgewiesen, daß Wissen, daß insbesondere Wissenschaft nur im Reich der Erscheinungen möglich sei, daß es eine über dieses hinausgehende Metaphysik nicht geben könne. Wird das Augenmerk auf diese Seite der Kantschen Gedankenführung gerichtet, so wird die Rolle der Philosophie beschränkt auf eine Zusammenfassung, eine Synthese des in den Wissenschaften erarbeiteten Wissens. Das ist der Weg, den, bei verschiedener Ausgestaltung im einzelnen, die zweite große Strömung, die Philosophie des 19. Jahrhunderts nimmt: *Positivismus* und *Materialismus*.

(Wir bemerken schon hier, daß anscheinend jede dieser Richtungen, an eine Seite Kants anknüpfend, die andere vernachlässigt.)

Während also diese beiden sozusagen mit einem Bein in Kants Philosophie stehen, ist natürlich noch eine dritte Art der Stellungnahme zu Kant möglich: nicht Anknüpfung und Weiterführung, sondern Ablehnung, *Protest*. Der Protest konnte sich richten gegen den »rationalistischen« Geist des Kantschen Systems und damit gegen den rationalistischen Geist der ganzen Aufklärung, deren Schlußstein die Philosophie Kants ja bildet, unter Berufung auf die nicht-verstandesmäßigen – irrationalen, gefühlsmäßigen – Mächte im Menschen und in der Welt. Er konnte sich richten gegen das, wie wir gesehen haben, in Kants Denken wirksame Streben nach der Unterordnung alles einzelnen unter allgemeine und notwendige Gesetze, unter Berufung auf das eigene Recht und den Eigenwert des Individuellen. Er konnte sich drittens richten gegen die seit Bacon und Descartes vorherrschende mechanische und statische Erklärung des Weltprozesses, unter Berufung auf den nichtmechanischen und dynamischen Charakter aller lebendigen Entwicklung.

Dies alles ist der Protest der *Romantik*, die damit als Bewegung natürlich nur ganz allgemein und vereinfachend gekennzeichnet ist. Es ist auch der Protest der Männer, die als sogenannte Glaubensphilosophen alsbald gegen Kant auftraten, und es ist später der Protest der sogenannten *Lebensphilosophie*.

Alle drei genannten Richtungen stehen in einem Gegensatz zu Kant. Die ersten beiden geraten in ihn, indem sie an einer Seite des Kantschen Systems anknüpfen und sich in der damit gegebenen Richtung von Kant entfernen; die dritte steht von vornherein darin. Geht man auf den Standpunkt Kants selbst zurück, so müssen sie alle drei als Irrwege erscheinen. Der Gang der Entwicklung im 19. Jahrhundert war auch so, daß, nachdem alle drei in Erscheinung getreten waren, im *Neukantianismus* eine kritische Rückbesinnung auf Kant einsetzte. Diesem Entwicklungsgang entspricht die Gliederung unserer folgenden Darstellung.

Erstes Kapitel

Romantik und deutscher Idealismus

I. Erste Aufnahme und Weiterführung der Philosophie Kants – Die Glaubensphilosophen

Es ist verständlich, daß die Romantik zunächst weniger eine Sache der Philosophen als der Dichter, Künstler und »genialischen« Menschen war. Die Art, in welcher der schon als bedeutender Schüler Kants genannte Friedrich *Schiller* (1759–1805) dessen Philosophie weiterführt, liegt bereits in der Richtung der Romantik. Schiller vereinigte poetische und philosophische Begabung. Im Laufe seines Lebens trat das philosophische Interesse etwas zurück, oder, richtiger, die philosophischen Gedanken gingen ganz in sein dichterisches Schaffen ein. Die wichtigsten philosophischen Schriften Schillers sind *»Philosophische Briefe«*, *»Über Anmut und Würde«*, *»Briefe über die ästhetische Erziehung des Menschengeschlechts«*, *»Über naive und sentimentalische Dichtung«*. Die Punkte, in denen Schiller die Gedanken Kants weiterbildet, betreffen hauptsächlich die Ethik und Ästhetik. In der Ethik versucht er den Kantschen Gegensatz von Pflicht und Neigung im Ideal der »schönen Seele« aufzuheben. Der Kunst und dem Schönen gibt Schiller eine wichtige Rolle in der moralischen Erziehung des ganzen Menschengeschlechts.

Auch der zweite große Dichter der Deutschen war ein Verehrer Kants. Gleichwohl weicht die Welt- und Lebensanschauung *Goethes* von der Kants entschieden weiter ab als die Schillers. Sie ist ausgesprochen in den *naturwissenschaftlichen* Schriften Goethes, in den *»Maximen und Reflexionen«*, vor allem aber natürlich in den großen Dichtungen wie im *»Faust«* und in den teilweise selbstbiographischen Werken *»Wilhelm Meister«* und *»Dichtung und Wahrheit«*. Goethe als Philosophen zu würdigen, ist in der hier gebotenen Kürze nicht möglich. Es sei nur darauf hingewiesen, daß in Goethes Bild der Welt und der Natur Materie und Geist (Körper und Seele, Ausdehnung und Gedanke oder wie immer die Philosophen sie genannt haben) im Sinne *Spinozas* als zwei Seiten einer einheitlichen, ewigen Gott-Natur erscheinen, welche im Menschen zum Bewußtsein ihrer selbst kommt.

Selbstverständlich waren Gegner der Philosophie Kants alle diejenigen, welche ohne Rücksicht auf Kants kritische Untersuchungen und Grenzbestimmungen auf dem Boden alter dogmatischer Metaphysik oder im überlieferten Kirchenglauben verharrten. Für die Geschichte der Philosophie sind diejenigen seiner Gegner viel bedeutsamer, welche auf Kants Voraussetzungen sachlich eingehen und sich dann gegen ihn wenden. Dies sind, neben dem schon genannten G. E. Schulze, vor allem drei Männer, zwei davon ostpreußische Landsleute Kants, alle drei persönlich miteinander verbunden, die unter dem Namen »*Glaubensphilosophen*« zusammengefaßt werden – was zwar etwas mißverständlich, aber insofern berechtigt ist, als sie sich alle auf den Glauben berufen.

Der erste ist Johann Georg *Hamann* (1730–1788), wegen der dunklen Tiefe seiner Schriften der »Magus des Nordens« genannt und von Goethe hochgeschätzt. Er ist einer der Wortführer im beginnenden Kampf gegen den Rationalismus der Aufklärung. Was er Kant vorwirft, ist eben dies, daß Kant über diesen Rationalismus nicht hinausgelangt sei. Insbesondere verwirft er die Kantsche Trennung unseres Erkenntnisvermögens in die zwei Stämme Sinnlichkeit und Vernunft. Zur Überwindung dieses Gegensatzes beruft er sich auf die *Sprache*, in der die Vernunft sinnliche Existenz bekommt. Die Sprache, nicht als Inbegriff toter Beziehungen, sondern als lebendiger Ausdruck des Geistes der Völker, spielt überhaupt bei Hamann eine bedeutsame Rolle. Damit ist ein Thema berührt, das nicht nur bei den drei Glaubensphilosophen im Mittelpunkt steht, sondern im Verlauf des 19. Jahrhunderts mit seiner einzigartigen Entfaltung von Sprachwissenschaft und Sprachgeschichte, beginnend mit Männern wie Wilhelm *von Humboldt* (1767–1835), immer bedeutsamer wurde. Hamann selbst sieht in der Sprache das Verbindungsmittel zwischen Idealismus und Realismus. Sprache ist ihm der Schlüssel zu allem. »Daher ich beinahe vermute, daß unsere ganze Philosophie mehr aus Sprache als aus Vernunft besteht . . . Es fehlt uns noch immer an einer Grammatik der Vernunft.«[1] Das Rätsel, das die Geschichte darstellt, ist nicht mit der Vernunft, sondern mit der Sprache aufzulösen. Was ist Vernunft? »Unsere Vernunft ist jenem blinden thebanischen Wahrsager ähnlich, dem seine Tochter den Flug der Vögel beschrieb; er prophezeite aus ihren Nachrichten.«[2] Hamanns skeptischer Einstellung zur Vernunft steht seine Berufung auf die subjektive Gewißheit des Glaubens gegenüber. Das Christentum ist eine Religion der Geheimnisse, die beweisen zu wollen ebenso töricht ist wie sie zu leugnen, die nur in der Gewißheit des Glaubens erfahren und erfüllt werden können. Hamann ist der Mystiker unter den Glaubensphilosophen.

Der zweite der Glaubensphilosophen, Friedrich Heinrich *Jacobi* (1743 bis 1819), war ein vielseitig gebildeter und einflußreicher Schriftsteller, der Rousseau in Genf studiert hatte, Spinozas und Kants Philosophie von Grund aus kannte, der in Beziehungen außer zu Hamann und

Herder auch zum Beispiel zu Goethe und Mendelssohn stand. Auch Jacobi mißt der Sprache eine ganz besondere Bedeutung bei. Im Anschluß an eine Würdigung Kants sagt er: »Und es fehlte nur noch an einer Kritik der Sprache, die eine Metakritik der Vernunft sein würde, um uns alle über Metaphysik eines Sinnes werden zu lassen.«[3] In manchen Punkten hat sich Fichte eng an Jacobi angeschlossen.

Der dritte der Glaubensphilosophen, an Einfluß die beiden genannten weit übertreffend, ist Johann Gottfried *Herder* (1744–1803), aus Ostpreußen, später durch Goethes Vermittlung Generalsuperintendent in Weimar. Herder vereinigte, wie Schiller, die poetische und die philosophische Begabung, nur daß bei ihm die Philosophie nicht in die poetischen Werke einging, sondern das philosophische Interesse im Verlauf seines Lebens immer mehr die Vorherrschaft gewann. Herders wichtigste philosophische Schriften sind: *»Ideen zur Philosophie der Geschichte der Menschheit«, »Briefe zur Beförderung der Humanität«, »Verstand und Erfahrung, Vernunft und Sprache, eine Metakritik zur Kritik der reinen Vernunft«.* Die Titel deuten schon auf die beiden Gebiete hin, auf denen Herders Hauptverdienste liegen: die philosophische Betrachtung der *Geschichte* und der *Sprache.*

Herder war kein kritischer und systematischer Kopf wie Kant. Was ihn auszeichnete, war in erster Linie eine Begabung zum intuitiven Erfassen des Individuellen, Besonderen, Lebendigen in Geist, Geschichte und Sprache der Völker. Herder sammelte und übersetzte die Volkspoesie der Griechen, Römer, der orientalischen und europäischen Völker. Überall wußte er den besonderen individuellen oder Volksgeist zu erfassen. Diese seine Arbeiten hatten für das erwachende Nationalgefühl der Völker Osteuropas eine kaum zu überschätzende Wirkung.

In den »Ideen« entwirft Herder, ausgehend vom Universum, in dem die Erde ein Stern unter Sternen ist, von der besonderen Stellung des Lebens auf diesem Planeten und des Menschen in diesem Leben, ein großartiges Bild der Geschichte als *Naturprozeß.* Darauf beruht der Gegensatz zu Kant – wenn Herder auch andererseits in der »Humanität« ein Endziel des Menschen und seiner Geschichte sieht, womit er Kant wieder näherrückt. Das Neue an Herders Anschauung ist der Gedanke, daß jedes Zeitalter und jedes Volk in der Geschichte seinen Zweck in sich selbst trägt. Herder lehrt nicht »Entwicklung« in dem Sinne, daß eines aus dem anderen hervorgeht. Alles geht unmittelbar hervor aus Gott, der ewigen und unendlichen Wurzel aller Dinge, und alles ist ihm gleich nahe. Alles spiegelt Gottes Wesen auf seine eigene Weise.

Herders Polemik gegen Kant greift, wie die Hamanns, die Kantschen dualistischen Unterscheidungen an zwischen Sinnlichkeit und Verstand, zwischen Pflicht und Neigung, zwischen Form und Inhalt des

Denkens, besonders auch zwischen der theoretischen Vernunft, welche die Idee Gottes als unbeweisbare Annahme erweist, und der praktischen Vernunft, durch welche der eben verbannte Gott wieder eingeführt wird. Für Herder ist das ein »Gaukelspiel der Vernunft«, durch das man ebensowenig zu wahrer Überzeugung wie zu wahrer Moral kommen könne.

Die *Sprache* steht auch bei Herder im Mittelpunkt. Er fordert eine Philosophie, die sich eng an die Sprache und die Erforschung ihrer Formen anlehnt – ohne daß er selbst freilich eine solche Philosophie auszuführen vermag. Wir dürfen aber aus der bemerkenswerten Übereinstimmung, die in diesem Punkte zwischen allen drei Gegnern Kants besteht, die Folgerung ziehen, daß hier tatsächlich ein Punkt getroffen ist, in dem die Lehre Kants mindestens einer Ergänzung, wenn nicht einer Umbildung bedarf.

Ein Philosoph des Glaubens ist endlich auch Friedrich Daniel Ernst *Schleiermacher* (1768–1834), Theologe und Philosoph. Schleiermacher stand in engen Beziehungen zu den Romantikern, besonders zu Friedrich Schlegel. Seine berühmteste Schrift sind die *»Reden über die Religion an die Gebildeten unter ihren Verächtern«*, entstanden 1798 bis 1800 in Berlin, wo Schleiermacher Prediger war, später auch Professor der Theologie an der neubegründeten Universität. Religion ist für Schleiermacher nicht Denken oder Handeln, sondern Anschauung und Gefühl. Religion ist Sinn und Geschmack für das Unendliche. Frömmigkeit ist das Gefühl der schlechthinnigen Abhängigkeit von etwas Höherem. In diesem Gefühl der Abhängigkeit ist uns die Gewißheit Gottes unmittelbar gegeben. Diese unmittelbare gefühlsmäßige Berührung mit dem Unendlichen ist das allein Wichtige; neben ihm fallen Dogmen, Heilige Schrift, selbst der Glaube an persönliche Unsterblichkeit nicht ins Gewicht. Auch im Handeln ist alles auf das religiöse Gefühl abgestellt. Es soll alle Handlungen des Menschen begleiten. Der Mensch, der aus solchem unmittelbaren Gefühl heraus handelt, ist, selbst wenn er irrt, Schleiermacher lieber als der, welcher sich im Sinne der Ethik Kants einer starren Selbstdisziplin unterwirft.

In einem anderen Sinne jedoch kann Schleiermacher mit seiner Bestimmung der Religion als Fortsetzer Kants gelten. Er trat für eine saubere Scheidung von Wissen und Glauben ein – die er selbst in seiner Person und seinem Werk vereinigte. Er wollte dem christlichen Glauben sein Recht ebenso geben wie der unabhängigen wissenschaftlichen Forschung, so daß der Glaube die Forschung nicht hindern sollte und die Forschung nicht den Glauben. Er ist damit richtunggebend geworden für die Entwicklung des deutschen Protestantismus im 19. Jahrhundert.

II. Fichte

1. LEBEN UND WERKE

»Was für eine Philosophie man wählt, hängt davon ab, was für ein Mensch man ist.« Dieses Wort Fichtes gilt wohl für jeden Menschen, für jeden Philosophen, in ganz besonderem Maße aber auch für ihn selber. Fichte war, nach dem Urteil eines Zeitgenossen, »von einem wahnsinnigen Glauben an die Schöpferkraft des Willens besessen«. Er selbst hat oft genug gesagt, daß er nur ein Bedürfnis kenne: zu handeln, über sich selbst hinaus zu wirken. Diesen Grundzug der Persönlichkeit Fichtes muß man, neben den allgemeinen geschichtlichen Bedingungen seines Wirkens und Denkens und neben der besonderen Lage, die er in der Philosophie vorfand, zum Verständnis seines Werkes berücksichtigen.
Johann Gottlieb Fichte wurde 1762 in Rammenau in der Oberlausitz geboren. Ein adliger Gönner ermöglichte dem begabten Sohn einer kinderreichen armen Familie Schulbildung in Schulpforta und erstes Studium in Jena und Leipzig. Als die Unterstützung nach dem Tode seines Gönners ausblieb, schlug Fichte sich mehrere Jahre lang recht kümmerlich als Hauslehrer durchs Leben. Als er wegen gänzlicher Mittellosigkeit am Rande der Verzweiflung und des Selbstmords angelangt war, bot sich ihm eine neue Stellung in Zürich, wohin er sich sogleich zu Fuß aufmachte. Zwei Jahre später nach Leipzig zurückgekehrt, wurde er durch einen Zufall auf das Studium Kants hingeführt. Das wurde sein entscheidendes geistiges Erlebnis. Noch viele Jahre später hat er bekannt, daß er damals, trotz schlimmster äußerer Not, einer der glücklichsten Menschen auf dem Erdenrund gewesen sei. Sein Entschluß war sofort gefaßt: Auf zu Kant, nach Königsberg!

Um Kant für sich zu interessieren, schrieb Fichte dort in wenigen Tagen seinen *»Versuch einer Kritik aller Offenbarung«*. Kant ermöglichte die Veröffentlichung der Schrift. Sie erschien anonym, wurde deshalb zunächst überall für die gerade erwartete Schrift Kants selbst über die Religion gehalten. Als Kant den wahren Sachverhalt bekanntgab, war Fichte mit einem Schlage berühmt. Er erhielt einen Ruf an die Universität Jena. Äußere Konflikte und seine Schrift *»Über den Grund unseres Glaubens an eine göttliche Weltregierung«*, die ihm den Vorwurf des Atheismus eintrug – der berühmt gewordene »Atheismusstreit« knüpfte sich daran –, machten ihm den Aufenthalt bald wieder unmöglich. Fichte fand Aufnahme in Berlin und diente von da an dem preußischen Staat mit ganzer Hingabe.

Fichte gilt als einer der glänzendsten Redner aller Zeiten. (Wie andere große Redner hatte er diese Gabe nicht ohne große Mühe und planmäßige Übung entwickelt.) Seine Vorlesungen in Berlin erregten Aufsehen. Der damalige österreichische Gesandte, Fürst Metternich, gehörte zu den Zuhörern. Nach der preußischen Niederlage von 1806 ging Fichte mit dem König nach Königsberg, von dort nach Kopenhagen, kehrte aber 1807 in das französisch besetzte Berlin zurück. Hier hielt er im folgenden Winter seine berühmten »*Reden an die deutsche Nation*«. Er rief darin das deutsche Volk, das ganze, ohne Unterschied der Stämme und Stände, zu sittlicher Erneuerung auf. Fichte hatte, wie Kant, die Französische Revolution zunächst mit Feuereifer begrüßt. Seine Schrift vom Jahre 1793 »*Zurückforderung der Denkfreiheit von den Fürsten Europas, die sie bisher unterdrückten*«, verteidigt sie leidenschaftlich. Als aber Napoleon sich die Kaiserkrone aufsetzte, die politischen Errungenschaften der Revolution zunichte machte und zur Eroberung Europas auszog, sah Fichte in ihm die Personifikation alles Bösen in der Geschichte. In seinen Vorträgen rief er, unter den Augen der französischen Aufpasser, die seinen Reden folgten, zum entschlossenen Widerstand gegen ihn auf. »Er wäre der Wohltäter und Befreier der Menschheit geworden, wenn auch nur eine leise Ahnung ihrer sittlichen Bestimmung in seinen Geist gefallen wäre. Jetzt ist er eine Rute in der Hand Gottes; aber freilich nicht dazu, daß wir den entblößten Rücken hinhalten, um vor Gott ein Opfer zu bringen und zu schreien: Herr! Herr! wenn es recht blutet – sondern damit wir dieselbe zerbrechen.«

An der 1810 erfolgten Gründung der Universität Berlin war Fichte maßgebend beteiligt. Als der Befreiungskrieg begann, entließ er seine Hörer zur Armee. Sein Wunsch, sich dem Heer als Redner anzuschließen, wurde nicht erfüllt, doch beteiligte er sich, schon über 50jährig, freiwillig an den Übungen des Landsturms. Fichte starb 1814 infolge einer Typhusinfektion, die seine als Krankenpflegerin tätige Frau sich im Lazarett zugezogen und auf ihn übertragen hatte.

2. DER GRUNDGEDANKE DER FICHTESCHEN PHILOSOPHIE

Die allgemeine Grundlage des Fichteschen Systems ist enthalten in den beiden Schriften »*Über den Begriff der Wissenschaftslehre oder der sogenannten Philosophie*« und »*Grundlage der gesamten Wissenschaftslehre*« (beide 1794 erschienen). Der Ausdruck »Wissenschaftslehre« bedeutet etwa dasselbe wie Kants »Transzendentalphilosophie«, die Fichte übrigens stets als die epochemachende Tat Kants gerühmt hat, nämlich: Während alle Einzelwissenschaften es mit Gegenständen zu tun haben, betrachtet die Philosophie das Wissen selbst. Sie ist deshalb eine Wissenschaft von und vor den anderen Wissenschaften, daher Wissenschaftslehre.

Es kann nach Fichte nur zwei konsequente philosophische Systeme geben. Was die Philosophie zu erklären hat, ist allemal die Erfahrung, also unsere Vorstellung von den Dingen. Man kann nun die Vorstellung vom Ding herleiten. Dann ergibt sich ein Sensualismus oder Materialismus, auf jeden Fall ein Dogmatismus. Oder man leitet das Ding von der Vorstellung her. Dann ergibt sich Idealismus. Wofür man sich entscheidet, hängt nach dem eingangs erwähnten Wort vom innersten Charakter des Menschen ab. Der von Selbständigkeit und Tätigkeitsdrang Erfüllte wird den Idealismus wählen, mehr passive Naturen den »Dogmatismus«. Schon danach kann kein Zweifel sein, welchen Weg Fichte einschlagen wird.

Aber auch rein theoretisch ist für ihn der Idealismus das einzig konsequente System. Geht man nämlich vom Sein der Dinge aus, so wird man daraus nie erklären können, wieso es ein Bewußtsein von ihnen gibt. (Die Materialisten sind anderer Meinung.) Geht man aber vom Denken aus, so kann man daraus eher – nicht zwar die Dinge selbst, die uns ja auch gar nicht gegeben sind – wohl aber unsere Vorstellungen von ihnen, also die Erfahrung, herleiten.

Was muß demnach am Anfang der Philosophie stehen? Das denkende Subjekt! Es *»setzt sich selbst«*. Das ist der Anfang von allem, der Ausgangspunkt der Fichteschen Wissenschaftslehre und ihr erster Grundsatz: Das Ich setzt sein eigenes Sein. Am Anfang steht also eine *Tat*, Tathandlung, wie Fichte sagt. Denke dich selbst! Diese Forderung bildet den Anfang der Philosophie. Damit ist die Vernunft erzeugt. Sie ist selbst schaffendes Tun. Im Anfang war die Tat!

Betrachten wir das noch etwas näher. Fichte ist nicht damit zufrieden, daß Kant eine theoretische und eine praktische Vernunft nebeneinandergestellt hat. Kant hatte zwar, schon indem er beide »Vernunft« nannte, angedeutet, daß die Vernunft eigentlich ein Einheitliches sei, daß theoretische und praktische Vernunft eine gemeinsame Wurzel haben müßten. Er hatte sich auch, besonders in der Kritik der Urteilskraft, eindeutig dahin ausgesprochen, daß die praktische Vernunft vor der theoretischen den Vorrang habe. Aber Fichte geht das nicht weit genug. Auch die theoretische Vernunft ist Tat. Seine Philosophie ist Idealismus im obengenannten Sinne, sie ist jedoch weiter durch und durch *praktischer Idealismus*. Die überindividuelle Vernunft, in der nach Kant die apriorischen Formen enthalten sind, ist eine Tat des denkenden Bewußtseins.

Woher aber kommt nun die Erfahrung? Es ist klar, daß Fichte Kants Annahme eines Dinges an sich, das auf uns einwirkt, unbedingt zurückweisen muß. Seine Antwort ist folgerichtig im Sinne seines Ausgangspunktes: Die Erfahrung entspringt aus dem Ich. Aber wie soll das möglich sein? Das eigentümliche an der Empfindung ist ja, daß wir uns in ihr wie von einer *fremden* Gewalt angerührt fühlen (was eben Kant und andere auf das Ding an sich führte). Das ursprüngliche Produzieren des »Fremden«, des Äußeren, des »Nicht-Ich« – wie Fichte es nennt –, ist kein bewußtes Produzieren (dann könnte das Gefühl des Von-außen-Kommens nie entstehen), sondern ein bewußtloser, besser gesagt ein vorbewußter, freier und grundloser (das heißt nicht kausal bestimmter) Vorgang. So erzeugt das Ich ein Nicht-Ich, ein Fremdes in sich selbst.

Aber warum tut es das? Warum bleibt es nicht allein? Das ist nicht theoretisch, sondern nur praktisch, an Hand des *sittlichen* Bewußtseins, zu beantworten. Das Ich ist in seinem tiefsten Wesen reine, unendliche Tätigkeit. Dieser seiner Bestimmung kann es nur entsprechen, wenn es auf Schranken, auf Widerstände trifft, an denen es tätig werden kann. Und da außerhalb seiner nichts vorhanden ist, so muß es sich selbst ein Material schaffen, ein Material seiner Pflicht. Das Ich setzt sich selbst Schranken, um sie überwinden zu können. Das Nicht-Ich wird gesetzt, damit Arbeit und Kampf möglich sei.

Man sieht: Fichte, obzwar er mit dem Vorsatz begonnen hatte, lediglich die Philosophie Kants klarer darzustellen, als dieser selbst es vermocht hatte, geht in Wahrheit eigene Wege. Wenn er überhaupt ein Kantianer ist – so ist gesagt worden –, dann jedenfalls der originellste.

3. DIE PRAKTISCHE ANWENDUNG

a) Ethik

Die »Welt« – der Inbegriff unserer Vorstellungen, Gefühle, Triebe – stammt zwar aus dem Ich, aber aus einem vorbewußten Akt, so daß sie nicht von meinem Bewußtsein, meinem bewußten Wollen abhängig ist. Insofern ist sie für mich eine wirkliche Schranke. Aber wie ich mich zu dieser Schranke verhalte, das hängt von mir ab. Ich kann vor ihr kapitulieren, mich durch die »Dinge« bestimmen und treiben lassen – solche Trägheit ist für Fichte »das Radikal-Böse im Menschen« –, oder ich kann danach trachten, daß ich von ihr frei, daß ich innerlich unabhängig von allen äußeren Einflüssen werde – und damit dem tiefsten Wesen meines Ich entsprechend handeln, welches ins Unendliche gehendes Tätigsein ist. Das Ich ist »Kraft, der ein Auge eingesetzt ist«. Solche Freiheit von allem Äußeren ist zwar in Vollkommenheit ein im Unendlichen liegendes Ziel, Vervollkommnung aber ist die Bestimmung des Menschen. So ist das menschliche Leben ein fortwährender Prozeß der Reinigung von den fremden Schlacken, die ihm zwar unentbehrlich sind, um seine Bestimmung zu erfüllen, von denen frei zu werden aber seine Aufgabe ist. So kann der Mensch sich dem Zustand annähern, in dem er dem unermeßlichen All zurufen kann: »Du bist wandelbar, nicht ich, und ich werde stets unversehrt über den Trümmern deiner Gestalten schweben.« – »Wenn unter den Millionen Sonnen, die über meinem Haupte leuchten, die jüngstgeborene ihren letzten Lichtfunken längst wird ausgeströmt haben, dann werde ich noch unversehrt und unverwandelt derselbe sein, der ich jetzt bin.«

b) Staat

Die Sittenlehre Fichtes – aus dem eben dargelegten Grundsatz im einzelnen als individuelle und soziale Pflichtenlehre abgeleitet in (u. a.) den Schriften *»Sittenlehre«* (1798) und in populärer Form in den *»Vorlesungen über die Bestimmung des Menschen«* (1800) – unterscheidet sich von der Kants, genau wie die theoretische Philosophie, vor allem dadurch, daß Fichte noch stärker als jener die *praktischen* Aufgaben des Menschen, und damit seine Pflichten als *Glied einer sozialen Gemeinschaft,* betont.

Das zeigt sich besonders auch in seiner *Staatslehre* (*»Grundlage des Naturrechts nach Prinzipien der Wissenschaftslehre«*, 1796; *»Der geschlossene Handelsstaat«*, 1800). In der letztgenannten Schrift kommt Fichte, konsequent in der eben bezeichneten Richtung weiterschreitend, als erster auf deutschem Boden zur Idee eines *sozialistischen* Staatswesens. »Die Möglichkeit, daß meine Freiheit neben der jedes anderen unangefochten bleibe, könne der Staat nur garantieren, ja der Staatsvertrag selber in seiner rechtlichen Gültigkeit nur dann unangefochten bleiben, wenn der Staat jedem Bürger das sittliche Grundrecht, von der Arbeit, die er innerhalb des Gemeinwesens zu leisten bereit sei, leben zu können, vollauf garantierte.«[4] Das kann der Staat nur, wenn er die Verteilung des Sozialproduktes nicht dem freien Mechanismus der Konkurrenz überläßt, sondern die gesamte Organisation der gesellschaftlichen Arbeit selbst in die Hand nimmt, um jedem Bürger den seiner Arbeit entsprechenden Anteil am nationalen Erwerb zuzuteilen. Dazu ist auch erforderlich, daß der Staat Ein- und Ausfuhr selbst regelt; daher Fichtes Bezeichnung »geschlossener Handelsstaat«.

Die überragende Stellung, die der Staat damit im wirtschaftlichen Leben der Nation erhält, kommt ihm nach Fichte auch auf kulturellem und *erzieherischem* Gebiet zu. Der Staat muß sich zum Herrn der Erziehung machen. Er muß, so wie er im wirtschaftlichen Leben das Chaos durch planvolle Organisation zu ersetzen hat, auch an die Stelle des »pädagogischen Chaos« eine Erziehung der Jugend zu Menschen und Staatsbürgern setzen, welche nach einheitlichem Plan von staatlichen Erziehern durchzuführen ist.

Wen es wundert, daß der ganz vom Subjekt ausgehende, die unbeschränkte Freiheit des Ich lehrende Fichte hier für die gesellschaftliche Praxis zu sozialen Forderungen kommt, die für seine Zeit doch außerordentlich radikal sind, der sei daran erinnert, daß auch der höchst individualistische Rousseau in der von ihm konstruierten Staatsverfassung ein reichliches Maß von Staatsräson verlangt. Ähnliches gilt für manchen anderen Philosophen und auch für manche politische Bewegung – eine geschichtlich und auch psychologisch sehr aufschlußreiche Erscheinung.

c) Religion

Einen gewaltigen Schritt über Kant hinaus tut Fichte auch in seiner Religionsphilosophie, ausgeführt außer in der schon genannten Schrift, die ihn in Jena unmöglich gemacht hatte, in seiner *»Anweisung zum seligen Leben«* (1806). Kant hatte gefordert, die Pflicht ohne Rücksicht auf irdische Glückseligkeit zu tun. Er hatte aber doch gefragt: Was darf ich hoffen? Darauf hatte er aus seinem Begriff der »Glückwürdigkeit« und dem unaustilgbaren Verlangen der Vernunft nach ausgleichender Gerechtigkeit dann doch auf die Gewißheit eines jenseitigen gerechten Ausgleichs durch einen höheren Richter geschlossen. Schopenhauer spottete darüber, »daß Kants Tugend, die erst gegen die Glückseligkeit so stolz tue, hinterher doch die Hand hinhalte, um ihr Trinkgeld zu empfangen.«[5]

Darüber schreitet Fichte hinaus. Das redliche Streben nach Vollkommenheit im Sinne des Sittengesetzes *ist* Seligkeit. »Seligkeit« ist nichts anderes als der Zustand des Glücks nach getaner Pflicht. Wer sie anderswo sucht, dem wird sie auch in einem unendlichen künftigen Leben nicht nähergebracht werden.

So wenig es eine besondere jenseitige Seligkeit außerhalb des schon auf Erden erfahrbaren Glücks erfüllter Pflicht gibt, so wenig gibt es einen Gott noch außerhalb der sittlichen Weltordnung, welche eben im Streben des Ich nach Vollkommenheit und der daraus erwachsenden Seligkeit besteht. »Jene lebendige und wirkende, moralische Ordnung ist selbst Gott; wir bedürfen keines andern und können keinen andern fassen.« – »Der Begriff von Gott als einer besonderen Substanz ist unmöglich und widersprechend: Es ist erlaubt, dies aufrichtig zu sagen und das Schulgeschwätz niederzuschlagen, damit die wahre Religion des freudigen Rechttuns sich erhebe.«[6]

Es ist zu verstehen, daß dies Fichte den Vorwurf des Atheismus eintrug.

III. Schelling

1. LEBEN, GEISTIGE ENTWICKLUNG, HAUPTSCHRIFTEN

Friedrich Wilhelm Joseph *Schelling*, wie viele geniale Männer seiner Zeit Pfarrerssohn aus Schwaben, wurde 1775 in Leonberg geboren. Im Tübinger Stift, in das der Frühreife bereits mit fünfzehn Jahren eintrat, schloß er Freundschaft mit seinen Landsleuten Hölderlin und Hege. Mit ihnen begeisterte er sich neben dem theologischen Studium am klassischen Altertum. Neben Kant wurde Fichte der Philosoph, in dessen Werke sich der junge Schelling besonders vertiefte. Kaum hatte Fichte die »Grundlage der Wissenschaftslehre« veröffentlicht, als der zwanzigjährige Schelling schon deren Grundgedanken – in eleganterer Form, als dies Fichte selbst gelungen war – in mehreren Schriften darlegte. Er weicht darin allerdings schon insofern von Fichte ab, als er den von ihm ebenfalls bewunderten Spinoza mit heranzieht.

Der Umstand, der zu Schellings späterem Bruch mit Fichte führte, war ein längerer Aufenthalt Schellings in Leipzig, weil Schelling dabei in enge Berührung mit der in gewaltigem Fortschritt begriffenen Naturwissenschaft seiner Zeit kam – eine Welt, die Fichte immer fremd geblieben ist. Die neuen Erkenntnisse der Chemie, der Elektrizitätslehre, der Biologie und Medizin nahm Schelling schnell in sich auf. In den *»Ideen zur Philosophie der Natur«* (1797) und der Schrift *»Von der Weltseele«* (1798) versuchte er, sie sofort in ein naturphilosophisches System zu bringen. Die Schriften erregten die Aufmerksamkeit Goethes und trugen dem Dreiundzwanzigjährigen einen Ruf als außerordentlicher Professor an die Universität Jena ein.

Hier kam er in engen Kontakt mit dem Kreise romantischer Dichter und Denker um die Brüder Friedrich und August Wilhelm Schlegel, Tieck und Novalis. Er heiratete die um zwölf Jahre ältere Karoline Schlegel nach deren Ehescheidung. Schelling lebte sich in lebhaftem geistigem Austausch mit diesem Kreis, bei welchem er ebenso Gebender wie Empfangender war, so in die Geisteswelt der Romantik ein, daß er als der eigentliche Philosoph der Romantik in Deutschland bezeichnet werden kann. In Jena entstanden der *»Erste Entwurf eines Systems der Naturphilosophie«* (1798/99) und das *»System des transzendentalen Idealismus«* (1800), später die unvollendete *»Darstellung meines Systems im Ganzen«* (1801) und die *»Vorlesungen über die Methode des akademischen Studiums«* (1802). Diese Arbeiten zeigen unter dem Einfluß von Schellings Studium der Natur und der Romantik ein entschiedenes Abrükken von Fichte und die klare Herausbildung der eigenen Grundansicht, freilich nicht in systematisch durchgearbeiteter Form. Zu einer systematischen Durchformung dieser Gedanken ist Schelling nie mehr gekommen. Er hat sie in den folgenden Jahren in mannigfacher Weise umgeformt, in immer neue Entwürfe gebracht – die er auch veröffentlichte –, aber nie zum Abschluß. Gleichwohl bilden die hier niedergelegten naturphilosophischen Ideen den Teil im Gesamtwerk Schellings, der für die Geschichte der Philosophie am bedeutsamsten ist. Nur sie betrachten wir in den folgenden Abschnitten ausführlicher.

In Würzburg, wo Schelling ab 1803 lehrte, in Erlangen und schließlich in München (ab 1827) nahmen seine Gedanken eine völlig andere Richtung. Er entfernte sich von seinem eigentlichen Ausgangspunkt, Kant, von Spinoza, er hatte sich mit Fichte verfeindet; sein Freund und Studiengenosse Hegel, zunächst Schellings begeisterter Prophet, hatte sich von ihm abgewandt und ging eigene Wege. Der Tod seiner ersten Frau entfremdete ihn auch seinem früheren romantischen Freundeskreis. Der Mann, unter dessen bestimmenden Einfluß Schelling nun geriet, war der katholische Denker Franz *von Baader* (1765–1841).

Die geistige Welt, in die sich Schelling versenkte, war die des tiefreligiösen, der Mystik zuneigenden Franzosen Louis-Claude *de Saint-Martin* (1743–1803) und, durch dessen Vermittlung, das Werk Jakob *Böhmes.* Baader selbst, Arzt, praktischer Geologe, Philosoph und Theologe, war einer der führenden Widersacher Kants und ein Haupt der geistigen Bewegung, die in der Reaktion auf die Aufklärung und auf Kants scharfe Trennung von Wissen und Glauben eine neue Verschmelzung von Theologie und Philosophie, eine Rückwendung zum unbedingten christlichen Glauben forderte.

Baader will in seinen Schriften nicht einfach in dem Sinne zur Religion zurückführen, daß der Glaube wieder an die Stelle des Wissens tritt und die Philosophie wieder zur Magd der Theologie würde. Es ist nach ihm ein Irrtum, anzunehmen, daß jede freie Regung wissenschaftlicher Intelligenz eine Gefahr für den Glauben bedeute. Es ist aber ein gleichgroßer Irrtum, anzunehmen, daß man ohne die im Dogma verkörperte religiöse Erkenntnis zu einer richtigen Philosophie gelangen könne. Und ebensowenig kann man zu einer richtigen Moral gelangen, wenn man sie nur auf die Autonomie des Menschen gründet. Denkgesetz und Sittengesetz sind nur in dem Sinne »Gesetze«, daß sie von Gott gesetzt sind. Menschliches Denken und Wissen ist ein Mitdenken und Mitwissen mit dem Denken und Wissen Gottes. Es ist verständlich, daß Baader in praktischer Hinsicht die Französische Revolution aufs schärfste bekämpft. Sein Ideal ist ein allgemeines (katholisches) übernationales, kirchlich-staatliches Gemeinwesen. So steht Baader politisch in der Front der Heiligen Allianz, der Reaktion der konservativen Kräfte Europas auf die Umwälzungen der Revolution.

Schellings *»Philosophische Untersuchungen über das Wesen der menschlichen Freiheit«* (1809) und alle späteren Werke wie das Fragment *»Die*

Weltalter« (1813) zeigen die mystisch-religiöse Richtung, die Schellings Denken genommen hatte. Seine Altersphilosophie ist eine »Philosophie der Mythologie und Offenbarung« und damit eine Fortsetzung dieses Weges.

Der romantische König Friedrich Wilhelm IV. rief den greisen Schelling 1841 nach Berlin, »nicht wie ein gewöhnlicher Professor, sondern als der von Gott erwählte und zum Lehrer der Zeit berufene Philosoph, dessen Weisheit, Erfahrung und Charakterstärke der König zu seiner eigenen Stärkung in seiner Nähe wünschte«. Das heißt, daß Schellings Auftreten als Gegengewicht gegen die in Berlin herrschend gewordene Hegelsche Schule gedacht war. Der Erfolg blieb jedoch aus.

Zu Schellings Hörern in dieser letzten Zeit, bevor er sich enttäuscht von der Lehrtätigkeit zurückzog, gehörte der damals noch junge und unbekannte Basler Historiker Jacob *Burckhardt*. Wie Schellings schwer verständliche Spekulationen auf diesen damals zwar noch romantisch begeisterten, aber gleichwohl nüchtern denkenden jungen Schweizer wirkten, schildert Burckhardt in einem Briefe: »Ich habe ein paarmal hospitiert während der dicksten dogmatischen Auseinandersetzungen und mir die Sache etwa so zurechtgelegt: Schelling ist Gnostiker[7] . . . Daher das Unheimliche, Monströse, Gestaltlose . . . Ich dachte jeden Augenblick, es müsse irgendein Ungetüm von asiatischem Gott auf zwölf Beinen dahergewatschelt kommen und sich mit zwölf Armen sechs Hüte von sechs Köpfen nehmen . . .«[8] Schelling starb 1854 in dem Kurort Ragaz.

Die Vielschichtigkeit von Schellings immer neuen Denkansätzen hat es möglich gemacht, daß sich ganz verschiedene Denkrichtungen wie Lebensphilosophie, Existentialismus, ja Marxismus auf ihn als Ahnherrn berufen können. Neuerdings wird auch von einer Schelling-Renaissance gesprochen.[9]

2. DER GRUNDGEDANKE DER IDENTITÄTSPHILOSOPHIE

Schellings System, wie er es in seinen Jenenser Jahren vortrug, wird Identitätsphilosophie genannt. Dieser Teil seiner Lehre bildet das Bindeglied zwischen Fichte und dem auf Schelling folgenden, beide überragenden Hegel. Deshalb betrachten wir ihn etwas näher.

Was heißt Identitätsphilosophie? Nach Fichte, der das Kantische Ding an sich ganz beseitigt hatte, war das, was wir »Natur« nennen, gar nichts Selbständiges und Selbstseiendes, sondern nur ein Produkt des Ich, hervorgebracht, damit das Ich an seinem Widerstand sich selbst verwirkliche. Schelling kehrt dieses Verhältnis um. Nicht die Natur ist das Produkt des Geistes, sondern der Geist ist das Produkt der Natur! Hier wirkt natürlich Schellings Beschäftigung mit Natur und Naturwissenschaft, welche im Fichteschen System ungenügend gewürdigt waren. Die Aufgabe der Philosophie ist die, die ihr auch Fichte in seiner Wissenschaftslehre stellt: das Wissen, das heißt die Übereinstimmung des Subjekts mit dem Objekt, zu erklären. Aber das darf nicht so angepackt werden, daß man – wie Fichte – fragt: Wie ist im Ich, im Geiste, eine Welt oder Natur möglich? Sondern man muß fragen: Wie ist von der Natur her, in der Natur, das Ich oder der Geist möglich? Möglich ist es nur, weil die Natur ursprünglich Geist ist, Geist von unserem Geiste; weil Natur und Geist, Reales und Ideales, im tiefsten *identisch* sind.

3. DIE NATUR

Man kann also den Geist, überhaupt jegliches Leben, aus der Natur heraus nur verstehen, wenn man die Natur nicht als etwas Totes, Mechanisches, als eine Zusammenballung von Atomen versteht, sondern als ein einheitliches Ganzes, dessen tiefstes Wesen lebendige Urkraft ist.

Die Natur ist unendliche Tätigkeit. In allen einzelnen Erscheinungen, in welchen sich die Urkraft – das Absolute – darstellt, bestehen zwei Reihen: eine Reihe, in der das Objektive, das Reale, überwiegt (die Natur im engeren Sinne), und eine Reihe, in der das Subjektive, das Ideale, überwiegt (Geist und Geschichte). Am Ende der einen Reihe steht die Materie als tote Masse, am Ende der anderen Reihe steht die vollendete Selbstdarstellung des Geistes in Philosophie und Kunst. In keiner einzelnen Erscheinung aber ist nur das eine oder nur das andere – denn beide sind ja nicht entgegengesetzt, sondern identisch. Es handelt sich stets nur um ein quantitatives Mehr oder Weniger.

Dieser großartige Gedanke Schellings – natürlich geht er auf Spinoza zurück –, der den Geist ganz in die Natur einordnet, der in der Natur die unbewußte Tätigkeit des Geistes, im Geiste das Sich-selbst-bewußt-Werden der Natur sieht, hat in der deutschen Geistesgeschichte, nicht nur in der Naturwissenschaft, sondern auch in der Kunst, als fruchtbare Anregung fortgewirkt. Schelling selbst hat ihn, schöner und verständlicher als in allen theoretischen Abhandlungen, in einem Gedicht ausgesprochen, welches wir – an Stelle weiterer Einzelheiten, die wegen der ständigen Wandlung der Schellingschen Ideen leicht verwirrend wirken können – im Auszug hier wiedergeben wollen: Die Natur

»muß sich unter Gesetze schmiegen,
ruhig zu meinen Füßen liegen.
Steckt zwar ein Riesengeist darinnen,
ist aber versteinert mit seinen Sinnen,
kann nicht aus dem engen Panzer heraus,
noch sprengen das eiserne Kerkerhaus,

obgleich er oft die Flügel regt,
sich gewaltig dehnt und bewegt,
in toten und lebend'gen Dingen
tut nach Bewußtsein mächtig ringen. –
Allmählich lernt er im Kleinen Raum gewinnen,
darin er zuerst kommt zum Besinnen.
In einen Zwergen eingeschlossen
von schöner Gestalt und graden Sprossen,
heißt in der Sprache Menschenkind,
der Riesengeist sich selber find't.
Vom eisernen Schlaf, vom bangen Traum
erwacht, sich selber erkennend kaum,
über sich gar so verwundert ist,
mit großen Augen sich grüßt und mißt.
Möcht' alsbald wieder mit allen Sinnen
in die große Natur zerrinnen,
ist aber einmal losgerissen,
kann nicht wieder zurückfließen
und steht zeitlebens eng und klein
in der eigenen großen Welt allein.
Fürchtet wohl in bangen Träumen,
der Riese könnte sich ermannen und bäumen
und wie der alte Gott Satorn
seine Kinder verschlingen im Zorn.
Denkt nicht, daß er es selber ist,
seiner Abkunft ganz vergißt,
tut sich mit Gespenstern plagen,
könnt' also zu sich selber sagen:
Ich bin der Gott, der sie am Busen hegt,
der Geist, der sich in allem bewegt.
Vom ersten Ringen dunkler Kräfte
bis zum Erguß der ersten Lebenssäfte,
wo Kraft in Stoff und Stoff in Kraft verquillt,
die erste Blüt', die erste Knospe schwillt,
zum ersten Strahl von neugebornem Licht,
das durch die Nacht wie zweite Schöpfung bricht
und aus den tausend Augen der Welt
den Himmel so Tag und Nacht erhellt,
hinauf zu des Gedankens Jugendkraft,
wodurch Natur verjüngt sich wieder schafft,
ist eine Kraft, ein Pulsschlag nur, ein Leben,
ein Wechselspiel von Hemmen und Streben.«[10]

4. DIE KUNST

Als Geist vom Geiste der Romantik erweist sich Schellings Lehre auch in seiner philosophischen Ästhetik. Die Kunst ist für ihn das Gebiet, in dem Welt und Ich, Reales und Ideales, unbewußtes und bewußtes Wirken der Natur in vollendeter Harmonie erscheinen. Auf theoretischem Wege kann diese Harmonie nicht erkannt werden. Man kann das Geheimnis des Einsseins von Geist und Natur höchstens in »intellektueller Anschauung« ahnend, fühlend (intuitiv) erfassen. Das Kunstwerk aber, eine bewußte Schöpfung des Menschen und doch im Letzten ein Produkt des unbewußt schaffenden Grundes der Natur, stellt diese Einheit in vollkommener Form dar – womit es zugleich den Grundgedanken der Identitätsphilosophie bestätigt.

»Darum ist die Kunst das wahre und ewige Organon und zugleich Dokument der Philosophie, welches immer und fortwährend aufs neue beurkundet, was die Philosophie äußerlich nicht darstellen kann, nämlich das Bewußtlose im Handeln und Produzieren und seine ursprüngliche Identität mit dem Bewußten. Die Kunst ist eben deswegen dem Philosophen das höchste, weil sie ihm gleichsam das Allerheiligste öffnet, wo in ewiger und ursprünglicher Vereinigung gleichsam in *einer* Flamme brennt, was in Natur und Geschichte gesondert ist . . . Was wir Natur nennen, ist ein Gedicht, das in geheimer, wunderbarer Schrift verschlossen liegt. Doch könnte das Rätsel sich lösen, würden wir die Odyssee des Geistes darin erkennen, der wunderbar getäuscht, sich selber suchend, sich ewig flieht. Denn durch die Sinnenwelt blickt nur wie durch Worte der Sinn, nur wie durch halbdurchsichtigen Nebel das Land der Phantasie, nach dem wir trachten.«[11]

IV. Hegel

1. LEBEN UND HAUPTWERKE

Georg Wilhelm Friedrich *Hegel*, geboren 1770 in Stuttgart, war Schwabe wie Schelling und Hölderlin. Das Studium der Philosophie, die Beschäftigung mit der Antike und die Begeisterung für die Französische Revolution vereinte die drei Freunde im Tübinger Stift. Die Begeisterung für die Griechen bewahrte Hegel durch sein ganzes Leben. Viel später schrieb er darüber: »Bei dem Namen Griechenland ist es dem gebildeten Menschen in Europa, insbesondere uns Deutschen, heimatlich zu Mute . . . Wissenschaft und Kunst, was unser geistiges Leben befriedigend, es würdig macht sowie ziert, wissen wir von Griechenland . . .«[12]

Im Vergleich zu dem um fünf Jahre jüngeren frühreif-genialen Schelling trat Hegels Begabung zunächst nicht auffällig hervor. Hegel war ein langsamer und zäher, aber in die Tiefe bohrender Denker. Es dauerte lange, bis er seine Gedanken für reif zur Veröffentlichung hielt. Als er es aber dann tat, zeigten seine Schriften von diesem Moment an eine durchgängige Einheit der wesentlichen Gedanken, während Schelling vor den Augen seiner Leser immer neue Wandlungen durchmachte.

Nach einigen Jahren mühseliger Hauslehrertätigkeit in Frankfurt und Bern versetzte die bescheidene Erbschaft, die Hegel mit dem Tode seines Vaters zufiel, ihn in den Stand, seiner inneren Berufung zu folgen. Für die Habilitation wählte er auf Schellings Empfehlung die weimarische Universität Jena. Es war die Zeit, da Schiller dort Professor der Geschichte war, Fichte und Schelling Philosophie lehrten, die Romantiker Tieck, Novalis, die Schlegels in Jena ihren Mittelpunkt hatten, kurz Jena war damals das geistige Zentrum, das erst durch den bald folgenden Aufstieg der Berliner Universität in den Schatten gestellt wurde.

Von 1801 bis 1806 las Hegel in Jena, zunächst im engsten Verein mit Schelling. Als 1806 mit der Schlacht bei Jena die preußische Niederlage hereinbrach, hatte Hegel gerade sein erstes bedeutendes Werk, die *»Phänomenologie des Geistes«*, vollendet.

Das Manuskript führte er mit sich, als er Jena, vor den Kriegsereignissen flüchtend, verließ. Vorher aber hatte er noch in Jena ein Erlebnis gehabt, das einen bleibenden Eindruck hinterließ: Er hatte Napoleon gesehen. »Es ist in der Tat eine wunderbare Empfindung, ein solches Individuum zu sehen, das hier, auf einen Punkt konzentriert, auf einem Pferde sitzend, über die Welt übergreift und sie beherrscht.«

Hegel war nun für einige Zeit Redakteur, dann Rektor eines Gymnasiums in Nürnberg. Hier vollendete er sein zweites großes Werk, die *»Wissenschaft der Logik«* in drei Bänden (1812/16). Das Werk trug ihm einen Ruf auf den philosophischen Lehrstuhl in Heidelberg ein. Dort schrieb Hegel die *»Enzyklopädie der philosophischen Wissenschaften«* (1817).

Im folgenden Jahre rief man ihn nach Berlin. Der preußische Staat hatte Hegel schon lange angezogen. In seiner Antrittsrede betonte er, daß Preußen durch sein geistiges Übergewicht sich Staaten gleichgestellt habe, die ihm äußerlich überlegen waren. Hegel gelangte in Berlin zu größtem Ansehen und Einfluß. Seine Vorlesungen, obwohl sein Vortrag unvollkommen und stockend war, zogen führende Männer des Staates in ihren Bann. Hegel wurde »preußischer Staatsphilosoph« und das anerkannte Oberhaupt der deutschen Philosophie. Seine Schüler besetzten die Lehrstühle der Universitäten. Die Hegelsche Schule erreichte eine Vormachtstellung, wie sie Kant kaum gehabt hatte.

Hegel las nicht nur über die philosophischen Hauptdisziplinen, sondern auch über Rechts-, Kunst-, Religionsphilosophie, Philosophie der Geschichte und Geschichte der Philosophie. In Buchform erschienen bis zu seinem Todesjahr 1831 noch die *»Grundlinien der Philosophie des Rechts«*. Die übrigen Vorlesungen wurden nach seinem Tode von Schülern herausgegeben und machen einen großen Teil seiner gesammelten Werke aus.

2. ALLGEMEINER CHARAKTER DER HEGELSCHEN PHILOSOPHIE – DIE DIALEKTISCHE METHODE

Die Werke Hegels gehören zu den schwierigsten der philosophischen Literatur. Ein amerikanischer Kritiker schreibt: »Sie sind Meisterwerke der Unverständlichkeit, verdunkelt durch Abstraktheit und Knappheit des Stiles, durch eine verhängnisvolle Terminologie und durch die übertrieben vorsichtige Begrenzung aller Lehrsätze mit Hilfe eines geradezu gotischen Reichtums an einschränkenden Klauseln.«[13] Schopenhauer schreibt: »Das Publikum war genöthigt worden einzusehen (durch Kant), daß das Dunkle nicht immer sinnlos ist: sogleich flüchtete sich das Sinnlose hinter den dunklen Vortrag. Fichte war der Erste ... Schelling that es ihm darin wenigstens gleich ... Jedoch die größte Frechheit im Auftischen baaren Unsinns, im Zusammenschmieren sinnleerer, rasender Wortgeflechte, wie man sie bis dahin nur in Tollhäusern vernommen hatte, trat endlich in Hegel auf ...«[14] Welche Motive Schopenhauer zu dieser Übertreibung bewegen konnten, werden wir erkennen, wenn wir Schopenhauers Persönlichkeit und Schicksal näher ins Auge fassen. Eine maßlose Übertreibung ist es, denn Hegels Werke beweisen nicht weniger als die Kants, daß »das Dunkel nicht immer sinnlos ist«. Richtig ist aber, daß der nicht vorbereitete Leser, der etwa die Phänomenologie des Geistes lesen will, ziemlich fassungslos vor den himmelstürmenden und einen leichten Schwindel erregenden Begriffskonstruktionen Hegels stehen wird.

Es wäre falsch, die Schwierigkeiten dadurch umgehen zu wollen, daß man aus Hegels Werk nur diejenigen Teile, zum Beispiel seiner Geschichtsphilosophie, vorführte, in denen er sich mit konkreten geschichtlichen Vorgängen befaßt, die damit anschaulicher sind als die abstrakten Partien, zum Beispiel die Logik. Das würde nicht nur ein unvollkommenes Bild des Hegelschen Systems geben, sondern ein geradezu falsches. Denn was Hegels Werk im ganzen auszeichnet und worauf seine bis in die Gegenwart reichende geschichtliche Bedeutung beruht, ist nicht die einzelne Anwendung seiner Prinzipien auf das geschichtliche Material – bei aller staunenswerten Fülle geschichtlichen Wissens und der Menge der im einzelnen gegebenen überraschenden

Ausblicke –, sondern gerade dieses Prinzip selbst und die großartige, wenn auch von Gewaltsamkeiten nicht freie Folgerichtigkeit, mit der er es auf das Ganze des Seins und die Weltgeschichte angewandt hat. Unser folgender Versuch, bei dem wir uns zwar Hegelscher Begriffe, nicht aber aus den genannten Gründen längerer Hegelscher Formulierungen bedienen wollen, zielt ausschließlich darauf, die beiden Momente zu verdeutlichen: die von Hegel ausgebildete und virtuos gehandhabte Methode und den aus ihr erwachsenden einheitlichen Bau des ganzen Systems.

Die unmittelbaren geschichtlichen Vorläufer der Dialektik Hegels sind – abgesehen von der tiefsinnigen Lehre des von Hegel hochgeschätzten *Heraklit* über die Einheit der Gegensätze – Gedanken seiner Vorgänger *Fichte* und *Schelling*, die wir in den vorangegangenen Abschnitten nicht erwähnt haben, um sie hier im Zusammenhang anzuführen.

Fichte war in seiner Wissenschaftslehre, als er den Versuch unternahm, den ganzen Weltinhalt (welcher für Fichte mit dem Bewußtseinsinhalt gleichbedeutend ist) aus einem obersten Prinzip abzuleiten, davon ausgegangen, daß als ersten Schritt das Ich sich selbst »setze«. Aus dieser ersten Setzung allein konnte aber das Weltganze nicht entfaltet werden. Es fehlte ein bewegendes Element, es fehlte als Bedingung der Entfaltung des Ich ein Widerstand. Daher hatte Fichte als zweiten Schritt bezeichnet, daß das Ich sich ein Nicht-Ich »entgegensetze«. Also auf die erste Setzung *(These)* folgt eine zweite, die einen Widerspruch zur ersten enthält *(Antithese)*. Ich und Nicht-Ich können aber nicht als sich ausschließende Gegensätze bestehenbleiben. Es bedarf einer dritten These, in der die Geltung beider so weit eingeschränkt wird, daß sie einander nicht mehr ausschließen *(Synthese)*. Das hatte Fichte reichlich dunkel in dem Satz ausgedrückt: Das Ich setzt dem teilbaren Ich ein teilbares Nicht-Ich entgegen.

Schelling hatte in seiner Naturphilosophie dem Begriff der *Polarität* eine wichtige Stelle angewiesen. Er hatte zu zeigen gesucht, daß nicht nur im menschlichen Bewußtsein, sondern auch in der Natur, zum Beispiel bei den magnetischen und elektrischen Erscheinungen, der dynamische Prozeß durch das Sich-Abstoßen der gleichnamigen und das Sich-Anziehen der ungleichnamigen Pole in Gang gesetzt wird.

Hegel – unter ausdrücklicher Anerkennung von Fichtes Verdienst – geht über beide hinaus. Was seine Fassung der Dialektik von der Fichtes unterscheidet, ist vor allem der tiefere Begriff der Synthese. Bei Fichte hatte die Synthese den Gegensatz von These und Antithese nur auf die Weise zum Verschwinden gebracht, daß die Geltung beider teilweise (partiell) eingeschränkt wurde. In Hegels Synthese werden These und Antithese nicht eingeschränkt, sondern *»aufgehoben«* – in dem wunderbaren dreifachen Sinn, den dieses Wort in der deutschen Sprache hat:

einmal aufgehoben im Sinne von »beseitigt« (ein Gesetz wird aufgehoben); zum zweiten aufgehoben im Sinne von »bewahrt« (ich hebe dir etwas auf), also demnach nicht zum Verschwinden gebracht, sondern in einer höheren Einheit lebendig erhalten; zum dritten aufgehoben im Sinne von »hinaufgehoben«, nämlich auf eine höhere Ebene, auf der beide nicht mehr als sich ausschließende Gegensätze erscheinen. (Wir dürfen hier kurz an das erinnern, was wir an früherer Stelle über die buddhistische Dialektik und ihren Gegensatz zu der Hegels ausgeführt haben.[15])

Es ist nicht schwer, praktische Beispiele anzuführen, die den Sinn und die Fruchtbarkeit eines solchen dreistufigen dialektischen Schemas zeigen. Jeder hat die Erfahrung gemacht, daß wir in unserem Urteil über Menschen, Dinge, Ereignisse – im täglichen Leben wie in der Wissenschaft – oft genug zunächst »von einem Extrem ins andere fallen«, also von der These zur Antithese, um unser abschließendes Urteil dann auf einer »goldenen Mitte« zu finden, die aber doch etwas mehr ist als ein Kompromiß zwischen beiden Extremen. Das würde zeigen, wie unser *Denken* dialektisch fortschreitet. Aber bewegt sich nicht auch die »wirkliche« Entwicklung der Dinge nach diesem Gesetz? Wird nicht im Laufe der geschichtlichen Entwicklung oft genug »Vernunft Unsinn, Wohltat Plage«? Pflegt nicht häufig eine in der Geschichte neu auftretende Bewegung zuerst schnell aufzusteigen, dann aber durch eben diesen Aufstieg und die Überspannung ursprünglich vielleicht »richtiger« Prinzipien einen Umschlag ins Gegenteil herbeizuführen – worauf dann in einem neuen Stadium der Dinge der ursprüngliche Gegensatz zu einem Ausgleich kommt, in welchem von beiden Extremen etwas bewahrt (aufgehoben) ist, aber doch so, daß es nicht mehr das Frühere ist?

Die Eigentümlichkeit der Hegelschen Philosophie ist es nun gerade, daß sie die Dialektik *nicht* nur *logisch*, als eine Form unseres Denkens, sondern ontologisch oder *metaphysisch*, als die eigentümliche Form der Selbstbewegung der Wirklichkeit, nimmt und daß sie darüber hinaus zu zeigen unternimmt, daß beides: die Selbstbewegung unseres Denkens und die Selbstbewegung der Wirklichkeit, im Grunde der *gleiche* (oder gar derselbe) Prozeß ist.

3. DER DREISTUFIGE AUFBAU DER PHILOSOPHIE

Schon in einer Jugendschrift über die »Differenz des Fichteschen und Schellingschen Systems« nimmt Hegel eine Stellung ein, die das Programm seiner zukünftigen Philosophie im Keime enthält. Er bezeichnet Fichtes vom Subjekt ausgehende Philosophie als subjektiven Idealismus, Schellings Identitätsphilosophie, die im Ich die Natur und in der

Natur den unbewußt schaffenden Geist erkennt, als objektiven Idealismus. Hegels eigene, später herausgebildete Stellung steht zu diesen beiden Antithesen im Verhältnis der Synthese. Er entscheidet den Streit, indem er sich über beide streitende Parteien stellt. Auf den subjektiven und objektiven Idealismus folgt Hegels *absoluter* Idealismus. Über dem subjektiven und dem objektiven Geist steht der absolute Geist.

Auch Schelling allerdings hatte sich zu einem »absoluten« Standpunkt erheben wollen. Aber Hegel findet darin zweierlei zu tadeln: Das Absolute erscheine bei Schelling »wie aus der Pistole geschossen«. Schelling begnüge sich damit, das Absolute auf Grund einer »genialischen« intellektuellen Anschauung plötzlich einzuführen, anstatt zu zeigen, wie sich nach dialektischem Gesetz der Geist von Stufe zu Stufe schließlich zum Absoluten erhebt. Zweitens rückt Hegel in der Schellingschen Polarität von Natur und Geist den Akzent eindeutig auf die Seite des Geistes. Der gesamte Weltprozeß ist für Hegel Selbstentfaltung des Geistes. Die Aufgabe der Philosophie ist, diese Selbstentfaltung denkend zu betrachten.

Sie erfolgt nach dialektischem Gesetz in drei Entwicklungsstufen. Mit ihnen ist auch der Aufbau der Philosophie gegeben. Im ersten Stadium ist der Weltgeist im Zustande des *»An-sich-Seins«*. Die philosophische Disziplin, die ihn hier betrachtet, heißt *Logik*. Im zweiten Stadium ist der Geist im Zustande der »Entäußerung«, der »Selbstentfremdung«, des *»Andersseins«*. Der Geist entäußert sich in die Form der an Raum und Zeit gebundenen Natur. Dieses Stadium betrachtet die *Philosophie der Natur*. Im dritten und letzten Stadium kehrt der Geist aus der Selbstentäußerung zu sich selbst zurück. Der Geist ist nun im Zustande des *»An-und-für-sich-Seins«*. Ihm entspricht als dritte Stufe der Philosophie die *Philosophie des Geistes*.

a) Logik

Am Beginn seiner »Wissenschaft der Logik« bezeichnet Hegel als deren Inhalt »die Darstellung Gottes, wie er in seinem ewigen Wesen vor der Erschaffung der Natur und eines endlichen Geistes ist.« »Logik« ist demnach für Hegel etwas ganz anderes und weit mehr als im herkömmlichen Sinne. Die bisherige Logik als Lehre von den Formen und Gesetzen des Denkens bildet nur einen Teil von ihr. Die Logik als Ganzes aber betrachtet nicht Formen oder Inhalte unseres menschlichen Denkens, sondern sie betrachtet den Geist, die Idee, im reinen raum- und zeitlosen Zustande des An-sich-Seins.

Begriffe, logische Prinzipien, Kategorien sind nicht nur Denkgesetze, sondern Wesenheiten. (Im Sinne des scholastischen Universalienstreites wäre Hegel also »Realist«.) Sie enthalten nicht nur die Struktur unseres Denkens, sondern das logische Gerippe der Welt. Freilich nur das Gerippe! Denn sie stellen das Wesen der Welt nur in Gedanken, nur als Gedachtes dar. Aber indem wir, dialektisch fortschreitend, einen Begriff aus dem andern entwickeln (was wir in der Logik tun), sind nicht wir es, die den Begriff aus uns heraus bilden, sondern wir sind gleichsam bloß Zuschauer, wir folgen dabei nur der Selbstentwicklung dieser Begriffe, ähnlich wie der Naturforscher der Selbstentwicklung der Naturformen oder der Historiker der Selbstentfaltung des historischen Prozesses folgt.

Hegel entwickelt mit strenger Konsequenz aus einem einzigen Anfangspunkt heraus die gesamte Logik. Wir folgen ihm dabei nicht im einzelnen, sondern zeigen nur den Anfangspunkt. Der allgemeinste und zugleich leerste Begriff ist der des *»Seins«*. Was aber ist »Sein« in dieser allgemeinsten Form? Wohin wir blicken, überall gibt es nur bestimmtes (nicht allgemeines) Sein. Ein Sein aber, das jeder Bestimmung entkleidet ist, ist eigentlich *Nichts*. Es ist nichts Wirkliches, nur ein allgemeiner Gedanke, und das ist das »Nichts« auch. So kommen wir vom Sein auf dessen anscheinenden Widerspruch, das Nichts. So finden wir, systematisch vorgehend, bei der Zergliederung eines Begriffes immer den nächsten. Hegel löst nicht nur den Widerspruch zwischen Sein und Nichts im Begriff des *Werdens*, in dem diese Gegensätze ineinander umschlagen, er schreitet weiter und entfaltet aus diesem einen Anfang heraus die ganze Kette der Begriffe bis zum höchsten, dem absoluten Geist.

Es muß darauf hingewiesen werden, daß die Sätze der Identität, des Widerspruchs, des ausgeschlossenen Dritten, sonst A und O aller formalen Logik, in dieser Art dialektischer Logik keineswegs das oberste Prinzip bilden. Gegensätze schließen sich nicht aus! Im Gegenteil, jede endliche Erscheinung deutet schon gleichsam von sich aus über sich hinaus, auf ihren Gegensatz hin. Und der Übergang zu diesem Gegensatz löscht doch das erste nicht ganz aus. Wertlos ist ein Denken, das logisch oder wissenschaftlich heißen will, aber nicht vermag, die in der Wirklichkeit selbst vorhandenen Widersprüche in sich aufzunehmen und zu verarbeiten, in ihnen die höhere Einheit zu finden – denn nur so kann das Denken dem lebendigen Fluß der Entwicklung gerecht werden.

b) Philosophie der Natur

Hegels Veranlagung zog ihn, wie schon die ganze Richtung seiner Studien zeigt, nicht zum Reich der äußeren Natur hin, sondern zum Reich des »Geistes« (hier als Gegensatz zur Natur verstanden), zum Menschen, seiner Gesellschaft und seiner Geschichte, kurz zu dem, was wir heute – großenteils dank Hegels Wirken! – als »Geistes-« oder

»Kulturwissenschaften« den Naturwissenschaften an die Seite stellen. Als Hegel als Hauslehrer in Bern die großartige Hochalpennatur vor Augen hatte, blieb er unberührt davon. Sie brachte keine Saite in ihm zum Erklingen. Man denke dagegen an Kant, der zwar die Alpen nie gesehen hat, den aber der bestirnte Himmel zu immer neuen Schauern der Bewunderung und zu tiefem Nachdenken anregte!

So ist Hegels Naturphilosophie auch der schwächste Teil seines Systems. Er stützt sich hier weitgehend auf Schelling. Schon dieser war alles andere als ein empirischer Naturforscher gewesen. Auch ihm war es darum gegangen, seine philosophischen Prinzipien überall in der wirklichen Natur nachzuweisen. Aber Schelling hatte doch ein erhebliches Wissen auf diesem Gebiet und blieb so noch vor mancher Willkürlichkeit bewahrt. Hegel hatte dieses Wissen nicht, außerdem war er in noch höherem Grade ein Systematiker, der alles aus einem Prinzip ableiten wollte. So ist es nicht erstaunlich, daß Hegel den Erfahrungstatsachen, die leider nicht immer in ein vorgefaßtes Schema passen, hier vielfach Gewalt antut und sogar von der Höhe seines philosophischen Standpunktes mit einer gewissen Geringschätzung auf die Männer blickt, die sich abmühen im Reiche des Empirischen, wo die Sachen sich hart im Raume stoßen.

Bedeutsam aber und ein unentbehrliches Glied im Aufbau des Ganzen ist Hegels grundsätzliche Behandlung der Natur. Die Natur ist das Reich des »Anders-Seins« im Gegensatz zum »An-sich-Sein«. Was heißt das? Ein logischer oder mathematischer Begriff ist »an sich«, er ist etwas Unbedingtes. Seine Gültigkeit ist raum- und zeitlos. Wie ist es mit den Dingen in Raum und Zeit? Ein Punkt im Raum zum Beispiel ist »an sich« gar nichts. An sich betrachtet ist er jedem anderen Raumpunkt ununterscheidbar gleich. Was ihn zu diesem bestimmten Raumpunkt macht, ist nur seine Lage, das heißt seine Beziehung zu anderen gleichen Raumpunkten. Er ist nur dadurch dieser bestimmte Punkt, daß er »anders« ist als die anderen. Sein Sein ist ein »Anders-Sein«.

Das gleiche gilt aber für alle körperlichen Dinge und Kräfte in Raum und Zeit.

c) Philosophie des Geistes

Das Reich des Geistes, das sich über der Natur erhebt, und damit auch die Philosophie des Geistes, ist wiederum in sich in drei Stufen gegliedert.

Subjektiver Geist. Die unterste Stufe nennt Hegel den »subjektiven Geist«. Die Lehre vom subjektiven Geist behandelt das Leben des einzelnen Menschen, des Individuums. Erst im Menschen – noch nicht im Tier – wird der Geist seiner selbst *bewußt.* Was in den allgemeinen Begriffen der Logik nur als ein Gedachtes vorhanden war, gewinnt nun, indem der Mensch es in seinem Bewußtsein setzt, auch im einzelnen Wirklichkeit. Hier ist der Geist »bei sich selbst« oder »für sich«. Genauer: Hier *beginnt* der Geist aus dem Zustande des »Außer-sich-Seins« in den des »Für-sich-Seins« überzugehen. Er beginnt erst, denn der Geist ist im einzelnen Menschen noch nicht wirklich und ganz »für sich«. Der Mensch ist zwar ein für sich Seiendes, das heißt ein bestimmtes unverwechselbares persönliches Wesen, das seine Bestimmtheit nicht nur aus seinem Anders-Sein gegenüber anderen erhält. Aber der Mensch ist doch zugleich noch Gattungswesen, und als Exemplar der Gattung betrachtet, gehört er der »Natur« an und ist nur durch sein Anders-Sein bestimmt.

Objektiver Geist. Den Begriff des objektiven Geistes verwenden wir auch heute. Wir sagen etwa: Ein geistiges Gebilde, zum Beispiel ein Gedankensystem, eine Theorie, ein bestimmtes Werk, sei nicht nur etwas »Psychisches«, also nicht etwas, das sich damit erschöpft, daß es in der Psyche seines Schöpfers oder eines anderen Menschen, der sich gerade damit beschäftigt, enthalten ist. Es müsse vielmehr auch losgelöst von der (einzelnen) Psyche als ein »objektives« geistiges Gebilde gewertet werden. Diese Verwendung des Begriffes ist zwar von Hegel herzuleiten, gibt aber nicht den Sinn wieder, den Hegel selbst damit verbindet. Für Hegel heißt die Lehre vom objektiven Geist auch *Ethik*. Das Reich des objektiven Geistes ist für Hegel das der Familie, der Gesellschaft und des Staates – und die Geschichte, in der diese sich entfalten. In Familie, Gesellschaft und Staat tritt der im einzelnen Individuum verkörperte subjektive Geist in einen Bereich höherer – objektiver – Ordnung ein. Damit tritt er unter überindividuelle Gesetze, deren Inbegriff die Ethik ist.

Wir wollen die Geschichtsphilosophie, das interessanteste Stück aus Hegels Lehre vom objektiven Geist, am Schluß kurz gesondert betrachten.

Absoluter Geist. Über dem subjektiven und objektiven erhebt sich, beide übergreifend, die Sphäre des absoluten Geistes. Erst hier ist der Geist, vom »Anders-Sein« zurückgekehrt, ganz bei sich selbst. Er ist »an und für sich«. Das Reich des absoluten Geistes ist wiederum in sich dreifach gestuft in *Kunst, Religion, Philosophie.*

Während im Bereich des objektiven Geistes, im geschichtlichen Leben, die Spannungen zwischen dem subjektiven und objektiven Geist, also zwischen dem Individuum und den überindividuellen gesellschaftlichen Mächten, noch nicht aufgehoben sind – vielmehr gerade das treibende Element der Geschichte darstellen –, erscheint im Kunstwerk der mit sich selbst versöhnte Geist, erscheinen Subjekt und Objekt in vollendeter Harmonie, erscheint die absolute Idee in ihrer Reinheit. Wir können Hegels philosophische Ästhetik nicht im einzelnen behandeln, wollen aber bemerken, daß sie von tiefem Kunstverständnis zeugt und die weitere Entwicklung dieses Zweiges der Philosophie entscheidend mitbestimmt hat. So ruht zum Beispiel die Ästhetik Friedrich Theodor *Vischers* (1807–1887) ganz auf Gedanken Hegels.

Über der Kunst – anders als bei Schelling – steht die Religion. Die Harmonie, die die Kunst in der Form der äußeren Sinnlichkeit offenbar macht, ist in der Religion *innere* Gegenwart. Die dritte und höchste Form aber, in der der absolute Geist existiert, ist *Philosophie.* Denn auch in der Religion hat das Absolute noch nicht die reine begriffliche Gestalt des Gedankens, sondern ist gebunden an Gefühl und Vorstellung. Die Philosophie setzt das in der Kunst Angeschaute, in der Religion Vorgestellte und Gefühlte in die reine Form des Gedankens um. Der Geist ist ganz zu sich selbst gekommen.

4. DIE GESCHICHTE

Es erscheint etwas befremdlich, daß Hegel die Geschichte als Anhang zur Lehre vom *objektiven* Geiste behandelt. Die Geschichte beschränkt sich bei ihm also auf die Entfaltung der Vernunft im *staatlichen* Leben, Geschichte ist ihm politische Geschichte. Kunst, Religion und Philosophie als Reich des absoluten Geistes stehen gleichsam zeitlos darüber. Uns scheint es – und das ist ein wichtiger Punkt zu einer kritischen Betrachtung Hegels –, daß ein richtiges Verständnis der ganzen Geschichte nur möglich sei, wenn man erkennt, daß auch Kunst, Religion und Philosophie nicht ein zeitlos absolutes Reich bilden, sondern sich in der Geschichte entfalten, und wenn man ihr Verhältnis zur politischen und Sozialgeschichte, die Wechselwirkung zwischen allen diesen Gebieten mit in Betracht zieht. Tatsächlich hat Hegel in seine späteren Vorlesungen über die Philosophie der Geschichte manches von dem mit hineingenommen, was wir hier an dem Begriff vermissen. Aber die Stellung, die er der Geschichte in seinem System anweist, ist doch die eben gekennzeichnete.

Kaum ein anderer Denker seines Jahrhunderts ist Hegel als Geschichtsphilosoph an die Seite zu stellen. So sehr Hegel vielleicht das intuitive Verständnis für die Natur fehlte, so sehr war er mit geschichtlichem Sinn begabt. Ein staunenerregendes Wissen, ein oft frappierender Blick für das Wesentliche und für verborgene Zusammenhänge zeichnen ihn aus und ergeben, vereint mit der Konsequenz, mit der Hegel sein dialektisches Schema anwendet, ein Gemälde von großartiger Geschlossenheit.

Wir können hier nur einen Gedanken herausheben: die Art, wie Hegel das Verhältnis des einzelnen zu den gesellschaftlichen Mächten faßt. Wir wissen, daß für Hegel die Sphäre der Sittlichkeit erst beim objektiven Geiste beginnt. Sinn und Wert hat das Dasein des einzelnen nicht an sich selbst, sondern erst in seiner Ein- und Unterordnung unter die überpersönlichen geschichtlichen Mächte, vor allem den Staat.

Nicht der einzelne handelt, sondern der Weltgeist handelt durch den einzelnen als sein Werkzeug. Was die großen geschichtlichen Persönlichkeiten zu solchen macht – sie haben Hegel immer besonders gefesselt, wir denken nur an seine Begegnung mit Napoleon – , sind nicht ihre persönlichen Eigenschaften, Energie, Leidenschaft, Voraussicht, Intelligenz –; denn oft bedient sich der Weltgeist zur Ausführung seiner Zwecke auch unwürdiger und schwacher Individuen. Es ist die Tatsache, daß sich in ihnen die historische Notwendigkeit, der »Geist der Zeit«, verkörpert. Auch die moralische Beurteilung solcher Persönlichkeiten darf nicht nach Maßstäben erfolgen, die dem Leben des einzelnen entnommen sind. »Es ist die Ehre großer Charaktere, schuldig zu werden.« So sieht Hegel auch mit einer gewissen Verachtung auf diejenigen, die im »Glück« des einzelnen das Ziel des Lebens und den Zweck der Gesellschaft sehen. »Die Weltgeschichte ist nicht der Boden des Glücks. Die Perioden des Glücks sind leere Blätter in ihr . . .«

Der Weltgeist handelt durch den einzelnen oft wider dessen persönliche Absichten und Zwecke. Der Handelnde mag glauben, er diene ganz bestimmten rein persönlichen Zwecken, zum Beispiel der Erweiterung seiner persönlichen Macht – es gibt eine *»List der Vernunft«*, die über diese eingebildeten Zwecke hinweg durch den Handelnden als Werkzeug das historisch Notwendige bewirkt. Es ist klar zu sehen, daß hier ein erheblicher Gegensatz zwischen Hegel und der Lehre Kants besteht, in der die Autonomie der sittlichen Einzelpersönlichkeit das Höchste ist, und auch zur Romantik, die wieder ein anderes Verhältnis zur Geschichte und zur geschichtlichen Persönlichkeit hatte. Für Herder zum Beispiel verkörpert ein jedes Volk unmittelbar eine besondere Seite Gottes. Für Hegel sind Individuen, Völker, Epochen nur notwendige Durchgangsstadien im großen weltgeschichtlichen Prozeß. Freilich notwendige! Einzelne und Völker treten in die Geschichte ein und reichen, wenn ihre Sendung erfüllt ist, das welthistorische Zepter weiter. In dem Zeitpunkt aber, da sie eintreten und wirken, sind sie das, was der welthistorischen Vernunft in eben diesem Augenblick entspricht. Denn da Geschichte die Selbstentfaltung des objektiven Geistes ist, ist das, was bis zu seinem bestimmten Zeitpunkt historisch geworden ist, das in diesem Augenblick Notwendige und zugleich das in diesem Augenblick »Vernünftige«, nämlich der weltgeschichtlichen Vernunft (nicht der des Einzelmenschen – ihm mag vieles »unvernünftig« erscheinen!) Entsprechende. In diesem Sinne kann Hegel sagen, daß alles, was wirklich, auch vernünftig, und alles, was vernünftig, auch wirklich ist.

5. ZUR WÜRDIGUNG UND KRITIK

Vier Gesichtspunkte zu einer kritischen Würdigung Hegels wollen wir hervorheben.

(1) Grundsätzliche Einwände werden vor allem in *erkenntnistheoretischer* Hinsicht erhoben. Zwar haben wir gesehen, wie aus den Gedanken Kants über Fichte und Schelling ein Weg zu Hegel führt. Aber Hegel am Ende dieser Reihe hat sich nun doch sehr weit von Kant entfernt und die Grenzen überschritten, die Kant ein für allemal aufgerichtet haben wollte. Hegel macht das dialektische Prinzip, das – wie gerade Hegels Werk zeigt – unbedingt ein höchst fruchtbares Ordnungsprinzip unseres Denkens ist, zum Prinzip des Seins selbst. Das führt ihn zu der Täuschung, die ganze Fülle der empirischen Wirklichkeit könne aus den Gesetzen der Selbstbewegung des Denkens abgeleitet werden. Wenn es richtig ist, daß die Gesetzlichkeit des Denkens in der Entfaltung und folgenden Überwindung immer neuer Widersprüche liegt, und wenn es weiter richtig ist, daß auch die wirkliche Entwicklung sich im Entfalten und Überwinden von Widersprüchen vollzieht, so besteht zwischen beiden doch ein fundamentaler Unterschied: nämlich der zwischen einem *logischen* Widerspruch und der *realen* Gegensätzlichkeit der Dinge. Das logische Gegenteil eines Satzes kann immer logisch abgeleitet werden. Aber der reale Gegensatz zu einer realen Erscheinung kann nicht logisch hergeleitet werden. Ein Satz kann widerlegt werden, aber nicht ein Maschinengewehr, wie Ernst Jünger sagt.

Indem Hegel diesen Unterschied in unkritischer Weise vernachlässigt, kommt er zu seiner Geringschätzung des empirischen Wissens. So konnte das Wort entstehen, mit dem Hegel geantwortet haben soll, als man ihn auf Widersprüche zwischen seinem System und der Wirklichkeit aufmerksam machte: »Um so schlimmer für die Wirklichkeit!« Daß in der Geschichtsphilosophie dieser Mangel nicht deutlicher hervortritt, beruht gerade darauf, daß Hegel auf geschichtlichem Gebiet neben sicherem Spürsinn ein wirklich fundiertes Tatsachenwissen besaß.

(2) Die Wirkung Hegels ist gewaltig auf eben dem Gebiet, auf dem seine Stärke lag und auf dem die dialektische Methode ihre Fruchtbarkeit bewiesen hatte: in den geschichtlichen Wissenschaften. Das bleibende Verdienst liegt hier vor allem darin, daß Hegel mit seiner Dialektik der Wissenschaft ein Prinzip gab, welches die Widersprüche im geschichtlichen Prozeß – unter Überwindung des statischen Satzes vom Widerspruch – in das Denken aufzunehmen ermöglichte.

Seit und durch Hegel hat nicht nur die Philosophie der Geschichte, sondern auch die Geschichte der Philosophie ihre bedeutsame Stellung im Reich der Philosophie. Die Geschichte der Philosophie folgt der Vernunft auf dem Gange ihrer Entfaltung. Sie lehrt begreifen, daß alles, was die Gegenwart an Philosophie besitzt, das notwendige Ergebnis des Vorangegangenen ist. Für Hegel selbst ist die Geschichte der Philosophie gewissermaßen die Probe auf die Richtigkeit seines Systems. Die Geschichte der Philosophie, wenn man sie richtig betrachtet, müßte zeigen, daß die Philosophie der Gegenwart alle in der früheren Philosophie aufgetretenen Widersprüche in einer höheren Einheit aufgehoben in sich vereinigt. So muß Hegel allerdings seine Philosophie als den notwendigen Schlußstein aller philosophischen Entwicklung ansehen.

(3) Das Schwergewicht der Nachwirkung Hegels liegt aber nicht in den geschichtlichen, überhaupt nicht in den Wissenschaften, sondern im sozialen und politischen Denken und in der Geschichte selbst. Hegel hatte, in seinen späteren Jahren immer mehr, der Meinung zugeneigt, daß die geschichtliche Entwicklung und auch die der Philosophie nun auf einem Endpunkt angekommen sei. Es war nun gewissermaßen die äußerste Hochebene erreicht, auf der man zwar noch weiterschreiten, über die man sich aber nicht mehr erheben konnte. So erschien Hegel anderen und fühlte sich selbst als der preußische Staatsphilosoph, der im Bunde mit der herrschenden Reaktion den damaligen preußischen Staat als die letzte Weisheit der welthistorischen Vernunft und sein eigenes System als die Krone aller Philosophie erklärte. Tatsächlich war Hegel hier durchaus im Bunde mit dem von ihm viel bemühten »Zeitgeist«, welcher nach den revolutionären Erschütterungen, die von Frankreich ausgegangen waren, sich nun nach Ruhe sehnte. Es schien Hegel, daß eine Art geschichtlicher Endzustand heraufgekommen sei, in welchem es dem Denken nur noch obliege, das Geschehene zu überschauen und ins reine Bewußtsein zu erheben. »Erst in der Dämmerung beginnen die Eulen der Minerva ihren Flug.«

Hier erwies sich nun, gegen Hegel selbst, die Richtigkeit seines dialektischen Prinzips. Die »List der Vernunft« ließ aus Hegels Werk etwas ganz anderes werden, als der »subjektive Geist« Hegels geglaubt hatte.

Hegel verkannte, daß die Dialektik in der Geschichte eher ein revolutionäres als ein konservatives Prinzip ist. Er verkannte, daß das Ziel der Weltgeschichte, welche von der Freiheit eines einzigen (Despotie) über die Freiheit einiger zur Freiheit aller führen sollte, im damaligen preußischen Staat bestimmt noch nicht erreicht war. Die in der geschichtlichen Wirklichkeit, gerade in Hegels Zeit der beginnenden Industrialisierung, schon angelegten tiefgreifenden Widersprüche mußten alsbald zum Ausbruch drängen und führten zu jenen Erschütterungen, die das 19. und 20. Jahrhundert erfüllen. Und in der Philosophie selbst zerfiel – nach dialektischem Gesetz! – Hegels Schule alsbald in eine Rechte und eine Linke. Karl Marx bediente sich in seinem Denken, welches eine der folgenreichsten Erschütterungen heraufbeschwor, der dialektischen Methode Hegels.

(4) Die schriftliche Hinterlassenschaft großer Denker hat häufig ein trauriges Schicksal gehabt: sei es, daß vieles durch äußere Einwirkungen verstreut oder vernichtet ist (Kant); sei es, daß die Erben Texte unterdrückten oder geradezu verfälschten (Nietzsche). Etwa seit 1978 wird deutlich, daß Hegels hinterlassene Schriften ein ähnliches Schicksal hatten: Manuskripte aus den Jugendjahren wurden durch seine Söhne vernichtet; seine Witwe sorgte dafür, daß kritische Äußerungen zur Religion unterdrückt wurden; auch die erste Gesamtausgabe (ab 1832, gleich nach Hegels Tod) verfuhr in manchem – gelinde gesagt – willkürlich. Wenn die jetzt entstehende historisch-kritische Gesamtausgabe und viele neuerdings entdeckte Kollegnachschriften vorliegen, wird man das Hegel-Bild korrigieren müssen. Die Person wird dann differenzierter, vielschichtiger, das Werk nicht mehr als ein fugenloses »System« dastehen.

Zweites Kapitel

Positivismus, Materialismus, Marxismus

I. Der Positivismus in Frankreich: Comte

1. DIE GEISTIGE LAGE

Die erste Hälfte des 19. Jahrhunderts ist in Frankreich ausgefüllt mit den Kämpfen um die Errungenschaften der Revolution. Das Jahr 1815 mit der endgültigen Niederlage Napoleons, die Revolutionsjahre 1830 und 1848, der Staatsstreich Louis Napoleons und seine Ausrufung zum Kaiser 1852 bezeichnen die wichtigsten Etappen. Auf der äußersten »Rechten« im politischen Ringen stehen dabei die Kräfte der Reaktion und Restauration. Sie streben, das Rad der Geschichte zurückzudrehen und an die vorrevolutionäre Kirchen- und monarchistische Herrschaft anzuknüpfen. In der Mitte stehen die Kräfte des liberalen Bürgertums. Sie haben in ihrem Eintreten für die Erhaltung der revolutionären Errungenschaften, das heißt für sie die Erhaltung und Festigung der gesellschaftlichen Stellung des dritten Standes, nach zwei Seiten zu kämpfen. Nach rechts gegen die Reaktion, nach links aber gegen die unbefriedigten Massen des heraufkommenden vierten Standes, die im Zeitalter der Industrialisierung Westeuropas ihre sozialen Forderungen anzumelden beginnen.

Im philosophischen Denken finden wir diese drei Richtungen wieder. Der politischen Rechten entspricht im geistigen Leben die französische Romantik. Sie bildet, in höherem Maße als man das von der deutschen sagen kann, die geistige Entsprechung zur politischen Reaktion. Ihr Hauptvertreter ist Joseph *de Maistre* (1754–1821). Er sieht in der Revolution eine verhängnisvolle Durchbrechung der geschichtlichen Kontinuität, einen zu bekämpfenden Abfall von der katholischen Tradition. Die Mitte repräsentiert im philosophischen Denken zunächst François Pierre *Maine de Biran* (1766–1824). Die Forderungen der Linken treten zunächst in der Form des sogenannten utopischen Sozialismus auf, utopisch genannt im Gegensatz zum wissenschaftlichen Sozialismus, den Karl Marx begründete. Die hervorragendsten utopischen Sozialisten sind Claude Henri *de St. Simon* (1760–1825), Charles *Fourier* (1772–1837) und Pierre Joseph *Proudhon* (1809–1865).

Der bedeutendste Denker, den Frankreich in dieser Zeit hervorgebracht hat, ist nun zunächst ein Schüler des Grafen St. Simon gewesen. Wir müssen also seine Gedankenwelt auf der linken Seite unseres Schemas eingeordnet denken, richtiger ihren Ausgangspunkt, denn Comte selbst hat eine Entwicklung durchgemacht, die ihn in mancher Hinsicht mehr in die Mitte der gesellschaftlichen Fronten rückte. Auf jeden Fall läßt uns dieser Ausgangspunkt vermuten, daß wir nun in eine von der des deutschen Idealismus sehr verschiedene geistige Welt eintreten werden.

2. LEBEN UND WERKE COMTES

Auguste Comte, geboren 1798 in Montpellier, entstammte einer streng katholischen Beamtenfamilie. Bereits als Zwanzigjähriger hatte er das Programm seines zukünftigen Lebenswerkes klar vor Augen. Er entwarf und veröffentlichte einen »*Plan der notwendigen wissenschaftlichen Arbeiten, um die Gesellschaft zu reorganisieren*« (1822). Das Programm auszuführen, wurde ihm durch äußere Umstände außerordentlich schwer gemacht. Zunächst konnte er schon 1824 eine erste ausführliche Ausarbeitung seiner Gedanken in seinem »*System der positiven Philosophie*« der Öffentlichkeit vorlegen. Dann aber brachte ihn eine geistige Erkrankung ins Irrenhaus und an den Rand des Selbstmordes. Nach seiner Wiederherstellung begann er private Vorlesungen über sein System zu halten. Eine Anstellung als Lehrer am Pariser Polytechnikum verlor er bald wieder. Bis an seinen Tod (1857) blieb er auf die kümmerlichen Erträge mathematischer Privatstunden, im wesentlichen aber auf die Unterstützung seiner ihn abgöttisch verehrenden Freunde und Anhänger, unter ihnen John Stuart Mill in England, angewiesen.
Unter diesen schwierigen Bedingungen schuf Comte in den Jahren 1830 bis 1842 sein systematisches Hauptwerk »*Kurs der positiven Philosophie*« in sechs Bänden. Aus der neuerlichen geistigen Krise nach Abschluß dieser Arbeit und der Auflösung seiner Ehe rettete ihn die Bekanntschaft mit einer Frau, Clotilde von Vaux. Sie wurde ihm kurz darauf wieder durch den Tod entrissen. Aber die enge Gemeinschaft mit ihr gab Comtes Denken für die Dauer eine andere Richtung. Der überzeugte Rationalist entdeckte die Macht des Herzens, des Gefühls. Der Niederschlag der veränderten Einstellung Comtes ist enthalten in seinen späteren Schriften »*Abhandlung über die Soziologie, worin die Menschheitsreligion eingesetzt wird*« (1851–1854), »*Positivistischer Katechismus*« (1857) u. a. Unsere folgende Darstellung der Hauptgedanken fußt im wesentlichen auf Comtes vorher genanntem sechsbändigem Hauptwerk.

3. DAS PRINZIP DES POSITIVISMUS

Schon der von Comte eingeführte Name Positivismus enthält eine Absage an die Metaphysik. Das Grundprinzip des Positivismus ist, vom Gegebenen, Tatsächlichen, »Positiven« auszugehen und alle Erörterungen und Fragen, die darüber hinauszielen, als nutzlos abzutun. Was ist uns aber als »positive Tatsache« allein gegeben? Die Erscheinung! Der Positivismus beschränkt also die Philosophie und alle Wissenschaft auf das Reich der Erscheinungen. Alles, was wir tun können, ist die uns in Form der Erscheinung gegebenen Tatsachen erstens als solche hinzunehmen, zweitens den Versuch zu machen, sie nach bestimmten Gesetzen zu ordnen, drittens, aus den erkannten Gesetzen die zukünftigen Erscheinungen vorauszusehen und uns danach einzurichten. Savoir pour prévoir! Wissen, um vorherzusehen! Das ist der Sinn aller Wissenschaft. (So auch Francis Bacon, den Comte als seinen großen Vorgänger betrachtet.)
Es hat also keinen Zweck, nach dem »Wesen« einer Tatsache oder nach ihrer »wirklichen« Ursache zu fragen. Wir können die Tatsachen nur hinnehmen und die Beziehungen untersuchen, in denen sie zu anderen ebenso gegebenen Tatsachen stehen. Man sucht die Bedingungen festzustellen, unter denen bestimmte Tatsachen auftreten, und verknüpft sie nach den beiden Prinzipien der Ähnlichkeit untereinander und der Aufeinanderfolge, des Nacheinander. Die konstanten Beziehungen in der ersten Hinsicht nennen wir Begriffe, in der letzteren Gesetze.
Was heißt denn »erklären«? fragt Comte. Was ist zum Beispiel die Schwerkraft? »So oft man auch hat bestimmen wollen, was diese Anziehung (im Weltall) und diese Schwere (der Körper auf der Erde) an sich selbst seien, so haben doch selbst die bedeutendsten Männer diese beiden Prinzipien immer nur erklären können, indem sie das eine aus dem andern erklärten; entweder sagten sie, die Anziehung sei nur eine allgemeine Schwere, oder: die Schwere sei nur die Anziehung der Erde. Alles, was wir erreichen können, sind solche Erwägungen . . . Niemand verlangt, noch weiterzugehen.«[1]
Eine radikale, zugleich deprimierende Konsequenz aus den Mühen aller Erkenntnistheoretiker von Locke bis Kant! Das Wort »positiv« kann bei uns, und auch im Französischen, verschiedene Bedeutungen haben. Positiv nennen wir das Wirkliche im Gegensatz zum Negativen als Nichtwirklichem. Positiv nennen wir auch das Sinnvolle, Nützliche (zum Beispiel »positive Arbeit leisten«) im Gegensatz zum Sinnlosen, Unnützen. Positiv nennen wir ferner auch das einwandfrei Bestimmbare, das Sichere (etwa »positives Recht«, der Inbegriff der tatsächlich in diesem Lande zu dieser Zeit gültigen Gesetze, im Gegensatz zum »na-

türlichen« Recht). Alle drei Bedeutungen passen, worauf Comte selbst hingewiesen hat, auf den Positivismus. Er hält sich allein an das Wirkliche, das heißt die gegebenen Tatsachen. Er hält sich allein an das gesellschaftlich Nützliche. Und er hält sich allein an das sicher Bestimmbare, im Gegensatz zu den endlosen Streitigkeiten der früheren Metaphysik.

4. DAS DREISTADIENGESETZ

Mit lebendigem Inhalt erfüllt sich der Begriff des Positivismus erst dann ganz, wenn man die gesetzmäßige Folge der drei Stadien ins Auge faßt, in denen sich nach Comte die Entwicklung des menschlichen Denkens, und zwar im einzelnen Menschen wie in der ganzen Menschheit, notwendig vollzieht. Das Gesetz lautet: »Jeder Zweig unserer Erkenntnisse durchläuft der Reihe nach drei verschiedene Zustände (Stadien), nämlich den theologischen oder fiktiven Zustand, den metaphysischen oder abstrakten Zustand und den wissenschaftlichen oder positiven Zustand.«[2]

Im *theologischen Zustand* richtet der menschliche Geist seine Untersuchungen auf die »innere Natur« der Dinge, auf die »ersten Ursachen« und letzten Ziele, mit einem Wort, man glaubt an die Möglichkeit absoluter Erkenntnis und sucht nach ihr oder glaubt sie zu besitzen. Die tatsächlichen Vorgänge erklärt man sich nicht nach den Gesetzen der Ähnlichkeit und Aufeinanderfolge. Der Mensch glaubt vielmehr nach Analogie seines eigenen Handelns, daß hinter jedem Vorgang ein besonderer lebendiger Wille stehe.

Innerhalb des theologischen kann man wieder drei Stadien unterscheiden. Auf der primitivsten Stufe hält der Mensch die Einzelobjekte selbst für belebt oder beseelt *(Animismus)*. Auf der nächsten Stufe führt er ganze Klassen von Dingen und Begebenheiten jeweils auf eine einzige hinter ihnen stehende übernatürliche Kraft zurück. Er gibt jedem Bereich der Erscheinungen seinen eigenen Gott – Gott des Meeres, des Feuers, der Winde, der Ernte usw. *(Polytheismus)*. Auf der höchsten Stufe des theologischen Stadiums setzt der Mensch die tätige Vorsehung eines einzigen höchsten Wesens an die Stelle der zahlreichen Einzelgottheiten und kommt so zum *Monotheismus*.

Der *metaphysische* Zustand ist nur eine Abwandlung des theologischen. An die Stelle übernatürlicher Kräfte – Gottheiten – werden hier abstrakte Kräfte, Begriffe, Entitäten (Wesenheiten) gesetzt. Die dem Monotheismus entsprechende höchste Stufe ist hier erreicht, wenn alle einzelnen Wesenheiten zusammen gedacht werden in einer einzigen allgemeinen Wesenheit, die dann »Natur« genannt und als die Quelle aller einzelnen Erscheinungen angesehen wird.

Im dritten, dem *positiven* Stadium, erkennt der Mensch endlich, daß es fruchtlos ist, zu absoluter, sei es theologischer oder metaphysischer, Erkenntnis gelangen zu wollen. Er gibt es auf, Ursprung und Endzweck des Weltalls oder das hinter den Erscheinungen liegende wahre »Wesen« aller Dinge zu ermitteln. Statt dessen sucht er, durch Beobachtung und den Gebrauch seiner Vernunft, die Gesetze der Ähnlichkeit und Aufeinanderfolge in den gegebenen Tatsachen zu erkennen. »Erklären« heißt im positiven Stadium nur noch: die einzelnen Tatsachen in Beziehung setzen zu einer allgemeinen Tatsache. Das höchste – dem Monotheismus bzw. der Metaphysik der allumfassenden Natur vergleichbare – Comte als Ideal vorschwebende Ziel der positiven Stufe wird erreicht sein, wenn alle einzelnen Erscheinungen *einer* einzigen allgemeinen Tatsache, zum Beispiel der Gravitation, untergeordnet werden können. (Man denkt an die Versuche der gegenwärtigen Physik, insbesondere Einsteins, eine einheitliche »Feldtheorie« zu schaffen.)

Dieses Dreistadiengesetz gilt erstens für die geistige Entwicklung der Menschheit im ganzen. Es gilt weiter auch für die individuelle Entwicklung des einzelnen Menschen. »Wer erinnert sich nicht, Theologe in seiner Kindheit, Metaphysiker in seiner Jugend und Physiker in seinem Mannesalter gewesen zu sein?«[3] Es gilt drittens auch innerhalb jeder einzelnen Wissenschaft für sich genommen. Alle Wissenschaften waren ursprünglich von theologischen Begriffen beherrscht, dann von metaphysischer Spekulation und kommen endlich in das Reifestadium des positiven Wissens.

5. DER STUFENBAU DER WISSENSCHAFTEN

a) Aufgabe und Nutzen der Philosophie

In der Gesamtanlage des Comteschen Werkes, die wir jetzt betrachten wollen, kommt eine Eigentümlichkeit des französischen Geistes wieder zum Ausdruck, der wir schon vorher begegnet sind. Sie äußert sich in der Stellung und Aufgabe, die Comte der Philosophie im Rahmen der Wissenschaften zuweist. Die einzelnen Wissenschaften haben sich im Laufe ihrer zunehmenden Ausbildung immer mehr spezialisiert. Die Notwendigkeit und der Nutzen solcher Arbeitsteilung ergeben sich insbesondere dann, wenn die Wissenschaften in das positive Stadium der reinen Tatsachenwissenschaft treten. Im theologischen und metaphysischen Stadium waren noch gewisse allgemeine, den Einzelwissenschaften übergeordnete Prinzipien vorhanden (freilich unbegründete). Im positiven Stadium können sich leicht die verderblichen Wirkungen einer übertriebenen Spezialisierung bemerkbar machen: Zersplitterung unserer Erkenntnis, Fehlen eines einheitlichen Gesamtsystems.

Der Weg, diesem Übel zu steuern, ist nicht das Rückgängigmachen der Arbeitsteilung – welche vielmehr für den Fortschritt der Erkenntnis unentbehrlich ist –, sondern eine Vervollkommnung der Arbeitsteilung, indem man nämlich das Studium der allgemeinen Sätze ebenfalls wieder zu einem besonderen Wissensgebiet macht. Dies, also der Einbau jeder neuen Entdeckung auf einem Spezialgebiet in eine allgemeine Theorie, ist Aufgabe der (positiven) Philosophie.

Eine solche positive Philosophie ist auch das einzige Mittel, die logischen Gesetze unseres Denkens klarzustellen. Sie wird weiter die Grundlage für eine Umgestaltung des gesamten Erziehungswesens bieten. Denn Grundlage der allgemeinen Erziehung kann niemals das Spezialstudium einzelner Wissenschaften sein, sondern nur eine Lehre, die die allgemeine Grundlage aller Einzelwissenschaften darlegt. Aus solcher Zusammenfassung unseres Wissens werden drittens die Einzelwissenschaften wieder neue Förderung erfahren. Fragestellungen, die durch die Fachleute mehrerer Einzeldisziplinen bearbeitet werden müssen, können hier ihre Stätte finden. Endlich kann nur eine solche positive Philosophie die geistige Anarchie verschiedener Meinungen beseitigen und eine feste Grundlage für die vernünftige Umgestaltung der Gesellschaft ohne revolutionäre Erschütterungen bieten.

Die Eigentümlichkeit, die hier hervortritt, kann man den enzyklopädischen Zug im französischen Denken nennen. In Deutschland bewegte sich das philosophische Denken, wie wir gerade im letzten Kapitel erneut gesehen haben, fast stets in der Richtung, der Philosophie eine besondere, nur ihr eigene Aufgabe und eine Stellung außerhalb der Einzelwissenschaften anzuweisen. Das englische Denken war stets auf die äußere und innere Erfahrung abgestellt und stand so in natürlicher Nachbarschaft zur Psychologie. In Frankreich wurde der Philosophie häufig die Aufgabe gestellt, die gesamte wissenschaftliche Erkenntnis der Zeit zusammenzufassen. Wir denken an die Wörterbücher von Bayle und Voltaire und an die große Enzyklopädie.

b) Die Einteilung der Wissenschaften

Eine sinnvolle Einteilung der Wissenschaften kann man nur vornehmen nach der natürlichen Gliederung der Tatsachen und Erscheinungsgebiete, die die Wissenschaften behandeln. Alle beobachtbaren Vorgänge lassen sich aber unter eine ziemlich kleine Zahl von Hauptbegriffen bringen, und zwar so, daß das Studium jeder Klasse die Grundlage bietet für das Studium der nächsten. Die Reihenfolge der Klassen bestimmt sich nach dem Grade der Einfachheit oder Allgemeinheit, denn die allgemeinsten Vorgänge sind, eben weil sie von den Besonderheiten des Einzelfalles am weitgehendsten befreit sind, auch die einfachsten. Allerdings sind trotzdem für das normale unwissenschaftliche

Denken, das immer mit der konkreten Einzelerscheinung zu tun hat, die allgemeinsten Vorgänge die fremdesten.

Alle Vorgänge lassen sich zunächst einteilen in solche bei den unorganischen und solche bei den organischen Körpern. Es ist klar, daß man die organischen erst studieren kann, wenn man die unorganischen erkannt hat; denn in den Lebewesen zeigen sich alle mechanischen und chemischen Vorgänge der unorganischen Welt, und dazu noch etwas anderes.

Die Lehre vom Unorganischen zerfällt wieder in zwei Abschnitte: Die Betrachtung der allgemeinen Vorgänge im Weltall obliegt der Astronomie. Die unorganischen Vorgänge auf der Erde betrachten Physik und Chemie. Dabei muß die Kenntnis der Physik vorausgehen, weil die chemischen Vorgänge verwickelter sind und auch von den physikalischen abhängen, was umgekehrt nicht der Fall ist.

Im Reiche der organischen Vorgänge ist auch eine natürliche Zweiteilung gegeben. Es gibt Vorgänge, die sich im einzelnen Individuum abspielen, und solche, die sich in der Gattung abspielen. Die letzteren sind die komplizierteren. Die Behandlung des einzelnen Lebewesens muß daher vorausgehen. Sie ist Aufgabe der Biologie. Die Behandlung der Vorgänge im gesellschaftlichen Leben der Gattung ist Aufgabe der Soziologie – welche Wissenschaft von Comte an dieser Stelle begründet wird. Auch das Wort Soziologie ist von ihm gebildet, etwas unglücklich aus einem lateinischen (societas) und einem griechischen (logos) Bestandteil. Die Soziologie ist also die Krönung des wissenschaftlichen Baues. Sie kann sich erst entwickeln, wenn die Ausbildung der ihr voranstehenden Wissenschaften das entsprechende Reifestadium erreicht hat.

Betrachten wir das bisher Gesagte, so vermissen wir noch zwei Wissenschaften: Mathematik und Psychologie. Welche Stellung haben sie? Die Mathematik muß mit Descartes und Newton als die Grundlage der ganzen Philosophie angesehen werden. Die Mathematik mit ihren beiden Teilen, der abstrakten Mathematik oder Analysis und der konkreten Mathematik mit Geometrie und Mechanik als Zweigen, gehört an den Anfang des ganzen Baues. Ihre Sätze sind die allgemeinsten, einfachsten, abstraktesten und von allen anderen unabhängigen. – Dagegen hat die Psychologie in Comtes Einteilung keine Stätte. Comte beweist nämlich auf einfache Weise, daß es eine Wissenschaft der Psychologie gar nicht geben kann. Denn infolge eines unüberwindlichen Schicksals kann der menschliche Geist zwar alle anderen Vorgänge beobachten, aber nicht sich selbst. Vielleicht noch eher bei seinen Leidenschaften, weil diese in anderen Organen ihren Sitz haben als das Denken; beim Denken selbst aber müßte das beobachtende Organ identisch sein mit dem beobachteten – wie sollte da eine Beobachtung

möglich sein? Will man also die Formen und Methoden unseres Denkens kennenlernen, so muß man sie beim praktischen Gebrauch studieren, bei ihrer Anwendung in den einzelnen Wissenschaften.
Nach Comte besteht also folgende Reihe der Wissenschaften: *Mathematik, Astronomie, Physik, Chemie, Biologie, Soziologie.*

6. GESELLSCHAFT, STAAT, ETHIK

In allen Wissenschaften bis auf die letzte kann Comte sich auf die hervorragenden Fortschritte stützen, die sie seit ihrem Eintritt in das positive Stadium gemacht haben. Eine Soziologie muß er erst schaffen. Auf ihr liegt daher das Schwergewicht seiner Einzelerörterungen. Sie nimmt den vierten bis sechsten Band seines Hauptwerkes ein. In einem einzigen großen Wurf hat Comte hier das System einer Wissenschaft entworfen, die durch ihn und nach ihm zu gewaltiger Bedeutung kam. Das meiste von dem, was später an Ideen, Prinzipien, Methoden in ihr ausgebildet wurde, ist in Comtes Werk im Keime enthalten. Comte teilt sie ein in eine soziale Statik oder Theorie von der natürlichen Ordnung der Gemeinschaft und eine soziale Dynamik oder Lehre vom Fortschritt. Einzelheiten müssen wir uns versagen.
Comtes Gesellschaftslehre ist zugleich Geschichtsphilosophie. Comte überschaut wie Hegel, dessen Dialektik übrigens auch seinem Dreistadiengesetz formal verwandt ist, eine Fülle geschichtlicher Tatsachen und fügt sie in ein System. Allerdings las Comte in seinen späteren Jahren kein einziges Buch, das mit seinem Gegenstand zu tun hatte; aber sein unerhörtes Gedächtnis stellte ihm alles früher Gelesene zu Gebote.
Nicht nur die staatliche, rechtliche, gesellschaftliche Entwicklung, sondern auch – darin übrigens über Hegel hinausgehend – die Entwicklung der Kunst, der Religion, der Wissenschaft und Philosophie bezieht Comte in seine Geschichtsphilosophie ein. Überall trifft er wieder auf das Dreistadiengesetz. Jedem Stadium des Denkens entspricht eine bestimmte Form der Gesellschaft. Dem theologischen Zustand entspricht im Sozialen der Glaube an ein göttliches Recht, der Feudalismus ist die Herrschaftsform dieser Epoche. Die metaphysische Epoche ist das Zeitalter des Zerfalls der religiösen Überzeugungen, im gesellschaftlichen Bereich entsprechend ein Zeitalter revolutionärer Umwälzungen, eingeleitet durch die Französische Revolution, die den Sieg des metaphysischen über das theologische Prinzip bezeichnet. Das positive Stadium ist berufen, an die Stelle revolutionären Zerfalls eine neue feste Ordnung zu setzen. An Stelle des Glaubens an übernatürliche Wesen oder an abstrakte metaphysische Prinzipien wird die nüchterne wissenschaftliche Einsicht der Fachleute und Spezialisten zum bestim-

menden Element im gesellschaftlichen Leben werden. Ein Rat der positiven Philosophen und Soziologen wird die oberste Instanz im geistigen Leben sein und die Erziehung in Händen haben. Die eigentliche praktische Regierung wird allerdings nicht diesen obliegen, sondern einem Gremium von Wirtschaftsfachleuten: Bankiers, Kaufleuten, Fabrikanten und Landwirten. Denn dem Feudalismus der theologischen Epoche entspricht als Gesellschaftsform der positiven Epoche die industrielle Organisation der Arbeit. Wissenschaft und Wirtschaft werden die bestimmenden Mächte in der Gesellschaft der Zukunft sein.

Im Zeitalter des revolutionären Übergangs wird der Sinn für das Einzelne den Sinn für das Ganze und Allgemeine überwiegen. Im positiven Zeitalter wird der Sinn für das Ganze überwiegen. Das leitet uns hinüber zu den ethischen Forderungen Comtes und zu den Gedanken seiner späteren Werke. Die wissenschaftliche Betrachtung der Gesellschaft und der Geschichte lehrt uns die Unterordnung des Individuums unter die überindividuellen gesellschaftlichen und geschichtlichen Zusammenhänge.

Die von der positiven Philosophie erstrebte vernünftige Gesellschaftsordnung kann nur verwirklicht werden, wenn diese Erkenntnis allgemein wird, wenn die Menschen die Hingabe an das Ganze, den Altruismus (welchen Ausdruck Comte als Gegensatz zum Egoismus geprägt hat), zum Prinzip ihres Handelns machen. Nicht aber einem einzelnen Staat oder einer Gruppe sollen sie sich hingeben, sondern der ganzen *Menschheit,* dem »großen Wesen« (Grand Être), das Comte zum Objekt einer geradezu religiösen Verehrung erheben will. Ein Kultus der Menschheit, in seinen äußeren Formen mit festem Ritual, Priestern, Heiligen, Festen usw., dem religiösen Kultus zum Verwechseln ähnlich – sozusagen »reiner Katholizismus, nur ohne Christentum«, wie ein Kritiker bemerkt hat –, soll die äußere Form dieser neuen Menschheitsreligion sein. Ihr Grundsatz lautet: »Liebe als Prinzip, Ordnung als Grundlage, Fortschritt als Ziel.«

Comtes Einfluß liegt naturgemäß in erster Linie in der von ihm begründeten Soziologie, ferner in der französischen Geschichtsschreibung. In der Philosophie selbst war er bedeutend in England, dem wir uns nun zuwenden.

II. Der englische Positivismus

1. DIE GEISTIGE LAGE

Vergegenwärtigt man sich die Eigenart des englischen Denkens vom Ausgang des Mittelalters bis zu Locke und Hume, so erscheint es nicht erstaunlich, daß Comtes positive Philosophie in England einen größeren Widerhall fand als in seinem eigenen Vaterlande. Francis Bacons Eintreten für die Erfahrung als Grundlage und die Naturbeherrschung als Ziel allen Wissens, der Empirismus Lockes, die skeptische, dem Praktischen den Vorrang einräumende Lehre David Humes, die im englischen Volkscharakter liegende Abneigung gegen metaphysische Spekulation, der nüchterne Tatsachensinn des Briten – das alles zusammen hatte ein geistiges Klima geschaffen, das für die Aufnahme der Philosophie Comtes besonders geeignet war.

In der politischen Entwicklung war England, das seine bürgerliche Revolution schon lange hinter sich hatte, trotz seiner Beteiligung an den Napoleonischen Kriegen von den revolutionären Erschütterungen auf dem Kontinent nicht so tief berührt worden wie Frankreich. Es setzte daher in England keine so scharfe Reaktion gegen Aufklärung und Revolutionsideen ein wie in Frankreich und Deutschland, sondern mit einer gewissen Stetigkeit wurde das Denken des 18. Jahrhunderts im 19. Jahrhundert fortgeführt. Da es keine so heftige Reaktion und keine Heilige Allianz gab und England, am Kontinent gemessen, eine verhältnismäßig liberale Verfassung hatte, wurden auch die Kräfte der aufsteigenden Linken und der Arbeiterschaft – obwohl England im Prozeß der Industrialisierung führend war und die damit zunächst verbundenen sozialen Mißstände und Gegensätze sich hier zuerst mit ganzer Schärfe herausbildeten – in geringerem Maße als auf dem Kontinent auf die Bahn des revolutionären Aufstandes gegen alles Bestehende gedrängt. Dem entspricht es, daß im sozialpolitischen Denken – davon zunächst allerdings abgesehen, daß Marx seine entscheidenden ökonomischen Studien am englischen Wirtschaftssystem machte – weniger die Revolution gepredigt, sondern versucht wird, die Ideen des sozialen Fortschritts mit den alten liberalen Prinzipien der individuellen Freiheit zu vereinigen – was den englischen Sozialismus bis ins 20. Jahrhundert kennzeichnet.

Die Gedanken Comtes fielen in England auch deshalb auf fruchtbaren Boden, weil schon vor ihm in *Bentham* ein Denker aufgetreten war, dessen Gedanken denen Comtes in gewissem Sinne entgegenkamen und sich bei den großen englischen Positivisten des 19. Jahrhunderts, *Mill* und *Spencer*, mit ihnen verbanden. Wir betrachten im folgenden nur diesen englischen Positivismus, weil er für das englische Denken dieser Epoche repräsentativ ist – unter Beiseitelassung der in Männern wie William *Hamilton* (1788–1856), Thomas H. *Green* (1836–1882) und Henry *Sidgwick* (1838–1900) verkörperten Gegenströmung.

2. BENTHAM UND MILL

Wer in die nüchterne, praktische Gedankenwelt des Jeremy Bentham (1748–1832) eintritt, muß sich lebhaft an die Ideen des alten chinesischen Meisters Mo Tse erinnert fühlen. »Das Übel bekämpfen und die allgemeine Wohlfahrt fördern«, war Mos Devise gewesen. Es ist auch die Benthams. Seine Lehre ist reine Nützlichkeitsphilosophie *(Utilitarismus)*, und zwar ein *sozialer* Utilitarismus. Will man ein allgemeingültiges Ziel des menschlichen Handelns aufstellen, dem die Allgemeinheit auch tatsächlich zustimmen kann, so kann dies nur sein, das größtmögliche Maß von Zufriedenheit für möglichst viele Menschen hervorzubringen. »Das größtmögliche Glück für die größtmögliche Zahl von Menschen« nennt Bentham selbst das Ziel. Der einzelne aber, der natürlich nach seinem eigenen Glücke strebt, muß einsehen lernen, daß diesem am besten gedient ist, wenn er sein eigenes Streben dem allgemeinen Ziel anpaßt.

Die Gedanken Benthams, Comtes und die Tradition des englischen Empirismus treffen zusammen in John Stuart *Mill* (1806–1873). Der junge Mill begann mit drei Jahren Griechisch und Latein zu studieren, mit zehn Jahren die Differentialrechnung, mit zwölf Jahren schrieb er sein erstes Buch, mit siebzehn Jahren gründete er eine »utilitarische Gesellschaft«, kurz darauf begann er seine glänzende journalistische Tätigkeit. Als er allerdings zwanzig Jahre alt war, führte die Überspannung seiner geistigen Kräfte zu einer schweren gesundheitlichen Krisis. Mill überwand sie, und bald war sein Geist wieder aufnahmebereit für neue Anregungen, darunter das Studium der Comteschen Philosophie, über die er auch ein Buch schrieb. Mill blieb sein Leben lang von wirtschaftlichen Sorgen verschont. Anderen, wie Comte und seinem unten zu behandelnden Zeitgenossen Spencer, half er großzügig. In späteren Jahren bekleidete er politische Ämter und war auch Mitglied des Parlaments.

Mills philosophisches Hauptwerk ist das *»System der deduktiven und induktiven Logik«* (1843). Da Mill von Spencer, dessen Philosophie der seinen verwandt ist, an Einfluß übertroffen wird, gehen wir auf das System im einzelnen nicht ein. Wir wollen nur die Gebiete hervorheben, auf denen er Bedeutendes geleistet hat.

Mill versucht vor allem, dem Positivismus ein festes psychologisches, logisches und erkenntnistheoretisches Fundament zu geben. Die Psychologie ist Grundwissenschaft und auch Grundlage der Philosophie.

Sie hat die Tatsachen des Bewußtseins zu erforschen, und das sind die uns gegebenen Empfindungen und deren Verbindungen. Aufgabe der Logik ist es, die zufälligen Vorstellungsverbindungen von den bleibenden, gesetzmäßigen zu unterscheiden. Da die Erfahrung die einzige Quelle der Erkenntnis ist, ist die Induktion das einzig zulässige Erkenntnisverfahren. Mill hat die besondere Logik des induktiven Verfahrens scharfsinnig entwickelt.

Bei Mill findet sich die Scheidung der Naturwissenschaften von den Geisteswissenschaften, deren richtige Ausführung und Begründung im weiteren Verlauf des 19. Jahrhunderts die Geister der Erkenntnistheoretiker, besonders in Deutschland, wie keine andere Frage beschäftigen sollte. Mill zählt als Geisteswissenschaften auf die Psychologie, die »Ethologie« (Sittenlehre) und die Soziologie. Die Geschichtswissenschaft rechnet er zu den Naturwissenschaften, das heißt, er will sie zu der Exaktheit einer solchen erheben.

In der Ethik sucht Mill nach einem Ausgleich zwischen Individuum und Gemeinschaft auf der Basis des Benthamschen Utilitarismus. Er geht auch dabei von psychologischen Erwägungen aus. Lustgewinn ist das Ziel menschlichen Strebens. Die Gegenstände, die uns Lustgewinn vermitteln, nennen wir »wertvoll«. Genaugenommen ist das, was wir erstreben, nicht der Gegenstand selbst, sondern die durch ihn vermittelte Lust. Da aber bestimmte Gegenstände solche Lustwirkungen im allgemeinen zu haben pflegen, erscheint uns durch *Assoziation* (Gedankenverbindung) schließlich der Gegenstand selbst wertvoll, der Wert eine Eigenschaft des Gegenstandes. »Wert« ist also nichts anderes als allgemeine Geeignetheit zur Herbeiführung von Lust. Das bedeutet, daß unsere Urteile über Werte, und damit auch über moralische Handlungen, strenggenommen keinem allgemeinen Maßstab unterliegen, sondern sich in allmählicher Entwicklung auf der Grundlage der Erfahrung herausgebildet haben.

Mill ist auch als Nationalökonom und Soziologe bedeutend. Seine wichtigsten Schriften auf diesem Gebiet sind *»Prinzipien der politischen Ökonomie«* (1848) und *»Über die Freiheit«* (1857). Mill neigt darin einem die individuelle Freiheit wahrenden Sozialismus zu.

3. SPENCER

a) Darwin und der Entwicklungsgedanke

Die Idee einer universalen Entwicklung lag Mitte des 19. Jahrhunderts – großenteils dank Hegel! – gleichsam in der Luft. Sie begann die Einzelwissenschaften zu beherrschen, nicht nur die Biologie, sondern zum Beispiel auch die Geologie, der sich durch ihn ungeahnte neue Horizonte eröffneten. Besondere Bedeutung für die Philosophie und darüber hinaus für das allgemeine Bewußtsein erlangte er aber durch die Biologie. Diese Wissenschaft bildet überhaupt in der zweiten Hälfte des Jahrhunderts den bestimmenden Hintergrund des philosophischen Denkens, jedenfalls bei einer ganzen Anzahl führender Denker wie insbesondere Spencer und Nietzsche – ähnlich wie ein Jahrhundert früher bei den englischen Empiristen und noch bei Mill die Psychologie und davor bei Descartes, Leibniz und anderen die Mathematik.[4]

Der Mann, der den Entwicklungsgedanken in der Wissenschaft vom Leben zum Siege führte, war der Engländer Charles *Darwin* (1809 bis 1882). Seine Hauptwerke sind *»Die Entstehung der Arten«* (1859), *»Die Abstammung des Menschen und die geschlechtliche Zuchtwahl«* (1874).

Die Entwicklungslehre Darwins geht aus von den biologischen Tatsachen der Veränderlichkeit der Lebewesen (Variabilität), der Vererbung, der Überproduktion an Nachkommen. Infolge dieser letzteren entbrennt unter den Lebewesen der *»Kampf ums Dasein«*. Diejenigen, die wegen ungünstiger Eigenschaften den Kampf nicht bestehen, können sich nicht fortpflanzen und sterben aus. Die besser »Angepaßten« überleben und erhalten ihre Rasse, indem sie ihre Eigenschaften auf ihre Nachkommen weitervererben. Im Verlaufe riesiger Zeiträume führte dieser Prozeß der *Auslese* (Selektion) zur Entstehung von Arten, Gattungen, Familien und so weiter. Insbesondere konnten auf diese Weise allmählich immer höhere Formen von Lebewesen aus niederen entstehen. So ist auch der Mensch als bisher höchstorganisiertes Lebewesen aus tierischen Formen hervorgewachsen.

Es ist klar, daß die Bedeutung einer solchen Theorie, sei es selbst nur als wahrscheinliche und begründbare Hypothese, weit über das Gebiet der wissenschaftlichen Biologie hinausreichen muß. Steht sie doch in schroffem Gegensatz zum Beispiel zu der religiösen Lehre von der göttlichen Schöpfung der Lebewesen aus dem Nichts. Was philosophisch noch bedeutsamer ist, die Entwicklungslehre eröffnet eine Aussicht, auch das Zweckmäßige in der Natur auf kausal-mechanische Weise zu erklären: Das Zweckmäßige an den Organismen ist das den Lebensbedingungen am besten Angepaßte, es hat sich erhalten, fortgepflanzt und durch weitere Auslese gesteigert – während das schlechter angepaßte »Unterzweckmäßige« zugrunde gegangen ist.

Das Auftreten und die Verbreitung der Entwicklungslehre in der Form, die ihr Darwin gab, ist als das wichtigste Ereignis in der Geistesgeschichte des späteren 19. Jahrhunderts bezeichnet worden. Entwicklung wurde das Zauberwort, mit dem man alle Rätsel lösen zu können glaubte. Das Eindrucksvolle an Darwins Lehre war, daß hier nicht bloß wie von anderen das allgemeine Prinzip der Entwicklung aufgestellt, sondern eine höchst anschauliche Vorstellung von den tatsächlichen Entwicklungsvorgängen ermöglicht wurde. Der Entwicklungsgedanke begann unter diesem Eindruck die Natur- und Geisteswissenschaften zu beherrschen, welche sich dadurch übrigens auch untereinander näherkamen. Verweilen wir noch einen Augenblick bei dem Unterschied der englischen Entwicklungslehre von der Hegels. Der Hauptunterschied liegt darin – wenn man davon absieht, daß für Hegel alle tatsächliche Entwicklung in der Natur immer nur Entwicklung der Idee in ihrem Anderssein sein kann –, daß bei Hegel sich die Entwicklung in dialektischen *Sprüngen* vollzieht, von einem Gegenpol zum anderen, dann auf eine höhere Ebene und so weiter, also gewissermaßen einen revolutionären, sehr bewegten Verlauf nimmt; in der englischen Ansicht liegt dagegen der Akzent auf der ganz *allmählichen*, fast unmerklich über viele Zwischenglieder sich vollziehenden Wandlung. Auch hier mag man die Parallele zur gesellschaftlichen Lage und Entwicklung Englands sehen.

Darwins bekanntester Schüler in Deutschland war Ernst *Haeckel* (1834 bis 1919). Eine beträchtliche Verbreitung, heute in über 400 000 Exemplaren, erlangte sein populärphilosophisches Buch *»Die Welträtsel«*. Haeckel bekennt sich darin, unter scharfer Polemik gegen die »dualistische« christliche Weltanschauung, welche zwischen Natur und Geist, zwischen Materie und Seele eine Scheidewand aufrichtet, zum *Monismus*, welcher den Menschen nicht als der Natur gegenüberstehend oder überlegen, sondern in sie eingebettet sieht, für den Gott und Welt ein und dasselbe sind, der also auch Pantheismus genannt werden könnte. An die Stelle der Ideen Gott, Freiheit, Unsterblichkeit will er die Ideale des Wahren, Guten und Schönen setzen.

Von Haeckel stammt die heute geläufige Formulierung des sogenannten *biogenetischen Grundgesetzes*: Die Ontogenesis ist eine Rekapitulation der Phylogenesis, das heißt: die Entwicklung des einzelnen Lebewesens, die es von der Keimzelle bis zur vollen Ausbildung durchläuft, ist eine zusammengedrängte (durch bestimmte Einflüsse etwas abgeänderte) Wiederholung der Formenreihe, die seine Vorfahren von den ältesten Anfängen der Entwicklung bis in die Gegenwart durchlaufen haben.

Für die *geistige* Entwicklung des Individuums war der gleiche Satz schon von Goethe, Hegel und Comte ausgesprochen worden.

b) Leben und Werke Spencers

Herbert Spencer, geboren 1820 in Derby, der einflußreichste englische Philosoph des 19. Jahrhunderts, blieb bis zu seinem 30. Jahr von der Philosophie ziemlich unberührt. Er betätigte sich als Uhrenkonstrukteur, war Inspektor und Ingenieur beim Bau von Eisenbahnen und Brücken, entwarf zahllose Erfindungen. Er hatte eine einzigartige Beobachtungsgabe. Sein Geist füllte sich langsam mit Tatsachen an, die er während seiner praktischen Tätigkeit am Wege auflas. Nebenher war er journalistisch tätig, redigierte zum Beispiel eine Zeitlang den »Economist«. So kam er mit den geistigen Strömungen der Zeit in enge Berührung.

In seinen Essays über *»Die Theorie der Bevölkerung«* und *»Die Entwicklungshypothese«* formuliert Spencer – mehrere Jahre bevor Darwin an die Öffentlichkeit trat! – den Entwicklungsgedanken und prägte die später durch den Darwinismus berühmt gewordenen Wendungen vom »Kampf ums Dasein« und vom »Überleben der Tüchtigsten«. In seinen *»Prinzipien der Psychologie«* (1855, ebenfalls noch bevor Darwin 1858 seine Ergebnisse vor der Linné-Gesellschaft erstmalig darlegte) wandte Spencer das Entwicklungsprinzip schon auf die Entwicklung des Geistes an. Es folgte eine Abhandlung über den *»Fortschritt, sein Gesetz und seine Ursachen«*, die den Entwicklungsgedanken auch zum allgemeinen Prinzip des geschichtlichen Werdens erhob.

Als Spencer im Jahre 1858 seine bis dahin veröffentlichten Gelegenheitsschriften überschaute und sich ihm die Einheitlichkeit ihrer Prinzipien erst mit voller Deutlichkeit selbst aufdrängte, als ihm gleichzeitig die Gedanken Darwins bekannt wurden, faßte er den Entschluß, eine Serie von Werken zu schreiben, in denen der Entwicklungsgedanke auf alle Erscheinungsgebiete, nicht nur die Biologie, sondern auch Astronomie, Geologie, soziale und politische Geschichte, Moral und Ästhetik angewandt und die Entwicklung des Weltganzen vom anfänglichen Chaos bis zur Höhe menschlicher Kultur dargestellt werden sollte. Nachdem er sich durch eine kleine Erbschaft und durch Vorausbestellungen zahlreicher Freunde und Anhänger auf das zu schaffende Werk finanziell gesichert glaubte, machte er sich an die Arbeit. Die ersten Bände erregten aber einen derartigen Sturm des Widerstandes, daß viele Subskribenten abfielen und Spencers finanzielle Mittel und auch sein Mut sich schließlich erschöpften. Ein großherziges Hilfsanerbieten John Stuart Mills wies Spencer zunächst zurück. Schließlich nahm er aber die Hilfe amerikanischer Freunde an, ging von neuem an die Arbeit und setzte sie fort, bis sein Hauptwerk, das *»System der synthetischen Philosophie«*, in zehn Bänden (1862–1896), vollendet war. Bald stellte sich der Erfolg ein. Die Bücher wurden gekauft, in andere Sprachen übersetzt, begannen sogar finanzielle Erträge abzuwerfen. Spencer erlebte den Höhepunkt seines Ruhms und auch noch dessen Niedergang. Er starb 1903.

Spencers Charakter spricht deutlich aus seinem Werk. Spencer war Junggeselle. Von poetischem Hauch oder von dem berühmten englischen Humor ist bei ihm nicht das geringste zu spüren. Er schloß sich von allem Umgang bis auf wenige Freunde ab. Wenn Besucher kamen, die er nicht abweisen konnte, verstopfte er sich vorher die Ohren und hörte ihnen dann gelassen zu. Sein einzigartiger Sinn für Tatsachen verband sich mit einer gewissen Prinzipienstarre; sein Geist nahm vorwiegend die Tatsachen auf, die seine Theorien stützten. Wissenschaftliche Werke anderer Autoren las er nicht.

Auf politischem Gebiet war Spencer ein typisch englischer »Nonconformist«, das heißt ein Mann, der sich keiner Partei und keiner allgemeinen Richtung anschloß und der durch höchst bestimmtes Aussprechen seiner Ansichten alle Parteien zugleich vor den Kopf stieß.

Was Spencers Werke, dank seinem Werdegang als philosophischer Selfmademan, im Äußeren vor allem auszeichnet, ist seine ungewöhnliche Fähigkeit, verwickelte Zusammenhänge mit außerordentlicher Klarheit und durchsichtiger Gliederung vorzutragen. Darauf beruht zum Teil sein großer Einfluß; zum anderen darauf, daß Spencer eine Zeitlang wie kein anderer der Philosoph des »Zeitgeistes« war. »Er faßte sein Zeitalter zusammen, wie kein anderer Mensch seit Dante sein Zeitalter zusammengefaßt hatte.«[5]

c) Das Gesetz der Entwicklung

Spencers Erörterung der allgemeinen Grundlagen seines Systems, enthalten im ersten Bande der synthetischen Philosophie, gibt zunächst eine neuerliche Begründung des philosophischen Positivismus in ähnlicher Art, wie wir sie schon bei Comte angetroffen haben. Spencer zeigt auf, daß religiöse und metaphysische Welterklärung in gleicher Weise zu unauflöslichen Widersprüchen führen. Wie ist die Welt entstanden? Die Antwort des Atheisten, die Welt bestehe ursachlos und ohne Anfang, ist für unsere Vernunft ebenso unmöglich zu denken wie der Hinweis des Gläubigen auf die göttliche Schöpfung, welcher die Schwierigkeit bloß um eine Stufe zurückschiebt. Was ist »Materie«? Ist sie beliebig ins Unendliche teilbar oder nicht? Was wissen wir überhaupt vom wahren »Wesen« eines Gegenstandes? Unser Denken hat sich eben nur im Umgang mit den uns allein gegebenen Erscheinungen entwickelt; es ist nicht tauglich, uns darüber hinaus auf Letztes und Absolutes zu führen. Lassen wir also das Unerkennbare beiseite liegen und wenden wir uns dem zu, was uns möglich ist: die uns gegebenen Erscheinungen zu ordnen. Diese Vereinheitlichung in Vollkommenheit zu leisten, ist Aufgabe der Philosophie.

Mag dies eine einleuchtende Begründung des Positivismus sein – sie mußte doch die Theologen wie die metaphysischen Philosophen in gleicher Weise unbefriedigt lassen, ja beleidigen. So erregte schon das Erscheinen des ersten Bandes einen Entrüstungssturm.

Um die Vereinheitlichung zu leisten, bedarf die Philosophie eines einheitlichen Prinzips. Die allgemeinen Sätze der Physik, wie die Erhaltung der Energie in allen ihren Umwandlungen, die Stetigkeit der

Bewegung, die Unveränderlichkeit in den Beziehungen, das heißt die Konstanz der Naturgesetze, der Rhythmus der Bewegung, den wir von den kleinsten bis zu den größten Vorgängen in der Natur wiederfinden – dies alles läßt sich zurückführen auf das allgemeine Prinzip der Erhaltung der Kraft. Das ist aber ein statisches Prinzip. Es erklärt nicht den ewigen Wechsel von Werden und Vergehen in der Natur. Das dynamische Prinzip der Wirklichkeit ist das *Gesetz der Entwicklung,* welches in Spencers Formulierung lautet: »Die Entwicklung ist eine Integration der Materie, die von einem Aufwand an Bewegung begleitet wird; während ihres Verlaufs geht die Materie aus unbestimmter, zusammenhangloser Homogenität in bestimmte, zusammenhangvolle Heterogenität über, und die aufgewendete Bewegung erleidet eine gleichlaufende Umformung.«[6]

Was heißt das? Geben wir hier einmal einem berufenen Kommentator Spencers das Wort[7]: »Das Entstehen der Planeten aus Urnebeln, die Bildung der Meere und Gebirge auf der Erde, die Umformung chemischer Elemente durch die Pflanzen und organischer Verbindungen durch den Menschen, die Entwicklung des Herzens im Embryo und das Verwachsen der Knochen nach der Geburt, die Zusammenfassung der Empfindungen und Erinnerungen in Erkenntnis und Denken und der Erkenntnisse in Wissenschaft und Philosophie, die Entwicklung der Familien zu Sippschaften, Stämmen, Städten, Staaten und zum ›Weltbund‹, sie alle sind Integrationen der Materie, Anhäufungen getrennter Teile zu Massen, Gruppen und Ganzheiten. Diese Integration bringt selbstverständlich eine geringere Beweglichkeit der Teile mit sich, wie ja auch die zunehmende Macht des Staates die Freiheit des einzelnen einschränkt. Gleichzeitig verleiht aber die Integration den Teilen gegenseitige Abhängigkeit, ein schützendes Geflecht von Beziehungen, das ›Zusammenhang‹ setzt und das Leben des Ganzen fördert. Dieser Vorgang führt auch zu größerer Bestimmtheit der Formen und Funktionen; die Urnebel waren gestaltlos, verschwommen, und dennoch stammen aus ihnen die regelmäßigen, elliptischen Bahnen der Planeten, die scharfen Umrisse der Bergketten, die spezifische Form und Eigenart der Organismen und Organe und so weiter. Und die Teile dieses integrierenden Ganzen werden nicht bloß bestimmt, sondern auch verschieden nach Natur und Funktion. Der Urnebel ist homogen, das heißt, er besteht aus gleichen Teilchen; bald teilt er sich aber in gasförmige, flüssige und feste Stoffe; die Erde schimmert grün von Gras, weiß an den Bergesgipfeln und blau von den vielen Gewässern; das sich entfaltende Leben zeugt aus dem verhältnismäßig homogenen Protoplasma die verschiedenen Organe der Ernährung, Fortpflanzung, Bewegung und Empfindung; die Ursprache erfüllt ganze Erdteile mit immer mannigfaltiger werdenden Dialekten; eine einzige Wissenschaft zeugt Hunderte, und die Volksdichtung der Nationen erblüht zu tausend Formen literarischer Kunst; die Individualität wächst, die Charaktere werden einzigartig, und Rassen und Völker entwickeln eine besondere Geistigkeit.«

Neben diesem Prozeß der Integration gibt es auch den gegenläufigen Prozeß, der von der Integration zur Auflösung, vom Zusammengesetzten zum Einfachen zurückführt. Am Ende steht unausweichlich ein Gleichgewichtszustand. Doch wird infolge der Unbeständigkeit des Homogenen alsbald ein neuer Zyklus der Entwicklung beginnen.

Diese Beispiele zeigen schon im Überblick, wie Spencer sein Prinzip auf die einzelnen Lebens- und Wissensgebiete anwendet, in der von ihm aufgestellten Reihenfolge: Biologie, Psychologie, Soziologie, Ethik. Wir übergehen die Bände, die den beiden ersten Wissenschaften gewidmet sind – die Psychologie Spencers ist bedeutsam als ein groß angelegter, im einzelnen jedoch sehr anfechtbarer Versuch, auch das menschliche Denken unter dem genetischen, entwicklungsmäßigen Gesichtspunkt zu untersuchen – um noch einen Blick auf Spencers Gesellschaftsphilosophie und Ethik werfen zu können.

d) Die menschliche Gesellschaft

Für die Entwicklung der Soziologie als Wissenschaft ist die Leistung Spencers kaum geringer als die ihres Begründers Comte. Die erzählende Geschichtsschreibung liefert nur das Rohmaterial zur eigentlichen wissenschaftlichen Behandlung der menschlichen Gesellschaft, die allgemeine Entwicklungslinien und ursächliche Zusammenhänge zu erkennen hat. Die Schwierigkeiten, die einer solchen wissenschaftlichen Behandlung der Gesellschaft im Wege stehen, sind allerdings nicht geringer als die anderer Wissenschaften; sie sind sogar größer, weil die menschliche Gesellschaft das komplizierteste aller Gebilde ist. Spencer selbst sammelte vor seinen systematischen soziologischen Arbeiten zunächst ein umfangreiches Tatsachenmaterial, das er gesondert in acht Bänden zum Gebrauche künftiger Forscher veröffentlichen ließ.

Nachdem Spencer auch für die Gesellschaft, die er einem Organismus vergleicht, das Wirken des allgemeinen Entwicklungsprinzips aufgewiesen hat, wendet er sich dem geistigen Bereich, insbesondere der Religion zu. Er zeigt, wie auch hier aus primitivem Geisterglauben nach dem Gesetz der Integration die religiösen Vorstellungen allmählich zu einem einheitlichen und zentralen Gottesbegriff zusammenwachsen.

Die Religion bildet allerdings nur so lange den Mittelpunkt im Leben des einzelnen und der Gesellschaft, wie die äußeren Bedingungen des Daseins in Unsicherheit und ständiger Bedrohung bleiben. Die primitive Gesellschaft ist ihrem Wesen nach kriegerisch, militaristisch. Solange die Menschen darauf ausgehen, von Raub und Eroberung anstatt von geregelter Arbeit zu leben, ist das öffentliche Leben vom militärischen Element beherrscht. Straffe, absolute Herrschaft des Staates, scharfe Klassenunterschiede, patriarchalische Gewalt des Familienoberhauptes und untergeordnete Stellung der Frau sind die Formen der militaristischen Gesellschaft. Die entscheidende Veränderung in der gesellschaftlichen Entwicklung ist nicht der an der Oberfläche bleibende Wechsel der verschiedenen Staatsformen Monarchie, Aristokratie, Demokratie, sondern die allmähliche Ersetzung der auf Gewalt und Krieg gerichteten primitiven durch eine friedliche und industrielle Gesellschaftsform. Der Staatsabsolutismus und die Vorherrschaft des Militärs verschwinden, die sozialen Schranken lockern sich, individuelle Freiheit und Demokratie treten ihre Herrschaft an. Die Frau wird emanzipiert. Mit dem Übergang zur industriellen Gesellschaft wendet sich das menschliche Interesse von der Religion weg dem Diesseits zu.

In dieser Entwicklung marschiert nach Spencer England unter allen Staaten an der Spitze. Frankreich und Deutschland sind noch im Militarismus und Absolutismus befangen. So verwenden sie den größten Teil ihrer öffentlichen Mittel auf die Rüstung anstatt auf Förderung der Industrie und des Handels.

Der Sozialismus gehört nach Spencer in den Bereich der alten absolutistischen Gesellschaftsformen. Spencer weist auf Bismarcks staatssozialistische Neigungen hin. In einem sozialen Wohlfahrtsstaat sieht Spencer zwei große Gefahren: Erstens würde eine Zuteilung der auf den einzelnen entfallenden Anteile am gemeinsamen Arbeitsertrag durch den Staat nach Maßgabe des Bedürfnisses anstatt nach Fähigkeit und Leistung den natürlichen Wettbewerb, die Bedingung jeder Weiterentwicklung, stören und zu einem Verfall der Gesellschaft innerhalb weniger Generationen führen. Zweitens: Würde der Staat den Versuch machen, den höchst verwickelten Organismus der Wirtschaft – der unter der automatischen Selbstregulierung durch Angebot und Nachfrage zwar nicht ideal funktioniert, aber doch wenigstens funktioniert – in allen Einzelheiten selbst zu regeln, so würde das zu einer lähmenden totalen Bürokratie führen. Eine trostlose Erstarrung würde eintreten, eine Gesellschaft von Ameisen und Bienen entstehen. Unter dem Staatssozialismus, so sagt Spencer warnend, »würden die Führer, die ihre persönlichen Interessen verfolgten . . ., nicht auf den vereinigten Widerstand aller Arbeiter stoßen, und ihre Macht würde, uneingeschränkt durch die heutige Einstellung, nicht anders als unter vereinbarten Bedingungen zu arbeiten, anwachsen, sich verzweigen und befestigen, bis sie unwiderstehlich geworden wäre . . . Wenden wir uns von der Leitung der Arbeiterschaft durch die Bürokratie dieser Bürokratie selbst zu und fragen, wie sie geleitet werde, so gibt es keine befriedigende Antwort . . . Unter solchen Umständen würde eine neue Aristokratie entstehen, für deren Erhaltung die Massen arbeiten müßten und die nach ihrer Festigung eine viel größere Macht ausüben würde als irgendeine vergangene Aristokratie.«[8] Da Spencer solcherart aus Angst um die individuelle Freiheit, die ihm über alles geht, den Sozialismus zurückweist, auf der anderen Seite aber doch nicht ganz blind ist gegen die schreienden sozialen Mißstände in seinem gepriesenen England, so sucht er die richtige Synthese zwischen den Belangen der Freiheit und der Notwendigkeit planvoller gesellschaftlicher Organisation in einem *freiwilligen* Zusammenschluß auf *genossenschaftlicher* Basis. So könnte auf der Grundlage der Mitbestimmung aller der Übergang von der zwangsweisen Zusammenarbeit zu einem Zustand erfolgen, in dem der einzelne nicht mehr für den Staat, sondern der Staat für den einzelnen da wäre, und in dem die Menschen nicht mehr leben würden, um zu arbeiten, sondern arbeiteten, um zu leben.

In seinen *ethischen* Untersuchungen verwendet Spencer einen breiten Raum auf den Nachweis, daß die Moralbegriffe wandelbar sind, daß sie bei den verschiedenen Völkern und zu verschiedenen Zeiten ganz verschieden waren. Kriegerische Tugend, im militaristischen Zustand der Gesellschaft hoch geehrt, ist verwerflich im industriellen Zustand, wo die Wohlfahrt der Nationen nicht von Raub und Eroberung, sondern von den Kräften der Produktion abhängt. Die Reste der kriegerischen Moral der germanischen Eroberer bilden in Europa das ernsteste Hindernis für den Aufbau einer freiheitlichen und friedlichen Gesellschaft.

In dieser wird der Staat keine andere Aufgabe mehr haben als die Sicherstellung der Gerechtigkeit. Spencer wachte mit nie erlahmendem Eifer über seine Freiheitsrechte; er empfand jedes neue staatliche Gesetz als einen empörenden Angriff auf seine Freiheit. Er mißtraute staatlichen Einrichtungen so sehr, daß er nicht einmal seine Manuskripte der staatlichen Post anvertrauen wollte, sondern sie stets selbst zum Drucker schaffte. Mit dieser Betonung der individuellen Freiheit stimmt es zusammen, daß Spencer in ethischer Hinsicht dem »sacro egoismo« des einzelnen durchaus sein Recht lassen will. In dem Streben des einzelnen nach persönlichem Glück – innerhalb der durch die gesellschaftlichen Erfordernisse, das heißt durch das gleiche Recht aller anderen gezogenen Grenzen – liegt die oberste Bedingung auch für das Glück der Allgemeinheit.

e) Zur Kritik

Wir lassen die vielen Angriffspunkte, die ein solches umfassendes System im einzelnen naturgemäß bietet, beiseite und beschränken uns auf zwei Gesichtspunkte, die bei einer kritischen Gesamtwürdigung Spencers im Vordergrund stehen müssen.

Der eine Gesichtspunkt ist erkenntniskritischer Natur. Spencer bekämpft den Dogmatismus der religiösen und metaphysischen Weltansicht. Seine eigene Philosophie jedoch ist auch ein Dogmatismus, und im Grunde nicht weniger unkritisch als jene. Es ist bemerkenswert, daß Spencer die einmal vorgenommene Lektüre Kants bereits an dem Punkte aufgab, wo Kant die Apriorität von Zeit und Raum lehrt, das heißt also ganz am Anfang der Kritik der reinen Vernunft. Was uns erkennbar ist und was nicht, das muß man freilich wissen, wenn man ein philosophisches System bauen will; aber dies läßt sich nicht auf so einfache Weise dekretieren, wie Spencer es tut. Spencer beherzigte vor allem wenig, was sein von ihm hochverehrter Landsmann Francis Bacon vom Philosophen gefordert hatte: nämlich auf alle jene Tatsachen ein besonderes Augenmerk zu haben, die gegen die eigene Theorie sprechen könnten. Spencer besaß einen bemerkenswerten Blick für Tatsachen. Aber er ordnete sie, anstatt sie zunächst für sich selbst sprechen zu lassen, alsbald seinem Schema der Entwicklung so gut es ging ein.

Das zweite Argument betrifft Spencers *Gesellschaftslehre*, insbesondere seine Bewertung des gegenwärtigen Gesellschaftszustandes. Alle Schwächen, die sich hier im einzelnen auffinden lassen, haben im Grunde eine gemeinsame Wurzel. Spencer lebte und schrieb in einer Zeit, da Englands politische Lage dank seiner Isolierung in Europa verhältnismäßig stabil war. Das führte ihn zu dem Glauben an den friedlichen Charakter der industriellen Gesellschaft. Er lebte ferner in einem England, dem seine wirtschaftliche Vormachtstellung und seine im »militaristischen« Zeitalter erworbenen überseeischen Besitzungen liberale Wirtschaftspolitik ermöglichten. Das führte ihn zu dem Glauben, jeder staatliche Eingriff in den gesellschaftlichen Organismus sei wertlos und verwerflich. Beide Voraussetzungen änderten sich schnell. Beide zusammen aber führten Spencer zu einem optimistischen Glauben an den friedlichen Fortschritt im Industriezeitalter. Die beiden Weltkriege haben inzwischen gelehrt, daß auch industrielle Staaten militaristisch sein können.

Vor allem aber besaß Spencer kein Organ, um zu erkennen, daß die sozialen Gegensätze in der industriellen Gesellschaft um keinen Grad weniger schroff waren, daß die Ausbeutung der unteren Schichten in der freiheitlichen Wirtschaft Englands um keinen Grad geringer war als unter einem feudalistischen System. Dem Mann, der den Blick hierfür wie wenig andere besaß und der diese Erkenntnisse zum Ausgangspunkt seines Denkens machte, wollen wir uns nun zuwenden: Karl Marx. Dazu müssen wir zunächst nach Deutschland zurückkehren und die Lage betrachten, die dort nach Hegels Tod entstanden war.

III. Der Zerfall der Hegelschen Schule und das Aufkommen des Materialismus in Deutschland

1. DIE GEISTIGE LAGE

Es wurde schon darauf hingewiesen, daß die dialektische Geschichtsphilosophie Hegels ein Doppelgesicht trägt, ein konservatives und ein revolutionäres Antlitz. Für Hegel selbst war seine eigene Zeit und seine eigene Philosophie ein Schlußpunkt. Das war ein Ausdruck des Stillstands oder Rückschritts, der in Deutschlands gesellschaftlicher Entwicklung seit dem Abschluß der Napoleonischen Kriege eingetreten war. In eben dem Maße aber, in dem die nur vorübergehend überdeckten und niedergehaltenen sozialen und politischen Konfliktstoffe zu neuem Ausbruch drängten, mußte auch im philosophischen Denken die scheinbar erreichte endgültige Einheit in neue Gegensätze auseinandertreten.

Hinzu kam, daß die schnellen Fortschritte der Einzelwissenschaften, sowohl auf naturwissenschaftlichem Gebiet, welches Hegel ohnehin nur ungenügend beherrscht hatte, wie auch in den Geisteswissenschaften eine Revision gewisser Hegelscher Verallgemeinerungen erforderten. Schließlich traten die Einzelwissenschaften in ausgesprochene Opposition gegen die Bevormundung nicht nur durch die Hegelsche, sondern die Philosophie überhaupt.

Die Opposition gegen Hegel ging auf der einen Seite – man könnte dies als »Rechtsopposition« bezeichnen – von der sogenannten historischen Schule und der Romantik aus. Die historische Schule, vertreten unter anderen durch den Juristen *Savigny* und den Historiker *Ranke,* protestierte dagegen, daß bei Hegel alles Geschichtliche – Gesellschaft, Recht, Staat – immer nur als ein Durchgangspunkt eines dialektischen Weltprozesses erschien. Ranke sagte, daß »jede Epoche in der Geschichte gleich unmittelbar zu Gott sei«. Das berührte sich mit der romantischen Anschauung, nach der jedes Volk und jede Epoche nur gleichsam eine andere Seite Gottes darstellt. Natürlich stießen sich die Historiker vom Fach auch an Hegels geringschätziger Beurteilung der reinen geschichtlichen Tatsächlichkeit, der er keinen Eigenwert zuerkannte, die bei ihm immer sogleich in das teleologische Schema, in die auf einen Endzweck hinlaufende geschichtliche Gesamtentwicklung, eingeordnet wurde.

Innerhalb Hegels eigener Schule bildete sich ein rechter Flügel, die konservativen Althegelianer. Sie verteidigten das Recht des historisch Gewordenen auf politischem und vor allem auch auf religiösem Gebiet.

Die Opposition gegen Hegel kam andererseits von der »linken« Seite. Sie hatte zunächst zwei Ausgangspunkte. Der eine war die exakte Naturwissenschaft. Die gewaltigen Erfolge der positiven Naturforschung – es seien nur für viele andere die Namen Robert *Mayer* und *Helmholtz* genannt – brachten eine wachsende Hochschätzung der reinen Tatsachenforschung und eine entsprechende Geringschätzung der philosophischen und religiösen Spekulation mit sich. Positivismus und Materialismus, verbunden mit Skeptizismus gegen die Religion oder mit ausgesprochener Religionsfeindlichkeit, erhoben ihr Haupt.

Der zweite Ausgangspunkt war die schon bezeichnete geschichtliche und gesellschaftliche Lage. Beide Momente flossen schließlich zusammen. Der Materialismus wurde die Philosophie der Linken.

Innerhalb der Hegelschen Schule bildete sich ein linker Flügel, der sich schnell von Hegel nach der einen Seite ebenso weit entfernte wie der rechte nach der anderen, sich aber von diesem doch grundlegend dadurch unterschied, daß die Linke das fruchtbare dialektische Prinzip beibehielt – was nicht zu verwundern ist, da die Linke die vorwärtstreibenden geschichtlichen Kräfte verkörperte.

2. STRAUSS UND FEUERBACH

Zunächst kam der Konflikt um die Religion zum offenen Ausbruch durch das Werk zweier Männer: David Friedrich Strauß und Ludwig Feuerbach. Beide Männer hatten das gleiche Schicksal, daß ihnen die akademische Laufbahn wegen ihrer Ansichten verschlossen wurde. Beide lebten zurückgezogen in kümmerlichen Verhältnissen als unabhängige Schriftsteller. Beide gingen von Hegel aus. Während aber Strauß sein Leben lang nicht ganz mit Hegel brach, in seinen politischen Ansichten sogar eher der Hegelschen Rechten zugezählt werden kann, vollzog Feuerbach bald den radikalen Bruch mit Hegel.

Die Werke beider entfesselten in Deutschland einen Sturm der Auseinandersetzung. Wenn wir trotz ihrer weiten Verbreitung und des großen Einflusses, den sie auf das allgemeine Bewußtsein in Deutschland gehabt haben, sie nur verhältnismäßig kurz berühren, so geschieht das, weil es sich bei ihnen im Grunde um den gleichen Ansturm des bürgerlich-aufklärerischen Geistes gegen die religiöse Tradition handelt, wie wir ihn in Frankreich schon fast ein Jahrhundert früher, zur Zeit Voltaires, beobachtet haben. Der Unterschied liegt nur darin, daß in Deutschland, wo das Bürgertum erst jetzt auf seine verspätete und auch nicht ganz geglückte Revolution von 1848 hinsteuerte, der Konflikt um so viel später zum Ausbruch kam; und zweitens darin, daß die Waffen, die jetzt gegen die Religion ins Feld geführt werden, sowohl die der philosophischen und philologischen Kritik wie die der Naturwissenschaft, inzwischen durch das Fortschreiten der wissenschaftlichen Erkenntnis geschärft waren.

D. Fr. *Strauß* (1808–1874) war Theologe. Die erste aufsehenerregende Schrift von ihm hieß *»Das Leben Jesu«* (1835). Hier wird der Kirchenglaube hauptsächlich mit den Argumenten der *historischen* Kritik angegriffen. Die Evangelien haben keine geschichtliche Wirklichkeit. Sie sind *Mythen*, Dichtungen, denen keine unmittelbare, sondern nur eine symbolische Wahrheit zukommt. Strauß' zweites Werk *»Die christliche Glaubenslehre in ihrer Entwicklung und im Kampf mit der modernen Wissenschaft«* (1840) richtet die gleiche Kritik gegen die einzelnen christlichen Dogmen. In seinem dritten Werk *»Der alte und der neue Glaube«* (1872) vertritt Strauß einen ausgesprochenen Pantheismus. Die Frage »Sind wir noch Christen?« beantwortet er mit einem entschiedenen Nein; die Frage »Haben wir noch Religion?« dagegen mit Ja. Es ist aber eine optimistische Diesseitsreligion des Fortschritt- und Kulturglaubens. An die Stelle Gottes tritt das All, das Universum. Ihm stehen wir mit liebendem Vertrauen und jenem demütigen Gefühl unbedingter Abhängigkeit gegenüber, das man als »Religion« bezeichnen kann.

Feuerbach (1804–1872) unternimmt die Kritik der Religion in erster Linie mit *psychologischen* Mitteln. Seine Hauptschriften sind *»Das Wesen des Christentums«* (1841), die *»Vorlesungen über das Wesen der Religion«*, gehalten im Revolutionsjahr 1848 auf Einladung der Heidelberger Studentenschaft, und die *»Theogonie«* (Entstehung der Götter, 1857).

Feuerbach unternimmt es, die Entstehung der Religion aus dem Wesen des Menschen, aus seinem Egoismus nämlich, seinem Glückseligkeitstrieb, zu erklären. »Der Mensch glaubt an Götter nicht nur, weil er Phantasie und Gefühl hat, sondern auch weil er den Trieb hat, glücklich zu sein . . . Was er selbst nicht ist, aber zu sein wünscht, das stellt er sich in seinen Göttern als seiend vor; die Götter sind die als wirklich gedachten, die in wirkliche Wesen verwandelten Wünsche des Menschen . . . Hätte der Mensch keine Wünsche, so hätte er trotz Phantasie und Gefühl keine Religion, keine Götter. Und so verschieden die Wünsche, so verschieden sind die Götter, und die Wünsche so verschieden, wie es die Menschen selbst sind.«

Da die Natur der Erfüllung menschlicher Wünsche viele Hindernisse in den Weg legt, so schmeichelt es der menschlichen Selbstliebe, über der blinden Notwendigkeit der Natur ein den Menschen ähnliches, die Menschen liebendes Wesen zu denken, das den Menschen schützt und seine Wünsche erfüllen kann. »Wie gemütlich ist es daher, unter dem

Obdach des himmlischen Schutzes einherzuwandeln, wie gemütlos und trostlos, sich unmittelbar, wie der Ungläubige, den impertinenten Meteorsteinen, Hagelschlägen, Regengüssen und Sonnenstichen der Natur auszusetzen.«

Aber die Befriedigung ihrer Wünsche in einer eingebildeten Religion ist nur ein kindlicher Traum der Menschheit. Der Mensch muß aus ihm erwachen und beginnen, das, was er durch die Religion nur in der Phantasie erlangt, durch sein Handeln in Wirklichkeit zu gewinnen: ein schönes, glückliches, von den Roheiten und blinden Zufälligkeiten der Natur freies Dasein. Das Mittel dazu ist die Bändigung der Natur durch Bildung und Kultur.

An der Revolution von 1848 beteiligte sich Feuerbach nicht, weil er sie von Anbeginn an als ein kopf- und erfolgloses Unternehmen ansah. Er fühlte sich als Mitstreiter in einer Revolution, deren Wirkung sich erst nach Jahrhunderten entfalten sollte. »Es handelte sich nicht mehr um das Sein oder Nichtsein Gottes, sondern um Sein oder Nichtsein von Menschen; nicht darum, ob Gott mit uns eines oder anderen Wesens ist – sondern darum, ob wir Menschen einander gleich oder ungleich sind; nicht darum, wie der Mensch vor Gott – sondern wie er vor Menschen Gerechtigkeit findet; nicht darum, ob und wie wir im Brote den Leib des Herrn genießen – sondern darum, daß wir Brot für unseren eigenen Leib haben; nicht darum, daß wir Gott geben, was Gottes ist, und dem Kaiser, was des Kaisers ist – sondern darum, daß wir endlich dem Menschen geben, was des Menschen ist ...«[9]

IV. Marx

1. LEBEN UND SCHRIFTEN

1818 als Sohn eines Rechtsanwalts in Trier geboren, der der jüdischen Gemeinde angehörte und noch während Karls Kindheit mit seiner Familie zum Protestantismus übertrat. Der junge Marx studierte zunächst in Bonn, dann in Berlin Rechtswissenschaft, geriet aber gleichzeitig in den Bann der Hegelschen Philosophie. Seine Doktordissertation (Jena 1840/41) behandelt die nacharistotelische Philosophie und damit im historischen Gewande zugleich ein aktuelles Thema; denn die Lage der deutschen Philosophie nach dem Tode ihres unbestrittenen Meisters Hegel war vergleichbar mit der der griechischen nach dem Tode des Aristoteles. Was sollte auf dieses höchste und wie es schien abschließende Stadium der Philosophie noch folgen? Schon in der Dissertation sind die Keime der späteren Marxschen Antwort zu erkennen.

Doch Marx konnte sich ihrer Ausarbeitung zunächst keineswegs in

Ruhe widmen. Die akademische Laufbahn, die er anstrebte, schien ihm auf Grund seiner schon damals recht weit linkshegelianischen Einstellung verschlossen. Nach dem Regierungsantritt Friedrich Wilhelms IV. in Preußen (1840) herrschte im Kultusministerium ein reaktionärer und dem Hegelianismus unfreundlicher Kurs. Marx wurde Journalist; zuerst Mitarbeiter, dann 1842 Chefredakteur der in Köln erscheinendn linksbürgerlich-demokratischen »Rheinischen Zeitung«. Laufende Verbote der Zeitung durch die Zensur zwangen Marx zur Aufgabe dieses Postens. Er entschloß sich zur Emigration. Vorher hatte er sich mit seiner Jugendfreundin Jenny von Westphalen vermählt, der Tochter einer adligen preußischen Beamtenfamilie, deren Bruder später preußischer Innenminister wurde.

Marx lebte zunächst in Paris, wo er die »Deutsch-Französischen Jahrbücher« herausgab. Im ersten und einzigen Heft erschien unter anderem die Arbeit von Marx *»Zur Kritik der Hegelschen Rechtsphilosophie«*. In Paris kam es zur näheren Bekanntschaft Marxens mit Friedrich Engels, die zu einer lebenslangen Freundschaft und Arbeitsgemeinschaft wurde. *Engels* (1820–1895), Sohn eines Barmer Textilfabrikanten, wie Marx zunächst Junghegelianer, wurde sein engster Mitarbeiter. Nur dank Engels' Unterstützung konnte Marx in den Jahrzehnten seiner späteren Emigration seine wissenschaftlichen Arbeiten fortführen.

Aus Paris auf Betreiben der preußischen Regierung ausgewiesen, begab sich Marx nach Brüssel. Hier entstand in Zusammenarbeit mit Engels die *»Deutsche Ideologie«* (1845). Die Schrift enthält unter anderem in ihrem ersten Teil Thesen über die Lehre Feuerbachs, dessen Kritik der Religion sich Marx und Engels weitgehend zu eigen machten; im dritten Teil eine Auseinandersetzung mit der Lehre des Deutschen Max *Stirner* (1806–1856). In seinem Buch *»Der Einzige und sein Eigentum«* hatte Stirner einen extremen Individualismus vertreten. In Brüssel entstand ferner Marx' Auseinandersetzung mit dem französischen utopischen Sozialisten *Proudhon.* Marx gab ihr in ironischer Umkehrung des Proudhonschen Buchtitels »Die Philosophie des Elends« die Überschrift *»Das Elend der Philosophie«* (1847). Vor allem aber beteiligten sich Marx und Engels hier stärker als bisher an der internationalen Politik. Sie schlossen sich dem »Bund der Kommunisten« an. In seinem Auftrag verfaßten sie das *»Kommunistische Manifest«* (1848). Es ist zu einer Art Evangelium des marxistischen Sozialismus geworden.

Die deutsche Revolution von 1848 veranlaßte Marx und Engels zur Übersiedlung nach Köln. Ein Jahr lang gaben sie hier die »Neue Rheinische Zeitung« heraus. Nach dem Zusammenbruch der Revolution wurde Marx vor Gericht gestellt, freigesprochen, aber erneut ausgewiesen. Er ging nach Paris zurück und nach weiterer Ausweisung nach London. Dort lebte er bis zu seinem Tode.

Journalistische Arbeit und praktische Politik hatten Marx an die unmittelbare gesellschaftliche Wirklichkeit herangeführt. Er begann nun gründlich Nationalökonomie zu studieren. Als erste größere Frucht dieser Studien erschien 1859 die *»Kritik der politischen Ökonomie«*. Ihre Gedanken sind aber im wesentlichen eingegangen in den ersten Band von Marx' eigentlichem Hauptwerk *»Das Kapital«*. Nur diesen ersten, 1867 erschienenen Band hat Marx vollendet. Inzwischen war 1864 die sogenannte Erste Internationale gegründet worden. Marx war ihr geistiges Oberhaupt. Die Organisationsarbeiten und die sich allmählich fühlbar machende Überbeanspruchung seiner Gesundheit hinderten ihn, die beiden anderen Bände selbst zu vollenden. Marx starb 1883 in London. Der zweite und dritte Band des »Kapitals« wurden durch Engels 1885 und 1894 herausgegeben.

2. HEGEL UND MARX

a) Der dialektische Materialismus

Den Ausgangspunkt des Marxschen philosophischen Denkens – und nur als philosophischer Denker, nicht als Politiker kann Marx in unserem Zusammenhang gewürdigt werden – bildet das System Hegels. Mit ihm vereinigen sich später die Philosophie Feuerbachs, die revolutionären Theorien Frankreichs, insbesondere der französischen utopischen Sozialisten, und die Erkenntnisse der klassischen englischen Nationalökonomie – so daß drei Hauptströmungen des europäischen Denkens in Marx zusammenlaufen.

Zum Verständnis von Marx' philosophischem Ausgangspunkt ist aber nichts so unerläßlich wie die Klarstellung seines Verhältnisses zu Hegel. Neben den oben genannten Schriften ist hierfür besonders aufschlußreich eine Arbeit von Marx, die erst in den zwanziger Jahren dieses Jahrhunderts in Deutschland aufgefunden wurde. Sie trägt den Titel *»Nationalökonomie und Philosophie«*[10].

Den Grundzug des Marxschen Verhältnisses zu Hegel kann man sehr einfach so bezeichnen: Marx behält die Hegelsche Dialektik als Methode bei; aber er erfüllt sie mit einem dem Hegelschen genau entgegengesetzten Inhalt, er dreht sie um 180 Grad herum, wodurch sie, nach Marx' Ansicht, erst vom Kopf auf die Füße zu stehen kommt. Was heißt das?

Marx sieht in der Dialektik das revolutionäre Prinzip. Ihr Grundgedanke ist, daß die Welt nicht ein Komplex von fertigen Dingen, sondern von Prozessen ist. Es besteht nichts Endgültiges und Absolutes. Es gibt nur den ununterbrochenen Prozeß des Werdens und Vergehens. Marx' größter Schüler *Lenin* gibt folgende Umschreibung der dialektischen Entwicklungslehre: »Eine Entwicklung, die die bereits durchlaufenen

Stadien gleichsam noch einmal durchmacht, aber anders, auf höherer Stufe (›Negation der Negation‹), eine Entwicklung, die nicht gradlinig, sondern sozusagen in der Spirale vor sich geht; eine sprunghafte, mit Katastrophen verbundene revolutionäre Entwicklung; ›Unterbrechungen der Allmählichkeit‹; Umschlagen der Quantität in Qualität; innere Entwicklungsantriebe, ausgelöst durch den Widerspruch, durch den Zusammenprall der verschiedenen Kräfte und Tendenzen, die auf einer gegebenen Erscheinung oder innerhalb einer gegebenen Gesellschaft wirksam sind; gegenseitige Abhängigkeit und engster, unzertrennlicher Zusammenhang *aller* Seiten jeder Erscheinung (wobei die Geschichte immer neue Seiten erschließt), ein Zusammenhang, der einen einheitlichen, gesetzmäßigen Weltprozeß der Bewegung ergibt – dies sind einige Züge der Dialektik . . .«[11]

Diese dialektische Entwicklung ist das, was Marx von Hegel übernimmt. Er erfüllt sie nun nicht wie Hegel mit einer idealistischen, sondern mit einer materialistischen Grundansicht der Welt. Wir haben gesehen, wie bei Fichte alles, was wir »Welt« nennen, nur als ein im denkenden Subjekt erzeugtes »Nicht-Ich« erschien, wie bei Hegel alles, was wir »Natur« nennen, nur als die Idee im Zustande ihres »Andersseins« erschien. Für Hegel war also die Idee das eigentlich und allein Existierende, die Materie nur eine Erscheinungsform der Idee. Die Grundfrage aller neueren Philosophie, an der sich die Geister scheiden, sieht Marx gerade in dem hier vorliegenden Problem des Verhältnisses von Denken und Sein. Was ist das Ursprüngliche? Ist die Materie ein Produkt des Geistes (Idealismus) oder der Geist ein Produkt der Materie (Materialismus)? Marx legt seine Stellungnahme mit folgenden Worten fest: »Für Hegel ist der Denkprozeß, den er sogar unter dem Namen Idee in ein selbständiges Subjekt verwandelt, der Demiurg (Schöpfer, Erzeuger) des Wirklichen . . . Bei mir ist umgekehrt das Ideelle nichts anderes als das im Menschenkopf umgesetzte und übersetzte Materielle.«[12]

Marx schließt sich also in dieser Frage durchaus Feuerbach (und den französischen Materialisten des 18. Jahrhunderts) an. Was er an ihnen aussetzt und worin er über sie hinausgeht, ist zweierlei: 1. Der alte Materialismus war undialektisch, statisch, und damit unhistorisch. Er hatte nicht das dynamische Prinzip der Dialektik, das Marx nun mit ihm verbindet, und konnte darum den Phänomenen der Entwicklung nicht gerecht werden. 2. Der alte Materialismus war zu abstrakt. Er sah das menschliche Wesen losgelöst von den gesellschaftlichen Verhältnissen, deren Produkt es ist, während es nach Marx gerade darauf ankommt, den dialektischen Materialismus auf das gesellschaftliche Leben anzuwenden, und zwar nicht nur theoretisch, um es zu erkennen oder zu »interpretieren«, sondern praktisch, um es zu verändern!

Wir müssen aber noch einen Augenblick beim Verhältnis Marxens zu Hegel verweilen, um uns eine Gedankenreihe vorzuführen, die zum vollen Verständnis der Marxschen Gedankenentwicklung unentbehrlich ist. Sie findet sich besonders klar in der eben genannten, lange unbekannten Schrift über Nationalökonomie und Philosophie. Auch sie war also, wie die Grundansicht des dialektischen Materialismus, lange vor der Abfassung des »Kapital« in Marx festgelegt. Sie läßt erst richtig die Stelle erkennen, die dieses Werk im Zusammenhang des Marxschen Denkens einnimmt.

b) Selbstentfremdung und Selbstverwirklichung

Nicht als abstraktes Wesen, sondern konkret soll der Mensch betrachtet werden. Konkret, das heißt: der Mensch in seiner gesellschaftlichen Umwelt, und das heißt vor allem: der Mensch als *arbeitendes* Lebewesen. Der Mensch ist »das Tier, das sich selbst produziert«. Das hatte eigentlich auch schon Hegel gesehen. Marx erkennt ausdrücklich an, daß Hegel die Arbeit als das Wesen des Menschen faßt.[13] Aber Hegel, auf Grund seiner idealistischen Einstellung, der alles nur als Selbstbewegung der Idee erschien, faßte auch die Arbeit nur als abstrakte Gedankenarbeit, anstatt im sinnlich-gegenständlichen Sinne. Die Arbeit in diesem Sinne ist aber gerade das, was den *Menschen* (nicht den Geist) sich selber *»entfremdet«*. In der Arbeit schafft der Mensch ein Äußeres, vergegenständlicht er sein eigenes Wesen. Dieses Äußere tritt ihm nun nicht nur als ein selbständiges gegenüber, sondern, gleichsam nach dem Gesetz der Überwucherung des Mittels über den Zweck, es beginnt ihn zu beherrschen und an der Verwirklichung seiner wahren Bestimmung zu hindern. Diese Bestimmung heißt Freiheit. Vor allem kommt dies an der Erscheinung des Staates zum Vorschein, der der Gesellschaft jetzt als Selbstzweck gegenübertritt. Das steht im Widerspruch zur wahren Idee eines menschlichen Gemeinwesens, in welchem der Staat nicht als ein Fremdes, als Bürokratie, dem Menschen gegenübersteht, sondern bei dem Mensch-Sein und Bürger-Sein eins sind. Das nennt Marx die »wahre Demokratie«.

Dieser Grundgedanke liegt nun dem ganzen späteren Werk von Marx zugrunde, welches sich in drei dialektischen Stufen entfaltet:

1. *Erkenntnis* der wahren Idee des menschlichen Gemeinwesens; Erkenntnis aller bisherigen Geschichte als einer Geschichte der (fortschreitenden) Selbstentfremdung des Menschen.

2. *Kritik*, Messen der gesellschaftlichen Wirklichkeit am Ideal des Gemeinwesens und an der wahren Bestimmung des Menschen. Aufgabe der Kritik ist es dabei, die in der Wirklichkeit vorhandenen Widersprüche aufzuweisen und so die auf Überwindung dieser Widersprüche hintreibende Entwicklung zu fördern.

3. *Handeln*: Idee und Wirklichkeit müssen versöhnt werden. Die Idee muß in die Wirklichkeit übergeführt werden. Das nennt Marx die »Aufhebung der Philosophie durch ihre Verwirklichung«. Das heißt: Für Hegel kehrte die Idee aus ihrer Entäußerung in sich selbst zurück. Es blieb aber eine nun gleichsam von der Idee verlassene Wirklichkeit zurück. Die Aufhebung der Selbstentfremdung muß aber nicht in der »Idee«, sondern in der Wirklichkeit erfolgen. Erfolgt sie, so würde Philosophie als von der Wirklichkeit getrennte Lehre aufhören, überflüssig werden. So würde die Philosophie durch ihre Verwirklichung aufgehoben und in ihrer Aufhebung verwirklicht.

Bevor wir die eben genannten drei Stufen des Marxschen Denkens noch näher betrachten, wollen wir uns vergegenwärtigen, daß in diesem philosophischen Ausgangspunkt offenbar noch etwas mehr »Hegel« steckt als nur die Übernahme der formalen dialektischen Methode, nämlich:

1. Marx sieht wie Hegel in der gesamten Weltgeschichte einen von einheitlichem Gesetz beherrschten und auf ein Endziel hinstrebenden Prozeß.
2. In diesem Prozeß ist für Marx wie für Hegel das jeweils tatsächlich Gewordene auch »vernünftig« in dem Sinne, daß es das notwendige – freilich alsbald zu überwindende – Durchgangsstadium des Gesamtprozesses darstellt.
3. Hinter der realistischen und materialistischen Erkenntnis der Wirklichkeit steht bei Marx – wie zwei sozialistische Marxforscher formuliert haben[14] – »ein idealer Glaube an die wirkliche und vollständige Vereinigung von Idee und Wirklichkeit, von Vernunft und Wirklichkeit«.

3. DER HISTORISCHE MATERIALISMUS

Was bedeutet es nun, den dialektischen Materialismus auf das gesellschaftliche Leben anzuwenden? Lenin[15] sagt: »Erklärt der Materialismus überhaupt das Bewußtsein aus dem Sein und nicht umgekehrt, so fordert der Materialismus in seiner Anwendung auf das gesellschaftliche Leben der Menschheit die Erklärung des *gesellschaftlichen* Bewußtseins aus dem *gesellschaftlichen* Sein.« Das heißt: Für den Materialismus ist die Materie das allein Wirkliche. Das denkende Bewußtsein ist nur ein Spiegel dieser Wirklichkeit. In gleicher Weise muß im gesellschaftlichen Leben das gesellschaftliche Sein das einzig Wirkliche sein. Das gesellschaftliche Bewußtsein – Ideen, Theorien, Anschauungen usw. – ist nur ein Spiegelbild dieser Wirklichkeit. Um also die treibenden Kräfte im gesellschaftlichen Leben zu erkennen, darf man nicht auf Ideen und Theorien sehen. Diese sind nur Spiegelbild, »ideologischer Überbau« der Wirklichkeit. Man muß die materielle Basis des gesellschaftlichen Lebens aufsuchen. Wie die Lebensweise der Menschen, so ist ihre Denkweise.

Welches ist aber nun die eigentliche Basis des gesellschaftlichen Lebens, gewissermaßen die »Materie« in ihm? Natürlich gehören zu den materiellen Grundlagen des gesellschaftlichen Lebens die äußeren geographischen Bedingungen sowie Wachstum und Dichte der Bevölkerung. Beide sind aber nicht das bestimmende Element. Sie reichen nicht aus, zu erklären, warum in einem bestimmten Lande zu bestimmter Zeit gerade diese bestimmte Gesellschaftsform herrscht.

Das bestimmende Element ist die *Produktionsweise* der materiellen Güter.

In der Güterproduktion wirken zwei Faktoren zusammen: einerseits die materiellen Produktiv*kräfte*. Darunter versteht Marx die Rohstoffe, Produktionsinstrumente (Werkzeuge, Maschinen), Arbeitsfertigkeit und Arbeitserfahrung der arbeitenden Bevölkerung. Die Lehre von den Produktionskräften handelt also von den Naturkräften und den zu ihrer Verarbeitung benutzten materiellen Instrumenten, kurz vom Verhältnis des Menschen zu den natürlichen Grundlagen seiner Produktion.

Die Menschen wirken aber auf die Natur nicht als isolierte einzelne ein. Sie wirken vielmehr stets zusammen. Sie treten damit untereinander in bestimmte Verhältnisse und Beziehungen. Diese Seite des Produktionsprozesses, die Verhältnisse der Menschen untereinander in der Produktion also, nennt Marx zusammenfassend die Produktions*verhältnisse* – was sich weitgehend deckt mit den jeweiligen Eigentumsverhältnissen.

Die Produktionsweise als Ganzes steht keinen Augenblick still. Die Veränderungen gehen dabei immer von den Produktivkräften aus, durch Erschließung neuer natürlicher Quellen oder, insbesondere, durch neue Erfindungen bei den Instrumenten der Produktion. Veränderungen der Produktivkräfte erfordern immer auch Veränderungen in der gesellschaftlichen Organisation der Arbeit: in den Produktions*verhältnissen*. Früher oder später müssen die Produktionsverhältnisse dem Stande der Produktivkräfte angepaßt werden. Geschieht das nicht, so wird der Produktionsprozeß gestört. Es kommt zu *Krisen*. Im Endergebnis aber muß diese Anpassung immer erfolgen.

So verlangte die fortschreitende Entfaltung der Produktivkräfte in der Geschichte den Übergang zuerst von der Urgemeinschaft zur antiken Sklaverei, von da zum Feudalismus, von da zur kapitalistischen Gesellschaft. Alle diese Stufen waren notwendige Stadien der Entwicklung. Jede bedeutete einen Fortschritt gegenüber der vorhergehenden.

Eines aber ist allen diesen Systemen gemeinsam. In allen waren die Produktionsverhältnisse so, daß die Produktivkräfte, Grund und Boden, Maschinen usw., im Besitz einzelner oder einzelner Gruppen der Gesellschaft waren. In der Sklaverei war der Sklavenhalter Herr über Tod und Leben seiner Sklaven. Er beutete ihre Arbeitskraft nach Belieben aus. Im Feudalismus hatte der Grundherr das Alleineigentum am Boden und in der Form der Leibeigenschaft ein gegen die Sklaverei beschränktes Eigentumsrecht an den Arbeitenden. Die Fortschritte der Produktivkräfte in Landwirtschaft und Handwerk erforderten diese Form der Produktionsverhältnisse, da die komplizierteren Produktionsprozesse einen gewissen Intelligenzgrad und ein gewisses Interesse des Arbeitenden an der Produktion nötig machten. Die Ausbeutung war darum nicht geringer. In der kapitalistischen Ordnung hat der Produzent das Alleineigentum an den materiellen Produktionsmitteln. Der Lohnarbeiter ist hier »frei«. Er ist frei im doppelten Sinne: persönlich unabhängig, aber auch »frei« von jeglichem Produktionsmittel und damit gezwungen, seine Arbeitskraft, um leben zu können, wie eine Ware zu verkaufen. Die Entwicklung der Industrie erforderte einen Stamm von intelligenten, freien Lohnarbeitern. Die Ausbeutung besteht auch hier.

Alle bisherige Geschichte ist somit eine Geschichte von Klassenkämpfen – wie der erste Satz des Kommunistischen Manifestes lautet.

Alles, was nun in der Gesellschaft noch außerhalb dieser Basis der Produktionsweise vorhanden ist, also politische oder juristische Verhältnisse und Ordnungen, Anschauungen, Theorien, Kunst, Philosophie, auch die Religion, all dies ist nur ein ideologischer Überbau, der sich langsamer oder rascher mit den Veränderungen der wirtschaftlichen Grundlage umwälzt. Anschauungen sind stets ein Spiegelbild der gesellschaftlichen Lage. Demnach hat jede Klasse ihre eigene Ideologie. Der Kampf der Theorien ist nur das Abbild des sozialen Klassenkampfes. Die reaktionären Ideologien der herrschenden Klassen ringen mit den fortschrittlichen Ideologien der aufstrebenden Klassen.

4. DAS KAPITAL

Indem sich Marx der ihn umgebenden Gesellschaftsordnung seiner eigenen Zeit zuwendet, muß er folgerichtig, um ihre Entwicklungsgesetze und den voraussichtlichen weiteren Verlauf zu erkennen, ihre ökonomische Grundlage, die kapitalistische Produktionsweise studieren. Das tut er im »Kapital«. Wir können auf die nationalökonomischen Einzelheiten dieses umfangreichen und nicht leicht zu lesenden Werkes hier nicht eingehen. Wir müssen nur zu zeigen versuchen, wie Marx das geschichtlich Erkannte konsequent auf die kapitalistische Gesellschaftsordnung anwendet.

Das Bild des Klassenkampfes ist (für Marx) hier insofern vereinfacht, als sich im wesentlichen nur noch zwei Klassen gegenüberstehen: die Kapitalisten, die im Besitz der Produktionsmittel sind, und das Proletariat, das nur seine Arbeitskraft besitzt und vom Kapitalisten ausgebeutet wird. Die Ausbeutung geschieht hier mittels des sogenannten *Mehrwertes*. Der Arbeiter schafft nämlich mit seiner Arbeit mehr an Werten, als er als Lohn ausgehändigt erhält. Als Arbeitsentgelt erhält er gerade so viel, wie nötig ist, um dem Kapitalisten seine Arbeitskraft zu erhalten. Da er auf den Verkauf seiner Arbeitskraft angewiesen ist, muß er diese Bedingung hinnehmen. Der von ihm produzierte Mehrwert fließt dem Kapitalisten als Profit zu.

In der kapitalistischen Produktionsweise sind aber schon die Voraussetzungen angelegt, die zwangsläufig über sie hinaus zu einer neuen, der *sozialistischen* Gesellschaftsordnung führen müssen. Anzeichen der vorhandenen Widersprüche zwischen Produktivkräften und Eigentumsverhältnissen sind die regelmäßig wiederkehrenden Krisen der kapitalistischen Wirtschaft. Es besteht hier ein Widerspruch zwischen den gewaltig angewachsenen Produktivkräften und den Produktionsverhältnissen. Indem der Kapitalismus die Arbeitermassen in gewaltigen Großunternehmen zusammenballt, verleiht er dem Produktionsprozeß einen gesellschaftlichen Charakter. Damit untergräbt er selbst seine – auf Privateigentum an dem Produktionsmittel beruhende – Grundlage. Der gesellschaftliche Charakter des Produktionsprozesses erfordert *gesellschaftliches Eigentum* an den Produktionsmitteln.

Die Übereinstimmung zwischen Produktivkräften und Produktionsverhältnissen muß also hergestellt werden durch die Vergesellschaftung der Produktionsmittel, durch die »Expropriation der Expropriateure«, die Enteignung der Enteigner, welche vorher die Produktionsmittel an sich gebracht hatten, zugunsten der Gesellschaft.

Indem aber das Proletariat, dessen weltgeschichtliche Aufgabe die Durchführung dieser Revolution ist, die Produktionsmittel in gesellschaftliches Eigentum überführt, wird nicht mehr ein neuer Klassenkampf an die Stelle des alten treten. Die sozialistische Gesellschaft wird vielmehr, da die Produktionsmittel allen gemeinschaftlich gehören, von Klassenkampf und Ausbeutung überhaupt frei sein. Die Gesellschaft der Zukunft wird eine *klassenlose* Gesellschaft sein.

Diesen Zustand herbeizuführen, ist die Aufgabe der proletarischen Revolution. Es ist folgerichtig, daß Marx seine praktische Aufgabe in der Organisierung und Förderung der Revolution, in der Zusammenfassung und Schulung des Proletariats für diese Aufgabe erblickte.

5. ZUR BEDEUTUNG UND NACHWIRKUNG

Die ungeheure geschichtliche Wirkung der Marxschen Gedanken liegt so vor aller Augen, daß darüber kaum ein Wort zu verlieren ist. Hervorgehoben sei, daß sich in der weiteren Entwicklung des Marxismus zwei Richtungen herausbildeten: der »revisionistische« Sozialismus der sozialdemokratischen Parteien (wenigstens auf dem Kontinent, der englische Sozialismus hat seine Grundlage nicht in Marx), welcher die sozialistische Ordnung durch allmähliche Reform herbeiführen will, und der revolutionäre Kommunismus, der in der Sowjetunion mit der Revolution von 1917 zur Macht gelangte. Er hat dort im Leninismus und ebenso im Stalinismus eine dem Fortschreiten der historischen Entwicklung entsprechende ideologische Weiterentwicklung erfahren. *Leninismus* ist Marxismus vereint mit dem, was Lenin hinzugetan hat. Dieses ist zweierlei: die Anwendung des Marxismus auf die besonderen Verhältnisse Rußlands und die Weiterbildung der Theorie und Taktik der proletarischen Revolution, die notwendig wurde in dem Augenblick, als der Marxismus bereits in einem Lande gesiegt hatte. *Stalinismus* ist die Form, die der Kommunismus angenommen hat im Zeitalter der fortschreitenden Festigung der bolschewistischen Herrschaft in der Sowjetunion und des Kampfes der Sowjetunion mit ihrer Umwelt. Mit Stalins Tod hat eine neue Bewegung im marxistisch-leninistischen Denken eingesetzt, angeregt u. a. durch die allgemeine Auflockerung im Vergleich zur starren Diktatur Stalins und durch das beginnende Eingreifen der chinesischen Kommunisten in die theoretische Diskussion.

Marx hat die Bedeutung der ökonomischen Grundlage des gesellschaftlichen Lebens, die Tatsache des Klassenkampfes in der Geschichte und den Einfluß dieser Faktoren auf die kulturelle und geistige Entwicklung zum erstenmal in voller Tragweite erkannt. Auch seine Gegner bestreiten nicht, daß dies eine grundlegende Erkenntnis ist. Hier liegt sein großes und bleibendes Verdienst.

Wie es oft bei großen neuen Erkenntnissen zu geschehen pflegt, hat diese Erkenntnis vom Geiste ihres Entdeckers so ausschließlich Besitz ergriffen, daß er sie zum alleinigen Ausgangspunkt seiner Welterklärung machte. Sehen wir ab von den erkenntnistheoretischen Einwänden, denen Marx' System wie jeder andere materialistische Monismus ausgesetzt ist, so hat dies – nicht die Marxsche Einsicht als solche, sondern ihre Erhebung zur allein bestimmenden, ja ihre Verabsolutierung zu einer ganzen Weltanschauung – den Hauptansatzpunkt für die *philosophische* Kritik am Marxismus gebildet. (Nur mit dieser haben wir es hier zu tun, nicht mit den heutigen sich auf Marx berufenden *politischen* Bewegungen und Systemen.) Ihre Hauptgesichtspunkte sind: erstens, daß man geistigen Erscheinungen und Werten, insbesondere der Religion und der Kunst, nicht gerecht wird, wenn man sie nur als Überbau und Spiegelbild ökonomischer Vorgänge ansieht, daß es ziemlicher Gewaltsamkeiten bedarf, sie nur als solche zu interpretieren; zweitens, daß diese Einseitigkeit – verstärkt durch Marx' auch aus gefühlsmäßigen Quellen gespeiste Feindseligkeit gegen das herrschende Gesellschaftssystem – ihn nur den Weg des totalen revolutionären Umsturzes sehen ließ, wobei er von dem optimistischen Glauben ausging, daß dieser und die Vergesellschaftung der Produktionsmittel allein ausreichen würden, um den menschlichen Egoismus und jegliche Ausbeutung zu beseitigen; drittens, daß die Entwicklung in dem seit Marx verflossenen Jahrhundert sowohl in den kapitalistischen wie in den marxistisch regierten Staaten einen anderen Verlauf als den von Marx vorausgesagten genommen hat.

Auf die Entwicklung der marxistischen Philosophie im 20. Jahrhundert kommen wir im letzten Teil dieses Buches zurück.

Drittes Kapitel

Schopenhauer, Kierkegaard, Nietzsche

I. Arthur Schopenhauer

1. LEBEN, PERSÖNLICHKEIT, WERKE

Schopenhauer lebte von 1788 bis 1860. Er schrieb sein Hauptwerk schon als Dreißigjähriger. Wir gehen also, wenn wir sein Leben und Werk betrachten, wieder einen Schritt hinter die Zeit zurück, bis zu welcher wir in den beiden letzten Kapiteln die allgemeine philosophische Entwicklung in Europa bereits verfolgt haben. Dieses Zurückgehen ist jedoch unbedenklich; aus zwei Gründen: einmal setzte die Wirkung der Gedanken Schopenhauers, nachdem seine Werke lange Zeit völlig unbeachtet geblieben waren, erst nach 1850 ein. Zum anderen kann Schopenhauer überhaupt nicht in dem Maße, wie etwa die Romantiker und Hegel auf der einen, die Materialisten und Marxisten auf der anderen Seite, als Repräsentant einer bestimmten gesellschaftlichen Front betrachtet werden. Es ist versucht worden, Schopenhauer als philosophischen Exponenten des deutschen Kleinbürgertums hinzustellen. Seine Philosophie läßt sich mit dieser Einordnung kaum erklären, höchstens läßt sich das Phänomen ihrer verspäteten Wirkung aus der gesellschaftlichen Entwicklung erklären.

Wir treten hier – trotz der Berührung Schopenhauers mit dem deutschen Idealismus und trotz seiner Anknüpfung an Kant, als dessen bedeutendster Schüler Schopenhauer bezeichnet werden kann – in eine ganz eigene geistige Welt ein, welche im Gesamtrahmen der europäischen Geisteslage als ein fremdes Element erscheint. Verständlicher wird sie erst, wenn man zwei Dinge berücksichtigt: die Eigenart von Schopenhauers *Persönlichkeit* und seine Bekanntschaft mit der Philosophie des alten *Indien,* die gerade damals durch die noch sehr unvollkommene Übersetzung von Anquetil-Duperron[1] für den abendländischen Leser zugänglich geworden war. Mit Schopenhauers Persönlichkeit, nicht nur dem äußeren Lebensgang, der schnell erzählt ist, sondern auch vor allem seinem Charakter müssen wir uns daher zuerst vertraut machen, wenn wir seine Philosophie verstehen wollen. Auch hier gilt Fichtes Wort, daß die Philosophie, welche man wählt, davon abhängt, was für ein Mensch man ist. Arthur Schopenhauer war der Sohn eines Danziger Großkaufmanns. 1793, fünf Jahre nach der Geburt des Sohnes, siedelte der Vater nach Hamburg über. Das neunte bis elfte Lebensjahr verbrachte der junge Schopenhauer bei einem Geschäftsfreund des Vaters in Le Havre. Er lernte dort die französische Sprache perfekt beherrschen und vergaß seine Muttersprache vorübergehend fast ganz. Auch später nahmen die Eltern den Knaben auf ihre ausgedehnten Reisen durch Belgien, Frankreich, die Schweiz und Deutschland mit. Die Nachwirkung der dabei empfangenen großartigen Natureindrücke, besonders vom Meere und aus den Alpen, ist in den späteren Werken Schopenhauers zu verspüren. Ein sechsmonatiger Aufenthalt in England machte ihn mit der englischen Sprache und Literatur gründlich vertraut. Bis an sein Lebensende las er täglich die »Times«. Der Sechzehnjährige trat auf Wunsch seines Vaters in eine kaufmännische Lehre in Hamburg, entgegen seiner tieferen Neigung, welche schon damals auf wissenschaftliches Arbeiten ging.

Der kurz darauf eingetretene Tod des Vaters veranlaßte die Mutter, die zwanzig Jahre jüngere, nachmals als Romanschriftstellerin berühmte Johanna Schopenhauer, zur Übersiedlung nach Weimar. Ihr dortiges Haus wurde zu einem geistigen und gesellschaftlichen Mittelpunkt. Goethe, Wieland, die beiden Schlegel und viele andere bedeutende Männer verkehrten hier. Der Sohn gab nun den kaufmännischen Beruf auf. In ganz kurzer Zeit eignete er sich durch Privatunterricht in Gotha und Weimar die zum Beziehen der Universität nötige Bildung, vor allem die alten Sprachen, an.

Schopenhauer studierte zwei Jahre in Göttingen, dann ebensolange in Berlin. Die erhaltenen Kollegheft zeigen, daß er außer philosophischen und philologischen Fächern auch Chemie, Physik, Botanik, Anatomie, Physiologie, Geographie und Astronomie betrieb. Die Randglossen des Studenten in seinen Heften zeugen von der spöttischen Überlegenheit, mit der er den Lehrern der damaligen Philosophie, insbesondere Fichte, bereits gegenübertrat. So schrieb Schopenhauer zu Fichtes Wissenschaftslehre, es müsse wohl richtiger Wissenschafts*leere* heißen, und setzte hinzu das Shakespeare-Wort: »Ist es gleich Wahnsinn, hat es doch Methode.«

1813 promovierte er mit der Arbeit »*Über die vierfache Wurzel des Satzes vom zureichenden Grunde*«. Eine vorübergehende patriotische Begeisterung beim Ausbruch der Freiheitskriege erlahmte schnell. Nach der Rückkehr nach Weimar zog Goethe den jungen Schopenhauer eng zu sich heran. Vor allem führte er ihn in seine Farbenlehre ein. Ferner wurde Schopenhauer hier durch einen Orientalisten erstmals mit dem indischen Altertum vertraut gemacht.

Die freie Lebensführung seiner Mutter verstimmte den jungen Schopenhauer so sehr, daß es zu immerwährenden Streitigkeiten zwischen beiden kam. Obwohl Schopenhauer nicht bei der Mutter wohnte, kam es bald zum endgültigen Zerwürfnis. Als er der Mutter die Dissertation überreichte, spottete sie: »Das ist wohl ein Buch für Apotheker.« – »Man wird es noch lesen«, erwiderte er, »wenn von deinen Schriften kaum mehr ein Exemplar in einer Rumpelkammer stecken wird.« Sie entgegnete: »Von den deinigen wird die ganze Auflage noch zu haben sein.« Beide behielten recht. Schopenhauer trennte sich endgültig von der Mutter und hat sie niemals wiedergesehen.

Er verließ Weimar und lebte zunächst vier Jahre in Dresden. Dort entstand die Abhandlung *»Über das Sehen und die Farben«* (1816), dann sein Hauptwerk: *»Die Welt als Wille und Vorstellung«* (1819).

Es folgten zwei Reisen nach Rom, Neapel und Venedig. Schopenhauer lebte von seinem ererbten Anteil am väterlichen Vermögen. Mit Sparsamkeit und außerordentlichem Geschick hat er diesen durch sein ganzes Leben zu erhalten und mehren verstanden. So blieb er stets frei nicht nur von dem Zwang, für seinen Lebensunterhalt zu arbeiten, sondern auch von der Notwendigkeit, als beamteter Lehrer seine Ansichten irgendwelchen staatlichen und sonstigen Gegebenheiten anzupassen – was er später an den von ihm viel geschmähten Philosophieprofessoren nicht genug zu tadeln wußte.

Zunächst aber machte er selbst den Versuch, Professor zu werden. 1820 habilitierte er sich in Berlin. Der höchst selbstbewußte angehende Dozent, der schon bei der Abreise nach Italien in einem Gedicht geschrieben hatte: »Ein Denkmal wird die Nachwelt mir errichten!«, legte seine Kollegs so, daß sie zeitlich mit denen des berühmten Hegel zusammenfielen, in der Erwartung, daß die Hörer ihm zulaufen würden. Das Gegenteil trat ein. Schopenhauer zog sich nach dem ersten Semester verärgert zurück. Er verbrachte die nächsten zehn Jahre in Italien, Dresden und wieder in Berlin, aber ohne zu lesen. Als 1831 die Cholera in Berlin ausbrach – der Hegel erlag –, flüchtete Schopenhauer und machte erst in Frankfurt am Main halt. Hier ließ er sich nieder, und hier blieb er bis zu seinem Tode.

Schopenhauers Hauptwerk blieb zwei Jahrzehnte lang völlig unbeachtet. Sechzehn Jahre nach dem Erscheinen teilte ihm der Verleger mit, daß der größere Teil der Erstauflage als Altpapier verkauft würde. Trotzdem entschloß sich Schopenhauer zur Herausgabe einer um einen zweiten ergänzenden Band vermehrten Neuauflage, die 1844 erschien.

Seine nicht zahlreichen übrigen Schriften sind: *»Über den Willen in der Natur«* (1836), *»Die beiden Grundprobleme der Ethik«* (1841), enthaltend die beiden Abhandlungen »Über die Freiheit des Willens« und »Über das Fundament der Moral«; endlich die beiden Bände *»Parerga und Paralipomena«* – »Nebenwerke und Ergänzungen« – (1851). Dieses heute verbreitetste populäre Werk Schopenhauers enthält kleinere Abhandlungen über die verschiedensten Themen, u. a. die berühmten

»Aphorismen zur Lebensweisheit«. Sie vermitteln ein überaus anschauliches Bild von Schopenhauers Art zu denken und zu schreiben, jedoch keine Einführung in das System. Für dieses geistreiche und volkstümliche Werk erhielt Schopenhauer als ganzes Honorar zehn Freiexemplare.

Schopenhauers ererbte Veranlagung und sein Lebensschicksal haben im Zusammenwirken seinen Charakter geprägt, der sich im Grundgedanken und in jeder Einzelheit seines Systems unverkennbar spiegelt: Nach Schopenhauers Wort ist der Charakter vom Vater erblich, die Intelligenz hingegen von der Mutter. Auf ihn selber trifft das unbedingt zu. Der Vater war ein Mann von strengem, etwas starrsinnigem Charakter, stolz und unbeugsam, ein Republikaner, der es trotz der ihm von Friedrich dem Großen angebotenen Privilegien ablehnte, sich in Preußen niederzulassen und einem König untertan zu sein. Deshalb siedelte er auch, als Danzig preußisch wurde, in die Freie Reichsstadt Hamburg über. Die Mutter war eine geistreiche, lebhafte, etwas leichtsinnige, nicht sehr tief angelegte Natur, unglücklich in der Ehe, nach dem Tode ihres Mannes in Weimar ein offenes Haus führend. Die Eindrücke, die Schopenhauer aus den Streitigkeiten mit ihr empfing, bestimmten weitgehend seine spätere Einschätzung der Frau.

Ein starkes Triebleben, ein leidenschaftlicher Wille auf der einen Seite, ein wacher Intellekt, verbunden mit einem tiefen Blick für das Schöne der Natur, aber auch für das Leiden der Kreatur andererseits – das sind die beiden Hauptelemente von Schopenhauers Charakter, die fortwährend miteinander im Kampfe lagen. In seiner Philosophie, nach welcher die Welt einerseits Wille, blinder Trieb, andererseits Vorstellung – Anschauung und Erkenntnis – ist, finden wir sie wieder. Und der lebenslange Kampf, den Schopenhauers eine Hälfte gegen seine ihn ewig beunruhigende Sinnlichkeit führte, spiegelt sich in der Schopenhauerschen Lehre von der Verneinung des Willens und seiner pessimistischen Geringschätzung der irdischen Glücksgüter und Genüsse.

Schopenhauer war ein Genie. Aber er wußte es sehr genau und sprach es häufig mit einer für den Leser etwas peinlichen Deutlichkeit aus. Er war nicht bescheiden. »Was ist denn Bescheidenheit anderes als geheuchelte Demut, mittels welcher man in einer von niederträchtigem Neide strotzenden Welt für Vorzüge und Verdienste die Verzeihung derer erbetteln will, die keine haben?« – »Wohl . . . ist die Tugend der Bescheidenheit eine erkleckliche Erfindung für die Lumpe; da ihr gemäß jeder von sich zu reden hat . . . als gäbe es überhaupt nichts als Lumpe.«[2] So sprach Schopenhauer in seinem Hauptwerk deutlich aus, daß die wirkliche und ernsthafte Philosophie nach seiner Meinung noch genau da stehe, wo Kant sie gelassen habe; daß zwischen Kant und ihm in ihr nichts Erwähnenswertes geschehen sei. In der Vorrede fordert er vom Leser, zuerst seine anderen Schriften zu lesen, sich ferner vorher mit der Kantschen Philosophie und möglichst auch mit der platonischen und der indischen vertraut zu machen und dann das Buch zweimal zu lesen, »und zwar das erste Mal mit vieler Geduld«. Wenn aber der Leser dazu nicht geneigt ist? »Meine letzte Zuflucht ist jetzt, ihn zu erinnern, daß er ein Buch, auch ohne es gerade zu lesen, doch auf mancherlei Art zu benutzen weiß. Es kann, so gut wie viele andere, eine Lücke seiner Bibliothek ausfüllen . . . Oder er kann es seiner gelehrten Freundin auf die Toilette oder den Theetisch legen. Oder endlich kann er ja, was gewiß das Beste von Allem ist und ich besonders rathe, es recensiren.«[3]

An den Verleger schrieb der dreißigjährige Schopenhauer über sein Buch: »Mein Werk ist also ein neues philosophisches System; aber neu im ganzen Sinn des Wortes . . . eine im höchsten Grad zusammenhangende Gedankenreihe, die bisher noch nie in irgend eines Menschen Kopf gekommen. Das Buch, in welchem ich das schwere Geschäft, sie Andern mitzuteilen, ausgeführt habe, wird, meiner festen Überzeugung nach, eines von denen seyn, welche nachher die Quelle und der Anlaß von hundert anderen Büchern werden.«[4]

Leidenschaftliches Verlangen nach Ruhm und Anerkennung lag in ihm ständig im Widerstreit mit Welt- und Menschenverachtung. Was ist Ruhm? Nur ein Abbild unseres Wesens in den Köpfen anderer. »Zudem sind die Köpfe der Menge ein zu elender Schauplatz, als daß auf ihm das wahre Glück seinen Ort haben könnte . . . vielmehr ist daselbst nur ein chimärisches Glück zu finden. Welche gemischte Gesellschaft trifft doch in jenem Tempel des allgemeinen Ruhms zusammen! Feldherren, Minister, Quacksalber, Gaukler, Tänzer, Sänger, Millionäre und Juden: ja, die Vorzüge aller dieser werden dort viel aufrichtiger geschätzt . . . als die geistigen . . .«[5] Und doch verzehrte sich Schopenhauer in heimlichem Verlangen nach diesem Ruhm. Seine Gedanken kreisten immerzu um das Problem des Ruhmes. Nur so ist es auch zu erklären, daß er nicht müde wird, sich selbst und anderen auseinanderzusetzen, wieso sein eigener Ruhm so lange auf sich warten ließ. Er zitiert *Lichtenberg*: »Wenn ein Kopf und ein Buch zusammenstoßen und es klingt hohl; ist denn das allemal im Buche?« und »Solche Werke sind Spiegel: Wenn ein Affe hineinguckt, kann kein Apostel heraussehen.«[6] Und er fragt: »Würde wohl ein Virtuose sich geschmeichelt fühlen durch das laute Beifallsklatschen seines Publikums, wenn ihm bekannt wäre, daß es, bis auf einen oder zwei, aus lauter völlig Tauben bestände . . .«[7]

Schopenhauer hatte das Glück, seine Überzeugung von dem unvergänglichen Werte des von ihm Geschaffenen im Alter noch selbst bestätigt zu sehen. Etwa ab 1850 wurde der Bann des Schweigens um sein Werk gebrochen. Vor allem die Enttäuschung, die in Deutschland und anderswo auf die mißglückte Revolution von 1848 folgte, machte die Geister für Schopenhauers pessimistische Weltansicht aufnahmebereit. Eine Woge des Pessimismus ging durch die europäische Literatur. Die Herrschaft der Hegelschen Schule war zu Ende gegangen. Der Neid der hegelianischen Philosophie-Professoren, auf den Schopenhauer alle Schuld an seinem Verhängnis geschoben hatte, stand ihm nicht mehr im Wege. Es waren allerdings nicht die Universitäten, die sich für Schopenhauers Philosophie zuerst öffneten. Angehörige der verschiedensten praktischen Berufe, einzelne Gelehrte und Freunde, vor allem Julius *Frauenstädt,* verbreiteten zuerst die Kenntnis von ihr. Vor allem auch hatten Schopenhauers Gedanken eine tiefe Wirkung auf Kunst und Künstler. Die Musik Richard *Wagners,* jedenfalls in der ersten Periode seines Schaffens, war ganz vom dunklen pessimistischen Geiste Schopenhauers erfüllt. Wagner sandte an Schopenhauer mit anerkennenden Worten ein Exemplar vom »Ring des Nibelungen«. Gelehrte und Verehrer aus allen Ländern besuchten Schopenhauer oder schrieben ihm.

Der alternde Philosoph las gierig alles, was über ihn geschrieben wurde. Er wurde mitteilsamer und umgänglicher, als er all die Zeit vorher gewesen war. Aber als er sich gerade in der Sonne der endlich erlangten Anerkennung und Bewunderung wärmte, ereilte ihn der Tod. 1860 erlag er unerwartet einem Herzschlag. Sein ganzes Vermögen hatte er testamentarisch wohltätigen Stiftungen vermacht. Die schwarze Marmorplatte auf seinem Grabe trägt nur seinen Namen.

2. DIE WELT ALS WILLE UND VORSTELLUNG

In seinem Hauptwerk hat Schopenhauer als junger Mensch in einem einzigen genialen Wurf seine ganze Philosophie dargelegt. Alles, was er sonst geschrieben hat, ist nur Kommentar dazu und Weiterbildung in Einzelheiten. Was das Buch enthält, ist, wie Schopenhauer selbst sagt, im Grunde nur ein einziger Gedanke. »Dennoch konnte ich, aller Bemühungen ungeachtet, keinen kürzeren Weg ihn mitzuteilen finden, als dieses ganze Buch.« Dieser Gedanke ist nach Schopenhauer dasjenige, was man unter dem Namen der Philosophie zu allen Zeiten bisher vergeblich gesucht hat. Er erscheint, je nachdem, von welcher Seite man ihn betrachtet, als Metaphysik (in den ersten beiden Büchern), als Ethik (im dritten Buch) und als Ästhetik (im vierten Buch). Er ist aber ein einziges organisches Ganzes. Er ist treffend schon im Titel des Buches ausgedrückt: Die Welt ist Wille und Vorstellung. Wir wollen versuchen – darauf beschränkt sich auch unsere Betrachtung – diesen einen Gedanken zu verdeutlichen.

a) Die Welt als Vorstellung

»Die Welt ist meine Vorstellung« – mit diesem Satz beginnt Schopenhauers Buch. Wenn irgendeine Wahrheit a priori ausgesprochen werden kann, so ist es diese. Wir kennen diesen ersten Teil der These Schopenhauers bereits, denn er ist nichts anderes als die Kantsche Lehre, daß uns alle Dinge nur als Erscheinungen gegeben sind. Tatsächlich schließt sich Schopenhauer hier eng an Kant an. Er selbst bezeichnet Kants Lehre als die Eingangspforte zu seiner eigenen Philosophie. Die Wirkung, welche die Werke Kants im Geiste des denkenden Lesers hervorbringen, gleicht der einer Staroperation am Blinden: er lernt erst sehen. Kants größtes Verdienst ist die Unterscheidung der Erscheinung vom Ding an sich. Es ist im Grunde die gleiche Wahrheit, die Platon so ausgedrückt hatte, daß die den Sinnen erscheinende Welt kein wahres Sein habe; dasselbe, was Platon im Höhlengleichnis[8] versinnbildlichen wollte. Es ist auch die gleiche Wahrheit, welche in den indischen Veden so ausgedrückt wird, daß diese sichtbare Welt ein wesenloser Schein, Schleier, Illusion, kurz Maya sei.

So sehr nun Schopenhauer dieses Verdienst Kants unterstreicht, so hat er doch in Einzelheiten eine ganze Menge an seiner Philosophie auszusetzen. Er stellt die einzelnen Einwände zusammen in der »Kritik der Kantischen Philosophie«, welche den Schluß des ersten Bandes des Hauptwerkes bildet. Die Kritik richtet sich besonders gegen das Kant nach Schopenhauer eigene Bedürfnis nach symmetrischem Aufbau aller seiner Gedanken und Werke. Dieses hat Kant oft verführt, »blinde Fenster« um der Symmetrie willen einzusetzen, und, zum Beispiel in der Tafel der Kategorien und Urteilsformen, das Gegebene in ein Prokrustesbett einzuspannen. Wir wollen aber auf alle Einzelheiten, in denen Schopenhauers Erkenntnislehre von der Kants abweicht, verzichten und statt dessen nur den entscheidenden Punkt bezeichnen, der den Hauptunterschied beider Denker ausmacht und zugleich schon zum zweiten Teil der Grundthese Schopenhauers hinüberleitet.

Dieser ist das »Ding an sich«. Schopenhauer macht sich den von uns schon erwähnten[9], tatsächlich schwer anfechtbaren Einwand G. E. Schulzes zu eigen, daß Kant zum Ding an sich durch einen Kausalschluß komme, also durch Anwendung einer Kategorie, die nach ihm selbst – und auch nach Schopenhauer – nur innerhalb des Bereichs der Erscheinungen gilt. Hier gilt sie allerdings unbedingt, auch für Schopenhauer. Kausalität ist neben den Formen des Raumes und der Zeit für ihn sogar diejenige Grundform, auf die sich alle anderen »Kategorien« Kants zurückführen lassen. Aber von der Welt als Vorstellung aus führt kein Weg über die Vorstellung hinaus zu einem Ding an sich.

Daß die Welt Vorstellung ist, ist nun zwar unwiderleglich. Es ist aber doch einseitig, sie *nur* als solche zu betrachten. Das zeigt schon das unwillkürliche Widerstreben, das jeder empfindet, wenn ihm zugemutet wird, die ganze Welt als seine bloße Vorstellung zu nehmen.

Nach Kant gibt es keine Metaphysik. Kant versteht dabei Metaphysik im Sinne der ihm vorausgehenden dogmatischen Philosophie als Wissenschaft von demjenigen, was jenseits der Möglichkeit aller Erfahrung liegt. Ist es aber nicht vielleicht ein ganz falscher Ausgangspunkt, zu sagen, daß die Quelle der Metaphysik auf keinen Fall empirisch sein dürfe, daß ihre Grundsätze auf keinen Fall aus äußerer oder innerer Erfahrung hergenommen werden dürfen? Warum soll die Lösung des Rätsels, als das die Welt und unser eigenes Dasein vor uns stehen, nicht aus dem gründlichen Verständnis dieser Welt selbst genommen werden, sondern in etwas anderem, a priori Gegebenen gesucht werden? Das würde ja heißen, daß die Lösung des Rätsels der Welt aus ihr selbst heraus schlechterdings nicht gefunden werden könne. Wir haben aber keinen Grund, uns bei dieser wichtigsten und schwierigsten aller Fragen unsere hauptsächliche Erkenntnisquelle, die äußere und innere Erfahrung, von vornherein zu verstopfen. Die Lösung muß vielmehr aus dem gründlichen Verständnis der Welt selbst hervorgehen. Man muß nur äußere und innere Erfahrung am rechten Punkt verknüpfen. Das ist der Weg Schopenhauers. Es ist also nicht der der vorkantischen Dogmatik, aber auch nicht der der Kantischen Verneinung der Metaphysik. Er liegt in der Mitte zwischen beiden. Welches ist aber der »rechte Punkt«, an dem wir anknüpfen müssen?

b) Die Welt als Wille

Von *außen* ist dem Wesen der Dinge nicht beizukommen. Wie weit man auch forscht, man gewinnt nur Bilder und Namen. Man gleicht einem Menschen, der um ein Haus herumgeht, ohne den Eingang zu finden, und so immer nur die Fassaden sieht. Die einzige Stelle, die uns einen Zugang in das Innere der Welt ermöglicht, liegt *in uns selbst,* liegt im Individuum. Dem einzelnen ist sein Leib auf zwei ganz verschiedene Weisen gegeben: einmal als Vorstellung: in verständiger Anschauung eingeordnet als Objekt unter Objekten in den Kausalzusammenhang aller Erscheinungen; »sodann aber auch zugleich auf eine ganz andere Weise, nämlich als jenes jedem unmittelbar Bekannte, welches das Wort *Wille* bezeichnet.«[10]

Der Willensakt und die Aktion des Leibes sind nicht zwei ursächlich verknüpfte verschiedene Dinge. Sie sind ein und dasselbe. Die körperliche Handlung ist nur der objektivierte, das heißt in die Anschauung getretene Akt des Willens. Der Leib ist der in Raum und Zeit objektivierte Wille.

Diese Erkenntnis ist die unmittelbarste, die möglich ist; sie kann nicht aus einer anderen hergeleitet werden. Sie ist die eigentliche *philosophische Wahrheit.*

Diese Wahrheit gilt zunächst für den Menschen. Das Wesen des Menschen liegt nicht in Denken, Bewußtsein, Vernunft. Dieser uralte Irrtum, zumal aller Philosophen, ist zu beseitigen. Das Bewußtsein ist bloß die Oberfläche unseres Wesens. Nur sie kennen wir allerdings deutlich, so wie wir vom Erdkörper nur die äußere Oberfläche kennen. Unsere bewußten Gedanken sind nur die Oberfläche eines tiefen Wassers. Die Entstehung unserer Urteile geschieht gewöhnlich nicht durch Verkettung deutlicher Gedanken nach logischen Gesetzen – obwohl wir uns und anderen dies gern einreden. Sie geschieht in der dunklen Tiefe; sie geht beinahe so unbewußt vor sich wie die Verdauung. Zu unserer eigenen Verwunderung steigen uns Einfälle und Entschlüsse auf, gerade vom Entstehen unserer tiefsten Gedanken können wir uns keine Rechenschaft geben. In diesem unserem geheimnisvollen Inneren aber ist es der *Wille,* der seinen Diener, den Intellekt, antreibt. Der Wille ist wie ein starker Blinder, der einen Sehenden, aber Gelähmten, auf seinen Schultern trägt. Die Menschen werden nur scheinbar von vorn gezogen, in Wirklichkeit aber von hinten geschoben. Sie sind getrieben von dem unbewußten *Willen zum Leben.* Dieser Wille allein ist schlechthin unwandelbar, er liegt allen unseren Vorstellungen wie ein durchgehender Grundbaß zugrunde. Auch das Gedächtnis ist nur die Magd unseres Willens.

Auch was wir Charakter nennen, ist durch den Willen bestimmt. Der Wille baut den Charakter wie den Leib des Menschen. Deshalb verheißen auch alle Religionen einen jenseitigen Lohn für die Vorzüge des Herzens, für den guten Willen, nicht aber für die Vorzüge des Kopfes, für einen guten Verstand.

Alle bewußten Funktionen des Menschen ermüden und brauchen Schlaf. Der Wille allein ist unermüdlich. Was sich unbewußt vollzieht, wie die Arbeit des Herzens und die Atmung, ermüdet nie. Unser bewußtes Leben ist nur dem Schlafe abgerungen. Der Schlaf ist ein Stück Tod, das wir vorschußweise erborgen. Aber nicht nur der Mensch ist seinem Wesen nach Wille. Das Wesen aller uns in Raum und Zeit umgebenden Erscheinungen müssen wir nach Analogie des Menschen als Objektivation eines Willens deuten. Zunächst im organischen Leben. Aber Wille verbirgt sich auch hinter den Erscheinungen der unbelebten Natur. Die Kraft, die die Planeten bewegt, die die Stoffe sich chemisch anziehen und abstoßen läßt, ist der unbewußte Weltwille.

Im Reich des Lebens ist die stärkste Äußerung des Willens zum Leben der Trieb zur Fortpflanzung. Er überwindet sogar den (individuellen) Tod. Sobald für die Selbsterhaltung gesorgt ist, strebt das Lebewesen nach Fortpflanzung, nach Erhaltung der *Gattung.* Der Wille zeigt sich hier fast ganz unabhängig von der Erkenntnis. Hat Erkenntnis beim Menschen ihren Sitz im Gehirn, so sind die Genitalien, der Sitz des Geschlechtstriebes, der eigentliche Brennpunkt des Willens und der Gegenpol des Gehirns.

Schopenhauers Ausführungen über die *»Metaphysik der Geschlechtsliebe«* gehören zu den berühmtesten Partien seines Werkes. Dieses Thema spielt bei ihm eine so wichtige Rolle wie bei den Dichtern aller Völker und Zeiten, die es unermüdlich besungen haben. Was zwei Individuen verschiedenen Geschlechts mit so unwiderstehlicher Gewalt zueinanderzieht, ist der in der Gattung sich darstellende Wille zum Leben. Die Liebe ist ein Täuschungsmittel der Natur zu dem alleinigen Zweck der Erhaltung der Gattung. Schopenhauer versucht das im einzelnen zu zeigen an Hand der Gesichtspunkte, nach denen die Menschen ihre Liebesobjekte auswählen. Immer streben sie dabei nach Erhaltung des Gattungstypus. Jeder liebt das, was ihm selber fehlt. Es geht immer darum, die individuellen Abweichungen vom Gattungstypus durch Wahl des richtigen Partners zu korrigieren. Alle Geschlechtlichkeit ist Einseitigkeit. Da es Grade des Männlichen und Weiblichen gibt, werden zwei Menschen dann am besten harmonieren, wenn der Grad der Männlichkeit des Mannes dem Grad der Weiblichkeit des Weibes entspricht. Der männlichste Mann wird das weiblichste Weib suchen und umgekehrt. »Das Individuum handelt hier, ohne es zu wissen, im Auftrage eines Höheren, der Gattung: daher die Wichtigkeit, welche es den Dingen beilegt . . .«[11]

Da die Leidenschaft auf dem Wahn beruht, der das für die Gattung Wertvolle dem einzelnen als für ihn selbst wertvoll vorspiegelt, so kann und muß die Täuschung, sobald der Zweck der Gattung erfüllt ist, wegfallen. Die Natur läßt denn auch die weibliche Schönheit, ihren wichtigsten Kunstkniff zur Herbeiführung ihres Zwecks, nach der Fortpflanzung schnell verschwinden. Das Individuum merkt, daß es der Betrogene des Willens der Gattung gewesen ist. »Wäre Petrarcas Leidenschaft befriedigt worden, so wäre von dem an sein Gesang verstummt, wie der des Vogels, sobald die Eier gelegt sind.«[12] Die Ernüchterung tritt insbesondere in der aus Liebe geschlossenen Ehe ein.

Wie sich in der Geschlechtsliebe der einzelne nur als Instrument der Gattung erweist, so ist überhaupt jedes individuelle Wesen, ja jede Erscheinung in Raum und Zeit Objektivierung des raumlosen, zeitlosen, grundlosen Willens, die als solche allerdings nur in der Vereinzelung (Individuation) möglich ist. Das Individuum ist nur ein steter Wechsel der Materie unter Beharren der Form. Das Ding an sich ist der Wille.

Diese Einsicht ist auch auf die *Geschichte* anzuwenden. Wie hinter allem der unwandelbare Weltwille steht, so lehrt philosophische Betrachtung der Geschichte, daß in aller Verschiedenheit der Völker, Epochen, Kostüme und Sitten es überall dieselbe Menschheit ist, die wir erblicken. Immer dasselbe, nur anders – ist die Devise der Geschichte. Es gibt keinen Fortschritt. Das Symbol des Geschehens ist überall der Kreis. Zu allen Zeiten haben die Weisen dasselbe gesagt, und die Toren dasselbe, nämlich das Gegenteil, getan.

Ist der Wille frei? Frei ist der Weltwille als Ganzes, denn außer ihm ist nichts da, was ihn beschränken könnte. Unfrei ist der Wille des einzelnen, weil er durch den übergeordneten ganzen Willen bestimmt ist.

Verweilen wir hier ganz kurz, um Schopenhauers Metaphysik mit der des deutschen Idealismus zu vergleichen, dessen Hauptvertreter er unermüdlich als »Windbeutel« und »Scharlatane« angeprangert. Schopenhauer steht in vielem dem, was Fichte und Schelling lehrten, nicht so fern, wie er selbst vorgibt.

Das Gemeinsame liegt darin, daß Schopenhauer wie die Idealisten nicht auf der von Kant gezogenen Grenze stehenbleibt. Auch er gibt Metaphysik. Auch er findet, wie Fichte, Schelling und alle Mystiker, den Eingang zum Geheimnis der Welt im eigenen Ich. Auch Fichte hatte das Wesen des Ich als »Wille« bestimmt. Auch Schelling hatte in Natur und Geist die gleiche unbewußt schaffende Kraft wirksam gesehen. Es ist merkwürdig, daß Schopenhauer diese Ähnlichkeiten so entschieden abstreitet. Wie andere Denker schmäht er gerade die, denen er verpflichtet ist. Im entscheidenden Punkt hat freilich Schopenhauer doch damit recht, daß er sich gegen jene abgrenzt. Denn während für den Idealisten das Letzte und Absolute der *Geist* ist, Idee, Vernunft, in einem zielstrebigen Prozeß sich entfaltend, ist es für Schopenhauer blinder *Wille*, ein widervernünftiger, irrationaler Weltgrund. Die Welt ist nicht logisch, auch nicht unlogisch, sondern alogisch. Vernunft ist nur Werkzeug des unvernünftigen Willens. Schopenhauer vollzieht damit einen folgenschweren Bruch mit einer Voraussetzung, die allem abendländischen Denken seit der Renaissance ausgesprochen oder unausgesprochen zugrunde gelegen hatte: der Harmonie des Weltganzen. Er vollzieht den Übergang vom Optimismus zum Pessimismus. Das wird erst ganz deutlich, wenn man die Bewertung in Betracht zieht, die Schopenhauer dem Dasein zuteil werden läßt, und die Konsequenzen, die er daraus für das menschliche Verhalten ableitet.

3. DAS LEID DER WELT UND DIE ERLÖSUNG

a) Leben als Leiden

Wie Buddha in seiner Jugend, war auch der junge Schopenhauer, wie er selbst bezeugt, vom tiefen Jammer allen Lebens ergriffen.

Der Wille ist unendlich, die Erfüllung beschränkt. Unseren Trieben und

Wünschen hingegeben, werden wir nie dauerndes Glück noch Ruhe finden. Aus jeder befriedigten Begierde wächst sogleich eine neue. Auf jeden Schmerz, sobald er behoben ist und wir glauben aufatmen zu können, folgt neues Übel. Der Schmerz ist überhaupt die eigentliche Realität im Leben. Lust und Glück sind nur etwas Negatives, nämlich die Abwesenheit des Schmerzes.

Was wir besitzen, wissen wir nicht zu schätzen. Wenn wir es verloren haben, wird uns der Wert fühlbar. Wir können die eindringlichen Schilderungen des Leidens hier nicht in voller Breite wiedergeben. Wir wollen nur einige Stichworte anführen:

Die *Not* ist die beständige Geißel des größten Teils der Menschen. Die wenigen, denen das erspart bleibt, fallen sogleich der anderen Geißel anheim, der *Langeweile.* Der Ablauf der Woche mit sechs Tagen der Plackerei und einem siebenten der Langeweile ist ein treffendes Bild unseres Lebens.

Das unausweichliche Schicksal des Menschen ist ferner die *Einsamkeit.* Am Ende ist jeder mit sich allein.

Kampf, Krieg und grausame Vernichtung, Fressen und Gefressenwerden – das ist das Leben. Es zeigt sich im Tierreich und im menschlichen Dasein gleichermaßen. Selbst die dramatischen Dichter wissen nichts anderes darzustellen. Nach dem lügenhaften Happy-End aber lassen sie schnell den Vorhang fallen. Optimismus ist ein bitterer Hohn auf die namenlosen Leiden der Menschheit. Schopenhauer führt uns durch Hospitäler, Lazarette und chirurgische Marterkammern, durch Gefängnisse, Folterkammern und Sklavenställe, über Schlachtfelder und Gerichtsstätten, in alle die finsteren Behausungen des Elends. »Woher denn anders hat Dante den Stoff zu seiner Hölle genommen, als aus dieser unserer wirklichen Welt? Und dennoch ist es eine recht ordentliche Hölle geworden. Hingegen als er an die Aufgabe kam, den Himmel und seine Freuden zu schildern, da hatte er eine unüberwindliche Schwierigkeit vor sich; weil eben unsere Welt gar keine Materialien zu so etwas darbietet.«[13] Das Leben ist nicht lebenswert. Es ist ein Geschäft, das nicht die Kosten deckt. Zu allem kommt, daß unser Leben unaufhaltsam dem Tode entgegeneilt. In der Jugend sehen wir das nicht. Wir sind noch im Anstieg zu dem Berge, auf dessen anderer Seite der Tod lauert. Sobald wir die Mitte des Lebens überschritten haben, sind wir wie Rentner, die nicht mehr von den Zinsen leben, sondern das Kapital angreifen. Wie unser Gehen nur ein stets gehemmtes Fallen, so ist unser Leben nur ein fortdauernd gehemmtes Sterben.

Gibt es keinen Ausweg aus diesem Jammertal? Erkenntnis ist kein Ausweg. Im Gegenteil. Je höher die Erscheinungsform des Lebens, um so größer und offenbarer das Leiden. Von der Pflanze über den niedrigen Wurm und die Insekten bis zu den Wirbeltieren mit ihrem vollkommeneren Nervensystem ist ein fortwährendes Steigen der Schmerzempfindlichkeit. Und von den Menschen leidet der um so mehr, der deutlich erkennt; das Genie leidet am meisten.

Schon eher ist da noch der wohltätige Wahnsinn ein Ausweg, den die Natur beschreitet, wenn das Leiden die Grenze des Ertragbaren überschreitet.

Auch Selbstmord ist kein Ausweg. Er vernichtet die individuelle Erscheinung des Willens, aber nicht diesen selbst. (Hier zeigt sich, wie diese der indischen Einschätzung des Daseins verwandte Ansicht Schopenhauers eigentlich zwangsläufig zum indischen Gedanken der Wiedergeburt hinführt, ja ihn unausgesprochen enthält; denn Schopenhauers Worte bedeuten doch: Selbstmord ist zwecklos, weil der Wille sich sogleich eine neue Verkörperung schafft.)

Und doch gibt es einen Ausweg. Schopenhauer weist sogar zwei Wege. Der eine ist ästhetischer, der andere ethischer Natur. Der eine erlöst vorübergehend, der andere dauernd. Dieser gleicht dem Wege Buddhas.

b) Der ästhetische Weg der Erlösung – Genie und Kunst

Nach Kant steht hinter den Erscheinungen das, was er dunkel, aber ahnungsvoll das Ding an sich nannte. Nach Platon stehen hinter den vergänglichen sichtbaren Dingen ihre unvergänglichen Urbilder, die Ideen, Schopenhauer nimmt beide Gedanken auf. Das Ding an sich erkennt er als den Willen. In den platonischen Ideen erkennt er die ewigen Formen, in denen der unendliche Wille in Erscheinung tritt.

Können wir uns zu einer Erkenntnis dessen erheben, was hinter den Erscheinungen ist? Wir können es nicht, solange der Intellekt im Dienste des Willens bleibt. Wir müßten uns von der Fesselung durch den Willen, und damit auch von der Bindung an das wollende Individuum – die notwendige Erscheinungsform des Willens in Raum und Zeit – frei machen können. Ist das möglich? Dem Tier ist es nicht möglich. Dem Menschen *ist* es möglich, wenn auch nur als Ausnahme. Darauf deutet schon der Bau seines Körpers. Das Haupt überragt den Rumpf, zwar aus ihm herausgewachsen, zwar von ihm getragen, aber doch ihm nicht ganz untertan.

Der Mensch kann reines, willenloses Subjekt der Erkenntnis werden. Die Erkenntnisart, in der ihm dies zuteil wird, ist die *Kunst, das Werk des Genius.* Kunst ist die Betrachtung der Dinge, unabhängig von der Kausalität und unabhängig vom Willen. (Wir erinnern uns an Kants »interesseloses Wohlgefallen«.) Da die Ideen nur in reiner, vom Objekt ausgehender Kontemplation erfaßt werden können, besteht das Wesen des Genies eben in der Fähigkeit zu solcher Betrachtung. Genialität ist vollkommene Objektivität, die Fähigkeit, sich rein anschauend zu verhalten, »klares Weltauge« zu sein, und zwar nicht nur augenblicksweise, sondern so lange, um das Geschaute wiederholend zu gestalten.

Der gewöhnliche Mensch, »die Fabrikware der Natur«, ist dazu nicht fähig. Schon in seinem Gesichtsausdruck überwiegt die Sphäre des Wollens, der Begierde, im Antlitz des Genies jedoch das Erkennen.

Freilich vernachlässigt das Genie über der Hinwendung zum Allgemeinen oft genug das Nächstliegende. Während es nach den Sternen blickt, stolpert es über den nächsten Stein. Doch ist es durch den Trost, den der selbstvergessene Enthusiasmus, die Hingabe an das Werk, gewährt, für alles andere überreich entschädigt.

Schopenhauer kommt hier auch auf die enge Nachbarschaft von Genie und Wahnsinn zu sprechen. Nur eine dünne Scheidewand trennt beide. Diese Ansicht kam im weiteren Verlauf des Jahrhunderts zu besonderer Wirkung durch das Werk des Italieners Cesare *Lombroso* (1836–1909), namentlich dessen Buch »Genie und Irrsinn« (1864).

Hat zwar das Genie allein die Fähigkeit, sich zur Anschauung der Ideen zu erheben, so muß doch in geringerem Grade diese Fähigkeit auch den anderen Menschen zukommen. Wie könnten sie anders für die Werke des Genius und der Kunst empfänglich sein?

Wenn wir in der Betrachtung der Kunst uns dem Sklavendienste des Willens entreißen, dann tritt auf einmal jener schmerzlose, überirdische Zustand des Gemüts ein, den Epikur als den Zustand der Götter pries. Dann sind wir, »für jenen Augenblick, des schnöden Willensdranges entledigt, wir feiern den Sabbath der Zuchthausarbeit des Wollens, das Rad des Ixion steht still.«[14]

Es folgen Schopenhauers Betrachtungen über das Schöne und das Erhabene und über die einzelnen Künste. Es sind die Gedanken eines für das Schöne und Erhabene in Natur und Kunst aufs tiefste empfänglichen Menschen.

Eine Kunst steht abgesondert von allen anderen: die *Musik*. Wir erkennen in ihr nicht die Nachbildung einer Idee, wie in den anderen Künsten. Wie kommt es, daß sie gleichwohl so mächtig auf das Innerste des Menschen wirkt? Die Musik ist das unmittelbare Abbild des Willens selbst und damit des Wesens der Welt. In ihr kommt das tiefste Wesen des Menschen und aller Dinge zum Sprechen. Unser Wille strebt, wird befriedigt und eilt weiter. So ist die Melodie ein stetes Abirren vom Grundton, entsprechend dem vielgestaltigen Streben des Willens, und ein endliches Rückkehren zu diesem, zur Harmonie, zur Befriedigung.

So können wir die Natur und die Musik als zwei Erscheinungsformen derselben Sache, des einen unendlichen Weltwillens, ansehen. In der Musik ziehen alle geheimen Regungen unseres Wesens wie ein vertrautes und doch ewig fernes Paradies an uns vorüber. Doch nur auf

Augenblicke. Die Musik ist nicht die Erlösung aus dem Leben, sondern nur ein schöner Trost in ihm. Um endgültige Erlösung zu erlangen, müssen wir vom Spiel, das die Kunst darstellt, zum Ernst übergehen.

c) Der ethische Weg zur Erlösung: Verneinung des Willens

Es wird nicht vieler Worte bedürfen, um den zweiten, den eigentlichen Weg zur Erlösung zu beleuchten, den Schopenhauer weist. Es ist der gleiche, auf den das Denken der alten Inder hinweist.

Schopenhauer ist sich dessen bewußt. Seine Philosophie will nichts, als das in abstraktes Wissen, in klare Erkenntnis zu verwandeln, was viele Menschen intuitiv wissen und was in den Lehren der großen Religionen und im Leben ihrer Heiligen vor aller Augen steht. Das uns Zunächstliegende ist das Christentum. Es ist von diesem Geiste der Weltverneinung durchdrungen, wo es echtes Christentum ist. Nimm dein Kreuz auf dich! Entsage! Nirgends ist dieser Geist schöner ausgesprochen als bei den deutschen Mystikern. Noch mehr entfaltet aber finden wir das, was Verneinung des Willens zum Leben heißt, in den uralten Werken des indischen Denkens. Das Christentum in Indien einführen zu wollen, ist so vergeblich, als eine Kugel gegen einen Felsen abzuschießen. Vielmehr wird indisches Denken immer mehr nach Europa eindringen und eine Grundveränderung im abendländischen Denken hervorbringen.

Askese als vorsätzliche Brechung des Willens ist das Mittel; das Ziel ist der Zustand, den die Heiligen, welche zur vollendeten Auslöschung des Willens gekommen sind, in Worten wie »Ekstase«, »Entrückung«, »Aufgehen des Ich in Gott« beschrieben haben. Eigentlich kann aber dieses Ziel nur negativ umschrieben werden, wie es der Buddhismus im *Nirwana* tut.

»Wenden wir aber den Blick von unserer eigenen Dürftigkeit und Befangenheit auf diejenigen, welche die Welt überwanden . . ., so zeigt sich uns, statt des rastlosen Dranges und Treibens . . . statt der nie befriedigten und nie ersterbenden Hoffnungen, daraus der Lebenstraum des wollenden Menschen besteht, jener Friede, der höher ist als alle Vernunft, jene gänzliche Meeresstille des Gemüts, jene tiefe Ruhe, unerschütterliche Zuversicht und Heiterkeit, deren bloßer Abglanz im Antlitz, wie ihn Raphael und Correggio dargestellt haben, ein ganzes und sicheres Evangelium ist . . .«[15]

4. SCHLUSSWORT – ZUR KRITIK

»Ins Innere der Natur
dringt kein erschaffner Geist.«

Mit diesen Worten hatte Albrecht von Haller treffend den Standpunkt Kants zu dem Rätsel formuliert, das hinter der Erscheinung steht. Goethe antwortete darauf mit den Versen:

»›Ins Innere der Natur‹ –
O du Philister! –
›Dringt kein erschaffner Geist?‹
Mich und Geschwister
mögt ihr an solches Wort
nur nicht erinnern!
Wir denken: Ort für Ort
sind wir im Innern.«

Schopenhauer setzte seinem Hauptwerk das Wort Goethes voran: »Ob nicht Natur zuletzt sich doch ergründe?«

Der Weg, auf dem Schopenhauer ins Innere der Natur dringt, ist der der Mystik, im besonderen der indischen. Brahman, Weltseele, Weltwille und Atman, Menschenseele, Menschenwille, sind eines. Was uns hindert, dies zu erkennen, ist der Schleier der Maya, ist die Welt der Vorstellungen. Was uns erlöst, ist das Freiwerden von der irdischen Verhaftung, vom »Durst«, und das Eingehen in Brahman oder in das Nirwana.

Wenn wir an dieses Schlußwort noch einige kritische Bemerkungen anfügen, so bezwecken wir damit, wie an anderen entsprechenden Stellen dieses Buches, nicht mehr, als den Leser auf einige Punkte aufmerksam zu machen, die er bei eigener näherer Auseinandersetzung mit Schopenhauer bedenken mag. Ein bleibendes Verdienst Schopenhauers ist, daß er der Philosophie die Augen geöffnet hat für die dunkle Tiefe, die im Menschen unterhalb der Oberfläche des Bewußtseins liegt. Die großen Dichter aller Zeiten haben sie gekannt oder geahnt. In der abendländischen Wissenschaft hat erst Schopenhauer den Weg frei gemacht zu einer Philosophie und Psychologie des Unbewußten.

Bei den Einwendungen, die dem Leser selbst aufgestiegen sein mögen, wird er leicht erkennen, wie sehr die Gedanken Schopenhauers aus der Eigenart seiner Persönlichkeit, und daneben seiner Zeit, herausgewachsen sind. Ist nicht zum Beispiel alles, was Schopenhauer über die Frau, über die Liebe, über Kind und Ehe sagt, gezeichnet als die Gedanken eines Mannes, der zeitlebens nie ein eigenes Heim, nie die Zuneigung einer mütterlichen Frau, nie das Glück der Elternschaft gekannt hat und ebensowenig das Glück einer geregelten praktischen Tätigkeit und der Einordnung in eine tätige Gemeinschaft? Mag vieles im einzelnen richtig beobachtet und mit verblüffender Treffsicherheit formuliert sein, trifft es nicht doch nur eine Seite, nur einen Typ der Frau, und ist damit nicht die ganze Wahrheit, sondern nur eine Hälfte, und damit Halbwahrheit? Ist nicht in der Lehre, daß alles im Leben darauf ankomme, von Schmerzen frei zu bleiben und sich eines ungestörten Gemütsfriedens zu erfreuen, ein wenig von der kleinlichen Ängstlichkeit und dem Egoismus des mürrischen Einsiedlers, der aller Geselligkeit und aller Verantwortung abhold ist? Ist alles Glück nur negativ? Verliert nicht auch der Tod vieles von seinem Schrecken, wenn er nach einem Leben voller Arbeit und Wirken für andere an den Menschen herantritt?

Eine mehr auf die philosophische Folgerichtigkeit gehende Frage sei an den Schluß gestellt: Wie kann in einer Welt, deren alleiniges Wesen der blinde Wille ist, gleichwohl der Intellekt über den Willen triumphieren und dem Menschen eine Kraft erwachsen, diesen Willen zu besiegen? Zeigt das nicht, daß es außer dem blinden Willen doch noch eine andere Macht geben muß?

II. Sören Kierkegaard

1. SOKRATES IN KOPENHAGEN

In seinem äußeren Ablauf ist das Leben Sören Kierkegaards mit wenigen Strichen gezeichnet. Er ist 1813 in Kopenhagen als siebentes Kind eines wohlhabenden Kaufmanns geboren. Er bezog als Siebzehnjähriger die Universität seiner Vaterstadt und legte erst zehn Jahre später das theologische Examen ab; kurz darauf erfolgte die Promotion zum Magister artium auf Grund einer Disputation »Über den Begriff der Ironie mit beständiger Hinsicht auf Sokrates«, welches Thema gleich zwei ineinander verschlungene Grundzüge seines Denkens anklingen läßt: das Sokratische und die Ironie.

Der Vater war und blieb die dominierende Gestalt in Kierkegaards Seelenleben. Die Mutter und fünf seiner Geschwister starben innerhalb weniger Jahre. Die tief religiöse Verzweiflung, die den Vater nach diesen tragischen Jahren ergriff – er empfand die Ereignisse als Strafe Gottes für eine in frühen Jahren begangene Auflehnung gegen Gott, aber im Gegensatz zum biblischen Hiob hielt sein Glaube dieser Belastung nicht stand –, diese Verzweiflung und Melancholie färbten die frühen Jahre Kierkegaards, der nach eigenem Bericht so etwas wie eine Kindheit nicht gekannt hat. 1838 starb der Vater und hinterließ ihm ein Vermögen. Der Sohn versuchte nicht, es zu mehren, nicht einmal es zu erhalten. Er bewohnte des Vaters Haus und führte ein Leben, das für Übelwollende wie das eines reichen Nichtstuers aussah, der Abend für Abend auf der Hauptstraße promenierte (wobei nicht selten die Gassenjungen hinterdreinliefen und über sein wenig ansprechendes Äußere spotteten), das Theater oder eine Gesellschaft besuchte; für Wohlmeinende wie das eines Privatgelehrten, der ab und zu ein Buch schreibt, weil ihm das Spaß macht.

Bevor allerdings das erste Buch erschien, war eine Episode vorausgegangen, die äußerlich einigen Staub aufwirbelte, innerlich Kierkegaards Schicksal entscheidend mitgeprägt hat: 1840 verlobte er sich mit der um zehn Jahre jüngeren (also siebzehnjährigen) Regine Olsen. Ein Jahr später löste er ohne äußeren Anlaß das Verlöbnis und reiste nach Berlin, um dort weitere Studien zu betreiben. Nach einem inneren Kampf, der ihn fast vernichtet hätte, war Kierkegaard zu der Einsicht gekommen, er müsse auf Liebe und Ehe verzichten, um eine Aufgabe zu erfüllen, die ihm auferlegt war, ihm allein unter Millionen Menschen, als einem von den zwei oder drei Ausnahmemenschen in jeder Generation, »die in schrecklichen Leiden entdecken sollen, was den anderen zugute kommt«.

Kierkegaards äußeres Leben ist schnell zu Ende berichtet: Er verbraucht sein ererbtes Vermögen, um seine Schriften drucken zu lassen. Als er 1855, im Alter von 42 Jahren, noch immer ohne bürgerlichen Beruf, auf dem Höhepunkt seines geistigen Kampfes, auf der Straße zusammenbricht und kurz darauf stirbt, ist das Vermögen gerade aufgezehrt. Die Armut, der er bewußt entgegengesehen haben mag, bleibt ihm erspart. Aber spätestens schon bei dem Bruch mit Regine Olsen ist deutlich geworden, daß dieses äußerlich so ereignisarme und scheinbar allem Verbindlichen ausweichende Dasein von innen gesehen ein Leben dramatischen und verzweifelten Kampfes und unerbittlichen Ernstes gewesen ist, und dazu – in bewußter Täuschung der Umwelt – ein Leben der äußersten Konzentration, die ein gewaltiges Lebenswerk hervorgebracht hat. Denn das äußere Gehäuse seines Lebens benutzte Kierkegaard als Schutzschild und Maske, hinter dem das Eigentliche sich vollzog. Das geht so weit, daß er nach dem Bruch mit Regine – der er zeitlebens innerlich die unverbrüchliche Treue gehalten hat – ihr und anderen gegenüber sich den Anschein eines leichtfertigen, nichtsnutzigen Menschen zu geben suchte, damit die Geliebte die Trennung von einem Unwürdigen als weniger schmerzlich empfinde!

Masken setzt Kierkegaard auch auf, als er seine Bücher in die Welt schickt. 1843 erscheint »Entweder – Oder. Ein Lebensfragment, herausgegeben von Victor Eremita«. Über den Gebrauch dieses Pseudonyms hinaus wird die Mystifikation aber noch weiter getrieben, denn das Buch enthält Aufzeichnungen zweier verschiedener Männer, deren

Namen angeblich nicht einmal der fingierte Herausgeber kennt. 1844 folgen »Der Begriff Angst« unter dem Pseudonym Vigilius Haufniensis sowie »Furcht und Zittern« von Johannes de Silentio. Die »Stadien auf dem Lebensweg« von 1845 nennen Hilarius Buchbinder als Verfasser, die »Abschließende unwissenschaftliche Nachschrift zu den Philosophischen Brocken« von 1846 einen Johannes Climaeus. Nachdem er um 1848 religiöse Druckschriften unter seinem Namen veröffentlicht hat, greift er bei der »Krankheit zum Tode« (1849) und der »Einübung im Christentum« (1850) erneut zu Pseudonymen.

Wozu dieses Versteckspiel? Handelt es sich um den ästhetischen Kunstgriff der Verfremdung? Hoffte Kierkegaard im Ernst, seine Urheberschaft an diesen Schriften werde in Kopenhagen verborgen bleiben? Damit konnte er nicht rechnen. Vielmehr wählt er diese Form bewußt und besteht auf ihr auch nach Aufdeckung der Pseudonyme – verlangt zum Beispiel, daß aus den Schriften nur unter den Pseudonymen zitiert werde, und lehnt es ab, für Meinungen seiner Pseudonyme einzustehen –, weil er diese Form der *indirekten* Mitteilung für die einzig mögliche hält. Denn für ihn ist, was sich direkt mitteilen läßt, was man als objektive Wahrheit, als Wissensbestand besitzen und also auch einem anderen mit-teilen, mit anderen teilen kann, nicht eigentlich Wahrheit, es ist vielmehr unerheblich und lenkt uns vom Eigentlichen nur ab. Wieso das? Diese Behauptung Kierkegaards schlägt nahezu aller bisherigen Philosophie ins Gesicht und führt uns in das Zentrum seines Philosophierens, das sich, ähnlich dem des Sokrates, stets nur im Dialog, in der Rede zum einzelnen Menschen entfaltet (ungeachtet dessen, daß Kierkegaard im Gegensatz zu Sokrates Werke geschrieben hat) und das darauf zielt, dem einzelnen, dem Gegenüber keinesfalls einen lehr- und fixierbaren Wissensbesitz zu vermitteln, sondern ein Fragen und Denken in ihm selbst zu entfesseln, ihn seine eigene Wahrheit finden zu lassen – oder schließlich, was noch »sokratischer« wäre, ihn zum Wissen seines eigenen Nichtwissens zu bringen.

2. DER EXISTIERENDE DENKER UND DER CHRIST

Kierkegaard ist Dichter und Denker. Als Schriftsteller von einer Kraft und Genialität, wie man sie zwischen Platon und Nietzsche wenigen Philosophen zuschreiben kann. »Dialektische Lyrik« ist Untertitel einer seiner Schriften, ein Kennwort, das auch für Platons herrliche Dialoge zutreffen mag. Während aber Platon *allgemeine* Gedanken in persönlicher Rede und dichterischer *Einkleidung* vortragen läßt, mag ein Leser, der zum erstenmal eine Schrift Kierkegaards aufschlägt, zunächst zweifeln, ob er überhaupt ein philosophisches Werk in der Hand hält. Kierkegaard behandelt gar keine allgemeinen, etwa ethischen, Probleme. Er spricht – zum Beispiel in den »Papieren des B«, dem zweiten Text von »Entweder – Oder«, – wie ein Dichter, das heißt vom einzelnen, bestimmten Fall zwischen einzelnen, bestimmten Personen. Kierkegaard als Denker, wie jetzt sichtbar wird, kann gar nicht anders als zugleich Dichter sein, wenn er sein Eigentliches sagen will: Er mißtraut allem Allgemeinen, allem Abstrakten. Fast die ganze Philosophie vor ihm hat ja dies gemeinsam, daß sie großen, allgemeinen Fragen nachgeht: nach dem Sinn (nicht meines, sondern) *des* Lebens, nach *der* Wahrheit, nach allgemein gültigen Prinzipien des Handelns; – nach Kant ist es sogar das Wesen des Ethischen, daß seine Prinzipien allgemeine, »kategorische« Geltung beanspruchen können. Als selbstverständlich galt, daß solchen allgemeinen Fragen und ihrer Beantwortung ein höherer Rang zukomme als den praktischen Problemen, denen dieser oder jener Mensch jeweils in seinem Leben gegenübersteht. Die richtige Lösung solcher Einzelfragen werde sich, so meinte man, aus den einmal gefundenen allgemeinen Prinzipien gleichsam von selbst ergeben; es könne jedem überlassen bleiben, aus diesen die für seinen Fall geltenden Folgerungen zu ziehen.

Kierkegaard entdeckt, daß die wirklichen Probleme im Leben aber immer von der Art der sogenannten »praktischen Einzelfragen« sind. Die Frage ist nicht: Soll *man* dies oder jenes tun? sondern: Soll *ich*, dieser bestimmte Mensch in dieser augenblicklichen bestimmten Lage, dies oder jenes tun? Solche Probleme sind »existentielle« Probleme. Soll Philosophie Sinn haben, muß sie ihre Blicke auf diese richten. »Während das objektive Denken gegen das Subjekt und dessen Existenz gleichgültig ist, ist der subjektive Denker als existierender an seinem Denken interessiert, er existiert ja darin« . . . »Nur das Erkennen, das sich wesentlich zur Existenz verhält, ist wesentliches Erkennen.«

Was soll ihm da Hegels Lehre von der Synthese? Erfolgt der Ausgleich der Gegensätze nicht immer nur in der Abstraktion, in der Idee, während im wirklichen Leben der Gegensatz mit unverminderter Schärfe fortbesteht? Und gilt nicht im Ethischen stets nur radikale Entscheidung – »Entweder – Oder«?

Existenz in diesem Sinne hat nichts zu tun mit der äußeren Daseinssicherung durch Beruf, Einkommen, Ernährung. Existenz ist vielmehr der innerste, unfaßbare, personale Kern des Einzelmenschen, das »Selbst«, wie ein Mystiker sagen würde; das Selbst aber ist, mit Kierkegaards Worten aus der »Krankheit zum Tode«, »ein Verhältnis, das sich zu sich selbst verhält, oder das an dem Verhältnis, daß das Verhältnis sich zu sich selbst verhält«. An anderer Stelle führt er den Gedanken weiter und sieht das Selbstsein des Menschen als Prozeß, als eine Folge der Momente, in denen er jeweils die Synthese aus Unendlichkeit und Endlichkeit vollzieht, welche der erfüllte Augenblick darstellt. So erscheint der Mensch als zutiefst geschichtlich, die Zeitlichkeit, die »Ausgespanntheit« des Selbst bis zu seinem eigenen Tode ist sein konstituierendes Element.

Mit diesem Streiflicht auf das, was man Kierkegaards Anthropologie nennen kann, haben wir erst den einen Pol seines Denkens erfaßt. Der andere liegt im christlichen *Glauben.* Wenn Kierkegaard unter verschiedenen Pseudonymen ursprüngliche, überlieferte Lebensweisen wie das ästhetische Genießen vor Augen führt, so will er doch durch sie hindurch vor allem bewirken, daß die Menschen jenseits der Menge wieder zu Einzelnen werden, aber nicht zu Einzelnen für sich, sondern zu »Einzelnen vor Gott«. Nichts ist für Kierkegaard abstoßender als die Tatsache, daß zu seiner Zeit jedermann Christ ist, ohne daß irgend jemand wirklich Christ ist. Dieser Zustand ist unredlich, und Unredlichkeit ist es vor allem andern, die Kierkegaard haßt und bekämpft. Was hat der Glaube, daß Gott in Jesus Christus Mensch geworden und in der Welt erschienen ist, was hat dieser Glaube, der dem Verstand ewig paradox, ja absurd erscheinen muß, der uns nur geschenkt werden kann als eine Gnade von oben her, dann aber einen »Sprung« darstellt in einen Bereich jenseits aller Vernunft – mit der lauen, bürgerlichen, äußerlichen Kirchlichkeit zu tun, in der brave Bürger ohne die mindeste innere Bewegung durch Taufe, Konfirmation, Trauung hindurchgehen? Christsein bedeutet einen Bruch mit Vater und Mutter, mit allem und jedem, es ist »aussondernd und polemisch«. Um dieses Christsein zu ermöglichen, muß die äußerliche Christenheit erschüttert und entlarvt werden.

Auf diesen Kampf, mit tiefstem und erbarmungslosem Ernst geführt, läuft Kierkegaards Weg schließlich unfehlbar hin. Er entfesselt ihn in seinen beiden letzten Lebensjahren – nun nicht mehr unter deckenden Pseudonymen – durch Zeitungsartikel und eigene Flugblätter, die er »Der Augenblick« nennt. »Dadurch, daß du nicht an dem öffentlichen Gottesdienst teilnimmst, wie er jetzt ist, dadurch hast du beständig eine große Schuld weniger: du nimmst nicht daran teil, Gott dadurch zum Narren zu halten, daß man für neutestamentliches Christentum ausgibt, was es doch nicht ist.« Diesen Ton schlägt er jetzt an. Dabei wagt er nicht einmal zu behaupten, daß er für das Christentum kämpfe oder daß er selber ein Christ sei. Das Christentum steht ihm so hoch, daß er es nicht wagt, sich seinen Wahrheitszeugen oder gar seinen Märtyrer zu nennen. »Nimm an, ich würde ein Opfer, so würde ich doch nicht ein Opfer für das Christentum, sondern bloß dafür, daß ich Redlichkeit wollte . . . Ich darf mich nicht einen Christen nennen, aber Redlichkeit will ich, und zu dem Ende will ich wagen.« In dieser Überzeugung – er, der ewig grübelnde Zweifler, war gewiß, wenigstens in diesem Kampfe Gottes Willen zu tun – ist er gestorben, ohne zu widerrufen oder auf dem Sterbebett den Trost der Kirche entgegenzunehmen. Die Ärzte konnten keine Krankheit feststellen. Wie er sich im Leben unter Masken verbarg und die Menschen sich gleichsam vom Leibe hielt, um das Mißverständnis fernzuhalten, als habe er, Kierkegaard, Meinungen, Lehren, Trost zu spenden, so suchte er einem Mißverstehen und Mißbrauch durch die Nachwelt vorzubeugen. Unter der Überschrift »Wehmut« heißt es in den Tagebüchern: »Da ist irgendwo in einem Psalm von dem Reichen gesagt, daß er mit großer Mühe einen Schatz sammelt und ›weiß nicht, wer ihn erben soll‹: so werde ich, intellektuell, ein nicht so kleines Kapital hinterlassen; ach, und ich weiß zugleich, wer mich beerben wird, er, die Gestalt, die mir so ungeheuer zuwider ist, er, der doch bisher alles Bessere in der Welt geerbt hat und fernerhin erben wird: der Dozent, der Professor.«

Und in einer Nachschrift fügt Kierkegaard hinzu: »Und selbst wenn der ›Professor‹ dies zu lesen bekäme, das würde ihn doch nicht aufhalten, nicht bewirken, daß das Gewissen ihm schlüge, nein, auch das würde doziert werden ...«

3. SPÄTE WIRKUNG

Der schroffe Ernst, die tödliche Unerbittlichkeit in Kierkegaards Denken und Schreiben, dazu die beschwörende Gewalt seines Wortes, die schillernde Vielfalt seiner Pseudonyme: man sollte meinen, daß dies alles ausgereicht hätte, nicht nur eine kurzlebige Sensation im kirchlichen und gesellschaftlichen Establishment Kopenhagens hervorzurufen, daß vielmehr der Feuerschein dieser geistigen Explosion das philosophische Leben, das Geistesklima auch der umliegenden Länder, ja des Jahrhunderts, getroffen und verändert hatte – um so mehr, als Kierkegaard jedenfalls im großen deutschen Nachbarlande geistig völlig zu Hause war, nicht nur im Werke Hegels (das für ihn den »Stein des Anstoßes« bildet), sondern auch bei Kant, Schelling, Fichte, in der deutschen Theologie von Luther an, und darüber hinaus in der deutschen Dichtung. Horchen wir aber in das Schrifttum der europäischen Hauptsprachen aus den Jahrzehnten nach Kierkegaards Tod, so vernehmen wir auf Kierkegaards Ruf nicht das geringste Echo. Kein Sterbenswort. Daß Kierkegaard in seiner Muttersprache dachte und schrieb, die außerhalb der dänischen Grenzen, jedenfalls in intellektuellen Kreisen, kaum verstanden wurde, ist zwar für das Entstehen seines Werkes eine unentbehrliche Voraussetzung – denn wie hätte er losgerissen vom Mutterboden seiner Sprache ein so tiefes, subtiles, vielschichtiges Werk schreiben können? Für seine Wirkung könnte man es ein Verhängnis nennen, hätte sie nicht nach einem halben Jahrhundert doch noch eingesetzt. Zunächst in Deutschland: Hier erschienen gegen 1890 erst

Dokumente seines Kirchenkampfes, dann Briefe, Tagebücher, einzelne Schriften, ab 1909 eine erste Gesamtausgabe – und nun erst trat ein, was die großen skandinavischen Dichter, bei ähnlicher Ausgangslage wie Kierkegaard, was die Wirkungsmöglichkeit anlangt, schon zu Lebzeiten erreicht hatten: die Wirkung dieser deutschen Übersetzungen strahlte weiter aus; von den zwanziger Jahren unseres Jahrhunderts ab begegnet uns Kierkegaards Name auch im englischen-amerikanischen und im französischen Schrifttum.

Und nicht nur sein Name. Es ist, als sei nun plötzlich erst die Zeit reif geworden, Kierkegaard zu verstehen und aufzunehmen. Die *dialektische Theologie*, vertreten durch Karl Barth (1886–1968), Friedrich Gogarten (1887–1967), Rudolf Bultmann (1884–1976), gründet sich großenteils auf ihn, und zwar ausdrücklich, wie gleich in Barths erster grundlegender Schrift »Der Römerbrief« (1924) hervortritt. In der Philosophie unseres Jahrhunderts ist alles, was unter dem Namen Existenzphilosophie und Fundamentalontologie geht, nicht denkbar ohne Kierkegaard, wie bei der Besprechung dieser Philosophien näher zu zeigen, hier höchstens anzudeuten ist. Knüpft doch schon die Bezeichnung »Existenzphilosophie« ausdrücklich an Kierkegaards »existierenden Denker« – Wort wie Sache – an. Einsamkeit, »Geworfenheit«, das Absurde, Angst als Urtatbestände des Menschenseins: dies findet sich bei Kierkegaard und findet sich wieder von Gabriel Marcel bis Albert Camus und weiter – wie der Name Camus schon andeutet, im geistigen Klima der Gegenwart überhaupt, sichtbar in der modernen Kunst, Lyrik, vielleicht besonders in die Augen springend in der dramatischen Literatur seit 1945. Es versteht sich, daß diese Motive sich eher noch zuspitzen und radikalisieren, wenn sie ihrer Verklammerung mit Kierkegaards wesenhaft religiöser Existenz entkleidet und mit religiöser Indifferenz oder klarem Atheismus (Sartre) verbunden werden.

Indem Kierkegaard für den religiös Suchenden wie für den philosophisch Fragenden jeden objektiven Halt zerschlägt und den einzelnen immer wieder in den ungewissen, schwebenden Grund seiner eigenen Existenz zurückwirft, leistet er in seherischer Voraussicht die entscheidende geistige Vorarbeit für den noch immer unbegriffenen, erst recht unbeherrschten Erdrutsch, den die Menschheit im Zeitalter der beiden großen Weltkriege erlebt hat. So erscheint er als der große Zertrümmerer, hierin nur Friedrich Nietzsche vergleichbar, der die Axt an die Wurzel eines zweitausendjährigen Gebäudes legt. So wird ihm dann auch vorgeworfen, sein zorniger Angriff auf die Kirche seiner Zeit habe die Möglichkeit einer Kirche überhaupt gefährdet, ohne deren tragenden Halt sich Religion dauerhaft kaum in der Welt behaupten kann; und ähnlich ließe sich in der Philosophie argumentieren, daß die aufs äußerste gesteigerte, »existentielle« Subjektivität des Denkers alles tragend Gemeinsame in Erkennen wie im Handeln, ja im Grunde schon die intersubjektive Verständigung eigentlich ausschließe. Ferner ließe sich fragen, ob nicht – sagen wir vom Standpunkt eines römischen Stoikers aus gesehen – lebenslanges Beharren und Bohren auf der eigenen »Existenz«, ihren Gefährdungen, ihrem schließlichen Ende im Tod, eine gewisse Schwäche des Menschen der Spätkultur anzeige, der darüber den Blick für die Aufgaben des Menschen in der Welt und gegenüber seinen Mitmenschen verfehle. In verwandter Richtung liegt eine Bemerkung Nicolai Hartmanns, der in Kierkegaard etwas raffiniert Selbstquälerisches sieht, das seinen Blick ständig auf Selbstreflexion einenge und so, gebannt auf den eigenen Tod stoßend, ihm ein metaphysisches Gewicht zuschiebt, das ihm bei gelassener Betrachtung im größeren, das heißt im kosmischen Rahmen, keinesfalls zukomme.

Diese Andeutungen mögen ausreichen, um deutlich zu machen, daß an Kierkegaard die Geister sich scheiden. Man kann von ihm sagen, daß kein Mensch, der von seinen Gedanken einmal angerührt wurde, aus diesem Abenteuer unverändert herauskommt; allgemeiner gesprochen, daß die Welt nach Kierkegaard unwiderruflich anders aussieht als vor ihm. Dies kann nur von ganz wenigen Großen wie Sokrates oder Kant zu Recht ausgesagt werden.

III. Friedrich Nietzsche

1. LEBEN UND HAUPTSCHRIFTEN

Wenn man Schopenhauer als Schüler und Nachfahren Kants ansehen kann und seine Philosophie doch im Ergebnis auf etwas ganz anderes, ja das Gegenteil von der Kants hinausläuft, so gilt das gleiche im Verhältnis Nietzsches zu Schopenhauer. Und doch ist es sinnvoll, die Philosophie Nietzsches neben und nach der Schopenhauers einzuordnen, denn eines ist, abgesehen von dem großen Einfluß Schopenhauers auf Nietzsche, beiden gemeinsam und scheidet sie von den Philosophen der Vernunft: Auch Nietzsches Philosophie ist eine Philosophie des *Willens.*

Nietzsches Leben ist eine der großen Tragödien des menschlichen Geistes. »Selten hat jemand einen so hohen Preis für sein Genie bezahlt.«[16]

Friedrich Wilhelm Nietzsche wurde 1844 in Röcken bei Lützen als Sohn des dortigen evangelischen Pfarrers geboren. Die Familie sollte einer Überlieferung zufolge von polnischen Grafen abstammen. Nietzsche verlor mit fünf Jahren den Vater und wuchs ganz in weiblicher Umgebung und im Geiste protestantischer Frömmigkeit auf. Er wurde ein empfindsamer, etwas weicher Knabe, versuchte aber schon damals, dem durch Abhärtung und eiserne Selbstbeherrschung entgegenzuwirken. Damit haben wir schon zwei Grundzüge seines Charakters vor uns. »Was ich *nicht* bin, das ist mir Gott und Tugend!«

In dem berühmten Internat von Schulpforta wurde der Grund gelegt zu Nietzsches nie erloschener Liebe zum griechischen Altertum. Er studierte anschließend in Bonn und Leipzig klassische Philologie. In Leipzig schloß er Freundschaft mit dem berühmten Philologen Erwin *Rohde* (1845–1898, bekannt durch sein Werk »Psyche. Seelenkult und Unsterblichkeitsglaube der Griechen«).

In Leipzig geriet Nietzsche in den Bann der dritten geistigen Macht, die neben dem Elternhaus und dem klassischen Altertum auf ihn bestimmend eingewirkt hat. Er fand im Antiquariat das Hauptwerk Schopenhauers, las es in einem Zuge und ließ diesen düsteren Genius ganz auf sich wirken. Schon vorher aber war Nietzsche mit dem Werke Richard *Wagners* bekannt geworden, das den Geist Schopenhauers atmete. »Von dem Augenblick an, wo es einen Klavierauszug des Tristan gab, war ich Wagnerianer.« Nietzsche liebte die Musik. »Ohne Musik wäre mir das Leben ein Irrtum.« Er verstand durch stundenlanges freies Phantasieren auf dem Flügel seine Hörer stets tief zu ergreifen. Nietzsche traf Wagner in Leipzig persönlich und wurde einer seiner leidenschaftlichen Verehrer.

Vorher war Nietzsche zum Militärdienst eingezogen, wegen einer beim Reiten zugezogenen Verletzung aber bald wieder entlassen worden.

Schon vor dem Abschluß seines Studiums hatte Nietzsche einige kleinere philologische Arbeiten veröffentlicht. Sie trugen dem Vierundzwanzigjährigen, in Verbindung mit der Empfehlung seines Lehrers Ritschl, einen Ruf als außerordentlicher Professor der klassischen Philologie an die Universität Basel ein. In die Schweizer Zeit fallen Nietzsches Begegnungen mit dem Historiker Jacob *Burckhardt* (1818–1897), dem Theologen Franz *Overbeck* (1837–1905) und erneut mit Richard Wagner, der damals in Triebschen am Vierwaldstätter See lebte.

Die glückliche Wirksamkeit in Basel wurde unterbrochen durch den Krieg von 1870. Nietzsche nahm als Krankenpfleger an ihm teil. Wegen einer schweren Ruhrerkrankung kehrte er bald zurück. Von dieser Zeit an ist er niemals wieder ganz gesund geworden.

1871 erschien Nietzsches Schrift *»Die Geburt der Tragödie aus dem Geiste der Musik«*. Nietzsche sieht im griechischen Leben und Kunstschaffen, gewiß vereinfachend, zwei polar entgegengesetzte Mächte wirksam, die er das Dionysische und das Apollinische nennt. Das Dionysische, am besten noch mit der Analogie des Rausches zu erklären, ist der gestaltlose Urwille, wie er sich unmittelbar in der Musik ausspricht. Das Apollinische ist die Kraft des Maßes und der Harmonie.

Deutschlands äußerer Machtanstieg nach 1870 war für Nietzsche Anlaß zur Kritik und Besorgnis. Nietzsches zeitkritische Gedanken sind enthalten in den *»Unzeitgemäßen Betrachtungen«* (1873–1876). Die erste Betrachtung ist eine Abrechnung mit David Friedrich Strauß als dem Typus des deutschen »Bildungsphilisters«. Die berühmte zweite Betrachtung *»Vom Nutzen und Nachteil der Historie für das Leben«* wendet sich gegen das Überhandnehmen des historischen Wissensstoffes, unter dem das eigentliche Leben zu ersticken droht. Mit der dritten Betrachtung *»Schopenhauer als Erzieher«* und der vierten *»Richard Wagner in Bayreuth«* preist Nietzsche seine eigenen Meister als Erzieher zu einer neuen veredelten Kultur.

Bald nach dieser Verherrlichung Wagners folgte Nietzsches Bruch mit ihm, mitten in den Bayreuther Festspielen, an denen er als Gast teilnahm. Der Hauptvorwurf Nietzsches gegen Wagner war, daß dieser mit dem »Parsifal« vor den lebensverneinenden Idealen des Christentums zu Kreuze gekrochen sei.

Der Bruch mit Wagner bezeichnet den Übergang von der ersten Periode in Nietzsches innerer Entwicklung zur zweiten. Er wandte sich nun ab von den Idealen und den Meistern, die er bis dahin verehrt hatte. Nietzsche wurde kritisch gegen die Kunst, gegen die Metaphysik. Er suchte das Heil nun in der Wissenschaft und näherte sich einem naturalistischen Positivismus. Sein Buch *»Menschliches, Allzumenschliches, ein Buch für freie Geister«* (1878–1880) zeugt davon. Es ist Voltaire gewidmet. In dieser Zeit erfolgte der erste körperliche Zusammenbruch. Nietzsche hatte schon 1876 einen einjährigen Krankheitsurlaub erbitten müssen, bald darauf seine Pensionierung. Die Stadt Basel zahlte ihm bis an sein Lebensende eine Pension. 1879 war Nietzsche dem Tode nahe. Nach der Genesung schrieb er die *»Morgenröte«* (1881) und die *»Fröhliche Wissenschaft«* (1882).

Nietzsche selbst hat im »Zarathustra« die drei Stufen geschildert, durch die der sich entwickelnde Mensch hindurchgeht: Abhängigkeit von Autoritäten und Meistern – Losreißen von diesen, Erkämpfen der Freiheit (negative Freiheit, »Freiheit von«) – Hinwendung zu den eigenen Werten und endgültigen Zielen (positive Freiheit, »Freiheit zu«). Dieses dritte Stadium beginnt für Nietzsche selbst im Jahre 1882 mit seinem Werk *»Also sprach Zarathustra«*. Nietzsche lebte, seit er Basel verlassen hatte, meist in Oberitalien, in Genua, Venedig, Turin, auch an der französischen Riviera und im Sommer viel in Sils-Maria im Oberengadin, das er besonders liebte. Den Winter 1882/83 verlebte er an der Bucht von Rapallo. Auf den Spaziergängen rings um die Bucht und auf den das Meer überschauenden Höhen gewann Nietzsches Hauptwerk in ihm Gestalt. Zarathustra »überfiel« ihn.[17]

Schon während der Arbeit am Zarathustra, der eine *dichterische* Gestaltung der philosophischen Gedanken Nietzsches ist, war in ihm der Plan entstanden, diese in einem vierbändigen Werk auch *systematisch* darzustellen. Das Buch sollte den Titel tragen *»Der Wille zur Macht. Versuch einer Umwertung aller Werte«* (oder ähnlich – Nietzsche hat verschiedene Formulierungen hinterlassen). Nietzsche hat dieses Werk nicht vollendet. Es wurde nach seinem Tode herausgegeben nach Plänen, die sich zusammen mit den Aufzeichnungen dazu im Nachlaß fanden. Es hat damit einen fragmentarischen Charakter behalten, nicht nur in der sprachlichen Form, sondern auch gedanklich. (Sprachlich sind alle späteren Werke Nietzsches nur Sammlungen einzelner Gedanken und Aphorismen.)

Eine Einleitung zu diesem Werk sollte die 1886 erschienene Schrift *»Jenseits von Gut und Böse,* Vorspiel einer Philosophie der Zukunft« bilden. Aufs neue wurde die Arbeit am Hauptwerk unterbrochen durch die Neuausgabe früherer Schriften und durch die 1887 geschriebene *»Genealogie der Moral«.*

Nietzsche war in diesen Jahren immer mehr vereinsamt. Kaum einer seiner früheren Freunde vermochte ihm auf seinen neuen Wegen zu folgen. Auch seine Bücher fanden so gut wie keine Beachtung. Vom letzten Teil des »Zarathustra« ab fand er nicht einmal mehr einen Verleger und mußte alles auf eigene Kosten drucken lassen. In dieser unheimlichen Stille, die ihn umgab, steigerte sich Nietzsches Selbstschätzung immer mehr. Seine Sprache wurde immer leidenschaftlicher und lauter.

Das Jahr 1888 brachte einen neuen Höhepunkt in seinem Schaffen. Aber die übersteigerte Produktion war schon der Vorbote der kommenden Katastrophe. Nietzsche schrieb *»Der Fall Wagner«,* eine erbitterte Abrechnung mit Wagner ebenso wie die Schrift *»Nietzsche contra Wagner,* Aktenstücke eines Psychologen«. Er veröffentlichte die *»Götzendämmerung«* und den *»Antichrist«* – beides leidenschaftliche Angriffe gegen das Christentum. Er schrieb endlich in den letzten Monaten dieses Jahres die Selbstbiographie *»Ecce Homo«.* An den dänischen Gelehrten *Brandes,* der gerade als erster Vorlesungen über Nietzsches Philosophie gehalten hatte – ein erstes Anzeichen der beginnenden Wirkung Nietzsches –, schrieb er über dieses Werk: »Ich habe jetzt mit einem Zynismus, der welthistorisch werden wird, mich selbst erzählt. Das Buch . . . ist ein Attentat ohne die geringste Rücksicht auf den Gekreuzigten; es endet in Donnern und Wetterschlägen gegen alles, was christlich ist . . . Ich schwöre Ihnen zu, daß wir in zwei Jahren die ganze Erde in Konvulsionen haben werden. Ich bin ein Verhängnis.«[18]

Man kann fragen, ob ein früheres Einsetzen der äußeren Anerkennung Nietzsche vor den Übersteigerungen seiner letzten Schriften bewahrt hätte. Jedenfalls kam die Anerkennung zu spät, und die Krankheit hätte wohl in jedem Fall ihren Lauf genommen. Der jahrelange einsame Kampf Nietzsches um eine Umwertung aller Werte hatte seine körperlichen und geistigen Kräfte aufgezehrt. Er war fast erblindet. Alle Schriften der letzten Jahre hatte er nur mit äußerster Energie der fortschreitenden Krankheit abgerungen. Anfang 1889 erlitt Nietzsche in Turin einen paralytischen Schock, wohl infolge einer früher zugezogenen luetischen Infektion. Aus zweitägiger Betäubung erwacht, sandte er an verschiedene Freunde und hochgestellte Persönlichkeiten Briefe so verworrenen und phantastischen Inhalts, daß sein Freund Overbeck ihm sofort zu Hilfe eilte. Über den Augenblick des Wiedersehens und den erschütternden Zustand Nietzsches besitzen wir seine ergreifende Schilderung.[19]

Nietzsche wurde nach Basel, dann nach Jena in eine Klinik gebracht. Darauf nahm ihn seine Mutter zu sich. Unter ihrer aufopfernden Pflege, später auch der seiner Schwester Elisabeth Förster-Nietzsche, lebte er noch zwölf Jahre in einem Dämmerzustand, aus dem ihn der Tod endlich im Jahre 1900 erlöste.

2. EINHEIT UND EIGENART DER PHILOSOPHIE NIETZSCHES

Einheit und durchgängigen Zusammenhang in Nietzsches Philosophie zu entdecken ist nicht ganz leicht. Dem ersten Blick mögen seine Schriften als eine Sammlung genialer Aphorismen (der Form nach) oder Aperçus (dem Inhalt nach) erscheinen, auch die Werke aus der Höhe seines Schaffens und keineswegs nur die Schriften des letzten Jahres, 1888, in die hinein die bevorstehende Umnachtung vielleicht ihre Schatten vorausgeworfen hat. Die neuere Nietzsche-Auslegung erkennt jedoch in Nietzsches Denken Zusammenhang, Ordnung, Einheitlichkeit, ja lebenslange Bemühung um *ein* zentrales philosophisches Thema – eine These, die an dieser Stelle zwar behauptet, aber kaum zureichend belegt werden kann.[20] Angemerkt sei hier, daß die heutige Philosophie – nachdem schon die zwanziger und dreißiger Jahre eine große Anzahl von Werken über Nietzsche gebracht hatten – sich in weitem Ausmaß mit Nietzsche befaßt und seine ungeheure Bedeutung in der Geschichte des Denkens immer eindringlicher erkennt. So hat Karl Jaspers unter dem Titel »Nietzsche – Einführung in das Verständnis seines Philosophierens« eine eigene Deutung vorgelegt; Martin Heidegger hat Nietzsche in zahlreichen Vorträgen und Aufsätzen behandelt und 1960 ein zweibändiges Werk über Nietzsche veröffentlicht.

Versuchen wir nun, uns dem Werk Nietzsches von irgendeiner Seite anzunähern! Wir können nicht hoffen, dabei den ganzen Bau ins Blickfeld zu bekommen. Beginnen wir mit einem Zitat, das zugleich als Beispiel steht für Nietzsches leidenschaftliche, kraftvolle Sprache, für die Virtuosität seines Stils. Es steht am Schluß des Nachlaßwerkes »Der Wille zur Macht«[21].

»Und wißt ihr auch, was mir ›die Welt‹ ist? Soll ich sie euch in meinem Spiegel zeigen? Diese Welt: ein Ungeheuer von Kraft, welche nicht größer, nicht kleiner wird, die sich nicht verbraucht, sondern nur verwandelt, als Ganzes unveränderlich groß, ein Haushalt ohne Ausgaben und Einbußen, aber ebenso ohne Zuwachs, ohne Einnahmen, vom ›Nichts‹ umschlossen als von seiner Grenze, nichts Verschwimmendes, Verschwendetes, nichts Unendlich-Ausgedehntes, sondern als bestimmte Kraft einem bestimmten Raum eingelegt, und nicht einem Raume, der irgendwo ›leer‹ wäre, vielmehr als Kraft überall, als Spiel von Kräften und Kraftwellen zugleich eins und vieles, hier sich häufend und zugleich dort sich mindernd, ein Meer in sich selber stürmender und flutender Kräfte, ewig sich wandelnd, ewig zurücklaufend, mit ungeheuren Jahren der Wiederkehr, mit einer Ebbe und Flut seiner Gestaltungen, aus den einfachsten in die vielfältigsten hinaustreibend, aus dem Stillsten, Starrsten, Kältesten hinaus in das Glühendste, Wildeste, Sich-selber-Widersprechendste, und dann wieder aus der Fülle heimkehrend zum Einfachen, aus dem Spiel der Widersprüche zurück bis zur Lust des Einklangs, sich selber bejahend noch in dieser Gleichheit seiner Bahnen und Jahre, sich selber segnend als *das*, was ewig wiederkommen muß, als ein Werden, das kein Sattwerden, keinen Überdruß, keine Müdigkeit kennt: diese meine *dionysische* Welt des Ewig-sich-selber-Schaffens, des Ewig-sich-selber-Zerstörens, diese Geheimniswelt der doppelten Wollüste, dies mein ›Jenseits von Gut und Böse‹, ohne Ziel, wenn nicht im Glück des Kreises ein Ziel liegt, ohne Willen, wenn nicht ein Ring zu sich selber guten Willen hat –, wollt ihr einen *Namen* für diese Welt? Eine *Lösung* für alle ihre Rätsel? Ein *Licht* für euch, ihr Verborgensten, Stärksten, Unerschrockensten, Mitternächtlichsten? – *Diese Welt ist der Wille zur Macht – und nichts außerdem!* Und auch ihr selber seid dieser Wille zur Macht – und nichts außerdem!«

Fragen wir uns, um irgendeinen ersten Richtpunkt zu gewinnen: an welchen Denker, an welche Richtung aus der uns bekannten Geschichte der Philosophie erinnert die hier dargelegte Auffassung Nietzsches von der »Welt«, wo klingt Verwandtes auf? Wir müssen weit zurückgehen, um die Antwort zu finden: den Philosophen, zu dem sich Nietzsche selbst (als einzigem) bekannt und mit dem er sich verwandt gefühlt hat: Heraklit. Hier wie dort erscheint die Welt als ein unendlicher Prozeß des Werdens und Vergehens, des Schaffens und Zerstörens – ein Meer gleichsam, in dem alles Endliche sich bildet, Gestalt gewinnt und wieder vergeht, zerfließt, in dem eine Urkraft sich selbst erhält.

Heraklit also? So weit zurück? Soll das bedeuten, daß Nietzsche alles ignoriert, was sich zwischen Heraklit und dem neunzehnten nachchristlichen Jahrhundert in der Geschichte des Denkens abgespielt hat: Sokrates, Platon, Aristoteles, Christentum und abendländische Philosophie? Nietzsche ignoriert es nicht, aber er setzt sich von ihm ab, stößt sich von ihm ab. In der Tat: er hält alles, was seither geschehen ist, für einen Irrweg. Er mißtraut ihm. Er sucht das Überkommene zu zerstören und neu zu beginnen auf eine so radikale Weise wie niemand vor ihm. Und natürlich kann er sich nicht der Begriffssprache bedienen, welche diese Überlieferung geschaffen hat – er bekämpft sie ja! Dies ist *ein* Grund für Nietzsches »bildhaftes« Denken und Sprechen.

Das Wesen der Welt nun, sagt Nietzsche, ist Wille, genauer: Wille zur Macht. Er fügt hinzu: »Und nichts außerdem!« Was heißt das? In diesen Worten liegt Nietzsches Absage an alle »Meta-physik«: an alle Versuche der Philosophie und Religion, neben, hinter oder über der eben gekennzeichneten »Welt« noch eine zweite, »ideale« Welt zu setzen und zu denken. »Gott ist tot«; dieses Wort, das Nietzsche seinen Zarathustra aussprechen läßt, ist Kurzformel für diesen seinen Gedanken. »Ewige Ideen«, »Ding an sich«, »Jenseits«: Hirngespinste sind das alles, farbiger Rauch, Illusionen. Doch keine wohltätigen Illusionen! Woher stammen sie denn? »Kranke und Absterbende waren es, die verachteten Leib und Erde und erfanden das Himmlische und die erlösenden Blutstropfen . . .«, spricht Zarathustra.[22]

In diesem Zitat fließt nun etwas Neues ein: Wertung, Werturteil – und zwar nach Begriffspaaren, wie krank/gesund, dekadent/lebenstüchtig. Es ist eine Eigenart Nietzsches, alle Seinsfragen als Wertfragen zu sehen oder in solche zu verwandeln; man tut ihm allerdings unrecht, wenn man solche Begriffspaare nur im plattesten biologischen Sinn versteht. Sicher ist, daß die Seite in Nietzsches Denken, die ihn als großen Zertrümmerer überkommener Werte und als Schöpfer neuer, als »Umwerter aller Werte« zeigt, dem Verständnis einen verhältnismäßig leichten – zu leichten – Zugang eröffnet. Zu leicht – weil sie dazu verführt, über ihr andere Seiten seiner Philosophie zu vergessen. Werfen wir – unter diesem Vorbehalt – einen Blick auf Nietzsches Werttafeln.

3. DER PHILOSOPH MIT DEM HAMMER

Nietzsche »philosophiert mit dem Hammer«. Er zertrümmert rücksichtslos alte als falsch erkannte Werte, richtet jedoch zugleich neue Werte und Ideale auf. »Wer ein Schöpfer sein muß im Guten und Bösen, wahrlich, der muß ein Vernichter erst sein und Werte zerbrechen.« Betrachten wir zunächst diese der Zerstörung und Kritik dienende Seite von Nietzsches Wirken. Man hat sie[23] bezeichnet mit einem siebenfachen »anti-«.

Nietzsche ist *antimoralistisch.* Es gibt Herrenmoral und Sklavenmoral. Das Wort »gut« hat zwei verschiedene Bedeutungen: Bei den Herrschenden bezeichnet es die erhobenen und stolzen Zustände der Seele. Der Gegensatz von »gut« ist hier »schlecht«. Schlecht im Sinne der Herrschenden heißt: landläufig, gewöhnlich, gemein, wertlos. Für den Herdenmenschen dagegen bedeutet »gut«: friedlich, harmlos, gütig, mitleidig; der Gegensatz ist hier: »böse«. Böse ist alles, was den Menschen über die Herde erhebt: ungewöhnlich, kühn, unberechenbar, gefährlich – kurz fast alles, was für die Herrschenden »gut« ist.[24]

Mit den Juden beginnt der Sklavenaufstand der Moral in der Geschichte. Ihre Propheten haben es fertiggebracht, die Begriffe »reich«, »gottlos«, »böse«, »gewalttätig«, »sinnlich« in eins zu verschmelzen und dem Worte »Welt« einen negativen Wert beizulegen. Diese radikale Umkehrung aller natürlichen Wert- und Rangverhältnisse ist ein Akt geistiger Rache von seiten der Niedrigen und Schlechtweggekommenen. Nun erscheinen die Elenden, Armen, Ohnmächtigen, Leidenden, Kranken, Häßlichen als die »Guten«; und die aristokratische Wertsetzung von gut = vornehm, schön, mächtig, glücklich verliert die Herrschaft.[25]

Die starken und gesunden Instinkte, die sich unter der Herrschaft der Sklavenmoral nicht nach außen entladen können, müssen sich neue unterirdische Befriedigung suchen. Sie wenden sich nach innen. Das ist der Ursprung des »schlechten Gewissens«. Der starke Mensch wird zum Tier, das, in den Käfig der Sitte eingesperrt, sich selbst zerreißt und mißhandelt. Damit war die unheimlichste Erkrankung der Menschheit eingeleitet, das Leiden des Menschen an sich selbst.[26] Durch alle die Worte, mit denen die Religion, welche die Erbin der jüdischen Sklavenmoral geworden ist, das *Mitleiden* predigt, hört man hindurch die heiseren Laute der Selbstverachtung des Mißratenen.[27]

Nietzsche ist *antidemokratisch.* Alle Moral in Europa ist heute Herdentier-Moral. In den politischen und gesellschaftlichen Einrichtungen ist die demokratische Bewegung ihr sichtbarer Ausdruck.[28] Es ist lächerlich, nach Art der englischen Krämerseelen den Sinn des Lebens im größten Glück der größtmöglichen Zahl zu sehen.

Nietzsche ist *antisozialistisch.* Das sozialistische Ideal ist das der Gesamt-Entartung des Menschen zum vollkommenen Herdentier.[29] Was ist denn der Untergang jeder Kultur? »Sagen wir es ohne Schonung . . . Menschen mit einer noch natürlichen Natur, Barbaren . . ., Raubmenschen, noch in Besitz ungebrochener Willenskräfte und Macht-Begierden, warfen sich auf schwächere, gesittetere, friedlichere, vielleicht Handel treibende oder Vieh züchtende Rassen oder auf alte mürbe Kulturen, in denen eben die letzte Lebenskraft in glänzenden Feuerwerken von Geist und Verderbnis verflackerte.«[30]

Das Wesen allen Lebens ist Aneignung, Verletzung, Überwältigung des Schwachen, Unterdrückung, Härte, Aufzwängung eigener Formen, Einverleibung oder mindestens Ausbeutung. »Man schwärmt jetzt überall . . . von kommenden Zuständen der Gesellschaft, denen ›der ausbeuterische Charakter‹ abgehen soll: – das klingt in meinen Ohren, als ob man ein Leben zu erfinden verspräche, welches sich aller organischen Funktionen enthielte.«[31]

Nietzsche ist *antifeministisch.* In dem Maße, in dem die Männer an echter Männlichkeit verlieren, entartet das Weib und gibt seine weiblichsten Instinkte preis. Das Streben der Frau nach wirtschaftlicher und rechtlicher Selbständigkeit, die Emanzipation, ist ein Zeichen der Entartung.[32]

Nietzsche ist *antiintellektualistisch.* Für Nietzsche wie für Schopenhauer sind Bewußtsein, Vernunft, Intellekt nur eine Oberfläche, nur Diener des Willens. Unser Erkenntnisapparat ist überhaupt nicht auf »Erkenntnis« eingerichtet. Er ist ein Apparat der Abstraktion und Vereinfachung, gerichtet auf Bemächtigung der Dinge im Dienste des Lebens.[33] Die Rolle des Bewußtseins darf man nicht überschätzen. Das meiste geht ohne Bewußtsein vor sich. Der Instinkt ist »unter allen Arten der Intelligenz, die bisher entdeckt wurden, die intelligenteste«. Noch der größte Teil des bewußten Denkens ist mit unter die Instinkttätigkeit zu rechnen, sogar des philosophischen Denkens. Die Philosophen stellen sich, als ob sie ihre Wahrheiten mit kalter Logik gewonnen hätten. Aber dahinter stehen jedesmal Wertschätzungen, Forderungen des Instinkts.[34]

Es wäre Wahnwitz, den Leib zu verachten, ihn wie einen Feind zu behandeln; Wahnwitz, zu glauben, »man könne eine schöne Seele in einer Mißgeburt von Kadaver herumtragen.«[35]

Nietzsche ist *antipessimistisch.* Wenn die Weisen aller Zeiten bis hin zu Schopenhauer über das Leben gleich geurteilt haben: »Es taugt nichts« – was beweist das? Beweist die Übereinstimmung, daß sie recht haben? Oder weist nicht vielmehr die Übereinstimmung darauf, daß bei diesen Weisen etwas im physiologischen Sinne nicht stimmt? »Waren sie vielleicht allesamt auf den Beinen nicht mehr fest, spät, wackelig? . . . Erschiene die Weisheit vielleicht auf Erden als Rabe, den ein kleiner Geruch von Aas begeistert?«[36]

Diese Weisen sind Niedergangstypen des Lebens. Das wird nirgends deutlicher als an Sokrates. Dieser war seiner Herkunft nach Pöbel. Seine Ironie war ein Ausdruck von Revolte, von pöbelhaftem Ressentiment.[37] Wer spricht: Das Leben ist nichts wert, der sagt eigentlich: *Ich* bin nichts wert.

Dies alles zusammen ergibt den *antichristlichen* Charakter von Nietzsches Philosophie. Das Christentum ist der Inbegriff aller Verkehrung

der natürlichen Werte. Christlich ist das Neinsagen zum Natürlichen, die Unwürdigerklärung des Natürlichen, die Widernatürlichkeit. Das Christentum war von Anfang an der Todfeind der Sinnlichkeit. »Der christliche Gottesbegriff – Gott als Krankengott . . ., Gott als Geist – ist einer der korruptesten Gottesbegriffe . . . Gott zum Widerspruch des Lebens abgeartet, statt dessen Verklärung und ewiges Ja zu sein?«[38]
Christlich ist der Haß gegen Herrschaft und Vornehmheit, gegen Geist, Stolz, Mut, gegen die Sinne und alle Freude. Das Christentum hat diese Welt – die einzige, die dem Menschen gegeben ist – zu einem Jammertal entartet und den Schwerpunkt in ein unerreichbares »Jenseits« gelegt. Statt zu fragen: Wie kann man die Leidenschaften vergeistigen, vergöttlichen? – haben die Christen die Axt an die Wurzel der Leidenschaft und damit an die Wurzeln des Lebens gelegt.
»Hiermit bin ich am Schluß und spreche mein Urteil. Ich verurteile das Christentum, ich erhebe gegen die christliche Kirche die furchtbarste aller Anklagen, die je ein Ankläger in den Mund genommen hat . . . Die christliche Kirche ließ nichts mit ihrer Verderbnis unberührt, sie hat aus jedem Wert einen Unwert, aus jeder Wahrheit eine Lüge, aus jeder Rechtschaffenheit eine Seelen-Niedertracht gemacht. Man wage es noch, mir von ihren ›humanitären‹ Segnungen zu reden!«[39]

4. DIE NEUEN WERTE

»Die eigentlichen Philosophen aber sind Befehlende und Gesetzgeber. Sie sagen: ›So soll es sein!‹ Sie bestimmen erst das Wohin? und Wozu? des Menschen . . .«[40] Nietzsche, der rücksichtslos Werte zertrümmert, der lehrt, daß »Gott tot« sei, lehrt zugleich ein neues Ziel des Menschen:
»Tot sind alle Götter: Nun wollen wir, daß der *Übermensch* lebe.«
»Seht, ich lehre euch den Übermenschen!
Der Übermensch ist der Sinn der Erde . . .
Ich beschwöre euch, meine Brüder, bleibt der Erde treu und glaubt denen nicht, welche euch von überirdischen Hoffnungen reden!
Giftmischer sind es, ob sie es wissen oder nicht.
Verächter des Lebens sind es, Absterbende und selber Vergiftete, deren die Erde müde ist: so mögen sie dahinfahren!«[41]
So spricht Nietzsches Zarathustra, als er aus der Einsamkeit der Berge, überreich an Wissen, unter die Menschen tritt, ihnen seine Lehre zu schenken.
»Der Mensch ist ein Seil, geknüpft zwischen Tier und Übermensch –, ein Seil über einem Abgrunde.
Ein gefährliches Hinüber, ein gefährliches Auf-dem-Wege . . . Was groß ist am Menschen, das ist, daß er eine Brücke und kein Zweck ist:

Was geliebt werden kann am Menschen, das ist, daß er ein Übergang und ein Untergang ist.
Ich liebe die, welche nicht zu leben wissen, es sei denn als Untergehende, denn es sind die Hinübergehenden.
Ich liebe die großen Verachtenden, weil sie die großen Verehrenden sind und Pfeile der Sehnsucht nach dem andern Ufer. Ich liebe die, welche nicht erst hinter den Sternen einen Grund suchen, unterzugehen und Opfer zu sein: sondern die sich der Erde opfern, daß die Erde einst des Übermenschen werde.«[42]
Der Übermensch ist der Mensch, der um den Tod Gottes weiß. Der weiß, daß alles idealische Jenseits bloße Schimäre ist, der sich der Erde und dem Leben gibt und dazu freudig ja sagt. Der weiß, daß die Welt eine »dionysische« Welt ist, ewig neu geboren aus dem Quellgrund des Seins, daß alle Versuche des Menschen, erkennend, schaffend, Werte setzend, in ihr einen Halt zu gewinnen, zum Scheitern verurteilt sind im Laufe der allmächtigen Zeit; der ebenso weiß, daß er selbst ein Teil dieser Welt ist, ein Stück »Wille zur Macht« und nichts außerdem, der sich als diesen Willen bewußt will – und der diesem tiefsten und unauflöslichen Widerspruch, der der Widerspruch des Lebens selbst ist, standhält. Solches Wissen nennt Nietzsche, im Gegensatz zum flachen, vordergründigen, illusionären Wissen, »tragische Weisheit«.
Der Übermensch ist schließlich der Mensch, der dem letzten, schwierigsten, auch am schwersten nachzuvollziehenden Gedanken Nietzsches standhalten kann: der ewigen Wiederkunft. Dieser Gedanke klingt in dem zu Anfang angeführten Zitat des Aphorismus aus dem »Willen zur Macht« ebenfalls an. Nietzsche hat ihn stets nur andeutend und gleichnishaft auszusprechen vermocht, hauptsächlich im dritten Teil seines »Zarathustra«. Nietzsche versucht, Zeit und Ewigkeit in eins zu denken. »Alles geht, alles kommt zurück; ewig rollt das Rad des Seins.« Die Welt ist zu denken als eine bestimmte Größe von Kraft. Das mannigfache Seiende ist zwar unabsehbar, aber nicht unendlich. Unendlich aber ist die Zeit. So muß jede mögliche Kombination der Dinge irgendwann schon einmal erreicht gewesen sein; mehr noch: sie muß unzählige Male erreicht gewesen sein. Diesen Gedanken – daß alles wiederkehrt, daß alles ewig wiederkehrt, zu denken und zu bejahen: das ist die stärkste Form des Ja-Sagens, die sich denken läßt. »War das – das Leben?« will ich zum Tode sprechen. »Wohlan! Noch einmal!«[43]

»O Mensch! Gib acht!
Was spricht die tiefe Mitternacht?
›Ich schlief, ich schlief –,
Aus tiefem Traum bin ich erwacht –:
Die Welt ist tief,

Und tiefer als der Tag gedacht.
Tief ist ihr Weh –,
Lust – tiefer noch als Herzeleid:
Weh spricht: Vergeh!
Doch alle Lust will Ewigkeit –,
– will tiefe, tiefe Ewigkeit!«[44]

5. ZUR WÜRDIGUNG NIETZSCHES

Nietzsche der Einsame. Nietzsche war ein Mensch, der »über sich selbst hinaus schaffen will und so zugrunde geht« – wie Zarathustra sagt. Die furchtbare Einsamkeit und das erdrückende Gewicht des Kampfes, den der Einsame gegen die Jahrtausende herrschenden alten Werte führte, haben seine Kräfte verzehrt und ihn schließlich in die wohltätige Nacht des Wahnsinns versinken lassen. Zwei Jahre vor diesem Ereignis schrieb Nietzsche in einem Brief: »Wenn ich Dir einen Begriff meines Gefühls von Einsamkeit geben könnte! Unter den Lebenden so wenig als unter den Toten habe ich jemanden, mit dem ich mich verwandt fühle. Dies ist unbeschreiblich schauerlich . . .«[45]

»Ja! Ich weiß, woher ich stamme!
Ungesättigt gleich der Flamme
glühe und verzehr' ich mich.
Licht wird alles, was ich fasse,
Kohle alles, was ich lasse:
Flamme bin ich sicherlich!«[46]

Nietzsche der Dichter. Nietzsche war einer der größten Dichter deutscher Sprache. Der »Zarathustra« ist ein dichterisches Meisterwerk. Nietzsche gelangen so vollendete Gedichte wie dieses:

An der Brücke stand
jüngst ich in brauner Nacht.
Fernher kam Gesang:
goldner Tropfen quoll's
über die zitternde Fläche weg.
Gondeln, Lichter, Musik –
trunken schwamm's in die Dämmerung hinaus . . .
Meine Seele, ein Saitenspiel,
sang sich, unsichtbar berührt,
heimlich ein Gondellied dazu,
zitternd vor bunter Seligkeit.
– Hörte jemand ihr zu? . . .[47]

Nietzsche war kein nüchterner kritischer Philosoph. Er beweist nicht, er verkündet und offenbart einen neuen Glauben. Das Maßhalten, die Harmonie und Zurückhaltung in der Kunst, die er an den Franzosen so bewunderte, das Apollinische, war nicht seine Sache. Er verlangte vom Autor, daß er »den Mund halten solle, sobald sein Werk den Mund auftut«. Aber aus jeder Zeile spricht er selbst.

Nietzsche der Psychologe. Nietzsche war begabt mit einem genialen psychologischen Scharfblick. Er war vor allem ein Psychologe der Hintergründe, des Verdeckten, des Unbewußten (viele Einsichten der modernen Tiefenpsychologie hat er vorweggenommen); er hat die Kunst des Entlarvens zur höchsten Meisterschaft entfaltet: die Kunst, hinter den Idealen und Idolen des Menschen, hinter »ewigen Wahrheiten« der Philosophie, der Metaphysik, der Religion, der Moral, die verdeckten und verdächtigen Motive zu erkennnen, menschlichen Selbstbetrug, Triebe und Süchte, Irrtum und Leidenschaft – kurz das »Menschliche, Allzumenschliche«. Dies gilt ganz besonders für die mittlere, »aufklärerische« Periode seines Schaffens, der das eben genannte Buch auch zugehört.

Nietzsche der Deutsche. Eine so tiefe, vielschichtige, vielseitige, vieldeutige Natur wie Nietzsche kann ohne Ungerechtigkeit nicht mit wenigen Sätzen oder gar Schlagworten erschlossen werden. Man muß den Geist, die Luft seiner Schriften atmen. Man kann Nietzsche sowohl als Romantiker wie als Anti-Romantiker bezeichnen, sowohl als Deutschen wie als Anti-Deutschen, als Christen wie als Anti-Christen – weil es nämlich ein Kampf in der eigenen Brust, ein Bruderzwist zwischen zwei fast gleich starken Seiten seines Wesens ist, den er ausgekämpft hat. Das gilt gerade auch für sein inneres Verhältnis zum Deutschtum. Viele seiner Gedanken kreisten um Wesen und Verhängnis des Deutschen. Und wo er sich am weitesten vom Deutschtum abzusetzen scheint, ist er doch gerade im Antideutschen und Überdeutschen ein unverkennbarer Deutscher.

Nietzsche der Christ. Es ist nicht ausgeblieben, daß man die »psychologischen Errungenschaften Nietzsches« (Titel eines Buches von Ludwig Klages), daß man insbesondere seine Kunst des Aufweisens verborgener Widersprüche, Konflikte und Motive auf Nietzsche selbst angewandt hat – so auch auf seine Stellung zum Christentum: Nietzsche rechnete es sich nach seinen eigenen Worten zur Ehre an, daß er aus einem Geschlecht stammte, welches mit dem Christentum Ernst gemacht hatte; daß er gegen das Christentum »nie in seinem Herzen gemein gewesen sei«. Er bezeichnete den vollkommenen Christen als die vornehmste Form Mensch, der er leibhaft begegnet sei. Nietzsche sagte von sich: »Abgerechnet nämlich, daß ich ein décadent bin, bin ich auch dessen Gegensatz.«[48] Er könnte auch gesagt haben: »Abgerechnet davon, daß ich ein Christ bin, bin ich auch dessen Gegenteil.«

»Wer wäre weniger jemals innerlich mit dem Christentum ›fertig geworden‹ als dieser unbedingt feste und unerschrockenste Gottleugner unter den Deutschen ...? ›Der Christ will von sich loskommen‹ heißt es im ›Fall Wagner‹ – wer wäre dann jemals leidenschaftlicher, heldisch asketischer, hoffnungsloser Christ gewesen als Nietzsche?

Bis in die Augenblicke des geistigen Hinübergangs verfolgen wir die Spuren dieses unablässigen Kampfes mit dem inwendigen Christen.«[49]

So erscheint das erbitterte Anti-Christentum Nietzsches als Ausfluß seines leidenschaftlichen inneren Abwehrkampfes gegen das in ihm übermächtige Christentum. »Einige Tage vor seinem Zusammenbruch hatte er in einem nervösen Anfall schon einmal einen Straßenauflauf verursacht. Ein müder alter Droschkengaul, der auf dem Platz vor seinem Wagen stand, erregte so stark das Mitleid des großen Mitleidvernichters, daß er ihm um den Hals fiel und heftig weinte ...«[50]

Nietzsche der Prophet. Wahrscheinlich hat kein Denker der neueren Jahrhunderte einen so feinen Spürsinn für das Kommende besessen wie Friedrich Nietzsche. Er sieht, wie die gewachsenen Kulturen sich aufzulösen beginnen, er sieht auch, wie sie sich immer stärker berühren und verknüpfen; er sieht, wie sich damit Weltbetrachtungen, Gesellschaftsordnungen, Moralgesetze relativieren, er sieht und prophezeit die Heraufkunft des europäischen Nihilismus, den Verlust jeder verbindlichen Wert- und Lebensordnung. Er sieht den Menschen vor der Aufgabe, nach dem Zusammenbruch der alten Ordnungen die Gestaltung seines Lebens, das Entwerfen seiner Werte selbst in die Hand zu nehmen, und zwar in einem weltweiten, weltumspannenden, weltgültigen Maßstab. »Hier liegt die ungeheure Aufgabe der großen Geister des nächsten Jahrhunderts.«

Nietzsche und die Nachwelt. Daß Nietzsche ein glänzender, ja genialer Schriftsteller und Stilist war, dazu ein Psychologe voll Raffinement, dazu ein beißender Kritiker und Pamphletist, endlich eine faszinierende Persönlichkeit – das alles macht es schwer, durch diese Vordergründe und Masken hindurch auf den Kern seines Philosophierens zu blicken. Doch ist heute, fast neun Jahrzehnte nach seinem Tode, nach mannigfachen Phasen und Mißverständnissen der Nietzsche-Interpretation, ganz klargeworden, daß man ihm nur gerecht wird, wenn man ihn als Denker faßt und sein Denken nach-denkt. Versucht man das, so erscheinen die meisten bisher gegebenen Nietzsche-Deutungen bestenfalls als auch-richtig oder als teil-richtig, nicht selten auch, wenn der Auslegende ein eigenständiger Denker von Rang ist, als Abspiegeln und Hineininterpretieren eigener Auffassungen in Nietzsches Werk. Es stimmt, daß Nietzsche zusammen mit Schopenhauer und gemeinsam mit Hamann, Herder, Goethe (unter gewissen Einschränkungen) sich auf die Seite des Gefühls, des Instinkts, des Willens, des »Lebens« stellt und damit zur »Lebensphilosophie« und ihren Wegbereitern gezählt werden kann. Es stimmt, daß »der Philosoph von Sils-Maria zuerst dem Wort Leben den wundersam beseligenden Goldklang gegeben hat«[51]. Es stimmt, daß Nietzsches Lehre, verglichen mit der Schopenhauers, einen optimistisch-heroischen Zug hat. Es stimmt, daß Nietzsche ein Kulturdiagnostiker und Kulturkritiker mit prophetischen Gaben ist, von dessen Vorhersagen vieles bereits eingetroffen ist. Es stimmt vieles, was über ihn gesagt ist, und doch scheint es, als ob, von wenigen einzelnen abgesehen, die volle Konfrontierung mit dem Abgrund, den Nietzsches Philosophie öffnet, der Zusammenprall mit Nietzsches Denken unserem Jahrhundert erst noch bevorsteht.

Diese Voraussage wird wesentlich dadurch gestützt, daß Nietzsches Schriften, lange Zeit durch die Verwalter seines Nachlasses, an der Spitze seine Schwester Elisabeth *Förster-Nietzsche,* verändert und verstümmelt, jetzt in einer neuen Gesamtausgabe an die Öffentlichkeit kommen und daß, parallel dazu, neue Forschungen neues Licht auf Person und Werk werfen.[52]

Viertes Kapitel

Nebenströmungen – Kritische Besinnung auf Kant

I. Nebenströmungen

Die drei vorhergehenden Kapitel behandeln die drei Hauptrichtungen des philosophischen Denkens im 19. Jahrhundert. Neben ihnen gibt es andere, welche in das unserer Darstellung zugrunde gelegte Schema nicht ohne weiteres passen. Sie als »Nebenströmungen« zu bezeichnen, ist berechtigt im Hinblick auf ihre Auswirkung im allgemeinen Bewußtsein des Jahrhunderts – denn dieses ist tatsächlich von den genannten Hauptrichtungen bestimmt; es enthält dagegen keine Minderbewertung nach ihrem gedanklichen Inhalt.

1. FRIES UND HERBART

Diese beiden Denker waren noch Zeitgenossen Hegels. Sachlich aber stehen sie im Gegensatz zu ihm und darüber hinaus zur ganzen spekulativen Philosophie des deutschen Idealismus. Jakob Friedrich *Fries* (1773–1843) gilt als Hauptvertreter des sogenannten Psychologismus in der Philosophie. Mit diesem Wort bezeichnet man die Auffassung, daß nicht konstruktive Logik, sondern psychologische Analyse des Bewußtseins, Untersuchung der inneren Erfahrung, die Grundlage der Philosophie ist. Fries' Hauptwerk, die *»Neue Kritik der Vernunft«*, baut auf dem Werke Kants auf. Was aber nach Kant die apriorischen Formen unserer Erkenntnis heißt, ist nach Fries nicht durch eine besondere »transzendentale« Methode aufzufinden, sondern nur durch eine psychologische Untersuchung. Bei dieser finden wir dann allerdings diese Formen in unserem Bewußtsein, aber nur a priori, eben durch Selbstbeobachtung, durch innere Erfahrung.
Die hauptsächliche Bedeutung Johann Friedrich *Herbarts* (1776 bis 1841) liegt ebenfalls auf dem Gebiet der Psychologie, daneben der Pädagogik. Das Ziel der Philosophie ist die Bearbeitung der Begriffe, in der Weise, daß die Widersprüche – im Gegensatz zu Hegel, der die Widersprüche in das Denken aufnehmen will – so vollkommen ausgemerzt werden, bis ein einheitlicher, widerspruchsfreier Gesamtbegriff der Wirklichkeit entsteht. Das Ziel der Psychologie ist, die seelischen Vorgänge nach streng kausalen Gesetzen nach Art der Naturwissenschaft zu erforschen. »Die Gesetzmäßigkeit im seelischen Leben gleicht

vollkommen der am Sternenhimmel.« Es gibt eine Statik und Mechanik der Vorstellungen und Vorstellungsverbindungen. Sie reicht aus, alle seelischen Vorgänge zu erklären ohne Zuhilfenahme besonderer »Vermögen«, mit denen die Psychologie von Herbart zu arbeiten pflegte.
Diesen beiden Männern kann als dritter Friedrich Eduard *Beneke* (1798–1854) an die Seite gestellt werden. Auch er sieht in der Psychologie die grundlegende Disziplin der Philosophie.

2. INDUKTIVE METAPHYSIK: FECHNER UND LOTZE

Wir haben gesehen, wie sich nach dem Tode Hegels die Naturwissenschaften aus der Bevormundung durch die Philosophie lösten und wie auf naturwissenschaftlicher Grundlage eine positivistische und materialistische Philosophie entstand. Neben den schon früher genannten waren deren Hauptvertreter Ludwig *Büchner* (1824–1899) – sein Hauptwerk *»Kraft und Stoff«* erlangte eine erstaunliche Verbreitung – und Jacob *Moleschott* (1822–1893).
Es erhob sich aber alsbald das Bedürfnis, unter voller Anerkennung und Einbeziehung der neuen naturwissenschaftlichen Erkenntnisse wieder ein umfassendes philosophisches Gesamtbild zu schaffen, das auch den Kräften des Gemüts und des Geistes ihre volle Würdigung zuteil werden ließ. Der Versuch, eine Brücke von den Naturwissenschaften zur Metaphysik zu schlagen, eine Metaphysik des Geistes nicht unter Beiseiteschieben der Naturwissenschaft, sondern aus dieser selbst heraus auf induktivem Wege zu schaffen, wurde zuerst von zwei deutschen Denkern gemacht, die beide durch die Schule der exakten Naturwissenschaft gegangen waren.
Gustav Theodor *Fechner* (1801–1887) war zunächst Physiker. Der Weg, auf dem Fechner zur Metaphysik kommt, ist der der Erweiterung und Verallgemeinerung von Erkenntnissen, die die Naturwissenschaft liefert. Es sind vor allem zwei Gesichtspunkte, die Fechner der Naturerkenntnis entnimmt und weiterverfolgt. Der eine ist der Gedanke der Allbeseelung. Nicht nur Mensch und Tier haben ein Seelenleben. Da es keine scharfe Grenze zwischen Pflanzen- und Tierreich gibt, sind wir zu der Annahme berechtigt, daß auch die Pflanze ein Seelenleben hat *(»Nanna oder über das Seelenleben der Pflanzen«)*. Aber nicht nur das sogenannte Lebendige ist beseelt. Das ganze All ist es, auch Atome und Gestirne. So ist auch die Erde ein beseeltes Wesen – ein Analogieschluß, den Fechner sehr fein ausführt, der aber natürlich, wie er auch selbst weiß, keine so unbedingte Sicherheit gewährt wie exakte Naturerkenntnis *(»Zendavesta oder über die Dinge des Himmels und des Jenseits«)*. Der zweite Gesichtspunkt ist der sogenannte psycho-physische

Parallelismus, die Ansicht, daß Psychisches und Physisches, Denken und körperliches Sein, nebeneinander bestehen, nicht identisch sind, daß aber eine durchgängige Parallelität zwischen beiden besteht, so daß jedem Vorgang auf der psychischen Seite ein Vorgang auf der physischen Seite entspricht. (Auf die Schwierigkeit, die der konsequenten Durchführung einer solchen Ansicht im Wege steht, haben wir bei der Besprechung des Okkasionalismus und von Leibniz' prästabilierter Harmonie hingewiesen.)

Rudolf Hermann *Lotze* (1817–1881), zunächst Mediziner und Physiologe, als Lausitzer ein Landsmann Fechners, geht einen ähnlichen Weg wie dieser. Sein philosophisches Hauptwerk heißt *»Mikrokosmos, Ideen zur Naturgeschichte und Geschichte der Menschheit«*. Es führt, ausgehend von allgemeinen Betrachtungen über Leib und Seele, Leben, über Mensch, Geist, Weltlauf, zur Geschichte und dem Allgemeinzusammenhang aller Dinge. Das Hauptanliegen Lotzes ist die Versöhnung zwischen den Bedürfnissen des Gefühls und des Glaubens – der ästhetisch-religiösen Weltansicht – und der Wissenschaft. Lotze geht, wie die angedeutete Reihenfolge der einzelnen Bücher seines Werkes anzeigt, vom Menschen aus und versucht das Weltganze nach Analogie zu diesem zu erklären. Lotze war kein Dogmatiker. Er zog seine Folgerungen mit äußerster Behutsamkeit.

Das Werk Fechners und Lotzes erfuhr im 20. Jahrhundert eine größere Wertschätzung als zu ihrer eigenen Zeit. Das war vor allem das Verdienst des bedeutenden Psychologen Wilhelm *Wundt* (1832–1920). Wundt war zunächst Physiologe. Dann ging er zur Psychologie über. Er ist der Begründer der experimentellen Psychologie in Deutschland. Darauf tat er den Schritt, die Ergebnisse der Einzelwissenschaften zu einer Metaphysik zusammenzufassen.

3. EDUARD VON HARTMANN

Zu seinen Lebzeiten ist Eduard von Hartmann (1842–1906) einer breiteren Öffentlichkeit vor allem bekannt geworden als Verfasser der »Philosophie des Unbewußten«. Dieses Jugendwerk – Hartmann schrieb es zwischen seinem 22. und 24. Lebensjahr – erschien erstmals 1868. 1904 erschien die elfte Auflage, dabei war der Umfang von einem auf drei gewichtige Bände angewachsen. Das Werk enthält die Grundlinien eines metaphysischen Systems. Hartmann bezeichnet es als »eine Synthese Hegels und Schopenhauers unter entscheidendem Übergewicht des ersteren«. Gedanken von Spinoza und Leibniz, daneben vor allem die damals neuesten Erkenntnisse der Naturwissenschaften, besonders der Biologie, sind verarbeitet. Ausgangspunkt aber ist der bei Schelling bereits aufgetretene Begriff des Unbewußten.

Dem heutigen Leser, der weiß oder doch davon gehört hat, daß die moderne Tiefenpsychologie seit Freud im Unbewußten einen ganzen Kontinent voller Wunder erschlossen hat, ist der Begriff nicht mehr fremd. 1868 war er bestenfalls denen geläufig, die Schellings Philosophie studiert hatten. Für Hartmann steht er im Mittelpunkt: für ihn ist das »absolut Unbewußte« das »identische Dritte hinter Materie und Bewußtsein«, Grund, Quelle und übergreifende Einheit des Weltwesens. Wir können hier nicht verfolgen, wie Hartmann das Wirken dieses Unbewußten in der Materie, im Pflanzen- und Tierreich, in der Leiblichkeit des Menschen, im menschlichen Geiste, in Liebe, Gefühl, künstlerischem Schaffen, in Sprache und Geschichte aufspürt. Wir können nur festhalten, daß es eine Tat war, die vielem Kommenden den Weg bereitet hat.

Freilich, die Dichter, die großen Kenner der menschlichen Seele, hatten immer schon in diesem Reich gelebt und aus ihm geschöpft; ja, sie hatten das auch erkannt. So sagt z. B. Jean *Paul* (Johannes Friedrich *Richter*, 1763–1825): »Wir machen von dem Länderreichtum des Ich viel zu kleine oder enge Messungen, wenn wir das ungeheure Reich des Unbewußten, dieses in jedem Sinn wahre innere Afrika, auslassen. Von der weiten vollen Weltkugel des Gedächtnisses drehen sich dem Geiste in jeder Sekunde immer nur einige erleuchtete Bergspitzen vor, und die ganze übrige Welt bleibt in ihrem Schatten liegen.«

Unser Jahrhundert hat den Begriff des Unbewußten in erster Linie psychologisch verstanden, weniger philosophisch – vielleicht zu wenig.

Hartmann hat sich nach diesem Jugendwerk in jahrzehntelanger Denkarbeit geschichtlich wie systematisch mit nahezu allen Einzelgebieten der Philosophie befaßt: Erkenntnistheorie, Religionsphilosophie, Ethik, Ästhetik, Naturphilosophie, Psychologie, Sprachphilosophie – und eine lange Reihe von Schriften, darunter auch populäre, veröffentlicht. Immer wieder hat er betont, man dürfe in der »Philosophie des Unbewußten« nicht den einzigen Grundstein seines Systems sehen; man müsse, um dieses zu erkennen und zu beurteilen, das Gesamtwerk kennen.

Solange er lebte, ist keinem seiner Gedanken ein auch nur annähernd gleich starker Widerhall beschieden gewesen wie dem Erstlingswerk. Erst nach seinem Tode begann sich das Blatt zu wenden. In neuerer Zeit wird Hartmann immer weniger als Metaphysiker und dafür immer mehr als Erkenntnistheoretiker gewürdigt. Seine einschlägigen Hauptwerke *»Kritische Grundlegung des transzendentalen Realismus«, »Das Grundproblem der Erkenntnistheorie«, »Kategorienlehre«* haben den Grund gelegt für den *»kritischen Realismus«*, der im 20. Jahrhundert, besonders unter den Naturwissenschaftlern, aber nicht nur hier, immer mehr an

Boden gewonnen hat. Der kritische Realismus steht gewissermaßen in der Mitte zwischen einem naiven Realismus, der das Gegebene einfach als die Wirklichkeit schlechthin hinnimmt, und dem transzendentalen Idealismus Kants. Der kritische Realismus ist »kritisch« im Gegensatz zum naiven Realismus, indem er sich bewußt ist, daß das, was uns als Empfindung zunächst gegeben ist, nur etwas in unserem Bewußtsein ist und noch nicht die »Realität«, indem er also (wie Kant) zwischen der Welt als Erscheinung und der Welt an sich wohl unterscheidet. Er ist aber Realismus, im Gegensatz zu Kants Idealismus, indem er die reale Außenwelt, die Welt an sich, nicht als schlechthin unerkennbar ansieht.

II. Der Neu-Kantianismus

1. ALLGEMEINES – ENTSTEHUNG

»Nach fast sechzig Jahren stiller und einsamer Entwicklung schreckt der unheimliche Schotte[1] aus Königsberg im Jahre 1781 mit seiner berühmten Kritik der reinen Vernunft die Welt aus ihrem ›dogmatischen Schlummer‹. Von jener Zeit bis zu unseren Tagen bewahrte die ›kritische Philosophie‹ ihre damals errungene Vormachtstellung . . . Die Philosophie Schopenhauers stieg mit der romantischen Welle . . . zu kurzer Blüte empor; nach 1859 schwemmte die Entwicklungslehre alles hinweg, was ihr vorangegangen war, und gegen Ende des Jahrhunderts beherrschte die erfrischende Bilderstürmerei Nietzsches die philosophische Bühne. Das waren aber alles bloß sekundäre Bewegungen der Oberfläche; unter ihnen drängte, immer breiter und tiefer werdend, der kräftige Strom des Kantianismus unentwegt vorwärts . . .«[2]

Mag es überspitzt sein, alles, was auf Kant zunächst folgte, bloße Bewegung der Oberfläche zu nennen, so ist doch mit den vorstehenden Sätzen die allgemeine Richtung der philosophischen Entwicklung gegen Ende des 19. und zu Beginn des 20. Jahrhunderts treffend gekennzeichnet. Man begann zu erkennen, daß die Systembildner Fichte, Schelling, Hegel, daß Herbart und Fries, die Positivisten, Schopenhauer zwar alle eine Basis in Kant hatten, aber doch eine sehr schmale, daß die Philosophie sich von dem kritischen Standpunkt Kants zu ihrem Nachteil weit entfernt hatte.

Bei den Idealisten hatte Kants Lehre von der Spontaneität des Ich, vom schöpferischen Anteil des Denkens am Zustandekommen der Erfahrung dazu geführt, daß man nur noch dieses schöpferische Ich ins Auge faßte und die Tatsache vernachlässigte, daß uns in den Eindrücken des äußeren und inneren Sinnes etwas »gegeben« ist, das nicht vom Ich erzeugt ist. Positivismus und Materialismus hatten sich dagegen nur an dieses »Gegebene« gehalten und das Ergebnis der transzendentalen Untersuchungen Kants vernachlässigt. Schopenhauers Metaphysik hatte den Willen, den er als das innerste Wesen unseres Ich erkannte, im Wege der Analogie in die ganze Welt des Gegebenen hineingedeutet und damit von dem Kantschen Ding an sich einen Gebrauch gemacht, den dieser zweifellos mißbilligt hätte.

Der Anstoß zur Rückbesinnung auf Kant ging von drei Männern aus. Er kam einmal von der Naturwissenschaft. Der bedeutende Naturforscher Hermann von *Helmholtz* (1821–1894) betonte nachdrücklich, daß die Naturwissenschaft einer erkenntnistheoretischen Untersuchung und Klärung ihrer eigenen Grundbegriffe bedürfe. Er verwies auf Kant als den Denker, dessen Philosophie das leisten könne. – Friedrich Albert *Lange* (1828–1875) schrieb seine berühmte *»Geschichte des Materialismus«*. Sie behandelt in zwei Teilen den Materialismus vor und nach Kant. Lange führt den Nachweis, daß »Materialismus« als Forschungsprinzip der Wissenschaft unentbehrlich, daß er aber nicht geeignet und ausreichend sei, eine Metaphysik darauf zu bauen und das tiefere Wesen der Dinge zu erkennen. Lange verweist darauf, daß »Materie« selbst ein Begriff unseres Verstandes ist. – Schließlich erhob Otto *Liebmann* (1840–1912) in seinem Buche *»Kant und die Epigonen«* (1865) den Ruf nach Rückkehr zu Kant. Er untersuchte die nach Kant aufgetretenen philosophischen Hauptrichtungen eine nach der anderen vom Standpunkt des kantischen Kritizismus aus und schloß jedes Kapitel mit der Forderung: »Also muß auf Kant zurückgegangen werden.«

Auf diese Männer folgte eine Renaissance des Kantianismus in Deutschland und auch in anderen europäischen Ländern. Es entstand eine kaum noch übersehbare Kant-Literatur. Bei aller alsbald einsetzenden Aufspaltung dieses Neu-Kantianismus in verschiedene »Schulen« lassen sich doch einige gemeinsame Charakterzüge dieser philosophischen Bewegung feststellen:

1. »Kant verstehen heißt über ihn hinausgehen« – dieser Satz des Neu-Kantianers Windelband gilt mehr oder minder für alle Neu-Kantianer. Niemand begnügte sich damit, Kants Lehre wieder in das rechte Licht zu setzen und im übrigen für sich selbst sprechen zu lassen. Alle Neu-Kantianer versuchen, Kants Lehre in der einen oder anderen Richtung weiterzubilden.

2. Der Punkt, in dem die Neu-Kantianer selbst Kritik an Kant üben, ist vor allem das Ding an sich. Schon Liebmann hatte die Kantsche Annahme eines außerräumlichen und außerzeitlichen Dinges an sich als Unsinn und als Quelle aller auf Kant folgenden Mißverständnisse und Verirrungen bezeichnet.

3. Wir haben in unserer eigenen Darstellung Kants deutlich zu machen versucht, daß man Kant nicht gerecht wird, wenn man ihn nur als Erkenntnistheoretiker sieht. Kants Hauptanliegen war ein praktisches und moralisches. Vielen Neu-Kantianern ist eine gewisse Verengung des Blickfeldes auf das erkenntnistheoretische Problem und die auf dieses bezogene Leistung Kants eigen.

2. DIE MARBURGER SCHULE

Wir können angesichts der erstaunlichen Zahl von originellen Köpfen und Werken, die der Neu-Kantianismus hervorgebracht hat, kaum mehr geben als eine Aufzählung, die naturgemäß der besonderen Leistung des einzelnen nicht gerecht werden kann. Die vorhin genannten drei Männer hatten Rückbesinnung auf Kant mehr als Forderung erhoben als systematisch durchgeführt. Der eigentliche Begründer des Neu-Kantianismus ist Hermann *Cohen* (1842–1918). Cohen untersucht zunächst in seinen drei Werken *»Kants Theorie der Erfahrung«*, *»Kants Begründung der Ethik«*, *»Kants Begründung der Ästhetik«* die drei Hauptteile von Kants kritischer Arbeit. Dann gibt er in entsprechender Dreiteilung seine eigene Fortbildung der Kantschen Gedanken in den Werken *»Logik der reinen Erkenntnis«*, *»Ethik des reinen Willens«*, *»Ästhetik des reinen Gefühls«*. Die Richtung dieser Fortbildung ist die völlige Beseitigung des Dinges an sich. Cohen verwirft den Dualismus von Ding an sich und Erscheinung. Er verwirft auch den Dualismus von Anschauung und Denken als zweier gleichberechtigt nebeneinanderstehender Formen der Erkenntnis. Er erklärt auch die Anschauung für eine Form des Denkens. Es gibt also nicht ein als solches »gegebenes« Rohmaterial, sondern jede Empfindung und Wahrnehmung ist schon etwas Gedankliches.

Erkenntnis ist der ins Unendliche fortschreitende Prozeß, dessen nie ganz erreichbares Ziel die völlige vernunftmäßige Durchdringung der Gegenstandswelt ist und damit die Ersetzung alles Subjektiven durch ein allgemeingültiges Objektives. Entsprechendes gilt für die Ethik. Auch im menschlichen Wollen und Handeln vollzieht sich ein unendlicher Prozeß, der auf immer weitergehende Überwindung des Subjektiven, auf fortschreitende Verwirklichung der objektiven sittlichen Vernunft in einem vollkommenen Rechtsstaat abzielt. Entsprechend sieht Cohen in der Entwicklung der Kunst das stets fortschreitende Streben nach einer reinen, objektiven Gesetzmäßigkeit des Gefühls.

An Cohen, der in Marburg wirkte, knüpfen die Denker der danach so genannten Marburger Schule an. Paul *Natorp* (1854–1924) wurde auf Grund seiner Begabung zu klarer und verständlicher Darstellung zu ihrem eigentlichen Sprecher. Natorp, der im übrigen mit Cohen im

wesentlichen übereinstimmt, knüpfte besonders an die Erkenntnistheorie Kants an. Er bemühte sich um die kritische Grundlegung der Naturwissenschaften, der Psychologie und der Pädagogik.
Das wurde der Ausgangspunkt zu einer ganzen Reihe von weiteren kritischen »Grundlegungen« einzelner Wissenschaften. Der Rechtsphilosoph Rudolf *Stammler* (1856–1938) versuchte eine kritische Grundlegung der Rechtslehre; andere, wie Karl *Vorländer* (1860–1928), eine kritische Grundlegung des Marxismus. Artur *Liebert* (1878–1946) hielt die kritische Philosophie selbst einer solchen Grundlegung für bedürftig. So wie andere fragten »Wie ist reine Naturwissenschaft und so weiter möglich?« – so stellte Liebert die Frage »Wie ist kritische Philosophie überhaupt möglich?« –, was einen Rezensenten zu der Frage veranlaßte: »Wie ist die Frage: ›Wie ist kritische Philosophie überhaupt möglich?‹ überhaupt möglich?«
Im allgemeinen interessierten sich mehr die Philosophen als die Fachwissenschaftler der betroffenen Gebiete für diese »Grundlegungen«.
Der letzte überragende Denker der Marburger Schule und des ganzen Neu-Kantianismus ist Ernst *Cassirer,* geboren 1874, Schüler Cohens in Marburg, Professor in Berlin und Hamburg, verstorben im April 1945 in New York, wo er nach erzwungener Emigration aus Deutschland und nach Zwischenstationen in Oxford und Göteborg schließlich eine neue Wirkungsstätte gefunden hatte. Cassirers Hauptwerke sind: *»Das Erkenntnisproblem in der Philosophie und Wissenschaft der neueren Zeit«* und *»Philosophie der symbolischen Formen«*. Die Schriften Cassirers zeichnen sich aus durch eine unerhörte Fülle des verarbeiteten historischen Materials, durch Erweiterung des Gesichtskreises über die Fachphilosophie hinaus insbesondere auf die Naturwissenschaften – zu deren erkenntnistheoretischer Grundlegung Cassirer beigetragen hat – und durch Klarheit und Durchsichtigkeit des Stils auch bei schwierigen Gedanken.
Was für die neu-kantianischen Lehrer Cassirers im Verhältnis zu Kant gilt – daß sie an ihn anknüpfen, um über ihn hinauszugehen –, gilt in mancher Hinsicht wiederum von Cassirer selbst in seinem Verhältnis zu Cohen und Natorp. Für diese war Erkenntnis, die diesen Namen verdienen soll, im wesentlichen gleichbedeutend mit wissenschaftlicher Erkenntnis; und diese setzten sie praktisch gleich mit Mathematik und Naturwissenschaft. Cassirer richtet seine Untersuchungen darüber hinaus auch auf die sogenannten Geistes- oder Kulturwissenschaften; er bezieht außerdem sprachliches, mythisches und religiöses Denken sowie die künstlerische Anschauung in seine Philosophie ein als gegenüber der Wissenschaft selbständige und andersartige Welten. Das gilt besonders auch für seine letzten, im Ausland und zum Teil in englischer Sprache veröffentlichten Werke wie *»Essay über den Menschen«* und *»Der Mythus des Staates«*.

Cassirers Denken ist aus dem Neukantianismus gewachsen, dessen Blütezeit etwa von 1870 bis 1930 angesetzt werden kann. Es gehört aber nicht nur zeitlich ganz dem 20. Jahrhundert zu, sondern auch sachlich in wesentlichen Zügen, etwa darin, daß Cassirer das Gewicht seiner kritischen Arbeit von Bewußtsein und Erkennen weg auf die *Sprache* verlagert, gestützt auf die erst seit Beginn unseres Jahrhunderts (vor allem durch die Forschungen des Schweizers Ferdinand de Saussure, 1857–1913) als exakte Wissenschaft entstandene Linguistik.

Der Begriff des *Symbols* kann als Cassirers Zentralbegriff angesehen werden. Wir können – nach Cassirer – nie und nirgends Wirkliches unmittelbar erfassen oder wiedergeben. Wir bedürfen stets der Vermittlung durch ein System von Symbolen oder Zeichen. Mit dieser Lehre kommt Cassirer der modernen Zeichentheorie oder *Semiotik* nahe, unter deren Begründern der Amerikaner Charles *Morris* (1901–1979) hervorragt.

Auf das 20. Jahrhundert vorgreifend füge ich hier einige erklärende Worte über die Semiotik an. Das Wort ist abgeleitet vom griechischen Wort *sema* = Zeichen. Unter Semiotik versteht man heute eine allgemeine Theorie der Zeichensysteme – eine allgemeine, d. h. eine Theorie, die nicht nur die natürlichen Sprachen (als wichtigste Systeme) umfaßt, sondern auch künstliche Sprachen (sowohl Welthilfssprachen wie Ido, Esperanto u. a. wie für wissenschaftliche Zwecke konstruierte, formalisierte Sprachen), dazu auch Programmiersprachen für den Computer, Bildzeichen (z. B. Verkehrsschilder, Ideogramme), Symbole in Kunst und Religion; schließlich auch Verständigungssysteme im Tierreich.

Morris baut in seinem Hauptwerk »*Foundations of the Theory of Signs*«, erschienen 1938 (deutsch »*Grundlagen der Zeichentheorie*« als Fischer-TB), auf Gedanken von Frege und Peirce, auch des amerikanischen Pragmatismus und des Wiener Kreises, auf. Grundlegend für alle semiotischen Überlegungen ist die Eigenschaft des Zeichens, »für etwas anderes zu stehen« (z. B. Schriftzeichen für Laut, Notenzeichen für musikalischen Ton, grünes Licht für »freie Fahrt«). Das Zeichen, das von ihm Bezeichnete und derjenige, der es benutzt (als Sender oder Empfänger) bilden das »semiotische Dreieck«, zwischen dessen Eckpunkten vielfältige Beziehungen bestehen.

Der Zweig der Semiotik, der die Beziehung zwischen dem Zeichen (Symbol) und dem Bezeichneten (Designat, Denotat) studiert, heißt Semantik. Für diese Beziehung ist beim Wort als »Sprachzeichen« zu beachten, daß vom (gesprochenen oder geschriebenen) Wort kein unmittelbarer Bezug zu einem (wirklichen oder gedanklichen) Gegenstand besteht, daß diese Beziehung vielmehr durch einen Begriff vermittelt wird.

Der weithin bekannte Romanautor Umberto *Eco* ist Professor der Semiotik in Bologna. Für den informierten Leser enthalten seine literarischen Werke zahlreiche Bezüge auf die Semiotik.

3. DIE SÜDWESTDEUTSCHE SCHULE

Diese zweite bedeutende Schule des Neukantianismus stand von Anfang an in einem Gegensatz zur Marburger. Ihr Hauptsitz war Heidelberg. Ihre beiden führenden Köpfe sind Wilhelm *Windelband* (1848 bis 1915, Schüler Lotzes) und Heinrich *Rickert* (1863–1936). Windelband hat die maßgebenden Anregungen gegeben; Rickert war der Systematiker. Seine wichtigsten Werke sind: *»Die Grenzen der naturwissenschaftlichen Begriffsbildung«, »Kulturwissenschaften und Naturwissenschaften«, »System der Philosophie«.* Die Grundgedanken der Schule sind beiden Denkern gemeinsam.

Wie die Titel der Rickertschen Werke anzeigen, ist diese Schule nicht rein naturwissenschaftlich orientiert. Die Geisteswissenschaften und die Frage ihrer selbständigen Begründung und richtigen Abgrenzung gegenüber den Naturwissenschaften spielen eine hervorragende Rolle. Windelband sieht den Hauptunterschied darin, daß die Naturwissenschaften auf allgemeine Gesetze gerichtet sind (»nomothetische« Wissenschaften), die Kulturwissenschaften dagegen auf das Besondere, Einmalige, Individuelle (»idiographische« Wissenschaften). Der Unterschied liegt also nach ihm in der *Methode.*

Mit der Hinwendung zur Kultur und Kulturwissenschaft hängt eine zweite Eigentümlichkeit dieser Schule zusammen. Wenn die Kulturwissenschaften, unter ihnen als wichtigste die Geschichte, das Individuelle aufsuchen und beschreiben, so setzt das notwendig eine Auswahl aus der Unzahl einzelner Erscheinungen voraus und diese Auswahl – wenn sie nicht willkürlich sein soll – einen Maßstab. Er kann nur bestehen in einer Beziehung der Gegenstände auf *Werte.* Der Begriff des Wertes – von Lotze in die Philosophie eingeführt – erhält eine ganz besondere Bedeutung, nicht nur als unentbehrlich für die Methodik der Geisteswissenschaften, sondern als Grundlage allen menschlichen Handelns und auch Erkennens. Es gibt transzendentale – also nicht aus der gegebenen Erfahrung ableitbare – Werte, die ein *Sollen* enthalten, ideale Gesetze im Bereich des Wahren, des Sittlichen wie des Schönen. Ein Urteil ist wahr, wenn es dem Gesetz des Wertes »wahr« entspricht. Eine Handlung ist gut, wenn sie dem Gesetz des Wertes »gut« entspricht. Diese Werte sind überzeitlich. Sie gelten unabhängig von aller Erfahrung. Sie haben kein körperliches Sein, auch kein psychisches – in den psychischen Akten wenden wir uns nur diesen an sich bestehenden Werten zu. Ihr Sein ist »Geltung«.

Die Werte verwirklichen sich in den objektiven Gestaltungen des menschlichen Geistes: Wissenschaft, Staat, Recht, Kunst, Religion. Im einzelnen bestimmt Rickert als Wertgebiete die Logik mit der Wahrheit als oberstem Wert, die Ästhetik (Schönheit), die Mystik (Heiligkeit, das All-Eine), die Ethik (das Gute, Sittlichkeit, Gemeinschaft freier Menschen), die Erotik (Glück, Liebesgemeinschaft, Hingabe) und die Religion (Heiligkeit, Frömmigkeit).

Die Gesamtheit dieser Werte muß das Leben bestimmen. Greift man einen Wert heraus und schreibt ihm allein beherrschende Gültigkeit zu, so entstehen einseitige Weltanschauungen.

Ein Denker, der die Gedanken der beiden neukantischen Schulen zu einer Einheit zu verbinden sucht, ist Bruno *Bauch* (1877–1942).

4. VAIHINGER

Eine Sonderstellung innerhalb des Neu-Kantianismus nimmt Hans *Vaihinger* (1852–1933) ein. Sein wichtigstes Werk führt den Titel *»Die Philosophie des Als-Ob.* System der theoretischen, praktischen und religiösen Fiktionen der Menschheit«. Vaihinger schrieb es im wesentlichen als Fünfundzwanzigjähriger nieder, brachte es aber erst fünfunddreißig Jahre später an die Öffentlichkeit.

Vaihingers zentraler Begriff ist, wie schon der Titel zeigt, die Fiktion. Seine Philosophie wird deshalb auch Fiktionalismus genannt. Fiktion heißt wörtlich »Dichtung« (im Englischen wird der schöngeistige Teil der Literatur »fiction« genannt). Als Fiktion bezeichnet man in der Wissenschaft eine Annahme, deren Unwahrscheinlichkeit, ja Unmöglichkeit, an sich bekannt ist, die aber als Hilfsbegriff trotzdem verwendet wird und als solcher gute Dienste leistet. Der treffende sprachliche Ausdruck für die Fiktion ist die Partikel »als ob«. Die Fiktion ist nicht zu verwechseln mit der Hypothese. Auch die Hypothese ist eine Arbeitsannahme, von deren endgültigem Wahrheitswert ich keineswegs überzeugt zu sein brauche. Ich erwarte jedoch, daß ich die Hypothese demnächst, durch Nachprüfung und Erfahrungsmaterial »verifizieren«, als wahr erweisen, oder als falsch abtun und fallenlassen kann. Bei der Fiktion erwarte ich das nicht. Ich erkenne sie von vornherein als falsch oder widerspruchsvoll. Trotzdem verwende ich sie, und zwar mit Erfolg.

Wir erinnern uns, daß schon Kant die Formel »als ob« an einer wichtigen Stelle seines Werkes verwendet hatte: beim Erläutern der »regulativen Ideen« der Vernunft, Seele, Welt, Gott.

Vaihinger findet nun, daß dieses Verfahren auf den verschiedensten Gebieten in unserem Denken und Verhalten ständig von uns angewendet wird. Zum Beispiel ist in der Mathematik der Begriff des unendlich

Kleinen durchaus widerspruchsvoll und gleichwohl ganz unentbehrlich. Ebenso ist es mit zahllosen anderen Annahmen der Naturwissenschaften, der Rechtslehre, der Nationalökonomie, der Geschichtswissenschaft. In der Ethik ist zum Beispiel die Willensfreiheit ein logischer Unsinn: trotzdem bildet sie die unentbehrliche Grundlage unserer moralischen und juristischen Ordnung. Auch in der Religion behalten wir bewußt falsche oder unbeweisbare Annahmen bei, weil sie uns »lieb«, das heißt praktisch nützlich und unentbehrlich sind.

Vaihinger stellt nun die Frage: Wie kommt es, daß wir mit bewußt falschen Vorstellungen doch Richtiges erreichen? Er antwortet: Das Denken ist eine zwecktätig wirkende organische Funktion. Es ist ursprünglich nichts als ein Mittel im Kampf ums Dasein. Es dient der Selbsterhaltung des Lebewesens. Es ist nicht um seiner selbst willen da. Im Laufe der Entwicklung – und nach einem Gesetz der »Überwucherung des Mittels über den Zweck« – kommt es aber schließlich dazu, daß das Denken als theoretisches Denken um seiner selbst willen, zum Zwecke der reinen »Erkenntnis«, ausgeübt wird. Dafür ist es aber nicht geschaffen und daher untauglich.

Das Denken ist eine Kunst. Die Logik ist die Kunstlehre des Denkens. Neben den ordentlichen, regulären Methoden der Logik, den Kunstregeln, gibt es »Kunstbegriffe«, irreguläre Methoden des Denkens, sozusagen Kniffe, die sich im Kampf ums Dasein als zweckmäßig erweisen. Die wichtigsten unter diesen sind die Fiktionen.

Die Fiktionen bilden allmählich eine ganze – unwirkliche – Welt für sich. Aber diese ganze Welt des »Als-Ob« ist, obgleich irreal, doch nicht ohne Wert. Sie ist im Gegenteil für alles höhere geistige Leben des Menschen, für Religion, Ethik, Ästhetik wie für die Wissenschaft, sogar wichtiger als die Welt des »Wirklichen«. Vaihinger kommt damit zu einem ganz veränderten Begriff von Wahrheit. »Wahr« ist die Voraussagbarkeit, die Vorausberechenbarkeit einer Erfahrung, durch die wir die Möglichkeit erhalten, unser praktisches Verhalten richtig einzurichten. Leisten die Fiktionen diesen Dienst – und sie tun es –, so sind sie eben für uns »wahr«. Wahrheit ist nichts anderes als Nützlichkeit für das Leben. Einen anderen, »objektiven« Maßstab gibt es gar nicht.

Es ist deutlich zu sehen, daß diese Gedanken Vaihingers denen Nietzsches (auch Schopenhauers) nicht fernstehen. Vaihinger beruft sich denn auch, außer auf Kant, hauptsächlich auf Nietzsche, freilich nur als Bestätigung, denn er hatte Nietzsches Werke erst nach der ersten Niederschrift seiner Gedanken kennengelernt. Die Gedanken Vaihingers berühren sich aufs engste mit denen des englischen und amerikanischen Pragmatismus, teilweise auch mit der späteren deutschen »Lebensphilosophie« – welche beide im folgenden Teil behandelt werden sollen.

5. VERWANDTE STRÖMUNGEN IN DEUTSCHLAND UND ANDEREN LÄNDERN

Der Neu-Kantianismus war als kritische Besinnung eine Reaktion gegen idealistische Spekulation einerseits, gegen die materialistische Interpretation der Naturwissenschaft andererseits. Er ist aber zugleich Ausdruck einer allgemeinen *»historisierenden«* Richtung im europäischen und besonders deutschen Geist des späteren 19. Jahrhunderts. Ähnlich wie die Kunst dieses Zeitalters eine Reihe von Versuchen zeigt, die Stile vergangener Epochen wieder zu beleben, so kam es auch in der Philosophie erstens zu einer Belebung des Interesses an der Geschichte der Philosophie – die Namen Kuno *Fischer* (1824–1907) und Johann Eduard *Erdmann* (1805–1892) seien hier genannt – und zweitens zu zahlreichen Versuchen, Systeme der Vergangenheit neu zu beleben oder doch an sie anzuknüpfen. Neben dem Neu-Kantianismus, welcher der bedeutendste dieser Versuche ist, entstanden ein *Neu-Fichteanismus, Neu-Hegelianismus, Neu-Frieseanismus* und auf katholischem Boden im Anschluß an die päpstliche Enzyklika von 1879 der *Neu-Thomismus.* Der Neu-Kantianismus hatte seine Stätte außerhalb Deutschlands vor allem in Frankreich, wo der Name Charles *Renouvier* (1815–1903) genannt sei. In England und Italien entstanden neu-idealistische Schulen, die außer an Kant vor allem an Platon und Hegel anknüpften. So in England Francis Herbert *Bradley* (1846–1924) und Bernard *Bosanquet* (1848–1923); in Italien vor allem Benedetto *Croce* (1866–1952). Croces Hauptwerk heißt *»Philosophie des Geistes«*. Berühmt sind auch seine Einzelschriften zur Ästhetik und Geschichtsphilosophie. Croce war eine universelle Denkerpersönlichkeit. Er befaßte sich nicht nur mit Philosophie, sondern auch mit Geschichte, Kunstgeschichte, literarischer Kritik, mit Nationalökonomie und Politik. Croce legte seine Ansichten seit 1903 ständig in der von ihm begründeten Zeitschrift *»La critica«* dar. Seine Philosophie ist eine Synthese von Hegelschen Gedanken, die die Grundlage bilden, mit dem Positivismus und dem noch zu behandelnden Pragmatismus.

Ein zweiter bedeutender Vertreter des Neu-Hegelianismus in Italien ist Giovanni *Gentile* (1875–1944). In Frankreich ist als Croce vergleichbarer einflußreicher neuidealistischer Denker Léon *Brunschvicg* (1869–1944) zu nennen. Seine in Deutschland noch nicht sehr bekannten wichtigen Werke heißen: *»Die Modalität des Urteils«*, *»Einführung in das Leben des Geistes«*, *»Die Etappen der mathematischen Philosophie«*, *»Der Fortschritt des Bewußtseins in der abendländischen Philosophie«* und *»Vernunft und Religion«*.

In dieser kurzen Aufzählung ist schließlich Wladimir *Solowjew* (1853 bis 1900) zu nennen, einer der bedeutendsten Denker, die Rußland hervorgebracht hat, von beträchtlichem Einfluß auf die russischen Denker außerhalb des Kommunismus und der Sowjetunion. In Deutschland ist der mit hoher Sprachkunst Begabte zunächst als Verfasser der genialen *»Erzählung vom Antichrist«* bekannt geworden; seit 1953 erscheint eine Gesamtausgabe seiner philosophischen Werke in deutscher Sprache. In Solowjews christlicher Philosophie der All-Einheit durchdringen sich formales abendländisches Denken und russische Gläubigkeit.

Siebenter Teil

Hauptrichtungen philosophischen Denkens im 20. Jahrhundert

Eine neue Epoche

Je weiter unser Jahrhundert fortschreitet, um so deutlicher wird, daß es einen neuen Abschnitt in der Geschichte der Menschheit und ihres Denkens bedeutet oder einleitet, daß sein Anbruch eine sehr tiefreichende geschichtliche Zäsur darstellt. Diese Erkenntnis ist wohl erst seit dem Zweiten Weltkrieg mit ihrem ganzen Gewicht ins allgemeine Bewußtsein getreten. In manchen Bereichen, die für die Philosophie hochbedeutsam sind, war das jedoch schon zu Beginn des Jahrhunderts zu erkennen.

Dies gilt vor allem für die *Physik*.

Die Revolution der Physik wurde allerdings in der *Mathematik* vorbereitet. Während bis ins 18. Jahrhundert die großen Philosophen in ihrem mathematischen Wissen auf der Höhe der Zeit oder gar, wie Descartes und Leibniz, schöpferische Mathematiker waren, lockerte sich im 19. Jahrhundert der Zusammenhang zwischen Mathematik und Philosophie. Hegel, Schopenhauer, Kierkegaard, Nietzsche waren keine Mathematiker. Die folgenreiche Entwicklung in der Mathematik in der zweiten Hälfte des 19. Jahrhunderts mit der Herausbildung der nichteuklidischen Geometrie durch den Russen Lobatschewski, den Ungarn Bolyai, die Deutschen Gauß und Riemann kam zunächst gar nicht in den Gesichtskreis der Philosophen – so wenig wie die bahnbrechende Leistung Gottlob Freges in Logik und Mathematik. In der neuen Geometrie erscheint unsere überlieferte, auf Euklid zurückgehende, für den Alltagsverstand und auch noch für Kant selbstverständliche Geometrie des Raumes, dessen drei Dimensionen senkrecht aufeinander stehen, nur als Spezialfall unter anderen, in sich widerspruchsfreien Geometrien. Auf die Philosophie wirkte sie erst ein, als sie, vor allem durch die Relativitätstheorie, in der Physik praktische Bedeutung erlangte (was ihre Väter kaum vorausgesehen hatten – ausgenommen Gauß, der ahnte, daß der A-priori-Raum unserer Anschauung und der Raum der Physik verschieden sein könnten).

Die Wende in der Physik ist bezeichnet vor allem durch die Quantentheorie Max *Plancks* (1900) und die Relativitätstheorie Albert *Einsteins* (»spezielle R.« 1905, »allgemeine« 1916). Wellenmechanik *(de Broglie, Schrödinger, Dirac)*, Quantenmechanik *(Heisenberg)* und die Kernphysik bezeichnen weitere Schritte. Man kann, ohne auf den Inhalt der Theorien näher einzugehen, doch in einigen Sätzen von den grundlegenden Veränderungen im Weltbild der Physik einen Eindruck vermitteln.

Die Physik des 19. Jahrhunderts und alle Philosophie, die auf ihr aufbaute, ruhte auf Grundannahmen: Man nahm letzte, unzerstörbare körperliche Einheiten, die Atome, an. Man nahm einen strengen Determinismus, einen nirgends durchbrochenen strengen Kausalzusammenhang aller Naturvorgänge an. Man hielt die Materie für das letzte und einfachste Element des Seienden und versuchte, alle anderen Phänomene aus ihr zu erklären. Alle diese Annahmen sind seit der Jahrhundertwende erschüttert:

Der Begriff der Materie wurde problematisch. Seit die Physik in das Atom eingedrungen ist, hat sie erkannt, daß die Atome keineswegs letzte unteilbare körperliche Bestandteile des Wirklichen sind, sondern höchst komplizierte Gebilde. Diese komplizierte Struktur darzustellen, hat die Physik zu einer Reihe von völlig der Anschauung entzogenen mathematischen Formeln greifen müssen. Es kann keine Rede mehr davon sein, daß der »Materialismus« eine einfache Erklärung des Weltganzen ermöglicht. Die Materie selbst bedarf der Erklärung. Ihr Begriff ist mit dem der Energie verschmolzen; die Materie erscheint nur als eine Manifestation der Energie.

Die subatomaren Bausteine der Welt können nicht als rein körperliche Bestandteile aufgefaßt werden. Ein Elektron erscheint unter bestimmten Beobachtungsbedingungen als etwas, was punktförmig an einem bestimmten Orte ist; unter anderen Bedingungen erweist es sich als durch größere Raumteile ausgedehnte Welle.

Die Makrophysik konnte bei der Formulierung ihrer Gesetze das beobachtende Subjekt außer Betracht lassen. Die Mikrophysik kann das nicht. Mikrophysikalische Vorgänge sind nicht voll objektivierbar. Jede Beobachtung ist hier ein Eingriff in den Ablauf des Geschehens.

Das Problem der Kausalität wird neu diskutiert. Kausalität im mikrophysikalischen Bereich muß durch statistische Wahrscheinlichkeit ersetzt werden.

In der *Psychologie* ist die »Traumdeutung« von Sigmund Freud ebenfalls genau im Jahre 1900 erschienen. Die von Freud geschaffene Tiefenpsychologie, längst weitergebildet durch viele Schüler und Schulen, hat stark auf das allgemeine Bewußtsein des Jahrhunderts eingewirkt, wie es in Literatur und Kunst zum Ausdruck kommt, ebenso auf das Bild vom Menschen, das die moderne philosophische Anthropologie entwirft. Was die Dichter aller Zeiten gewußt, was Philosophen wie Schopenhauer und Nietzsche mehr allgemein und intuitiv gesehen hatten, das wurde von Freud – im wesentlichen ganz unabhängig von diesen – bestätigt. Freud entdeckte das Reich des Unbewußten und seine überragende Macht im seelischen Leben des Menschen. Von anfänglichen Einseitigkeiten und Verabsolutierungen kritisch gereinigt und, besonders in den angelsächsischen Ländern, inzwischen in manchen Punkten weiterentwickelt, ist die »Tiefenpsychologie«, wie sie heute in Deutschland meistens genannt wird, zu einem wichtigen Bestandteil der Psychologie, Psychotherapie, Sozialpsychologie und auch Soziologie geworden. Unter den Schülern Freuds, die seine Gedanken in eigener Weise weiterverarbeitet haben, ragt der Schweizer Carl Gustav *Jung* (1875–1961) hervor.

Die *Astronomie* unseres Jahrhunderts hat unser Bild vom Ganzen der Welt, beginnend wohl mit Edwin Hubbles Entdeckung der Galaxienflucht und damit der Expansion des Universums (die von Einstein und anderen schon in mathematischer Form erwogen worden war), so radikal verändert, wie es die kühnste Spekulation nicht hätte ausdenken können. Es ist fraglich, ob dieser Wandel von den Philosophen in genügendem Ausmaß zur Kenntnis genommen und verarbeitet worden ist.

Die moderne Sprachwissenschaft oder *Linguistik* hat sich seit Einsetzen des Jahrhunderts (Ferdinand *de Saussure*) so machtvoll entwickelt, daß die Philosophie an ihren Ergebnissen nicht vorübergehen kann. Tatsächlich ist es nur eine geringe Übertreibung, zu behaupten, Sprache sei das Hauptthema der Philosophie in unserem Jahrhundert, jedenfalls in seiner zweiten Hälfte, geworden.

Neuerdings ist die Biologie anstelle der Physik als Leitwissenschaft in den Vordergrund gerückt. Auf sie komme ich beim Erkenntnisproblem und bei der Umweltproblematik, auch bei der philosophischen Anthropologie zurück.

Gleichrangig neben den wissenschaftlichen Entdeckungen steht die Entwicklung der *Technik*, ermöglicht durch die Fortschritte der Naturwissenschaft. Menschen haben die Erde verlassen und Sonden in ferne Regionen unseres Sonnensystems geschickt. Computer und künstliche Intelligenz revolutionieren Wirtschaft und Gesellschaft. Und über allem schwebt die Existenzbedrohung für die ganze Menschheit durch die Kernwaffen, die seit der Entdeckung der Kernspaltung des Urans entwickelt und aufgehäuft wurden.

Eine solche Gefahr hat es in der bisherigen Geschichte der Menschheit nicht gegeben. Neben sie ist heute die Bedrohung getreten, die aus der Schere zwischen Bevölkerungsexplosion einerseits, Erschöpfung der Rohstoffe und Energiequellen sowie der Zerstörung natürlicher Lebensgrundlagen andererseits erwächst. –

Was die Philosophie anlangt, so wird niemand erwarten, daß sie für sämtliche aufgeworfenen Fragen Lösungen anzubieten habe; ebensowenig, daß sie ein Bild der Einheit und des stetigen sachlichen Fortschreitens darbiete. Sie ist in Schulen zerspalten, ja zerrissen. Wir betrachten in diesem abschließenden Teil die wichtigsten Schulen und Probleme der heutigen Philosophie.

Erstes Kapitel

Die erste Jahrhunderthälfte

I. Lebensphilosophie und Historismus

1. ALLGEMEINES

Den Namen »Lebensphilosophie« hat man schon früher auf die Philosophie Schopenhauers und Nietzsches angewendet. Diese beiden haben, wie Georg Simmel, einer der neueren Lebensphilosophen, gesagt hat, die aufklärerische Vernunft im 19. Jahrhundert vom Throne gestoßen. Die Lebensphilosophie ist Teil einer großen Gegenbewegung gegen Aufklärung und Rationalismus und darin Fortsetzung der Romantik. Es ist eine Philosophie, die das Leben, das mit den Mitteln des bloßen Denkens nicht zu erfassende »lebendige« Leben verstehen will. Der Vernunft weist sie teils eine dienende Rolle zu, teils steht sie ihr mit ausgesprochener Feindschaft gegenüber.

Allen neueren Denkern der Lebensphilosophie ist gemeinsam, daß sie, mehr oder weniger bewußt und ausdrücklich, auf den Schultern Schopenhauers und Nietzsches stehen. Gemeinsam sind ihnen ferner durch die gemeinsame Grundauffassung eine Reihe von Wesenszügen, die man wie folgt kennzeichnen kann[1]:

Diese Denker sind *»Aktualisten«*. Bewegung, Werden, Entwicklung gilt ihnen mehr als starres Sein.

Sie sehen die Wirklichkeit als *organische*. Die Wissenschaft, von der die meisten von ihnen ausgehen, ist die Biologie.

Ihre Liebe gehört dem *Irrationalen*. Begriffe, logische Gesetze, apriorische Formen gelten ihnen als nur sehr begrenzt taugliches methodisches Mittel. Intuition, gefühlsmäßiges Erfassen, unmittelbare Anschauung, »Verstehen« und Erleben werden bevorzugt.

In der Erkenntnistheorie sind sie *nicht Subjektivisten*. Die Welt besteht für sie nicht nur in unseren Köpfen. Es gibt eine von unserem Denken unabhängige objektive Wirklichkeit.

Die meisten sind *Pluralisten*. Sie nehmen nicht ein einziges grundlegendes Prinzip an, sondern zwei, nämlich das »Leben« und ein diesem gegenüberstehendes, oder mehrere.

2. BERGSON

Der einflußreichste aller neueren Lebensphilosophen ist der Franzose Henri *Bergson* (1859–1941). Die vier wichtigsten seiner Werke heißen: *»Versuch über die unmittelbaren Gegebenheiten des Bewußtseins«*, ins Deutsche übersetzt unter dem Titel *»Zeit und Freiheit«*; *»Materie und Gedächtnis«*; *»Schöpferische Entwicklung«* und *»Die beiden Quellen der Moral und der Religion«*. Was alle Bücher Bergsons auszeichnet, ist eine Sprache von seltener Schönheit, außerordentlicher Klarheit und ein verschwenderischer Reichtum an Bildern, Vergleichen, Beispielen; im Inhaltlichen eine solide Grundlage von Wissen in allen Zweigen der Naturwissenschaft. Dies ist einer der Gründe für Bergsons außerordentlichen Erfolg.

Bergson hatte, abgesehen von Schopenhauer, dessen Doppelansicht der Welt als Wille und Vorstellung der seinen sehr nahekommt, auch in Frankreich selbst Vorgänger, die er aber an Bedeutung weit übertrifft. Anfänglich ging Bergson von Spencer aus. Der Versuch, die Grundlage des Spencerschen Systems zu vertiefen, führte ihn aber schließlich zu einer gänzlichen Abwendung von diesem. In Frankreich ist Julien *Benda* (1867–1956) als Kritiker und Gegenspieler Bergsons hervorgetreten.

a) Raum und Zeit, Verstand und Intuition

Bergson geht aus von dem Verhältnis von Raum und Zeit. Kant hatte beide als im wesentlichen gleichberechtigte Formen unserer Anschauung behandelt. Bergson zeigt ihren tiefen Wesensunterschied.

Der *Raum* ist in sich homogen. Er ist ein Inbegriff gleichartiger Punkte. Man kann beliebig von einem zum anderen übergehen. Die Naturwissenschaft betrachtet in Wirklichkeit immer nur diesen Raum. Was sie Bewegung nennt, ist nur die Aufeinanderfolge der räumlichen Lage der Körper in ihm. Auch wo sie vorgibt, die Zeit zu messen, mißt sie in Wahrheit nur Veränderungen im Raume.

Die *Zeit* ist nicht homogen. Sie ist eine nicht umkehrbare Reihe. Ich kann in ihr keineswegs beliebig von einem Punkt zum andern übergehen. Jeder Moment ist etwas Neues, Einmaliges, Unwiederholbares. Die Zeit ist ein einziges unteilbares Fließen, ein Werden, das von der sogenannten Zeit der Naturwissenschaft durchaus verschieden ist. Der Raum ist. Die Zeit ist nicht, sondern wird immerzu.

Dem Raum und der Zeit entsprechen im Menschen zwei ebenso verschiedenartige Erkenntnisvermögen.

Dem Raum zugeordnet ist der *Verstand*. Sein Gegenstand ist das Feste, Räumliche, die Materie. In diesem Bereich ist der Verstand zu wahrer und richtiger Erkenntnis befähigt, denn er ist der Materie wesensverbunden (hier liegt ein Gegensatz zu Kant). Der Verstand ist das Organ des handelnden Menschen, des Homo faber, des Werkzeuge verfertigenden, auf die Natur tätig einwirkenden Lebewesens. Die wirkliche Zeit, die reine Dauer, kann der Verstand nicht begreifen. Wenn er sich der Zeit zuwendet, überträgt er seine der räumlichen Materie entsprechenden Formen auf die Zeit. Er zerstückelt sie, zerschneidet sie in zähl- und meßbare Einheiten und geht damit an ihrem wahren Leben vorbei. Man kann das Verhältnis des Verstandes zur Zeit mit einem Film vergleichen. Ein abrollender Film erscheint uns als eine Folge von Bewegungen, ist aber doch nur eine Folge von starren Bildern, deren schnelle Aufeinanderfolge uns die Illusion der Bewegung vermittelt.

Die reine Dauer vermögen wir nur durch *Intuition* zu erfassen. Der Mensch von heute ist allerdings so sehr an den Gebrauch des Verstandes gewöhnt, daß es ihm schwerfällt, sich von ihm loszureißen und in reiner Anschauung das Fließende, Fortlaufende, Organische der Zeit zu erfühlen. Diese Intuition dient im Gegensatz zum Verstande nicht dem praktischen Handeln. Sie ist das Organ des Homo sapiens, des anschauenden, erkennenden Menschen.

Da der Verstand auf die Praxis eingerichtet ist, kann die Philosophie nur mit der Intuition etwas anfangen. Das bringt notwendig einen gewissen Mangel an zwingenden logischen Beweisen mit sich. Der Philosoph vermag nicht mehr, als durch anschauliche, bildhafte Darstellung des von ihm intuitiv Erkannten anderen zur gleichen Intuition zu verhelfen.

b) Elan vital

Wenn der Philosoph sich in das Meer des Lebens versenkt, das uns umgibt, so erkennt er, daß alle Wirklichkeit Werden ist. Es gibt im Grunde nur Werden, Handlung, Aktion. Es gibt allerdings zweierlei Bewegung, die steigende des Lebens und die fallende der Materie. Das sind zwei ganz verschiedene Welten. Es ist unsinnig, das Wesen des Lebens mit dem Verstande, sei es mechanisch oder teleologisch, erklären zu wollen. Soll tatsächlich zum Beispiel ein so kompliziertes Organ wie das Auge durch eine Reihe zufälliger Variationen, die sich erhielten und fortpflanzten, entstanden sein? Vor allem: wie soll man es erklären, daß in der Entwicklung des Lebens in ganz verschiedenen voneinander unabhängigen Zweigen gleichartige organische Schöpfungen hervorgebracht werden, und zwar mit ganz verschiedenen Mitteln? Die Lehre von der Entstehung so zweckvoller und komplizierter organischer Gebilde durch einen blinden Prozeß der Variation und Auslese mutet uns auf Schritt und Tritt den Glauben an Wundergeschichten zu. Die Entfaltung des Lebens kommt nicht aus der Materie und ihren mechanischen Gesetzen, sie geht vielmehr *gegen* diese, gegen Trägheit und Zufall, zu immer höheren, gewagteren, freieren Formen.

Die Lebensvorgänge berühren sich mit den physikalischen und chemischen Kräften gerade nur so weit, wie man die kleinsten Teile eines Kreises als Teile einer geraden Linie betrachten kann. In Wirklichkeit ist das Leben von ihnen so verschieden wie die Kurve von der Geraden. Auch das Bewußtsein ist nicht vom Körper abhängig. Dies zu behaupten wäre dasselbe, als wenn man aus der Tatsache, daß ein aufgehängtes Kleidungsstück nach Abnahme des Hakens herunterfällt, auf die Identität von Kleidung und Haken schließen wollte. Bewußtsein ist überall, wo Leben ist. Nur der Mensch aber hat Intuition, die Form, in der das Leben sich selbst erkennen, über sich selbst nachdenken kann. Es kommt darauf an, »die Tiefen des Lebens abzuhorchen und den Puls seines Geistes mit Hilfe einer Art von intellektueller Auskalkulation abzulesen«.

c) Moral und Religion

Eine ähnliche Entgegensetzung zweier verschiedener Elemente findet sich in Bergsons Moral- und Religionsphilosophie.

Es gibt zweierlei Moral. Die *geschlossene Moral* beruht auf einem von der Gesellschaft ausgeübten Druck. Sie ist unpersönlich. Die ihr entsprechenden Handlungen werden fast automatisch, instinktiv ausgeführt. Sie bezweckt die Erhaltung der sozialen Gewohnheiten und bezieht sich deshalb immer auf eine begrenzte Gruppe von Menschen.

Die *offene Moral* ist persönlich, von der Gesellschaft unabhängig, schöpferisch. Sie erscheint verkörpert nur in hervorragenden Einzelpersönlichkeiten, den Heiligen und den Helden. Sie geht hervor aus dem unmittelbaren Erfassen des Lebensgrundes und umfaßt in Liebe das ganze Leben.

Es gibt auch zweierlei Religion. Da dem Menschen der Instinkt fehlt, der bei den sozialen Tieren den gesellschaftlichen Zusammenhang verbürgt, da bei ihm an dessen Stelle der Verstand steht, der auf den sozialen Zusammenhang eher auflösend wirkt, so hilft sich die Natur mit der »fabulierenden Funktion« des Verstandes. Sie schafft Phantasien, Fabeln, die den Menschen mit dem Leben und die Individuen untereinander verbinden. Der Mensch weiß durch den Verstand, daß er sterben muß. Er sieht durch den Verstand, daß dem Erreichen seiner Ziele unberechenbare Hindernisse im Wege stehen. Die Natur hilft ihm, diese bitteren Erkenntnisse zu ertragen, indem sie mittels der Phantasie gütige Götter verfertigt. Die Funktion dieser *»statischen« Religion* ist also im Menschenleben eine ähnliche wie die des Instinkts bei den Tieren, eine bindende, erhaltende, versöhnende.

Ganz verschieden hiervon ist die dynamische Religion, die *Mystik*, welche bei den Griechen in Ansätzen, bei den Indern in spekulativer Form, bei den christlichen Mystikern in Vollendung ausgebildet ist. Die dynamische Religion geht hervor aus dem ahnenden Erfassen des Unerreichbaren, aus dem Zurückgehen in der Richtung, aus der der Lebensstrom kommt. Sie ist nur bei einzelnen außergewöhnlichen Menschen vorhanden. Wenn die Mystiker aus ihren für andere unzugänglichen Erfahrungen heraus behaupten, daß der Ursprung des Lebensstroms in Gott liege, daß dieser Gott ein Gott der Liebe, daß die Welt die Erscheinung der göttlichen Liebe und daß im Menschen ein unsterblicher göttlicher Funke sei – so kann die Philosophie solche Sätze zwar nicht beweisen, aber dankbar hinnehmen als Hinweise darauf, wo das nur der mystischen Versenkung zugängliche Wesen alles Seienden liegt.

3. EIN BLICK AUF GUYAU

Einer kurzen Lebensspanne ein gewaltiges Werk abzuringen, das ist einzelnen genialen Künstlern wie Mozart und Schubert gelungen, auch Naturforschern, denen die entscheidende Entdeckung in frühem Alter gelang. Ein philosophisches Lebenswerk dagegen bedarf zur Reifung in der Regel vieler Jahre oder Jahrzehnte. Die weltbewegenden Werke der Philosophie sind meist die Früchte der reiferen Mannesjahre. Der Denker, der Anlaß zu dieser Bemerkung gegeben hat, ist der Franzose Marie Jean *Guyau* (1854–1888), den eine Krankheit mit 34 Lebensjahren hinweggerafft hat. Wäre ihm vergönnt gewesen, länger zu arbeiten – er würde vielleicht heute unter die Großen der Philosophie gerechnet.

Die bekanntesten Vertreter der Lebensphilosophie – Bergson in Frankreich ebenso wie Driesch und seine später zu nennenden deutschen Kollegen – haben ihr Leben und Wirken im 19. Jahrhundert begonnen und im 20. vollendet; der Höhepunkt dieser Bewegung liegt in den ersten Jahrzehnten unseres Jahrhunderts. Guyau gehört ganz dem 19. Jahrhundert an, gehört aber sachlich in den Zusammenhang der Lebensphilosophie, jedenfalls mit einer der beiden Seiten seines Denkens. Die zweite ist der Positivismus, und Guyaus Denken galt dem Versuch, beide zu vereinen oder zu versöhnen.

Als Hauptwerk gilt das 1885 erschienene Buch »*Esquisse d'une morale sans obligation ni sanction*«, deutsch etwa: »Entwurf einer Moral ohne Pflicht und ohne Strafe«. Zur Annäherung an Guyaus Gedanken muß man wissen, daß er Religion im Sinne eines Jenseitsglaubens für überholt hält – er hat auch ein Buch geschrieben »*L'irréligion de l'avenir*«, was etwa »Die Unreligion der Zukunft« bedeutet und an Sigmund Freuds Buchtitel »Die Zukunft einer Illusion« erinnert. Von der Religion bleibt für Guyau nur ein allgemeines Gefühl der Abhängigkeit (Albert Einstein sagte später »Ehrfurcht«) vor der Größe des Alls. So kann er Moral nicht auf dem Fundament der Religion aufbauen, kann sich aber auch nicht Kant anschließen, der – nach Guyau – die Moral aus einer »intelligiblen« Sphäre außerhalb von Raum und Zeit gleichsam herüberwirken läßt; außerdem meint Guyau, daß ein formales Kriterium überhaupt als Fundament der Moral nicht geeignet sei, weil für den einzelnen Menschen eine moralische Pflicht zu bestimmtem Handeln nicht vom konkreten Inhalt der betreffenden Tat zu trennen ist. Auch ist zu beobachten, daß manche Menschen sich zu einer Handlung – wie z. B. der Blutrache für einen getöteten Angehörigen – ebenso verpflichtet fühlen wie andere zu (nach unseren Maßstäben) »guten« Taten. Wie nun die Moral aus der diesseitigen Welt, der empirischen Realität begründen? Hier erweist sich Guyau als Lebensphilosoph: Er findet die Quelle der Moral im Leben selbst, in einem schöpferischen Drang, der allem Lebendigen innewohnt – man denkt an Schopenhauers Weltwillen und Nietzsches Willen zur Macht (zumal auch für Guyau das Ethische und das Ästhetische nahe beieinander wohnen); doch ist Guyaus Wille etwas durchgeistigter, weniger egoistisch oder brutal.

Dieser kurze Hinweis kann natürlich Guyau nicht gerecht werden, aber er deutet eines an: daß hier einer der redlichen und verzweifelten Versuche vorliegt, wie sie seit dem Zeitalter der Aufklärung immer erneut auftreten – der Versuch, einen Ausweg aus einem Dilemma zu finden zwischen einerseits der Überzeugung, daß die Menschen dringend eines allgemein gültigen moralischen Maßstabs bedürfen, andererseits der Ansicht oder Einsicht, daß die überlieferte Religion diese Aufgabe nicht mehr erfüllt.

4. VITALISMUS: DRIESCH – GESTALTTHEORIE

Jedes Einordnen geistiger Gebilde unter bestimmte Gesichtspunkte, und damit auch das Einordnen von Denkern und Systemen unter die Überschriften dieser Abschnitte, enthält notwendig eine gewisse Abstraktion vom Besonderen, Unterscheidenden und damit eine Ungerechtigkeit. Hans *Driesch* (1867–1941), den führenden Philosophen des Neu-Vitalismus in Deutschland, in den Zusammenhang der Lebensphilosophie zu stellen, ist nur bedingt richtig, insofern auch Drieschs Philosophie vom Leben ausgeht (Driesch war zwanzig Jahre Zoologe), insofern sie eine Philosophie des Organischen ist. Die Richtung jedoch, welche Drieschs Denken von diesem Ausgangspunkt aus nimmt, bringt ihn eher in die Nähe der zeitgenössischen Metaphysik, der Philosophie des objektiven Seins, deren Hauptvertreter wir in einem anderen Abschnitt dieses Kapitels betrachten.

Der Gegensatz zwischen *mechanistischer* und *»vitalistischer«* Betrachtung der Lebensvorgänge findet sich schon bei den Griechen. Bei diesen

wollte Demokrit das Weltganze aus dem mechanischen Zusammenspiel seiner Atome erklären, während Aristoteles zur Erklärung des Lebendigen eine besondere formende Lebenskraft, die Entelechie, heranzog.
In der neueren Philosophie wurde zunächst von Descartes bis zu Lamettries »Maschinenmensch« die mechanistische Erklärung vorherrschend. Kant versuchte eine Abgrenzung beider Betrachtungsweisen und erkannte die Unentbehrlichkeit der teleologischen Betrachtung. Die Romantik war vitalistisch. Sie dachte lebendig, organisch. Die Naturwissenschaft des 19. Jahrhunderts neigte mit Darwins Entwicklungslehre, mit den außerordentlichen Erfolgen der organischen Chemie – welche organische Stoffe, zuerst den Harnstoff, synthetisch herstellen lernte – zunächst wieder zu einer mechanistischen Auffassung. Ein neuer Umschwung trat um die Wende zum 20. Jahrhundert ein. Bergson ist der philosophische Exponent dieses Umschwungs in Frankreich.
In Deutschland ist es neben anderen Hans Driesch *(»Philosophie des Organischen«; »Ordnungslehre«; »Wirklichkeitslehre«; »Metaphysik«; »Parapsychologie«).*
Den wichtigsten Anstoß zu Drieschs Überlegungen bildeten von ihm selbst durchgeführte zoologische Experimente an Seeigeleiern. Sie erbrachten den Nachweis, daß aus halbierten oder anders geteilten Keimen nicht Teilorganismen, sondern ganze, wenn auch kleinere Lebewesen entstanden. Eine solche Fähigkeit des Organismus zur Regeneration des Ganzen aus Teilen war auf mechanistischem Wege nicht zu erklären. Dem Leben ist eine *Ganzheitskausalität* eigen, Bestimmung des Teils vom Ganzen her. Die unsichtbare, nicht als solche faßbare Kraft, die hier wirkt, nennt Driesch mit Aristoteles »Entelechie«.
Driesch blieb nicht hierbei stehen. Er schuf zur philosophischen Deutung und Rechtfertigung der biologischen Erkenntnisse ein gedankliches System, das von der Logik bis zur Ethik und Metaphysik reicht. Driesch ist undogmatisch. Sein Ausgangspunkt ist das »cogito ergo sum« des Augustinus und Descartes. Es heißt bei ihm: »Ich habe bewußt Etwas.« Dieses Etwas zu ordnen ist die Aufgabe des ersten Teils der Philosophie, der Ordnungslehre. Die Ordnung der Gegenstände findet ihren Ausdruck in den Einteilungen der Wissenschaften. Der zweite Teil der Philosophie ist Wirklichkeitslehre oder Metaphysik. Die Ordnungslehre hatte die Gegenstände nur als bloße Erscheinungen genommen und geordnet. Die Wirklichkeitslehre stellt in den Mittelpunkt die Frage nach einer vom Ich unabhängigen objektiven Wirklichkeit und nach der Einheit dieser Wirklichkeit hinter der Mannigfaltigkeit der Erscheinungen.
Die erste Voraussetzung in Drieschs *Ethik* ist Bejahung des Lebens, als

organisches und als Mittel für das geistige Leben. Daraus ergeben sich notwendig gewisse Folgerungen für das Verhalten zu anderen Wesen, das Verbot der Tötung und Schädigung, die Gebote der Anlagenförderung und Wahrhaftigkeit. Im Staat, in der Entwicklung der Menschheit, in der Tatsache des sittlichen Bewußtseins finden sich ähnliche ganzheitliche Züge wie im organischen Leben. Das legt den Schluß nahe, wenn er auch nicht gewiß ist, daß auch hier hinter dem Erscheinenden eine »Entelechie«, eine Seele des Weltganzen, steht.

Der Zug zur Ganzheitsbetrachtung, die Erkenntnis, daß es gestalthafte Ganze gibt, welche mehr sind als die bloße Summe ihrer Teile, findet sich häufig in Wissenschaft und Philosophie unseres Jahrhunderts. Auf psychologischem Gebiet ist dieser Gedanke namentlich durch die sogenannte *Gestaltpsychologie* und allgemeine *Gestalttheorie* verfochten worden. Schöpfer des allgemeinen Gestaltbegriffes ist Christian Freiherr von *Ehrenfels* (1859–1932) mit seiner 1890 erschienenen Arbeit *»Über Gestaltqualitäten«*. Die Begründer der Gestaltpsychologie sind Max *Wertheimer*, Wolfgang *Köhler* und Kurt *Koffka*.

Als philosophischer Denker, der das Form- und Gestaltproblem behandelt und von ihm aus auch der Biologie neue fruchtbare Anregungen gegeben hat, ist Hermann *Friedmann* (1873–1957) zu nennen *(»Die Welt der Formen«; »Wissenschaft und Symbol«)*.

5. DEUTSCHE LEBENSPHILOSOPHIE UND HISTORISMUS

Die eigentliche deutsche Lebensphilosophie ist mit der Mehrzahl ihrer Vertreter nicht so sehr an der Biologie orientiert als vielmehr an der Geschichte. Sie steht damit in enger Beziehung zu dem sogenannten Historismus. Diese Bewegung hat ihren Ausgangspunkt in dem mächtigen Aufschwung, den die geschichtlichen Wissenschaften in Deutschland seit Hegel und der Romantik genommen hatten. Die Geschichte steht hier im Zentrum des Philosophierens. Man sieht »in dem geschichtlichen Charakter des Menschentums eine Wesensbestimmung von metaphysischer Bedeutung« (Theodor Litt). Aus der geschichtlichen Betrachtung des Lebens erwächst leicht ein Relativismus in bezug auf Werte. Man sieht alles in seiner jeweiligen geschichtlichen Bedingtheit entstehen und vergehen. Das kann zu Unentschiedenheit und Schwäche gegenüber den Notwendigkeiten der eigenen Zeit führen. Hiergegen und gegen das erdrückende Übergewicht des angehäuften historischen Wissensstoffes hatte sich (in der Zweiten Unzeitgemäßen Betrachtung) Nietzsche, der geistige Ahnherr der deutschen Lebensphilosophie, gewandt.

Wir behandeln die Lebensphilosophen und die Denker des eigentlichen Historismus hier zusammen und versuchen sie in einer Reihe zu ordnen, je nach dem Grade der Ausschließlichkeit in ihrer Hinwendung zur Geschichte. Der Geschichte am fernsten stehen Klages und Keyserling; näher stehen ihr Simmel und Spengler; die Denker des eigentlichen Historismus sind Dilthey und seine Schüler.

Ludwig *Klages* (1872–1956) ist ursprünglich aus dem Kreise des Dichters Stefan George hervorgegangen. Seine ersten großen Leistungen, die vielleicht dauernder sein werden als seine Philosophie, liegen in der wissenschaftlichen Graphologie und Charakterkunde. Klages' Lehre vom Ausdruck betrachtet den Leib als Erscheinung der Seele, die Seele als Sinn des Leibes, und damit Leib und Seele als einen engen Sinn- und Ausdruckszusammenhang. Klages verdankt wichtige Anregungen seinem Lehrer Melchior *Palagyi* (1859–1924). Palagyi war ein vielseitiger Denker, der u. a. bereits 1901, also mehrere Jahre vor der Veröffentlichung der speziellen Relativitätstheorie durch Einstein, in seiner Schrift *»Neue Theorie des Raumes und der Zeit«* einige Grundgedanken dieser Theorie ausgesprochen hatte. Klages übernahm von ihm u. a. die Lehre vom *»intermittierenden Bewußtsein«*, die besagt, daß die fließenden kontinuierlichen Lebensvorgänge von dem diskontinuierlichen menschlichen Bewußtsein nur unvollkommen erfaßt werden können. Das erinnert an Bergson.

Klages' philosophischer Standpunkt kommt treffend zum Ausdruck im Titel seines philosophischen Hauptwerkes *»Der Geist als Widersacher der Seele«*. Während Leib und Seele zwei untrennbar zusammengehörige Pole der Lebenszelle sind, drängt der Geist von außen her, einem Keil vergleichbar, sich zwischen beide, mit dem Bestreben, sie zu entzweien und so das Leben zu ertöten. Die vom lebensfeindlichen Geist noch unberührte Seele erlebt die Welt als eine Folge von Bildern, von beseelten Gestalten. Der Geist zerhackt diesen kontinuierlichen Strom und zerlegt das Erleben in eine Anzahl voneinander getrennter »Gegenstände«. Die Wissenschaft, besonders die mechanistische Naturwissenschaft, ist die stärkste Ausprägung dieser die Bilder zerstörenden, das Leben abtötenden Funktion des Geistes. Der Geist ist also eine dem Leben fremde, ja außerraumzeitliche (akosmische) Macht, die in das Leben einbricht. In diesem Widerstreit von Geist und Seele nimmt Klages leidenschaftlich die Partei der Seele, des bewußtlos-bildhaften Lebens gegen seinen Widersacher, den Geist, die Partei des Herzens, des Gefühls, des Instinkts, gegen Kopf, Verstand, Intellekt. Das Ergebnis des Geistes ist die bewußte, den Instinkten widerstreitende Tat, und jede solche Tat ist ein »Mord am Leben«. Die Parole ist: Rückkehr zum naturhaft-unbewußten Leben.

Durch Klages ist das Werk des fast vergessenen Kulturhistorikers Johann Jakob *Bachofen* (1815–1887) über Mutterrecht und Urreligion wieder zur Geltung gebracht worden.

Graf Hermann *Keyserling* (1880–1946) ist ein Abkömmling einer alten deutsch-baltischen Familie; zu seinen Vorfahren gehören die berühmten Barone von Ungern-Sternberg. Mit dem weltberühmten Abenteurer dieses Namens hat er manches gemeinsam. Er selbst bezeichnet sich als »Condottiere«, als »außergewöhnlich vielfältig, unharmonisch und widerspruchsvoll veranlagt«[2]. Er bereiste beinahe die ganze Welt. In seinem *»Reisetagebuch eines Philosophen«*, einem der lebendigsten philosophischen Bücher unseres Jahrhunderts, schildert er seine Eindrücke aus Indien, China, der Südsee und Amerika.

Keyserling wendet sich wie Klages gegen bloße Verstandeskultur. Er ist ein Mann der schöpferischen Intuition. Aber er bekämpft nicht den Geist, sondern will Geist und Seele zu einer neuen Einheit verbinden und so einen Weg zur Vollendung zeigen. In diesem Sinn will er mehr geben als Philosophie, nämlich »Weisheit«, »Leben in Form des Wissens«.

Eine außerordentlich vielseitige Persönlichkeit und ein geistreicher Schriftsteller wie Keyserling ist auch Georg *Simmel* (1858–1918). Im Mittelpunkt von Simmels Lebensphilosophie steht die Spannung zwischen dem Leben als solchem und den »objektiven Sachgehalten« der Kultur, also Recht, Sittlichkeit, Wissenschaft, Kunst, Religion. Simmel zeigt, daß diese objektiven Kulturbereiche, obwohl sie ihre eigene Gesetzlichkeit haben und sich dem Leben gegenüberstellen können, doch aus dem Leben selber erwachsen. Denn Leben ist immer zugleich Mehr-als-Leben, oder, wie Simmel sagt: Die Transzendenz ist dem Leben immanent; das heißt, es gehört zum Wesen des Lebens, daß es über seinen vitalen Grund hinausgreift. Das wichtigste Werk in dieser Hinsicht sind Simmels vier »Metaphysische Kapitel« über *»Lebensanschauung«*. Simmel war gleichzeitig ein bedeutender Soziologe.

Breiteren Kreisen viel bekannter als Simmel ist der Historiker und Geschichtsphilosoph Oswald *Spengler* (1880–1936) durch sein aufsehenerregendes Werk *»Der Untergang des Abendlandes«*. Spengler ist wie Bergson überzeugt von der tiefen Wesensverschiedenheit der Welt des Raumes von der Zeit. Es gibt eine Logik des Raumes. Ihr Prinzip ist Kausalität, ihr Gebiet die Naturwissenschaft. Daneben gibt es eine Logik der Zeit, eine organische Logik, eine Logik des Schicksals. Sie lehrt die *Welt als Geschichte* begreifen.

Spengler besaß einen einzigartigen physiognomischen Blick für die Formen und Zusammenhänge des geschichtlichen Werdens. Für ihn ist Weltgeschichte kein fortlaufender Prozeß, sondern eine Aufeinanderfolge unabhängiger Kulturen. Jede Kultur ist ein Organismus, ein Lebewesen höchsten Ranges und der Ausdruck eines besonderen Seelentums. Kulturen wachsen, blühen und vergehen wie Lebewesen. Eine vergleichende Morphologie (Gestaltenlehre) der Weltgeschichte erkennt den lebensgesetzlichen Ablauf jeder Kultur. Auf unsere, die abendländische »faustische« Kultur angewandt, ermöglicht sie die Prognose, daß wir in das Stadium der Zivilisation, der Erstarrung, eingetreten sind und dem Untergang entgegengehen. – Die übrigen Schriften Spenglers treten an Bedeutung hinter dem »Untergang des Abendlandes« zurück.

Wilhelm *Dilthey* (1813–1911) gehört einer älteren Generation an. Sein Einfluß reicht aber wie der Spenglers bis in die unmittelbare Gegenwart. Diltheys innerer Entwicklungsgang ging vom Positivismus zu einem irrationalen »Verstehen des Lebens und der Geschichte« und spiegelt damit die Entwicklung des 19. Jahrhunderts. Da die Wirklichkeit Leben ist, ist Verstehen nur als Bewegung von Leben zu Leben möglich, nicht mit dem Verstand allein, sondern mit der Gesamtheit unserer Gemütskräfte. Der Bereich solchen Verstehens sind die Geisteswissenschaften und besonders die Geschichte als Selbstbesinnung des Menschen. »Was der Mensch sei, erfährt er nur durch die Geschichte.« Für die logische und erkenntnistheoretische Begründung der Geisteswissenschaften, für den Nachweis ihrer Unabhängigkeit und Andersartigkeit gegenüber den Naturwissenschaften hat Dilthey bleibende Verdienste.

Der Historismus Diltheys führte ihn folgerichtig zum Relativismus. »Die Relativität jeder Art von menschlicher Auffassung ist das letzte Wort der historischen Weltanschauung, alles im Prozeß fließend, nichts bleibend.«[3]

In unserer knappen Aufzählung steht Dilthey neben anderen Denkern. Es muß aber betont werden, daß unter den deutschen Lebensphilosophen von ihm bei weitem die reichsten und fruchtbarsten Wirkungen ausgegangen sind. Die Persönlichkeit Diltheys und seine Lehre wirkten ausgesprochen schulbildend. Eine große Zahl von Denkern der jüngsten Vergangenheit und der Gegenwart ist von ihm beeinflußt, so Ernst *Troeltsch* (1865–1923), Eduard *Spranger* (1882–1964), Erich *Rothacker* (1888–1965), Hans *Freyer* (1887–1969), Theodor *Litt* (1880–1962), auch der spanische Philosoph José *Ortega y Gasset* (1883–1955).

II. Pragmatismus

Mit der Betrachtung dieser Strömung betreten wir zum erstenmal in der Geschichte der Philosophie den Boden Amerikas. Weit über die politische Loslösung vom europäischen Mutterkontinent hinaus blieb die geistige Abhängigkeit der Neuen Welt von Kunst, Wissenschaft und Philosophie Europas bestehen. Erst gegen die letzte Jahrhundertwende begann Amerika auf diesen Gebieten seine eigene Sprache zu sprechen. Der erste, der sich dieser Sprache in der Philosophie bediente, war William James, der Begründer des amerikanischen Pragmatismus und der erste amerikanische Philosoph von internationaler Bedeutung.

1. WILLIAM JAMES

James wurde 1842 in New York geboren. Er war der ältere Bruder des Schriftstellers Henry James. Er studierte in Frankreich. Danach lehrte er von 1872 bis zu seinem Tode (1910) an der Harvard-Universität. Er lehrte zuerst Anatomie und Psychologie. Seine 1890 erschienenen *»Prinzipien der Psychologie«* sind eines seiner bekanntesten Werke. Dann folgte die Wendung zur Philosophie. Seine wichtigsten philosophischen Werke heißen: *»Der Wille zum Glauben«, »Die Verschiedenheiten der religiösen Erfahrung«, »Ein pluralistisches Universum«, »Der Sinn der Wahrheit«.*

Der hervorstechende – nicht der einzige – Zug in James' philosophischem Denken ist Pragmatismus. James selbst definiert ihn als »eine Einstellung, die von ersten Dingen, Prinzipien, Kategorien und vermeintlichen Notwendigkeiten absieht und sich auf letzte Dinge, Früchte, Folgen und Tatsachen richtet«. Das Kennzeichnende am Pragmatismus ist sein besonderer Begriff der Wahrheit: Nützlichkeit, Wert, Erfolg sind die Kriterien der Wahrheit. Der Pragmatismus fragt nicht nach dem letzten »Wesen« der Dinge, wie Scholastik und alte Metaphysik (James lehnt auch die deutsche idealistische Spekulation schroff ab). Er fragt auch nicht nach letzten Ursprüngen. Er »verlegt den Ton und blickt nach vorwärts«. Er fragt: Was ist der »Barwert« (cash-value) einer Vorstellung? Solche typisch amerikanischen Ausdrücke wie profits (Nutzen, Verdienst, Profit), results (Erfolg) sind bei James häufig. »Wahr ist das, was sich durch seine praktischen Konsequenzen bewährt.« Die Anregung zu dieser Fassung des Wahrheitsbegriffs erhielt James aus einer Arbeit des Amerikaners Charles S. *Peirce* (1839 bis 1914), der insofern als sein Vorgänger betrachtet werden kann. Den Begriff des Pragmatismus hat Peirce dem Werk Kants entnommen.

James verkörpert die Neigung seines Volkes zum Unmittelbaren, Gegenwärtigen und Praktischen. Was bedeutet dieser Pragmatismus, angewandt auf die Philosophie? Auch an jede Philosophie ist nicht die Frage zu richten: Ist das »logisch«?, Ist das »wahr«?, sondern: Was wird die praktische Befolgung dieser Philosophie für unser Leben und unsere Interessen bedeuten? Eine Philosophie – mag sie sonst noch so konsequent und gut begründet sein – wird von den Menschen niemals angenommen werden, wenn sie ihre teuersten Wünsche und liebsten Hoffnungen durchkreuzt oder enttäuscht, wenn sie unseren inneren Kräften und Neigungen nicht angepaßt ist und wenn sie sich nicht im praktischen Leben, in Kampf, Arbeit und im Angesicht der Natur bewährt. »Logik und Predigten überzeugen nie; die Nebel der Nacht sickern tiefer in meine Seele . . . Nun prüfe ich abermals Philosophien und Religionen. Sie mögen sich im Hörsaal wohl bewähren, doch nimmer unter den ausgebreiteten Wolken, vor einer Landschaft und an strömenden Flüssen.«[4]

Das gilt also auch für die Religion. ». . . Gäbe es eine Vorstellung, die, falls man an sie glaubte, uns zur Führung jenes besseren Lebens verhelfen könnte, so wäre es wirklich besser für uns, an diese Vorstellung zu glauben, falls nicht der Glaube an sie zufällig mit anderen größeren vitalen Interessen zusammenprallt.«

Es ist augenfällig, daß der Wahrheitsbegriff des Pragmatismus in ausgesprochenem Gegensatz steht zu der traditionellen Auffassung von Wahrheit als »adaequatio intellectus et rei« – Übereinstimmung zwischen dem erkennenden Geiste und der Sache –, wie ihn die abendländische Philosophie, Kant eingeschlossen, festgehalten hatte.

Neben diesem Pragmatismus sind im Denken James' mindestens drei weitere wichtige Züge zu erkennen:

Den ersten könnte man »*Dynamismus*« nennen. Die Welt ist nichts Fertiges, sondern unablässiges Werden. Auch unser Denken ist ein Strom, ein Fließen, ein System von Beziehungen.

Den zweiten nennt James selbst »*Pluralismus*«. Die Welt ist nicht aus einem Prinzip zu erklären. Die Wirklichkeit besteht aus vielen selbständigen Bereichen. Sie ist »kein Uni-versum, sondern ein Multi-versum«. In einer solchen Welt, die ein Kriegsschauplatz widerstreitender Kräfte ist, hat der Mensch die Möglichkeit, seinen Willen und seine eigenen Kräfte ins Feld zu führen. Er hat mitzubestimmen. Dem Vielheitscharakter der Welt wird der Polytheismus der alten Völker, »der immer die wirkliche Religion des Volkes war und es heute noch ist«, besser gerecht als jeder Monismus und Monotheismus.

Der dritte Zug ist eine gewisse ebenfalls typisch amerikanische, sich allem Möglichen offenhaltende *skeptische Unbefangenheit*. Wer will behaupten, daß seine Art der Erkenntnis, daß überhaupt unsere menschliche Art von Erkenntnis die allein mögliche und gültige sei? »Ich selbst lehne entschieden den Glauben ab, daß unsere menschliche Erfahrung die höchste Form der Erfahrung, die es im Weltall gibt, sein soll. Eher glaube ich, daß wir zum Ganzen der Welt in fast derselben Beziehung stehen wie unsere Lieblingshunde und -katzen zum Ganzen des menschlichen Lebens. Sie bevölkern unsere Wohnzimmer und Bibliotheken. Sie nehmen teil an Szenen, von deren Bedeutung sie keine Ahnung haben. Sie treten in bloß vorübergehende, tangentenhafte Berührung mit dem gewundenen Lauf der Geschichte . . . Ähnlich kommen wir mit dem umfassenderen Leben der Dinge nur tangential in Berührung . . .«

2. JOHN DEWEY

Die Ausformung, welche John Dewey (1859–1952), der zweite große Vertreter des amerikanischen Pragmatismus, dieser Philosophie gegeben hat, ist in gewissem Sinne noch »amerikanischer« zu nennen als die Lehre James'. Dewey ist zunächst bedeutend als sozial eingestellter Reformator der Pädagogik. Sein auch ins Deutsche übersetztes Werk *»Demokratie und Erziehung«* hat bis heute bestimmenden Einfluß im Erziehungswesen seines Landes. Die wichtigsten philosophischen Werke Deweys sind: *»Studien über theoretische Logik«, »Ethik«, »Schöpferische Intelligenz«, »Wiederaufbau in der Philosophie«, »Menschliche Natur und menschliches Handeln«.*

Es ist bezeichnend, daß Dewey lange und entscheidende Jahre seines Lebens nicht in dem europäischem Einfluß geöffneten Osten, sondern im mittleren Westen zugebracht hat. James war religiös und religiös interessiert. Seine Philosophie mutet trotz ihrer praktischen Richtung wie eine Rechtfertigung von Philosophie und Religion an. Dewey dagegen wendet sich ganz den Naturwissenschaften und der praktischen Erfahrung zu. Er merzt alles aus, was darüber hinausgeht. Das Denken ist ein Instrument zum Handeln. Gedanken haben nur Instrumentalwert. Seine Philosophie wird deshalb auch Instrumentalismus genannt.

Wachstum, Entwicklung sind Schlüsselworte zu Deweys Ansicht der Welt. Sie sind auch der Maßstab der Ethik. Nicht Vollkommenheit als endgültiges Ziel ist der Zweck des Lebens, sondern ein ewig anhaltender Prozeß des Vervollkommnens, Reifens und Verfeinerns.

3. PRAGMATISMUS IN EUROPA

In Europa hatte der Pragmatismus vor allem in England weitgehenden Einfluß. Der führende Denker ist hier Ferdinand C. S. *Schiller* (1864 bis 1937). Seine Hauptverdienste liegen auf dem Gebiet der Logik. Seine wichtigsten Werke sind *»Humanismus«* (so nennt Schiller den Pragmatismus, weil in ihm alles auf den Menschen bezogen wird) und *»Formale Logik«*. Der Leser wird selbst bemerkt haben, daß der Grundgedanke des amerikanischen Pragmatismus, an der europäischen Philosophie gemessen, keineswegs neu ist. James selbst hat denn auch seinem Buche »Pragmatismus« den Untertitel gegeben: »Ein neuer Name für einige alte Weisen des Denkens.« Abgesehen von dem früher genannten Hans Vaihinger finden wir seine Grundgedanken schon bei Nietzsche. Er berührt sich ferner, indem er das »Leben« in den Mittelpunkt stellt und alles nach seinem Werte für das Leben beurteilt, mit der neueren französischen und deutschen Lebensphilosophie. Der Einfluß des Pragmatismus auf das allgemeine Bewußtsein des Zeitalters ist unmeßbar, aber gewaltig.

III. Die neue Metaphysik

1. ALLGEMEINES

Während im öffentlichen Bewußtsein der westlichen Länder Existenzphilosophie als wirksamste philosophische Strömung unseres Jahrhunderts erschien – vollzog sich unter den Philosophen eine Renaissance der Metaphysik. Wir wollen einige Wesenszüge dieser neuen Metaphysik, da sie den meisten ihrer Vertreter gemeinsam sind, voranstellen.[5]

1. Der Begriff Metaphysik darf nicht so verstanden werden, daß sie versucht, in den Bereich »jenseits der Physik«, der Natur, der Erfahrung dadurch zu gelangen, daß sie der Erfahrung den Rücken kehrt und sich der Spekulation im luftleeren Raum ergibt. Das Gegenteil ist der Fall. Allerdings will sie wirklich Metaphysik sein und über die Gegebenheiten der Naturwissenschaft hinausgelangen. Aber die heutigen Metaphysiker sind ausgesprochene Empiristen. Sie gehen alle von der *Erfahrung* aus und lehnen eine apriorische Erkenntnis ab. Allerdings beschränken sie, im Gegensatz zum Neu-Positivismus, Erfahrung nicht auf äußere, sinnliche Erfahrung. Sie kennen neben ihr eine *intellektuelle* Erfahrung.

2. Ihre Methode ist, bei Unterschieden im einzelnen, nicht intuitiv wie die der Lebensphilosophie und Phänomenologie, sondern *rational*, verstandesmäßig, vernünftig.

3. Die heutige Metaphysik richtet ihr Bestreben darauf, das Seiende überhaupt zu erfassen. Nicht auf den bloßen Phänomenen, unter Absehen von allem, was dahinter liegen mag (wie beim Neu-Positivismus), liegt das Gewicht; nicht auf dem Werden, dem nur erlebbaren Fluß des Lebens (wie in der Lebensphilosophie); nicht auf dem Wesen, den Wesenheiten (wie in der Phänomenologie). Sie ist Ontologie, *Philosophie des Seins.* Indem sie dieses Sein unmittelbar zu erfassen strebt, steht sie in der Gesamtrichtung der großen realistischen und auf das Konkrete gehenden Bewegung im Denken unserer Zeit.

4. Die Metaphysik der Gegenwart hat einen synthetischen, allumfassenden, *universalen* Zug. Das gilt in einem doppelten Sinne: Es gilt einmal historisch im Hinblick auf die Denker und Gedanken, die aus

der bisherigen Philosophie einwirken und einbezogen werden. Die Griechen, die Scholastik, die vorkantische Metaphysik und die neuere Philosophie werden herangezogen. Auch der Kritizismus Kants wird nicht einfach umgangen als ein unbequemer Stein, der einem Wiederaufleben der Metaphysik im Wege liegt. Diese Metaphysiker sind durch ihn hindurchgegangen, gehen nun freilich über ihn hinaus.
Universal ist die neuzeitliche Metaphysik ferner darin, daß sie das Ganze des Seins und seine letzten Prinzipien zu umfassen sucht. Kein Bericht, keine Stufe des Wirklichen wird ausgelassen oder überbetont. Man sucht die einseitigen Verabsolutierungen früherer Epochen zu vermeiden.
Die neue Metaphysik ist reich an bedeutenden Köpfen. Wenigstens genannt seien unter den Deutschen der schon als Vitalist eingeordnete Hans *Driesch* und Günther *Jacoby* (1881–1969), unter den Amerikanern George *Santayana* (1863–1946), Spanier von Geburt; unter den Franzosen, außer den noch zu nennenden Thomisten, Louis *Lavelle* (1882 bis 1951). Er gehört zu denjenigen, die die Existenzphilosophie in die Metaphysik einzubeziehen suchen. Endlich nennen wir Paul *Häberlin* (1878–1960), der von einem anthropologischen Ansatz ausgeht.
Wenigstens mit ihren Werken und Grundgedanken vorgestellt werden sollen zwei Denker aus der angelsächsischen Welt und ein deutscher.

2. SAMUEL ALEXANDER

Samuel *Alexander* (1859–1938), in Australien geboren, lebte und lehrte in England. Sein 1920 erschienenes Hauptwerk trägt den Titel »*Raum, Zeit und Gottheit*«. Alexander hat in seiner Philosophie eine Reihe ganz verschiedener geistiger Einflüsse verarbeitet. Sein Werk ist nicht nur im Grundsätzlichen, sondern vielleicht noch mehr in Einzelheiten bedeutend. Kurze Stichworte können deshalb kein gerechtes Bild ergeben. Wir wollen aus Alexanders Gedanken über die eben angeführten allgemeinen Züge der neuen Metaphysik hinaus nur zwei Gedanken hervorheben.
Raum-Zeit. Das Grundelement der Welt ist Raum-Zeit. Dies ist auch der Grundbegriff von Alexanders Metaphysik. Raum und Zeit sind ein einheitliches Ganzes. Jedes für sich genommen ist eine Abstraktion. Die Wirklichkeit setzt sich zusammen aus Raum-Zeit-Punkten. Raum-Zeit ist auch der Stoff, aus dem alles andere geformt ist. Das berührt sich, wie man sieht, eng mit der Relativitätstheorie, welche Raum und Zeit als ein »vierdimensionales Kontinuum« zusammengreift und die Materie und die Gravitation in Beziehung zur »Krümmung« des Raumes setzt. Alexander ist jedoch zu seiner Auffassung unabhängig von der Physik gelangt. Das zeigt einmal mehr, daß die Relativitätstheorie

nicht unvermittelt dem Kopfe ihres Begründers entsprungen ist, sondern im Zuge der wissenschaftlichen und philosophischen Entwicklung lag.

Die Stufen des Seienden. Diese Lehre Alexanders erwähnen wir, weil sie, bei Abweichungen in der Benennung und in der sachlichen Ausgestaltung, in im ganzen doch sehr ähnlicher Form bei dem Deutschen Nicolai Hartmann wiederkehrt und überhaupt kennzeichnend ist für die heutige Metaphysik.

Es gibt vier verschiedene Stufen des Wirklichen. Es gibt »Kategorien«, die sich auf alle Stufen beziehen. Dazu gehört zum Beispiel nach Alexander die Raumzeitlichkeit. Es gibt »Qualitäten«, die je einer bestimmten Stufe oder mehreren eigen sind. Die Qualitäten der untersten Stufen finden sich auch in den höheren wieder. Nicht aber umgekehrt: Die höheren Stufen des Seins weisen Qualitäten auf, die gegenüber der vorhergehenden Stufe neu, nicht voraussehbar sind. Allerdings sind die Übergänge fließend, kontinuierlich. Wie sich das »Auftauchen« (emergence) der höheren Stufen auf den niederen vollzieht, wissen wir nicht.

Die unterste Stufe ist nach Alexander reine, qualitätslose Bewegung, noch ohne Materie. Die Materie erscheint erst auf der zweiten Stufe. Die Materie hat in sich wieder mehrere verschiedene Stufen. Die dritte Stufe ist das Leben. Das Leben ist Materie; alle Gesetze der Materie gelten hier, aber es ist außerdem noch etwas mehr, das nicht aus der Materie zu erklären ist. Die vorläufig letzte und höchste Stufe ist das Bewußtsein, wiederum selbst in verschiedenen Stufen, am höchsten beim Menschen, ausgebildet. Es ist nicht ausgeschlossen, daß die weitere Entwicklung Götter oder Engel hervorbringt, die ebenso hoch über uns Menschen stehen wie wir über den Tieren.

3. ALFRED NORTH WHITEHEAD

Mit Whitehead und Nicolai Hartmann kommen wir zu den beiden Vertretern der gegenwärtigen Metaphysik, die wahrscheinlich als zwei wichtige geistige Potenzen der ersten Hälfte unseres Jahrhunderts in die Zukunft wirken werden. Ihr Werk auch nur überschlägig zu würdigen, würde den gleichen Raum erfordern wie eine kurze Einführung in Kant oder Schopenhauer, sogar eher noch mehr insofern, als hier die ganze geistige Entwicklung seit dem Wirken jener Männer verarbeitet ist.

Alfred North *Whitehead* (1861–1947) war bis zu seinem 63. Lebensjahr Professor der Mathematik. Mit Russell zusammen, der erst sein Schüler gewesen war, veröffentlichte er die berühmten *Principia mathematica* in drei Bänden. Für die Philosophie, die er im Alter schuf, war diese Vorbereitung von größtem Wert. »Sein Werk ist die vollständigste philosophische Verarbeitung der Ergebnisse der Naturwissenschaften, die wir besitzen.«[6] Für seine Metaphysik sind grundlegend die beiden Werke »Wissenschaft und moderne Welt« (*»Science and the Modern World«*, 1925), mit fesselnden Ausblicken auf die Geschichte der Naturwissenschaft, und »Prozeß und Wirklichkeit« (*»Process and Reality«*, 1929). Beide erschienen in Whiteheads letztem Lebensabschnitt, als er (ab 1924) in Harvard lehrte, nunmehr Philosophie. Das erstgenannte Buch ist wesentlich leichter zu lesen.[7]

Bei aller Vertrautheit mit Mathematik und Naturwissenschaft ist Whitehead kein »Szientist«, für den es außerhalb der Naturwissenschaft nichts Beachtenswertes gibt. Die Philosophie erfaßt einen viel größeren Bereich von Wirklichkeit als die Naturwissenschaften. Sie verwertet auch die Intuition des Künstlers, das religiöse Gefühl und ihre eigene Intuition. Es ist gerade Aufgabe des Philosophen, gegenüber der dogmatischen Verengung und Intoleranz der Wissenschaften auf Wirklichkeitssphären zu verweisen, die diese vernachlässigen. Eine Hauptaufgabe der Philosophie ist die Kritik der Abstraktionen. Eine Abstraktion liegt auch der modernen Naturwissenschaft zugrunde. Sie ruht auf einer Abblendung des unmittelbar Wirklichen. Indem sie etwas scharf sehen will, muß sie vieles andere übersehen. Das ist die »Täuschung des verstellten (verdeckten) Konkreten«, welche die Philosophie aufzudekken und aufzuheben hat.

Wie muß die Philosophie vorgehen, um das Ganze der Wirklichkeit zu fassen? Die bisherigen philosophischen Systeme haben in erster Linie vorgemacht, wie sie nicht vorgehen darf. Sie stellen durchweg verfehlte Versuche dar, die Wirklichkeit mit *allgemeinen* Kategorien wie Subjekt und Objekt, Substanz und Qualität und anderem zu erklären. Verfehlt ist das aus zwei Gründen: Man trennt das Subjekt vom Objekt, das Bewußtsein von den Gegenständen, die es erfaßt; man komplimentiert das Bewußtsein aus der »Welt« hinaus, in die es aber hineingehört. Zweitens, bei einem solchen Versuch »kommt es immer zu einer Vergewaltigung unseres unmittelbaren Erlebens, wie es in unseren Handlungen, unseren Hoffnungen, unseren Sympathien und unseren Zielsetzungen zum Ausdruck gelangt.«[8] Der Versuch, die Welt mit allgemeinen Kategorien beschreibend zu erklären, vernachlässigt den Erlebnischarakter der Welt, die Tatsache, daß wir in unseren Hoffnungen, Plänen und so weiter handgreiflicher an die Realität geraten als bei bloßer Beschreibung.

Läßt sich ein Begriff von Wirklichkeit finden, dem diese Schwächen nicht anhaften? Er müßte die Zweiheit von Subjekt und Objekt und auch die von »objektiver Tatsache« und Gefühl vermeiden. Es müßte ein Begriff des Seins sein, der Subjekt und Objekt, Vergängliches und

Dauerndes, Privates und Öffentliches, Punktuelles und Allgegenwärtiges vereint.[9] Eine solche Wirklichkeit könnte offenbar kein totes Ding sein, sondern nur etwas Dynamisches, ein *Ereignis*. Ereignis (event) nennt Whitehead auch tatsächlich die einzelnen Elemente des Seins. Er nennt sie auch »real seiende Wesenheit« oder »real seiender Moment«.

Versuchen wir, diesen Grundbegriff Whiteheads etwas näher zu beschreiben. Jede real seiende Wesenheit faßt in sich das ganze Universum zusammen. Seine Vergangenheit ist in ihm enthalten, seine Zukunft ist in ihm angekündigt und vorgebildet. Ferner ist gleichsam die ganze gegenwärtige Welt der anderen Ereignisse in ihr mit gegenwärtig, in ihr durch ihre Wirkung vertreten. Diese Tatsache der Wechselwirkung aller Ereignisse untereinander nennt Whitehead, auf den ersten Blick etwas befremdlich, »Gefühl«. Die Ereignisse haben eine »Vektor-Qualität«. Das heißt, sie deuten über sich hinaus, sie dringen in andere Wesenheiten ein. Die einzelne Wesenheit erfühlt alle anderen. Das braucht nicht bewußt zu sein, kann aber bewußt sein. Bewußtsein ist also die Tatsache, daß eine Wesenheit in einer anderen gegenwärtig ist. Das ist auch das Wesen der Erkenntnis. Erkenntnis ist also eine unmittelbare Beziehung zwischen Erkennendem und Erkanntem. Das ist der schärfste erdenkbare Gegensatz zum Standpunkt Kants. Bedeutsam ist ferner, daß Erkenntnis hiernach die Beziehung einer *einzelnen* Wesenheit zu anderen individuellen Wesenheiten ist. Erkenntnis durch allgemeine Begriffe, durch Universalien, gibt es zwar auch, aber sie ist zweitrangig. Diese Verlegung des Akzents auf das Einzelne, Konkrete ist ein ebenso entschiedener Bruch mit der Tradition der früheren Philosophie. Sie liegt offenbar im Zuge der geistigen Entwicklung der Gegenwart.

Bis hierher könnte man Whiteheads »Ereignis« in etwa mit der Leibnizschen Monade vergleichen. Auch in den Monaden wird ja das ganze unendliche Universum gespiegelt. Aber Whiteheads Ereignis ist nichts Dauerndes. Es ist nur ein »Pulsschlag« des Seienden, eben ein »Moment«. Das Ereignis ist sterblich. Sein Dasein endet schnell. Es wird im gleichen Zuge unsterblich, in dem es sich »vererbt«, das heißt in anderen, nachfolgenden Ereignissen weiterwirkt. Alle Dinge, Lebewesen und so weiter sind in bestimmter Ordnung aus einzelnen real seienden Momenten zusammengesetzt. Diese Seite des Whiteheadschen Begriffs erinnert uns an das Dharma des Buddhisten. Man könnte also, um eine schlagwortartige Formel zu gebrauchen, sagen, der Whiteheadsche »real seiende Moment« sei eine Kreuzung zwischen der Leibnizschen Monade und dem buddhistischen Dharma.

Mindestens ein zweiter Gedankengang Whiteheads muß aber noch herangezogen werden, damit nicht ein falsches Bild entsteht. Wir können auch dabei zum Vergleich an die buddhistische Lehre vom Dharma denken. Ist auch das Sein ein Strom der Vergänglichkeit, in welchem Dharmas wie Wellen im Meer momentan auftauchen und wieder vergehen, so ist es doch von einer strengen Gesetzmäßigkeit beherrscht, die sogar für das moralische Gebiet gilt (und ihren Ausdruck in der Wiedergeburt findet). Auch für Whitehead ist die Welt keineswegs ein willkürliches Konglomerat von einzelnen Ereignissen. Sie ist beherrscht von logischen Gesetzen und ästhetischer Harmonie. Das läßt sich zwar nicht wissenschaftlich beweisen, ist vielmehr ein »Glaube«, der aller Wissenschaft schon zugrunde liegt und sie erst ermöglicht. Es ist aber kein blinder Glaube. Die Gesetzmäßigkeit der Welt ist unmittelbar evident.

Ist die Tatsache, daß dieses oder jenes »Ereignis« hier oder dort auftritt, nicht zufällig, sondern begründet, so muß sie erklärt werden können. Dazu sind drei Annahmen nötig.

Erstens muß das, was wirklich wird, möglich sein. Es muß eine reine objektive Möglichkeit geben, ewige Gegenstände (eternal objects). Dies sind die Ideen im Sinne Platons. Sie sind zeitlos und als reine Möglichkeit nicht wirklich. Eine solche Idee ist zum Beispiel die Eigenschaft »blau«. »Blau« als ewiges Objekt betrachtet ist nichts Wirkliches. Wenn wir die Eigenschaft »blau« hier und jetzt an einem Gegenstand bemerken, so ist das nur ein »Fall von Bläue«. Es ist eine »Ingression«, ein Eindringen der ewigen Möglichkeit in ein reales Ereignis.

Zweitens muß es einen blinden schöpferischen Drang geben (creativity), vergleichbar dem »Lebensschwung« Bergsons, als allgemeine Triebkraft des Werdens.

Drittens aber muß es, damit das an sich uferlose, unbestimmte, fließende Werden hier und jetzt in einem konkreten Ereignis Gestalt gewinnen kann, ein Prinzip der Begrenzung (limitation) geben, welches bestimmt, was und in welcher Form es erscheinen soll. Dieses Prinzip ist Gott.

So ist jedes Ereignis in einem noch höheren Sinne als vorhin beschrieben eine Synthese des ganzen Universums. In ihm sind die ewigen Objekte im konkreten Fall verwirklicht; in ihm ist der schöpferische Drang des Werdens wirksam; und in ihm ist Gott wirksam als die Kraft, die es begrenzt und seine konkrete Bestimmtheit ermöglicht.

Von der Ontologie Nicolai Hartmanns, die anschließend vorgestellt werden soll, unterscheidet sich Whiteheads System unter anderem darin: Dieser ist bestrebt, alles – Materie, Leben, Bewußtsein – mit denselben Begriffen und Kategorien zu erfassen (er lehnt es also ab, daß etwa in verschiedenen Stufen oder Schichten des Seins verschiedene Kategorien gelten). Das bringt die Gefahr mit sich, daß er etwa einen Begriff wie »event« ausweiten muß zu society (Gesellschaft), nexus

(Verbindung), oder »organism«, die dann alles – vom Atom bis zum menschlichen Geist, umfassen sollen. Gegen die, nach seiner Ansicht verderbliche »bifurcation of nature«, die mindestens seit Descartes herrschende Aufspaltung des Seienden in die beiden Bereiche der »Natur« und des »Geistes«, hat Whitehead stets angekämpft.

4. KRITISCHER REALISMUS: NICOLAI HARTMANN

Nicolai *Hartmann* (1882–1950) ist vom Neu-Kantianismus ausgegangen, hat aber bald eine ganz selbständige Stellung errrungen. Will man andere Denker aufsuchen, die auf ihn eingewirkt haben, so könnte man Aristoteles, den deutschen Idealismus, die Phänomenologie nennen, muß aber wie für Whitehead sagen, daß nahezu alle vorangegangene Philosophie von ihm verarbeitet wird.
Hartmanns wichtigste Werke sind: »*Grundzüge einer Metaphysik der Erkenntnis*« (1921), »*Ethik*« (1926), »*Das Problem des geistigen Seins*« (1933), »*Zur Grundlegung der Ontologie*« (1935), »*Möglichkeit und Wirklichkeit*« (1938), »*Der Aufbau der realen Welt*« (1940). Die letztgenannten drei Werke bilden das vollständige System der Hartmannschen Ontologie. Eine Einführung in diese gibt Hartmanns Arbeit »*Neue Wege der Ontologie*« (1942). Hauptsächlich diese letzte Schrift liegt unserer Einführung zugrunde. Sie beschränkt sich also auf die Ontologie.

a) Alte und neue Ontologie

Die alte Ontologie, die von Aristoteles bis zur Scholastik herrschte, beruhte auf dem Satze, daß ein Allgemeines das bestimmende und gestaltgebende Innere der Dinge sei. Man kann sie als Universalien-Realismus bezeichnen. Sie glaubte, aus den höchsten Universalien alles einzelne ableiten zu können. Damit suchte sie die empirische Wirklichkeit zu überspringen.
Die kritische Erkenntnistheorie mit Kant als ihrem Höhepunkt hat die Voraussetzungen solcher Ontologie endgültig zerstört. Die Ergebnisse dieser Kritik können nicht wieder beiseite geschoben werden. Eine neue Ontologie muß kritische Ontologie sein. Das heißt vor allem, sie kann nicht von apriorischen Begriffen und Methoden ausgehen. Die Kategorien des Seins können nicht a priori erkannt werden.
Die Frage ist, ob Seinskategorien, soweit sie sich mit den Kategorien unserer Erkenntnis decken – und das scheint zunächst in gewissem Ausmaß der Fall zu sein –, aus diesen hergeleitet werden können. Das ist nicht möglich. Denn gerade das wissen wir nicht, wie weit diese Deckung reicht. Es fehlt uns übrigens auch jedes unmittelbare Wissen um unsere Erkenntniskategorien. Die natürliche Erkenntnisrichtung geht immer auf den Gegenstand. Die Rückwendung der Erkenntnis auf

sich selbst ist eine späte Entwicklungsstufe. Die Erkenntniskategorien liegen zwar unserer Erkenntnis zugrunde, aber sie sind nicht das erste, sondern das »letzte« Erkannte. Dagegen ist die Ontologie eine Fortsetzung der natürlichen Erkenntnisrichtung. Schließlich hat auch Kant seine Tafeln der Kategorien keineswegs aus der Tafel der Urteilsformen entnommen, sondern seinem umfassenden Wissen von den Gegenständen, soweit es sich in den Wissenschaften seiner Zeit erschlossen hatte. Es gibt also kein apriorisches Erfassen von Kategorien.

Wir müssen einen anderen Weg einschlagen, ein inhaltlich rückschließendes Verfahren, das von der ganzen Breite der in den Wissenschaften und anderswo gesammelten Erfahrung ausgeht und aus ihr die Kategorien des Seienden auf analytischem Wege herausschält. Dieses Verfahren heißt Kategorial-Analyse. Einige grundsätzliche Fehler in bezug auf den Realitätsbegriff müssen dabei von vornherein vermieden werden. Zunächst darf man Realität nicht verwechseln mit Materialität. Menschliche Schicksale, geschichtliche Ereignisse und vieles andere sind nicht materiell, aber gleichwohl höchst real, ja sie haben im Leben das stärkste Realitätsgewicht. Zweitens darf man Realität nicht gleichsetzen mit starrem Sein. Im Gegenteil, alles Reale ist im Fluß. Das Seiende zu bestimmen, heißt daher gerade, die Seinsart des Werdens zu bestimmen. Drittens muß man sich darüber klar sein, daß ein gewisser Einschlag des Irrationalen in jeder Lehre von den Kategorien verbleiben wird. Selbst ein so wohlbekanntes Prinzip wie die Kausalität ist in seinem innersten Wesen nicht restlos erkennbar. Schließlich darf man die Kategorien nicht mit den Gebilden und ihrer Mannigfaltigkeit verwechseln. Materielles Ding, Pflanze, Tier, Mensch, Gemeinschaft bilden wohl eine aufsteigende Rangordnung des Seienden, aber in jedem dieser Gebilde sind schon verschiedene Seinsstufen eingeschlossen, die es zunächst herauszuschälen gilt.

Die Art, wie Hartmanns »Kritischer Realismus« sich anschickt, die real seiende Welt zu erkennen, unterscheidet sich demnach von der Verfahrensweise fast aller vorangegangenen Ontologie in zwei Punkten: Zum einen ist für Hartmann die reale Welt weder total unerkennbar noch in toto erkennbar; sie ist vielmehr bis zu einer bestimmten Grenze, die es zu erkennen gilt (vielleicht sogar weiter ins Unerkannte hinauszuschieben gilt), begrifflich erkennbar. Zum anderen sucht Hartmann den Fehler zu vermeiden, den die Philosophie häufig begangen hat, wenn sie Prinzipien, die in einem bestimmten Seinsbereich als gültig erkannt waren, gleichsam unbesehen auf andere Bereiche übertrug.

Der erkenntnistheoretische Ansatz eines kritischen Realismus findet sich auch bei zwei weiteren Denkern unseres Jahrhunderts, die deshalb hier genannt seien: bei Erich *Becher* (1882–1929) und Aloys *Wenzl* (1887–1967).

b) Der Aufbau der realen Welt

Vier Hauptschichten umspannen den ganzen Umkreis des Seins in der realen Welt. Die beiden unteren Schichten, die der Dinge und physischen Prozesse einerseits, die des Lebendigen andererseits bilden zusammen den Bereich der räumlichen Außenwelt. Darüber liegt ein Reich der Unräumlichkeit. Es ist wiederum geteilt in zwei Schichten, die der seelischen Erscheinungen und die des Geistes.

Diese Schichten gilt es nun ontologisch näher zu bestimmen, zunächst ihre eigentümlichen Kategorien, dann ihr Verhältnis zueinander. Kategorien, von denen sich herausstellt, daß sie allen Schichten gemeinsam sind, aber sich ihnen nicht erschöpfen, also unterhalb der Realschicht des Materiellen liegend zu denken sind, heißen Fundamentalkategorien.

Bei solcher Analyse muß kritisch und behutsam vorgegangen werden. Man darf nicht die Kategorien einer Schicht unbesehen auf andere übertragen. Was man an der untersten Schicht (der Materie) als richtig erkennt, kann nicht ausreichen, das Leben und den Geist zu erfassen. Dies ist der Fehler des Materialismus. Die Kategorien des Geistes wiederum sind nicht geeignet, die unteren Schichten zu erfassen. Das war der Fehler Hegels. Auch die mittleren Schichten, wie die des Lebendigen, lassen keine willkürliche Übertragung ihrer Kategorien auf andere Schichten zu. Solche Grenzüberschreitungen machen es zwar leicht, die Welt aus einem Prinzip zu klären, geben aber kein Bild der wirklichen Welt.

Natürlich kann es echtes Übergreifen von Kategorien auf andere Schichten geben. Aber die Einheit der Welt – die übrigens auch nicht von vornherein vorausgesetzt werden darf – braucht nicht in der Einheit eines Prinzips zu liegen; sie könnte auch bestehen in der Einheit eines Gefüges und in einer durchgehenden Ordnung.

Das alles sind freilich erst vorbereitende Erörterungen. Die Analyse der Kategorien selbst ist eine ganze Wissenschaft für sich und läßt sich im Rahmen einer kurzen Zusammenfassung nicht geben. Einige der wichtigsten Ergebnisse sind:

Es gibt Fundamentalkategorien. Sie gehen durch alle Schichten des Seienden hindurch. An ihnen hängt die Verbundenheit der Seinsschichten untereinander. Mit ihnen wird etwas vom Einheitscharakter der Welt greifbar. Solche Kategorien sind: Einheit und Mannigfaltigkeit, Einstimmigkeit und Widerstreit, Gegensatz und Dimension, Element und Gefüge, Form und Materie, Determination und Dependenz (Abhängigkeit), und andere. Jede dieser Fundamentalkategorien wandelt sich von Schicht zu Schicht ab. Die Determination zum Beispiel hat im Bereich der Materie die Form des Kausalverhältnisses. Die Determination im Organischen ist von ganz anderer Art. Sie äußert sich in der

Zweckmäßigkeit der Teilfunktionen füreinander, in der Selbstregulierung des Ganzen, in der Selbstwiederbildung (Regeneration) des Individuums, deren Verlauf von einem Anlagesystem her gesteuert wird. Die Determinationsform seelischer Akte ist noch weitgehend unbekannt. Auf der Höhe des geistigen Seins finden wir die Determinationsform des Finalen (Zweckbestimmten), welches das ganze Reich des bewußten Tuns einschließlich des sittlichen Wollens und Handelns umfaßt. Determination durch Werte ist eine andere Form im Bereich des Geistigen. Auf der anderen Seite ist in jeder Seinsschicht ein Faktor der Selbständigkeit ein »kategoriales Novum«, das die Eigenart der Schicht ausmacht.

Die ganze Untersuchung des Verhältnisses zwischen den Fundamentalkategorien und der Besonderheit der einzelnen Schichten hat Hartmann zu folgenden fünf *»Schichtungsgesetzen«* geführt.[10]

»1. In aller Überlagerung von Seinsschichten gibt es stets solche Kategorien der niederen Schicht, die in der höheren wiederkehren; niemals aber gibt es Kategorien der höheren Schicht, die in der niederen wiederkehren. Das Übergreifen von Kategorien ... geht nur aufwärts, nicht abwärts.

2. Die Wiederkehr der Kategorien ist stets eine beschränkte. Sie gilt nicht von allen Kategorien der niederen Schicht und erstreckt sich auch nicht ohne weiteres auf alle höheren Schichten. Es gibt auch ein Abbrechen der Wiederkehr auf bestimmter Schichtenhöhe.

3. Bei ihrem Übergreifen auf höhere Schichten wandeln sich die wiederkehrenden Kategorien ab. Sie werden vom Charakter der höheren Schicht überformt ...

4. Die Wiederkehr niederer Kategorien macht niemals die Eigenart der höheren Schicht aus. Diese beruht stets auf dem Hinzutreten eines kategorialen Novums, welches ... im Auftauchen neuartiger Kategorien besteht ...

5. Die aufsteigende Reihe der Seinsformen bildet kein Kontinuum (hat keine Stetigkeit). Indem an bestimmten Einschnitten der Reihe das kategoriale Novum an vielen Kategorien zugleich einsetzt, heben sich die Seinsschichten eindeutig voneinander ab ...«

In ähnlicher Form stellt Hartmann eine Reihe von *»Dependenz«*-(Abhängigkeits-)Gesetzen unter den einzelnen Schichten auf. Schließlich gibt es Gesetze, die den Zusammenhang unter den Kategorien einer und derselben Schicht betreffen. Eine ganze Reihe von Vorurteilen der alten Metaphysik wird mit solcher Schichtenanalyse erledigt. Zum Beispiel ist der Streit der Extreme: ob die Welt von der Materie oder vom Geiste her bestimmt sei – schon in der Fragestellung falsch. Der schichtenartige Aufbau des Seienden fügt sich einem solchen verallgemeinernden Gegensatz nicht.

Die Schichtungsgesetze hat Hartmann in eindringlichen Einzelanalysen, die einen an der Phänomenologie geschulten Blick erkennen lassen, für die verschiedenen Bereiche des Seienden weiter differenziert: in seiner Naturphilosophie für das anorganische Sein und das organische Leben, in seiner Philosophie des Geistes für die Reiche des subjektiven (personellen) und des objektiven Geistes, wie er sich in Sprache, Sitte, Recht manifestiert. Trotz dieser an Hegel anklingenden Unterscheidung kommt Hartmann im Ergebnis zu von Hegels Lehre abweichenden, ja ihr widersprechenden Antworten – schon deshalb, weil in seiner Schichtenlehre der Geist gegenüber dem Materiellen das ontisch Sekundäre, damit auch das Schwächere und weniger Dauernde ist.

Insgesamt kommt für Hartmann in den durch Kategorialanalyse gewonnenen Gesetzen der Schichtung, der Dependenz, der Interdependenz oder Indifferenz der Seinsschichten der Einheitscharakter der Welt zum Vorschein; freilich hat für Hartmann die Welt ihre Einheit nicht in einem einheitlichen Prinzip (im Sinne eines wie immer gearteten »Monismus«), wohl aber als ein geordnetes Gefüge, das für uns Menschen innerhalb der unserer Erkenntnis gezogenen Grenze (»Objektionsgrenze«) auch erkennbar ist. Sinnlos dagegen ist es nach Hartmann für den Menschen, hinter dieser noch teilweise erfaßbaren Ordnungseinheit noch einen »letzten Weltgrund« im Sinne eines allerletzten Prinzips oder eines persönlichen Gottes zu suchen.

c) Der Mensch – Determination und Freiheit

Das alte Schema des Denkens in zugespitzten Gegensätzen ist auch für die Betrachtung des Menschen hinfällig. Der Mensch vereinigt in sich das ganze Schichtengefüge. Sein Wesen ist nur zu fassen, wenn man das erkennt und wenn man außerdem erkennt, daß dieses selbe Schichtengefüge auch außerhalb des Menschen im Aufbau der realen Welt besteht. Man kann den Menschen nicht verstehen, ohne die Welt zu verstehen, und die Welt nicht ohne den Menschen.

Auch das Problem der Freiheit erscheint im Lichte der Schichtenanalyse in ganz veränderter Beleuchtung. Determination und Freiheit bedeuten nämlich in jeder Schicht etwas anderes. Alle alten Lösungsversuche dieses Problems gingen von der falschen Alternative Determinismus oder Indeterminismus aus. Determinismus war aber nicht mit der Freiheit, Indeterminismus nicht mit der Naturgesetzlichkeit zu vereinigen. So kam man immer auf unauflösliche Widersprüche. Kant tat den genialen Griff, die Freiheit ohne Indeterminismus zu fassen. Die Möglichkeit, Determinismus und Freiheit zu vereinigen, sah Kant darin, daß er oberhalb und jenseits der kausal bestimmten Welt noch eine andere Welt der Freiheit annahm. Dieser Ansatz Kants läßt sich auf Grund der Schichtenlehre in strenge Gesetzlichkeit bringen.

Kausale Determination ist durchaus mit Freiheit auf höherer kategorialer Stufe vereinbar. Eine einfache Überlegung zeigt, daß gerade das Kausalverhältnis durch eine höhere Ordnung »überformbar« ist. Kausale Prozesse sind gleichgültig gegen das Resultat. Sie sind sozusagen blind. Jede neu hinzutretende Komponente kann die Richtung des Ablaufs verändern. Der unverbrüchliche Kausalzusammenhang der Natur ist sogar die Bedingung dafür, daß der Mensch überhaupt in sie eingreifen kann. Denn sobald der Mensch diese Gesetzlichkeit durchschaut und sich ihr anpaßt, kann er den Prozeß lenken. Wäre die Welt der Dinge nicht kausal bestimmt, so könnte der Mensch keine Zwecke verwirklichen, weil er gar keine Mittel auswählen könnte, die tauglich wären, seine Zwecke (auf kausalem Wege!) zu verwirklichen.
Selbst auf die Gefahr hin, daß der ständig gleiche Hinweis den Leser ermüdet, wollen wir nochmals aussprechen, daß mit Vorstehendem nur ein Ausschnitt aus Hartmanns Gedankenwelt gegeben ist.

d) Zur Würdigung

In einer Akademie-Abhandlung »Der philosophische Gedanke und seine Geschichte« (1936) hat Hartmann darauf hingewiesen, daß die Philosophiegeschichte in ihrer bisherigen Handhabung überwiegend eine Geschichte der philosophischen Weltbilder, der großen Systementwürfe gibt, nicht aber eine Geschichte der philosophischen Hauptprobleme und des langsam anwachsenden bleibenden Ertrags bei der Bearbeitung dieser Probleme. Für Hartmann stellen keineswegs die Systeme, Konstruktionen, Lehrmeinungen das Bleibende und eigentlich Wichtige in der Entwicklung der Philosophie dar, eher noch ihre Irrtümer, ihre Fehltritte, häufig Vergewaltigungen der Wirklichkeit im Interesse der Systemkonsequenz, kurz das Fragwürdige oder – mit Kants Ausdruck – ein »Herumtappen, das des sicheren Ganges einer Wissenschaft entbehrt«. Wer die Geschichte der Philosophie in dieser Art als Systemgeschichte bearbeitet, gibt nach Hartmann »viel Erde und wenig Gold«. Gold – das heißt hier: dauerhafter, durch die Jahrhunderte sich akkumulierender Ertrag – ist nur durch strenge, nüchterne Analyse der sachlichen Probleme zu gewinnen.
Dieser seiner Erkenntnis gemäß ist Hartmann selbst kein »Systemdenker«. Und dementsprechend kann, wer sich mit ihm auseinandersetzen will, ihn nicht einfach annehmen oder abweisen: er muß sich vielmehr mit den Antworten auseinandersetzen, die Hartmann zu den zahlreichen von ihm angegriffenen sachlichen Einzelfragen gegeben hat. Es ist allerdings bemerkenswert, daß gerade diesem Denker, der stets verlangt, man müsse von den einzelnen Sachverhalten und »von der ganzen Breite der Probleme« ausgehen und der nach dieser Forderung auch gehandelt hat – daß gerade ihm zugleich ein Zug zur Gesamtschau

eignet, man könnte fast sagen, eine »kosmische Gesamtstimmung«[11], denn Hartmann hat den gesamten Bereich der erfahrbaren Welt und damit auch alle Zweige der Philosophie bearbeitet. Es versteht sich, daß im Zeitalter äußerster wissenschaftlicher Spezialisierung auch ein Genie wie Hartmann nicht in allen Zweigen der Wissenschaft gleichmäßig auf dem laufenden sein kann. Hartmann war u. a. besonders in den biologischen Wissenschaften auf der Höhe der zu seiner Zeit erreichten Erkenntnis.

5. NEUSCHOLASTIK (NEUTHOMISMUS)

In der zweiten Hälfte des 19. Jahrhunderts sah sich die katholische Glaubenslehre zunehmend bedroht von den sich rasch entfaltenden sogenannten positiven Wissenschaften, besonders der Naturwissenschaft – genauer gesagt, weniger von deren Ergebnissen als solchen, als vielmehr durch eine von diesen Ergebnissen ausgehende (und sie nicht immer richtig deutende), der Kirchenlehre fremde oder feindliche Philosophie. Innerhalb der Kirche versuchten die sogenannten Modernisten zwischen Kirchenlehre und Philosophie zu vermitteln; weite Kreise aber lehnten solche Bestrebungen ab aus der Befürchtung, die Fundamente des Glaubens könnten dabei verwischt oder verwässert werden.

Die Kirchenleitung reagierte in doppelter Weise. Auf der einen Seite wies sie die Modernisten schroff ab; 1910 bestimmte Papst Pius X., daß alle Geistlichen vor Empfang der höheren Weihen den sogenannten Antimodernisten-Eid zu leisten haben, dessen Formel eine Reihe von Grundlehren der Kirche bekräftigt und widerstreitende Lehrmeinungen scharf verwirft. Auf der anderen Seite rief das Haupt der Kirche die geistigen Kräfte des Katholizismus auf, die christliche Philosophie auf den Grundlagen des mittelalterlichen Denkens, der Scholastik und insbesondere dem Werke des Thomas von Aquin, neu zu errichten. Ein Markstein dieser Entwicklung ist die Enzyklika »Aeterni Patris« des Papstes Leo XII. von 1879.

Zuerst in Italien, bald in anderen Ländern der katholischen Welt folgte man diesem Ruf. Man beschloß, Thomas' Werke neu herauszugeben, man begründete eine Thomas-Akademie, in Rom und anderswo bildeten sich Studienzentren, die geistigen Kräfte der Orden wandten sich auf dieses Ziel, überall erwachte ein neues Interesse an der überlieferten christlichen Philosophie.

Geschichtliches und systematisches Interesse haben einander dabei in einem ständigen Kreislauf befruchtet. Am Beginn stand das Hinwenden zu den sachlichen Inhalten der mittelalterlichen christlichen Philosophie. Um diese aber recht ergreifen zu können, mußte man sie in ihren Quellen aufsuchen, also in der ganzen Breite und Tiefe ihrer geschichtlichen Entfaltung studieren. Aus der gründlichen geschichtlichen Forschung erwuchsen wiederum neue Antriebe für das sachliche und systematische Philosophieren.

Von den Männern, die diese Arbeit geleistet haben, verschrieben sich manche mehr der geschichtlichen Forschung; andere haben, selbstverständlich eng angelehnt an die historischen Ergebnisse, mehr systematisch gearbeitet. Zu den ersteren zählen der deutsche Jesuit Franz *Ehrle* (1845–1934), Clemens *Baeumker* (1853–1924), Martin *Grabmann* (1875–1949), einer der führenden Thomas-Forscher, und der Franzose Étienne *Gilson* (1884–1978). Zu den systematischen Denkern gehören Konstantin *Gutberlet* (1837–1928), Joseph *Mausbach* (1861–1931), der französische Dominikaner Gontran Réginald *Garrigou-Lagrange* (1877 bis 1964), der deutsche Jesuit Erich *Przywara* (1889–1972). Am bekanntesten dürfte gegenwärtig der Franzose Jacques *Maritain* (1882 bis 1973) sein, der im Alter von vierundzwanzig Jahren zum Katholizismus übertrat und dann zu einem der einflußreichsten Vertreter des Neuthomismus wurde.

Neuthomismus nennt man die hauptsächlich an Thomas von Aquin anknüpfende Richtung innerhalb dieser geistigen Bewegung. Wie Thomas unter den Philosophen des christlichen Mittelalters der bedeutendste ist, so ist der Neuthomismus unter den Richtungen der neuzeitlichen katholischen Philosophie die bedeutendste und am weitesten verbreitete. Deshalb werden die Bezeichnungen »Neuthomismus« und »Neuscholastik« manchmal als gleichbedeutend behandelt. Beides ist aber nicht identisch. Es gibt auch Denker, die sich statt an Thomas mehr an Augustinus anschließen, andere gehen von Duns Scotus aus oder von dem »Neuscholastiker« Suarez. Neuscholastik ist also der weitere Begriff.

Wiederum gibt es auch innerhalb des Thomismus verschiedene Strömungen. Im ganzen aber zeigt die Schule eine bemerkenswerte Geschlossenheit. Sie gehört zu den stärksten und literarisch fruchtbarsten Bewegungen innerhalb der heutigen Philosophie, mit eigenen Instituten, Zeitschriften, Kongressen. Wie bei Geistesbewegungen nicht selten, die eine alte Tradition bewahren, hat sich die Arbeit der thomistischen Denker außer in Monographien und großen Sammelwerken in Kommentaren niedergeschlagen. Der größte Thomas-Kommentar, lateinisch und französisch, umfaßt schon mehrere Dutzend Bände. Die Schule hat Zentren in Paris, Löwen, Freiburg in der Schweiz, Mailand, in Deutschland und auch in den angelsächsischen Ländern.

Die eben erwähnte Geschlossenheit beruht zunächst einfach darauf, daß alle Denker der Schule als die beiden wichtigsten Erkenntnisquellen die christliche Offenbarung und die thomistische Philosophie – die, wie wir wissen, ihrerseits auf Aristoteles ruht – anerkennen. Was aber die Schule für unsere Zeit bedeutsam macht, ist weniger das erneute Herausarbeiten der geschichtlichen Grundlagen als der von ihr unternommene Versuch, von diesen Grundlagen aus die ganze moderne wissenschaftliche und philosophische Entwicklung zu durchdringen. Sie hat sich also mit allem auseinanderzusetzen, was die Wissenschaften von der Natur, von Kultur und Geschichte seit den Tagen des Thomas zutage gefördert haben. Das ist nicht wenig. Ihre schwierigste Aufgabe liegt darin, die Tatsachen unvoreingenommen zu akzeptieren und dabei die Einheit des Systems zu wahren.

In der Erkenntnistheorie hat sie sich auseinanderzusetzen vor allem mit den Gedanken Kants und mit idealistischen Lehrmeinungen. Im allgemeinen neigt sie auf diesem Gebiet zu einem kritischen Realismus. Allerdings steht nicht die Erkenntnislehre im Zentrum des neuthomistischen Denkens, obwohl sie, ebenso wie etwa auch Ethik, Natur- und Gesellschaftsphilosophie, intensiv gepflegt wird.

Im Mittelpunkt steht vielmehr die Metaphysik als Lehre vom Seienden. Ihre zentralen Begriffe sind »Potenz« und »Akt« – Möglichkeit und Wirklichkeit, wie man in ungefährer Annäherung sagen kann. Es findet sich die grundlegende aristotelische Unterscheidung von Stoff und Form. Es findet sich die – uns von anderen Metaphysikern her bereits bekannte – Lehre vom Stufenbau des Seienden aus einander überlagernden und übergreifenden Schichten, deren oberste der Geist bildet – der Geist, immateriell und nicht gebunden an die Ordnung der Dinge in Raum und Zeit.

Doch auf Einzelheiten können wir nicht eingehen. In ganz allgemeiner Charakterisierung läßt sich noch sagen, daß der neue Thomismus ebenso wie die Philosophie Whiteheads und Nicolai Hartmanns eine Philosophie des *Seins* ist. Überhaupt besteht bei aller Verschiedenheit der Ausgangspunkte – hie Thomas und Aristoteles, hie Kant und Hegel und moderne Physik – eine sehr bemerkenswerte Übereinstimmung zwischen der neuthomistischen Metaphysik und den Ergebnissen der neuen Metaphysik außerhalb der katholischen Welt. Solche Übereinstimmung kann kaum zufällig sein. Sie könnte darauf hindeuten, daß hier etwas erarbeitet ist, das jenseits von Schulmeinungen objektive Geltung beanspruchen kann.

IV. Phänomenologie

1. ENTSTEHUNG UND EIGENART

Pragmatismus, Neu-Positivismus, Lebensphilosophie sind alle in verschiedenen Formen Absagen an Kant. Vielleicht noch bedeutsamer für die Abwendung von Kant, die einen Teil der Gegenwartsphilosophie auszeichnet, wurde die Phänomenologie. Die Abwendung von Kant fand übrigens auch darin einen Ausdruck, daß die Philosophen zunehmend auf vorkantische Denker, insbesondere die Scholastiker, Spinoza und Leibniz, zurückgriffen. Bezeichnend ist, daß Husserl als Begründer der Phänomenologie, obwohl er von Kant und dem Neu-Kantianismus nicht ganz unberührt geblieben ist, doch in Franz *Brentano* (1838–1917) einen ihn entscheidend beeinflussenden Lehrer hatte, welcher zunächst katholischer Priester gewesen war und auch nach der Abwendung vom Katholizismus mit der Scholastik und ihrem Lehrer Aristoteles eng verbunden blieb. Brentano wurde durch die Arbeiten der an ihn anknüpfenden Denker nachträglich zu einem der einflußreichsten Philosophen des 19. Jahrhunderts. Von ihm geht nicht nur die Phänomenologie aus, die ihrerseits wieder zum Mutterboden der heute bekanntesten Gegenwartsphilosophie, des Existentialismus wurde; auch die der Phänomenologie in mancher Hinsicht verwandte, aber weniger einflußreiche »Gegenstandstheorie« von Alexius *Meinong* (1853–1921) hat von ihm ihren Ausgang genommen.
Ein zweiter Denker aus dem Anfang des 19. Jahrhunderts, den Husserl wieder ans Licht gezogen hat, ist Bernhard *Bolzano* (1781–1848), Philosoph und Mathematiker, ebenfalls Gegner Kants. Schon bei Bolzano findet sich ein Grundgedanke, zu dem sich auch Husserl bekennt (und auf den Gottlob Frege ihn in einer Rezension des Husserlschen Erstlingswerks nachdrücklich hingewiesen hatte): die Unabhängigkeit der Logik von der Psychologie. Die Gesetze der Logik sind nicht identisch mit den Vorgängen im denkenden Bewußtsein. Es sind zeit- und raumlose Wahrheiten, Sätze an sich. Auf diese ideellen Wesenheiten richtet die Phänomenologie ihren Blick. Sie ist eine *Philosophie des Wesens* (was auch der Name Phänomenologie besagt). Und zwar sucht sie diese Wesenheiten unmittelbar zu erfassen, durch »Wesensschau«.

2. EDMUND HUSSERL

Edmund *Husserl* gehört neben Bergson zu den einflußreichsten Philosophen des 20. Jahrhunderts. Der 1859 in Proßnitz (Mähren) geborene Denker lehrte in Halle, Göttingen und von 1916 bis zu seiner Emeritierung 1928 in Freiburg im Breisgau, wo er 1938 gestorben ist.

Als erstes philosophisches Werk veröffentlichte Husserl, der als Mathematiker (er war einmal Assistent des berühmten Mathematikers K. Th. Weierstrass) und Naturwissenschaftler ausgebildet war, die *»Philosophie der Arithmetik«* (1891). Sie zeigt bereits als Grundzug des Husserlschen Denkens das Streben nach radikal strenger, auf philosophisch und psychologisch »letztgeklärten« (ein Ausdruck Husserls) Grundlagen aufbauender Grundlegung des wissenschaftlichen und philosophischen Erkennens. Ein Jahrzehnt später erschienen die *»Logischen Untersuchungen«*. Wenn der Anbruch des 20. Jahrhunderts auf vielen Gebieten des Geisteslebens eine Wende bezeichnet (etwa in der Physik mit Plancks Quantentheorie, in der Psychologie mit Freuds Traumdeutung, beide 1900 veröffentlicht), so gilt das für die Philosophie vor allem wegen Husserls Werk, dessen beide Bände 1900 und 1901 erschienen. Das Grundwerk der phänomenologischen Schule sind die 1913 erschienenen *»Ideen zu einer reinen Phänomenologie und phänomenologischen Philosophie«*. 1913 begann Husserl auch das *»Jahrbuch für Philosophie und phänomenologische Forschungen«* herauszugeben. Genaugenommen erschien von den *»Ideen«* nur der erste Band des auf drei Bände angelegten Werkes. 1929 folgte als Ertrag der langen Jahre schriftstellerischer Zurückhaltung die *»Formale und transzendentale Logik«*. Nach dem Tode Husserls erwies sich, daß seine (hier nur unvollständig aufgezählten) publizierten Schriften nur einen kleinen Teil seines denkerischen Gesamtwerkes ausmachen. Seit 1950 wird unter dem Titel »Husserliana« vom Husserl-Archiv in Löwen (Belgien) eine Gesamtausgabe seiner Schriften herausgegeben.

Husserls Werke sind wie fast alle wichtigen philosophischen Bücher unseres Jahrhunderts äußerst schwierig zu lesen. Doch sind sie für das Denken der Gegenwart so grundlegend, daß jeder, der in die Philosophie der Gegenwart tiefer eindringen will, sie studieren sollte. In diesem Buch können wir nicht mehr geben als Hinweise auf einiges Grundsätzliche.

Wir können dabei anknüpfen an den eben angeführten Gedanken Bolzanos. Die Logik ist nicht empirisch und nicht psychologisch zu begründen. Dies richtet sich insbesondere gegen den sogenannten Psychologismus, eine Denkrichtung, die im wesentlichen nur dem Psychischen, den Empfindungen, Realität zusprach und alle philosophischen Fragestellungen in Psychologie aufzulösen drohte. Logik hat überhaupt nichts mit den psychischen Akten des Denkens, Urteilens und so weiter zu tun. Sie ist auch kein Inbegriff von (normativen) Regeln, die vorschreiben, wie man denken solle. Die Sätze der Logik gehen nicht auf ein Sollen, sondern auf ein Sein. Nehmen wir zum Beispiel den Satz des Widerspruchs. A kann nicht zugleich Nicht-A sein. Das bedeutet nicht, daß von einem Subjekt zwei sich widersprechende Prädikate oder daß überhaupt zwei sich widersprechende Sätze nicht zugleich ausgesagt werden können (das ist nämlich sehr wohl möglich). Es bedeutet auch nicht, daß wir sie nicht aussagen sollen. Sondern es besagt, daß beide nicht zugleich (objektiv) *wahr* sein können.

Das ist ein Satz, der ganz unabhängig von psychischen Erscheinungen ist, der deren Existenz nicht einmal voraussetzt und der nicht auf Denken, Urteilen und so weiter geht, sondern auf etwas Objektives. Selbst wenn es sich um reine Einbildung handelt, wenn ich mir zum Beispiel irgendein Fabelwesen vorstelle, so ist dieses Fabelwesen, als Gegenstand betrachtet, ganz etwas anderes als der in mir vorgehende psychische Akt des Vorstellens.

Es gibt also einen eigenen Bereich der Logik: die *Bedeutung*. Was eine Aussage bedeutet, das, was wir auffassen, wenn wir eine Aussage verstehen, das, was in ihr ausgedrückt, gemeint, »intendiert« ist, ist nicht identisch mit dem Inhalt des jeweiligen individuellen Bewußtseins. Es ist ein jenseits dessen liegendes Allgemeines, Ideelles, ein Gegenstand, eine Wesenheit. Daß ich eine Aussage, die ein anderer macht, verstehen kann, beruht darauf, daß wir beide in unserem Bewußtseinsakt auf etwas Identisches gerichtet sind, welches unabhängig von diesem Akt existiert. Es ist klar, daß die Lehre vom sprachlichen Ausdruck, überhaupt die Sprache und ihre Struktur, in diesem Zusammenhang eine besondere Rolle spielen muß. Husserl gibt eine philosophische Theorie der Grammatik, die zu seinen wertvollsten Leistungen gehört.

Eine erste Eingangstür in das Denken Husserls findet der Leser in seinen »Cartesianischen Meditationen« – eine erweiterte Ausarbeitung zweier Vorträge, die Husserl in Paris gehalten hat. Den Descartesschen Zweifel noch radikalisierend, fordert Husserl als Anfang aller Philosophie das Aufgeben der »natürlichen Einstellung«; diese Einstellung besteht in der unausdrücklich vollzogenen Voraussetzung der Weltexistenz, die wir in allem theoretischen wie praktischen Leben ständig machen. Die Änderung dieser Einstellung besteht in der »Einklammerung« der Weltexistenz und aller mit ihr verbundenen Setzungen von Gegenständen jeder Art. Jeder Gegenstand, jeder Sachverhalt führt ja den »Horizont« der Welt mit sich, hat stillschweigend die Existenz der Welt zur Voraussetzung. Descartes – sagt Husserl – zweifelte an allen Gegenständen, nicht aber am Sein der Welt, und sein »Ich«, das er aus dem Zweifel herausrettete, war etwas Innerweltliches, eine »res cogitans«. Wir müssen den Descartesschen Zweifel übertrumpfen und mittels der »phänomenologischen Reduktion« den Glauben an das Sein der Welt zunächst ausschalten.

Was bleibt nach dieser »Einklammerung«? Es bleibt das reine Bewußtsein mit seinem »Weltmeinen«. Alles, was wir bewußtseinsmäßig vermeinen – sei es anschaulich erfahrend, vorstellend, denkend, wertend –, nennt Husserl »Phänomen«, und die Wissenschaft von *diesem* Bewußtsein heißt deshalb »Phänomenologie«. Alle Akte des Bewußtseins sind »intentional«, sie sind auf etwas gerichtet (über dessen Existenz oder Nichtexistenz damit nichts ausgesagt ist).

Erst mit der »Reduktion« bekommt das philosophische Denken – nach Husserl – jenseits dessen, was Psychologie und Soziologie als »Bewußtsein« oder »gesellschaftliches Bewußtsein« erfassen, jenes Bewußtsein in den Griff, in dem der ganze Welthorizont und der Sinn aller gewußten Gegenstände sich aufbaut, sich konstituiert. Dieses Bewußtsein ist der schöpferische Quellgrund alles Seienden, das erscheint.

Nachdem Husserl insbesondere in den »Ideen« den Grund zu dieser neuen Philosophie gelegt hatte, galt sein Interesse vor allem zwei Dingen: einerseits dem Verhältnis der Phänomenologie zu den positiven Wissenschaften, insbesondere der Abgrenzung gegenüber der Psychologie, zum anderen einer Fülle von konkreten Einzeluntersuchungen, die zum großen Teil erst mit der Veröffentlichung seines Nachlasses ans Licht kommen.

Eine unheimliche, gleichsam mikroskopische Schärfe der Beobachtung und der Analyse zeichnet Husserl aus, ebenso eine nicht zu übertreffende intellektuelle Redlichkeit, die jeden Augenblick bereit war, Vertrautes aufzugeben und sich an der Erfahrung, »an den Sachen« zu korrigieren. Einen »ewigen Anfänger« hat er sich deshalb einmal genannt, und tatsächlich hat Husserl dem Grundbegriff »Phänomenologie« bis gegen Schluß seiner Lebensart immer wieder neue, andere Fassungen gegeben. Als Lehrer hat Husserl sowohl durch sein Werk wie als Persönlichkeit die weitere philosophische Entwicklung unseres Jahrhunderts stark mitbestimmt.

3. MAX SCHELER

Unter den unmittelbaren Schülern Husserls nimmt Max *Scheler* (1874 bis 1928) die führende Stellung ein. Scheler war nicht nur Philosoph, sondern zugleich ein feinfühliger Psychologe und ein bedeutender Soziologe (*»Wesen und Formen der Sympathie«*, 1923, *»Probleme einer Soziologie des Wissens«*, 1924, und andere).

Philosophen, an die Scheler in besonderem Maße anknüpft, sind Augustinus, von den neueren Nietzsche, Bergson, Dilthey, daneben sein Lehrer Rudolf *Eucken* (1846–1926), ein neuidealistischer, dabei der Lebensphilosophie nahestehender deutscher Denker; vor allem jedoch Husserl, dessen Werk er weiterführt.

Schelers philosophische Grundanschauungen haben eine beträchtliche Entwicklung durchgemacht. Außer einer ersten Periode, in der er noch von Eucken abhängig ist, lassen sich unterscheiden eine mittlere, in der

Scheler überzeugter Christ und Theist ist, und eine letzte, in der er Theismus und Christentum verläßt und sich einer pantheistischen Auffassung nähert. Der mittleren Periode entstammen die Werke: *»Der Formalismus in der Ethik und die materiale Wertethik«* (1913/19), *»Vom Umsturz der Werte«* (1919), *»Vom Ewigen im Menschen«* (1921). Schelers Einstellung in der dritten Periode ist ersichtlich aus dem Buche *»Die Stellung des Menschen im Kosmos«* (1928). Sein früher Tod ließ Scheler nicht mehr zur vollkommenen Ausführung der Gedanken dieses letzten Abschnitts kommen. Wir beschränken uns im folgenden darauf, die Richtung zu zeigen, in der Scheler, insbesondere in seiner mittleren Periode, das Werk Husserls weitergeführt hat.

Scheler wendet die phänomenologische Methode der Wesensschau nicht nur auf die Erkenntnislehre an, sondern vor allem auf die Ethik, auf Kultur- und Religionsphilosophie, auf das Reich der Werte. Hier liegt seine eigentliche philosophische Leistung. Menschliches Streben hat ein – nicht notwendig klar erkanntes – Ziel. In jedem Ziel liegt ein Wert. Der Mensch strebt immer nach Werten. Die Werte sind absolute, für sich bestehende, unveränderliche Wesenheiten. Veränderlich sind nur unsere Erkenntnis von ihnen und unser Verhältnis zu ihnen. Die phänomenologische Methode ermöglicht, die Werte *inhaltlich* (material) zu erfassen. Nur auf solchen inhaltlich erkannten, erfüllten, konkreten Werten kann man eine Ethik aufbauen. Scheler bekämpft den (Kantischen) Formalismus, welcher in der bloßen Form (einer allgemeinen Gesetzgebung) das Prinzip der Ethik finden will. Er bekämpft ebenso jede Art von Relativismus gegenüber den Werten, sei es Subjektivismus, der die Werte auf den Menschen zurückführt, Lebensphilosophie, die die Werte dem Leben unterordnet, Historismus, der vor der Überfülle der in der Geschichte auftretenden Verhaltensweisen den klaren Maßstab für die Werte selbst verliert.

Die Werte bilden ein unveränderliches Reich von Wesenszusammenhängen. Es gibt positive und negative Werte. Es gibt niedere und höhere Werte. Scheler findet folgende Rangfolge der Werte: zuunterst die Werte des bloßen sinnlichen Fühlens, des Angenehmen und Unangenehmen; darüber die Werte des vitalen Fühlens, des Edlen und Gemeinen; darüber die geistigen Werte der Erkenntnis, des Schönen, des Rechten und ihre Gegensätze; zuoberst die religiösen Werte des Heiligen. Schließlich sind zu unterscheiden Personen- und Sachwerte. Die ersteren stehen höher. Der Begriff der *Person* hat bei Scheler eine zentrale Stellung. Person ist nicht identisch mit dem denkenden Ich. Zur Person gehören »Vollsinnigkeit, Mündigkeit, Wahlmächtigkeit«. Die Person ist wesenhaft geistig.

Der Geist ist ein von der Natur völlig verschiedenes und unabhängiges, ja ihr entgegenstehendes Prinzip. Ein Abgrund liegt zwischen beiden.

Jeder Versuch, beide zu einer monistischen »Identitätsphilosophie« etwa im Sinne Schellings zusammenzubiegen, wäre ein unehrlicher Kompromiß. Das entspricht der Lehre von Ludwig Klages. Doch Scheler zieht daraus nicht dessen negative Folgerungen. Der Geist erst macht den Menschen frei, macht ihn unabhängig von der Fesselung an das organische Leben.

So ist der Mensch einerseits als Lebewesen nicht nur aus dem Tier entstanden, sondern er *ist* ein Tier. Auf der anderen Seite ist der Mensch »das Wesen, das betet«, ist Gottsucher, ist Geist, Person.

Hierauf gründet sich Schelers eigentümliche Theorie der *Liebe.* Liebe ist nicht soziales Gefühl, nicht Mitgefühl, nicht Altruismus. Sie ist überhaupt kein Gefühl. Echte Liebe richtet sich immer auf eine Person. Mag man alle Werte einer geliebten Person zusammenzählen, sie können die Liebe nicht erklären. Es bleibt ein nicht begründbares Mehr, nämlich die konkrete Person des Geliebten, das wahre Objekt der Liebe. Die höchste Form der Liebe ist die Gottesliebe, nicht als Liebe zu Gott, sondern als Mitvollzug von Gottes Liebe zur Welt durch den Menschen.

Zweites Kapitel

Bis an die Gegenwart

I. Existenzphilosophie

1. ALLGEMEINES

Existenzphilosophie galt vielen einmal als *die* Philosophie unseres Zeitalters. Das ist sie heute nicht mehr. Um ihren Ursprung zu erfassen und damit das, was sie von allen anderen Philosophien unterscheidet, müssen wir ein beträchtliches Stück zeitlich zurückgehen: zu Sören Kierkegaard.[1]

Die Richtung auf den einzelnen Menschen und seine jeweilige konkrete Situation, die wir bei Kierkegaard kennengelernt haben, ist allen Existenzphilosophen gemeinsam. Gemeinsam ist auch fast allen die Kierkegaardsche Lehre von der *Angst* als Grundtatbestand des Daseins, von der *Einsamkeit* des Menschen und von der unaufhebbaren *Tragik* des Menschseins.

Nicht gemeinsam ist ihnen dagegen das *religiöse* Erlebnis, aus dem heraus diese Gedanken bei Kierkegaard zu verstehen sind. Dieses Grunderlebnis ist logisch nicht faßbar. Es ist ein »Sprung«, durch den der einzelne zum Glauben kommt und »ein Christ wird«. Es ist ein Sprung in einen Bereich jenseits aller Vernunft, ins Absurde und Paradoxe.

Unter den heutigen Existenzphilosophen steht in diesem Punkt Kierkegaard am nächsten der Franzose Gabriel *Marcel* (1889–1973). Marcel ist jedoch nach seinem eigenen Zeugnis zu den Grundgedanken seiner Philosophie gekommen, bevor er das Werk Kierkegaards kannte – ein Anzeichen dafür, daß die Wirkung Kierkegaards im zwanzigsten Jahrhundert auf ein tiefes Bedürfnis unserer Zeit zurückgeht. Marcel steht Kierkegaard auch in der ganz persönlichen und unsystematischen Art seines Philosophierens am nächsten. Er hat seine Gedanken niedergelegt in den *»Metaphysischen Tagebüchern«* (1927 und 1935).

Im übrigen gibt es unter den heutigen Existenzphilosophen gläubige Christen und Atheisten. Außerdem schließt sich auch die »dialektische Theologie« der Gegenwart, etwa eines Karl *Barth* (1886–1968), eng an Kierkegaard an.

Kierkegaard ist der erste, aber nicht der einzige geistige Ahnherr der Existenzphilosophie. Verwandte Gedanken finden sich u. a. bei dem spanischen Denker Miguel de *Unamuno* (1864–1937), bei dem in Frankreich lebenden Philosophen der russischen Emigration, Nicolai

Alexandrowitsch *Berdjajew* (1874–1948), bei Dichtern wie F. M. *Dostojewskij* (1821–1888), Rainer Maria *Rilke* (1875–1926) und Franz *Kafka* (1883–1924).

Den Existenzphilosophen der Gegenwart sind einige Eigentümlichkeiten gemeinsam, die sich aus dem Ausgangspunkt Kierkegaard ergeben:

(1) Existenz ist immer Existenz des *Menschen*. Es ist die dem Menschen eigentümliche Seinsweise. Insofern ist alle Existenzphilosophie »humanistisch«. Der Mensch steht im Mittelpunkt.

(2) Existenz ist immer *individuelle* Existenz. Es ist die dem *einzelnen* Menschen eigentümliche Seinsweise. Insofern ist alle Existenzphilosophie »subjektiv«. Individuelle Existenz ist nicht weiter ableitbar. Das Dasein des einzelnen ist zum Beispiel nicht, wie etwa für Bergson, Glied eines überindividuellen »Lebensstromes«. Hier liegt ein Hauptunterschied zur Lebensphilosophie.

(3) Die Existenzphilosophie mißt den Menschen nicht am Modell des Dinges: Das Ding, verstanden als Substanz mit Eigenschaften, hat ein festgelegtes Wesen. Der Mensch hat das nicht; er muß sich zuallererst zu dem machen, was er ist. Der Mensch kann darum nicht mit dinglichen Kategorien begriffen und angemessen interpretiert werden.

(4) Der *Methode* nach sind die Existenzphilosophen mehr oder weniger stark Phänomenologen. Auch ihnen geht es um ein *unmittelbares* Erfassen des Seienden. Trotzdem stehen sie nach Ausgangspunkt und Ziel denkbar weit von Husserl entfernt. Was dieser als »Wesen« erschauen wollte, waren allgemeine, ewige, objektive Wesenheiten und Wesensgesetze. Von der konkreten Existenz wollte Husserl gerade durch »Einklammerung« absehen.

(5) Existenzphilosophie ist dynamisch. Existenz ist kein unveränderliches Sein, sondern ihrem Wesen nach an Zeit und Zeitlichkeit gebunden. Sie ist In-der-Zeit-Sein. Zeit und Zeitprobleme nehmen daher in der Existenzphilosophie einen hervorragenden Platz ein.

(6) Existenzphilosophie richtet zwar ihre Blicke auf den einzelnen Menschen. Gleichwohl ist sie nicht »individualistisch« in dem Sinne, daß sie den einzelnen isoliert. Im Gegenteil; da sie den Menschen immer in der konkreten Situation aufsucht und er in dieser stets mit der Welt und mit anderen Menschen verbunden ist, erscheint ihr der Mensch niemals isoliert. Menschliches Dasein ist immer ein In-der-Welt-Sein, und es ist immer ein Mit-anderen-Sein.

(7) Angesichts der Nähe des existenzphilosophischen Denkens zum konkreten Erleben nimmt es nicht wunder, daß bei den einzelnen Existenzphilosophen anscheinend jeweils ein besonderes, einmaliges »existentielles Erlebnis« den Anstoß zu ihrem Philosophieren gegeben hat: bei Jaspers das letzte, ausweglose Scheitern des Menschen in den

»Grenzsituationen« von Tod, Leiden, Kampf und Schuld; bei Sartre ein allgemeines Angewidertsein – ein aufschlußreicher Roman von Sartre heißt »Der Ekel« (La nausée); bei Marcel vielleicht ein dem Kierkegaardschen verwandtes religiöses Grunderlebnis. Das Denken dieser Männer hat damit eine sehr persönliche, erlebnisbestimmte Prägung. Aber immer ist es ein Äußerstes, ein Gewahrwerden oder Überspringen einer Grenze, eine Grenzsituation, ein letztes In-Frage-Stellen.
Übrigens ist der Name Existenzphilosophie nur mit einem gewissen Vorbehalt zu gebrauchen. Sartre nennt sich selbst Existentialist. Jaspers verwendet die Bezeichnung Existenzphilosophie. Heidegger dagegen lehnt sie als Bezeichnung seiner Philosophie ab. Für ihn ist, was er als »Existenzanalyse« gibt, nur der erste Teil zum Aufbau einer umfassenden Ontologie als ausdrücklicher Entfaltung der Seinsfrage. Ich behandele ihn deshalb in einem eigenen Abschnitt.

2. KARL JASPERS

Unter den Existenzphilosophen hat Karl *Jaspers* (1883–1969) das breiteste und dabei geschlossenste System geschaffen. Jaspers war zunächst Psychologe. Seine 1919 erschienene *»Psychologie der Weltanschauungen«* bildete den Übergang zur Philosophie. Für die Kenntnis des Systems ist am bedeutsamsten das 1932 erschienene dreibändige Hauptwerk *»Philosophie«*. Einen guten Einblick in Jaspers' Eigenart gibt auch die 1931 veröffentlichte Schrift *»Die geistige Situation der Zeit«*.
Wie die übrige Existenzphilosophie wurzelt auch das Denken Jaspers' vor allem in Kierkegaard; Ansätze zu existenzphilosophischem Denken findet Jaspers auch im Spätwerk Schellings. Bedeutsam für sein Werk sind weiter Plotinos, Giordano Bruno, Spinoza, Nietzsche; »der Philosoph« aber ist für ihn Kant. Unsere Darstellung soll von einigen Grundbegriffen Jaspers' und von der Eigenart seines Philosophierens eine erste Vorstellung vermitteln.

a) Das Umgreifende

Was ist Sein? Wie kann ich es denkend erfassen? Ich denke es zunächst als *Gegenstand*. Gegenstand ist ein bestimmtes Sein. Aber bestimmt ist es nur durch Bezug auf anderes und auf mich selbst, der ich ihm gegenüberstehe. Bestimmtes Sein ist begrenztes Sein. Es ist nicht das Ganze des Seins. Es steht immer noch in einem umfassenderen Sein. Alle Versuche, das Sein mittels einer bestimmten Kategorie zu fassen – als Materie, als Energie, als Leben, als Geist –, erheben eine bestimmte Art des vorkommenden Seins zum Sein schlechthin. Das sind Verabsolutierungen. Das Sein selbst ist aber ungreifbar. Alles Sein, das ich wissen kann, ist nicht *das* Sein.

Die Gegenstände schließen sich für uns zusammen zu einer relativ geschlossenen Welt. Diese umschließt uns, aber sie umschließt uns wie ein *Horizont.* Jeder Horizont schließt uns ein. Und wie weit wir auch über jeden Horizont hinausdrängen, der Horizont geht gleichsam mit, er steht immer wieder vor uns als neue Grenze. Niemals gewinnen wir einen Standpunkt, von dem wir das Sein als geschlossenes Ganzes überblicken können. Es bleibt ungeschlossen.

Das Sein, das gleichsam immer wieder vor uns zurückweicht und nie als Ganzes zu fassen ist, nennt Jaspers »Das Umgreifende«. Es kann uns nie selber gegenständlich werden oder als Horizont erscheinen. Es kann nur bewußt werden als Grenze. Über alles bestimmte Sein hinauszudrängen zum Umgreifenden, ist der Sinn des Philosophierens. Im Philosophieren möchten wir hinausdrängen über alle Horizonte, auch über unser eigenes begrenztes Dasein, um zu erfahren, was das Sein ist und was wir selbst eigentlich sind. Dieses Überschreiten des Seienden zum Umgreifenden hin ist die *philosophische Grundoperation.*

Alles Philosophieren ist also ein Transzendieren. Man kann es in dreifacher Weise vollziehen.

(1) Wir können einerseits ausgehen von dem Sein, das wir selbst sind. Wir sind erstens *Dasein* in der Zeit. Wir sind zweitens Träger eines allgemeinen Bewußtseins, welches Jaspers »Bewußtsein überhaupt« nennt. Wir sind drittens Geist. Im Philosophieren drängen wir jedoch über alle diese Seinsweisen hinaus und stoßen auf die *Existenz.*

(2) Wir können andererseits ausgehen von dem Sein, in dem und durch das wir sind, von der *Welt.* Das Darüber-hinaus-Schreiten, das Transzendieren, führt uns hier zur *Transzendenz,* zur Gottheit.

(3) Wir können drittens fragen nach dem Band, das alle diese »Weisen des Umgreifenden« verbindet. Dieses Band ist *Vernunft.*

Dies ist der Grundriß der Jasperschen Seinslehre. Wir fassen nur einen Ausschnitt aus dem System, das Jaspers auf diesem Grundriß errichtet, näher ins Auge. Es sind die zwei Gedankenschritte vom Sein des Menschen als Dasein zur Existenz und die Erläuterung des Sinnes, den dieser Begriff bei Jaspers hat; und das Transzendieren von der Welt zur Transzendenz. Beide Schritte gehen parallel.

b) Existenz

Man kann versuchen, das Menschsein zu erfassen mit Hilfe der verschiedenen Wissenschaften vom Menschen. In neuerer Zeit sind (für Jaspers) drei solcher Wissenschaften in den Vordergrund getreten: Soziologie, Psychologie, Anthropologie. Alle diese Wissenschaften erkennen etwas am Menschen, aber nicht den Menschen selbst. Sie sehen nur je einen begrenzten Teilausschnitt des Menschen.

Aber der Mensch ist immer mehr, als er von sich wissen kann. Der

Mensch »als Möglichkeit seiner Spontaneität« wendet sich dagegen, bloßes Resultat erkennbarer Kräfte und Zusammenhänge zu sein. Sachkunde in diesen Wissenschaften reicht nicht aus. Sie ist sinnvoll erst durch den, der sie hat, erst durch das, was man mit ihr anfängt. Existenzphilosophie bringt dem Menschen zum Bewußtsein, daß er mehr ist als alles, was objektiv gewußt werden kann. Sie appelliert an den Menschen als Existenz, als Selbstsein. Existenz kann nicht beschrieben werden mit Begriffen in einem abgeschlossenen System. Sie kann aber *erhellt* werden, und zwar mittels eigener Kategorien. Diese sind vor allem Freiheit, Kommunikation und Geschichtlichkeit.

Freiheit. Existenz ist ein Sein, das dem ganzen Weltsein gegenübersteht, von ihm an der Wurzel verschieden ist. Sie ist der dunkle Grund unserer selbst, »das Innerste des Inneren«. Existenz ist etwa in philosophischer Sprache das, was in mythologischer Sprache »Seele« heißt. Sie ist eigentlich kein Sein, sondern ein Sein-Können. Sie ist ständig in der Wahl, ständig zur Entscheidung aufgerufen. Sie kann sich in jedem Augenblick bewahren oder verlieren. Sie ist frei. Sie kann auch nicht gedacht werden, sondern verwirklicht sich nur im Tun. Existentielle Freiheit liegt auf einer ganz anderen Ebene als die Fragestellung Determinismus oder Indeterminismus. Sie ist schlechthin unbegreiflich, »Selbstschöpfung aus dem Ursprung im Augenblick der Wahl«.

Kommunikation. »Niemand kann allein selig werden.« – »Keine Wahrheit ist, mit der ich allein für mich das Ziel erreichen könnte.« – Existenz kann sich nur verwirklichen in existentieller Verbundenheit mit anderem Selbstsein. Solche Verbundenheit heißt Kommunikation. Sie ist nicht zu verwechseln mit Gespräch, Diskussion, geselligem Umgang, sozialer Verbundenheit. Dies ist alles bloße Daseinskommunikation. Auch Liebe ist noch nicht Kommunikation. Es gibt Liebe ohne echte Kommunikation. Sie ist fragwürdig. Aber Liebe ist die Quelle der Kommunikation. Kommunikation ist »liebender Kampf«, existentielles Geöffnetsein für den anderen Menschen.

Jaspers isoliert den Einzelmenschen nicht so weitgehend wie Heidegger. Gerade inmitten der Auflockerung aller gehaltvollen objektiven Festigkeit des Gemeinschaftslebens, in der Veräußerlichung und Vermassung unserer Tage ist der Mensch zurückgeworfen auf die Tiefe der Kommunikation, auf die Treue und Unvertretbarkeit persönlicher Bindung.

Geschichtlichkeit. Existenz ist immer in »Situation«. Existenz ist Geschichtlichkeit. Was aus dem einzelnen Menschen wird, ist situationsbedingt durch die Menschen, die ihm begegnen, und durch die Glaubensmöglichkeiten, die an ihn appellieren. Ich kann aber nie die Situation als Ganzes fassen. Denn mein Wissen von ihr ist immer schon etwas, was die Situation verändert. Ich muß meine Welt kennen, darf mich ihr nicht versagen, muß in »geschichtlicher Einsenkung« die Notwendigkeiten der geschichtlichen Stunde begreifen.

Aber Geschichtlichkeit ist doch nicht gleich Zeitlichkeit. Sie ist ein Doppeltes: Ich erkenne, daß ich in der Zeit bin, und weiß doch, daß ich selbst nicht zeitlich bin. Geschichtlichkeit ist Einheit von Zeit und Ewigkeit. Sie ist nicht Zeitlosigkeit und nicht Zeitlichkeit, sondern eines im anderen. »Im Handeln aus ursprünglicher Freiheit, in jeder Gestalt absoluten Bewußtseins, in jedem Akt der Liebe wird die darin nicht vergessene, vielmehr akzentuierte Zeitlichkeit, als Entscheidung und Wahl, zugleich durchbrochen zur Ewigkeit; die existentielle Zeit wird als Erscheinung eigentlichen Seins in einem die unerbittliche Zeit schlechthin und die Transzendenz dieser Zeit in der Ewigkeit.« Im Augenblick sind Zeit und Ewigkeit zur Identität gebracht. – Dieser Gedanke findet sich auch schon bei Kierkegaard.

c) Transzendenz

Das Ganze der Welt kann sowenig im Wissen erfaßt werden wie das menschliche Sein. Alles Welterkennen hat eine Grenze. Das Ganze ist unfaßlich. Überall stoßen wir auf letzte Unbegreiflichkeiten, Antinomien im Sinne Kants. Es gibt keinen endgültigen Rahmen des Wissens. Es gibt nur radikale Offenheit, Bereitschaft zu immer neuer Erfahrung. Die Welt und alles was in ihr ist, werden umgriffen von einem letzten, absoluten Umgreifenden. Dieses nennt Jaspers Transzendenz im eigentlichen Sinne. Transzendenz ist »das Umgreifende schlechthin, das Umgreifende aller Umgreifenden«.

Die Gegenstände des Weltseins sind *transparent.* Sie sind durchsichtig, sind »*Chiffren*«, Symbole, in denen die Transzendenz aufleuchtet.

Es entsprechen sich: das Sein des Menschen als Dasein und das Ganze des Seins als bloßes »Weltsein«; und es entsprechen sich Existenz und Transzendenz. Denn die Transzendenz zeigt sich nur der Existenz. Selbstsein ist überhaupt nur in bezug auf Transzendenz.

Transzendenz ist ungegenständlich. Sie ist das schlechthin Verborgene. Sie ist nicht zu denken, nur in Symbolen zu erfassen. (Man denkt an die »negative Theologie«, und »Gott, den Ganz-anderen« der Mystiker.) Alles kann Chiffre, Symbol der Transzendenz sein.

d) Grenzsituationen und letztes Scheitern

Es gibt Situationen, in denen Existenz sich unmittelbar verwirklicht, letzte Situationen, die nicht verändert oder umgangen werden können, Grenzsituationen: Tod, Leiden, Kampf, Schuld. Nur in ihnen kann sich das Ganze der Existenz verwirklichen. Indem wir in eine solche Situation mit offenen Augen eintreten, werden wir ganz wir selbst.

Es gibt Chiffren, in denen die Transzendenz besonders deutlich und unmittelbar zu uns spricht. Die entscheidende Chiffre ist das Sein *im Scheitern.* Das Scheitern ist das letzte, was für uns bereitgehalten wird. Echtes Scheitern vollzieht sich im Aufbau einer Welt mit dem Willen zur Dauer, aber mit Wissen und Wagnis des Untergangs. Aber erst im echten Scheitern wird das Sein voll erfahren. Echtes Scheitern kann Chiffre echten Seins werden. Man sieht, daß der Ausklang der Jaspersschen Philosophie ein durchaus pessimistischer ist, ähnlich wie bei Heidegger und Sartre. Und doch ist in diesem Pessimismus ein anderer Ton als bei jenen Denkern: denn hinter allem Sein, das scheitert, steht bei Jaspers die Transzendenz, die Unvergänglichkeit und Unendlichkeit Gottes – wie man wohl sagen darf, wenn auch nach Jaspers jede formulierte Aussage über das Sein der Transzendenz unmöglich ist.

3. DER FRANZÖSISCHE EXISTENTIALISMUS

Zu einer eigenen Schule innerhalb der Existenzphilosophie hat sich der französische Existentialismus entwickelt. Als sein Hauptvertreter gilt Jean Paul *Sartre* (1905–1980). Diese französische Denkrichtung muß deutlich unterschieden werden von der deutschen Existenzphilosophie – sowohl von Jaspers, der den Existentialismus als »Entartung« des ursprünglichen existenzphilosophischen Ansatzes ablehnt, wie auch von Heidegger, denn der französische Existentialismus ist zwar durch Heidegger angeregt, dann aber seinen eigenen Weg gegangen. Auch abgesehen von der besonderen schriftstellerischen Begabung Sartres ist es bezeichnend, daß eine Philosophie in der Form von Romanen und Bühnenstücken dargeboten werden kann. Philosophie der Existenz geht eben, wie keine andere, immer auf das konkrete Dasein.

Sartre hat aber auch theoretische Werke geschrieben. Eines der wichtigsten ist *»Das Sein und das Nichts«.* Es erschien 1943, also während der deutschen Besetzung Frankreichs. Das ist für das Verständnis nicht ohne Bedeutung. Der äußere Zusammenbruch von 1940 war zugleich ein Zusammenbruch von Idealen und Ideologien. Mißtrauen, Bitterkeit, Zweifel gegen eine Ordnung, die so schnell dem Ansturm eines Feindes unterlegen war, waren die vorherrschende Stimmung. Auf der anderen Seite einigte die Franzosen der Wunsch, den Feind zu vertreiben. Zweifel an allem Grundsätzlichen verband sich mit absoluter Gewißheit über die nächstliegende praktische Aufgabe: den Widerstand. Man brauchte, wie Albert *Camus* gesagt hat, eine Philosophie, die »den negativen Gedanken mit der Möglichkeit positiven Handelns vereinbaren kann«. Diese Philosophie schuf Sartre.

Sartre kann in manchem als Schüler Heideggers angesehen werden. Er kennt ihn sehr genau. Viele Heideggersche Begriffe kehren in treffender französischer Übertragung bei Sartre wieder. Doch weicht er, auch im Grundsätzlichen, trotzdem erheblich von ihm ab. Das gilt vor allem schon für den grundlegenden Begriff der Existenz. Existenz im Sinne Sartres ist einfaches, pures, nacktes Sein, Sein an sich, etwas, »das nicht einmal ist, was es ist, sondern einfach *ist*«. Was Sartre unter Existenz versteht, mögen folgende Stellen aus »La nausée« vielleicht am besten verdeutlichen[2]:

»Das war atemberaubend. Nie vor diesen Tagen hatte ich geahnt, was das heißt, existieren. Ich war wie die anderen, wie die, welche am Meerufer in ihren Frühjahrskleidern spazierengehen. Ich sagte wie sie: das Meer *ist* grün; dieser weiße Punkt da oben *ist* eine Möwe, aber ich fühlte nicht, daß das existierte, daß die Möwe eine existierende Möwe war; für gewöhnlich verbirgt sich die Existenz . . . Und jetzt auf einmal: mit einem Schlag war es da, war es klar wie die Sonne: die Existenz hatte sich plötzlich enthüllt. Sie hatte ihr inoffensives Aussehen einer abstrakten Kategorie verloren: sie war der Stoff der Dinge selbst, diese Wurzel war aus der Existenz gemacht . . .«

»Existieren, das ist einfach *dasein*, das Existierende erscheint, kann *angetroffen* werden, aber man kann es niemals *ableiten*.«

»Die Existenz ist nichts, was man aus der Entfernung denken kann: das muß dich plötzlich überfluten, das bleibt über dir, das lastet schwer auf deinem Herzen wie ein großes unbewegtes Tier – sonst ist da gar nichts.«

Blicken wir jetzt auf den Menschen! Festzuhalten ist, daß Sartre mit Jaspers und auch mit Heidegger eines gemeinsam hat: Im Gegensatz zur philosophischen Tradition seit Platon betrachtet er den Menschen nicht als ein Wesen, dessen Seinsmöglichkeiten im vorhinein festgelegt sind. Der Mensch »ist« nicht etwas in dem Sinne, in dem Dinge etwas sind. Er ist vielmehr zunächst »Nichts«. Und er muß sich erst, gleichsam in beständiger Schöpfung aus dem Nichts, zu dem machen, was er ist. Er ist »zur Freiheit verurteilt«. Diese These hat Sartre den Vorwurf des Nihilismus eingetragen – wie man sieht, nicht ganz zu Unrecht.

Der Mensch ist frei. Hier liegt der Übergang zu der zweiten Aufgabe, die Sartres Philosophie – nach der Forderung Albert Camus – erfüllen sollte: »positives Handeln« zu ermöglichen. Der Mensch kann sich in der Welt »engagieren«. Im Handeln kann er Werte setzen. »In dieser Welt, in der ich mich engagiere, scheuchen meine Handlungen Werte wie Rebhühner auf.« Die Selbstverwirklichung des Menschen geschieht im freien Entwurf (»projet fondamental«). Das Nichts, aus dem der Mensch sich so erhebt, umlauert ihn freilich ohne Unterlaß; seine Freiheit schwebt jeden Augenblick in der Gefahr, in die Verhärtung zurück, dem bloß Seienden anheimzufallen. »Das Nichts nichtet« – Sartre hat für diesen Heideggerschen Begriff das neue Zeitwort »néantiser« geschaffen.

Es ist klar, daß die Werte für Sartre kein eigenes Sein haben, nicht etwa zeitlos gültig sein können – unabhängig davon, ob wir nach ihnen streben oder nicht. »Meine Freiheit allin ist die Begründung der Werte.«

Sartres Lehre legt dem Menschen eine außerordentliche Verantwortung auf. Der Mensch kann sich nur in eigenem Aufschwung, gleichsam am eigenen Schopfe, aus dem Nichts ziehen und sich dessen fortwährender Drohung erwehren. Er ist allein sich verantwortlich – niemand sonst, insbesondere keinem Gott. Sartre ist Atheist. Und der Mensch ist nicht nur sich und für sich verantwortlich, sondern immer zugleich dem anderen und für den anderen. In der unlösbaren Verflechtung des einen Ich mit allen anderen, in der Intersubjektivität wurzelt, wie besonders auch seine Dramen zeigen, Sartres Ethik. So ist es folgerichtig, daß sich Sartre von Anfang an um Erkenntnis und Gestaltung des gesellschaftlichen, des politischen Lebens bemüht hat.

Kritisch ist gegen Sartre vor allem vorgebracht worden: Sein radikaler Freiheitsbegriff übersehe, daß der Mensch nicht ohne jedes Vorweg, ohne Voraussetzung absolut frei ist, sondern gebunden an Bedingungen, die seiner Wahl nicht unterworfen sind, wie das Hineingeborensein in ein bestimmtes Volk, in ein bestimmtes Geschlecht, eine bestimmte Zeit – ein Umstand, den Heidegger »Geworfenheit« nennt.

Andere Vertreter des Existentialismus in Frankreich sind vor allem der schon erwähnte Albert *Camus* (1913–1960), der wie Sartre neben theoretischen Arbeiten Romane und Theaterstücke geschrieben hat – er erhielt 1957 den Literatur-Nobelpreis –, sowie Maurice *Merleau-Ponty* (1908–1961). Merleau-Pontys Denken ist Hegel, Husserl, Heidegger verpflichtet; mit Sartre verband ihn ursprünglich Freundschaft, dann haben sich die beiden entzweit. Camus sieht den Menschen in einer absurden Welt, die ihm fremd, unverständlich, unerkennbar gegenübersteht. Als Gleichnis dieser menschlichen Situation tritt Sisyphos auf (»*Der Mythos von Sisyphos* – Ein Versuch über das Absurde«, 1942, deutsch 1950). Merleau-Pontys Zentralbegriff der »ambiguïté« (wörtlich: Zweideutigkeit, Ungewißtheit) bezeichnet ebenfalls den paradoxen, anti-logischen Charakter des Daseins. Beide Denker haben sich wie Sartre um Durchdringung und Gestaltung des politischen Daseins bemüht und sich eingehend mit dem Kommunismus beschäftigt.

4. ANDERE VERTRETER DER EXISTENZPHILOSOPHIE

Wenigstens nennen wollen wir noch drei Denker – zwei Deutsche und einen Italiener –, die der Existenzphilosophie zugerechnet werden und ihr eine je eigene Prägung verliehen haben. Hans *Lipps* (1889–1941) ist

vor allem mit Untersuchungen zur Logik und zur Sprache hervorgetreten. Er rückt beide in einen konkreten Bewandtniszusammenhang, in die existentielle Situation des denkenden und redenden Menschen.
Ernst *Bloch* (1885–1977) hat sein Hauptwerk *»Das Prinzip Hoffnung«* von 1938 bis 1947 als Emigrant in den Vereinigten Staaten geschrieben, jedoch erst 1959 veröffentlicht. Bloch ist Marxist und lehrte nach seiner Rückkehr nach Deutschland zunächst in Leipzig, verließ aber dann die DDR: Sein eben genanntes Werk sucht das »Noch-Nicht«, wie es sich in Wunschtraum, Erwartung, in Zukunftsentwürfen, religiösen Erwekkungsvorstellungen, sozialen Utopien manifestiert, als existentielles Prinzip zu fassen.
In Italien ist Nicola *Abbagnano* (geb. 1901) der führende Vertreter des Existentialismus. Einige seiner Schriften, die in seinen »positiven« oder »substantiellen« Existentialismus einführen können, sind in Übersetzung auch dem deutschen Leser zugänglich.

5. MARTIN BUBER

Martin *Buber* wurde 1878 in Wien als Kind einer jüdischen Familie geboren; sein Großvater, in dessen Haus in Lwow (Lemberg) Buber einen wesentlichen Teil seiner Kindheit erlebte (die Ehe seiner Eltern war zerbrochen), war ein angesehener Gelehrter auf dem Gebiet der jüdischen Tradition und Literatur. Buber studierte in Wien, Leipzig, Berlin, Zürich und schloß sich früh der zionistischen Bewegung an, mehr aus religiösem und kulturellem Antrieb als aus politischen Motiven. Er gab eine angesehene jüdische Zeitschrift heraus und lehrte von 1924 bis 1933 an der Universität Frankfurt/Main jüdische Religionsphilosophie.
In den ersten Jahren von Hitlers Herrschaft blieb er in Deutschland, wirkte mit Franz *Rosenzweig* (1886–1929) am »Freien Jüdischen Lehrhaus« und arbeitete, ebenfalls gemeinsam mit Rosenzweig, an seiner bedeutenden neuen Übersetzung des Alten Testaments ins Deutsche. 1938 mußte er emigrieren und hat von da an, unterbrochen durch zahlreiche Reisen, als Professor an der Hebrew University in Jerusalem gewirkt. Mit Nachdruck hat er sich für eine Verständigung der Israeli mit den Arabern eingesetzt, nach dem Krieg auch für die Wiederaufnahme des Gesprächs mit deutschen Denkern und Institutionen. 1965 ist er gestorben.
Der breiteren Öffentlichkeit ist Buber, außer durch seine Übersetzung der Heiligen Schrift, zuerst bekannt geworden als Herausgeber und Interpret von Schriften des Chassidismus. Diese religiöse Bewegung innerhalb des Judentums – die Bezeichnung ist abgeleitet von hebräisch »chassidim«, die Frommen – ist gegen 1750 in der Ukraine und in Polen

entstanden; sie stellt, darin dem Pietismus innerhalb des Christentums vergleichbar, eine Auflehnung dar gegen Gesetzesglauben, Kasuistik, Intellektualität – eine von tiefem religiösem Gefühl, von Gottessehnsucht getragene Bewegung der Massen; sie betont Gemütswerte, Frömmigkeit, Demut, aber auch Freude und tätige Liebe. Die Versenkung im Gebet und der Gedanke der Vereinigung oder Versöhnung des Schöpfers mit Welt und Kreatur erinnern an die christliche Mystik; tatsächlich hat es auch im deutschen Judentum des 13. Jahrhunderts, also zu der Zeit, als die deutsche Mystik aufblühte (Buber hat sich auch intensiv mit Meister Eckhart befaßt), schon eine ähnliche Bewegung gegeben. Der Typus des Wunderrabbi, des gerechten und heiligen Mannes, geht auf den Chassidismus zurück, ist freilich später ins Äußerliche entartet. Diese Bewegung hat Bubers Denken stark geprägt. Fünf Jahre lang hat er sich in die überlieferten Texte der Chassidim versenkt und in dieser Zeit jede Wirksamkeit nach außen eingestellt.

Bubers im engeren Sinne philosophische Schriften zeugen von seiner Verwurzelung in dieser Religiosität, zugleich auch von seiner intensiven Auseinandersetzung mit der christlichen Gedankenwelt, als Nehmender wie als Gebender. Als erstes – freilich recht äußerliches – Indiz hierfür mag gelten, daß im Sachregister des Sammelbandes »*Das dialogische Prinzip*« (1973), der vier relativ kurze Schriften Bubers zusammenfaßt, der Name Sören Kierkegaard ungefähr so häufig aufgeführt ist wie alle anderen Namen zusammen. Und die intensive Auseinandersetzung mit diesem radikal-christlichen Denker mag auch als erster Hinweis zu der Frage dienen, warum Martin Buber häufig als »religiöser Existentialist« eingeordnet wird (und auch in diesem Buch bei den Existentialisten steht). Ein Mann wie Buber, der nach dem Zeugnis seiner Freunde auf alle, die ihm begegnet sind, am zwingendsten durch die Lauterkeit und Kraft seiner Persönlichkeit gewirkt hat, ist stets nur mit Einschränkungen irgendeiner Denkrichtung zuzuordnen. Kierkegaard gilt als ein Ahnherr des Existentialismus vor allem wegen der Unbedingtheit, mit der er den »existierenden« Einzelnen in den Mittelpunkt stellt. Auch zu Jaspers, wie sich gleich zeigen wird, gibt es Parallelen. Aber wichtiger ist Bubers Eigenes und Eigentliches.

Dies ist im Titel des genannten Bandes »*Das dialogische Prinzip*« bereits angedeutet; es wird deutlicher, wenn man sieht, daß die beiden ersten Schriften des Bandes die Titel »*Ich und Du*« sowie »*Zwiesprache*« tragen. Es tritt klar hervor – zugleich Bubers Sprache in ihrer Gewalt und Eigenart –, wenn wir die Anfangssätze von »*Ich und Du*« lesen:

»Die Welt ist dem Menschen zwiefältig nach seiner zwiefältigen Haltung.

Die Haltung des Menschen ist zwiefältig nach der Zwiefalt der Grundworte, die er sprechen kann.

Die Grundworte sind nicht Einzelworte, sondern Wortpaare. Das eine Grundwort ist das Wortpaar Ich-Du.
Das andere Grundwort ist das Wortpaar Ich-Es . . .
. . . das Ich des Grundworts Ich-Du ist ein andres als das des Grundworts Ich-Es.«

Die Ich-Es-Beziehung ist die normale, alltägliche Beziehung des Menschen zu den Dingen, die ihn umgeben, zu der Welt, die aus diesen Dingen besteht. Der Mensch kann auch seinen Mitmenschen wie ein Es betrachten und behandeln – und das tut er meistens –; er sieht ihn distanziert, kühl und nimmt ihn wie eine Sache, ein Stück Umwelt, eingeschmiedet in Kausalketten.

Ganz anders die Ich-Du-Beziehung. In sie geht der Mensch mit seinem innersten und gesamten Wesen ein – ja in einer Begegnung, in einem echten »Gespräch« tun das beide Partner. Insofern ist das Ich in einem solchen Verhältnis ein anderes als das Ich der sachlichen Ich-Es-Beziehung (man denkt an Jaspers' existentielle Kommunikation). Buber hat (in den »Autobiographischen Fragmenten«, die dem Sammelband »Martin Buber«, Stuttgart 1963, vorangestellt sind) als Hauptergebnis seiner Erfahrungen und Betrachtungen, soweit das »in gedanklicher Sprache« aussagbar ist, den Satz genannt: Mensch sein heißt, das gegenüber seiende Wesen sein.

Man muß aber zur Abgrenzung zugleich hinzufügen, daß für Buber die innere Begegnung mit dem anderen Menschen nur ein Abglanz, ein Widerschein ist der Begegnung des Menschen mit Gott, des Gesprächs mit ihm. »Die verlängerten Linien der Beziehungen schneiden sich im ewigen Du.« Das Wesen der biblischen Religion besteht für Buber darin, daß – ungeachtet des unendlichen Abgrunds zwischen beiden – ein Gespräch zwischen Gott und Mensch möglich ist. Ja, auch wer sich gottlos nennt und Gottes Namen verspottet, spricht noch zu Gott, sobald er sein ganzes Wesen in eine Ich-Du-Beziehung einbringt. Nicht, daß Gott damit zu einem menschenartigen Wesen verkleinert würde – diesen Fehler haben allerdings sogar Theologen begangen; aber zu den unzählbaren Attributen des Göttlichen gehört auch, daß es zu uns sprechen kann. Das Christentum, namentlich in der durch den Apostel Paulus geformten Gestalt, ist für Buber ein – griechisch beeinflußtes – Abweichen von der Glaubenswahrheit des Alten Testaments.

Es ist zwar eine Vereinfachung, aber keine Verfälschung, wenn man Ich-Du-Beziehung, Zwiesprache, Dialog, Gespräch als Leitworte Buberschen Denkens herausstellt. Angemerkt sei hier, daß der Österreicher Ferdinand *Ebner* (1921) – ein Jahr vor dem ersten Erscheinen von Bubers »Ich und Du« – in seinem Werk *»Das Wort und die geistigen Realitäten«* zu ähnlichen Einsichten wie Buber gelangt war. Ebner nennt »Icheinsamkeit« und »Dulosigkeit« als eigentliche Wurzeln seelischer Verwirrung und Erkrankung. Von hier aus führt auch eine Linie zur Begründung der psychosomatischen Medizin durch Viktor von Weizsäcker und andere.

Die innere Haltung, die Voraussetzung eines echten Gesprächs ist, wird treffend beschrieben in einem Satz Hugo von *Hofmannsthals*: »Man schätzt diejenigen als etwas Seltenes, die ruhig und aufmerksam zuzuhören verstehen; ebenso selten ist ein wirklicher Leser, am seltensten aber ist einer, der seine Nebenmenschen auf sich wirken läßt, ohne den Eindruck unablässig durch seine innere Unruhe, Eitelkeit, Selbstsucht zu zerstören, ja zu vernichten« (aus dem ›Buch der Freunde‹). Buber hat sich Jahre hindurch bemüht, diese Ausgangshaltung für ein Gespräch denen nahezulegen, die Psychotherapie betreiben; schließlich besteht Psychotherapie im wesentlichen aus Gespräch. Er warnte davor, dem Patienten in der Erwartung zu begegnen, daß dessen Äußerungen sich den Kategorien eines bestimmten Systems – z. B. des Freudschen – einfügen müßten; man müsse dem Patienten als Person begegnen und stets auch auf Unerwartetes gefaßt sein.

Es ist sicher, daß der Denkansatz Bubers nicht voll ausgeschöpft und fortentwickelt wurde, jedenfalls in der Philosophie. Er kann Früchte tragen u. a. für die Erkenntnistheorie, die beachten muß, daß ein Mensch uns nicht in derselben Weise als Erkenntnisobjekt gegeben ist wie eine Sache: wir können einen Gegenstand analysieren, zerlegen – beim Menschen stößt das auf eine unüberschreitbare Grenze. (Kants Denkansatz war am Erkenntnisideal der Newtonschen Physik orientiert!) Er kann Frucht tragen für die Behandlung des Phänomens Sprache in Sprachphilosophie und Linguistik, indem man den Urquell der Sprache nicht in einem »Ich« sucht, das sich in einer Welt von Dingen vorfindet und diese benennt, sondern in der ursprünglichen Situation des Gesprächs, in Sprache als Kommunikation. Und er kann schließlich Frucht tragen in der Ethik als Lehre vom verantwortlichen Handeln: Verantwortung (das Wort enthält »Antwort« als Hauptbestandteil) setzt ein Gegenüber voraus, dem ich verantwortlich bin. Freilich wird man Bubers Gedanken nie aus ihrer Einbettung in die tiefe Religiosität dieses Denkers lösen können. Die Ich-Du-Beziehung ist für ihn stets eingebettet in die und übergriffen von der Beziehung des Menschen zu Gott.

II. Die Entfaltung der Seinsfrage: Martin Heidegger

1. ALLGEMEINES

In der ganzen westlichen Welt, nicht nur in Europa, ist bis heute Martin *Heidegger* (1889–1976) einer der einflußreichsten Denker – zugleich einer der am stärksten umstrittenen: Während seine entschiedenen Gegner ihm vorwerfen (wie einst Schopenhauer dem ihm verhaßten Hegel), sie könnten dem Getön seiner (oftmals wirklich dunklen) Sätze keinen vernünftigen Sinn abgewinnen, Heidegger entziehe sich jeder ernsthaften Diskussion, weil er ins dunkle entweiche; während etwas Wohlmeinendere ihm zubilligen, er sei zwar kein Philosoph, aber vielleicht ein Dichter oder ein Philologe – sehen seine Anhänger in Heideggers Werk einen Markstein, der eine mehr denn zweitausendjährige Entwicklung (großenteils Fehlentwicklung) der Philosophie abschließt und einen gänzlich neuen Anfang setzt.
Nächst Kierkegaard, mit dessen Auslegung der menschlichen Existenz Heidegger in seinen Anfangsschritten vieles Gemeinsame hat (Angst als Grundtatbestand), ist vor allem der Einfluß seines Lehrers Edmund Husserl für Heidegger bedeutsam. In dem von Husserl herausgegebenen Jahrbuch erschien 1927 die erste Hälfte von Heideggers »Durchbruchswerk«: *»Sein und Zeit«*. Die zweite Hälfte ist nie veröffentlicht worden, doch ist, was Heidegger dort zu sagen vorhatte, inzwischen in seinen zahlreichen neueren Arbeiten zur Sprache gekommen. Von diesen nennen wir Heideggers Freiburger Antrittsvorlesung *»Was ist Metaphysik?«* (erstmals 1929, später durch Einleitung und Nachwort ergänzt); ferner: *»Vom Wesen der Wahrheit«* (1930 gehaltener Vortrag, erst 1943 gedruckt), *»Erläuterungen zu Hölderlins Dichtung«* (1944). Nach dem Kriege sind wichtige Arbeiten Heideggers in den beiden Sammelbänden *»Holzwege«* (1950, darin *»Der Ursprung des Kunstwerks«*) und *»Vorträge und Aufsätze«* (1954, darin u. a. *»Die Frage nach der Technik«*, *»Was heißt Denken?«*, *»Bauen, Wohnen, Denken«*, *»Das Ding«*) erschienen; daneben weiterhin kleinere Schriften und Vorträge wie *»Was ist das – die Philosophie?«* (1956).
Lange Zeit ist Heidegger der Existenzphilosophie zugerechnet worden. Das konnte begründet werden, solange man hauptsächlich von »Sein und Zeit« ausging. Nachdem inzwischen die Fortentwicklung von Heideggers Denken vor aller Augen liegt, nachdem er selbst rückblickend das genannte Werk mehrfach interpretiert hat, nachdem Heidegger schließlich den Existentialismus Sartres ausdrücklich als Mißverständnis gekennzeichnet hat (offenbar ein fruchtbares Mißverständnis), kann diese Auffassung nicht mehr aufrechterhalten werden. Sie hätte allerdings gar nicht erst aufkommen können, wenn man von Anfang an

Heideggers eigene Erklärung in voller Tragweite ernst genommen hätte. Das Vorwort von »Sein und Zeit« schließt nämlich mit den Sätzen: »Die konkrete Ausarbeitung der Frage nach dem Sinn vom ›Sein‹ ist die Absicht der folgenden Abhandlung. Die Interpretation der Zeit als des möglichen Horizontes eines jeden Seinsverständnisses überhaupt ist ihr vorläufiges Ziel.« Aus dem ersten Satz ist zu entnehmen, daß es Heidegger von Anfang an um das ging, was er unablässig verfolgt und was bis heute allen seinen Auslegern das stärkste Kopfzerbrechen verursacht hat: das »Sein«.

Bevor wir einen genaueren Blick auf Heideggers Gedanken werfen, ein Wort über seine Sprache. »Das Spiegel-Spiel der weltenden Welt entringt als das Gering des Ringes die einigen Vier in das eigene Fügsame, das Ringe ihres Wesens. Aus dem Spiegel-Spiel des Gerings des Ringes ereignet sich das Dingen des Dinges.« Ein solcher Satz (entnommen dem Vortrag »Das Ding«), aus dem Zusammenhang gerissen, klingt, obwohl er kein einziges »Fremdwort« enthält, doch in hohem Maße fremd und befremdend. Ist das bloße Manier? Zu allen Zeiten haben Denker, die Neues zu sagen hatten, auch eine neue Sprache gesprochen. Heideggers eigenwillige Wortprägungen sind nicht sowohl Neubildungen als häufig Wiederentdeckungen: einem alten, blaß gewordenen Wort verleiht er einen nur aus seinem Denkzusammenhang faßbaren, dann aber plötzlich aufleuchtenden Sinn. Wer sich in Heideggers Art, zu sprechen und zu lehren, einfühlen und an sie gewöhnen will, lese zuerst einen Vortrag wie »*... dichterisch wohnet der Mensch*« (abgedruckt in »Vorträge und Aufsätze«); Heidegger deutet hier das Wort Hölderlins, das über dem Vortrag steht.

Doch zurück zu »Sein und Zeit!« Um Heideggers Ausgangspunkt zu fassen, können wir anknüpfen an etwas, das wir weiter oben als Kennzeichen der Existenzphilosophie bezeichnet haben: Heidegger wirft der antiken (jedenfalls seit Platon) wie der abendländisch-christlichen Philosophie vor, sie habe das Dasein des Menschen nach der Seinsart der Dinge zu bestimmen gesucht, das Sein des Menschen verstanden nach Art des Vorkommens und Vorhandenseins von Dingen. Nun haben allerdings auch schon Heideggers Lehrer Husserl und, an Husserl anknüpfend, Max Scheler gelehrt, daß das Wesen des Menschen nicht verstanden werden kann als Gegenstand, als Substanz, als Seiendes, sondern daß der Mensch nur ist als »Vollzug« intentionaler Akte (Schelers Begriff der »Person«). Aber diese Denker haben – für Heidegger – den Unterschied weder radikal genug herausgearbeitet noch ontologisch begründet. Und weiter: Die bisherige Philosophie hat immer gefragt nach dem Seienden im Ganzen und nach dem höchsten Seienden, nämlich Gott, aber sie hat nicht gefragt nach dem, wodurch alles Seiende erst ein Seiendes ist: nach dem Sein. Dieses Sein ist selber kein

Ding, kein Seiendes, es ist als Quellgrund alles Seienden überhaupt nicht wie ein »Gegen-Stand« uns gegenüberzustellen. Die Frage nach dem Sein ist von der Philosophie, weil das Sein nicht zu objektivieren ist, weil es für das Leerste, Allgemeinste und Selbstverständlichste genommen wurde, übersehen worden, »vergessen« (Heideggers Vorwurf der »Seinsvergessenheit«); übersehen worden ist der grundlegende Unterschied zwischen allem Seienden einerseits und dem Sein andererseits. Diesen Unterschied nennt Heidegger die »ontologische Differenz«.

Um uns dem Sein zu nähern, bietet sich ein Weg an: das Sein des Menschen, von Heidegger *Dasein* genannt, zu untersuchen, zu befragen; denn der Mensch ist unter allem Seienden dasjenige, das das »Sein« immer schon, wenn auch undeutlich, versteht. Um also eine Lehre vom Sein zu begründen, untersucht Heidegger die Grundstrukturen des menschlichen Daseins. Diese »Fundamentalontologie« bildet den Hauptinhalt von »Sein und Zeit«. Um zu betonen, daß solche Untersuchung nicht mit den Bestimmungen arbeiten kann, deren sich die Philosophie bei der Untersuchung der Seinsstrukturen von Dingen bedient, nennt Heidegger seine Grundbestimmungen nicht (wie Aristoteles und Kant) »Kategorien«; er nennt sie »Existenzialien«. Dieser Teil des Heideggerschen Gebäudes ist am bekanntesten und – bisher – auch derjenige, der am weitesten ins allgemeine Bewußtsein hineingewirkt hat. Einiges aus diesen Analysen und phänomenologischen Beschreibungen läßt sich mit Stichworten andeuten.

2. SEIN UND ZEIT

Dasein ist wesenhaft »In-der-Welt-Sein«. Das ist nicht zu verstehen im Sinne eines räumlichen Nebeneinanders zweier Objekte, auch nicht räumlich im Sinne des »Darin-Seins«, des Enthalten-Seins, ebensowenig als Verhältnis von »Subjekt« und »Objekt«; sondern In-der-Welt-Sein ist eine Grundstruktur des Daseins. Das menschliche Dasein findet sich immer schon an einem bestimmten, unverwechselbaren, seinem Wollen entzogenen Ort vor, es ist »geworfen in sein Da«. Geworfenheit ist deshalb eine weitere Grundstruktur, ein Existenzial.

Das Dasein in der Welt hat die Seinsart der Bekümmerung, wie Heidegger sagt, der *Sorge*. Es hat die Seinsart des Besorgt-Seins, des Besorgens. Diese Sorge des Menschen geht (zwar auch) auf anderes, ihn umgebendes Seiendes, auf die Dinge (das »Vorhandene«) und auf das »*Zeug*« oder »Zuhandene«, im Kern aber immer auf die eigene Seinsweise. Der Mensch hat erst »zu sein«, es ist ihm aufgegeben zu sein. Er ist Dasein, das nicht nur ist, sondern dem es immer auch um dieses sein Dasein geht. Als Sein, das sich erst zu verwirklichen hat, ist das Dasein

»Entwurf« – daher die Formel: Dasein als geworfener Entwurf. Die menschliche Grunderfahrung ist *Angst.* Die Angst ängstet sich nicht so sehr vor anderem Seienden, sondern um das In-der-Welt-Sein als solches, schärfer gefaßt: um die Möglichkeit des eigenen Nicht-Seins. Die Angst ist die radikale Erfahrung, in der dem Menschen das Seiende im Ganzen entgleitet: Er begegnet seinem eigenen Tode. Der Tod begegnet aber dem Dasein nicht von außen her. Er gehört ihm zu: Dasein ist nur als Sein-zum-Tode. Aus dieser Begegnung mit dem eigenen Tod als der absoluten Grenze entspringt die eigentliche Bedeutsamkeit und Dringlichkeit des menschlichen Daseins. Verfügten wir über eine unendlich lange Zeit, so wäre nichts dringlich, nichts wichtig, nichts »wirklich«. Für gewöhnlich schließen wir die Augen vor diesem Sachverhalt. Wir vergessen, daß wir angesichts des Todes unser je eigenes, unverwechselbares Leben zu verwirklichen haben. Wir gleiten ab ins Uneigentliche, ins Unverbindliche, ins »man«. Besinnung aber lehrt uns erkennen, daß der Tod uns zur Übernahme der eigenen Existenz aufruft, er offenbart die Unwiderruflichkeit unserer Entscheidungen, ruft uns auf zum eigentlichen und eigenen (»je meinen«) Leben in Freiheit und Selbstverantwortung.

Diese Betrachtung des Todes ist für Heidegger der Schlüssel, um die Zeit, die Zeitlichkeit als Grund und Grenze, als Horizont des menschlichen Seins freizulegen. Zeitlichkeit ist der Sinn der eigentlichen Sorge, Zeitlichkeit ist das Grundgeschehen des Daseins. Dasein »hat nicht ein Ende in der Zeit, sondern existiert endlich« (Sein und Zeit).

So weit unsere Andeutungen über Heideggers Analyse des menschlichen Daseins. Bis an diesen Punkt sind ihm viele gefolgt. In der Angst begegnet der Mensch, da ihm alles Seiende und sein eigenes Dasein entgleiten, dem Nichts. Das Nichts selbst steht vor ihm. Menschliche Existenz – Heidegger sagt schon in der Antrittsvorlesung von 1929 »Eksistenz«, das heißt »Hinaus-Stehen« – ist Hinausstehen, Hineingehaltensein in das Nichts. (Von hier der unbegründete Vorwurf, Heidegger predige Nihilismus.) Wenn Transzendenz ein Hinaus-Gehen, ein Hinaus-Fragen über alles Seiende hinaus ist, so ist das Wesen des Daseins »die Transzendenz in das Nichts«.

Eine Einschaltung: Transzendenz im Sinne des Hinaus-Gehens, des Hinaus-Fragens, Hinaus-Reichens über alles Seiende hinaus kennt auch die überkommene, insbesondere die christliche Philosophie. Transzendenz in diesem Sinne führt den gläubigen Denker zu Gott. Für Heidegger gehört auch Gott zum Seienden, über das er hinaus-fragt. Die Frage »Ist Heidegger Atheist?« läßt sich deshalb so beantworten, daß er A-theist ist in dem Sinne, als sein Fragen über alles Seiende hinaus auch über Gott hinausführt. Die Frage nach der Existenz Gottes als Frage nach dem höchsten Seienden ist für ihn geeignet, die Frage nach dem eigentlichen Sein zu ver-stellen. Es sei aber angefügt, daß im Spätwerk Heideggers der Begriff des »Heiligen« eine zentrale Rolle spielt: »Der Denker sagt das Sein, der Dichter nennt das Heilige«; und weiter, daß in späteren Arbeiten, besonders in der Deutung Hölderlins, »Götter« als Gegenbegriff zu den sterblichen Menschen eingeführt werden; Welt erscheint dort als »Vierung«, als vierfältige Einheit von Himmel und Erde, Sterblichen und Göttlichen. –

Kehren wir zurück zum Problem des Seins. Hegel hat einmal gesagt: »Das reine Sein und das reine Nichts ist dasselbe.« Dazu Heidegger: »Dieser Satz Hegels besteht zu Recht.« Hier kündigt sich an, was von vielen als Wende oder Bruch empfunden, von Heidegger selbst oft als »Kehre« bezeichnet wird und was doch ein Weiterschreiten auf dem mit »Sein und Zeit« beschrittenen Wege bedeutet. Mit dieser Kehre wird der Mensch aus dem »Platzhalter des Nichts« zum Hüter und Hirten des Seins. Im Nichts nämlich, durch das Nichts hindurch, erfährt der Mensch das Sein. Das Nichts ist »das Nicht zum Seienden«, das heißt das radikal-andere gegenüber allem Seienden. Das Nichts ist »der Schleier des Seins«.

Mit diesem Sein, das sich durch das Nichts hindurch teils offenbart, teils verbirgt (das ist der Sinn des Wortes »Schleier des Seins«), stehen wir vor dem Grundbegriff Heideggers. Der vielfach gebrauchte Vergleich von der sich in sich selbst verschließenden Quelle deutet am ehesten an, was hier gemeint ist; denn begrifflich fassen und sagen läßt es sich nicht. Das Sein ist der tragende Grund, der alles durchwaltende Seins-Sinn.

Da dieses Sein nicht gegenständlich, nicht durch vorstellendes, das Seiende zwingendes Denken erkannt werden kann, so ist klar, daß Philosophie für Heidegger, an diesem Punkt angelangt, niemals eine Wissenschaft sein kann (die es immer mit dem einzelnen Seienden zu tun hat). Philosophie ist vielmehr »Andenken« dieses Seins. Sie ist ein Denken, das im Geheiß und Gehorsam des Seins steht. Die Frage »Was heißt Denken?« verwandelt sich daher unter Heideggers Händen in die Frage »Was heißt (uns) denken?« – im Sinne des Geheißes. Und wenn Philosophie nach »Wahrheit« sucht, so kann dies nicht Wahrheit sein im Sinne von »Richtigkeit« oder Übereinstimmung mit Seiendem. Wahrheit ist vielmehr »Unverborgenheit«. Sie ist das sich verbergende und entbergende Sein. Vernunft ist damit zurückgeführt auf »Vernehmen«. »Das Denken, schlicht gesagt, ist das Denken des Seins. Der Genitiv sagt ein Zweifaches. Das Denken ist des Seins, insofern das Denken, vom Sein ereignet, dem Sein gehört. Das Denken ist zugleich Denken des Seins, insofern das Denken, dem Sein gehörend, auf das Sein hört« (*»Brief über den Humanismus«*, 1947).

Mag nun der Leser aus der hier gebotenen Verkürzung Heideggers

Thesen nur im ersten Umriß erahnen – er wird doch die Feierlichkeit, die strenge Gefügtheit des Denkens und Sprechens spüren und damit einen Anhauch der Luft, die Heideggers spätere Schriften atmen. Heidegger hat sich von der gewonnenen Position aus – das zeigt schon die Fülle seiner überwiegend kurzen, äußerst gedrängten, »dichten« Arbeiten und die Vielfalt der Themen – einer ganzen Reihe von Fragenkreisen zugewandt. Vor allem der Sprache, die für Heidegger niemals ein bloßes Verständigungs-, ein Kommunikationsmittel ist (Welten trennen ihn vom logischen Positivismus und seiner Sprachphilosophie). Sprache ist für Heidegger das Medium, »in dem das Sein, sich lichtend, zur Sprache kommt« (Brief über den Humanismus). Die Sprache ist, wie es an anderer Stelle der gleichen Schrift heißt, »das Haus des Seins« (Sein im Sinne Heideggers!) »und die Behausung des Menschenwesens«. Wenn Denken ein dem Sein verdanktes, dankendes Denken ist, das »in seinem Sagen das ungesprochene Wort des Seins zur Sprache bringt«, so rückt es damit wie von selber in die Nähe des Dichtens. Denker und Dichter, die »nahe wohnen auf getrenntesten Bergen«, stehen nebeneinander. Von hier aus ist Heideggers langjährige Beschäftigung mit Hölderlin (u. a. auch mit Rilke), sind seine vielfältigen Interpretationen Hölderlinscher Dichtung zu verstehen. Hölderlin ist für ihn der »Dichter des Dichters«: unter den großen Dichtern derjenige, der am reinsten und klarsten verkörpert und verwirklicht, was Heidegger unter Dichtung versteht.

Andere bedeutsame Denk-Versuche Heideggers richten sich auf die Entwicklung der modernen Wissenschaft (*»Wissenschaft und Besinnung«, »Die Zeit des Weltbildes«*); aus dem engeren Bereich der Philosophie sind vor allem noch Heideggers tief bohrende, ausführlich erläuterte Übersetzungen von einzelnen Fragmenten vorsokratischer Philosophen (Heraklit, Parmenides) zu nennen. Bei den Vorsokratikern – um dies schnell noch nachzutragen –, in der Morgendämmerung der Philosophie, findet Heidegger nämlich jenes Seinsverständnis, das alle spätere Metaphysik verloren und verschüttet hat – verloren freilich nicht durch vermeidbaren Irrtum, sondern durch Fügung, Schickung, »vom Sein beirrt«. Indem die Seinsfrage wieder aufbricht und indem damit allmählich die gewaltigen Fragmente der frühgriechischen Denker unserem Denken wieder zugänglich werden, setzt die Philosophie – eben im Werk Heideggers – dazu an, die zweitausendjährige Geschichte der abendländischen Metaphysik zu überwinden.

3. ZU NACHWIRKUNG UND NACHLASS

Über kaum einen Denker unseres Jahrhunderts – ausgenommen vielleicht Wittgenstein – wird heute (1990) so viel öffentlich diskutiert wie über Martin Heidegger. Das hat im wesentlichen zwei Gründe.

Der eine: Über Heideggers Beziehung zum Hitler-Regime erscheinen immer neue Bücher, besonders in Frankreich. Es trifft zu, daß er sich von der nationalen Aufbruchstimmung nach Hitlers Regierungsantritt 1933 mitreißen ließ und auch ein bis zwei Jahre nicht erkannte, daß der von Hitler eingeschlagene Weg ins Verderben führen würde. Diesen Irrtum teilt er mit vielen ehrenwerten Deutschen und mit der Mehrheit seiner Landsleute. Er hat ihn früher erkannt als viele andere. Ich möchte diese Diskussion lediglich erwähnen.[3]

Der zweite Grund ist wichtiger. Die im Erscheinen befindliche Gesamtausgabe fördert bisher Unbekanntes zutage und wirft neues Licht auf Heideggers Weg. Als Beispiel greife ich hier den 1989 erschienenen 65. Band der Ausgabe heraus. Er hat den Titel »*Beiträge zur Philosophie (Vom Ereignis)*« und wurde niedergeschrieben 1936 bis 1938. In der seit 1975 entstehenden Gesamtausgabe bilden die zu Lebzeiten des Verfassers erschienenen Werke die I. Abteilung; die II. enthält Vorlesungstexte; mit dem hier genannten Band beginnt, genau 100 Jahre nach Heideggers Geburtsjahr 1889, die III. Abteilung mit bisher unveröffentlichten Werken sowie Vorträgen. Diese Reihenfolge war von Heidegger angeordnet. Er wollte, daß bestimmte Vorlesungen – vor allem »*Grundfragen der Philosophie. Ausgewählte ›Probleme‹ der ›Logik‹*«, gehalten 1937/38, erschienen als Band 45 der Gesamtausgabe – vor den Nachlaßwerken zugänglich würden.

Die »Beiträge« sind von einigen als »zweites Hauptwerk« Heideggers (nach »Sein und Zeit«) bezeichnet worden. Sie greifen das dort behandelte Zentralthema wieder auf. Der Vorspruch sagt: »Hier wird das in langer Zögerung Verhaltene andeutend festgehalten als Richtscheit einer Ausgestaltung« – was besagt: Heidegger hatte diese Gedanken seit langem (auch vor 1933) bewegt, sieht sie aber noch nicht als endgültig an, überhaupt nicht als »Werk« im üblichen Sinne, sondern als Gedanken*gang* oder dessen Anfang. Der vorläufige Charakter der »Beiträge« zeigt sich auch darin, daß manche Passagen voll ausgearbeitet sind, andere eher den Charakter stichwortartiger Arbeitsnotizen haben.

Leicht ist es nicht, über Heidegger zu referieren, denn er spricht – und im Verlauf seiner Entwicklung eher immer stärker und eigenwilliger – seine eigene Sprache. Noch schwerer ist es, sein Denken dem Außenstehenden verständlich zu machen, zumal Heidegger das auch kaum will; er schreibt »für die Wenigen« und »für die Seltenen, die den höchsten Mut zur Einsamkeit mitbringen, um den Adel des Seyns zu denken und zu sagen von seiner Einzigkeit«. Das entmutigt den Leser, auch wenn er nicht weiß, daß Heidegger an anderer Stelle das Streben, sich verständlich zu machen, als Selbstmord der Philosophie bezeichnet hat. Ich will aber auf einige Züge aufmerksam machen.

Heideggers Abrücken vom Nationalsozialismus tritt (in dieser 1936 begonnenen, über 900 Seiten starken Handschrift) hervor in seiner Polemik gegen »Weltanschauung«. Weltanschauung, insofern sie ein »totales« »Weltbild« verkündet und nicht zuläßt, daß es »untertieft oder überhöht« werden könnte, ist das gerade Gegenteil von Philosophie, weil diese auf Fragen beruht und in Frage stellt. Weltanschauung ist für die Masse, sie ist »Machenschaft«, kämpft mit Hilfe von »Propaganda«. Philosophie dagegen wurzelt in einer Not, die den Menschen umtreibt, und diese Not will sie »nicht beseitigen, sondern ausstehen und begründen«.

Für Heidegger ist nicht nur die Entwicklung der abendländischen Philosophie großenteils Fehlentwicklung, Verfehlen des Ziels (weshalb er zum *Anfang* zurückgehen will); auch die Wissenschaft (die neuzeitliche, denn mittelalterliche »Lehre« und griechische »Erkenntnis« sind etwas ganz anderes), die beinahe all unser Denken, Trachten und Handeln bestimmt, betrachtet er mit kritischem Blick; sie ist »kein Wissen im Sinne der Gründung und Bewahrung einer wesentlichen Wahrheit«. Im Abschnitt 76 »Sätze über die Wissenschaft« ist dies eingehend dargelegt. Daraus einige Splitter:

Es gibt nicht »*die* Wissenschaft«. Kunst und Philosophie sind »in sich wesentlich und voll« – zur Wissenschaft gehört notwendig, daß sie in Einzeldisziplinen zerfällt. Spezialisierung ist nicht ein Übel oder eine Verfallserscheinung, sondern gehört zum Wesen der Wissenschaft, weil diese stets das Seiende – oder einen Bereich daraus – sich vor- und gegenüberstellt.

Die »Hinsichtnahme« auf ein *Sachgebiet* und die Bindung an eine *Methode* des Erklärens (nämlich das Rückführen auf Bekanntes und Verständliches) bedingen die Strenge der (jeder) Wissenschaft. Darauf beruht ihr Erfolg (»es kommt immer etwas heraus«), aber auch ihre Beschränkung.

Das Denken in Kausalitätsreihen (wenn... – dann...) zeigt das »machenschaftliche Wesen« der Wissenschaft. Es ist ein Irrtum, mit dieser Methode je das Lebendige fassen zu können. Das gilt für die Natur wie für die Geschichte. »Daß man in der Geschichte den ›Zufall‹ und das ›Schicksal‹ als mitbestimmend zugibt, belegt erst recht die Alleinherrschaft des kausalen Denkens, sofern ja ›Zufall‹ und ›Schicksal‹ nur die nicht genau und eindeutig wahrnehmbaren Ursache-Wirkungs-Beziehungen darstellen. Daß überhaupt das geschichtlich

Seiende eine völlig andere ... Seinsart haben könnte, kann der Historie niemals wißbar gemacht werden ...«. In der Wissenschaft liegt die Tendenz, daß eigene Vorgehen und Verfahren für wichtiger zu nehmen als das Sachgebiet selbst. Man will nicht wissen, welchen Wesenscharakter das dem Sachgebiet zugrundeliegende Seiende hat, sondern man sucht »Ergebnisse«, möglichst solche mit »unmittelbarer Nutzungseignung«, und so ergeben sich aus jedem »Ergebnis« alsbald neue Auftriebe, mit deren Hilfe man beruhigt weiterforschen kann.

Nach einigen Sätzen zum Thema Naturwissenschaft vs. Geisteswissenschaften folgen Prognosen: »Mit der zunehmenden Verfestigung des machenschaftlich-technischen Wesens aller Wissenschaft wird der gegenständliche und verfahrensmäßige Unterschied der Natur- und Geisteswissenschaften immer mehr zurücktreten ...« – »Die ›Universitäten‹ als ›Stätten der wissenschaftlichen Forschung und Lehre‹ ... werden zu reinen und immer ›wirklichkeitsnäheren‹ Betriebsanstalten, in denen nichts zur Entscheidung kommt ...« – »Die Philosophie, hier nur verstanden als denkende Besinnung auf die Wahrheit und d. h. Fragwürdigkeit des Seyns, nicht als historische und ›Systeme‹ anfertigende Gelehrsamkeit, hat an der Universität und vollends in der Betriebsanstalt, die sie werden wird, keinen Ort.« – Und noch krasser: »Das verborgene Ziel, dem all dieses und anderes zueilt, ohne das Geringste davon zu ahnen und ahnen zu können, ist der Zustand der völligen Langeweile ...«. »Die historischen Geisteswissenschaften werden zur *Zeitungs*wissenschaft. Die Naturwissenschaften werden zur *Maschinen*wissenschaft.«

Die »Sätze über ›die Wissenschaft‹« stehen im zweiten Teil der Beiträge, der überschrieben ist »Der Anklang«. Das Gefüge (ein Lieblingsausdruck Heideggers) des Ganzen ist so: Sechs Hauptabschnitte mit den Überschriften: »der Anklang · das Zuspiel · der Sprung · die Gründung · die Zukünftigen · der letzte Gott« bilden das Herzstück. Voraus geht ein »Vorblick«, und den Schluß bildet der Abschnitt »Das Seyn«.

In »Der Sprung« findet sich der folgende wie ein Aufschrei wirkende Text:

»Die Natur und die Erde.

Die Natur, herausgesondert aus dem Seienden durch die Natur-wissenschaft, was geschieht ihr durch die Technik? Die wachsende oder besser einfach zu ihrem Ende abrollende Zerstörung der ›Natur‹. Was war sie einst? Die Stätte des Augenblicks der Ankunft und des Aufenthalts der Götter, als sie, noch *φύσις* (Physis), in der Wesung des Seyns selbst ruhte.

Seitdem wurde sie alsbald ein *Seiendes* und dann gar das Gegenteil zur ›Gnade‹ und nach dieser Absetzung vollends herausgesetzt in die Verzwingung der berechnenden Machenschaft und Wissenschaft.

Und schließlich blieb noch ›Landschaft‹ und Erholungsgelegenheit und dies jetzt auch noch ins Riesenhafte gerechnet und für die Massen zugerichtet. Und dann? Ist dies das Ende?
Warum schweigt die Erde bei dieser Zerstörung? . . .«
Wer, außer Heidegger, hatte vor über 50 Jahren so viel prophetischen Vorausblick?
Gleich neben solchen Glanzstücken liegen in dem riesigen »Steinbruch, in dem Urgestein gebrochen wird« (Heidegger über sein Werk am Anfang von »Das Seyn«) Brocken, die dem Verständnis Rätsel aufgeben. Was ist der »letzte Gott«? Heidegger dazu: »Der ganz Andere gegen die Gewesenen, zumal gegen den christlichen.« Warum manchmal »Gott«, manchmal »*der* Gott«, häufig »die Götter«? Was bedeutet ein Satz wie »Die Kehre west zwischen dem Zuruf (dem zugehörigen) und dem Zugehör (des Angerufenen). Kehre ist Wider-kehre. *Der Anruf* auf den Zu-sprung in die Ereignung ist die große Stille des verborgensten Sichkennens«? Ob hier nicht die Hermetik (d. h. Verschlossenheit, Ausschluß der Nichteingeweihten vom Verstehen) zu weit getrieben ist? (Karl Popper hat es als unredlich bezeichnet, wenn Philosophen – wie Hegel und Heidegger – sich so dunkel ausdrücken, daß man sie nicht eindeutig verstehen, damit vor allem auch nicht eindeutig widerlegen kann.)
Heideggers Behandlung seines Zentralbegriffs »Seyn« (das Wort schreibt er, um es abzuheben von der üblichen Bedeutung, mit y) erinnert an die Behandlung des Gottesbegriffs in der negativen Theologie: Über ihn kann nichts direkt ausgesagt werden; man kann nur immer wieder umschreiben, was das Seyn (bzw. »Gott der Ganzandere«) *nicht* ist.
So unzureichend dieser mein kurzer Bericht sein mag – vielleicht macht er doch dem einen oder anderen Leser Mut, sich mit einem Werk Heideggers zu befassen (am besten zuerst einem der Aufsatzbände wie »*Wegmarken*« oder »*Holzwege*«), und vermittelt den Eindruck, dieser als »schwierig«, »eigenwillig«, »dunkel« verschriene Denker sei doch mehr als ein (um einen Ausdruck von Thomas Mann zu entlehnen) raunender Beschwörer des Seyns.

III. Ein kurzer Blick auf Frankreich

Heideggers Ansehen und Einfluß außerhalb Deutschlands haben nach 1945 nicht abgenommen, sind eher größer geworden. Das gilt in besonderem Maße für Frankreich. Hier hat ihn vor allem Jean *Beaufret* (1907–1982) mit seinem »*Dialogue avec Heidegger*« (1973/74) bekanntgemacht; Heidegger hat ihm seinen Brief über den Humanismus (abgedruckt in dem Sammelband *»Wegmarken«* von 1967) gewidmet; neben Beaufret bekanntermaßen Jean Paul Sartre; neuerdings auch Jacques *Derrida* (geb. 1930), der in einem neuen Werk[4] Texte Heideggers aus zweieinhalb Jahrzehnten (1927–1953) eingehend interpretiert, auch der später zu erwähnende Emmanuel Lévinas.

Es ist kaum übertrieben, wenn man feststellt, daß die philosophischen Debatten in Frankreich sich nach 1945 großenteils an deutschen (bzw. österreichischen) Denkern entzündet haben: neben Heidegger in erster Linie an Karl Marx, besonders dessen Frühwerk (und durch Marx hindurch auch an Hegel). In den ersten beiden Nachkriegsjahrzehnten war der Marxismus geradezu tonangebend, nicht nur bei Sartre. Denker wie Louis *Althusser* (geb. 1918) – *»Für Marx«* heißt eine auch in deutscher Sprache (1968) erschienene Sammlung seiner Essays – und Roger *Garaudy* (geb. 1913) mögen für viele andere stehen; der letztere, 1970 aus der Kommunistischen Partei ausgeschlossen, hat sich, zum Islam konvertiert, zum Kritiker nicht nur des Marxismus, sondern der ganzen abendländischen Zivilisation gewandelt. Schon vor dem Zusammenbruch der kommunistischen Regime in Osteuropa war Marxens Rolle als Leitbild und »Übervater« französischen Denkens allerdings beendet.

Der dritte deutsche Denker, mit dem man sich auseinandersetzt, ist Friedrich Nietzsche. Als Beispiel sei Gilles *Deleuze* (geb. 1925) genannt mit seinem 1976 auch deutsch erschienenen Werk *»Nietzsche und die Philosophie«*.

Deleuze hat auch einen wichtigen Beitrag geleistet zur Auseinandersetzung mit dem letzten Denker, der hier anzuführen ist: Sigmund Freud. Zusammen mit Félix *Guattari* schrieb er einen *»Anti-Ödipus«* (deutsch 1976). Zentrale Gestalt in der französischen Auseinandersetzung mit der Psychoanalyse ist aber eher Jacques *Lacan* (1901–1989), selber Psychoanalytiker von Beruf. Von seinen »Schriften« ist 1980 eine dreibändige deutsche Ausgabe erschienen; aus dem riesigen Konvolut seiner *»Seminare«* (Lehrveranstaltungen) liegt deutsch u. a. vor *»Die vier Grundbegriffe der Psychoanalyse«* (1980).

Lacan und, durch ihn angeregt, weitere Franzosen haben sich der Aufgabe angenommen, die von Deutschen – als Folge von Freuds erzwungener Emigration nach England und der Unterdrückung seiner Schriften unter dem Nationalsozialismus – nicht geleistet wurde: die philosophischen Implikationen und Konsequenzen von Freuds Werk zu untersuchen. Es steht außer Frage, daß Freuds Gedanken und Entdekkungen das Bild vom Menschen entscheidend verändert haben. Höchstens in einem sehr eingeschränkten Sinne kann der Mensch, mit Freuds Augen gesehen, noch als Vernunftwesen bezeichnet werden. Eher gleicht das »Ich«, das die Philosophen meist mit der autonomen

»Vernunft« gleichgesetzt haben, einer Nußschale, die auf dem Ozean des Unbewußten schaukelt.

Wer Lacan liest, wird sich fragen, ob er es denn hier überhaupt mit einem Philosophen zu tun habe. Diesen Eindruck vermitteln die Schriften heutiger französischer Philosophen des öfteren. Die Grenzen der Philosophie zu anderen Disziplinen, vor allem auch zur Literatur, verschwimmen. Der angesehene Paul *Ricœur* (geb. 1913)[5] hat kürzlich auf die Gefahr hingewiesen, daß Männer, die als Philosophen gelten, verführt durch Auftritte in den Medien oder bei Kongressen, mehr auf Wirkung in der breiten Öffentlichkeit zielen als auf ernsthafte philosophische Forschung. Ricœur hat in diesem Zusammenhang von einem gefährlichen »Schaum des Denkens« gesprochen.

Damit nicht der Eindruck entsteht, die französische Philosophie erschöpfe sich in der Auseinandersetzung mit Heidegger und einigen anderen Deutschen, sei auf zwei Denker ganz anderer Art hingewiesen.

Michel *Foucault* (1926–1984) ist einer der bekanntesten französischen Denker der Gegenwart, auch in Deutschland, da wichtige Werke von ihm in deutscher Fassung vorliegen.[6] Sexualität als Thema eines philosophischen Hauptwerks? Warum nicht? Gehört das Geschlechtliche etwa nicht zu den wichtigsten Attributen des Menschenwesens? Ist es nicht auffällig, daß dieser Bereich von manchen Philosophen (wie Schopenhauer) ausführlich behandelt wird, bei anderen (wie Heidegger) fast nirgendwo zum Thema wird?

Foucaults erstes Werk *»Die Ordnung der Dinge«* kreist um ein Thema, das der Autor selbst als sein Zentralthema bezeichnet hat: das Subjekt. Das denkende Subjekt, vor allem durch Descartes' »Je pense, donc je suis« in den Mittelpunkt der Philosophie gerückt, erscheint bei Foucault als ungeeigneter Ausgangspunkt für die Suche nach Gewißheit; nach Foucault ist das Subjekt eher Wirkung als Ursache oder Grundlage. Das »Subjekt« sei vielmehr entstanden unter dem »Zwang zum Geständnis«, der sich als gesellschaftliches Hauptritual seit dem Mittelalter in Europa herausgebildet habe – in Gestalt von Bußsakrament und Beichte im kirchlichen Bereich, im Inquisitionsverfahren, in der Strafjustiz mit der zentralen Rolle des Geständnisses als Beweismittel (anstelle von Eid, Duell oder Gottesurteil, die früher als Wege zur Ermittlung des Schuldigen dienten). Die Skala der »Geständnisse« reicht bis in die Erotik (man gesteht seine Liebe), in die Psychoanalyse (man offenbart seine Träume), auch in die Literatur (an die Stelle von Heldensage und Heiligenlegende treten literarische Gattungen, in denen sich die Wahrheit in Selbstprüfung, Bekenntnis, Geständnis offenbaren soll).

Entthronung oder Auflösung des Subjekts, »Entsubjektivierung« sind Stichworte, die auch bei anderen französischen Denkern eine zentrale Rolle spielen.

Eine völlig andere Welt betreten wir, wenn wir uns dem Denken von Emmanuel *Lévinas* (geb. 1906) zuwenden. Mehrere seiner Werke liegen in deutscher Übersetzung vor.[7] Der deutsche Leser mag sich gleich bei der ersten Bekanntschaft mit ihnen an Martin Buber erinnert fühlen, und aus doppeltem Grunde mit Recht: Einmal steht Lévinas in der Tradition des gläubigen Judentums – er stammt aus litauisch-jüdischer Familie; zum anderen stellt Lévinas wie Buber das »Du«, den (einzelnen) Mitmenschen, den »Anderen« in den Mittelpunkt, so daß sein Denken zutreffend als eine »Philosophie der Begegnung« charakterisiert worden ist.

Von seiner Stellung innerhalb der jüdischen Tradition zeugen seine Schriften über Fragen des Judentums, des Talmud, des Messianismus (die nicht deutsch erschienen sind). Als Beleg für sein »dialogisches« Denken (wie Buber sagen würde) kann sein Buch *»Die Spur des Anderen«* dienen.

Hier geht Lévinas, der übrigens die deutsche Sprache einschließlich des philosophischen Jargons Heideggers und seines Lehrers Husserl vollkommen beherrscht, aus von dem seit Nietzsche und Wittgenstein geschwundenen Vertrauen in die Sprache, der »Dekonstruktion« (ein im heutigen philosophischen Frankreich beliebter Terminus) der hergebrachten Metaphysik, der Skepsis, die nichts verschont, auch den sinnvollen Diskurs, die Vernunft, das humanistische Erbe nicht. Aber er setzt dem entgegen: Zweifel an der Verläßlichkeit der Sprache dürfen nicht dazu führen, daß »das zu Sagende« gleichgültig wird; daß Verantwortung durch Indifferenz ersetzt wird. Indifferenz darf es nicht geben, wenn es um »den Anderen«, den Mitmenschen geht. Dieser Andere darf von mir nicht durch »vereinnahmendes Denken« in seinem Anderssein vernachlässigt werden. Aus dem Anderssein, der unaufhebbaren Differenz zwischen ihm und mir ergibt sich ein »An-spruch« an mich, ein Anspruch auf Kenntnisnahme und auf Antwort. Wer sich vom Anderen ein fertiges Bild zurechtmacht, degradiert ihn zur Sache – die nötigenfalls auch aus dem Weg geräumt werden kann.

Offensein für den Anderen – es darf nicht auf dem Altar einer selbstherrlichen Vernunft geopfert werden. Offensein auch gegenüber dem Unendlichen (das man wohl als das Göttliche verstehen darf) ist die zweite Forderung. Offensein für den Anderen – es äußert sich auch als Liebe. Damit wendet sich Lévinas zum weiblichen Element im Menschen, ja er preist die Fruchtbarkeit und bemängelt, daß viele abendländische Philosophen, auch soweit sie nicht ohnehin Mönche waren, jedenfalls einem asketischen, mönchischen Ideal zuneigten – während nach der jüdischen Tradition der Gläubige am Himmelstor gefragt wird: Hast du auch deine Pflicht, dich fortzupflanzen, erfüllt? Wir erinnern uns hier daran, daß nach der Tradition des alten Indien ein Mann,

bevor er in das Stadium der Altersweisheit und damit vielleicht der Einsamkeit und Askese eintritt, die Lebensrolle eines sorgenden Gatten und Familienvaters durchlaufen haben soll.
Lévinas versucht, hier und anderswo, eine Vermittlung zwischen der jüdischen Tradition, zu der er sich bekennt, dem Christentum und der »in griechischer Sprache« denkenden Philosophie.
Das alles klingt, wenn man Lévinas' Schriften mit solchen seiner französischen Zeitgenossen vergleicht, eher traditionell oder konservativ. Aber wo steht geschrieben, daß ein Philosoph der Modernität oder gar der »Postmodernität« (was immer dies bedeuten mag) verpflichtet sein solle? Das gerade Gegenteil könnte ebenso berechtigt sein. In diesem Sinne hat ein deutscher Philosoph von heute (es ist Robert *Spaemann*) ein 1989 erschienenes Werk mit dem Satz begonnen, er hoffe, daß es »nichts grundsätzlich Neues« enthalte – denn wo es um Fragen des richtigen Lebens geht, könne nur Falsches wirklich neu sein.

IV. Philosophische Anthropologie

1. BEGRIFF UND WESEN

Das Wort Anthropologie, gebildet von dem griechischen Wort anthropos = Mensch, ist nicht neu. Der protestantische Humanist O. Casmann hat es, soweit feststellbar, 1596 zuerst als Titel eines Buches verwendet. Im 18. und 19. Jahrhundert bezeichnete es einen Zweig der Naturwissenschaften, und zwar der Biologie, der sich mit der Erforschung, Unterscheidung (z. B. durch Schädelmessungen) und Beschreibung der Menschenrassen befaßte, im Zusammenhang damit auch mit fremden und fernen Völkern, der also etwa das umschloß, was wir heute Rassenkunde und Völkerkunde (Ethnologie) nennen. Mit dem Aufkommen der Abstammungslehre im 19. Jahrhundert trat als neue Hauptaufgabe hinzu die Erforschung der Stammesgeschichte des Menschen, der Menschwerdung (Anthropogenese), vor allem auf Grund von Skelettfunden. Hieran anknüpfend versteht auch der heutige deutsche Sprachgebrauch unter einem Anthropologen zunächst einen Menschen, der auf diesem Gebiet wissenschaftlich tätig ist. In einem weiteren Sinne schließt der Begriff Anthropologie heute jegliche biologische Forschung am Menschen ein, auch die Erbforschung (Humangenetik), und wird dann gleichbedeutend mit Humanbiologie.
In einem noch weiteren Sinne wird das Wort neuerdings im angelsächsischen Sprachgebrauch verwendet: es schließt hier Ethnologie und Prähistorie ein und damit die Erforschung der sogenannten primitiven Kulturen, wobei auch soziologische und sozialpsychologische Methoden angewandt werden. Dieser weitere Sinn des Wortes An-

thropologie wirkt heute auch in den deutschen Sprachgebrauch hinein. Da die biologischen Wissenschaften nicht die einzigen sind, die Aussagen über den Menschen machen, muß man den bisher gekennzeichneten Bereich als biologische oder physische Anthropologie von anderen Betrachtungsweisen abheben. Man kann auf der Basis einer anderen Einzelwissenschaft zu Aussagen über den Menschen gelangen und spricht dann zum Beispiel von medizinischer oder psychologischer Anthropologie. Ganz grundsätzliche Aussagen über das Wesen des Menschen und seine Stellung im Weltganzen werden wir allerdings von zwei anderen Instanzen erwarten: von Religion und Philosophie. Ihre Aussagen über den Menschen bezeichnen wir als religiöse bzw. philosophische Anthropologie.

Philosophische Anthropologie ist also philosophische Lehre vom Menschen. Es läßt sich ohne Zwang behaupten, daß alles Fragen und Forschen der Philosophie, wenn auch oft unausdrücklich, immer auch dem Menschen, seinem Wesen, seiner Stellung in der Welt gilt. In diesem Sinne hat Kant in seiner Logikvorlesung gesagt, die drei Fragen »Was kann ich wissen? Was soll ich tun? Was darf ich hoffen?« ließen sich im Grunde in der einen Frage »Was ist der Mensch?« zusammenfassen. Tatsächlich enthält im Grunde jede philosophische Aussage mindestens implicite eine Aussage über den Menschen.

Wir können noch einen Schritt weitergehen: Nicht nur jeder Philosophie, sondern jeglichem menschlichen Tun und Lassen liegt eine anthropologische Anschauung, liegt ein Bild zugrunde, das der Mensch sich von sich selber macht. Der Mensch kann nicht leben, ohne sein Leben zu deuten; zugespitzt: Der Anthropos schließt stets einen Anthropologen ein (Michael Landmann); und diese Deutung wirkt stets zurück auf das, was der Mensch tut und was er aus sich selber macht. Das beruht darauf, daß der Mensch – als höchst wahrscheinlich einziges unter dem uns bekannten Seienden – keinen festen, unveränderlichen Seinsbestand hat. Er findet sich nicht wie das Tier eingepaßt in eine ihm spezifische Umwelt, auf die seine Wahrnehmungsorgane zugeschnitten sind; ihm fehlen weitgehend die Instinkte, das heißt die ererbten Reaktions- und Handlungsabläufe, die dem Tier die Erhaltung seines Lebens und seiner Art in der ihm angepaßten Umwelt sichern. Der Mensch ist, wie Herder sagt, »der erste Freigelassene der Natur«; ihm ist aufgegeben, sein Leben selbst in die Hand zu nehmen. Friedrich Schiller drückt das so aus: »Bei Tier und Pflanze gibt die Natur nicht nur die Bestimmung an, sondern führt sie auch allein aus. Dem Menschen aber übergibt sie bloß die Bestimmung und überläßt ihm selbst die Erfüllung derselben.« Denselben Sachverhalt trifft die heutige Anthropologie mit dem Satz: »Der Mensch lebt nicht nur, er *führt sein Leben*« (Arnold Gehlen).

Hiermit haben wir bereits eine Erkenntnis gewonnen, die auch in der philosophischen Anthropologie der Gegenwart grundlegend ist. Werfen wir jetzt aber zunächst einen Blick auf die Geschichte.

2. AUS DER GESCHICHTE DER PHILOSOPHISCHEN ANTHROPOLOGIE

Wir müssen uns bewußt sein, daß wir mit der Beschränkung auf die »philosophische« Anthropologie zwei weite und tiefe Bereiche menschlicher Selbstdeutung von vornherein ausklammern: einmal die Aussagen über den Menschen, die Mythos und Religion vom Dämmern menschlichen Bewußtseins an liefern und die bis heute dem Weltbild und dem Handeln vieler Menschen teils bewußt, großenteils aber unbewußt zugrunde liegen; zum anderen die Deutung des Menschen, die uns in der großen Literatur und Kunst gegeben ist und die sehr wohl den Menschen oder doch einige Seiten seines Wesens so gut oder besser erfassen mag als die Philosophie. Dem Denken früher Kulturstufen ist übrigens nicht selbstverständlich, daß der Mensch als ein Seiendes sich abhebt von Tier und Pflanze. Andererseits ist auch nicht selbstverständlich, daß der Mensch sich als Glied *einer* »Menschheit« begreift. Vielmehr macht frühe menschliche Selbstdeutung das Menschsein nicht selten von der Zugehörigkeit zur eigenen ethnischen Gruppe abhängig. Bei den Ägyptern wie den Griechen war auch das Wort »Mensch« den Angehörigen des eigenen Volkes vorbehalten; die verächtliche Bezeichnung »Barbar«, die die Griechen dem Nichtgriechen (wörtlich: dem unverständliches Kauderwelsch statt menschlicher Rede Sprechenden) beilegten, hat sich bis heute erhalten. Die allmähliche Überwindung dieses »Ethnozentrismus« (von dem verfestigte Reste sich im Auserwähltheitsglauben mancher Völker bis heute konserviert haben) ist in der Entwicklung des antiken Denkens vom 5. Jahrhundert ab deutlich zu verfolgen. So hat zum Beispiel der Historiker Herodot (etwa 485 bis 425 v. Chr.), der auf weiten Reisen fremde Völker, ihre Denkweisen und Kulturen studiert hatte, das Vorurteil seiner Landsleute gegen die Nichtgriechen verworfen und bekämpft. Den eigentlichen Durchbruch zu der Einsicht von der grundsätzlichen Gleichheit aller Menschen haben jedoch erst die Sophisten vollzogen. Sie beginnen auch schon damit, diese Einsicht nicht nur auf Griechen und »Barbaren« anzuwenden, sondern auch auf das Verhältnis zwischen Freien und Sklaven – während noch Aristoteles die Sklaverei als naturgegeben zu begründen sucht. Der Überzeugung, daß alle Menschen grundsätzlich gleich sind und deshalb gleiche Rechte haben sollten – eine Überzeugung, die in soziale Wirklichkeit umzusetzen auch dem 20. Jahrhundert noch keineswegs gelungen ist – wurde Bahn gebrochen durch die römischen Stoiker und durch das Christentum. Die Stoiker schufen auch das Wort »humanitas«, das unserem »Humanität« zugrunde liegt.

Eine ausführliche Geschichte der philosophischen Anthropologie müßte nahezu alle Denker der abendländischen Philosophie nennen; ein kurzer Abriß muß wenigstens aus dem 18. Jahrhundert die Namen Kant und Herder, aus dem 19. Marx und Darwin erwähnen.

Kant hat im Grundsätzlichen etwas Zentrales getroffen, als er »physiologische« von einer »pragmatischen« Anthropologie unterschied, wobei die erstere auf das gehen sollte, »was die Natur aus dem Menschen macht«, die zweite auf das, »was er als freihandelndes Wesen aus sich selber macht oder machen kann und soll«.

Herder hat in seinen »Ideen zur Philosophie der Geschichte der Menschheit« und in seiner Abhandlung »Über den Ursprung der Sprache« Einsichten über den Menschen gewonnen, die für die heutige Anthropologie grundlegend geblieben sind. Er gewinnt sie aus dem Vergleich des Menschen mit den Tieren. Er sieht vor allem, daß der Mensch dem Tier in vielfacher Hinsicht nachsteht – an Stärke, an Sicherheit der Instinkte – und so dem Tier gegenüber gleichsam als »Mängelwesen« dasteht, das aber zugleich aufgerufen ist, »aus der Mitte seiner Mängel« sich selbst erst zu dem zu machen, der er sein soll; dazu sind ihm Vernunft und Freiheit gegeben.

Karl *Marx* und Charles *Darwin* haben das Bild vom Menschen über Wissenschaft und Philosophie hinaus bis ins Bewußtsein der Massen geformt und umgeformt. Von Marx kommt vor allem der – auf Hegel zurückgehende – Hinweis, daß der Mensch von Natur aus als tätiges, handelndes Wesen angelegt ist, das gezwungen ist zu arbeiten, und zwar in gesellschaftlichem Zusammenwirken mit anderen zu arbeiten, und das in dieser Arbeit erst seine »Welt« erzeugt und damit letztlich »sich selbst produziert«. Darwin schließlich hat mit seinem wissenschaftlichen Lebenswerk den entwicklungsgeschichtlichen Zusammenhang des Menschen mit dem Tierreich bewiesen (*»Die Abstammung des Menschen«* erschien 1859 in erster Auflage) – eine Entdeckung, die bald darauf ergänzt wurde durch Sigmund Freud, der das »Tierische« im Menschen nun auch in seiner Triebstruktur und in seinem unbewußten Seelenleben auffand.

3. SCHELERS ANSTOSS

»Die Fragen: Was ist der Mensch, was ist seine Stellung im Sein? haben mich seit dem ersten Erwachen meines philosophischen Bewußtseins wesentlicher und zentraler beschäftigt als jede andere philosophische Frage. Die langjährigen Bemühungen, in denen ich von allen möglichen Seiten her das Problem umringte, haben sich seit dem Jahre 1922 in der Ausarbeitung eines größeren dieser Frage gewidmeten Werkes zusammengefaßt . . .«

Diese Sätze schrieb Max *Scheler* (1874–1928) wenige Wochen vor seinem Tode in der Vorrede der Schrift *»Die Stellung des Menschen im Kosmos«*. Da das für 1929 geplante große Werk nicht mehr erscheinen konnte, ist diese schmale, weniger als 100 Seiten lange Abhandlung (von Vorlesungen abgesehen) Schelers einzige Darstellung seiner Gedanken zur philosophischen Anthropologie. Eine nachhaltige Wirkung ist von ihr ausgegangen. Es ist kaum übertrieben zu sagen, daß ihr Erscheinen die Geburtsstunde der modernen philosophischen Anthropologie bedeutet.

Es war ein historischer Glücksfall, daß ein Mann wie Scheler sich vor eine bestimmte Sach- und Problemlage gestellt sah: ein Mann, der als Denker überzeugt war, daß eine »Grundwissenschaft vom Wesen und Wesensaufbau des Menschen« eine philosophische Aufgabe »von einzigartiger Dringlichkeit« für sein Zeitalter sei, für den der Begriff der *Person* eine fundamentale Kategorie seines Denkens bildete; der darüber hinaus als Mensch dem Mitmenschen in besonderer Weise existentiell zugewandt war, wie sowohl sein Leben wie seine Lehre zeigt; für den »liebende Teilnahme des innersten Personkernes am Wesen der Dinge« die philosophische Geisteshaltung kennzeichnet. Dieser Mann stand einer geistigen Situation gegenüber, in der die Philosophen sich unbefriedigt von der Erkenntnistheorie, die lange (seit John Locke und Immanuel Kant und länger) im Brennpunkt des philosophischen Interesses gestanden hatte, abwandten und in der Beurteilung des Menschen wie in der Philosophie überhaupt nicht länger von der Erkenntnisfunktion allein ausgehen wollten, sondern vom ganzen fühlenden, leidenden, erkennenden und handelnden Menschen. Vor allem aber hatten die Wissenschaften, an der Spitze die Biologie seit Darwin, die Psychologie seit Freud, die Geschichtsbetrachtung seit Dilthey, die Soziologie unendlich viele und reiche Einzelerkenntnisse über den Menschen erbracht, die mit Nachdruck nach einer Zusammenfassung und Deutung verlangten. Wer konnte das leisten außer der Philosophie? Sie mußte sich allerdings dem »Sachzwang« der gewonnenen Erkenntnis unterwerfen. Das versuchte Scheler als einer der ersten.

Er geht aus von der Einsicht, daß das Wort Mensch beim gebildeten Europäer drei unvereinbare Ideenkreise induziert: die jüdisch-christliche Tradition vom Menschen als Geschöpf und (freilich mit Erbsünde beladenem) Ebenbild Gottes, die auf die griechische Antike zurückgehende Vorstellung vom Menschen als Vernunftwesen, schließlich die moderne Abstammungslehre.

»So besitzen wir denn eine naturwissenschaftliche, eine philosophische und eine theologische Anthropologie, die sich nicht umeinander küm-

mern – eine einheitliche Idee vom Menschen aber besitzen wir nicht.«
Deshalb unternimmt Scheler den Versuch, das »Wesen des Menschen im Verhältnis zum Tier« und die »metaphysische Sonderstellung des Menschen« neu zu bestimmen. Dabei geht er von einer Stufenfolge der psychischen Kräfte aus. Die unterste Stufe des Psychischen – »zugleich der Dampf, der bis in die lichtesten Höhen geistiger Tätigkeit alles treibt« (hier erkennt man Freuds »Libido« wieder) – bildet der bewußt-, empfindungs- und vorstellungslose Gefühlsdrang, den wir schon der Pflanze zuerkennen und der auch im Menschen vorhanden ist. Die zweite seelische Wesensform ist der Instinkt, die angeborene, zweckdienliche (d. h. der Arterhaltung dienliche) Reaktion des Lebewesens (nicht auf die stets wechselnden individuellen Umwelten, sondern) auf bestimmte arttypische Strukturen in der Anordnung der möglichen Umweltelemente. Scheler verweist hier besonders auf die Erkenntnisse, die der französische Entomologe J. H. *Fabre* aus der lebenslangen Beobachtung der Insekten gewonnen hat.
Aus dem instinktiven Verhalten gehen zwei neue Verhaltensweisen hervor, das »gewohnheitsmäßige« und das »intelligente Verhalten«, wobei die sogenannte praktische Intelligenz eher noch dem instinktnahen, organisch gebundenen Bereich zugehört. Hier geht Scheler auf die aufsehenerregenden Versuche ein, die der deutsche Zoologe Wolfgang *Köhler* zur Zeit des Ersten Weltkrieges auf Teneriffa an Menschenaffen durchgeführt hatte und die so gut wie schlüssig nachgewiesen hatten, daß diese dem Menschen nächststehenden Tiere zu »Intelligenzhandlungen« fähig sind.
Sind aber Tiere schon »intelligent« in dem Sinne, daß sie neuen (d. h. weder individuell schon durchlebten noch arttypischen) Situationen gegenüber plötzliche aufspringende Einsichten in Sachverhalte gewinnen können – Einsichten, deren Fundamente nur zu einem Teil in der Erfahrung liegen, zum anderen Teil aber »antizipatorisch«, vorwegnehmend, nur in ihrer Vorstellung –, ist dies so, besteht dann zwischen Tier und Mensch überhaupt ein Wesensunterschied und nicht vielmehr nur ein Gradunterschied?
Hierauf antwortet Scheler: Im Menschen ist etwas wirksam, was ihn hoch über jedes Tier stellt, etwas, das außerhalb des »Lebens« (auch des »Lebens« im Menschen) steht, ja allem organischen Leben geradezu entgegengesetzt ist: der *Geist* – und das Aktzentrum, in dem der Geist sich manifestiert, ist die *Person.*
Als Geistwesen ist der Mensch überhaupt nicht mehr trieb- und umweltgebunden, sondern »umweltfrei« oder, positiv ausgedrückt, *»weltoffen«.* Er lebt nicht in einer Umwelt, sondern er *hat* Welt. »Der Mensch ist das X, das sich in unbegrenztem Maße weltoffen verhalten kann.«

Auf der anderen Seite vermag der Mensch, in Abwehr gleichsam von der ihm als »Gegenstand« gegebenen Welt, auch seine eigene seelische Beschaffenheit, ja das einzelne psychische Erlebnis sich zum »Gegenstand« zu machen: Selbstbewußtsein als zweites Wesensmerkmal des Menschen neben dem Geist. Das Tier hört und sieht, aber es weiß nicht, daß es hört und sieht! Das Selbstbewußtsein befähigt den Menschen, über die von Triebanstößen und Umweltreizen ausgelösten momentanen Regungen hinweg einen »Willen« zu haben, dessen Zielrichtung sich über den Wechsel verschiedenartiger Affektzustände hinaus durchhält; in diesem Sinne ist er (nach Nietzsche) »das Tier, das versprechen kann«.

Auf der Basis des bisher Referierten kommt Scheler zu neuartigen Einsichten über das menschliche Vorstellungsleben; er leitet zum Beispiel ab, daß nur der Mensch einen einzigen Raum als Wahrnehmungs- und Erlebnisfeld hat, daß er darum auch als einziges Wesen einen abstrakten, von Dingen und Situationen gelösten Raumbegriff entwikkeln kann. Vor allem aber kommt Scheler auf dieser Basis vor die zentrale Frage: Ist der Geist, der den Menschen befähigt, sich vom »Leben«, auch vom eigenen Leben, zu distanzieren, ja das eigene Leben auch von sich zu werfen: ist der Geist eine selbstmächtige, dem Leben gegenüberstehende, vielleicht gar ihr überlegene Wirkkraft? Schelers Antwort ist ein klares Nein. »Mächtig ist ursprünglich das Niedere, ohnmächtig das Höchste.« Das Mächtigste in der Welt sind die blinden Energien des Anorganischen; kurz und zufällig erscheint an ihm gemessen die Blüte der zarten und verletzlichen menschlichen Kultur. Der Weltprozeß besteht in der allmählichen Durchdringung des ursprünglich ohnmächtigen Geistes mit den ursprünglich blinden Kräften.

Was bedeutet das aber für den Menschen? Der Mensch erscheint jetzt als das Wesen, das gekennzeichnet ist durch den in ihm wirkenden Gegensatz von Geist und Leben, zugleich berufen, die Durchdringung von Geist und Drang mit zu bewirken, als Mitstreiter der Gottheit, die – für Scheler – sich in dem Weltprozeß erst bildet, so daß Menschwerdung und Gottwerdung aufeinander bezogen, ja aufeinander angewiesen sind – ein Gedanke, den schon die deutschen Mystiker ausgesprochen haben.

4. GEHLENS ENTWURF

Das Denken des Philosophen und Soziologen Arnold *Gehlen* (1904 bis 1976) bildet einen Mittelpunkt, sein zuerst 1940 erschienenes Buch »*Der Mensch – seine Natur und seine Stellung in der Welt*« gilt als ein Grundwerk der philosophischen Anthropologie in unserer Zeit. Als Gehlen zu arbeiten begann, konnte er sich nicht allein auf Schelers Schriften und die diesem bekannte Problemlage stützen. Zu seiner Verfügung standen u. a. von der Seite der Einzelwissenschaften Forschungsergebnisse des Wiener Zoologen Otto *Storch*, der die starre, kaum variable, weil erblich festgelegte Motorik der Tiere mit der geradezu unbegrenzt variations- und entwicklungsfähigen »Lernmotorik« des Menschen verglich; dazu Forschungen des holländischen Anatomen L. *Bolk*, der zeigte, daß viele Eigenheiten des menschlichen Organismus als »Retardation« beschrieben werden können, als lebenslanges Erhaltenbleiben von Merkmalen, die dem fetalen Zustand entsprechen, so zum Beispiel die fehlende Körperbehaarung, der stark gewölbte Schädel mit untergesetztem Gebiß. Der Mensch wird im Unterschied zu seinen nächsten tierischen Verwandten, den Großaffen, in hohem Maße unfertig und hilflos geboren und braucht deshalb eine lange Periode der Pflege und Erziehung bis zur relativ spät einsetzenden Geschlechtsreife, eine Periode, während der er im stärksten Maß den Einflüssen seiner nicht natürlichen, sondern von den Menschen geschaffenen »künstlichen Umwelt« ausgesetzt ist. Wichtige Impulse empfing Gehlen von der in unserem Jahrhundert mächtig aufblühenden Verhaltensforschung, so auch durch Untersuchungen des Zoologen Adolf *Portmann*, der zeigte, wie die extreme Lernfähigkeit, die den Menschen – jedenfalls den der Hochzivilisation – bis ins höchste Alter auszeichnet, gleichsam in den Plan der Natur eingebaut ist: das erste Lebensjahr des Menschen bezeichnet Portmann als extra-uterines, also außerhalb des Mutterleibes zu verbringendes Embryonaljahr; das Aneignen der lebenswichtigen Leistungen – Sinneswahrnehmungen und ihre Koordination, Bewegungsleistungen (Laufenlernen), Kommunikation (Sprechenlernen) – vollzieht sich hier in Lernsituationen unter dem gezielten Einfluß der menschlichen Umgebung.

Im Bereiche der Philosophie konnte Gehlen sich auch auf das Werk von Helmuth *Plessner* (1892–1985) stützen, dessen Buch »*Die Stufen des Organischen und der Mensch*« 1928, also gleichzeitig mit Schelers eben referierter Schrift, erschien und neben dieser der philosophischen Anthropologie unseres Jahrhunderts einen entscheidenden Anstoß gegeben hat. In dieser Untersuchung über das Wesen der Pflanzen, des Tieres und des Menschen legt Plessner u. a. dar: Während das Tier zwar erlebt, aber nicht »sich erlebt«, hat der Mensch die Möglichkeit, zu sich selber, auch zum eigenen Leibe, in Distanz zu treten, den eigenen Körper sich zum Gegenstand zu machen. Er weiß um sich selbst und hat zugleich mit seinem »Ich« noch einen dahinter liegenden Fluchtpunkt, von dem er gleichsam sich selbst, einschließlich seines Erlebens und Innenlebens, wiederum beobachten kann – beobachten in einer jedem äußeren Zuschauer prinzipiell versperrten Weise. Der Mensch existiert so in seinem Leib, in seinem inneren Erleben (»Innenfeld«), und ortlos und gleichsam nirgends, außerhalb aller Bindung an Zeit und Raum; zugleich in der Welt und aus ihr entrückt: exzentrisch. Diese *Exzentrizität* gehört so sehr zu seinem innersten Wesen, daß sie sogar losgelöst gedacht werden könnte von den physischen Bedingungen des Menschenlebens und den physischen Eigenschaften des menschlichen Körpers. Es versteht sich, daß dies nur einen der Pleßnerschen Grundgedanken andeutet.

Gehlens eigener Ansatz ist zunächst im Methodischen gekennzeichnet durch das Bemühen, die Aufgabenstellung so zu formulieren, daß die Bearbeitung nicht alsbald durch Probleme blockiert wird, die sich im Laufe der Geschichte als unlösbar (oder als Scheinprobleme) erwiesen haben. Zu diesen gehört, was den Menschen anlangt, vor allem das Leib-Seele-Problem, dessen mannigfachen Lösungsversuchen wir auch in diesem Buche zum Beispiel bei Descartes und Leibniz begegnet sind. Angeregt auch durch das »pragmatische« Vorgehen der amerikanischen Pragmatisten wie John *Dewey* faßt Gehlen den Menschen als *handelndes* Wesen, sieht die »Handlung« als das eigentlich menschliche Schlüsselproblem an und vermeidet damit in seinem Ansatz den Dualismus, zu dem auch Schelers Denken, wie wir gesehen haben, ihn geführt hatte. Handeln ist die auf Veränderung der Natur gerichtete, seinen eigenen Zwecken dienende Tätigkeit des Menschen.

Unterscheidet sich somit Gehlens methodischer Ansatz wesentlich von dem Schelers, so behält er andererseits dessen sachlichen Ausgangspunkt, den Vergleich Tier-Mensch nämlich, bei und arbeitet als Hauptunterschied heraus: Jedes Tier ist durch angeborene, seiner Art eigene Instinkte auf eine bestimmte Umwelt endgültig festgelegt. Sowohl seine Wahrnehmungen (»Merkwelt« im Sinne Uexkülls) wie sein Verhalten, seine Tätigkeit (»Wirkwelt«) sind dieser Umwelt eingepaßt; innerhalb dieses festen Rahmens – den es auch trotz vorhandener Lernfähigkeit nicht überschreitet – verhält es sich »richtig«. Der Mensch dagegen ist als Mängelwesen (dieser wohl von Herder eingeführte Ausdruck ist fast zum Schlagwort geworden) mit seiner geringen angeborenen Ausstattung an Sinnesleistungen, organischen Waffen und Schutzmitteln und seinen kaum vorhandenen (oder rückgebildeten?) Instinkten in einer rein »natürlichen« Umwelt überhaupt nicht lebensfähig; dafür ist er entschädigt (und mehr als entschädigt) durch seine »Weltoffenheit«, also durch seine nicht durch Instinkte eingeengte und nicht auf eine bestimmte Umweltstruktur beschränkte Wahrnehmungs- und Lernfähigkeit, die mit seinem aufrechten Gang, dem in die Weite und nach oben (zum Firmament) reichenden Blick, der Ausbildung seiner Hand, der Plastizität seiner Motorik ein gleichsam integriertes System bildet und ihn in den Stand setzt, durch planmäßiges und gemeinschaftliches Handeln die äußere ihm widrige Natur so zu verändern, daß er in ihr leben kann. Anders ausgedrückt: Da die vom Menschen zu seinen Zwecken planmäßig veränderte Natur eigentlich nicht mehr »Natur« ist, sondern Menschenwerk und damit »Kultur«, so ist der Mensch seinem Wesen nach ein Lebewesen, das Kultur schafft und schaffen muß, um lebensfähig zu sein, und das seinerseits wiederum durch die von ihm geschaffene Kultur geprägt wird. Von hier ergibt sich ein weiter, umfassender Begriff der Kultur, der die Waffen, Werkzeuge und Hütten »primitiver« Völker wie Recht, Wirtschaft, soziale Ordnungen gleichermaßen einschließt. So ergibt sich auch die Einsicht, daß fast nichts unter den menschlichen Einrichtungen »natürlich«, naturgegeben ist, so sehr uns manche Formen des Zusammenlebens, der Ehe und Familie, der gesellschaftlichen Ordnung, des Eigentums auch als »natürlich« erscheinen mögen, es ist alles Satzung (nomos – sagten schon die Sophisten in diesem Zusammenhang), Schöpfung des Menschen, darum auch fragwürdig und veränderbar –, und in der Tat zeigen die unendlich reichen Einsichten der heutigen Ethnologie, daß es in den verschiedenen Zeitaltern und Kulturkreisen an menschlichen Überzeugungen und Institutionen »fast nichts gibt, was es nicht gibt«.

Daß der Mensch fast ohne die Leitung ererbter Instinkte auskommen muß, erklärt seine enorme Anfälligkeit, seine Verführbarkeit; es erklärt auch das hartnäckige Streben aller menschlichen Gemeinschaften, Ordnung zu schaffen, Gesetze, Einrichtungen, Verhaltensmuster, kurz »Institutionen« im soziologischen Sinne, denn nur vermittels solcher Institutionen kann der allen Umwelteinflüssen offene und höchst anfällige Mensch eine Ordnung für sein Zusammenleben mit seinesgleichen erbauen, die einige Dauer verbürgt. Die sozialen Institutionen sind gleichsam äußere Stützen für die innere Orientierung und Ausrichtung der einzelnen Menschen, und zwar unentbehrliche Stützen.

So kann man die gesamte Kultur gleichsam als das »Nest« sehen, das der Mensch in die Natur hineinbaut, um sie für sich bewohnbar zu machen. Die *Technik* begleitet ihn dabei von seinem ersten Auftreten an; sie dient ihm, dem Mängelwesen, als Organersatz (Sigmund Freud hat den Menschen einen »Prothesengott« genannt), ein Ersatz freilich, mit dem er die Leistungsfähigkeit aller natürlichen Organe schließlich weit überbietet. So betrachtet bildet »Technik« geradezu ein Konstitutionsmerkmal des Menschen als Lebewesen.[8]

Der sich hier öffnende Ausblick auf die Deutung von Zivilisation und Technik mag als Beispiel und Beleg dafür stehen, daß der von Gehlen gewählte Ausgangspunkt ein glücklicher Griff war, der zu Einsichten führen kann, für die Teilstücke zwar in Einzelwissenschaften längst bereitliegen, die sich aber doch erst auftun, wenn die integrierende

Denkarbeit des Philosophen sie zusammenfügt. Die Gehlenschen Analysen der menschlichen Wahrnehmungswelt und der Sprache könnten als ebenso eindrucksvolle Belege dienen. Ein fruchtbarer von Gehlen eingeführter Begriff innerhalb dieser Zusammenhänge ist *Entlastung*. Der organisch fast »mittellose« Mensch ist genötigt, besonders in der frühkindlichen Phase, zahllose Weisen und Inhalte des Wahrnehmens, des Sprechens, des Bewegens, Tastens, Greifens durchzuprobieren, vielfach spielerisch oder scheinbar so; er arbeitet die Welt durch und baut so ein System von Erfahrungen und Gewohnheiten in sich auf, die er allerdings kaum alle präsent halten und nutzen könnte, besäße er nicht eine selbstgeschaffene Symbolwelt. Diese Welt, zu der vor allem anderen seine Sprache gehört, setzt ihn in den Stand, ganze Ketten von Einzelschritten, von Wahrnehmungen, Empfindungen, Schlüssen, Handgriffen schließlich gewissermaßen kurzzuschließen, indem er sie auf ein Symbol, zum Beispiel ein Wort, reduziert. Ein Begriff wie »Stuhl« oder »Stein« repräsentiert für ihn von nun an, als Etikett sozusagen, eine Fülle von Merkmalen der Größe, Härte, Schwere, Oberflächenbeschaffenheit, Zweckdienlichkeit. So kann er seine Erfahrungen registrieren, abstellen (im doppelten Sinn) und sie jederzeit auf Abruf verfügbar halten. Diese *Entlastungsfunktion der Sprache* ist von Gehlen anschaulich herausgearbeitet worden. Daß in der von uns wahrgenommenen Welt und in ihrer für uns erkennbaren Gesetzlichkeit eine eminente Aufbau- und Erfahrungstätigkeit des Menschen steckt, haben frühere Philosophen des Empirismus, denen »Stuhl« als nicht weiter reduzierbare empirische Grundgegebenheit erschien, nicht so klar gesehen.

Das Aufkommen einer philosophischen Anthropologie seit 1928 wirft auch ein Licht auf das veränderte Verhältnis der Philosophie zu den Einzelwissenschaften. Die Philosophie setzt in diesem Falle nicht außerhalb der Erfahrungswissenschaften oder neben ihnen an, sie versucht nicht Aussagen zu machen, zu denen sie von eigenen Grundlagen aus mit eigenen Methoden gelangt; sie setzt aber auch nicht nur *vor* den Wissenschaften an, indem sie zum Beispiel beansprucht, zuerst untersuchen zu wollen, ob und wie es überhaupt Wissenschaften geben könne – sie tritt vielmehr erst im nachhinein auf den Plan und macht in diesem Fall (wenn auch mit verändertem Sinn) das Wort Hegels wahr, daß die Eulen der Minerva erst in der Dämmerung ihren Flug beginnen. Sie hat hier eine veränderte integrierende und deutende Funktion übernommen; der von den Erfahrungswissenschaften her wirkende »Sachzwang« hat sie dazu genötigt.

V. Philosophie des Marxismus – heute

1. DIE ROLLE DER PHILOSOPHIE

In einigen Teilen der heutigen Welt ist die Philosophie des Marxismus – genauer: des Marxismus-Leninismus – herrschend (*noch* herrschend?) in dem Sinne, daß sie die einzig offiziell zugelassene Philosophie ist. Sie ist aber herrschend noch in einem anderen Sinne: In den kommunistisch regierten Ländern bildet die marxistisch-leninistische Philosophie zugleich die Grundlage auch der politischen und gesellschaftlichen Praxis. Wenn man herkömmlicherweise[9] das gesamte geistige System in drei Bereiche einteilt: Philosophie (unterteilt in die beiden Hauptteile »Dialektischer Materialismus« und »Historischer Materialismus«), Politökonomie (Wirtschaftslehre) und »Theorie des wissenschaftlichen Sozialismus« (bzw. Theorie und Taktik der internationalen kommunistischen Bewegung), so ist die Philosophie dabei doch mehr als einer von drei Teilen: sie ist die Grundlage der gesamten Lehre, das Band, das alles zusammenhält. Sie ist nicht nur Erkenntnistheorie oder Methodenlehre, sondern »Methode und Weltanschauung« in einem. Weltanschauung: also Gesamtdeutung des menschlichen Daseins, ja allen Seins überhaupt, und dies nicht in dem tastenden, suchenden Sinn, den unser Wort »Deutung« nahelegt, sondern auf »wissenschaftlicher« Grundlage, abschließend, endgültig, bewiesen, unwiderleglich – Dogma. Sicher ist, daß die Bedeutung der Philosophie für das Leben des Menschen und der Menschheit heute nirgendwo höher eingeschätzt wird als bei den Marxisten, und wenn ein »westlicher« Naturwissenschaftler etwa öffentlich die These vertritt, das Zeitalter der Philosophie sei im Grunde abgelaufen, alle wichtigen Erkenntnisse kämen heute aus den einzelnen Realwissenschaften, so kann er auf prompten Widerspruch aus dem marxistischen Lager rechnen.

Eingedenk des Satzes von Marx, daß die Philosophen bisher die Welt nur interpretierten, daß es jetzt aber darauf ankomme, sie zu verändern, versteht sich diese Philosophie sowohl als umfassende Theorie wie als »Anleitung zum Handeln«. Dem Einwand, beides sei unvereinbar, denn eine Theorie müsse nach höchstmöglicher Objektivität streben, während der Handelnde (erst recht der Revolutionär) nur aktionsfähig ist, wenn er subjektiv denkt und Partei ergreift – diesem Einwand wird entgegengehalten: Da wissenschaftlich erwiesen ist, daß der Gang der Geschichte mit absoluter Notwendigkeit zum Sieg des Proletariats und zur Durchsetzung des Sozialismus führt, so kann nur der den Gang der geistigen und gesellschaftlichen Entwicklung objektiv zutreffend beurteilen, der sich auf den Klassenstandpunkt des Proletariats stellt. Der Parteigänger des Bürgertums, der Unparteilichkeit fordert, ist ein

Heuchler oder ein Getäuschter; von seinem Klassenstandpunkt aus muß er notwendig die gesellschaftliche Entwicklung falsch sehen und falsch deuten.

2. MATERIEBEGRIFF UND MATERIALISMUS

Kritiker des Marxismus neigen manchmal dazu, sein philosophisches Fundament, den sogenannten Materialismus (etwas voreilig, wie sich zeigen wird) mit folgendem Argument abzutun: Als Marx und Engels – dem ebenso wie später Lenin ein wichtiger Anteil an der Grundlegung der marxistischen Philosophie zukommt – lehrten, stellte man sich unter »Materie« etwas vor, das längst nicht mehr diskutabel ist. Man verstand darunter etwas Stoffliches, bestehend aus Atomen fast noch im Sinne Demokrits: nämlich unveränderliche, undurchdringliche, nicht mehr zerlegbare, also letzte Bausteine der gesamten Natur. Von solchen Vorstellungen hat die seitherige Entwicklung der Physik nichts übriggelassen. Wir haben erkannt, daß das Atom aus wesentlich kleineren Elementarteilchen besteht – zum weitaus größten Teil jedoch aus leerem Raum. Die außerordentlich komplizierten Kräfte und Wechselwirkungen zwischen den Elementarteilchen, deren immer mehr entdeckt wurden, ohne daß aber ein dem periodischen System der Elemente vergleichbares Ordnungsprinzip gesichert ist, verstehen wir nur zum Teil. Atomkerne können zerstrahlen (Radioaktivität) und künstlich »zertrümmert« werden. Materie ist – nach Einsteins berühmter Formel – in Energie überführbar. »Materie« ist für uns vieldeutig, fast ungreifbar geworden, ein Synonym für Energie dazu. Wer angesichts dieser Lage – so die Kritiker – dogmatisch am Marxschen »Materialismus« festhält, ignoriert hundert Jahre naturwissenschaftlicher Erkenntnis.

Solche Kritik macht es sich jedoch zu leicht. Bereits Lenin erkannte, daß diese Entwicklung dem philosophischen Materialismus den Boden entziehen würde, wenn es nicht gelang, den Materiebegriff neu zu formulieren. In der Auseinandersetzung mit den deutschen »Empiriokritizisten«, namentlich Ernst *Mach* und Richard *Avenarius* (vgl. Abschnitt »Neupositivismus«), verwarf Lenin den alten, zu eng gewordenen Begriff der Materie. Für ihn[10] und für den Marxismus nach ihm ist Materie »eine philosophische Kategorie zur Bezeichnung der objektiven Realität«. Dieser Begriff ist also viel weiter als der ursprüngliche und vor allem viel elastischer, wie sich zeigt, sobald man ihn im Sinne des Marxismus expliziert:

Zum Wesen der Materie gehört für den dialektischen Materialismus die *Bewegung*. Keine Materie ohne Bewegung – keine Bewegung ohne Materie. Unter Bewegung ist dabei jegliche Art der Veränderung zu verstehen – nicht etwa nur die Ortsveränderung der Körper im Raume, auch physikalische (z. B. elektromagnetische), chemische, physiologische und auch soziale Prozesse.

Zum Wesen der Materie gehört weiter ihre *Unendlichkeit*. Das ist sowohl im räumlichen Sinne zu verstehen wie im zeitlichen. Die Welt hat also keinen Anfang und kein Ende in der Zeit. Das hat den Marxismus in Konflikt gebracht mit modernen kosmologischen Theorien, die von einem Anfang des Universums in Gestalt einer »Urexplosion« und von seinem Ende im »Wärmetod« (Entropiesatz) sprechen, freilich bei den Astronomen und Physikern noch umstritten sind. Raum wie Zeit werden vom Marxismus als objektive und reale Seinsweisen der Materie aufgefaßt – was ihn selbstverständlich in einen unauflösbaren Gegensatz bringt zu der Auffassung Kants, die allerdings von der heutigen nichtmarxistischen Philosophie ohnehin überwiegend nicht mehr aufrechterhalten wird. Da Raum und Zeit darüber hinaus Seinsweisen jeglichen denkbaren Seins sind, so ist die Vorstellung eines außerweltlichen, d. h. außerhalb von Raum und Zeit existierenden Gottes für den Marxismus widersinnig. Bemerkenswert ist, daß Raum und Zeit nicht als schlechthin unveränderlich angesehen werden, daß sie sich vielmehr im Zuge des Entwicklungsprozesses, den die Materie durchmacht, ebenfalls entwickeln, so daß im Universum qualitativ verschiedene Raum- und Zeitelemente vorhanden sein können.

Die gesamte materielle Welt, und das heißt für den Marxismus die gesamte Welt, bildet eine *Einheit*. Der Beweis für diese These wird darin gesehen, daß die Naturforschung bisher, soweit ihr Blick auch in die Tiefe des Universums vordringt, noch niemals Anzeichen gefunden hat, die die Annahme einer durchgehenden materiellen Einheit mit einheitlichen Gesetzmäßigkeiten widerlegen könnten.

»Materialismus« ist der heutige Marxismus somit nicht im Sinne des sogenannten (gerade von den Marxisten so genannten) Vulgärmaterialismus des ausgehenden 19. Jahrhunderts. Materialistisch ist er in folgendem doppelten Sinne: 1. Das Seiende (d. h. die Materie) ist eine objektive, also vom erkennenden Bewußtsein unabhängige Realität; diese Auffassung wäre korrekt als »erkenntnistheoretischer Realismus« zu kennzeichnen. Der Marxismus hat sie mit »Metaphysikern« wie Nicolai Hartmann gemeinsam. 2. Die Materie in dem geschilderten weitgefaßten Sinn ist seinsmäßig – ontologisch betrachtet – das Primäre; was man »Geist« nennt, ist nur ihre Widerspiegelung im Bewußtsein der Menschen und also von ihr abhängig.

Die Frage nach dem Verhältnis zwischen Sein und Bewußtsein ist für Friedrich Engels die Grundfrage aller, speziell aller neueren Philosophie. Für den Marxismus ist das Bewußtsein »Produkt, Funktion und Eigenschaft« der Materie. Produkt der Materie: Bewußtseinsfähigkeit tritt nach allem, was wir wissen, nur in lebenden Organismen mit einem funktionstüchtigen Nervensystem bestimmter Art auf. Bewußtsein ist ein Produkt der Gehirnmaterie. Funktion der Materie: nach Lenin sind Bewußtseinsvorgänge und die physiologisch-chemischen Prozesse im denkenden Gehirn nicht zwei (parallele) Prozesse, sondern ein einheitlicher Vorgang, dessen »inneren Zustand«, dessen Innenseite gleichsam, das Bewußtsein darstellt.

Ist das Bewußtsein nun, da es doch »Eigenschaft« der Materie sein soll, selbst etwas Materielles? Muß das nicht sogar so sein, da doch Materie der Inbegriff alles objektiv Seienden ist? Nach der Lehre des Marxismus-Leninismus ist das Bewußtsein gleichwohl – ein schwer wegzudisputierender Widerspruch – etwas Immaterielles (so jedenfalls das sowjetamtliche Lehrbuch). Um diesem Dilemma zu entgehen, wird Bewußtsein zuweilen dem allgemeineren Begriff der »Widerspiegelung« subsumiert: Widerspiegelung gibt es schon im Bereich der Materie, Widerspiegelung gibt es bei Organismen aller Entwicklungsstufen z. B. in der Form der bedingten und unbedingten Reflexe; es gibt sie endlich beim Menschen in wiederum höherer Form mit der Entfaltung von Sprache und Bewußtsein.

Es liegt auf der Hand, daß der philosophische Marxismus vor einer fast unlösbaren Schwierigkeit steht, wenn erklärt werden soll, wie etwas Immaterielles aus der Materie hervorgehen und zu ihr *zugleich* im Verhältnis »Produkt, Funktion und Eigenschaft« stehen soll. Bei der Erörterung des historischen Materialismus kommen wir auf diesen Punkt zurück.

3. DIALEKTISCHER MATERIALISMUS

Die Eigenart der marxistischen Philosophie, auch ihre relative Flexibilität und ihre Überzeugungskraft werden erst deutlich, wenn man der »materialistischen« Grundhaltung ein zweites Bestimmungsstück hinzufügt: die Dialektik als allgemeines Entwicklungsgesetz der Materie. (Als drittes Stück kommt noch hinzu: die Dialektik des gesellschaftlichen Prozesses als allgemeines Entwicklungsgesetz der menschlichen Geschichte, darüber im nächsten Abschnitt.)

Die Bewegung, die zum Wesen der Materie gehört, hat im ganzen gesehen eine aufsteigende Richtung: sie führt von Erscheinungsformen niederer Ordnung zu Phänomenen von höherer Ordnung und immer größerer Vielfalt. Sie führt von der leblosen Materie zur Entstehung des Lebens und bei der höchstentwickelten uns bekannten Form des Lebens zu sozialen Prozessen und den mit ihr verbundenen Formen des Bewußtseins.

Dieser Stufenbau des Seienden erinnert an die Lehre Nicolai Hartmanns. Ein Unterschied liegt darin, daß Hartmann über dem seelischen einen eigenen Bereich des geistigen Seins annimmt; eine Übereinstimmung liegt darin, daß nach Hartmann wie nach marxistischer Lehre in den höheren Bereichen etwas prinzipiell Neues auftritt (ein »kategoriales Novum«), das sich nicht auf das jeweils Niedere zurückführen läßt. So ist Leben zwar auf chemisch-physiologischen Prozessen aufgebaut, aber mit ihnen nicht identisch und in seinem Wesenskern auch nicht aus ihnen ableitbar. Trotzdem ist es – nach marxistischer Auffassung – aus ihm entwicklungsgeschichtlich hervorgegangen.

Wie ist das möglich? Hier setzt die Dialektik an. Wir kennen diese Lehre von Hegel her.[11] Die Dialektik lehrt verstehen, wie der »Sprung« zum qualitativ Neuen, vorher nicht Dagewesenen aus der Entwicklung der Materie notwendig hervorgeht. Diesen »Sprung« hat man auch mit dem anschaulichen Schlagwort »ontologischer Mehrwert« (eine leicht ironisch klingende Anlehnung an Marxens Begriff des Mehrwerts in der Lohntheorie) bezeichnet. Der dialektische Sprung muß im Zusammenhang mit der These vom »Umschlag der Quantität in Qualität« gesehen werden: Da alles in Bewegung und Veränderung ist, so ändern sich die Eigenschaften des Seienden zunächst einmal in der Weise, daß die Quantität sich ändert, z. B. des Vorhandenseins bestimmter Mengen bestimmter Stoffe an einer Stelle des Raumes oder etwa die Geschwindigkeit eines bewegten Körpers oder der Grad des Vorhandenseins bestimmter Eigenschaften. Innerhalb gewisser Grenzen verändern solche Bewegungen das Wesen, die Qualität, der in Frage stehenden Materie noch nicht. Wird aber ein bestimmtes Maß überschritten, so tritt ein Umschlag ein, ein Sprung, der zu etwas qualitativ Andersartigem und Neuem führt. Beispiel: Wasser bleibt Wasser, wenn man es erwärmt, aber bei 100° Celsius nimmt es eine qualitativ andere Zustandsform an. Eisen bleibt Eisen, wenn man es in immer kleinere Stücke zerlegt; aber von einer bestimmten Grenze an – nämlich beim Atom – führt eine weitere Teilung nicht mehr auf »Eisen«. Uran kann ohne qualitative Veränderung angehäuft werden, bis das Erreichen der sogenannten »kritischen Menge« den Prozeß der Kernspaltung in Gang setzt und die augenblicks einsetzende Kettenreaktion zu einer Explosion und zum Zerfall der Uran-Atome führt.

Dies macht erst einen Teilaspekt aus. Dialektik als Lehre von den allgemeinsten Entwicklungsgesetzen der Materie umfaßt eine ganze Reihe weiterer Einzelzüge. Da sie auf begrenztem Raum nicht alle zu behandeln sind, wollen wir im Anschluß an eine Formulierung Stalins[12] nur noch einen Hauptpunkt herausgreifen. Stalin zählt folgende Grundzüge der dialektischen Methode auf: »1. allgemeiner Zusammenhang zwischen den Erscheinungen; 2. Bewegung und Entwicklung in Natur und Gesellschaft; 3. Entwicklung als Übergang quantitativer in qualitative Veränderungen; 4. Entwicklung als Kampf von Gegensätzen.« Die ersten drei Punkte haben wir schon berührt (über die »Entwicklung der Gesellschaft« im nächsten Abschnitt).

Was heißt »Kampf von Gegensätzen«? Da es außerhalb der Materie nichts gibt, was ihr etwa Anstöße zur Bewegung vermitteln könnte, ist die Bewegung der Materie stets Selbstbewegung. Denken wir an Hegel zurück: Für ihn ist der Weltprozeß ebenfalls Selbstbewegung, jedoch Bewegung des Weltgeistes. Der Weltgeist bewegt sich in der Weise, daß alles »Positive«, »Gesetzte«, alles Seiende in sich schon den Widerspruch, die Negation seiner selbst trägt. Für den Marxismus, für den der Weltprozeß Selbstbewegung nicht des Weltgeistes, sondern der Materie ist, liegen die Widersprüche, welche die Entwicklung dialektisch vorantreiben, in der Materie selbst. Nun ist »Widerspruch« strenggenommen ein logischer Begriff: zwei Aussagen können einander widersprechen. Real Seiendes kann zueinander nicht im Widerspruch, sondern nur im Gegensatz stehen. Widerspruch heißt hier soviel wie Vorhandensein gegensätzlicher Eigenschaften (Bestimmungen) am materiell Seienden. Als Beispiele können dienen Anziehung und Abstoßung, Positives und Negatives, Assimilation und Dissimilation. Wenn jegliches Seiende gleichsam seine eigene Negation mit sich führt, so führt der Austrag dieses Widerspruchs in Form eines Konfliktes zu einer Veränderung dieses Seienden, zu seiner Verwandlung in etwas Neues, in dem das Alte zugleich vernichtet und bewahrt (»aufgehoben«) ist. Auch dieses Neue wird freilich nach dem »Gesetz der Negation der Negation« wiederum durch innere Widersprüche auseinanderbrechen und in etwas Neues übergehen.

Im Zusammenhang mit dieser Entwicklungslehre hat die marxistische Philosophie sich mit dem Problem der Kausalität auseinandersetzen müssen, angetrieben auch durch die Ergebnisse der neueren Physik, z. B. die Heisenbergsche Unbestimmtheitsrelation. Die Marxisten halten an der durchgängigen Geltung des Kausalitätsgesetzes fest, wenn sie auch dem »Zufall« einen gewissen Spielraum zubilligen.

Im Zusammenhang mit der Dialektik wird auch das Problem Notwendigkeit und Freiheit erörtert. Ähnlich wie für Hegel ist Freiheit für den philosophischen Marxismus »bewußte Notwendigkeit«, das heißt: Alles Geschehen verläuft notwendig, nach unabänderlichen Gesetzen; soweit der Mensch imstande ist, diese Gesetze zu erkennen, kann er sie planmäßig für seine Zwecke wirken lassen. Freiheit ist im Grunde »die Fähigkeit, mit Sachkenntnis entscheiden zu können«. Daraus ergibt sich u. a., daß der Mensch erst ganz allmählich einen gewissen Grad von Freiheit erlangt, nämlich mit dem Fortschreiten der Naturerkenntnis. Der entscheidende Schritt zur Freiheit wird jedoch erst getan, wenn die Menschen, durch Marx, Engels und Lenin belehrt, die Gesetze der

gesellschaftlichen Entwicklung mit derselben Exaktheit wie die Naturgesetze erkennen und anwenden.
Ein kritischer Punkt für die materialistische Dialektik liegt darin, daß sie zugleich Logik und Erkenntnistheorie sein soll. Dies wird etwa so begründet: für Hegel ist die Bewegung der Materie nur »entäußerte« Bewegung des Geistes. So kann für ihn die »Wissenschaft der Logik«, d. h. die Lehre von der Selbstbewegung des Geistes, zugleich die Lehre vom Sein, die Ontologie, mit umfassen, ja es fallen beide zusammen. Entsprechend gilt in genauer Umkehrung für den Marxismus: Da die materielle Wirklichkeit sich nach dialektischem Gesetz entwickelt *und* da die Entwicklung des menschlichen Bewußtseins (anderes Bewußtsein gibt es nicht) nur diese Entwicklung widerspiegelt, so gehen die objektive Dialektik des Seienden (die *Realdialektik*) und die subjektive Dialektik des Denkens nicht nur parallel, sie fallen vielmehr zusammen.
Hier liegt einer der wichtigsten Ansatzpunkte für die Kritiker des Marxismus. Wir wollen aber zunächst noch auf einen wichtigen Zug der marxistischen Erkenntnistheorie hinweisen. Dieser Zug betrifft die Rolle der »Praxis«. Auf die Frage »Wer oder was garantiert uns, daß der Denkprozeß wirklich dem realen Entwicklungsprozeß konform ist, daß wir also nicht in die Irre gehen?« lautet die Antwort: die Praxis. Das heißt: Die Grundlage der Erkenntnis ist der praktische Umgang mit der Materie; auch historisch gesehen entfaltet sich Erkenntnis allmählich im Fortschreiten der praktischen Tätigkeit des Menschen, d. h. der Arbeit – die ja schon für Hegel als die eigentlich grundlegende Wesensbestimmung des Menschen gilt. Praxis ist zugleich Ziel der Erkenntnis, sowohl im Bereich der Natur wie im gesellschaftlichen Leben.

4. HISTORISCHER MATERIALISMUS

Die Begriffe »Historischer Materialismus« und »materialistische Geschichtsauffassung« werden heute überwiegend synonym gebraucht und definiert als Anwendung der Lehren des dialektischen Materialismus auf das gesellschaftliche Leben der Menschen. Historisch gesehen ist es allerdings nicht richtig, von einer Anwendung zu sprechen in dem Sinne, als sei zuerst der dialektische Materialismus entwickelt und dann auf das gesellschaftliche Leben angewandt worden. Vielmehr hat Marx zuerst die Auffassung entwickelt, das bestimmende Element im gesellschaftlichen Prozeß seien die materiellen Produktivkräfte, und er hat auch die Gesetze der dialektischen Bewegung – im Anschluß an Hegel – zuerst im geschichtlichen Prozeß aufgefunden. Danach, vornehmlich durch Engels, ist erst der »allgemeine« dialektische Materialismus entwickelt worden.

Die Hauptzüge des Historischen Materialismus sind bereits im sechsten Teil dieses Buches[13] umrissen worden. Aus der neueren Entwicklung der Lehre greifen wir hier ein zentrales Problem heraus: das Verhältnis von *Basis und Überbau.* Die Grundthese von Marx lautet: Die ökonomische Struktur der Gesellschaft – Produktivkräfte und Produktionsverhältnisse und ihre dialektische Wechselwirkung – bildet die reale Basis des ganzen gesellschaftlichen Prozesses. Über ihr erhebt sich ein Überbau, und zwar erstens ein politisch-rechtlicher, der in unmittelbarer Abhängigkeit von der Basis lebt (so sind Staat und Recht nichts anderes als Instrumente der ökonomisch herrschenden Klasse), und zweitens ein »ideologischer Überbau« in Gestalt von Philosophie, Wissenschaft, Kunst, Moral, Religion. Alle Formen des Überbaus sind von der Basis bestimmt und spiegeln die ökonomische Grundstruktur, doch ist die Abhängigkeit des ideologischen Überbaus nicht so direkt wie die des politischen; die Ideologien hängen nicht unmittelbar von der ökonomischen Basis ab, sondern »vermittelt« durch das politisch-rechtliche System.

Diese Grundthese ist bereits durch Engels differenziert worden, als er darauf hinwies, daß die ökonomische Basis nur »in letzter Instanz« bestimmend sei, nicht aber das *allein* Ausschlaggebende. Die verschiedenen Formen des Überbaus – Verfassungen, Rechtsformen, politische und soziale Theorien, religiöse Vorstellungen – üben vielmehr auch ihrerseits ihren Einfluß auf die geschichtliche Entwicklung aus, insbesondere auf die Formen, in der diese abläuft. Engels spricht also dem Überbau eine relative Selbständigkeit nicht ab.

In dieser Richtung haben Lenin und Stalin die Entwicklung noch weiter getrieben. Gegenüber Einwänden der sogenannten Revisionisten, die u. a. auf die Frage hinausgehen: »Wozu eine Revolution machen, wenn die historische Entwicklung ohnehin mit absoluter Notwendigkeit zur sozialistischen Gesellschaft führt?«, hat Lenin entschieden die ausschlaggebende Rolle des Bewußtseins betont: Die geschichtliche Notwendigkeit setze sich nicht von selber durch; sie erfordere eine bewußte kämpferische Anstrengung – getragen von einem klassenbewußten Vortrupp des Proletariats. Lenin geht so weit, zu erklären, daß das Proletariat das hierzu erforderliche Bewußtsein überhaupt nicht selbst entwickeln könne (es könne aus eigener Kraft allenfalls bis zu einem »trade-unionistischen«, also revisionistischen Bewußtsein kommen); dieses müsse ihm vielmehr »von außen« gebracht werden – womit übereinstimmt, daß Marx und Engels beide nicht dem Proletariat, sondern der bürgerlichen Klasse entstammten. Stalin hat im Anschluß daran wieder die »umgestaltende, schöpferische Rolle des Überbaus« unterstrichen, sofern es sich um einen sozialistischen Überbau handelt; mit anderen Worten: Sobald der Sozialismus zu siegen begonnen hat,

hängt seine weitere Verwirklichung entscheidend von der durch die Partei bestimmten ideologischen Erziehungsarbeit ab.
Ein Gegner des Marxismus wird hier den Finger erheben und die naheliegende Frage stellen: Woher denn bei zugestandener relativer Selbständigkeit des Überbaus die dynamischen Energien stammen können, die ihn befähigen, die gesellschaftliche Entwicklung von sich aus mitzubestimmen und zu überformen – da doch nach der philosophischen Grundthese des Materialismus jegliches Bewußtsein und jegliche Ideologie nichts sind als Reflex, Produkt, Widerspiegelung der allein realen und sich selbst bewegenden Materie?
Viel interessanter, als hier mit Kritik einzusetzen, ist es aber, die weitere Entwicklung im Marxismus selbst zu verfolgen, zu beobachten, wie die marxistischen Theoretiker mit den Schwierigkeiten fertig werden, die die Durchführung ihrer Grundthesen heraufbeschwört. Dabei können wir von der folgenden (bewußt etwas vage formulierten) Frage ausgehen: Wenn der gesamte Überbau Widerspiegelung der Basis ist, und wenn die bisherige Geschichte, ökonomisch gesehen, ausschließlich eine Geschichte von Klassenkämpfen darstellt, so liegt es nahe, anzunehmen, daß die Menschheit bisher (bis zum Aufkommen des Marxismus) nur klassenbedingte Ideologien hervorgebracht haben kann. Müssen wir also annehmen (dieses Wort im doppelten Sinne sowohl als »postulieren« wie als »akzeptieren«), alle vormarxistischen geistigen Hervorbringungen der Menschheit seien klassenbedingte Ideologien? Wie steht es mit den bisherigen Moralsystemen – die doch von Konfuzius bis zur letzten päpstlichen Enzyklika einige bemerkenswerte Übereinstimmungen aufweisen? Sind die Schöpfungen der großen Kunst vergangener Zeiten, eine griechische Statue, ein gotischer Dom, ein Drama Shakespeares, eine Symphonie Beethovens, klassenbedingt, und können sie demnach für den sozialistischen Menschen der Zukunft nichts mehr bedeuten? Sind die Weltreligionen, ihre Lehren, ihr Moralkodex durchweg klassengebunden? Sind die Erkenntnisse der »bürgerlichen« Wissenschaft durch die Brille des Klasseninteresses gesehen und gefärbt? Wie steht es mit einem so universalen Phänomen wie der Sprache?
Zu der letzten Frage hat Stalin in seinen berühmten *»Linguistikbriefen«*[14] Stellung genommen. Bis zu seinem Eingreifen galt die Sprache als Bestandteil des Überbaus und demnach als klassenbedingt. Stalin lehrt dagegen: Die Sprache ist ein allgemeingesellschaftliches Phänomen, das nicht dem Überbau angehört. Sie hängt vielmehr »unmittelbar mit der Produktion« zusammen. Sie hat deshalb keinen Klassencharakter. Aus diesem Grunde macht sie auch nicht den (durch Klassenkampf bedingten) sprunghaft-dialektischen Entwicklungsprozeß des Überbaus mit. Sie entwickelt sich vielmehr kontinuierlich und bildet, was

die Gesellschaft anlangt, nicht ein diese etwa spaltendes ideologisches Element, sondern eher ein sie umschließendes und einigendes Band.
Was die Moral anlangt, so hat sich der Durchbruch zur Anerkennung eines allgemein menschlichen, nicht klassenbedingten Elements in ihr nicht so spektakulär vollzogen wie im Falle der Stalinschen Linguistikbriefe. Während aber noch für Lenin die Moral vollständig den Interessen des Klassenkampfes untergeordnet war, während der frühere Kommunismus die bürgerliche Moral mit dem Prinzip des Individualismus und Egoismus (bedingt durch die Institution des Privateigentums) gleichsetzte und schroff der proletarischen Moral entgegensetzte, findet sich im Programm der KPdSU von 1961 die Formel von »grundlegendsten allgemein-menschlichen Sittennormen«, die mit den Forderungen der sozialistischen Moral deswegen übereinstimmen, weil sie von den Volksmassen im Lauf der Jahrtausende »im Kampf gegen soziale Knechtschaft und gegen sittliche Laster« entwickelt wurden. Demnach muß es also einen Begriff des »sittlichen Lasters« geben, der durch die Zeiten hindurch bis in die sozialistische Gesellschaft hinein seine Geltung bewahrt.
Von hier aus ist kein großer Schritt zu dem Entschluß, anzuerkennen, daß es allgemein menschliche Werte gibt, die in den klassischen Werken der Kunst gültigen Ausdruck gefunden haben. Dies zu leugnen, wäre auch absurd. Die marxistische Theorie erklärt diesen Umstand hauptsächlich damit (analog zur Moral), daß diese Werke die Träume und Sehnsüchte der Volksmassen zum Ausdruck bringen.
Die Religion nimmt in der marxistischen Lehre von Basis und Überbau eine einsame Sonderstellung ein. Während Kunst, Moral – auch die Philosophie und, wie wir noch sehen werden, die Wissenschaft – zwar durch klassenkämpferische Ideologie verfärbt, entstellt, verunstaltet sind und sich erst in der klassenlosen sozialistischen Gesellschaft rein und zu voller Blüte entfalten werden, ist die Religion ihrem innersten Wesen nach einfach »falsche« Widerspiegelung des Seins im Bewußtsein. Sie wird deshalb in der klassenlosen Gesellschaft nicht aufblühen, sondern sich endgültig als Illusion erweisen und absterben. Jede Religion spiegelt, wenn auch grundsätzlich in verzerrter Wiedergabe, die sozialökonomische Basis.
Ist das Christentum also eine Religion der Ausbeuterklasse? Ist es nicht eher eine Religion der Ausgebeuteten? Wie ist es zu erklären, daß diese Religion, im Zeitalter der antiken Sklavenwirtschaft entstanden, das Zeitalter des Feudalismus und des Industriekapitalismus überlebt hat und selbst im Lande des schon verwirklichten Sozialismus noch nicht abgestorben ist? Auf diese Fragen wird etwa folgendermaßen geantwortet: Das ursprüngliche Christentum war die Religion der Sklaven und Plebejer, der Unterdrückten und Ausgebeuteten. Es ist geprägt von der

Erwartung des nahenden Weltgerichts, das den Unterdrückten Gerechtigkeit verschaffen wird. Dann wurde das Christentum langsam umgedeutet und wurde z. B. im Mittelalter zu einem Spiegelbild der feudalistischen Gesellschaftsordnung: Der irdischen Hierarchie mit König und Adel an der Spitze entsprach jetzt die himmlische Hierarchie mit Gott und der Schar der Erzengel und Engel um seinen Thron. In der Epoche des Kapitalismus hat das Christentum durch die atheistischen Vorkämpfer der Französischen Revolution schon einen ersten entscheidenden Stoß erhalten. Die Ausbeuterklasse hat jedoch – wie es z. B. die Formel »Thron und Altar« zum Ausdruck bringt – die Religion als Mittel zur Niederhaltung der Ausgebeuteten gestützt und sie nun bewußt als »Opium fürs Volk« verwendet. Wenn unter dem verwirklichten Sozialismus noch Überreste religiösen Bewußtseins am Leben bleiben, obwohl die sozialökonomischen Wurzeln solchen Bewußtseins schon abgestorben sind, so hat das seinen Grund großenteils einfach darin, daß die Volksmassen im sozialistischen Staat, solange dieser von kapitalistisch-imperialistischen Mächten umringt ist, ihres Lebens noch nicht froh werden können; sie leben unter dem Druck der Kriegsgefahr und entwickeln damit dieselben Symptome, wie sie bei Menschen früherer Epochen unter dem Druck sozialer Knechtschaft oder auch unter dem Druck der Angst vor den übermächtigen Gewalten der Natur aufgetreten sind.

Hat man sich als Marxist erst einmal zu der Ansicht durchgerungen, daß es geistige Bereiche gibt, die dem Schema Basis – Überbau nicht einzuordnen sind – und diesen Schritt vollzog Stalin im Hinblick auf die Sprache –, so liegt es nahe, als nächstes auch die formale Logik in diesem Lichte zu sehen. Aber auch Teilbereiche der Realwissenschaften werden heute von den marxistischen Theoretikern nicht mehr als ihrem gesamten Inhalt nach klassenbedingt angesehen. Ähnlich, wie es Stalin für die Sprache tat, wird das darauf zurückgeführt, daß viele Zweige der Wissenschaft unmittelbar mit der Basis und der Produktion verbunden sind. So erkennen die Menschen im Laufe der Entwicklung Naturgesetze, die objektive Wahrheiten darstellen; dazu zählen vor allem die grundlegenden Gesetze der Physik. Es scheint, daß sich in der marxistischen Einschätzung der Wissenschaft folgende Tendenz abzeichnet: Es wird zugestanden, daß es objektive Erkenntnisse gibt; die (philosophische) Interpretation der Erkenntnis freilich ist Gegenstand der Auseinandersetzung; hier zeigt sich, daß die Interpretationen nicht selten klassenbedingt sind. Dieser Einsicht kann sich auch der Gegner des Marxismus kaum verschließen.

5. Перестройка по Философии

Diese Überschrift heißt auf deutsch: »Perestroika in der Philosophie?« Wie wirkt sich die geistige und politische Wende in Osteuropa auf das philosophische Denken aus? Dazu lassen sich gegenwärtig nur Vermutungen äußern.

Eines zuvor: Ist Marxismus nicht passé – wozu ihn weiter behandeln? Diese Frage wäre falsch gestellt! Einmal ist Marxismus nicht restlos und nicht überall passé; z. B. nicht in China, Kuba, Albanien. Ferner hat er, selbst wenn sein Einfluß im Schwinden ist, durch mehr als ein Jahrhundert die Entwicklung Europas, der Welt, das Schicksal von Hunderten von Millionen bestimmt oder mitbestimmt und gehört insofern auch in Zukunft in eine Geschichte der Philosophie hinein.

Für die Zukunft ein paar Bemerkungen:

In der heutigen Welt läßt sich eine Entwicklung, die die Schleusen zu internationaler Diskussion und Kommunikation geöffnet hat, nicht mehr ungeschehen machen. Eine Rückkehr zur Alleinherrschaft des dogmatischen Marxismus in großen Teilen der Welt ist deshalb sehr unwahrscheinlich. Wahrscheinlich ist, daß in den ehemals kommunistischen Ländern ein Pluralismus der Meinungen und Richtungen vorherrschen wird – wie im »Westen«. Die offizielle Wiederzulassung von Kirchen und Religionen, ebenso des privaten Eigentums (Gorbatschow hat in Paris die »Trennung des Menschen vom Eigentum« als Grundfehler der Oktoberrevolution bezeichnet) bedeuten Abkehr von Grundlehren des Marxismus.

Und schließlich: Es dürfte für marxistische Theoretiker eine harte Nuß sein, zu erklären, auf welche Weise aus dem »Unterbau« der Produktions- und Eigentumsverhältnisse, die in der UdSSR seit 1918, in anderen Ländern seit dem Ende des Zweiten Weltkrieges herrschten, im »Überbau«, also im Bewußtsein der Intellektuellen und der Volksmassen, die Überzeugungen und Denkweisen heranwachsen (oder bestehen bleiben) konnten, die in der Perestroika Gorbatschows und in den Volksbewegungen Osteuropas mit Macht hervorgebrochen sind.

6. KRITISCHE SOZIALPHILOSOPHIE

Im 20. Jahrhundert hat sich auf der Grundlage der Marxschen Lehre eine Fülle interessanter Denkansätze entfaltet, allerdings fast nur außerhalb des sowjetischen Machtbereichs. Soweit und solange originelle marxistische Denker in kommunistisch regierten Ländern lebten, sind sie mit der herrschenden Orthodoxie zusammengestoßen.

So wurde Georg *Lukács* (1885–1971), der mit seinem Werk »*Geschichte und Klassenbewußtsein*« (1923, neue Ausgabe 1968) eine ganze Generation marxistischer Intellektueller in vielen Ländern begeistert hat (besonders mit seiner Literaturtheorie und der später ausgeformten Ästhetik), und der während der ungarischen Erhebung von 1956 Volksbildungsminister der Aufständischen war, danach von den Russen nach Rumänien deportiert. Ernst *Bloch* (1885–1977), der während seiner amerikanischen Exiljahre »*Das Prinzip Hoffnung*«, ein Hauptwerk der neueren marxistischen Philosophie, geschrieben hat, wurde 1957 in Leipzig von der Leitung des Universitätsinstituts für Geschichte der Philosophie entlassen, verlor auch seinen Lehrstuhl und kehrte daraufhin von Gastvorlesungen in der Bundesrepublik nicht mehr in die DDR zurück. Leszek *Kolakowski* (geb. 1927 – bekannt durch die 1960 erschienene Aufsatzsammlung »*Der Mensch ohne Alternative*«), verlor 1966 seine Professur in Warschau und ging ins westliche Ausland. In Jugoslawien wurde Milovan *Djilas* (geb. 1911) – Hauptwerke »*Die neue Klasse*« und »*Die unvollkommene Gesellschaft*« – 1954 aller seiner Ämter in Partei und Staat enthoben und für zehn Jahre eingesperrt. Und auch im nicht kommunistisch regierten Frankreich wurde Roger *Garaudy* (geb. 1913), einer der führenden marxistischen Theoretiker seines Landes, nach dem Erscheinen seines Werkes »*Die große Wende des Sozialismus*« aus der KPF ausgeschlossen.

In einem weiteren Sinne kann man alle von Marx ausgehenden Denker, die mit Marxens Erkenntnis Ernst machen, der Mensch sei »kein außerhalb der Welt hockendes Wesen«, sondern Gesellschaftswesen (was freilich auch schon Aristoteles ausgesprochen hat), als Sozialphilosophen bezeichnen, und alle, die Marx nicht einfach nachbeten, sondern sich zu ihm – aber auch zu sich selbst – kritisch verhalten, als »kritische« Sozialphilosophen. In einem engeren Sinne wird unter »Kritischer Sozialphilosophie« häufig die Lehre der sogenannten *Frankfurter Schule* verstanden, die sich auch als »Kritische Theorie« (nämlich der Gesellschaft) bezeichnet. Noch einmal kann man hier eine Differenzierung vornehmen und Adorno und Horkheimer als Väter, Begründer oder Hauptvertreter dieser Denkrichtung betrachten, ihr aber auch Habermas und Herbert Marcuse zurechnen, die später eigene Wege gegangen sind.

Max *Horkheimer* (1895–1973), Sohn einer jüdischen Familie, wurde 1930 Professor der Sozialphilosophie in Frankfurt und Leiter des dortigen »Instituts für Sozialforschung«, gleichzeitig Herausgeber (und einer der Hauptautoren) der in Frankfurt erscheinenden »Zeitschrift für Sozialforschung«. Auf diese erste Wirkungsstätte geht die Bezeichnung »Frankfurter Schule« zurück. In Frankfurt begegnete er Theodor W. *Adorno* (1903–1969), einem äußerst vielseitig begabten Denker, der außer mit philosophischen Schriften u. a. mit Arbeiten zur Musiktheorie (»*Philosophie der neuen Musik*«, 1949; »Einleitung in die Musiksoziologie«, 1962) sowie als Komponist und Pianist hervorgetreten ist. Die beiden Männer haben ihre lebenslange Freundschaft und Arbeitsgemeinschaft über die Jahre der erzwungenen Emigration – sie bauten in New York ihr verlorenes Institut neu auf – bis in die erneute Wirksamkeit in Frankfurt (Adorno ab 1947, Horkheimer ab 1949) bewahrt, auch eine Reihe von Schriften gemeinsam verfaßt.

Will man einige Wesenszüge zusammenfassend bezeichnen, die dem Denken aller kritischen Sozialphilosophen mehr oder weniger gemeinsam sind, so lassen sich fünf Punkte angeben: 1. der grundlegende Bezug auf *Marx* (zugleich durch diesen hindurch auf *Hegel*) und damit die Blickrichtung auf die *Gesellschaft*; 2. die *dialektische Methode* (was diese Schule deutlich abhebt von Logischem Positivismus und Analytischer Philosophie); 3. der »*kritische*« Einschlag des Denkens – kritisch sowohl im Sinne kritischer Reflektiertheit wie im Sinne einer kritischen Betrachtung der sie umgebenden Gesellschaft; 4. der Versuch, theoretisches Denken mit *praktischem Handeln* zu verbinden und 5. die Bezogenheit auf die *Zukunft* im Sinne von Hoffnung, Erwartung, verändernder Zielsetzung.

Als Programmschriften der Schule können Horkheimers Aufsatz »*Traditionelle und kritische Theorie*« (1937) und die »Dialektik der Aufklärung« (1947 erschienen, von Horkheimer und Adorno während des Krieges gemeinsam verfaßt) angesehen werden. Aus dem erstgenannten Aufsatz stammt der Kernsatz: »Die kritische Theorie hat bei aller Einsichtigkeit der einzelnen Schritte und der Übereinstimmung ihrer Elemente mit den fortgeschrittensten traditionellen Theorien keine spezifische Instanz für sich als das mit ihr selbst verknüpfte Interesse an der Aufhebung des gesellschaftlichen Unrechts.«

Horkheimer und Adorno sind über die Fachwelt hinaus jedenfalls in studentischen Kreisen während der 60er Jahre populär geworden. Die Anführer der studentischen Unruhen beriefen sich auf sie, teils zu Recht, teils zu Unrecht; die revolutionäre Praxis, die dabei aus der »Kritischen Theorie« abgeleitet wurde, haben beide nicht gutgeheißen. Adorno reagierte mit einem »Rückzug in den Elfenbeinturm«, Horkheimer mit tiefer Resignation im Hinblick auf die Zukunft der Kultur und insbesondere der Philosophie.

Herbert *Marcuse* (1898–1979), zuerst Schüler Husserls und Heideggers, nach der erzwungenen Emigration Lehrer der Philosophie an verschiedenen Universitäten der USA – zuletzt in Kalifornien – und Mitarbeiter des neubegründeten Instituts wie der Zeitschrift, hat auf die studentische Linke eine noch intensivere Wirkung ausgeübt. Unter den Büchern Marcuses – sein Gesamtwerk weist auch zahlreiche meist in Zeitschriften veröffentlichte Essays auf – kann man als einen ersten Markstein die Habilitationsschrift »*Hegels Ontologie und die Grundlegung einer Theorie der Geschichtlichkeit«* (1932, Nachdruck 1968) nennen; sie zeigt, wie stark Marcuse damals noch unter dem Einfluß der Phänomenologie Husserls und der in »Sein und Zeit« ausgearbeiteten Existentialontologie Heideggers stand, einer Denkrichtung, die er in einer noch früheren Arbeit *»Beiträge zu einer Phänomenologie des Historischen Materialismus«* (1928) mit dem Marxismus zu vereinigen suchte. Von den Büchern der Nachkriegszeit sind in Deutschland wohl am bekanntesten geworden *»Triebstruktur und Gesellschaft«* (deutsch 1965, vorher englisch als »Eros and Civilisation«) und das ebenfalls zuerst englisch veröffentlichte Werk *»Der eindimensionale Mensch«* (deutsch 1967).

Jürgen *Habermas*, geboren 1929, gehört einer anderen Generation an. Seine Arbeiten haben die deutsche und internationale Studentenbewegung in der zweiten Hälfte der 60er Jahre stark angeregt, aber auch sie kritisiert (*»Protestbewegung und Hochschulreform«*, 1969), ebenso stark haben sie wissenschaftliche Auseinandersetzungen angeregt – wie vor allem die langdauernde Diskussion über Grund- und Methodenfragen der Sozialwissenschaft (*»Theorie der Gesellschaft oder Sozialtechnologie – Was leistet die Systemforschung?«*, 1971, zusammen mit Niklas *Luhmann*).

Zwei wichtige Werke, die die philosophische Position dieses Denkens erkennen lassen, sind dicht nacheinander erschienen: *»Zur Logik der Sozialwissenschaften«*, 1967; *»Erkenntnis und Interesse«*, 1968. Das letztgenannte Werk – vom Verfasser 1973 mit einem neuen, die Kritik berücksichtigenden Nachwort versehen – kreist um die Frage: Was ist aus dem Problem »(Wie) ist zuverlässige Erkenntnis überhaupt möglich?«, welches Kant mit unerreichter Präzision behandelt hat, im Verlauf der seitherigen Entwicklung geworden? Im besonderen ist es eine Entstehungsgeschichte des neueren Positivismus, der ja Kants Ansatz verlassen (nach eigener Ansicht überwunden) hat.

Es setzt ein mit einer Untersuchung und Kritik der Gedanken, mit denen Hegel auf Kant antwortet und mit denen er Kants Erkenntniskritik zwar noch radikaler vorantreiben will, sie jedoch zugleich im Grunde aufhebt. Es folgt eine Interpretation des Erkenntnisproblems im Werke von Karl Marx – den Habermas besser kennt und tiefer versteht als manche seiner Kritiker und viele seiner Epigonen. In Marxens Denkansatz hätte, nach Habermas, der Schlüssel gelegen, Kants Ansatz zu vollenden, wenn es ihm gelungen wäre, die Brücke zu schlagen zwischen Kants transzendentalem Subjekt und seinem eigenen Begriff vom Menschen als arbeitendes (d. h. sich mit der Natur auseinandersetzendes) Wesen, das im Verlauf seiner (gattungs-)geschichtlichen Entwicklung erst diese Natur und zugleich sich selbst konstituiert. Dann wäre auch klargeworden, daß Erkenntnis- und Gesellschaftstheorie im Grunde zusammenfallen.

Der Positivismus, durch Comte am wirksamsten formuliert, durch Ernst Mach besonders als Wissenschaftslehre ausgearbeitet, hat dem von Kant aufgeworfenen Zentralproblem gleichsam den Rücken gekehrt, ermutigt vor allem durch den tatsächlichen (von niemand ernstlich bezweifelten) wissenschaftlichen Fortschritt, der im 19. Jahrhundert immer deutlicher sichtbar wurde. Wenn doch die »positiven« Wissenschaften so offensichtlich fortschritten – genügte es dann nicht, ihre Methoden kritisch zu analysieren und zu überwachen? So ist im 20. Jahrhundert großenteils Erkenntnistheorie durch Wissenschaftstheorie ersetzt (oder auch auf sie reduziert) worden, um den Preis freilich einer Einengung des Begriffs von Erkenntnis, unter Ausklammerung der Vorfrage, wie sich Gegenstände und Gegenstandsbereiche überhaupt konstituieren. Habermas analysiert dann eindringlich die Selbstinterpretation und Kritik wissenschaftlichen Erkennens, die sich im Schoße der Wissenschaft selbst entfaltet hat, an den zentralen Beispielen von Charles S. Peirce (für die Naturwissenschaften) und Wilhelm Dilthey (für die Geisteswissenschaften). Der dritte Teil des Buches bringt, neben Auseinandersetzungen mit Nietzsche und Freud, in nuce auch eine Darlegung von Habermas' eigenen Thesen, die u. a. hinauslaufen auf eine enge Verbindung zwischen Erkenntnis und Interesse, zwischen Erkenntniskritik und Gesellschaftstheorie und die eine neue, veränderte, »transformierte« Transzendentalphilosophie (im Kantschen Sinne) zwar noch nicht ausarbeiten, aber nahelegen und als notwendig erweisen. Den Plan, sie in zwei weiteren Büchern auszuführen, hat Habermas bisher nicht verwirklicht.

Ein rundes Jahrhundert vor Habermas hat Otto *Liebmann* (1865) den Ruf erhoben: »Es muß auf Kant zurückgegangen werden!« und damit eine bedeutsame – wenn auch nicht epochale – Wende in der Entwicklung der Philosophie eingeleitet. Es ist gewiß vereinfachend und etwas einseitig, aber doch nicht falsch, wenn man diesen Ruf aus Habermas' Arbeit wieder heraushört. »Zurückgehen« kann freilich nicht heißen, daß man seither Erkanntes auslöscht oder verdrängt, besonders nicht die heutige Naturwissenschaft und die Analytische Philosophie – es kann nur heißen, daß man den Ertrag der seither vergangenen Jahrzehnte im Licht des Kantischen kritischen Ansatzes (der vermutlich, was die »Kritik der Urteilskraft« anlangt, von niemandem bisher völlig ausgeschöpft wurde) neu durchdringt, ordnet und versteht. Darum habe ich hier diese Schrift Habermas' aus seinem Werk herausgegriffen.

Als Hauptwerk des Jürgen Habermas kann man vielleicht die 1981 erschienene zweibändige *»Theorie des kommunikativen Handelns«* ansehen. Es geht dabei um eine Theorie der modernen Gesellschaft, die Methoden der Philosophie mit solchen der Soziologie und Sozialphilosophie – daneben auch der Sprachphilosophie – zusammenführt.

Was heißt kommunikatives Handeln? Die Gesellschaft kann nur bestehen, wenn die einzelnen Handelnden (»Aktoren«) ihr Handeln koordinieren, und das erfordert Verständigung, Kommunikation. Es muß möglich sein (dies Habermas' Überzeugung, die, gemessen am Anspruch metaphysisch oder »kategorisch« begründeter Ethik, bescheiden anmutet), von hier aus eine Theorie zu entwickeln, die es erlaubt, »die mit sich selber zerfallene Moderne zu versöhnen«, konkreter: »Formen des Zusammenlebens zu finden, in der wirklich Autonomie und Abhängigkeit in ein befriedetes Verhältnis treten«. Ein großartiges Ziel! Wer deshalb das Buch lesen will, wird sich aber schwer tun. Die Materie ist, u. a. wegen der erforderlichen Abstraktheit der Analyse, schon als solche kompliziert; hinzu kommt aber die Habermas eigene Weise der Darstellung, die – hier jedenfalls – ohnehin zum Komplizierten und Abstrakten neigt. Weiter kommt hinzu die Fülle der Anmerkungen, denn Habermas, penibel und von großer intellektueller Redlichkeit, verweist ohne Unterlaß auf Gedanken und Schriften anderer Gelehrter – hierin der äußerste Gegenpol zu dem monologischen (oder soll man sagen monomanischen?) Gestus Martin Heideggers, der selbst in Fußnoten meist nur auf eigene Schriften verweist.
Jürgen Habermas ist ein (im guten Sinne) typischer Intellektueller, der regelmäßig in öffentlichen Diskussionen Stellung bezieht. Sein letztes Buch, eine Aufsatzsammlung, 1988 erschienen, heißt »*Nachmetaphysisches Denken*« (ein Titel, den auch Heidegger gewählt haben könnte).

VI. Ludwig Wittgenstein – Sprache als Zentralthema heutigen Philosophierens

1. WITTGENSTEIN: PERSON UND WERK

Während das Wirken Russells, jedenfalls in der ersten, durch die »Principia« bezeichneten Phase, lange vor dem Hervortreten des sogenannten Wiener Kreises liegt – der als Kristallisationspunkt oder Kerntruppe der neupositivistischen Bewegung anzusehen ist –, geht das Wirken des zweiten Denkers, der diesem Kreis entscheidende Anregungen vermittelt hat, dem der Wiener Philosophengruppe ungefähr parallel.
Während Ludwig Wittgenstein in den angelsächsischen Ländern, zumindest in Fachkreisen, längst berühmt war und von Kennern seiner Gedankenwelt für einen der bedeutendsten Denker unseres Jahrhunderts gehalten wurde, zugleich für denjenigen, der die geistige Lage unseres Zeitalters am besten repräsentiert, blieb er in Deutschland bis zum Ende des Zweiten Weltkrieges der breiten Öffentlichkeit praktisch unbekannt, ja sogar in philosophischen Nachschlagewerken war er

nicht einmal dem Namen nach enthalten. Das hat seine Ursache zum Teil darin, daß Wittgensteins philosophisches Wirken sich hauptsächlich in England abgespielt hat; aber auch darin, daß er selbst die Öffentlichkeit nicht nur nicht suchte, sondern bewußt mied; schließlich auch darin, daß die Schriften aus seiner zweiten Schaffensphase größtenteils erst nach seinem Tode bekannt geworden sind.

Ludwig Wittgenstein wurde 1889 in Wien geboren. Sein Großvater väterlicherseits war nach seinem Übertritt vom Judentum zum Protestantismus aus Sachsen nach Wien gezogen; sein Vater hatte es hier als Stahlindustrieller zu Ansehen und Vermögen gebracht. Wittgenstein wuchs als eines von acht Geschwistern in einem Elternhaus auf, das vielseitige intellektuelle und künstlerische Anregungen vermitteln konnte; Johannes Brahms und Gustav Mahler waren häufige Gäste der Familie. Ludwig begann ein Ingenieurstudium an der Technischen Hochschule in Berlin-Charlottenburg und setzte dieses an der Universität Manchester fort. Sein Interesse verlagerte sich von Problemen der Luftfahrt und Aerodynamik bald auf die Mathematik, besonders nachdem er Bertrand Russells »Principles of Mathematics« (Vorläufer der »Principia mathematica«) gelesen hatte, und weiter auf Grundlagenprobleme der Mathematik und damit auf Logik und Philosophie. Er ging nach Cambridge und studierte hier ab 1912 bei Russell. In dieser Zeit galt sein Interesse drei großen Bereichen: Er begann sich intensiv mit philosophischen Gedanken auseinanderzusetzen, beschäftigte sich viel mit Musik, die ihn lebenslang begleitet hat – seine Schriften enthalten viele Beispiele, die der Musik entnommen sind –, und unternahm mehrere Reisen. Der Ausbruch des Ersten Weltkriegs überraschte ihn in Norwegen, wo er sich in äußerste Einsamkeit zurückgezogen hatte. Er trat als Freiwilliger in die österreich-ungarische Armee ein.

Den ganzen Krieg hindurch trug er seine philosophischen Überlegungen in Notizhefte ein. Als er bei Kriegsende in italienische Gefangenschaft geriet, hatte er seine später berühmt gewordene »Logisch-Philosophische Abhandlung« als fertiges Manuskript im Rucksack. Es gelang ihm, es aus dem Gefangenenlager (durch Vermittlung des nachmals weltberühmten Nationalökonomen John Maynard Keynes) an Russell gelangen zu lassen, aber trotz Russells Förderung konnte die Schrift erst 1921 in deutscher Sprache veröffentlicht werden, und zwar in Ostwalds »Annalen der Naturphilosophie«; und 1922 erschien eine zweisprachige, deutsch-englische Ausgabe unter dem lateinischen Titel »*Tractatus Logico-Philosophicus*«. Von den Notizbüchern der Kriegsjahre, in denen diese Schrift entstand, sind drei erhalten und 1961 publiziert worden.

Wittgenstein hat sein beträchtliches Erbe aus dem väterlichen Vermögen zu einem Teil für österreichische Künstler und Schriftsteller zur

Verfügung gestellt (auch Rainer Maria Rilke und Georg Trakl profitierten davon), den Rest überließ er seinen Schwestern und führte von 1920 bis 1929 ein äußerst einfaches und zurückgezogenes Leben als Schullehrer in Österreich, danach als Gärtnergehilfe in einem Kloster bei Wien. Gegen Ende dieser Zeit kam er, durch Moritz Schlick vermittelt, in Kontakt mit dem Wiener Kreis.

1929, möglicherweise unter dem Eindruck eines Vortrags von Brouwer, kehrte er zu seinen philosophischen Interessen zurück, ging nach Cambridge, wo er auf Russells Anregung seinen »Tractatus« als Doktor-Dissertation einreichte. Hier hielt er Vorlesungen, 1937 erhielt er einen Lehrstuhl. Abgesehen von freiwilliger Krankenpflege im Zweiten Weltkrieg, hat er seine Lehrverpflichtungen bis 1947 wahrgenommen. 1951 ist er in Cambridge gestorben.

Wittgensteins Begabung umspannte u. a. die Musik (ausübend wie aufnehmend), die Technik (in Cambridge entwarf er einen Düsenantrieb), die Architektur (er schuf die Entwürfe für einen bemerkenswerten Villenbau in Wien), die Bildhauerei, dazu Mathematik, Logik, Philosophie. Als Persönlichkeit war er »labil«, sprunghaft, empfindlich gegen Kritik (er setzte sich so gut wie nie mit Thesen anderer Philosophen auseinander und erschwerte durch seinen aphoristischen Stil auch den Vergleich mit diesen); die von Moritz Schlick vorsichtig angebahnten Gesprächskontakte zu den brillanten Fachleuten des Wiener Kreises nahm er nur auf unter der Bedingung, daß seine philosophischen Thesen aus diesem Kreis nicht kritisiert würden. Als Freund war er großzügig; er neigte zum einsamen Leben; so zog er sich 1913 in eine Hütte in Norwegen zurück, nach seinem Rücktritt vom Lehramt zeitweise wieder in eine Hütte im westlichen Irland. Als Lehrer hat er, stets frei vortragend, seine Hörer tief beeindruckt. Seit 1949 hatte er Krebs, ab 1951 lebte er im Hause eines ihm befreundeten Arztes in Cambridge, da er auf keinen Fall im Hospital sterben wollte. Als ihm sein Freund eröffnete, daß das Ende gekommen sei, sagte er »Gut«.

Wittgensteins Denken während der zweiten Periode seiner philosophischen Aktivität ist, wenn man absieht von zwei Serien von Notizheften, die er seinen Studenten in englischer Sprache diktierte und die später als »Blue Book« und »Brown Book« bekannt geworden sind, erst nach seinem Tode bekannt geworden, in erster Linie durch die *»Philosophischen Untersuchungen«*, die 1953 in einer deutsch-englischen Ausgabe erschienen sind (alle von W. verfaßten Texte sind in deutscher Sprache geschrieben).

Diese Schrift hatte Wittgenstein zur postumen Veröffentlichung bestimmt, während andere, danach noch gedruckte Schriften wahrscheinlich ohne, vielleicht gar gegen Wittgensteins Absicht an die Öffentlichkeit gekommen sind.

2. DER »TRACTATUS«[15]

Diese schmale inhaltsschwere Schrift besteht aus aphorismusartigen Sätzen, die mit Dezimalzahlen numeriert sind, so daß z. B. »5.1« eine Erläuterung oder Weiterführung zu »5« darstellt, »5.11« eine zu »5.1« und so fort. Obwohl dies die Orientierung erleichtert und obwohl Wittgenstein überwiegend (außer Begriffen und Formelzeichen der mathematischen Logik) Wörter der Alltagssprache verwendet, bietet diese Arbeit dem Laien doch außerordentliche Verständnisschwierigkeiten, 1. weil sie äußerst konzentriert geschrieben ist, 2. weil sie zum Verständnis die Kenntnis der Lehren von Frege und Russell voraussetzt, 3. weil W. zwar die Begriffe der alltäglichen Sprache verwendet, ihnen aber einen eigenen, vom Alltagsgebrauch abweichenden, präziseren Inhalt gibt.

Immerhin mag es zur ersten Annäherung nützlich sein, die Grundthesen zu zitieren, welche mit einfachen Nummern versehen sind und damit sozusagen das tragende Gerüst des ganzen Gebäudes darstellen:

»1. Die Welt ist alles, was der Fall ist.

2. Was der Fall ist, die Tatsache, ist das Bestehen von Sachverhalten.«

(Anmerkung: Diese Sätze könnte man als Thesen zur Ontologie bezeichnen.)

»3. Das logische Bild der Tatsachen ist der Gedanke.

4. Der Gedanke ist der sinnvolle Satz.«

(Anmerkung: Hier vollzieht W. den Übergang von der sozusagen fürsich-seienden Welt zur menschlichen Erkenntnis, der Abbildung der Welt im Denken und in der Sprache.)

»5. Der Satz ist eine Wahrheitsfunktion der Elementarsätze. (Der Elementarsatz ist eine Wahrheitsfunktion seiner selbst.)

6. Die allgemeine Form der Wahrheitsfunktion ist: $[p, \xi, N(\xi)]$. Dies ist die allgemeine Form des Satzes.«

(Anmerkung: In diesen Thesen und ihren Anhängen geht es um Sprache und Sprachlogik, man könnte auch sagen um »Kritik der Sprache«, wenn auch in einem etwas anderen Sinne als für Fritz Mauthner.)

»7. Wovon man nicht sprechen kann, darüber muß man schweigen.«

(Anmerkung: Dieser lapidare Satz bildet den Schluß der Abhandlung, ihm folgen keine Erläuterungen mehr. Er wird verständlich, wenn man den unmittelbar vorausgehenden Satz hinzunimmt:)

»6.54 Meine Sätze erläutern dadurch, daß sie der, welcher mich versteht, am Ende als unsinnig erkennt, wenn er durch sie – auf ihnen – über sie hinausgestiegen ist. (Er muß sozusagen die Leiter wegwerfen, nachdem er auf ihr hinaufgestiegen ist.)

Er muß diese Sätze überwinden, dann sieht er die Welt richtig.«

Wittgenstein glaubte, mit seiner Abhandlung – wie sein 1918 verfaßtes Vorwort ergibt – »die Probleme im wesentlichen endgültig gelöst zu haben«; die Wahrheit der in ihr mitgeteilten Gedanken hielt er für »unantastbar und definitiv«. Es scheint folgerichtig, daß Wittgenstein – während seine Schrift, begünstigt durch ihre apodiktische Sprechweise, ihre Radikalität, auch ihre schwere Zugänglichkeit, eine Fülle von Kommentaren und Kontroversen in der philosophischen Welt auslöste (eine sehr klare und überzeugende Interpretation stammt von Eric Stenius, sie liegt allerdings englisch vor) – daß Wittgenstein selber sich von der philosophischen Welt völlig zurückzog und ein Jahrzehnt lang in Schweigen hüllte. Als er wieder zu sprechen begann, trat zutage, daß er selber sein im Tractatus niedergelegtes »System« inzwischen so gründlich revidiert, ja destruiert hatte, wie es ein fremder Kritiker wohl kaum gründlicher vermocht hätte.

3. DIE REVISION

Die »*Philosophischen Untersuchungen*« hat Wittgenstein, wie aus dem »Cambridge, Januar 1945« datierten Vorwort hervorgeht, selbst zur Veröffentlichung bestimmt, wenn auch mit Zögern und in dem Bewußtsein, daß er nichts Abgeschlossenes vorlege, sondern eher Bemerkungen, »Landschaftsskizzen, die auf langen und verwickelten Fahrten« durch ein ausgedehntes Gebiet entstanden sind. »Seit ich vor 16 Jahren mich wieder mit Philosophie zu beschäftigen anfing, mußte ich schwere Irrtümer in dem erkennen, was ich in jenem ersten Buch niedergelegt hatte« (gemeint ist der Tractatus). Dieser Satz zeugt von der fast übermenschlichen intellektuellen Redlichkeit, die Wittgenstein auszeichnete. Und das Motto, das dem Werk vorangestellt ist, mag für seine skeptische und bescheidene Grundhaltung zeugen; es lautet: »Überhaupt hat der Fortschritt das an sich, daß er viel größer ausschaut, als er wirklich ist. Nestroy.«

Dem Text selbst, der etwa 350 Seiten füllt, hat Wittgenstein nicht mehr überall die endgültige Gestalt geben können. Er hat größtenteils den Charakter eines Gesprächs, das der Denker entweder mit sich selber führt – wobei er sich selber ständig Fragen stellt und Einwände macht – oder des (fingierten) Gesprächs mit einem Partner.

Es ist relativ einfach, Punkte zu erkennen, bei denen Wittgenstein von den Thesen des Tractatus abrückt. So verwirft er das dort gelegte ontologische Gerüst, nach dem die Welt eine Gesamtheit von »Tatsachen« und »Sachverhalten« ist, und zwar von einzelnen, voneinander unabhängigen, gleichsam »atomistischen«. Er verwirft die eindeutige Beziehung zwischen der Welt und ihrer Abbildung in Gedanken und Sätzen, die der Tractatus statuiert. Er verwirft das dort errichtete Ideal unbedingter Exaktheit. Was sich überhaupt sagen läßt, das läßt sich klar sagen – so die Auffassung im Tractatus. Die Wörter und Sätze der Sprache sind gewöhnlich mehrdeutig, vage, inexakt, und das können wir auf keine Weise ändern – so die Einsicht des »späten« Wittgenstein. Wer klar sprechen will, muß seinen Wörtern und Sätzen einen klaren Sinn geben – so etwa der Tractatus, mit dem Hintergedanken: Was das Wort x genau bedeutet, muß nötigenfalls durch eine eingehende Analyse geklärt werden. Dagegen der »zweite« Wittgenstein: Wer wissen will, was dieses Wort bedeutet, muß zusehen, wie es gebraucht wird – und dies ist der einzige Weg, Aufschluß über seine Bedeutung zu erlangen.

An dieser Stelle muß der Begriff des *Sprachspiels* in die Überlegung einbezogen werden, den W. mit folgenden Worten (Philos. Unters. Ziff. 7) einführt: »Ich werde auch das Ganze: der Sprache und der Tätigkeiten, mit denen sie verwoben ist, das ›Sprachspiel‹ nennen.« Die Analogie zwischen dem Sprechen und einem (in der Regel eher komplizierten) Spiel wie dem Schachspiel durchzieht alles. Der Sprechende operiert mit Wörtern und Sätzen wie der Spieler mit Figuren, und zwar nach bestimmten, im vorhinein feststehenden Regeln, die beiden am Spiel Beteiligten geläufig (wenn auch nicht explizit bewußt) sein müssen, ohne daß freilich die Regeln des Sprachspiels einer abschließenden, präzisen Kodifizierung zugänglich sind; u. a. schon deshalb nicht, weil ein Sprachspiel nur gespielt (und nur verstanden) werden kann, wenn man außersprachliche Umstände wie die Situation des Sprechenden, vorher Geschehenes usw. als Kontext mit in Betracht zieht.

Vielleicht wird aus diesen Andeutungen immerhin ersichtlich, daß Wittgenstein hier eine Aufgabe stellt, die zuerst bescheiden anmutet (gemessen an Ansprüchen, die frühere Philosophen erhoben haben) und die doch auf eine Sisyphos-Arbeit hinausläuft: unser Denken von der ständigen Verführung, Irreführung, Behexung durch die Sprache freizumachen, eine endlose Aufgabe, weil wir ja im Medium der Sprache gefangen sind und aus ihr niemals ganz heraustreten können.

4. UM DIE SPRACHE UND ÜBER SIE HINAUS

Seit jeher haben die Philosophen sich nicht nur für ihre selbstgewählte Aufgabe der Sprache bedient (bedienen müssen), sondern auch über die Sprache reflektiert. Das beginnt mit Heraklit und dem Begriff des Logos, in dem »weltdurchwaltende Vernunft« und »vernünftige Rede« eine schier unlösbar scheinende Synthese eingegangen sind, es geht weiter mit Platons »Kratylos«, es zeigt sich in der Scholastik wie in der Aufklärung.

Im 19. Jahrhundert steht die Sprache nicht im Mittelpunkt der Philosophie. Denker, die sich eingehend, sachkundig und liebevoll mit Sprache und Sprachen befaßten, wie Herder, Wilhelm von Humboldt oder Schleiermacher, stehen eher am Rande der philosophischen Entwicklung. Denker, die die Sprache in den Mittelpunkt rücken wollten, wie etwa Fritz *Mauthner* (1849–1923), der eine »Kritik der Sprache« als Ergänzung zur Kritik der erkennenden Vernunft forderte und diesem Ziel seine Lebensarbeit gewidmet hat, oder wie Hans *Lipps* (1889–1941) fanden wenig Beachtung. Doch hat Mauthner (Hauptwerke *»Beiträge zu einer Kritik der Sprache«; »Wörterbuch der Philosophie«*) vieles später Aufgekommene vorweggenommen: die Überzeugung, Sprache sei das wichtigste Thema für die Philosophie der Zukunft; der Kampf gegen Scheinbegriffe und Pseudo-Aussagen; die Einbettung der Sprache in Kulturgeschichte und Anthropologie. Man nahm die Sprache, obwohl doch (fast?) alles, was wir denken und erkennen können, durch sie vermittelt, vielleicht auch begrenzt ist, nicht ernst genug. Das hat sich geändert. Wittgensteins Denken kreist um die Sprache. Für Heidegger ist die Sprache im Laufe seiner Entwicklung immer wichtiger geworden. Für Ernst Cassirers Untersuchungen über Formen und Symbole wie für die Philosophische Anthropologie ist die Sprache zentrales Thema. Auch die Vertreter der analytischen Philosophie (auf die ich bei der Wissenschaftstheorie zurückkommen werde) behandeln Probleme der Bedeutung, der Begründung, der Symbole, der Syntax, der formalen (künstlichen) Sprachen.

Woher diese neue Wendung zur Sprache?

Zu einem kleinen Teil mag dies damit zusammenhängen, daß sich heute in der Philosophie Schulen oder Richtungen gegenüberstehen, die sich, wenn überhaupt, nur mühsam noch verständigen können und einander im Grunde nicht vorhalten, der jeweils andere vertrete einen (nachweisbar) falschen Standpunkt, sondern seine Rede sei unverständlich oder sinnlos bis unsinnig oder bestenfalls irrelevant. Zu einem großen Teil mag es daran liegen, daß sich seit Ferdinand de *Saussure* (1857–1913) eine neue, heute meist *Linguistik* genannte Sprachwissenschaft entfaltet hat, der auch der Kritische das Prädikat der Wissenschaftlichkeit nicht versagen kann, und die von der Jahrhundertwende, als de Saussures Gedanken bekannt wurden und zu wirken begannen, bis zu heutigen führenden Köpfen wie etwa Noam *Chomsky* (geb. 1928) eine Fülle neuer Einsichten über Sprache, Sprachen, Sprachstrukturen, Sprachlogik erarbeitet hat – wobei einerseits ein gesicherter Bestand an Erkenntnissen gewonnen wurde, andererseits aber über wichtige Themen wie den menschlichen Spracherwerb weit auseinanderliegende Ansichten herrschen.

Aus den Gedanken Saussures sei hervorgehoben: die Unterscheidung zwischen »parole«, dem einzelnen *Sprachakt* und »langue« als einem streng geordneten *Zeichensystem* (neben dem es andere Zeichensysteme gibt wie z. B. Riten, Höflichkeitsformen, militärische Signale); in diesem System empfängt das einzelne Bedeutung, Funktion, Stellenwert erst aus der Beziehung zu den anderen Bestandteilen (Zeichen) des Gesamtsystems: die Analyse einer Sprache in ihrem jetzigen Bestand, also im zeitlichen Querschnitt, nennt er »synchron«, das Studium der Sprachen in ihrer geschichtlichen Entfaltung »diachron«; schließlich die Feststellung, das sprachliche Symbol (z. B. das Wort »Baum«) stehe zu dem bezeichneten Gegenstand nur in einer zufälligen, willkürlichen Beziehung, während es allerdings für den, der es aufnimmt, verbindlich ist.

Von großer Bedeutung für die philosophische Behandlung der Sprache wurde das 1938 erschienene Werk von C. K. *Ogden* (1899–1957), der später das »Basic English« entwickelte, und I. A. *Richards* mit dem originellen Titel »*The Meaning of Meaning*« (etwa »Was heißt Bedeutung?«).

Schließlich sei hingewiesen auf den genialen Außenseiter Benjamin Lee *Whorf* (1897–1941), der sich eingehend mit einigen indianischen Sprachen, besonders Hopi und Navaho, beschäftigt hat. Er fand dabei bemerkenswerte Unterschiede zu dem Weltbild, das in unseren europäischen Sprachen gewissermaßen kodifiziert ist. Das führte ihn zu der (im Kern schon durch W. von Humboldt vertretenen) These, daß jede Sprache eine besondere »Weltansicht« verkörpert, daß jede Sprache Wesens- und Struktureigentümlichkeit gemeinsam hat mit der Kultur, der sie entwachsen ist (oder die ihr entwachsen ist?).[16]

Der oben genannte Amerikaner Noam *Chomsky* (geb. 1928, wichtige Werke »*Aspects of the Theory of Syntax*« 1965, dt. 1969; »*Language and Mind*« 1968, dt. 1970), vielseitiger Linguist, beschlagen auch in einigen Nachbargebieten der Sprachwissenschaft, hat die Fachwelt mit einer These überrascht, die, mindestens von weitem gesehen, die seit John Locke für tot gehaltene Vorstellung von »angeborenen Ideen« zu neuem Leben erweckt. Es handelt sich um den Spracherwerb durch ein (normales) Kind, und Chomsky bestreitet ganz entschieden, daß diese Leistung – wahrscheinlich die größte geistige Leistung, die die Überzahl der Menschen in ihrem Leben vollbringt – auf empirischem Wege, d. h. durch pures Aufnehmen von der Umgebung des Kindes, zustande kommen könne. Auffällig ist: daß jeder halbwegs Normale diese geniale Leistung vollbringt; daß das Kind nur Stichproben aus dem fast unübersehbaren System einer lebenden Sprache geboten bekommt; daß diese Proben in den meisten Fällen von den eigentlich zu erlernenden Regeln abweichen; daß der Spracherwerb in einem Alter stattfindet, da das Kind zu keinerlei vergleichbarer Leistung, etwa dem Erlernen der Differentialrechnung, befähigt ist; daß das Kind schnell fähig wird, aus den (mehr oder weniger unbewußt) aufgenommenen Regeln Tausende von neuen Sätzen zu bilden, die es noch nie gehört oder ausgesprochen hat. Kurz: Es drängt sich auf, daß wir Menschen wohl mit *angeborener* (was das Individuum betrifft, so daß man auch sagen kann: ererbter) Fähigkeit zum Erlernen einer menschlichen Sprache ausgestattet sind – *einer* menschlichen Sprache, egal welcher Sprache, denn das deutsche Kind, das in japanischer Umgebung aufwächst, erlernt und spricht diese Sprache als Muttersprache.

Unter den zahlreichen philosophischen Denkern, deren Bemühungen expressis verbis um die Sprache kreisen, kann man eine Gruppe vornehmlich britischer und amerikanischer Forscher unter dem Stichwort »*Ordinary Language Philosophy*« (Philosophie der normalen Sprache) zusammenfassen. Als zwei bedeutende Vertreter dieser Schule nenne ich die Engländer John Langshaw *Austin* (1911–1960) – Hauptwerk: »*How to do Things with Words*«, 1962 – und Gilbert *Ryle* (1900–1976), dessen Werk »*The Concept of Mind*« (1949) unter dem Titel »*Der Begriff des Geistes*« in deutscher Übersetzung erschienen ist.[17] Diese Denker machen Ernst mit dem Programm, das der spätere Wittgenstein verkündet hat: Sie gehen jegliches Problem in der Weise an, daß sie feststellen, wo und wie, in welchen Zusammenhängen die Begriffe, um die es gerade geht, in der *Umgangssprache* gebraucht werden. Ein Beispiel: Wer im Zusammenhang mit den psychophysischen Problemen das Problem des Fremdpsychischen untersuchen will (»Kann ich über Vorgänge im Bewußtsein eines andern etwas unmittelbar wissen?«), muß zuerst fragen: Wie, wann, in welchen Kontexten sprechen wir normalerweise von Bewußtsein, von (unmittelbarem) Wissen? Er wird dann in der Regel eine Fülle von Material gewinnen, das ihn in den Stand setzt, die gestellten Fragen (möglicherweise) als falsch gestellt, sinnlos, daher unbeantwortbar zu erweisen; so wird er eine Reihe von Problemen entweder klären oder auch zum Verschwinden bringen. Austin ist, wahrscheinlich auch auf Grund spezieller Begabung, zu einem Meister dieser Art von Philosophie geworden.

Ryle, den ich neben Austin genannt habe, ist ein einflußreicher Denker, dessen Arbeiten, über 80 an der Zahl, sich durch Verständlichkeit und stilistische Eleganz auszeichnen. Er geht eindeutig von der Sprache aus, der des Alltags, entnimmt ihr viele Beispiele, sieht im Beseitigen von Sprach- und Begriffsverwirrung die erste Aufgabe des Philosophen.

In einem gewissen Sinne kann man den beiden genannten Denkern als dritten Peter F. *Strawson* (geb. 1911) an die Seite stellen. Für den deutschen Leser ist es einfach, einen Eindruck von seinem Denken zu gewinnen, weil eines seiner wichtigsten Werke, »*Individuals*«, in deutscher Ausgabe vorliegt.[18] Strawson will hier, wie der Untertitel des Buches andeutet, eine »deskriptive Metaphysik« entwerfen. Darunter versteht

er eine Analyse des gesamten Begriffssystems, das wir Menschen benutzen, und zwar so, wie es ist (daher »deskriptiv«), wie es alle (wenngleich auf verschiedenen Stufen der kritischen Reflexion) benutzen – nicht etwa, wie es sein sollte. Das ist vergleichbar mit den Versuchen Artistoteles' und Kants, die grundlegenden »Kategorien« freizulegen; beide Denker bezeichnet Strawson denn auch als seine Ahnherren.
Allerdings, im geraden Gegensatz zu Kant, der nach den allgemeinsten Formen fragt, in denen sich Wahrnehmen, Denken, Erkennen abspielt (es sind Raum und Zeit), geht Strawson davon aus, daß wir uns »die Welt denken als bestehend aus einzelnen Dingen (daher der Titel), von denen einige von uns unabhängig sind . . .«
Als zweite grundlegende Kategorie neben dem Einzelding identifiziert Strawson die Person, das Subjekt. Das Vorhandensein dieser beiden Kategorien ermöglicht es, daß wir uns als Glieder einer »nicht solipsistischen« (d. h. nicht nur in unserem Bewußtsein existierenden) realen Welt empfinden und erkennen können.
Ansichten von der Art »Es gibt (vielleicht) gar keine materiellen Körper, sie existieren nur in unserem Bewußtsein« oder »Ich habe ein Bewußtsein, aber ich weiß nicht, ob andere eins haben« –: solche Standpunkte eines radikalen Skeptizismus sind – nach Strawson – zwar strenggenommen nicht zu widerlegen; sie sind aber gleichwohl zurückzuweisen, weil sie kein rationales Verhalten ermöglichen und mit dem Vollzug unseres Lebens unvereinbar sind.
Sind die Grundannahmen – es gibt materielle Körper, es gibt andere Personen mit Bewußtsein neben mir – akzeptiert, so gibt es verschiedene Arten von »Metaphysik«, der Welterklärung, von denen keine sich gegen die anderen als alleingültig behaupten kann. Diese Toleranz findet sich in Strawsons von der Weisheit des Alters geprägtem Spätwerk *»Skeptizismus und Naturalismus«* (dt. 1987). Strawson hat auch einen Kommentar zu Kants »Kritik der reinen Vernunft« verfaßt.
Im deutschsprachigen Bereich ist die am normalen Sprachgebrauch orientierte oder von ihm ausgehende Philosophie nicht so verbreitet wie im englischsprachigen; sie mag aber an Einfluß zunehmen.
Ich möchte in diesem Abschnitt noch einen Denker erwähnen, dessen Arbeit im Ansatz wohl ebenfalls von dem Problemkreis »Sprache und Erkenntnis« ausgeht, in der weiteren Entfaltung aber über diesen Ansatz hinauszielt und die Bereiche des geisteswissenschaftlich-historischen Denkens wie auch der Gesellschaft und des sozialen Handelns einzubeziehen sucht. Karl-Otto *Apel* (geb. 1922) gehört zu den Denkern, die nicht von vornherein als einer bestimmten Schule zugehörig abgestempelt werden können, da er als Schüler einerseits Martin Heidegger verbunden war, andererseits dem amerikanischen Pragmatiker Charles Sanders Peirce eine umfassende Arbeit gewidmet hat. Daß

Apels Denken die ganze Distanz von Heidegger bis zur analytischen Philosophie zu übergreifen sucht, klingt schon im Titel seiner Dissertation (»*Dasein und Erkennen*«) an und erneut im Titel seiner Kieler Antrittsvorlesung »*Wittgenstein und Heidegger*« (1962) – Untertitel: »Die Frage nach dem Sinn von Sein und der Sinnlosigkeitsverdacht gegen alle Metaphysik«; hier weist er einige (auf den ersten Blick) erstaunliche Parallelen zwischen den Gedanken dieser beiden doch weit auseinanderstehenden Denker auf.

Um dem Leser einen ungefähren Eindruck in der Richtung zu vermitteln, in der Apels Philosophieren sich bewegt, will ich als pars pro toto einen Ausschnitt aus Apels 1960 in München gehaltenem Kongreßvortrag »Sprache und Ordnung« referieren (abgedruckt in dem zweibändigen Werk »*Transformation der Philosophie*«, 1973).

Seit Aristoteles sieht die abendländische Philosophie Sprache und Denken als eine zeichenmäßige Abbildung der Welt und ihrer Ordnung (eine Annahme übrigens, die möglicherweise in dieser Form nur aufkommen konnte bei einem Denker, der in der allen indoeuropäischen Sprachen eigenen spezifischen Subjekt-Prädikat-Struktur lebte). Auch Wittgensteins Tractatus setzt eine Übereinstimmung voraus zwischen der (in diesem Fall atomistischen) Struktur der Welt und der diese in sinnvollen Sätzen abbildenden Sprache. Es ist folgerichtig, daß wir nach Wittgenstein diese eigenartige Entsprechung zwischen Welt und Sprache nicht auszusagen vermögen, sie liegt ja vielmehr jeder Aussage als Bedingung ihrer Möglichkeit schon zugrunde und kann sich so höchstens »zeigen«; aber aussagen können wir über die Grundvoraussetzung – und damit über die Welt im ganzen – nichts. Wir müssen vielmehr über sie schweigen.

Wenn das stimmt, muß sich gegen jede Art von Metaphysik der dringende Verdacht der Sinnlosigkeit erheben – aber dann doch auch gegen die dem Tractatus stillschweigend zugrunde gelegte Metaphysik der nicht weiter auflösbaren Zuordnung von Sprache und Welt?

Die daraufhin unternommenen Versuche, von dieser Antinomie dadurch loszukommen, daß man formalisierte Kunstsprachen (Kalküle) konstruierte, haben erwiesen, daß jedes solches künstliche Zeichensystem, um auf die Welt der Dinge angewendet werden zu können, doch der Vermittlung durch die Umgangssprache (als letzter Metasprache) und die ihr beschlossene vorwissenschaftliche Weltdeutung bedarf.

Sollen wir uns nun, nach Wittgenstein darauf beschränken, die faktisch vorkommenden Sprachspiele aufzusuchen und zu deuten? Ist das überhaupt möglich, ohne daß wir auf ein schon vorgegebenes und vorausgesetztes Verständnis von Sinn überhaupt zurückgreifen, das alles nur faktische Verhalten transzendiert? Apel folgert: »Hier bleibt, wie mir scheint, das Kantische Problem einer Synthesis apriori in der denkbar allgemeinsten Form stehen.« Und in der Tat geht Apels Bemühen dahin, in einer Kommunikationsgemeinschaft eine neue »apriorische« Letztbegründung der Erkenntnis, ja davon abgeleitet auch des sinnvollen und ethischen Handelns, zu finden. Soweit dieser Ausschnitt. – Wenn ein Rückgriff auf Kant, eine Rückbesinnung auf Kants (höchst mißverständlich so genannten) Transzendentalen Idealismus bei so grundverschiedenen Denkern anzutreffen ist wie Jürgen Habermas, Karl-Otto Apel, Karl R. Popper – und übrigens auch beim späten Wittgenstein: deutet das dann auf eine neue Kant-Renaissance, einen zweiten Neukantianismus (»Es muß auf Kant zurückgegangen werden«)? Oder doch wenigstens darauf, daß das Werk des großen Alles-Zermalmers, der zugleich einer der großen Aufklärer war, wie ein Rocher de bronce noch immer die Entwicklung überschattet und überragt?

VII. Neupositivismus

1. ZUR KLÄRUNG DER BEGRIFFE

Positivismus (im weiteren Sinne) bezeichnet nicht eine bestimmte philosophische Theorie oder Schule, sondern eher eine philosophische oder wissenschaftstheoretische Grundhaltung, nämlich die Überzeugung, es sei für die Philosophie (auch allgemeiner: für das wissenschaftliche Denken und Forschen – oder: für eine bestimmte Wissenschaft – oder ganz weit: für die Haltung des Menschen »dem Leben«, der Wirklichkeit gegenüber) zweckmäßig oder allein zulässig, daß man sich an das »positiv« Gegebene halte, an das, was wahrnehmbar und eindeutig, nämlich mittels sinnlicher Erfahrung feststellbar, beobachtbar ist. In diesem Sinne bezeichnet man z. B. als Rechtspositivismus die Auffassung, daß es bei der praktischen Anwendung und auch bei der wissenschaftlichen Erforschung und Auslegung des Rechts allein darauf ankomme: Was bestimmt das (im jeweiligen Augenblick, im jeweiligen Staatsgebiet, im sachlichen Bereich, z. B. in Ehe und Familie) gültige Gesetz? Der Jurist hat also nicht über die Frage hinaus zu denken, ob gültiges (auf dem in der Verfassung vorgeschriebenen Wege zustande gekommenes) Gesetz vorliege. Er hat nicht zu fragen, ob dieses Gesetz etwa einem eigentlichen, einem höheren Recht, der »Gerechtigkeit« (z. B. der von Gott gewollten und gesetzten Ordnung oder einem in der menschlichen Natur begründeten, unwandelbaren Naturrecht) entspreche – ein Problem, wie jeder sieht, das im Zeitalter gesellschaftlichen Wandels, im Zeitalter revolutionärer Umwälzung oder bei der rechtlichen Beurteilung von Vorgängen in totalitär regierten Staaten von höchster und lebenswichtiger Bedeutung sein kann.

Als Auguste *Comte* den Namen Positivismus in Anlehnung an Claude Henri Graf *St. Simon* (1760–1825) – Kritiker der industriellen Gesellschaft und der Institution des Privateigentums und damit wichtiger Vorläufer von Karl Marx – in der Philosophie bekanntmachte, war das Wort neu, die mit ihm belegte Sache aber uralt. Als Positivismus können sinnvoll bezeichnet werden alle im Laufe der Geistesgeschichte aufgetretenen Denkrichtungen, denen neben dem allgemeinen Postulat, man habe sich an das »Gegebene« zu halten, folgende Ansichten gemeinsam sind: Das unserer Erkenntnis Gegebene besteht nur aus »Sinneseindrücken« (auch »Empfindungen« genannt, was jedoch nach dem heutigen Sprachgebrauch, der als Empfindung vor allem ein Gefühl bezeichnet, eher Verwirrung stiften kann). Das Besondere des philosophischen Positivismus erkennen wir indessen viel schärfer, wenn wir die Stoßrichtung, die polemische Spitze ins Auge fassen, die alle diese Richtungen enthalten: Sie ist gerichtet gegen die Auffassung, daß über oder hinter dem Wahrnehmbaren irgendwelche Wesenheiten, Formen (z. B. platonische Ideen) oder Gesetze bestehen und für uns erkennbar sind. Positivismus schließt also immer Ablehnung jeglicher Metaphysik ein. Für den folgerichtigen Positivisten sind deshalb Materialismus und Idealismus in gleicher Weise verwerflich, denn beide erheben den Anspruch, über die eigentliche Natur des Wirklichen allgemeine Aussagen zu machen (»Alles Seiende ist materieller Natur« – »Alles Seiende ist im Grunde ideell«), die über das unmittelbar Gegebene schon in unzulässiger Weise hinausgehen.

Dem einen oder anderen Leser mag an dieser Stelle ein Einwand aufsteigen: Ist nicht die These, daß die menschliche Erkenntnis sich an die durch die Sinne vermittelte Erfahrung zu halten habe, kennzeichnend für alle die Denker, die man Empiristen nannte? Sind also Positivismus und Empirismus deckungsgleiche Begriffe? Nein. Die Begründung liefert am besten ein Beispiel: Nicolai Hartmann geht durchaus von dem (in den einzelnen Wissenschaften) empirisch Festgestellten aus und kann in diesem Sinne Empirist genannt werden. Sein »Kritischer Realismus« lehrt jedoch, daß es wirkliche Dinge, Objekte, Prozesse usw. gibt, die für uns – wenn auch nur in Grenzen – erkennbar werden; in diesem Bereich entspricht also unseren Wahrnehmungen eine objektive, d. h. auch unabhängig von ihrem Wahrgenommenwerden existierende Realität. Diese Behauptung ist vom Standpunkt des Positivismus gesehen bereits Metaphysik; sie ist eine Aussage, die über das unmittelbar Gegebene weit hinausgreift, und damit ebenso unzulässig und sinnlos wie etwa die These Kants, daß sich jenseits unserer Erfahrung (der unser Verstand ihre Gesetze vorschreibt) die für uns unerkennbare Sphäre der »Dinge an sich« befinde.

Als Ahnherr und klassischen Begründer des Positivismus muß man

David *Hume* ansehen, der lehrt, daß uns nichts gegeben sei als Sinneseindrücke (impressions) und Vorstellungen (ideas), wobei die letzteren aus den impressions hervorgehen und nur die im Gedächtnis bewahrten schwächeren Abdrucke oder Nachbilder der Sinneseindrücke sind. Positivistische Überzeugungen finden sich ferner auch bei den französischen Enzyklopädisten, Positivist ist natürlich auch Auguste *Comte*, nur daß seine Philosophie in diesem Punkte nicht neu ist, abgesehen davon, daß er seiner Lehre eine besonders praktische Wendung auf die Umgestaltung der menschlichen Gesellschaft gegeben hat.

2. DER NEUPOSITIVISMUS – ENTSTEHUNG UND EIGENART

Der Name Neupositivismus (oder Neopositivismus) bezeichnet zusammenfassend eine philosophische Schule, deren Vertreter der Zeit vom ausgehenden 19. Jahrhundert bis etwa zur Mitte des 20. Jahrhunderts angehören. Sie wird auch »Logischer Positivismus« oder »Logischer Empirismus« genannt, diese Bezeichnungen sind also gleichbedeutend mit Neupositivismus und heben nur die besondere Rolle hervor, welche die Logik, wie wir noch sehen werden, bei allen Denkern dieser Schule spielt. Es versteht sich, daß die Lehren dieser Männer bei Übereinstimmung im Prinzipiellen doch wesentliche Abweichungen in Einzelfragen aufweisen.

Fragen wir zunächst, bevor wir dieses Prinzipielle zu schildern versuchen, wie es gekommen ist, daß der Positivismus sich in dem genannten Zeitabschnitt neu zu einer machtvollen philosophischen Schule formen konnte. Dazu blicken wir auf einige Entwicklungen in der Mathematik und der Physik.

Für die Grundlagen der *Mathematik* hatte bereits die erste Hälfte des 19. Jahrhunderts eine kopernikanische Wende gebracht, als ungefähr gleichzeitig der Russe N. J. *Lobatschewski* und der Ungar J. *Bolyai* zwischen 1826 und 1833 die Möglichkeit einer »nichteuklidischen« Geometrie aufwiesen – eine Entdeckung, die vorher der geniale deutsche Mathematiker C. F. *Gauß* gemacht, jedoch nicht veröffentlicht hatte. Vereinfacht gesprochen handelt es sich dabei um den schlüssigen Beweis, daß die seit dem Altertum herrschende Geometrie des Euklid keineswegs das einzig mögliche widerspruchsfreie System einer Geometrie darstellt. Euklids System beruht auf der dem gemeinen Verstand gewiß bis heute selbstverständlichen Annahme, daß unser Raum drei Dimensionen hat, die genau senkrecht aufeinanderstehen; in einem solchen Raum können zwei parallele Gerade sich nicht (bzw. »erst im Unendlichen«) berühren. Der Aufbau nichteuklidischer Systeme (also insbesondere solcher, in denen das eben angedeutete »Parallelenaxiom« nicht gilt), vervollkommnet 1854 durch Bernhard *Rie-*

mann, in allgemeinere Form gebracht 1899 durch David *Hilbert*, mußte zu intensivem Nachdenken über die Gültigkeit der Grundlagen der Mathematik führen, besonders der verschiedenen denkbaren Axiomensysteme. Unter den Denkern, die sich philosophisch und wissenschaftstheoretisch mit der neuen Sachlage auseinandersetzten, ragt der Franzose Henri *Poincaré* (1853–1912) hervor.

Sein Landsmann Emile *Boutroux* (1845–1921, Hauptwerk »*Die Kontingenz der Naturgesetze*«, 1874, dt. 1911) war ihm vorangegangen. »Kontingenz« heißt etwa »Zufälligkeit, Willkürlichkeit«; Boutrouxs These ist: Die Naturgesetze sind keineswegs mit Notwendigkeit so, wie wir sie vorfinden, sie könnten auch ganz anders sein – eine These, die die Scholastiker wie auch Immanuel Kant (wenn auch aus verschiedenen Gründen) scharf zurückgewiesen hätten. Poincaré kam zu dem Ergebnis, daß die Axiome der Mathematik nicht in einem absoluten Sinne wahr, sondern nach ihrer Einfachheit und Zweckdienlichkeit ausgewählt sind. Ein allgemeiner Zweifel an der absoluten Geltung naturwissenschaftlicher Erkenntnis und der von ihr formulierten »Gesetze« war die Folge. Sie werden nun als »weder wahr noch falsch, sondern nützlich« bezeichnet – eine Erkenntnis, die, wie man sieht, dem Standpunkt der Pragmatisten zum Verwechseln ähnlich sieht.

In der *Physik* vollzogen sich ähnliche Entwicklungen. Die Physiker selbst suchten, seit Hermann von *Helmholtz* auf die Notwendigkeit neuer und besserer erkenntnistheoretischer Begründung hingewiesen hatte, nach möglichst einfachen Grundlagen. Schon Helmholtz lehnte im Hinblick auf die nichteuklidische Geometrie die Annahme apriorischer Grundsätze ab und erklärte zum Beispiel die Axiome der Geometrie für Erfahrungssätze oder Hypothesen. Sein Schüler Heinrich *Hertz* faßte die physikalische Erkenntnis als ein System von Symbolen, von Bildern der äußeren Gegenstände. Robert *Mayer* wollte die wissenschaftliche Erkenntnis beschränken auf die Feststellung der konstanten Größenbeziehungen einer Tatsache zu anderen Tatsachen. G. R. *Kirchhoff* bezeichnete es als die alleinige Aufgabe der Mechanik, die Bewegungen »vollständig und auf die einfachste Weise zu *beschreiben*«. Man sieht aus dieser Aufzählung, daß die Naturforscher immer bescheidener wurden, daß sie das Ziel ihrer Wissenschaft immer vorsichtiger faßten und sich in zunehmendem Maße ablehnend verhielten gegen Prinzipien, die unabhängig vom Bereich der Erfahrung oder über diese hinaus Gültigkeit haben sollten.

Von der *philosophischen* Seite wirkten Ernst *Mach* (1838–1916), mit dem sich Lenin in seinem Werk »*Materialismus und Empiriokritizismus*« auseinandergesetzt hat und der selbst wichtige Beiträge zur Akustik, Optik, Mechanik und Thermodynamik und zur Wissenschaftsgeschichte geleistet hat, und Richard *Avenarius* (1834–1896) in ähnlicher

Richtung. Sie sahen das Ideal der Wissenschaft in der Ausmerzung aller »metaphysischen Zutaten« und die richtige Methode in der »vereinfachenden Beschreibung«. Mach kann als geistiger Ahnherr des »Wiener Kreises« von Neupositivisten gelten, die eine ihrer Organisationen »Ernst-Mach-Verein« nannten. Auch dessen Forderung nach einer »Einheitswissenschaft« hat schon er ausgesprochen. Der Zweck aller Begriffe und Gesetze ist *Denkökonomie,* Vorstellungsersparnis durch Zusammenfassen gleicher Erfahrungen. Avenarius insbesondere bekämpfte die metaphysischen »Scheinprobleme«, die der vollendeten Denkökonomie im Wege stehen.

Schon an dieser Stelle läßt sich erraten, welche Prinzipien die als Neupositivismus zusammengefaßten Theorien gemeinsam haben müssen:

1. Die Aufgabe der Naturwissenschaft, ja jeder Wissenschaft wird eingeschränkt auf das zuverlässige, präzise und in sich möglichst widerspruchsfreie Beschreiben der beobachteten Phänomene. Soweit sie zu Gesetzen kommt, handelt es sich dabei nicht um Gesetze, die das reale Naturgeschehen »regieren«, sondern um menschliche »Erfindungen«, um sinnvolle Konstruktionen unseres Denkens, die im Sinne der Denkökonomie ein möglichst einfaches, rationelles Beschreiben ermöglichen.

2. Es ist nur die Kehrseite derselben Medaille, wenn der Neupositivismus gegen jede Art von Metaphysik ein radikales Verbannungsurteil ausspricht. Um aber verstehen zu können, warum und inwiefern diese Verdammung der Metaphysik an Radikalität alles vorher Dagewesene übertrifft, müssen wir noch einen weiteren, bisher nicht berührten Entwicklungsstrang ins Bild ziehen: die neue und äußerst prominente Rolle, welche von jetzt ab die Logik im Kreis der Positivisten, ja im Konzert der philosophischen Schulen überhaupt, übernimmt. Leider ist dies zugleich der Punkt, an dem es für den mathematisch nicht geschulten Laien schnell unmöglich wird, der weiteren Entwicklung zu folgen. Er kann nur einige Anfangsschritte mitvollziehen.

3. DIE NEUE LOGIK

Die geschichtliche Entwicklung der Logik durchlaufend zu verfolgen, gehört nicht zum Plan dieses Buches. Wir haben sie bei Aristoteles, der als Begründer der wissenschaftlichen Logik gelten muß, etwas ausführlicher behandelt, an anderen Stellen der Entwicklung nur gestreift. Die Jahrhunderte, die auf Aristoteles folgten, haben sein Werk teils fortgeführt und ausgebaut – so die Scholastik; grundlegend Neues haben sie ihm kaum hinzugefügt. Zeitweise ist das von Aristoteles Geschaffene auch verwässert oder mit Ontologie und Metaphysik (z. B. bei Hegel) oder mit Psychologie (im 19. Jahrhundert) vermischt worden. Seit dem Aufstieg der modernen, auf Zählen, Messen, Wägen beruhenden Naturwissenschaft, die in der Mathematik geeignete Erkenntnisinstrumente fand, konnte die Logik sogar etwas in Verruf geraten als ein spitzfindiger, praktisch wenig tauglicher Formalismus. Im 20. Jahrhundert hat die historische Forschung die Leistung des Aristoteles wieder in helles Licht gerückt. Vor allem aber hat die Philosophie die Logik von den erwähnten Vermischungen befreit. Zur Überwindung des »Psychologismus« in der Logik hat Edmund *Husserl* entscheidend beigetragen mit seinen »*Prolegomena zur reinen Logik*« (1900) – eines der Werke, die wie Sigmund *Freuds* Traumdeutung und Max *Plancks* Quantentheorie genau zur Jahrhundertwende auf den Plan getreten sind. Husserl machte vor allem geltend, daß es eine Sache (nämlich Sache der Psychologie) sei, den tatsächlichen Ablauf der Denkvorgänge, der »Denkakte« zu studieren, die durch allerlei Gesetze, z. B. das der Gedankenassoziation, verknüpft sind – dagegen eine ganz andere Sache, die Beziehungen der Denk*inhalte* zu studieren, des jeweils Gemeinten, »Intendierten« also, die untereinander in einem streng gesetzmäßigen, von dem tatsächlichen Ablauf der Denkvorgänge gänzlich unabhängigen, nämlich *logischen* Zusammenhang stehen. Wieso sind diese Denkinhalte von so gänzlich anderer Art als die »psychologischen« Denkvorgänge? Husserl weiß darauf nur die eine – stark an Platon erinnernde – Antwort zu geben: daß nämlich die Denkinhalte ewige, zeitlose, unabhängig von ihrem aktuellen Gedachtwerden existierende »Bedeutungseinheiten« seien – so unabhängig, daß sie selbst dann als ewig existent angenommen werden müssen, wenn kein sterblicher Mensch sie gedacht hat, denkt oder denken wird! Damit hatte Husserl die Logik zwar aus den Fesseln der Psychologie »befreit«, jedoch um den Preis, daß es ewige, zeitlose, sozusagen platonische Bedeutungseinheiten und ihnen entsprechende Gesetze geben sollte.

Die neuere Logik hat diesen Gedanken aufgegeben zugunsten der geradezu simpel anmutenden Einsicht: daß es zwar von den jeweiligen Denkprozessen der jeweiligen Menschen unabhängige logische Gesetze gebe, daß diese Gesetze jedoch keineswegs zeitlos außerhalb alles Menschendenkens existieren, daß vielmehr die Logik einfach eine Wissenschaft von den menschlichen »Aussagen« und ihrer Gültigkeit, ihrem »Wahrheitswert« sei – eine Auffassung, die sich sogar auf Aristoteles stützen kann, vor allem aber eine Auffassung, für die die einfache Tatsache spricht, daß jeder von Menschen gedachte Gedanke, um objektiv in Erscheinung zu treten und damit für logische Untersuchungen faßbar zu sein, sich notgedrungen einer sprachlichen Aussageform bedienen muß.

Es ist allerdings nicht in erster Linie diese Einsicht, an die sich die geradezu revolutionäre Entwicklung der modernen Logik knüpft; es ist vielmehr ein ganz anderer Trend der neueren Entwicklung, der mit dem eben angedeuteten nur teilweise parallel geht, und dieser geht zurück auf Gottfried Wilhelm *Leibniz*. In seiner »Logica Mathematica sive Mathesis universalis sive Logistica sive Logica Mathematicorum« äußert Leibniz den revolutionären (darum zu seiner Zeit auch unverstanden gebliebenen) Gedanken: Es müsse möglich sein, ein Denkverfahren zu finden (oder zu erfinden), in dem es überhaupt nicht auf die Bedeutung der einzelnen in einem Denkzusammenhang auftretenden Elemente ankomme, sondern vielmehr allein auf das formale Schema, in dem sie auftreten – so daß der mit ihnen Operierende nach der Art eines mathematischen »Kalküls« mit ihnen umgehen könne, allein nach den streng festgesetzten Regeln dieses Kalküls. Einzig auf diese Weise – so Leibniz – werde es (endlich) möglich sein, wissenschaftliche Lehrsätze bzw. die ihnen zugrunde liegenden Beweisführungen objektiv auf ihre Schlüssigkeit zu prüfen. Dieser geniale Gedanke, bei einigen von Leibnizens Vorläufern oder Zeitgenossen wie Descartes oder Vieta vorbereitet, bei Leibniz selbst nur im Ansatz ausgesprochen, mußte nahezu drei Jahrhunderte warten, bis er allmählich im 19. Jahrhundert verstanden und schließlich verwirklicht wurde. Er schließt die Erkenntnis ein, daß die natürliche Sprache, derer wir uns im Alltag bedienen, für den strengen Gebrauch der Wissenschaft – auch wenn durch Fachausdrücke ergänzt – untauglich ist, und dies um so mehr, je abstrakter der Denkinhalt ist, der ausgedrückt werden soll.

An der neuen Entwicklung haben mehrere Denker Anteil, so der Engländer George *Boole* (1815–1864) und der Amerikaner Charles Sanders *Peirce* (1839–1914). Man kann aber sagen, daß die Arbeiten des deutschen Mathematikers und Philosophen Gottlob *Frege* (1848–1925), der 33 Jahre an der Universität Jena lehrte, für die neue Wissenschaft, die zeitweise Logistik hieß, heute jedoch überwiegend mathematische oder symbolische Logik genannt wird, die entscheidenden Grundlagen geschaffen hat. Von Freges Hauptwerken erschien »*Begriffsschrift – eine der arithmetischen nachgebildete Formelsprache des reinen Denkens*« im Jahre 1879; 1884 folgten »*Die Grundlagen der Arithmetik – eine logisch-mathematische Untersuchung über den Begriff der Zahl*«; schließlich 1893 und 1903 in zwei Bänden die »*Grundgesetze der Arithmetik, begriffsschriftlich abgeleitet*«. In den letzten Jahren sind diese und weitere Werke durch photomechanische Nachdrucke und Taschenbuchausgaben endlich leichter zugänglich geworden.

Frege wurde zum Ausbau seines Systems angeregt, als er bei dem Versuch, die beim Aufbau der Arithmetik erforderlichen Voraussetzungen und Schlüsse einer strengen, noch über Euklid hinausgehenden Prüfung zu unterziehen, erkennen mußte, daß es einer Kunstsprache (und einer entsprechenden Schrift) bedurfte, um die hier erforderlichen logischen Distinktionen und Strukturen auszudrücken. Der Versuch, sie aufzubauen, führte ihn zu immer tiefer bohrenden Fragen nach dem Verhältnis von Sprache und Wirklichkeit und zu immer weiter ausholenden Untersuchungen über die Zusammenhänge zwischen Mathematik, Logik, Erkenntnistheorie und Psychologie.

Der äußere Erfolg blieb Frege übrigens während des größten Teils seines langen Gelehrtenlebens versagt – er mußte sogar die »Grundgesetze« auf eigene Kosten drucken lassen –, bis schließlich B. Russell und A. N. Whitehead 1910 im Vorwort zu ihrem epochemachenden Werk »*Principia Mathematica*« aussprachen, daß sie die tragenden Gedanken dem Werk Freges verdanken. Im deutschen Sprachgebiet ist Frege erst nach 1945 als philosophischer Denker bekannt und anerkannt worden.

Die seit dem Wirken der genannten Männer entstandene und bis heute immer weiter zu einer selbständigen Wissenschaft ausgebaute symbolische Logik ist nicht wie alle Tatsachenwissenschaften eine »Theorie«, also ein durch Gesetze verknüpftes System von Aussagen über einen Gegenstandsbereich. Sie ist eher einer (freilich künstlichen) *Sprache* zu vergleichen. Sie stellt ein System von Zeichen dar mitsamt den Regeln zur Verwendung dieser Zeichen. Da aber beim Aufbau dieser Sprache die einzelnen Zeichen zunächst ungedeutet bleiben (wie das x in einer Gleichung), kann man die Logistik besser noch das Skelett oder Schema einer Sprache nennen (so Rudolf Carnap in seiner 1960 erschienenen »*Einführung in die symbolische Logik mit besonderer Berücksichtigung ihrer Anwendungen*«). Erst im Bereich der *angewandten* Logik werden die Zeichen mit konkretem Inhalt erfüllt. Solche Anwendung hat die neue Logik zuerst erfahren bei der in den letzten Jahrzehnten erarbeiteten neuen Grundlegung der Mathematik; später auch in anderen – vorwiegend naturwissenschaftlichen – Wissensgebieten.

Wenn nun Meister dieser Wissenschaft ein außerordentlich konzentriert abgefaßtes Buch brauchen, um in sie einzuführen, so ist jeder Versuch aussichtslos, dies auf ein oder zwei Seiten zu schaffen. Zur allerersten Annäherung mögen die folgenden Hinweise immerhin vertretbar sein: Zeichen als Symbole logischer Verknüpfung sind bereits im Bereich der aristotelischen Logik seit dem Mittelalter verwandt worden, so etwa die Zeichen ã (vom lateinischen »affirmo« = ich bejahe) und ẽ (vom lateinischen »nego« = ich verneine), um Beziehungen zwischen Prädikaten auszudrücken. Man schrieb A ã B, um auszudrükken: A trifft für alle B zu (das Prädikat Säugetier kommt allen Hunden zu); A ẽ B, um auszudrücken: A trifft für kein B zu. In der Aussagenlogik werden die Zeichen p, q, v usw. benutzt, um irgendeine Aussage (also einen ganzen Satz) abgekürzt zu bezeichnen. Durch Verknüp-

fung solcher Aussagen können neue, zusammengesetzte Aussagen gebildet werden. Die Verknüpfung, die umgangssprachlich gewöhnlich mit »und« ausgedrückt wird, lautet dann p & q, die Verknüpfung mit »oder« lautet p v q (v aus lat. vel = oder). Die Negation eines Satzes kann mit einem einfachen Querstrich über dem Zeichen für die Aussage ausgedrückt werden: $\bar{p}$.
Während wir nun in der Umgangssprache, wenn wir Aussagen untereinander verknüpfen oder darüber urteilen sollen, ob eine logische Verknüpfung durch »und«, »oder« oder andere logische Partikeln wie etwa »wenn ..., dann ...« sinnvoll und zulässig sei, uns nach dem Inhalt der betreffenden Aussagen richten, blickt die streng formalisierte symbolische Logik, wenn es um die Verknüpfung von Sätzen geht, nur auf eine einzige Eigenschaft dieser Sätze, ihren sogenannten *Wahrheitswert*, d. h. den Umstand, ob sie wahr oder falsch sind. Sie setzt fest, daß »p & q« dann und nur dann wahr sei, wenn p und q beide für sich genommen wahr sind, also schon falsch, wenn entweder p oder q falsch ist; entsprechend für die »Alternation« »p v q«, daß sie dann und nur dann falsch sei, wenn sowohl p wie q falsch sind – mit anderen Worten: »p v q« ist wahr, wenn entweder nur p oder nur q oder beide wahr sind. Der Wahrheitswert der zusammengesetzten Aussagen hängt also ausschließlich vom Wahrheitswert der Teilaussagen ab; dieser Zusammenhang heißt *Wahrheitsfunktion*. Wir können uns diesen Zusammenhang in der Form einer *Wahrheitstafel* anschaulich machen, wie sie in der Logistik (im sog. Aussagenkalkül) eine wichtige Rolle spielt. Eine solche Tafel würde für die »Konjunktion« p & q so aussehen.

	p	q	p & q
1.	w	w	w
2.	w	f	f
3.	f	w	f
4.	f	f	f

Zu lesen: p & q ist wahr, wenn p und q beide wahr sind (1. Zeile); dagegen falsch, wenn p wahr und q falsch (2. Zeile); ebenfalls falsch, wenn p falsch und q wahr; erst recht falsch, wenn p und q falsch.
Für die Alternation sieht die Wahrheitstafel so aus:

	p	q	p v q
1.	w	w	w
2.	w	f	w
3.	f	w	w
4.	f	f	f

Ist eine Aussage aus mehr als zwei Teilaussagen zusammengesetzt, so wird die Wahrheitstafel entsprechend größer. Aussageformen, die dieselbe »Wahrheitswertkolonne« haben, nennt man *äquivalent*.

Eine andere einfache Form der Verknüpfung von Aussagen geschieht mit dem Pfeilfunktor, der (teilweise) dem umgangssprachlichen »wenn . . ., so . . .« entspricht. $p \rightarrow q$ kann man deshalb als »wenn p, dann q« lesen. Für die rein auf den Wahrheitswert blickende symbolische Logik ist ein solcher Satz nur dann falsch, wenn p wahr, q dagegen falsch ist. Dies ergibt, in die Umgangssprache übersetzt, in vielen Fällen Unsinn. Setzen wir etwa für ein p ein »Europa ist ein Kontinent« (wahre Aussage) und für q »Der Wal ist ein Säugetier« (ebenfalls wahr), so könnte $p \rightarrow q$ so gelesen werden: »Wenn Europa ein Kontinent ist, dann ist der Wal ein Säugetier.« Das Paradox, das sich allgemeiner so ausdrücken ließe: »ein wahrer Satz folgt aus jedem anderen Satz, sei dieser nun wahr oder falsch« ist unter dem Schlagwort der »materiellen Implikation« häufig Ansatzpunkt für Kritik an der mathematischen Logik gewesen.

Parallel zur Entwicklung der mathematischen Logik hat sich in dem seit 1880 verflossenen Jahrhundert eine Kritik an den Grundlagen der Mathematik und eine weitverzweigte und fruchtbare Diskussion über diese Grundlagen entfaltet – nicht nur parallel, sondern in enger Wechselwirkung, denn die mathematische Logik erwuchs einerseits aus dem Bestreben, die Widerspruchsfreiheit des mathematischen Axiomensystems strenger als früher zu prüfen und zu beweisen, andererseits diente sie als Instrument sowohl der Kritik wie des neuen Aufbaus.

Eine besonders prononcierte und fundierte Kritik ist von dem holländischen Mathematiker Luitzen Egbertus Jan *Brouwer* (1881–1966) ausgegangen. Die von ihm begründete Denkrichtung wird *Intuitionismus* genannt. Ausgehend vom Begriff der Unendlichkeit verwirft Brouwer nicht nur eine Reihe von Grundprinzipien der bisherigen Mathematik, sondern auch der Logik – so z. B. den Satz vom ausgeschlossenen Dritten (A oder Nicht-A: ein Drittes ist daneben nicht denkbar) und den Satz, daß »Nicht-Nicht-A« gleich A sei (doppelte Negation). Unendlichkeit gibt es für Brouwer nicht in dem Sinne des »Aktual-Unendlichen«, sondern nur als *potentiell* Unendliches. Zur Erläuterung: Es gibt »unendlich« viele ganze Zahlen nicht in dem Sinne, daß in einem idealen Bereich unendlich viele Zahlen tatsächlich als Objekte existieren (so daß ein göttlicher Geist sie alle mit einem Blick inspizieren könnte), sondern nur in dem Sinne, daß es stets *möglich* ist, von einer gegebenen Zahl zu einer noch höheren fortzuschreiten.

Der Angriff Brouwers, der als höchst origineller und vielseitiger Kopf sich auch zu anderen Problemen geäußert hat (»Leben – Kunst – Mystik« heißt eines seiner früheren Werke), mußte die Mathematiker herausfordern zu neuer, verbesserter Absicherung der Grundlagen ihrer Wissenschaft. In diesem Sinne hat besonders David *Hilbert* (1862–1943) gewirkt, auch der noch zu behandelnde Bertrand Russell gehört in diesen Zusammenhang. Bei Russell – und nach ihm bei vielen philosophischen Denkern des 20. Jahrhunderts – sind Mathematik und Philosophie wieder so eng verbunden, wie es zuletzt im Zeitalter eines Descartes und Leibniz der Fall gewesen war.

4. RUSSELL UND MOORE

Bertrand Arthur William *Russell* (1872–1970) gehört noch immer zu den bekanntesten und meistgelesenen Philosophen der westlichen Welt. Bekannt geworden ist Russell zuerst als Mathematiker, und zwar als einer der Männer, die sich nach der Erschütterung der Grundlagen der Mathematik um eine neue Grundlegung bemühten. Zusammen mit Alfred North Whitehead – der später als philosophischer Denker eine ganz andere Bahn eingeschlagen hat als Russell und deshalb im Abschnitt »Neue Metaphysik« behandelt ist – schuf er mit den »Principia mathematica« (erschienen 1910–1913 in drei Bänden) eines der wichtigsten Werke mathematischer Grundlagenforschung.
Der breitesten Öffentlichkeit wurde Russell im Ersten Weltkrieg durch seine öffentlich bekundete, konsequent pazifistische Haltung bekannt, die ihn zeitweilig ins Gefängnis brachte. Der typisch englische Nonkonformismus, die eigenwillige Auflehnung gegen herrschende Ansichten oder Vorurteile, zeichnet Russell bis ins höchste Alter aus.
Während Russell als junger Mann im Banne der Mathematik einem gewissen Platonismus zuneigte und der Meinung war, außerhalb oder über der empirischen Wirklichkeit Ideen oder Universalien unmittelbar erkennen zu können, ist er später eindeutig zu Auffassungen gelangt, die es rechtfertigen, ihn in die Nähe der neupositivistischen Schule zu stellen. Die Entwicklung seines Denkens wird durch eine lange Reihe von Schriften bezeugt, die fast alle Gebiete der Philosophie behandeln: Logik, Erkenntnistheorie, Naturphilosophie, Gedanken über die Religion und vor allem auch über die richtige Einrichtung der menschlichen Gesellschaft. Zu Russells wichtigsten Schriften gehört das Alterswerk »*Human Knowledge*« (1948, dt. »Das menschliche Wissen«, 1955).
Russell hat kein System geschaffen, sondern Einzeluntersuchungen, die übrigens untereinander nicht immer konsequent zu verbinden sind. Das hängt, wie gleich zu zeigen ist, mit seiner skeptischen Grundeinstellung zur Möglichkeit umfassender Erkenntnis zusammen. Russell sieht nämlich das einzig leistungsfähige Erkenntnismittel in der Naturwissenschaft. Die Philosophie hat ihre Fragestellung dieser zu entneh-

men und nicht etwa der Moral oder der Religion. Sie kann nur den Bereich bearbeiten, der der exakten naturwissenschaftlichen Forschung noch nicht zugänglich ist, und hier kann sie Probleme höchstens stellen, nicht lösen. Je älter Russell wurde, um so mehr wurde er zum Positivisten und zum Skeptiker gegen alles, was nicht in den Bereich des vom Positivismus anerkannten Wissens fällt.

Russell hat seine Lehre vom Aufbau des Wirklichen einmal als »logischen Atomismus« bezeichnet; das entspricht einem in die Potenz erhobenen Pluralismus. Das Wirkliche sind die einzelnen Sinnesdaten (sense-data). Sie sind untereinander nur logisch verbunden; das bedeutet eine radikale Abwendung von Russells ursprünglich platonischer Einstellung und enthält eine Polemik gegen die idealistische Strömung in der englischen Philosophie um die Jahrhundertwende, wie sie u. a. durch Francis Herbert *Bradley* (1846–1924) verkörpert wird; denn nach Bradley gibt es zwischen den Dingen »innere Relationen«, die zu ihrem eigentlichen Wesen gehören. Nach Russell gibt es weder Materie noch Geist, noch ein Ich, sondern nur Sinnesdaten. Das erinnert an Hume.

Auf Moral und Religion angewandt bedeutet das: Die Naturwissenschaft, die einzige Quelle unseres Wissens, erkennt Sinnesdaten und weiter nichts. Für einen Glauben an Gott oder Unsterblichkeit liefert sie keine Stütze. Die Religion ist auch entbehrlich, ja ein Übel. Sie ist kennzeichnend für noch nicht ganz erwachsene Menschen.

Etwas anders steht es mit der Moral. Es gibt, auch nach Russell, eine Ordnung der Werte, die weit über die existierende Natur hinausreicht. Aber eine richtige Moral müßte ganz anders aussehen als die bisherige, die zum größten Teil auf abergläubischen Vorstellungen beruht. Als Lebensideal genügt ein von *Liebe* geleitetes und mit Hilfe des *Wissens* geführtes Leben.

Ein englischer Denker, der sich ebenfalls gegen die neuidealistische Strömung wandte und als Begründer des englischen Neurealismus gilt, ist George Edward *Moore* (1873–1958). Die Veröffentlichungen Moores, der sein ruhiges 85jähriges Gelehrtenleben fast ganz in Cambridge zugebracht hat, bestehen aus zwei kleineren Büchern über Ethik aus seiner Anfangszeit, im übrigen nur aus einer Anzahl von Aufsätzen und Vorträgen. Wie ist zu erklären, daß er, mindestens in der angelsächsischen Welt, zu den einflußreichsten philosophischen Denkern unseres Jahrhunderts gezählt wird? Moore, als dessen hervorstechende Charakterzüge Wißbegier, Wahrheitsliebe, intellektuelle Redlichkeit, ein auffälliger Mangel an Egoismus und Ehrgeiz und eine fast kindliche Naivität in Alltagsdingen genannt werden, tat etwas, was man manchen Philosophen oder gar der ganzen Zunft anraten möchte: Er ging aufmerksam auf die Gedanken seiner philosophischen Kollegen ein, half ihnen, ihre Ansichten zu klären. Kaum jemand in der ganzen Geschichte der Philosophie – so ein namhafter Kollege Moores – habe Moore übertroffen in der reinen Fähigkeit, Probleme zu analysieren, Fehlschlüsse und Mehrdeutigkeiten zu entdecken und offenzulegen ... Völlig selbstlos schreibt er einem Kollegen, um ihn von der Bedenklichkeit einer Lehrmeinung zu überzeugen, einen 20seitigen Brief, der einem geschliffenen Essay gleichkommt – gleichgültig dagegen, ob seine Gedanken jemals die Öffentlichkeit erreichen. Über weite Strekken hat Moore sich dabei bemüht, den gesunden Menschenverstand (Common sense) zu verteidigen, als Inbegriff der Ansichten, die fast allen Menschen gemeinsam sind, zum Beispiel, daß es eine reale Außenwelt gibt und in ihr andere denkende Menschen. Nicht selten bediente er sich dabei der Methode, die heute »Ordinary Language Philosophy« heißt und die Wittgenstein in seinem Spätwerk benutzt. – Ein Mann von solcher Selbstlosigkeit verdient schon deshalb einen Ehrenplatz in der Geschichte der Philosophie. Man kann seine Haltung mit der des Sokrates vergleichen.

5. DER WIENER KREIS – RUDOLF CARNAP

Das Auftreten des Neupositivismus als einer machtvollen und geschlossenen philosophischen Schule unseres Jahrhunderts ist hauptsächlich an die Gruppe von Gelehrten gebunden, die 1929 in Wien mit der Programmschrift »Wissenschaftliche Weltanschauung« hervortrat und sich »Wiener Kreis« nannte. Die Gruppe ist hervorgegangen aus einem Seminar Moritz *Schlicks* (geb. 1882), eines bedeutenden Menschen und Lehrers, der 1936 von einem Studenten ermordet wurde.

Der Wiener Kreis hatte bereits ab 1930 in der Zeitschrift »Erkenntnis« ein eigenes regelmäßig erscheinendes Publikationsorgan. »Erkenntnis« erschien bis 1938. In diesem Jahr machte der Anschluß Österreichs an das nationalsozialistisch regierte Reich die weitere Tätigkeit des Kreises auf deutschem Boden unmöglich. Die meisten Angehörigen der Gruppe wie Otto *Neurath* (1882–1945) und der damals in Berlin lehrende Hans *Reichenbach* (1891–1953) mußten emigrieren. Rudolf *Carnap* (1891–1970), der bis heute als der führende Kopf des Kreises gilt, lebte ab 1931 in Prag und lehrte an der dortigen deutschen Universität; 1935 entschloß er sich angesichts der politischen Entwicklung, Europa zu verlassen, lehrte ab 1936 in Chicago und wurde 1941 Bürger der USA. Ab 1954 lehrte er in Los Angeles.

Als der Kreis sich auf diese Weise zerstreute, hatte er durch seine Veröffentlichungen und auf internationalen Kongressen, die in schneller Folge in verschiedenen europäischen Städten stattgefunden hatten, bereits Ansehen gewonnen und ein lebhaftes Echo geweckt. So konnten die emigrierten Gelehrten in England und den USA ihre wissenschaftliche Arbeit fortsetzen und sich sogar schon ab 1939 im »Journal of unified science« ein neues Organ schaffen. Dem deutschen Geistesleben hat die Austreibung dieser Männer einen kaum heilbaren Schaden zugefügt, vergleichbar vielleicht der Zerstörung der Göttinger Mathematikerschule zu Beginn der Hitlerherrschaft. Erst geraume Zeit nach dem Ende des Zweiten Weltkrieges sind ihre Gedanken und Werke in Deutschland (der Bundesrepublik) wieder bekannter geworden und haben nun auch hier das philosophische Denken mächtig zu beeinflussen begonnen. In der breiteren Öffentlichkeit sind ihre Namen wie auch die seit der Unterdrückung des Kreises in Wien weitergetriebene Entwicklung noch immer ungenügend bekannt.

Rudolf Carnap, auf dessen Weg und Werk wir etwas näher eingehen wollen, studierte Philosophie, Mathematik und Physik und empfing erste entscheidende Eindrücke von Gottlob Frege, dessen Vorlesungen er in den Jahren vor dem Ersten Weltkrieg in Jena folgte, sowie – nachdem er am Kriege teilgenommen hatte – aus der Lektüre Russells, den er erst 1934 persönlich kennenlernte. Was Russell über die Aufgabe der Philosophie sagte, empfand Carnap als unmittelbar an ihn gerichtet: daß das gesamte Scheinwissen der überlieferten philosophischen Systeme beiseite geschoben und ein neuer Anfang gemacht werden müsse, bei dem die Logik im Mittelpunkt stehen und für die Philosophie dieselbe Rolle übernehmen solle, die die Mathematik für die Physik spielt; unter dieser Voraussetzung würde eine Gruppe von naturwissenschaftlich wie philosophisch geschulten Denkern binnen kurzem an gesichertem philosophischem Ertrag mehr erreichen als alle Philosophen der Vergangenheit.

In den zwanziger Jahren wurde Carnap mit Hans Reichenbach bekannt und schrieb – im wesentlichen noch bevor er 1926 auf Betreiben Schlicks an die Universität Wien berufen wurde – sein erstes Hauptwerk »Der logische Aufbau der Welt«, das 1928 erschien. Noch in demselben Jahr folgte »Scheinprobleme in der Philosophie«. Der Wiener Kreis bestand so gut wie ausschließlich aus Gelehrten, die außer in der Philosophie in einem Wissenschaftsgebiet fundierte Kenntnisse besaßen; so z. B. Hans *Hahn*, Karl *Menger*, Kurt *Gödel* als Mathematiker, Otto *Neurath* als Volkswirt und Soziologe, Philipp *Frank* als Physiker. Wittgenstein, dessen »Tractatus« zum großen Teil im Wiener Kreis laut vorgelesen und diskutiert wurde, war persönlich so scheu und sensibel, daß er an Diskussionen in größerem Kreis nicht teilnahm; seine Gedanken haben den Kreis jedoch mitgeprägt.

Geistesverwandte Gruppen bestanden in Berlin um Hans *Reichenbach* und in Warschau um Alfred *Tarski* (1902–1983), der wie einige weitere polnische Gelehrte jener Jahre in der Logik bahnbrechende Arbeiten geliefert hat.

a) Die neue Aufgabe der Philosophie

Carnap hat mit allen Denkern seiner Schule gemeinsam ein tiefes Ungenügen an der herkömmlichen Philosophie und besonders der Metaphysik: Gibt es hier überhaupt einen echten Erkenntnisfortschritt, vergleichbar den Fortschritten, die in der Mathematik und in den empirischen Wissenschaften, vor allem den Naturwissenschaften, erzielt worden sind? Wenn zwei Mathematiker streiten, so kann der eine durch einen streng logisch geführten Beweis die Zustimmung des anderen gleichsam erzwingen. Streiten zwei Physiker über eine Theorie, so kann der eine den anderen überzeugen, wenn er (durch Beobachtung, vor allem durch das Experiment) Tatsachen aufweist, die dessen These bzw. den aus ihr abzuleitenden Voraussagen widersprechen. Damit kann er seinen Gegner zwingen, seine These fallenzulassen oder zu modifizieren. Wenn die Philosophie in ihren zentralen Bereichen keinen echten Erkenntnisfortschritt kennt, wenn sie einen gesicherten Bestand höchstens an Problemen, nicht aber an Lösungen hat, so liegt das daran, daß ihre Aufgabe bisher völlig falsch gesehen wurde. Anstatt eigene Aussagen über die reale Welt zu machen, soll sie die Aussagen der Wissenschaften untersuchen, die für Aussagen über die reale Welt allein zuständig sind. Aufgabe der Philosophie ist (mit den Worten Wittgensteins), »den Sinn von Behauptungen und Fragen zu suchen«. Philosophie ist eine Tätigkeit, deren Ergebnis darin liegt, daß Sätze und ihre logischen Beziehungen zueinander klar werden, wobei sinnvolle Sätze sich von sinnlosen scheiden.

Was ist nun ein sinnvoller Satz? Nach Schlick hat eine Aussage nur dann einen Sinn, »wenn es einen angebbaren Unterschied ausmacht, ob sie wahr oder falsch ist«. Angebbar heißt hier: im Gegebenen aufweisbar. Anders ausgedrückt: Ein Satz ist – abgesehen davon, daß er nach den grammatischen und syntaktischen Regeln der Sprache richtig gebaut sein muß – sinnvoll nur, wenn er *verifiziert*, also durch Nachprüfung an der Erfahrung als wahr oder als falsch erwiesen werden kann. Z. B. ist der Satz: »Hinter der Welt der Erscheinungen liegt der Bereich der Dinge an sich« sinnlos, denn es ist kein Experiment angebbar, dessen Ausgang über die Richtigkeit des Satzes entscheiden würde. Dagegen ist der Satz: »Der Fixstern X hat 3 Planeten« prinzipiell (wenn auch beim heutigen Stande unserer Beobachtungsmöglichkeit nicht praktisch) verifizierbar. So ist – etwas überspitzt – gesagt worden: Der Sinn eines Satzes bestehe in der Methode seiner Verifikation.

b) Die Sinnlosigkeit der Metaphysik: Scheinprobleme

Wendet man dieses »Verifikationsprinzip« oder »empiristische Sinnkriterium« auf die Lehren der Philosophen an, so lassen sich diese in drei Gruppen aufteilen. Es handelt sich entweder um Aussagen, die rein logische Verhältnisse und Zusammenhänge ausdrücken, z. B. »eine Schlußfolgerung ist falsch, wenn eine ihrer Prämissen falsch ist«: solche Aussagen sind sinnvoll und widerspruchsfrei, sagen aber nichts über die wirkliche Welt aus. Oder es handelt sich um empirisch verifizierbare Sätze: dann gehören diese Sätze in die Naturwissenschaft und nicht in die Philosophie. Oder – drittens – es sind Sätze, die zwar Aussagen über die wirkliche Welt zu machen beanspruchen, aber nicht verifizierbar und damit sinnlos sind.

Übersetzen wir das in die Sprache Kants, so lehrt der Neupositivismus: Es gibt analytische Aussagen, die der reinen Logik angehören und deshalb a priori Gültigkeit besitzen. Es gibt synthetische Aussagen (Urteile), die an der Erfahrung verifizierbar sind – sie sind nur a posteriori möglich und gültig. Synthetische Aussagen a priori aber – deren Möglichkeit und Gültigkeit für Kant das Grundproblem der Metaphysik bildet – kann es nicht geben, und darum ist Kants Frage schon im Ansatz verfehlt! Seine Theorie ist gegenstandslos und zu verwerfen.

Carnap hat dem Nachweis, daß die meisten Lehren der Metaphysik sinnlos sind, viel Gedankenarbeit und die kleine Schrift »*Scheinprobleme in der Philosophie*« (1928) gewidmet. Er unterscheidet zwei Arten solcher sinnloser Aussagen. Die eine ist dadurch gekennzeichnet, daß sie Wörter enthält, deren Bedeutung nicht geklärt werden kann, die also schon als Wörter (abgesehen von der Verifizierbarkeit des Satzes, in dem sie vorkommen) sinnlos sind, wie z. B. »das Nichts« oder »die Weltseele« oder »der Weltgeist«. Das folgende Beispiel benützt Carnap selbst. Ein Gelehrter verwendet das Wort »babig« und erklärt, alle Dinge könnten eingeteilt werden in solche, die babig sind, und solche, denen dieses Prädikat nicht zukommt. Befragt nun, welchen feststellbaren Bedingungen ein Ding genügen müsse, um zur ersten Klasse zu gehören, kann er keine klare Antwort geben, da »babig« eben eine »metaphysische« Eigenschaft der Dinge sei. Jedermann wird zugeben, daß babig als wissenschaftlicher Begriff sinnlos und untauglich ist. Nicht anders steht es aber mit dem Weltgeist und auch mit allen Begriffen der Theologie, den Begriff Gott inbegriffen.

Die zweite Gruppe sinnloser Aussagen kommt dadurch zustande, daß Sätze gebildet werden, die zwar aus (für sich genommen) sinnvollen Wörtern bestehen, in der Zusammenstellung dieser Wörter aber gegen die Regeln der Syntax verstoßen. Hierher gehört z. B. ein Satz wie »Das Nichts nichtet« (Heidegger). »Nichts« besagt in unserer Sprache etwas rein Negatives, das Nichtvorhandensein von etwas; es ist sinnlos, es zum Subjekt einer Tätigkeit zu machen oder (»Wie erkennen wir das Nichts?«) zum Objekt des Erkennens.

Noch von einer anderen Seite her legt die Wiener Schule die Axt an die Wurzeln der Metaphysik: Eine Verifikation, die Beweiskraft (Zustimmung erzwingende Kraft) haben soll, muß *intersubjektiv* sein, d. h. sie muß von mindestens zwei Beobachtern vollzogen werden können – im Prinzip sogar (z. B. bei der richtigen Versuchsanordnung und Vorliegen der erforderlichen äußeren Bedingungen – z. B. einer Sonnenfinsternis –) von jedermann. Aber nicht nur das: Eine Verständigung über Sätze und die Wege ihrer Verifizierung setzt immer voraus, daß intersubjektiv verständliche Ausdrücke vorhanden sein müssen, Ausdrücke also, deren Bedeutung ein Gesprächspartner dem anderen (und prinzipiell jedermann gegenüber) eindeutig aufweisen kann. Dieser Klarheit entbehren aber die Begriffe der Metaphysik, so daß diese also auch am sogenannten *Mitteilungsproblem* scheitern muß.

Wie kommt es nun, daß durch die ganze Geschichte hindurch und auch heute immer erneut metaphysische Behauptungen aufgestellt werden, ja daß es vor allem immer auch Menschen gibt, die von ihnen beeindruckt und beeinflußt werden?

Das liegt hauptsächlich daran, daß man nicht klar zwischen Erkennen und Erleben unterschieden hat. Die genannten Lehren enthalten zwar kaum beweisbare Erkenntnis, sie können aber Ausdruck des Erlebens sein, sie können ebenso wie Literatur und Kunst z. B. ein (irrationales) »Weltgefühl« ausdrücken und vermitteln. Ihre Urheber würden freilich ehrlicher handeln, wenn sie versuchen würden, sich der Ausdrucksmittel der Dichtung zu bedienen, anstatt »in Begriffen zu dichten« und damit für Erkenntnis auszugeben, was in Wahrheit Dichtung ist.

c) Logische Sprachanalyse – Semantik

Im Gegensatz zu Wittgenstein, der lehrte, daß wir gleichsam in der Sprache sind und aus ihr nicht heraustreten können, waren andere Denker des Wiener Kreises, unter diesen R. Carnap, der Auffassung, daß es durchaus möglich sei, über die Sprache und ihre Strukturen zu sprechen. Carnap entwickelte die Idee einer »logischen Syntax der Sprache«; aus einer Vision auf dem Krankenlager, die ihn 1931 überfiel, entstand schließlich sein 1934/36 erschienenes Werk »*Logische Syntax der Sprache*«. Die Sprache, die den Gegenstand der Untersuchung bildet, wird hier »Objektsprache« genannt; die Sprache dagegen, in der die Theorie formuliert wird, heißt »Metasprache«. Dieses Buch hat wesentlich dazu beigetragen, die Aufmerksamkeit der Neupositivisten und der aus ihren Arbeiten erwachsenen »Analytischen Philosophie« auf die Sprache zu konzentrieren.

Die Anstöße zu dieser Arbeit kamen aus drei Richtungen: Carnap wollte zeigen, daß gewisse Grundbegriffe der formalen (deduktiven) Logik rein syntaktische Begriffe seien. Er wollte weiter zeigen, daß viele philosophische Kontroversen zurückgeführt werden können auf die Frage, in welcher »Sprache« bestimmte Gebiete behandelt oder bestimmte Theorien formuliert werden sollen. Er wollte dabei zeigen, wie man verschiedene Weisen des sprachlichen Ausdrucks vergleichend untersuchen und im Bedarfsfalle auch neue Sprachen für solche Zwecke konstruieren kann. Schließlich wollte Carnap, aus der Erkenntnis, daß die Erörterungen der Philosophen sich eigentlich mehr auf die Sprache beziehen als auf die reale Welt, einen Weg aufzeigen, die philosophischen Probleme auch in der »Metasprache« zu formulieren, der Sprache also, die dazu bestimmt und geeignet ist, über sprachliche Strukturen zu sprechen.

Einen neuen, entscheidenden Anstoß erhielt die weitere philosophische Beschäftigung mit der Sprache durch Arbeiten der Warschauer Logikschule, deren Hauptvertreter der schon genannte Alfred *Tarski* ist. Zu der Theorie der logischen Syntax trat jetzt als neues Arbeitsgebiet die *Semantik*. Während die »logische Syntax« nur auf die Zeichen der Sprache blickt und auf die Ordnung, in der sie auftreten, von ihrer Bedeutung dagegen absieht, untersucht die Semantik gerade die Bedeutung der sprachlichen Ausdrücke und besonders den Begriff der Wahrheit, über den Tarski 1933 eine aufsehenerregende Abhandlung veröffentlichte.[19] Carnap versuchte nun, die Betrachtungsweise der Semantik mit seiner syntaktischen Theorie zu verbinden.

Aus diesen Arbeiten erwuchsen Carnaps Bemühungen um die Konstruktion ganz neuer Sprachen. Darunter kann man zweierlei verstehen: die Konstruktion von Sprachen und Zeichensystemen in der symbolischen Logik – und das Erfinden einer internationalen Hilfssprache für den internationalen Verkehr. Beides liegt weit auseinander, doch haben große Gelehrte von Leibniz bis Peano sich mit beiden Aufgaben befaßt, und auch Rudolf Carnap hat das getan. Als 24jährigem fiel ihm ein Flugblatt über Esperanto in die Hand. Die Regelmäßigkeit und Einfachheit dieser Kunstsprache faszinierte ihn. Er erlernte sie sofort und konnte bald darauf bei einem internationalen Esperanto-Kongreß mühelos den Verhandlungen und einer Aufführung von Goethes »Iphigenie« in einer Esperanto-Fassung folgen. Nachdem er jahrelang persönliche Gespräche und wissenschaftliche Diskussionen in Esperanto geführt hatte, begann er sich für die Konstruktion solcher Sprachen theoretisch zu interessieren, untersuchte *Ido* (von *Couturat*), *Latino sine flexione* (von G. *Peano*) und schließlich die von einem internationalen Gelehrtenteam neu entwickelte Kunstsprache *Interlingua*, die sich wie die vorher genannten besonders auf die romanischen Sprachen stützt und das Weltverständnis des Westeuropäers spiegelt. In einem letzten Abschnitt seiner Arbeit hat Carnap sich mit Problemen der Induktion und der Wahrscheinlichkeit befaßt.

Für einen so universalen und so tief an der Sprache interessierten Denker wie Carnap besteht – mindestens psychologisch – eine enge

Verbindung zwischen der Wissenschaftslogik und der Schaffung einer weltumspannenden internationalen Verkehrssprache.

6. EIN AUSBLICK

1967 betrat Rudolf Carnap nach dreißig Jahren Abwesenheit zum erstenmal wieder deutschen Boden. In einem aus diesem Anlaß gewährten Interview[20] blickt er mit der Weisheit des Alters zurück auf die Bewegung, die ihm so viele entscheidende Anstöße verdankt. Daß Carnap freimütig einräumt, viele seiner ursprünglichen Thesen hätten im Laufe der weiteren Entwicklung – und großenteils durch ihn selbst – modifiziert werden müssen, ist vom Standpunkt des logischen Empiristen gesehen nichts Besonderes, für ihn sind die Probleme der Klärung von Begriffen und Sätzen, die Analysis der wissenschaftlichen Sprache niemals vollständig gelöst, ja zum Teil noch in den Anfängen. Und da es zu den Prinzipien dieser Philosophie gehört, keine totalen Systeme der Welterklärung aufzustellen und keine Bekenntnisse zu solchen zuzulassen, sondern nüchtern und mit logischer Strenge Schritt für Schritt voranzugehen, so ist Korrektur, Zurücknahme von Thesen, Neuentwurf einer Theorie hier ebenso selbstverständlich wie für eine Realwissenschaft im Fortschreiten ihrer Erkenntnisse. Schließlich: wenn der Philosoph nach Carnap ein »Konstrukteur von Sprachen« ist, so wird er ebensowenig wie ein Ingenieur, dessen Beruf im Konstruieren von Straßen oder Brücken oder Motoren besteht, jemals auf die Idee kommen, er habe nun die endgültig und unüberbietbare beste Konstruktion gefunden.

Trotzdem ist auffällig, wie äußerst vorsichtig sich Carnap zu der früheren Kritik des Wiener Kreises an aller Metaphysik äußert. Die totale Verwerfung aller ihrer Sätze würde er »nicht mehr mit der gleichen Strenge« aufrechterhalten. Heidegger und »gewisse heutige Neuhegelianer« verwirft er nach wie vor als »ohne Erkenntnisgehalt«. Im ganzen ist aber die Einstellung zur Metaphysik toleranter und liberaler geworden.

Dies ist gewiß hauptsächlich darauf zurückzuführen, daß einige Grundthemen der abendländischen Metaphysik, welche die Philosophie von Anbeginn an beschäftigt und beunruhigt haben, in neuer, veränderter Form auch für die Analytische Philosophie doch wieder zum Problem geworden sind. Zu diesen gehören das Universalienproblem, das Leib-Seele-Problem und das Verlangen nach einer Richtschnur für das menschliche Handeln: nach einer philosophisch fundierten Ethik.

Zum erstgenannten Problem sei nur darauf hingewiesen, daß sich, ausgehend von den Diskussionen über die logische Grundlegung der Mathematik und angestoßen durch die Forschungen einiger Vertreter der modernen Logik, vor allem W. Van Orman *Quine*[21], der längst totgeglaubte Universalienrealismus oder Platonismus zu neuem Leben erhoben hat. Manche Mathematiker, Logiker und Philosophen halten die Annahme, daß Universalien wirklich existieren, für unentbehrlich für einen korrekten Aufbau von Mathematik und Logik. Und auch die vermittelnde Position, die sich von den Einseitigkeiten des Platonismus wie des Nominalismus freizuhalten sucht; die lehrt, daß den Universalien Realität zukomme, wenn auch nicht als zeitlosen Wesenheiten, sondern nur als im menschlichen Geist erzeugten Begriffen – auch diese Position, zu der sich im Grunde schon die scholastischen Streiter des frühen Mittelalters – Abälard etwa – durchgerungen hatten, ist zu neuen Ehren gekommen.

Das Wiederaufleben des psychophysischen Problems hängt damit zusammen, daß der ursprüngliche »Physikalismus« der Schule sich nicht hat aufrecht erhalten lassen; es hat sich insbesondere erwiesen, daß seelische Vorgänge sich nicht immer, nicht überall und vor allem nicht restlos im Sinne des Behaviorismus in äußerlich beobachtbare Merkmale körperlichen Verhaltens umsetzen, daß sie sich also nicht in der Sprache der Physik beschreiben lassen. Braucht man aber neben der Sprache der Physik zum Beschreiben und Klassifizieren der seelischen Vorgänge eine »introspektive«, also »ins Innere des Menschen« (und nicht nur auf sein äußeres Verhalten) blickende Psychologie und eine ihr dienende »mentalische« Sprache, so erhebt sich unausweichlich die Frage, wie und inwieweit Aussagen der einen Sprache in die andere umgesetzt oder auf sie bezogen werden können.

Das Leib-Seele-Problem hat vor allem Herbert *Feigl* (geb. 1902) neu zur Debatte gestellt.[22] Feigl hat sich wiederholt gegen eine zu enge oder zu radikale Fassung von Grundsätzen der analytischen Philosophie gewandt und gefordert, traditionelle Probleme der Philosophie mit Vorsicht, Toleranz und Offenheit zu behandeln. So tritt er auch Versuchen entgegen, die darauf hinauslaufen, das Problem als (aus sprachlicher oder begrifflicher) Verwirrung entsprungenes Scheinproblem abzutun. Unzweifelhaft setzt unsere Alltagssprache ständig Leibliches und Seelisches in engsten Zusammenhang: »Man sieht ihm seine ablehnende Einstellung an.« »Er hat sich durch ständigen Ärger und den Versuch, ihn zu unterdrücken, ein Magengeschwür zugezogen.«

Man kann das nicht im Sinne des Behaviorismus abtun als bloße Redeweise, façon de parler: einmal, weil wir unbestreitbar zumindest zu eigenen seelischen Zuständen wie Schmerz, Angst, Erregung, Traum einen unmittelbaren Zugang haben; zweitens, weil die Erkenntnisse der Gehirnforschung und Neurophysiologie zeigen, daß zwischen Zuständen und Vorgängen in der Psyche und neurophysiologischen Prozessen eine enge Korrespondenz, ein Isomorphismus besteht. Feigl deutet an, daß er zu einer Theorie neigt, die mentale und neuronale Prozesse zusammenfallen läßt: einer Theorie der Identität.

VIII. Wissenschaftstheorie – Neues zum Erkenntnisproblem

1. ANALYTISCHE PHILOSOPHIE

Die in mehreren Ländern des Westens lebendige philosophische Bewegung, die großenteils durch den Wiener Kreis eingeleitet worden ist, hat sich durch die Beiträge von Gelehrten aus England, den USA, aus Skandinavien, auch aus Holland, Israel und weiteren Ländern in die Breite entwickelt, zugleich auch in manchen Punkten die ursprünglichen Denkansätze des Wiener Kreises modifiziert oder überholt. Es hat sich deshalb eingebürgert, den Namen »Wiener Kreis« auf die Zeit bis etwa 1938 zu beschränken. Die spätere Entwicklung bezeichnet man meist mit dem Sammelnamen »Analytische Philosophie«, manchmal auch einfach als »Grundlagenforschung«.

Analytische Philosophie ist deshalb hier als »Sammelname« bezeichnet, weil der Begriff kaum eindeutig abzugrenzen ist. Für manche Autoren fällt er (fast) zusammen mit »Ordinary Language Philosophy«, die ich im Abschnitt über die Sprache behandelt habe; andere subsumieren hier auch Russell, den Wiener Kreis – und natürlich Wittgenstein (den frühen des »Tractatus«, den späteren oder auch beide); ein wieder anderes Kriterium lautet: Analytisch ist jede Philosophie, die sich mit der modernen Logik verbindet. Es ist deshalb nicht ohne eine gewisse Willkür möglich, einen Denker der Ordinary Language Philosophy oder der Analytischen Philosophie zuzurechnen, ganz abgesehen davon, daß jeder auch noch Leistungen aufzuweisen hat, die seiner Einordnung in eine bestimmte Schule im Wege stehen.

Der vorangehende Abschnitt hat schon deutlich gemacht, daß die Schule auf einigen Gebieten besondere Leistungen und interessante Ergebnisse aufzuweisen hat. Sie hat die symbolische Logik stark ausgebaut, und sie hat von diesem neuen Instrument vielfach Gebrauch gemacht. Sie hat zweitens die Aufmerksamkeit der Philosophen auf die Phänomene der Sprache gelenkt und hier neue Einsichten erreicht. Daneben sind die Gedanken wichtig, welche die Schule über Aufgabe und Funktion der Philosophie entwickelt hat. Die Philosophie sollte einen eigenen, zwar begrenzten, aber gesicherten Forschungsbereich erhalten; von diesem Bereich aus sollte sie allen Wissenschaften dazu verhelfen, eine präzise, logisch unanfechtbare Sprache und Begriffsbildung zu entwickeln. Mit anderen Worten, es geht den Denkern dieser

Richtung immer um das Problem der Erkenntnis, und zwar der begründbaren, gesicherten »objektiven«, mitteilbaren und an der Erfahrung beweisbaren Erkenntnis – »Erkenntnis« war ja auch der Schlachtruf, mit dem der Wiener Kreis zuerst an die Öffentlichkeit trat. Derart gesicherte, beweisbare, gleichsam mit »Zustimmungszwang« demonstrierbare Erkenntnis ist Wissenschaft. So läßt sich sagen, daß die Theorie der wissenschaftlichen Erkenntnis, kurz Wissenschaftstheorie, eines der Hauptanliegen, wenn nicht das Herzstück in allen Bemühungen dieser Schule darstellt.

Einen ersten Teilbereich der wissenschaftstheoretischen Arbeit, den wir schon berührt haben, bildet das Bemühen um eine neue logische Grundlegung der Mathematik, auch logisch-mathematische Grundlagenforschung genannt. Die lebenslange Arbeit der besten Köpfe hat hier eine Fülle neuer Einsichten hervorgebracht, aber keineswegs zu einer Einigung über die letzten Grundlagen und Grundfragen geführt. Es stehen sich vielmehr hier mehrere Schulen gegenüber, insbesondere der auf Frege zurückgehende *Logizismus*, der auf *Brouwer* zurückgehende *Intuitionismus* und die von David *Hilbert*, einem der bedeutendsten Mathematiker der Neuzeit, geschaffene *Metamathematik*. Andere wichtige Beiträge zu diesem Forschungsgebiet stammen von Alonzo *Church* (geb. 1903) und Willard Van Orman *Quine* (geb. 1908). Quine[23] gehört auch zu den führenden Logikern der Gegenwart.

Den zweiten Teilbereich der Wissenschaftstheorie bilden Untersuchungen über die wissenschaftliche Begriffsbildung, besonders über Definition und Eplikation von Begriffen. Das Bemühen, sämtliche in einem Wissenschaftszweig vorkommende Begriffe in der Weise zu ordnen, daß sie auf ganz wenige Ausgangsaussagen (Grundsätze, Axiome) zurückgeführt werden, bezeichnet man als axiomatische Methode. Euklid hat diese Methode für die Mathematik in bahnbrechender (jedoch heute nicht mehr akzeptierter) Weise vorexerziert. Carnap hat in seinem Werk »*Der logische Aufbau der Welt*« den beinahe phantastisch anmutenden Versuch unternommen, die Begriffe *aller* Wissensgebiete in einen systematischen Zusammenhang zu bringen und sie auf ganz wenige Grundelemente und eine einzige Grundrelation, das Elementarerlebnis der »Ähnlichkeitserinnerung«, zurückzuführen.

Etwas ausführlicher betrachten wir den dritten Teilbereich der Wissenschaftstheorie: die *Theorie* der empirischen oder *erfahrungswissenschaftlichen Erkenntnis*. Der Wiener Kreis hatte schon in seinen Anfängen das sogenannte Verifikationsprinzip oder »empiristische Sinnkriterium« entwickelt: Aussagen über die Wirklichkeit, die als sinnvoll anerkannt werden wollen, müssen »verifizierbar« sein.

Um dieselbe Zeit wurden in Wien, besonders durch Otto *Neurath* (1882–1945), die unter den Stichworten »Einheitswissenschaft« und

»Physikalismus« zusammengefaßten Überlegungen vorgebracht: Da kein wissenschaftlicher Forschungszweig isoliert von den übrigen bestehen kann (Forschungen über Wahrnehmungsprozesse z. B. müssen Begriffe und Methoden der Physik, Chemie, Physiologie und Psychologie heranziehen; die Soziologie verwendet Begriffe aus der Rechtslehre, der Wirtschaftswissenschaft, der Religionsgeschichte usw.), so ist es eine unabweisbare Forderung, daß die wissenschaftlichen Begriffe verschiedener Gebiete aufeinander beziehbar sein müssen: das ist die Forderung nach einer einheitlichen Wissenschaft, zugespitzt einer Einheitswissenschaft (Unified Science).

Da nur Aussagen über die Körperwelt intersubjektiv überprüfbar und empirisch beweisbar sein können (nicht dagegen z. B. »introspektive« Aussagen wie »ich habe jetzt Sehnsucht nach X«), so kommt als Grundlage einer einheitlichen Sprache nur die »Dingsprache«, als Grundlage der Einheitswissenschaft nur die Physik in Frage – daher das Schlagwort »Physikalismus«. Die angestrebte Einheitswissenschaft wäre ein logisch geordnetes System von Aussagen, die aber letztlich alle zurückgeführt werden können auf einfache Basisaussagen oder »Protokollsätze« von der Form: »Der Beobachter X hat zum Zeitpunkt T an der Stelle L das Phänomen P beobachtet.«

Die Forderung scheint auf den ersten Blick einleuchtend, ja zwingend wie das Verifikationsprinzip – und beide sind gleich undurchführbar. Was den Physikalismus anlangt, so ist erwiesen, daß die Sprache der Physik nicht so universal ist, daß in ihr auch psychologische Grundbegriffe formulierbar wären.

Gehen wir aber auf das empirische Sinnkriterium zurück! Gewiß kann der Satz: »Auf diesem Tisch liegt jetzt ein Stück Kohle« bei gehöriger Gründlichkeit befriedigend verifiziert werden. In der Wissenschaft geht es aber oft, und gerade an den entscheidenden Stellen, um Aussagen eines hohen oder ganz umfassenden Allgemeinheitsgrades: um Hypothesen und Gesetze. Kann der Satz »Glas leitet Elektrizität nicht« vollkommen verifiziert werden? Müßte dazu nicht, strenggenommen, jedes Stück Glas auf seine Leitfähigkeit geprüft werden? Wie soll der Satz »Alle Fixsterne gehören entweder zur Klasse A oder zur Klasse B oder zur Klasse Y« verifiziert werden? Das ist unmöglich, weil es unmöglich ist, zu diesem Zweck eine Durchmusterung des ganzen Universums zu veranstalten. Gesetzesaussagen können prinzipiell nicht vollständig verifiziert werden.

Die philosophische Diskussion um Grundlagen, Methoden, Grenzen wissenschaftlicher Erkenntnis hat sich – etwa ab 1960 – zu einem breiten, nur noch schwer überschaubaren Strom entwickelt.[24] Die Beiträge kommen aus vielen Ländern, mit Schwerpunkt allerdings im angelsächsischen Bereich. Bemerkenswert ist, daß – im Unterschied zu früheren

Zeitaltern der Philosophiegeschichte – die führenden Geister einander häufig begegnen und auf Kongressen, bei Symposien, auch in Sammelwerken miteinander diskutieren. Daß ein einsamer Denker, ohne viel nach rechts und links zu blicken, ein »System« aufbaut und verkündet, gehört der Vergangenheit an. Einige Stichworte aus den Themen solcher Symposien: Begriffe und ihre Beziehung zum bezeichneten Gegenstand; natürliche und künstliche Sprachen; Wahrheit, Notwendigkeit, Naturgesetz; Induktion und Deduktion; wissenschaftlicher Erkenntnisfortschritt; Verifizierbarkeit und Beweisbarkeit; Kausalität und Wahrscheinlichkeit; Freiheit und Notwendigkeit; das psychophysische Problem.

Zwei Beiträge zu dieser umfassenden Diskussion, die sich durch besondere Originalität auszeichnen, sollen hervorgehoben werden: 1962 erschien in erster Fassung (später folgte eine bearbeitete und erweiterte Ausgabe) das Buch des Amerikaners Thomas Samuel *Kuhn* (geb. 1922) »*The Structure of Scientific Revolutions*«[25]. Gestützt auf einige wichtige Abschnitte aus der Geschichte der Naturwissenschaft, die er als Beispiele anführt und ausbreitet (sie betreffen vor allem Copernicus, Newton, Lavoisier, Einstein), entwickelt Kuhn Thesen, die viele Wissenschaftstheoretiker geradezu schockiert haben: Das Fortschreiten naturwissenschaftlicher Erkenntnis vollzieht sich nicht schrittweise und kontinuierlich, sondern in Sprüngen und krisenhaften Umwälzungen (»Revolutionen«).

Kuhn beschreibt zunächst das Wesen »normaler« Wissenschaft. Sie spielt sich ab in einer Gemeinschaft der Gelehrten, die bestimmte wissenschaftliche Leistungen und Erkenntnisse der Vergangenheit, wie sie sich gewöhnlich in maßgeblichen, allgemein anerkannten Lehrbüchern (und in der Folge auch in Schulbüchern) niedergeschlagen haben, explizit oder stillschweigend als allgemeinen Rahmen, als Hintergrund ihrer eigenen Arbeit akzeptieren. Sie beschäftigen sich damit, »Rätsel zu lösen« (puzzle solving), die in dem allgemeinen herrschenden Klima gestellt und im Prinzip auch gelöst werden können. Einen solchen Rahmen hat für lange Zeit die Mechanik Newtons abgegeben. Sie fungierte als allgemein anerkanntes »Paradigma«. Was bisher allgemein als Eigenart wissenschaftlichen Erkenntnisfortschritts galt: ruhiges Fortschreiten, kumulative Wissensvermehrung – das trifft für Epochen »normaler Wissenschaft« durchaus zu. Ab und zu tauchen aber Phänomene auf, die sich nicht dem Paradigma fügen wollen, »Anomalien«, die eine grundsätzliche Neubesinnung, einen neuen theoretischen Ansatz erfordern und die schließlich einen Paradigmenwechsel erzwingen. In den Köpfen der Gelehrten spielt sich diese Umstellung – etwas zugespitzt formuliert – nicht so ab, daß immer mehr Anhänger des alten Paradigmas sich zum neuen »bekehren«, sondern eher so, daß neue, junge Forscher heranwachsen, die von Anfang mit dem neuen Paradigma vertraut sind, während die Anhänger des alten allmählich aussterben.

Kuhns Thesen haben heftige Auseinandersetzungen mit anderen Wissenschaftstheoretikern ausgelöst, besonders mit (dem noch ausführlich zu würdigenden) Karl Popper und seinen Schülern (darunter Imre *Lakatos*, 1922–1974), denen Kuhn sich stark verpflichtet fühlt. –

Die wissenschaftstheoretische Diskussion ist so stark angeschwollen, daß einen manchmal der Zweifel befallen mag, ob sie den engen Kontakt zur Forschung hält, der notwendig ist, wenn sie nicht im luftleeren Raum laufen soll; Zweifel, ob die Forscher, die in Physik, Chemie, Astronomie, Biologie Neues finden und formulieren, denn auch die von den Wissenschaftstheoretikern diskutierten Methoden und Rezepte immer und überall befolgen.

Von solcher Skepsis voll ist das Buch von Paul K. *Feyerabend* »*Wider den Methodenzwang*«[26]. Muß schon der Titel jeden provozieren, der saubere, durchdachte Methodik für die Grundlage allen erfolgreichen wissenschaftlichen Arbeitens hält, so ist der Untertitel dann geradezu schokkierend: »Skizze einer anarchistischen Erkenntnistheorie«.

Feyerabend stammt aus Wien, hat sich aber lange studierend und lehrend in London, Kopenhagen, Bristol und Berkeley aufgehalten. Der Terminus Anarchismus hat einen Beigeschmack von Gewalttätigkeit und Terrorismus, den Feyerabend ausdrücklich ausschließt. Er spricht auch von »Dadaismus« im Methodischen und meint, zunächst vage ausgedrückt: nicht zu viel Rigorismus, sondern lieber weitgehende Toleranz, Methodenpluralismus. Entsteht nicht Erkenntnisfortschritt häufig gerade da (und hier liegt eine Verbindung zu den Thesen Kuhns), wo Forscher hergebrachte, anerkannte Methoden bewußt oder unbewußt verlassen oder verletzen? Beispiel: Führe nicht Hypothesen »ad hoc« ein (sagt die Methode), also allein zu dem Zweck, Widersprüche zwischen der theoretischen Erwartung und dem tatsächlichen Ergebnis eines Versuchs zu beseitigen. Können aber Ad-hoc-Hypothesen nicht auch fruchtbar sein und sind es oft gewesen? Kann man die Wissenschaft nicht auch voranbringen, indem man von unbestätigten, ja nahezu absurden Hypothesen ausgeht? Vielleicht fördert nur ein solcher Ansatz Daten zutage, welche die hergebrachten Theorien erschüttern? Sind nicht viele bahnbrechende Entdeckungen aus einer Mischung von (genialer) Intuition, Beharrlichkeit und Glück hervorgegangen? Einheitlichkeit, Konformität der Meinungen mag für eine religiöse Gemeinschaft angemessen und wertvoll sein – aber für die Republik der Gelehrten? Wir sollten uns auch nicht scheuen, mythische oder mystische Denkansätze ernstzunehmen. Im Anhang des Werkes erörtert der Autor u. a. die Einführung des Fernrohrs in die Astronomie durch

Galilei und setzt sich auch mit anderen Wissenschaftstheoretikern auseinander.

2. POPPER UND DER KRITISCHE RATIONALISMUS

Es gehört zur Eigenart heutiger Philosophie, jedenfalls der hier besprochenen Denkrichtungen, daß man ihre Darstellung im allgemeinen besser durch sachliche Überschriften – Probleme, Sachgebiete – gliedert als durch die Namen von Personen. Das liegt zum einen an der »Verwissenschaftlichung« dieser Philosophie, die abgerückt ist vom großen Wurf des Systems (»Wenn man doch in den Tagen Spinozas gelebt hätte, als Systeme noch möglich waren . . .« – ein Stoßseufzer Bertrand Russells) und in mühseliger Kleinarbeit an Einzelproblemen arbeitet, zum anderen auch mit der durch Reisemöglichkeiten, Geldmittel und Telekommunikation stark ausgeweiteten internationalen Diskussion, die dazu führt, daß ein Denker sehr schnell Repliken und Kritik erfährt, auf die er dann seinerseits antwortet.
Eine Ausnahme kann man für Karl Raimund *Popper* rechtfertigen, der nach Umfang, Vielseitigkeit und Bedeutung seines Werkes wie nach dem Gewicht seiner Persönlichkeit zu den zentralen Gestalten in der Philosophie des 20. Jahrhunderts gehört. Popper ist 1902 in Wien geboren – wie Wittgenstein stammt er aus wohlhabender und hochgebildeter jüdischer Familie. In einem seiner Philosophie gewidmeten Sammelwerk hat er sein Leben und seinen inneren Werdegang selbst ausführlich dargestellt; leider liegt das Werk nur in englischer Sprache vor.[27] In seiner Wiener Zeit stand Popper mit dem Wiener Kreis in enger Verbindung, ohne ihm aber anzugehören. Mit dem Marxismus, dem er vorübergehend zuneigte, hat er sich damals – und später erneut – auseinandergesetzt. Die Lektüre der Werke Kants, die Beschäftigung mit Musik, das Studium der Mathematik und Physik gehören zu den bestimmenden Eindrücken dieser ersten Zeit. Vor dem Anschluß Österreichs an das Hitlerreich, den er voraussah, verließ Popper seine Heimat und ging über England an eine Universität (Christchurch) in Neuseeland. Ab 1945 lehrte er an der London School of Economics.
Von Poppers Werken seien vier Hauptschriften genannt: *»Logik der Forschung«*, 1935 erschienen, sehr viel später auch in englischer Sprache, *»The Logic of Scientific Discovery«*; danach verschiedene neue, stark überarbeitete deutsche Ausgaben. – *»The Open Society and Its Enemies«*, 2 Bde., 1945, deutsch als *»Die offene Gesellschaft und ihre Feinde«* ab 1957. – *»The Poverty of Historicism«*, 1957, auch deutsch als *»Das Elend des Historismus«*. – *»Objective Knowledge. An Evolutionary Approach«*, 1972; gleich darauf (1973) deutsch als *»Objektive Erkenntnis. Ein evolutionärer Entwurf«*. Einen ersten Eindruck von der Breite seines Interessenspek-

trums und den inneren Antrieben seines Philosophierens vermittelt der 1984 erschienene Sammelband *»Auf der Suche nach einer besseren Welt«*; er enthält Reden und Aufsätze aus dreißig Jahren.

Popper hat – was eine vollständige Bibliographie noch deutlicher macht – zu ganz verschiedenen Problemkreisen ausführlich Stellung genommen, insbesondere: sowohl zu den Grundlagen und Grundfragen naturwissenschaftlicher Erkenntnis, und zwar stets in engem Gedankenaustausch mit führenden Naturwissenschaftlern wie Einstein (mit dem er heftige persönliche Diskussionen geführt hat), Schrödinger, Philipp Frank, Niels Bohr – wie zu Fragen der Geschichte und Gesellschaftslehre. Als roter Faden zieht sich durch das Gesamtwerk ein humaner, rationaler und kritischer Grundzug. Es gibt aber darüber hinaus auch eine innere Einheit in Poppers Werk – die leider in der hier gebotenen Kürze nicht einfach zu fassen ist. Stark vereinfacht läßt sich sagen: Der Weltlauf ist für Popper nicht streng determiniert, nicht ein für allemal vorherbestimmt (Indeterminismus) und – allein schon deshalb, aber auch aus weiteren Gründen – auch nicht voll erkennbar. Was unser Erkennen anlangt, muß dies zu der Einsicht führen, daß alles Wissen stets einen provisorischen, hypothetischen Charakter behält.

In den Streit darüber, ob man wissenschaftliche Hypothesen oder Theorien durch Verifikation endgültig sichern kann, hat Popper[28] von dieser Grundhaltung aus eingegriffen.

Popper beweist zunächst, daß der Ausweg nicht gangbar ist, der sich dem unkritischen Verstand anbietet: Es handele sich bei dem Satz »Glas leitet die Elektrizität nicht« – so könnte man argumentieren – zwar nicht um ein streng beweisbares Gesetz, aber um ein durch Induktion gewonnenes. Es liege ein durch induktive Ableitung aus vielen beobachteten Einzelfällen gewonnenes Gesetz vor, jedenfalls eine induktiv gewonnene Hypothese von hoher Wahrscheinlichkeit. Hierzu beweist Popper, daß es überhaupt kein aufweisbares Prinzip gibt und geben kann, nach dem solche Induktionsschlüsse vollzogen werden könnten. Denn wie sollte ein solches allgemeines Prinzip beschaffen sein? Wäre es ein analytischer – also aus rein logischen Gründen zwingend geltender – Satz, so könnte es sich nicht um Induktion handeln. Enthielte er aber ein Element empirischer Erfahrung, so bedürfte man, um daraus zwingend den gesuchten Satz abzuleiten, ja schon des Induktionsprinzips, das man gerade erst suchen und sichern will – ein unendlicher Regreß! Popper setzt deshalb an die Stelle der Verifikation die Falsifikation, die (bescheidenere) Forderung: Hypothesen werden nicht durch Verifikation bewiesen; sie können aber durch Falsifikation widerlegt werden: indem nämlich Beobachtungen aufgewiesen werden, die im Widerspruch stehen zu den Folgerungen, die aus der Hypothese abzuleiten sind. Am Beispiel gesprochen: »Glas leitet die Elektrizität nicht« kann umgeformt werden in »Es gibt kein Stück Glas, das elektrisch leitfähig ist«. Nun kann versucht werden, dies zu falsifizieren, also ein Stück Glas zu finden, das Elektrizität leitet. Gelingt das über längere Zeit nicht, so haben wir eine gut bestätigte Hypothese vor uns: sie hat allen bisherigen Falsifizierungsversuchen widerstanden.

Durch Popper angeregt hat R. Carnap dann allgemeinere Regeln für die Prüfbarkeit und Bestätigungsfähigkeit von Sätzen aufgestellt[29], später auch Grundsätze, nach denen der Wahrscheinlichkeitsgrad von Aussagen abgeschätzt oder beurteilt werden soll.

Das so errichtete wissenschaftstheoretische Gebäude ist allerdings bald wieder erschüttert worden. Der Amerikaner Nelson *Goodman*[30] (geb. 1906) nahm den Begriff des Naturgesetzes, allgemeiner der Gesetzesaussage, unter die Lupe und stellte die Frage, ob es überhaupt ein eindeutiges Kriterium dafür gibt, welche Aussagen als »Gesetze« anzusehen sind. Es zeigt sich, daß alle bisherigen Antworten auf diese Frage unbefriedigend sind. Goodman zeigt, daß das Problem – wenn überhaupt – nur lösbar ist, indem man nicht von der einzelnen Hypothese ausgeht, sondern ihren (wissenschaftlichen und sprachlichen) Kontext einbezieht.

Weitere Werke Goodmans: *»The Structure of Appearance«* (1951); *»Languages of Art«* (1968, dt. *»Die Sprachen der Kunst«*, 1973). In dem zweitgenannten Werk ist neben dem Problem, induktive Schlüsse zu rechtfertigen (in der Praxis des Forschens macht man ohne Unterlaß von ihnen Gebrauch) besonders die Problematik des (naturwissenschaftlichen) Gesetzesbegriffs behandelt.

Stark vereinfachend kann man *ein* wichtiges Ergebnis der Arbeiten auf diesem Gebiet etwa so formulieren: Die komplizierteren theoretischen Begriffe der Naturwissenschaften können nicht so definiert werden, daß in der Definition nur auf Beobachtungen Bezug genommen wird. Allgemeiner: Es ist unmöglich, die »theoretische Sprache« auf die »Beobachtungssprache« zurückzuführen. Das theoretische »Stockwerk« – wenn dieses Bild erlaubt ist – ruht nicht an jeder Stelle auf dem Fundament der Beobachtung. Es schwebt allerdings auch nicht frei über ihr. Beide sind an wichtigen Stellen durch »Zuordnungsregeln« untereinander verbunden. Die theoretischen Begriffe *entstehen* aber nicht durch logische Ableitung aus der Dingsprache. Sie sind eher freie Schöpfungen des menschlichen Geistes, ja der Phantasie, die erst anschließend der Prüfung an der Erfahrung zu unterwerfen sind. Man kann das kaum radikaler ausdrücken, als Albert Einstein es getan hat:

»Nach meiner Überzeugung muß man ... behaupten: die in unserem Denken und in unseren sprachlichen Äußerungen auftretenden Begriffe sind alle – logisch betrachtet – freie Schöpfungen des Denkens und können nicht aus den Sinnes-Erlebnissen induktiv gewonnen wer-

den. Dies ist nur deshalb nicht so leicht zu bemerken, weil wir gewisse Begriffe und Begriffs-Verknüpfungen (Aussagen) gewohnheitsmäßig so fest mit gewissen Sinnes-Erlebnissen verbinden, daß wir uns der Kluft nicht bewußt werden, die – logisch unüberbrückbar – die Welt der sinnlichen Erlebnisse von der Welt der Begriffe und Aussagen trennt.
So ist z. B. die Reihe der ganzen Zahlen offenbar eine Erfindung des Menschengeistes, ein selbstgeschaffenes Werkzeug, welches das Ordnen gewisser sinnlicher Erlebnisse erleichtert. Aber es gibt keinen Weg, diesen Begriff aus den Erlebnissen selbst gewissermaßen herauswachsen zu lassen. Ich wähle hier gerade den Begriff der Zahl, weil er dem vorwissenschaftlichen Denken angehört, und an ihm der konstruktive Charakter trotzdem noch leicht erkennbar ist . . .
Damit Denken nicht in ›Metaphysik‹ bzw. in leeres Gerede ausarte, ist es nur notwendig, daß genügend viele Sätze des Begriffssystems mit Sinnes-Erlebnissen hinreichend sicher verbunden seien, und daß das Begriffssystem im Hinblick auf seine Aufgabe, das sinnlich Erlebte zu ordnen und unübersehbar zu machen, möglichste Einheitlichkeit und Sparsamkeit zeige. Im übrigen aber ist das ›System‹ ein (logisch) freies Spiel mit Symbolen nach (logisch) willkürlich gegebenen Spielregeln. Dies gilt in gleicher Weise für das Denken des Alltags wie für das mehr bewußt systematisch gestaltete Denken in den Wissenschaften.«[31]
Im Bereich der Wissenschafts- und Erkenntnistheorie ist Poppers Interesse von Anfang an nicht so sehr auf das Studium und die Sicherung des schon vorhandenen Wissens gerichtet als vielmehr auf die Frage, wie neue Erkenntnisse gewonnen werden (können), also auf Entdekkung, Erfindung, Wachstum des Wissens. Dieser Fragenkreis hat Popper niemals losgelassen. 1972 hat er, knapp 40 Jahre nach seinen ersten Stellungnahmen, in seinem Buch »*Objective Knowledge*« eine Neuformulierung seiner Lösung des Induktionsproblems vorgelegt, aus der ich hier zitiere: »Läßt sich die Behauptung, eine erklärende allgemeine Theorie sei wahr, mit ›empirischen Gründen‹ rechtfertigen, das heißt dadurch, daß man bestimmte Prüfaussagen oder Beobachtungsaussagen (die sozusagen auf der Erfahrung beruhen) als wahr annimmt?«[32]
Poppers Antwort: Nein! Noch so viel bestätigende Beobachtungsaussagen, also noch so viele ›induktive‹ Bestätigungen können niemals eine Theorie als uneingeschränkt wahr erweisen. Aber es kann vorkommen, daß bestimmte Prüfaussagen eine Theorie (zwar nicht als wahr, sondern vielmehr) als falsch erweisen. So hat die Wissenschaft bei der Auswahl zwischen mehreren konkurrierenden Theorien ein Kriterium in der Hand, mit der sie als falsch erwiesene Theorien aussondern kann. Allerdings kann sie prinzipiell niemals sicher sein, daß auch die verbleibenden eines Tages auf Grund von Prüfaussagen verworfen werden müssen.

Kann aber wenigstens die Ansicht aufrechterhalten werden, daß wir zu unseren (tastenden, unsicheren) Theorien durch Induktion gelangen, also dadurch, daß wir aus einer Ansammlung gleichartiger oder ähnlicher Erfahrungen oder Beobachtungen Erwartungen oder Hypothesen ableiten? Popper verneint auch diese Frage. Wissenschaftliche Hypothesen kommen – nach ihm – nicht auf diese simple Art zustande, sondern eher durch blitzartige, intuitive Einsichten, die erst nachträglich in eine empirisch nachprüfbare Hypothese umgewandelt werden. Die Wissenschaftsgeschichte bietet eine Fülle von Beispielen dafür. Wenn wir Menschen, obwohl dies strenggenommen nicht zu rechtfertigen ist, dem Geschehen in Natur und Geschichte gleichwohl mit der allgemeinen Erwartung gegenübertreten, daß wir Ähnlichkeiten, Regeln, Regelmäßigkeiten vorfinden werden (eine Erwartung, die meist auch nicht enttäuscht wird), so ist dies wohl unserer Natur, unserer Psyche einprogrammiert in ähnlicher Weise, wie Merk- und Wirkwelt der Organismen ihrer Umwelt eingepaßt sind. Da ich auf einen weiteren Hauptbeitrag Poppers zum Erkenntnisproblem (der im letzten Satz schon angedeutet ist) im folgenden Abschnitt (3.) zurückkomme, möchte ich hier auf eine These Poppers wenigstens hinweisen, die weithin bekanntgeworden ist: die Lehre von den drei Welten. Popper unterscheidet – das könnte man als Kernstück seiner Ontologie bezeichnen – die Körperwelt oder Welt der physikalischen Zustände (Welt 1), die Welt der Bewußtseinszustände (Welt 2) und »die Welt der möglichen Gegenstände des Denkens, die Welt der Theorien an sich und ihrer logischen Beziehungen . . .« (Welt 3); letztere könnte man wohl, ohne Hegels Ausdrucksweise allzusehr Gewalt anzutun, auch als das Reich des objektiven Geistes bezeichnen. Die zweite Welt (das Bewußtsein) steht sowohl mit der Körper- wie mit der Geisteswelt in Wechselwirkung, während Welt 1 und Welt 3 ohne Vermittlung von Welt 2 nicht aufeinander wirken können. Leider hat Popper sich über das Verhältnis dieser Theorie zu Nicolai Hartmanns Schichtenlehre nicht ausgelassen; diese unterscheidet bekanntlich noch einen vierten Seinsbereich, den des Lebendigen, in dem dann auch der unbewußte Anteil des Seelischen eine Heimstätte finden könnte. Die dritte Welt Poppers ist zwar ein Erzeugnis des Menschen – also ohne ihn nicht vorhanden; sie steht ihm gleichwohl als ein selbständig Wirkendes gegenüber. Auch das Reich der Zahlen und die Mathematik gehören zur Welt 3.

Einen Blick auf Poppers Stellung zu Gesellschaft und Geschichte (und damit zur Frage des menschlichen Handelns) möchte ich im Abschnitt IX werfen.

In Deutschland sind die Lehren Karl Poppers hauptsächlich durch den Philosophen und Soziologen Hans *Albert* (geb. 1921) vertreten und weiter ausgebaut worden. Zur Einführung in die Denk- und Argumentationsweise des kritischen Rationalismus (so kann man den Denkstil Poppers und seiner Schule wohl nennen) kann Alberts kleine Schrift *»Plädoyer für kritischen Rationalismus«* (1971) dienen; sie vereint fünf Aufsätze des Verfassers, deren erster *»Die Idee der kritischen Vernunft«* ursprünglich 1963 als erster Beitrag des Jahrbuches »Club Voltaire« erschienen ist.

Bald nach dieser Schrift ist der Sammelband *»Konstruktion und Kritik«* (1972, [2]1975) erschienen. Er vereint Aufsätze, in denen Albert Ideen und Argumente des kritischen Rationalismus weiter ausbaut, in denen er sie vor allem auch mit anderen philosophischen Auffassungen kritisch konfrontiert. Er setzt sich im wesentlichen mit drei Schulen auseinander: 1. mit der analytischen Philosophie; 2. mit dem dialektischen Denken des Neomarxismus (Albert, der ein streitbarer Mann ist, hat mehrere ausführliche, in dem genannten Band dokumentierte Kontroversen mit Jürgen Habermas ausgefochten); und 3. mit dem hermeneutischen Denken, wie es in den letzten zwei Jahrzehnten u. a. von Hans-Georg *Gadamer* (geb. 1900; Hauptwerk *»Wahrheit und Methode. Grundzüge einer philosophischen Hermeneutik«*, erstmals 1960) entwickelt und vertreten worden ist, unter Verarbeitung Diltheyscher Gedanken, aber auch an Husserl und Heidegger anknüpfend. Hermeneutik, ursprünglich soviel wie »Kunst der (richtigen) Auslegung« in Theologie, Jurisprudenz und klassischer Philologie, wird von Gadamer zu einem universalen Prinzip erhoben; es wird betont, daß alle menschliche Erfahrung sich in beständiger kommunikativer Fortbildung früherer Welterkenntnis vollzieht, in einem Gespräch mit der Überlieferung – womit wiederum die Sprache in eine zentrale Stelle rückt.

Hermeneutik – von Gadamer einfach definiert als »die Kunst, einen anderen (auch seine Gedanken, Taten, Werke) zu verstehen« – hat in der Philosophie eine lang zurückreichende Tradition, die über Wilhelm Dilthey und den Theologen Friedrich Daniel Ernst *Schleiermacher* (1768–1834), der auch als Platon-Übersetzer bedeutend ist, bis ins 18. Jahrhundert zu Johann Martin *Chladenius (»Einleitung zur richtigen Auslegung vernünftiger Reden und Schriften«,* 1742) und Georg Friedrich *Meier (»Versuch einer allgemeinen Auslegungskunst«,* 1757) zurückführt.

Alberts Polemiken kann man als Bestandteil eines umfassend angelegten Versuchs sehen, der nicht trennen, sondern vielmehr überbrücken will, Verbindungen herstellen zwischen verschiedenen Denkschulen innerhalb der Philosophie, vor allem zwischen ihr und den Erfahrungswissenschaften, auch zwischen Erkenntnis und Entscheidung, Theorie und Praxis – kurz zwischen den verschiedenen Bereichen unseres Denkens und Handelns. Ja, er weist der Philosophie ausdrücklich die Aufgabe zu, zur Lösung solcher »Überbrückungsprobleme« beizutragen.

3. EVOLUTIONÄRE ERKENNTNISTHEORIE

Dieser Bestandteil der Gegenwartsphilosophie, dessen Bedeutung sich nicht leicht überschätzen läßt, kann nicht mit dem Namen eines einzigen Mannes verbunden werden. Im Gegenteil, zahlreiche Fäden aus einzelnen Wissenschaften, besonders Biologie (Evolutionslehre, Genetik, Ethologie) und Psychologie und aus der Philosophie laufen hier zusammen. Bevor ich einige aufzähle, zuerst eine skizzenhafte Umschreibung der These, um die es sich hier handelt.

Die Grundfrage aller Erkenntnistheorie, von den Griechen über Kant bis heute, kann man einfach so ausdrücken: In der uns umgebenden Welt, von der wir mit unserem Leben, Handeln und Denken ein Teil sind, erkennen wir (oder: glauben wir zu erkennen) eine gewisse Ordnung, eine Hierarchie, Regelmäßigkeiten, Abläufe, Gesetze – sobald wir überhaupt versuchen, sie zu erkennen, und dieses Streben ist uns eingeboren, weil wir uns sonst als Lebewesen in ihr nicht behaupten können. Gewinnen wir nun, wenn wir unser Denken mit den ihm eigenen Schlußweisen, Strukturen, Kategorien auf die Welt richten und anwenden, ein (wenigstens näherungsweise) zutreffendes Bild der »wirklichen« Welt? Und wenn ja: Liegt das daran, daß unser Erkenntnisapparat (Sinne und Denken) geeignet ist, die Realität richtig abzubilden? Oder vielleicht daran (Kant), daß unser Erkenntnisapparat Regelmäßigkeit, Ordnung, Gesetz in die Welt hineinbringt (von deren »Sein an sich« wir gar nichts wissen können)? Wäre nun zwischen wirklicher Welt und unserem Weltbild überhaupt keine Kongruenz vorhanden, so wäre es schwer zu erklären, daß wir als Lebewesen uns durch die Jahrhunderttausende in dieser nicht durchweg freundlichen Umgebung behauptet haben. Hier liegt die These nahe: Erkenntnisapparat und Wirklichkeit passen deshalb (jedenfalls näherungsweise) aufeinander, weil sich unsere Sinne, unser Gehirn, unser Denken im Laufe der Evolution an dieser Welt entwickelt und sich an sie angepaßt haben.

Kant scheint sich diese – für uns naheliegende – Frage nicht gestellt zu haben. Er lebte lange vor Darwin und dem Aufkommen der Evolutionslehre.

In Poppers Buch »*Objektive Erkenntnis*« findet sich trotz des bemerkenswerten Untertitels »Ein evolutionärer Entwurf« nur ein kurzer und bescheidener Abschnitt (der 16.) »Skizze einer evolutionären Erkenntnistheorie«. Gleich zu Beginn verweist er darauf, daß der Ausdruck »evolutionäre Erkenntnistheorie« nicht von ihm, sondern von Donald T. *Campbell* geprägt worden sei, und daß der Gedanke zurückgehe auf Biologen wie C. Lloyd *Morgan* (1852–1936). Die Ahnenreihe ist aber – was Popper natürlich weiß – viel länger. Erwähnt werden muß vor allem die Biologie mit einem ihrer jüngsten und interessantesten Zweige, der

Verhaltensforschung (Ethologie). Konrad *Lorenz*, (1903–1989), einer ihrer Begründer, sagt kurz und prägnant[33]: Die Kategorien des Wirklichen und die unseres Erkennens passen zusammen »aus denselben Gründen, aus denen die Form des Pferdehufes auf den Steppenboden und die der Fischflosse ins Wasser paßt«. – Nach Lorenz besteht zwischen Erkenntnisapparat und Außenwelt im Prinzip dasselbe Verhältnis wie zwischen Organ und Außenwelt, ... Fischflosse und Wasser, Bild und abgebildetem Gegenstand, vereinfachendem Modellgedanken und wirklichem Tatbestand: »das Verhältnis einer mehr oder weniger weitgehenden Analogie«.

Andere Zoologen wie Bernhard *Rensch* und Rupert *Riedl* wären neben Lorenz zu nennen, aber auch die Psychologie, besonders mit dem Werk des Schweizers Jean *Piaget* (1896–1980), der sein ganzes Lebenswerk, ausgehend von der Beobachtung seiner eigenen heranwachsenden Kinder, der Erforschung der Art und Weise gewidmet hat, wie sich die Vorstellungen des Raumes, der Zeit und Geschwindigkeit, der Zahl im heranwachsenden Menschen allmählich herausbilden. Die Kybernetik wäre zu nennen, weil erst mit dem von ihr entwickelten Modell einer Rückkopplungskausalität im Regelkreis das komplizierte Widerspiel, die Wechselwirkung zwischen Umwelt und Evolution zureichend verständlich gemacht werden kann. Nochmals Popper: Kant habe verkannt, daß »unsere Erkenntnis der Welt der widerständigen Wirklichkeit ebensoviel verdankt wie unseren selbsterzeugten Ideen«.

Für Riedl ist die ganze Evolution ein erkenntnisgewinnender Prozeß. Schon die Tiere könnte man (in Anführungszeichen), indem sie sich mittels »trial and error« in ihrer Umwelt orientieren, als »hypothetische Realisten« betrachten. Die Formen des Raumes und der Zeit, die nach Kant aller Anschauung vorausliegen, sind doch ein Produkt der Evolution (des Menschen und seiner Vorfahren); das erklärt ihre großartige Leistungsfähigkeit, aber auch ihre Grenzen. Diese zeigen sich dort, wo unser Forschen und Denken in Bereiche vorstößt wie die Welt der Elementarteilchen oder die Struktur des Kosmos im Ganzen: auf solche Fragen sind wir von der Evolution nicht programmiert oder trainiert, sie waren im Lauf der Evolution für das Überleben des Individuums wie der Gattung nicht lebenswichtig.

Die evolutionäre Erkenntnistheorie, ihre Grundlagen und Konsequenzen, ist in einem Buch von Gerhard *Vollmer*[34] klar und übersichtlich dargestellt. In englischer Sprache liegen sehr differenzierte Darstellungen vor von Donald T. *Campbell*[35] und F. M. *Vuketits*[36]. Sie weisen zahllose weitere Gedankenbrücken zu vielen Bereichen der Wissenschaft und zu Denkern und Forschern der Vergangenheit auf.

An dieser Stelle ein allgemeiner Hinweis: Hier meldet sich mit Nachdruck die Biologie zu Wort auf einem Gebiet, das herkömmlicher-

weise der Philosophie vorbehalten war. Die Entwicklung der Biologie in unserem Jahrhundert, unter anderem die Erfolge der Genetik und der Verhaltensforschung (Ethologie), haben sie nach der Meinung vieler kompetenter Beurteiler zur »Leitwissenschaft« unserer Zeit gemacht. Sie hat in dieser Rolle die Physik wahrscheinlich abgelöst. Einen Brennpunkt bildet dabei die auf Charles Darwin zurückgehende Evolutionsbiologie. Seine umwälzenden Einsichten, lange in der Fachwelt und erst recht in der Öffentlichkeit nur widerwillig zur Kenntnis genommen, auch mißverstanden und bekämpft, sind erst im 20. Jahrhundert voll entfaltet und weiterentwickelt worden.
Die Evolutionsbiologie hat heute für unser Bild vom Menschen, für die Lehre von Staat und Gesellschaft wichtige Einsichten anzubieten. Sie ergreift Themen, die auf den ersten Blick kaum einen Bezug zu Evolution und Selektion aufzuweisen scheinen, z. B. – um Richard T. *Alexander* (geb. 1929), einen ihrer führenden Vertreter, zu zitieren: »die Musik, die bildenden Künste, Ästhetik, Dichtung, Religion, das Bewußtsein, Gewissen, Voraussicht, Absicht, Kummer, Humor, Selbsttötung, Depression, Adaption, Homosexualität, Askese.«[37] Die Evolutionsbiologie ist damit zu einer Herausforderung für die Philosophie und darüber hinaus für viele weitverbreitete traditionelle Geisteshaltungen geworden.

4. »KONSTRUKTIVISMUS«

Unter dieser Bezeichnung, die nicht unbedingt glücklich gewählt ist (deshalb steht sie hier in Anführungszeichen), ist seit etwa 1980 (in den USA schon früher) eine Denkrichtung bekanntgeworden, die von Forschern ganz verschiedener Fachgebiete getragen wird: Psychiatrie, Physik, Mathematik, Biologie, Literaturwissenschaft u. a. Im deutschen Sprachgebiet ist als Wortführer dieser Bewegung wahrscheinlich Paul *Watzlawick* (geb. 1921) am bekanntesten; die wissenschaftliche Laufbahn des geborenen Österreichers hat ihn über El Salvador nach Kalifornien geführt. Zwei seiner Mitstreiter, Heinz *von Förster* und Ernst *von Glasersfeld*, sind ebenfalls in den USA wirkende Österreicher. Der 1981 erschienene Band *»Die erfundene Wirklichkeit«*, herausgegeben von Watzlawick, der zehn Aufsätze verschiedener Verfasser vereinigt, führt in die Gedankenwelt des Konstruktivismus ein und deutet in seinem Titel schon die Kernthese dieser Denkrichtung an. Zu ihren geistigen Ahnherren rechnen die Konstruktivisten vor allem Vico[38], Kant, Dilthey, Wittgenstein; aus den Realwissenschaften u. a. die Physiker Erwin Schrödinger und Werner Heisenberg (dessen den Rahmen der Physik überschreitende Arbeiten gerade in einer Gesamtausgabe zugänglich werden) sowie den Psychologen Jean Piaget.

Das Denken der Konstruktivisten kreist – von durchaus verschiedenen fachlichen Ausgangspunkten her – um die Frage: Ist das, was wir als »Wirklichkeit« – auf Grund unserer Sinneseindrücke und deren Verarbeitung im Denkapparat – vorzufinden glauben, vielleicht in Wahrheit etwas von uns *Er*fundenes, ist es unsere eigene Konstruktion? (Watzlawick hat erklärt, er würde die Bezeichnung »Wirklichkeitsforschung« dem vorbelasteten Namen Konstruktivismus vorziehen.)

Mit »Wirklichkeit« ist nun nicht etwa die erfundene Welt, die Wahnwelt geistig Kranker gemeint. Mit ihr, mit der menschlichen Kommunikation und ihren Störungen hat Watzlawick sich als Psychiater auseinandergesetzt. Von dieser Wahnwelt ist zwar auch die Rede, besonders in dem geradezu aufregenden Beitrag des Psychiaters David L. *Rosenhan*: *»Gesund in kranker Umgebung«* (*»On Being Sane in Insane Places«*); Rosenhan hat normale Personen, vor allem Studenten, in psychiatrische Kliniken eingeschmuggelt und dann beobachtet, ab wann (wenn überhaupt) deren »Normalsein« durch Ärzte und Anstaltspersonal bemerkt wurde.

Nein – mit Wirklichkeit ist durchaus die »normale« Wirklichkeit gemeint, deren wir im Alltag sicher zu sein glauben und deren sich die Wissenschaft (mindestens, wenn sie mit philosophischer Besinnung betrieben wird, innerhalb gewisser Grenzen) ebenfalls sicher zu sein glaubt.

Der Konstruktivismus lehrt, daß wir die Wirklichkeit niemals als das erkennen können, was sie ist; wir können bestenfalls erkennen, was sie *nicht* ist. Wenn wir die »Natur« beobachten, wenn wir Hypothesen aufstellen und diese dann immer wieder an unserer Erfahrung korrigieren, wenn wir so allmählich zu Natur»gesetzen« kommen, mit deren Hilfe wir Stetigkeit und Ordnung wahrnehmen, ja zukünftige Erfahrungen vorausberechnen können – wissen wir dann, wie die Natur beschaffen ist und welchen Gesetzen sie folgt? Keineswegs! Erstens haben wir nur ein theoretisches Gebäude, das *bisher* durch die Erfahrung nicht falsifiziert wurde – *noch* nicht, aber wir können nicht sicher sein, daß das so bleibt. Das lehrt die Wissenschaftsgeschichte, das sagt auch Karl Popper, und kraß hat das ein amerikanischer Kybernetiker ausgedrückt mit dem Satz, der Höhepunkt des Wissens bestehe darin, eine Hypothese als falsch erwiesen zu haben. Zweitens haben wir damit (möglicherweise) nur einen gangbaren Weg entdeckt zu unserem Ziel, uns eine geordnete, sinnvolle Welt zu konstruieren (ohne die wir nicht leben können); wir wissen aber nicht, ob es nicht andere, bessere Wege zum Ziel gibt. Mit einem Vergleich gesagt:

Der Mensch, vor der Aufgabe stehend, die auf ihn einstürmenden Sinneseindrücke und daraus zu ziehenden Schlüsse zu ordnen, gleicht einem Kapitän, dem die Aufgabe gestellt ist, bei dunkler und stürmischer Nacht eine Meerenge zu durchfahren, von der es keine Seekarte gibt, die keinerlei Navigationshilfen (etwa Leuchtfeuer) aufweist, ja von der nicht einmal sicher ist, ob überhaupt eine für sein Schiff befahrbare Route hindurchführt. Gelingt ihm nun die Passage, ohne daß sein Schiff strandet oder untergeht: kann man dann sagen, er kenne nun die wahre Beschaffenheit dieses Seegebiets? Gewiß nicht! Es ist möglich, ja wahrscheinlich, daß es andere, auch bessere Durchfahrtmöglichkeiten gibt.

In einer Ausdrucksweise Ernst von Glasersfelds kann man das so sagen: Der gewählte Kurs »paßt« auf dieses Seegebiet in dem Sinne, wie etwa ein Schlüssel – oder Nachschlüssel – in ein Schloß paßt. Wir wissen dann nur, daß der Schlüssel den von uns gewünschten Dienst leistet. Wir wissen nicht, wie das Schloß beschaffen ist. Der vom Kapitän gewählte Kurs paßt, aber er *stimmt* nicht in dem Sinne, daß er angesichts der Beschaffenheit der Meerenge der kürzeste, sicherste, beste Weg wäre. Auf diesem Wege gelangen wir zu der – zuerst paradox klingenden – Einsicht: Von der Wirklichkeit können wir im günstigsten Fall gerade nur wissen, was sie nicht ist.

Soviel, um wenigstens die Grundrichtung der konstruktivistischen Denkweise anzudeuten. Es ist gewiß nicht schwer, unter den geistigen Ahnherren des Konstruktivismus als vielleicht wichtigsten Immanuel Kant zu identifizieren. Schließlich hat er gesagt, daß die Wirklichkeit – und vor allem ihre Anordnung – sich nicht »draußen« finden, sondern durch unseren Erkenntnisapparat aufgebaut, »konstruiert« werden. So könnten boshafte Kritiker sagen: Was hieran gut ist, ist von Kant; was hieran nicht von Kant ist, ist nicht gut. (Aber so einfach ist die Sache nicht.) Zu den Ahnherren gehörten ferner David Hume mit seiner These: »Wenn B immer auf A folgt, so schließen wir, A sei die ›Ursache‹ von B«; dies ist aber unbeweisbar, es ist bloße Gewohnheit – hieran knüpft der Biologe und Verhaltensforscher Rupert Riedl in seiner vehementen Kritik des »Ursachendenkens«. Und auch George Berkeley mit seinem Kernsatz »Esse est percipi« – Das Sein besteht (nur) im Wahrgenommenwerden – gehört in diesen Zusammenhang.

Schließlich kann einem zu der Frage *»Wie wirklich ist die Wirklichkeit?«* (Titel eines früheren Buches von Watzlawick über die Phänomene Wahn, Täuschung, Verstehen) die herrliche Parabel von Bert Brecht einfallen, die er in seiner Skizze »Turandot oder der Kongreß der Weißwäscher« (Stücke, Band 14, S. 36) als Lehrer-Schüler-Szene niedergeschrieben hat und die ich – als Abschluß dieses ganzen Abschnitts über das Erkenntnisproblem – zitieren möchte:

»Der Lehrer: Si Fu, nenne uns die Hauptfragen der Philosophie!

Si Fu: Sind die Dinge außer uns, für sich, auch ohne uns, oder sind die Dinge in uns, für uns, nicht ohne uns?

Der Lehrer: Welche Meinung ist die richtige?
Si Fu: Es ist keine Entscheidung gefallen.
Der Lehrer: Zu welcher Meinung neigte zuletzt die Mehrheit unserer Philosophen?
Si Fu: Die Dinge sind außer uns, für sich, auch ohne uns.
Der Lehrer: Warum blieb die Frage ungelöst?
Si Fu: Der Kongreß, der die Entscheidung bringen sollte, fand, wie seit zweihundert Jahren, im Kloster Mi Sang statt, welches am Ufer des Gelben Flusses liegt. Die Frage hieß: Ist der Gelbe Fluß wirklich, oder existiert er nur in den Köpfen? Während des Kongresses aber gab es eine Schneeschmelze im Gebirge, und der Gelbe Fluß stieg über seine Ufer und schwemmte das Kloster Mi Sang mit allen Kongreßteilnehmern weg. So ist der Beweis, daß die Dinge außer uns, für sich, auch ohne uns sind, nicht erbracht worden.«

5. GRENZEN DER ERKENNTNIS

Ging es, wenn Philosophen über die Wissenschaft nachdachten, früher gewöhnlich um die Grundlagen sicherer Erkenntnis und um die richtige Methode zu ihrer Erlangung, so scheint sich im 20. Jahrhundert, verstärkt seit dem Zweiten Weltkrieg, der Schwerpunkt zu verlagern auf Fragen nach den Grenzen der Erkenntnis und darüber hinaus nach dem Sinn und Ziel von Wissenschaft, zugespitzt: nach Sinn, Ziel, Vertretbarkeit weiteren ungehemmten wissenschaftlichen Fortschritts – man muß hinzufügen: sowie seiner praktischen Anwendung durch die Technik.
Bei diesem Stichwort denkt jeder zuerst einmal an Kernenergie oder Kernwaffen, im zweiten Atemzug vielleicht an Gentechnik. Es sind aber ganz verschiedene Ereignisse und Entwicklungen, welche die Frage nach den Grenzen – und nach Begrenzung! – der Wissenschaft allmählich in den Mittelpunkt gerückt haben. Ich will einige wichtige andeuten; der Leser wird bemerken, daß sie ihre Ursprünge nicht im Bereich der Philosophie hatten, sondern in den Wissenschaften und in der Wirklichkeit des Lebens.
Die Anfänge sind wie überall eher unscheinbar. 1930 trug der Mathematiker Kurt *Gödel* (1906–1978) der Wiener Akademie Überlegungen vor, die 1931 in einer Zeitschrift unter dem Titel *»Über formal unentscheidbare Sätze der Principia Mathematica und verwandter Systeme«* veröffentlicht wurden.[39] Gödels Arbeit muß gesehen werden vor dem Hintergrund der Grundlagenkrise in der Mathematik, beginnend mit der nicht-euklidischen Geometrie, die ich im Abschnitt über den Neupositivismus gestreift habe. Aus ihr waren auch die *»Principia Mathematica«* von Russell und Whitehead hervorgewachsen. Gödel hatte erkannt,

daß das in diesem Werk vorgestellte Axiomensystem für die Theorie der natürlichen Zahlen Sätze enthält, die zwar wahr sind, die sich aber im Rahmen des Systems nicht beweisen lassen.

Das klingt so, als ginge es nur die Mathematiker etwas an. In einem erweiterten Sinn führt es uns aber vor Augen, daß eine widerspruchsfreie Kodifikation unserer Erkenntnisse in einem Axiomensystem prinzipiell nicht möglich ist. Gödels Theorem – so wird seine These genannt, die Implikationen und der Beweis sind für den mathematischen Laien schwer zugänglich – ist ein Meilenstein auf dem Wege zu der Einsicht, daß unserer Erkenntnis prinzipielle Schranken gesetzt sind.

Einen anderen Meilenstein bildet die schon kurz zuvor, nämlich 1927 auf der Grundlage der Quantentheorie von Werner *Heisenberg* formulierte »Unschärfe-Relation«: im atomaren (mikrophysikalischen) Bereich gibt es absolute Grenzen der Meßgenauigkeit. Ort und Impuls eines Teilchens verhalten sich komplementär in dem Sinne: Je genauer eines von beiden gemessen wird, um so weniger scharf gelingt die Messung des anderen, weil nämlich der Meßakt selbst (z. B. mittels eines Lichtstrahls) den Zustand des Teilchens verändert. Das heißt aber, daß es unmöglich ist, über das Verhalten eines Elementarteilchens sichere Voraussagen zu machen. Nur statistische Angaben sind möglich, die für das Verhalten einer großen Anzahl von Teilchen zutreffen.

Ein springender Punkt besteht aber darin, daß es sich hier nicht einfach um eine Schranke unserer Erkenntnisfähigkeit handelt, daß vielmehr der Unsicherheitsfaktor im Naturgeschehen selbst liegt. So wird der Begriff der Kausalität relativiert, ein lückenloser Determinismus ist als unhaltbar widerlegt.

Dies gilt zunächst allerdings nur für den Bereich der Mikrophysik. Für physikalische Prozesse im großen, beispielsweise für die Physik der Himmelskörper, schien aber immer noch ein strenger Determinismus vertretbar, wie ihn der Astronom Laplace in seinem berühmten *»Dämon«* beschrieben hat: »Ein Wesen, das in einem bestimmten Augenblick Position und Geschwindigkeit aller Teilchen des Universums zu kennen imstande wäre, würde mit Sicherheit auch die ganze Zukunft des Universums kennen.« Man muß hinzufügen: wenn der Dämon außerdem über die Kenntnis aller Naturgesetze verfügte – in diesem Fall könnte er überdies nicht nur den Zustand des Universums in jedem zukünftigen, sondern auch in jedem vergangenen Augenblick errechnen.

Solcher Überlegung ist der Boden bereits durch Einsteins Relativitätstheorie entzogen. Sie zeigt, daß es sinnlos ist, für das ganze Universum von einem »bestimmten Moment« zu sprechen. Der hier zugrundegelegte Begriff der Gleichzeitigkeit ist unhaltbar.

Darüber hinaus weiß die heutige Physik, daß noch aus anderen Gründen eine exakte Vorhersage zukünftiger Verläufe nur bedingt möglich ist. Beispiel: Die Gesetze, welche die Bewegungen der Körper unseres Sonnensystems bestimmen, sind gut bekannt. Sehen wir einmal von der Möglichkeit ab, daß ein Einfluß von außerhalb des Systems dieses stören würde. Dies vorausgesetzt, müßte sich seine Zukunft exakt berechnen lassen, sofern man nur den jetzigen Zustand in einem bestimmten Moment genau mißt. Eben dies ist aber notwendig mit Unsicherheit behaftet. Minimale Meßfehler sind nicht auszuschließen, und auf lange Sicht kann eine Entwicklung aus dieser minimalen Unbestimmtheit heraus ganz anders verlaufen als errechnet. So betrachtet könnte man das Sonnensystem keineswegs mit einem perfekten Uhrwerk vergleichen, sondern eher mit einem ungenauen, bei dem anfängliche kleine Gangstörungen sich zu gefährlichen Störungen aufschaukeln, vielleicht gar zum Umschlagen in ein »deterministisches Chaos« führen könnten.[39a]

Eine andere prinzipielle Grenze der Meßgenauigkeit – und damit auch der Vorhersagbarkeit – hat Benoît *Mandelbrot* mit seiner Lehre von den »Fractals« ins Blickfeld gerückt. Wie lang ist die Küste der Ostsee? Überschlägig, in Kilometern etwa, läßt sich das leicht angeben. Aber in Metern? Gar in Millimetern oder in Sandkörnern? Vielleicht bei Berücksichtigung der Unregelmäßigkeiten in deren Bau? Einerlei, welchen Maßstab wir wählen, immer bleiben winzige, nicht erfaßbare Unregelmäßigkeiten, Bruchstücke (fractals) unberücksichtigt. Mandelbrot geht es übrigens darum, mathematische Methoden für den Umgang mit solchen Erscheinungen zu entwickeln.

Diese für den Physiker gewiß unbefriedigenden Andeutungen machen hoffentlich klar, daß unter Kundigen heute niemand mehr an eine potentielle Allwissenheit oder Allmacht der Wissenschaft glaubt, daß vielmehr ihre Grenzen deutlich hervorzutreten beginnen. Hier handelt es sich um *prinzipielle* Schranken. Daneben gibt es Schranken, die vielleicht eher *praktischer* Natur sind. Es ist z. B. unwahrscheinlich, daß es jemals gelingt, die unermeßliche Komplexität des Lebendigen vollständig aufzuhellen, ebenso die Geheimnisse des Universums, zumal dessen Grenzen sich vermutlich mit annähernder Lichtgeschwindigkeit ununterbrochen von uns entfernen.

Eine andere Argumentationskette, für die Öffentlichkeit gewiß die wichtigere, geht aus von der täglichen Bedrohung des Menschen, der gesamten Menschheit, durch Gefahren, die aus der technischen Anwendung wissenschaftlicher Erkenntnisse resultieren.

Zuerst ist die Kernenergie zu nennen. Sie wird gewonnen aus der Spaltung schwerer Atomkerne, zurückgehend auf die Entdeckung (1938) Otto *Hahns* und Fritz *Straßmanns*, daß Uranatome bei Beschuß mit Neutronen zerfallen. Von da war es im Prinzip (nicht in der Praxis) nur ein Schritt zur ersten »Atombombe«, die darauf beruht, daß bei Vorhandensein einer ausreichenden Menge (»kritischen Masse«) spaltbaren Materials (insbesondere des Uran-Isotops U^{235}) aus der Spaltung eines Kerns Neutronen frei werden, die ihrerseits in einer Kettenreaktion neue Kerne spalten, wobei dieser Prozeß sich in Sekundenbruchteilen rapide verstärkt. Auf Kernspaltung beruhen alle bisher zur Energieerzeugung installierten Kernkraftwerke.

Die zweite Art der Energiegewinnung mittels Atomkernen, nämlich die Fusion leichter Atome (Wasserstoff) zu schwereren (Helium) – der Prozeß, aus dem die von der Sonne abgestrahlte Energie stammt – ist bisher nur in Waffen genutzt (»Wasserstoffbombe«). Sie zur Gewinnung nutzbarer Energie zu verwenden, ist bisher nicht gelungen.

Es ist bekannt, daß die Kernwaffen, über welche die Atommächte verfügen – auch nur die Hälfte davon – ausreichen würden, um das Leben der Menschheit, vielleicht alles irdische Leben auszulöschen. Und dies alles hat seinen Ausgang genommen von dem bescheidenen Experimentiertisch (nicht größer als ein Küchentisch) Otto Hahns, den man jetzt im Deutschen Museum in München besichtigen kann!

Hätte sich diese Entwicklung verhindern lassen? Wie, wann, durch wen?

Andere tödliche Bedrohungen der Menschheit, die langfristig kaum weniger gefährlich sind, beruhen ebenfalls auf der Anwendung naturwissenschaftlicher Erkenntnisse. So die Schädigung, ja die Vernichtung natürlicher Lebensgrundlagen, der Gewässer, der Erde, der Atmosphäre; das Ozonloch; Gefahren, die aus der technischen Anwendung von Ergebnissen der Genforschung erwachsen können; schließlich – es klingt leider zynisch das auszusprechen – ist auch die Bevölkerungsexplosion, das immer schnellere Anwachsen der Erdbevölkerung, möglich geworden durch die Fortschritte der neuzeitlichen Medizin, z. B. mit der Ausrottung von Epidemien und dem Zurückdrängen der Säuglingssterblichkeit.

In dieser Situation werden die Forderungen immer lauter, der »Freiheit der Forschung« Grenzen zu setzen. Diese Freiheit wurde bisher so begründet: Wissenschaft dient der reinen Erkenntnis, ohne Nebenabsichten. Ihre Ergebnisse bestehen in Theorien. Wenn diese praktisch angewandt werden, mit bedrohlichen oder verheerenden Folgen, so seien dafür nicht die Forscher zur Verantwortung zu ziehen, sondern die Techniker und die Politiker.

In der lebhaften Diskussion über diese Fragen wird auf der einen Seite geltend gemacht: Eine eindeutige Grenze zwischen reiner Forschung (»Grundlagenforschung«) und Anwendung sei heute nicht mehr zu ziehen. Gefahr könne schon entstehen, sobald eine neue Erkenntnis überhaupt bekannt wird. Dem wird entgegengehalten: Wie soll weiteres Fortschreiten der Erkenntnis gestoppt werden – durch freiwillige Selbstbeschränkung, durch staatliche Gesetze, oder – da ja alle Nationen sich dem unterwerfen müßten – durch internationale Verträge? Aber kann man Wissen oder die Suche danach verbieten? Ein Beispiel, das nahe liegt: Auch wenn sämtliche Kernwaffen abgeschafft, verboten und die Verbote lückenlos überwacht wären, so bestünde doch das zu ihrer Herstellung nötige Wissen; bräche dann ein konventioneller Krieg aus, so könnten beide Seiten in einen Wettlauf eintreten: Wer hat die Bombe zuerst fertig und setzt sie ein?

Mit solchen Überlegungen befaßt sich u. a. der Chemie-Nobelpreisträger von 1967, Manfred *Eigen*[40]. Er kommt zu dem Ergebnis, daß wir, um die Zukunft zu meistern, eher *mehr* Wissen brauchen als weniger. Und wer sollte garantieren, daß Verträge über einen »Forschungsstopp« von allen Ländern der Erde eingehalten werden?

Der Leser wird bemerkt haben: Der Gedanke, daß unserer Erkenntnis Grenzen gezogen sind (auch die Forderung, daß ihr Grenzen gezogen werden *sollten*), ist weniger aus der Philosophie heraus entstanden. Dies ist ein allgemeiner Zug in der Geistesentwicklung des 20. Jahrhunderts: Die Einzelwissenschaften reklamieren zunehmend Territorien, die vordem der Philosophie vorbehalten waren. Diese Entwicklung ist allerdings schon seit Jahrhunderten im Gange – sind doch die meisten Wissenschaften, die heute als selbständige Gebiete etabliert sind, ursprünglich Zweige der Philosophie gewesen wie die ganze Naturwissenschaft, ebenso Mathematik und Logik, aber auch die Nationalökonomie (ihr Klassiker Adam Smith war Professor der Moralphilosophie) und die Psychologie. Das Arbeitsfeld der Philosophie wird dadurch nicht überflüssig, aber kleiner. Sie begleitet kritisch kommentierend die Entwicklung der Wissenschaft. Sogar in der Ethik – die man doch, neben den Grundfragen der Erkenntnistheorie, für das Reservat der Philosophen halten möchte – muß sie zunehmend die Ergebnisse mehrerer Wissenschaften berücksichtigen und auf deren Stimme hören.

Dem Bereich der Ethik soll der Schlußabschnitt dieses Buches gewidmet sein.

IX. Was sollen wir tun?

Dies ist – nicht nur für Immanuel Kant, sondern vermutlich für jeden denkenden Menschen – eine der Kernfragen, auf die man von der Philosophie eine Antwort erwartet. Welche Antwort – oder Antworten – hält die heutige Philosophie bereit?

Bevor wir einen kurzen Streifzug unternehmen, um Antworten zu suchen, muß gesagt werden, daß die Philosophen keineswegs einstimmig antworten, ja kaum im Grundsätzlichen irgendwo übereinstimmen. Schlagend zeigte sich das an einer Umfrage, die Willy *Hochkeppel* 1967 veröffentlicht hat.[41] An acht Männer, die an Universitäten Philosophie lehren, durchweg (damals) jüngeren bis mittleren Lebensalters, hatte Hochkeppel insgesamt 40 Fragen mit der Bitte um knappe Antworten gerichtet. Zehn Fragen stehen unter der Überschrift »Was sollen wir tun?« Beispiele: Gibt es allgemeingültige, ewige Werte...? Beruht das geltende Recht auf Übereinkunft oder einem allen Menschen gemeinsamen Rechtsempfinden? Lassen sich Tatsachenfeststellungen und Werturteile streng unterscheiden? Ist der Mensch berechenbar (dann ist er nicht frei) oder ist er frei (dann wird er weiterhin Erhabenes und Abscheuliches vollbringen)? – Die Antworten, jede für sich begründbar und respektabel, liegen so weit auseinander, daß der suchende, bohrende Mensch, der (wie Leo Tolstoi) auf der Frage beharrt: Was soll ich also tun? vermutlich nur selten aus seiner Ratlosigkeit erlöst wird.

Es ist keineswegs so, daß die Philosophie ethische Probleme nur am Rande erörtert. Dies war einige Jahrzehnte lang der Fall, aber heute gilt eher das Gegenteil, denn der Zweite Weltkrieg, Hitlers Judenverfolgung, in den USA sehr spürbar auch der Vietnam-Konflikt, dazu auch die heraufdämmernde Erkenntnis, daß Natur und Umwelt bedroht sind, mußten zu neuem und vertieftem Nachdenken über Gut und Böse, Recht und Unrecht anspornen.

1. LEBENSFRAGEN, ÜBERLEBENSFRAGEN

Jedermann, der das Zeitgeschehen verfolgt, stößt täglich auf lebenswichtige Fragen, die nach einer ethisch fundierten Lösung verlangen.

Bei manchen dieser Fragen steht das einzelne Leben im Mittelpunkt, besonders sein Anfang und sein Ende. Soll Abtreibung erlaubt sein? Oder ist sie Mord? In welchem Augenblick nach der Zeugung wird der Embryo zum Menschen? Und am anderen Ende des Lebens: Ist es zulässig, das Leben eines schwer und unheilbar Kranken zu beenden, sei es durch einen aktiven Eingriff, sei es durch Unterlassen weiterer lebensverlängernder Maßnahmen? Wer soll darüber befinden, wenn der Betroffene selbst nicht mehr entscheidungsfähig ist?

Die Mehrzahl der lebenswichtigen Fragen betrifft jedoch größere menschliche Gruppen, das eigene Volk, den Staat, Europa, die Entwicklungsländer, die Menschheit im Ganzen. Auch diese Fragen betreffen stets den Einzelnen mit, der von ihnen betroffen ist und zugleich gefordert, zu ihnen Stellung zu nehmen, auch in seinem praktischen Verhalten.

Obwohl die Fragen offen zutage liegen, mag es doch nützlich sein, sie kurz in einer wenn auch unvollständigen Übersicht vor Augen zu führen. Jedem wird beim Durchlesen ins Auge fallen, wie einschneidend die Zäsur ist, die die Menschheit im Zeitalter der hochtechnisierten Zivilisation von allem früheren Menschendasein trennt. Die Probleme sind entweder erst in jüngster Zeit mit diesem Übertritt entstanden oder in den Blick gekommen wie die Bedrohung der Umwelt, die Ausrottung von Tier- und Pflanzenarten, mögliche Manipulationen mit Hilfe der Gentechnik, Umgang mit Kernenergie – oder sie haben doch jetzt eine neue Dimension erhalten. So etwa alles, was mit dem Krieg zusammenhängt: Sind Kriege erlaubt? Vielleicht unter bestimmten Bedingungen erlaubt? Was aber ist ein »gerechter« Krieg? Solche Fragen haben im Zeitalter der Kernwaffen ein neues Gewicht erhalten.

Zu den alten Problemen gehört die Stellung der Frau in Recht und Gesellschaft (auch in der Kirche). Auch dies hat eine neue Dringlichkeit gewonnen. Im Zuge der Industrialisierung ist ein großer Teil der Frauen außerhalb der Familie berufstätig geworden. Das wurde stark gefördert unter anderem durch den Ersten Weltkrieg. Frauen kamen damals in die Munitionsfabriken und übernahmen viele ursprünglich reine Männerberufe wie etwa Straßenbahnschaffner oder Postbote. Mit der modernen Technik, vor allem mit Schreibmaschine und Telefon, kamen immer mehr Frauen in die Büros. Schließlich eroberten sie die akademischen Berufe. In den meisten Ländern ist um das Stimmrecht der Frauen lange gekämpft worden, besonders heftig in Großbritannien, zuletzt noch in der Schweiz. Die Arbeiterbewegung hat sich nachdrücklich für die Gleichberechtigung der Frau in Beruf und Gesellschaft eingesetzt. Heute ist in vielen Ländern, auch in der Bundesrepublik, die grundsätzliche Gleichberechtigung von Mann und Frau in den Gesetzen verankert. Im wirklichen Leben wird noch um sie gerungen, und im Bewußtsein der Menschen herrschen tiefreichende Meinungsverschiedenheiten und Unsicherheit darüber, welchen Platz Mann, Frau, Familie in der Gesellschaft der Zukunft einnehmen sollen.

Ein verwandtes, ebenso weltweit wichtiges Problem bildet die Gleichberechtigung der Bürger – aller Bürger – im Staat. Es hat z. B. die USA lange Zeit hindurch bewegt, ja erschüttert, als die Farbigen um ihre »civil rights« kämpften. Heute ist es in der südafrikanischen Republik akut und geht hoffentlich einer friedlichen Lösung entgegen.

Auch das alte Problem der gerechten Verteilung von Gütern (außerdem auch von Arbeit) stellt sich in erweiterter Form, nämlich für das Verhältnis der fortgeschrittenen Industrienationen zu den armen Völkern der »Dritten Welt«.

Ganz neu entstanden sind die Fragen, die den friedlichen Gebrauch der Kernenergie betreffen. Soll man Kernkraftwerke bauen, die auf der einen Seite effizient und umweltschonend Energie liefern können, die aber bei einem schweren Unfall kaum zu begrenzende Schäden verursachen können und deren radioaktive Abfälle möglicherweise kommenden Geschlechtern eine schwer zu tragende Hypothek auferlegen?

Ein Problem, das frühere Generationen kaum gehabt oder jedenfalls nicht gesehen haben, liegt im Verhältnis des Menschen zum Tier. Darf man ein Tier töten, auch dann, wenn es nicht der menschlichen Ernährung dienen soll? Darf man es quälen? Darf man es zu Tierversuchen verwenden? Darf der Mensch ganze Tierarten ausrotten, wie es laufend geschieht? Hier zeichnet sich, jedenfalls in den westlichen Ländern, eine Revision der Rechtsauffassung ab, die wir von den Römern übernommen haben und die im Tier eine reine Sache sieht, ohne Unterschied zu materiellen Gegenständen.

Dieses Problem führt auf ein noch umfassenderes. Wie haben wir mit der uns umgebenden – oder uns anvertrauten – Natur umzugehen, also nicht so sehr mit dem einzelnen Tier, sondern mit Lebensgemeinschaften (Ökosystemen) aller Art, mit Wäldern, Mooren, Wiesen, mit der Atmosphäre und den Weltmeeren? Ist es zu rechtfertigen, daß sie weiterer hemmungsloser Vermehrung der Menschenzahl zum Opfer fallen?

Noch ein Schritt weiter: Ist es zu rechtfertigen, wenn fortschreitende Zerstörung der Umwelt und Aufzehrung unersetzlicher Ressourcen (zu denen auch die Bodenschätze gehören) die Existenz zukünftiger Generationen gefährden? Für die Tiere, für die gesamte Natur wie für die noch nicht geborenen Menschen gilt: Sie haben keine Stimme, sie können sich nicht Gehör verschaffen, um ihre Rechte zu verteidigen. Sie sind nicht »rechtsfähig«. Heißt das aber, daß der Mensch mit ihnen nach Belieben schalten darf? Oder ist es eher so, daß der Mensch auch und gerade gegenüber den Tieren und den Ungeborenen, die keine Stimme haben, *Pflichten* hat?

Angesichts solcher Schicksalsfragen ist es sehr wohl berechtigt, ja dringend erforderlich, wenn Philosophen nach ethischen Grundsätzen suchen, deren Geltungsanspruch für alle Menschen sich zwingend begründen läßt und denen man auf dieser Basis dann auch in internationalen Gremien, vor allem bei den Vereinten Nationen, Geltung verschaffen kann. Hierzu sei als Beispiel das Fischen mit kilometerlangen Treibnetzen genannt, das einige asiatische Länder betreiben, obwohl es von vielen anderen vehement abgelehnt wird.

Klar ist, daß die hier berührten Probleme nicht von Philosophen, sondern von Politik und Gesetzgebung zu lösen sind. Gleichwohl – sie schreien geradezu nach einem übergeordneten Maßstab für die zu treffenden Entscheidungen, und das heißt nach weltweit anerkannten ethischen Normen.

2. UTILITARISMUS, KONSEQUENZIALISMUS

Beginnen wir unsere Übersicht über Richtungen der gegenwärtigen Theorie der Ethik mit einer Schule, die in den angelsächsischen Ländern stärker ausgeprägt und verbreitet ist als auf dem europäischen Kontinent. Der Utilitarismus eines Jeremy Bentham und John Stuart Mill (vgl. 6. Teil, 2. Kap.) ist dort immer lebendig geblieben: »Gut« ist die Handlung, die der größtmöglichen Zahl von Menschen den größtmöglichen Nutzen (oder Glück oder Lustgewinn) bringt. Man sieht, eine Tat wird hier gemessen nicht an den ihr zugrundeliegenden Motiven oder Maximen, sondern an ihren Folgen. Deshalb hat sich für ethische Theorien dieser Art der unhandliche Terminus »Konsequenzialismus« eingebürgert.

Diese Denkrichtung hat viele unterschiedliche Ausprägungen. Sie alle haben auf den ersten Blick den Vorzug der Einfachheit und Plausibilität. Das Nutzenprinzip ist unabhängig von Tradition und Konvention, es braucht keine höhere Instanz zu bemühen, es ermöglicht eine rationale Diskussion von Moralproblemen.[42]

Freilich – läßt sich das Verbot, die Ehe oder ein Versprechen zu brechen, auf diese Weise begründen? Erinnert die Nutzenethik nicht fatal an den Satz »Der Zweck heiligt die (oder auch: jedes) Mittel«? Und was ist das »Glück« der vielen? Purer Lustgewinn, Vergnügen? Solche Skrupel spiegelt schon John Stuart Mill's Satz, ein unglücklicher Sokrates sei gegenüber einem glücklichen Schwein vorzuziehen.

Schließlich: Ist der Mensch nicht völlig überfordert, wenn er »das Wohl der meisten« oder »das Wohl des Ganzen« zur Richtschnur seines Handelns machen soll? Wo bleiben da Liebe, Treue, wo bleibt das von Jaspers, Martin Buber, Lévinas und anderen in den Mittelpunkt gestellte Verhältnis zum »Du«?

3. DIE SPRACHE DER ETHIK

Unter diesem Stichwort möchte ich andeuten, wie Denker der analytischen Philosophie – anders ausgedrückt: Denker, die von der Sprache ausgehen – sich mit ethischen Fragen auseinandersetzen.

Von den Denkern des Wiener Kreises ist die ethische Grundfrage zunächst kaum behandelt worden. Man konzentrierte sich auf Logik, Sprachanalyse, Fragen der Erkenntnis. Nicht, daß man Fragen der Ethik für unbeachtlich gehalten hätte – aber die meisten logischen Empiristen bezweifelten, daß sie wissenschaftlicher Behandlung zugänglich und damit rational entscheidbar seien. Natürlich begegnet man bei der Analyse der Sprache auch Aussagen, die in den Bereich der Ethik oder der Moral gehören, etwa dem Satz »Töten (von Menschen) ist verwerflich«. Zu einem solchen Satz hat sich Carnap etwa wie folgt geäußert: Tritt der Satz in der Form eines Imperativs auf wie: »Töte ihn nicht«, so wird jedermann erkennen, daß es sich hier nicht um eine Aussage – Feststellung, These, Behauptung – handelt, sondern um einen Imperativ. In der Form aber »Töten ist verwerflich« verkleidet sich der Imperativ gleichsam und nimmt die Form einer Aussage an; das hat frühere Philosophen zu der Annahme verleitet, hier liege eine Aussage vor, die entweder wahr oder falsch sein kann. In Wahrheit liegt nur eine Aufforderung vor; es ist durchaus möglich, daß sie das Verhalten anderer Menschen wirksam beeinflußt; aber sie enthält keine Aussage, ist weder wahr noch falsch, kann ebensowenig bewiesen wie widerlegt werden. Ethische Sätze haben also keinen begrifflichen oder Erkenntnisgehalt (sie sind »nicht-kognitiv«).

Damit könnte man das Problem für erledigt – oder beiseitegeschoben – ansehen; tatsächlich haben sich aber nach dem Zweiten Weltkrieg Vertreter der Analytischen Philosophie in den angelsächsischen Ländern verstärkt mit Problemen der Ethik befaßt. Zu nennen sind vor allem Charlie Dunbar *Broad*[43] (1887–1971), der eine Klassifikation der ethischen Problemstellungen und der überhaupt möglichen ethischen Theorien aufgestellt hat, die das Zurechtfinden in diesem schwierigen Gebiet erleichtert; ferner Charles L. *Stevenson*[44] (1908–1971) und Richard Melvin *Hare*[45] (geb. 1919).

Diese Philosophen gehen davon aus, daß ethische Begriffe in der Tat »nicht-kognitiv« sind. Aber sie sind deshalb nicht ohne philosophische Bedeutung, und sie können auch mit dem Instrument der Sprachanalyse untersucht werden. Stevenson behandelt die Frage, welchen Status denn moralische Aussagen oder Urteile im System unserer Sprache haben. Er kann dabei anknüpfen an Alfred Jules *Ayer* (geb. 1910), der mit seinem 1936 erschienenen Werk *»Language, Truth and Logic«* (dt. erst 1970 als »Sprache, Wahrheit und Logik«) die in Wien entwickelten Ideen in Großbritannien bekanntgemacht hatte. Für Ayer gibt es nur zwei Arten von sinnvollen Aussagen: logische (sie sind tautologisch, explizieren nur, was in den zugrundegelegten Axiomen steckt) und Tatsachenfeststellungen. Ein moralisches Urteil ist weder logisches Urteil noch Feststellung eines Faktums. Was dann? Es drückt unsere Billigung oder Mißbilligung eines bestimmten Verhaltens aus – also ein Gefühl.

Dies wird von Stevenson weitergeführt. Ein moralisches Urteil enthält nicht nur Emotion, vielmehr enthält die Aufforderung »Stehlen ist verwerflich« den Appell, nicht zu stehlen.

Diesen Gedanken spitzt Hare zu: Unsere Sprache wird – worauf schon Wittgenstein hingewiesen hat – nicht nur zu Aussagen »über die Dinge« benützt, sondern auch dazu, Aufforderungen und Werturteile zu formulieren und das Handeln anderer zu lenken. Anders ausgedrückt: Die Sprache besteht nicht nur aus Indikativ-Sätzen – sie ist nicht nur deskriptiv –, sondern auch aus Imperativ-Sätzen – sie ist auch *präskriptiv*. Der Unterschied zwischen beiden Arten von Sätzen besteht in der unterschiedlichen Reaktion, die sie beim Zuhörer auslösen. Dem *Indikativsatz* »Du wirst morgen nach Frankfurt fahren« (als Vorhersage gemeint) zustimmen heißt: den Inhalt dieser Aussage für wahr erklären. Dem *Imperativ* »Fahre morgen nach Frankfurt« zustimmen bedeutet, eine Handlung ausführen bzw. den entsprechenden Beschluß fassen. Nun ist aber die ebengenannte Aufforderung kein ethischer Imperativ. Ein ethisches Gebot enthält mehr als die Aufforderung zu einem bestimmten Tun oder Unterlassen: es enthält nämlich ein allgemeines Sollensprinzip. Der Satz »Töten ist verwerflich« enthält nicht einfach die Aufforderung, nicht zu töten. Er könnte vielmehr so interpretiert werden: »Es gibt ein allgemeines, unbedingt gültiges Sollensprinzip für uns Menschen. Es besagt, daß wir keinen Mitmenschen töten dürfen. Ich unterwerfe mich diesem Prinzip. Tue du es auch.« Der Regreß auf dieses allgemeine und unbedingte Sollensprinzip ist es, der ein ethisches Gebot von bloßer Überredung zu irgendwelchem Tun oder Lassen unterscheidet.

Man ist überrascht zu sehen, wie nahe eine solche Theorie, von ganz anderem Ausgangspunkt als Kant ausgehend, im Ergebnis doch an dessen »kategorischen Imperativ« heranrückt.[46] Worin liegt nun aber die Rechtfertigung eines solchen »allgemeinen« Imperativs? Ist er, wissenschaftlichen Aussagen vergleichbar, auf letzte selbstevidente »Axiome« zurückführbar? Hier führt der Weg moderner Ethiker oft wieder weit von Kants unbedingtem Imperativ hinweg: Der Versuch, ein ethisches Prinzip zu rechtfertigen, ist nicht durchführbar. Er trifft immer auf eine letzte Schranke, an der man sich damit begnügen muß zu sagen: *Ich* habe mich für eine bestimmte Lebensanschauung und Lebensform entschieden. Zu dieser gehören bestimmte ethische Prinzipien als unverzichtbarer Bestandteil. Warum jedermann so und nicht anders leben soll – das läßt sich nicht weiter begründen.

Ist das Resignation? Vielleicht. Jedenfalls ist es aufrichtig.

In dem früher genannten Interview hat auch Carnap zur Einbeziehung ethischer Erörterungen in die Analytische Philosophie Stellung genommen. Er verwirft sie nicht, räumt vielmehr z. B. gegenüber Stevenson ein, daß Wertaussagen wissenschaftlicher Untersuchung zugänglich sind, ja daß es »so etwas wie eine Logik der Wertaussagen« gebe. In diesem Zusammenhang hat er, was seine eigenen Wertvorstellungen angeht, folgendes Bekenntnis ausgesprochen: »Mein eigenes Wertsystem ist das, was man in Amerika ›Humanismus‹ genannt hat. Darunter wird ein Weltbild verstanden, in dem erstens keine übernatürlichen

Wesenheiten, wie Gott und Teufel vorkommen, und in dem zweitens eine praktische Zielsetzung enthalten ist, die auf eine harmonisch organisierte Gesellschaftsform hinzielt, in der jedes Individuum ein gleiches Recht hat und in der jedem die Möglichkeiten geboten werden zur Entwicklung seiner Potentialität und zur Teilnahme an den Kulturgütern.«

Es fällt schwer, dem zu widersprechen – aber der Ratsuchende wird doch das Gefühl haben, daß ihm Steine statt Brot gereicht werden. Milder ausgedrückt: Nähert man sich ethischen Fragen von der »Sprache der Ethik« her, so wird man auf Antworten treffen, die sich auf den *Status* moralischer Aussagen im Rahmen unseres Erkenntnissystems und unserer Sprache beziehen, Antworten in einem Bereich, der heute manchmal als »Meta-Ethik« bezeichnet wird, weniger auf Richtlinien für das konkrete Handeln.

4. KARL POPPER

Vielleicht ist die Lage etwas hoffnungsvoller, wenn wir nicht so sehr an das Handeln des Einzelnen gegenüber seinen Mitmenschen denken (Individualethik), sondern an mögliche Maßstäbe für politisches Handeln in Staat und Gesellschaft.

Karl Popper hat seit dem Zweiten Weltkrieg immer stärker Geschichte und Gesellschaft in sein Denken einbezogen, ohne seine früher eingenommene Grundposition zu verlassen. Einen überzeugenden Beleg hierfür liefert sein 1944 in Neuseeland abgeschlossenes, 1957 zum ersten Mal in deutscher Ausgabe erschienenes Werk »*Die offene Gesellschaft und ihre Feinde*«. Es ist bemerkenswert, daß dieses Werk dem Andenken Immanuel Kants gewidmet ist und dazu mit einer Gedenkrede auf Kant beginnt, die der Verfasser 1954 zum 150. Todestag Kants gehalten hat. Die Bezeichnung »Kritischer Rationalismus« (manchmal auch »rationaler Kritizismus«) für die von Popper begründete philosophische Position läßt ebenfalls die Nähe zu Kant erkennen. Parallel zu diesem Werk hat Popper in einer etwas strengeren Form seine Thesen in dem Werk »*Das Elend des Historizismus*« (deutsch 1965)[47] dargelegt.

Unter Historizismus versteht Popper die (nach seiner Meinung anmaßende, verwerfliche und gefährliche) Auffassung, es sei möglich, die grundlegenden Gesetze der historischen Entwicklung zu erkennen und auf dieser Grundlage auch begründete Aussagen über zukünftige Entwicklungen zu machen (und daraus wiederum Anweisungen für richtiges politisches und soziales Handeln abzuleiten). Diese Auffassung beherrscht in der Tat in der einen oder anderen Form einen großen Teil der abendländischen Geistesgeschichte, sei es, daß der offenbarte Wille Gottes, der Sieg der auserwählten Rasse, Gesetze der Dialektik und/

oder zwangsläufige sozial-ökonomische Prozesse den Fortgang und Ausgang der Geschichte bestimmen sollen. Der erste Band zieht hauptsächlich gegen die in dieser Hinsicht verderblichen Auswirkungen Platons zu Felde, der zweite gegen »Hegel, Marx und die Folgen« (Untertitel des Bandes).

Jeder Versuch, ein totales Konzept der menschlichen Gesellschaft zu entwerfen und zu verwirklichen, muß scheitern und zum Verlust der Freiheit führen. »Der Versuch, den Himmel auf Erden einzurichten, produziert stets die Hölle.« Nicht nur die Hypothesen der Naturwissenschaft, sondern ebenso alle Soziallehren, auch die mit wissenschaftlichem Anspruch, bedürfen ständiger kritischer Überprüfung. Für die gesellschaftliche und politische Praxis bedeutet dies ein schrittweises, probierendes Reformieren unter ständiger kritischer Prüfung, ob nicht die getroffenen Maßnahmen an anderer Stelle oder für andere Personen unerwünschte und zunächst nicht vorhergesehene schädliche Rückwirkungen auslösen. Wir sollten den utopischen Anspruch aufgeben, das Glück aller zu verwirklichen (womöglich um den Preis zeitweisen Leidens bestimmter Schichten oder ganzer Generationen) und lieber darauf achten, das Leiden zu vermindern. Sich darüber hinaus auch noch um das positive Glück anderer zu sorgen: dieses Bestreben sollten wir auf den engen Kreis unserer Familie und unserer Freunde beschränken. Man sieht, daß es dem »Kritischen Rationalismus« gelingt, von so scheinbar entlegenen Problembereichen wie der Induktion zu handfesten und praktikablen Aussagen und Anweisungen fortzuschreiten.

Ein Grundzug von Bescheidenheit, den man »sokratisch« nennen könnte, durchzieht Karl Poppers Denken: Die Forschung soll nicht umstößliche Erkenntnisse verkünden, sondern höchstens Theorien anstreben, die eine Zeitlang dem Versuch, sie zu falsifizieren, widerstehen können. Den Staat soll man nicht als Anstalt betrachten, die das Glück aller oder möglichst vieler Bürger herbeizuführen hat; seien wir damit zufrieden, wenn er Schäden abwendet oder mindert (fürs persönliche Glück sorge jeder selbst in seinem Kreis)! In diese Linie fügt sich gut ein, was Popper bei einem Vortrag in München 1989 verkündete: Demokratie als »Herrschaft des Volkes« zu verstehen, sei eine Fiktion. Die Demokratie (im westlichen Sinne natürlich) ist gleichwohl segensreich, weil sie es jedenfalls ermöglicht, eine Regierung ohne Gewalt und Blutvergießen im Wege der Neuwahl durch eine andere zu ersetzen.

5. DISKURSETHIK

Diese Denkrichtung ist in Deutschland vor allem durch den schon früher behandelten Karl-Otto *Apel* verkörpert. Der letzte Abschnitt seines zweibändigen Werkes »*Transformation der Philosophie*« heißt »Das

Apriori der Kommunikationsgemeinschaft und die Grundlagen der Ethik«, Untertitel »Zum Problem einer rationalen Begründung der Ethik im Zeitalter der Wissenschaft«.

Warum brauchen wir eine rationale Begründung der Ethik? Antwort: weil eine Ethik, die für *alle* Menschen, also erdumspannend gültig sein soll, nicht auf Intuition, auch nicht auf Religion und Tradition gegründet werden kann, denn diese sind bei verschiedenen Völkern, in verschiedenen Gesellschaften und Kulturen verschieden.

Und warum soll die Ethik für die gesamte Menschheit gleichermaßen gültig sein? Antwort: weil die moderne Wissenschaft und ihre technische Anwendung menschlichem Handeln eine vorher nie gekannte Reich- und Tragweite verliehen hat. Im Zeitalter der Kernwaffen und der Kernenergie kann die Handlung eines Einzelnen oder einiger weniger Auswirkungen für die ganze Menschheit, ja das ganze irdische Leben haben. Die drängenden Probleme von heute liegen weniger im Kleinbereich von Familie und Nachbarschaft, mehr im Bereich von Politik und Gesellschaft, noch mehr in einem »Makrobereich«, der das Schicksal der ganzen Menschheit umspannt. Das erfordert ethische Maßstäbe, die für alle Menschen gelten – während heute in der täglichen Praxis schon Fragen der nationalen Politik – unter dem Stichwort »Realpolitik«, »Interessenpolitik« – gewissermaßen von moralischer Bewertung freigestellt werden.

Mit intersubjektiver Geltung, also mit dem zwingenden Anspruch, daß im Prinzip jedermann sie anerkennen müsse, sind heute (fast) überall nur die Ergebnisse der »objektiven«, wertneutralen Wissenschaft, in erster Linie der Naturwissenschaften, ausgestattet. Geltung in diesem Sinne könnte möglicherweise und allenfalls eine analytische Metaethik beanspruchen, nicht aber konkrete ethische Normen, die – wie eben die »objektive« Wissenschaft aufzeigen kann – in weiten Teilen je nach Kulturraum und Epoche variieren. Wissenschaft erforscht Tatsachen, erkennt Seiendes; aber aus einem Sein kann und darf – nach einem vielfach wiederholten Wort David Humes – niemals ein Sollen abgeleitet werden.

Was bedeutet nun Apels Zentralbegriff »Apriori der Kommunikationsgemeinschaft«? Der Ausdruck »Apriori« läßt an Kant denken. Zugespitzt ließe sich sagen: Apel sucht die höchste Instanz (»Letztbegründung«) nicht wie Kant in der (praktischen) Vernunft, sondern in der Gemeinschaft der Vernünftigen. Wer Rechte geltend macht (z. B. auf Schutz seines Lebens, auf Gesundheit, Eigentum, bestimmte Freiheiten), richtet damit Ansprüche (nämlich auf Respektierung) an andere. Er ist verpflichtet, seine Ansprüche vor anderen zu rechtfertigen und umgekehrt sich mit deren Ansprüchen auseinanderzusetzen. Er tritt damit in eine Kommunikationsgemeinschaft ein, in einen »Diskurs«,

d. h. einen sinnvollen, an Spielregeln gebundenen Austausch von Argumenten (nur in diesem engen und präzisen Sinn ist das zum Allerweltswort entartete »Diskurs« sinnvoll).

Es läßt sich vermuten, daß das Resultat eines solchen Diskurses nicht allzuweit entfernt läge von der »Goldenen Regel«: »Was du nicht willst...« und von Kants Imperativ »Handle so, daß die Richtschnur deines Handelns jederzeit zum Prinzip einer allgemeinen Gesetzgebung (und damit zur Richtschnur für alle Menschen) dienen kann« – wenn der Diskurs stattfände und zu Ende geführt würde.

Hier regen sich Bedenken. Ist solcher Diskurs nicht eine stark idealisierte Vorstellung? In ihm müßten die Teilnehmer ja gleichberechtigt sein, während im wirklichen Leben, im konkreten Fall häufig der eine unter der Herrschaft, der Knute eines anderen steht. Die Teilnehmer müßten auch, wenigstens annähernd, die gleiche Befähigung zur Diskussion, d. h. Sachkenntnis und Formulierungsgabe, mitbringen. (Hier folge ich Gedanken Robert *Spaemanns*, (geb. 1927).[48] Schließlich braucht der Diskurs Zeit, während die ethischen Probleme im Leben, einerlei ob es um Krankheit oder Tod des Einzelmenschen geht oder um Schicksalsfragen der Gesellschaft, unter nicht aufhebbarem Zeitdruck stehen.

Andere Einwände gegen die Diskursethik besagen: Die Teilnahme am Diskurs erfordert, daß jeder den anderen respektiert. Setzt das nicht schon die ethische Norm voraus, die der Diskurs erst ergeben soll? Schwerwiegender: Die Ungeborenen und auch die stumme Kreatur können am Diskurs nicht teilnehmen.

Ich hoffe, daß ich den Begriff »Diskursethik« nicht über Gebühr ausweite, wenn ich hier einen Blick auf ein Werk anschließe, das auf den ersten Blick aus einer anderen Welt zu kommen scheint – weniger weil der Autor Amerikaner ist, sondern weil es in seiner Zielsetzung der Praxis des gesellschaftlichen Lebens näher ist: die *»Theorie der Gerechtigkeit«* des Amerikaners John *Rawls*[49] (geb. 1921). Die Tatsache – auf die u. a. auch Karl Popper hinweist –, daß in der Industriegesellschaft die engen Bande der Familie und kleiner überschaubarer Gemeinschaften vielfach gelockert, gar zerstört sind, daß der Einzelne andererseits in Gesellschaft und Medienkommunikation in sehr weite, vielfach für ihn nicht durchschaubare Wirkungszusammenhänge eingefügt ist, gilt auch für den Bereich der Wirtschaft. Wie soll der Einzelne hier die Zusammenhänge durchschauen in einem Bereich, in dem wahrscheinlich der größte Teil aller Kriminalität zuhause ist? Wie soll er sich ein Urteil bilden gegenüber »Skandalen«, bei denen die Schadenssummen in die Hunderte von Millionen gehen? Jedenfalls sollte die Ethik versuchen, diesen Bereich in ihre Überlegungen einzubeziehen. Ein Beitrag zu diesem Bemühen – an dem auch die Kirchen wesentlichen Anteil haben – ist das Buch von John Rawls, das großenteils eine Theorie der *sozialen* Gerechtigkeit bieten will.

Sein Ansatzpunkt ist ein fiktiver Vertrag in einem »Urzustand« (das erinnert natürlich an Rousseaus »Contrat social«): In ihm sollen Personen (rational denkende und handelnde) eine Entscheidung über die richtigen Prinzipien für den Aufbau der menschlichen Gesellschaft treffen. Das Besondere besteht darin, daß sie in einem »Schleier des Nichtwissens« stecken: Sie haben zwar Vorstellungen von gesellschaftlichen Problemen und Zusammenhängen, wissen aber nicht, an welcher Stelle (in welcher Klasse, in welchem Beruf, in welcher Familie, mit welcher Intelligenz, welchen Geschlechts) sie in diese Gesellschaft eintreten werden; sie müssen also gewärtigen, daß sie in privilegierter oder auch in stark benachteiligter Position starten werden.

Nach Rawls werden sie sich für zwei Grundsätze entscheiden: einerseits gleiche Rechte (oder Chancen) für jedermann, andererseits Ungleichheit in der Verteilung, soweit die gesamte Gesellschaft, auch die Unterschicht, von der Ungleichheit Vorteile hat (z. B. erhöhtes Leistungsstreben der Verantwortlichen). Nach Rawls entspricht eine so strukturierte Gesellschaft sowohl unserem moralischen Empfinden wie rational begründbaren Prinzipien. Angemerkt sei, daß Rawls mehr auf Gerechtigkeit *innerhalb* einer Gesellschaft blickt als auf gerechte Verteilung *zwischen* Gesellschaften, z. B. reichen und armen Ländern.

Rawls' Theorie hat viel Diskussion hervorgerufen, auch Widerspruch, u. a. den Vorwurf, sie stehe doch dem Konsequenzialismus nicht fern; ebenso den (damit verwandten) Vorwurf, daß Rawls – wie die meisten modernen Ethiker – zuerst nach Grundsätzen suche und daraus Rechte (für die Individuen) ableite, während richtigerweise die Rechte – die allgemeinen Menschenrechte nämlich, wie sie durch die amerikanische und dann in der französischen Revolution proklamiert worden sind – das Grundlegende seien. So ist die Lehre vom Naturrecht, an dem keine menschliche Lehre und keine staaatliche Gesetzgebung rütteln darf, wieder in den Vordergrund gerückt. Die christliche, besonders die katholische, Soziallehre hatte immer am Naturrecht (als von Gott gesetzt) festgehalten. Nun ist es auch in der »weltlichen« Philosophie wieder zu Ehren gekommen. Es gibt Grundrechte – so sagt diese Lehre –, die jedes für sich fundamental sind: Leben, Gesundheit, Freiheit des Glaubens, Zugang zum Wissen z. B.; diese bestehen nebeneinander, es gibt keine Hierarchie unter ihnen – ein Satz, der (wie die meisten absoluten Moralgebote) in Konflikte führen kann.

6. »EVOLUTIONÄRE ETHIK«

In Anlehnung an die früher behandelte »evolutionäre Erkenntnistheorie« möchte ich unter dieser Überschrift auf eine Entwicklung hinweisen, die nicht aus der Philosophie herrührt, sondern aus der Biologie, genauer aus dem Nachdenken von Evolutionsbiologen und Verhaltensforschern über die Frage: Welche Folgerungen ergeben sich aus der Umwälzung, die Darwins Evolutionslehre herbeigeführt hat, und aus der von ihr eingeleiteten Forschung der letzten hundert Jahre für unser Bild vom Menschen? Dazu gehört auch die Frage: Geht die menschliche Ethik auf soziale Instinkte zurück, wie sie in vielfältiger Form im Tierreich wirken – oder steht sie in schroffem Widerspruch zur Natur? Die Fragestellung entstand schon zu Darwins Lebzeiten. Er selber neigte zu der Annahme (er drückte sich vorsichtig aus), daß die menschliche Moral sich fast zwangsläufig entwickeln müsse, sobald ein Lebewesen mit gut ausgebildeten sozialen Instinkten ein bestimmtes intellektuelles Niveau erreicht hätte. T. H. *Huxley*, Vater des Dichters Aldous Huxley und wichtigster Vorkämpfer von Darwins Lehre im vorigen Jahrhundert, verkündete dagegen schroff, der Kampf ums Dasein, den auch der Mensch auszukämpfen hat, stehe der Moral geradezu entgegen; der Mensch könne jedenfalls für seine Ethik aus der Natur nichts lernen. Dem widersprach Peter *Kropotkin*.[50] Er wies darauf hin, daß wir in der Natur in unzähligen Fällen und Formen auch gegenseitige Hilfe und Kooperation beobachten.

Der hier angedeutete Gegensatz besteht bis heute. Auf der einen Seite stehen Vertreter der jetzt – ungeachtet ihrer Jugend – schon als »klassisch« bezeichneten Ethologie oder Verhaltensforschung. Konrad *Lorenz* (1903–1989), ihr in der breiten Öffentlichkeit bekanntester Vertreter, hat den gesellig lebenden Tieren »moral-analoges Verhalten« zuerkannt und darauf hingewiesen, daß man angesichts der Ähnlichkeiten in den Funktionen und Leistungen der sozialen Instinkte mit menschlichen Moralgeboten oft nur schwer unterscheiden könne, ob wir zu einem bestimmten Verhalten durch Antriebe aus tiefsten, vormenschlichen Schichten unserer Person veranlaßt werden oder durch Überlegungen aus der höchsten Etage unserer Vernunft.[51]

Könnte es sein, daß moral-analoges, selbstaufopferndes Verhalten zugunsten der Gruppe oder der Art von der Evolution gefördert und belohnt wird, ja daß der Mensch erst dann, wenn er aus »natürlichen« Lebensformen in die Zivilisation übergeht, einer »künstlichen«, d. h. vernunftgestützten Moral bedarf? Hat Konrad Lorenz recht, wenn er meint, von Natur aus wohne den sozial lebenden Tieren und mit ihnen den Menschen eine instinktive Hemmung gegen das Töten von Artgenossen inne (viele Konkurrenzkämpfe im Tierreich enden ja nicht mit dem Tode des Unterliegenden, sondern mit einer Unterwerfungsgeste), die erst vom Menschen der Frühzeit durchbrochen wurde, als er Werkzeuge und Waffen erfand?

Einen anderen Versuch, »die Ethik den Philosophen aus der Hand zu nehmen« und sie zu »biologisieren«, hat der Amerikaner Edward O. *Wilson*[52] (geb. 1929) unternommen. Auch er meint, die Evolutionstheorie könnte uns Maßstäbe für unser Handeln und Zielsetzungen für unsere Zukunft liefern.

Die hiermit angedeutete Argumentation hat etwas Verführerisches. Wie schön wäre es doch, wenn es gelänge, die Kluft zwischen Natur und Moral zu überwinden, das Sittengesetz vielmehr auf ein festes naturwissenschaftliches Fundament zu stellen! Im Licht der neueren Entwicklung in der Biologie wird diese Argumentation angezweifelt.

Entscheidend für unser Problem ist hier die Frage: Läßt sich demonstrieren, daß die Evolution, die mit dem Werkzeug der natürlichen Auslese arbeitet, nicht nur den krassen Egoisten begünstigt, der sich im Kampf um Beute, Nahrung, Nistplatz, Jagdrevier und vor allem um den Geschlechtspartner für die Fortpflanzung auf Kosten aller Konkurrenten durchsetzt (so der erste Augenschein) – daß die Evolution vielmehr auch moral-analoges, altruistisches Verhalten fördert und belohnt? Die Frage hat schon Darwin beschäftigt und auch irritiert. Er grübelte: In einem Stamm oder Volk werden die Edlen, die Nichtselbstsüchtigen eher im Kampf in vorderster Linie sterben als die Drückeberger, die sich wohlbedacht etwas weiter hinten aufhalten – wie sollte es da möglich sein, daß die Zahl der Edlen und Tugendhaften im Lauf der Evolution zunimmt?

Der Mechanismus, mit dem die natürliche Auslese arbeitet, ist erst in den letzten beiden Jahrzehnten einigermaßen durchschaut worden: Erfolgreich im Sinne der Auslese ist, wem es gelingt, seine Erbanlagen stärker als die Mitbewerber in die Generationen der Zukunft einzubringen. Entscheidend ist dabei weniger die Zahl der Zeugungsakte als vielmehr die Zahl der erfolgreich bis zur eigenen Geschlechtsreife aufgezogenen Nachkommen. Erfolg im Sinne der Evolution hat nicht das Individuum als solches, sondern nur das Individuum als Träger eines Erbprogramms, als Träger seiner Gene. Der Einzelne ist in diesem Sinne nur ein Vehikel der Gene. Deren Bewahrung und Vermehrung ist das eigentliche Ziel der Evolution. Das Erbprogramm eines Individuums steckt – mit einer seit Gregor Mendel im Prinzip bekannten abgestuften Wahrscheinlichkeit – auch in seinen direkten Nachkommen und seinen Geschwistern.

Wenn der natürliche Ausleseprozeß auf die Gene zielt, auf die »selbstsüchtigen Gene«[53], so ist leicht einzusehen, daß »Nepotismus«, also Förderung von Nachkommen der Verwandten, auch ein Erfolgsprogramm im Sinne der Auslese darstellen kann. Er kommt auch im Tierreich nicht selten vor, unter anderem bei den Vögeln. Ein Verwandter, der auf eine Fortpflanzung verzichtet und sich an der Pflege und Aufzucht der Kinder seines Verwandten beteiligt, handelt demnach zwar für sich betrachtet altruistisch, aber im Sinne der Evolution durchaus eigennützig, indem er Erbanlagen, die den seinen nahestehen, zur Erhaltung und Verbreitung hilft. Damit ist verständlich, daß im Tierreich ein altruistisches Verhalten nur dort auftritt, wo der Begünstigte ein enger Verwandter ist, niemals aber zugunsten der Art oder Gattung. – Mit anderen Worten: Daß die Menschen in der Familie oder der kleinen Gruppe ihren Egoismus zurückstellen und sich manchmal aufopfern, außerhalb dieses engen Bereichs aber ganz anders handeln: diese »doppelte Moral« ist ein Erbe aus dem Tierreich. So verstehen wir, wieso ein Mensch ein hingebender Familienvater sein (vielleicht auch ein sensibler Liebhaber von Kunst und Musik) und doch gleichzeitig fähig sein kann zu allergrößter Brutalität gegenüber Außenstehenden, die er nicht zu seiner Gruppe, seinem Stand, seiner Nation, seiner Rasse oder was immer zählt.

Stammt unsere Moral also aus der Natur, aus dem Tierreich? Ja und nein. Ja: In dem, was wir Moral nennen, steckt manches Erbe, das wir von tierischen Vorfahren übernommen haben. Der Mensch ist ein soziales Lebewesen und damit von Natur aus kooperativ, und innerhalb einer begrenzten Gruppe ist er fähig, seinen Egoismus zu zügeln. Nein: Die Kernforderung jeder Moral – daß *jeder* Mensch, auch der ferne und fremde, Anspruch hat auf Achtung seiner Freiheit und Würde, auf Unverletzlichkeit seines Lebens, auf »Menschenrechte« – diese Forderung läßt sich nicht aus der Natur, nicht aus der Evolution herleiten. Im Gegenteil, sie widerspricht ihr. Moral in einem solchen Sinne ist der Natur fremd. Moral im eigentlichen Sinne setzt unter anderem voraus die Fähigkeit, sich zwischen mehreren Handlungsalternativen frei (innerhalb gewisser Grenzen) zu entscheiden; die Fähigkeit, die Folgen der eigenen Handlung in die Zukunft hinein zu vergegenwärtigen und abzuschätzen; vor allem die Fähigkeit, den Anderen, den Mitmenschen, als Partner wahrzunehmen, sich in ihn hineinzuversetzen. Das sind Fähigkeiten, über die unter allen Lebewesen nur der Mensch verfügt (der natürlich auch ein Produkt der Evolution ist).

Die Moral, wie sie auf dem Papier steht, also in ihrer Reinheit und als nie ganz erreichbares Ideal, stammt nicht aus der Natur. Viel mehr Ähnlichkeit mit der Natur hat allerdings die »Moral«, der die Mehrzahl der Menschen im praktischen Leben tatsächlich folgt.

Leider müssen wir demnach die Hoffnung aufgeben, moralische Wertmaßstäbe aus der Natur herzuleiten. Wir bleiben auf unsere Vernunft verwiesen und damit (auch) auf die Philosophie. So lautet jedenfalls das Fazit aus dem derzeitigen Stand der Auseinandersetzung, das einige Denker ziehen.[54] Vielleicht ist es noch nicht das letzte Wort. Sicherlich wäre eine Ethik, die sich auf das biologische Fundament unseres Lebens stützt, in der Praxis leichter durchzusetzen.

7. MENSCH UND TIER

Nach unserem kurzen Rundblick auf einige Denkweisen in der heutigen Theorie der Ethik wenden wir uns jetzt dem Bereich zu, der »praktische Ethik« oder auch »angewandte Ethik« (engl. »applied ethics«) genannt wird. In ihm geht es um Grundlagen des heutigen Lebens, wie ich sie zu Beginn dieses Schlußabschnitts angedeutet habe.

Die Philosophen haben sich in den Jahrzehnten etwa ab 1960 intensiv mit solchen Fragen befaßt, vor allem in den englisch sprechenden Ländern. In den Vereinigten Staaten erscheint seit 1971 die Zeitschrift *»Philosophy and Public Affairs«*. Sie widmet sich ganz den politisch-gesellschaftlichen Fragen, bei denen die Philosophie mitzusprechen hat. In ihr sind zahlreiche wichtige Beiträge zu unserem Thema erschienen.

Daß Beiträge zu dieser Problematik überwiegend in Form von Artikeln oder von Spezialpublikationen erscheinen, liegt in der Natur der Sache. Wo es um Existenzprobleme der heutigen Menschheit geht, ist stets die Wissenschaft im Spiel, vor allem die Naturwissenschaft. Deshalb können solche Probleme nicht durch philosophische Reflexion allein gelöst werden. Es gehört Sachkenntnis dazu, fachliche Kompetenz, und die ist notwendigerweise beim Spezialisten zu finden. Ob Kernenergie, Kernwaffen, Euthanasie, Bevölkerungsexplosion, Ozonloch – stets geht es nicht ohne den Fachmann; auch sinnvolle Entwicklungshilfe ist, wie sich herumgesprochen hat, nicht allein mit Geld und gutem Willen zu leisten; sie fordert genaues Wissen über die Verhältnisse des betroffenen Landes, die Denkweise seiner Menschen, über religiöse, soziale ökonomische Traditionen u. a.

Von den Werken, die einen Überblick über die gesamte Problematik annähernd vermitteln, möchte ich *»Practical Ethics«* des Australiers Peter *Singer* (geb. 1946) nennen, zumal es in deutscher Übersetzung vorliegt.[55] Es behandelt nach einer allgemeinen Einführung die Themen: Gleichheit unter Menschen · Gleichheit für Tiere? · Töten · Abtreibung · Euthanasie · Zwecke und Mittel.

Aus Raumgründen möchte ich meine folgende Darstellung auf zwei Themen beschränken: Stellung des Menschen zum Tier · Gefährdung der Umwelt, ja der gesamten Natur.[56]

In der Vergangenheit ist die Stellung der Tiere in der Schöpfung nur selten unter ethischen Gesichtspunkten erörtert worden – jedenfalls in

Europa (asiatische Religionen, z. B. der Jainismus – vgl. das Erste Kapitel dieses Buches – denken anders). Das geht offenbar darauf zurück, daß in den drei Hauptströmen der Überlieferung, die das Weltbild des Abendlandes bis zum Aufstieg der modernen Wissenschaft bestimmt haben – nämlich Judentum, klassische Antike und Christentum – dem Tier, an der Stellung des Menschen gemessen, allenfalls eine marginale Aufmerksamkeit zuteil wird. Nach dem Schöpfungsmythos des Alten Testaments sind alle Tiere im Meer, in der Luft und auf der Erde der Herrschaft des Menschen unterworfen. Nach dem römischen Recht, das unserer Rechtsauffassung großenteils zugrundeliegt, sind Tiere den (toten, unbeweglichen) Sachen gleichgestellt. Im Neuen Testament und in der christlichen Tradition sind Achtung des Tieres, Tierliebe nur in wenigen (rühmenswerten) Ausnahmefällen zu bemerken. Nach Thomas von Aquin entspricht es dem göttlichen Gebot, wenn der Mensch Tiere benutzt, tötet und verspeist. »Gott fragt den Menschen nicht, was er mit Ochsen und anderen Tieren tut«, heißt es in der Summa Theologiae.

Es gibt allerdings auch Bibelstellen – z. B. im Prediger Salomo (»Der Mensch hat nichts voraus vor dem Tier«) –, die einen anderen Geist atmen. Und die christliche Tradition enthält auch Denkströmungen (wenn sie auch in der Minderzahl sind), die nicht die unbedingte Dominanz des Menschen über die Kreatur verkünden, seine Stellung vielmehr als die eines – gegenüber Gott verantwortlichen – Treuhänders, Verwalters, Hirten interpretieren.[57]

Die neuzeitliche Philosophie setzt ein mit Descartes, für den das Tier einem Automaten gleicht, ohne Seele, ohne Empfindung. Vivisektion aus wissenschaftlicher Wißbegier verbreitete sich zu Beginn der Neuzeit.[58] Im Zeitalter der Aufklärung erheben sich vereinzelt Stimmen, die vom Menschen fordern, Tiere als empfindende Wesen zu respektieren. Von Jeremy Bentham stammt der klassische Satz (gerichtet gegen die Ansicht, Tiere als nicht vernunftbegabte Wesen seien für die Ethik unbeachtlich): »Die Frage ist nicht, ›Können sie denken?‹, auch nicht ›Können sie sprechen?‹, sondern ›Können sie leiden?‹«[59] Bentham verglich das Schicksal der Tiere mit dem der farbigen Sklaven (Sklaverei war damals in den Kolonien weit verbreitet) und forderte ein Mindestmaß an Schutz und Gerechtigkeit für beide. Im 19. Jahrhundert entstanden in England – meist nach langen Debatten – die ersten Tierschutzgesetze. Es regten sich auch erste Proteste gegen das Verzehren von Fleisch. Es war nun bekannt, daß große Teile der Menschheit, z. B. viele Hindus, sich vegetarisch ernähren, ohne gesundheitlichen Schaden zu erleiden. Einzelne Persönlichkeiten wie Leo Tolstoi und Bernard Shaw, viel früher schon Leonardo da Vinci, viel später der weltberühmte Läufer Paavo Nurmi, lehnten Fleischgenuß ab.

In unserem Jahrhundert hat die Diskussion über unser Verhalten zu Tieren eine neue Dimension angenommen. Der wichtigste Anstoß kam von den Methoden der modernen Tierzucht und deren Kritik in der Öffentlichkeit. Eine Pionierrolle hat dabei das Buch von Ruth *Harrison*[60] *»Tiermaschinen«* gespielt, ähnlich wie Rachel *Carsons*[61] *»Stummer Frühling«* für die Erkenntnis von Umweltschäden durch Schädlingsbekämpfungsmittel. In der Tat sind Hühnerhaltung in Legebatterien, Kälbermast in engen Buchten ohne Licht weltweit entfernt von der Idylle, die viele Städter bis heute mit dem Begriff »Bauernhof« verbinden: Kühe auf der Weide, Hühner auf dem Hof usw. Einige Auswüchse wie die Kälbermast mit Hormonen sind in einigen Ländern abgestellt oder gemildert, aber die meisten Städter, die dem Tier hauptsächlich noch auf dem Mittagstisch begegnen, haben keine Vorstellung davon, wie diese Tiere gezeugt werden, aufwachsen und geschlachtet werden – oder, wenn doch, so verdrängen sie diese Vorstellung. Wer Berichte wie die von Ruth Harrison liest oder die dem Buch von Peter Singer beigegebenen Fotos betrachtet, den überfällt das Grausen. (Entsprechendes gilt für Berichte über Tierversuche.)

Die Philosophen fassen das Problem grundsätzlich an, unter Verzicht auf einen Appell an Gefühle wie Sympathie und Mitleid. Man darf davon ausgehen, daß heute (im Prinzip, nicht in der Praxis) weitgehende Übereinstimmung über diesen Grundsatz besteht: Unter dem Gesichtspunkt der Moral – ich verwende diesen Ausdruck hier der Einfachheit halber als gleichbedeutend mit Ethik – hat *jeder* Mensch – ohne Unterschied der Rasse, Hautfarbe, Begabung oder des Geschlechts – Anspruch auf Respektierung seiner Persönlichkeit und einiger Grundrechte. Dabei zählt jeder Mensch, keiner darf ausgeschlossen sein, keiner zählt mehr als andere.

Dieser Grundsatz der »Gleichheit« – oder Chancengleichheit oder Berücksichtigung der Interessen eines jeden – wird üblicherweise, auch in der Tradition der Philosophie – nur auf die menschliche Gattung angewandt. Ist es berechtigt, ihn auszudehnen zu der Forderung, daß auch die Interessen nichtmenschlicher Lebewesen oder bestimmter Gruppen davon Berücksichtigung verdienen? In dem vorhin zitierten Satz von Bentham wird als Kriterium für den Anspruch auf Einbeziehung in die Moral die Fähigkeit zu leiden angegeben, präziser: die Fähigkeit, zu leiden, aber auch Freude zu empfinden. Folgen wir dem Rat der Sprachanalytiker, so stellen wir fest, daß unser alltäglicher, unreflektierter Sprachgebrauch dies für Tiere als selbstverständlich ansieht. Wir sagen, der Hund freue sich oder sei niedergeschlagen oder frustriert, leide Schmerzen, liebe seinen Herrn. Daß Tiere leidensfähig sind, liegt als Voraussetzung allen Gesetzen gegen Tierquälerei zugrunde.

Wer dies zugesteht, muß erkennen, daß die Art unserer Ernährung, die

Methoden, Tiere aufzuziehen und zu töten oder zu fangen, mit ihnen zu experimentieren, sie zu Unterhaltungszwecken abzurichten und zur Schau zu stellen, nicht außerhalb der Moral liegen, sondern moralischer Beurteilung unterliegen.

Das bedeutet nicht, daß Mensch und Tier gleichberechtigt sind. Es bedeutet aber: Menschen sind nicht berechtigt, Tieren Schmerz zuzufügen, jedenfalls vermeidbaren Schmerz. Ist es unvermeidlich, daß Tiere lebenslang auf engstem Raum eingesperrt werden, 4 oder 5 Hennen in einen winzigen Drahtkäfig mit schrägem Boden, auf dem sie nicht normal stehen können und Verletzungen erleiden; daß man ihnen die Schnäbel kappt, um die bei dem Gedränge unvermeidlichen Aggressionen weniger gefährlich zu machen? Ist es notwendig, daß Tiere von ihren Jungen getrennt, lebenslang eingepfercht, mit Brandzeichen markiert, auf grausame Weise transportiert und am laufenden Band geschlachtet werden (oft durchaus nicht schmerzfrei), um billiges Fleisch auf den Tisch zu bekommen? Ist nicht längst erwiesen, daß der Mensch sich ohne Fleisch ausreichend und gesund ernähren kann?[62]

Man sieht: Wenn man den Grundsatz akzeptiert, daß Tiere moralisch nicht völlig rechtlos und vernachlässigbar sind, kommt man schnell zu schwerwiegenden Anforderungen an das eigene Verhalten. Kosmetika verwenden, deren Hersteller mit Tierversuchen arbeiten? Eier aus Legebatterien kaufen? Kalbfleisch aus industrieller Mast verzehren? Oder überhaupt auf Fleischgenuß verzichten, jedenfalls auf das Fleisch von Tieren, die ein Zentralnervensystem besitzen und damit empfindende Wesen sind? Die Denker, deren Überlegungen ich hier referiere, haben diese Konsequenzen radikal gezogen. Sie werden darin bestärkt dadurch, daß Ernährung mittels Tierzucht ein aufwendiges Verfahren ist. Nur ein geringer Teil der Nährstoffe, die das Tier verbraucht, kommt schließlich dem Menschen zugute. Würde der »allesfressende« Teil der Menschheit auf Fleisch verzichten, so könnten mit den dadurch eingesparten Nährstoffen alle Hungernden dieser Welt befriedigt werden.

Den Lesern, denen diese Gedanken einleuchten, möchte ich mit Nachdruck die Lektüre einiger Bücher zu diesem Thema – neben Rachel Carson, Ruth Harrison vor allem Peter Singer[63] – empfehlen.

8. VERANTWORTUNG

Dieses vielgebrauchte Wort ist in die Debatte über die heutige Lage des Menschen und seine Pflichten eingeführt worden durch Hans *Jonas* (geb. 1903), als er sein 1979 erschienenes Buch *»Das Prinzip Verantwortung«* nannte. Untertitel: »Versuch einer Ethik für die technologische

Zivilisation«.[64] In dem Haupttitel liegt ein beabsichtigter Gegensatz zum »Prinzip Hoffnung«, dem Titel und Hauptgedanken von Ernst Blochs marxistischer Utopie, mit der sich Jonas über weite Strecken seines Buches auseinandersetzt. Nach Studium bei Husserl und Heidegger und dem Theologen Rudolf *Bultmann* mußte Jonas 1933 wegen seiner jüdischen Abstammung emigrieren. Nach Jahren in Israel hat er seine zweite Lebenshälfte als Universitätslehrer in den USA gewirkt, sich in dieser Zeit immer stärker mit Biologie, Medizin und Technik beschäftigt und sich schließlich zu einem führenden Vertreter einer philosophischen Ethik entwickelt, welche die Bewahrung der Schöpfung in den Mittelpunkt stellt. Sein Buch hat er in seiner ursprünglichen deutschen Muttersprache geschrieben, »der Grenzen des Lebens wie der Dringlichkeit des Gegenstandes wegen«, weil »die gleichwertige Formulierung in der erworbenen Sprache«, also dem Englischen, zu viel Zeit gekostet hätte. 1985 hat Jonas diesem Werk ein zweites Buch folgen lassen (wiederum deutsch geschrieben), in dem er sich den Problemen der praktischen Ethik zuwendet, die sich aus der modernen Wissenschaft, besonders der Technik und der Medizin, ergeben.

In diesem Abschnitt möchte ich die Aufmerksamkeit des Lesers auf zwei Probleme lenken: 1. Hat der Mensch eine Verantwortung für die gesamte Natur, für Tier und Pflanze, für die Biosphäre, für eine bewohnbare Erde? 2. Reicht diese Verantwortung über die Gegenwart hinaus, erfaßt sie auch das Leben zukünftiger Generationen?

Ein eindrucksvolles Plädoyer im Sinne der Verantwortung für die gesamte Natur hat der Australier John *Passmore*[65] geliefert. Es besteht aus einer kritischen Analyse der im »Westen« vorherrschenden Traditionen im Verhältnis zur Natur (hier verstanden unter Ausschluß des Menschen und seiner Artefakte – während in einem anderen, weiteren Sinne »Natur« den Menschen mit einschließt). Vier praktische Probleme werden dann eingehend behandelt: Umweltverschmutzung – Umgang mit knappen Ressourcen (Bodenschätze und Energie, nutzbares Land, Fauna und Flora, Wasser und Luft) – Bewahrung unberührter Natur in Reservaten – Gefahren der Übervölkerung.

Das Problem »Mensch und Natur« in dem hier gemeinten Sinn (Der Mensch gefährdet oder zerstört die Natur) ist zwar erst in den letzten Jahrzehnten voll ins öffentliche Bewußtsein getreten, doch hat schon vor mehr als einem Jahrhundert G. P. *Marsh*[66] den Menschen beschuldigt, das Gleichgewicht der Natur zu zerstören, und gleich nach dem Ende des Zweiten Weltkriegs hat Aldo *Leopold*[67] eine Ethik gefordert, welche die gesamte Natur (die Biosphäre der Erde) als einheitlichen Wirkungszusammenhang erkennt und respektiert, von dem der Mensch abhängig und für dessen Erhaltung er verantwortlich ist. (Hierzu sei angemerkt, daß ein solches Verhältnis zur Natur ein We-

senszug der indianischen Religionen und Kulturen vor der Eroberung Amerikas durch die Europäer gewesen zu sein scheint[68].)
Versucht man, diese Grundforderung mit der nach Einbeziehung der Tiere in die Ethik zu vereinen, so kann sich eine abgestufte Ordnung ergeben. Erstens: Menschen haben uneingeschränkten Anspruch auf Respektierung ihres Daseins und ihrer Rechte. Zweitens: Tiere (bzw. diejenigen, die als empfindende Wesen angesehen werden müssen) haben ähnliche Rechte, doch müssen diese im Konfliktsfalle denen des Menschen nachgeordnet werden. Anmerkung hierzu: Wer die Tiere aus der Ethik total ausschließt, läuft Gefahr, die Rechte *der* Menschen zu vernachlässigen, die als Embryos, Säuglinge, Kleinkinder, geistig Behinderte oder Gestörte ihre Interessen nicht wahrnehmen können. Drittens: Alles, was sonst zur natürlichen Umwelt gehört, also Pflanzen und Lebensgemeinschaften jeder Art, hat zwar nicht »Rechte«; die Vernunft gebietet aber, ihr Dasein zu respektieren, und zwar nicht nur wegen ihres potentiellen Nutzens für die Menschen, sondern als selbständige Werte.

Man darf die heute vielgehörte Forderung nach einer »neuen Ethik« nicht so verstehen, daß diese in geradem Gegensatz zur bisherigen stehe. Sie muß vielmehr anknüpfen an die seit alters vorhandenen Ansätze zu einer Haltung, die die Natur und ihre Geschöpfe respektiert; andernfalls hätte eine neue Ethik keinerlei Aussicht, jemals von vielen akzeptiert zu werden.

Es ist aber nicht nur notwendig, die Tiere und die gesamte Natur in ethische Erörterungen einzubeziehen. Noch in einer anderen Richtung muß die Ethik in Neuland vorstoßen. Nahezu alle bisherige Ethik – hier folge ich Hans Jonas – blickt auf den unmittelbaren Umkreis einer Handlung, auf das Jetzt, das Hier, den Mitmenschen, den »Nächsten«. Daß der Mensch das unermeßliche Meer, die ganze Natur gefährden könne, war für unsere Vorfahren nicht vorstellbar. Heute ist es möglich, daß der Mensch, ja im Extremfall *ein* Mensch, mittels Kernwaffen Millionen umbringt. Es gibt Gefahren aus Umweltvergiftung, radioaktivem Abfall, chemischen oder kerntechnischen Unfällen, Erschöpfung von Ressourcen durch Raubbau und Übervölkerung, die das Leben ferner Geschlechter, ja die Existenz der Menschheit bedrohen können. Die Ungeborenen können in keinem Diskurs mitsprechen. Haben sie gleichwohl »Rechte«? Haben wir Pflichten gegen sie? Es ist nicht ganz leicht, zu begründen, daß ein Standpunkt wie »Was schert mich die Zukunft? Kinder habe ich ja nicht« unsittlich sei.

Nach Hans Jonas haben wir zunächst einmal die Pflicht, drohende Gefahren in ihrem ganzen Ausmaß uns und anderen deutlich vor Augen zu stellen. Das Fürchten wirkt stärker als das Wünschen, und die meisten Menschen wissen nur undeutlich, was sei erstreben sollen, aber recht entschieden, was sie *nicht* wollen. Da unser Wissen von der Zukunft stets unsicher bleibt, sollten wir bei Gefahren großer Dimension der Unheilsprophezeiung mehr Gewicht geben als der günstigen Prognose.

Was Verantwortung ist, erkennt man am besten am Verhältnis der Eltern zu ihrem Kind. Hier ist nicht (nicht in erster Linie) ein Geben und Nehmen. Hier ist »der Archetyp alles verantwortlichen Handelns«. Für unsere Ur-Ur-Enkel, die im 22. Jahrhundert leben mögen, empfinden wir eine entsprechende Pflicht allerdings kaum.

Die Ehrfurcht vor dem Menschen, die Achtung der Menschenwürde gebietet aber, daß wir den in Zukunft lebenden Menschen die Möglichkeit erhalten, *als Menschen* zu leben, in Freiheit und Würde – daß wir im Menschentum ein »Heiliges, das heißt unter keinen Umständen zu Verletzendes« sehen. Soweit Jonas.

In einem anderen Werk, das ausdrücklich dem Problem »Was schulden wir zukünftigen Geschlechtern« gewidmet ist[69], kommen ganz verschiedene Meinungen zu Wort, auch die, daß es nicht verwerflich sei, wenn wir heute unersetzliche Ressourcen großzügig verbrauchen und dadurch die Lebensmöglichkeiten späterer Generationen reduzieren. Man sieht, daß es sich um ein eminent praktisches Problem handelt, denn *wenn* wir Pflichten gegen die Kommenden bejahen, müssen wir auch bereit sein, dafür Opfer zu bringen, Verzichte zu leisten.

Das Problem »Pflichten gegen Ungeborene« ist verwandt mit dem Problem der Pflichten gegen Fremde und »Fernste«. Wenn ein Volk ausreichend oder auch überreichlich versorgt ist, ist es dann nicht nur löblich, sondern moralisch geboten, daß dieses Volk Opfer bringt, daß seine Angehörigen auf Vorteile für sich, ihre Kinder, ihre Freunde verzichten, um den fernen Bedürftigen helfen zu können? In beiden Fällen geht es darum: Bis in welche (räumliche oder zeitliche) Ferne reichen unsere Pflichten? Kann man argumentieren, unsere Pflichten hörten da auf, wo Menschen noch gar nicht (bzw. nur potentiell) existieren? Und wenn heute alle Menschen auf Fortpflanzung verzichteten, dann würde es doch wohl gar keine Generationen mehr geben, denen wir verpflichtet sein könnten? Sind wir vielleicht verpflichtet, die Gattung Homo sapiens zu erhalten? Manche Denker bejahen dies mit der Begründung, daß das Ende des Menschen auch das Ende aller seiner geistigen, künstlerischen, religiösen, moralischen Errungenschaften und Pläne bedeuten würde. Nicht jeden wird das überzeugen.

Ein Schlußwort

Ein Buch wie dieses wird jeder kritische Leser notwendig mit einem Gefühl des Unbefriedigtseins aus der Hand legen: Wie vieles muß doch in einer knappen und populären Darstellung vereinfacht oder übergangen werden! Dieser Gedanke setzt unausgesprochen voraus, das Unbefriedigtsein werde schwinden oder zumindest abnehmen, sobald der bemühte Leser sich gründlicher, methodischer, »wissenschaftlicher« mit den hier gestreiften Problemen befasse.

Wie dem auch sei – für den letzten Teil, der die Philosophie des 20. Jahrhunderts behandelt, vermute ich, das Gefühl des Unbefriedigtseins werde sich bei einem Leser, der nun die Dinge gründlicher angeht, als es hier möglich war, nicht abmildern. Nicht nur, daß das Studium so vieler einander widersprechender Lehrmeinungen den Leser in Ratlosigkeit versetzen muß – es drängt sich ihm auch die Frage auf: Wo ist der bleibende Ertrag dieser jahrhundertelangen Bemühung? Wo ist ein gesicherter Bestand an Erkenntnis? Welches ihrer Grundprobleme hat die Philosophie überzeugend zu lösen vermocht? Ist sie eine Wissenschaft? Wenn nicht – soll man sich damit zufriedengeben, daß sie zumindest eine klärende, eventuell destruktive Funktion und Wirkung hat, daß sie uns vielleicht das Ungesicherte, im tiefsten Sinne Fragwürdige unserer Existenz zu Bewußtsein bringt? Aber bedurfte es dazu dieser jahrhundertelangen äußersten Anstrengung des Gedankens?

Noch mehr zugespitzt: Hat Philosophie Sinn und Wert? Hat sie *noch* Sinn und Wert? Oder wird alles, was wir je über die Welt (einschließlich unserer selbst) wissen können, heute in den entfalteten Realwissenschaften erforscht und diskutiert, so daß Philosophie bestenfalls eine Reflexion auf die in diesen Wissenschaften angewandten (oder legitimerweise anzuwendenden) Methoden sein kann (wobei offen bleibt, ob die Forscher sich viel um die Ergebnisse solcher subtilen Methodendiskussion kümmern)?

Solche Fragen müssen *auch* deshalb gestellt werden, weil ja führende »bestallte« Vertreter der Philosophie – man denke an Heidegger, an Wittgenstein – selber eine »Destruktion« und ein Ende, eine endgültige Erledigung aller früheren Philosophien vornehmen, fordern oder versprechen! Dem weitverbreiteten Unbehagen an der Philosophie, ihrer

Zerstrittenheit wie dem Mangel an vorweisbaren Ergebnissen, hat Willy *Hochkeppel* in seinem Buch »*Mythos Philosophie*«[70] eindringlich Ausdruck gegeben.

Auf der anderen Seite: Gerade bei der Aufgabe, die heute drängenden Menschheitsprobleme zu lösen, steht der Philosophie zwar nicht Entscheidung, aber gewiß Mitsprache zu.

Anmerkungen

Einleitung

1 Paul A. Schilpp (Hrsg.): The Library of Living Philosophers, Evanston, Ill., USA. Ausgewählte Bände in deutscher Ausgabe im Verlag W. Kohlhammer, Stuttgart.

Erster Teil: Die Weisheit des Ostens

Erstes Kapitel. Indien

1 Will Durant: Geschichte der Zivilisation. Erster Band: Das Vermächtnis des Ostens.
Deutsche Ausgabe, Bern, o. J., S. 437.
2 Durant, Osten, S. 439.
3 Paul Deussen: Allgemeine Geschichte der Philosophie mit besonderer Berücksichtigung der Religionen, Leipzig 1906. Bd. I, 1. Abteilung, S. 38.
Vgl. auch Durant, Osten, S. 439.
4 Zum Beispiel von dem russischen Sprachforscher N. J. Marr (1864 bis 1935).
5 Deussen, Gesch. I, 1, S. 65.
6 Deussen, I, 1, S. 65, – Durant, Osten, S. 450.
7 Vgl. hierzu und zum Folgenden Deussen, Gesch. I, 1, S. 72 ff.
8 Helmut von Glasenapp: Die Philosophie der Inder. Eine Einführung in ihre Geschichte und ihre Lehren, Stuttgart 1949, S. 25.
9 Rigveda. Nach Deussen, Geschichte I, 1, S. 126/127.
10 Rigveda. Nach Deussen, Geschichte I, 1, S. 97.
11 Durant, Osten, S. 442.
12 Arthur Schopenhauer, Sämtliche Werke, Sechster Band: Parerga und Paralipomena, Leipzig (Brockhaus) 1891, S. 427.
13 Winternitz: Geschichte der indischen Literatur, Leipzig 1901, S. 243.
14 Paul Deussen: 60 Upanischads des Veda, aus dem Sanskrit übersetzt, Leipzig 1897, S. 481.
15 Ebda., S. 316.
16 Deussen, Gesch. I, 1, S. 241 und 247.
17 Catapatha-Brahmanam. Deussen, Gesch. I, 1, S. 259.
18 Ebda., I, 1, S. 262.
19 Ebda., I, 1, S. 286.
20 Ebda., I, 1, S. 36.
21 Ebda., I, 1, S. 90/1.
22 Brihadaranyaka-Upanischad. Deussen, Gesch. I, 2, S. 209.
23 Ebda., S. 208.
24 Katha-Upanischad. Durant, Osten, S. 454.
25 Brih.-Upanischad. Deussen, Geschichte I, 2, S. 297.
26 Glasenapp, S. 47.
27 Catapatha-Brahmanam. Deussen, Gesch. I, 2, S. 365.
28 Deussen, Gesch. I, 2, S. 365 und 366.
29 Brih.-Upanischad. Deussen, Gesch. I, 2, S. 366.
30 Mundaka-Upanischad. Durant, Osten, S. 457.
31 Deussen, Gesch. I, 2, S. 37.
32 So Deussen.
33 So Glasenapp.
34 Glasenapp, S. 128.
35 Deussen, Gesch. I, 3, S. 202.
36 Ramayana, nach Durant, Osten, S. 459.
37 Siehe Anm. 35.
38 Deussen, Gesch. I, 3, S. 195.
39 Durant, Osten, S. 459.
40 Ebda., S. 462.
41 Glasenapp, S. 295.
42 Durant, Osten, S. 463.
43 Glasenapp, S. 299.
44 Siehe Anm. 42.
45 Deussen, Gesch. I, 3, S. 126.
46 Ebda., S. 121.
47 Glasenapp, S. 383/384.
48 Rhys Davids: Dialogues of the Buddha, III, S. 87. Nach Durant, Osten, S. 480.
49 Durant, Osten, S. 473, nach Radakrishnan, Indian Philosophy, Bd. I, S. 241.

50 Glasenapp, S. 53.
51 Junjiro Takakusu: Buddhism as a Philosophy of »Thusness«, in »Philosophy – East and West«, hrsg. v. C. A. Moore, Princeton 1946. S. 69.
52 Glasenapp, S. 310.
53 Stcherbatskij nach Takakusu, Buddhism, S. 70.
54 Glasenapp, S. 312.
55 Zeichnung in Anlehnung an Takakusu, Buddhism, S. 75. Übersetzt und geringfügig vereinfacht vom Verfasser.
56 Vgl. hierzu und zum Folgenden Glasenapp, S. 312/313.
57 Glasenapp, S. 311 (wörtlich).
58 Durant, Osten, S. 472. – Deussen, Gesch. I, 3, S. 171.
59 Durant, Osten, S. 472. Nach Radakrishnan, I, S. 421.
60 Durant, Osten, S. 473. Nach Davids, III, S. 154.
61 Deussen, Gesch. I, 3, S. 146.
62 Ebda., S. 145.
63 Durant, Osten, S. 476.
64 Ebda., S. 481.
65 Ebda., S. 547.
66 Filmer S. C. Northrop: The Complementary Emphasis of Eastern Intuitive and Western Scientific Philosophy, in Charles A. Moore: Philosophy – East and West, S. 168ff. Hier S. 198, unter ausdrücklicher Berufung auf Takakusu.
67 Das Folgende in Anlehnung an Takakusu, S. 96ff.
68 Takakusu, Buddhism, S. 97.
69 Glasenapp, S. 344.
70 Northrop, Emphasis, S. 199.
71 Ebda., S. 203.
72 Daisetz Teitaro Suzuki: An Interpretation of Zen-Experience, in Charles A. Moore, Philosophy – East and West, S. 109ff.
73 Takakusu, Buddhism, S. 105 und 106.
74 Ebda., S. 107.
75 Nach Suzuki, Zen-Experience, S. 110ff.
76 Durant, Osten, S. 459.
77 Einleitung zum Yogasutram, Deussen, Gesch. I, 3, S. 5.
78 Glasenapp, S. 243.
79 Durant, Osten, S. 579.
80 Durant, Osten, S. 577 (unter Berufung auf Keyserling, Reisetagebuch eines Philosophen).
81 Glasenapp, S. 232.
82 Ebda., S. 250.
83 Ebda., S. 197.
84 Deussen, Gesch. I, 3, S. 24f.
85 Glasenapp, S. 209.
86 Glasenapp, S. 211.
87 Glasenapp, S. 228. – Durant, Osten, S. 587/588.
88 Bhagavad-Gita, VI, 11–14. Durant, Osten, S. 585.
89 Deussen, Gesch. I, 3, S. 586.
90 Durant, Osten, S. 593.
91 Ebda.
92 Deussen, Gesch. I, 3, S. 613.
93 Mundaka-Upanischad, Deussen, Gesch. I, 3, S. 669.
94 Durant, Osten, S. 595. Nach Max Müller: Six Systems of Indian Philosophy, S. 181.
95 Madhusudana-Saravati, Deussen, Gesch. I, S. 584.
96 Glasenapp, S. 6.
97 Deussen, Gesch. I, 1, S. 35 und 36.
98 Charles Johnston: The Great Upanischads, New York 1924, Bd. I, S. 83.

Zweites Kapitel. China

1 Chan Wing-Tsit: The Story of Chinese Philosophy, in Charles A. Moore, Philosophy – East and West, S. 24.
2 Konfucius, Lun-Yü, IV, XIX.
3 Durant, Osten, S. 695.
4 Nach Deussen, Gesch. I, 3, S. 686.
5 Chan Wing-Tsit, Chinese Philosophy, S. 26.
6 Richard Wilhelm: Kung-Tse, Leben und Lehre, 1925, S. 123 und 124.
7 Durant, Osten, S. 696.
8 Deussen, Gesch. I, 3, S. 690. Nach der Übersetzung von Grube.
9 Wilhelm, Kung-Tse, S. 52 und 113.
10 Konfucius, Buch der Riten. Durant, Osten, S. 718.
11 Bericht des chinesischen Historikers Sse-Ma-Tsien, Deussen, Gesch., S. 679/680.
12 Ebda., S. 693.
13 Ebda., S. 694.
14 Ebda., S. 695 (Tao-Te-King, Kap. 32, 41, 25).
15 Ebda., S. 696 (Kap. 71).
16 Durant, Osten, S. 700. Die Lao-Tse-Zitate bei Durant sind von v. Tscharner übersetzt (Kap. 22, 63, 48, 43).
17 Durant, Osten, S. 701 (Kap. 16, 64).
18 Ebda., S. 700 (Kap. 16).
19 Deussen, Gesch., S. 700 (Kap. 78).

20 Ebda., S. 701 (Kap. 8).
21 Ebda., S. 694 (Kap. 16).
22 Ebda., S. 697 (Kap. 9).
23 Ebda., S. 698 (Kap. 22).
24 Ebda. (Kap. 33).
25 Ebda., S. 699 (Kap. 7).
26 Ebda. (Kap. 47).
27 Ebda., S. 700 (Kap. 44).
28 Durant, Osten, S. 701 (Kap. 56).
29 Deussen, Gesch., S. 699/700 (Kap. 26).
30 Durant, Osten, S. 699 (Kap. 57, 80).
31 Ebda., S. 698 (Kap. 65).
32 Deussen, Gesch., S. 703/704 (Kap. 32).
33 Ebda., S. 703 (Kap. 30).
34 Ebda., S. 704 (Kap. 80).
35 Ebda., S. 696 (Kap. 41).
36 Chan Wing-Tsit, Chinese Philosophy, S. 38.
37 Durant, Osten, S. 724.
38 Chan Wing-Tsit, S. 39.
39 Ebda.
40 Ebda., S. 40.
41 Ebda.
42 Ebda., S. 41.
43 Ebda.
44 Ebda., S. 42.
45 Hu Schi: The Development of the Logical Method in Ancient China, Schanghai 1917/1922.
46 Chan Wing-Tsit, Chinese Philosophy, S. 29.
47 Durant, Osten, S. 731.
48 Ebda., S. 732/733. Nach Wilhelm, Richard: Chines. Literatur, S. 78.
49 Chan Wing-Tsit, Chinese Philosophy, S. 31/32.
50 Ebda., S. 33.
51 Durant, Osten, S. 714/715.
52 Ebda., S. 715.
53 Chan Wing-Tsit, Chinese Philosophy, S. 50.
54 Ebda., S. 50/1.
55 Ebda., S. 49.
56 Ebda., S. 50.
57 Deussen, Gesch. I, 3, S. 707.
58 Chan Wing-Tsit, Chinese Philosophy, S. 54/55.
59 Deussen, Gesch. I, 3, S. 708 und 709.
60 Durant, Osten, S. 722.
61 Deussen, Gesch. I, 3, S. 678.
62 Chan Wing-Tsit, Chinese Philosophy, S. 24. Unter Berufung auf Hu Schi, Development, und Fung Yu-Lan: The History of Chinese Philosophy, Peiping 1937.
63 Reichwein, A.: China und Europa. Geistige und künstlerische Beziehungen im XVIII. Jahrhundert, Berlin 1923, S. 89. – Durant, Osten, S. 738 und 739.
64 Nach Durant, Osten, S. 683.
65 Keyserling, Hermann Graf: Reisetagebuch eines Philosophen, Darmstadt 1919, S. 127, 221.

Zweiter Teil: Griechische Philosophie

Allgemeines – Hauptperioden

1 Zeller, Eduard: Grundriß der Geschichte der griechischen Philosophie, 12. Auflage, bearbeitet von Wilhelm Nestle, Leipzig 1920, S. 22.
2 Jaspers, Karl: Vom Ursprung und Ziel der Geschichte.
3 Zeller, Grundriß, S. 29.

Erstes Kapitel. Vorsokratiker

4 Diogenes Laertios, Thales, VIII. Nach Durant, Will, Das Leben Griechenlands (Zweiter Band der Geschichte der Zivilisation), Bern, o. J., S. 175.
5 Zeller, Grundriß, S. 38.
6 Leisegang, Hans: Griechische Philosophie von Thales bis Platon, 1922, S. 29/31.
7 Durant, Griechenland, S. 175.
8 Erdmann, Johann Eduard: Grundriß der Geschichte der Philosophie, bearb. von Clemens, Berlin-Zürich 1930, S. 16.
9 Zeller, Grundriß, S. 41.
10 Ebda., S. 40.
11 Erdmann, Grundriß, S. 17.
12 Heidegger, Martin: Der Spruch des Anaximander, in: »Holzwege«, Frankfurt/M. 1950.
13 Diogenes Laertios, Pythagoras.
14 Durant, Griechenland, S. 201.
15 Zeller, Grundriß, S. 61 (Fragmente 4, 6, 1 f.).
16 Ebda.
17 Ebda., S. 63.
18 Durant, Griechenland, S. 183. Zeller, Grundriß, S. 67.
19 Erdmann, Grundriß, S. 18.
20 Ebda., S. 19.
21 Durant, Griechenland, S. 184.
22 Erdmann, Grundriß, S. 20.
23 Ebda., S. 28.
24 Zeller, Grundriß, S. 73.
25 Vgl. Erdmann, Grundriß, S. 28/29.

26 Diehls, H.: Die Fragmente der Vorsokratiker, 5. Auflage, 1934, II, S. 81.
27 Ebda., II, S. 208.
28 Durant, Griechenland, S. 421.
29 Zeller, Grundriß, S. 78.
30 Ebda., S. 79.
31 Diehls, Fragmente II, S. 168.
32 Nach Durant, Griechenland, S. 412.
33 Erdmann, Grundriß, S. 30.

Zweites Kapitel. Blütezeit der griechischen Philosophie

1 Zeller, Grundriß, S. 91.
2 Platon, Gorgias, zit. nach Platon, Hauptwerke, ausgewählt und eingeleitet von Wilhelm Nestle, Leipzig 1931, S. 19.
3 Ebda., S. 29/30.
4 Zeller, Grundriß, S. 94. – Durant, Griechenland, S. 421.
5 Platon, Phaidon, zit. nach Nestle, Hauptwerke, S. 108 bis 111.
6 Maier, Heinrich: Sokrates, sein Werk und seine geschichtliche Stellung, Tübingen 1913, insbes. S. 146ff. – Martin, Gottfried: Sokrates, Reinbek 1967 (enthält Bibliographie).
7 Xenophon nach Durant, Griechenland, S. 429.
8 Maier, Sokrates, S. 281.
9 Platon, Symposion, zit. nach Nestle, Hauptwerke, S. 134/135.
10 Gigon, Olof: Sokrates, Bern 1947.
11 Vgl. Maier, Sokrates, S. 3.
12 Platon, Briefe VII, 324 B–326 B, zit. nach Nestle, Hauptwerke, Einleitung, S. XV bis XVII.
13 Platon, Briefe VII, 344 C (ebda.).
14 Ebda., VII, 341 CD.
15 Zeller, Grundriß, S. 147.
16 Zu Platons Begriffsbildung ist aufschlußreich Friedrich Ast: Lexicon Platonicum. Erschienen 1835–38; unveränderter Nachdruck, Bonn 1956.
17 Vgl. z. B. Gaiser, Konrad: Platons ungeschriebene Lehre, Stuttgart 1963.
18 Erdmann, Grundriß, S. 55.
19 Lamer, Hans (in Verb. mit Ernst Bux und Wilhelm Schöne): Wörterbuch der Antike mit Berücksichtigung ihres Fortwirkens, Leipzig 1933, S. 510.
20 Platon, Staat, zit. nach Nestle, Hauptwerke, S. 205–207.
21 Verschiedene Stellen. Zeller, Grundriß, S. 153.
22 Erdmann, Grundriß, S. 61.
23 Erdmann, Grundriß, S. 60. – Zeller, Grundriß, S. 158.
24 Zeller, Grundriß, S. 168.
25 Platon, Menon, zit. nach Nestle, Hauptwerke, S. 59.
26 Platon, Staat, zit. nach Nestle, Hauptwerke, S. 205.
27 Lamer, Wörterbuch der Antike, S. 645.
28 Dies und die folgenden Zitate aus dem »Staat«, nach Nestle, Hauptwerke, S. 217ff.
29 Platon, Staat, zit. nach Durant, Griechenland, S. 52.
30 Platon, Staat, zit. nach Nestle, Hauptwerke, S. 184.
31 Ebda., S. 187.
32 Durant, Will: Die Großen Denker, Zürich, 7. Auflage, 1945, S. 61.
33 Ebda.
34 Ebda., 1. Aufl., S. 46.
35 Erdmann, Grundriß, S. 57.
36 Nestle, Einleitung, S. XXV.
37 F. Nietzsche: Götzen-Dämmerung oder Wie man mit dem Hammer philosophiert, 1889.
38 Nestle, Einleitung, S. XXVI.
39 Ebda., S. XXVII.
40 Ebda.
41 Nach Erdmann, Grundriß, S. 68.
42 Zeller, Grundriß, S. 135, (Anm. v. Nestle).
43 So Erdmann, Grundriß, S. 69, und Durant, Denker, S. 67. – Anders Zeller, Grundriß, S. 183/184.
44 Nach Zeller, Grundriß, S. 186ff.
45 So jedenfalls die herkömmliche Definition; vgl. aber hierzu den Abschnitt »Die neue Logik« im letzten Teil dieses Buches.
46 Aristoteles, Erste Analytik I 24b 18. Nach Zeller, Grundriß, S. 197.
47 Schmidt, Wörterbuch, S. 296.
48 Zeller, Grundriß, S. 197.
49 Ebda., S. 218.
50 Durant, Denker, S. 70.
51 U. a. Werner Jaeger: Aristoteles. Grundlegung einer Geschichte seiner Entwicklung, Berlin 1923.
52 Zeller, Grundriß, S. 224ff.
53 Durant, Denker, S. 72.
54 Dante, Göttliche Komödie, Hölle, IV. Gesang. (Nach der Übersetzung von Streckfuß).
55 Lamer, Wörterbuch der Antike, S. 360.
56 Ebda., S. 40.

Drittes Kapitel. Nach Aristoteles

1 Erdmann, Grundriß, S. 85.
2 Zeller, Grundriß, S. 250 bis 251.
3 Nach Durant, Griechenland, S. 754 u. 755.
4 Erdmann, Grundriß, S. 89.
5 Deussen, Geschichte Bd. II, 1. Abteilung (1911), S. 453 f.
6 Erdmann, Grundriß, S. 98/99.
7 Deussen, Gesch. II, 1, S. 471.
8 Ebda., S. 475.
9 Ebda., S. 476.
10 Ebda., S. 485.
11 Enneaden V, 1, 1. Nach Deussen, Geschichte, S. 490.
12 Enneaden V, 2, 1. Nach Deussen, Geschichte, S. 493.
13 Enneaden V, 1, 2. Nach Deussen, Geschichte, S. 498.

Dritter Teil: Mittelalter

Erstes Kapitel. Patristik

1 v. Aster, Ernst: Geschichte der Philosophie, Leipzig 1932, S. 99–104.
2 Ebda., S. 102.
3 2. Kor. 5, 16.
4 Deussen, Geschichte Band II, 2. Abteilung, 1. Hälfte, S. 231.
5 Ev. Matth. 22, 39. – Ev. Marc. 12, 31.
6 Ev. Joh. 16, 33.
7 Jaspers, Karl: Die geistige Situation der Zeit, 1932, S. 7.
8 1. Petr. 2, 9.
9 Dawson, Christoph: Die Gestaltung des Abendlandes, deutsche Ausg., 1935, S. 64/65.
10 1. Kor. 1, 20–27.
11 Nach Dawson, Gestaltung, S. 66.
12 Deussen, Gesch. II, 2, 2, S. 320.
13 v. Aster, Gesch., S. 111.
14 1. Kor. 2, 10.
15 v. Aster, Gesch., S. 104.
16 Erdmann, Grundriß, S. 127.
17 Deussen, Gesch. II, 2, 2, S. 314.
18 Dawson, Gestaltung, S. 43, 48.
19 Deussen, Geschichte II, 2, 2, S. 324.
20 Ebda., S. 327.
21 Nach Dawson, S. 75.
22 Dawson, Gestaltung, S. 74 ff.
23 E. Norden. Nach Schmidt, Wörterbuch, S. 55.
24 Nach Dawson, Gestaltung, S. 76.
25 Bernhart, Joseph, Einleitung zu: Augustinus, Bekenntnisse und Gottesstaat, 15.–19. Auflage, 1947, S. 14.
26 Augustinus, Bekenntnisse, X. Buch, Kap. 17. Zit. nach der Ausgabe von Bernhart, S. 172 bis 173.
27 Bernhart, Einleitung, S. 15.
28 Augustinus, Bekenntnisse, X. Buch, 8. Kap. Zit. nach Bernhart, S. 164.
29 Bernhart, Einleitung, S. 18.
30 S. Anm. 26.
31 Bernhart, Einleitung, S. 21.
32 Augustinus, Gottesstaat, XI. Buch, 6. Kap. Zit. nach Bernhart, S. 216/217.
33 Deussen, Geschichte II, 2, 2, S. 346.
34 Dawson, Gestaltung, S. 78.

Zweites Kapitel. Scholastik

1 Dawson, Gestaltung, S. 215 ff.
2 Erdmann, Grundriß, S. 150.
3 Deussen, Geschichte II, 2, 2, S. 381.
4 Erdmann, Grundriß, S. 152.
5 Ebda., S. 153.
6 v. Aster, Geschichte, S. 129. – Deussen, Geschichte, S. 374 f., Erdmann, Grundriß, S. 154 f.
7 Deussen, Geschichte II, 2, 2, S. 387.
8 Dawson, Gestaltung, S. 172 f.
9 v. Aster, Geschichte, S. 135.
10 Erdmann, Grundriß, S. 203.
11 v. Aster, Geschichte, S. 138.
12 Erdmann, Grundriß, S. 207 f.
13 Ebda., S. 192 f.
14 v. Aster, Geschichte, S. 142.
15 Grabmann, Martin: Thomas von Aquin, München und Kempten 1946.
16 Thomas von Aquin, Summe der Theologie I, 82, 2.
17 Thomas, Von der Begründung des christlichen Glaubens gegen Sarazenen usw., Einleitung.
18 Erdmann, Grundriß, S. 225.
19 Thomas, Summe der Theologie I, 2, 3.
20 Grabmann, Thomas, S. 112.
21 Ebda., S. 140.
22 Thomas, Über die beiden Gebote der Liebe und die zehn Gebote Gottes, Anfang.
23 Thomas, Quaestionen über das Übel, 14, 2, ad 8.
24 Thomas, Quaestionen über die Tugenden im allgemeinen, 9.
25 Thomas, Summe der Theologie I, 5, 4, ad 3.
26 Thomas, Über die Verteidigung des geistigen Lebens, 23.
27 Thomas, Quaestionen über die Liebe, 8, ad 11, ad 12.

28 Thomas, Summe der Theologie II, II, 26, 6 ad 1.
29 Erdmann, Grundriß, S. 234f.
30 Thomas, Summe der Theologie I, II, 92, 1, ad 3.
31 Ebda., I, II, 141, 8.
32 Thomas, Vom Fürstenregiment I, 1.
33 Thomas, Summe der Theologie I, II, 2, 4, ad 2.
34 Thomas, Summe wider die Heiden I, 1.
35 Erdmann, Grundriß, S. 242f.
36 (Roger Bacon). Zit. nach A. C. Crombie: Von Augustinus bis Galilei. Die Emanzipation der Naturwissenschaft. Deutsche Ausgabe, Köln 1959, S. 52.
37 Ebda., S. 261.
38 Ebda., S. 268.
39 Im Verlag W. Kohlhammer, Stuttgart.
40 Vgl. Ruedi Imbach: Laien in der Philosophie des Mittelalters, Amsterdam 1989. – Eine teilweise neue Sicht auf die mittelalterliche Philosophie hat Kurt Flasch erarbeitet in seinen Werken: Das philosophische Denken im Mittelalter, 1986. – Einführung in die Philosophie des Mittelalters, 1987. Er plant eine Buchreihe, in der die Texte der wichtigsten deutschen Denker jener Zeit erscheinen sollen.

Vierter Teil: Das Zeitalter der Renaissance und des Barock

Erstes Kapitel. Renaissance und Reformation

1 Erdmann, Grundriß, S. 380.
2 Morus, Utopia, zit. nach K. Kautsky: Thomas Morus und seine Utopie, Berlin 1947, S. 327.
3 Vgl. oben S. 242.
4 Bruno, Über die Ursache usw., 5. Dialog, Eingang.
5 Bacon, Vorrede zur »Erklärung der Natur«.
6 Bacon, Essay »Über hohe Stellungen«.
7 Bacon, Über den Wert und die Vermehrung der Wissenschaften II, 1.
8 Ebda., I, 81.
9 Bacon, Novum Organon I, 82.
10 Vgl. oben S. 274.
11 Böhme, Jakob, Werke (Gesamtausgabe, 2. Aufl., 1961) 2, 268 (Morgenröte, Kap. 23) und 6, 470 (Über die Beschaulichkeit).
12 Böhme, Werke 6, 597 (Theosophische Fragen).
13 Böhme, Werke 2, 201 (Morgenröte, Kap. 18) und 5, 164 (Mysterium magnum).
14 Böhme, Werke 4, 563 (Gnadenwahl) und 3, 27 (Von den drei Prinzipien).
15 Böhme, Werke 5, 703 (Mysterium magnum, Anhang).

Zweites Kapitel. Descartes, Spinoza, Leibniz

1 Wilhelm Kamlah: Der Mensch in der Profanität, Stuttgart 1949, S. 61f.
2 Spinoza, Über die Vervollkommnung des Verstandes.
3 Ethik IV, Prop. 18.
4 Ethik IV, Prop. 24.
5 Ethik IV, Prop. 26.
6 Ethik IV, Prop. 7, 14.
7 Ethik IV, Prop. 59.
8 Schlußabschnitt der Ethik.
9 Theol.-Polit. Traktat, Kap. XX.
10 S. M. Melamed: Spinoza and Buddha, Chicago 1933.
11 Vgl. unten Band 2.
12 Leibniz, Monadologie § 81.
13 Vgl. Kabitz: Der junge Leibniz, 1909.

Fünfter Teil: Die Philosophie der Aufklärung und das Werk Immanuel Kants

Erstes Kapitel. Aufklärung

1 Nach Arend Kulenkampff: George Berkeley, in: Klassiker des philos. Denkens, Band 1, München (dtv) 1982.
2 Vgl. Norbert Hoerster: David Hume – Existenz und Eigenschaften Gottes. In: Grundprobleme der großen Philosophen. Philosophie der Neuzeit I, Göttingen (UTB Vandenhoeck) 1979.
3 An den Jugendfreund d'Argental, 24. 7. 1750, nach Durant, Denker, S. 207.
4 Zit. nach Durant, Denker, S. 212.
5 Zit. nach Durant, Denker, S. 217.
6 Ebda., S. 227.
7 Tallentyre: Voltaire in His Letters, New York 1919, S. 231, nach Durant, S. 217.
8 Zit. nach Durant, Denker, S. 233.
9 Brief vom 2. 4. 1764.
10 Rousseau, Discours über die Ungleichheit. Hier zit. nach der Ausgabe von Paul Sakmann, Die Krisis der Kultur, Auswahl aus Rousseaus Werken, Leipzig 1931, S. 88. – Rousseaus Werke liegen in deutscher Sprache teils gar nicht, teils in unvollkommenen Ausgaben vor. Vom »Discours sur l'inégalité« erschien jedoch 1984 eine kriti-

sche Ausgabe des gesamten Textes, herausgegeben, übersetzt und erläutert von Heinrich Meier.

11 Ebda., S. 94.
12 Rousseau, Contrat social, Ausgabe Sakmann, S. 269f.
13 Rousseau, Emile, Ausgabe Sakmann, S. 195.
14 30. 8. 1775, zit. nach Durant, Denker, S. 236.
15 Sakmann, Einleitung, S. XIV.
16 Rousseau, Contrat social, Ausgabe Sakmann, S. XXII.
17 Werner Schneiders (Hrsg.): Christian Thomasius 1655–1728. Interpretationen zu Werk und Wirkung, 1989.

Zweites Kapitel. Kant

1 Heine: Zur Geschichte der Religion und Philosophie in Deutschland, zit. nach Heinrich Heine, Auswahl aus seinen Werken, Berlin 1947, S. 358 – Heines Spott (aus einer für französische Leser geschriebenen Abhandlung) wie manch andere Anekdoten über Kants Eigenheiten beziehen sich auf dessen Altersjahre. Ein ausgewogenes Bild von Kants Persönlichkeit gibt Siegfried Drescher (Hrsg.): Wer war Kant? Pfullingen 1974. Drei Kant-Biographien von Zeitgenossen des Philosophen sind hier zusammengestellt, mit einem bemerkenswerten Nachwort des Herausgebers »Unsere Zeit und Kant«.
2 Immanuel Kants Werke, hrsg. von Ernst Cassirer, Berlin 1912ff. Nach dieser Ausgabe alle im folgenden gebrachten Kant-Zitate. Hier vgl. Bd. I, S. 230.
3 Die Schrift ist lateinisch abgefaßt.
4 Werke II, 451 Anm.
5 Träume eines Geistersehers, Werke II, 357.
6 Ebda., 364.
7 Ebda., 384.
8 Prolegomena, Werke IV, 3f.
9 Kritik der reinen Vernunft, Werke III, 8.
10 Ebda., 11.
11 Prolegomena, Werke IV, 9.
12 Ebda., 7.
13 Ebda., 8.
14 Zum Beispiel Woldemar Oscar Döring, Das Lebenswerk Immanuel Kants, Neuausgabe, Hamburg 1947.
15 Kr. d. r. V., Werke III, 49.
16 Ebda., 92.
17 Beispiele nach Döring, S. 47/48.
18 Kr. d. r. V., Werke III, 98.
19 Ebda., 100.
20 Ebda., 18.
21 Beginn der Vorrede zur Kr. d. r. V.
22 Vgl. oben S. 145f.
23 Vgl. Döring, S. 97.
24 Tafel nach Döring, S. 99.
25 Kr. d. r. V., Werke III, 25.
26 Ebda., 271 (Anmerkung).
27 Ebda., 556f.
28 Döring, S. 107.
29 Kritik der praktischen Vernunft, Werke V, 35.
30 Grundlegung zur Metaphysik der Sitten, Werke IV, 249.
31 Kr. d. prakt. V., Werke V, 95.
32 Ebda., 174f.
33 Vgl. Raymund Schmidt: Die drei Kritiken Kants mit verbindendem Text zusammengefaßt, Leipzig 1933, S. 254.
34 Kritik der Urteilskraft, Werke V, 238.
35 Vgl. R. Schmidt, S. 334f.
36 Vgl. Jodl, Gesch., 618.
37 Kr. d. Urt., Werke V, 237.
38 Ebda., 238.
39 Metaphysik der Sitten, Werke VII, 30.
40 Ebda., 31.
41 Ebda., 119.
42 Ebda., 120.
43 Ebda.
44 Ebda., 128f.
45 Jodl, Gesch., 608, nach Varnhagens Denkwürdigkeiten.
46 Der Streit der Fakultäten, Werke VII, 391 und 397.
47 Ebda., 398.
48 Metaphysik der Sitten, Werke VII, 151.
49 Ebda., 154.
50 Ebda., 161.
51 Ebda., 253.
52 Ebda., 302.
53 Kant an Christian Garve, 21. Sept. 1798 (nach Kants Briefwechsel, hrsg. v. H. E. Fischer, München 1913, Dritter Band).
54 Ebda., 463.
55 Ebda., 459.
56 Durant, Denker, S. 277.
57 Paul Rée, Philosophie, Berlin 1903, §50, S. 262. Zit. nach Durant, Denker, 277.
58 Schopenhauer, Kritik der Kantischen Philosophie, zitiert nach der Ausgabe der »Welt als Wille und Vorstellung«, Leipzig (Brockhaus) 1891, Bd. I, S. 606.

59 Heine, Zur Geschichte der Religion und Philosophie in Deutschland, zit. nach Heinrich Heine, Auswahl, Berlin 1947, S. 365.
60 Brief Kants an M. Mendelssohn vom 8. April 1766.
61 Vgl. Jodl, Geschichte, S. 578.
62 Jodl, Gesch., S. 534.
63 Durant, Denker, S. 578.

Sechster Teil: 19. Jahrhundert

Erstes Kapitel. Romantik und deutscher Idealismus

1 Hamann an Jacobi, zit. nach Fritz Mauthner, Beiträge zu einer Kritik der Sprache, 1906 bis 1913, Band III, Vorblatt vor S. 1.
2 Zit. nach Mauthner, Kritik der Sprache, Bd. II, S. 718.
3 Jacobi, Allwills Briefsammlung, zit. nach Mauthner, Kritik der Sprache, Bd. I, Vorblatt vor S. 1.
4 Fichte, Der geschlossene Handelsstaat, zit. nach Jodl, Gesch., S. 663.
5 Paulsen, Immanuel Kant, 1898, S. 314.
6 Zit. nach Jodl, Gesch., S. 667f.
7 Vgl. S. 219.
8 Jacob Burckhardt, Briefe zur Erkenntnis seiner geistigen Gestalt, hrsg. v. Fritz Kaphan, Leipzig 1935, Brief an Kinkel, vom 13. Juni 1842, S. 58.
9 Hans Michael Baumgartner (Hrsg.): Schelling (mit Beiträgen von 9 Autoren), Freiburg 1975 (200 Jahre nach Schellings Geburt).
10 Schelling, Epikureisches Glaubensbekenntnis Heinz Widerporstens (1799), hier zit. nach Schmidt, Wörterbuch, S. 573f.
11 Zit. nach Jodl, Gesch., S. 690f.
12 Hegel an Zellmann, 23.1.1807, zit. nach Durant, Denker, S. 280.
13 Durant, Denker, S. 282.
14 Schopenhauer, Die Welt als Wille und Vorstellung, Ausg. von J. Frauenstädt, Leipzig 1891, Bd. I, Anhang S. 508.
15 Vgl. S. 66.

Zweites Kapitel. Positivismus, Materialismus, Marxismus

1 Auguste Comte, Cours de philosophie positive, deutsche gekürzte Ausgabe »Die Soziologie«, hrsg. von Fr. Blaschke, Leipzig 1933, S. 5.
2 Ebda., S. 2.
3 Ebda., S. 3.
4 Vgl. Durant, Denker, S. 339.
5 Ebda., S. 382.
6 Ebda., S. 350.
7 Ebda., S. 350f.
8 Nach Durant, S. 365f.
9 Ludwig Feuerbach, Schluß des Vorworts zur Gesamtausgabe seiner Werke, hier zit. nach der Ausgabe der Vorlesungen »Das Wesen der Religion«, hrsg. von Heinrich Schmidt, Leipzig, Kröners Taschenausgabe, Bd. 27, S. VI.
10 Abgedruckt in: Karl Marx, Der historische Materialismus, Die Frühschriften, hrsg. von S. Landshut und J. P. Mayer, Leipzig 1932, S. 283ff.
11 W. I. Lenin: Karl Marx, Eine Einführung in den Marxismus, 3. Aufl., Berlin 1946, S. 11f.
12 Karl Marx, Das Kapital, Nachwort zur 2. Auflage (1873), in der Ausgabe von Benedikt Kautsky, Leipzig 1929, S. 10.
13 Marx, Nationalökonomie und Philosophie, Ausg. Landshut-Mayer, S. 328.
14 Landshut-Mayer, Einleitung zu dem in Anm. 10 genannten Werk, S. XXXV.
15 Lenin, Karl Marx, S. 12.

Drittes Kapitel. Schopenhauer, Kierkegaard, Nietzsche

1 Vgl. Bd. 1, S. 78.
2 Schopenhauer, Werke, Ausgabe Brockhaus 1891, Bd. V, S. 381 (Nach dieser Ausgabe alle folgenden Schopenhauer-Zitate.) – Wer Schopenhauer lesen möchte (er ist einer der besten Schriftsteller deutscher Sprache) sollte zu einer neueren Ausgabe greifen: entweder der von Wolfgang Frhr. von Löhneysen (Stuttgart/Frankfurt, ab 1960) oder der von Ludger Lütkehaus (Zürich 1988). Beide Ausgaben haben 5 Bände. Die letztgenannte verweist die Verdeutschung der zahlreichen von Sch. gebrachten Zitate aus verschiedenen Sprachen in einen Beiband; bei Löhneysen sind sie (in Klammern) in den Text eingefügt.
3 Welt als Wille und Vorstellung I, S. XIV.
4 Zit. bei Frauenstädt, Lebensbild Schopenhauers, in der genannten Ausgabe, Bd. 1, S. 160.

5 Bd. V (Aphorismen zur Lebensweisheit), S. 423.
6 Ebda., S. 419.
7 Ebda., S. 426.
8 Vgl. oben S. 162/163.
9 Vgl. oben S. 429.
10 Welt als Wille und Vorstellung I, S. 119.
11 Welt als Wille und Vorstellung II, S. 629.
12 Ebda., S. 639.
13 Ebda. I, S. 383.
14 Ebda., S. 231 (Ixion war nach der antiken Sage zur Strafe für einen Götterfrevel an ein ewig sich drehendes Rad gefesselt.)
15 Ebda., S. 486.
16 Durant, Denker, S. 426.
17 Nietzsche, Werke, ausgewählt und eingeleitet von August Messer, Leipzig 1930. Hier »Ecce homo«, Bd. II, S. 286. – Nach dieser Ausgabe alle folgenden Nietzsche-Zitate.
18 Zit. nach Messer, Einleitung zur obengenannten Ausgabe, S. XXVII f.
19 Nietzsche in seinen Briefen und Berichten der Zeitgenossen, hrsg. von Alfred Baeumler, Leipzig 1932, S. 522.
20 Vgl. vor allem Eugen Fink, Nietzsches Philosophie, Stuttgart 1960. Vgl. hierzu auch Karl Ulmer, Orientierung über Nietzsche, Zeitschrift für philosophische Forschung, 1958, Heft 4, und 1959, Heft 1.
21 Wille zur Macht II, S. 534.
22 Zarathustra I, S. 312.
23 Hans Vaihinger, Nietzsche als Philosoph, 1902.
24 Zur Genealogie der Moral, Werke II, S. 92 ff.
25 Jenseits von Gut und Böse, Werke II, S. 38.
26 Genealogie der Moral, Werke II, S. 118.
27 Jenseits von Gut und Böse, Werke II, S. 51.
28 Ebda., S. 40.
29 Ebda.
30 Ebda., S. 74 f.
31 Ebda., S. 76.
32 Ebda., S. 56.
33 Der Wille zur Macht, Werke II, S. 426.
34 Jenseits von Gut und Böse II, S. 4.
35 Der Wille zur Macht II, S. 366.
36 Götzendämmerung, Werke II, S. 166.
37 Ebda., S. 168.
38 Der Antichrist, Werke II, S. 221.
39 Ebda., S. 241.
40 Jenseits von Gut und Böse II, S. 46.
41 Also sprach Zarathustra I, S. 294.
42 Ebda., S. 296.
43 Ebda., S. 571.
44 Ebda., S. 577 f.
45 Briefe, Ausgabe Baeumler, S. IX.
46 Gedicht »Ecce homo« II, 547.
47 Gedicht »Venedig« II, 559.
48 Ecce homo II, 251.
49 Ernst Bertram: Nietzsche, Versuch einer Mythologie, Berlin 1929, S. 73.
50 Briefe, Ausgabe Baeumler, S. 521.
51 Erdmann, Grundriß, S. 673.
52 Zu nennen ist vor allem die von G. Colli und M. Montinari (†1986) edierte Werkausgabe (Berlin ab 1975). Das wichtigste Forum, auf dem die Auseinandersetzung mit N. stattfindet, heißt »Nietzsche-Studien« und erscheint seit 1972 (jährlich). Um das Bekanntwerden Nietzsches hat sich in den USA vor allem Walter Kaufmann (†1980) verdient gemacht, im deutschen Sprachgebiet u. a. Martin Heidegger mit seinem Werk »Nietzsche« (2 Bände, 1960), das allerdings N. im Sinne Heideggers interpretiert. Auch in Frankreich ist eine lebhafte Auseinandersetzung mit N. im Gange, manchmal behindert dadurch, daß N. dort überwiegend nur in französischer Übersetzung gelesen wird. – Eine auf genauen Recherchen beruhende Darstellung von Nietzsches Zusammenbruch gibt Anacleto Verrecchia »La catastrofa di Nietzsche a Torino«, deutsch 1986 unter dem Titel »Zarathustras Ende. Die Katastrophe Nietzsches in Turin«.

Viertes Kapitel. Nebenströmungen, Neu-Kantianismus

1 Daß Kants Vorfahren aus Schottland stammten, wurde lange Zeit angenommen, zumal er selbst es glaubte. Belege dafür gibt es nicht.
2 Durant, Denker, S. 241.

Siebenter Teil: 20. Jahrhundert

Erstes Kapitel: Die erste Jahrhunderthälfte

1 Nach J. M. Bochenski: Europäische Philosophie der Gegenwart, 2. Aufl. 1951, S. 106 f.

2 Hermann Graf Keyserling, Selbstdarstellung in: »Philosophie der Gegenwart in Selbstdarstellungen«, hrsg. von R. Schmidt, Bd. IV, 1923, S. 99f.
3 Zit. nach Bochenski, S. 129.
4 Walt Whitman: Leaves of Grass, 1900, S. 61. und 172. Nach der Übersetzung von G. Büchner.
5 Vgl. Bochenski, S. 202f.
6 Ebda., S. 217.
7 Eine vollständige Bibliographie der Werke Whiteheads gibt der Sammelband »The Philosophy of Alfred North Whitehead« (1941) in der von Paul A. Schilpp herausgegebenen Reihe »The Library of Living Philosophers«.
8 So Paul Kecskemeti in einem Aufsatz »Whitehead und der Aufstand gegen die Metaphysik«, der 1948 in der »AmerikanischenRundschau« (Heft13) erschien.
9 Ebda.
10 Nicolai Hartmann, Neue Wege der Ontologie, in: Systematische Philosophie, hrsg. von N. Hartmann, 1942, S. 257.
11 Diesen Ausdruck verwendet Wolfgang Stegmüller zur Charakterisierung Hartmanns in seinem Werk »Hauptströmungen der Gegenwartsphilosophie«, Bd. I, 6. Aufl. 1976, S. 243.

Zweites Kapitel: Bis an die Gegenwart

1 Vgl. 19. Jahrhundert, 3. Kapitel.
2 Jean Paul Sartre: Der Ekel (La nausée). Deutsche Ausgabe als Rowohlt-Taschenbuch, 1981.
3 Vgl. u. a.: Hugo Ott: Martin Heidegger – Unterwegs zu seiner Biographie, 1988. – Victor Farias: Heidegger und der Nationalsozialismus. Mit einem Vorwort von Jürgen Habermas, 1989. – Bernd Martin: Martin Heidegger und das Dritte Reich, 1989. – Während in Werken dieser Art Schatten auf Heideggers Charakter fallen, zeigt sein 1989 veröffentlichter Briefwechsel mit der »Halbjüdin« Elisabeth Blochmann, Schülerin Heideggers und lebenslange Freundin der Familie, daß man ihm Antisemitismus kaum vorwerfen kann: Martin Heidegger – Elisabeth Blochmann: Briefwechsel 1918–1969.
4 Jacques Derrida: Vom Geist. Heidegger und die Frage, Frankfurt/M. 1988.
5 Als Hauptwerk Ricœurs kann die »Philosophie de la volonté« gelten. Der zweite Teil liegt in deutscher Fassung vor: Phänomenologie der Schuld, 1971 (frz. Finitude et culpabilité, 1960).
6 Michel Foucault: Histoire de la folie à l'âge classique, 1961; deutsch 1969 als »Wahnsinn und Gesellschaft«. – Les mots et les choses, 1966; deutsch als »Die Ordnung der Dinge«, 1971. – Histoire de la sexualité, 3 Bde., 1976–84; deutsch als »Geschichte der Sexualität«, 1977–86.
7 Emmanuel Lévinas: Essai sur l'extériorité, 1961; deutsch als »Totalität und Unendlichkeit«, 1987. – Autrement qu'être ou au-delà de l'essence, 1974; deutsch 1988 als »Anders als Sein oder jenseits des Wesens«. – 1987 erschien deutsch als »Die Spur des Anderen« eine Auswahl, die wichtige Kapitel aus »En découvrant l'existence avec Husserl et Heidegger« (1949) mit einigen neueren Aufsätzen vereint.
8 Arnold Gehlen, Die Technik in der Sichtweise der Anthropologie, Vortrag von 1953, abgedruckt in Gehlen, Anthropologische Forschung, Rowohlts deutsche Enzyklopädie, Bd. 138, S. 93ff.
9 Grundlagen der marxistischen Philosophie, 1958. Grundlagen des Marxismus-Leninismus, 1959. Diese beiden nach dem Ende der Stalinschen Diktatur erschienenen sowjet-amtlichen Lehrbücher, in Hunderttausenden von Exemplaren verbreitet, liegen seit 1960 auch in deutschen Ausgaben vor (Dietz-Verlag, Berlin). Das folgende in Anlehnung an die Arbeiten von Gustav A. Wetter, Der dialektische Materialismus. Seine Geschichte und sein System in der Sowjetunion, 5. Auflage 1960; Sowjetideologie heute, Fischer Bücherei Nr. 460, 1962; Philosophie und Naturwissenschaft in der Sowjetunion, rde Bd. 67, 1958.
10 W. I. Lenin: Materialismus und Empiriokritizismus, Ausg. Moskau 1947, S. 277.
11 Vgl. S. 498 des vorliegenden Buches, dort auch eine Formulierung Lenins, die das Wesen der dialektischen Entwicklungslehre sehr gut umschreibt.
12 J. Stalin: Über dialektischen und historischen Materialismus, 1938.
13 19. Jahrhundert, 2. Kapitel.

14 Der Titel der Schrift, die 1950 in russischer Sprache erschien, lautet in deutscher Übersetzung »Der Marxismus und die Fragen der Sprachwissenschaft«.

15 Der Text liegt jetzt in einer kritischen, die Vorarbeiten und Varianten einschließenden Ausgabe vor: L. Wittgenstein: Logisch-philosophische Abhandlung. Tractatus logico-philosophicus. Kritische Edition, hrsg. von Brian McGuinness und Joachim Schulte, Frankfurt/M. 1989. – Gleichzeitig erschien, ebenfalls hrsg. von Joachim Schulte, ein kleiner Band mit nachgelassenen Schriften: Vortrag über Ethik und andere kleine Schriften. – 1988 wurde in Wien ein umfangreicher Briefwechsel entdeckt, den W. mit Bertrand Russell, Gottlob Frege, dem Lyriker Georg Trakl, dem berühmten Nationalökonomen John Maynard Keynes geführt hat. Er wird im Brenner-Archiv, Innsbruck, verwahrt. – Wittgensteins Nachlaß ist hundertfach umfangreicher als sein publiziertes Werk.

16 Die wichtigste Schrift Whorfs wurde erst nach seinem Tode zugänglich: Language, Thought and Reality. Selected writings of B. L. Whorf, ed. by J. B. Cassoll, 1956. Deutsche Ausgabe »Sprache – Denken – Wirklichkeit«, 1963.

17 Gilbert Ryle: Der Begriff des Geistes, 1969 (die englische Originalausgabe »The Concept of Mind« erschien schon 1949).

18 Die deutsche Ausgabe heißt *Einzelding und logisches Subjekt* und ist 1972 erschienen. – Eine Einführung in die »Ordinary Language Philosophy« für deutsche Leser gibt der von Eike von Savigny herausgegebene Sammelband *Philosophie und normale Sprache* (1969), dessen Texte (bezeichnenderweise) alle – bis auf einen von Wittgenstein – aus dem Englischen übersetzt sind.

19 Alfred Tarski, Der Wahrheitsbegriff in den formalisierten Sprachen, poln. 1933 und dt. 1935/36.

20 R. Carnap, Andere Seiten der Philosophie. Aus einem Gespräch mit Willy Hochkeppel. Zuerst veröffentlicht in der Zeitschrift »Der Monat«, Nr. 224, Mai 1967; dann abgedruckt in dem Jahrbuch »Club Voltaire III«, hrsg. von Gerhard Szczesny, München 1967, S. 360f.

21 Willard van Osman Quine: From a Logical Point of View, 1953. – Ein in deutscher Sprache vorliegendes wichtiges Werk von Quine: Word and Object, 1960, dt. 1980 unter dem Titel »Wort und Gegenstand«. Es gilt als eines der Grundwerke der analytischen Philosophie (vgl. den folgenden Abschnitt).

22 Herbert Feigl: »Mind – Body, *Not* a Pseudoproblem« in »Dimensions of Mind«, hrsg. von Sidney Hook, 1960; abgedruckt in »New Readings in Philosophical Analysis«, 1972. (Kurzfassung einer längeren Abhandlung »The Mental and the Physical« [1958]).

23 Vgl. Anm. 21.

24 Einige Sammelwerke, die gut zur Orientierung geeignet sind: »Readings in Philosophical Analysis«, hrsg. von Herbert Feigl, Wilfried Sellers, New York 1950; »New Readings in Philosophical Analysis«, hrsg. von Herbert Feigl, Wilfrid Sellers und Keith Lehrer, New York 1972; »Kritik und Erkenntnisfortschritt«, hrsg. von Alan Musgrave (engl. »Criticism and the Growth of Knowledge« 1970), 1974 (als Band einer Reihe, die ganz der Wissenschaftstheorie gewidmet ist); »Theorie und Realität«. Ausgewählte Aufsätze zur Wissenschaftslehre der Sozialwissenschaften, hrsg. von Hans Albert, 1972. – Auf das Problem »Grenzen wissenschaftlicher Erkenntnis« komme ich im Abschnitt VIII. zurück.

25 Deutsch: »Die Struktur wissenschaftlicher Revolutionen« als ›suhrkamp taschenbuch‹, Nr. 25.

26 1976. Englisch 1975 unter dem Titel: »Against Method. Outline of an anarchistic theory of knowledge«.

27 The Philosophy of Karl Popper, 2 Bde., in: »The Library of Living Philosophers«, hrsg. von Paul Arthur Schilpp, 1974. Enthält neben Poppers Autobiographie 33 kritische Essays zu Poppers Werk und seine Repliken.

28 K. Popper, Logik der Forschung, 1935.

29 R. Carnap, Testability and Meaning, 1950.

30 N. Goodman, Fact, Fictions and Forecast, 1955.

31 A. Einstein, Bemerkungen zu Bertrand Russells Erkenntnis-Theorie, in: The Philosophy of Bertrand Russell, hrsg. von Paul A. Schilpp, 1946, S. 278. Der englisch geschriebene Sammelband enthält im Falle Einsteins eine deutsche und englische Version des Textes.

32 Zitiert nach der deutschen Ausgabe »Objektive Erkenntnis«, 1973.

33 K. Lorenz: Die angeborenen Formen möglicher Erfahrung, in: »Zeitschrift für Tierpsychologie«, 1943, S. 235 ff.

34 G. Vollmer: Evolutionäre Erkenntnistheorie, Stuttgart 1980. – Kritisch zur evolutionären Erkenntnistheorie Eve-Marie Engels: Erkenntnis als Anpassung?, 1989.

35 D. T. Campbell: Evolutionary Epistomology. In dem in Anm. 27 genannten Sammelwerk.

36 F. M. Vuketits (Hrsg.): Concepts and approaches in evolutionary epistomology, Dordrecht 1982.

37 Richard T. Alexander: Über die Interessen der Menschen und die Evolution von Lebensläufen. In: Heinrich Meier (Hrsg): Die Herausforderung der Evolutionsbiologie, S. 129, 1988.

38 Vico, in seiner Bedeutung lange Zeit nicht erkannt, ist Kritiker Descartes und des Rationalismus, betont die Eigengesetzlichkeit der geschichtlichen Welt. Sein Hauptwerk »Principi di una scienza nuova intorno alla commune natura della nazioni«, 1725, erschien erst 1822 deutsch als »Grundzüge einer neuen Wissenschaft über die gemeinschaftliche Natur der Völker«. – Zu Vico vgl. Stephan Otto: Gianbattista Vico. Grundzüge seiner Philosophie, 1989.

39 Monatshefte für Mathematik und Physik, Nr. 38, 1931.

39a Die moderne »Chaosforschung«, an deren Begründung Hermann Haken einen maßgeblichen Anteil hat, bemüht sich, auch chaotische Vorgänge mittels mathematischer Modelle zu erfassen. Im Gegensatz zum mikrophysikalischen Chaos – z. B. der ungeordneten, nur statistisch zu fassenden Wärmebewegung einer großen Molekülmenge – bezeichnet man als »deterministisches Chaos« einen Zustand, in den ein (makrophysikalisches) System gerät, wenn anfänglich minimale Unregelmäßigkeiten in chaotische Bewegung umschlagen.

40 Manfred Eigen: Perspektiven der Wissenschaft. Jenseits von Ideologien und Wunschdenken, Stuttgart 1989; besonders der 1. Teil: Was heißt und zu welchem Ende betreibt man Grundlagenforschung? – Aus dem Schrifttum sei noch genannt Günther Patzig: Ethik und Wissenschaft. In: Zeugen des Wissens, hrsg. von Heinz Maier-Leibniz, 1986.

41 W. Hochkeppel: Die Antworten der Philosophie heute, 1967. Mit Beiträgen von Wilhelm Essler, Joachim Hölling, Friedrich Kambartel, Peter Krausser, Hans Lenk, Reinhard Maurer, Jürgen Mittelstraß und Werner Schneider.

42 Eine knappe Darstellung und Kritik des modernen Utilitarismus und seiner Spielarten gibt der Australier John Leslie Mackie (1917–1989) in: »Ethik – Auf der Suche nach dem Richtigen und Falschen«, 1981 (engl. »Ethics. Inventing Right and Wrong«, 1977).

43 C. D. Broad: Some of the Main Problems of Ethics, New York 1949 (in dem Sammelband: Readings in Philosophical Analysis).

44 C. L. Stevenson: Ethics and Language, 1941.

45 R. M. Hare: The Language of Morals, 1952. Dt. als »Die Sprache der Moral«, 1972. Hare hat seine Gedanken weitergeführt in »Freedom and Reason«, 1962; dt. als »Freiheit und Vernunft«, bereits 1963.

46 Es liegt in der Natur ethischer Erörterungen, daß man den Einzelfall einem allgemeinen Prinzip oder Gesetz unterzuordnen sucht. Das gilt für Kant wie für die hier behandelten Denker. Stets muß man fragen: Was wäre, wenn alle so handelten? Vgl. Marcus George Singer: Verallgemeinerung in der Ethik. Zur Logik moralischen Argumentierens, 1975 (engl. »Generalization in Ethics«, 1961).

47 Engl. u. d. T. »The Poverty of Historicism«, bereits 1944/45.

48 Robert Spaemann: Glück und Wohlwollen. Versuch über Ethik, 1989.

49 John Rawls: A Theory of Justice, 1971. Deutsch u. d. T. »Eine Theorie der Gerechtigkeit«, 1975. In Deutschland hat sich vor allem Otfried Höffe mit Rawls auseinandergesetzt. 1987 hat er mit

seinem Werk »Politik und Gerechtigkeit« eine eigene »Grundlegung einer kritischen Philosophie von Recht und Staat« vorgelegt.

50 Peter Kropotkin: Mutual aid. A factor of evolution, 1902. Deutsche Ausgabe: Gegenseitige Hilfe in der Tier- und Menschenwelt, 1975.

51 Konrad Lorenz: Moral-analoges Verhalten geselliger Tiere. In: Forschung und Wirtschaft 4, S. 1–23, 1954. – Ders.: Das sogenannte Böse, 1963.

52 Edward O. Wilson: On Human Nature, 1979. Wilson war vorher durch sein Werk »Sociobiology: The New Synthesis« (1975) bekanntgeworden. – Eine Gegenposition gegen Wilsons Anspruch, die Ethik »den Philosophen aus der Hand zu nehmen und sie zu ›biologisieren‹« bietet Peter Singer in »The Expanding Circle, Ethics and Sociobiology«, 1981. – Beide Werke sind geeignet zur Einführung in die Diskussion um Biologie und Evolutionstheorie einerseits, Philosophie und Ethik andererseits, die in der englisch sprechenden Welt schon 30 Jahre andauert.

53 Richard Dawkins: Das egoistische Gen, 1978 (engl. »The Selfish Gene«, 1976).

54 Dieser Abschnitt stützt sich hauptsächlich auf einen Vortrag von Christian Vogel: Gibt es eine natürliche Moral? Oder: Wie widernatürlich ist unsere Ethik? Abgedruckt in Heinrich Meier (Hrsg.): Die Herausforderung der Evolutionsbiologie, 1988. Vgl. auch Christian Vogel: Evolution und Moral. In: Heinz Maier-Leibniz (Hrsg.): Zeugen des Wissens, 1986. Neuerdings: Christian Vogel: Vom Töten zum Mord. Das wirklich Böse in der Evolution, 1989.

55 Peter Singer: Praktische Ethik, 1984 (engl. »Practical Ethics«, 1979). – Eine Auswahl wichtiger allgemeiner Texte zur Ethik von Platon bis zum 20. Jahrhundert bietet das von Robert Spaemann herausgegebene »Ethik-Lesebuch«, 1987.

56 Zu anderen Aspekten dieses Problemfeldes vgl. Kurt Bayertz: GenEtik, 1988, – S. F. Spicker und H. T. Engelhardt (Hrsg.): Philosophical Dimensions of the Neuro-Medical Sciences, 1976.

57 Darauf weist u. a. Robin Attfield hin in seinem Aufsatz »Western Tradition and Environmental Ethics«, in: Robert Elliott and Arran Gare (Hrsg.): Environmental Philosophy, 1983. – Einen bewegenden Ausdruck findet aus christlichem Geist geborene Liebe zur Kreatur in den Worten, die der Staretz Zosima in Dostojewskijs »Brüder Karamasow« spricht (hier nach der Übersetzung von Valeria Lesowsky): ›Liebet die Tiere: Gott hat ihnen die Anfänge des Denkens und harmlose Freudigkeit verliehen. Störet sie also nicht, quälet sie nicht, nehmet ihnen nicht die Freude, widersetzet euch nicht dem Gedanken Gottes. Mensch, überhebe dich nicht über die Tiere: sie sind sündenlos, du aber mit deiner Majestät vergiftest die Erde durch dein Erscheinen auf ihr ...‹
Die Frage, welche Rolle die natürliche Umwelt bei den verschiedenen Religionen spielt, behandelt: »Ethik der Religionen, Band 5: Umwelt«, 1986. Verfasser sind Sigurd M. Daecke, Alphons van Dijk und andere. Aus dem Aufsatz über das Christentum spricht deutlich das Bemühen, dieses als besonders umweltfreundlich erscheinen zu lassen.

58 Descartes war nicht der Unmensch, für den man ihn hiernach halten könnte. Er wurde zu seiner Einschätzung der Tiere als (fühllose) Automaten wohl durch die Überlegung geführt: Gott kann nicht gewollt haben, daß die Menschen mit fühlenden Wesen so umgehen, wie es die Menschen mit den Tieren tun.

59 Jeremy Bentham: Introduction to the Principles of Morals and Legislation, 1780.

60 Ruth Harrison: Tiermaschinen. Die neuen landwirtschaftlichen Fabrikbetriebe, 1965. Engl. »Animal Machines«, 1964.

61 Rachel Carson: Der stumme Frühling, 1963. Engl. »Silent Spring«, 1962.

62 Zu beachten ist, daß die hier wiedergegebene Argumentation vom Schmerz – oder vom vermeidbaren Schmerz – spricht, während das Töten von Tieren, wenn schmerzlos möglich, als ethisches Problem eher umgangen wird – wegen des »Nutzens« für den Menschen.

63 In deutscher Ausgabe liegt vor Peter Singer: Befreiung der Tiere, 1980. Engl. Ausg. »Animal Liberation. New Ethics for Our Treatment of Animals«, 1976. – Einige wichtige Werke, von denen leider keine deutschen Ausgaben vorliegen, sind K. S. Shrader-Frechette: Environmental Ethics, 1981. Mit Beiträgen zahlreicher Autoren und reichen Literaturhinweisen. – Tom Regan: The Case for Animal Rights, 1983. Derselbe: The Struggle for Animal Rights (Essaysammlung), 1987. – Roslind Godlovitch, Stanley Godlovitch, John Harris (Hrsg.): Animals, Man, and Morals. An Enquiry into the Maltreatment of Non-Humans, 1971. – Ein leidenschaftliches Plädoyer gegen Tierversuche: Hans Wollschläger »Tiere sehen dich an oder das Potential Mengele«, 1989.

64 Lange vor Jonas hat Walter Schulz dem Ethik-Teil seines Werkes »Philosophie in der veränderten Welt« (1972) den Titel »Verantwortung« gegeben. 1989 erschien von Walter Schulz »Grundprobleme der Ethik«.

65 John Passmore: Man's Responsibility for Nature, 2. Aufl. 1980.

66 G. P. Marsh: Man and Nature, 1864.

67 Aldo Leopold: A Sand County Almanac, 1949; deutsche Ausgabe »Im Anfang war die Erde«, mit einer Einführung von Horst Stern, 1992.

68 J. Baird Callicott: Traditional Indian and Traditional Western European Attitudes to Nature: An Overview: In: R. Elliot und Arran Gare (Hrsg.): Environmental Philosophy, 1983.

69 R. J. Sikora und Brian Barry (Hrsg.): Obligations to Future Generations, 1978.

70 Willy Hochkeppel: Mythos Philosophie, 1976. Zu diesem Thema u. a. auch Jürgen Habermas: Wozu noch Philosophie? (Einleitung zu »Philosophisch-politische Profile«, 1971). – Hans Lenk: Wozu Philosophie? 1974.

Personenregister

Abälard, Petrus 236, 241, 683
Abbagnano, Nicola 609
Adorno, Theodor W. 649f.
Ainesidemos 200
Albert, Hans 693f.
Albertus Magnus 212, 249f., 261, 269, 272
Alcuin 233
d'Alembert, Jean 373
Alexander der Große 175, 188, 190
Alexander, Richard T. 697
Alexander, Samuel 580
Alexander von Hales 249
Alfarabi 244
Al Gazali 246
Alkibiades 153
Alkindi 244
Althusser, Louis 623
Ambrosius von Mailand 225, 233
Anaxagoras 142
Anaximandros 128
Anaximenes 128
Anquetil-Duperron 506
Anselm von Canterbury 235, 239, 255
Apel, Karl-Otto 662f., 712f.
Aristarchos 281
Aristoteles 125, 134, 143, 152, 174f., 191, 201, 233, 235, 237, 247f., 252, 258, 264f., 269, 284, 289, 490, 535, 571f., 585f., 593, 615, 669
Aristoxenos 189
Arius 222
Arnauld, Antoine 335
Athanasius 222
Augustinus, Aurelius 224ff., 257, 259
Austin, John Langshaw 661
Avenarius, Richard 638
Averroes 245, 264, 271
Avicenna 245, 264
Ayer, Alfred Jules 709

Baader, Franz Xaver von 311, 453
Bachofen, Johann Jakob 573
Bacon, Francis 285, 302f., 347, 473, 480, 491
Bacon, Roger 264f., 272, 347
Baeumker, Clemens 592
Barth, Karl 528, 600
Basilides 219
Bauch, Bruno 554
Bayle, Pierre 321, 336, 365, 476
Beaufret, Jean 622
Becher, Erich 586
Beda 233
Benda, Julien 566
Benedikt von Nursia 232
Beneke, Eduard 545
Bentham, Jeremy 481f., 708, 720
Berdjajew, Nicolai Alexandrowitsch 601
Bergson, Henri 333, 566f., 584, 594, 597, 601
Berkeley, George 349, 353f., 699
Bernhard von Chartres 240
Bernhard von Clairvaux 241
Bismarck, Otto von 484, 489
Bloch, Ernst 609, 649, 722
Boccaccio, Giovanni 283
Boethius 206, 233, 235, 237
Böhme, Jakob 289, 308f., 449, 453
Bohr, Niels 690
Bolyai, János 666
Bolzano, Bernhard 594f.
Bonaventura 249
Boole, George 670
Bosanquet, Bernhard 556
Boutroux, Emile 667
Boyle, Robert 348
Bradley, Francis Herbert 548, 556, 675
Brandes, Georg 532
Brecht, Bert 699
Brentano, Franz 594
Brihaspati 49
Broad, Charlie Dunbar 709
Brouwer, Luitzen Egbertus Jan 655, 673, 685
Bruno, Giordano 197, 285, 299f., 602
Brunschvicg, Léon 556
Buber, Martin 609ff.
Büchner, Ludwig 545
Buddha 48, 52f., 124, 333, 516
Bultmann, Rudolf 528, 722
Buonaventura 249
Burckhardt, Jacob 454, 530

Calvin, Johannes 285, 290
Campanella, Tommaso 296
Campbell, Donald T. 695, 696
Camus, Albert 199, 528, 608
Cardanus, Hieronymus 300
Carnap, Rudolf 676f., 679f., 682, 685, 691, 710
Carson, Rachel 720, 722
Casmann, O. 626
Cassiodor 233, 235
Cassirer, Ernst 551f.
Charvakas 48
Cherbury, Herbert von 360
Chladenius, Joh. Martin 694
Chomsky, Noam 660
Christine v. Schweden 313
Chrysippos 192
Church, Alonzo 685
Cicero 201, 219, 284
Clemens 218, 220
Cohen, Hermann 550
Columbus 28
Comte, Auguste 471, 488, 652, 665
Constantin der Große 210, 297
Copernicus, Nicolaus 281, 348, 405, 687
Cosimo di Medici 284
Couturat 681
Croce, Benedetto 556
Cusanus, Nicolaus 296f.
Cyprian 224

Dante Alighieri 187, 262, 486
Darwin, Charles Robert 138, 483, 629, 716f.
Deleuze, Gilles 623
Demokrit 139f., 198, 571
Derrida, Jacques 623
Descartes, René 197, 314f., 331, 336f., 347, 350, 364, 483, 596, 634, 670, 720
Deussen, Paul 37, 46, 81
Dewey, John 578, 634
Diderot, Denis 118, 373

Dilthey, Wilhelm 573, 575, 597, 630, 652, 694, 697
Diogenes (von Sinope) 188
Diogenes Laertios 126
Dionysius Areopagita 232
Dionys von Syrakus 156
Djilas, Milovan 649
Dostojewskij, Fjodor Michailowitsch 601
Driesch, Hans 570f., 580
Droysen, Johann Gustav 190
Duns Scotus 266f., 270, 272, 347, 592
Duperron, Anquetil 82

Ebner, Ferdinand 611
Eckhart → Meister Eckhart
Eco, Umberto 553
Ehrenfels, Christian Freiherr von 572
Ehrle, Franz 592
Eigen, Manfred 704
Einstein, Albert 475, 561, 569, 638, 690, 691, 701
Empedokles 138
Engels, Friedrich 496, 638f.
Epiktet 193
Epikur(os) 198, 215, 220
Erasmus 284
Erdmann, Johann Eduard 556
Eriugena (Johannes Scotus) 238f.
Eucken, Rudolf 597
Eudemos 189
Euklid 666, 670

Fabre, Jean Henri 631
Fechner, Gustav Theodor 545
Feigl, Herbert 683
Feuerbach, Ludwig 431, 493f., 498
Feyerabend, Paul K. 688
Fichte, Johann Gottlieb 446f., 452f., 460, 506, 527
Ficino, Marsilio 284
Fischer, Kuno 556
Förster, Heinz von 697
Förster-Nietzsche, Elisabeth 543
Foucault, Michel 624
Fourier, Charles 471
Franck, Sebastian 308
Frank, Philipp 677, 690
Frauenstädt, Julius 511
Frege, Gottlob 561, 670f., 677
Freud, Sigmund 547, 562, 595, 629, 635, 652, 669
Freyer, Hans 575
Friedmann, Hermann 572
Friedrich II. (der Große) 369, 384f., 416
Friedrich Wilhelm II. 416
Friedrich Wilhelm IV. 454, 496
Fries, Jakob Friedrich 544, 548

Gadamer, Hans-Georg 694
Galilei, Galileo 282, 348, 689
Gandhi, Mahatma 39, 52
Garaudy, Roger 623, 649
Gargi 40
Garrigou-Lagrange, Gontran Réginald 592
Gassendi, Pierre 338
Gauß, Karl Friedrich 561, 666
Gautama 70
Gehlen, Arnold 627, 632f.
Gentile, Giovanni 556
George, Stefan 573
Geulincx, Arnold 320
Gilson, Étienne 592
Glasersfeld, Ernst von 697
Gödel, Kurt 677, 700f.
Goethe, Johann Wolfgang von 82, 118, 139, 174, 197, 220, 290, 302, 333, 382, 442f., 507, 542
Gogarten, Friedrich 528
Goodman, Nelson 691
Gorbatschow, Michail 648
Gorgias 146f.
Grabmann, Martin 592
Green, Thomas Hill 481
Gregor I., Papst 232
Gregor von Nyssa 233
Grosseteste, Robert 264
Grotius, Hugo 293
Guattari, Felix 623
Gutberlet, Konstantin 592
Guyau, Marie Jean 569f.

Häberlin, Paul 580
Habermas, Jürgen 651f., 664
Haeckel, Ernst 484
Hahn, Hans 677
Hahn, Otto 702
Haller, Albrecht von 521
Hamann, Johann Georg 443, 542
Hamilton, William 481
Hare, R. M. 709
Harivarman 65
Harrison, Ruth 720, 722
Hartmann, Eduard von 546f.
Hartmann, Nicolai 581, 585f., 593, 639f., 665
Harun al Raschid 243
Hastings, Warren 82
Hegel, Georg Wilhelm Friedrich 66, 138, 311, 452f., 457f., 478, 482f., 492, 495f., 525, 527, 544, 546, 548, 556, 589, 593, 608, 617, 636, 643, 650, 651, 668
Heidegger, Martin 128, 533, 602, 606, 608, 613f., 622f., 659, 679, 682, 694, 726
Heisenberg, Werner 642, 697

Helmholtz, Hermann von 542, 667
Helvétius, Adrien 375
Héloise 241
Heraklit 135f., 138, 172, 194, 227, 460, 534, 618, 658
Herbart, Johann Friedrich 544, 548
Herder, Johann Gottfried von 82, 333, 444, 542, 627, 629, 659
Herodot 129, 628
Hertz, Heinrich 667
Hesekiel 124
Hesiod 122, 132
Hieronymos 218
Hilbert, David 667, 674, 685
Hobbes, Thomas 293f., 348, 377
Hochkeppel, Willy 705, 726
Holbach, Dietrich von 375
Hölderlin, Friedrich 614, 618
Homer 122, 132
Horaz 191, 199, 219
Horkheimer, Max 649f.
Hsün Tse 108
Hubble, Edwin 563
Hui Schih 104
Humboldt, Wilhelm von 443, 659, 660
Hume, David 199, 349, 355f., 361, 363, 392, 480, 666, 675, 699
Husserl, Edmund 594f., 597, 608, 613, 614, 669, 694
Hutten, Ulrich von 284
Huxley, T. E. 716
Huyghens, Christian 334, 348

Irenäus 223f.
Isidor von Sevilla 233

Jacobi, Friedrich Heinrich 333, 432, 443f.
Jacoby, Günther 580
Jamblichos 206
James, Henry 576
James, William 576
Jansen, Cornelius 320f.
Jaspers, Karl 17, 533, 602f., 610
Jean Paul → Richter
Jeremia 124
Jesus Christus 209, 214, 372, 526; vgl. Christentum
Johannes von Damaskus 233
Jonas, Hans 722
Julian Apostata 210
Jung, Carl Gustav 563
Justinus der Märtyrer 218

Kafka, Franz 601
Kanada 71

Kant, Immanuel 28, 197, 299, 359, 383f., 387f., 439, 441, 442f., 445, 446, 452f., 459, 473, 509, 525, 527, 529, 544, 548f., 555, 561, 576, 580, 585, 590, 593f., 602, 605, 612, 615, 629, 639, 651, 652, 662f., 665, 679, 689, 696, 699, 711
Kapila 71
Karl Martell 243
Karneades 200
Katyayana 41
Kepler, Johannes 130, 281, 348
Keynes, John Maynard 654
Keyserling, Hermann, Graf von 574
Kierkegaard, Sören 522f., 600f., 602, 610, 613
Kirchhoff, Gustav Robert 667
Klages, Ludwig 541, 573
Kleanthes 192, 194
Knutzen, Martin 392
Koffka, Kurt 572
Köhler, Wolfgang 572
Kolakowski, Leszek 649
Kolumbus, Christoph 280
Konfuzius 89f., 97f., 101, 110, 115, 124
Konstantin →Constantin
Kopernikus →Copernicus
Krates 193
Kropotkin, Peter 716
Kuhn, Thomas S. 687
Kung sun Lung 104

Lacan, Jacques 623
Lakatos, Imre 688
Lamettrie, Julien Offray de 374, 571
Landmann, Michael 627
Lange, Friedrich Albert 549
Lao Tse 96f., 110, 112, 123
Laplace, Pierre 391
Lavelle, Louis 580
Lavoisier, Antoine Laurent de 687
Leibniz, Gottfried Wilhelm 118, 220, 297, 311, 313, 319, 334f., 347, 383, 391f., 483, 546, 594, 634, 670
Lenin 500, 638, 644
Leo I., Papst 232
Leo XII., Papst 591
Leonardo da Vinci 285
Leopold, Aldo 723
Lessing, Gotthold Ephraim 333, 385
Leukipp 139f.
Lévinas, Emmanuel 623, 625
Lichtenberg, Georg Christoph 510
Liebert, Artur 551
Liebmann, Otto 549, 652
Lipps, Hans 608, 659
Litt, Theodor 572, 575
Lobatschewski, Nikolai Iwanowitsch 666
Locke, John 197, 336, 349f., 361, 379, 392, 473, 480, 630
Lombroso, Cesare 519
Lorenz, Konrad 696, 716
Lotze, Rudolf Hermann 546
Louis Napoléon 471
Lucrez 199
Ludwig XIV. 364, 365, 381, 384
Luhmann, Niklas 651
Lukács, Georg 648
Luther, Martin 275, 285, 287f., 308, 527

Mach, Ernst 638, 652, 667
Machiavelli, Niccolo 292
Magalhàes, Fernào de 280
Mahavira 48, 50, 124
Maimonides 247
Maine de Biran, François Pierre 471
de Maistre, Joseph 471
Maitreyi 41, 44
Malebranche, Nicole 320
Mandelbrot, Benoît 702
Mani 221
Marcel, Gabriel 558, 600
Marcianus Capella 233, 235
Marcion 220
Marco Polo 118
Marcuse, Herbert 650f.
Maritain, Jacques 592
Mark Aurel (Marcus Aurelius) 193, 197
Marsh, G. P. 723
Marx, Karl 382, 439, 469, 480, 492, 495f., 629, 637f., 649f., 665
Mausbach, Joseph 592
Mauthner, Fritz 656, 659
Mayer, Robert 667
Meier, Georg Friedrich 694
Meinong, Alexius 594
Meister Eckhart 212, 271f., 610
Melanchthon, Philipp 288f.
Mencius 92, 106f., 117
Mendel, Gregor 717
Mendelssohn, Moses 385, 431, 444
Menger, Karl 677
Meng Tse → Mencius
Merleau-Ponty, Maurice 608
Mersenne 314
Metternich (Fürst) 442
Mill, John Stuart 481f., 708
Mohammed 243
Moleschott, Jacob 545
Montaigne, Michel de 199, 285f.
Montesquieu, Charles-Louis de Sécondat, Baron de la Brède et de M. 365f.
Moore, George Edward 674f.
Morgan, C. Lloyd 695
Morris, Charles 552
Morus, Thomas 295
Mo Tse 102f., 110, 481
Müller, Max 82

Nagarjuna 63, 65
Napoleon I. 467, 471
Natorp, Paul 550
Nestroy, Johann Nepomuk 657
Neurath, Otto 676f., 685
Newton, Isaac 297, 311, 348, 368, 612, 687
Nicolai, Friedrich 385
Nietzsche, Friedrich 83, 138, 173, 333, 382, 439, 483, 529f., 555, 562, 565, 597, 602, 632, 652
Novalis (Frhr. v. Hardenberg) 452

Occam →Wilhelm von Occam
Ogden, C. K. 660
Origenes 218, 220
Ortega y Gasset, José 575
Overbeck, Franz 530

Palagyi, Melchior 573
Pannini 69
Paracelsus 300
Parmenides 132f., 134, 140, 618
Pascal, Blaise 321
Passmore, John 723
Patrizzi, Francesco 301
Paul, Jean (Johannes Friedrich Richter) 547
Paulus (Apostel) 209, 217
Peano, Giuseppe 681
Peirce, Charles Sanders 266, 576, 652, 670
Perikles 121
Petrarca, Francesco 283
Petrus Lombardus 249
Philipp von Makedonien 175
Philolaos 131
Philon 202, 204
Piaget, Jean 696
Pius X., Papst 591
Planck, Max 561, 595, 669
Platon 123, 125, 133, 145, 149, 152f., 180, 187f., 191, 201, 214, 227, 237f., 257f., 406, 512, 535, 556, 584, 658, 664, 711f.
Plessner, Helmuth 633
Plethon 284
Plotinos 203f., 602
Poincaré, Henri 667
Pomponazzi, Pietro 284

Popper, Karl Raimund 174, 664, 688, 689f., 692f., 695, 698, 711f.
Porphyrios 203, 237
Portmann, Adolf 633
Poseidonios 192, 219
Proklos 206
Protagoras 146f.
Proudhon, Pierre Joseph 378, 471, 496
Przywara, Erich 592
Pyrrhon von Elis 199
Pythagoras 129, 138

Quine, Willard Van Orman 683, 685

Ranke, Leopold von 492
Rawls, John 714f.
Reichenbach, Hans 676f.
Reid, Thomas 395
Reimarus, Hermann Samuel 385
Renouvier, Charles 556
Rensch, Bernhard 696
Reuchlin, Johannes 284
Richards, I. A. 660
Richter, Johannes Friedrich (Jean Paul) 547
Rickert, Heinrich 553
Ricœur, Paul 624
Riedl, Rupert 696, 699
Riemann, Bernhard 666f.
Rilke, Rainer Maria 601, 618, 655
Rohde, Erwin 530
Roscellinus 240f.
Rosenhan, David L. 698
Rosenzweig, Franz 609
Rothacker, Erich 575
Rousseau, Jean-Jacques 376f., 380f., 383, 443
Russell, Bertrand 581, 654, 671, 674f., 677, 689
Ruysbroek, Johannes 275
Ryle, Gilbert 661

Saint-Martin, Louis-Claude de 311, 453
Sakkas 203
Santayana, George 580
Sartre, Jean Paul 528, 597f., 602, 604, 606f., 613
Saussure, Ferdinand de 552, 563, 659
Savigny, Friedrich Carl von 492
Schankara 78, 114
Scheler, Max 597f., 613f., 629f.
Schelling, Friedrich Wilhelm Joseph (von) 82, 302, 311, 452f., 457, 459, 461, 516, 527, 546, 548, 602
Schiller, Ferdinand C. S. 578
Schiller, Johann Christoph Friedrich von 197, 380, 382, 433f., 442, 458, 627
Schlegel, August Wilhelm 434, 452
Schlegel, Friedrich 82, 434, 452
Schleiermacher, Friedrich Daniel Ernst 445, 659
Schlick, Moritz 655, 676
Schopenhauer, Arthur 40, 82, 333, 439, 506f., 529, 542, 546, 548, 555, 562, 566, 613
Schrödinger, Erwin 690, 697
Schuddhodhana 52
Schulze, Gottlob Ernst 432, 443, 512
Schwenckfeld, Kaspar 308
Seneca, Lucius Annaeus 192
Seuse, Heinrich 274
Sextus Empiricus 200
Shaftesbury, Antony Ashley Cooper Graf von 349, 362f.
Shakespeare, William 285
Siddharta → Buddha
Sidgwick, Henry 481
Siger von Brabant 252
Silvester I, Papst 297
Simmel, Georg 565, 573, 574
Singer, Peter 719, 722
Smith, Adam 363f.
Sokrates 125f., 133, 148f., 154f., 157, 163, 191, 522f., 529, 535, 537
Solowjew, Wladimir 556
Spaemann, Robert 626, 714
Spencer, Herbert 138, 480, 482f., 566
Spengler, Oswald 297, 573, 574
Spinoza, Benedictus de 197, 247, 302, 313, 319, 322ff., 347, 442f., 452f., 546, 594, 602, 689
Spranger, Eduard 575
Stalin, Jossif Wissarionowitsch 644, 645
Stammler, Rudolf 551
Stenius, Eric 657
Stevenson, C. L. 709
Stirner, Max 496
Storch, Otto 633
Straßmann, Fritz 702
Strauß, David Friedrich 493f.
Strawson, Peter F. 661f.
St. Simon, Claude Henri de 471, 665
Suárez, Francisco 290
Swedenborg, Emanuel 393
Tai Tung-yüan 115
Tarski, Alfred 677, 681
Tauler, Johann 274
Telesio, Bernardo 301
Teng Schi 94
Tertullian 217f., 224
Thales 127
Theophrastos 189
Thomas von Aquin 114, 212, 235, 251f., 270, 591f., 720
Thomas von Kempen 275
Thomasius, Christian 386
Tieck, Ludwig 452
Tolstoi, Leo 705
Trakl, Georg 655
Troeltsch, Ernst 575
Tschu Hsi 119
Tung Tschung-schu 111

Uexküll, Jakob von 634
Unamuno, Miguel de 601

Vaihinger, Hans 554f.
Valentinus 220
Vasco da Gama 280
Vasubandhu 64
Vergil 219, 262
Vico, Giovanni Battista 697
Vieta (François Viète) 670
Vischer, Friedrich Theodor 466
Vollmer, Gerhard 696
Voltaire (François Marie Arouet) 118, 365, 367f., 380f., 383, 476, 531
Vorländer, Karl 551
Vuketits, M. 696

Wagner, Richard 530f.
Wang-Yang-ming 114
Wan Tschung 110
Watzlawick, Paul 697, 699
Weierstraß, Karl 595
Weigel, Valentin 308
Wenzl, Aloys 586
Wertheimer, Max 572
Whitehead, Alfred North 581f., 585, 593, 671, 674, 689
Whorf, Benjamin Lee 660
Wilhelm von Champeaux 240, 242
Wilhelm von Moerbecke 251
Wilhelm von Occam 267, 268f., 272, 347
Wilson, Edward O. 717
Windelband, Wilhelm 553
Wittgenstein, Ludwig 653f., 663, 676, 677f., 697, 726
Wolff, Christian 118, 343, 383f., 392
Wundt, Wilhelm 546

Xenophanes 131f.
Xenophon 152

Yagnavalkya 40f., 44f., 78

Zarathustra 124
Zenon (von Elea) 133, 192
Zenon der Stoiker 192
Zwingli, Ulrich 285, 290

Sachregister

Aberglaube 368, 372
Achsenzeit der Weltgeschichte 124
Adiaphora 196
Agnostizismus 83, 93
Ahakara 72
ahimsa 52
›Also sprach Zarathustra‹ 531
analytische Philosophie 659, 684 f.
analytische und synthetische Urteile 397
ancilla theologiae 235
angeborene Ideen 350
Angst 600, 613, 616
Animismus 474
Antimodernisten-Eid 591
Antinomie (im Sinne Kants) 407
Antithese 66, 460
apatheia 195
›Aphorismen zur Lebensweisheit‹ 508
Apologeten 217
a posteriori 396
a priori 396, 512, 561, 585, 679
arabische Philosophie 244 f.
Aranyakas 35
Arier 33
aristotelische Schulen 188
Arithmetik 400
Askese 51, 80 222, 520
Ästhetik 25, 419, 457, 466, 518
Astikas 68
Ataraxie 198
Atharvaveda 35
Atheismus 74, 372, 374, 608, 616
Athenäum 434
Atman 42 f., 49, 72, 78, 521
Atomlehre 139 f., 338
Aufklärung 347 f., 364 f., 383 f., 565, 658
Autonomie (Kant) 410

Basis und Überbau 644, 647
Bedeutung 596, 660
Begriff und Anschauung 395
Behaviorismus 683
Bhagavad-Gita 70
Biologie als Leitwissenschaft 563
biogenetisches Grundgesetz 484
Brahmacarin 45
Brahman 42 f., 78 ff., 521
Brahmanas 35
Brahmanen 38, 45
Buch der Lieder 91
Buch der Riten 91
Buch der Urkunden 91
Buch der Wandlungen 90, 110
Buddhismus 52 f., 60 f., 112, 116, 358, 583

causa materialis, formalis, efficiens, finalis 183 f.
Chassidismus 609
chinesische Sprache 85 f.
chinesisches Mittelalter 110
Chinoiserie 118
Christentum 125, 154, 192, 197, 202, 209 f., 216, 368, 520, 524, 526, 535, 537, 598, 628, 646
christianisierende Gnosis 220
›civil rights‹ 706
Civitas Dei (Gottesstaat) 225, 231
Club Voltaire 694
›Cogito, ergo sum‹ 228, 316
›credo ut intelligam‹ 239

daimonion 152
Deismus 360, 372
Demiurg 220
Demokratie 95, 167, 712
Dependenz der Seinsschichten 588
Deutsche Theologie 275
Deutscher Idealismus 442 f.
Dharma 55 ff., 583
Dialektik 62, 66, 134, 137, 162, 405, 457 f., 478, 492, 640 f., 711
dialektische Theologie 528
dialektischer Materialismus 497 f., 640 f.
Dialoge Platons 157
dialogisches Prinzip 610, 625
Ding an sich 432, 512, 665
Dionysoskult 123
Diskursethik 712 f.
Dominikanerorden 249, 272
doppelte Wahrheit 271
Doxographien 126
Dreieinigkeit →Trinität
Dreistadiengesetz 474 f.
Dynamismus 577

›Ecrasez l'Infâme!‹ 371
›Eigentum ist Diebstahl‹ 378
Einheit der Gegensätze 136; vgl. Dialektik
Einheitswissenschaft 685
Eklektiker, Eklektizismus 125, 189, 200 f.
›Elan vital‹ 567
Eleaten 131 f.
Eleusinische Mysterien 123
Emanation 204, 273
Empiriker, Empirismus 258, 347 f., 355, 392 f., 665
Empiriokritizismus 638, 667
Enneaden 203 f.
Entlastungsfunktion der Sprache 636
Entwicklung, Evolution 482 f., 486
Enzyklopädisten 373 f.
Ephesos 135
Epikureer 125, 198 f.
Erdbeben von Lissabon 370, 380
Erfindungen und Entdeckungen 280
›Erkenne dich selbst‹ 153
Erkenntnis, Erkenntnistheorie 25, 28, 350, 353, 356 f., 394 f., 468, 473, 482, 585 f., 630, 643, 684 f., 692, 695 ff., 700 f.
Eros 161, 191
Erziehung 379
Esperanto 681
›esse est percipi‹ 354, 699
Ethik 25, 28, 51, 56, 93 f., 99, 130, 147, 164 f., 185 f., 193, 195, 198, 205, 222, 259, 325 f., 360 f., 409 f., 428 f., 432 f., 442, 449, 478, 482, 490, 520, 568, 571 f., 598, 612, 645, 682, 704 f., 708 f., 712 f., 716 f., 722 f.

Evolution → Entwicklung
evolutionäre Erkenntnistheorie 695 f.
evolutionäre Ethik 716 f.
Existenz, Existentialismus, Existenzphilosophie 454, 524 f., 579, 600 f., 603, 606, 608 f., 613
Existenzial 615
Exzentrizität 617

Falsifikation 690
Fiktion, Fiktionalismus 554
Fractals 702
Frankfurter Schule 649 f.
Franziskanerorden 249
Französische Revolution 364, 374, 382, 431, 647
Freidenker 361
Freiheit der Forschung, der Wissenschaft 289, 703 f.; vgl. Willensfreiheit
Frühlings- und Herbstannalen 91
Fundamentalkategorien 587
Fundamentalontologie 528, 615

›Geist als Widersacher der Seele‹ 573
Gemeinwille (volonté générale) 379
Geometrie 400, 561
Geschichtlichkeit 604
Geschichte, Geschichtsphilosophie 25, 370, 423, 444, 459, 466 f., 474, 478, 500 f., 515 f., 556, 574 f., 711 f.
Gesellschaft, Gesellschaftsphilosophie 25, 94 f., 101 f., 166 f., 185 f., 259 f., 290 f., 307, 365 f., 378 f., 478 f., 481, 488 f., 500 f., 643 f., 649 f., 708, 711 f.
Gesellschaftsvertrag 378, 715
Gesetzbuch des Manu 70
Gestalttheorie 572
Gewaltenteilung 366
Gewaltlosigkeit 51
Gewissen 152, 413
Glauben und Wissen 28, 253 f., 270
Glaubensphilosophen 442 f.
Gleichberechtigung der Frau 703
Gnosis, Gnostiker 219 f., 233
›gnothi seauton‹ 153
Gödels Theorem 700 f.
Goldene Mitte 109, 115
Goldene Regel 93, 103, 714
Gottesbeweis 239, 255 f., 361
Gottesstaat → Civitas Dei
Göttliche Komödie (Dante) 262
›Graeca graece‹ 140
Grande Encyclopédie 371, 373, 476
Grenzsituationen 602, 605
griechische Religion 122 f., 132, 137
Grihastha 44
›Große Wissenschaft‹ 92, 94
Gunas 72

›Haus des Seins‹ 618
Hellenismus 190 f.
Hermeneutik 694
Herrenmoral und Sklavenmoral 536
Heteronomie (Kant) 410
Hinayana 61, 65
Historische Schule 492
Historischer Materialismus 500 f., 643 f.
Historismus 572 f., 598
Historizismus 711 f.
Höhlengleichnis 163, 512
Humanismus, Humanisten 116, 283 f., 578, 710
Humanität 196, 444
Hundert Schulen 88
Hymnenzeit 36 f.

Idealismus 440, 442 f., 448, 461
Idealstaat (Platon) 168 f.
Idee (Kant) 407, 421
Idee (Platon) 161 f.
Identitätsphilosophie 454 f.
Ideologie 645
Ido 681
Idole (Fr. Bacon) 305 f.
I King 88, 90
In-der-Welt-Sein 615
In-der-Zeit-Sein 601
Indeterminismus 690
indische Philosophie 33 f., 506, 512, 520 f.
Individualismus (Renaissance) 279
indogermanische Sprachen 33
Induktion 179, 690 f., 693
›Instauratio magna‹ 304
Interlingua 681
Intuition 83, 566
Intuitionismus 673, 685
Islam 211, 244 f.

Jainismus 50 f., 60, 124
Jansenismus, Jansenisten 319
judaisierende Gnosis 219
jüdische Philosophie des Mittelalters 212, 244

Kaaba 243
Kabbala 247
Kampf ums Dasein 483
Kant-Laplacesche Theorie 391
Kapitalismus 502 f., 647
Karma 46, 57
Kastenwesen 38 f.
Kategorial-Analyse 586
Kategorien 178, 402 f., 421, 581, 586 f., 615
kategorischer Imperativ 410 f., 421, 710
Kausalität, Kausalgesetz 139, 358 f., 413, 562, 590, 642
Kernphysik 561
Kernspaltung 702 f.
Ki 114
Kirchenväter 217 f., 265
Klassenkampf 502
Klassenlose Gesellschaft 503
kommunikatives Handeln 652 f.
Kommunistisches Manifest 496, 502
Konfuzianismus 88, 89 f., 102, 105, 110, 116
Konsequenzialismus 708
Konstruktivismus, Konstruktivisten 697 f.
Konzil von Nicäa 222
Kosmos 129, 191
Krieg aller gegen alle 294
›Kritik der praktischen Vernunft‹ 409 f.
›Kritik der reinen Vernunft‹ 394 f.
›Kritik der Urteilskraft‹ 417 f.
kritische Sozialphilosophie 648 f.
kritischer Rationalismus 689 f., 694, 712
kritischer Realismus 547 f., 585 f., 593, 665
Kschatriyas 38
künstliche Sprachen 663, 670, 681, 687
kynische Schule 188
kyrenaische Schule 188

›Latino sine flexione‹ 681
›Lautere Brüder‹ 245
Lebensphilosophie 440, 454, 555, 565 f., 579, 594, 597, 601
Legalismus, Legalisten 88, 106
Lehrsatz des Pythagoras 129
Leibniz-Wolffsches System 343, 392
Leib-Seele-Problem → psychophysisches Problem
Leid und Erlösung 58, 516 f.
Leninismus 504
›L'état c'est moi‹ 384
Li (Vernunft) 114 f.
Li Ji (Buch der Riten) 91
Linguistik → Sprachwissenschaft

›List der Vernunft‹ 467
Logik 25, 177 f., 398, 462, 555, 595 f., 668 f.
Logik der Verneinung 63
logischer Atomismus 675
logischer Empirismus, logischer Positivismus → Neupositivismus
Logistik 670
Logizismus 685
Logos 136, 191, 194, 202, 658
Lun Yü 91
Lykeion 175

Mahabharata 70
Mahayana 61, 65
Manichäer, Manichäismus 221 f., 224
Mantras 35
Marburger Schule 550 f.
Marxismus 137, 454, 495, 623, 637 f., 689
Materialismus, Materialisten 48 f., 373 f., 440, 448, 471 f., 492 f., 497 f., 549, 562, 638 f., 665
Materie 71, 562, 638
Mathematik 129, 313, 335, 360, 397 f., 477, 483, 561, 581, 595, 666 f., 673, 677, 689, 693
Maya 43, 72, 79, 512, 521
megarische Schule 188
Metamathematik 685
Metaphysik 25, 161 f., 176, 182 f., 337 f., 392 f., 447 f., 454 f., 464 f., 473, 511 f., 535, 566, 579 f., 585 f., 593, 665, 668, 678 f., 692
Metaphysik der Geschlechtsliebe 515
Metasprache 663, 680
Milet 127
Mimansa-System 77 f.
Ming-Zeit 115
Modalität (als Kategorie) 402
Mohenjo-Daro 33
Mohismus 88, 102 f., 105, 110
Mokscha 46, 74
Monade, Monadenlehre 299, 302, 337 f., 391, 583
Monotheismus (als Entwicklungsstufe) 474
Moral → Ethik
›Moralische Aufrüstung‹ 95
Musik 129, 519, 531
Mystik, Mystiker 205, 212, 221, 233, 271 f., 308, 521, 568, 610, 631

Nastikas 68 f.
natura naturans, natura naturata 326
Natur, Naturphilosophie 25, 127 f., 135 f., 176, 180 f., 281 f., 300, 305 f., 326, 337, 390, 453, 455 f., 463 f., 718
Naturgesetz 283, 553, 667, 691 f.
Naturrecht 664, 715
Naturwissenschaft 283, 305 f., 398, 405, 477, 545, 547, 553, 561 f., 621, 677, 686, 700 f., 713
Neu-Fichteanismus, Neu-Friesianismus, Neu-Hegelianismus 556
Neue Metaphysik 579 f., 585 f.
Neukantianismus 441, 548 f., 585, 594, 664
Neu-Konfuzianismus 88, 113 f.
Neu-Mohismus 88
Neuplatoniker, Neuplatonismus 123, 125, 202 f., 233, 238, 245
Neupositivismus 579, 594, 664 f., 666 f., 676 f., 679 f.
Neu-Pythagoreismus 131
Neuscholastik (Neu-Thomismus) 261, 556, 591 f.
nichteuklidische Geometrie 561, 666
nicht-orthodoxe Systeme (Indien) 47 f., 113
Nichts (Heidegger) 617
Nihilismus 65, 542
Nirwana 56, 58, 521
Nominalismus, Nominalisten 182, 212, 237, 240 f., 268 f., 279, 683
Nyaya-System 70

Occasionalismus 319 f.
Oligarchie 166
Ontologie 25, 579 f., 585 f., 668, 693
Opfermystik 36, 38 f.
›Opium fürs Volk‹ 647
Ordinary Language Philosophy 661, 676, 684
Orphik 123, 173
orthodoxe Systeme (Indien) 68 f.

paganisierende Gnosis 220
Pantheismus 194, 302, 326, 494, 598
Paradigmenwechsel 687 f.
Paradoxe des Zenon 134
Parias 38
Patristik 211, 213 f., 223 f., 232 f.
Peloponnesischer Krieg 149
Perestroika 648
Peripatetiker 189
Person 598, 614, 631
Pessimismus 41, 371, 516 f., 537
Pflicht und Neigung 414, 433
Phänomenologie 579, 585, 594 f.
Philosophie des Als-Ob 554 f.
philosophische Anthropologie 562, 626 f., 659
Physikalismus 683, 686
Pinyin 87
Platoniker, Platonismus, platonische Schulen 189, 225
Platonische Akademie 156, 189
platonische Liebe 161
Pluralismus 565, 577, 675
Polytheismus als Entwicklungsstufe 474
Positivismus 440, 471 f., 480 f., 486, 493, 549, 652, 665; vgl. Neupositivismus
post hoc/propter hoc 359
Prädestination 230 f.
Pragmatismus 555, 577 f., 594, 634, 667
Prakriti 71
prästabilierte Harmonie 339 f.
primäre und sekundäre Eigenschaften 351
›Principia mathematica‹ 581, 654, 671, 674
Privateigentum 503, 665
pro et contra 236
Psychoanalyse (Tiefenpsychologie) 173, 547, 562, 595
Psychologismus 544, 595
psychophysisches Problem 320, 545 f., 633 f., 683
Puritanismus 347
Puruscha 71
Pythagoreer 123, 129 ff.
Pythagoreismus 173

Qualität und Quantität als Kategorien 178, 402 f.
Quantenmechanik, Quantentheorie 561, 595, 669

Rad des Lebens 57, 59
Rationalismus 392
Raum und Zeit 352, 399 f., 421, 566 f., 580, 632, 639
Realdialektik 643
Realismus, Scholastik → Universalien
Recht, Rechtsphilosophie 25, 106, 146, 158, 290 f., 293, 366, 378, 424 f.
Recht zur Revolution 107, 425
Reformation 287 f.
Relation als Kategorie 178, 402 f.

Relativismus 575, 598
Relativitätstheorie 337, 561, 701
Religion, Religionsphilosophie 21, 25f., 37, 48, 52f., 122, 132, 137, 209f., (für das Mittelalter →Christentum), 244f., 299, 308f., 321, 325f., 341, 360f., 368f., 371f., 380, 409, 414f., 423, 445, 451, 453, 474, 489, 493f., 525f., 537f., 568f., 577, 610, 646f., 674, 720
Renaissance 279ff., 283f.
Revisionisten 644
Rigveda 35f.
Romantik 382, 440, 442f., 452, 565, 571
Royal Society 348

Samaveda 35
Sankhya-System 71f.
Sannyasi 45
Sanskrit 82
Scheinprobleme 668, 678f.
Schi King 91
Schichten des Seienden 587f.
Scholastik, Scholastiker 211, 234f., 237f., 247f., 264f., 279, 289, 591, 594, 658, 667, 668
Schu King 91
Seelenwanderung 45f., 83, 173
›Sein und Zeit‹ 614, 615f.
›Seinsvergessenheit‹ 615
Selbstentfremdung 499f.
Semantik 680
Semiotik 553
›Seyn‹ 622
sic et non 236
Skeptiker, Skeptizismus 50, 125, 145, 199f., 225, 374
sokratische Methode 152
sokratische Schulen 188
Sophismus, Sophisten, Sophistik 88, 94, 104, 125, 144f., 160, 199, 628
Sorge 615
Sozialismus 95, 439, 490, 503, 536, 637f.
Soziologie 478, 488
Sprache, Sprachphilosophie 20, 22, 25, 443, 552, 563, 612, 618, 636, 645, 653f., 658f., 680f., 687, 708f.
Sprachspiel 658, 663
Sprachwissenschaft (Linguistik) 443, 552, 563, 612, 645
Staat, Staatsphilosophie 25, 94f., 157, 166f., 171, 185f., 259f.,290f., 294, 384, 424f., 450, 465, 478, 489, 712
Stalinismus 504
Stoiker, Stoizismus 125, 192f., 200, 429, 628
Sturm und Drang 382
subjektiver, objektiver und absoluter Geist 464f.
südwestdeutsche Schule 553f.
Summen 248f.
Sung-Zeit 114
Sutras 69, 81
Syadvada 51
Symbol 552
Sympathie 363f., 597
Synthese 66, 460; vgl. Dialektik
synthetische Urteile a priori 397f.

Tao, Taoismus 88, 98f., 101, 105, 110, 116
›Tao-te King‹ 92, 98, 102
Technik 563, 635, 706, 713, 723
Teleologie 181, 420
Theismus 372, 598
Theodizee 220, 231, 317, 336, 341f.
Tiefenpsychologie →Psychoanalyse
Tiere 719
Toleranz 84, 116, 362, 372, 384f.
transzendentale Ästhetik 398
transzendentale Analytik 401
transzendentale Dialektik 405f.
Transzendentalphilosophie 398f., 430, 447
Transzendenz (Existenzphilosophie) 605, 616
Trigramme 90
Trinität 223, 228, 270
Tsching-Zeit 115
Tschudras 38
Tschung Yung 92, 109, 115
Tyrannis 168

Überbau (ideolog.) 500
Übermensch 538
Uhrengleichnis 339
›Umgreifende, das‹ 602f.
Umschlagen von Quantität in Qualität 641
Umweltgefährdung 621, 703, 707, 723
Unberührbare 38
Unbestimmtheits-, Unschärferelation 701
Unbewußte, das 227, 521, 541, 546f., 562
Unendlichkeit 300f., 673
Universalien 237f., 585, 683
Upanischaden 35, 40f., 47, 69, 82
Urteilsformen 402
Urteilskraft 404f.
Utilitarismus 103, 481, 708

Vaischeschika-System 70f.
Vaischyas 38
Veda, Veden 34f., 113
Vedanta-System 77f., 80f.
Verantwortung für zukünftige Generationen 725
Verifikation 678, 686, 690
Vernunftreligion 360
Vernunft-Schule 114
Vitalismus 570
Vorsokratiker 124, 126f., 618
Vulgata 218

Wahrheitsfunktion 672
Warschauer Logikschule 681
Wellenmechanik 561
Welt 1, 2, 3 (Popper) 693
Welt als Wille und Vorstellung 511f.
Weltbürgerrecht 426
Werte, Wertethik 553, 598
›Wesensschau‹ 594
Wiener Kreis 653, 676f., 682, 684, 689, 708
Wille zur Macht 532, 534
Willensfreiheit 230f., 259, 267, 412f., 432, 516, 589f.
Wissenschaftslehre, Wissenschaftstheorie 471, 652, 684f., 692; siehe auch Erkenntnis und Erkenntnistheorie
Wohlfahrtsstaat 489

Yayurveda 35
Yin-Yang-Lehre 88, 110f., 114
Yoga-System 71, 75f.

Zeit, Zeitlichkeit 229, 400, 566, 601, 616; vgl. Raum und Zeit
Zen-Buddhismus 63, 66f., 112
›zoon politikon‹ 185
›Zum ewigen Frieden‹ 424, 426f.

Philosophie der Gegenwart

Herausgegeben von Patrizia Nanz

Aleida Assmann (Hg.)
Texte und Lektüren
Perspektiven der Literaturwissenschaft
Band 12375

Axel Honneth (Hg.)
Pathologien des Sozialen
Die Aufgaben der Sozialphilosophie
Band 12247

Andreas Kuhlmann (Hg.)
Philosophische Ansichten der Kultur der Moderne
Band 12167

Claus Offe (Hg.)
Herrschaft des Volkes
Begründungsprobleme moderner Demokratien
Band 12166
(Frühjahr 1995)

Ulrich K. Preuß (Hg.)
Zum Begriff der Verfassung
Die Ordnung des Politischen
Band 12246

Fischer Taschenbuch Verlag

fi 557 / 4

Kohlhammer

Friedo Ricken u. a.

Geschichte der Philosophie

Von der Antike bis zur Gegenwart

5 Bände im Schuber. Insgesamt 1166 Seiten. Kart.

DM 120,–/öS 936,–/sFr 121,–

ISBN 3-17-012718-7

Friedo Ricken

Philosophie der Antike

„Methodisch ist diese ‚Philosophie der Antike' für Studenten und philosophisch Interessierte aufbereitet."

Referateblatt Philosophie

Richard Heinzmann

Philosophie des Mittelalters

„Auffallend und besonders spannend ist der Versuch des Autors, aufzuzeigen, wo und wie christliche Inhalte philosophisch innovativ gewirkt haben und die rezipierte Tradition der Antike vor ganz neue Problemstellungen geführt haben."

Reformiertes Forum

E. Coreth/H. Schöndorf

Philosophie des 17. und 18. Jahrhunderts

„Es ist erstaunlich, wie viel Information dieser kleine Grundriß über das philosophische Denken des 17. und 18. Jahrhunderts bietet."

Theologie und Philosophie

E. Coreth/P. Ehlen/J. Schmidt

Philosophie des 19. Jahrhunderts

„Selten läßt sich eine Veröffentlichung von wiss. Rang derart – fast – uneingeschränkt loben wie dieses Bändchen Philosophiegeschichte."

Stimmen der Zeit

E. Coreth/P. Ehlen/
G. Haeffner/F. Ricken

Philosophie des 20. Jahrhunderts

„Dem aufmerksamen Leser wird genügend Grundwissen vermittelt, das ihn drängen mag, sich mit dem einen oder anderen Denker näher zu befassen."

Die Zeit im Buch

Kohlhammer

Verlag W. Kohlhammer
70549 Stuttgart

352/2/993 294 MFG1